编译文库

马克思主义

王晓升 著

形而上学的重构
——阿多诺的《否定的辩证法》导读
（上册）

Reconstruction of Metaphysics
—— An Introduction to Adorno's *Negative Dialectics*

华中科技大学哲学学院高水平学术著作
出版资助

前　言

《否定的辩证法》的这个前言非常重要。它极其简略地概括了本书的基本目的，基本思想和基本结构。它对于完整地理解这本书来说具有重要的作用。

在这里，作者从一开始就解释了他的这本书的目的：把辩证法从肯定的本质中解放出来。这就是说，他要构建一种全新的辩证法，这个辩证法与传统的辩证法，即从柏拉图到黑格尔的辩证法不同。从柏拉图到黑格尔的辩证法是肯定的辩证法。这种辩证法通过否定，并借助于对于否定的否定而达到肯定。否定的辩证法不是要达到这样一种否定之否定。这个辩证法强调否定之否定的结果仍然是否定。但是这个否定是不是就完全没有确定性的要素呢？当然有确定性，这个确定性就表现在阿多诺要通过内在的否定而达到非同一东西。这就是它要达到的确定性。其实阿多诺的这段话也是对于全书的导言部分的概括说明。

这本书的第一部分是对于海德格尔的存在论的批判。而海德格尔的存在论就是占主导地位的哲学观念，即现象学的观念。而现象学就是要确立一个最终的可靠基础。在对于现象学和海德格尔的存在论进行大量的解释之后，阿多诺说明了这种哲学观所确立起来的基础是什么。这就是同一性的原则。而阿多诺对于同一性原则的分析和批判是在其否定的辩证法的思想基础上提出来的，是他对于非同一东西的确认的基础上提出来的。按照这样的思路，阿多诺否定了第一哲学，否定了那种把某种东西确立为第一的做法。从这个角度来说，阿多诺的否定辩证法，否定了任何一种确定性的。那么阿多诺为什么要摧毁第一性意义上的那种基础呢？这种基础主义的做法是把思想置于首要地位，是让一切内容都屈从于思想，并被同一在思想之中。这是一种观念论，它不能正确地对待思想。对于阿多诺来说，思想一定包含了超出思想的东西（非同一的东西）。这个超出思想的东西又依赖于思想。对于这种超越思想的东西的关注，是阿多诺思想的特别之处。这就是阿多诺所强调的客体优先性，思想中的非同一性内容的优先性。或者说，阿多诺通过对于第一性的批判而确立了优先性。而这里所说的客体也不是我们通常所理解的那种客体，而是思想之中超越思想的那种客体。这种客体需要从唯名论和实在论之间的辩证关系的角度加以理解。他在唯名论和实在论之间开辟了一条独特的道路。对于阿多诺来说，要把握这个超出思想的东西，这就必须借助于思想自身的自我反思，要借助于主体自身的力量。只有在思想充分地实现其自我意识的时候，思想的运动才得以展开。在这里，我们可以看到，阿多诺不是像海德格尔那样直接超越主客体之间的对立，而是通过主体的自我反思来克服主体自身的缺陷。而观念论则把思想和超出思想的东西对立起来，强调精神的总体性。在阿多诺看来，精神必须要借助于质料，没有质料精神也不存在。这是精神的基本原则。这就是说，按照那一直在发挥作用的精神之基本原则，它要求第二性的东西。这个第二性的东西就是质料。

如果否定的辩证法就是要处理思想和超出思想的东西，处理精神和质料之间的关系，那么辩证法就变成了一种思想如何处理质料的方法论。阿多诺承认，辩证法具有这种方法论意义，但是否定的辩证法不仅仅是方法，而且是一种形而上学。这种形而上学就是要处理被精神压制、扭曲了的质料。在阿多诺看来，处理质料的方法论与否定的辩证法之间不存在连续性，不存在一致性。处理质料的方法与否定辩证法理论之间还有很大的差距。这个差别在于处理质料的方法具有第一哲学的嫌疑，即这种哲学把质料当作第一性的东西。否定辩证法虽然也是一种形而上学理论，但是，这是经过阿多诺重构的形而上学理论。这个辩证法（或者形而上学）把质料和思想之间的非同一性关系作为首要的研究对象。非同一的东西是有无之间的东西，是这个形而上学所要把握的绝对，而这个绝对不是肯定形式出现的绝对，是否定性的绝对，把握这个绝对必须用辩证法。把握一种以否定的形式出现的东西的辩证法就是否定的辩证法。这个否定的辩证法就是一种形而上学。这也是《否定的辩证法》这本书的最后落脚点，即奥斯维辛之后的形而上学。对于这种形而上学的研究，对于非同一东西的研究对思想具有指导性的意义。在阿多诺看来，按照同一性逻辑所进行的思考是机器都能够进行的思考。这种思考是没有思想的。他的这种否定的辩证法的思考是一种全新的思考，是一种全新的形而上学，是没有最终绝对东西，并且没有肯定结论的形而上学。所以，他说，他的这种做法从哲学史的角度来看，不是从某个最终基础上提出的，没有第一哲学的特点，却是正当的。在他看来，他所考察的东西在传统哲学中被遮蔽了，或者说，这种东西是被偷运到哲学中的。他要通过对于传统哲学的批判而把这种被遮蔽、被偷运到哲学中的东西揭示出来。他把他自己的这种做法与玩牌的游戏加以比较：把牌全部摊在桌面上。牌全部摆在桌子上的意思是，所有的内容都同时呈现出来，而不是按照逻辑体系的形式来展开思想，不是从某个第一的东西出发，逐步展开论述。当然这和玩牌的游戏不是一回事。我们也可以说，他所进行的思考不是一种演绎体系，而是通过对于其他思想家的分析，通过对于过去的哲学概念的重新理解，而提出他的哲学思想。

1937年，阿多诺完成了《走向认识论的元批判》一书。就在这一年，本雅明阅读了这本书的一部分，即该书的最后一章。本雅明对它的评论是，人们必须穿越抽象的寒冷荒原，才能到达明晰的、具体的哲学思维。在这里，阿多诺要借助于本雅明的评论来说明他的哲学思想。阿多诺哲学的特点是通过对于其他人的哲学思想的批判，尤其是一种内在批判，通过对于传统上被使用的抽象概念的分析而达到传统哲学所忽视了的具体的内容，或者说，被忽视掉的质料。他所要达到的是非同一的东西。所谓抽象的寒冷荒原就是指传统哲学中的抽象的概念，而具体的哲学思维就是指思考非同一的东西。所以，阿多诺说，他的哲学是回顾性地开辟出一种哲学道路。这就是说，阿多诺在这本书中主要不是直接地、体系化地阐述自己的思想，而是通过对于传统的抽象概念，对于传统的哲学的批判分析来揭示其中被遮蔽的具体内容。当代哲学，比如，海德格尔哲学，也要把握具体的东西。他的存在、此在其实都是要把握非同一的东西的。但是从后面的分析中，读者就可以发现，海德格尔并没有真正处理具体的东西，处理非同一的东西。而阿多诺本人就是通过对于传统的抽象概念的分析，特别是其中的某些细微的差别的分析来说明具体的东西。阿多诺甚至从某个哲学家说话的口气的分析中来分析这些细微的差别。他的这种做法虽然也比较抽象，但是既有助于真正的具体化，也有助于解释他的那种具体化方法。在这里，阿多诺把他自己的做法与当时的审美活动中所出现的主流趋势加以比较。这种主流趋势就是反戏剧和反主角的，比如贝克特荒诞戏剧。阿多诺特别喜欢这种荒诞戏剧。否定的辩证法也类似于这种荒诞戏剧，它是反体系的。那么为什么阿多诺的哲学是反体系的呢？因为体系是按照同一性原则建构起来的。如果按照同一性的原则来建构体系，那么非同一的东西就被压制。所以，否定的辩证法是反体系的。它会借助于逻辑上连贯的手段，从而用同一性魔力之外的观念来取代同一性的原则，取代上位概念的主导地位。这里所说的逻辑上的连贯是指按照内容上前后连贯的方法来分析。按照阿多诺的分析，同一性思维方法必定压制内容，而内容在被压制的过程中必定会以某种方式表现出来。因此，同一性思维方法必定会导致矛盾。而从内容方面来看，我们就可以看到这个矛盾的东西其实是连贯的，在内容上连贯的。当然，这种连贯的分析也不是完全不需要同一性。如果没有同一性的原则，非同一性就无法被揭示出来。这个内容上连贯的方法是同一性魔力之外的观念。它要用内容来突破形式上的同一，用内容上的连贯性来突破同一性，取代同一性，取代用上位概念进行抽象概括的方法。前面我们已经说过，非同一的东西是思想中的他者，因此要把握这个他者就需要借助于主体自身的反思能力。他的任务就是要借助于主体的力量打破虚幻的主体性建构。这里所说的主体性的虚幻建构就是近代以来的主体哲学把主体和客体对立起来的做法。他据此提出了一个主体和客体动态的相互建构的理论以及客体优先性的理论。这种做法是他所进行的一种形而上学的尝试。过去的形而上学也研究超越的东西，但它们是通过思辨的方法，借助于概念来达到超越的东西，停留在抽象的哲学框架中。而阿多诺要把哲学的思考与经验科学的研究结合起来，于是，他所建构的形而上学就打破了纯粹哲学和那种具体科学（实证科学）或形式科学（逻辑和数学）之间的公开分离。这就是说，在阿多诺那里，形而上学是与具体科学结合在一起的。阿多诺的形而上学继续了康德哲学的传统，超越的东西在知识论的意义上被否定了，但是在实践的意义上被确立起来。阿多诺从广义上理解实践哲学，从而把实践哲学（包括历史哲学、审美理论等）和形而上学结合起来。

接着，阿多诺解释了他的全书的基本结构。在导言部分，阿多诺解释了哲学经验。这是阿多诺首先提出的一个奇怪概念。正如他在最后一部分所强调的形而上学经验一样，这是一个矛盾概念，或者按照他自己的说法，这是一个疑难概念。哲学本来是一种抽象的概念思考，要用概念来把握绝对。在传统上，这种概念思考是要排斥经验的。而阿多诺要求人们在每一个抽象概念中看到经验的要素。他要让概念超出概念。在这里，我们要根据唯名论和实在论之间的辩证法，来理解概念超出概念的可能性。第一部分从当前德国盛行的存在论状况出发。他对海德格尔的存在论进行了两个方面的批判。一是从（存在论）需求出发去把握存在论，而存在论需求从这个需求自身那个方面来看也是成问题，即这种需求是一种虚假的需求。二是内在地批判存在论。所谓内在的批判就是按照存在论自身的思路来揭露存在论的内在矛盾。那么为什么存在论会内在矛盾呢？它按照同一性逻辑而偷偷摸摸地把非同一的东西纳入到自己的思想中。第二部分从这个结论出发，进一步阐释否定的辩证法的观念，阐释它对于某些范畴所采取的立场。在这个部分，阿多诺对于哲学史的一些范畴进行了重新的理解。在这里，最重要的是，我们应该注意，他"改变了这些范畴的性质"。这就是说，当阿多诺使用这些范畴的时候，这些范畴与人们通常所理解的那些范畴的性质是不同的。比如，自由概念，这本书的许多地方讨论过这个概念。这个概念必须在非同一的意义上被理解。第三部分展示了否定辩证法的几个模式。在这里，阿多诺解释了他的模式概念。首先，他强调了，他所讨论的这几个模式，不能被当作样本的意思来理解，而是要展示他对于一般性所进行的思索。一般性是抽象的东西，是脱离具体内容的。但是阿多诺要通过对于一般性的分析来走向具体的内容。请注意这里所说的"内容的意图"。哪一个概念不表达内容呢？阿多诺所要表达的内容不是一般的抽象概念意思上所说的内容，而是"实际内容"（Sachhaltige），是非同一意义上所说的内容，是实际东西意义上的内容，是与肉体体验有关的内容。虽然这些内容需要借助于一般的方法来处理，但是在处理这个一般的过程中要能够看到实际的内容。当然，阿多诺也承认，虽然他所使用的方法与哲学史上所使用的模式有所差别，他的这种方法是要按照辩证法自身的概念把辩证法推进到真实的领域，即推进到非同一东西的领域，但是这种方法也包含了科学中使用例证的特点。这就是用例证来说明一些关键概念。阿多诺在讨论这几个模式的时候，都对于一些关键性概念进行了辩证法意义上的思考。我们可以说，阿多诺所使用的模式概念本身就显示了阿多诺的否定的辩证法的特点。他使用哲学史上的概念，但是这些概念又与哲学史上的概念不同。这里所说的三个模式分别是，康德的道德哲学，黑格尔的历史哲学以及奥斯维辛之后的形而上学的探讨。在这里，我们只是强调一点。道德哲学和历史哲学都是广义上的实践哲学的领域，而奥斯维辛之后的形而上学也是要讨论实践哲学中的问题。其实这表明，阿多诺的形而上学是按照康德的实践哲学的模式进行建构的。读者在阅读最后一部分的时候可以注意这一点。这个新的形而上学与康德类似，实现了哥白尼式的革命。不过在这里主体转向了非同一的东西。地球中心主义象征着主体中心主义，走出地球中心主义在哲学上就意味着走出主体中心主义，走向实际内容。在这里，阿多诺利用了康德所说的哥白尼革命，但是在一个康德所没有自觉地意识到的意义上来理解这个革命。康德的哥白尼革命的意思是转向主体，但是康德并没有忽视内容。康德也要拯救内容，却失败了。阿多诺从康德的失败中提出了自己的思想。

接着，阿多诺说，乌尔里希·松内曼（Ullich Sonneman）正在撰写一部名为《否定的人类学》的书。无论是乌尔里希·松内曼还是他本人事先都不知道这种巧合。这表明了事物之中的一种强制性。在阿多诺看来，这种巧合表明，通过否定来把握具体的东西，这是科学认识的必然要求。

最后，阿多诺对人们所可能进行的批判进行了反驳。这种可能的反驳意见的核心是，他们也一直认为辩证法应该是否定的，应该通过否定把握具体内容，而阿多诺现在也承认这一点。在这里，阿多诺的意思是，这些反驳的人没有看到他的思想的创新之处。在阿多诺看来，哲学不是直接给人们提供真理，而是要促进人们思考。要弄懂阿多诺的思想，就必须仔细地阅读文献，获得一种关于形而上学的经验。非同一的东西必须在形而上学的经验中得到领会。阅读这本书的目的不是要找到最终的真理，而是要获得形而上学的经验。阿多诺在这里致力于提供给人们的就是这种形而上学经验或者哲学经验。

目 录
CONTENTS

导 言 1
关于哲学的可能性 1
辩证法没有立足点 4
现实与辩证法 7
哲学的兴趣 11
对抗的总体 15
概念的祛魅 18
"无限性" 22
思辨的要素 30
展示 36
对体系的态度 41
狂怒的观念论 45
体系的二重性 51
自相矛盾的体系 55
论证与经验 60
眩晕 72
真理的脆弱性 74
对抗相对主义 83
辩证法与稳固的东西 88

经验的特权 · · · · · · 94
关于合理性的质的要素 · · · · · · 97
质与个体 · · · · · · 98
内容与方法 · · · · · · 101
存在主义 · · · · · · 106
事实、语言、历史 · · · · · · 111
传统与认识 · · · · · · 117
修辞 · · · · · · 120

第一部分　与存在论的关系 · · · · · · 127

第一章　对存在论的需求 · · · · · · 129

问题与答案 · · · · · · 129
肯定的特点 · · · · · · 139
弱化主体的能力 · · · · · · 144
存在、主体与客体 · · · · · · 148
存在论的客观主义 · · · · · · 153
令人失望的需求 · · · · · · 157
"不足就是盈余" · · · · · · 167
无人之地 · · · · · · 170
不幸的实际内容 · · · · · · 174
论范畴直观 · · · · · · 178
作为人为状况（θέσει）的存在 · · · · · · 189
"存在的意义" · · · · · · 196
包含先定秩序的存在论 · · · · · · 204
对物化的抗议 · · · · · · 211
虚假的需求 · · · · · · 218
软弱和支撑 · · · · · · 223

第二章　存在与生存 · · · · · · 231

对存在论的内在批判 · · · · · · 231

系词 ·········· *243*

存在不是超越的 ·········· *253*

表达不可表达的东西 ·········· *262*

儿童的问题 ·········· *267*

存在问题 ·········· *273*

突然反转 ·········· *281*

关于存在的神话学 ·········· *288*

存在者状态的存在论化 ·········· *295*

生存概念的功能 ·········· *302*

"此在自身是存在论的" ·········· *311*

唯名论的方面 ·········· *314*

武断的生存 ·········· *318*

"历史性" ·········· *323*

第二部分　否定的辩证法：概念与范畴 ·········· *331*

某物的不可消解性 ·········· *333*

走向事态的必要性 ·········· *339*

管窥式的形而上学 ·········· *342*

无矛盾性不可被具象化 ·········· *348*

与左派黑格尔主义的关系 ·········· *356*

"瓦解的逻辑" ·········· *359*

走向同一性的辩证法 ·········· *363*

思维的自我反思 ·········· *369*

矛盾的客观性 ·········· *377*

概念的出路 ·········· *381*

综合 ·········· *386*

肯定性否定的批判 ·········· *391*

个别也不是最终的 ·········· *398*

星丛 ·········· *402*

科学中的星丛 ································· 407
本质和现象 ····································· 413
借客观性而进行的中介 ····················· 426
特殊性与特殊 ································· 432
关于主体和客体的辩证法 ·················· 435
倒转主观还原 ································· 440
对先验的解释 ································· 446
"先验幻相" ···································· 452
客体的优先性 ································· 459
客体不是被给予 ······························ 467
客观性和物化 ································· 474
向唯物论过渡 ································· 482
唯物论和直接性 ······························ 486
辩证法不是知识社会学 ····················· 494
论精神概念 ···································· 498
纯粹活动与发生 ······························ 503
痛苦的躯体 ···································· 508
无图像的唯物论 ······························ 512

第三部分 模式 ································· 523
第一章 自由：实践理性的元批判 ········ 525
幻相问题 ······································· 525
自由兴趣的分裂 ······························ 531
自由、决定论、同一性 ····················· 535
自由与被组织起来的社会 ·················· 540
前自我的冲动 ································· 549
关键的实验 ···································· 554
附加物 ·· 559
肯定性自由的虚构 ··························· 570

思想的不自由 ································· 575
形式主义 ······································· 581
作为物的意志 ································· 587
二律背反的客观性 ···························· 591
意志的辩证规定 ······························ 596
沉思 ··· 601
第三个二律背反的结构 ····················· 607
关于康德的因果性概念 ····················· 610
为秩序辩护 ···································· 614
对反题的论证 ································· 621
存在者状态上的要素和理想的要素 ····· 629
自由学说的压制性 ··························· 635
自由和不自由的自我体验 ·················· 638
关于因果性的危机 ··························· 649
作为一种魔力的因果性 ····················· 657
理性、自我和超我 ··························· 663
自由的潜力 ···································· 671
反人格主义 ···································· 677
去人格化与生存论存在论 ·················· 685
道德哲学中的一般和个别 ·················· 693
关于自由的状况 ······························ 702
康德那里的理知属性 ························ 708
理知与意识统一体 ··························· 716
理知的真实内容 ······························ 728

第二章 世界精神和自然历史
　　——关于黑格尔的附论 ················ 738
趋势与事实 ···································· 738
世界精神的建构 ······························ 742
"与世界精神相一致" ························ 747

关于生产力的解放 ………………………………… 751
团体精神与统治 …………………………………… 754
法学的领域 ………………………………………… 757
法和公平 …………………………………………… 761
个人主义的面纱 …………………………………… 765
一般和特殊的动力学 ……………………………… 767
作为社会总体的精神 ……………………………… 772
对抗的历史理性 …………………………………… 776
普遍历史 …………………………………………… 782
对抗是偶然的吗？ ………………………………… 787
黑格尔的超世界的世界精神 ……………………… 794
黑格尔对普遍的拥护 ……………………………… 800
倒退到柏拉图主义 ………………………………… 804
时间的非时间化 …………………………………… 808
黑格尔打断了辩证法 ……………………………… 818
民族精神的功能 …………………………………… 824
过时的民族精神 …………………………………… 830
个性与历史 ………………………………………… 834
魔力 ………………………………………………… 840
魔力下的倒退 ……………………………………… 849
主体与个人 ………………………………………… 861
辩证法与心理学 …………………………………… 864
"自然的历史" ……………………………………… 872
历史与形而上学 …………………………………… 883

第三章 对形而上学的沉思 ……………………………… 891

奥斯维辛之后 ……………………………………… 891
形而上学与文化 …………………………………… 903
今天的死亡 ………………………………………… 912
幸福和徒劳的等待 ………………………………… 928

"虚无主义" …………………………………………………… 937
康德的退缩 …………………………………………………… 956
拯救的渴望和限制 …………………………………………… 964
理知的世界 …………………………………………………… 980
中立化 ………………………………………………………… 990
只是一个譬喻 ………………………………………………… 1008
他者的幻相 …………………………………………………… 1020
辩证法的自我反思 …………………………………………… 1029

后　记 …………………………………………………………… 1042

导　言

关于哲学的可能性

在这个部分，阿多诺从哲学与世界的关系的角度说明哲学的可能性。它表明，即使哲学在改造世界中失败了，但是哲学也不能满足于像黑格尔哲学那样把自己束缚在纯粹的自我反思中。哲学的可能性在于把握与哲学异质的东西。哲学还是应该与现实世界相联系，这种联系表现在哲学的理论思考同时就是实践。这就是说，哲学的理论和实践是结合在一起的。哲学本身都是受到时代制约的。比如康德和黑格尔。

这个部分一开头阿多诺就指出，哲学由于错失了实现自身的机会曾经一度要被废弃，但也因此而能够存活下来。这就表明，哲学不会因为没有成功地改变世界而被废弃，恰恰相反，虽然没有成功地改变世界，但是哲学也能够存活下来。这就强调了哲学的理性思考的特点。

按照马克思主义对哲学的看法，哲学不能满足于解释世界，而要改变世界。但是，哲学却没有能够改变世界。于是人们就认为，哲学改变不了世界，而只能解释世界。阿多诺认为，对哲学的这种判断也是错误的。这种判断就是要让哲学远离现实，好像人的理性在现实中没有多大作用，理性失败了。这就是说，哲学虽然没有成功地改造世界，但是这并不意味着，哲学要远离现实。可是如果哲学应该卷入现实，却对现实不发挥任何作用。这是不是因为哲学不合时宜。而阿多诺对于这种观点也提出质疑。他认为，哲学没有为它自己犯下时代错误留下空间。哲学总是和时代结合在一起的，哲学不可能犯时代的错误。比如，接下来要分析的康德和黑格尔哲学就是如此。在这个问题上，阿多诺接受了马克思和黑格尔的观点。哲学是时代精神的精华，哲学不能超越它的时代。哲学是被束缚在他的那个时代中的。既然哲学没有能够实现自身，这不是因为哲学犯了时代的错误，那么这就是说，仅仅在口头上说，哲学应该走向实践，这是不够的。或者说，这种口头的许诺是不够的。这里已经暗示了阿多诺对于哲学的理解，即哲学不能满足于口头的许诺，而是要把自己的概念超出概念。当概念超出概念的时候，概念就不是口头上的符号，而是与现实结合在一起的。

在阿多诺看来，理论思考的过程本身就是实践。尽管如此，这里还是存在着细微的差别。理论上的反思，或者说，哲学对于自身所进行的理论反思可以当下进行。从理论上来说，哲学所进行的批判所依赖的时间点是不能被延长的。这就好比说，你一提到反思，这个反思就已经展开了。但是，实践却不可能像理论反思那样发生。实践是可以被推迟的。但是，人们却不能借口说，实践被推迟了，思辨的思考也没有任何自足性。在这里，人们所依据的理由是，既然理论反思和实践活动是统一的，那么如果实践被推迟了，那么理论反思也不能进行。阿多诺在这里强调，虽然实践可以被推迟，但是反思还是可以在一定范围内单独发生的。这里极有可能发生的状况是，行政当局会说，那种哲学上的自我反思，对于现实毫无作用，并借此扼杀哲学。这是因为，这种反思在一定范围内可以脱离实践而进行。哲学曾经许诺它要在现实中实现自身，但是它没有能够兑现它的承诺。所以，在这种情况下，哲学也被迫进行自我反思，进行自我批判。哲学曾经为自己的自我反思和自我批判精神而感到自豪。这种自我反思和自我批判和那种平静地、天真地局限于主观的玄思是不同的。阿多诺所说的哲学批判是与肉体的要素结合在一起的。而专注于主观玄思的学者看起来好像也是在进行自我反思和自我批判，其实，他们的反思与肉体没有关系，所以，他们是进行一种主观的玄思。主观的反思忽视了感性的幻相和一切外向性经验的幻相。这两种幻相是指人的直观，无论是内在的直观还是外在的直观都会陷入幻相，这就是把虚假的东西当做真实的东西。比如，人们对于客观的物化世界的直观就是一种错误的直观，它把人为的世界理解为一种客观的物化的世界。这就是一种感性上的幻相。阿多诺的哲学反思包含了对于这种感性上的幻相的思考。而主观的玄思却没有意识到这种感性的幻相，他们强调直观的作用。这是暗指现象学。以往的哲学也会在一定程度上意识到感性自身的局限性，而如今，现象学却非常天真，以为它通过直观就能够把握本质。阿多诺在这里所提到的150年前歌德所碰到的卑微的学者究竟是什么人呢？150年前应该是指1810年前后。接下来，我们看到阿多诺从时代背景的角度批判了康德和黑格尔哲学。我们推测，他在这里所说的应该是德国古典哲学。

接着，阿多诺说，内在思考的技巧隐居在那个被外在的思考技术所征用了的月球的背后。外在思考的技术是实证主义所进行的思考。外在的实证科学的思考背后都有内在思考的要素。或者说，在这个实证主义占据主导地位的社会中，理性的自我反思好像是月亮的另一面。而实证主义（外在思考的技术）是光亮的一面，而内在思想在月球的另一面。这种思考也存在，只是人们没有看到它。人们对它的关注不够。所谓外在的思考技术就是指在当代资本主义社会中占统治地位的工具理性的方法，追求同一性的思维方法。随着现代社会的不断发展，随着实证科学的不断进步，传统哲学的那种概念框架受到了挤压，成为实证科学统治下的"残余"。这就如同现代发达的商品经济体系中还保留着的简单商品交换的残余一样。外部世界的这种巨大力量与哲学的精神力量之间存在着巨大的不平衡关系。哲学虽然努力要把握这种权力的奥秘，想控制这种力量，但是都没有取得成功。它受到了外部权力的抵抗。在各种实证科学的发展面前，哲学自身也想要退化为一种特殊科学，像这些实证科学那样而得到发展。哲学与科学的不平衡影响了哲学家们对哲学的看法。比如，德国古典哲学就是如此。康德认为，他的哲学是从学院哲学（特殊科学）解放出来的，具有普遍意义的学说。而在阿多诺看来，康德的哲学恰恰就是在当时的自然科学的大趋势下的产物。康德哲学仍然是学院哲学。康德的学院哲学是在资本主义社会发展的背景下产生的，受到资本主义社会的限制。但是，康德没有认识到这一点，而错误地认为，他自己的学院哲学是世界哲学。所以，阿多诺说，康德非常滑稽可笑。黑格尔在这个问题上也陷入了一定的矛盾。一方面，他把哲学看做是绝对精神中的一个环节（绝对精神有三个环节，艺术、宗教和哲学），另一方面，又看做是"时代的产儿"。阿多诺认为，黑格尔由此限制了哲学，承认哲学受到现实的制约。他把哲学看做是劳动分工中的一部分。对于阿多诺来说，黑格尔的这个矛盾表明，这种哲学越是受到现实的限制，就越是忘记了自己所受到的限制，甚至认为，它已经把握了现实的总体，这个由市场交换体系所编织起来的总体，而不致力于弄清它与现实的关系。在这里，阿多诺似乎陷入了一种矛盾之中，一方面，他认为，资本主义社会构成了一个总体，而哲学不过是这个总体的一部分，另一方面他又认为，总体是哲学控制的对象。在这里，人们必然会问，究竟哲学是总体的一部分，还是哲学控制了总体呢？其实从阿多诺的辩证法角度来看，这里不存在矛盾。当代资本主义越来越系统化，在这个系统化的总体中，哲学不过是整个资本主义社会总体系统中的一个部分。而黑格尔哲学是在资本主义社会总体系统中产生的，这个总体性体系也影响了黑格尔，黑格尔把资本主义社会中的系统化的总体变成了他的哲学体系。而他的哲学体系就是一个总体。这个作为哲学体系的总体就是所控制的总体。所以，黑格尔的总体化的体系既是他控制的对象，又是这个对象的一部分。黑格尔以为，时代被他把握在哲学中了，而其实他的哲学就是时代的一部分。在阿多诺看来，黑格尔的这种做法很天真。这个做法之所以非常天真是因为，他要像资本主义社会体系一样，达到一个精神的总体。他要把一切都纳入到这个总体中。这种企图必然失败，资本主义要构建一个总体，一切都在这个总体的控制体系中，结果，资本主义无法避免危机。同样的道理，黑格尔要把一切都纳入到精神体系中，但是由于其中一定包含了质料，质料的要素无法被完全纳入到这个系统中，于是，黑格尔必然会面临着体系和方法的矛盾。他的方法就是要把握具体的东西，而他的体系必然会排斥这种东西。所以，辩证法不能停留在黑格尔的水平上。黑格尔哲学的一个重要缺陷是，虽然他要把握与概念异质的东西，但是却失败了。为什么失败了呢？这就需要我们讨论辩证法与非同一东西、与概念异质的东西之间的关系。对于阿多诺来说，辩证法只能存在于概念与非同一东西的关系中。哲学的可能性就在于，它要把握非同一的东西。黑格尔哲学没有完成这个任务，而阿多诺就是要从把握非同一东西的角度来重新思考辩证法。

辩证法没有立足点

在这个部分，阿多诺讨论了、说明了他的辩证法思想，这就是辩证法没有最终的根基，并说明了他的辩证法与黑格尔的辩证法的差别，特别说明了他对于矛盾概念的理解。

没有理论能够逃出市场。这句话可以有两个意思，第一，市场机制已经在不同程度上内化到理论包括黑格尔哲学之中了。第二，任何理论都要像商品那样，参与市场竞争。阿多诺采用第二个意思。任何理论都不能自夸说，它摆脱了市场机制的制约。既然各种理论可以相互竞争，那么人们就可以名正言顺地反对"辩证法是多余的"那种说法，反抗那种把辩证法看做是外加的这种观念。那么为什么辩证法不是外加的，而是哲学思考中的必然现象呢？阿多诺认为，辩证法的名称的意思是：具有同一性特征的概念不能完全概括客体，即对象不能完全消融在概念之中。而传统上，人们认为，对象与概念是相等的。虽然黑格尔也有辩证法，但是，它所说的矛盾是两个完全对立的东西之间的统一，概念与对象的最终统一。他最终没有逃脱同一性原则。赫拉克利特强调辩证法，承认变化的绝对性，但是绝对的变化还是包含了同一性的本质。他找出最终的本源：火。而阿多诺所说的矛盾就是要表明，同一性原则是错误的，表明概念中所概括的东西之展开。概念是一种抽象，它把不同的东西概括在概念中，把它们统一起来，而辩证法则表明，被概括的多样性的东西之展开。概念自身是矛盾的，它既是同一的，又是多元性东西之展开。传统上人们认为，把概念和对象同一起来就达到真理，而阿多诺认为，同一性表明了它自身的非真理性。概念作为思维的媒介同时包含了形式和内容两个方面。思维在形式上就是要进行同一化，把不同的内容纳入同一化的体系之中。思维以为它在这里达到了同一性。这就是同一性的幻相，即康德意义上的幻相，概念被用来把握没有感性内容的自在之物，概念把不能被纳入概念的东西概念化。它以为，它能把不同一的东西完全同一起来。在这里，概念框架（思维形式）对思维所要把握的内容进行挤压，把它纳入纯粹的思维形式的框架。它把不能被纳入同一性的框架中的东西强行纳入到这个框架之中。其实，思维的形式和它的内容是无法区分的。思维之中既包含了幻相也包含了真理。同一性导致幻相，但是在这个同一性之中还有多样性，这个多样的内容是思维中的真理。思维之中同时包含了这两种东西。康德试图把现象和自在之物区分开来，从而清除幻相，而阿多诺从非同一性的东西的角度理解类似于"自在之物"的东西。对于他来说，思维之中已经包含了非同一的东西。如果把非同一的东西排除在概念之外，那么思维就是空无。由于非同一的东西包含在概念之中，而概念又通过思维形式把它纳入到同一性之中。于是，在这里幻相和真理是共存的。如果清除了幻相，那么真理也不存在了。在这里，我们可以看到，阿多诺在如何对待幻相的问题上与康德的差别。康德要把现象和本质区分开来，把自在之物排除在概念规定的总体之外，并由此清除幻相。康德通过把自在之物排除在概念体系之外清除了幻相，而阿多诺却要"拯救幻相"。在阿多诺看来，尽管康德努力把自在之物排除在概念体系之外，但是自在之物的内容已经潜藏在康德概念体系之中了。由此，阿多诺强调，概念不是同一性的总体，其中必然包含了幻相。既然造成概念的幻相的不是概念之外的东西，而是概念之中的东西，那么摧毁同一性的幻相，只能内在地进行。这就是要通过对概念的内在反思。在对概念进行内在反思的时候，我们必须看到，概念所遵循的是同一性的原则，排中律是其核心。这就是人们常常要求的，对概念进行严格的规定。可是，按照阿多诺对于概念的理解，概念是把非同一的东西纳入概念之中。这表明，单一性思维之中包含了异质的东西。这就是说，虽然我们也要遵循同一律，但是，同一律会排除内容。而任何思维都不能排除内容。由此，如果思维坚持自己的单一性，那么单一的思维就碰到自己的界限，就要超越这个界限。我们既要坚持同一律，也要超越同一律。阿多诺得出重要结论，辩证法就是对非同一性的坚定意识。既然没有纯粹的同一性，那么概念之中就没有固定点。辩证法没有固定的立足点。否定的辩证法也不是第一哲学，它不致力于寻找固定的、绝对第一的东西。那么非同一的东西是不是否定辩证法的立足点呢？是，也不是。这是它的立足点。否定辩证法的核心就是要把握非同一的东西。但是非同一的东西不是最终的东西，不是绝对第一的东西，而是经过中介的东西。它通过概念以幻相的形式出现，以否定的形式出现。从这个意义上来说，它又不是。在这里，阿多诺强调，辩证法把矛盾置于优先地位，这是要看到同一性之中的非同一性。我们不能因此误解了矛盾的优先地位，指责辩证法把一切多样的东西都纳入矛盾这个磨盘之中。

在这里，阿多诺批判了克罗齐等人对矛盾的错误理解。比如，特伦德伦贝格（F. A. Trendelenburg）这样的学者就认为，这种辩证法把一切东西都纳入矛盾这种逻辑形式之中，而忽视了事物的多样性，而这种多样性的东西不一定是逻辑上的矛盾。这就是用一种逻辑上的矛盾方法来取代对于多样事物的认识。克罗齐也是这样来看待矛盾的。对他们来说，由于人们没有认识到多样性，而就说它们是矛盾，把一切多样的东西都纳入矛盾这个磨盘之中①。在阿多诺看来，这不是辩证法的错，而是认识活动本身的错。人们在这里把自己对事物的认识上的错误归咎于方法（辩证法）。这是不对的。阿多诺认为，只要意识按照同一性的要求把多样的东西纳入到同一性之中，那么差异东西就必然显示出矛盾，显示出否定、不合、离散。而人在认识中必须借助于概念，必须进行同一化。这是认识上的错误。从这个意义上来看，矛盾是不可避免的。辩证法在意识面前就表现为矛盾。思维中的同一性和矛盾是结合在一起的，是不可分割的。这是矛盾的合规律性的特点。人在认识中要把一切的差异的东西都纳入到同一性之中，形成一个同一的总体。而这个总体必然是矛盾的。同一性的总体也是矛盾的总体。矛盾的总体也是要显示事物的非同一性。所以阿多诺对矛盾做出了一个独特的说明，矛盾是规律的魔力中的非同一性。这就是说，人的思维仿佛像是着魔了一样，它要把一切东西都纳入到同一性的框架之中，纳入到规律之中。而只要人们按照这种方法来思考，矛盾就必然会出现。

阿多诺的辩证法既不是纯粹的自然辩证法，纯粹的客观辩证法，也不是纯粹的思维中的辩证法，如黑格尔。在他那里，主体和客体（概念的形式和内容）结合在一起才有辩证法。辩证法虽然强调矛盾，但是，矛盾只是用来显示非同一东西的。

现实与辩证法

人们会认为，辩证法仅仅是一个思维规律，是思维中的同一性原则对非同一的东西的加工的必然结果。在阿多诺看来，如果把它仅仅理解为思维规律就错了，就陷入了黑格尔的观念论。这不是思维规律，而是真实的规律。这种真实性表现在人必然会通过自己的经验而感知事物的多样性。这种经验必然会有

---

① 关于克罗齐的有关思想，参见关于克罗齐的有关思想，参见 Theodor W. Adorno, *An introduction to dialectics*, Polity Press, 2017, p. 111.

质的多样性。这些感性的质是不能被纳入到同一性的框架之中的。而在认识活动中，经验又必然会被纳入到同一性的框架之中。这就导致经验的贫乏。这就不是一种思维内部的现象，而是一种客观现象，是一种客观的规律。这是现代社会中所出现的一种客观现象。或者说，现代社会必然会导致经验的贫乏。现代社会按照同一性原则来控制这个世界，它把这个世界抽象化。这个按照同一性原则运行的世界就是一个矛盾的世界，是一个压制经验、否定特殊性的世界。思维活动中的矛盾不是局限在思维过程本身的，而是现实中的矛盾结合在一起的。如果认识要具体地把握客观的东西（具体化），那么认识就必须屈从于经验的贫乏，必须使用概念。如果不使用概念具体地把握事物，那么我们无法准确把握事物，没有概念，我们只有变动不居的经验。认识要把握具体的东西，要进行具体化，但是具体化也会走向意识形态，比如，海德格尔就是要具体化，把握存在。他就是把具体化降格为意识形态。如果要真正地把握具体的东西（非同一的东西），那么我们就必须坚持辩证法。在这里，阿多诺所说的辩证法的一个变种就是指黑格尔的观念论。这种观念论想复兴辩证法，从辩证法的角度来处理概念和经验之间的关系。但是，这种辩证法并没有真正处理好这两者之间的关系。所以，阿多诺说，这是辩证法的一种无力的复兴。黑格尔的辩证法导源于康德的二律背反，导源于康德的难题。康德看到了这里的辩证法，但是他把辩证法作为一种否定的东西加以克服。对于阿多诺来说，辩证法就是保留概念和经验之间的矛盾。黑格尔却把这里的客观的矛盾纳入到观念的体系之中，纳入到同一性的体系之中。黑格尔的辩证法虽然也看到了特殊和普遍之间的差异，但最终普遍还是取得了优势地位。所以，阿多诺说，这种辩证法的复兴所完成的只是否定的东西。康德和黑格尔没有真正地把握特殊的东西。在这里，我们特别注意特殊和一般关系中的两种不同形式。一种形式是一般竭尽全力压制特殊，但是特殊不可压制地出现了，于是，特殊报复一般。另一种情况是，特殊虽然也被一般整合，但特殊被一般所承认。于是，特殊和一般发生了一种和解。一种是报复，一种是和解。这是特殊表现出来的两种方式。接着，阿多诺提出了自己的看法，辩证法要把一般和特殊和解。这种和解会把非同一的东西释放出来。在这里，主体会看到主客体之间的分裂以及这种分裂所导致的困难。于是主体把主客体的分裂强行纳入到主体之中，对于主客体之间的矛盾进行反思，让主客体在动态中和解。在这种辩证法中，非同一的东西被释放出来，这种东西摆脱了精神的束缚，变成了多重性，而且相互之间也互无敌意。而主观理性（也就是工具理性）却敌视这种多重性。我们从黑格尔的辩证法中可以发掘出他对于多重性的承认。由此，阿多诺说，这种辩证法解除了逻辑的强制性，它不是用同一性的思维来控制流动的感性。如果同一性来控制这种非同一性，那么它们之间必定是相互对抗的，而不是表现为互相毫无敌意的多样性。辩证法不是完全否定逻辑的强制，如果没有强制，多样性也无法得到领会。虽然黑格尔的辩证法有这样的优势，但是黑格尔辩证法最终要达到的是同一性，达到绝对知识。所以，辩证法在解除了逻辑的强制性的同时又遵循了逻辑的强制性。这就是说，一方面，黑格尔的辩证法解除了逻辑的强制，他不是按照形式逻辑，而是采取了辩证逻辑，试图通过这个逻辑把握形式逻辑所无法把握的东西。另一方面，他最终还是要像形式逻辑那样，把一切东西都纳入到同一性的框架之中，最终达到绝对知识。为此，这种辩证法被斥责为泛逻辑主义。这是观念论的辩证法。在阿多诺看来，这种辩证法是主体优先的辩证法，是用主体之中的概念框架把一切非概念性的东西、超出概念的东西都纳入到概念之中。这种主体的优先性、甚至黑格尔那里的主体优先性都受到了怀疑和否定。这是因为，在强大的世界过程面前，这种观念论拒绝吸收现实世界的东西，拒绝在吸收现实东西的基础上进行理论上的重构。在这个地方其实阿多诺有一个潜台词：本来人的意识是与肉体结合在一起的，当意识进行反思的时候，肉体的东西在其中发挥作用，而肉体的东西是与现实结合在一起的。因此，在阿多诺那里，意识的反思也是一种实践，而黑格尔只是进行抽象的观念上的思考，现实的东西没有被吸收到观念之中。因此，这种辩证法思想软弱无力，思想上的这种软弱无力就表明主体优先性是虚假的（脱离了肉体）。绝对观念论想把一切非同一的东西都纳入概念的框架中，好像主体具有超强的力量，其实是它在强大的世界过程面前软弱无力的表现。虽然黑格尔的思想在一定程度上也包含了和解的观念，但是这种和解的观念最终还是屈服于主体的优先性。这种和解观念不仅在逻辑学中出现，而且在政治领域和历史领域中都存在。这表明黑格尔哲学比其他一切哲学都要连贯。在所有这些和解的领域中，黑格尔都把经验的东西强行纳入到概念框架中。这些和解没有一个是令人信服的。这是因为,当黑格尔把一切经验的内容都纳入概念体系中的时候,他要建立一个总体,要建立一个连贯的体系。在建立连贯体系的时候,概念的东西就必然会把经验强行纳入体系中。这就必然会导致矛盾。概念和经验没有能够达成和解,而是变成了矛盾。于是,阿多诺说,黑格尔的学说前后一致,非常连贯,从逻辑学到社会政治领域非常连贯。正是由于它太连贯了,所以这个体系才出现矛盾。他只能建构一个矛盾的总体。这个总体的体系必然包含了矛盾。阿多诺从内在批判的角度来说明黑格尔体系中所出现的矛盾。这种矛盾是他的一致性体系的必然结果,从这个角度来看,矛盾显示了这个体系的真理。这是以矛盾形式出现的真理。只要黑格尔追求这种逻辑的一贯性,追求这个总体的体系,他就必然会面对这种矛盾。从这个角度来看,这也是强制性的逻辑所必然招致的处罚,即他过度强调一致性最终导致了矛盾。逻辑的一致性受到处罚,变成了矛盾的东西。黑格尔的逻辑上的一致性其实是一种幻相。而这种幻相是必然的。

辩证法在随后的发展中,比如在苏联的发展中变成了一种教条。而观念论的辩证法在这里也就是在西方成为文化教材。这种理论与肉体脱离开来了,变成纯粹的概念思考。黑格尔的辩证法思想变成了教科书中的内容。这两种形式的辩证法都是不够的。在阿多诺看来,即使这两种辩证法被启动起来,它们也不能各自单独地对于现实产生影响,或者单独地有助于重新认识哲学的结构以及与哲学结构相关的认识对象。这里的潜在意思是,阿多诺要把这两种辩证法结合在一起。他既要吸收观念论的成果,又要吸收唯物论的内容。由此,阿多诺认为,虽然黑格尔哲学是同一性哲学,但是黑格尔辩证法告诉我们一个道理,哲学要有内容,要有非同一的东西。只有这样哲学才成为有内容的思考。这是黑格尔的辩证法的积极的东西。然而,今天,哲学虽然也想有内容,但是它或者变成了世界观,变成对于世界状况的一种总体上的描述(这里可能是指唯物主义辩证法),教条主义的辩证法就是如此;或者还原为一种空洞的形式,即黑格尔所反对的中立性。这里所指的应该是实证主义。实证主义虽然研究经验的内容,但是这种经验的内容被它们中立化。对于阿多诺来说,唯物论和实证主义虽然想把握经验的内容,但是都不成功。而现象学开辟了一个新的道路,想把握内容。但是它采取了一种类似于实证主义的方法。或者说,现象学是实证主义的变种。比如胡塞尔也想用直观的方法把握非同一的东西，但是，他在直观中所把握的本质其实就是他思维中的概念。在这里，阿多诺主要批判的是海德格尔的现象学。海德格尔要把握存在，这个存在类似于阿多诺所要把握的非同一的东西。这也就是要把握具体的内容。但是最后非同一的东西都被他概括在存在这个概念之中。存在是什么？"存在就是存在本身"。[1] 这就是说，虽然海德格尔要把握具体的内容，但是他最终还是排斥了具体的内容。这就是空洞形式的哲学。

我们在前面说过，虽然黑格尔也想有内容，但是在他那里，主体是优先的，他所达到的目标是"同一性和非同一性之间的同一性"。虽然他也强调特殊，但是特殊在他那里是精神，而不是独立于观念的经验。这样的哲学实际上阻止了经验内容。这种哲学的研究同时也阻止了哲学。

哲学的兴趣

在阿多诺看来哲学应该对非概念的东西、个别的东西、特殊的东西、非同一的东西感兴趣。黑格尔、柏拉图这样的哲学家却对这样的东西不感兴趣。黑格尔把这种东西称为不值一顾的实存，而柏拉图把它当做是转瞬即逝、微不足道的东西。而阿多诺认为，哲学就是要研究这种东西，研究偶然的东西，这些非同一的质。一般来说，概念都是要概括一般的东西，而阿多诺认为，对于概念来说，最重要的是要关注没有被包含在概念中的东西，概念机制所排除掉的东西。这些偶然的、可被忽视的量等就是这样一些东西。这种东西是与肉体的体验有关的，是无法被纳入到同一性体系中的东西。阿多诺要把概念与肉体的要素结合在一起。

在阿多诺看来，胡塞尔和柏格森从两个不同的思路上把握这些东西。但是，他们都没有取得成功。他们虽然都在不同程度上涉及这种东西，但是都陷入了传统形而上学框架之中。他们都把这种东西当做像实体一样最终的东西。柏格森发明了一种新的认知类型。这就是直觉主义的认识方法。他试图通过直觉来把握非同一的东西、非概念的东西。可是如果非概念的东西都存在于意识

---

[1] 海德格尔：《路标》，孙周兴译，北京：商务印书馆2000年版，第389页。

之流之中，那么这种东西并没有被真正地把握住，因为在这里，与意识之流不同的质料性的东西，即"顽固的物性东西"被当做次要的东西，被轻易地打发掉了。他只是把它们看做是"意识之流"，而没有看到这些东西与肉体之间的关联，没有看到其中的"顽固的物性"。次要的东西被概括在次要性这个抽象的概念中，人们把握了次要性，用次要性来取代次要的东西，而没有在把握次要性的同时把握次要的东西。这种东西本来应该通过辩证法才能被把握，但是在柏格森那里，辩证法的"盐分"（内容）被冲刷到无区分的生命之流之中了。在阿多诺看来，意识流之中的东西，都要借助于概念才能表达出来。如果把概念和直觉结合起来就有辩证法了。柏格森由于不满意于僵化的抽象概念才对直觉产生兴趣。他要通过直觉来把握这种非同一的东西。所以，在柏格森那里，这种非同一的东西被当做直接的东西被直观到，直接在生命之流中被体验。对于柏格森来说，这种非同一的东西是超出概念的东西。如果这种东西被束缚在概念中，那么这是不自由的东西，而超出概念东西就是这种最高自由的东西，柏格森所崇拜的就是这个不自由之中最高自由。柏格森把因果机械论的知识和直觉的知识区分开来，把这两者对立起来。而这种做法其实与他所反对的笛卡尔哲学和康德哲学是一致的。康德把实证科学与形而上学区分开来，笛卡尔也主张一种二元论。所以说，柏格森的二元知识的设想与笛卡尔、康德哲学没有原则的差别。阿多诺挖苦说，这就如同资产阶级的特权阶层虽然从资本主义制度中形成起来，但是这个阶层一旦形成起来，就不再关注这种制度，不管这种制度。直觉知识其实也是从机械因果知识中产生出来的，它获得了一种特权地位，但是一旦它获得了特权，它就不管机械因果知识了。其实，这种直觉知识就是从机械因果知识中获得了好处。柏格森所说的那种纯粹流逝意义上的时间虽然不同于康德所说的直观形式，但是康德的直观形式（时间）却为他的空间意义上的时间奠定了基础。空间意义上的时间就是纯粹形式意义上的时间，而意识流中的包含个体体验的时间是另外一种时间（绵延）。在阿多诺看来，这两种意义上的时间是结合在一起的。脱离了感性形式意义上的时间，包含内容的时间体验也是不可能的。而当柏格森试图脱离形式意义上的时间来直接进行时间体验的时候，他诉诸直觉。在阿多诺看来，柏格森所说的直觉类似于古代社会中的模仿（mimic）。古代社会，由于概念不发达，为了把握具体的、非同一的东西,人们使用模仿。这里的模仿就相当于直觉,即直观地把握非同一的东西。这种直觉要超越凝固的当下,所谓凝固的当下就是用概念概括起来的经验。阿多诺承认这种直觉方法的重要性,但是他反对把这两种不同的知识对立起来。直觉的东西必须借助于概念,当然也要超越概念来把握,即借助于辩证法来把握。纯粹的直觉无法取得成功,它必须借助于理性。在柏格森那里,这种直觉到的时间就是纯粹的绵延、纯粹的变化、纯粹的行动。当时间成为纯粹的绵延的时候,时间就不再是时间了,而是抽象的时间,可以理解为时间性,是剔除了时间的时间。所以,阿多诺说,这是纯粹形而上学意义上的时间,也就是无时间性。对于阿多诺来说,要进行认识活动就必须有认识的工具,必须有概念等。概念就好像是一个固定的框架,把流动的东西固定下来。如果没有认识的概念,那么纯粹的绵延(直觉)就变成了"任意"的东西。柏格森的绵延就是这种任意的东西。与柏格森从流动的直觉来把握非同一的东西不同,胡塞尔要通过本质直观,从一个具体的东西中直接把握本质。胡塞尔的这种认识方法不是从许多不同的东西中抽象出一般本质,而是从具体的对象之中直观本质。阿多诺认为,这里所出现的是一种特殊的精神经验①。简单地说,精神经验就是把概念和经验结合在一起,经验能够从特殊中获得特殊本质(特殊的本质,是一个东西成为它本身的本质,区别于一般意义上的本质。),即非同一的东西。应该说,阿多诺还是承认现象学方法的积极意义的。按照阿多诺的思路,现象学也是要从特殊的经验中把握非同一性东西。现象学本来要在特殊中把握本质,即阿多诺所说的非同一的东西(特殊的本质),结果它得到的是概念,是抽象的一般,即胡塞尔所说的一般本质。阿多诺说,胡塞尔在直觉中所得到的东西,应该是具体的东西,而他在结论中所得到却是一般概念。因此阿多诺认为,直觉过程所得到的东西和它的结论之间存在着明显的不对称。

在阿多诺看来,无论是柏格森还是胡塞尔,都是要通过一种直觉或者经验来把握特殊,把握非同一的东西。从这个目标来看,他们两个人都努力要突破观念论,即观念中达到同一性的思路。可是,他们两个人都没有取得成功。柏

---

① 关于精神经验,参见王晓升:《论阿多诺哲学中的"精神经验"概念》,载《马克思主义与现实》,2019年第五期。

格森所关注的是意识流,而胡塞尔关注意识中的直接被给予的材料。他们都在意识的圈圈里打转。所以,这两个人并没有真正超出观念论,没有超出主观内在性的范围,没有把意识和肉体的要素结合起来。

这两个人都有一个企图就是把握那不能在概念中说出来的东西、非同一的东西。在阿多诺看来,说出不可说的东西是哲学的任务。而维特根斯坦在他的《逻辑哲学论》中的最后一句话是,对于不能说的东西,我们应该保持沉默。而非同一的东西是不能用概念表达的东西,但是哲学应该研究这种东西。因此哲学的任务就与维特根斯坦的那种实证主义的思路完全不同,它应该说那些不能说的东西。说出不可说的东西,这显然是一种矛盾,是不可完成的任务。但是在阿多诺看来,这就是哲学的任务。如果哲学不直接面对这种矛盾,不把自己变成辩证法,那么哲学就必然会陷入各种特殊的矛盾中。对于阿多诺来说,如果没有采用辩证法对待非同一东西,那么任何一种哲学都必然包含各种特殊的矛盾。说出不可说的东西这种矛盾从一开始就迫使哲学成为辩证法。今天的哲学的任务就是要把握非同一的东西,就是要成为有内容的哲学。在阿多诺看来,这样的哲学是可能的。哲学就是要让概念超越概念,让概念把握非概念的东西。人们用概念进行判断,这只是一种准备性的工作,只是把握了局部的东西,而没有把握到非同一东西。由此,哲学要超越这种"准备性、片断的东西"。阿多诺认为,哲学从事这样的工作是哲学的天真,而哲学必然患有这种天真的毛病。哲学要超出概念,这是一种天真的做法,类似于古代人的那种直觉思维。但是哲学必须要保留这种天真。如果哲学不把握这种东西,那么这就意味着人类精神屈从于现代社会中的实证思维,屈从于工具理性。在这里,阿多诺说,如果屈从于工具理性,如果不把握非同一性东西,甚至最简单的计算都不可能。在这里,人们必然会感到奇怪,为什么借助于工具理性不能计算呢?我们在实际生活中难道不是借助于这种逻辑的方法,这种工具理性的方法进行计算的吗?阿多诺认为,即使最抽象的逻辑都必须借助于某种东西,具有内容的东西,纯粹形式的思考是不可能的。而这个内容的东西是不能被纳入逻辑的纯粹形式之中的。而这种内容的东西,这种不能被纳入逻辑中的东西就是非同一的东西。没有对于这种非同一的东西的把握,甚至简单的计算都不可能。如果我们要数数,我们在儿童时代是借助于手指头的。没有一开始借助于手指头，那么抽象的数数就不可能。这就是说，即使数学上的计算是运用同一性思维来进行的，但是其中也不能缺乏直觉，没有直观，计算也是不可能的。在计算的时候，纯粹的数字背后一定有关于具体的东西的直觉在发挥作用。纯粹概念性的思想是不可能的。真理就是通过概念之外的东西才获得的。我们的认识就是要通过概念来达到非概念东西。

对抗的总体

按照前面的分析，矛盾是必然的，这种矛盾是一种事实上的矛盾。在生活中，人们必定要用同一性的方法来把握对象。这是认识活动的必然要求，而只要人们用同一性的方法认识事物，那么这个活动必然就是矛盾的。显然，阿多诺所说的矛盾既不是纯的主体内部的矛盾，不是思维活动中思维和它所要思考的对象之间的矛盾，也不是自然本身就具有的矛盾，而是作为思维的主体在面对世界的时候所出现的那种事实所出现的矛盾。这是人在改造世界的活动中必然出现的矛盾。这种矛盾表明，利用概念所形成的同一性命题是无效的，因为它忽视了概念与对象之间的矛盾，也就是阿多诺所说的主客体之间的不可克服的矛盾。辩证法就是要按照矛盾的形式来组织自身，而精神就是要认识到，它不可能把非同一的东西完全纳入到精神的框架中，它必须按照矛盾的方式组织自身，必须是辩证法的。这就是说，精神必须是自身矛盾的。阿多诺就是从这个角度来说明，如果精神试图把一切都纳入到精神的总体之中，从而构成一个总体，那么这个总体一定是矛盾的。这是因为概念一定会面对着不能被纳入概念的东西。这与观念论有什么差别呢？观念论也看到了特殊的东西，片面的东西。但是观念论借助于概念的中介把对象传递到主体之中。在主体之中发现矛盾，然后又在主体那里，把对象的结构重新编译出来。这样，观念论虽然也看到了特殊的东西，但是，这个特殊的东西是要被扬弃的。概念被扬弃的过程就是概念运动的过程。这个运动过程最终达到一个无矛盾的总体，或者叫"总体的真理"。这是被预先考虑到的总体的真理。这表明，虽然黑格尔哲学也承认矛盾，也要把握特殊的东西，把握非同一的东西，但是它最终走向了同一性。它虽然也要把握对象，但是对象是通过中介（概念）而传递到主体那里的，并由主体而重新发现其矛盾的。虽然这也是辩证法，但是这个辩证法的目标早已确定好了。如果没有这个同一性的目标,那么精神就缺乏动力和方向。那么主体重新发现的矛盾与精神经验中的矛盾是什么差别呢?精神经验概念本身就是矛盾,精神从一开始就意识到它自身的矛盾,与肉体相结合的精神"体验"到它无法克服这种矛盾。它知道自己是一个矛盾的系统。观念论虽然看到矛盾,但是它最终达到了同一的总体。这个总体其实是来自于社会。按照卢卡奇的分析,资本主义社会已经变成了一个物化的总体。这个物化的总体就是由于合理化的精神所造成的。当合理化的精神被贯彻到社会的一切领域的时候,社会就是按照这种合理化的方法组织起来的总体。阿多诺接受了这样的观念,由于这个社会按照合理化原则组织起来了,所以社会显示出极端的客观性。在这个社会中,人是主体,其实这个主体就是按照社会的客观性所塑造起来的。从这个角度来看,这个社会既是主体的缩影,又是主体的否定。主体的思想就是社会的思想,主体的精神就是社会给予主体的客观精神。所以在这个主体中同一性逻辑占据了主导地位。按照阿多诺的说法,这个社会是精神的客观决定者。既然社会构成了这样一个按照同一性逻辑构成的交换总体,那么精神也构成了这样一个总体。虽然这个社会中也有特殊的东西,但是都在这种交换的体系中按照同一性原则纳入到总体之中。当然,社会作为这样一个总体是通过主体的作用而支配精神的。而主体本身就是受这个社会所约束的。在这个社会的约束之中,主体就是这个社会的缩影。本来个人只有获得独立性和自主性的时候,个人才是主体,但是当个人成为社会的缩影的时候,个人就不是主体了。从这个意义上说,社会否定了主体。既然社会否定了主体,主体不过是社会的缩影,那么主体的观念就与社会的观念完全一致。在这样的情况下主体不能认识社会,也不能认识自身。虽然物质生产过程是主体形成的,但是这个生产过程一旦形成起来,就和主体分离开来,是主体所无法化解的,而主体所进行的理论建构虽然受到生产过程的制约却又是独立于这个生产过程的。这个主体所产生的精神就和这个社会是一致的,是一种客观的精神。这个精神构成了一个同一性的总体。当这个主体与客观精神一致的时候,主体就被还原到同样的公分母上,即主体都是一样的。如果主体都是一样的,那么这个主体就变成了非主体,它缺乏自身的独立性。因此,主体成为主体的敌人。而精神经验所关注的特殊则不同,它超出了哲学之外,超出同一性的精神之外。由此,在批判同一性的时候，不能局限于精神的范围之中，而要像精神经验那样，对于外在的特殊的东西有直接的经验。只要有这种特殊的经验，那么同一性的总体就破产了。所以，阿多诺在这里说，通常所说的一般性是正确的，又是不正确的。通常所说的一般性，之所以是正确的，是因为，在这个社会中，一般性、通约性占据了主导地位。黑格尔那里的精神的"以太"就是指这种一般性。它是不正确的，是因为，理性本来不应该是这样的，不应该仅仅关注一般性，而仅仅关注一般性，是资本主义社会的产物。或者说，关注一般性是理性的一种特殊兴趣，是资本主义社会才有的一种特殊兴趣。在这个资本主义社会中形成的主体习惯于把一切都纳入到同一性的框架之中。这就是为什么，对同一性哲学的批判，对于观念论的批判不能拘泥于思想领域，而必须把思想领域与现实领域结合起来（潜在的意思是思想与肉体的结合）。只有这样，我们才能看到，思想领域中的这种绝对同一性是资本主义社会自身的要求，看到理性在资本主义社会中所受到的限制。当我们对于同一性哲学的批判超出了哲学之外，把同一性哲学的批判与现实问题的分析结合起来的时候，我们就会看到思想冲破同一性限制的可能性。

最后，阿多诺指出，虽然在资本主义社会中同一性原则占据了主导地位，但是只要人需要生活，那么人就一定会打破同一性逻辑。这是因为，生活中人所需要的是使用价值，这种需要是与肉体结合在一起的，而使用价值是不能被概括在同一性中的东西。对于非同一性东西的要求，对于使用价值的要求表明，精神要达到完全的同一性是不可能的。或者说，精神的总体性是一种乌托邦，而非同一的东西阻止了这种乌托邦。这是乌托邦中所无法消除的东西。乌托邦本来的意思是无法实现的状况。如果联系到这里的内容，那么这就意味着，直接达到非同一的东西是无法实现的，但是哲学又要追求这个东西。哲学要达到它的理想状况，达到非同一的东西，它秘密地放弃了这种东西，同时又努力达到这种东西。就乌托邦的具体可能性来说，它就是要实现同一性和非同一性东西之间的和解。而辩证法不是这样一种和解状况，辩证法承认矛盾的客观性，承认矛盾是客观存在的。从这个角度来说，辩证法是错误状况的存在论。而正确的状况应该是摆脱这种存在论，摆脱这种客观的矛盾状况。乌托邦就是要摆脱这种客观矛盾状况。但是，摆脱这种客观状况既不是形成一个体系，也不是保留客观矛盾，而是达到一种和解。

概念的祛魅

哲学的研究都要使用概念。没有概念，哲学研究就没有可能。所以，如果人们泛泛地指责黑格尔，说他只是利用一般的概念作为研究的手段。这是不公的。在理论的研究中，甚至最极端的实证主义思想也要用概念，都不可能像实证科学那样直接使用物理实验，或者某个动物的解剖图。由此，对于阿多诺来说，问题不在于是不是使用概念，而是不能拜物教式地使用概念。那么什么样的做法叫拜物教式地使用概念呢？这就是认为，概念是自足的，它只是遵循同一性逻辑，它能够在自身范围内淳朴地展示自身。这就是用一种拜物教的态度对待概念，好像概念自身有一个神秘的客观特性，如同我们所崇拜的神那样。而非拜物教式地对待概念是这样的：在真理中，任何概念都要指称非概念的东西（概念把超出概念的东西结合在一起了。把肉体和精神结合在一起的主体在使用概念的时候，就把概念和概念之外的东西结合起来）。通俗地说，概念必须涉及概念指称的外在的东西，把概念和概念概括的东西结合在一起。或者说，这既不是拜物教式地把概念看做是自足的，也不是像实证主义那样，直接用事实来说话。这种使用概念的方式是，既使用抽象概念，但是又把概念联系到概念所涉及的事实。我们可以说，阿多诺对于概念的这种理解方式是介于唯名论和实在论之间的。所以，对他来说，在真理中概念既是抽象的，但是又超出概念，把概念与概念所涉及事实联系起来。我们可以说，阿多诺所说的概念是介于抽象的自主的概念与实证事实之间。这是我们从前所从来没有想到过的。

虽然我们在哲学研究中必须使用概念，但是我们不能把概念与现实脱离开来，不能让概念获得优先性。反过来，我们也不能因为哲学都使用概念，而否定哲学，好像哲学只能在抽象概念领域中兜圈子。对于阿多诺来说，任何概念都要走出概念的范围，走出思想的范围，而与现实联系起来。当概念走向非概念的东西的时候，概念就不是局限在思想中的，而是现实中的要素。在这里，我们看到，阿多诺把纯粹内在意义上的概念理解为"从内部作为概念中介出现的东西"。而这个东西不能被理解为自在的东西。虽然我们在思考的时候需要这个内部的东西，但是不能把这个内部的东西看做是自在独立的东西。对于阿多诺来说，概念除了有这个"从内部作为概念中介出现的东西"还有从外部与现实联系起来的东西。概念是"外部"和"内部"结合起来的东西。如果人们把概念只是理解为"从内部作为概念中介出现的东西"，那么概念就获得了一种自在存在的幻相。于是，这个纯粹内部的东西，这个"从内部作为概念中介出现的东西"就获得了脱离现实的运动形式。阿多诺否定了人们对于概念的这种理解，而且我们大多数人都是这样来理解概念的，而实际上概念不是这样的，概念是与现实联系在一起的，概念是现实的一部分，它被束缚与现实中。

接着，阿多诺强调，虽然哲学必须使用概念，但是我们不能因为哲学必须使用概念，于是就认为概念具有绝对优先的地位。反过来说，我们也不能在反对概念的绝对优先地位的时候而对哲学进行即席审判。好像是说，既然概念没有绝对的优先地位，那么哲学使用概念就是空洞的胡闹。由于哲学使用的概念是与现实（非概念的东西）结合在一起的，因此，概念性不是哲学的本质。我们不能因为哲学必须使用概念而简单地认为，哲学具有概念性的本质。好像哲学只能停留在抽象的概念圈子中。而当我们说，哲学没有概念性本质的时候，我们就使用了概念。如果我们把概念看做是与现实联系在一起的概念，那么我们的这个说法就不能简单地被当做是一种由概念构成的教条，也不是关于哲学的实在状况。如果这两者都不是，那么我们的这个说法究竟是什么意思呢？我们不得已地说，它是这两个东西结合在一起的。这是因为，概念和现实本来就结合在一起。如果有人问我，把现实和概念结合在一起的东西是什么样子的，那么我们无法给你指出来。在这里，阿多诺无可奈何地用了黑格尔的存在概念来说明这一点。黑格尔在《逻辑学》的一开始就用那个存在概念指非概念的东西。这是一个概念，是最抽象的概念，它是几乎没有任何内涵，但是它不是无意义的，它是指非概念的东西。这不是一般概念了，而是超出了概念了，是非概念了。这个概念同时就是非概念。"存在"这个最抽象的概念其实不是概念。拉斯克[①]就是这样理解的。在这里，阿多诺从辩证法的角度来理解

[①] 这里所提到的拉斯克（Emil Lask）是德国哲学家，新康德主义的代表人物，对海德格尔思想的形成产生了重要影响。主要著作有《哲学逻辑与范畴学说》、《判断学说》。

概念。这就是概念指向非概念的东西，把非概念的东西作为其外在要素而包含在概念之中，这样概念就指向非概念了。这表明，概念不会满足于自身的概念性，即概念的抽象一般性，满足于把自身束缚在思想之中。但是当概念趋向于非概念的东西的时候，概念会把自身和非概念的东西等同起来，好像概念变成了一个实际存在的东西。这也是把概念变成现成存在的东西。这也是概念拜物教了。而当概念把自己变成了现成存在的既定的东西，那么概念就束缚于自身了。从这里可以看出，对于阿多诺来说，概念是动态的，而不是静态的，固定的。从前面的分析中，我们可以看到，在阿多诺那里，概念具有两个方面，一个是内在的方面，一个是外在的方面。从内在的方面来说，概念以精神为内容。从外在的方面来看，概念是与存在者状态联系在一起的。所以，阿多诺提出了一个重要的观点，概念的内容从精神方面来看，是内在于概念的，而从存在者状态上来看，概念的内容是超出概念的。当人们使用概念的时候，意识到概念的这种特点，意识到概念的这两个方面，那么人们就能够摆脱概念拜物教。哲学的反思就是要保证非概念的东西、概念所涉及的外在现实的东西（存在者状态）被包含在概念之中。如果概念不能把概念所涉及的东西包含在概念之中，那么这样的概念就是空的。这样的概念就什么也不是。所以，在这里，我们特别意识到，阿多诺所说的概念，与我们平常所理解的概念的含义是不同的。阿多诺特别强调，他对于概念的这种理解。在他看来，认识到这一点，即认识到概念的这种特点，那么这就可以消除概念的自足性，就可以解开蒙在我们眼睛上的绷带。这给我们提供看待哲学的新视角。我们可以说，这在思想史上是罕见的。其实，海德格尔在使用概念的时候，也有这种企图，但因为海德格尔缺乏辩证法，他的努力并不成功。

接下来，阿多诺进一步说明了概念的概念性和非概念性之间的关系。概念必须处理存在者，这是概念的非概念性的特点。尽管概念要处理存在者，但是概念毕竟还是概念，或者说，概念还是保留了它的概念性。虽然概念具有概念性，但是这改变不了下述事实，即概念从它自己那个方面来看被纳入到非概念的总体之中，而概念只有通过自己的物化才能针对这个总体而把自己封闭起来，这种物化当然会把它作为一个概念生产出来。概念具有概念性是物化世界所造成的。概念从它自身那个方面来看，它被纳入非概念的总体之中，被纳入到存在者的总体之中，纳入到现实的总体之中。当概念纳入非概念的总体之中的时候，它的概念性被扬弃了，它变成了物化总体中的一个要素。而当概念变成物化总体中的一个要素的时候，概念就把自身固化，变成了像物一样的东西。于是概念会针对非概念的总体而把自己封闭起来。在这里，概念虽然被物化了，变成封闭的东西，但是这也有好处，就是概念摆脱了自己的概念性。它的坏处是，概念在这里被物化了。在这个时候，概念为了对付物化的总体才不得不把自己的概念性凸显出来。于是，概念可以被理解为概念性和非概念性的统一。当我们按照这样一个思路来理解概念的时候，概念就是辩证逻辑中的一个要素。如果我们按照这个模式来理解判断和推理，那么它们也必须按照辩证逻辑来理解。概念通过非概念的东西，通过存在者而成为一个中介者，这个中介者通过其指称而被保留在概念中。概念有概念性和非概念性两个方面的要素，这个概念性的方面通过非概念性的方面而使概念成为中介者。这样概念就能够借助于这个中介者而具有指称的功能。或者概念所具有的指称的意义被保留在概念之中。当概念包含了中介者的时候，概念就具有了指称的功能，而这个指称功能就是概念的概念性存在（Begriffsein）的基础。阿多诺在这里所说的概念性存在就是概念和非概念意思结合在一起，这个结合在一起的"东西"可以被理解为"存在"。这就是概念存在的基础。概念包含了存在者，包含了指称，这就是概念标志着概念性和非概念性结合在一起的基本特征。阿多诺对于概念的这种分析，尤其是对于指称和中介的分析超出了传统的分析哲学的思路。这是值得我们重视的。

接下来阿多诺从概念的概念性和非概念性方面来说明了概念的特点。这个特点包含了两个方面。一方面，概念可以和非概念的东西联系起来，这个时候，我们所凸显的是类似于概念的指称功能。这个时候，我们要定义概念的时候，我们就需要借助于某个具体的东西，需要指出这个东西。另一方面，概念也可以从这个指示性功能脱离出来，变成了抽象的概念性的东西，它把具体的存在者概括在概念中，成为一个抽象的统一体。这个时候，我们只能从内在的角度来理解概念，于是这个意义上的概念就与存在者状态分离开来。概念既是存在者状态的抽象统一体，又与存在者状态分离。

最后，阿多诺指出，改变概念的方向，使它转向非同一的东西，是否定的辩证法的关键。改变概念的方向，即把概念从内在性的束缚中解放出来，把概念和存在者联系起来（概念获得存在者状态），与非概念的东西（存在者状态）联系起来，这是否定辩证法的关键。当概念转向非概念的东西的时候，概念就碰到了与概念非同一的东西。这个时候，概念就必须改变自身。所以，阿多诺强调，当我们看到概念之中包含了非概念东西的时候，概念的强制的同一性就会解体。这就需要我们持续地反思，没有这种持续的反思，概念总会带有同一性的强制。最后阿多诺说，"概念的自我沉思可以引导人们走出概念自在存在的幻相，即概念含义的单一性的幻像，从而走向它自身的含义。"[①] 这就是说，如果人们带有一种反思意识来使用概念，那么概念就不会被理解为自在存在的东西，人们就不会认为概念具有单一性。这个时候，我们就会把概念与非概念的东西联系起来，概念就有了非同一性的意义。虽然分析哲学也看到了指称的功能，但是它把指称和意义区分开来，把意义局限于概念的内部，而指称也是从内部指出外部的东西。而阿多诺的意义概念包含了指称并超出指称。

"无限性"

这个部分通过"无限性"这个概念的分析说明哲学与艺术的关系。"无限性"是一个概念，但是，如果我们对于这个概念采取一种观念论的态度，或者采取一种概念拜物教的态度，那么"无限性"这个概念好像就把无限的东西都把握住了。

哲学就是要反对概念把自身独立起来，反对它把自身变成绝对。所以，在这个地方的一开头，阿多诺就指出，概念的祛魅，即反对概念拜物教，是哲学的解毒剂。这是因为，如果我们陷入了一种概念拜物教，把概念看做是完全把握了概念所要把握的东西，那么哲学使用概念就足够了，哲学借助于抽象的概念就足以把握住对象了。如果这样，那么哲学就把自身变成了绝对。好像哲学满足于自身的概念体系就可以了。而阿多诺认为，哲学仅仅借助于概念来把握对象是不够的，而需要借助于艺术和直觉。在这里，他通过对于"无限性"

---

① 阿多诺：《否定的辩证法》，王晓升译，北京：中央编译出版社2023年版，第15页。

概念的分析来说明这里的联系。

首先，无限者的概念是观念论所留下的观念。这就是说，观念论要借助于"无限性"来把握无限的东西，好像用了这个"无限性"的概念，无限的东西就已经被它把握了。在这里，观念论采取了一种拜物教的态度来对待"无限性"这个概念，所以这个概念被观念论破坏了，并且是破坏得最严重的一个概念。因为，人们使用其他概念的时候，虽然拜物教破坏了这些概念，但是人们还能够在一定程度上让概念超出概念。而"无限性"这个概念不同，既然一个东西是无限的，那么我们就不能用概念来表达，而一旦用概念来表达，把它纳入概念中，它就不是无限的了，而被纳入到概念之中，变成有限的。所以，如果我们要用这个概念，那么就必须非常谨慎。阿多诺特别看重这个概念，要让这个概念摆脱拜物教，从而让这个概念来表达非同一的东西，表达不能被概括在概念中的东西。阿多诺要让无限者的观念发挥作用。用"无限性"概括无限的东西，这类似于科学中，人们用有限的公理来穷尽事物。从这个角度来说，观念论模仿了实证科学的认识方法。所以，阿多诺说，哲学的任务，不是把现象还原到最少的公理。黑格尔指责费希特，说他从"格言"出发（我们没有找到出处）。这就如同从公理出发一样。于是，哲学就可以像实证科学那样把握整个世界。无限的东西都被把握在绝对的知识之中。如果哲学不是把无限的东西纳入到概念框架之中，不是从少数公理出发来把握一切对象，那么哲学究竟应该如何做呢？阿多诺的回答是，哲学严格地来说就是要把自己沉浸在与它异质的东西之中，而不是把这些东西带入预制好了的范畴中。异质的东西就是非同一的东西。对于这种非同一的东西，哲学不是把它们纳入到概念框架中，即预制好的范畴中，而是沉浸到这种东西中，去领会和体验这种东西。在阿多诺来说，现象学的纲领和齐美尔的纲领也试图接近这种异质的东西，但是它们都失败了。这是因为，它们采取了一种直观的方法，而缺乏辩证法。在阿多诺看来，接近这种异质的东西就既要借助于概念，又要超出概念。哲学的目标就是要展现这种非同一的东西。也正因为如此，阿多诺强调，只有在哲学未对其自身的内容实施强制的地方，这个内容才是可以被把握的。如果一定要把握非同一的东西，那么我们不是要把这种非同一的东西强行纳入概念框架之中。如果把非同一的东西，无限的东西纳入到"无限性"当中，那么我们就无法把握非同一的东西、无限的东西了。有一种幻想认为，哲学可以用优先的规定来把握本质，用概念来把握本质（个别的本质）。阿多诺认为，这种幻想应该被抛弃，这是把非同一的东西同一起来。正因为如此，当我们使用诸如"无限性"这类词语的时候就应当非常谨慎，因为它很容易陷入拜物教，把非同一的东西同一起来。从这个角度来看，观念论哲学家的嘴巴之所以极其轻易地说出了"无限性"这个词，是因为他们想借助于这个词说出无限的东西，缓解人们对于他们的概念机制的贫乏所产生的怀疑。这就是说，他们也想用"无限性"来表达无限的东西。但是，他们过度轻率地使用"无限性"这个概念了，往往陷入拜物教的陷阱之中。甚至黑格尔哲学也是如此。这就是说，尽管黑格尔哲学也试图把握非同一的东西，但是他最终都要达到绝对同一。从这个角度来说，他使用"无限性"这个概念也有缓解人们对他的贫乏概念的怀疑的意图。这样一种观念论哲学以为，它们借助于概念就能把一切对象都纳入到概念之中了，他们能够把握无限的对象。因此，作为哲学，它就把握最终的东西，无限的东西尽在它的把握之中，把握在他的有限的体系之中。所以，这种哲学是有限的，而不是最终的。阿多诺强调，一种改变了的哲学，也就是他自己的哲学，必须放弃那种要求，不再说服自己和其他人，无限的东西已经在它的掌握之中。相反，这种哲学会蔑视那种把自己限制在少数几条公理的集合体之中的做法。这种做法会以为，他借助于几条公理就把所有的东西都把握在它的体系之中了，即他的公理体系的结合体之中了。阿多诺反对把哲学变成这种有限的体系。从这个角度来说，哲学不能是有限的。而改变了的哲学应该是无限的。不过，阿多诺在这里又强调，在使用"无限"这个词语的时候要谨慎，不能把无限这个词语物化，变成一种拜物教式的东西。

当这种改变了的哲学试图把握非同一的东西的时候，它会把那些未被纳入概念框架中的对象的多面性作为自己的内容，把非同一的东西作为自己的内容。而观念论就把这种框架强加在哲学上，或者变成哲学所追求的东西。如果哲学把概念框架强加在对象上，或者追求这种框架，那么哲学就变成了这样的东西，它把框架加到对象上，然后从对象中看到了这个框架，好像这个框架就是对象的内容。这种哲学就局限在自己的概念框架之中。这就是观念论。阿多诺在这里用镜子的比喻来说明这种哲学。这种观念论哲学不是听命于对象，而是把对象作为镜子,从镜子中重新发现了自身,好像这个镜子中的图像就是对象的具体内容。而人在照镜子的时候,镜子里面的就是他自己。如果对象就是镜子,那么人们从镜子中看到的就永远是他自己。观念论就是如此。它把对象只是当做镜子,把镜子中的自己看做是对象的内容。这就是说,人在认识对象的时候,会把自己的概念框架投射到对象上,认识主体又从对象中发现了它自己。从这个角度来说,观念论是把对象当做镜子的哲学,而不是真正地把握对象的哲学。我们前面说过,概念通过非概念的东西而成为中介者。在哲学思考中,人们使用概念不是用概念来抽象地概括概念中的东西,而是把概念作为一个中介,借助于这个概念而达到概念中的非概念的东西,即无法被纳入概念的同一性框架的东西。所以,哲学中所要把握的具体内容不是别的,而是概念性反思中介之中完全的、不折不扣的经验。这样,阿多诺就对哲学有了一个全新的理解,这就是哲学是一种经验科学,经验是通过概念性反思中介中才能被把握的。这是与非同一东西联系在一起的经验。而黑格尔虽然也看到了经验的意义,把精神现象学理解为"意识的经验科学",但是,在他那里,这种与非同一东西联系在一起的经验却被他贬低为范畴的例证。这里的非同一性的内容被同一化了,被与范畴联系起来了,而不是与非概念的东西,与非同一东西联系起来。黑格尔的这种观念论哲学就力图实现自身的无限性,或者说,用他的概念体系来把握无限性,这种观念论哲学之所以认为,他能够把握无限的东西,把所有的非同一的东西都把握在概念体系中,是因为它认为,每一个具体的东西,每一个个别的东西都是整体的再现。这就如同莱布尼兹所说的单子,这个单子就是总体的再现,虽然每个单子都再现总体,但是每个单子却又不同,又不是完全再现整体。从这个意义上来说,这些单子就不是像莱布尼兹所设想的那样是前定和谐的,而是前定不和谐的。阿多诺通过这种前定不和谐来说明概念之中的非概念的东西(存在者状态)。

阿多诺本来反对第一哲学。关于他反对第一哲学的理由,后面阿多诺有所论述。而在他看来,他对于第一哲学的批判同时也是对于哲学的有限性的批判,即哲学能够在有限的体系中把握无限的东西。第一哲学认为它能够把握最终的东西,能够把握第一原因。我们可以说,第一哲学和哲学的有限性是一致的。对于第一哲学的批判同时也是对哲学的有限性的批判。所以,阿多诺认为，虽然这种哲学认为，无限的东西被它把握了，但是这种哲学不过是对于无限性夸夸其谈，而没有真正地重视无限性，没有认真地对待无限性。阿多诺强调，认识不可能完全把握其对象，它不给人们提供一种获得整体的幻觉。如果认识能够完全把握其对象，那么认识就把握到了对象的总体，这是不可能的，好像这种认识能够把握对象的所有要素，把握对象的绝对原因。阿多诺认为，哲学不可能把握这个总体，把握对象的全部。只有第一哲学，或者观念论才会简单地认为，它把握了对象的全部。

在批判了第一哲学和观念论之后，阿多诺讨论了哲学与艺术的关系。哲学必须借助于概念来把握对象，所以哲学不可能达到总体，把握无限的东西。于是，哲学就需要借助于艺术的想象，借助于艺术上的直觉方法。这就需要从哲学上解释艺术品。但是从哲学上解释艺术作品的工作不是要把艺术作品和概念同一起来，不是要把艺术作品吞并到概念之中。如果把艺术品吞并到概念中，那么艺术品通过直觉来把握非同一的东西的努力就失败了。艺术作品总是余音绕梁、回味无穷，如果被概念从总体上把握了，那么它就失去了其无限性的特点。阿多诺强调，艺术作品通过解释而在其真理中展示自身。艺术品虽然能够通过直觉展示无限的东西，能够达到非同一的东西，但是如果不借助于概念，它就变成虚无缥缈的东西了。所以，艺术品要借助于解释才在其真理中展示自身。或是说，艺术品要通过概念的解释才能达到展示真理的目标。如果把艺术品吞并在概念之中，那么这就是最广义上的技术运用。而拒绝屈从的哲学，不受概念框架束缚的哲学，那种珍视无限性的哲学就不会屈从于这种技术方法。它会把这种技术方法看做是无关紧要的。这就是说，虽然哲学也要借助于概念，但是哲学更重视的是无法被纳入概念的东西。而在哲学研究中哲学必须使用概念，这就导致了哲学的错误，它无法公正地对待非概念的东西。所以，从原则上说，哲学总会出错。当哲学用概念来处理非概念的东西时，虽然哲学出错了，但是哲学也借助于概念获得了某种东西。怀疑主义、实用主义其实就是看到了人认识事物的局限性。人在认识中存在局限性，即认识的目的不是把握对象，而是控制对象。概念是为了实用的目的而被用来控制对象的。它们看到了概念在认识事物的过程中一定会出错，但是它们也不是完全放弃了知识，而是看到了知识的有用性。而实用主义就满足于这种有用性。阿多诺看到了怀疑主义和实用主义的积极意义。他认为，哲学应该把这样一种观点——即使用概念所进行的认识是包含错误的但却是有用的知识——作为哲学的酵素，把这种酵素加入到有所强调的哲学之中。这里所说的有所强调的哲学就是关注非同一东西的哲学，关注非概念东西的哲学。哲学应该在一定程度上接受自己的思想中的可错性，而不是验证自己的认识，并通过验证放弃所获得的知识。在阿多诺看来，这种可错的知识还是有用的。所以，阿多诺在这里强调，现代哲学包含了一种科学化的传统，而这种科学化的传统就是强调哲学要通过逻辑的方法获得绝对真理。这种哲学传统强调了方法的重要地位。而阿多诺认为，哲学应该修正性地加入游戏的要素。这就是说，哲学不可能科学化，不可能达到绝对真理。哲学对于自己所获得的东西既要认识对待，又不能那么认真，而要像对待游戏那样来对待它。黑格尔哲学就无法公正地对待哲学中的游戏要素。比如，他指责分类和区别具有游戏的性质，而不是严格规定的。他在哲学中要排除游戏的因素。可是，这个老成的哲学家知道，他用概念并不能完全把握对象，他知道，他会与他所思考的东西失之交臂，但是却还是声称，他完全把握了他思考的对象。这就是说，黑格尔的辩证法其实在一定程度上就是表明，他借助于概念所获得的东西是有局限性的，比如，通过分类而获得的概念是有局限性的，但是他最终还是相信他达到了绝对知识。所以，阿多诺认为，黑格尔的这种做法类似于小丑。或许，黑格尔本人也意识到，他类似于小丑。而在阿多诺看来，当黑格尔本人意识到自己是小丑，意识到自己的局限的时候，这恰恰向他开启了一种希望，即把握被否定的东西的希望。这就是希望弥补他使用概念来把握对象的缺陷。接着，阿多诺从一个辩证法的角度来看待他的思想，即哲学是最严肃的东西，但是又没有那么严肃。哲学是最严肃的东西，即它要努力达到绝对知识，但是哲学又意识到它做不到。虽然它做不到，但是它并不放弃，这使哲学的每一步的具体努力都具有游戏的性质。在阿多诺看来，哲学所要把握的东西是非概念的东西，是非同一的东西。这些东西不是先天的，也没有"得到确认的力量"能控制它。这里所说的"得到确认的力量"就是指概念的力量，被人们接受的概念框架的力量。在阿多诺看来，跟踪这样一些东西即非概念的东西，按照这些东西自身的概念来说，即像这些东西自身所展示的那样来把握这些东西，同时就进入到一个无拘无束的领域，一个被概念性的本质所禁止的领域。这是一个非同一性东西的领域，是多样的领域。哲学就是要跟踪这些东西。按照阿多诺的看法，这些非同一性的东西、不能被归类的东西可以被模仿。而概念就应该与模仿相互作用。概念需要模仿，又不能落入模仿之中。如果概念落入模仿之中，那么概念就变成完全任意的。从这个角度来说，概念只有利用模仿才能避免它自身落入模仿之中。而在概念利用模仿的时候，概念就把模仿展示出来了。由于概念之中要有模仿的要素，由此，哲学之中也必定包含了审美的要素。但是，哲学也要扬弃审美的要素。从这个角度来说，哲学和艺术是联系在一起的。在关于哲学与艺术的关系上，阿多诺批判了谢林。在谢林看来，哲学需要艺术，是因为哲学虽然也能把握绝对，但是这是用一种理智的直观来把握绝对，这种把握方式是主观的，理念的。而艺术高于哲学，它用感性的直观把握绝对。而在阿多诺看来，艺术不是用直观来把握绝对的，而是把握非同一东西的。所以，哲学必须有审美要素，但是它的原因不是像谢林所说的那样，不是去直观地把握绝对。哲学需要和艺术相结合。哲学是通过概念来洞察现实的，但是它在把握非同一的东西时却面临困难。这就需要借助于艺术的直观。但是，哲学借助于艺术的直观，不是直接使用这种直观的方法，而是要扬弃这种直观。这就是说，哲学既需要借助于直观，又超越直观。对于阿多诺来说，哲学具有洞察和游戏的两极，具有理性的思考和审美的游戏这两个极端的要素。但是哲学也不是把这两者完全对立起来。把哲学和艺术联系起来，并不是授权哲学可以借用艺术，更不是要授权哲学可以求助直觉，野蛮人才会把直觉当作是艺术的特权。这就是说，哲学中也有直觉，哲学不是求助于艺术才被授权使用直觉。在阿多诺看来，无论在哲学还是艺术中，概念和直觉都是结合在一起的。比如，在艺术的劳动中，直觉也不是像天上的闪电那样孤立地闪现。它是与构图的形式法则一起出现的，如果人们想把它单独提取出来，那么它就会消失不见了。这就是说，如果没有概念框架，那么直觉也不可能出现。从哲学来说，抽象的思维之中也不存在一个独立于理性思维过程的直觉思维。阿多诺把这种直觉思维比喻成为泉眼，直觉好像是从泉眼流出的新鲜活水。这个新鲜的活水可以把直觉的思维解放出来。显然，阿多诺反对把直觉的思维方式和理性的思维方式对立起来。他在批判柏格森的时候已经指出了这一点。根据这种思想，阿多诺认为，一种认识如果与所进行的把握活动完全不同,那么这种认识也是完全不能把握的。这就是说,如果直觉也是一种认识,但是这种认识与理性的认识完全不同,即进行把握对象的活动完全不同,那么这种直觉本身也是无法被把握的,甚至直觉本身也无法把握这种直觉。所以,在面对这样的认识活动的时候,直觉也会惊慌失措、落荒而逃。模仿艺术的哲学如果想从它自身中产生艺术作品,那么它也毁掉了它自身。哲学要模仿艺术,但是哲学不产生艺术作品,而是要借助于艺术把握非同一的东西,把握非概念的东西的。但是,哲学在把握非同一东西的时候,需要借助于概念,它设定了同一性的要求,这就是说,它不是外在地直观对象,而是要让对象消失在他的概念之中。所以,阿多诺说:"尽管与异质性的东西的关系确实是哲学的主题,但是它要使对象消失在它自身中,即它赋予它自己的处理方法以优先地位,并把异质性的东西作为先天的材料屈从于这种处理方法。"①哲学要思考异质的东西,但是它要让异质的东西消失在他的概念之中,使它变成存在者状态,它强调概念的方法的优先地位,并努力把异质的东西作为材料纳入概念之中。在这里,阿多诺用了"先天的材料"这个概念,这是用来与先天的概念说相对抗的。非概念的东西就是这种先天的材料,没有被概念剪裁过的材料。

最后,阿多诺强调,艺术和哲学有其共同的东西,但是这不在于形式或者格式化的程序,而在于它们的行为方式,即能阻止虚假形象的行为方式。这就是说,无论艺术还是哲学都有某种形式化(艺术)、格式化(哲学)的东西,都有某种强制性的结构。当然,这种强制结构也有不同的东西,但是无论哲学还是艺术,都有一个真正的共同的东西,就是对于真实东西的追求。我们也可以说,它们都追求真理,虽然它们追求的方式不同。从否定性的角度来说,它们都努力阻止虚假的形象,它们都努力忠实于自己的内容。哲学和艺术都要达到真理,达到非同一东西,但是哲学和艺术都不能直接做到这一点。于是,哲学和艺术只能阻止虚假的东西,阻止虚假的形象进入艺术和哲学之中。为了阻止虚假的形象,哲学需要借助于艺术来忠实于它所要达到的内容,即非同一的东西,而艺术也要借助于哲学来达到非同一的东西。它们分别采取的方法是这

---

① 阿多诺:《否定的辩证法》,王晓升译,北京:中央编译出版社2023年版,第18页。

样的：艺术固执地使自身反抗它的指称，艺术不是像概念符号那样指称对象的，而是用想象来把握无法把握的东西，即艺术不是借助于自身的非概念中介来指称对象。那么艺术是如何借助于哲学来反抗它的指称的呢？哲学是要把握本质的，哲学不停留在现象的层面上，不满足于直观到的东西。而艺术在借助于哲学的时候，不是把艺术作品作为一种符号指称对象，艺术作品不是像概念那样指称对象。哲学固执地要指称对象，而艺术促使哲学超出指称。而哲学对抗艺术，艺术局限于直观的现象，局限于具体的图像，而哲学用概念超出直观。虽然艺术所提供的是直接可观察的东西，但是哲学引导人超出直观的东西。直观与概念，指称与想象之间相互作用，就是哲学和艺术克服对方的局限性而接近对象的方法。接着，阿多诺指出了艺术作品和哲学的相互作用的方式。哲学的概念并不放弃这样一种渴望，这种渴望把艺术作为非概念的东西激活起来，而这种渴望的满足又把艺术的直接性作为一种幻像，并逃离这种直接性。哲学的概念借助于艺术的方法来达到非概念的东西，达到非同一的东西，哲学概念把艺术作为非概念的东西激活起来。但是，哲学在借助于艺术把非同一的东西激活起来的时候，又不满足于艺术，不满足于艺术的那种直接性，它又要超越直接性。概念需要艺术，但是概念又害怕艺术，排斥艺术。这是因为，概念是思维的工具，同时又是思维和它所思考的东西之间的藩篱，它不可能直接达到非同一的东西，因此它又会放弃追求非同一性东西的渴望，会抵抗艺术。概念既需要这种渴望，又抗拒这种渴望。哲学依赖于艺术，同时又否定了艺术。哲学要达到非同一的东西，它需要借助于艺术来刺激起自己对于非同一的东西的渴望，但是哲学又对抗艺术，不允许自己用想象的方式来达到非同一的东西。所以，阿多诺最后说，哲学既不能绕开这种否定，也不能屈从于这种否定。哲学需要否定艺术，哲学无法绕开这种否定，但是也不能屈从于这种否定。于是，哲学的任务就是要努力通过概念来超越概念。哲学不能满足于它自身的概念。

思辨的要素

阿多诺强调，哲学虽然可以拒绝观念论，但是哲学还是可以接受思辨的。如何理解思辨呢？阿多诺接受了黑格尔在《小逻辑》中所进行的规定。简单地说，就是在否定中达到肯定。在这里，我们要注意，阿多诺认为，哲学要把握非同一的东西，而概念在把握非同一东西的时候，就破坏了非同一的东西。虽然概念破坏了非同一东西，但是我们也不能简单地认为，它什么也没有把握到。我们可以说，通过概念所进行的把握介于把握和未把握之间。所以，它既反对怀疑主义，也反对黑格尔的否定之否定走向肯定的做法。从这个角度来说，一方面哲学类似于怀疑主义，但是怀疑主义的问题是停留在否定之中。另一方面，黑格尔哲学中的思辨过于肯定了。因为，它要在否定之否定中达到肯定。而阿多诺的否定辩证法认为，否定的结果仍然是否定。但是，阿多诺的否定也不是达到怀疑主义，这个否定之中仍然包含了肯定①。这种思辨的方法与实证主义是不同的。实证主义是从肯定的东西出发，从给定的几条公理或者数据出发。而实证主义否定马克思主义，就是因为马克思主义不是从这些东西出发，带有思辨的特征，因为马克思主义是从本质规律出发。如果从本质规律出发，而不是从既定的公理和数据出发，那么思维必须是思辨的。这是因为，事物本身的本质规律不可能直接显示出来，不能被归纳为事实或者几条公理。由于马克思的思想有思辨的特征，而不是实证主义的，于是人们就会认为，马克思的哲学是意识形态，没有按照实证的方法描述世界。在这样的情况下，有人把马克思说成是形而上学家，而不是强调阶级斗争的思想家，对于他们来说，如果马克思是形而上学家，而不是阶级斗争理论的专家，那么马克思的思想就不那么意识形态化了。在阿多诺看来，马克思不是形而上学家，它不是从肯定的东西出发，不是从绝对可靠的基础出发。马克思的思想是从否定出发的。马克思是阶级的敌人，是否定阶级的。而阿多诺认为，一切最先给定的东西，即所谓可靠的根基都不是可靠的。哲学不能借助于几条公理达到本质。阿多诺否定第一哲学，否定最终可靠的东西。即使只说了一个"不"，把"不"作为最可靠的东西也不行。②阿多诺也反对把"无"作为第一性东西的形而上学。比如，把形而上学建立在人都必定死亡这个思想的基础。一切都是空无的虚无主义也是一种形而上学，是建立在"无"的基础上的形而上学。对于第一哲学

---

① 见《否定辩证法》，关于模式的第三部分，最后一节，即 12 节。
② 参见 Theodor W. Adorno, *Lectures on Negative Dialectics*, Edited by Rolf Tiedemann, Translated by Rodney Livingstone, Polity Press, 2008: p. 101, p. 105.

来说，几条公理可能是最终可靠的东西。在阿多诺看来，如果哲学满足于几条公理，那么哲学就放弃了对于本质的东西的兴趣，就变成了实证主义，就接受给定的东西，而不愿意有否定这种东西。在阿多诺看来，在这个方面，十九世纪的反康德运动也感到这一点，但是他们还是包含了蒙昧主义的要素。阿多诺的这个说法可能是针对叔本华。叔本华就是从康德出发的。康德否定了自在之物被认识的可能性，他的纯粹理性批判具有实证主义的倾向。叔本华等人反对这种实证主义的倾向。叔本华把意志作为自在之物，而这个意志具有否定自身的特性。从这个角度来说，叔本华是把形而上学建立在"不"的基础上的。但是，叔本华思想包含了蒙昧的要素，包含了对于人的生存意义的否定的要素。

在这里，阿多诺以音乐为例来说明哲学要保留思辨的要素。音乐，或者任何一种艺术，有一个展开的过程。人们不可能从艺术作品的一开头就得到满足，而要到最后才能把握总体。但是这个总体并不能真正成为总体，或者说，这个总体仍然是幻相。艺术是一种达到了总体的幻相。这个思想是从康德那里来的。对于阿多诺来说，任何一种总体的企图都是幻相。如同康德把握自在之物，把握绝对那样，都必定是幻相。但是艺术品作为幻相是从资本主义社会系统中产生的。这个幻相也是资本主义社会中的幻相。资本主义社会就是要达到一种合理化的总体。从这个角度来说，艺术品作为幻相也包含了真理的要素，即揭示了资本主义社会本身的幻相特点。所以，艺术品作为幻相也是对此时此地所展示的内容的批判，即对于资本主义现实的批判。在这里，艺术品既是幻相，又是真理，是矛盾的。思辨就表现在这种矛盾中。哲学也是如此，它也要通过对最初给定的东西的批判而达到总体。哲学就有这种幻相的特点，它（比如康德哲学）以为自己把握了总体，但是它同时也知道，这个总体是幻相。如果它从一开始就说出了总体的内容，那么从表面上看，这种哲学揭示了深刻的内容，其实却是非常空洞。哲学需要中介的作用。这就如同我们以前看到的许多论著中，作者在书的一开头就给出了一句重要的格言。这种格言就是空洞的深刻。从这个角度来说，阿多诺认为，过快地说出深刻的道理是非常空洞的。随口说出一个深奥的句子并不使人变得深奥。为此，阿多诺认为，如果要求哲学直截了当地讨论深奥的哲学主题，比如，存在等，那么这就是一种草率的轻信。它好像能从一开始把质料，把内容全部把握。这就是说，不借助于思辨的方法，而不通过一系列的否定而直接处理存在或者其他重要的哲学，那么这就是要把这些主题所涉及的内容直接呈现出来。这就类似于一个人随口说出一个深奥的句子一样。这就是要直截了当地呈现深刻的内容。其实，阿多诺在这里也是批判海德格尔的。因为海德格尔受到了现象学的影响，不是从否定的角度而是直截了当地描述存在。接着，阿多诺暗示了他对于海德格尔哲学的批判。阿多诺看来，虽然哲学应该处理这些宏大的主题，比如关于存在的看法，但是，并不是任何一种哲学都适合于处理这些对象。从他的角度来看，海德格尔的哲学就不适合处理存在的问题，即他所说的"质料"的问题。有些哲学，也就是具有实证传统的哲学害怕哲学中的反思，害怕哲学中被人们所熟知的那些方法，比如反思方法，而关注那些当前被给定的东西，其实这些东西都是表象，是转瞬即逝的东西。传统哲学被束缚在这些问题上，由此，传统哲学的问题框架应该被否定。

那么人们为什么否定思辨，而把直接给定的东西当做是可以直接接受的东西呢？这是因为，这个世界已经成为一个总体，一个通过交换关系而构成的总体。人的意识也被束缚在这个总体之中，所以它会接受直接给定的东西。这个总体中的人把实证的思维方式当做是理所当然的方法。传统哲学受到这类问题所困扰，而关注直接给定的东西。这就是实证主义的倾向。实证主义就是把思想束缚在当下的东西之中。而思想的特点就是要摆脱当下的东西。如果不摆脱当下的东西，思想就不会出现。思想都是被中介过的，当下的东西也是被中介过的。这是思辨地思考的一个重要的现实背景。从这个角度来说，我们的思维如果随意从头开始，从某种给定的"第一"开始，而不考虑问题的历史形式，那么我们的思维就成为我们所思考的问题的牺牲品。或者说，我们的思维就会脱离具体内容进行空洞的思考。康德在《纯粹理性批判》的第一版中说，他花了很大的功夫进行纯粹知性概念的演绎。这个演绎非常重要，体现了思想的深度。概念不是直接从现实概括出来的，而是从逻辑推理中演绎出来的。这个演绎过程就是一种哲学的思辨。康德本人也认为，这种演绎是有深度的。这个"颇具深度"是康德在《纯粹理性批判》第一版的前言中说到的。康德自认为，这个部分的论述是有深度的。从康德本人的论述中，我们可以看到，这个说法是辩护性的。他解释了这个颇具深度的研究所讨论的问题。在这个地方，康德对于自己的颇具深度的分析又有所保留。这种保留表现在，他强调，这种考察分析了知性的认识能力，这虽然很重要，但是毕竟本质上不属于纯粹理性批判的主要目的。从这个角度来看，这个考察有点偏题了。所以，阿多诺认为，康德的这个"颇具深度的"说法是带有一点讥讽的口气。

接着，阿多诺指出，"深奥"是辩证法的要素。所谓"深奥"就是一种思辨的思考，通过这种思辨的思考，通过对于表面现象的否定而达到本质的一种方法。因此，"深奥"是辩证法的要素。这种深奥的东西必须在思想的过程中逐步展开，而不是变成孤立的东西。好像某些时尚的哲学读物喜欢在每一章的一开始，找来几句深奥的话语。把深奥的东西变成孤立的格言式的东西。阿多诺在这里其实是要表明，像康德那样进行的思辨的演绎是有深度的。哲学就应该进行这样的演绎。思辨使哲学获得尊严。

按照对深奥的这种理解，阿多诺批判了德国传统中的错误做法。这里主要是批判叔本华和海德格尔。所谓神正论就是确立神的权威地位，而人确立神的权威是为了人自身。阿多诺在这里把叔本华、海德格尔思想比喻为神正论。海德格尔通过对于灾难和死亡问题的思考而让哲学显得深奥。这就是，人在死亡面前是平等的，人人都有死亡，而借助于对死亡的思考来确立社会的正当秩序。这就如同人们相信神，并借助于神而确立正当秩序一样。所以，对于阿多诺来说，叔本华和海德格尔是把神学的目标偷运到哲学中来，并把它隐藏起来，他们的思想中包含了神学的企图。从一方面来看，按照这样的思路来进行哲学工作是对超越东西的确证。比如，叔本华所说的自在之物，即意志就具有这样的特点。海德格尔的存在也被理解为超越的。这种具有神正论特点的思想对于超越的东西进行了确证。在对于超越的东西的确证中，思想仿佛获得了尊严。从另一方面看，这种工作是在思想的内在性中证明自在自为的东西。内在性与前面所说的超越是相反的。内在性否定了超越性。按照内在性的观念，人们所把握的是现象领域的东西，是知识。超越的东西是无法被把握的。其实，这就是把内在性和超越性对立起来。阿多诺反对这种对立。无论强调内在性还是强调超越性，都缺乏思辨的维度。这两种思想方法都是要脱离现实，而直接把握某种本质的东西。因此，这两种思路之中都缺乏思辨。用内在的方法去把握超越的东西,用概念的方法去把握非同一的东西,是一种思辨的方法。从现实的角度来看,这就是用现实所提供的框架去超越现实。现实提供的框架就是概念把握总体的框架,要超出这个框架把握非同一的东西,就需要思辨。哲学需要这种思辨的方法。思想的尊严不是来自于内在的方法或者超越的方法,而是思辨。用概念来把握绝对,把握非同一的东西只能依靠思辨。只有在思辨之中思想才获得尊严,因为它要追求那个非同一的东西,追求真理。在阿多诺看来,思辨是概念把握绝对的方法,是一种形而上学的方法。而他所提倡的形而上学是与现实结合在一起的形而上学。而传统的形而上学方法,无论是局限在超越领域还是在内在领域,都脱离了现实世界,不关注现实世界,不是要改变现实世界,所以阿多诺说,他们对现实世界抱有好感。而阿多诺所强调的思辨就是从这里开始,从现实世界开始。但是他要用现存状况的真实尺度来对抗现存世界。所谓真实尺度就是现存世界作为一个总体是虚幻的。现存世界物化了,变成了一个总体,而真实的状况是,这个总体是虚幻的。因此,他要用这个真实的尺度来对抗这个虚幻的世界。思辨要素与这种对抗有关。阿多诺强调,意识总是会碰到强大的现实所确立起来的外壳,意识就是要努力突破这个外壳。意识在抵制这个外壳的过程中所留下来的东西就是思辨的要素。思辨要素就是透过外壳而把握最核心的本质。这种思辨要素是一种辩证法的要素,这种辩证法不受既定事实的制约,不受现存状况的束缚。而实证主义,海德格尔的现象学都受到了这种既定事实的制约。阿多诺强调,哲学应该有思辨要素,但是这个思辨要素不是完全脱离经验。在这里,我们看到,阿多诺所说的思辨要素与黑格尔的思辨要素不同。黑格尔也要用思辨的方法来把握非同一的东西,但是这种思辨最终是在思想中进行的,并没有真正把握非同一的东西,而阿多诺从对抗现存状况出发来理解思辨。这就是要突破现存的概念框架来把握非同一东西,而这个非同一的东西,不是黑格尔观念论上的那种非同一东西。黑格尔的那种非同一不是与精神和解的非同一,而是被强制的非同一。为此,在思辨中必须有经验要素发挥作用,但是它又不是停留在经验上而是要超越经验。这就是说,即使拒绝神圣的超越性,也仍然能够超越这些既定事实,思辨还包含了某种超越的要素。思想必须接受经验的东西,但是思想不能把自己束缚在经验的东西之中,不能把自己束缚在现存状况之中,而必须超越这种东西，但是这种超越也不是变成神学，变成对于超越的东西的直观。思辨既接受概念的框架，又超出概念的框架，既接受经验的要素又超出经验的要素。

当思想摆脱了现存东西束缚的时候，思想就自由了。思想自由是辩证法意义上的自由，不是思想的想入非非。在这里，阿多诺表达了非常重要的思想。自由就是遵循主体的表达要求。思想按照主体自身的要求来表达自身，这当然是思想的自由，但是，在这里我们要注意，主体的表达要求不是纯粹主观的。在主体的表达要求中，主体感到了自身的痛苦。这种痛苦就是主体对于非同一东西的意识，他用概念把握非同一的东西，但是概念却又往往不能满足主体的表达要求。这是一种痛苦。所以，让痛苦发声的需要是一切真理的条件。这就是说，只有把握非同一的东西，我们才能真正掌握真理，当然，要掌握真理，主体一定是痛苦的。表达这种痛苦是一切真理的条件，通过对于这种痛苦的表达，我们就可以逐步接近真理。阿多诺说，痛苦就是加在主体身上的客观性；主体所体验到的最主观的东西、它的表达都是被客观地中介了的。这是因为，主体本来是具有主观性的，但是这个主观的东西，比如抽象概念的东西与客观内容是冲突的，这种冲突是客观性的东西加在主体上所产生的痛苦。在主体的痛苦中，主体的体验虽然是最主观的，但是这个最主观的东西同时也是最客观的，是被客观所中介的。这里的主观和客观的矛盾其实就是思辨的表现。这个思辨的要素是辩证法的必然要素。思辨的要素所强调的是否定性，但是这种否定不是怀疑主义意义上的否定，包含了肯定的否定。

展示

哲学要认识非同一的东西，而这种非同一的东西又不能直接地表达出来，而只能以否定的形式表达出来。这就是思辨所表现出来的痛苦。只有让这种痛苦表达出来，我们才能达到真理。阿多诺因此认为，对于哲学来说，展示不是无关紧要的东西。在这里，阿多诺用了展示（Darstellung）这个词，而展示这个词与表达（Ausdruck）的意思类似，而表达在阿多诺那里更多地用于审美的领域。表达是表达可以被直接表达的东西。思辨的痛苦意味着，思想在这里不能直接用语言来表达。概念性的东西可以用概念直接表达出来，而非概念性的东西、模仿的要素（不能用概念表达的要素）就不能直接表达，于是就要展示。其实，这种展示就是要把非同一的东西表达出来，或者说，就是要协助不自由的东西，让这种不自由（非同一的东西不能自在存在）的东西发声。但是，如果这种表达要素认为自己不仅仅表达了不自由的东西，而且还表达更多的东西，那么这种表达就属于意识形态，属于世界观。阿多诺的这个说法应该是针对海德格尔的。阿多诺认为，语言的表达是为了把被概念所抑制的东西展示出来。这是要表达客观的东西，但是我们的语言在表达中会有缺陷。这个缺陷只能被不断克服。这就是一种辩证法。阿多诺采取了这样一种辩证法的态度。而海德格尔不同，他否定了主客体的对立，而强调主客体之间的那种源始的结合状态。语言就是把这种源始的结合状态表达出来。在《在通向语言之途》中，这种思想得到了充分的表现。这就是说，海德格尔要让语言成为一种源始的语言，这种源始的语言把这种源始状态直接展示出来。而阿多诺否定了这种做法。按照阿多诺的看法，海德格尔的语言不仅仅是要把被压制的东西表达出来，而且直接就体现了人的源始生存状况。对于这种源始生存状况的直接呈现其实就是一种"世界观"。当然，这个世界观更主要的是指海德格尔的世界之为世界的意义上的那种世界观。在批判了海德格尔的语言观之后，阿多诺又批判了分析哲学。按照分析哲学或者实证主义的看法，字词的含义必须被严格规定，只能被用来表达同一性的东西，而不能被用来表达非同一性的东西。在阿多诺看来，这种思想是放弃了表达的要素和展示的义务。如果展示否定了非同一东西，那么哲学就变成实证科学了。既然表达既不是意识形态，也不是实证主义的，那么把非同一性的东西表达出来，把不自由的东西表达出来，也像科学研究一样要非常严谨。这种严谨不是逻辑的意义上的严谨，而是在把握事物本身的状态上的严谨，即把握非同一东西上的严谨。为此，阿多诺认为，严谨和表达在哲学上是不能区隔开来，而是结合在一起的。只有通过表达流动的思想，非同一的东西才能清晰起来，让非同一的东西严谨起来。当我们通过表达而把思想严谨起来的时候，我们实际上也把思想中非本质的东西剔除出去。在表达中，人们必须使用概念，而使用概念就必然出错。所以，表达的时候，我们要不断地修正自己，把非本质的东西剔除出去。我们前面说过，思辨有唯物论上的思辨和观念论上的思辨的区别。严谨的表达就是要把观念论上的思辨的东西清除出去。在这里，阿多诺强调，"表达也不是要牺牲被表达的东西而把它自身作为目的，而是要使被表达的东西摆脱物性的非本质状况，从它那个方面看，就是要使它摆脱哲学批判的对象。"① 表达要把被表达的东西表达出来，把非同一的东西展示出来，而不是以自身为目的。那么如何才能把被表达的东西表达出来呢？这就是要"让被表达的东西摆脱物性的非本质状况"。这里所说的被表达东西的"物性的非本质状况"是指被表达的东西被固化，被强制地同一起来，如果非同一的东西被固化、被强制地同一起来，那么我们就无法把握它的本质状况。而让被表达的东西摆脱"哲学批判的对象"，就是摆脱同一性。而这种同一性是观念论的特征。观念论试图把一切都纳入到他的思想体系之中，按照同一性的要求把一切东西都组织起来。所以，批判同一性的哲学也就是批判观念论。当观念被束缚在自己的体系中，当观念排除了肉体的要素，那么观念就变成了纯粹的理性体系。从这个角度来说，思辨的哲学如果要严谨就必须剔除观念论，破除观念论的权威要求。

接着，阿多诺对本雅明进行了批评。他首先赞扬了本雅明把无与伦比的思辨与微观事物（非同一事物）的把握结合起来。对于阿多诺来说，这是本雅明的伟大之处。但是，本雅明自己却认为，他所进行的工作是"不被允许的'诗性的东西'"。因为对他来说，语言要表达这种非同一的东西，一定是有问题的，是一种"不被允许的'诗性的东西'"。这就是说，哲学要用"诗性的东西"，但是这种"诗性的东西"却不被允许，这令本雅明感到无奈。阿多诺认为，本雅明这种说法是自暴自弃的说法。而这个自暴自弃的说法表明了两个方面的东西：一方面它表明一个不想倒退的哲学所面临的困难，如果哲学不想倒退，那么它必定会面临展示上的困难，面临表达上的困难；另一方面它表明哲学概念要它在所到达的那一点上继续前进。即使再困难，哲学也不要向这种困难低头，而是要继续前进。然而由于本雅明缺乏辩证法，它把"诗性的东西"看作是不被允许的。这是受到了辩证唯物主义世界观的影响。而辩证唯物主义世界观就是没有达到非同一的东西。苏联的辩证唯物主义作为一种世界观，没有真正地达到"科学性"和"严谨性"。在阿多诺看来，《拱廊街计划》就是因为本雅明受到实证残余的影响。这表现在由于本雅明认为，要表达非同

---

① 阿多诺：《否定的辩证法》，王晓升译，北京：中央编译出版社2023年版，第22页。

一的东西只能是诗性东西，是不科学的东西，所以本雅明放弃了这本书写作计划。这表明了本雅明哲学的失败。由于实证性的残余一直影响着本雅明，所以本雅明的思想中才表现出失败主义。对于阿多诺来说，表达非同一的东西就是要有辩证法。在表达中人们会出错，于是要进一步改正错误。这是思辨的特征。被表达出来的东西都有幻相的特征。只有承认这种错误，哲学才不只是无效的忙碌，才不会局限于对于绝对的肯定进行简单的回应。对于绝对的肯定进行简单的回应就是用简单的否定来回应绝对的肯定，而不是从辩证法的角度，从动态的角度来对待否定。而本雅明就是受到了实证性残余的影响，只是对绝对的肯定表示不满，只是简单地回应绝对肯定，而没有找到走出这种困境的出路。其实本雅明的做法非常类似于海德格尔。海德格尔受到实证性的影响，要弄出一种源始的语言来，而本雅明也有类似的特点。

相反黑格尔就坚持了思辨性和否定性。"非同一性"就是一种否定性的表现。非同一的东西不能直接以肯定的形式表达出来。如果用肯定的形式表达出来，那么这就走向了实证主义，就是简单地接受给定的东西。如果这样，哲学就受到了科学的实证性的影响，就受到了业余爱好者的影响。它无法有效地处理非同一的东西。阿多诺认为，黑格尔把否定性与思想等同起来是有道理的。这种做法是有其经验内容的，与劳动对劳动的材料的关系是一样的。这个经验内容就表现在，思维就其自身来说对一切特定内容采取否定态度。这是因为，思想所面对的实证内容是现实的东西强加给思想的，是束缚思想的（因为，社会是功能总体化的社会，是按照合理化组织起来的社会）。按照阿多诺的看法，哲学的思考也是一种劳动。如果说，劳动就是要把现实提供给它的材料进行否定性的加工，那么思想也是如此，现实提供给思想的东西，思想都要采取否定的态度。劳动就是哲学的原初形象。

意识形态今天变本加厉地驱使思想走向肯定性，那么为什么它要驱使思想走向肯定性呢？这是因为，它狡猾地注意到，实证性（肯定性）本来是与思维相对立的，因为思维就是要自由地思考，而不允许它自己受到给定东西的束缚。如果思维与否定性结合起来，那么它就不会得到社会的赞许。意识形态注意到思维需要得到社会权威的友好赞许，以便使思想适应这种肯定性。实证主义作为一种意识形态，对现实采取了一种肯定的态度。在这里，阿多诺强调，

"思维就其本身来说在概念上是对抗消极的直观,因此,在这个概念之中就已经潜在地意味着一种否定性的努力,即反抗那种要人们屈从于一切直接东西的无理要求。"① 思维的核心就是否定性,就是对抗直接的东西。感性得到的是直接的东西,人的思维就是要对于这种直接的东西提出质疑和思考。所以,思维从概念上来说就是一种否定。

在这里,阿多诺举例说明思维本身是否定性的观点。判断和推理就是两种思维形式,而在这两种思维形式中就潜在地包含了否定的要素。判断和推理只有在排除了(否定了)它们所没有达到的东西时,才有确定性。换句话说,判断和推理之所以具有确定性,是因为它们排除了它们所没有达到的东西。同样,人们也以为判断作为正确的表达,表现了它的真理性。而在阿多诺看来,这种所谓的真理性,其实就是判断抛弃了没有被它打上烙印的东西。或者说,真理性是在排除了一定的东西的基础上才得到的。比如,在判断中,我们会说"某物如此这般"。这个判断形式就包含了否定的意思。这就是,这个判断排除它所没有达到的东西,或者说,它确立了主词和谓词只有这种关系,而不能表达这种关系之外的关系。

接着,阿多诺对于思维自身的特征进行了分析。而思维形式企图超出只是现成在手的、"被给予"的东西。这就是说,人的思维从形式上来说必定要超出现成的东西,被给予的东西。否则,人的思维就变成了直接的感知了。思维超出直接性。思维之所以叫思维就是因为它能想入非非。当然超出直接性的思维,也不能想入非非,而是要指向材料,否则这种思维就是空洞的思维。但是当思维指向其材料的那个顶部即思维到达全部的材料的时候,思维不是要控制材料,控制自然,而是要把握被思考的东西,就是要追踪对象中所蛰伏着的潜在可能性,追踪被现实所压制了的潜在可能性。这就是说,思维在思考对象的过程中,既对对象进行了强制,也要追踪对象的可能性。当思维这样做的时候,思维无意识地遵从这样一种观念,即对它自己所损害的那些部分进行补偿。这种无意识的东西在哲学中被意识到了。

最后一句话是说,虽然思维会对所思维的对象造成伤害,是"不和解的

---

① 阿多诺:《否定的辩证法》,王晓升译,北京:中央编译出版社2023年版,第24页。

思维"，但是在它的无意识中，比如判断中，会对此有所补偿，会包含了"和解的希望"。这是因为，思维尽管抵抗纯粹的存在者，即完全独立于思维的存在者，思维要进行自由的思考，但是这种外部的存在者也会客体化，会成为思维的对象，而外部存在者在对象化的过程中会有所损失，思维要关注这个过程中客体的损失。

对体系的态度

在这个部分，阿多诺说明了，一切体系都是对抗的，而这种对抗在资本主义社会体系中是有其社会基础的。因为，资本主义体系本身是对抗的。

哲学要研究的是非同一的东西，既然这种东西是非同一的，那么这种东西就不能被体系化。当康德试图把杂多的东西综合起来的时候，这种综合就是把非同一的东西结合起来。这就是说，当康德试图进行综合而得到知识的时候，康德看到了这里的非同一性，他注意到这种综合起来的东西不能完全被同一起来，不能完全体系化。而黑格尔的思辨则进一步强化这种综合，并最终排除一切内容，即非同一东西。哲学的对象是非同一的东西，是开放的，是反体系的。既然哲学的对象是反体系的，那么哲学也应该无条件地接受这些对象，它自身也应该是反体系的。既然哲学是反体系的，那么体系就是异于哲学的东西。这种异于哲学的东西会对抗哲学，对抗哲学所关注的非同一的东西。按照阿多诺的看法，体系如果对抗哲学，哲学也应该以同样的方式对抗体系，对体系保持警惕。可是，这个世界正在走向体系，正在走向功能体系，变成一种类似于自然的系统。阿多诺强调，我们应该对这种体系保持警惕。接着，阿多诺说，体系是否定的客观性，而不是肯定的主体。资本主义体系是一个客观的存在，是客观的，但是，这个客观存在的东西却不是像人们所直观到的那样，是肯定性的存在物，而是包含了否定性于自身的。或者说，这个客观的体系其实是反体系的。因此，这个客观的体系是否定的客观性。同时，这个体系不是一个自主的主体，而是被同一性逻辑所强化的东西。它类似于自然，因此，它不是主体，没有自主的能力。如果一个系统自主地克服内部的矛盾，那么这个系统就是一个肯定的主体，即克服自身矛盾的自主的主体。而资本主义体系表面上具有自主性，其实这是第二自然性质的属性。它没有主体性。按照这样的分析，资本主义的体系既不是肯定的，也不是否定的，既不是客观的，也不是主体。它是非同一的。

在这里，阿多诺强调，在历史的某个阶段上，比如，黑格尔试图构建有内容的哲学，即把握非同一东西的哲学。严肃对待内容的体系却被抛入诗性思维的不祥领域。我们常说的那种"诗性"的哲学就是如此，它们试图把握非同一的东西。这就是说，虽然黑格尔也试图用体系来把握非同一的东西，但是他的哲学变成了一种诗性的智慧，并且只是一种空洞的框架，只是一种苍白的秩序框架，而并没有真正地达到把握非同一东西的目的。这就是说，如果要用体系把握非同一的东西，这是徒劳的。在这里，我们很难想象，为什么人们固执地要用体系的方式来把握非同一的东西。在阿多诺看来，200多年来的哲学史上，无论是唯理论体系，还是经验论的体系都是占据了统治地位，而体系的对手即反体系的东西却逊色得多，它没有被人们深入地讨论。反体系的学说只是说，各种体系只是解释世界，只是描述世界，这样做是不行的。在阿多诺看来，反体系的学说，太克制了，太失败了。虽然它也想严肃对待内容，把内容纳入它的思想之中，它也想包含更多的真理，但是都没有取得成功。虽然这种反体系的思想也试图把握非同一的东西，试图把握真理，但是它们在哲学史上没有多少地位。这种真正把握非同一东西的做法哲学史上只是短暂的瞬间。在体系占据主导地位的社会中，这种包含非同一东西的真理居于次要地位，我们的哲学研究就是要把这种思想从次要地位中解放出来，从而把握这种非同一的东西。在阿多诺看来，对于这样一种非同一的东西的关注，在德谟克利特以来的唯物论传统中就已经存在了。但是，这种唯物主义的东西并没有取得进步，仍然停留在德谟克利特的水平上。而观念论体系却越来越占据主导地位，他们把自己看做是高于唯物论的。我们现在的工作就是要把这种被压制的东西解放出来。在这里，阿多诺借助于尼采的说法挖苦体系。在他看来，体系的目的就是要进行控制，体系从文字上证实了知识分子的心胸狭隘，他们要进行控制，但是他们又无权，于是就弄出体系来，从而弥补他们的无权状况。当然，阿多诺也不是完全否定人们对于体系的追求。在他看来，人们追求体系是希望达到绝对知识，而要达到绝对知识，思维中的判断就显示了这一点。或者说，简明的判断就表现了人们对于绝对知识的追求。按照体系的需要，人们不会满足于按照数学和自然科学方法建构体系，而且要进一步推进这项工作。这就是要用这种自然科学的方法来控制一切，用系统化的方法控制一切。比如，资本主义社会就是把系统化的方法用于社会各个领域。于是，这个社会表现为一种功能化的系统，表现为第二自然。

接下来，阿多诺从社会基础上来说明为什么资产阶级需要体系。资产阶级依靠理性打破了封建统治，但是当资产阶级获得了权力之后，资产阶级知道理性中的革命性的力量，它害怕自己也被颠覆，于是它就要限制理性，它要建立一个理性的秩序，并借助于这个秩序来控制颠覆性力量。阿多诺在这里挖苦说，这种恐惧从一开始就塑造了对于资产阶级思维具有构成性意义的行为方式。这种行为方式就是中立化。资产阶级对理性的颠覆力量感到恐惧，而又限制理性的力量。中立化准确地表现了资产阶级既需要理性的颠覆性力量而又害怕这种力量的态度。由于资产阶级的这种中立化的特点，所以资产阶级的自由是不彻底的自由，是被限制了的自由，资产阶级的理性是被限制了的理性，资产阶级体系是包含了内在矛盾的体系。

从这里，我们也可以看到，资产阶级的思想体系是从秩序的需要中产生的，它是一种强制机制。而这与理性这个概念密切相关。理智（ratio）作为一种形式性的思维，它要把握内容，但是它遵循的是同一性逻辑，所以它必定对非同一的东西施暴。这种理智从其内部产生一种秩序，也就是从它自身的形式化中产生一种秩序，建构一种形式化的体系，而形式化的东西需要外部的内容，也就是非同一的东西，于是它就要贪婪地吞噬非同一的内容。当它吞噬非同一东西的时候，它就必然走向自我矛盾。这表明，一个体系如果要成为完备的体系，那么这个体系必须是完全内在的，纯粹形式的。一旦这个纯粹形式的东西，纯粹内在的东西吸收内容，那么这个体系就必然矛盾。纯粹形式的体系才是自洽的。只要体系吸收外在的东西，体系必然包含矛盾。而体系一旦形成，体系就会贪得无厌。它试图把一切东西都纳入到体系中来。这就必然会使体系包含了矛盾。从其内在性来看，体系是完备的，比如从同一性逻辑来看，市场交换是正当的，但是一旦超出交换价值的领域，比如从使用价值的角度来看，这里的等价交换就不符合同一性原则。从这个角度来说，资本主义社会的交换体系是自我矛盾的。包含了内容的体系必定是自我矛盾的。纯形式化的体系,比如数学体系和逻辑体系是无矛盾的,但是这种无矛盾的体系却必定是同义反复。所以,阿多诺说,体系是荒谬而合理地生产出来的。它是荒谬的,是充满矛盾的,但是却又是按照同一性逻辑建构起来的。而这个被建构起来的体系看起来却似乎是一种完全自主的东西。比如资产阶级的交换体系就是如此。最初人们是按照纯粹形式的思维方式来建构体系,但是建立体系的目的是要把一切东西都纳入到体系中,这是体系那种贪得无厌的要求所导致的。而当内容被纳入体系的时候,体系就陷入了矛盾之中。所以,体系从一开始就包含了二律背反。正是由于体系包含了内在矛盾。与体系交织在一起的是它自身的不可能性。体系自身是不可能的,是包含了内在矛盾的。正是由于体系是内在矛盾的,所以,在近代哲学史上,各种体系都先后被否定。一个体系否定另外一个体系,而它自身也被后来的体系所否定。

由于体系是按照形式的思维方式建构起来的,它必须排除内容,排除一切质的规定性。而当体系按照形式的思维方式排除质的规定性的时候,形式化的体系就没有客观内容,就没有客观性。从这个角度来说,体系与客观性陷入了不可调和矛盾之中。体系用同一性的思维,用形式的系统压制内容,与内容是无法调和的,但是他的形式化的方法好像自身具有"客观性"。这是因为它通过自身的必然性而让它自身看上去具有客观性。所以,阿多诺说,体系假装自己具有客观性。这就如同资本主义社会的交换体系,假装自己具有客观性,假装自己是真正的平等交换。因此,体系是否定的客观性。接着,阿多诺指出,理智越是远离客观性,远离客观内容,理智就越是会变成几条公理,最后就变成一条公理,即同一性原则。这就是按照纯粹的同一性原则来建构体系。

然而,问题就出在这里,按照纯粹的同一性原则构建起来的体系是没有客观性的,但是体系也要力图达到客观性。可是,这会导致体系的矛盾,而哲学家们在面对这种矛盾的时候就利用各种技巧来掩盖它自身体系中的矛盾。这些技巧就会显示出学者们的学究气。比如,康德在《纯粹理性批判》中所说的那种建筑术就有这样的学究气。而黑格尔的体系的建构也是如此。这里所体现出来的学究气其实就是用来掩盖矛盾的。所以,阿多诺说,这种学究气就是体系必然失败的表现。这种失败是先天注定了的。其实这是形式和内容之间的矛盾而必然导致的失败。而莫里哀用文学作品挖苦了资产阶级所显示出来的那种迂腐的学究气。这种学究气已经成为资产阶级的生活方式。所以，学究气是资产阶级精神在存在论上的代表作，是资产阶级生存方式在精神方面的杰作。

同一性的概念好像也有这种资产阶级精神。同一性概念碰到某些不能被纳入概念中的东西的时候，这种东西就迫使概念拓展自己的范围，从而保证概念的完备性、严密性和严谨性。这也表现了资产阶级精神的"迂腐"。在这里，阿多诺挖苦说，伟大的哲学比如黑格尔哲学就是偏执，它要用把一切不能被纳入其概念体系中的东西纳入其中，它用理性的狡计来追踪这些东西，结果这种东西离理性越来越远。理性越是试图用同一性原则来把握非同一的东西，把握内容，这种内容就越是无法把握。所以，只要有一点点非同一的东西，体系的同一性就会破产。资产阶级思想体系中都会有一些无法被纳入到同一性体系中的东西。比如，笛卡尔体系中的松果腺就是如此，这个东西体现了同一性的体系的弊端，就是表明了体系的不完备性，说明了体系的非真理性。只要体系按照演绎的方式来进行，那么体系就必然会把其中非同一的东西凸显出来。在阿多诺看来，这些非同一的东西是无法纳入体系中的东西。只要有一点点这样的非同一的东西，就足以摧毁这个体系。

狂怒的观念论

阿多诺在这一部分主要是从人的生存的基础上批判观念论的。这就是说，精神是在征服自然的过程中、在人的自我持存的努力中产生和发展起来的。

这个地方的第一句话是接着前面的论述展开的。精神希望通过体系化来美化自身，即精神通过一个完备的体系来美化自身。好像精神是能够达到绝对真理的。而阿多诺在这个地方一开始就批判了这种做法。精神其实是在人的自我持存的努力中发生的。精神之所以要通过体系来美化自身，是因为精神要征服一切外部自然的东西，只有精神控制了自然，精神才能保证人的自我持存。而精神的这种努力在思想上就表现为它试图成为一个总体，成为一个完备的体系。任何东西都无法逃离这个总体的体系。精神表面上要掌握真理，其实是要控制自然，为自我持存服务。所以，精神的这种体系化的追求可以追溯动物的史前史，追溯到动物的生存斗争中。接着阿多诺说明了动物的生存斗争。

从阿多诺的这个分析中，我们可以看到，精神就是在人作为一个动物而为了自己的生存产生出来的。精神是在冲动和饥饿结合在一起而产生的狂怒。这种狂怒有一种"意识形态"的作用，能够吓瘫猎物。《启蒙辩证法》也论述了这种史前史。观念论的核心是人类要征服自然。这就如同动物要征服猎物一样。虽然人和动物一样要征服猎物，但是人是文明的动物，"理性"的动物，受到"超我"的束缚，所以人要找到一个合理的理由来证明自己的这种做法的正当性。人和动物为了生存而进行斗争，这是一样的。但是，人与动物不同的是，人要把自己的生存斗争合理化。那么如何才能把人的这种生存斗争合理化呢？按照阿多诺的说法，这就是投射。这就是人按照自身的尺度来衡量与人不同的东西。一切与人不同东西都是动物，都是恶的，是人可以消费的。于是人就把自己的行动合理化了。在这里，人获得了人的特征，具有了人性。只有人性化了的人才能够进行投射，并通过这种投射而把自己的行动合理化。人之所以能够把自己行动合理化是因为，人具有"超我"，人获得了人性，人成为"理性的动物"。这种"超我"，这种"理性"就表现了人的"精神"。从这个角度来说，"精神"就是把人征服自然的活动合理化。精神也是在人征服自然的活动中产生的。但是精神又超出这一点。这是因为，如果精神就是服从动物的生存竞争规律，那么人就失去了"人性"，就不是"理性的动物"了。虽然精神的核心就是自我持存的规律，但是精神要掩盖这一点。所以，阿多诺说，人越是遵循自我持存的规律来行动，就越是不敢对自己和他人承认这个规律的优先性。而按照阿多诺的看法，人的精神的核心的东西就是动物式的生存斗争。人类的文化的核心就是这种动物式的东西。但是，这种动物式的东西被掩盖起来了。这就是精神把动物式的生存斗争而加以美化的结果。当这种生存斗争的形式被美化了的时候，那个被吞噬掉的动物就是"恶"的。这就是人的生存的基本模式，是人的生存的基本图景。这个人类学图景通过精神而被升华了。人是理性的动物，人是具有人性的动物，就是把动物式的生存模式在精神中加以美化，加以升华。

如果说人是理性的动物这种说法是从人类学的意义上理解人，那么这个理论还会变成一种认识论。这种认识论就是把人的征服自然的活动理论化。所谓认识就是人用自己的精神来把握外部对象。在实践上，这就如同人作为理性的动物征服自然。观念论就表达了这种思想，比如费希特的哲学所说的，人的认识活动就是自我征服非我。从这个角度来说，观念论意义上的认识论其实就是把人征服自然的活动理论化。动物征服猎物从理论上来说，就是自我征服非我。在动物获取猎物的时候，动物只是为了生存。而在人征服自然的时候，自然是"非我"，是恶的，是低下的东西。人在征服对象的时候，是为了保持其自身的。而精神在征服非我的时候就是要保持自身的，精神于是就有了自我统一性。精神的这种统一性就表现了所谓的纯粹的"自我"统一性。在自我统一性的条件下，自我可以放心地吞噬非我，吞噬低下的东西。因此，从生存的根基上说，观念论就是从动物征服猎物的活动中产生的。如果说动物在获取猎物的时候会有狂怒，那么人在征服对象的时候有观念论。观念论就是人在征服自然的时候所发出的怒吼，类似于动物的狂怒。所以，这个部分的标题叫"狂怒的观念论"。

在阿多诺看来，费希特、康德哲学中都包含了这样的内容。在费希特那里，自我征服非我，非我就是低下的。自我征服非我，这个思想的核心就是自我持存。这种自我持存的观念在动物那里就有了。甚至康德的人性论的思想的光环背后也是这种自我持存的观念。按照阿多诺对康德思想的分析，特别是康德道德理论的分析，康德的那个自律的实践理性其实就是工具理性，就是认识论意义上的理性在实践领域中的延伸①。而这种工具理性就是用来征服对象的。实践理性表面上闪烁着人性的光辉，而在其背后就是征服他者的原则。所以在这里，人性的观念和对人的蔑视（把人作为动物来理解）是结合在一起的。所谓理性的原则也可以被理解为动物吞噬自己的猎物的原则。如果把这个原则理解为人性的原则的核心，那么这个原则也可以被理解为蔑视人的核心。一些人可以把其他人作为非人加以征服，甚至"吞噬"。黑格尔吞噬一切的绝对精神也是如此。绝对精神背后就是征服的精神，就是动物式的自我持存的精神。当康德把这种理性原则作为道德的核心的时候，这个道德原则就是非常冷酷的道德原则。如果我们更进一步联系到人的肉体和精神的对立，那么我们就可以看到，这种道德原则是把肉体和精神对立起来的道德原则。黑格尔的绝对精神也是如此。黑格尔却痛斥拒绝这些精神的人，拒绝绝对精神的人。所以，

---

① 见本书的"模式"部分的第一章。

阿多诺说，黑格尔有绝顶的坏良心。他所颂扬的人其实就是动物。这意味着，当精神和肉体绝对对立起来的时候，精神就服从自然的规律，变成第二自然。在阿多诺看来，这是隐藏在观念论背后的东西。尼采的解放意义就在于说出了隐藏在观念论背后的奥秘。按照尼采的观念，人的真正的精神的东西就是权力意志。

在阿多诺看来，尼采直接承认人就像动物那样有一种权力意志，有征服他者的愿望。当我们按照这样的思路来理解精神的时候，当我们看到精神中的这种动物式的征服的时候，我们要做的不是完全否定精神。人要自我持存就必须有这种精神，但是我们不能简单地把这种精神合理化。如果简单地把这种精神合理化，那么精神就变成了第二自然。当精神不再合理化自身的时候，它就要开始反思自身。只有精神拒绝把自身合理化，而且不断反思自身，精神才不可能是极端地恶的。当精神把自身合理化的时候，精神就获得了一种特殊的魔力，它好像天然合理的，好像它的那种征服自然的精神天然合理的，好像它有无穷的力量。人们就不再反思这种精神了。当精神不断地自我反思的时候，精神就会与自然取得和解，精神就不会那么恶了，就不会像黑格尔的绝对坏良心了。这种精神的自我反思就是精神和肉体的和解，就是精神和自然的和解。在这种情况下，精神就会接受肉体，就会接受对抗自己的东西。而这种异于精神的东西又不断地刺激精神，促使精神来对抗这种肉体的东西。这就是精神和肉体、精神和自然的既相互对抗又相互和解的状况。在阿多诺看来，精神和肉体就应该保持这样一种关系。如果我们把阿多诺在这里对精神的理解，与他在后面对精神的解释联系起来，那么这就更容易理解了。在阿多诺看来，精神不能和肉体完全脱离开来。一方面肉体的需要会刺激精神，使精神获得一种意志力。另一方面，精神又会发现肉体的需要会使精神作恶，所以，精神要限制肉体。精神在其自身中始终充满了矛盾。

当精神接受肉体的时候，当精神承认自身矛盾的时候，精神就无法构建一个完备的体系。在这种情况下，体系解体了。与体系的解体的情况刚好相反的是，资本主义的社会现实却在强化体系。这里就出现了一种矛盾：从理论上来说，观念论的体系失败了，解体了，但是在现实中，体系却被强化了。那么我们究竟应该如何看待这一现象呢？观念体系的解体发挥了一种意识形态的作用。这就是用观念论体系的解体来迷惑人们，好像现实社会作为体系也解体了。其实情况恰恰相反。资本主义社会的体系强化了。从理论上来看，体系不可能是完备的，都存在着问题。一种理论体系很快会被另一种理论体系所取代。而在实践上体系化趋势却不断取得成功。于是，在这里就出现了一个矛盾的情况，一方面，人们认为理论体系有危机，理论体系是不可能的，另一方面，在实践上体系却不断推进。当人们夸夸其谈地说体系危机的时候，人们从来没有怀疑过现实的体系化过程。体系的说法在理论上非常流行，甚至那些从来没有怀疑过社会体系化的人都说体系危机。

这个社会被不断地合理化，构成一个系统，构成一个合理化的功能系统。可是，它越是合理化，就越不合理，就越是要把不能计算的东西加以计算，把不能量化的东西加以量化，把非同一的东西同一起来。这也导致资本主义社会中社会的危机。尽管这里的合理化、体系化包含了自杀的潜在后果，但是这并没有改变资本主义社会体系化的趋势。于是，在理论上被证明是无用的东西，却讽喻式地在实践中被肯定。从这个角度来说，那种资本主义社会体系危机的这种说法其实是一种意识形态。那么否定体系危机的理论就不是意识形态了吗？各种体系危机的说法其实都是在理论范围内进行的。在理论上激烈批判体系或者反对这种批判，其实都是意识形态，都没有涉及资本主义社会体系化的具体现实。所以，在这个情况下，即使有人对于那种不怀好意、夸大其词的批判表示不满，这也不过是一种意识形态。那么为什么会是这样的呢？

现实不是人们建构起来的，人们在理论上对于体系的批判或者辩护都缺乏建构社会的功能，都是空洞的理论。社会完全像第二自然那样进行自我建构。

当现实变成了第二自然的时候，现实的合理化过程包含了不合理。从理论上来说，任何体系，都必定是包含矛盾的。社会越是合理化，社会的不合理状况就越突出。社会越是强制进行体系化的整合，社会的矛盾就越是凸显出来。而社会矛盾越是凸显出来，社会就越是努力实现社会的整合。这就是说，通过整合而实现的解体，为此提供了借口。通过整合，社会出现了解体的趋势，在这样的情况下，社会可以以社会中出现的解体趋势为借口而更努力地来实现整合。在一般情况下，主体就是这个体系中的一个要素，他自发地接受这个体系，而不会对这个体系产生怀疑。假如人们看到了这个体系对他们的控制，那么他们就从这种体系的压制中感到痛苦。在这种情况，他们所表现出来的就是一种矛盾的态度，在理论上他们会反对体系，而在实践上又不得不顺从体系。人要生存就必须顺从体系，但是人作为主体又会从内心上反抗这个体系。人对这种体系的心理上的反抗在理论上就表现为存在论。由此阿多诺说，生存论上的所谓畏，即海德格尔所说的那个畏，就是由社会变成体系而产生的幽闭恐惧症。在海德格尔看来，人在生存中必然会陷入这种幽闭恐惧症，必然会有这种畏的生存情态。这种幽闭恐惧症就是对于体系的一种否定。所以，阿多诺说，过去人们把体系作为学院哲学的标记，但是如今，人们开始否定体系了，把反体系作为哲学的标记。当他们在思想上反体系的时候，他们好像超越了前人的思想，他们的思想好像是完全原发的思想。他们好像跳出了学院哲学的传统。他们是在自由思想。海德格尔的思想好像是一种原创性的思想。在阿多诺看来，他们并没有真正超越传统，没有真正超越观念论，也没有真正超越体系哲学。这不过是对于反体系做法的一种误用。这就是通过反体系来强化资本主义体系的合理性。这就如同资本主义社会中的情况一样，越是体系化，反体系的力量就越强大，而反体系的力量越强大，体系就越要进行整合，就越是要发挥体系的作用。在这里，反体系反而被用来加强体系。这是对于反体系的误用。所以，阿多诺说，此类误用并没有让体系的批判成为多余。对于阿多诺来说，我们对于体系的态度应该是反思体系，而不是简单地走向体系的对立面。接下来，阿多诺说明，体系哲学往往是难于避免的，也正因为如此，对于体系的批判是必要的。在这里，阿多诺指出，一切试图有内容的哲学，都会走向体系，因为它要用体系来把握非体系的东西。可是一旦走向体系的时候，体系又会伤害哲学的内容，把非同一东西同一起来。同样道理，经验的哲学也会对哲学产生伤害，因为虽然它要把握非同一的东西，但是，却不借助于任何中介，它要在直接性中把握非同一的东西，这也同样无法真正把握哲学的内容。在对于体系的批判中，阿多诺指出，体系把一切都纳入到它自身之中，使它自己成为一个总体，不让任何东西落在它自身之外。当它把一切东西都纳入到它自身之中的时候，它就用同一性伤害了哲学的内容，让一切内容在思想中蒸发掉。在观念论进行一切论证之前就已经是观念论的了。这是因为，观念论作为一个体系化哲学，排除了一切内容。只要它排除了内容，那么即使它没有展开理论上的论证，即使它还没有作为体系展开，它就已经是观念论的了。反之，由于观念论排除了内容，所以它很容易走向体系化之路。

如果要把握内容既需要体系，而体系又会排斥内容，那么我们究竟如何做呢？阿多诺采取了一种辩证法的态度，这就是既需要体系，又要批判体系。从这个部分的开头中，我们可以看到，人类要生存就必须凸显精神的作用，而在精神的作用过程中，人类就很容易在思想上和实践上走向体系化。[1] 资本主义社会中的第二自然现象，黑格尔的观念论体系其实就是这种趋势发展的必然结果。而要解决这个问题不是简单地否定体系，也不是简单地肯定体系，而是要在肯定体系的合理性的基础上否定体系。体系是不可避免的，反体系的努力是不能停止的。这是哲学的重要任务。

体系的二重性

在这个部分，阿多诺开宗明义地指出，对体系的批判不是简单地放弃体系，而是要进一步深入批判体系的精神。这就是说，他虽然也反对体系，但是人们在传播知识的时候毕竟需要体系。因此，重要的是要批判体系的精神。而达朗贝尔的成就之一，就是把体系的精神和体系性精神区分开来。达朗贝尔是一个数学家。数学家一定要用体系来表达其数学的内容，但是，他却没有用一个公式的方法来表达极限。而数学上的极限概念恰恰就是把不能被同一起来的东西同一化。按照同一性原则而形成的体系是一种外在的体系形式，这种体系形式把一切无法控制的外在的东西都纳入体系之中。但是，体系性的精神不一样，它不拘泥于形式，不拘泥于用外在形式来控制非同一东西。它要用一种形式上体系，并能够在方法上包含了内容。这就如同达朗贝尔对极限的把握。这种精神表现为，虽然它也有同一性和一致性，但是这种体系的一致性是要把非同一的东西联系起来，而不是把非同一的东西强行纳入概念的框架。而达朗贝尔的贡献是把体系的精神和体系性精神区分开来，体系的精神满足于把无联系的东西，孤立的东西固化为某种联系，把无联系的东西概括到一个概念框架中从而有利于官僚阶层的管理需要。而体系性精神则不同，它是要找到非同一东

---

[1] 见本书第56页。

西之间的内在联系。而在现实生活中，体系的精神压倒了体系性精神。这是因为，在现代社会中，人们固执于抽象的范畴，而不是努力借助于思想来把握内容。或者说，在这个世界中，思想无法控制其中的内容，思想无法把握非同一的东西。于是，对于这个世界来说，体系的形式更为合适。人们满足于体系，而忽视了体系性的精神。而同一性和一致性同时都是把一种令人满意且不再对抗的状况不恰当地投射到控制性、压制性的思维联系之中。这就是用压制性的、控制性的思维联系把非同一的东西纳入到同一性和一致性的框架之中。

接着，阿多诺通过黑格尔的哲学体系来说明体系的精神和体系性精神的差别和联系。对于阿多诺来说，黑格尔的哲学体系就是一种体系学的东西。这个体系学的东西就是把体系的精神和体系性精神结合在一起。一般的体系只有体系的精神，而不包含体系性精神。而黑格尔不同，他的理论是体系学，是把这两者结合起来了。体系学不满足于体系的精神，它要把体系性精神结合起来，它要把从体系的束缚中摆脱出来的思想力量转换为对这些特殊要素的公开规定。体系的精神是束缚思想的理论，而体系性的精神要让思想的力量摆脱束缚，而把握非同一的东西，即让这些特殊要素得到思想上的规定。在阿多诺看来，黑格尔的逻辑就是这样一种体系，即包含了体系性精神的体系。他说，对每个范畴的微观分析，同时也是作为这些范畴的自我反思而出现的。这种微观分析应该由一个概念过渡到另一个概念，而不需要顾及上面的覆盖物。这个运动过程的总体对黑格尔来说就是体系。这就是说，黑格尔不是像康德那样，把范畴当做抽象的概念框架，而是要对范畴进行微观的分析。这种微观分析就是要对于范畴进行自我反思，就是要突破范畴所必然具有的那种形式框架。范畴作为形式框架就是概念上面的覆盖物。这个覆盖物就会限制概念，而黑格尔就是要通过概念的微观分析，从一个概念过渡到另外一个概念。这种概念上的过渡就是概念突破形式框架的表现。概念突破形式框架就是让概念联系起来，而概念的联系其实就是要把握事物中的非同一性。这种非同一的东西如果仅仅被纳入形式框架，那么非同一的东西就没有内在联系，而概念之间的相互过渡就把这种内在联系揭示出来了。黑格尔对于概念之间的相互过渡的理解非常类似概念的星丛。对于阿多诺来说，黑格尔的这个概念体系中同时包含了体系的要素和体系性要素。所以，阿多诺说，这里包含了两种概念，一种概念是总结性的、因而走向静止的概念，一种概念是动态的概念，是由主体纯粹自主地产生的概念，这种自主的产生活动建构了一切哲学的体系学。前一种概念就是体系的概念，是总结性的、静止的概念，而后一种概念是动态的概念，是概念之间的过渡。黑格尔的哲学体系包含这两个方面。而在阿多诺看来，这两个方面既相互冲突又相互依赖。这就意味着，如果我们需要把体系性精神表达出来，那么我们就必须借助于体系，而借助于体系，那么体系性精神就会受到伤害。这两者之间存在着一种张力。那么如何来解决这个张力呢？黑格尔的做法是把这两者统一在精神之中。按照黑格尔对于精神的理解，精神既是自在的，又是纯粹运动（即亚里斯多德传统中的纯运动）的。精神同时有这两个方面的要素。可是这两个要素还是被割裂开来了。作为自在的精神和作为纯粹运动的精神被割裂开来了。所以，阿多诺批判黑格尔，这个不恰当的建构在一个阿基米德点上把主观的生产与存在论，把唯名论与实在论分割开来，也阻碍了（他）从体系的内部来解决这种张力。当黑格尔这样理解精神的时候，黑格尔就是把精神的主观生产（纯粹运动）与存在论（包含了内容的精神）割裂开来，当黑格尔把这两者割裂开来的时候，黑格尔就不能真正地解决固化的概念体系和运动的概念体系之间的张力。这里所说的"阿基米德点"就是关键点。这就是说，虽然在黑格尔那里这两者之间是联系起来的，但是这两者还是在一个关键点上被分离开来。这个关键点就是，黑格尔的思想的核心仍然是同一性逻辑。这个核心的东西阻碍了把这两者真正地联系起来。这就是说，在黑格尔哲学中，这两者之间的张力并没有真正地得到解决。在这里，阿多诺还认为，黑格尔把唯名论和实在论对立起来。而阿多诺恰恰要建立唯名论和实在论之间的辩证关系；即概念既不是空洞的符号，也不是实体本身，概念指向实体，但是又不能完全达到实体。应该说，黑格尔思想还是包含了这种辩证法的。如果说黑格尔没有这种辩证法，那么这也只能在"阿基米德点"上被理解。

尽管黑格尔的体系试图解决形式和内容之间的对立，尽管这个哲学体系更加高明，但是实证科学还是比这种哲学的体系概念更有意义。这是因为，这种实证科学要求这些部门的科学，即具体的实证科学从客体出发，把握客体，而不是严格地要求其诸要素的内在同一性，比如，物理学中关于光的粒子说和波动说之间的关系。当科学从客体出发把握客体的具体内容的时候，它并不预设一切存在者与认识原则的同一性，不是强调同一性的原则，把同一性原则当做是偏见。而那样一种预设，即理论思考要让人回想到它与对象联系这样一种预设，是正当的，而观念论却压制了这种联系。尽管理论思考要让人想到它与对象的联系，但是这种联系却受到了科学秩序（同一性秩序）的需求的阻止。人们试图用一种替代性的联系，即形式的联系来代替客体之间的联系。这一段话比较费解，其基本意思是，虽然科学的理论需要屈从于同一性体系，但是人们应该意识到，这个同一性体系其实是客体之间的内在联系，同一性体系应该让人想到这种联系。这是一种体系性的精神。从这种体系性的精神出发，那么对象之间的交流关系、对象的内在联系才是这些对象的自在规定性所显示出来的迹象。这就是说，我们不能按照分类逻辑把孤立的对象进行分类并按照这种分类来对对象进行规定。以前我们都是按照这种归类的方法来定义对象，而阿多诺反对这种做法，他要求按照客体之间的对话关系，客体之间的内在联系来规定对象。在他看来，只有这样我们才能真正地把握对象。在阿多诺看来，康德没有从对象的这种内在联系的角度去规定对象，而黑格尔则试图从对象的内在联系来规定对象。但是黑格尔是通过主体来恢复对象之间的内在联系。这是黑格尔的缺陷，所以黑格尔最终也不能真正地把握对象。阿多诺要把握非同一的东西，就是要把握对象之间的这种内在联系，而不是把对象纳入体系，不是要对象强行适应体系，而是要通过对象之间的内在联系把握对象的特殊性质，把握其中的非同一的东西。按照阿多诺的思想，黑格尔是借助于主体而恢复对象之间的联系的，是要把对象之间的联系强行纳入主体建构的体系之中。而对象之间的联系是对抗这种主体建构的。当对象之间的联系对抗主体建构（主体主义）的时候，这种客观联系就会在主体所建构起来的绝对观念论的外壳下骚动。这种对象之间的客观联系就努力要冲破绝对观念所建立起来的外壳。所以，阿多诺形象地说，在黑格尔的绝对观念论的体系中，人们是可以听到有客体之间的内在联系对体系外壳的冲击所产生的爆裂声。如果我们仔细地分析黑格尔的体系，我们就可以看到其中的矛盾。这个爆裂声从一个角度来说就反映了黑格尔的绝对观念论体系试图回忆起非同一东西之间的联系。非同一东西之间的连贯性就是对象之间的一种客观关系。这里的连贯性是非同一东西之间的内在联系，而不是同一原则下的一致性。同一性原则下的一致性（演绎体系）会伤害这种连贯性。所以，阿多诺强调，对于体系的批判，就是要把客体之间的联系，客体之间对话，客体之间的连贯性解放出来。对于体系的批判以及对非体系思想的批判就是要把这种连贯性解放出来。如果不能把这种连贯性解放出来，那么这种批判就是外在的批判。从这里，我们也可以看到，阿多诺所说的内在批判是什么意思了，这就是要通过对于体系的内在批判来把对象之间的连贯性解放出来，把非同一的联系解放出来，他要让我们听到体系的外壳所发出的爆裂声。从这一点上来说，黑格尔的体系中包含了爆裂声，这是黑格尔哲学超出康德的先验主体的地方。先验主体是排除经验要素的纯粹的我思。这里不会出现爆裂的声音。

自相矛盾的体系

按照阿多诺的分析，一切体系都必然是矛盾的，这是因为一切体系都按照同一性原则来建构的，而当人们努力把一切东西纳入统一的体系中的时候，同一性的东西和异质的东西就必然产生矛盾。这是一切体系的必然结果。

在这个地方的一开始，阿多诺就指出，促成体系的是自我原则。这个自我原则就是上一节最后所说到的先验主体。在这里，我们看到，阿多诺用了理智（ratio）这个概念。这是一种局限于同一性原则的工具理性。按照阿多诺的理解，人类从文明的一开始就用这样一种工具理性来征服外在自然，也同样用这个理性原则来征服内在自然。或者说，人就把这个理性原则内化。而人们所说的自我，就是把这种理性原则内化的结果。所以阿多诺说，这种自我原则就是理智。在《启蒙辩证法》中，阿多诺也把这样的自我称为先验自我和逻辑自我。人们是通过这样一种同一性原则而形成体系的。这样一种理性的方法是遵循同一性逻辑的，作为一种方法，它具有形式的特点，清除了一切内容。它成为纯粹的形式法则。所以，它也不受外部的东西的制约，是纯粹的思维形式和思维方法。本来，人的精神是与肉体结合在一起的，但是在征服自然中，人的精神却束缚肉体，于是精神变成了纯粹理性的精神。所以，这种理性的精神是不受肉体的束缚的。从这里可以看到，体系是按照同一性的原则，也就是按照自我原则建构起来的。

从这个角度来说，按照同一性原则建构体系做法是一种观念论的做法。而当观念论建构体系的时候，它要把一切都纳入到体系中，把无限的东西也纳入体系中，在体系中被控制。所以，当观念论说无限的时候，这个无限的东西变成了无限性，变成了肯定的无限性。本来，如果我们说"无限"的时候，这并不意味着无限被我们把握了，被我们控制了。从这个角度来说，无限性必须是否定的。但是观念论要建构体系，所以，"无限性"就变成了肯定的概念，变成了被它控制的东西。如果精神在其一切阶段上，在历史的各个时期都把无限性作为肯定的东西，那么精神就取得了绝对的控制地位，精神就把它对于外在东西的控制变成了一种形而上学。一切外在的东西，一切非同一的东西都被它纳入到体系之中了。而观念论体系就是这样一种形而上学。而这种体系清除了一切异质的存在者，也就是非同一的东西。这个体系就成为纯粹的生成，纯粹的过程，绝对的生产。在阿多诺看来，费希特就是把体系理解为绝对的生产。本来，在康德那里，理性要把握绝对，把握无限，而当理性这样做的时候，理性陷入到二律背反之中了。而费希特却认为，如果承认自在之物，那么这就无法避免怀疑主义，他要努力建立一个绝对知识的体系。对于他来说，非我的东西其实就是自我构建起来的。如此一来，他构建了一个绝对的观念论的体系。这个绝对的体系就是纯粹观念的体系，是排除了一切具体内容的体系。所以阿多诺说，费希特是真正把哲学体系化的人。

而康德则不同，他看到形式和内容的对立，他要在理智（工具理性）的无限进展中把握非同一的东西，把握自在之物。理智的无限进展是说，康德认为，人的理性有一种自然倾向，它要把握绝对，把握自在之物。而这个自在之物就相当于阿多诺所说的非同一的东西。人的理性要去把握非同一的东西即自在之物，从而达到对于总体的认识。而康德认识到，要达到这种总体的认识就必然会陷入二律背反之中。这种二律背反表明了总体性和无限性的冲突。这是观念论所包含的最本质性的对立。而在阿多诺看来，康德体系的这种矛盾体现了资本主义社会的核心矛盾。这就是资本主义一方面要维持自身，把自身保持在自己的界限之内，另一方面又要突破这种界限。在这里，阿多诺接受了马克思的思想，即资本主义自身必定包含了其内在的不可克服的矛盾。资本主义越是发展，资本主义就必须接受非资本主义的东西。而当资本主义接受非资本主义东西的时候，资本主义其实也在瓦解它自身。应该说，现代西方的福利国家已经与传统的资本主义社会有很大的差别。从这里我们也可以看到，阿多诺总是把思想领域中的现象与现实的基础相联系。从这个角度来说，他坚持了历史唯物主义。

按照这样一种唯物主义历史观，那么尽管古代思想家那里，比如，亚里斯多德那里也有动态和体系的概念，但是这种动态和体系概念与现代社会中出现的动态和体系概念是无法兼容的。我们可以说，现代思想中体系概念更突显了同一性的原则，而古代社会不可能达到这一点。

虽然古代思想家，比如柏拉图，也包含了动态的要素。他通过对话中的诘难的形式，表达了动态和体系的概念，但是他的体系概念和动态概念都是后人回溯性加入到他的思想中。或者说，我们现代人从自己的眼光来看柏拉图，发现柏拉图思想中存在体系和动态的概念。从这个角度也可以看出，在现代人的思想中体系的观念是多么的根深蒂固。体系中的静态与动态的矛盾是现代社会才有的现象。对于阿多诺来说，由于资本主义社会中存在着的矛盾，所以，这种矛盾不可避免地要影响资产阶级的思想。正因为如此，康德对于柏拉图的批判不仅仅是逻辑性的，不仅仅要指出它在理论上的问题，而且是有历史维度的。这就是要表明古代的概念与现代概念之间的差别。所有这些分析都表明，一个时代的思想和它赖以产生的时代是密切相关的。当阿多诺从历史形态与思想体系的关系的角度来理解思想的时候，阿多诺发现，胡塞尔也由于这种社会原因而对体系采取了一种矛盾的态度。虽然他的存在论一开始是反体系的，但是他最后还是要回到体系。资产阶级思想之所以容忍它的体系之中的动态性和静态性之间的矛盾，是因为资本主义社会本身存在着这种矛盾。而海德格尔的基础存在论是从胡塞尔的现象学中派生出来的。从这个角度来看，海德格尔的思想也同样包含了内在的矛盾。

接着，阿多诺分析了体系的动态性和封闭性的关系。从阿多诺的角度来说，体系不可能完全是封闭的，而必须是动态的，必定是包含内在矛盾的。阿多诺强调，体系的动态性的核心就在于体系作为一个总体总是要吞并在它之外的东西，即那种不能被纳入到同一性逻辑中的东西。这是体系之外的东西。如果体系不关注体系之外的东西，那么即使体系是动态的，它最终仍然是静态的。它包含了一种肯定的无限性。由于黑格尔体系本质上是观念论的，而不是真正地要包容非同一的东西,所以,虽然黑格尔也注意到非同一性,但是它最终仍然封闭在观念的领域,是一种静态的体系。

由于黑格尔要建立一个封闭的体系,而一切封闭的体系都必然是矛盾的。所以阿多诺说,在这个体系的必然的荒谬性中,黑格尔所要求的那种体系与动态性之间的统一性崩溃了。这里所说的必然的荒谬性就是封闭体系的必然的内在矛盾。在这样的情况下,虽然黑格尔也主张体系和动态性的统一,但是这个统一还是崩溃了。黑格尔的体系必定包含了动态性和封闭性的矛盾。那么黑格尔为什么会容忍这种矛盾呢?阿多诺要分析黑格尔的这个现代哲学。对于他来说,这个分析是有意义的。在阿多诺看来,其实黑格尔的体系并不是真正动态性的。这是因为,在黑格尔的体系中,每一个概念都是被预先设计好的,都已经被含蓄地规定了。所以这些概念不能真正地接受非同一的东西。如果是这样,那么这个体系就是非真理的,无助于真正认识非同一的东西。如何才能真正地达到辩证法呢?阿多诺指出,意识必须无意识地沉浸在它对之采取了立场的那些现象中。于是,辩证法当然会在质上改变自身。体系学的一致性瓦解了。这就是说,意识必须沉浸到它的对象之中,这样才能真正地把握对象。当意识沉浸到对象中,沉浸到它要把握的对象的时候,意识就能够把握非同一的东西。这个时候,辩证法也会在质上发生变化,即变成了具有唯物论意义的辩证法。当意识这样来认识对象的时候,对象(现象)就不是概念的样本了,而是具有异质性的现象。而概念的样本就是被概括在概念中的相同东西的一个。当人们要把握这种异质性的现象的时候,思想就要进行更多的努力,即努力在思想之中把握思想"之外"的东西,把握无法被纳入概念的东西。进行这种努力的思想就与黑格尔那里的思想不同。黑格尔那里的思想就是思考对象中已经被思考过了的东西,就是思考被纳入到概念中的东西,思想思考思想本身。

为此,阿多诺指出,尽管黑格尔思想中存在着一个外化纲领,但是却仍然满足于自身,虽然它需要有对立面,但是它仍然局限于自我展开,却不是通过吸纳对立面而变成动态的发展。黑格尔认识论没有真正地关注那个抵抗认识的东西、那个非理性的东西,即非同一的东西。认识要用概念来把握对象,而对象一定包含了非同一的特性,它抵抗概念对它的把握。虽然黑格尔没有真正地关注非同一的东西，但是他还是在理论上强调，要把握非同一的东西。在这里，阿多诺说，思想应该外化自身。阿多诺这里所说的外化自身不是思想要进行实践，把思想体现在事实中，而是说，思想不能束缚在思想的框架中，而要走出思想的范围，走向"事实"。当思想走出思想的范围的时候，事实才是最重要的，而范畴就不重要了。而当思想走出思想的范围的时候，客体就在思想的目光的注视下表现自身。这个客体就不是同一意义上的客体，而是异质的客体。当我们用这样的方法来进行认识的时候，那么认识就是去接近抵抗认识的东西，去接近非理论的东西。

于是，在这里阿多诺说，虽然黑格尔口头上强调"走向客体的自由"，但是他本人并没有真正这样做，他也无法做到这一点。而阿多诺要做到这一点。黑格尔之所以做不到这一点，是因为，黑格尔哲学是观念论的哲学，他所说的走向客体的自由并不是真正的自由，而是自由概念，把客体束缚在自由概念之中，束缚在主体自律的魔力之中。在阿多诺看来，这是同一性思维方式所必定具有的魔力。在人类文明史中，这个同一性的逻辑仿佛具有一种特殊的魔力，所有人都逃不出这种魔力（当然，也由于这个魔力的作用，非同一的东西会干扰同一性）。从我们前面的分析中可以看到，这是人的自我持存的必然要求。这种魔力是无法避免的。设定意义的主体自律就是纯粹的理性主体为了它自身的目的而确立意义。观念的主体为其自身存在而进行的努力。这种主体自律是主体自身的自由。它不再关注外在的东西。在这里，阿多诺强调，我们要借助于黑格尔所说的那个"走向客体的自由"，借助于黑格尔思辨的理论，即否定的理论来否定黑格尔封闭体系。而否定了黑格尔的封闭体系并不是彻底否定黑格尔哲学的体系性特征，而是要继续保持体系性特征。这是非同一性客体之间的必然联系。对体系进行批判的范畴是动态的范畴，是走向非同一东西的范畴。如果这种范畴还是束缚在同一性的框架之中，束缚在纯粹形式之中，而没有走向对象，那么这个范畴就不可能是动态的范畴，这个范畴也不可能把握非同一的东西。这里的范畴必须被把握为超出范畴的范畴。这种超出范畴的范畴，超出概念的概念才能合法地超越体系中的个别东西，体系中的个别东西是被把握在范畴中的个别东西，超出这种个别东西，这种范畴才能超出体系，才能把握体系之外的东西。当阿多诺这样来理解范畴的时候，当阿多诺这样来把握对象的时候，对象（现象）就不是简单地被纳入到概念的框架中，不是简单地表明，这个对象之所是，表明对象的同一性，而是要把握对象究竟是什么，即把握非同一性。如果这样来理解和把握对象，把握对象的非同一性，那么这样一种视角就是一种形而上学了。或者说，这就是阿多诺所要建立的形而上学。阿多诺认为，他所做的工作是形而上学的世俗化。他的这种形而上学是世俗化的形而上学。我们知道，形而上学在传统上是与神学密切相关的。即使在康德的道德形而上学也包含了某些神学的要素。阿多诺的思想是把这种神学的要素世俗化。阿多诺把非同一的东西作为"最终"的东西来把握，类似于康德的自在之物，但是却又不能在自在之物的意义上被理解①。这个理知领域是介于现象的领域和自在之物的领域之间的。阿多诺从理知领域的角度来重新构建康德的形而上学。阿多诺把自己的这个突破理解为"碎片"，而不是体系。他的哲学就是要把握这个"碎片"，这个非同一的东西。而这个非同一的东西，这个碎片能够具有莱布尼兹所说的那个单子的特点。莱布尼兹从观念论的角度设想了单子，对于莱布尼兹来说，单子能够再现总体。而在阿多诺看来，他的这个碎片类似于单子，通过对于"碎片"的理解，也可以把握总体。那么为什么他所说的这个"碎片"能够体现总体呢？在阿多诺看来，这个碎片是同一性逻辑所无法把握的东西，是被同一性碾碎了的东西。这是一种否定地呈现出来的东西。而这个否定地呈现出来的东西表现了体系中的矛盾。这种矛盾才是体系的特点。如果形而上学要把握绝对，那么这个碎片就应该是形而上学所必须把握的"绝对"。要理解这个碎片，就需要结合本书最后一个部分所讨论到的那个"碎片"，即阿多诺在讨论形而上学的时候所说的碎片。由于阿多诺所采取的方法是把"牌全部摊在桌子上"，是非体系的，他不是按照体系的方式来写作。我们需要从相互交叉的角度去理解他的思想。

论证与经验

这个部分阿多诺讨论了论证与经验的关系，传统上所理解的论证是逻辑上的论证，这种逻辑上的论证与经验是无关的。但是，阿多诺所说的论证不是逻

---

① 后面关于理知领域的说法表明了这一点。

辑上的论证，而是在对于把握非同一东西方面的论证，是对于把握真理的论证。而这种论证是与经验有关的。当然，这种论证也不是与逻辑毫无关系，论证当然具有逻辑特性，但是阿多诺所说的这种论证也超出了逻辑。这是把逻辑的东西和经验的东西结合在一起。所以，在这里阿多诺首次提出了精神经验的概念。这也是导言部分所要论述的东西。本来，经验都是靠肉体才会发生，但是阿多诺却把非肉体的东西即精神与经验结合在一起。显然，这与传统上所说的那种肉体经验不同，是被加入了精神的经验。这需要我们在关于论证和经验关系的论述中加以体会。

这个部分开头的第一句话说明了否定的辩证法的特点。思想只是进行思辨的运用，也就是思想不是简单地接受直观的东西，在否定直观的东西中把握非同一的东西。非同一的东西不是直观地摆在面前的东西，而是在否定摆在面前的东西中被把握。所以，要把握非同一的东西，思想除了进行思辨的运用之外，不把任何东西肯定地具象化（Hypostasis）。所谓具象化就是道成肉身的意思。思想不拘泥于直观地摆在面前的东西。而对象（Gegenstand）就是摆在面前的具体的东西。当思想用思辨的方法对待对象的时候，思想就要超出对象，而不是虚幻地认为，思想和对象是一致的，思想完全把握对象。而观念论，尤其黑格尔的观念论就抱有一种绝对性的观念，即认为思想和对象是一致的。如果简单地认为思想和对象是一致的，达到了绝对性，那么在这种绝对性的观念中，独裁与顺从是一致的。本来，思想与对象是不一致地，但是人们却武断地认为，思想与对象是一致的。这是独裁。反过来说，把思想束缚在当前的对象上，屈从于当前的对象其实就是顺从。所以，在思想和对象的一致的观念中，在绝对性的观念中，独裁和顺从是结合在一起的。这两个东西本来是完全相反的，但是完全相反的东西恰恰结合在一起了，这两者是相互转换的。独裁者被孤立在思想中，而忽视对象，而顺从者被纯粹地束缚在对象上。在思想方法上这两者相互对立，但是实质上却非常一致，独裁者孤立于自己的思想中，而对现实不管不顾，而现实的东西（对象）却遏制着思想，最终使思想屈从于对象。极端的独裁者，完全被束缚在自身中的独裁者最终必定会要顺从对象。如果不顺从对象（直观的对象），那么思想中的独裁就不可能发生。对于他来说，直观的对象就是绝对真实的，所以他才能独裁。康德提出了一个"理知的领域"。这个理知的领域超出了纯粹内在的领域，但是又不是纯粹超越的领域，而是介于这两者之间。对于康德来说，在纯粹的内在领域把握经验对象所获得的只是知识，而达不到自在之物。从阿多诺的角度来说，这种方法达不到非同一的东西。那么如何才能达到非同一东西呢？这就要沉浸于特殊。而在沉浸于特殊的时候，主体必然意识到概念无法把握对象，必须超出概念的范围。在这种情况下，思想就不是满足于康德认识论那种设想，把概念和经验结合起来，而是要把这两者之间的辩证关系推向极端，这就需要既超出概念，也超出认识论意义上的经验。这种沉浸于特殊的做法就是把概念和经验结合在一起的辩证法，即康德认识论中所意识到的那种矛盾（二律背反）推向极端。这就是意识到，实证科学知识的不足，就是要打破康德认识论中的那种框架，而达到理知的领域。对于这个理知领域的把握就是阿多诺说设想的那种精神经验。它需要精神，通过精神超出直观，它也需要直观，借助于这种直观（作为中介）把握直观所无法把握的东西。

要沉浸于特殊，要把握非同一的东西，就需要有超出对象的自由，而不是把思想束缚在对象上，不是寻求思想与对象的同一。当思想不是停留在对象上，而是超出对象的时候，思想就不是按照同一性的逻辑来把握对象，而是超出了同一性。从这个角度来说，同一性的要求会阻止思想达到这种超出对象的自由。黑格尔虽然思想上也承认要达到"走向客体的自由"，但是却不能真正做到这一点，这是因为黑格尔依赖于对象之中的彻底中介。这里的中介是概念的中介。要认识对象必须借助于概念这个中介，但是在黑格尔那里对象被概念所彻底中介，而不是思想超越对象，对象最终被束缚在概念之中。这就无法真正地把握对象。从这个意义上来说，黑格尔排斥了这种超出对象的自由。认识就是要用概念来把握非概念的东西，用具有同一性特征的概念去把握非同一的东西，这就是一种矛盾。这种矛盾就表现为认识活动要化解那些不可化解的东西。并且，阿多诺强调，认识是一种微观的活动，也就是说，认识不是宏观上把事物归类，而是要把握特殊的东西，把握非同一的东西。而在这种微观的活动中，在把握特殊的东西的时候，人们又只能用一般的概念。当人们用一般的概念把握特殊的东西的时候，特殊的东西中那超越一般的要素就显露出来了。思想就是要思想这种东西。而对于这种东西的思考就只能借助于精神经验了。

对于这种东西的认识，我们不能用传统的那种概念体系的方法，无法用逻辑的方法。所以，阿多诺强调，对于这种超越一般概念的要素的把握就需要反体系的东西。但是，这种认识也不是不需要约束，但不是用体系来约束，而是要用思维模式来约束，而且要用许多不同的思维模式来约束。如果没有任何约束，那么思想就变成了完全混乱的无序的思想。这种认识既需要概念，也要超出概念。这就需要不同的思维模式。

接着阿多诺说明了否定的辩证法与这些思维模式的关系。首先，阿多诺强调，单子论的思维模式是其中的一种思维模式。这是我们在前面所提到的。这就是说，哲学思想是碎片（是被概念的压制所留下的碎片），这种碎片类似于单子，这些单子是不同的，但是又不是完全无关的。从这个角度来说，它类似于维特根斯坦所说的那种家族相似。不过，否定的辩证法不仅仅包含了这样一种思维模式，还有其他思维模式。从阿多诺的许多论述中，我们可以看到，他所提到的思维模式包括韦伯所说的那种理想类型的方法、星丛的方法、马克思所使用的拜物教批判的方法等。应该说，阿多诺的否定辩证法吸收了这些不同的思维模式。这些思维模式的共同点就是要切中特殊的东西，甚至还要切中比特殊东西还多的东西。我们可以简单地把这些东西都概括在非同一的东西之中。这些东西需要用概念来论述，却不是某个概念，而是动态的一系列概念，甚至让概念超出概念。所有这些做法就是要避免让这些非同一的东西在它的更一般的上位概念中蒸发。当我们说"张三是人"的时候，我们就把张三这个具体的人归入到上位概念中，而张三的具体性，张三所构成的各种联系就在这个上位概念中蒸发了。所以，阿多诺要采取这些不同的思维模式来把握非同一的东西。按照他对于哲学的思考，哲学就是要把握非同一的东西，就需要借助于这些思维模式。他明确地表示，否定的辩证法是模式分析的结合体（他在最后一部分所说的那些模式，比如，实践哲学批判的模式，历史哲学批判的模式等），或者说，就是对于这些模式的分析，而不是满足于这些模式。阿多诺不是借助于其中的某个模式，而是分析批判各种模式，从这种批判中吸收那些对于把握非同一性价值的东西，否定的辩证法也没有提出一个能够把握非同一东西的给定方法。或许对阿多诺来说，我们永远也找不到一个肯定的模式，用了这个模式就可以直接把握非同一东西。非同一的东西只能在既定的模式批判中不断地被探索出来。

也正因为如此，阿多诺反对把哲学变成肯定性的安慰剂。因此，他说，只要哲学自欺欺人地认为，凡哲学用来促使对象发生运动的东西，也必定从外部影响这些对象，那么哲学就把自己重新贬低为一种肯定性的安慰剂。按照这样一种自欺欺人的说法，好像哲学把握了某种肯定的东西，这种肯定的东西能够促使对象发生运动。哲学只能在模式分析中，把握非同一的东西，把握否定性的东西。阿多诺强调，潜伏在对象自身中的东西需要某种干预，以便得到表达，但其目标在于那种从外部调动起来的力量以及最后用于现象的每一种理论，都在其中走向平息。潜伏在对象自身中的东西，即非同一的东西，需要得到某种干预，以便得到表达。我们用概念把握非同一的东西，必定干扰了对象，但是如果没有这种干扰，我们就无法把握非同一的东西。我们用概念把握对象不是把握概念中的东西，而是把握超出概念的东西。从这个角度来说，我们需要概念，但是最终的目的是超出概念。同样的道理，在把握非同一的东西时，我们需要各种模式，需要各种理论，需要这些外部调动起来的力量，但是如果我们被束缚在理论中我们还是不能把握非同一现象。我们借助于这些理论，又要超越这些理论，这些理论在走向非同一东西的过程中走向平息。从这样一个角度来说，哲学理论意味着它自身的终结：通过它自身的实现而走向终结。从这个角度来说，阿多诺的哲学也是否定其自身的哲学，所以否定辩证法不是第一的东西，也不是最终的东西。

接着，阿多诺从历史的角度说明，类似于他的那种理论趋向并不少见。法国启蒙运动就有这样的特点。启蒙运动在形式上从理性概念中获得了体系性。注意这个体系性，而不是体系，也注意这个理性。在这里，阿多诺用的是"Vernunft"（理性）而不是我们前面所说的那个"ratio"。启蒙思想家从理性概念那儿获得了体系性。于是，他们对于体系的态度就不同了。"它的理性的观念是与客观的、理性的社会机制建构性地交织在一起，这使这个体系失去了感染力。"① 这就是说，启蒙运动的理性是与社会的合理化机制的形成密切联系在一起的。而在形成社会合理化机制的时候，社会变成了一个体系。而这个

---

① 阿多诺：《否定的辩证法》，王晓升译，北京：中央编译出版社2023年版，第37页。

体系是把人变成了纯粹的角色，变成了机器系统中的螺丝。于是，这个系统失去了吸引力，失去了感染力。而理性就要对这种状况反思，它拒绝使自身现实化，拒绝变成纯粹合理化的机制。当理性这样做的时候，理性就不是逻辑意义上的那种理性，而可以说是包含了肉体要素的理性，在这样的情况下，这个体系就重新获得了感染力。所以，启蒙运动中的那种思维，是百科全书式的思维，而不是纯粹的合理化的思维，这个思维虽然是理性地组织起来的，但是它不是逻辑意义上的思维，不是纯粹合理化意义上的思维，这种思维不是连续的、系统的思维。这种思维是包含了自我批判精神的思维。或者说，这种思维也需要借助于合理化的方法，但是却会反思这种合理化的思维方法。理性的这种自我批判的精神也就是主体应该具有的那种精神。所以，阿多诺说，这种思维代表了逃出哲学的东西，逃出纯粹概念性思考的东西，逃出抽象思想的东西，是能够进行自我反思的思维。这种思维在与实践拉开距离的时候参与到学术的争吵之中。这就是通过这种争吵而进行理论上的自我反思。

阿多诺要把握的是非同一的东西，这种东西是概念所不能把握的，但是又必须借助于概念。阿多诺把这种把握方式理解为世界体验，是对于思想作为其要素的现实的关注。思想作为现实的要素，也就是说，合理化的体系，就是思想在现实中的实现。而思想也会抵制思想在现实中的实现，这就是思想对于世界的体验。这种体验被理解为"精神自由"，即思想在现实中实现的同时也反对思想的这种现实化，思想超越了思想。这种超越被理解为"精神自由"。这种精神自由其实也是摆脱同一性思维的束缚，摆脱工具理性束缚。这种思维方式包含了一种人文的要素，即人在生活之中的生存体验。阿多诺指出，思想不能没有人文的要素，尽管它受到了小资产阶级的科学（主义）气质所诋毁。同样，思想也需要有论证的要素，但是，这个论证的要素不是实证科学中所说的那种论证，即不是逻辑的论证，也不是实证科学中的经验论证，而是一种新的意义上的论证。论证就是要证明思想把握了真理，把握了非同一的东西，既然这种非同一的东西不能用逻辑的方法，也不能用传统上理解的那种感性的方法把握，那么这两种方法都不能论证思想对于非同一的东西的把握。所以，阿多诺所强调的论证是"沉思的结合体"（这个沉思不是纯粹的思考，是与肉体要素结合在一起的，是亚里斯多德传统上的"沉思"）。许多人都会怀疑这种论证。只要人们把论证的意思束缚在实证科学所理解的那种论证模式上，那么这种所谓"沉思的结合体"就不是论证。所以怀疑主义必然会怀疑这种论证。他们不能接受人文主义所理解的那种论证。在这里，阿多诺强调，只要哲学要有实质内容，那么这两个要素就是结合在一起。在这里，人们必然会说，哪一种哲学没有内容呢？显然，阿多诺所说的内容不是人们通常所理解的内容，而是把握非同一东西意义上的内容。只要哲学是哲学，那么它就必定包含这种内容。黑格尔、康德都包含了这方面的内容。阿多诺就是从这个角度来重新理解哲学史的。这很值得我们重视。而有内容的哲学是把这两个要素，沉思和论证结合在一起的。这就是说，阿多诺并不完全否定科学意义上所说的那种论证。正如我们前面所指出的，虽然概念不能把握非概念的东西，不能把非概念的东西抓在自己的"手里"，但是没有概念，非概念的东西是无法把握的。但是哲学不满足于这种论证，而是把论证与沉思结合在一起。最后，他指出，专业化的论证就会堕落成为无概念的专业人士以概念之名而进行的技术，这就如同在学术上不断扩展的所谓分析哲学，这种东西甚至机器人也会学习和复制。纯粹逻辑的论证机器都能够进行。这种论证缺乏人文的要素。阿多诺要把人文的要素纳入到论证过程中。

接着，阿多诺解释了他自己所理解的那种论证，这种论证被理解为内在的论证。这种论证的方法是这样的，它接受了那被整合到体系中的现实，以便用它自身的力量来反对这个现实。体系中的现实是合理化的现实，它接受这种现实，但是它又借助于自身的力量来反对这个现实。这就如同我们前面所说的，他借助于传统的论证，又反对这种论证。我们也可以说，阿多诺所说的论证是内在批判式的论证。于是，阿多诺就沿着这样一种思路来理解思想的解放，即有了广阔空间的思想，这个思想早就知道，那种用体系整合起来的现实即现实的结合体特别不真实，按照合理性原则结合起来的东西特别不真实。在这里，我们可以借助于马克思的拜物教批判来说明这种现实的结合体。在商品交换中，商品交换的关系是一种等价交换的关系，这种关系按照合理性原则组织起来的，具有了物性的特征。它由此被人们看做是天然合理的关系。并且，在生活中，只要人想生存，人就需要进行这类交换。信仰拜物教的人也就认为，这种关系是真实的关系，是合理的关系，而马克思认为，这种关系的背后是人和人的关系在发挥作用。表面上的等价关系其实并不平等。真实的东西其实并不真实，而且特别不真实。只有当人们看到了这种特别不真实的关系之后，人们就可以体会到非同一的东西。所以，阿多诺强调，如果没有这种知识，这种解放就不会爆发出来。这就是说，如果不知道，这种现实特别不真实，那么思想的解放就不可能发生，但是，这种解放也是在体系中进行的。这就是说，如果没有体系，没有关系体系的知识，解放也不可能发生。我们既要有关于体系不真实的知识，也要有体系。于是，思想的解放就能够爆发。在这里，阿多诺指出，这种情况出现的原因是，在体系的真正力量中还包含了潜在地超出体系的力量。人们生活在体系中，但是人们获得了关于体系特别不真实的知识，于是人们就能够改变体系，超出体系。体系的力量之中包含了超出体系的力量。当我们认识到体系是特别不真实的，并超越体系的时候，那么我们就可以发现，这个体系，这个包含了非真理性的体系既是力量无穷的，也是永远软弱无力的。它之所以力量无穷，是因为，它能够把一切都纳入到体系之中，这个世界是系统地组织起来，成为合理化的系统。但是，这个系统，越是合理化就越是包含了矛盾，就越是和无法被合理化的东西相互冲突。这个冲突意味着思想解放的可能性。更重要的是，这个合理化的体系是建立在肉体和精神对立起来的这个古老的非理性的基础上的。这里的合理化体系是排除了肉体的理性，纯粹的合理化意义上的理性。这种纯粹的合理化的精神，既力量无穷，也软弱无力。这是因为，理性如果与肉体割裂开来，理性就失去了物质力量的支撑。所以，在这里，阿多诺立刻指出，对观念论的批判同时也是保护观念论。这是因为，观念论就是极端地夸大精神的作用，把精神脱离肉体。这种脱离肉体的精神是完全合理化的精神，而意志、情感等等精神都是"非理性"的，都是与肉体联系在一起的。这种纯粹的精神是无力的。精神应该与肉体联系起来精神才是有力的。现代世界中的合理化体系就是这样一种纯粹理性精神建立起来的体系，是把肉体和精神割裂开来的基础上建立的体系。而肉体和精神的割裂是一切二元对立的基础。观念论和唯物论的对立就是建立在精神和物质的二元对立的基础上的。观念论强调精神第一性，唯物论强调物质第一性（即纯粹存在者的优先性）。这两者在本质上是一致的。当观念论强调精神第一性的时候，它就设定一个与它对立的物质。这个被认为第二性的物质。而唯物论同样是在把这两者对立起来的基础上颠倒物质和意识的关系。其本质是一致的。所以，绝对精神的学说直接促进了这种纯粹的存在者。在绝对观念论学说中，物质就是这样一种纯粹的存在者，与精神无关的物质。它也必定承认这个与精神无关的物质的存在。

在讨论精神和物质的关系之后，阿多诺进一步讨论理论和经验的关系。在认识论中，几乎所有的人都会承认，感性经验和理论是联系在一起的，感性经验中包含了理论的预设。比如，人们在观察一个现象的时候，人们预先有个理论的预设，而这个预设会引导人们的观察。于是，人们认为，这种理论是一种预设的立场，还是一种无端猜想，还需要得到验证。在这里，人们都是把理论和经验结合的。这就是对于经验和理论之间所采取的一种调和立场，是一种科学主义。科学主义认为，在观察的时候，人们所获得的经验中包含了理论的预设，而科学的认识活动要关注这种理论预设对科学认识、对经验观察的干扰。而阿多诺的精神经验从一定意义上来说，也是经验和理论的结合。不过当我们说，理论和经验结合的时候，其实我们是把肉体和精神割裂开来的，理论是纯粹精神的，而经验是纯粹肉体的。当这两者被割裂开来之后，人们再外在地把这两者结合起来。这种外在的结合与阿多诺所说的精神经验就完全不同。在这里，阿多诺用一种形象的方式来说明精神和经验的"结合"。他说，假如有一种立场是精神经验所要求的，那么这种立场就好像是食客对烤肉所采取的立场。精神经验要靠吃掉这种立场才能生存：只有当立场融汇到精神经验中，哲学才是可能的。理论的立场不是外在于经验的，而是融入经验之中的，这就好像食客对烤肉所采取的立场一样，吃掉烤肉，烤肉融入到肉体之中了，理论融入肉体之中。精神经验没有一个固定的立脚点（吃掉了"立场"）。为此，阿多诺强调，哲学就是要把肉体和精神内在地融合在一起。而当理论和经验融合在一起的时候，理论就不是纯粹的理论，而是包含经验的。如果我们联系康德的思想，那么在康德那里，理论（概念）也要和经验结合在一起，他说："无感性则不会有对象给予我们，无知性则没有对象被思维。思维无内容是空的，直观无概念是盲的。"[1] 但是这仍然是外在的结合。比如，在康德那里，经验

---

[1] 见康德：《纯粹理性批判》，邓晓芒译，杨祖陶校，北京：人民出版社2004年版，第52页。

是纯粹的杂多。如果是纯粹的杂多,那么我们怎么说,我们所经验到的东西是房子呢?难道仅仅因为我们的经验中包含了空间的形式吗?显然,经验不是这种纯粹的杂多,而概念也不是纯粹的概念,而是包含了经验要素,如果没有经验要素,因果性概念也不成立。这可能就是歌德在联系到康德时所痛苦地发现的原则,即经验和概念内在地结合在一起的原则。由于经验不是纯粹的杂多,而是与概念内在地结合在一起的,所以经验就不是纯粹动态性的和偶然性的。概念把经验的内容稳固下来了。经验之中包含了理论,理论把经验的要素稳固下来。这就是精神经验,这两者是内在地结合在一起的。可是,精神之中潜伏着一种意识形态,它就如同尼采的查拉图斯特拉那样自得其乐,并几乎不可避免地走向绝对。这是因为,在人类文明史上,当人要控制自然的时候,人就必定用精神来控制自己的肉体,精神必定要求自身独立并走向绝对。所以,精神中必定潜伏着意识形态,它要排斥和控制肉体,所以精神会像尼采的查拉图斯特拉那样自得其乐,精神的这种对立性最终会走向绝对。这是精神必然所包含的一种意识形态倾向。尽管精神有这样一种意识形态倾向,但是,理论会阻止它成为绝对。这是因为,理论之中包含了经验,这种经验的要素阻止精神变成完全独立的东西,变成独立于肉体的东西。这就是理论对于精神的作用。由于理论和经验结合在一起,于是理论纠正了精神经验的天真自信,经验常常天真地自信自己获得了真实的东西,理论纠正这种错误。或者说,由于精神经验中包含了理论,所以理论在精神经验中纠正经验的错误倾向。当然理论在纠正经验的这种天真的错误倾向时,理论还不干扰经验的自发性,理论也需要这种自发性,抓住这种自发性。理论中包含了这种自发性,包含了冲动。这个理论显然也不同于人们通常所理解的那种纯粹的推理式的理论。这样,在精神经验中理论和经验相互冲突而又相互依赖。理论中有客观的要素,比如逻辑的力量,但是这个逻辑的力量又受到自发要素的干扰,而经验包含了客观的要素,但是又受到了理论的干扰。在这里主观的东西和客观的东西之间既相互依赖又相互冲突。所以,阿多诺说,精神经验的所谓主观部分和它的客体之间的差别不会消失,认知主体的必然的和痛苦的努力证明了这一点。这就是说,在认识中,主体必然面临着这理论和经验、主观东西和客观东西之间的相互依赖而又相互冲突的困难。这是认识主体必然会感到的痛苦。由于存在着这种冲突,由于存在着这种不和解的状况，非同一东西就被经验为否定的东西。这就是说，非同一的东西只能在这种冲突中被经验到，而且只能被经验为否定的东西，无论从理论上所把握的还是在经验中所把握的都不是非同一的东西，无论是主观上把握的还是客观上把握的都不是非同一的东西，它在它们之间的冲突中被把握。在这里，人们必然会提出一个问题，如果和解了，那么这种非同一的东西就可以被把握为肯定的东西吗？不可能，这是因为和解之中必定包含了冲突。或者说，在认识中人不可能达到理论和经验、主体和客体的完全和解。完全和解是同一性哲学所设定的。

当我们这样来理解理论和经验、主观东西和客观东西之间的关系的时候，我们就可以看到，主体始终是包含了内在的冲突的。所以当主体在这种东西中返回到它自身的时候，就返回到它自身以及它的反应方式的丰富性。或者说，它用自己的反应方式的丰富性来显示出它在认识中的自我矛盾。当主体之中肉体的要素和精神的要素交织在一起的时候，当理论和经验交织在一起的时候，主观东西和客观的东西就交织在一起。人们不可能把这里的主观的东西和客观的东西，主体和客体完全割裂开来。因此，当一个人在自我反思中意识到这里的和解和矛盾的时候，一个人就能够防止自己把主体和客体割裂开来，在主体和客体之间建立一堵墙，也不可能把自己理解为纯粹的自在自为的存在。这就是说，主体和客体之间不可能是完全割裂的。反过来，主体和客体之间也不可能是完全一致的。这里存在着我们在前面所说的那种对立和矛盾。主客体之间的同一性的说法也是不成立的。为此，阿多诺说，主体和客体之间同一性的假定越少，把主体抬高为认识者的做法就越是充满了矛盾，无拘无束的力量和海阔天空的自省就越是充满矛盾。如果主体和客体是结合在一起的，那么把主体看做是脱离客体而认识客体的认识者这种说法就必定充满矛盾。如果是主体和客体结合在一起，那么主体脱离客体的那种无拘无束的思考也是不可能的，而必定是充满矛盾的。主体在进行自我反思的时候，也必定会意识到这里所存在的矛盾。

在这里，阿多诺又进一步分析了理论和精神经验的关系。理论虽然包含了经验，但是理论毕竟还是侧重于理论上的思考，而精神经验虽然也包含了理论的思考，但是毕竟主要是经验的形式。从这个角度来说理论和精神经验也是相互需要的，是相互作用的。在这里，阿多诺分别说明了理论和精神经验的作用。就理论来说，它不包含对于所有问题的回答，也就是说，理论不是把握所有的东西，理论知识只有一个作用，理论不像经验那样停留在表面现象上，他要透过现象看本质，所以，理论的作用就是对最内在虚假性的世界做出反应。这就是说，如果有了理论的思考，那么人们就不会走向拜物教，而是看出这个世界的虚假性。但是，虽然一种理论看到了这个世界的虚假性，但是这个虚假的世界是充满魔力的，有了理论并不一定就能够走出这个虚假世界，比如，卢卡奇、海德格尔虽然都有理论，都提出了反思物化世界的问题，但是他们提出了有效地走出虚假世界的有效道路了吗？至少阿多诺认为，他们无法走出物化的世界。从这个角度来说，理论本身没有裁判权。这就需要有一种经验上的冲动，肉体上的冲动。这就是精神经验上的冲动。所以，阿多诺强调，对于意识来说，运动的能力是本质性的特质，而绝不是偶然性的特质。意识必须有一种冲动的力量。有了这种冲动的力量，人才能有效地对待物化的世界。阿多诺认为，意识的运动能力意味着双重的活动方式：一种是内在的过程。这个内在的过程就是理论上的反思，反思到自己在意识中受到了同一性思考方式的束缚，并且这种束缚是不可避免的，但是人又必须冲破这种束缚。这里包含了一种辩证法。所以，这个内在过程本质上是辩证的。另外一种反思是冲动，是肉体的冲动，是经验的冲动。这种冲动是自由的，不受束缚的活动，这是超出辩证法的活动。这是经验冲动中的要素。当然，这两个要素在意识中是结合在一起的，而不是毫不相干的。所以，阿多诺强调，不受控制的思想与辩证法之间存在着一种亲和力。所谓亲和力就是两者之间密切联系，内在关联。不受控制的思想是一种包含了冲动的思想，是随意性、偶然性的思想。这种思想又是与辩证法要素结合在一起的。思想冲动如果与理论的思维结合在一起，那么思想的冲动就包含了辩证法。所以，思想的冲动和辩证法是能够和谐相处的，是具有亲和力的。辩证法，即理论反思中的辩证法是用来批判体系的，而在批判体系的过程中，理论的批判是由内而外的，对于体系的内在反思同时也就是对于外在的体系的反思，就是要看到外在的体系对人的束缚。而认识的辩证运动所释放出来的力量就是一种冲动，就是无拘无束的冲动，这种活动具有抗拒体系的力量。从这个角度来说，仅仅有理论上的辩证法还是不够的，还需要有一种不受束缚的冲动。这种冲动能够抗拒体系。意识中的这两种态度，一种是理论上所进行的辩证法的思考，一种是无拘无束的冲动。这两者是结合在一起的。而这两种态度是相互批判的，理论的思考遏制无拘无束的冲动，而无拘无束的冲动推动人们进行辩证的思考，推动人们不受体系的束缚，而理论会在一定程度上受到这种东西的束缚。这两种力量通过相互批判而结合在一起。从这个角度来说，意识始终充满了矛盾和冲突，包含了这两种力量的冲突。

眩晕

　　眩晕这个概念是波德莱尔常常使用的概念。它的意思是，人在感觉上不知东西南北，没有确定性。这种眩晕是人感觉上的一种状况。在阿多诺看来，人们指责辩证法的时候，就会说，它让人眩晕。在阿多诺看来，人们之所以这样指责，是因为，人们希望辩证法"附着"于同一性，这样，辩证法才不让人眩晕。阿多诺对于这样的指责给予坚决的回击。在阿多诺看来，物化的思维就需要同一性，没有同一性它就嚎叫，就眩晕。而法西斯主义就是在这种同一性的基础上出现的，法西斯主义就需要稳固的基础。这是因为，如果一切都出现控制之下，那么一切东西都稳固了。而这就是法西斯主义所渴望的。在这里，人们认为，哲学不应该让人眩晕，不应该参与此类事情。按照这样的哲学观念，一个人应该说出他想说的。而波德莱尔却感到，他越是想说出它想说的，他的头脑中的物化意识就会痛苦地哀嚎，他就越是由此而感到眩晕。这就是说，人们之所以眩晕，就是因为，人们习惯于一种物化的意识。

　　这种物化意识中虽然也有选择，但是它喜欢二选一的方案。这是一种管理思维，而人们也喜欢这种管理思维。它要把一切决定还原为是和否。比如，我们经常看到各种民意调查、各种全民公决等，都是这样一套思路，其核心就是同一性逻辑。从表面上看，这里有选择，表面上有自由，而其实这种选择和自由都被限制了。同一性思维的核心就是一种二元论，把凡是具有某种性质的东西纳入一个概念之中，比如，A 之中，那么其他东西就是非 A。人们只能在 A 和非 A 之间选择。在阿多诺看来，哲学就要破除这种思维方式，就是不能这样玩。这种预先规定好的两者选一就是一种他律，就是一种强制。在生活中，人们都把两者择一当做是正当的。其实，人们在确定两者择一的正当性之前，人们就在意识上预先进行了一种道德判断。人们首先确认了同一性思维是正当的，然后按照同一性思维提出 A 和非 A 的选择。可是问题在于，为什么同一性思维本身就是道德上正当的呢？从人类文明史的基础上，我们就可以看出，为了自我持存，人类必须控制自然，其最核心的方法就是工具理性的方法，即同一性思维的方法。这个方法是维持人类生存的方法。因此，这种方法从一开始就在道德上得到了肯定。而在阿多诺看来，这恰恰是有问题的，这种同一性的思维同时也给人带来灾难。奥德修斯控制塞壬的神话故事①表达了这个基本思想。坚持同一性就是把这种道德上的强制延伸到了理论的领域。阿多诺强调这种做法是相当粗陋的。这种粗陋性表现在，它把真理和真理的附属物割裂开来。好像真理就是干巴巴的公式一样。正如维特根斯坦在强调公式正确性的时候指出的那样，公式是和公式的运用联系在一起的。比如，当我们告诉学生一条公式，"N+1"，学生把"N"理解为"10"和"10"的倍数。或者"N"还有其他理解。所以，这个公式的正确性是与人们如何利用这个公式联系在一起的。从这个角度来说，真理总是和它的附属物联系在一起的。同样的道理，本质要与非本质的东西结合在一起，本质由于本质性的概括，即剔除非本质的东西，而成为错误。在这里，阿多诺还以马克思的思想为例来说明，阶级关系是活生生的关系，而不能简化为贫富之间的关系。

接下来，阿多诺通过他对于眩晕的理解来讨论哲学和哲学史。黑格尔曾经挖苦人们对哲学的错误理解，即哲学要告诉人们如何思考？在阿多诺看来，人们对于哲学有一种错误的理解，即哲学告诉人们如何思考。这样，他们就可以把哲学加以打包分类。而这种打包分类的做法，就隐藏了一种攻击，就是把哲学束缚起来。按照这样的打包分类的方法，那么哲学的历史就是一个思想流派吃掉另一个思想流派。思想的序列就变成了罪责和赎罪的循环过程。其中的核心思想都是同一性逻辑，都是对和错的二选一方案。在阿多诺看来，这是一种常识性的思维习惯。这种做法其实就是按照同一性的原则把精神同化到主流的原则之中。阿多诺认为，这种做法其实就是传统思维和健全的人类知性的习惯。人类思维的习惯就是要给每一个东西在关联的体系中找到恰当的位置。这

---

① 霍克海默和阿多诺：《启蒙辩证法》，上海：上海人民出版社2006年版，第25—27页。

就如同我们的学校教授学生哲学史的时候，给学生画了一个哲学地图。在这个地图上，各种不同的哲学流派就有了其位置。这恰恰扼杀了哲学。人们的惯常的知性思维习惯是思维失去了哲学之后才出现的。所以，阿多诺说，这样的做法没有多大的价值。这就是把哲学变成了知识，而不是智慧之学。

最后，阿多诺强调，认识应该关注认识对象，看到对象的非同一性。这就需要认识把自己深深地投置到对象中，去体验对象。看到非同一性会让人眩晕，但是眩晕是真理的标志。这种非同一的东西是超出同一性的东西，是按照同一性的思维所无法设想的东西。这种东西会让人震撼。在阿多诺看来，这些让人眩晕、让人震撼的东西，这种非同一的东西都是真理的标志。这种非同一的东西，不能按照同一性逻辑被把握，而只能被展示出来，显现出来。这种东西是被同一性思维方式所遮蔽的东西，是单调之物（同一性的东西）所隐藏的东西，在这种被遮蔽和被隐藏的东西中，非同一的东西，让人眩晕的东西会显示出来。眩晕是真理的标志，不过它是以否定性的形式表现出来的真理。眩晕表明人们不敢面对真理，或者说，人们在面对真理的时候就眩晕。眩晕本身不表示真理，只有让人眩晕的东西，让人震撼的东西才是真理自身的显现。如果一个人眩晕，那么这个表示它害怕非同一的东西，害怕真理。非真理的东西表达了非真理性，眩晕作为非真理性表达了非真理的东西，同一性。眩晕把同一性这个非真理的东西凸显出来了。

真理的脆弱性

这个观点其实与前面的思想是一致的。原来，人们认为真理就是主体和客体的符合。结果阿多诺大胆地提出一个观念，眩晕是真理的标志。这就是说，当你感到眩晕的时候，真理就初露端倪了。本来真理应该让人清楚明白，可是阿多诺却认为，让人眩晕的反而是真理的标志。其实对阿多诺来说，真理就是要把握非同一的东西。非同一的东西从本质上来说是超出思想的东西。

在这个地方，阿多诺一开始就强调，摧毁某个体系或者某些体系不是形式—认识上的行动。所谓形式—认识上的行动就是思想中的行动，摧毁体系如果仅仅是思想内部的行动，而不是超出思想的行动，那么这种摧毁体系的行动就不可能把握非同一的东西。在这里，读者一定要注意一点，阿多诺认为，在认识中人的肉体和精神应当是结合在一起的。当肉体和精神结合在一起的时候，那么思想的行动同时就是肉体的进行。我们前面说过，在后期维特根斯坦看来，说话不仅仅是传达思想，而且是在做事。而摧毁体系也不是纯粹的思想，也是肉体的行动。思想中有肉体的东西。所以，如果系统要获得细节，那么这种细节只能在与思想同时发生的肉体"体验"中找到（如果一定要把这两者区分开来，那么我们也可以这么说）。而在思想摧毁体系的行动中，思想并不能预先知道，细节是不是在思想中，也不能事先知道具体的细节是什么。思想摧毁体系是为了重新反思自身，从而把握非同一的东西。而人们通常所说的"真理是具体的"就是这个意思，就是真理是要把握非同一的东西。但是，在哲学史上人们误用了"真理是具体的"这个说法。这是指黑格尔，黑格尔要把握具体的东西，但是他局限在思想的范围内把握具体的东西。具体被他观念化了，具体变成了具体性。或者说，这是在主客体二元对立的基础上来思考具体的东西。阿多诺既反对把主体和客体对立起来，也反对把这两种统一起来，即反对海德格尔那里的"源始"状态。这种观念论意义上的具体并没有真正地达到具体。而真理是具体的这种说法迫使思维总是在最细微的东西面前徘徊。这里所说的"徘徊"有两个意思。一个意思是，思维不可能像把握某种存在者那样把握最细微的东西。好像这个东西能够被思想现成在手式地把握。第二个意思是，虽然思想不能现成在手地把握这种东西，但是也非常接近这种东西，思想总是在不断地碰撞到最细微的东西。如果思想必须借助于概念，那么最细微的东西在概念中是无，但是如果概念不是纯粹形式的、空洞的，假如概念与肉体的把握联系在一起，那么它就能够接近最细微的东西。所以，阿多诺在这个地方用了动词化的哲学（pholosophieren），我们在这里翻译为"进行哲学探讨"。这就是说，哲学不能被理解为一种思想，而是一种活动。如果我们在这里被允许把肉体的要素包含在活动中，那么哲学就是这样一种包含了肉体的活动。这个活动就是"pholosophieren"。"我们哲学了"，我们以前在马克思主义哲学中所说的"实践唯物主义"就应该这样来理解。当我们从这个角度来理解哲学的时候，那么哲学就不是纯粹在理论上讨论具体的东西，而是"要从具体经过"。这是一种活动，在这种活动中，我们经过了具体的东西。这种"从具体经过"的做法也被阿多诺称为"投身于特殊对象"。于是，在这里，人们会提出质疑，认为，阿多诺的这种思路缺乏明确的立场。这就是，他总是"从具体经过"，却没有明确地把握具体。他总是得到近似的东西，好像回到家里熟悉这种东西，而不是控制和把握这种东西，而他在接近这种东西的时候好像回到自己的家园，好像非常安心，踏实。在日常生活中，我们总是觉得一种东西是现成在手的，这才是明确的，可靠的。真理就应该是这样的东西。而近似、家园或者可靠（踏实）都不过是巫术一类的东西。阿多诺批评了这种观点。他认为，这是人们生活在虚假的世界中。在这里，人们会说，我们在日常生活中就喜欢抓住现成的存在者，我们就生活在虚假的世界中吗？这就是马克思所说的拜物教，这种拜物教的趋势就是要抓住现成的东西。而拜物教就是把假的当成了真的，把人为的东西当成了物质的东西。对于这些生活在虚假世界的人来说，把握现成存在的东西，这才是稳固的，是坚实的基础。与这种坚实、稳固的东西不同的东西，被当做巫术被否定了。比如，把握非同一的东西，就会被当做巫术而被否定。人们在这里需要稳固的东西，而家园、近似、可靠都比较接近于稳固，都比较可靠。所以，人们需要这种东西。其实，这种可靠、近似或者稳固的东西是在魔力的控制之下的东西。这些东西在某种魔力的控制之下，这些东西才会相对稳固、可靠。阿多诺经常使用魔力这个词语，而又没有具体说明。魔力这个词语的意思大体上是，人用同一性的模式来把握世界，人们得到了某种规律或者同一性的东西，但是非同一的东西会不断地干扰、返回非同一的东西。这好像是，对于生活中的某些现象，我们无法用科学的道理来解释，于是人们就用"魔力"来理解。好像，一种事件的背后有魔力发挥作用。家园、近似、可靠表明在把握了同一性的东西之后仍然有许多非同一的东西在这里发挥作用。我们只能近似地把握它。在这里，好像有魔力在发挥作用。由于这种东西具有魔力作用，于是人们感到这种东西是不科学的，是无法牢固地把握的，人们对于这种魔力产生怀疑。人们害怕失去一切可靠的东西，他们只想抓住现成的东西。他们除了自己已经拥有的东西之外，不知道还有其他的幸福。这种魔力表示，人总是试图要用同一性的思维方式来把握世界，这是错误的，但是魔力也表示非同一的东西会干扰同一性。于是魔力又要让人关注非同一的东西。比如，家园、近似就是魔力在发挥作用。从这个角度来说，我们既要承认魔力，又要抗拒魔力。只有这样，我们才能有一种积极的启蒙。

接着，阿多诺又批判了海德格尔。海德格尔批判了关于存在者的存在论，但是他还是保留了存在论，这就是关于存在的存在论。虽然这个存在论也试图把握这种非同一的东西，但是这种存在论所表达的不过是一种"愿望的声明"。它想把握非同一的东西，但是还是与这种东西失之交臂。在阿多诺看来，只有他的否定的辩证法思想才是一种去蔽了的洞见，这种洞见能够有助于把握非同一的东西。对于阿多诺来说，只要有一点点这样的洞见就有助于把握非同一东西，但是海德格尔的存在论却没有做到。在这里，阿多诺借助于勋伯格的思路来批判阿多诺的那种做法。海德格尔把不能概括在概念中的非同一东西用"存在"概念来概括。这种做法就如同人们学会了一段乐章的开始和结束，但是却不了解过程，不了解乐章本身。海德格尔不想要把握非同一东西的辩证过程，他试图一蹴而就。好像如果这种用存在概念来概括，非同一的东西就直接被把握了。这就如同人们在欣赏音乐的时候，只要开头和结尾，而不要这个过程。这就进一步回到了阿多诺对于哲学概念的理解，哲学是一个活动过程。哲学不能满足于把自己还原到范畴。在哲学研究中，人们喜欢使用范畴来把握知识。这就如同我们的学生学习哲学史。他们以为，如果把哲学史中的基本概念，基本范畴以及基本的命题和命题体系把握了，哲学就把握了。他们停留在哲学的表面。哲学不能把自己还原到范畴，哲学是严格意义上的谱写。这就如同谱写歌曲那样。哲学是一个活动过程，人们在这种活动过程中学会思考，并在思考中不断接近非同一的东西。哲学必须被理解为使人思考的活动。从这个角度来说，哲学必须自我更新。这种自我更新就是，哲学既要自我反思，要借助于自身的力量突破自身。同时哲学也要用它所研究的对象来衡量自身，并用对象和它自身的冲突来不断改进自身。在这里，阿多诺再次强调，哲学是一种发生过程，不是命题或者立场，哲学是谱写，是编织，而不是简单地归纳或者演绎。在这里，哲学不是知识，不是可以用概念概括起来的知识，人们可以把这种知识加以传播和报告。哲学在本质上是不能报告和传播的，哲学是要让人思考。把哲学作为知识来传播，那么哲学就失去了它的意义。哲学如果变成了可以传播的知识，那么这就不是爱智慧了，就与爱智慧本身冲突了。阿多诺对于哲学的这个解释非常重要。对于我们真正地领会和思考哲学具有特别重要的意义。当然，在这里，人也会提出质疑，如果哲学不能传播、报告，那么这就意味着哲学不能像传授知识那样教授，而是要让学生懂得去思考，这就是要让学生从阅读原著从体会，去思考。如果学生在读原著的时候，停留在知识层面上的理解，那么这仍然是不够的。或者说，如果读者在阅读我的这个导读的时候，只是作为知识来了解阿多诺思想，那么这同样也是失败的。阅读原著的目的就是要跟着阿多诺去思考。

阿多诺是反对第一哲学的，因此，他的哲学不庇护首要的和确定的东西。确立首要的和确定的东西就是把哲学知识化的企图之一。好像把握了第一的东西，我们就可以得到了像自然科学那样的确定知识。尽管阿多诺的这种行为方式不追求把握第一的东西，确定的东西，但是它也有确定性，并且它也借助于它所描述的确定性而对相对主义不做出一点让步，虽然这种做法会让人恼怒。这就是说，虽然这种做法反对第一哲学，但是它也有确定性，而不能与相对主义相提并论。在这里，阿多诺论述了思想的确定性和非确定性的关系。阿多诺强调，哲学思想也要有确定性，但是这不是第一哲学意义上的确定性，而黑格尔哲学就是第一哲学意义上的确定性。黑格尔的第一哲学就是要使他的辩证法能够囊括一切，把一切放在思想的体系中。他的这个体系虽然也要把握非同一的东西，但是其最终的结果是同一性，是绝对知识。这是因为他的思想是绝对主体的自我外化和外化回归的过程。而阿多诺的辩证法与黑格尔的这种辩证法显然不同，他要紧紧抓住思想中的非思想的东西，即非同一的东西。思想不能完全同一。如果思想完全同一，那么这就走向了绝对主体。阿多诺强调，虽然他的思想不是第一哲学，与固定的东西脱离了关系，但是他的思想也绝不是自由飞翔的，不是思想的完全不受约束的狂想。这种思想是被束缚在它所不是的东西上，即束缚在思想之中非思想的东西中，思想之所以能够思想，就是因为思想思考思想中不是思想的东西，如果思想中的东西都是思想，那么思想就不可能思想。阿多诺的这个方法思路就不同于黑格尔了，黑格尔的哲学在反思的时候是思想自觉其自身为思想。而阿多诺认为，思想是与肉体的要素结合在一起的，思想之中一定包含了非思想的东西，思想就是思考这种东西。思考都是对某种东西的思考，如果没有任何非思想的东西，那么思想就没有意义。这个思想中的非思想的东西就是阿多诺在后面所说的"某物"。当思想思考这个非思想的东西的时候，思想就受到了束缚，而不是无拘无束的狂想。

接着，阿多诺进一步思考了合理性。这里所说的合理性是工具理性意义上的理智（ratio）。这种合理性就是在精神为了束缚自然而确立起来的合理性。工具理性的目的是控制自然，而不是从自然之中获得真理。这个合理性其实就是不合理性。当精神和肉体对立起来的时候，这个精神是合理的，同时也是不合理的。这就如同一个人出售自己的肾购买手机意义上的合理性。在追求时尚的大潮中是合理的，但是这恰恰是以牺牲肉体的利益为代价的合理性。阿多诺也把这个合理性说成是背离自身的合理性。这个合理性是虚假的，启蒙所确立起来的合理性就是这样的合理性。而这个合理性与神话、比如奥德修斯的神话所说的是一个道理。当精神和肉体对立起来的时候，精神变成了纯粹合理性意义上的精神，这个精神会剔除肉体的要素，而当精神剔除肉体的要素的时候，精神就会变成纯粹自我的思考。而在这里，阿多诺强调，无论人们如何把精神和肉体对立起来，但是这里必定还会存在某种关联。只要人进行思考，那么这种思考一定是对某物的思考。甚至在关于某物的抽象逻辑形式中，比如在关于某物的抽象判断中，某物仍然是被意指和判断的内容。这个内容虽然不是某种存在者意思上的东西，但是也是某种"东西"，某种内容。这就是说，当我们在进行判断的时候，我们会以抽象概念的形式涉及某种东西，但是，这个抽象概念所涉及的这个东西不是这个东西本身。比如"张三是人"这句话不是把张三这个人直接放在话语里面。但是，这个"张三"也不是与张三这个人毫无关系。这个张三还是有某种被意指的内容和判断的内容。这个内容虽然不是张三本身，但是也不是纯粹思维的东西，是某种非思维的东西。这种非思维的东西是非同一的东西，即无法和思维等同起来的东西。所以，阿多诺强调，在思维的逻辑形式中，非思维的东西（某物）一定在思维中存在着，即使思维想清除掉这种东西，这种东西一定在思维中存在。阿多诺的这个说法对于我们理解形式逻辑非常重要。这就是说，在形式逻辑中，人们总是把思想纯粹形式化，试图剔除思想中的内容，然而，按照阿多诺的思路，无论多么努力形式化，思维形式中必定包含内容，无内容的纯粹形式的思考是不可能的。如果理智（ratio）忘记了这一点，以为它自身不包含任何内容，那么这种所谓的理智的思维就是不合理的。从这个角度来说，思维不可能是完全自主的，其中必定包含了非思维的东西。所以，这种思维自主性的信条使思维成为空洞的、最终成为愚蠢的和蒙昧的。思维的自主性就是把思维确立在自身的基础上。这就是纯粹理性的思维。这种思维是无根的思维，拘泥于思维自身的思维。资产阶级的理智（ratio）强调真理不可能离开我们（真理就是思想的自我思考。如果思想自我思考就是真理，那么真理不可能离开我们这个说法就是正确的），这个理智就是这样的无根的思维。这里所说的思维的无根性就是指思维脱离了人类生存的基础，即人的肉体和精神的相互和解。这就是说，即使人在一定的范围内必须把肉体和精神对立起来，但是在思维的内部，非思维的东西仍然存在着。这样的思维才是有根基的，才是以"某物"为根基的。所以，从这个角度来说，海德格尔的存在论是正确的。它也否定了这样的思想，即把思维变成纯粹独立的思维，强调思维自主性的思想。真理不能变成纯粹思维，真理一定要包含内容，而这种内容是与真理中所涉及的某物有关。任何思维都是关于某物的思维。而某物一定是在时间和空间之中的，脱离时间和空间的纯粹思维形式是不可能的。从这个意义上来说，真理一定包含了时间性的内容。由于真理包含了时间性的内容，所以，真理必定是脆弱的，真理必定会是错误的。只要真理涉及内容，那么它就必定是脆弱的。而资产阶级思想家 G. 克勒尔（Gottfried Kellers）却认为，真理不会离开我们。这种永恒的真理其实就是脱离一切内容的纯粹形式意义上的真理。这个意义上的真理其实就是把精神和肉体彻底对立起来，把精神纯粹化，并与内容对立起来。这种纯粹精神化的做法就是资产阶级的精神，资产阶级的精神就是这种合理化的精神。这种彻底的、走向极端的资产阶级精神被阿多诺说成是原资产阶级精神。人类从文明的一开始就要征服自然，就要把肉体和精神对立起来。如果精神和肉体对立的二元论是启蒙精神的核心，是资产阶级精神的核心，而这种精神在原始社会就已经出现了。阿多诺强调，任何真理都是有内容的，都是有时间性的，都是会消失的。接下来阿多诺说："如果一种东西不可能陷入无根基（Abgrund）、即形而上学基础主义者所滔滔不绝地讨论的无根基——这种无根基不是灵活的、辩论性（Sophistik），而是疯狂——之中，那么按照确定性原则的要求加以严格分析，它就是潜在走向的同义反复。"[①] 这句话的意思是，如果一种东西不能陷入无根

---

① 阿多诺：《否定的辩证法》，王晓升译，北京：中央编译出版社2023年版，第44页。

基之中，不能陷入非同一的内容之中，那么这种东西就潜在地走向了同义反复。如果陷入无根基之中，那么哲学就走向非同一东西，就会走向同义反复。从表面上来看，这个说法与前面的说法正好相反。前面说，对于无根基的批判，就是对于观念论的批判。这是正确的。接着反过来他又说，思想必须陷入无根基之中，如果不能陷入无根基之中，那么这就会潜在地走向同义反复。其实，这里不存在矛盾。一方面，阿多诺要承认对于无根基的批判是对的，强调哲学需要有一个对象，需要有某物，这就是要防止哲学陷入观念论之中。观念论脱离了客观的内容。另外一方面，哲学有了自己的绝对根基，那么哲学就达到了绝对第一的东西。这又是阿多诺所否定的。如果达到绝对第一的东西，那么这种绝对第一的东西必定是同义反复的东西。所以，阿多诺在这里所赞许的是灵活的、辩论性的无根基（非同一东西），而反对的是疯狂。而海德格尔所讨论的不是这种灵活的、辩论性的无根基，而是走向疯狂。对于海德格尔来说，主客体分离的哲学都没有达到存在这个家园，都是无根基的。而他自己的哲学是有根基的，是研究存在的。阿多诺批评了海德格尔的看法。海德格尔认为，他自己的哲学是不可能陷入深渊的，不可能陷入无根基。而在阿多诺看来，这种不可能陷入深渊（不可能变成无根基）之中的真理是同义反复。这就是说，如果存在变成了根基，变成了绝对第一的东西，那么这个存在就变成了同义反复。

接着，阿多诺进一步讨论思想和思想内容的关系。如果思想完全是一致的，那么这种思想中就不包含与思想不同的东西。而在阿多诺看来，思想必须包含与思想不一致的东西。如果走向极端的脑袋要给思想提供一致，那么思想看上去会力量无穷，其实却软弱无力。这是因为，思想只是在自己的纯粹思想内部活动。在思想的内部它好像力量无穷，其实它无力对付与自己不同的东西。我们可以这样举例来说，一个人自我感觉特别好，感到自己力量无穷，但是这个力量无比的人从来不敢与反对他的人战斗。而一个真正有力量的人不仅不反对自己的反对者，而且非常乐意有自己的反对者。这样的人才是有力量的人。束缚在自身之中的人看上去力量无穷，其实软弱无比。思想必须有非思想的东西，思想才是有力量的。人在自己的思想中非常容易排斥非思想的东西。这是思想的习惯，这是理智的习惯和要求。因此，这就需要头脑的艰难技巧而把思想与事物联系起来。在这里，阿多诺用头脑的艰难技巧这个说法来表明，当精神和肉体分离开来的时候，肉体的东西需要有艰苦的努力才能把思想与事物联系起来，而思想却为了其自我满足按照约定的谎言去蔑视事物，蔑视事物本身。

接下来，阿多诺又从另外一个角度来反思这个问题。思想如果一定要联系现实，那么思想就会变成现实的附庸。如果思想不想成为现实的附庸，那么思想就要反对现实。而在思想反对现实的时候，思想就可以变成想入非非的东西。按照阿多诺的分析，现实的生活是在精神和肉体的对立的基础上确立起来的，这是一个合理化的社会。这个合理化的社会，这个物化的社会同时也是虚假的社会。社会把非物性的东西变成了物化的东西，这就是一种虚假的表现。如果没有反思这种物化状况，那么这种沉沦在物化系统中的生活就不是真实的生活。这在一定程度上类似于海德格尔所说的日常生活中的沉沦。因此，在这个社会中，人们所需要的就不是沉沦于这个社会中，而是对这个社会进行反思。而这种反思当然是思想的事情，但是如果有人仍然以思想必须是有用的这个说法为托词，而批评这种反思现实的思想，那么这种做法就是错误的。这种批判意见会以思想必须有用这个托词来批判思想，说思想只是沾沾自喜，夸大其词。思想对于现实的批判总是会被人说成是思想不安分守己，只会沾沾自喜。对于思想的这种批评，是错误的。人们的批判可能会是这样的，"如果你想让我这样做，那么我就可以无止境地进行此类分析。"这就是说，这样的现实批判可以想入非非无止境地进行下去。"由此，其中的一种分析可以使另一种分析变得毫无价值。"对于这样的批评，阿多诺承认，思想在批判现实的时候会面临这样的风险。在这里，阿多诺借助于彼得·阿尔滕贝格（Perter Altenberg）的思想来回应这种批判。彼得·阿尔滕贝格是奥地利作家。他写了一本书，书名叫《日常生活中的冒险——一个概略的草图》。阿多诺在这里所说的"缩略形式"，就是指这本书。有人按照这本书的思路认为，对于现实生活中的批判会是想入非非的幻相，是不切实际的思想想象。在这里，阿多诺借助于彼得·阿尔滕贝格的话说"我不想那样做"。这就是说，现实生活中的人的批判都是在生活的基础上的，不一定都是不切实际的想象。在这里，阿多诺强调，"开放的思想不能防止它自己滑入胡思乱想的风险，也没有任何东西能够提示它，它是否已经充分地融入事物之中，从而避免这种风险。"① 思想有可能会想入非非，也可能会融入了具体的事物，思维自己的思考中无法确定这一点。我们却不能由此而否定思想，不允许思想批判现实。恰恰相反，而是要鼓励思想进行这样的思考。所以，阿多诺说，如果思想的行动持续下去，如果思想之网被密集地编织起来，那么这会使思想碰到它该碰到的东西。这就是说，虽然思想本身不能保证思想一定是和事物结合在一起的，不能保证思想不会想入非非，但是只要思想持续思考下去，只要思想不停顿，那么思想就一定能够碰到思想想碰到的东西，即事物本身。从这个角度来说，哲学的研究不是要找到一个最终确定的东西，不是要得到完全的确定性。如果哲学追求一种完全的确定性，那么哲学中的确定性概念的功能就彻底倒转过来了。这就是，哲学失去了它的社会批判功能，而变成为社会辩护的东西。于是，阿多诺说，那一度希望通过自我确定性来超越教条和训导的做法转变成为认识上的社会保证，对于这种社会保证来说，没有任何思想能够发生。这里所说的"通过自我确定性来超越教条和训导的做法"就是笛卡尔的做法。笛卡尔就是要通过思想的反思找到最终的确定性。他要通过这种反思来超越基督教的教条。他用一种新的确定性来取代过去的确定性。而他的这种确定性就是要认识上的社会保证。所谓认识上的社会保证，就是从认识上保证不能批判社会，把思想束缚在自我确定性之中。当思想被束缚在自我确定性之中的时候，当这个社会得到保证的时候，当社会不能被批判的时候，思想就不会发生。最后他所得出的结论是："对于不能加以质疑的东西来说，不会有任何思想会在其中发生。"② 如果社会不能被批判，不能对其加以质疑，那么人们就不可能有任何思想。思想就不是真正的思想。这是脱离了对于事物的思想，是思想内部的思想。如果思想变成纯粹思想内部的思想，那么这种思想就是计算机也能够进行的思想，这种思想就不是思想。在这里，也不会有任何思想发生。

对抗相对主义

在这里，阿多诺提出了他对于相对主义的独特看法，即相对主义是精神或

---

① 阿多诺：《否定的辩证法》，王晓升译，北京：中央编译出版社2023年版，第45页。
② 阿多诺：《否定的辩证法》，王晓升译，北京：中央编译出版社2023年版，第45页。

者理性对于自身的矛盾的意识，以及对于它自身矛盾的表达。这就是精神意识到它既要不断地解放自身，又要限制自身。精神对于自身的这种矛盾意识就表达为哲学上的相对主义。阿多诺对于相对主义的这种深刻理解非常值得我们关注。

在哲学史上，认识论的范畴被转变成道德的范畴。这是接着前面一段最后一句话说的。认识论所追求的那种绝对确定性，其实是为社会做保证，否定了社会批判的必要性。这样一种理论的看法就包含了一种道德的意义，即认识论的范畴变成了道德的范畴。而相对主义则有助于社会批判。因为相对主义包含了精神对于它自身矛盾的意识，而这种矛盾是资本主义社会现实的矛盾的反映。阿多诺认为，费希特对于康德的解释就是要把认识论的范畴转变成为道德的范畴。在费希特看来，康德的哲学的最大缺点是没有从绝对的、无条件的自我意识出发来为知识奠定基础，他要为全部知识奠定基础。他的认识不仅要为经验对象的认识，而且要为道德、历史一切领域奠定。于是，认识范畴变成了道德的范畴。他否定了知识的相对性，而要达到绝对知识。绝对知识似乎也获得了一种道德权威的地位。这种绝对知识就是要为社会现实辩护。现象学上的绝对主义也是如此，也是要达到一种绝对性的观念。对于阿多诺来说，海德格尔的存在论批判无根基的思想，也就是批判相对主义，它要达到某个最终的基础。而无根基的哲学就是遗忘了存在，走向了相对主义。这两种具有绝对主义特点的思想，不仅具有认识论的意义，同时也有道德的意义。同样的道理，阿多诺的这句话的意思是，相对主义不仅仅是一个认识论范畴，同时也是一个道德范畴。换句话说，他对相对主义的批判不仅具有认识论的意义，而且具有道德的意义。根据上面的说法，阿多诺说，辩证法既反对相对主义，也反对绝对主义。辩证法不是要在两端之间寻找中间位置，而是要进行一种内在批判，这就是要从相对主义内在的矛盾的角度来批判相对主义。

以前虽然也有人批判过相对主义，但是只是触及到相对主义的形式。比如，纳尔逊是这样来批判相对主义的：相对主义说，一切都是相对的，如果一切都是相对的，那么它自己也是相对的，那么相对主义就无法成立了①。所

---

① 具体情况如何，我们没有查到相关资料。

以，相对主义一定设定了一个绝对的东西，这就是它自己（进行否定的东西）是绝对的，把它自己提升为肯定。阿多诺认为，这种批判纯粹是形式上的批判，它把两个不同位阶上的东西混淆起来了，把进行否定的东西和被否定的东西混淆起来了，把对于一般原则的否定（相对主义所进行的否定）和这种否定自身被提升为肯定（进行否定的东西）混淆起来了。阿多诺要进行区分。这类似于塔斯基关于元语言和对象语言的区分。这就是说，相对主义对绝对东西的否定是一回事，把这种否定提升为绝对是另外一回事。相对主义是对于绝对主义的否定，但是如果它把自身提升为绝对，那么它就错了。对于绝对主义的否定和对它自身的否定绝不是一回事。这类似于理发师的悖论。理发师说，"他不给那些自己给自己理发的人理发"。他的这句话是针对他人的，而不包含他自己。这就是逻辑学中所区分的对象语言和元语言。当人们把对象语言和元语言混淆起来的时候就会产生悖论。那种形式上的相对主义的批判就是这样一种包含了悖论的批判。

　　阿多诺从内容的角度来进行批判。在他看来，相对主义是受限制的意识。当意识受到限制的时候，意识就是相对的。而意识为什么会这样限制自身呢？在阿多诺看来，这是有客观的社会基础的。他的批判是这样的，资本主义强调个人，把个人意识看做是最终的，而个人的意识都是受到条件限制的，由此，一切观念都是相对的。阿多诺的批判是，虽然每个人的意识都是受限制的，但是，意识中都有超个人的要素，只有借助于这种超个人的要素，个人的意识才成为思想。而一切意识都是相对的观点恰恰忽视了这种超个人要素的作用。这是一种庸俗唯物主义的观点，否定人的精神的作用。一个粗鲁的父亲对自己的儿子说，一切都是相对的，其意思就是说，"金钱造就了男人"。物质的东西决定一切（对阿多诺来说，这种庸俗唯物主义观点是资产阶级的观点）。相对主义也是这样，它认为，物质的条件决定了人的思想。而阿多诺强调人的思想具有超越性，不受物质条件的制约。在阿多诺看来，这种敌视精神的做法是抽象的，为什么呢？只要一个人进行具体的研究，只要他追求真理，就会得到具体的知识，就不会停留在一切都是相对的这种抽象的说法上。他强调，一旦意识进入具体的事物之中，并提出关于真和假的内在要求，那么思想的所谓主观偶然性也就烟消云散。从这个角度说，相对主义是没有关于具体事物的客观内容。如果相对主义没有这些具体内容，那么相对主义就完全是空洞的吗？也不是，相对主义也有内容。相对主义认为，它也有一定的内容，而且这个内容是不可消解的，或者说，这个内容也是客观的，不过这个内容同时也是惯常的、偶然的。正是由于这个内容是惯常的、不可消解的、偶然的内容，所以这些内容是才是相对的。这就说，在相对主义看来，人们在意识中所获得的东西必然是相对的，是有限的东西。阿多诺认为，这种内容都导源于客观性，即个人主义社会的那种客观性，都可以作为社会的必然幻相而被推导出来。这就是说，这种内容是有客观基础的，是从个人主义社会中来的。而个人主义社会的客观性被阿多诺理解为"社会的必然幻相"。这个社会中，个人被确立为第一位的，所以这个社会是个人主义社会，但是被确立为第一位的个人其实是社会确立起来的，是受到社会限制的。这里存在着一种必然的矛盾。而这种必然的矛盾就类似于康德所说的那种幻相。这种幻相是必然的。与这种必然幻相联系在一起的就是相对主义的观念，即一方面个人的被解放了，是自主的，思想也是自主的，另一方面，自主的思想同时又是受到束缚的。当自主的思想受到束缚的时候，思想就感到它自己是相对的。于是，阿多诺指出，按照相对主义的教条，尽管每个人都有自己的特殊的行为方式，但这种行为方式是预先被确立起来的，几乎就像山羊的叫声；相对性的成见尤其如此。按照相对主义的观念，每个人都是自主的，可以自由思想的，但是自由思想又是被预先规定了的。这就好像每个山羊都有自己的叫声，而且都是自主的，但是山羊的叫声同时也是被生物的本能所规定了的。相对性的观念就是如此。

接下来，作者按照这个思路批判了社会学上的两种相对主义。这就是帕累托和曼海姆的相对主义。他们的相对主义是资本主义社会中的个人主义观念的变种。在这里，个人被替换为集体或者特定的社会阶层。帕累托认为，特定的社会阶层是受客观限制的，而特定的阶层也是社会总体结构中的一部分，是受到社会总体结构的制约的。这就如同个人是社会总体确立起来的一样，阶层也是社会结构的总体的产物。曼海姆的社会学意义上的相对主义认为，不同的阶层本身有一种摆脱束缚的智慧，可以借助于这种自由智慧随意地从不同的视角来获得关于社会的客观知识。如果个人可以随意地转换视角，那么个人就可以获得关于社会的客观知识。阿多诺认为，曼海姆的做法是把制约因素和被制约因素颠倒过来了。实际上，这些不同的视角有其自身的规则，而这个规则就存在于作为先定整体的社会过程的结构。通过对这种整体的认识，这些视角就失去了它们的不受约束的特性。曼海姆认为，这些不同视角是不受束缚的，其实这些不同视角也是社会结构的产物，如果我们从总体上认识社会结构，那么我们就可以看到这些不同的视角所受到的限制。本来视角是受到制约的，而现在在曼海姆那里好像不受制约了，而其实这些不受制约的视角是受到社会总体结构的制约的。曼海姆只是把制约因素（社会总体结构）和被制约因素颠倒过来。于是，被制约因素好像就不受制约了。阿多诺认为，在曼海姆那里，无拘无束的智慧是决定性的要素，它好像可以选择不同的视角，而其实这种智慧是由社会中的不同的视角所决定。曼海姆所说的那个决定的要素，其实是被社会总体所决定的。这就好比个人看起来是可以自由思想的，其实是被社会决定的。在阿多诺看来，这些不同的视角受制于社会过程的结构，受制于先定的整体。只要认识了这个整体，那么人们就可以看到这些不同的视角是被整体所决定的。一旦人们认识到社会总体的内部矛盾，那么人们就看到了他自己的思想的局限性。他就承认了他的思想的相对性。资本家如果要生存下去，那么他必然要把工人的剩余劳动所产生的价值收归己有，认为这是按照市场进行的公平交换。可是如果他发现，这种所谓的公平其实是不公平的，那么他就会发现，他的所谓公平交换的思想其实是相对的。他自己的思想表面上看是独立的，其实他的思想是受到资本主义社会制度制约的。他是在接受了资本主义经济体系的前提下才认为，这是公平的。在阿多诺看来，这不仅对于资本家个人来说是如此，而且对于整个资本主义生产体系来说也是如此。为此，阿多诺强调，这种辩证关系扬弃了它自身中的特殊要素。当资本家认为自己是公平的，同时也看到了这里的不公平时候，他看到了一种辩证关系。而这种辩证关系不应该被局限在其自身的特殊要素中，这是资本主义社会的一般特征。在此基础上，阿多诺就把个人思想的相对性提升到资本主义社会的一般状况上理解。这就是说："在生产资料私有制的条件下，（理论）观点的所谓社会相对性服从于社会生产的客观规律。"[①] 世界观上的社会相对性，即在一定社会条件下世界观

---

① 阿多诺：《否定的辩证法》，王晓升译，北京：中央编译出版社2023年版，第48页。

上的相对性是服从于社会生产的客观规律的。资本主义的客观规律中包含了内在的矛盾，而这种内在矛盾必然表现为资产阶级思想的相对性。资产阶级怀疑论是资产阶级相对主义的产物，这种相对主义的本质是，既确立个人是独立的自主的，又否定了这种独立性和自主性；既相信个人思想是自由的，是脱离物质条件制约的，又否定了这种自由，强调个人思想是受到制约的。相信个人自由，那么这就意味着，相信精神的独立性和创造性，相信精神的超越力量。可是，资本主义长期以来敌视精神。资产阶级人类学也敌视精神，这种人类学从自然进化的角度理解人，所以这种人类学被他理解为主观人类学，是敌视精神的人类学。为什么它敌视精神呢？资本主义需要借助于精神、特别是理性的精神来维持资本主义秩序、来进行科学的创造，但是它又害怕这种理性精神的发展会摧毁资本主义，所以它又要限制理性精神的发展。于是理性限制了自身。所以说，在整个资本主义时代，精神自主性的观念始终伴随着精神反过来对自身的蔑视。精神一方面要求思想自由，要求不断自我更新，但是资本主义又害怕这种自由，于是陷入了一种二律背反之中。而这种二律背反的哲学表达就是相对主义。由此，阿多诺强调，我们根本不需要借助于绝对主义来反对相对主义，因为相对主义自身是矛盾的，它的自身的矛盾就会摧毁它自身。相对主义自身中的矛盾显示出，相对主义既是进步的，又是反动的。它会热衷于诡辩。只有借助于黑格尔所说的那种确定性的否定才能最有力地批判相对主义。

辩证法与稳固的东西

　　这个部分是前面的有关论述的延伸。在阿多诺看来，真理是脆弱的。如果真理是脆弱的，那么人们很容易把否定辩证法与相对主义等同起来。而阿多诺批判了相对主义。如果否定辩证法不是相对主义，那么它就应该有某种稳固的东西。那么这个稳固的东西是什么呢？阿多诺在这里所说的稳固的东西是非同一的东西，这个东西是客观的，但又是经过概念中介的。

　　在这里，阿多诺通过对于黑格尔辩证法的分析来说明黑格尔辩证中的这种稳固的东西。在这里，阿多诺一开始就强调，被解放开来的辩证法也与黑格尔辩证法一样不缺乏稳固的东西。辩证法要有实质的内容，这种内容才使它变成具有稳固性的东西。黑格尔哲学中也有固定的东西，这个固定的东西只有作为透明的整体在形而上学的最后才会显示出来，而不是从一开始就被给定，就直接呈现出来。这就是黑格尔在体系的结束的时候达到了绝对知识。这就达到了稳固的东西。但这是一种观念论。黑格尔哲学不是赋予这种实质内容的优先性，而是强调范畴框架的优先性。尽管如此，黑格尔的范畴框架有双重特性，即产生出来的、自我扬弃的结构和先天的、不变的结构。这就是说，这个范畴框架作为先天的、不变的结构如同逻辑一样，具有必然性，这是先天必然的，但是这个范畴框架需要有内容，需要经验的内容，这就使得概念范畴框架成为一种产生出来的、自我扬弃的结构。这就是说，如果范畴都是严格的逻辑范畴，那么这个范畴就无法包容这些变化着的经验内容。这就要求范畴必须是动态的，自我扬弃的。于是，阿多诺说，这些范畴借助于直接性，即在辩证法的每个阶段上所确立起来的直接性（非同一的要素、经验的要素）而与动态性结合在一起。这些包含了内容的范畴以直接的、动态的过程形式持续。这就是如同第二自然那样的历史过程。范畴的直接性和动态性的一致，与变成第二自然的历史过程是相似的。所以，阿多诺说，在黑格尔的逻辑学中第二自然的理论没有被丢失，当然，这个第二自然理论之中包含了批判的色彩。这表现在，黑格尔原封不动地接受了社会发展的过程，或者说直接接受了社会发展过程对于思想所呈现出来的样子。他在接受社会形态的直接性的同时也是要分析社会发展形态中的中介，就是要把社会发展中的中介揭示出来。从这个角度来说，黑格尔的第二自然的理论包含了批判的要素，即把握社会现实中的中介要素。这就是把握社会现象以及区别于社会现象的东西，这个区别于社会现象的东西就是中介要素。这个区别于直接呈现出来的东西的中介其实也是在现象中出现的。它是现象而又区别于现象。这个东西就是黑格尔所说的稳固的东西，黑格尔要把握这个稳固的东西，而这个稳固的东西也就是青年黑格尔所说的"实证的东西"。这是阿多诺按照他自己的非同一东西的思路来分析黑格尔哲学，寻找黑格尔哲学中稳固的东西。显然，这个实证的东西不是直接呈现意义上的实证的东西，而是经过思维的分析而被揭示出来的非同一东西。所以，这个东西无论从对于现象的分析来说，还是对于黑格尔来说，这种"实证的东西"都是否定的东西。把实证的东西作为否定的东西来把握，这是黑格尔哲学最值得我们重视的要点之一。对于阿多诺来说，它要把握的那个非同一的东西就是这一个意义上的"实证的东西",但是这个实证的东西不能被直观,而只能通过分析而作为中介被把握,作为否定的东西而被把握,是作为区别于现象,作为现象的中介而被把握。这个中介是通过思维而被把握的,所以,在这里阿多诺强调,黑格尔的《精神现象学》的序言中把思维描述为否定的原则。马克思在《1844年经济学哲学手稿》中也强调,黑格尔精神现象学中的思维是一种推动性原则和否定的原则。在这里,我们看到,阿多诺把这种意义上的实证的东西与"拙劣的实证东西"区分开来。"拙劣的实证东西"是以肯定形式出现的实证东西,而不同于以否定形式出现的"实证的东西"。"拙劣的实证东西"是经验地直观的东西,是消极的观察对象,并获得对象的感性经验。这种感性经验是知识的来源。屈从于这种东西的人往往会对现实持一种消极态度。这种认识方式就是一种直观的认识方式。所以,阿多诺指出,像某种东西呈现的那样来感知某种东西并拒绝反思,这始终潜在地意味着,按照其所是的那个样子来认识它。黑格尔对于他所说的那种"实证的东西"的认识是经过思考的认识,是包含了否定性的认识。本来,要把握黑格尔意义上所说的那种"实证的东西"需要进行思考,而思考要屈从于这个对象本身,应该把这个对象本身置于优先的地位。但是黑格尔却把主体置于优先的东西,虽然他也意识到,他要把握这种"实证的东西"、非同一的东西,要服从于客观对象,但是他最终还是把主体置于优先地位。当然,他的主体优先地位被隐藏在"精神"概念中。在这里,阿多诺批判黑格尔的"精神"概念,认为他的这个精神概念有半神学的特点,这就是说,精神在黑格尔那里被神化了,具有绝对的优先性。他的精神的优先性就表达了这种主体优先性,这个精神是从个人的主体性中抽象出来的。他的精神概念总是让人想起个人主体性。

对于阿多诺来说,虽然黑格尔要把握这种"实证的东西",但是黑格尔还是把这种内容纳入到逻辑性的极端形式中。这种形式化的东西最终剔除了内容。这就是说,尽管逻辑学按照其自身概念来说必须是有内容的,但是当它努力成为所有一切东西的同时,它就促使形而上学和范畴理论把确定的存在者从自身之中排除出去,而逻辑学本来只能以这样一个存在者为开端才能把自身合法化。黑格尔的逻辑学试图包罗万象,把一切都纳入到逻辑学中,他的逻辑学就走向了彻底的形式化,而把内容,把存在者排除出去了。这种把一切都纳入到逻辑之中理应使逻辑之中充满内容，却反而使形式缺乏内容。这究竟是为什么呢？任何一个有内容的概念都是具体的，而不可能包容一切，如果包容一切，那么这个概念本身必定彻底地形式化。黑格尔的这个包容一切内容的逻辑也必然形式化。这种形式化就把存在者（具体的内容）排除出概念体系之外。也正因为如此，阿多诺说，虽然黑格尔批判了康德和费希特，但是黑格尔的哲学仍然是观念论的，是抽象主体的代言人。黑格尔所得到的那个逻辑科学，从最简单的意义上来说，是抽象的。尽管黑格尔认为，他自己概念之中包含了具体的东西，展开了具体的东西，其实它的一般概念事先就清除了概念的内容。由于黑格尔的逻辑学有一个固定的结构，这个固定的结构是先验的。如果有内容，这也是按照先验结构而编排好的内容。黑格尔的哲学本来是要把握内容的，但是这个内容被他事先清除出去了。这就是说，他的精神本来是要征服内容的，其实这个内容在预先存在的结构中根本就不存在。但是，精神还是在征服内容的战斗中，即征服一个不存在的敌人之中取得了胜利。

在这里，阿多诺做了一个形象的比喻。黑格尔的哲学概念对偶然的东西，非同一的东西抱有一种敌意，对他来说，偶然的东西像小偷一样偷偷地溜进了概念之中。于是他高喊，抓小偷呀。① 这就是说，他在自己的哲学研究中研究了具体的东西，他的概念是具体的概念，包含了具体的东西。然后，他的概念又清除了与概念相反的东西。黑格尔那里所说的具体的东西，非同一的东西，其实都是被他概念化了的东西。这种非同一的东西在黑格尔那里其实被抽象的形式化体系所牺牲掉了。这就如同黑格尔哲学的早期批评者克鲁格批评所说的那样，如果他要公正地对待黑格尔，那么他就必须从概念中推导出他用来书写的鹅毛笔。如果概念中包含了具体的东西，那么人们就应该能够从概念中推导出具体的东西。这就是说，黑格尔进行的推理必须要得到具体的内容，如果没有具体的内容，他甚至都没有用来书写的鹅毛笔。黑格尔对克鲁格的批评是，哲学推理所关注的是本质，而不是无足轻重的羽毛。黑格尔首先排除了具体的内容，然后又把偶然的东西从他的思想体系中推导出来。黑格尔虽然也要反思概念，反思概念与非概念性东西的关系，但是，黑格尔的反思都是"一般性

---

① Theodor W. Adorno, *An introduction to dialectics*, Polity Press, 2017, p. 140.

的反思",这种一般性的反思已经预先保证了概念的绝对性。这就是说,黑格尔哲学中也有固定的东西,这个固定的东西最终就是主体的优先性,就是先天范畴的优先性。虽然黑格尔也注意到直接的东西,但是范畴的先天结构才是优先的。阿多诺说,由于黑格尔的逻辑学总是与概念的中介有关,并只是一般性地反思概念与它的内容即非概念性的东西之间的关系,于是他就已经预先确认了概念的绝对性,而这是逻辑学自告奋勇地所要证明的。黑格尔的逻辑学总是与概念的中介,即非同一的东西、非概念的东西有关,而作为观念论者黑格尔从一开始就确认了概念的绝对性。这就是说,虽然黑格尔要把握这种非概念的东西,把握这种中介性的东西,但是他的概念却从一开始就排除了这些东西,虽然后来他力图纳入这些东西,但是这些东西是被形式化的逻辑体系牺牲了。

接下来,阿多诺从正面阐述了他自己的思想。他说,如果主体批判性地透视它自身的自主性,那么它就会发现,它自身是经过中介的,也就是说,作为抽象的主体,如果没有与主体不同的东西,主体也不能被确立起来,而与主体不同的东西就是非同一的东西,就是非概念的东西。如果思维不接受非同一的东西,那么思维本身就没有任何东西,就不可能有稳固性。如果思维中只有空洞的概念形式,而没有物质性的东西,没有内容,那么思维无法推动概念的运动,推动那沉重而稳固的概念结构。这是因为,只有当思想有了内容,思想才是有力量的,空洞的思想是无力的。思想借助于非思想的东西而获得活力,也借助于这种力量而能够使非思想的东西运动起来。他强调,每一个作为第一性的经验都不可以当做空荡荡的东西而被否定,概念的内容(非同一的东西)就来源于这种第一性的经验。

克尔凯郭尔所辩护的那种朴素性之中也包含了经验,如果没有经验,那么这种朴素性就会迷失自身,就特别天真,非常幼稚。虽然胡塞尔的现象以及海德格尔的新存在论也注意到原初的经验,虽然这两种理论没有认真地对待这种原初经验(其他各处已经有所讨论),但是原初经验作为知识的来源还是包含了真实的东西,包含了非同一的东西。当然,我们也不能简单地接受这种原初的经验,这种原初的经验也必须得到反思。反之,如果思想和行动不自发地抵抗这种表面上的经验现象,而且不顾经验现象的依赖性,那么思想和行动就会成为这些经验现象的模糊的复制。这就是说,现象学不应该满足于直观,而要看到思维的反思作用。思维的客体是有经验来源的，但是，思维会对客体进行规定。而经验所获得东西之中一定包含了超出概念的东西，或者说，客体之中有超出客体规定的东西，对于客体的这种经验会直接返回到主体。这种超出客体的东西也是基本经验中的东西，在这种基本经验中主体确信它自身，确信这种基本经验。这就是说，主体通过这种基本的经验来确认自身。可是，由于这种基本经验没有被思维所中介，所以这个时候主体恰恰又最缺乏主体性。这种基本经验，这种主观的、直接给予的东西逃脱了主体的包围，逃脱理论概念的把握。这样，这种经验就变成纯粹偶然的，没有任何连续性。其实这种经验也不可能是单纯的，因为意识都是被普遍的概念所中介过的，逃离不了中介的影响。最直接的经验（直接的意识）不是保持不变的，也不是完全肯定的。我们不能认为，这种直接的经验就是真理。

如果说直接经验的东西不是真理，那么意识中的纯粹形式的东西，是不是就是真理呢？阿多诺也对于这种观念论的幻相提出了批评。这种观念论的幻相认为，整体是直接的东西、第一性的东西，它可以作为稳固的东西直接显示出来。而对辩证法来说，直接的东西是经过中介的，它是相互中介的东西中的一个要素。与直接的东西相反的那一极，也就是纯粹思维，即不变的、先验的东西，也是经过中介的。按照阿多诺的观念，我们所强调的那种逻辑形式，是在我们控制自然中形成的。它是控制自然的实践所中介的结果。只有稚嫩的相对主义才否定这种形式逻辑和数学的有效性。辩证法不否认这些东西的有效性，辩证法只是强调，这种东西是不能与变化的东西完全剥离开来。按照阿多诺的看法，逻辑的东西即使再纯粹，也需要借助经验的东西才能思考。比如，纯粹的符号逻辑的推理也需要我们对于符号的感知来进行推理。这不是否定纯粹逻辑推理的必然性，而是这种必然性一定要依赖于经验的东西，没有任何经验内容的思考是不可能的。这是阿多诺批判观念论时所强调的。

如果我们把逻辑的推理看做是完全真理的东西，那么真理也是与事实性的东西联系在一起的，而事实性的东西是会变化的。因此，真理的不变性是第一哲学的谎言。这些不变的东西，这种纯粹的推理融合在人的意识中，并在意识中发挥作用。这种融合在意识中的东西，是人类历史活动的产物，是历史中的要素。纯粹的东西融合在意识中的方式与融合在历史中的方式是不同的。在意识中它思考的是推理的必然形式，而在历史中，它是历史活动的凝聚。既然这种东西是社会历史条件下的产物，如果把这种东西固化，把它作为先行的东西，那么这种东西就成为意识形态。观念论就是把这些具有历史要素的东西固化，把它当成必然的东西，纯粹形式的东西。观念论所说的真理就是把历史东西固化为必然的东西。于是对他们来说，真理就没有时间性。最后，阿多诺强调，我们不能把意识形态和有所强调的观念论等同起来。有所强调的观念论是努力包含非同一东西的观念论。这种观念论并没有把先验的东西固化，而是把它与内容结合在一起的。从这个角度来说，有所强调的观念论看到了概念与概念中介的差别，看到了非同一的东西。而意识形态潜藏在概念与事实的隐含的同一性之中。在这里，阿多诺批判了第一哲学。第一性东西的基础结构就是把概念与事实等同起来。无论是强调概念第一性的观念论，还是强调事实第一性的唯物论，它们在其基础结构中，都是把概念与事实同一起来。它们的核心都是同一性哲学，而同一性就是意识形态。观念论把一切事实都纳入概念之中。概念是第一性的。唯物论强调"物质"的优先性，而物质本身就是概念。在这里，概念和事实从两个不同的角度被同一起来。而现代资本主义社会就是强调这种同一性。意识依赖于存在这个说法，就是要让意识服从于资本主义的现实结构。这就潜在地包含了意识形态了。

经验的特权

在这个部分，阿多诺讨论哲学经验。这种经验不同于科学认识意义上的经验，而是把握非同一东西的经验。阿多诺认为，一个人进行哲学思考的时候必须有这种经验。正如科学的认识需要经验，哲学的思考也需要经验，而不能停留在抽象的概念上。而这种哲学经验与科学经验是不同的。

科学强调客观性。按照科学的观念，如果要有客观性，那么人们就必须剔除主观的东西。而辩证认识不是这样，他强调主观的东西的介入。这个主观的东西就是一种不同于科学认识中的经验。这种与科学认识经验不同的经验就是哲学经验。哲学经验是与概念结合在一起的经验。经验之中就包含了概念而概念之中就包含了经验。严格来说，这两种东西不能被分割开来。在这里，人们也许会说，科学的认识中，这两者也是结合在一起的。但是，科学的认识中，经验被纳入到概念框架中，消失在概念框架中，而哲学必须保留经验，而不是让经验消失在概念框架中。在阿多诺看来，不是每一个人都能够获得哲学经验的。这种哲学经验是一些人的特权。这是由个人的能力和生活史所决定的。虽然一个人的科学能力不同，但是具有同样智商的人都有同样的能力重复科学实验或者数学演算。可是，并不是具有同样智商的人都能像自然科学和数学中的能力那样，同样获得哲学经验的。虽然科学研究也需要天赋，但是科学的理想遵循的是同一性逻辑，按照科学的理想所有人都是等同的，都是可以相互替代的。这就是说，通过一定形式的科学训练，人都能够掌握科学知识。这是科学的民主。但是，哲学不是知识，而是一种思考的能力，是爱智慧。这种智慧虽然在一定程度上能够传授，但是它更多地需要主体的那种体验和领会，而不是知识的传授。哲学强调主体性，强调主体的特殊体验，强调主体的特殊性和主体的参与。从科学理性的角度来看，这是一种不合理的累赘。对于这种科学理性，阿多诺提出了批评。他认为，哲学中的那种体验不是自然素质，表面上的民主却忽视了一点。这个被管理的世界，这个按照市场原则整合起来的世界对其成员进行了改造，让他们成为具有同一性的人。只有全然不模仿这个世界的人才能抵抗这个世界。同一性的人就是模仿了这个世界的人。只有不模仿这个世界的人才可能有哲学的经验。这是哲学所具有的特殊性。那些在一定程度上不模仿这个世界的人具有一种哲学经验上的特权。阿多诺指出，对特权的批判变成了特权，对个人特殊才能、特殊能力的批判变成了对于这个被管理世界的承认，这个被管理世界的思想模式取得了特权。这个世界出现了这样的情况，它按照同一性逻辑对人进行塑造，扭曲了人自身的自然等。由于这些人的认识能力被扭曲了，所以这些人难于超越这个被管理的世界。由于他们的自然被扭曲了，所以他们经验世界的能力也受到限制。虽然人们比如从事精神分析的人已经在一定程度上意识到，人的自然能力，比如儿童的自然能力受到了压制和扭曲，但是这个状况并没有发生变化。在这样的情况下，假定一切人都能够认识一切事物，这是一种虚构。如果按照人的病理学特征，也就是按照人的自然能力被扭曲的特征来认识世界，按照接受被管理世界的思维来认识，那么这就排除了人的哲学经验的可能性。如果模仿众意（这是主观理性的表现），也就是按照这些被同一性逻辑所扭曲的人的意见，那么人们就不能获得真理。在阿多诺看来，众意是主观理性概念的最外在结果。主观理性就是工具理性，是把肉体和精神割裂开来的理性，具有同一性思维的人会倾向于这种理性，比如，跟风跑的人就是这种主观理性倾向最突出的人。按照这样的思想倾向，大多数人赞同的东西就是真理。因此，阿多诺认为，这就是在这些大众需要真理的地方，却以大众的名义背叛真理，否定真理，不给他们提供真理。那些意外获得好运的人，也就是避免了同一性逻辑的人，他们不能完全适应现行的社会规范，由此，他们在与环境的关系中吃尽苦头。恰恰是这样一些人，他们在道德上有义务告诉这些大众们，让他们知道他们所看不到的东西。只有有了哲学经验，他们才能看到被扭曲的人们所看不到的东西。

如果真理被理解为一致赞同，那么这就把真理和可交流性等同起来了。真理不能和可交流性等同起来。在这里，我们特别需要注意的是，阿多诺所说的真理，这个真理不是科学知识意义上的真理，而类似于海德格尔在《存在与时间》中所说的真理。对于阿多诺来说，这是要把握非同一的东西，需要主体的强大介入，这种真理甚至是主体的编织物，它是与主体的哲学经验结合在一起的。因此，真理不是什么人都能轻易获得的。如果把这种非同一的东西纳入概念中，用语言表达出来，那么真理就会出错。斯宾诺莎就是把真理看做是主体的编织物。他认为真理是它自身的标志。真理是自我显现。这非常类似于海德格尔所说的真理是去蔽的意思。或者说，真理是主体编织起来的，是独特的，它不能被其他东西所代表，如果被其他东西代表了，那么它就不是它自身，它就被扭曲了。真理都是特殊的，具有特权性质。如果真理不是根据特殊的经验得来的，而是通过一个构造过程，通过一定的框架，那么真理就失去了特权性质。通过一定的概念框架来讨论真理，尽管会使真理更加明晰，但是却使它更加贫乏。所以，在这里，把握阿多诺所说的特殊的真理概念特别重要。

最后，阿多诺讨论了哲学经验的概念。哲学经验是具有特殊能力的人所拥有的经验。只有一些精英在现存世界中才能具有这种经验，才能摆脱这个现存世界的浸染。按照阿多诺对哲学经验的理解，虽然人在认识事物的时候需要一般，需要概念，但是在哲学经验中，一般会随意给个别提供机会，并使个别有机会反抗一般，因为一般会破坏哲学经验。其实所谓哲学经验就是把握非同一东西的经验。如果哲学经验的普遍性被确立起来，那么这种哲学经验就不会偶然发生了，这种哲学经验一般性也能够被持续地被激发起来。哲学经验中虽然也要一般，但是这种一般不是让所有人都有同样的哲学经验，不是要让哲学经验具有一般性。如果哲学经验具有一般性，那么哲学经验就被破坏。这就是经验的特权。哲学经验要反对一般，但是这是为了让所有的人都有哲学经验，这样，我们的社会就有了哲学经验的一般性。在阿多诺看来，客体在其自身中反映自身的学说就是比较好地把握客体的思想，或者说把握非同一东西的思想，它剥夺了主体的至上性。客体反映自身，其实就客体展示自身。这是与真理的自我展示的意思是一致的。黑格尔的这个说法是在观念论意义上说的。但是，如果让客体反映自身的学说摆脱观念论，那么这是非常有意义的。这种做法就剥夺了观念论的那种主体至上性。它不是把自身冒充为某种确定的和包罗万象的东西，不会把自己对象化为一个思想的体系。这个理论让系统的强制归于消失，从而更加依赖于经验，依赖于对非同一东西的经验。相比而言，抽象的主体性就不容忍这种非同一东西，这种抽象主体性要消灭非同一东西，消灭内容。哲学经验的出现是与个性解放相对应的，而这种个性解放，是观念论与现代社会的产物。所以，强调哲学经验，也不是完全否定观念论，因为哲学经验不否定主体性，而恰恰需要特殊主体的介入，需要特殊的主体能力。这是与个性解放的过程一致的。这种个性解放的成就不能被否定，就如同辩证法的成就不能被否定一样。个性解放意义上的个人主义虽然削弱了精神的客观力量，比如社会的规范、制度的约束，但是却使精神获得了区分的能力，获得了把握非同一东西的能力，也就是强化了人对客体的经验。

关于合理性的质的要素

在这里，我们必须注意，阿多诺所说的质的要素，不是我们通常所说的客观性质，而是非同一性的要素。如果一种性质能够被同一化，那么我们就可以完全进行数量上的思考。科学的研究就是要把质的要素纳入到同一性的框架之中。在这里，我们看到，阿多诺对理智（ratio）这个概念进行了解释。从阿多诺的解释中，这个概念既有比例、比率的意思，同时，这个概念自在地表示对于质的东西的关注。要进行量的思考，就需要按照同一性的逻辑，把不同的特征的东西同一起来，比如把不同人同一起来，数一数，这里一共有多少人。在这种同一性的思考之中，人们需要有一种综合的能力。但是，阿多诺强调，如果没有区分的能力，综合起来、抽象地同一起来也不可能。比如，如果我们没有区分能力，无法把张三和李四区分开来，那么我们就不能说这是两个人。把不同的东西区分开来的是事物的质的特性。思维必须考虑质的特性。对于阿多诺来说，如果没有思考质的特性，那么思维就不可能。因为质的特性是思维中所思考的内容，是思维中不同于思维的东西。从这个角度来说，阿多诺认为，思维必须思考质的东西，如果不思考质的东西，那么思维就不是思维了，思维就与自身不一致了。

接下来，阿多诺说明了柏拉图哲学对理性的理解，强调柏拉图的辩证法把综合和分析结合起来的特点。① 在这里，阿多诺所说的自然就是指事物的质的特性，而"人为"就是按照同一性的原则对事物进行概括和判断。所以在柏拉图的理性概念中包含了辩证法。它把分析和综合结合在一起了。这里所说的两次反思分别是，第一次反思是量上的反思，是科学的反思，它排斥了质的特性，而第二次反思是合理性的运作，它关注质的特性。第一次反思是自然科学的研究，而第二次反思是哲学的研究。黑格尔哲学既注重量也注重质。他把两者统一性起来。

质与个体

在这个部分，阿多诺从主客体关系的角度来说明个体和质的关系。阿多诺首先把主观角度的研究和客观角度的研究区分开来，主观的研究是用同一性的思维框架把不同质的东西同一起来。而在这种主观的研究中，在量化的研究中，主体被还原为无质的、纯粹逻辑。这就是说，当主体变成了纯粹逻辑的时候，主体所把握到的一定是纯粹的量上的关系。量的基础是抽象的同一性。而把质从量的思考中解放出来，尊重对象之中的非同一性的质，这是客观的视角。通常，在我们看来，量是事物的固有性质，与时间上的变化无关，人们可以用数学的工具显示这种性质。可是，阿多诺认为，量既不是永恒的，也不是

---

① 参见 Theodor W. Adorno, *An introduction to dialectics*, Polity Press, 2017, p. 17。这个注释详细地说明了阿多诺有关思想的来源。

完全排他的。这就是说，量是事物自身的一个变化的特性，而量的特性又是与事物的质的特性结合在一起的。量的特性不是排他的。对有自身特质的主体，也就是具有哲学经验能力的主体来说，他所要把握的是事物的潜在的质，潜在的非同一性的东西，而不是先验的残余。所谓先验的残余，就是人们用先验的概念框架来整合潜在的质，而没有被先验框架整合的就是先验的残余，即纯粹的质料，多样的质。在阿多诺看来，不存在这种先验的残余，所有的质的规定性都是与概念有关的。这种被改造过的质就好像劳动的分工对人所进行的改造一样。劳动的分工对人所进行的改造使人适应这种被改造过的质。劳动分工把一部分人变成抽象思维的脑力劳动者。这样的主体很容易变成逻辑的主体。如果主体的反应是从这种抽象的思考的角度所进行的反应，那么主体就不可能把握多样的质的特性。认识就是要把握非同一的东西，就是要进行细分和区分。而这种认识就需要主体的一种特殊的区分和细分的能力，特殊的经验能力。阿多诺把这种经验的能力理解为模仿的能力。在阿多诺看来，认识需要有模仿的因素，而这种模仿的要素如同化学中的亲和力。这种亲和力是与那种用知性的概念来把握对象的方法完全不同的。它是从传统的巫术幻想中遗传下来的。对于阿多诺来说，非同一的东西只能通过这种模仿才能被把握。而这个模仿的要素在启蒙的过程中逐步衰弱了。尽管如此，这种模仿的要素还是在一定的程度上保留下来，不过变成了"协同"。如果认识中没有这种模仿的要素，那么认识中的合理性，即运用概念框架所进行的认识，就变成了非理性。它无法把握非同一的东西。在这里，阿多诺特别强调，认识中的一种"协同"。这个"协同"概念非常重要。这种协同既不是完全逻辑的认识，也不是完全感性的认识，而是这两者结合在一起的认识。从认识的根子上来说，人是从自然中产生出来的，人与自然有某种特殊的协同，人把自身的这种自然的东西与逻辑的东西结合起来，人才能进行认识，否则认识就不可能。这表明，阿多诺看到了模仿的要素在认识中的作用。当然把握非同一的东西也不完全排斥概念，没有概念，我们就不知道什么是非同一东西。阿多诺强调要把模仿的要素与合理性要素结合在一起。由于这两者被结合在一起，所以，人们就有一种区别的能力，差异化的能力。但是这种差别化的能力和个体性一样是偶然的，是一种特殊的经验能力，是少数人所特有的。

黑格尔一方面强调个别意识，承认精神经验的作用，正是这种精神经验使他的作品充满活力；另一方面，他又指责个别意识，认为个别意识是偶然的狭隘。阿多诺认为，黑格尔的这种做法前后不一。他为什么会这样呢？这是因为，他要弱化个别意识，弱化精神经验所具有的批判精神。他要把个别与一般结合在一起。当黑格尔压制个别性的时候，当他把个别性和一般性结合在一起的时候，黑格尔也做出了一个贡献：消除了个别经验的绝对偶然性。当个别经验与一般概念结合起来的时候，个别经验就获得了连续性。当个别经验与话语媒介结合起来的时候，那么这种经验也就不仅仅是个别的，而是与一般结合在一起了。在这种结合中，个别完成了两个事情，一个事情就是它实现了自我同一性，一个事情是它在经验中把自身对象化。经验被统一起来，一个人才成为统一的自我。如果一个人的经验无法统一起来，那么这个人就陷入了自我分裂之中了。人还可以把这个统一起来的自我在经验中对象化。这就是按照自己的意志做某种事情。阿多诺认为，通过这两项工作，个别转换为主体。

在这里，阿多诺强调，当一般形式与个别的经验内容结合在一起的时候，个别的内容就可以持续存在，个体也可以借此而再生产自身。可是这其中会出现一个问题，这就是一般在个人经验中占据主导地位。这种一般的东西在经验中有一种作用，就是它能够控制经验。而对于经验的控制是人获得生存的重要手段。这就好比说，人看到了猎物，产生了一种经验的冲动，但是，人要通过技术的手段来控制猎物。这就是经验中的一般在发挥作用。其实人通过一般而把经验结合起来才成为自我，并通过一般进行自我生产。如果没有一般，自我生产就不可能。所以，经验中的一般就具有这样的作用。因此阿多诺说，作为"现实的测试"，经验一般不仅强化个体的愿望和冲动，而且否定愿望和冲动。经验如果是进行"现实的测试"，即在现实中进行控制，那么这种经验是包含了一般的经验，这个经验就能够强化个人的冲动。个人通过与一般结合在一起的经验才能生存下去。

上面的分析一方面借助于黑格尔说明，个别中的一般是要削弱个别中的批判精神，另一方面，又通过个别和一般的关系来说明一般是人用来生存的手段。人为了生存要屈从于一般。把这两者结合在一起，那么阿多诺就得出一个结论，就是当一般控制了个别经验的时候，个人为了自我生存就会顺从一般，而剔除个人意识中的冲动，而这种冲动是个人的批判精神的来源。在这种情况下，个人就成为毫无意识的执行者。后面就通过苏联时期的集权状况说明了个人经验和一般概念之间的关系。在这里，一般体现了绝大多数人的意见，一个人要生存就必须屈从于大多数人的意见，但是，有时候，个人的切身体验却是最真实的，甚至比许多人一致意见还正确。

通过上述的分析，阿多诺其实就是想说明一个基本的东西，就是认识之中不仅仅需要一般，需要概念，而且更需要个别的经验。他强调，认识需要这种个体化的趋势。这类似于波兰尼所说的"个人"知识。当然阿多诺超出了波兰尼。其中的一个重要方面是，阿多诺强调，这种认识的个体化是要把客体解放出来，让客体在总体上恢复自身。认识需要有主体的积极介入。在我们通常的意识中，主体的介入会扭曲客体，而阿多诺所说的这种个别经验，是对于非同一东西的把握，它能更好地接近于客体①，从而让客体恢复自身，而不是让客体被扭曲。这一点，特别值得我们重视。主体在认识客体的时候，由于有概念的作用，所以会扭曲客体，所以客体要求主体不断地调节自身，要求主体不断地反思自身。而这种反思是在精神经验之中进行的。我的理解是，在精神经验中经验和一般之间相互制约而又相互调整。对于对象的理解是在不断的修正和调节中深化的。所以说，哲学的对象化过程，哲学对于对象的认识过程是一种纵向的，历时的过程。这个认识不是纯粹从逻辑上认识对象，而是依赖于个人经验，这种经验包含了历史性的维度，包含了时间性的维度。而科学的量化过程（对事物的量的认识）是与时间的维度无关，是横向的，抽象的②。比如，柏格森的时间概念也包含了这两个方面，一个是包含个人经验内容的时间，一个是纯粹空间上的时间、线性的时间。

内容与方法

在这个部分，阿多诺强调，虽然哲学必须借助于概念的方法，但是哲学同

---

① 思想中非思想的东西是对象，没有思想，这种东西就不会出现，因此必须借助于思想才能接近客体，但是，思维无论怎样接近客体，思想也不能完全吞并客体。这是客体优先性。在这里强调主体作用并不是强调主体优先性。主体的积极介入与客体优先性是不矛盾的。
② 在这里，人们会说，科学也会考虑到时间过程之中量的变化。这是抽象的量，是线性的时间。

时必须拯救内容。在这里，人们会说，哪一种哲学没有内容呢？阿多诺在这里所说的内容是指非同一的东西。哲学需要用概念，而这种概念的思考会淹没内容。在阿多诺看来，柏格森、齐美尔等人都企图建立一种能够具有实质内容的哲学，即把握非同一东西的哲学。但是这些哲学都不成功。他们在把握非同一的东西的同时又废除了这种非同一的东西。这是因为，他们都没有避免同一性哲学，同一性方法在他们那里占据了优先地位。在这里，阿多诺提出了一个课题，就是内容的个别分析与辩证法之间的关系问题，也就是内容和方法的关系。内容的个别分析就是要把握非同一的东西，而方法是利用概念进行分析的方法。观念论的同一性哲学（应该主要是指黑格尔哲学）自己认为，它是把辩证法融入到内容的个别分析之中，即它虽然也利用方法，但是它还是把握了内容。阿多诺认为，虽然黑格尔也试图把握内容，但是他的哲学最终还是排除了内容。那么为什么会出现这样的情况呢？首先，阿多诺承认，在观念论的同一性哲学中，人们确实把理论的整体融入个别的分析之中。这就是说，这种观念论确实是从个体出发来把握内容的，并且通过对于个体的分析而把握其中的整体。比如，黑格尔的《精神现象学》就是分析个体的意识开始的。但是，阿多诺强调，这个理论的整体在被融入到个体分析之中的时候，不是通过认识主体的。这就是说，当整体和个体通过认识主体而结合在一起的时候，认识主体就会有一种反思，反思整体对于个体所产生的伤害。如果没有通过主体，那么整体即借助于辩证法而构建起来的理论整体对于个体的伤害就无法被认识。

如果整体和个体之间的结合不是通过认识主体而进行的，而是通过一个中介，即社会总体来进行的，那么这个社会总体就会对个体的分析产生副作用。阿多诺所说的这个社会总体是资本主义社会的总体。这就是说，资本主义社会已经成为一个合理化的总体，这个总体是通过市场交换而形成的总体。在这个总体中起核心作用的是抽象的形式规律。观念论的理论内容就是从这个社会总体中获得的。从这个角度来说，观念论从市场机制中提取出绝对精神。这个绝对精神就是达到了总体的绝对精神。而整体和个体之间的中介是有具体内容的，是实质性的。这个实质内容通过总体而被中介过了。观念论就从这个总体中得到了形式化的总体，并由此而得到了绝对精神。可是，这个被总体中介过的具体内容如何处理呢？观念论在这里编造出一种"真相"，即构造出一个关于真理的密码：那个中介，即那个实质性的内容把那些"现相"当做是一种强制机制。这里所说的现相就是那个总体，那个绝对的精神，把这个总体当做是一种强制机制。这个强制机制在所谓建构问题背后发挥作用。这就是说，总体背后有一种强制机制，又一种神秘的力量在发挥作用。那些个别的内容被强行纳入强制机制之中了。所谓建构问题在这里就是指人为建构起来的交换系统，这个交换系统的背后是同一性逻辑的强制机制。这个同一性逻辑在这个强制机制中发挥作用。个体之中就包含了这种总体。而这里的现相是总体，是超越的，超出个人的东西。通过对于个体的分析，人们就可以分析这个总体。这是观念论的方法。而哲学经验就与这种观念论不同。其差别在于，观念论以一种编制密码的形式提供真相，对于具体内容而言，那个现相是一种强制机制，是同一性的强制。而哲学经验则看到，这种强制机制把具体的内容纳入到一般之中，它要追忆这个被排斥的东西。阿多诺说："哲学经验并不把这个一般直接地当作现象，而是当作如此抽象，好像它是客观的。哲学经验被迫面对特殊东西终结的状况，但没有忘记它所缺乏的东西，而是知道这种东西。"① 这里所说的现象与前面所说的那个"现相"是不同的。现相是与形而上学的要素有关的，是与超越有关的，而现象是与经验领域有关的。哲学经验不是把一般直接当做现象，不是直接中一般中得到知识，而是要被迫面对特殊东西被终结的状况，而是要面对特殊的内容被压制的现象。从这种现象中去拯救被排斥的东西。它没有忘记所缺乏的东西。如果是这样，我们可以说，黑格尔哲学中包含两个方面，一个是他的总体化的方法，这个方法就是要达到绝对精神，而另一个是对于个别内容的关注，他要拯救被排斥的东西。这两个方面同时构成了哲学经验。这是阿多诺按照他自己的思路来重新解释黑格尔，从而为他的否定的辩证法服务。为了表达哲学经验中的这两个要素，阿多诺在这里借助于赫拉克利特的思想来加以说明。阿多诺借用赫拉克利特残篇60中关于向上的道路和向下的道路是同一条道路的说法来解释把握总体的绝对精神和关注个别内容之间的关系。按照我的理解，拯救个别内容，通过概念而又否定概念而达到特殊（从上而下），而总体的方法就是通过特殊而达到总体，达到绝对精神。哲

---

① 阿多诺：《否定的辩证法》，王晓升译，北京：中央编译出版社2023年版，第62页。

学经验就是这两条道路的结合。阿多诺对此作了进一步的解释。

哲学经验要通过概念来规定具体的东西,要借助于概念。在哲学的经验中,概念没有忘记具体的东西,没有忘记那些被它排除了的东西。由此,当哲学经验对"现相"进行哲学规定的时候,即把握一般和总体的时候,它不会预先从存在论上把概念自在地看做是真实的。它看到现相之中的那种强制机制。在这个现相的领域,概念发挥着一种强制机制的作用,它是与压抑原则结合在一起的。它按照提取绝对精神的要求来进行整合。所以,阿多诺说,这种压抑机制会损害认识论上的尊严,会阻碍我们对于非同一东西的把握。这是一个方面。另外一个方面是,如果概念不是像黑格尔那样被预先安排好的,没有确定的目标,那么概念会意识到自己的抽象和强制,它就会把认识集中在特殊上,把特殊的东西当做需要拯救的东西。这就是哲学经验所包含的两个方面同时在发挥作用。这就是,哲学经验既需要概念,而又突破概念。对于哲学经验的这种理解,阿多诺在这里引用了他自己在《最低限度的道德》中的一句话。只有不理解自身的思想才是真正的思想[①]。本来思想必须理解自身,只有理解自身的思想才是思想。但是阿多诺在这里是从哲学经验的角度所说的思想。这个思想是思想被概念遗忘了的东西,被概念排斥的东西。这个东西是排斥思想,是抵抗思想,是异质于思想的东西。思想就是要思考与思想异质的东西,只有这样的思想才是真正的思想。因此,只有不理解自身的思想才是真正的思想。这是阿多诺对于思想要把握与思想非同一东西的明确表达。把握这个格言对于我们理解阿多诺思想极其重要。

正因为如此,阿多诺才说,一切哲学包含追求自由的哲学,都包含了不自由。这种不自由是社会的不自由在其中的延伸。比如,康德的实践理性所说的自由,其实就是不自由,因为,他所说的那种理性恰恰是社会生活中的那种同一性原则的内化,是资产阶级的理性原则的表达。阿多诺并不完全否定这种强制,没有这种强制,哲学就变成了任性。但是,哲学需要拯救非同一的东西,拯救被概念所压抑了的东西。因此,阿多诺在这里又强调,思维能够认识内在于自身中的强制性。它自身的强制性是它自身解放的媒介。思想需要有强制,

---

[①] 见 Theodor W. Adorno, *Minima Moralia: Reflections on a Damaged Life*, Edmund F. N. Jephcott (Translator), Aleksa Buha (Translator), Verso, 2005, p. 192。

而思想正是通过这种强制来解放自身。这个强制变成一种中介。思想需要借助于它自己的对手来获得力量。限制思想的东西同时也给思想提供了摆脱限制的力量。在这里，阿多诺其实表达了这样的意思：没有不自由，自由也无法表现自身，自由就是在反抗压制中表现自由，自由只有借助于不自由这个中介才实现自由。同样思维之中包含了强制，思维借助于这种强制而解放自身。思想要自由地表达客体就必须借助于主体的力量，借助于主体对强制的反抗而获得自由，从而自由地把客体确立起来。自由地表达客体必须要借助于强大的主体。而黑格尔却看不到这一点。在这里，人们会说，黑格尔强调了主体的作用了，怎么能说黑格尔弱化了主体的作用呢？对于阿多诺来说，黑格尔的主体是抽象的主体，这种抽象的主体表面上非常强大，而实际上却非常弱小。这是因为，抽象的主体脱离了肉体的力量，没有肉体的冲动要素。这种主体当然是无力的主体。

黑格尔把主体和客体对立起来，把辩证法理解为概念自身的矛盾，所以在黑格尔那里作为方法的辩证法是概念的自我演绎的过程，而作为事物的辩证法，比如关于资本主义社会现实中一般的交换价值与具体的使用价值之间的矛盾的辩证法，则强调事物自身包含了矛盾。但是，这两种矛盾被割裂开来了。其实这两种辩证法是内在地联系在一起的。同一性原则也就是占统治地位的原则，把社会撕裂开来。它强行把不同一的东西同一起来。这种同一性原则也是精神化了的原则，它导致了概念和概念所概括的东西之间的差异。然而这与逻辑上的矛盾不同。逻辑上的矛盾按照同一性原则而被确立起来的，按照同一性原则，一种东西要么是 A，要么非 A。可是事物是多样的，我们不能简单地把那些不能纳入 A 的东西简单地理解为非 A。可是，逻辑学只有同一性原则，按照这个原则，凡是不能被纳入同一性的东西不是被理解为多样性，而是被理解矛盾，即 A 与非 A 之间的矛盾。一种东西的多样性在同一性原则之下被看做是矛盾，而不是多样性。

另一方面，阿多诺说，哲学的观念和哲学观念的贯彻之间存在着差异，这种差异的残余也证实了非同一的东西。哲学观念是停留在概念的运动之中，而现实是具体的。概念的东西落实到具体的现实中必然出现差别。这就好比说，任何一种科学理论在具体运用的时候都会表现某种偏差。这些偏差也表现了非同一的东西。这实际上也表明，一种科学的理论方法和具体运用之间的差别，而这种具体运用就涉及具体的内容。阿多诺从非同一东西的视角来说明，方法和内容之间的关系。方法是按照同一性原则构建起来的，而内容是要把握非同一的东西。所以，方法不能完全吸收内容，方法也不能把内容精神化。阿多诺强调，内容是优先的，而方法必然是不充分的。按照阿多诺的看法，虽然我们可以在反思中说出这种非同一性的东西，但是停留在理论的反思中是不够的，我们还要把反思中的东西落实下去。阿多诺的这种落实就是把非同一东西的哲学研究用于资本主义现实的批判。在阿多诺看来，只有在实施过程中，非同一的东西才被合法化，才能真正地得到确认。接着阿多诺说了一段非常重要的话："内容的优先地位表明，方法必然是不充分的。这样一种东西必须在一般的反思框架中才能被说出来，而为避免我们对哲学家的哲学毫无防备，这种东西只有在其实施过程中才能使自身合法化，方法由此又回过头来被否定掉。"① 内容的优先地位表明，方法必然是不充分的。这是因为，方法无法把非同一的东西表现出来。这就需要把理论加以实施。而在实施过程中，方法回过头来又被否定掉了。这就说，在对待哲学家的哲学的时候，我们不能不有所防备，不能局限在理论中，而是要把它实施，而在实施中，方法就会被扬弃。如果方法被滥用，那么方法就是抽象的、错误的。阿多诺借用黑格尔的话说，对所做事情的解释由于做了这件事情而成为多余。对所做事情的解释相当于方法，做这件事情相当于落实方法。把方法落实在实践之中了，那么再从方法的角度去解释实践就是多余的了。

在方法和内容的关系的论述中，阿多诺强调内容的优先性。虽然黑格尔也有方法和内容的统一，但是在他那里是方法优先。虽然黑格尔也强调内容，但是内容最终还是被牺牲了。在这里，我们看到了阿多诺不是把哲学仅仅理解为理论，而同时又是超出理论的东西。所以，在阿多诺那里，哲学不是理论，而是一种活动。他用动词来说哲学。

存在主义

在这里，阿多诺试图通过对萨特存在主义的分析进一步深化对于方法和内

---

① 阿多诺：《否定的辩证法》，王晓升译，北京：中央编译出版社2023年版，第63页。

容之间关系的理解。在他看来，存在主义虽然试图把握非同一的东西，但是它最终仍然没有逃离概念的概括和抽象。他把纯粹的概念和纯粹的此在对立起来，这两者最终在本质上是一致的。对于阿多诺来说，存在主义的错误在于，它没有辩证法，没有解决概念与内容之间的关系。

在这个部分一开始阿多诺就概括了这样一个思想。一些人在存在主义的名义下要摆脱概念拜物教。概念拜物教的意思是，把概念固化，当做像物一样东西加以崇拜。存在主义要摆脱这种拜物教，这就是要让概念与非同一的东西联系起来，比如用"存在"这个概念来概括非同一的东西。可是他们其实并没有能够摆脱这种拜物教，这种哲学没有放弃概念拜物教的义务的要求，即概念的同一性要求。法国的存在主义与海德格尔的基础存在论在参与政治的程度上还是有很大的差别的。法国存在主义变成了一种社会政治运动，而海德格尔哲学主要是理论上的，虽然也曾经短暂地与法西斯主义发生联系。尽管如此，这种存在主义与基础存在论一样，受到观念论的束缚，致力于满足概念的同一性的要求。虽然存在主义希望把握具体的内容，把握非同一的东西，但是他们还是失败了。

哲学一般来说，关注普遍东西，本质的东西，而对于偶然的东西则关注不多。而存在主义不同，它关注偶然的东西，非同一的东西。但是这种非同一的东西是被形式化了的非同一的东西。或者说，这是在同一性逻辑的根基上伪装起来的非同一东西。这就如同在现代社会中，人们都赶时髦。这是同一的，而在赶时髦的同一性的基础上，人们非常害怕撞衫。每个人的时尚衣服都不一样，但是不一样的背后是同一性的原则。存在主义就是在同一性的基础上关注偶然的东西。正因为偶然的东西是在同一性原则基础上确立的，所以这种偶然的东西可以被相反的政治倾向所取代。这种偶然的东西之所以能够被相反的这种倾向所取代，是因为这种偶然的东西背后发挥作用的是形式的原则。虽然存在主义保留了偶然的东西，非同一的东西，但是这种偶然的东西、非同一的东西是纯形式意义上被理解的。比如存在主义强调抽象的、纯形式意义上的自由，这种意义上的自由实际上就是一种纯粹的自发性。由于存在主义所主张的自由是纯粹的形式上的自由，是纯粹的自发性，所以相反的政治主张都可以利用这个自由概念。西方的自由主义强调这种纯粹的自发性，为个人自由服务，而苏联和以前的东德也强调这种自发性,这种自发性可以被用来为长官意志服务。所以,阿多诺批评存在主义说,他们没有从理论上为抉择划出一条明确的界线。个人无条件的自由选择和长官意志意义上的抉择之间的差别何在呢?抽象地强调自由抉择,表面上看是对个人的自由和独特性的尊重,其实这种自由被掏空了内容,变成空洞的概念,回到了同一性的原则上。只有当自由有了内容的时候,我们才能在自由之间划出一条界线来。

虽然存在主义可以也可以被苏联所利用,但是存在主义还是试图借助于他们的思想来批判苏联的政治体系,还是要让存在主义具有政治功能。萨特等人要用存在主义来批判苏联和东欧国家那种带有他们所理解的"共产主义"特征的行政管理的。他们要批评中央集权和党国体制的。正因为如此,萨特才关注自发性。社会的权力分配机制留给自发性的机会越少,人们就越是推崇克尔凯郭尔的抉择,在"非此即彼"之间进行非理性的抉择。在阿多诺看来,萨特实际上就是从克尔凯郭尔的思想中吸收了有关思想,而克尔凯郭尔的有关思想又是与他对基督教思想的独特理解有关。萨特把克尔凯郭尔的抉择(自由选择)绝对化了。

阿多诺认为,萨特存在着极端唯名论的倾向。极端的唯名论强调具体的东西,否定普遍的概念,认为概念不过是空洞的名称。萨特的自由概念就是空洞的名称,与这个空洞名称对立的就是纯粹的自发性,纯粹的质料。应该说,阿多诺思想也有唯名论的倾向,但是阿多诺又对唯名论持批评态度。从这里的注释中,我们可以看到,阿多诺说"资本主义社会"这个概念不是空洞的声音,其中也包含了内容。如果走向极端的唯名论,我们甚至连话都不能说。阿多诺认为,尽管萨特有极端唯名论倾向(强调非同一的东西),他还有观念论的特点,接受同一性的逻辑。萨特一方面是极端的唯名论,另一方面又是观念论。他没有在具体的内容和抽象概念之间的辩证法。于是,只能在具体的内容和抽象的概念这两个极端之间徘徊,而无法从辩证法的角度理解这里的关系。萨特的这种观念论倾向表现在他设定了一个排除一切客观要素的自由主体。这个主体是纯粹观念意义的主体,类似于费希特的纯粹的自我意识。只有在这个纯粹的自我意识意义上的人才会不管一切社会环境而进行自由选择。在萨特的剧本当中客观的社会条件都被当做是非理性的累赘,看做是惰性物。它们只是给自由行动提供契机。在自由选择中，人们不要顾及这些东西。在阿多诺看来，这种所谓的自由抉择的观念是虚幻的。接着，阿多诺以萨特的《魔鬼与上帝》为背景批判了萨特的自由选择的思想。在《魔鬼与上帝》之中，将军格茨攻下了一个背叛了他的城市。一般来说，他会屠城，但是他没有这样做。或者说，他曾经是一个魔鬼，但是他想立刻放下屠刀，成为上帝。按照阿多诺的描述，他是一个可笑的人物。他发誓要拒绝一切罪恶，结果还是犯下种种恶行。对萨特来说，从魔鬼走向上帝只是自己纯粹的抉择的结果。他可以不顾任何条件进行自由选择。可是在阿多诺看来，这是完全不可能的事情。表面上来看，格茨的选择都是自由的，他可以选择从善，也可以选择作恶，他可以选择放弃战争，也可以顺从有组织的群众运动，参加战斗。萨特的哲学思想"祝福"这种选择。实际上，阿多诺认为，绝对主体要摆脱的那种束缚也是随意设想出来的，而不是现实的。在具体的现实历史条件下，这种情况是不可能发生的。所以，绝对主体摆脱不了那个一直纠缠着它的东西，即"绝对主体性原则"。而这个绝对主体性原则就是一个抽象的同一性原则。在阿多诺看来，萨特的戏剧中讨论的这种绝对主体的原则与他的主要哲学论著《辩证理性批判》的观点是不一致的。

那么为什么在萨特思想中戏剧中的东西与哲学的内容不一致呢？阿多诺从萨特的哲学思想的背后来发掘这种思想根源。在戏剧中，绝对主体性是完全抽象的。而在哲学中这种完全抽象的主体性背后是有一种东西在发挥作用，这就是此在。而此在是具体的存在，是非同一性意义的存在。萨特试图借助于这个此在而使他的思想表现出一种唯名论的特点来。政治存在主义（萨特）和非政治的存在主义（海德格尔，表面上是纯粹学术上的讨论）背后都有一个共同的哲学基础。这个哲学基础就是此在。此在与绝对主体有什么差别呢？绝对主体是抽象的，而此在是每一个具体的人，是具体的。阿多诺指出，如果存在主义不停留在此在的空洞说辞上，那么此在一定要有具体内容，是有具体内容的存在。这个此在是一种"态度"。这个地方的"态度"不是纯粹主观的，而是与人的肉体的活动要素联系在一起的。这个此在虽然有具体的生活体验，但是，这个此在不是真正意义上的活生生的人，而是像抽象的主体一样，可以不依赖于任何确定的理由而自由抉择。这纯粹自主抉择的主体被阿多诺说成是

"自为存在的主体性"。而此在是"生存"(Existere)着的。本来这个生存是包含了真实的,活生生的经验的。可是,如果此在都是活生生的人,那么人就不能自由选择,就一定受到现实的要素的影响。如果是这样,那么人就是"物化"了,就没有自由了。于是出于对于"物化"的恐惧,存在主义又从这种实在的内容中退缩回来,使这些内容成为样本,把它们"悬置"起来。于是,这个具体的"生存"其实被抽象化了,"生存"还是变成了一个抽象概念。从这个角度,萨特的那种唯名论倾向的东西其实被观念化和抽象化了。他把实在内容的东西按照现象学的思路"悬置"起来了。但是,被悬置起来的东西却不会不发生作用。阿多诺指出,这种要被它们"悬置"起来的东西对它们进行了报复,即它以哲学所认为的那种非理性决定的方式在哲学背后发挥自己的力量。这就是说,即被悬置起来的东西,具体的东西,在哲学的背后发挥作用。这种被悬置起来的东西表现为非理性的东西,而发挥作用。具体东西作为自发性的选择的背景或者契机发挥作用。虽然萨特强调人的活生生的经验,但是这经验其实被抽象化了,这种经验由于害怕物化而脱离了具体事物。这种脱离具体事物的经验变成了形式化的经验。它被悬置起来,不是完全没有影响,而是在哲学的背后发生影响。这表现在,当此在被排除了具体的内容之后,存在主义又把心理学的东西纳入到哲学中。当萨特在此在中排除了经验内容之后,又把心理的要素偷偷地塞进此在之中。这个心理内容就是冲动,就是自我抉择的冲动。这种做法其实也在消解哲学。接着阿多诺说,无概念的具体科学(唯名论)并不比清洗掉内容的思维(纯粹形式的思维)更高明。无概念的具体科学即关于此在的生存的哲学(它讨论具体的此在)并不比清洗掉内容的思维更加高明(先验哲学)。清洗掉内容的思维就是前面戏剧中的纯粹的抽象主体意义上的思维,没有具体内容的主体。从表面上来看,无概念的具体科学,也就是此在的生存哲学本来是要让哲学具有实质的内容,是要对抗抽象主体的形式主义的,但是,最后又同样陷入了形式主义。这就是说,这种哲学本来是反形式主义的,最后仍然无法逃避形式主义。此在变成了纯粹的质料。所以阿多诺说,形式主义(抽象的此在)被从心理学所借来的内容,比如焦虑、畏、生存情态等,所填满。存在主义是要参与政治活动的,它不能停留在形式主义的框架之中,而必须接近事实,必须考虑到人的具体的生存状况，哪怕是威胁性地接近生存状况，即它是要批判现实的，是要威胁性地接近社会事实的。而要实现其政治参与的目的，而要真正地改变现实，存在主义尤其是法国存在主义就必须接近现实，抽象的形式之中就必须有经验的内容。

最后，阿多诺根据他对于存在主义的分析来进一步讨论人的本质的问题。从哲学上来说，存在主义试图克服主客体之间的二元对立。那么究竟如何来克服这种二元对立呢？阿多诺反对海德格尔哲学所提出那种思路，即主体和客体的源始统一性。要深刻理解阿多诺如何克服主客体之间的对立，就需要读者注意后面阿多诺对于主客体关系的分析。阿多诺认为，要克服主客体之间的分离不是要还原到人的本质，还原到此在（绝对的个体化）。在阿多诺看来，所有这些讨论，包括卢卡奇关于人的本质的讨论都有一个缺陷，就是把人还原到"不变的纯形式"，即使此在也都是这样一种纯形式，即使人们强调人的历史性也是纯形式的。这就是从抽象的同一性的角度来理解人的本质，而忽视人的具体要素。在本书的最后部分，阿多诺在关于人的生存的意义的讨论中回答了这个问题。从这个意义上来说，如果我们在观念论的基础上来讨论人的历史性，那么这种讨论仍然是抽象的，停留在概念上的思考，具有形式主义的特点。人自在地究竟是怎样的？这是与人过去、现在未来如何密切相关的。这些东西都是与人的肉体上的生存经验联系在一起的。探索生存的学派，存在主义，都不可能取得成功。这是因为，他们都有一个共同的错误，就是把不能上升到概念之中的东西上升到概念之中，而不对它们进行透彻的思考。在这样的情况下，虽然它也讨论生存，但只是在口头上讨论生存。虽然他口口声声说，这个生存是生存着的，其实仍然没有超出概念的范围之外。他们只是在"生存着"这个名词中来说明生存。

事实、语言、历史

在这里，人们必然要问，如何才能避免存在主义所存在的困难呢？存在主义也是要用概念来表达具体的东西，比如，用此在来表达具体的存在，表达不能被概括在概念中的东西，但是，最后存在主义还是走向了形式主义，此在还是变成了空洞的概念。阿多诺要提出一种有别于此的新方式。从这个意义上来说，否定辩证法和存在主义所讨论的是同样的问题，只是存在主义没有解决它所要解决的问题。对于阿多诺来说，存在主义受到了现象学的影响，所以才没有能够真正地解决这个问题。其中缺乏辩证法。

这种辩证法是从字词与具体事物之间关系的讨论开始的。按照阿多诺的理解，字词在一开始产生的时候不是按照范畴的方式来涵盖事物的，人们也不是要用字词来准确地认识事物。人们在命名一个东西的时候，实际上就是把这个东西直接呈现出来。说出名字同时也就带出名字所涉及的东西。这种做法就不是狭义的认识论，不是用概念来把握事物，而是把事物本身呈现出来。由于人们受到同一性逻辑的训练而被迫放弃这样的做法，这就是把概念与概念所指的事物之间彻底割裂看来，概念就被理解为抽象地把握事物。与这种做法相反的是，人们把概念和事物结合在一起，像古代的神秘主义那样，好像一个人的名字就是这个人似的。名称所具有的概念性质被忽视了，即概念与事物分离的性质被忽视了。在阿多诺那里，名词所表达的概念与事物之间既相互联系，又相互分离。这里存在着一种辩证法。把概念和事物彻底割裂开来是错误的，把概念和事物等同起来也是错误的。这两种做法都是意识形态。而且这两种做法还是相互补充的。从这个意义上来说，顺从（把概念和事物彻底分离开来）和蒙蔽（把概念和事物等同起来）在意识形态上是互补的。如果人们被训练得把概念与事物彻底分离开来，就无法用概念来达到事物了，如果人们把概念与事物直接结合在一起，那么事物的非同一性也无法借助于概念显示出来，它被遮蔽了。广义认识论就是要把握这种无法达到和被遮蔽的东西。

在哲学中，人们之所以要精挑细选地使用字词，是因为用字词来命名事物，准确地展示事物，而不用概念来概括事物。在这里，读者特别要注意阿多诺所强调的概念和事物之间的辩证关系。这里所说的概念不是人们通常所理解的概括一般特征的概念，而是要模拟对象的概念。这种模拟既要与对象一致，又与对象分离。概念似乎是要用一种命名的方式把事物展示出来。而这种展示对于哲学来说具有至关重要的意义。因为，只有通过这种展示，哲学才能把握非同一的东西。

当我们面对一个具体的东西的时候，我们会说"这个东西"。我们坚持用这个表述来展示这个东西的时候，我们的这种做法是有认识论上的基础的。这个基础就是，"这个东西"这个说法自身的辩证法，这个说法是它自身自在的概念中介。"这个东西"本来是一个词语，类似于概念，但是，它又不是概念而是涉及这个具体的东西。我们可以说"这个东西"既是概念，但是又超越了概念。"这个东西"通过概念的中介而指向这个东西。"这个东西"这种说法包含了辩证法，这就是说，它既是它自身，又不是它自身。这个说法作为一种语言表达是以自身的概念性为中介的，而不是停留在这个中介中的。这个表述既表达了"这个东西"又超出了这种表达。这与黑格尔在《精神现象学》中关于"这一个"的说法非常相似。阿多诺指出，这个东西这种说法，是把握事物之中非概念的东西的一个突破点。"这个东西"是词语，是概念，但是当人们用"这个东西"的说法的时候，人们还要把握非概念的东西。非概念的东西就是外在的东西。"这个东西"作为概念包含了突破这个概念的要素，包含了非概念的东西。"这个东西"是与非概念的这个东西联系在一起的。

当我们说"这个东西"的时候，由于它是与具体东西结合在一起的，如果说，"这个东西"是概念，那么这个东西本身是非概念的东西，而这个非概念的东西之中一定包含了不能在概念中被表达的东西，这个东西之所以能够成为非概念的东西就是借助于这个不能在概念中表达的东西（中介），这个非概念东西的中介不是抽象之后的剩余，不是纯粹的质料。这个中介也不是恶的无限，它也是可以被概念以否定的方式被凸显出来。所以，对于阿多诺来说，非概念东西中的中介是概念又不是概念。这样一种被奇特地理解的东西被阿多诺说成是"质料"（ὕλη）。阿多诺说，这个中介是非概念东西的隐秘历史的质料。我们前面说了，这个中介其实是"概念"，当然任何概念都是历史形成的，不过被表达出来的概念已经把这个历史要素（质料）隐藏起来了。在表达概念的时候，人们都不会思考概念的历史，不会考虑这个质料。当我们用概念说"这个东西"的时候，"这个东西"作为概念已经包含了一种中介，包含了一种质料，这个质料不是外部的这个东西本身，但是也不是概念。这个中介就是非概念东西（这个非概念的东西）隐秘历史的质料。

概念之中有这样一种质料，但是这个质料不是以肯定形式出现的。在我们说"这个东西"的时候，它就是概念，但是"这个东西"却表达了这个东西只能是这样而不能是别样的"意思"，这个"意思"是观念的，而不是质料，但是"质料"已经以否定的方式出现在其中了。否则我们也不能说这个东西。

这个质料就是阿多诺所说的否定意义上的东西。在生活中，我们可以看到这个东西，但是看不到这个东西中的中介（"概念"），看不到这个"质料"，它是否定性存在的。哲学就是从这个"概念"——否定性的东西中吸取内容。这个"概念"之中包含了不可消解的东西，哲学必须向这个不可消解的东西投降。而观念论却否定了这种不可消解的东西，观念论认为，"概念"（理解这个意义上的"概念"必须把肉体和精神结合在一起）必须是纯粹的概念，而不能包含不可消解的东西。可是，如果把这种东西当成是现成的东西，那么这也是错误的，这就包含了拜物教的性质。但是，当我们说"这个东西"的时候，我们的这个说法之中就包含了"它只能如此这般而不能是别样"的意思。好像"这个东西"这个说法之中包含了某种不可消解的东西，这个东西就存在于"这个东西"的说法之中。如果这样来理解，那么这就有了拜物教性质。而阿多诺强调，在理解"这个东西"的说法的时候，不能把其中的不可消解的东西作为肯定的东西。在这里，我们必须理解，这个"概念"是历史形成的概念，因此，阿多诺说，这种拜物教又会在这样一种洞见——事物并非只能如此而非别样，而是在一定条件才会如此——面前烟消云散。"这个东西"这种说法虽然包含了"它只能如此而不能是别样的"这个意思，但是这个说法作为概念又是历史的，在一定的历史条件下才能成立。当我们这样来理解概念中的不可消解的东西的时候，这个东西的拜物教性质就被消除了。

这个中介既是概念又不是概念，它有超出概念的东西，有非概念的东西，是隐秘的历史质料。从非概念的角度来说，它存在于事物之中，但是它不是固化在事物之中，或者说，它是动态的。从概念的角度来说，这个东西也不会固化在概念之中，但是也不会完全从概念之中消失，如果完全从概念中消失，或者与概念分离开来，被遗忘了，那么"这个东西"的概念就是空洞的。由于这个中介是概念，而又不是概念。如果我们把这个东西作为文本来阅读，那么，唯物辩证法和观念论的辩证法就非常接近了。我们可以说，在这个地方，概念和非概念的东西是结合在一起的。它既不是纯粹观念的东西，也不是纯粹物质的东西，在这里，唯物辩证法和观念论的辩证法是很难区分开来的。虽然如此，阿多诺还是要把它们区分开来。这个作为中介的东西都是与现实联系在一起的，现实的东西都包含在"概念"中了。但是这个现实的东西被包含在概念中的方式是不同的。在观念论所理解的概念中，这个来自于现实的东西被彻底观念化，被纳入到概念之中，变成与概念同一的东西。比如，现实社会是一个合理化的社会，这个合理化的社会就是把各种事物按照概念的等级加以控制。观念论就把现实世界中的东西直接内化，现实中的概念等级体系变成了观念论中的概念等级体系。这是按照同一性原则来处理这里的"中介"。而唯物论也有这个中介在其中，但是唯物论不是把现实中的合理化的东西直接纳入概念体系中，它采取了一种非同一性的方式来理解中介。对它来说，这个中介不仅是概念的非真理性的尺度，而且是现存直接性东西的非真理性的尺度。比如，资产阶级经济学家直接按照同一性的思路来理解资本主义社会中的交换关系。这个交换关系被按照同一性的原则被纳入到概念体系之中，而马克思则不同，他从概念体系中看到了被概念所掩盖了的东西。在这里，阿多诺强调，唯物论和观念论对于这个"中介"的不同态度。如果坚持同一性，那么这个中介就变成了"纯粹"的概念，如果坚持非同一性，那么中介不仅仅会否定概念本身，而且也会否定现实。而阿多诺的否定辩证法就是从唯物论的角度来对待这个"中介"的。辩证法把这个质料当做是衡量概念和现实的东西，它被用来否定概念的同一性和现实的同一性。

为此，阿多诺强调，否定的辩证法就是要打破对象的坚硬外壳。在这里，对象主要是指在头脑中所形成的认识对象，这个认识对象是被概念做中介过的，而外部现实也是被概念所中介过的。当对象被抽象的一般概念所束缚的时候，并且这个概念还是在控制现实、自我持存的活动中是合理的，被人们当做是不可置疑的，它变成了坚硬的外壳。否定辩证法就是要打破这个外壳。然而，在人们认识对象的时候，人们都是使用概念，都是运用语言，用语言来表达浓缩在事实中的历史。人们认识事实，这个事实是与语言结合在一起的，事实之中已经包含了历史，包含了语言。本来认识事物的时候就是认识这个事实。但是，在认识的过程中，人们使用概念，并且用概念来精确地表达事物。在这里字词的准确性取代了事物。于是认识事物变成了认识字词，理解概念了。而事物本身并没有呈现出来。这就是认识中容易出现观念论的原因。

所以，阿多诺在这里强调，字词和字词所唤起的东西之间存在着巨大的鸿沟。我们在把握字词的时候，我们并不因此就把握了对象。另一方面，无论我们选择什么字词，这里都存在着偶然性和任意性。人类用字词表达对象的时候，字词都是约定俗成的，字词和对象之间的关系都保留了偶然性和任意性的痕迹。这是不可避免的。甚至在本雅明那里，概念还倾向于强行掩盖"概念性"，"概念性"即概念包含了存在者状态，包含了质料，具有指向存在者功能。概念掩盖"概念性"的时候，人们利用概念的时候就不能真正地把握对象。但是人们在认识中又不能不使用概念。这是因为，只有概念才能全面引入概念所阻止的东西。概念阻止了概念所应该唤起的东西，但是我们又只能靠概念来引入这种东西。这表明，我们的概念的使用总是有缺陷的，是带有"伤痕"。我们借助于概念把握事物，总是有缺陷的。在阿多诺看来，这种伤痕是不可避免的。虽然这种伤痕是不可避免的，但是我们要疗伤。这就是要不断弥补这种缺陷。当我们用概念无法全面地展示非同一的东西的时候，我们可以借助于一系列概念。这一系列概念被阿多诺称为"概念的星丛"。哲学借助于否定这些名称而接近这些名称：否定这些名称就是要说明这些名称的局限性，接近于这些名称就是要借助其他概念使这些名称更有效地接近字词所该唤起的东西。哲学批评字词，是因为，字词包含了一种肯定的意识形态，即认为字词和事实是同一的。当然，任何一个字词都是要努力与事实同一，这个时候我们就需要特殊地看待任何一个字词，需要坚持特殊的字词、概念。当哲学坚持特殊的字词和概念的时候，哲学也就接受了意识形态的一种要求，即字词和对象的同一性。哲学需要这个要求，这也是哲学的唯一要求，而且是必然的要求。这个要求就是要特殊地理解每一个字词和概念，努力达到概念和字词的同一性，从而努力打开把握对象。或者说，人们必须借助于字词来认识对象，把握对象，但是字词同时也像铁门那样封锁了对象，所以，这个铁门必须被打开。最后，阿多诺得出结论说，内在的东西，即在表达中与知识粘合在一起的东西，也就是思想中的内容，如果要真正成为知识，就不能局限于表达的内容本身，而需要外在的东西，就是非同一的东西。思想、概念和外在的东西结合在一起的，两者不是同一的，也不是毫无关系的。概念之中包含了非概念的东西，而非概念的东西也不是直接存在的，它是被概念所中介的，事物是在概念的体系中存在的。它又超出了概念。我们应该从这样一个辩证法的维度来理解这里的关系。

导 言

传统与认识

这个部分阿多诺主要是批判实证主义和现象学，这两者是现代哲学的主流。这两种主流趋势要从思想中排除传统要素。在阿多诺看来，这两种思潮成为哲学的主流是一件让人丢脸的事情。对于他来说，这类哲学缺乏辩证法。而缺乏辩证法的思想居然成为哲学的主流。这样的哲学只是关注当下被直观的东西，而否定了历史的东西。比如，现象学把虚构的、一维的现在当做具有内在意义的认识基础。无论是现象学还是实证主义都是在直接被给予性中探索一切认识的基础，因而它们都排斥了历史这个维度。它们都关注直接的当下。这两种思维模式都关注当前的偶像。经验主义关注的是外部世界中的当下，而唯理论关注的思维中的当下，纯粹的我思。这两者表面上是对立的，其实是一致的。由于它们关注当下的直观，而排除了时间的维度，于是，历史的东西就被等同于迷信，是非科学的。阿多诺承认，哲学的思维方法对迷信的批判是有道理的。迷信是用传统的教条来对付追根究底的思维方法。但是，这种批判也有失误，这就是它忽视理论认识之中包含了传统的要素。传统是认识中的中介要素。比如，我们认识对象的时候，我们都是在过去的知识的基础上，借助于概念来认识对象的。如果认识不借助于主体的作用而形成对象，如果认识对象就是纯粹静止的东西，像白板那样没有被打上任何人的意识的东西，那么人们就不可能正确地认识对象。认识的对象都是在意识中出现的，没有脱离意识的孤立对象。而人的意识中都包含了传统的要素。甚至在思维的形式（概念）中，认识也会以无意识记忆的形式介入传统之中。如果思想中没有去过的东西，那么人在认识中任何问题都不会提出。反过来说，思想的形式也会以无意识记忆的形式保留了传统。比如，人们把形式逻辑的思维方法当做唯一正确的思维方式。这就是在传统中形成的。思想形式也是内在于传统之中，并在传统之中不断变化的。思想形式的微观运动是历史的宏观运动内化到思维过程之中的结果。接着，阿多诺认为，在康德所说的纯粹认识形式、在想象力再生产的我思同一性中都保留了历史的痕迹（意识要通过联想而把前后相继的意识同一起来，才形成自我意识的客观统一性，见《纯粹理性批判》中关于自我意识客观同一性的部分。第一版中关于想像中再生的综合，说明了记忆的痕迹在其中发挥的作用)。这些东西表明思维形式之中都包含了传统,包含了对于过去东西的记忆。胡塞尔后期提出了所谓的内在时间意识,这种内在的时间不可能是纯粹的内在时间,它一定要与内容结合在一起,要与时间经验结合在一起。显然,如果没有内在于时间中的存在者,那么也不可能有时间。时间不可能是纯粹的先天直观的形式。如果认识的主体是纯粹的,绝对无传统的,如果认识纯粹是在无时间的先天结构中进行,那么认识就与形式逻辑一致了,认识就成为同义反复。简单地说,认识一定要有内容,而内容总是与时间的维度有关,与历史过程有关。如果认识没有内容,与形式逻辑一致,那么先验逻辑就不可能,因为先验逻辑是包含了内容的。资产阶级哲学之所以强调无时间性,是因为,它害怕资本主义制度的灭亡(阿多诺总是喜欢寻找思想背后的社会原因,显示出他的思想中的历史唯物主义的特性)。本雅明也否认了思想是自律的,承认思想受传统的影响。当然,在他那里,传统是任意选择的,是随意设立的。如果传统可以随意选择,那么传统就没有权威地位。从他的《历史哲学论纲》中我们可以看到这一点。① 这表明,本雅明的思想缺乏辩证法。而阿多诺要强调的传统,是康德意义上的那种传统,是准先验意义上的传统,是隐藏在心灵深处的机制。那么究竟如何理解传统呢?阿多诺认为,康德的《纯粹理性批判》思考了这个问题。他说,对于"纯粹理性批判"出发点的问题,康德本人也有所变化,比如,在开始的时候,他讨论的是数学和物理学是如何可能的,后来他又讨论形而上学是不是可能的。但是,阿多诺认为,在所有这些问题的背后有一个核心问题:思维在必须放弃传统的时候,如何既保留传统,又变革传统?在这里,阿多诺提到了自己的一个文献。我没有查阅到这个文献。按照我的理解,康德讨论数学如何可能的问题,是按照客观知识的标准来的,但是我们不能够按照这个标准来讨论形而上学是如何可能的问题的时候,客观知识是与经验现象有关的,是与历史、传统有关的。而形而上学是纯粹的领域,它脱离了现象领域,因此,它是与历史、与传统无关的。但是,正如我们前面刚刚指出的那样,康德的纯粹认识形式之中是包含了时间的维度的。而这又是与传统有关的。那么问题在于,如何把时间性要素和非时间性要

---

① 本雅明:《历史哲学论纲》,见《本雅明文选》,北京:中国社会科学出版社 1999 年版,第 403 页之后。

素结合在一起呢？在阿多诺看来，这只能靠精神经验。这种所谓的精神经验既是抽象的，具有概念的特征，又是经验的，与外在的东西联系在一起。精神经验就发挥了这样一种作用，把时间性要素和非时间性要素结合在一起。其实，阿多诺在这个部分的核心工作就是要引导人们去关注这个精神经验。但是精神经验是什么呢？他从来都没有解释，我们只能通过对于上述文字的阅读中来不断地领会。领会了精神经验也就领会了这里的"传统"，领会了前面所提到的"质料"。

在阿多诺看来，柏格森和普鲁斯特都涉及这种精神经验。但是，他们都把精神经验作为中介的对象来描述，好像精神经验变成了某种实证的东西。这就是说，他们对于精神经验的迷恋受制于直接性的魔力。从实证主义和现象学的角度来看，时间的维度是被他们排除了的。这是资产阶级对于时间性的厌恶的表现，他们害怕资本主义走向灭亡。在这里，人们会说，资产阶级哲学难道就不讨论时间吗？后期胡塞尔的内在时间意识不是时间吗？在阿多诺看来，那是抽象的时间，是无时间的时间。而柏格森和普鲁斯特都把时间的体验纳入到时间概念中。这是一种真正的具有内容的时间。而无时间的概念机制就是掏空时间的内容。人的生活之中都包含了对于时间的体验的，这是人的生命的重要组成部分。如果时间概念被消除了，如果人不死，那么时间概念也就毫无意义了。时间的内容是生命中的必然要素。精神概念就是把这两种意义上的东西，时间体验和非时间的时间概念结合在一起。这就是"传统"。

最后，阿多诺强调，哲学参与传统之中，是要对传统进行重构，是在对传统哲学文本的批判中进行这种重构，即进行黑格尔意义上的那种确定的否定。哲学的活动方式是要既保留传统又改变传统。这里就包含了精神经验。哲学的活动方式就是要通过精神经验来进行的，而传统中包含了这种精神经验的要素。从这个角度来说，哲学的活动方式与传统是一致的。确定的否定从一定的意义上来说，表达了精神经验的特点。哲学要对传统文本进行诠释。阿多诺就是通过对传统文本的诠释来展开自己的哲学活动的。他对传统的东西进行诠释的目的是什么呢？是要把握真实，要把握非同一的东西。这就是阿多诺所一直倡导的内在批判。这就是通过对传统，对哲学文本的批判来告诉人们如何把握非同一的东西。他要在神圣文本世俗化的地方来探讨真理。在这种探讨中，他不是要恢复神圣文本，因为恢复神圣文本是不可能的。在对于过去的文本的解释中，他不是要把文本神圣化，不是要追求文本的原意。恢复文本的神圣性是不可能的。这就是不把被诠释的东西提升为绝对。那么这是不是就意味着，我们可以把文本看做是一种象征符号。其中的意义完全是动态不定的。这种象征符号有许多不同的意义。比如，玫瑰花，你可以把它当做一枝花，当做装扮用的东西，你也可以把它理解为求爱。阿多诺也反对这样来理解文本，把文本理解为象征，甚至把这种象征意义绝对化。那么如何能够做到既不把被诠释的东西绝对化，也不把象征绝对化呢？这就是一种精神经验。我们理解哲学文本的时候需要有这种精神经验。哲学的思考就是在这种精神经验中发展的。而阿多诺在《否定的辩证法》对于各种哲学思想的分析其实就展示了这种精神经验。所以我们可以说，哲学研究就是一种带有精神经验特征的活动。

这个部分是一个过渡。阿多诺强调，他在这个部分主要的任务就是要解释精神经验。如果通过上面的文字，读者获得了这种精神经验，那么后面的文字也就容易理解了。如果读者还是在精神经验之外徘徊，那么后面的理解就相对困难。我们必须从辩证法的角度去理解精神经验，通过这种精神经验来把握非同一的东西。

修辞

在这个部分，阿多诺试图借助于修辞来说明精神经验，而修辞就具有精神经验的特征。

这个部分的一开始，阿多诺借助于前面关于哲学与文本的关系来说明，哲学的文本应该具有修辞的特点。从字面上来说，哲学都是以文本的形式出现的，没有文本也就没有哲学。而阿多诺在这里所说的文本不是一般意义上的文本，而是具有修辞特点的文本。哲学的文本总是或明或暗地与这种修辞文本联系在一起的。这种修辞的语言是哲学的本质特点。哲学语言的本质就是指哲学所应该具有的修辞学特点。尽管人们根据理想的方法否定了哲学语言的这个特点。按照理想的方法，哲学就应该要非常严格准确的语言表达思想。但是哲学做不到这一点。而分析哲学就按照这样的理想方法理解哲学。正如人们否定了哲学与传统的联系一样，人们也否定了哲学语言的本质应该是修辞的观点。实证主义强调哲学应该用严格的、精确的语言。它们认为，修辞方法不过是为了增加说话的效果，比如增加感染力。从这个角度来说，语言在这里的作用不是要表达真理，而是欺骗的手段，成为谎言的载体。为此，阿多诺挖苦说，哲学之所以会蔑视修辞，是因为哲学长期以来远离事实，无法真正地把握事实。为了弥补它远离事实的缺陷，哲学就要试图通过精确的语言而把事实带入哲学文本中。在这种情况下，哲学要求精确的语言，而排斥修辞。尽管如此，在阿多诺看来，修辞是拯救思想中的表达要素的（非同一东西）。如果没有修辞，思想就无法被表达出来。这就是说，人的思想中有些东西是无法用准确的语言来表达的，这就需要用修辞的手法曲折地表达出来。因此，如果废除修辞的话，那么思想就会被技术化，如果思想被技术化的话，那么思想也就被潜在地废除了。由于修辞方法不是严格地描述对象的，在一定程度上漠视了客体，人们也因此贬斥修辞手法。这虽然有一定的道理，但是阿多诺认为，如果要克服修辞的这种缺陷，那么这不是要排斥修辞，而是要反思修辞，让修辞的方法接近客体。相反如果排斥了修辞，那么人们就更不可能准确地接近客体了。

在哲学中，修辞代表了只有借助于语言才能被思考的东西。在哲学中，当人们借助于语言来思考某种东西的时候，语言是与要被思考的分离开来的。比如，语言与思想、与对象都会在一定程度上分离开来。哲学研究思想以及对象的时候需要借助于语言。这个时候的语言是具有修辞特点的语言。这种修辞的特点是，它假设性地描述对象或者表达思想。它不是直接表达思想或者描述对象。从这个意义上来说，哲学通过假设性的描述来维持自身。由此，哲学所表达出来的内容是不确定的。或者用前面的所说过的话来表达，哲学总会出错。所以哲学的交流与具有确定内容、已知内容的交流是不同的。哲学的交流是要让人思考，促使人思考，而不是提供某种确定的知识。这也就进一步强化了哲学的动词性质。修辞也是用一种符号代表另一种东西，是用来"进行表示的东西"。这种表示方法有一个危险，就是用表示的符号来取代被表示的东西。在这里，阿多诺所说的"思想不能在展示中直接获得的东西"就是超出明确地被展示出来的东西。"思想能够在展示中直接获得的东西"就是直接表现出来的东西，思想能够直接从表达出来的语言中获得这种东西。不能在展示中获得的东西是需要再思考的东西。修辞就会面临这样的危险，即用修辞学的词汇来代替这些需要再思考的东西。海德格尔所说的"存在"就有这样的特点。与此同时，哲学总是包含了说服性的目的，修辞也被用来服务于说服性目的。这就如同我们在日常生活中常常说的，通过花言巧语来说服人。这也是哲学的重要工作，即通过这种说服工作，理论才与实践结合在一起。由于修辞具有这两种缺陷，于是，从柏拉图到现代语义分析的哲学都讨厌修辞方法。这是与一切启蒙的特点相一致的。在《启蒙的概念》之中，阿多诺等也多次讲到这个问题。讨厌修辞方法也就是要处罚修辞之中那些未被规训的东西、未被同一化的东西，甚至一直延伸到逻辑学中。逻辑学也保留了"修辞"的痕迹，但在哲学史上排除"修辞"。阿多诺认为，对于修辞的讨厌，是物化意识（注重同一性的意识）的保护机制。

如果哲学和科学结合起来，否定了修辞，那么这就会导致废除语言的结果。如果语言被废除了，那么哲学也被废除。对于阿多诺来说，哲学语言不能变成纯粹的科学语言，如果变成纯粹的科学语言，那么语言就被废除了。哲学要说不能说的，修辞作为语言就有这种功能。如果哲学按照纯粹的科学语言来表达，那么哲学就不能提供思想了，哲学也就被废除了。尽管哲学需要修辞，但是哲学在语言上也不是像瀑布那样倾泻而下，不是随意地用松散的语言来表达不能说的东西，而是要有所反思。在哲学中，人们还是希望通过反思，而使哲学之中有清晰的语言。用阿多诺的话来说，松散的话语完全有理由通过清晰的语言而与科学结合起来。这就是说，哲学虽然使用修辞的方法，但是这种修辞的方法也是经过反思的，也是精确的。从这个角度来说，哲学也是要把松散的修辞语言与清晰的科学结合起来。这是另外一个意义上的清晰，就是通过修辞而把用逻辑语言所无法表达的东西清晰地表达出来。如果思想中废除了语言，或者说思想中不使用语言，那么这也并不能使语言非神话化。非神话化就是语言的启蒙化，就是语言的精确化。如果思想中不使用语言了，不使用修辞手法了，语言并不因此就去神话化了，就变成了完全清晰的语言。对于阿多诺来说，要思想就必须使用语言，而且必须是修辞语言。这种修辞语言与事物有关，与要被把握的非同一东西有关，但不是直接地把它显示出来。这是语言中的辩证法。如果人们被蒙蔽了，好像如果思想中不使用语言，那么语言就清晰了，思想就清晰了，那么这就既取消了语言，也取消了哲学。哲学和语言是结合在一起的，而语言总是在一定程度上与要把握的东西相关的。哲学需要语言。哲学的语言是模仿要被认识的东西。而修辞的语言就具有这种模仿性质。语言就是类似于要被认识的东西的。这种修辞的语言能够做到用相似的东西来认识相似的东西。

接着阿多诺讨论了语言与事物之间的关系。在这个问题上阿多诺既反对唯名论，也反对实在论。唯名论认为，字词（作为共相）和它所指称的东西没有任何相似性，语言作为一种抽象的东西，是要表达共相的、一般的。而共性和一般不具有客观性，而只有个别才是客观的。由此，对于唯名论来说，字词和它所指称东西之间毫无共同之处。而实在论认为，共相本身就是实的。从这个角度来说，字词本身与实在是完全同一的，或者说，两者具有完全的"相似性"。阿多诺既反对唯名论，也反对实在论。从这个角度来看，字词和它所指称的东西，既"相似"又不"相似"。按照阿多诺的看法，修辞的语言只有作为相似的东西去认识相似的东西。只有类似于对象的语言才能把握对象。而唯名论认为，名称和它所表达的东西之间没有任何相似性。这也是有一定的道理的，我们也不能完全排斥唯名论，唯名论对修辞的驳斥也不能被否定，语言与它所描述的对象之间毕竟有很大的差别，我们不能满足于字词，而需要去直接面对对象。从这个角度来说，修辞要素也不能被用来对抗唯名论。从这里我们可以看到，修辞就是要做到与对象的相似性，但是它既相似，又不相似。这里存在着一种辩证法。而辩证法这个词语本身就是与语言有关的。

阿多诺说：辩证法按照它的字面意思就是思维的工具。修辞就是一种辩证法，就是思维工具。辩证法就是要借助于修辞，而又不断地调整修辞，让事物和表达相似。而在历史上，人们把思维必须借助于语言看做是一种缺陷。而阿多诺认为，这不仅仅不是一种缺陷，而且是思维获得力量的手段。没有语言，思维就变得毫无力量。只有借助于语言，思想才是可能的。而语言又会对思想有所限制。语言和思想之间存在着一种辩证关系。现象学，比如，胡塞尔在《逻辑研究》中，把字词分析作为获得真理的方法。他的《逻辑研究》就是试图探讨语言获得本质和本质直观的方法，即把握语言中的含义（即观念的统一体）。于是现象学认为，它可以借助于字词分析达到真理。这也是有一定的道理的。因为，字词与现实之间存在密切的联系。但是，我们却不能局限于字词的分析，这是因为字词和对象之间既相互联系又相互分离。现象学应该关注辩证法，这对于现象学来说是有启发意义的。而遗憾的是，现象学却缺乏辩证法。

接着，阿多诺强调，修辞在思想中的作用，文化、社会和传统中都包含了修辞的要素，这种修辞的要素使文化、传统和社会中的思想被激活起来。显然，阿多诺在这里所说的修辞不是文学中的修辞手法，而是语言表达非同一东西的一种方法。这种方法是辩证法，是需要有精神经验灌注在其中的方法。在这里，阿多诺强调，直截了当地反对修辞是与野蛮结合在一起的，资产阶级的思想就是在这种野蛮中终结的。反对修辞就会妨碍思想，直截了当地反对修辞就是反对思想，就是野蛮，就是鼓励人们顺从。而资产阶级就是在这种野蛮中失去思想的，它没有思想，只有精确的计算。从更深层次上来说，人类为了生存就需要工具理性，就需要有精确的语言。因此，反对修辞是从生存的根基上出现的。在这里，阿多诺以西塞罗和黑格尔为例来说明，人们反对修辞背后的动机。本来，西塞罗的最重要的理论成就是修辞学。但恰恰就是这个对于修辞学做出重要贡献的西塞罗却又诽谤修辞。本来，按照恩格斯的看法，狄德罗的《拉摩的侄儿》是充满辩证法的。在这本书中，狄德罗运用了反讽的手法来表述自己的思想。辩证法就包含在这种反讽的手法之中。按照道理来说，黑格尔应该赞同狄德罗的这种修辞方法。但是，黑格尔在《精神现象学》中从"分裂的意识"的角度说明了狄德罗的思想，即狄德罗的思想是一种分裂意识的表现。他挖苦上等人，其实他自己想当上等人。这就是一种分裂的意识。或许就是从这个角度来说，黑格尔厌恶狄德罗。从西塞罗到黑格尔，他们在思想上应该接受修辞手法，而他们又厌恶修辞方法，这是他们出于生存上的考虑。而这与人类文明史上，人为了自我持存而反对修辞是一个道理。维持生计的迫切要求使他们失去了自由，使他们无法提升自己，甚至在某种程度上走向野蛮。会说话的躯体是使用修辞话语的躯体，而不是肉体生存意义上的躯体。维持生存的躯体和会说话的躯体（饱含深情的话语）是不同的，黑格尔等人关注了生存上的躯体，而不是会说话的躯体。这个会说话的躯体对他们来说是一种罪过。

阿多诺从辩证法的角度来看待修辞，修辞是为了把握对象。由于内容的特殊性，哲学才需要修辞。辩证法是要克服大众流行观念与非本质性的正确之间的两难。这里的非本质的正确应该指那种不把握本质，不把握具体、非同一东西的做法。大众流行的观念就是要把握一般。而把握非同一的东西才是真理。但是把握非同一的东西不是不要语言，不是不要逻辑，它要借助于逻辑。辩证法借助于逻辑，但是它要注重非同一的东西，它倾向于内容，而这种内容是开放的。这种辩证法的思维方式可以被看做是对神话必然性的谴责。那么如何理解这里所说的神话呢？对于阿多诺来说，神话和启蒙在本质上是一致的。这种一致性就表现在，它们都把自我持存当做基本原则。他通过对于奥德修斯的神话故事的分析说明了神话的特点。而自我持存的努力会导致精神和肉体的分离。可以说神话和启蒙都是建立在二元论基础上的。如果我们从这个二元论出发来理解语言，那么这就必然得到唯名论和实在论。而唯名论和实在论在本质上也是一致的，即把符号的内容和形式彻底对立起来。当符号的内容和形式对立起来的时候，符号最终就会变成形式的。所以，阿多诺说，那单调重复的东西是神话式的，最终会消解为形式的、规则性思维。也就是说，神话最终会走向同一性，这也是启蒙的原则。神话最终也无法把握非同一的东西，把握符号需要表达那些无法表达的东西。

从这个意义上来说，辩证法中包含了乌托邦的要素。这种乌托邦的要素就在于，辩证法不满足于形式化的符号，它希望有内容的认识。希望获得内容也就是希望有乌托邦。所以，阿多诺说，这种乌托邦，这种对于可能性的意识，牢牢抓住具体的东西，并把它当做是未被扭曲的东西。乌托邦虽然希望获得内容，但是这种内容却不可能直接呈现在文字的表达中，它只能曲折地被领会。哲学所使用的语言具有象征的特点，具有修辞的特点。从这个角度来说，乌托邦所希望获得的内容不能直接出现，不能像现成的东西那样被把握。这就是说，乌托邦所希望的是可能的东西，但是这个可能的东西却不能成为现实。而这又妨碍了乌托邦，使人们对于可能的东西失去希望。

所以在现存的东西中这种可能的东西显得非常抽象，无法被把握。由于这种可能的东西是抽象的，不确定的。可能的东西像迷人的乌托邦那样，具有色彩。这种色彩来自于非存在者，即来自于可能的东西，来自于非同一的东西。非同一的东西使现存的东西具有了一定的色彩。但是，这个色彩不是非同一东西本身。人们通过色彩把握非同一的东西。阿多诺强调，不可化解的色彩，即非同一东西，来自于非存在者，在现存的东西之外。思维作为一种此在（定在）还是有那么一点点肯定性，如果没有任何肯定性，那么思维就什么东西也没有思考。但是思维作为一种定在，作为思考非同一东西的思维，作为一种此在总是否定的。这就是思维这个定在的辩证法。思维虽然把握到了肯定的东西，但是思维所关注的，所期待的却不是这个肯定的东西，而是否定的东西，是非同一的东西，或者说，思维作为一种定在期待的是非存在者。思维作为定在（一种意义上的存在者）要为非存在者服务，要达到非存在者。只有最远的东西，即离开我们习惯性的思维最远的东西，才是最近的。离我们习惯思维最远的东西就是非存在者，就是我们日常思维中所理解的非存在者，要把握非存在者，我们需要借助于思维这个定在，这种存在者。我们也可以说，在思维中，这个非存在者离我们最近，我们通过这个定在接近于这个非存在者。最后，阿多诺用另外一句话来表达了他对于哲学的理解，哲学是一个多棱镜，非存在者的色彩在其中被显示出来，或者说，非存在者所发出的光谱被这个多棱镜折射出来。我们借助于它折射出来的光谱来把握"光源"。当然，严格来说，把非存在者比喻为光源也把它变成了存在者了。这也是不妥当的。然而在这里，我们可以看到，非存在者是不能自身显现的，而只能否定地展示（作为折射出来的光谱被把握）。这也是阿多诺和海德格尔对于"存在"的理解的差别。对于阿多诺来说，"存在"是非存在者，是不能直接呈现的，也不能被"本质直观"，而只能否定地展示。而这种否定地展示必定是辩证法的。

第一部分

与存在论的关系

第一章　对存在论的需求

问题与答案

海德格尔存在论是要克服近代以来主客体哲学所存在的缺陷。主客体二分的哲学都包含了对于绝对第一的东西的追问。观念论和唯物论是其中两种最典型的第一哲学。海德格尔试图用存在的思考来代替这种意义上的第一哲学，但是海德格尔本人并没有真正地跳出观念论的巢穴。它还是要提供某种最终的东西。在这里，阿多诺借助于他对于海德格尔的批评，说明了他自己的哲学观，即哲学始终把问题和答案结合在一起，哲学无法提供最终的东西。

在德国，海德格尔的存在论影响深远，即使海德格尔曾经有政治上的劣迹，曾经与纳粹有这样那样的联系，它的影响也丝毫不减。这种状况表明，人们不分是非地接受存在论。这种不分是非地接受存在论的做法可以被理解为，人们随时准备接受一种他律的秩序。这是受到存在论影响之人的行为方式。而这种行为方式也表明，存在论就包含了这样的精神，即它随时准备认可他律的秩序。阿多诺在后面也有解释，海德格尔的存在论之所以具有这样的特点，是因为，它的基本方法是现象学的，是一种直观的接受态度，即对存在的本质直观。对于这样一种质疑，人们（包括海德格尔本人）会指责说，这种说法，还是拘泥于存在者，而没有深入到存在中去。对于海德格尔来说，只有领会存在才是高层次的，而停留在存在者层面上，那么这仍然被束缚在日常世界的水平上。人们只是在存在者意义上去思考，错误地把存在理解为一种存在者。对于海德格尔来说，拘泥于存在者的人遗忘了存在。只有达到了存在，这才是对于问题的激进的说明。阿多诺挖苦这种回应。这种回应就是要人们去深入把握存在，其实海德格尔所说的那种存在没有任何固定的内容，没有任何确定的规定性。而这种没有内容的东西看起来反而非常威严，非常高大神圣。在海德格尔看来，只有拘泥于知性思维的人才会认为，他用概念思维的方式把握了存在的内容。而这种存在的内容只能被领会，而不能用知性的概念来概括。对于海德格尔来说，用知性的思维来把握存在是一种鲁莽的做法。在这里，阿多诺就批判海德格尔，存在的这种不可把握性在海德格尔那里变成了不可质问性。这就是说，存在是直接给定的东西，人们可以在生存体验中领悟存在。对于海德格尔来说，存在是给定的东西，是绝对的东西。人们不能质问存在，谁要是质问了，那么这个人就是没有精神上的祖国，没有存在的家园，没有达到最根基处，没有达到自己的家园。对于海德格尔来说，存在就是超越主客体之间的对立而直接存在的东西。这种东西是在人的生存体验中被领会的。人在自己的生存体验中会领会一些不可言说的东西。这是人的生存中最基础的东西。对于这种存在论来说，存在就是这种意义上的生存的家园，是最终的根基。阿多诺认为，这种指责其实与费希特和谢林没有什么差别。凡是有人反对这两个人提出的形而上学，他们就说别人层次太低。或许，在中国，那些把海德格尔挂在嘴上的人也有这种心态。存在论是对于存在的研究，对于人的存在，对于各种具体事物的存在的追问都可以被理解为存在论。各种不同的存在论相互争论，都希望对自己的存在论进行辩护。对于阿多诺来说，海德格尔把不可把握性变成了不可质问性，其实不过是一种辩护策略而已。

接着，阿多诺追问，为什么这种理论如此受到追捧？他认为，存在论之所以产生如此广泛的影响，是因为它满足了人们的某种需求，甚至康德关于绝对知识的说法也都无法满足这种需求。康德关于绝对知识的说法是，人的理性应该被束缚在经验的领域之中，如果超出了经验的领域，那么人们就陷入了二律背反。这就是说，人们不能找到最终的东西。存在论不满足于这种做法。他们需要某种最终的稳固的东西。在阿多诺看来，这种需求就是要找到一个绝对者，最终的根基。如果没有这个根基，好像就失去了存在的家园。早期形而上学的复兴之中还存在着一种神学倾向（这应该是指克尔凯郭尔），还比较粗糙。但是存在论的需求就已经表现出来了。这就是人们希望把握主客体所无法把握的东西，即康德建立在主客体关系基础上的哲学无法提供最终的东西。后来胡塞尔要面向事实本身的时候，也表现了这种存在论的需求。这就是说，胡塞尔所说的面向事实本身就是直观事实本身。从海德格尔的角度来说，这也就是要直观存在本身。这里所说的，直接意向就是直观，而间接意向就是加入了反思的意向，具有辩证法特征的意向。在阿多诺看来，早期现象学缺乏这种反思要素，即现象学的纲领起初没有反思的要素。阿多诺也承认，后期现象学还是包含了辩证法的要素的。康德的理性批判是要给认识能力划定界限，要反省认识能力。他意在说明要把握自在之物（从存在论上来说，就是不可说的存在，不能用概念把握的存在）的东西是不可能的。而无论是胡塞尔的现象学还是海德格尔的存在论，都有一个明显的意愿，即不用康德所划定的那个界限去把握整体，把握大全。他们都期望把握最终的绝对的东西。

  海德格尔在存在论的建构中所说的"筹划"以及"世界之为此在之总括"① 都包含了把握整体的这种要求。海德格尔的存在论就是要把此在作为本真的整体存在来把握。对于海德格尔来说，存在可以在直观中被体验和领会。而他所说的生存就是此在对于存在之领会。当然，这个生存不能在我们日常生活的意义去理解，不是生存斗争中的生存。他是把人的生存作为最高的总体来理解的。这个生存既具有个别的生存体验的意思，也具有一般性的特征。胡塞尔的"形式"（eidos）也具有类似的特征，即与经验事实有关但是又超越了经验事实的本质。在阿多诺看来，胡塞尔的形式以及海德格尔的生存都具有把握最终的、绝对的东西的企图，当然也包含了把握整体的企图。海德格尔的存在论以及胡塞尔的现象学都包含了这样一个未曾言明的假设，即理性所进行的筹划能够预先勾勒出一切存在者的存在结构。他们在理论上所说的形式、生存就是这样一种结构。他们都假设，他们找到了一切存在者的存在结构。所以阿多诺认为，他们思想中所包含的这种假设是对古代哲学的绝对者的第二次复兴。康德之后的黑格尔哲学是其第一次复兴。黑格尔要达到绝对知识，胡塞尔和海德格尔都具有达到某种最终东西的企图。这是第一哲学的追求。在这一部分的结束语中，阿多诺明确指出，哲学即使获得了一定的知识，但是这绝不是绝对

---

① 这不是海德格尔本人在《存在与时间》中的说法，或许是阿多诺对海德格尔的"世界之为世界"的概括。

的。从这个角度来说，那种追求绝对的存在论需求是无法得到满足的。

当然，阿多诺承认，在海德格尔和胡塞尔哲学中仍然还保存了批判的要素。但是，这种批判的要素不是用来对付独断论的，而是要努力不再去确立和建构那种相互对抗的绝对，不去确立和建构那种放弃了系统化整体性的绝对。这就是说，虽然胡塞尔和海德格尔哲学中包含了批判的要素，但是这种批判的要素只是被用来限制理性，不要去建构那种相互对立的绝对，那种不能被系统化的绝对。他们还是需要有绝对，他们是要以自然科学的实证立场来开放地接受绝对和描述绝对。这就是说，他们都坚持一种现象学的方法，要努力像自然科学那样来描述绝对，接受绝对。这种做法非常类似于谢林的那种理智直观。这就是说，本来我们可以通过我们的感官来直观，而谢林认为，人可以在自己的理性思维中进行直观，并且可以通过这种直观而把握绝对的东西。从这个角度来说，现象学是谢林理智直观的思想的科学化。阿多诺认为，这种直观的思想缺乏中介。任何一种直观都离不开中介。比如，海德格尔所说的存在必须借助于中介（存在者）才能被把握。或者说，存在本身就是中介，而海德格尔把存在这个中介独立起来，并把它作为直观的对象。所以，阿多诺说，海德格尔是希望消除中介，而不是反思中介。本来海德格尔哲学包含了一种拒绝顺从的动机，也就是说海德格尔不想把自己的哲学限定在有用科学的范围之内，因为这种有用科学就是在主客体框架的基础上形成的。他要超出主客体框架，直接达到存在，直观存在。而对于存在的直观其实就是被动地接受存在的结构。所以，阿多诺认为，拒绝顺从的动机变成了顺从。海德格尔所提出的这个存在结构是与现代社会的功能体系相一致的。实体性的东西在功能结构中越来越不重要了，而功能结构占据了主导地位。海德格尔关于存在的结构类似于这种功能结构，或者说，他把这种结构极端地抽象化，变成人类一般生存中的基本结构或者最一般的关系。海德格尔采取的现象学方法其实就直接接受了这个功能结构和存在结构。所以阿多诺说，海德格尔的这个范畴构架以及与这个构架相适应的现存关系构架（即功能结构）没有受到质疑和批判，它们被当做绝对的东西直接接受下来了。而在海德格尔看来，这种直接接受的方法缺乏了反思环节，这是一种随意的任性的做法。这种任性的做法就失去了批判的功能。所以阿多诺说，海德格尔等人对于批判主义的批判，也就是对康德哲学的批判，变成了前批判的。这种任性的做法就好像我们在日常生活中直观某个东西一样，我们可以任意挑选一个角度来直观对象。对于海德格尔来说，这种任意挑选的角度对于直观对象是没有影响的。这就是说，如果我们只是要观察一个东西是否存在，而不管这个东西的具体样子，那么观察的角度对于观察对象毫无影响。而阿多诺恰恰认为，这种是海德格尔哲学的观念论的倾向的表现。[①] 具体地说，海德格尔认为，虽然存在可以在直观中显现出来，但是要理解存在的意义就必须借助于解释学方法来进行理解。而解释的过程中一定会存在着解释学循环。既然解释过程是存在循环的，那么我们可以选择任何一个视角进入这个解释学循环。从现象学上来说，进入解释学循环的视角可以是任意的。当我们这样来理解现象学的时候，那么这个从任意的角度所把握到的存在就不是绝对的东西，也最不可能成为绝对的东西。这种东西是自然历史意义上的东西，而在社会生活中所应该遵循的规范也是从自然历史中引申出来的。

　　从这里可以看出，哲学本来就不是要给人们提供绝对的真理，而是要让人们学会思考，学会去反思。而现象学却要把握绝对，而把握绝对的哲学从理论上来说就是要从精神上控制一切东西，这就是一种观念论的企图。从这个角度来说，现象学在本质上就是观念论。这种观念论致力于把握绝对，而不给人们提供思考问题的启发，不给人们提供他们所期望的东西。所以，阿多诺说，这种观念论的哲学具有学院哲学的传统。这种观念论的学院哲学只是给那些专业人士提供研究的课题，而不给那些非专业人士，也就是在哲学方面尚无储备的人士提供他们想从哲学中获得的东西。这显示了存在论的那种学院传统。比如，我们在读哲学的时候，老师总是告诉我们，哲学要让人知道人生的意义。这就是要把哲学和生活联系在一起。而观念论却停留在思想的思辨范围之中，不愿意把哲学和生活联系在一起。从这个角度来说，观念论的学院哲学没有能够很好地履行它的科学任务，即给人们提供他们想从哲学中得到的东西。观念论的学院哲学认为，哲学是一个专门的领域，与人们的日常生活无关，日常生活中人们所提出的那些问题，是无聊的问题。哲学作为一个专门的领域与这些门外汉无关。与观念论的学院哲学不同，叔本华和克尔凯郭尔都把哲学与人们

---

① 参见 Theodor W. Adorno, *Ontology and dialectics*: 1960/61, Edited by Rolf Tiedemann, Translated by Nicholas Walker, Polity Press, 2019, p. 16。

的生活联系起来,他们没有观念论的那种学究气。叔本华和克尔凯郭尔都致力于思考人的生存的问题,而把哲学从学院的传统中解放出来。尼采的思想也显示出这种反学院哲学的倾向。由此,阿多诺说,从这个角度来说,当时的各种存在论所思考的都是与人的生存有关的问题,是与那些门外汉都无条件有关的问题。这反过来又显示出存在论具有反学院传统的特点。从这里,我们其实可以看到,这种存在论既具有学院传统,但是也有非学院的特征。它是用学院的传统研究非学院的东西。克尔凯郭尔哲学也是如此,本来生死是非常严肃的生活问题,但是在克尔凯郭尔那里,它变成了理论问题,人们可以在口头上轻描淡写地去描述死亡。生活中的严肃性没有了。① 比如,海德格尔哲学对人的在世之沉沦表现出一种无关痛痒的震惊情态。他在理论上很震惊,但这种震惊与生活无关。他从理论上描述了人们在生存中的沉沦、死亡。这种状况都是令人震惊的,但是这都变成了脱离现实的理论思考,纯粹观念论上的思考。死亡虽然是人生中的痛苦,但是当它变成了理论问题的论述对象的时候,它就变得无关痛痒了。"无关痛痒的震惊情态"是一种矛盾,阿多诺借助于这种矛盾的表述来揭露海德格尔思想的观念论特点。海德格尔描述了这种震惊情态的同时,也给人们提供了安慰,给人们提供了一种确定的基础,对于存在的领会。于是,阿多诺在这里挖苦海德格尔说,海德格尔就像许多年轻人一样非常大胆,他以为自己超越了观念论。其实他并没有。许多年轻人也非常大胆,但是这种大胆的年轻人最后还是要与最强有力的教育制度相一致。他们的那种大胆其实是表面上的,而内在的核心是顺从。海德格尔也必须与观念论相一致。所以,阿多诺也说,这种大胆其实是"被许可的大胆"②。本来,海德格尔最初承诺要用他的哲学给人们提供某种有意义的答案,承担起哲学的科学责任,其实他并没有做到这一点。海德格尔最初承诺的东西走向了自己的反面。

本来海德格尔的存在论是要把握具体的相关物,把握抽象概念所无法把握的东西的。海德格尔的这种做法并没有真正地提供具体的东西,而是走向了抽

---

① 参见 Theodor W. Adorno, *Ontology and dialectics*: 1960/61, Edited by Rolf Tiedemann, Translated by Nicholas Walker, Polity Press, 2019, p. 120, p. 149。
② Theodor W. Adorno, *Ontology and dialectics*: 1960/61, Edited by Rolf Tiedemann, Translated by Nicholas Walker, Polity Press, 2019, p. 120.

象。具体的东西变成了抽象的概念，这就好像，他对于死亡体验的描述变成了一种概念上的抽象。海德格尔的这种做法类似于新康德主义。比如，以柯亨为代表的马堡学派也试图把握具体的东西，但是最终都走向了抽象。在海德格尔那里，存在就是表示不能被概念所概括的东西，而要把握存在的意义就只能在人的生存中。本来他要描述人的具体的生存，但是结果这个生存变成了概念。海德格尔所说的生存却不是活生生的生存，而是抽象化的生存。这就如同我们前面所说的，无限变成了"无限性"。他所提出的这种抽象化的生存其实就走向了观念论，这是因为他把活生生的生存精神化了。所以阿多诺认为，海德格尔存在论并不能满足人们对于存在论的需求，并提供某种最终的绝对的东西。海德格尔的这种做法与德国先验哲学一样，特别是与康德哲学一样。海德格尔所说的存在、生存、死亡等，都具有康德先验哲学中的那种先验东西的特点。这些东西既不是超越的，也不是经验的，而具有先验的特点。

存在论不能给人们提供最终的、绝对的可靠的东西。存在论并不能满足人们对于存在论的需求。海德格尔在《存在与时间》中要探索存在的意义，但是读完《存在与时间》之后，人们也不能从他的论述中找到答案。对于他来说，追问这个问题本身是首要的。如果我们一定要找到答案，那么对于海德格尔来说，存在问题的答案就存在于人的生存状况之中。海德格尔的这种做法是受到克尔凯郭尔的影响。[①] 按照克尔凯郭尔的说法，真理就存在于提问者的生存境遇之中。海德格尔把这个思想表述为"此在在真理之中"。此在的生存本身就是体验了存在，就领会到了存在。人们追问问题，思考问题本身就包含了真理。也正因为如此，海德格尔会强调，哲学是一种"思的事情"。思考本身比回答问题更重要。而阿多诺对于海德格尔的这个思想持否定态度。在阿多诺看来，海德格尔是把问题置于答案之上。而阿多诺认为，在哲学中，问题本身就已经包含了答案。在哲学中问题和答案是结合在一起的。这就是从一种辩证法的角度来理解问题和答案的关系。他认为，这是哲学和其他具体科学的区别。具体科学都是在一定的范围内提供一种可靠的答案。也就是说，具体科学中包含了一种如果—那么的结构。如果科学研究的范围确定了，那么科学家就

---

① Theodor W. Adorno, *Ontology and dialectics*: 1960/61, Edited by Rolf Tiedemann, Translated by Nicholas Walker, Polity Press, 2019, p. 127.

能够提供可靠的答案。所以，具体科学中有先提出问题，后提出答案。而哲学是没有这样的如果—那么的结构的。为什么哲学之中没有这样的结构呢？阿多诺说："哲学必须以它的问题模仿它所经验到的东西，以便紧随着这种东西。"① 阿多诺的意思是，哲学要研究非同一的东西，对于这种非同一的东西，我们无法用概念来概括，但是我们可以经验到，对于这些被经验到的东西，我们又不能明确地用概念描述出来。于是我们就只能以"问题"的形式来"模仿"被经验到的东西。对于非同一的东西，我们只能以"问题"的形式来模仿它，并由此而不断地追问它。在追问中我们其实就已经把握了我们追问的东西。从这个角度来说，哲学的问题之中已经包含了答案了。所以，哲学问题的答案不能直接被提供出来。展开了的问题之中已经包含答案了。而观念论则不同，它是在观念之中进行思考，它所思考的内容就在观念之中。所以观念论把它自身的形式、甚至它的内容从自身中"推导出来"。在这里，观念论的哲学像数学的研究那样，在观念自身中提出问题，并回答问题，给出最终的可靠答案。而阿多诺强调，人的思维在本质上不是像观念论那样，在其自身中进行推理，而是把其自身中的经验内容重新提供出来。而哲学的思维就是如此，它把思维的内容和思维过程本身结合在一起。这个内容就是非同一的东西，是可以经验地体验的东西，是思维中的表达要素。正因为如此，阿多诺认为，在哲学中问题和答案的说法是一些骗人的说辞，因为问题和答案的说法是以思维的过程和思维相互独立为前提的②。数学就是把思维的内容和思维过程独立起来。在这里，读者绝不要简单地说，数学思维中没有内容。阿多诺这里所说的内容是非同一意义上的内容，是无法被数学化意义上的内容。思维中的内容是非同一的东西，思维努力表达这种东西，但是又极端困难，这里就包含了问题和答案两个方面。因此这种内容不能像数学那样提出问题。

接着，阿多诺又从判断和理解的关系进一步深化哲学中问题与答案之间的关系。在哲学中判断和理解是结合在一起的。当我们思考非同一东西的时候，我们既领会了非同一的东西，同时也对它进行了判断。在哲学中，理解包含了判断，判断包含了理解，在这种理解和判断中就包含了真假。从这个角度来

---

① 阿多诺：《否定的辩证法》，王晓升译，北京：中央编译出版社2023年版，第80页。
② 这个地方也是对于海德格尔在《存在与时间》第二节中关于"关于存在问题的形式结构"的批判。

说，哲学与其他科学是一回事。比如，对于一条科学定理，人们只有理解了定理，才能判断这个定理是否严密。反过来说，在人们对定理的严密性进行判断的时候，人们就已经理解了判断。在这里，理解和判断是结合在一起的。从这个角度来说，哲学和科学一样具有严密性。如果把理解看做是提出问题，而判断是给出答案，那么理解和判断的这种关系就否定了先有问题，后有答案的时间顺序。既然科学中也有理解和判断，通过这种理解和判断数学成为严密的科学，那么哲学也同样有理解和判断，从这个角度来说，哲学也同样可以成为严密的科学。阿多诺说，只有真实的东西（非同一的东西）才能真正地在哲学上得到理解。但是，令人遗憾的是，在我国，许多学者恰恰否定哲学的科学性。[①] 在这里，阿多诺强调，哲学的论证线索本身是被中介的。这就是说，哲学在领会非同一的东西的时候必须借助于概念。概念是这种理解的中介。数学中也用概念，但是这个概念把握了概念所表达的东西，而哲学不同，概念不能把握非同一的东西。所以，虽然它们都有概念，但是概念的作用是不同的。哲学的论证思路是与数学中的论证是不同的。哲学是被内容所中介了的，但是这并不意味着哲学就没有数学上的严密性。哲学要严谨也必须进行论证，但是哲学的论证和数学的论证是不同的。哲学的论证的特点是，"为被表达的东西所承担的义务而努力"。"为被表达的东西承担义务"就是要对被表达东西负责任，就是要准确地表达被表达的东西。但是哲学却不能完全把被表达的东西准确地表达出来。哲学的概念要指称非概念。当哲学的概念指称非概念的时候，哲学的表达就严谨了。

接下来，阿多诺批判了观念论，特别是黑格尔的哲学。尽管黑格尔的观念论也要把握非同一的东西，不过在他那里，非同一的东西是同一性从派生出来的。从同一性中派生出来的非同一性，其实就是概念化的非同一性，这样非同一的东西还是在概念之中的。这与阿多诺所说的那种非概念的东西，超出概念意义上的非同一性表面上是一样的，其实有本质的差别。一种是概念之中的非同一，一种是超出概念的非同一。它们虽然都经过概念的中介，但是本质不同。观念论的做法是，把它对思维的创造性能力的反思本身当做是哲学的内

---

① 参见王晓升：《哲学的科学性何在？关于哲学学科性质的考察》，载《长白学刊》，2020年第6期。

容。哲学的内容来自于它自身。黑格尔虽然要把握非同一的东西，他致力于从同一的东西出发来把握非同一的东西，所谓概念的内在矛盾就是说明固化了的概念所具有的局限性。所以，阿多诺说，黑格尔是以提出问题的方式给出答案。这就是从概念的内在矛盾中给出非同一的东西。反过来，如果进行了所有的论证之后，他发现他所要把握的东西不是在概念之中，而只能被展示出来，不能用概念全部表达出来，那么这就是一种唯物论的做法。但是黑格尔却不是如此。虽然黑格尔批判了分析判断的虚假性，因为分析判断是按照同一性逻辑来进行的，它是把概念自身中所包含的东西表达出来。而黑格尔认为，这种所谓的同一性是虚假的。当黑格尔批判分析判断的虚假性的时候，他是要努力把握非同一的东西。但是，黑格尔哲学总体上都是在思维的范围内打转，因此，在他那里，一切东西都是分析判断。本来，新的就是旧的，他者就是熟知的，这个说法是一种辩证法，它表明，人的思想都会受到既定思想框架的束缚，人在认识中应该超越这种思想框架。如果从这个角度来理解，那么这就需要引证思维外部的东西。而在黑格尔那里，他不引证外部的东西，因此，这句话就不是辩证法了，而是表达了思想的同一性。

最后，阿多诺强调要把黑格尔的这个辩证法颠倒过来。新的就是旧的，他者就是熟知，这是与同一性结合在一起的。但是如果把这个同一性的东西推向极端，那么这个说法反而超出同一性了，不再被同一性所改写了。走向绝对同一性的企图必然会走向自己的反面。黑格尔哲学同时也为人们提供了走出他的思想困境的出路。如何达到非同一东西呢？哲学思维要顺从于它自己的经验，即哲学经验。黑格尔有这种哲学经验，他意识到非同一的东西，但是他没有顺从自己的哲学经验，而是把他经验到的非同一的东西纳入到同一性之中。如果他顺从自己的哲学经验，也就是真正地遵循同一性，那么他就真正地把同一性贯彻到底了。这样，非同一的东西才能真正地展示出来，而不是被概括在非同一东西的概念之中。所以，哲学的思维越是顺从它的经验，就越接近于真理，从而也就越接近于分析判断，越接近于无条件为真的判断。观念论是在思想的内部进行永恒的生产，而认识就是要意识到，它所迫切需要的是意识"之外"的东西，是非同一的东西，是思想无法提供的东西。这种认识才是真正的认识。哲学要进行这样的认识就要放弃传统的证明机制，即传统的演绎推理的机制,而要关注非同一的东西,即使认识在一定程度上把握了非同一的东西,哲学也不能认为它得到了最终的答案。因为,人的思维必须使用概念,而概念的思维永远也不可能最终把握非同一的东西,即概念之外的东西。所以,哲学要承认,它完全不是绝对的。

肯定的特点

在这个部分,阿多诺认为,海德格尔要把握的存在不是肯定地存在的东西,用海德格尔本人的话来说,不是现成在手的东西,但是海德格尔还是强调了肯定性。海德格尔要把握的存在类似于阿多诺非同一的东西、非概念的东西。但是由于海德格尔缺乏辩证法,所以,这个东西有了肯定的特点。

由于哲学对象的特点,哲学不可能提供最终的绝对的东西。本来存在论也不能保证人们可以从哲学中获得最终的东西,但是这种保证却困扰着这个哲学运动。可是,存在论却没有能够预见到,这种保证对它所产生的困扰。这个困扰就表现在,虽然它要给人们提供最终的东西,但是这种最终的东西又无法达到。所以,阿多诺说,这种存在论陷入了一种不真实的肯定之中。这就是说,存在论要把握的是非同一的东西,是存在,这个存在不能肯定地存在,但是存在论还是把它当做肯定的东西。所以,这就是一种不真实的肯定,即非肯定的东西被说成是肯定的。存在论提供了肯定的东西,但是肯定的东西其实不是肯定。非同一的东西只能否定的出现。在这里,阿多诺引用了海德格尔的一句话。海德格尔的这句话的意思是,现代人沉沦于一个日益暗淡的世界,所以人们达不到存在,理解不了存在。既然达不到存在,那么存在就不能被肯定。所以,当海德格尔把存在肯定地提供出来的时候,这是一种虚假的肯定。阿多诺认为,海德格尔的基础存在论是建立在一些范畴的基础上的。而这些范畴是从历史上的各种范畴中继承下来的。由于这些范畴,海德格尔的存在论得到了一定的回响。但是,他对这些范畴进行了处理,或者否定了这些范畴,或者扬弃了这些范畴,或者剔除了范畴中的矛盾。当海德格尔对于这些范畴进行这种处理之后,还保留了一些东西。哲学上的那些范畴是从传统中继承而来的,以传统社会为基础的。当海德格尔继承这些范畴、改造这些范畴的时候,传统社会中的那些东西虽然被剔除了,但是还是留下了痕迹。这就是缺失东西的痕迹,是未被生产出来的东西的痕迹。我们可以说，一些被否定和被排除的东西还是保留了一点痕迹在这些范畴中。比如海德格尔所说的"源始"，这不是原始时代的原始，但是也不是完全与它无关。这就是说，它保留了缺失的东西的痕迹。这种东西是对存在论在意识形态上的补充。比如，存在论潜在地是要维护现存社会中的功能体系的，但是它可以借助于这个缺失东西的痕迹（传统社会的痕迹）来弥补其缺陷。那么这种痕迹是如何作为意识形态的补充发挥作用的呢？

接下来，阿多诺对于海德格尔的存在范畴的社会基础进行了分析，比如去实体化和功能化是现代社会的特征。本来自由主义所强调的是个人自由，个人自由在现代社会中是由功能联系所确立起来的。自由主义者在强调个人自由的时候，已经意识到社会的功能结合体对于个人自由的作用。个人其实就是功能结合体的一个代表。从这个角度来说，个人和社会原则上是一致的。在这种功能联系中，存在着的东西与他者有关，而与其自身无关。这就是说，本来，一个人的存在完全是自身存在的，但是现代社会中，人自身无法独立存在，而是依赖于其他人才能生存。个人被去实体化了。比如，在新冠病毒大流行的时候，一个人的生存都依赖于各种管线，比如，电线、网线、煤气管道等来生存的。各种联系压倒实体。这是当代社会的现实。面对着这样一种社会状况，人产生了一种恐惧，人越来越清楚地意识到，作为主体的人，它不具有实体性，而是作为关系的存在。于是，人们愿意接受这样一种断言，存在取代了实体，并具有了实体性。当然这是海德格尔所否定的，海德格尔反对把存在等于存在者，但是他的思想中潜在地包含了这种意思。或者说，虽然这种意思没有被他明确地表达出来，但是他已经在这种意义上理解存在了。这种存在能够在这种功能联系中持续存在，而不会失去其自身。古代社会中人也缺乏这种实体性，而是生活在一种联系之中。这就是说，即使在现代文明中，原始时代的那种存在方式还保留了一定的痕迹。这种痕迹在现代社会中仍然存在。阿多诺指出，存在论意义上的哲学研究所要魔力般地唤起的这种东西，即他所说的那种"源始"的存在，那种天人一体的存在、主客体不分的状况在现代社会中还留下一点痕迹。这个存在的痕迹被人们遗忘了，他要唤起这种痕迹。然而，阿多诺指出，海德格尔所要魔力般地唤起的这个痕迹已经在历史发展过程中被掏空了，被社会生活的生产和再生产过程所掏空了。海德格尔要从理论上确证，人、时间、存在这些概念包含了某种源始的要素，要把这些要素在这些范畴中复活起来。阿多诺认为，这种复活的努力必然会失败。海德格尔的努力不能阻止这些范畴的命运，即复活起来的范畴的失败的命运。这些概念的基础在历史上已经终结。海德格尔试图复活的那种概念在现代社会失去了其存在的基础。古代社会中的那种主客体不分的状况与现代社会中的功能体系化是不同的。

那么这些范畴在专门的哲学领域又面临着怎样的命运呢？在这里阿多诺借助于康德的思想来批判海德格尔把这些范畴加以具象化和实体化的做法。康德在他的《纯粹理性批判》的许多地方批判了人们把这些范畴具象化的做法。比如，在"纯粹理性的谬误推论"那一章批判了经验心灵的超越性。这就是说，本来，笛卡尔的"我思"是先验的，但是人们却很容易从经验的心理学的角度来理解"我思"，把它理解为灵魂，并赋予灵魂以超越性。也是在这个部分，康德批判了人们赋予"定在"（此在，即康德所说的思维着的我）以灵韵，好像某种具象化的灵魂。这都是把思维着的我具象化的表现。在阿多诺看来，海德格尔所说的此在类似于康德所说的思维着的我，这个我不能被具象化，不能被理解为灵魂等。再比如，在"反思概念的歧义"那一章，康德讨论知性的经验运用与先验运用混淆起来而产生的反思概念的歧义。① 对于康德来说，如果把这两者混淆起来，那么这就"把概念的逻辑可能性转换成为物的先验可能性"。② 或者说，是把概念上逻辑可能的东西当成一种先验的事物。在阿多诺看来，本来海德格尔应该借助于康德的这种批判而把他自己对于主客体的批判推向前进。可是海德格尔没有这样做，他反而认为，合理性意识，即"通常理性"③，都有康德所说的缺陷的，都具有把概念的可能性变成先验物这样一种缺陷。海德格尔没有推进康德所进行的反思和批判，或者说，海德格尔不是用反思的方式来批评这种缺陷，而是要像洗礼那样，直接根除这种缺陷，好像这种缺陷是可以直接清洗掉的。这就是说，海德格尔沿着康德的思路，从

---

① 阿多诺认为，这个部分提供了解决存在问题的答案。见康德：《纯粹理性批判》，邓晓芒译，杨祖陶校，北京：人民出版社2004年版，第235页。
② 康德：《纯粹理性批判》，邓晓芒译，杨祖陶校，北京：人民出版社2004年版，第221—221页。
③ 海德格尔：《存在与时间》，陈嘉映、王庆节译，熊伟校，北京：商务印书馆2016年版，第34页。

先验性的角度来理解存在，但是他没有沿着康德关于反思歧义的批判，没有继续康德所进行的谬误推理的批判，没有继续批判那种把存在实体化的思路。他认为，他直接诉诸存在就可以摆脱这种缺陷。按照阿多诺的理解，康德哲学本身就是包含矛盾的。这种矛盾表现在他批判反思歧义，批判了谬误推理，这就可以被用来否定那种把存在当做直接东西的做法。但是，康德思想中还有先验论的东西。而这种先验论又可以被用来证明存在是直接的、肯定性的东西。在这里，阿多诺指责海德格尔没有继续康德的批判的思路，而接受了先验论传统而把存在变成直接的、肯定的东西。

正因为如此，阿多诺认为，海德格尔虽然也看到了把存在变成存在者的错误，他认为可以直接通过洗礼清洗掉这种缺陷。海德格尔没有从辩证法的角度去反思和克服这个缺陷，而是试图直接通过洗礼的方式来清洗掉这种缺陷。这种所谓的洗礼的方式就是直接摆脱这种缺陷。当他以为自己可以直接摆脱这种缺陷的时候，其实他并没有真正克服这种缺陷。于是，在这样的情况下，尽管他要克服这种缺陷，但是，为了能够与批判哲学捆绑在一起，为了和康德的先验哲学结合在一起，他把存在论上的直接内容加入其中。存在直接在先验的意思上被理解。而康德思想中的某些要素是可以被这样利用的。

阿多诺认为，康德对科学性的兴趣这就被海德格尔这样利用了。康德哲学中的反主体特征，使他更关注客观性。比如，康德限制理性的作用，反对理性思考自在之物，这就是一种反主体的要素。另外，康德自称的哥白尼革命其实也具有反主体的特点。这表现为，地球中心主义其实就是以人自身为中心，也就是主体中心主义，但是哥白尼反对这个地球中心，其实就是要反对主体的中心地位。这些都表现了康德哲学中的反主体主义的特点。阿多诺认为，康德对客观性的兴趣表现在康德的《纯粹理性批判》的导言中的提问方式（形而上学如何能够像物理学和数学那样可能的），表现在纯粹知性概念的演绎中（这种演绎利用了逻辑上的必然性）。他对于这些客观东西的兴趣超出了对于主观东西的兴趣，比如，对于认识中偶然性东西的兴趣。在这里，阿多诺所说的认识中偶然的东西就是主观经验的东西。这里所说的对于意识消散于经验中的东西的兴趣也是一种经验的兴趣。总之康德对于先验的东西，对于逻辑必然东西的兴趣超出了对于经验要素的兴趣，对于主观东西的兴趣。海德格尔正是利用了对于这些客观东西的兴趣，对于这些先验东西的兴趣，并把康德思想中的这种趋势吸收到他的存在论之中。因此，阿多诺强调，虽然康德哲学中强调这种先验的东西，但是我们不能因此把这种先验的东西和存在论等量齐观。在阿多诺看来，康德不仅对于理性主义存在论进行了批判，康德的纯粹理性批判的思路表明，我们不能把康德对于客观性的兴趣理解为一种存在论。这就是说，虽然康德对于客观性的兴趣给人们留下了存在论解释的空间，但是康德的思想还为其他不同的解释留下了空间。那么，阿多诺所说的，康德对于理性主义存在论的批判究竟是指什么？我推测，这是指康德对于上帝存在论证明的批判。从理性的角度对于超越东西的证明，就是理性主义存在论。海德格尔把存在理解为超越的东西，把超越的东西理解为客观的必然性的东西。这就是一种理性主义的存在论的思路。另外康德哲学的总体思路也证明，关于超越的知识是不可能的。这都可以被用来否定存在论的思路。阿多诺认为，康德的这种批判表明，康德的先验哲学不能被用来为海德格尔的存在论服务。康德所强调客观性，被认识对象的客观性，知识的客观性都是与经验联系在一起的，都是与主观性联系在一起的，或者说都是被主观性所中介的。从这个角度来说，康德在先验意义上的那种客观性不能被海德格尔用来建构他的存在论。当然，我们应该承认，在康德那里，有一个存在于主客体两极之外的自在之物。但是他对这个"自在"没有做任何规定，而且是故意未做规定。因此，从康德的这个超越东西之中也不能推导出海德格尔的那种存在论来。在康德那里，这个超越是完全无规定的。从康德的超越的"自在之物"出发来推导不出超越的存在。海德格尔说存在是地地道道超越的。康德那里的超越是被否定的，是没有被肯定地承认的。从康德的超越概念中推导不出海德格尔的存在论来。在这里，阿多诺做了一个让步，他承认，在康德哲学中有一个"理知世界"①。这个理知的世界包含了存在论的要素。但是，这也只是其中的一个要素而已。康德试图拯救这个理知世界，但是他威胁性地否定这个理知世界来拯救这个世界。那么康德如何以威胁性地否定这个理知世界而又拯救这个世界的呢？从康德的论述中，我们可以看到，康德对理知的世界存在着一种矛盾的态度。一方面，他承

---

① 参见康德：《纯粹理性批判》，邓晓芒译，杨祖陶校，北京：人民出版社2004年版，第232—235页。

认理知的世界，另一方面又否定这个理知的世界，认为它只能在消极的意义上被理解，而不能在积极的意义上被理解。它不能被作为实体来理解。这就是说，虽然康德那个地方的理知的世界可以作为存在论来理解，但是这个理知的世界是否定意义上的。而海德格尔的存在论却具有肯定的特性。这里还是有一定不同。阿多诺在《否定的辩证法》之中多次讨论理知的世界。阿多诺本人也是借助于理知的世界建构了他的辩证法。那么海德格尔是否利用了理知的世界的观念来建构存在论，他的这种理论建构与阿多诺对于理知世界的理解和运用之间究竟有什么联系。这是一个需要深入讨论的课题。

弱化主体的能力

这个部分表明，从表面上看，海德格尔的存在论是要强调个人的自由抉择，强调个人自主性，但是其实他是弱化了主体的能力。他看到了主体在现实社会中所受到的限制，但是它却不断地提醒人们，人自己是软弱无力的，他要人屈从于变成第二自然的社会。

我们前面说过，海德格尔要达到客观的目的，要达到绝对。或者说，他要把握主客体关系中所无法把握的东西。主客体无法把握的东西被概括在存在概念中。为了达到这个目的，存在论复活了。不过这种存在论是建立在主体受到功能性联系的控制的基础上的。从表面上来看，他所说的此在类似于"主体"，具有主体的特点，但是，在现代社会主体在很大程度上是意识形态，这就是说，主体其实不是主体。从表面上看它具有独立性，其实它是处于功能性联系之中的，把这种功能性联系内化。本来这种内化应该让主体感到非常痛苦，但是它带有主体的假象，是意识形态意义上的主体。在这种意识形态的掩盖之下，主体本来应该具有的痛苦被缓解了。在阿多诺看来，要达到客观性，不是要否定主体，而恰恰需要主体更多的介入。可是，存在论虽然也意识到现代社会对于主体的压制，但是它把这个主体强制纳入社会体系中的做法融入了它的理论之中。所以阿多诺说，海德格尔绕过了这个事实。这种功能性联系被内化到海德格尔的存在概念之中，在古代社会中，人也没有这种独立性，而是被强制纳入整体性的联系之中的。阿多诺说，历史的优先性被转变成为存在论上存在的卓越性。这里所说的历史优先性就是人从存在的一开始就处于联系之中，海德格尔把人的这种源始的存在状况提升为存在，变成存在论上的卓越性。从这个角度来说，海德格尔的存在概念与他所说的世界性概念是相互交叉的。对于存在的领会从一定的意义上来说，也是对世界性的领会。这个最抽象的存在其实也是历史优先性的翻版，这个历史优先性不是某种具体的东西，而是一种联系，一种意义关联体。这种意义关联体高于存在者状态，高于现实状况。对于海德格尔来说，这个存在具有一定的客观性，但是它同时也是主观的。当然，严格来说，把存在理解为主观性和客观性的结合是不对的。海德格尔的存在直接超越了主观和客观，是超越的东西。由于海德格尔对于存在的这种理解，所以，他既不想把存在变成主观的东西，也不想把它变成客观的东西。阿多诺说，海德格尔非常谨慎地避免把康德的哥白尼革命颠倒过来。按照康德本人的理解，他的这种哥白尼革命是要转向主体。而把哥白尼革命倒转过来就是转向客体。但是，海德格尔要避免这样做。存在不能被理解为客观的东西。从这个角度来看，他要把存在论和客观主义区别开来。但是，我们不能由此而误解，他就要走向主观主义，走向主观性。海德格尔思想中存在着一种反观念论的态度。这就是说，海德格尔思想有一种客观主义倾向。但是，海德格尔的客观主义又不能被理解为实在论。海德格尔热切地把他的反观念论的倾向与实在论区分开，即与强调外部世界优先性的实在论区分开来，与两种实在论区分开来：与批判的实在论和天真的实在论区分开来。马克思的思想可以被理解为批判的实在论，而费尔巴哈的思想可以被理解为天真的实在论。从阿多诺的这些论述中，我们可以看到，海德格尔存在论既类似于客观主义，又区别于客观主义。但是，我们决不能把他区别于客观主义的地方理解为一种观念论。海德格尔的存在论所强调的存在是超越主客体的。而在阿多诺看来，这种超越主客体的思想主要还是倾向于客观主义，因而主要是反观念论的。存在论的需求虽然不能被简单地理解为对于反观念论的需求。但是，这种需求中最持久的冲动是反观念论的。观念论就是要用同一性的原则把一切都纳入到概念中，而存在是超出这种概念的范围的。从这个角度来说，存在论的需求是反观念论的。海德格尔的存在论主要表现为客观主义，表现为一种反观念论的思想倾向。而这种反观念论的思想满足了当代社会对存在论的需求。而海德格尔的这种反观念论的倾向就显示出其弱化主体的趋势。

那么为什么当代社会会出现反观念论的需求呢？这是与当代社会中所出现的主体的弱化以及人们对于主体失去信心的状况有关。阿多诺指出，随着人类文明的发展，主体的作用不断被强化，而这种强化也产生了一些负面的影响。由于这种负面的影响，人类中心主义受到了质疑。主体也开始自我反省，继续进行数百年前开始的地球中心主义（哥白尼革命）批判，把这种批判推进到人类中心主义的批判上。当然，对于地球中心主义的批判其实也是地球在宇宙中的地位等世界观问题的理解。但是，对于地球中心主义的批判不仅仅具有世界观的意义，而且还有哲学的意义。对于地球中心主义的批判并把这种批判引入到哲学之中来，这是康德的做法。而康德的这个做法也有不妥之处。或者说，把哲学的发展和自然科学的发展过度地结合起来，当然也是极其不妥的。这种做法忽略了哲学和自然科学在语言方面的差别。自然科学语言越来越具有形式上的独立性，越来越形式化。形式化的语言与具体的内容、与物质的东西脱离开来了。而日常语言的意义是在人们直观地把握其所涉及的对象中被领会的。这种形式化的语言不能在这种直观中被把握。同时，这种形式化语言也不再与人的意识直接相通，不再与复杂的意识内容联系在一起，而是被简化和形式化。而哲学的语言却既要与直观对象有关，又要与意识相通。康德简单地把自然科学的成果引入哲学当然有许多不妥之处。

不过，当康德把自然科学和哲学结合在一起的时候却暗示了一个东西，即哲学潜在地向客观性的转向，并走向主体性的否定。本来康德是要借助于哥白尼革命来说明，哲学向主体的转向，但是哥白尼革命还包含了另外一个意思，即否定地球中心主义，从而也否定人类中心主义。这是一种向客观性转向的意思。从这个角度来看，现代宇宙学可以被理解为反人类中心主义的。这种宇宙学的观点是与观念论彻底对立的。观念论认为，宇宙类似于主体的表象，宇宙好像是从主体所设定的东西中推导出来的，好像人可以为整个宇宙确立规则。这种观念论过于天真，好像是一个蠢蛋把自己居住的小镇当做了世界的中心。这种观念论是建立在控制自然的基础上的。而在现代社会的发展中，人们已经认识到观念论的缺陷，人们不再相信主体具有无穷的力量。主体的极度扩张不仅产生了灾难性的后果，而且还把人编织到一个非理性的秩序之中。社会演变成为第二自然。海德格尔的存在论意识到主体哲学的发展所导致的这些困境，他要逃出这种困境。海德格尔的哲学就是对这种困境的反应。但是，阿多诺认为，海德格尔的存在论的反应方式中包含了致命的辩证法。这就是说，他的存在论要把人赶出创造的中心，要人们意识到意识的无能。这反过来强化了人的无能的感觉，强化了第二自然。本来它是要逃出第二自然的魔力的，结果却进一步陷入了第二自然。海德格尔的存在论拙劣地模仿康德的批判哲学，但是却变成了一种意识形态，变成了顺从现实的意识形态。本来，第二自然是人类关系构成的总体，一个人只能顺从这个总体，接受自己在世界中的角色，顺从自己所面对的一切东西，但是在具体生活中，一个人所面对的往往只是特殊的东西，只要这些特殊的东西让他感到自己无能为力，他就顺从这些特殊的东西。一个人所面对的现实不是总体意义上的现实，而是特殊的现实。比如，面对希特勒，只要希特勒让一个人感到自己是无能的，那么这个人就要服从于这种现实。于是，在这样的情况下，人随时准备向灾难低头，向权力低头。本来主体要从束缚他的牢笼中逃脱出来，结果他不仅不能逃脱这个牢笼反而被更牢固地束缚在牢笼之中。在这里，我们要注意阿多诺思想中的一个潜在的东西，即主体顺从一般和顺从特殊的关系，顺从一般最终变成了顺从特殊。如果特殊和一般变成极端的两极，那么这极端的两极是相通的。更一般地说，在极端的二元对立中，对立的两极是相通的。顺从一般最终会变成顺从特殊。

从这里可以看出，如果海德格尔试图从顺从第二自然的困境中摆脱出来，那么这只能靠主体的力量。但是主体的发展却限制了主体的力量，迫使主体向主体自身编织起来的系统投降。主体由于它自身的力量而受到报复。面对这样的困境，存在论所设想出来的方法就是在良知基础上的"决心"。海德格尔所说的这种决心类似于克尔凯郭尔的跳跃，即哲学上的随意跳跃。这种不管社会条件的决心、跳跃虽然表现得非常具有主体性，表现出主体的力量。其实恰恰是主体自身软弱的标志。我们可以说，存在论把主体的软弱内化到它的思想体系中。在这里，阿多诺借助于黑格尔思想说明了他自己对于走出这种困境的设想。按照黑格尔的思想，只要有主体存在的地方，主体的魔力（构成功能性总体等）就会减少。而主体总是带有主体的魔力，而这个魔力总是带有反主体的东西，就像隐秘的上帝总是带有神话中的精灵（这种违背上帝意志的东西）。由此，对阿多诺来说，主体性虽然导致了一些不良后果，但是这不是要否定主体，而是反思主体，这种反思不是要弱化主体的力量，而是要强化主体的力量。那种独立于肉体的抽象主体表面上可以随意跳跃、抉择，但是却表现了主体的软弱无力。只有当精神和肉体结合在一起的时候，只有当主体和反主体的东西结合在一起的时候，主体通过对抗反主体的东西而获得力量。没有肉体的精神是无力的精神。在这里，阿多诺挖苦了海德格尔，说他的思想是拙劣的、怪异的、拼凑起来的世界观。在阿多诺看来，我们应该承认，主体之中保存了历史，或者说，历史的东西内化在主体之中，限制了主体。但是主体可以通过自己的反思来突破这种限制。在这里，主体达到了一种具体的自由。所以，阿多诺说，把精神限制在经验的历史层次上，由此所达到的领域是自由的一个要素。具体的历史条件限制了主体，主体也是在克服这种具体的限制中获得自由。在思想中，人都需要借助于概念，通过概念来思考。借助于概念而又突破概念，这就是思想中的自由。而无概念的异想天开就是自由的反面。海德格尔的存在论就是属于这种无概念的异想天开，它更容易和这个世界的僵化制度协调一致。如果主体能够对自己进行一点点反思，那么主体也可以获得一点自由，都可以超越这种存在论。

海德格尔要超越主客体的对立，他的存在论实际上削弱了主体的能力，使主体能够更轻易顺从现实。从这个角度来说，海德格尔在希特勒的统治之下的表现可以从他的存在论之中得到理论上的解释。

存在、主体与客体

海德格尔的存在概念是要超越主客体的。而这种直接超越主客体的存在包含了独断论的倾向。

在这个部分的一开始，阿多诺就指出，海德格尔哲学是反主体的。海德格尔所看穿的那种幻觉是主体性的幻觉。这也是存在论取得广泛成功的幻觉。比如，萨特的存在主义就是认为，人完全是自我决定的，一个人在自我反思中想成为什么样的人，就能够成为什么样的人。而这种自我反思就是一种间接意向。因此，当一个人在自我反思中就能够成为他自己所是的人，那么他理所当然地会选择间接意向。他会强调主体自身的反思的重要作用。而这是海德格尔所否定的。海德格尔看到了现代社会中，人被功能体系所限制。于是，对于海德格尔来说，人通过自我反思而成为其自身，间接意向等都是幻觉。这种幻觉属于观念论。而当一个人陷入了这种观念论的幻觉的时候，一个人就很容易在唯名论（具有唯物论特点的东西）和主体主义（观念论）之间选择观念论，选择间接意向[①]。按照间接意向主体只要在其思想的自我反思中就能够决定他自身是什么样的人。

海德格尔看穿了这种幻觉，于是他就更倾向于直接意向，倾向于直观。这个思想是海德格尔从胡塞尔思想中吸收而来的。在方法论上，海德格尔的存在论直接接受了现象学方法。而海德格尔存在概念本身的提出是要超越主体和客体之间的二元对立，这就是说，存在既不是主观的，也不是客观的，而是主观和客观的结合。这个存在概念也要超越概念和实存之间的二元对立，这就类似于我们前面所说的，概念要把概念之外的东西（非概念的东西、实存）结合在一起。从这个角度来说，这个概念也直接超越了直接意向和间接意向之间的对立，直接意向是对于对象的直观，而间接意向是在思维中的反思。存在要直接超越这两种之间的对立，即把主观和客观的东西结合起来。那么海德格尔究竟是如何超越的呢？对于海德格尔来说，存在是最高的概念，这个最高概念不是停留在口头上的词语"存在"而且还超出这个口头上的词语。而一般人在说"存在"这个词语的时候，他的口中只有词语，而没有存在本身。而海德格尔的存在就不同了，它不仅仅是词语，而且还要囊括存在本身。这个把词语和存在本身结合在一起的东西就超出了主体和客体、概念和实在的二元对立了。也正因为如此，存在这个概念可以借助于伴随存在这个词语的思想来达到非概念的东西，可以得到优于概念性的特殊地位。概念性是局限在纯粹思想中的，是抽象的一般的结合体，存在这个概念能够有优于概念性的东西，即超出概念性的东西。存在这个概念要达到这个非概念性的东西，优于概念性的东西是借助于伴随着词语的思想要素来进行的。如果是这样，那么这些思想要素是超出抽象概念的，是无法用概念所抽象概括的东西。显然这里的思想要素是不

[①] 在阿多诺看来，海德格尔的存在论就是要恢复直接意向，这就是让意识直接联系客体，而不进行反思。而阿多诺本人则强调间接意向，即人的意识通过反思间接的联系到客体。在这里主体发挥了一种中介的作用。关于直接意向和间接意向，参见 Theodor W. Adorno, *Ontology and dialectics*: 1960/61, Edited by Rolf Tiedemann, Translated by Nicholas Walker, Polity Press, 2019, p. 294。

能借助于概念来穷尽的。所以，阿多诺说，这些思想要素不能由抽象地形成概念的特征结合体所能够穷尽的。概念的特征结合体是指概念中包含了各种感性特征的，而这些感性特征被抽象地概括在概念之中。所以，这个特征结合体中的感性要素被抽象化了，被概括了。而思想要素超出概念性，超出这种抽象概括。这些不能被抽象概括的思想要素被纳入到存在之中。由于这种思想要素不能被概念所概括，而只能被直观。于是，这个存在概念之中既有一般的抽象概括的概念性要素，也有非概念性要素，被直观的要素，于是，海德格尔的存在就超越了直接意向和间接意向。主体在认识中是用概念，用思想来思考非思想的东西，而思想中一定包含了非思想的东西，思想所无法概括的东西。海德格尔的存在把思想要素和非思想要素结合在一起了，把概念性和非概念性的东西结合在一起了，于是，这个存在也超越了主体和客体的对立。

海德格尔的存在论是建立在现象学方法的基础上的。所以，对于海德格尔来说，这个存在是本质直观或者范畴直观的对象。存在可以通过直观而"展开"或者"展露"出来。或者说，存在就是在直观中显示出来的。海德格尔的存在是通过观念化而形成的一种理想。这就是说，海德格尔是通过胡塞尔的观念化的方法而得到存在概念。胡塞尔的这种观念化方法在现象学考察第二阶段中所出现的，就是对实项的内在的进一步抽象化，即抽象为纯粹的被给予性。而这种抽象与概念化的抽象的东西是不一样的，概念化的抽象是得到一般性、分类的概念，而这种观念化所得到的是纯粹的被给予性。这个纯粹的被给予性是区别于分类逻辑的。它的意义就是要借助于这种直观而超出分类逻辑。直观学说之中包含了对于分类逻辑的批判。而这种批判就是要针对在概念之中的特征结合体，即针对分类逻辑中的那种一般概括意义上的概念的。如果概念是严格按照逻辑规则来进行的，那么概念就不能包含超出概念的东西。但是，胡塞尔的这种直观方法要超出分类逻辑。尽管直观学说包含了对于分类逻辑的批判，要把握超出概念性的东西，但是胡塞尔的学说仍然保持在科学的分工范围内，他仍然坚持分类逻辑，坚持严格的科学概念。他坚持分类逻辑的同时又试图在一定程度上突破分类逻辑。用阿多诺的话来说，胡塞尔还是试图把科学的基本规则以及他对于这个规则的批判结合起来。所以阿多诺对胡塞尔的这种做法的批评是，他既想吃掉蛋糕，又想保存蛋糕。这就是说，胡塞尔要借助于科学认识的模式,在分类概念中注入分类概念之中所没有的东西,要在概念之中注入非概念的东西。这也就是阿多诺在前面所提到的,胡塞尔也要把握非同一的东西,也要成为有内容的哲学。所以,阿多诺说,在胡塞尔那里,事情本身是摇摆不定的,一方面这个东西被理解为内在东西,是通过观念化而得到的东西,另一方面又被理解为非内在东西,超出直接显现的东西。现象学所要把握的是绝对的被给予性,但是这个绝对的被给予性还是有差别的。比如,在声音的感知中,虽然声音是绝对的直接被给予的,但是声音是有一个时间的过程的。虽然经过一定的时间的声音是直接被给予的,但是这里的直接被给予还是有差别的:显现和显现者的差别。经过一定的时间的显现者与当下的显现还是不同的。于是,胡塞尔区分了对象的被给予性和显现的被给予性。经过一段时间的被给予性是对象的被给予性,这个对象的被给予性超出了显现的被给予性。通过这个区别,我们就可以看到,事情本身可以是显现的被给予性和对象的被给予性。胡塞尔的事情本身在这两个东西之间摇摆。这就是在内心的东西(显现的被给予性)和那种与内在意识正相反的东西(对象的被给予性)之间摇摆。对象的被给予性显示了实证科学的模式在这里发挥作用。而显现的被给予性则超出了科学的模式。胡塞尔要把这两个模式结合在一起。所以,胡塞尔虽然要把握超越分类逻辑的东西,但是胡塞尔还是被束缚在严格的科学的范围之中。但是,这个严格科学意义上的东西试图把握传统的分类逻辑所无法把握的东西,把握实证科学所无法把握的东西。从这个角度来说,他的范畴直观的学说就包含了非理性的要素。尽管胡塞尔的学说中包含了非理性的要素,但是我们却不能因此认为胡塞尔是非理性主义者。阿多诺强调,胡塞尔是要严格地按照科学的理性精神来研究纯粹的被给予,胡塞尔的全部作品都是否定非理性主义的。在阿多诺看来,胡塞尔的问题是他要按照实证科学的模式来对待范畴直观。好像范畴直观可以像实证科学的感性认识那样把握非同一的东西。而在阿多诺看来,这是做不到的。从这个角度来看,胡塞尔的错误就在于,他的范畴直观沾染了科学。他不该用科学的模式来理解范畴直观。要把握这种非同一的东西,把握这种超出分类逻辑的东西就不能被束缚在科学的模式中,而海德格尔注意到胡塞尔的这个缺陷。他要用存在论来研究这种超出分类逻辑的东西。从这个角度来说,阿多诺是承认海德格尔在这方面的成绩的。但是阿多诺认为，海德格尔走出了胡塞尔害怕的那一步，抛弃了胡塞尔所一直守候的合理要素。这就是海德格尔抛弃了范畴直观与概念之间的联系，他不再把范畴直观束缚在科学的模式之中。阿多诺认为，非同一的东西一定要借助于概念才能被把握，才能被表达。胡塞尔守护着概念，守护着分类逻辑是对的，但是，胡塞尔缺乏辩证法，看不到直观方法的缺陷。海德格尔坚持范畴直观，但是抛弃了这种直观与概念之间的联系，走向了神秘主义（通过这种直观直接把握非同一的东西）。所以，阿多诺说，海德格尔牺牲了直观与概念之间的联系，牺牲了思想中的这个无条件的要素（概念）。当海德格尔抛弃概念而直观非同一东西的时候，海德格尔接近于柏格森。可是当他接近于柏格森的时候，又掩盖了柏格森思想中的一个缺陷。柏格森思想的缺陷是他把两种认识方法，科学中的感性直观方法和非理性的直觉方法完全割裂开来，一种方法不被另一种方法所中介。而在阿多诺看来，这两种方法应该被联系起来。海德格尔是这样来掩盖柏格森的缺陷的，他抬高非理性的直觉方法，而把科学中的感性直观（认识论上的直观）清除出去，把这种科学上的感性认识方法作为前存在论模式清除出去。同时，海德格尔还把对于直观方法的正当性问题的清除出去。他不允许人们追问，直观为什么是合法的、正当的。在阿多诺看来，人的认识当然需要直观，但是直观必须与概念联系在一起。而海德格尔否定了这一点。在这里，人们必然会问，海德格尔的存在不是概念吗？我们怎么能说海德格尔把直观与概念分离开来呢？这里，我们所说的海德格尔牺牲了概念，是指海德格尔的"存在"不是一般意义上的概念，或者说，海德格尔的"存在"不能被当做纯粹的"概念"来理解的。后面有进一步的解释。对于海德格尔来说，存在更多的是一个"名称"，是用来称呼那个叫"存在"的东西的。我们在后面还会论述到"存在"这个疑难"概念"。阿多诺在这里指出，海德格尔否定了认识理论上的原初问题。这里所说的"认识论上的原初问题"是指主客体关系问题。从主客体关系的模式，人们是无法认识非同一的东西（存在）的。海德格尔看到了这个缺陷，对于认识论的这种模式的不满使他有理由直接清除这个问题。非同一的东西，不能被纳入概念的东西是被直观地把握到的。对于海德格尔来说，人们可以根据这种直观直接把握和领会存在。所以阿多诺批判海德格尔，这是一种独断论，而在海德格尔那里，独断论成为更高的智慧。所有这些被直观把握的非同一的东西,海德格尔用古希腊的"存在"这个模糊概念加以概括。而海德格尔这个"存在"不是一个纯粹的概念,它是把思考和被思考的东西直接结合在一起的。本来主体用概念思考客体,思考和被思考的东西是分离的,但是在海德格尔这里,概念不是用来思考客体的,概念直接与被思考的东西结合在一起,直接就克服了概念所具有的缺陷。或者说,这个概念直接就把非概念的东西,非同一的东西呈现出来。所以阿多诺说,这个模棱两可的存在可以被用来治愈存在概念所遭受的概念性创伤。任何概念都具有概念性,都进行抽象的概括。这就是说,本来存在概念与其他概念一样,有概念性的创伤,即不能直接展示非同一的东西,任何概念都是抽象的一般。但是,海德格尔的存在概念有一个特点,就是,它能直接把非概念的东西呈现出来。这样存在概念的概念性创伤(就思考与被思考东西之间的分离)就被治愈了。这样,存在概念的模糊性,即概念和非概念、质料和思考质料的概念直接结合在一起了。这种模糊性在海德格尔不是缺陷,而是一种优越性。

存在论的客观主义

这个部分进一步讨论海德格尔弱化主体作用所产生的后果。由于海德格尔弱化了主体并且误用了康德的先验哲学的要素,因此,他走向了一种客观主义。这种客观主义得到的结果是同义反复。

传统的形而上学是主体和客体对立起来的形而上学,这种形而上学或者是主观化的形而上学,或者是客观化的形而上学。这两种形而上学都受到海德格尔的批判,都包含了一种原罪。为了克服主客体对立所存在的缺陷。好像这种克服主客体二元对立的东西在现代社会有它的一席之地。然而,这个直接超越主客体二元对立的东西,变成一种"粗陋的自在"。它好像可以独立存在,是自在的存在。这种自在的存在会受到上述两种对立立场的批判。为了避免这种批判,海德格尔认为,观念论和唯物论的形而上学都遗忘了存在。海德格尔要恢复存在这个概念的尊严,把存在概念升华,把它变成先验东西。海德格尔那里也有此在,虽然这个此在不能在主体上被理解,但是,这个此在也想表达一种主体的积极作用。这个此在直接与存在结合在一起了。或者说,在海德格尔那里,这个此在就是一种存在(Da-sein)。当此在直接与存在同一起来的时候，此在就直接达到客观性。所以，阿多诺说，在海德格尔那里放弃自身的主观性倒转为客观性。按照海德格尔的观念，主观化的形而上学和客观化的形而上学都是"存在的遗忘"。这种说法虽然克服这两种形而上学的缺陷，虽然能够避开有关这个问题的批评，但是当海德格尔不断地把存在概念加以升华，不断推进胡塞尔的还原的时候，存在概念就失去了一切内容，既失去了个体化的此在，失去了具体的非同一东西；也失去了合理的抽象，任何概念都存在着合理的抽象。没有抽象就不是概念。海德格尔的做法是，存在作为抽象的概念直接呈现具体的非同一的东西（此在）。它既不是抽象概念，也不是具体的非同一的东西。如果这样，那么存在是什么呢？这个存在概念就无法被规定，于是只能成为同义反复。海德格尔就只能不断地重复说，存在是什么，存在就是存在本身。对于海德格尔来说，存在无法定义，如果人们一定要问存在是什么，那么他的回答是，存在就是存在本身。对于海德格尔来说，由于存在非常深奥，我们不能用其他东西来表达，而只能同义反复。同义反复是存在所具有的深奥特性的表现。这个超越了观念论的存在论具有一种客观主义的特点。

　　接着，阿多诺对于海德格尔的这种客观主义进行了批判。这种客观主义的东西，这种同义反复的东西其实是包含了内在矛盾的。按照黑格尔的分析，任何一个判断，甚至是分析判断，都要表达某种内容。而在表达某种内容的时候，主词都不能和谓词完全一致。如果主词和谓词完全一致，那么这种判断就不能表达任何内容。而"存在就是存在本身"或者"存在存在"就是主词和谓词相一致的判断。主词必须与谓词不同，这是任何一种判断形式都必须遵循的规矩，是它"预先签订的契约"。可是，海德格尔所提出的这个判断就打破了这个契约。而海德格尔的存在论在利用存在概念的时候必然会打破这个契约。德国哲学家哈格在批判这种存在论的时候指出，存在是完全被中介的，存在这个概念只有通过一定的中介才有意义。可是，在海德格尔那里，这个概念不需要任何中介，它被偷偷摸摸地变成简单的、直接的东西。既然这个存在不通过概念，不通过中介而被把握，那么它就成为直接的东西，只能通过它本身而得到规定。这个存在既不能用概念来把握，也不是"被中介的"，是不能通过感性直接指认的。如果没有抽象的东西，非同一性的东西也就不存在，没有同一性也就没有非同一性。纯粹的感性是无法把握非同一的。在这种情况下，海德格尔只能说，存在就是存在本身。

在指出了海德格尔存在的非直接性之后，阿多诺又对海德格尔主张的他的哲学不是形而上学的观念进行了批判。而阿多诺认为，其实他的存在论就是哲学史上的存在论的变种，而存在论就是形而上学的核心要素，只是海德格尔忽视了这种存在之中所存在的内在矛盾。海德格尔把具有直接性意义的存在当做是"未被扭曲的本质"，当做是抽象概念留下来的"残余"。这个残余类似于原初，即形而上学所要求的那种第一性的东西。可是这种新存在论，这个被存在激发起来的思想运动，却不愿意有这样一种第一性的东西。因为确立了这个第一性的东西，就会走向形而上学，走向它们要否定的形而上学。所以阿多诺认为，虽然海德格尔要否定形而上学，但是其自身还是陷入了类似于形而上学的东西。在阿多诺看来，当海德格尔不愿意承认自己是形而上学的时候，他的理论之中其实就隐含了一种错误：这种错误就在于，他自以为他的存在是从头开始的，是从一种原始东西（源始）开始的。其实，这种东西是有它的思想来源的。他的这个源始其实就是要回到人类文明的原始状况，即天人不分的原始状况。所以，在他企图从头开始的时候，他的思想中已经包含了对野蛮的同情。海德格尔要从头开始，其实他的从头开始就包含了古代的东西。这种古代的东西本来应该随着历史的发展而被抛弃，但是海德格尔却回到古代的东西。这就是回到野蛮。在阿多诺看来，正是由于历史的发展，存在论的形式才会发生各种变化。在阿多诺看来，这不是世界观上的偶然变化，这种变化是有客观的历史基础的。历史相对主义就是承认历史变化的必然性。海德格尔要达到源始的东西，就是要达到最本质的东西，就是否定了这种变化。而存在论的需求就是反对这种相对主义的。它要达到绝对，达到最终的东西，把这个最终的、绝对的东西确立为直接的，第一的东西。柏拉图和亚里斯多德都曾经碰到这种绝对第一性和直接性的难题。柏拉图的理念论强调了最高的理念秩序，而这个理念秩序是具体世界的复制。这是两个完全分离和对立起来的东西。亚里斯多德对于具体东西的科学认识就是要反对柏拉图的理念论。即使我们承认柏拉图的理念论具有一定的意义，我们同情他对于抽象的一般的激情，我们也不能否定亚里斯多德对于理念论的批判。亚里斯多德用具体科学反对理念论的时候，并没有完全放弃理念论。所以亚里斯多德的形而上学既强调"这个"，即具体的东西，又承认抽象的、最高的理念，"第一实体"。而亚里士多德在第一实体和具体事物（这个）何者更根本这个问题上陷入了困境。而这个困境其实也是存在论所面对的困境。这就是海德格尔既要把握非同一的东西，它类似于"这个"，又要把握抽象的一般，类似于"第一实体"。亚里士多德之所以陷入这种两难困境，是由于他要达到这两个极端的东西，而这两个极端的东西都没有被中介的，如果没有中介，那么这两东西就都陷入了自在存在的绝对状况。从阿多诺的角度来说，"这个"和"第一实体"是相互中介的，没有"第一实体"，"这个"就无法被把握。反过来，没有"这个"，"第一实体"也是不可能的。海德格尔没有从亚里斯多德的困境中吸取教训，而直截地恢复了这两者之间的非中介性，把它们作为直观对象。

阿多诺强调，即使我们要达到客观性，而且不管我们的要求多么合法，我们也不能忽视康德对上帝存有的本体论证明的批判。这个批判表明，虽然我们可以对上帝做一个理论上的悬设，但是却不能认为上帝实际上是绝对必然存在的。同样的道理，即使海德格尔的存在论试图把存在当做某种客观的东西，但是也不能把存在理解为类似于上帝那样的存在，变成直接性的东西。而海德格尔就是试图让这个存在像上帝一样得到本体论上的证明。于是这个存在就像是万物有灵论意义上的那种幽灵。海德格尔追求的客观性，它所论证的存在，就是类似于这样的幽灵。为此，阿多诺说，从哲学史上来看，伊利亚学派的存在概念，比如巴门尼德就提出了存在的概念，就已经是一种启蒙了。巴门尼德认为，存在只能产生存在，强调了思维中的同一性。这种存在论是对于万物有灵论的一种进步。这是一种哲学强制。这就是说，思维从混沌走向了清晰。与万物有灵论相比，这是一种启蒙上的进步。而海德格尔则要从这个存在倒退到万物有灵论的阶段，并试图清除掉巴门尼德思想中的这种进步。在阿多诺看来，海德格尔的这种做法，就是绕过了哲学强制，即同一性思维中的强制。因为，这种哲学强制会妨碍海德格尔存在论所提供的那种满足，由存在来表示非同一的东西（在阿多诺看来，这类似于万物有灵论意义上的幽灵）所提供的满足。在阿多诺看来，人类有一种追根究底的精神，这种精神需要不能被敷衍搪塞，人们希望从哲学的角度体验最本质的东西。人的这种精神需要不能被简单地否定。但是人的这种精神需要会被扭曲。这就是用按照这种需要而剪裁好的答案来满足这种需要。这就是说,人需要得到最本质的东西,绝对第一的东西,人们就用设想出某种第一的东西来满足这种需要。于是,这种需要就被扭曲了。本来这种需要就是一种精神追求,就是要激发人去不断思考,但是当人们用某个现成的答案来满足这种需求的时候,这个需求就变了,变成了一定要得到某种绝对第一的东西。人们确信,这种绝对第一的东西是存在的。所以,阿多诺说,精神的这种愿望是在两个东西之间徘徊,即合法义务(提供面包而不是石头)和不合法的信念(面包必须存在,所以它必定存在)之间的徘徊。这就是说,本来人们有一种愿望,即得到面包的愿望,要满足这种愿望就必须提供面包,而不是石头。这就好像是说,一个饭店要有义务提供面包而不是石头一样。人们有一种愿望,饭店应该提供面包给客人。这是饭店的义务,并且是合法的义务。但是我们不能把这种合法的义务和不合法的信念等同起来。虽然饭店有义务提供面包,但是我们不能因此就确信,饭店里面一定有面包,不能简单地认为面包必定存在。如果把这种愿望与存在论的需求联系起来,那么我们就可以说,存在论的需求是一种合法的义务,存在论有义务为我们提供某种最终的东西,给我们提供绝对源始的东西,但是我们不能因此认为,存在论之中一定包含了这种绝对的东西,这种源始的东西。如果我们确信存在论中一定包含了这种东西,那么这就是一种不合法的信念。存在论的需求就是在合法义务和不合法的信念之间徘徊。

令人失望的需求

这个部分阿多诺通过对于康德《纯粹理性批判》中有关科学和形而上学关系的思想来说明海德格尔思想如何借鉴了康德,而又落后于康德。海德格尔虽然要弥补形而上学和科学分离的缺陷,但是他并没有真正地对科学有所帮助。这就表明,虽然海德格尔要为实证科学提供基础,但是却并没有真正有助于实证科学。他把存在和存在者分离开来,把握存在,坚持把实证科学和实质科学分离开来,他的思想并没有对科学产生作用。本来为科学提供基础是存在论的需求,但是它并没有满足这个需求。

在这里,阿多诺首先提到了把方法论置于优先地位的哲学。这主要是指现象学,特别是海德格尔的存在论。他要为实证科学提供基础。在《存在与时间》中，他讨论了存在问题在存在论上的优先地位。在这个讨论中，他认为，对于存在的思考是实证科学中的基础问题。对于存在问题的思考会有助于科学家实现科学上的突破。[①] 在阿多诺看来，海德格尔哲学是把存在问题作为基础问题，并且满足于对于这个基础问题的思考，而他对于这个基础问题的思考即对存在问题的思考就是作为一种基础科学的思考。因此，对于海德格尔来说，他的存在论是一种基础科学，是为实证科学奠定基础的科学。只有作为这种基础科学，存在论才是安全可靠的。现象学的方法其实就是要找到某种自明的东西，这个自明的东西就能够给人们提供可靠的基础。从这个角度来说，对于存在问题进行追问的基础科学就与实证科学不同，它不讨论认识论问题，不讨论数学是何以可能的，物理学是何以可能的。海德格尔的哲学或者他对于基础问题的思考不涉及这种认识论的问题，而是涉及存在的意义问题。然而阿多诺反对把这两种东西分离开来，把实证科学和形而上学割裂开来。而海德格尔的存在论就是要思考基础的，并且是把基础问题的思考与科学问题的思考、认识论问题的思想割裂开来。所以，阿多诺认为，这种存在论虚幻地以为，那些基础问题以及哲学本身对于认识不再生产任何作用，以为这两者是分离开来的。

接着，阿多诺认为，海德格尔对于存在论的这种理解是与康德在《纯粹理性批判》中的思路是一致的。对于认识工具的反省属于基础的问题，它不涉及科学上被认识的东西，不涉及已经获得的科学知识本身，而只是涉及绝对可认识的东西，即科学知识的有效性。对于康德来说，科学知识是现成的，是被普遍接受的，是科学，这是不成问题的。他不考察科学知识本身为什么是科学的，而是考察科学知识为什么是普遍有效的。他所讨论的是科学知识的有效性。这个有效性是绝对可认识的东西。而科学上被认识的东西属于先验观念论的领域，这是被建构起来的东西。在科学认识领域中所进行的反思涉及的是被建构起来的东西，而在分析被建构起来的东西的时候，它并不触及可绝对认识的东西，不涉及科学知识的有效性。这里涉及两个方面，一个是已经被认识的东西，科学知识本身。一个是绝对可认识的东西，即科学知识的普遍有效性。而确实已被认识的东西即科学知识本身是从属于它对于科学知识的有效性的反

[①] 海德格尔：《存在与时间》，陈嘉映、王庆节译，熊伟校，北京：商务印书馆2016年版，第14—15页。

思。这就是说，康德对于科学知识有效性的反思是一种基础性的反思。这种反思不涉及科学知识的可能性本身。从这个意义上来说，存在论是类似于康德哲学的。当康德对于知识的有效性进行反思的时候，他是从知识的一般建构出发的，他从接受被建构起来的知识的基础建构之中派生出知识的有效性的问题。也就是说，他对于知识有效性的反思是置身于知识的一般建构之中的，置身于被建构起来的科学的基础上，但是他的反思却不涉及科学知识本身，而只涉及科学的有效性。在这里，我们可以看到，康德对于科学基础的反思只是要说明，科学知识是普遍有效的，而不是要说明科学知识是真理。科学知识只是现象领域中的知识，而没有真正地把握本质。

阿多诺认为，在"先验观念论"就是"经验性实在论"这个命题当中，康德就表达了这个思想。为什么说"先验观念论"就是"经验性实在论"表达了知识有效性思想，而不是表达知识的真理性呢？所谓先验观念论也可以叫"形式观念论"。在康德那里，所谓"先验的"的意识是形式的，不是自在现实的，只是使现实事物可能的条件。在康德看来，凡在直观里和在概念里与经验的形式条件一致的东西就是可能的。这种先验的东西使知识成为可能的，而要使可能性变成现实，必须与经验性质料相结合。从这个角度来说，先验的是观念，比如先验的范畴，先验的时空形式等都是使知识成为可能性的条件。由此可以看到，先验的东西是观念的，而不是实在的，康德所主张的是先验的观念论，先验的东西不能是实在的。而就经验性来说，康德所说的经验性（empirische），不同于经验（Erfarung）。经验性的东西是必须经过感觉，并通过感觉与对象相关。感觉是对象刺激我们时在表象能力上所产生的结果。"经验性的"意味着有物自体对我们感性的刺激并且这种刺激提供了质料。经验性是与先验相对的一个范畴。如果先验表示形式，那么经验性表示质料。知识就是质料和形式的产物。而经验的含义则是指"对象知识"。康德强调，经验就是通过联系起来的知觉而来的知识。经验的作为知识就包含了质料和形式，包含了经验性的材料和知性的概念。与经验概念相反的是超越。

经验性实在论意思是，经验性的东西需要借助于先验的形式才能成为认识的对象。先验性的东西只有通过经验才能发挥作用。如果说先验性使知识成为可能，那么经验性的是使知识成为现实的。从这个意义上来说，凡与经验的质料条件结合在一起的东西，即与感觉结合在一起的东西，就是现实的。从这里可以看出，经验性的实在论和先验的观念论在本质上是一致的。按照先验的观念论，先验的东西只是一种形式，是观念的，而要成为现实的知识，它就必须与经验性东西结合在一起。从这个角度来说，从这里可以看出，经验性实在论和先验性观念论在本质上是一致的，都确认了，人们所获得的知识是先验的形式和经验性内容的结合，是具有普遍有效的知识，而不是真理的知识，不涉及物自体本身。

从这里可以看出，当人们赞扬康德的《纯粹理性批判》的时候，人们认为，康德为经验奠定基础，这就是说，康德把经验当做知识的来源之一。但是人们往往会忽视，康德在这里所宣称的失败，即在经验领域中，人们所把握的是现象而不是自在之物。这种知识只有普遍有效性，而没有真理性。所以，阿多诺在这里存在着一种巨大的张力，即知识的有效性和知识的真理性的张力。这个张力与经验本身的内容无关，与知识的内容无关，而是与自在之物本身的特性有关。自在之物本身不能直接出现在经验性的质料之中。按照阿多诺的观点，康德的这个说法只是为了支持知性的正常功能和相应的关于现实的观点。这就是说，康德的批判就是为了表明，在现象领域人们可以获得知识，让人们满足于知性领域中获得的知识，满足于通过先验形式和经验性内容而产生的现实。这就是常人的观念，常人突出强调了知识的有效性，并满足于知识的有效性。而海德格尔本人也承认，他是站在"正常思考的人"一边。海德格尔的哲学也有知性的思维和现实的观点。这是因为，海德格尔哲学也采取了直观的方式，不过是把这种直观的方式神秘化。在海德格尔哲学中，世俗的直观和常识的判断并没有终止它的影响。在这里，阿多诺借用了尼采的一句话，并用尼采的话来否定海德格尔。康德试图以冒犯全世界的方式证明，全世界都是对的。在《存在论与辩证法》一书中，阿多诺解释了康德的这种把戏，即表面上接受大众的观点，实际上是站在学者（休谟）的立场。从表面上来看，他要确证知识的真理性，而实际上，他用来确证知识的客观性的方法却是休谟的方法。这就是说，表面上康德证明了知识的真理性，其实他否定了知识的真理性。[1] 这

---

[1] Theodor W. Adorno, *Ontology and dialectics*: 1960/61, Edited by Rolf Tiedemann, Translated by Nicholas Walker, Polity Press, 2019, p. 96.

就是表面上支持大众的观点，其实他所坚持的是休谟的怀疑论，即我们所获得的知性的知识，这种知识不是对于世界的本质的把握。大众满足于知识，但是学者们看到了，世界的本质是不可知的。从这里，我们也可以看到，康德按照自然科学的模式得到了一个基本的思想，即关于世界的本质学说是不可能的。理性应该满足于知性的知识。在常识的领域中我们无法把握本质。海德格尔接受了康德的思想，接受了常识的观念，海德格尔也承认日常生活中知识的正确性，但是与康德不同的是，海德格尔要用存在的观念为日常知识，为科学知识奠定基础。而康德认为，这种形而上学的基础是不可能的。而对于海德格尔来说这是可能的。这种可能性就在于他对于存在的思考。而在阿多诺看来，他所提出的那个科学基础对科学不发挥作用。

接着，阿多诺说明了海德格尔哲学和康德哲学在形而上学方面的关系，说明了实证科学和本质科学（形而上学）之间的关系。这种关系表现在，一方面海德格尔吸收了康德的思想，另一方面又试图超越康德解决康德所没有解决的问题。从继承性方面来说，康德认为，人们所获得的知识是实证知识，而关于世界的本质（本质科学），关于最终东西的知识是不可能的。这是康德的失败主义。阿多诺认为，这种失败主义妨碍了这种特殊的哲学冲动从惯常意识的偶像背后把某种真实的东西释放出来。惯常意识背后也有某种真实的东西即本质。康德否定了人们能够获得惯常意识背后的本质。康德的失败主义妨碍了它去把握本质的努力。康德的失败主义嘲笑了常识的观点，他嘲笑了人们认识事物最内在本质的狂妄企图，这是因为，最内在的本质是不可知的。如果是这样，那么人们就应该放弃追求最内在的本质的东西。从这个角度来看，康德嘲笑了俗世自足与停滞，即日常生活中的人们满足于现象领域。对于康德来说，追问本质的东西是理性的自然要求。理性不能沉溺于外在的东西，沉溺于感性世界。接下来，阿多诺说，康德的这种嘲笑包含了两个方面的要素，一方面，他是对于形而上学的一种启蒙式的否定，形而上学认为，概念直接把握了现实，概念和现实是等同的，即概念把握了本质。阿多诺认为，这是康德思想对于形而上学的启蒙式的否定。他否定了这种形而上学。形而上学认为概念本身就把握了事物的本质，概念和事物本质是一致的。当康德否定了这种形而上学的时候，康德是告诉人们，人在理性上不能满足于已经获得的知识，而需要进一步去追问，知识背后的东西。理性应该有所追求，这是具有启蒙的意义的。另一方面，这也是对那种拒不向外表投降的做法的一种蒙昧式的回应。拒不向外表投降是一种理性的必然要求，但是对于这个要求，康德做出了一种蒙昧式的回应，即我们应该限制理性的要求，给理性划定范围。这就是说，康德又蒙昧式的限制了理性。这是康德哲学中一种矛盾的东西，一方面他鼓励理性要有一种启蒙的精神，要不断追问。另一方面，他又否定了这种理性的追求。按照阿多诺的看法，海德格尔的存在论的追问也有积极的意义，在这种追问中，在这种形而上学的追求中，包含了康德哲学中所有东西中最好的东西。这个最好的东西就是对于本质的追问，对于科学背后的东西的理性思考，而不满足于实证科学知识。而康德的批判哲学并没有忘记这些东西，康德思想中当然包含了这种东西，包含对于理性的追问的积极要求，但是康德出于对实证科学知识的尊重而急切地排除了这种形而上学的追问。当他把科学和形而上学割裂开来的时候，他的思想中包含了实证主义的趋势。尽管康德思想中包含了实证主义的趋势，但是，他并没有完全忘记对于本质东西的追问。实证主义的趋势其实也是要让科学告别观念论，科学不企图把握一切，不企图把一切都纳入到观念的体系中。当科学告别了观念论的时候，观念论就不再按照科学知识的道路去把握一切东西，比如像黑格尔的观念论那样，把一切都纳入到他的观念论体系之中。黑格尔不是按照实证科学的模式，而是按照思辨哲学的模式来把握绝对。当科学告别了这个观念论的趋势的时候，成功的观念论就不再按照科学的思路把一切东西都纳入观念的体系之中，不是按照实证科学的思路来建构形而上学，不是按照科学的模式来建构形而上学，从而确立自己的正当性，而是陈述方法。按照阿多诺的看法，对于科学的反思就应该接受黑格尔的那种辩证方法，而不是走向康德的那种实证主义的思路，即按照实证科学的标准来思考形而上学问题。

在哲学致力于陈述其自身的方法的时候，科学成为"自因"的，科学和形而上学彻底分裂了开来。或者说，科学束缚在自身的范围，按照给定的对象进行思考。科学把自己束缚在分工的范围之内。于是，各门具体科学分离开来，实证科学和哲学也区隔开来。显然。科学中的这种分工是存在缺陷的。这种缺陷也越来越明显。特别值得注意的是，人文科学也受到了实证科学的影响，致力于个案研究，致力于数据的整理。这些被搜集起来的材料缺乏概念的分析。所以阿多诺说，这些人文科学成为无概念的东西的牺牲品。不同的社会科学部门之间的分离越来越明显。存在论看到了这种缺陷，它要弥补这种缺陷。但是在它致力于弥补这种缺陷的时候，它不是借助于辩证法，而是直接提供一种本质的东西。比如，它要借助于本质直观而为科学提供基础。这就是说，这种本质性的东西是按照实证性的规则而涌现出来。可是当本质的东西以直观形式涌现出来的时候，它却不触及科学过程本身。这就是说，现象学所研究的那种本质科学和具体科学（事实科学）是分离的。各门具体科学也被过度地分裂开来。存在论包含胡塞尔的存在论看到了这一点，海德格尔和胡塞尔都非常谨慎，他们是在具体科学和实证科学分裂的基础上来思考科学的基础，而不是要从辩证法的角度具体地介入到实证科学之中。本来，只有本质科学和具体科学辩证地结合起来，本质科学才会对具体科学发挥作用。但是，在这种分离的基础上去努力为科学提供基础的努力却毫无意义。后期海德格尔看到了这种分离，也表现出对这种分离的合理恼怒。尽管后期的海德格尔对于这两者之间的分离表现出合理的恼怒，但是，他其实也没有办法消除这种分离。科学标准（实证科学的标准）和本质学说即哲学学说不会由于存在学说的命令而被取消。虽然海德格尔不满意于这种分离，但是他自己的存在学说其实也是本质学说，它仍然是把本质学说和科学标准区分开来。这就是说，他首先把本质学说和科学理论区分开来，然后又说他要弥补这种缺陷。从这个角度来说，他不满意于劳动分工，但是却又屈从于劳动分工。海德格尔假装要消除这种对立。那么，为什么会出现这种情况呢？这是因为，本质性科学是从外部强加在事实科学上的，而不是事实科学自身的内在反思的结果。在这里，阿多诺借助于黑格尔对费希特的批判来说明这种做法的缺陷。费希特要用理智的直观来把握本质，这就好像用快枪直达本质。这种本质学说是外加到科学上的，是对科学的粗略处置，对科学本身没有影响。本来本质学说要弥补科学的，但是，它对科学没有发生任何影响，科学自身不断发展。本质学说背离了实证科学并最终证明了本质学说的绝对优先性。这就是海德格尔强调的，存在问题在存在论上的优先性。这种实质科学在法西斯主义的非理性口号下对抗科学。本质科学类似于法西斯主义的非理性口号，它不仅不能给科学提供有效的东西，反而阻碍科学的发展。

接下来，阿多诺批判海德格尔的学说，本来海德格尔的存在学说要弥补实证科学的缺陷的，它要从科学的批判转向本质的东西，转向存在，并提出了存在的学说。[①] 这种做法本来是要弥补实证科学的缺陷的，结果，它不仅不能弥补这种缺陷，反而把实证科学和存在学说对立起来，而忽视了科学中的本质的东西。在阿多诺看来，科学中的本质的东西，要通过科学的自我反思，要通过科学反思自身的认识模式。这样才能把握所谓的本质的东西（非同一的东西）。本来存在学说要弥补缺陷，帮助科学去把握科学所没有把握到的东西，这是存在论需求所许诺的，而这种许诺的东西被剥夺了。或者说，存在论违背了自己的许诺。

由于存在论变成了一种本质学说，并且与实证科学拉开了距离，也就是与具体的科学内容拉开了距离。这种实质科学、这种存在论在与一切实际内容拉开距离，并因此走向了观念论。在康德那里，虽然自在之物不能被认识，但是还有自在之物存在。而与康德哲学相比，谢林的观念论以及黑格尔的观念论则把这种东西彻底内在化，使它们成为意识中的要素，非同一的东西内在于意识之中。这样，对于非同一的东西认识就更加不可能，对于外在客观实在的东西的认识更加不可能。从这个角度来说，这种存在论上的哲学活动比这些观念论更加激进，更不允许人们认识非同一的东西，即更不允许人们有自主（不受约束的）的洞见。这种存在论上的哲学活动与哲学内容拉开距离，变成了一种纯粹形式的科学，而与实证的内容拉开距离。这种激进的做法并不能真正地有助于实证科学。正是由于海德格尔把实证科学和实质科学区分开来，于是他就批判了社会意识，就是一种拘泥于存在者的那种社会意识，这种社会意识是与古代存在论密不可分的，而古代存在论就是关注存在者的存在论。这种存在论被海德格尔当做异端邪说而受到批判。在阿多诺看来，海德格尔的这个研究思路与黑格尔《精神现象学》中的研究思路是一致的。黑格尔的精神现象学是关于意识和经验的精神科学。我们可以看到，黑格尔在精神现象学的导言中就是强调，要研究具体的经验，比如，研究"这一个"。阿多诺甚至说，《精

[①] 参见《存在与时间》，陈嘉映、王庆节译，熊伟校，北京：商务印书馆2016年版，第14—17页。

神现象学》中的经验内容是无与伦比的。这个经验的内容一方面完全被纳入到观念中了，而不是外在于观念的质料，另一方面，这种经验的内容也使黑格尔的观念论充满了活力。但是，黑格尔最终还是把这种活生生的经验内容升华了。在黑格尔那里，经验的具体内容其实被完全掏空，都被他精神化了。这里所说的反认识论的道路就是指，黑格尔没有把经验作为认识中的质料，不是在认识论意义上理解经验的，不是作为认识的材料来理解经验的，而是作为精神中的要素来理解经验的。阿多诺看来，海德格尔也是如此，海德格尔的解释学也走向这种反认识论的道路。既然他们走向了反认识论的道路，那么他们其实就不是果真要为科学知识提供基础了，而是要构建一种形而上学，脱离认识道路的形而上学。

按照这样一种分析，阿多诺认为，海德格尔保留了先验哲学而反对有内容的哲学。本来，海德格尔的哲学也是一种试图成为有内容的哲学，这些经验的内容都按照观念论的模式被抽象化了，于是，海德格尔哲学变成了类似于康德的先验哲学。前面我们已经说了，先验的是形式的，先验哲学就是形式哲学，是脱离内容的哲学。这种先验哲学把纯粹经验的东西排除在自己的大门之外。海德格尔把存在和存在者区分开来的时候，他要研究独立于存在者的存在的时候，他的哲学就变成了这样一种先验哲学，即排除了经验内容的哲学。所以，阿多诺说，海德格尔的哲学纲领就是把存在和存在者区分开来，而这种区分就是把哲学变成先验哲学，或者说，先验哲学就保留在海德格尔的存在哲学的纲领之中。

接下来，阿多诺就针对基础存在论的这个思想进行批判。虽然基础存在论要研究具体的东西，研究经验，但是由于它把存在和存在者区分开来，于是事与愿违，它并不能真正地达到具体的东西，不能真正地包含经验的要素。这是由于基础存在论高扬纯粹性的理想。这种理想来自于哲学的方法论化，这种方法论化的研究是脱离内容的研究。海德格尔就是沿着胡塞尔的方法论化的路线来讨论存在问题的。那么为什么存在的研究变成了纯粹性的研究呢？当一切确定的区分变得模糊不清，一切内容都无法区分的时候，这种内容才能被纯粹化，才能与纯粹性协调起来。存在就是一种无法用概念表达的、模糊不清的纯粹的质料。这个质料就是纯粹的。在方法论研究的思路中，存在论把存在纯粹化，把它变成模糊不清的东西。在阿多诺看来，舍勒也关注质料，但是质料被存在论剔除了偶然性，于是，这种质料其实不是原来意义上真正的质料，而是被抽象化的质料（纯粹的质料）。这是舍勒的质料现象学的弱点。海德格尔也是如此。海德格尔的存在之中也要包含具体的内容，但是他把存在和存在者割裂开来，让存在的内容变成极其抽象的内容。在阿多诺看来，尽管海德格尔不允许他的第一哲学受到偶然的东西的影响，但是，他并没有完全放弃具体的东西，他牢牢抓住生存，就表现了他对具体东西的关注。不过，这种具体性是一种虚假的具体性。抽象化的具体性，是纯粹的质料。在这里，阿多诺有一个注。这个注说明了海德格尔的这个虚假的具体性与法西斯主义的关系。这里有一个比较难于理解的词汇"nekyia"或"nekya"。在古希腊的邪教实践和文学中，这是一种"召唤鬼魂并询问未来的仪式"，即通灵术。"nekyia"不一定与"katabasis"（降入地府）相同。虽然它们都提供了与死者交谈的机会，但只有"katabasis"才是真正的、由希腊和罗马神话中的几位英雄进行的冥界之旅。阿多诺在这里用"nekyia"是说明，这个东西是冒牌的，与"katabasis"不同。海德格尔虽然也要与具体的东西结合，但是却不是马马虎虎地与偶然的东西、转瞬即逝的东西，即经验的东西结合，而是在抽象化、观念化之后，把它们结合到第一哲学之中。这就是把哲学具体的东西变成一种纯粹的概念。这就好像是说，具体的东西被抽象化为"概念性"，这个概念性在第一哲学中发挥作用。但是，在这里人们会说，海德格尔反对把存在理解为概念，而是强调最极端的具体。是的，在海德格尔那里，生存还是被保存下来的，而生存是在最具体的意义上的生存，是纯粹质料意义上的生存。纯粹质料和纯粹形式一样都是极端抽象的，是两个分裂开来的极端。而海德格尔哲学就包含了这两个极端的东西。于是阿多诺说，在他那里，概念和质料的分离就是一种原罪。这就是说，在海德格尔那里，概念和质料，纯粹形式和纯粹质料一开始就分离开来了，是一种原罪。虽然海德格尔要克服这种分离，用"存在"这个概念同时表示这两者，但是分离还是在海德格尔那里存在。这就是海德格尔存在概念的痛苦：概念和质料对立起来，然后又把这两个对立起来的东西强行结合在一起。这里没有概念的辩证法。所以，阿多诺说，存在概念是一种疑难概念，是把不能被机械结合在一起的东西机械地结合在一起。海德格尔先把存在变成一种纯粹形式的东西，变成某种更高的东西，这个东西超越存在者，具有更高的尊严，但是这个具有更高尊严的东西也要想到存在者，好像存在是早于存在和存在者之间分离的东西。阿多诺在这里进一步嘲笑海德格尔的存在概念。他认为，海德格尔的存在就像拙劣的诗歌那样，这个诗歌就像沙沙作响的树叶那样，滔滔不绝。这种诗歌好像给人们提供了某种东西，但是人们根本不知道这是什么东西。这种诗歌好像表达了某种东西，但是其实什么也没有。从这个角度来说，存在好像给人们提供了某种东西，提供了存在者，但是，存在者却滑出人们的掌控之外。最后，阿多诺挖苦说，海德格尔在存在中让人想到的存在者好像希特勒的装甲部队，毫无确定性地对他国突然发起进攻。这就是说，存在者在海德格尔的存在论那里是不确定的。它既要和存在者分离开来，又要与存在者联系起来。这两者的关系是完全不确定的。在海德格尔这里所缺乏的是辩证法，如果有了辩证法，那么纯粹一般和纯粹特殊之间的联系就容易理解了。

"不足就是盈余"

这个部分是要说明，虽然存在概念是抽象、空洞，存在着严重的不足，但是恰恰是这种空洞和不足使它变得好像"深刻"，"富有内容"。

而在流通领域中，在信用体系中，人们应该不使用"常人"这个概念，而使用"债权人""债务人"等。海德格尔哲学也像信用体系一样，非常讨厌"常人"。从《存在与时间》中，我们知道，海德格尔认为，常人就是沉沦于日常生活的人。那么为什么说海德格尔的存在论像信用体系呢？这是因为，在这个体系中，一个概念必须借用另一个概念。所以，在海德格尔的概念体系中，没有一个概念是确定的，都要借助于其他概念来说明，是一个概念上的信用体系。在他那里，概念的含义总是悬而不决。这种悬而不决的状况极大地讽刺了海德格尔装模作样的哲学姿态。他认为，他接近于根基了。如果他接近于根基了，那么他的思想就应该非常稳固，就不可能悬而不决。由于海德格尔的存在是那样悬而不决，所以海德格尔的哲学更像德国的词汇"思维"的意思，而不是像来源于希腊的词汇"哲学"。思维就是不断地思考，而不提供答案，而哲学把形而上学作为自己的核心，而这种形而上学就是要提供最根本的基础。所以，阿多诺说，海德格尔哲学是装模作样的哲学，好像更接近于根基，其实不提供可靠的东西，不像哲学，而更像"思维"。在这里，阿多诺用一个笑话挖苦海德格尔的"存在"概念所获得的优势地位。存在概念就像一个欠债的人所获得的优势地位一样。

在这里，阿多诺指出，在海德格尔那里，存在既不是概念，也不是事实。这是海德格尔哲学的一个非常重要的特点。海德格尔的存在不是一般意义上的概念，因为任何概念都是一种概括，都是遵循同一性的逻辑。而海德格尔的存在并不是按照同一性逻辑得到的。这个概念没有通常意义上的含义和指称。从这个意义上说，存在不是概念。另一方面，存在也不是事实，任何事实都是可以直接被观察的，但是存在却是无法直接被观察的，海德格尔要通过"存在"把类似于存在者的东西实现出来。换一个角度来说，存在既是概念又是事实，是把概念和事实（质料）结合在一起了。接下来阿多诺解释了海德格尔存在概念所包含的东西。

这个概念从事实的领域借来了一定数量的"空气"，这个"空气"是从事实领域借来的，这就是说它具有事实的特性，我们可以把它理解为纯粹质料，无形式的质料。这个没有被概念中介过的，无形式的质料，可以被称为"自在""空气"。同时，这个概念又借助于精神的东西，这个精神的东西能够把这些质料综合起来，作为一种精神的存在，它是多于事实的灵韵。所谓多于事实就是能够用抽象的形式把"空气"（质料）综合起来的东西。这种精神能够进行一种活动，有一种超越的架势。架势（Weihe）在德文中的本来的意思是"仪式"、"典礼"的意思。我们在这里无法把这个词语的意思完全翻译出来。海德格尔的精神的综合是一种仪式，而不是真正地综合起来的。这种东西是纯粹的、超越事实性内容的纯粹"形式"、或者说，是一种活动形式。海德格尔把从事实领域中借来的"空气"和精神的一种"综合"仪式结合在一起。我们也可以说，这是把纯粹质料和纯粹形式强行结合在一起。所以，存在既不是概念，也不是事实，但是，又与概念或者事实有关。所以，海德格尔的存在之中包含了两个东西，一个是纯粹的质料，一个是灵韵。这是两个相互对立的东西。如果这两个是有机地结合在一起的话，那么纯粹的质料就不是"自在"的，而是被"灵韵"中介过了，被精神的东西中介过了。但是海德格尔那里，这两个是对立的东西，这两个对立东西中的一个要想到另外一个。可是这两个分离的对立的东西竟然被海德格尔结合在一起。这就使得存在变成一个疑难概念。可是海德格尔把这个疑难的东西结合在一起，并把它变成一个具象化的东西。在这样的情况下，人们就很难从知性的角度去理解它了。所以阿多诺说，存在这个概念超出了人们能够用知性思维所理解的范围。在知性的范围内，人们可以把概念和概念所涉及的存在者区分开来。而存在超出了知性的范围，所以，如果有人从知性范围的角度来批判海德格尔，海德格尔就说，人们误解了他的思想。而在阿多诺看来，人必须要进行知性的思维，但是人又不能局限于知性的思维。而当海德格尔否定了知性的思维的时候，他的思想变成极度抽象。应该说海德格尔试图把握知性思维所无法把握的东西，而要把握这个东西，人们无奈地要用抽象的概念。这是不自愿的抽象，但是这种不自愿的抽象在海德格尔那里却变成了"自愿的誓言"，即信誓旦旦地表明，他这个贫乏的概念表达某种深刻的东西，更具体的东西。而在阿多诺看来，这种深刻的东西不是抽象概念所能够做到的，而要借助于辩证法。我们利用抽象的概念，用辩证法来使概念走向具体。而海德格尔却信誓旦旦地担保，他的抽象概念也是最具体的。这种抽象和贫乏的东西在海德格尔那里却又被打扮成极度深刻、内容丰富的样子。贫乏在他那儿成为深刻的标志，而海德格尔本人也承认他的这些说法非常贫乏，"思维滑向了其暂时性本质的贫乏"。"暂时性本质"不是人们所理解的抽象一般意义上的本质，是可以固化的本质，而是一个东西成为某种东西的特殊性的本质，具有偶然性和暂时性特征的本质。他大概对于自己的贫乏感到骄傲，好像有苦行僧的圣洁和高尚。好像苦行僧能够不受到概念思维中的那种困难（用抽象把握特殊）的困扰，而能够直接体会到这种特殊，这种非同一的东西。苦行僧的那种思维类似于海德格尔所说的那种"源始"的思维。阿多诺则认为，存在是一个疑难概念。它把不能结合在一起的东西结合在一起，并把它变成类似于单一实体的东西。它的难处在于，它要把更加抽象的东西变成更加具体的东西，更加真实的东西。如果我们一定要使用"存在"，那么我们应该意识到，这是表示思维中的困难。但是，海德格尔很厉害，他用抽象的"存在"概念，直接表示了最具体的东西（存在）。接下来，阿多诺用海德格尔自己的话来批判海德格尔自己，思维在语言中没有里留下多少痕迹，意思是，他在思维中所思考的东西无法用语言来表达。但是，在海德格尔那里，语言中是没有他所说那种思维内容的。如果思维没有在语言中留下痕迹，没有在语言中表达出来，那么这个语言就必定是思想贫乏的。阿多诺说，虽然海德格尔的这句话显得非常谦恭，实际上不过是矫揉造作。虽然他把自己的存在搞得像传统上的神性一样，但是，存在论却不会像传统的神学受到批评。因为，神学中的神性是被概念化的东西，是能够用语言表达的东西。但是，海德格尔的存在虽然类似于神性，但是却不会面临这神性的危险。它不会被当做抽象的概念来被人批判和否定。他的存在哲学吸收了神学的东西，但是却提防自己变成神学的东西。它反对人们把存在变成实存，或者说，反对人们把存在理解成类似于上帝一样的东西。既然他提防这种神性的实存，那么他就不会受到批判。可是，尽管海德格尔思想中保留了类似神性的东西，但是它用现代性的内容把自己打扮起来。虽然这个存在哲学（一个企图成为体系的整体）吸收了传统，但是却不承认自己是传统的，其实它已经用现代的东西把自己打扮起来。所以，阿多诺说，这个整体，即存在虽然受到了传统东西的影响，类似神性，但是它却不承认它来自于古老的传统，它不承认自己是非现代的，它要把自己装扮成为现代的东西。这种继承了古代神性的学说，却一再要说自己是现代的。虽然存在来自于古代，有神性的痕迹，但是它却是现代社会中出现的，它要解决现代社会中的难题。不过这个存在是排除了存在者的，作为存在者不在场的证明。或者说，在这个存在中存在者是被排除在外的。然而，这个存在虽然排除了存在者，但还是偷偷摸摸地把存在者隐藏在自身之中。这个存在者在这里变成了"空气"、纯粹的质料。

无人之地

虽然海德格尔也要成为有内容的哲学，要把握非同一的东西，但是海德格尔还是既反对观念论，又把非同一的东西变成一种本质，变成本质的直观对象。于是，他所要把握的实际内容也被他剔除了。在这里，他既否定了主体，又否定了实际内容。结果，他的哲学没有获得任何东西。他的哲学中既没有主体也没有客体。当他直接超越主体和客体之后，他进入了无人之地。

在这个部分的一开头，阿多诺就指出，从谢林以来，具有实际内容的哲学是建立在同一性逻辑的基础上的。而谢林是在批判费希特思想的基础上走向绝对同一性的学说的。在知识论中,费希特提出了,先天就是后天这样的公式。费希特在批判康德哲学的时候认为,康德强调物理的知识有两个来源,一个是先天的知性范畴,一个是感性的经验。康德只是强调了先天的范畴,但是却没有回答这些先天的范畴来自何处。费希特认为,先天的就是后天的,就是来自于意识活动本身。这个意识活动本身就是自我,而自我不是通过概念获得的,而是通过主体自身的理智直观获得的。虽然费希特也是观念论者,但是他的思想中还包含对于非我东西的认识。而谢林却把费希特的自我绝对化,并走向了绝对同一性的哲学。所以阿多诺说,谢林把一切存在者,一切精神的要素统统还原到主体自身,然后把事实和概念在更高的精神层次上同一起来。于是,这就达到了谢林所说的绝对同一。按照谢林的观念,这种绝对的同一既不是主体,也不是客体,更不是两者的结合,而是"绝对理性",或者"宇宙精神"。在这里,我们可以看到,谢林以来的哲学也要把握实际内容,它们把存在者的总体纳入到精神之中,把它们还原到主体。这就意味着存在者被还原到主体之中。

可是,海德格尔却不同,他反对主客体二元对立,反对观念论哲学,他要直接面对非同一的东西,而不是把这种东西纳入到主体之中,把存在者直接精神化。谢林的绝对夸大了主体的作用,而海德格尔却弱化了主体的作用。于是,海德格尔接受了现象学,要直接面对实际的内容,面对非同一的东西。按照海德格尔的现象学公理,思想必须接受或者屈从于给予思想或者投射给思想的东西。思想就是对于这些直接被给予东西的直观。存在就是这种直接被给予的东西。这就是说,思想是完全被动的,只能接受发送给它的东西,而不能积极地反思发送赖以发生的条件。其实,自然界本身给人提供的东西都包含了主体的作用,自然本身不能"发送",而只有当主体和自然结合在一起的时候,自然的东西才通过主体的作用发送给思想。从这个角度来说,思想不是完全被动地接受发送的东西。从这个现象学公理中,我们就可以看到,思想没有建构的可能性,也没有反思的可能性。本来发送是主体和客体的相互作用,是主体建构过程的结果,但是现象学否定了这种建构。本来发送给思想的东西是主体建构的结果,思想可以反思主体的这种建构。而现象学否定了主体的作用,所以，现象学否定了建构的可能性，也否定了思辨的可能性。对于现象学公理来说，这都是一种禁忌。从这里可以看出，海德格尔的存在论是建立在胡塞尔的现象学方法的基础上的。

胡塞尔的现象学要面向事实本身，即在观念中直观事实本身。按照阿多诺在这里所提供的注释，胡塞尔之所以认为，他的现象学不是认识论，是因为认识论是要获得客观知识，这种认识论是要借助于演绎推理的方法，而现象学是要"面向事实本身"。这个面对事实本身的做法就有随意性和偶然性。胡塞尔面向事实本身也是要把握分类逻辑所不能把握的东西。如果说用分类逻辑方法来把握客观的东西，那么这就是认识论，而胡塞尔不是按照分类逻辑来把握事实本身，所以他认为，他所进行的工作不是认识论。按照同样的思路，海德格尔认为，他的哲学不是形而上学。这是因为，按照他的看法，传统哲学都是在主客体二元对立的基础上研究存在者，是建立在认识论模式基础上的形而上学，而不是研究存在本身。这些研究存在者的哲学是形而上学。对他来说，他的现象学是研究存在的，所以他的现象学不是形而上学。胡塞尔和海德格尔都是一种直观的哲学。

在阿多诺看来，虽然胡塞尔也要借助于现象学方法把握非同一的东西，把握实在的内容，但是，胡塞尔在这个方面要比马堡学派的新康德主义者逊色许多。这就是说，马堡学派的代表人物，如柯亨等人要借助于微积分的方法来把握同一性逻辑所无法把握的东西。在阿多诺看来，借助于微积分方法也无法把握非同一的东西。但是不管怎么说，这也是在"纯粹认识的逻辑"的范围内把握非同一东西的尝试。这种做法还是一种认识论，是要从主客体对立的基础上把握非同一的东西。虽然胡塞尔也要通过本质直观把握非同一的东西，但是胡塞尔最后得到的仍然是抽象概念。比如，当我们直观红色的东西的时候，我们可以通过本质直观得到红色本身，这个"红色"本身仍然是抽象的概念，抽象的一般。从这个角度来说，胡塞尔比马堡学派在把握非同一性东西方面，在把握实在内容方面更加逊色。这是因为，胡塞尔在把握非同一东西，把握实在内容的时候，虽然借助于直观的方法，但是他"牺牲了经验内容"。在接受发送给思想中的东西的时候，思想进行了一种观念化的操作。这种观念化的过程就牺牲了经验的内容。而在阿多诺看来，要把握非同一的东西必须借助于经验，当然这种经验不是没有概念性的思考。在概念性思考中，经验把握到非同一的东西。这就是阿多诺所说的哲学经验。如果胡塞尔在本质直观中所把握到的仍然是概念，而不是非同一东西，那么海德格尔的存在也无法达到这个目的。海德格尔的存在是他通过现象学直观而得到的本质。海德格尔的存在也是一种关于本质的科学，也是从本质直观中获得的。海德格尔把他的哲学理解成为本质科学，并且把这种本质科学与经验科学区分开来。一切经验的东西都被海德格尔纳入到经验科学的范围之中。前面我们已经说过，本质可以有一般的本质，也有特殊的本质。虽然海德格尔也要把握这种特殊本质，但是他把存在和存在者分离开来。对于存在者，我们可以通过经验来加以把握，而海德格尔的存在是脱离存在者的，是无法用经验来把握的。所以，阿多诺说，他牺牲了经验。

在阿多诺看来，胡塞尔的爱多斯（Eidos）概念还留下了一点实在内容的痕迹。我们知道，胡塞尔把观念化和理想化区分开来。观念化所得到的东西被理解为爱多斯或者德文意义上的本质（Wesen，即过去的存在）。而理想化则表示走向极限的意思。比如，理想化的点、线、面，这保留了传统的理念的意思。从胡塞尔的这个区分中，我们知道，胡塞尔的本质或者爱多斯之中还是包含了实际内容的痕迹。正因为其中还包含了一定的实际内容的痕迹，所以阿多诺把爱多斯理解为"事实性的概念统一体"。剔除了事实，但是还保留了事实的痕迹的东西，就是事实性的东西。由于胡塞尔思想中包含了这种痕迹，所以，胡塞尔思想中包含了内在的矛盾。他的现象学要获得纯粹的必然的知识，纯粹逻辑的知识，但是他的爱多斯中却包含了内容的痕迹。这里存在着矛盾。而海德格尔把剔除经验内容的做法推向极端，甚至把事实性的痕迹也要剔除。他的存在概念变成了一个纯粹形式的概念。这个纯粹形式的概念要让人想起纯粹的质料。在海德格尔那里，存在是本质性的浓缩，是纯粹本质性的，是纯粹的形式，剔除了内容的最后一点痕迹。如果有了内容，那么形式的东西就和内容的东西发生冲突了。海德格尔的存在概念剔除了一切内容，存在就成为纯粹空洞的形式概念。由于这个概念是纯粹的形式概念，于是这个概念就不像胡塞尔那样具有形式和内容的矛盾。所以，海德格尔的存在论由于其自身的连贯性而最终陷入了无人之境。这个纯粹的形式概念不包含任何东西。这就是阿多诺所说的无人之境。这个存在论消灭一切后天的东西，消灭一切经验的内容。如果消灭了一切经验的内容，那么他就应该是纯粹逻辑的东西。但是它又不是纯粹逻辑的东西。它既不是后天的，也不是逻辑的。于是它什么也不是。存在作为纯粹形式的概念类似于纯粹的逻辑，但是却不是逻辑。从这个角度来说，海德格尔进入了一种无人之境。所以，阿多诺批判海德格尔说，在海德格尔那里，思维的每一个特殊的步骤都必然使存在论超过它唯一希望能够自我满足的地点。思维需要有内容，需要在内容中得到满足。但是在海德格尔那里情况就不同了，思维要超越任何一种内容，达到一种纯粹的形式。于是，这个思维所思考的是没有任何内容的纯粹存在。在这样的情况下，他对于存在再也不能进行任何断言。这就是说，他不会对存在做出任何判断。在思维中给予的存在，或者说观念化过程中所得到的存在没有任何内容，对于这个存在，他无法做出任何断言。海德格尔进入了一个无人之地。对于海德格尔看来，他的这种做法是对于存在的沉思。这就是说，尽管我们不能对存在进行断言，但是我们可以对存在进行沉思。而在阿多诺看来，这种所谓的沉思其实就是因为，存在没有内容。如果有内容，人们就可以进行判断，即使这种判断是不准确的。在阿多诺看来，如果人要思考，那么这就必须是对某种对象进行思考，是思考某种与思考本身不同的东西，但是在海德格尔那里，思考就是思考它自身。海德格尔的思考既害怕失去思考本身，又害怕失去它已经获得的东西（好像有一种概念思考所无法达到的纯粹质料），所以思考总是思考它自身，而这个思考却不被允许思维与它自身不同的东西，它不允许思考存在者，而只能思考存在本身。因此，阿多诺说，在海德格尔那里，哲学变成了一种礼仪性的姿态，好像它在思考，其实它什么也没有思考。这个礼仪性的东西也是真实的，即它不思考，所以，在这种礼仪性的思考中，哲学只能沉默，它什么也没有说。

不幸的实际内容

如果说"无人之地"这个部分说明了海德格尔哲学中的存在是无内容的形式的话，那么这个部分表明，虽然海德格尔像实证主义那样把握经验内容，但这些内容是无形式的内容。这个无形式的内容是空洞的"X"。它可以被理解为纯粹的质料。

我们知道，阿多诺这里所说的实际内容是指非同一的东西。要把握这种非同一的东西，我们就必须通过一种精神上的领会，而且是现实的人对于这种东西的一种历史性的领会。这就是说，这种领会是与人在时间中的存在方式有关的。其实这也是海德格尔所说的，人在在世的生存中领会存在。所以，阿多诺说，存在哲学对于这种精神行为方式并不陌生。由于主体把自身局限于用概念来把握对象，概念性的思维方式束缚了人的主体。这个通过概念思维而建构起来的世界变成了第二自然，这个第二自然仿佛建构了一堵墙。人们把概念思维、合理性的思维当成是天然合理的。而对于实在内容的"神经体会"，也就是从精神上去领会实在内容，就是为了克服主体所存在的这种局限性，克服合理性的思维所具有的局限性。我们前面说过胡塞尔的现象学也是要把握这种东西，而海德格尔也承认他是要借助于现象学来把握这种东西。

传统上，人们强调，认识就是主体所进行的认识，强调主体在认识上的作用。而观念论哲学特别强调主体的作用，甚至把认识局限在主体之中。确实，主体在认识中发挥了巨大的作用。没有主体的巨大作用，人类也不可能取得认识上如此巨大的成就。所以说，这种主体的成就为观念论奠定了基础。但是，在现代社会主体衰弱了，主体成为功能系统中的要素。在这种情况下，人们开始怀疑主体的作用，把主体作用看做是不必要的装饰品。基础存在论和现象学都看到了这一点，他们都以不同的方式来否定主体的作用，而接受一种实证主义的认识方法，就是强调主体只是接受客体所提供的材料。由于否定了主体的作用、否定了概念的作用，所以海德格尔试图不借助于概念，纯粹地直面这些非概念的东西、直面事情本身。而在这样的情况下，实际内容就发生了180度的大转弯。实际内容脱离了概念，变成了纯粹的质料。而这种纯粹的质料其实就消解了事情本身，就变成了"X"。我们可以说，这是抽象的质料（脱离概念的质料），抽象化的"具体内容"。实在的内容（即认识的材料）需要借助于形式，没有形式就变成什么都不是的东西，我们无法表达的东西。而海德格尔要无形式地把握这种材料。由于海德格尔对于认识被束缚在主体之中产生了厌倦，希望摆脱主体，摆脱概念来直接思考认识的材料。这种材料没有被概念所污染。从这个角度来说，阿多诺认为，海德格尔哲学是一种浪漫主义，他想摆脱概念性的抽象思考。他要像浪漫主义潮流，比如德国的青年运动。这种青年运动是在德国兴起的一种新的艺术风格，它反对传统的艺术，重视自然主义的装饰特点，表现为曲线，流畅的有机形态，反对机械化和工业化。它们喜欢模仿自然界的要素。从表面上来看，这种青春艺术风格是反浪漫主义的，其实它是浪漫主义的一部分。① 海德格尔哲学也是如此，它表面上是反浪漫主义的，而其实它是浪漫主义的一种形式。这是一种反主体，反对主体的想象的艺术形式。它试图通过模仿自然来对抗以主体的想象表现出来的浪漫主义。我们可以说，这是一种回归自然的浪漫主义。这是一种极端反主体的艺术形式。阿多诺借助于这个艺术形式来说明，海德格尔哲学也类似于这种艺术形式。极端的反主体，强调客观的质料，其实就是一种主观主义的做法。前面我们已经说过，现象学既否定了主体，进行纯粹的直观，但也是极端的主观主义。对于把握存在的直观来说，主体可以随意选择任何一个位置来进行直观。可以说，这种选择是完全主观的。

　　海德格尔像青年风格那样也要反主体，但是他只能用一些好斗的言辞来克服主体性，而主体性本身是不可消除的。由于主体的思考都需要主体性，都需要进行反思，都需要概念的中介，于是海德格尔就让反思和中介的要素返回到认识的源始阶段，即返回到主体借助于中介和反思之前的那个阶段上。这就是说，海德格尔所强调的那个原始的东西，其实就是中介，就是返回到源始阶段的中介。海德格尔要无反思、无中介地直接面对事情本身。对于海德格尔来说，在这样一个阶段上，主体可以直接领会存在本身，直接领会被给予的东西。但是，海德格尔的这个努力失败了。这是因为，当这种哲学想无主体地接近这个事情本身的时候，这个事情本身被当做了纯粹质料来理解，它要公正地对待这个质料性的东西，原初的东西，这个新实在的东西。阿多诺认为，当意识用这样的方式来对待认识的质料的时候，这个质料就像康德所说的自在之物那样，没有任何一种规定性。在阿多诺看来，如果哲学要达到事情本身，那么哲学就必须借助于形式，借助于概念，如果没有形式，没有概念，那么被思考的东西就没有任何规定。当海德格尔的存在想把握住质料的时候，想把握住事实本身的时候，他拒绝主体、拒绝概念，于是他就消除了他所思考的东西的一

---

① 参见 Theodor W. Adorno, *Ontology and dialectics*: 1960/61, Edited by Rolf Tiedemann, Translated by Nicholas Walker, Polity Press, 2019, 292 页。

切规定。这个质料就如同康德的自在之物那样，无法被规定。

海德格尔所面对的这个存在本身，这个事情本身或者是纯粹主观理性的产物，是纯粹设想出来的，世界上不存在这样的纯粹质料本身，或者是从特殊存在者的派生物。特殊存在者的派生物就是从特殊存在者中派生出来的那种纯粹的感性材料。这种所谓的事情本身，所谓纯粹的材料是令人讨厌的，是因为人根本无法把握它。在这里，思想面对着一种相互冲撞的、相互否定的特殊需求。这个需求的矛盾表现在，一方面，它需要把握质料，而要思考质料就需要思想，没有思想就无法把握任何东西，但是，海德格尔却拒绝思想，而要进行直观。如果要直观就必须是对存在者的直观。另一方面要把握存在就需要借助于存在者，但是海德格尔却不允许借助于存在者，而要直接把握存在本身。这种相互冲突的情况使得海德格尔的那纯粹的存在、那个事情本身变得无法被把握，无法被规定，而只能被说成是纯粹的"X"。所以，阿多诺说，在海德格尔那里，一方面思辨的思维不被允许，另一方面，存在者又不能被深入研究。如果允许思辨的思维，那么人们就用概念来把握经验材料，并反思概念对于经验材料所产生的破坏。通过这种辩证法来把握非同一的东西。如果存在者被深入思考，那么人们就可以通过具体存在者的存在来把握存在，把握质料本身。

在这样的情况下，海德格尔要面对事情本身，却没有任何可以被思考的东西，这里既没有概念也没有以存在者为中介的感性材料。所以，阿多诺说，海德格尔所思考（直观地面对）的是空洞的"X"。阿多诺认为，这个空洞的"X"，比康德的先验主体还要空洞。在康德那里，先验主体是意识的统一体，其中还包含了对于自我性的回忆。而在海德格尔那里，这个"X"，这个存在表示不可表达的东西，是脱离一切谓词的东西。但是，对于海德格尔来说，"存在"不是一般的概念，存在只是一种命名，它是把存在本身，也就是不可表达的东西本身凸显出来。所以，这个"X"虽然脱离了一切谓词，但是却是最真实的东西。这个存在可以通过去蔽而自身显现出来。在阿多诺看来，这个概念其实是一个疑难概念，是把无法结合在一起的东西结合在一起。这是无法被表达的非同一的东西。当海德格尔把无法被同一起来的东西同一起来的时候，这个存在就变成了"无"。海德格尔本人也是这样认为的。他在《形而上学导论》的一开头就问，为什么存在者存在，而无却反而不存在？而这里所说的无就是指存在。所以，阿多诺说，海德格尔在这个问题上没有欺骗自己。当然，海德格尔的存在哲学是反虚无主义的。对于他来说，存在不能在虚无的意义上被理解。而在这个问题上左翼存在主义误解了海德格尔。在阿多诺看来，虽然海德格尔的存在论不能被说成是虚无主义，但是，这种存在论把虚无性说成是肯定性，把否定性变成了肯定性。对于阿多诺来说，存在不能以肯定的形式出现，不是直接显现出来，只能通过中介而显现出来，所以，"存在"应该是否定性的，但是海德格尔却用"存在"这个肯定的词语来说否定性东西。海德格尔把"存在"当做最高词汇，作为最高词汇的"存在"所表示的是不折不扣的虚无性，是否定性。但是这个虚无性，这个否定性却用肯定的词语"存在"（是）表达出来。

论范畴直观

从前面的论述中，我们可以看到，无形式的质料和无质料的形式就是把质料和形式压缩为无向度的点。在阿多诺看来，无论海德格尔从那个向度把存在压缩为某种无向度的点，这种做法都是有它的客观基础的。这个客观基础是什么呢？就是范畴直观。范畴直观类似于无质料的形式直观无形式的质料。在传统的认识论的框架中，它们都可以被理解为一种"综合"，即非同一的东西的统一。范畴直观忽视了在其中发挥作用的中介。

我们知道，"范畴直观"是胡塞尔在《逻辑研究》第二卷第六研究所提出来的。海德格尔在《时间概念史导论》中进一步讨论了这个概念。胡塞尔为什么要提出这个概念呢？这是因为胡塞尔在他的语言分析中发现了这样一个问题：当我们说，"这张白纸"的时候，我们可以直观这张白纸，可是，当我们说"这张纸是白色"这个命题时，我们是不是也直观地把握"是"含义的？我们在这两个直观中是不是得到了同样的含义呢？显然，"这张白纸"和"这张纸是白色的"不一样。我们可以直观地从某个具体白的事物之中把握"白"的本质，但是，我们怎么把握"是"的本质呢？我们可以直观白纸，但是我们怎么直观"是"。胡塞尔所提出的"范畴直观"就是要直观"是"、"因为"、"或者"等方面的东西的。对于白纸，我们可以感性地直观，而对于"是"我们只能通过范畴直观的方法来把握。而海德格尔之所以这么关注范畴

第一部分　与存在论的关系

直观，就是因为，他的"是"（存在）就是从这个范畴直观中得来的。

当我们说，"这张纸是白色的"时候，"是"表示一种关系，"纸"和"白色"通过"是"这个中介联系起来。如果我们不管"纸"和"白色"，而把"是"独立起来，那么"是"就可以用来表示一种事态（传统认识论把这种事态看做是综合的结果）。我们可以像直观"白纸"那样直观"是"（这个综合事态）。所以，阿多诺说，范畴直观就是提醒我们，范畴（像"是"这样的范畴）所建构起来的事态，总是与一种超出感性的要素相对应。这里所说或的范畴建构起来的事态，是观念中的事态，可以被理解为观念中所进行的形式上的综合。传统的认识论把它看做是思想中所进行的综合的结果，就是一种无形式的质料。与这种无形式的质料相对应的是无质料的形式。这个形式的东西就超出"感性形式（eide）"。这种无形式的质料是直接被给予的东西，是可以直观把握的东西。所以这句话可以理解为，我们在观念中所进行的形式上的综合是与质料性意义上的综合相对应的。所谓范畴直观就是，我们在思维中所进行的形式上的综合，并把这种综合与质料的综合相对应。我们借助于形式的综合直观到质料的综合。按照胡塞尔对于范畴直观的分析，我们在说一句话的时候，或者我们"表达"的时候，我们就把含义的意指与含义的直观之间对应起来。① 这其实就是确立命题（或句子含义的形式）和质料之间的对应关系（相当于名词和概念之间的关系）。范畴所建构起来的事态，从传统认识论的角度来看是综合的结果。这就是说，如果我们从认识论的角度来看，那么范畴所建构起来的事态是我们在认识中进行综合的结果。通过这种综合，我们可以得到一个"这张纸是白色的"这样一个综合的事态。这是范畴所综合起来的事态。这个"是"在这里发挥了一种综合的作用。海德格尔把这个综合作用看做是独立于"这张纸"和"白色的"这两个存在者的"东西"，作为一种综合事态。这个就是"是"作为一种事态是由范畴所建构起来的。范畴直观所直观的就是这个事态"是"。

为了说明这两者之间的对应关系，阿多诺用数学中的等式来表示。在数学的等式中，"$3 + 2 = 5$"是相等的，等式的两边都是综合的结果。这两者之间

---

① 胡塞尔：《逻辑研究》第二卷第二部分，倪梁康译，上海：上海译文出版社1999年版，第140—141页。

的对应关系相当于范畴所建构起来的事态（如果我们可以把 3 + 2 理解成这样一种事态）与超感性形式（"5"是思维中所进行的综合）的对应关系。在这里，如果没有"3"和"2"的关系，那么"5"这个综合是不可能的。这就是说，要素之间的关系与综合是相对应的。按照康德对于算式的理解，算式是纯粹的感性形式（时间）的综合的结果。时间就是前后相继，前一个点接续后一个点，数就是这种综合的结果。① 如果按照康德对于这里的数量关系的理解，那么"3 + 2 = 5"应该这样被理解，就是按照时间前后接续而逐步进行综合得到，从而使等式两边相等。而阿多诺对于这里的数的综合关系的理解则不同。等式两边的数量相等表明，思维对于等式两边都进行了综合，而这两种综合是相互对应的。这就是说，我们不仅要把等式两边综合起来，而且还要把等式两边也综合起来。如果没有把等式两边综合起来，那么任何一种简单的数学公式都是不可能的。等式两边的数量关系也必须被综合起来。因此，阿多诺强调，要素之间的关系要与这种综合相对应。这就是说，没有一种对应于要素之间关系的那种综合，任何综合都是不可能的。我们既需要有要素之间的对应关系，比如，数学等式中的对应关系，也需要有思维中的综合。没有等式中的对应关系，综合是不可能的，没有思维的综合，综合也是不可能的。当然，在这里，按照流行的逻辑学的观点，如果等式两边是综合关系，那么这两边之间的相等就没有必然性，而是偶然的了。如果这种关系是必然的，那么等式中的一边所进行的综合必然地得到等式另一边的结果。这里包含了逻辑的必然性。而在阿多诺看来，这个等式中的相等也是一种思维的综合，而不仅仅是逻辑关系。确实，在思维过程中，等式两边等同起来不应该被理解为纯粹的逻辑关系，而是一种综合。否则"相等"这种关系就无法建立起来。当我们说两个东西是相等的，那么思维就必须把这两个东西联系起来。建立这种联系的过程就是一种综合的过程。也正因为如此，阿多诺说，除非等式两边事实上是相等的，否则"相等"这种综合就不可能。通过这种分析，阿多诺得出结论，没有思维的综合就谈不上匹配，这就是说，如果没有思维的综合，那么等式两边就不能被匹配起来，就不可能建立联系。反过来，如果没有等式两边的对应关

---

① 参见康德：《纯粹理性批判》，邓晓芒译，杨祖陶校，北京：人民出版社2004年版，第156页。

系，那么就不可能有理性的综合。等式两边的对应关系以及对于这种关系的综合是密切联系在一起的。但是，如果人们进行认真的反思，人们就可以把对应关系和综合区分开来。当人们把这两者区分开来的时候，人们就会提出疑问，思维究竟是一种活动还是自我测量的努力。如果思维是一种活动，即把对应关系综合起来，那么这就不是一种自我测量。如果思维就是一种自我测量，即思维就是对于等式两边形式上的对应关系的确认，即没有对应关系而进行的纯粹的思想上的综合。这就是一种思维上的自我测量。当人们在反思中产生这样的疑问的时候，那么我们应该告诉他们，任何一种被自发思考的东西都与现象性东西结合在一起的。如果我们联系这个数学等式来说，等式两边的对应关系是一种现象性的东西，而思维中所进行的综合是与这种对应关系结合在一起的，或者说，这种对应关系被自发地思考了。思维和被思维的内容是结合在一起的。如果思维就是一种纯粹的自发活动，如果思维和被思考的对象割裂开来，那么这种思维就是纯粹的自我测量。在阿多诺看来，这就导向了观念论。阿多诺认为，在海德格尔的存在论中，海德格尔强调现象的方面，即思维中显现出来的东西，即被自发思考的内容。这就是要把思考的内容和思考本身结合在一起，或者说把理性的综合和数量上的对应关系结合在一起。阿多诺认为，这是海德格尔正确的地方，他由此也克服了（修正了）观念论。但是，海德格尔把理性的综合和数量上的对应关系结合在一起而形成的事态（如同被范畴建构起来的事态）孤立起来，独立起来，变成了一种具象化的东西。而当海德格尔把这种事态变成一种具象化的东西的时候，他又重新回到了观念论。阿多诺认为，这是因为，海德格尔抽象地把握这个事态。在这里，阿多诺引用了黑格尔的话说，这是像观念论那样对于事态中的要素进行抽象的综合。本来，综合都是把具体的不同的东西综合起来，而在这里所说的抽象的综合是指把要素独立起来，把这种事态固化。

在阿多诺看来，一旦海德格尔把这种事态孤立起来，独立起来，变成具象化的东西，那么这个东西就物化了，变成了类似于某种具体事物的东西。这就是说，它变成了存在者。本来海德格尔所说的存在就是这个事态，即综合能力和对应关系的结合体。它既不是主观的，也不是客观的。简单地说，这是在思维中的综合以及与这种综合结合在一起的对应关系。这就是我们前面所说的纯粹形式和纯粹质料的结合,从一定意义上来说,这也是把概念(抽象形式)和存在者(质料)结合在一起。当海德格尔把这个结合体变成了一个孤立的东西的时候,这个东西就成为存在者。而海德格尔把概念和存在者结合(存在)在一起的做法就是要反对把存在变成存在者。海德格尔所确立起来的这个存在(被物化了的东西)其实也是具有历史的特点的,或者说,具有遗传的特点。

按照阿多诺的解释,这个被遗传下来的事态,这个被物化的事态类似于黑格尔所说的客观精神。如果精神可以被客观化,那么精神就可以被当做直观的对象。李凯尔特关于文化的理论其实就是把精神的东西客观化,把它作为一种直观的对象来理解。人的意识就可以像观察外部对象那样,观察这种客观精神。在这里,人们忽视了,这种客观的东西其实是观察主体的一种"投射"。这就是说,主体把自身和客观精神拉开距离之后,从主体的角度来观看客观精神。精神的这种客观性是主体和精神拉开距离的结果。其中,这种精神和主体是相互作用的。这里存在着一种辩证关系。当这种客观的东西被当做是现成的东西,变成直接被给予的时候,意识就越是接近于精神面相学,即对客观精神的直观。阿多诺这里所提出的"投射"来自于胡塞尔和海德格尔①。阿多诺在这里引用这个概念主要是指主体的主动性。如果客观精神是一种被物化了的精神,那么,主体在这里是没有主动性的,而只能直观地面对客观精神。好像算命的人看到别人的面相就知道别人的命运。在这里精神变成了第二自然的东西,可以被直观的东西。所以阿多诺说,本来思维是要进行思考的,是会对事物做出规定的,是不会排斥它所面对的东西的,但是海德格尔那里,由于思维只是进行直观,所以,客观的形式,纯粹的质料就变成了可以被直观的对象,变成了第二直接性。而第一直接性就是人直接面对自然。海德格尔的这种范畴直观其实就是把第二直接性和第一直接性混淆起来了。人可以直观自然,但是思想中纯粹质料不可能被直观。在这里观察和被观察的东西是结合在一起的。黑格尔的逻辑学把存在论和本质论区分开来。他在分析存在之后来分析本质。按照阿多诺的看法,黑格尔把本质当做某种"定在",即具体的实存的东西来

---

① 参见 Theodor W. Adorno, *Ontology and dialectics*: 1960/61, Edited by Rolf Tiedemann, Translated by Nicholas Walker, Polity Press, 2019, pp. 172 - 173。

处理。从这个角度来说，被现象学所直观的本质是被精神处理过的。

在黑格尔那里，本质，定在是从存在那里产生出来的。这是思维的展开过程。这里包含了辩证法。而胡塞尔则相反，这种精神事态是精神自身直接给予的，精神可以直观和描述这种直接给予的东西。而海德格尔也接受了胡塞尔的现象学方法。阿多诺指出，胡塞尔对于精神事态的直观的观念变得如此教条，以至于尽管精神已经在思维过程中被反思了，被重新思考过了，但是精神还是不会发生任何变化，或者说，精神不会因为人的思考而变成别的东西。阿多诺进一步讽刺说，在这里思维有对象，也对这个对象进行了思考，但是这个被思维的东西却不会成为思想的产物。海德格尔的存在概念就是从这个精神事态中转换而来的。或者说，被思维思考过了的纯粹的精神事态是不会发生变化的。这个被思维思考过的并且不会发生变化的精神事态就是海德格尔的存在。从这个角度来说，海德格尔所说的存在也是自身给予的。当精神事态被理解为自身给予的时候，这就是一种观念论，即精神的自我产生，即精神的纯粹自发性。而这种包含了自身给予的观念论包含了存在论于自身。

接着，阿多诺批判了胡塞尔的现象学和建立在这种现象学基础上的存在论。在他看来，他们的错误就在于，被胡塞尔和海德格尔所理解的那种现象是经过思考的，并且由此必然会发生变化，但是在海德格尔等人看来，即使它们经过思考，它们仍然不会发生变化，不会被概念所污染，不会被思想所污染。现象学不思考，而只是纯粹的观察和描述。从这个角度来说，它不是在主客体相互作用中去说明人如何把握客体。它不是认识论。而人在认识事物的过程中必然具有反思的要素。但是现象学不带有反思的污点。所以阿多诺说，现象学与思想只有纯粹接受性的主张一起崩溃了。人的思想的伟大之处恰恰就在于，它们不是纯粹接受性的。海德格尔的存在就是指纯粹自身给定的范畴性事态，是被直观的范畴性事态。海德格尔的这种范畴性事态的观念来自于现象学。

那么为什么会出现这样一种思维方式，即人们认为，可以借助于对于精神事态的直观而把握这种事态的本质呢？为什么人们会认为，在直观这种范畴性事态的时候，就可以直接把握的最一般的本质性的东西呢？阿多诺在这里从思想和现实两个维度来说明了这个道理。

现象学认为，在判断中虽然人们进行了综合，但是这种综合是以接受性为特征的。在这里人们必然要纳闷，综合是一种积极的思维活动，怎么可能纯粹是接受性的呢？在生活中，我们的许多判断是直接通过范例来进行的。比如，"这张纸是白色"的是一种判断，这个判断中，我们把"纸"和"白色"的综合起来。这是在思维中进行的综合。但是，我们也直观摆在我们面前的这张纸。被综合的事态可以被直观地把握。"纸"和"白色"所建构起来的事态可以被直观地被把握。在这里，阿多诺指出，要被质疑的不是这种洞察的直观性而是它的具象性。这就是说，确实，我们可以对于某种事态，哪怕是精神事态进行直观。人的思维中确实有这种直观的思维方式，问题在于，这种精神事态是不是像人们所设想的那样是一种物化的事态，是具象化的事态，是可以被直观的事态。在阿多诺看来，这不是一个具象化的事态，而是一个综合的过程，是人的思维的过程，而不能被固化为事态。认识就是这样一个过程。直观也是这个认识过程中的一个要素。

在这里，阿多诺进一步解释，为什么这种直观不能被否定、不能被怀疑。这就是说，在我们直观一个对象的时候，我们确实进行了综合，而这种综合确实能够在直观中得到。比如，我们前面所说的"这张纸是白色的"。这是一个综合判断，而这个判断也可以在直观中得出。我直观这张纸，直观这个特殊的对象，而这个特殊的对象中首要的东西（白色）在这种特殊对象中闪现出来。在这里，我们看到了一种普遍的特性（白色）。或者说，最耀眼的光线照耀在这个普遍的特点（白色）上。如果我从最具体的东西（这张纸）得到了类的东西（白色），那么我就得到了"这张纸是白色的"这个综合判断。这个判断就不是纯粹的分析判断，不是同义反复。通过这种直观，同义反复被打破了。这就是现象学中所说的正确的东西。这种直接透视的要素是不能被否定的。正是由于这种直接透视的要素，黑格尔才说，特殊的就是普遍的（这张纸是白色的）。特殊的就是普遍的这个说法，就是从直接透视这个视角得来的。胡塞尔的哲学拯救了黑格尔哲学中的这个要素。这无疑是有积极意义的。但是，胡塞尔否定了直接透视中所应该包含的反思要素。这就是说，人在进行判断的时候不仅仅直观，而且也有综合，思维中所进行的综合。"这张纸是白色"这个判断从纯粹的直观中是无法得出的。这里包含了概念，而概念是思维的根据，借助于概念所进行的这个判断同时也是思维中的综合。既然思维中包含了这种综合，那么思维也就包含了积极的反思要素。而胡塞尔牺牲了这个反思要素。从这个角度来说，胡塞尔的本质直观包含了矛盾。这个矛盾就表现在，一方面直观到的东西是纯粹的感性要素，而不是抽象的一般，不是本质，另一方面，本质直观却认为，直观即把握了一般。直观本身把握了"白色"。甚至"是"本身也作为一种综合的事态被把握了。其实，人直观到的是综合性的联系，而不是"是"（范畴），而现象学认为，范畴直观直接观察到了范畴。在这里，人们究竟观察到的是综合性联系还是"是"这个范畴本身呢？在阿多诺看来，无论是唯名论还是实在论都无法解决这个问题。唯名论认为，观察到的是综合性联系，而不是"是"这个范畴本身，而实在论认为，"是"这个范畴本身就是实在，就是可以被直接观察的。这两者之间是完全对立的。这两种思路无法解决胡塞尔本质直观中所包含的矛盾。在这里，阿多诺进一步解释了这里的内在奥秘。一方面，在范畴直观中，综合性联系被观念化，变成了"范畴"。阿多诺认为，这种观念化的做法是一种意识形态。这种意识形态的特点表现在，它借助于范畴、借助于中介而把直接性偷运进来。这个综合性的联系被观念化为范畴的时候，这个被观念化的综合性联系就变成了一种可以被直观的对象了，变成在观念中被直观的对象了。这个中介（范畴）把综合性的事态，被观念化的事态（直接性）打扮成为绝对的权威，变成了对于主体来说是自在的东西。另一方面，这个被观念化的事态，这个"范畴"或者"综合的判断"变成了可以被直观的精神事态。这是在面相学意义上可以被直观的事态。这就好像面相学那样，看到一个人的面孔就看到了这个人的精神事态，看到了这个人的必然命运。这里的直观就是一种观念化的过程。被直观的综合联系被转化为"范畴"、"综合判断"。

在这里，阿多诺进一步批判了胡塞尔的这个范畴直观的思想。一方面他承认，精神被客观化之后，确实是可以被直观的。这样一种客观精神好像不是进行"观看"的思维所建构起来的。这是一种超越个人的精神，是一种集体的精神，甚至是时代的精神。它是有内在规律的。这种精神确实是可以被直观的。另一方面，即使这种精神可以被直观，但是这种被直观到的东西也不是绝对可靠和无可反驳的。阿多诺说，正如人对于感性事物的直观没有绝对性一样，现象学对于思维中的对象的直观也没有绝对性。在胡塞尔那里，思维中的一闪念，就像康德的先天综合判断一样，能无条件地达到绝对性。对于胡塞尔来说，这种判断中所进行的综合就是一种直观，就是直观到普遍性和必然性。

接下来，阿多诺批判了胡塞尔的现象学的方法以及海德格尔通过这种现象学方法所得到的客观的东西。阿多诺认为，尽管范畴直观要把握普遍的、绝对的东西，但是这种直观是把握那种事实本身，是要把握无法用概念来表达的东西，而不是为分类逻辑做准备。这就是说，它所直观到的东西不是分类逻辑上的普遍的东西。这个被直观到的东西是一种综合。这是超出分类逻辑的。人可以直观到一种必然的知识。比如，"这张纸是白色的"。这不是要进行分类，而是要把握事实本身（面向事实本身）。这是现象学中超出分类逻辑的东西。这是有意义的。从这个角度来说，范畴直观的可错性不是由于它不科学，不是由于它借助于直观，而是由于它把这种直观绝对化，或者说，它的"虚假性"在于它的独断的科学化。它没有看到直观之中包含思维的作用，包含了概念的作用。这就是说，在本质直观中，在观念化的过程中，中介（概念、范畴）在发生积极的作用。但是在本质直观的理论之中，这个中介作用被冻结起来，好像精神的事态被直接给予了精神。这是一种独断的科学化。胡塞尔本质直观就是这样一种独断的科学化的产物。如果我们对本质直观进行这样的理解，那么本质直观就接近于反讽意识，本质直观得到的不是它原来所期望的东西，而是对这些东西的否定。在本质直观中，中介都发挥作用了，概念和范畴都发挥作用了。被直观的东西都被改变了。从这个角度来说，直观所得到的不是它原来所期望的东西，而是被否定了东西。本来，在海德格尔那里，从纯粹存在的东西中可以直观体会到已有的东西，可以体会到存在本身。这就说，在海德格尔那里，纯粹存在之中是有内容的，这个内容是存在中已有的东西。他通过现象学的方法可以直观地把握这种东西。或者说，存在作为一种精神事态可以被直观地把握为"存在"。而阿多诺认为，海德格尔在这里所得到的是完全相反的东西。本来存在是通过本质直观而得到的，但是，由于直观本身包含思维过程，包含了中介作用，这使存在本身发生了改变，所以存在就不是海德格尔所直观到的存在。本来存在是事实与概念的同一，但思维过程对于事实与概念的这种同一性进行反思的时候，思维所认识到的恰恰是事实与概念的非同一性。对于存在哲学来说，存在是一种客观的、肯定性的东西，人们是可以直观地加以把握的,而在阿多诺看来,存在不能以这样的肯定方式出现,而是以否定形式出现的。或者说,存在是指不可表达,不可言说,不可还原的特性,都是以否定性出现的,而不是肯定的声音。存在所表示的是事实与概念的非同一性。可是,海德格尔却把这种否定性变成肯定性。这就是说,存在的真理在否定性中。当海德格尔用存在来表达综合联系的时候,这个综合联系就不是综合联系了,而是概念了。

在这里,阿多诺进一步批判海德格尔,或者说,他按照自己的思路解构海德格尔哲学,并从中得到他想要的东西。当海德格尔把存在当做肯定性的东西的时候,海德格尔的这种做法是有客观基础的。对于阿多诺来说,存在类似于胡塞尔的类的统一体。存在和类的理想统一体都可以得到判断中的不可化解的内容的支撑。存在是概念,但是存在又不纯粹是概念,存在之中包含了不可化解的内容,这种不可化解的内容支撑着存在。这就好像是说,我们在说某个抽象的一般概念的时候,这个概念总是与特殊的东西结合在一起的。在一般存在与特殊之关系中,一般依赖于特殊,如果没有特殊,一般就不可能了。如果存在是一般的概念,那么这个概念是与特殊东西结合这种一起的,它存在于特殊东西之中。这种特殊东西支撑着一般。这些特殊的东西就是不可化解的东西,这种东西支撑着存在。

那么普遍存在于特殊之中,从特殊之中把握一般,是不是可以被用来证明存在论的正确性呢?在阿多诺看来,这当然不能被用来证明存在论的正确性。在这里,阿多诺首先指出了现代社会的特殊情况。在现代社会中,由于世界越来越被编织成为一个功能性的总体。在这个功能性的总体中每一个具体的人都与社会总体一致起来的。从个人之中,我们就可以把握总体的一般特征。在这种情况下,特殊的事态就能够直接显示出其普遍性。在这种情况下,我们就可以通过一种微观的视角把握一般。这种直接从微观的研究中得出一般的视角是有它的合理性。现象学也包含了这样一个视角。阿多诺是肯定这个视角的。但是,这是一种唯名论的视角。这就是要人们关注个别,关注特殊的视角。这个唯名论的视角即使在不懂得本质直观的情况下也会导向本质直观。这就是,人们从特殊的东西中直接把握到一般。但是,这与存在论的目的是直接对立的。存在论的目的是在特殊中直接找到了"范畴"、直观到了"综合判断"。从特殊中看到一般,这在认识论上是可能的,但是通过对于特殊的直观而得到一个"综合判断",得到一个"范畴",这却是不可能的,直观的对象中不可能有判断,不可能有范畴,只有一般的特性。从特殊的东西中直观一般的东西,这是一种唯名论的视角。

接着阿多诺指出,这种唯名论的视角也会受到人们的批评。人们会说,从特殊的东西的观察中直接得到一般,这是一种草率的概括,是错误的概括。阿多诺认为,这种批判是受到了部门科学的影响,受到了实证科学的影响。在实证科学占据统治地位的时代中,人们有一种机械性的习惯,这就是通过对于许多个别东西的比较中得到一般的东西。而直接从某个特殊的东西中得到一般的东西,对于这种机械性的思维习惯来说,这是一种草率的概括。这种指责当然是实证科学思维习惯的会做出的。这种思维习惯还有一个错误,这就是它误用了科学气质。这种科学气质的要求是,我们不能草率概括。按照这样的科学气质,人们观察中不能直接得到一般的东西,但是人们可以在特殊的东西的观察中直接得到一个综合判断,得到一个类似于范畴的东西。从面前的"这张白纸"中我们直接得到一种判断。这好像就符号科学气质了。这好像就没有进行草率的概括,而是从特殊中直观到判断本身。而在阿多诺看来,这是利用科学的气质把不属于科学中的情况,把实证科学所不理解的现象加以合理化。胡塞尔和海德格尔就误用了这种科学气质。按照这种科学气质,在这种直观中,人们所得到的不是一般,而是一种综合判断:"这张纸是白色的"、"一张白色的纸"。揭示这种误用的方法非常简单。人们可以通过经验的研究来进行具体的验证。如果把特殊的东西当做一种准直接性的范畴,好像样本之中直接包含了一种判断,那么人们在这里得不到这样的准直接的范畴。在这里,这些判断是被概念所中介的。通过对于一般的直观就能够得到一种判断,这是误用了科学气质。而胡塞尔和海德格尔都误用了这种科学气质。从这个角度来说,胡塞尔和海德格尔的现象学方法是错误的。最后,阿多诺认为,尽管海德格尔和胡塞尔不是把自己的研究与实证科学的研究等同起来,他们害怕按照科学的方法进行测试,但是他们又总是借用科学的语言让人感到,好像他们是按照科学的方法进行这种测试。他们好像是进行具体的测试,从样本中得到了一种综合的判断。

作为人为状况（θέσει）的存在

这个地方阿多诺用了一个希腊文"θέσει"。这个词语在希腊文中是与自然"φύσει"相对的。所以，在这个地方我们把它翻译为：人为状况。在前面一节曾经指出，对于海德格尔来说，这个存在类似于黑格尔的客观精神，是可以被直观的客观精神。而所谓的客观精神其实就是一种人为状况。从这个角度来说，把存在理解为人为状况，这是必然的。不过，应该指出的是，海德格尔所说的人为状况还不同于客观精神，这是主客体直接同一并直接超越主客体的东西。阿多诺在这个部分就是批判海德格尔的这个思想。

从前面的讨论中，我们知道，海德格尔要把存在理解为先行给定的东西（vorgeordnet），它如同黑格尔的那个客观精神。其实海德格尔本人也承认，真理是被设为前提的。[①] 这就是说，真理是先行给定的，如果主客体之间的统一可以被理解为真理，那么存在就是主客体的直接统一，就是真理。而这种统一就是先行给定的，是被预设为前提的。而这种统一就是人为东西，就是先定的东西。我们前面已经说过，海德格尔所理解的存在不是概念，而是和超出概念的东西结合在一起的。所以，阿多诺说，海德格尔的存在是本质上极其突出的东西。这种存在不是抽象的观念，而是存在这个概念所要涉及的"东西"，是作为前提被设定的。在阿多诺看来，这种给定的东西的说法是错误的，这种错误就在于，它把存在当做是直接性的东西，而与中介无关。而按照黑格尔的精神现象学的观点，任何一种直接的东西都是被中介过的，都是被中介再生产出来的。比如，我所面对的自然界的任何一种东西，我们都借助于思维而把它与我们联系起来。甚至遥远的太空中的东西，都被我们中介过了，我们说它们是"宇宙"，是宇宙中的"星星"。从这个角度来看，世界上没有纯粹直接存在的东西。任何一种东西都是认识中的一个要素，而不是认识的全部。而海德格尔的存在就不同，它是认识的全部，是主客体之间的直接统一。他否定了认识了，而直接达到了存在论。海德格尔的做法其实就是要让认识中的某个要素、某个被中介过的要素独立起来，把它绝对化。而这种绝对化的做法是行不通

[①] 海德格尔：《存在与时间》，陈嘉映、王庆节译，熊伟校，北京：商务印书馆2016年版，第314页。

的，而海德格尔的筹划就是把这个要素独立起来，绝对化，把它变成主客体之外的东西。这个要素就是我们在认识中能够在一定程度上加以直观的要素绝对化。比如，我们把客观精神绝对化，并加以认识。虽然客观精神是被人中介过的，但是，我们也可以直观它。阿多诺认为，认识的过程就是思维中的综合功能和被综合起来的东西之间的相互作用，这两个东西之间是无法相互独立的。我们前面在分析"3＋2"的时候就已经指出，"3＋2"是被综合起来的东西，我们通过思维的综合作用，而得到"3＋2＝5"。而"3＋2"作为被综合起来的东西又是与思维中的综合功能联系在一起的。如果没有思维的综合功能，这种被综合东西也是不可能的。综合的功能和被综合起来的东西之间是无法被区分开来的。这是人的认识的一种基本特征。但是，海德格尔要把被综合的东西作为直观的对象。在他那里，这个被综合的东西能够被"直接想起"，可以在思想中被直观。而海德格尔的现象学方法就是要直接想起这个被综合的东西。对于海德格尔来说，只有这种"直接想起"才使哲学获得其尊严。在阿多诺看来，海德格尔的这种直观方法不可能取得成功，除非他承认这种直接想起的方法之中包含了思想的自主性，即包含了主体性。而这种自主性又是海德格尔要排除的。这就是说，如果思想要能够"直观"这个被综合起来的东西，那么这个思想不是被动地"看"，而是自发的关注，如果没有自发的关注，那么思想也无法"直接想起"，而思想的自发性是海德格尔的直观所否定的。思想只能被动地"看"。从这个角度来说，海德格尔思想中的"直观"本身就是一种矛盾。其实，海德格尔是要超越认识论而直接达到存在本身。他贬低了认识论而要直接达到存在论。

在阿多诺看来，海德格尔所说的那种存在只能借助于认识论，而不能借助于思想中的直观。在主客体的相互作用中主体认识客体，而又要反思主体自身。在这里存在着思想的主动作用与被给予的材料之间的相互作用。按照这样一种分析，直接的东西都是经过中介的，直接的东西和反思是联系在一起的。如果没有反思的中介作用，直接的东西就是任性和随意的；反过来，如果没有直接的东西，反思就没有内容。由于这两者之间是相互作用的，所以直接的东西不可能是直接展示出来，而都是通过思维中的反思才展示出来。而海德格尔恰恰把存在变成了某种直接被给予的东西，而思想变成了没有主动性的、无思考的思想。如果思想是无思考的思想，而这个思想所面对的是直接被给予它的存在，那么这个存在究竟是什么呢？这两个完全割裂开来的东西都无法被规定，即思想和存在都无法被规定。海德格尔把思想的形式和思想的内容对立起来，并强行结合在一起，于是思想的形式和思想的内容都无法得到规定。从这个角度来说，存在不可能直接解蔽自身或者敞亮自身。因为，即使存在展开来了，思想却不进行任何思考，而只是纯粹直观。这个纯粹直观的思想无法理解存在。而海德格尔却花言巧语地说，存在能够解蔽自身或者敞亮自身。这不过是一种虚构。因此，阿多诺强调，那个所谓的原始词汇，"存在"如果不能在思维中加以规定和充实，那么这本身就是对存在这类说辞的一种批判和谴责了。从这个角度来说，存在的不可规定性就是对存在的谴责。当存在作为直接被给予的东西呈现出来的时候，这个被给予的东西又是与无思考的思想对立的，这个没有被思考的东西当然就无法被规定。当存在作为被给予的东西与思考对立起来的时候，存在就不能被思考，也就是没有确定性的。这本身就是错误的。而从认识论上来说，"存在"这个词语所指向的是这个被给予的对象即存在，思维在利用"存在"这个词语的时候就会批判性地面对这个对象，处理这个词语与这个对象之间的相互关系。可是，在海德格尔那里，这词语只是思维中的空洞概念，是纯粹形式，它与它所指称的对象无关。如果"存在"这个词语与存在无关，那么海德格尔关于"存在"这个说辞就被否定了。从这个角度来说，存在这个词语不可被规定这个说法本身就是对于存在这个说辞的反驳。反过来说，如果存在被思考过，那么存在就在一定程度上被把握并能够被规定。可是，海德格尔的存在就要求有不确定性，如果存在是被规定了，那么在海德格尔看来，这个存在就变成了存在者了。所以，存在的不可规定性就表示存在是不可能被思考的。从这里，我们可以看到，阿多诺仅仅抓住了现象学的研究中的一个弱点，就是弱化了主体的作用，弱化了思维的作用，思想只能接受、直观和描述。由于海德格尔要求，存在是不确定的，因而也是不可被思考。由于它不可被思考，所以它就变成了不可通达的东西。而这种不可通达的东西反而具有无懈可击性。它把脱离理性过程的东西，把无法被理性思考的东西变成反思知性之外的超越的东西。阿多诺认为，海德格尔的这种做法既聪明，又让人绝望。这是因为，这种无法被思考的东西就是绝对，这是一种非常武断的做法。

在这里，阿多诺进一步把停留在半道上的现象学与海德格尔的现象学加以比较。停留在半道上的现象学是指胡塞尔的现象学。这种现象学从直接被给予的东西开始，这种现象学局限在意识的内部，而没有考察意识之外的东西。从这个角度来说，海德格尔更加坚定地打破意识的内在性。对于海德格尔来说，存在不是意识中内在的东西，他的存在是直接超越主客体的，是概念和事实的直接同一。而在阿多诺看来，其实海德格尔并没有真正地打破意识的内在性。他只是把认识过程中思考和被思考的东西割裂开来，把被思考的东西绝对化。由于被思考的东西与思考割裂开来，并绝对化，于是，被思考的东西就可以被直观。从表面上看，他的思考超越了主客体，打破了意识的内在性，其实他的打破行动是在意识的内部进行的。阿多诺指出，他的打破是在镜子中进行的。这个镜子就是进行直观的思想。而海德格尔要打破的就是思想，就是否定主体的主动的思维能力，而把被主体中介过的东西当做直接的东西确立起来。他所直观的东西不过是把被思考的东西从思考中独立出来并绝对化而得到的。他没有看到，那个被他作为基础，作为直接被给予的东西，是通过主体建构起来的，是思考与被思考的东西的结合的产物。从这个角度来说，他的思想仍然是观念论。他没有关注被直观的东西中所包含的综合要素，而这个综合是思想所进行的综合。被给予的东西是被中介过的。被海德格尔所直观的东西具有客观精神的特点，而海德格尔忽视了这种客观精神（海德格尔按照埃利亚学派的方法，把精神看做是与存在同一的）是在人的意识中存在的，是被包含在纯的自我之中的，也就是被包含在与客观精神对立的纯粹自我之中。海德格尔把自我与客观精神对立起来，而他的那个具有客观精神的特点的东西是包含在自我之中的。

接下来，阿多诺进一步解释海德格尔所说的存在。海德格尔所说的那种存在是类似于黑格尔所说的那种客观精神。在阿多诺看来，这种所谓的客观精神都是内在于人的意识之中的，包含在纯粹自我之中的。但是，海德格尔否定了这一点，他否定了这个类似于客观精神的东西是包含在自我之中的。这样他就压制了客观精神中的主观精神，压制了主体性。如果客观精神之中包含了主观精神，那么这个精神就是一种动态，是主观与客观相互作用的过程中存在的。

可是，当海德格尔压制了主观精神的作用的时候，这个客观精神变成了绝对化的，纯粹客观的东西，变成了类似于第二自然的东西。本来海德格尔是要用存在论来克服物化。传统哲学把主客体二元对立起来，这两个对立起来的东西都变成了孤立的、物化的东西，都变成了存在者。而海德格尔的存在论要克服这种物化。对于他来说，物化产生的原因就是主客体的二元对立。如果把主客体直接统一起来，那么这种物化状况就被克服了。其实，当他把主客体直接统一起来，变成类似于客观精神的东西的时候，这也导致物化。这就是说，本来海德格尔要批判物化的，结果他自己也陷入了物化之中。接着，阿多诺具体解释了海德格尔的物化批判反而陷入物化的具体原因。当海德格尔把认识的对象、被思考的东西绝对化的时候，他既压制了主观精神，也压制了综合赖以进行的材料。他把这两个东西变成绝对对立的东西。然后又把这两个完全对立的东西结合起来。这两个东西在他那里本来是对立的，但他冒充把这两个东西统一起来了，并且把这个统一体绝对化。这就是把人为的东西绝对化，这也是要把这种东西物化。我们知道，海德格尔对生存的思考就是要揭露人在日常生活中所出现的沉沦状况，要让人走向本真的存在，真正的自我存在。他要克服物化，而在日常生活中的人就陷入了物化。然而他所说的那个存在其实也是物化，是海德格尔本人所没有意识到的物化。所以，阿多诺说，他的批判反而成为"摧毁"的反面。他要摧毁物化反而变成了物化。接着，阿多诺批判海德格尔的一种错误做法。海德格尔在批判"常人"的时候，认为常人沉沦于日常世界，受到了变成第二自然的物化世界的控制。他们只看到存在者，而看不到存在。阿多诺认为，海德格尔的这种做法中没有去辨识蕴含在人的概念中的合乎人性的关系。在阿多诺看来，在人的概念中的那种合乎人性的关系就是人为了自我持存就必须用工具理性的方法来控制自身的自然和外部自然，这就造成了主体和客体的对立，但是人作为人又总是在痛苦中试图克服这种对立。这就是人的概念中的人性的东西。这是人自身的内在矛盾关系。海德格尔没有去辨识这种关系，而是把这种关系与理知世界混淆起来。这就是说，海德格尔把人的肉体和精神的和解状况理解为一种理知世界。这个理知世界是独立于日常世界而又不同于神圣世界的东西。海德格尔所说的那个"世界之为世界"（世界性）类似于这个理知世界。他把这个理知世界变成一个潜藏在日常世界中的东西。而这个理知世界是人为状况,是思维构造物,是被固化了的思维构造物。阿多诺认为,海德格尔重复性地保留了他所反抗的东西,这个思维构造物。那么他是如何在反抗这个思维构造物的同时又保留了这个思维构造物呢?阿多诺是这样分析的。按照海德格尔自身的纲领,按照他自身的意图,他要清除这个思维构造物。因为这种思维构造物是一种掩盖。这就像我们生活在一个由同一性原则构造起来的世界中。这个思维构造物作为一种物化的东西掩盖了背后所隐藏着的"存在"(或者说,这个思维构造物和存在是结合在一起)。海德格尔的努力是要去蔽,是要让存在得以展开。海德格尔要揭示隐藏在这个思维构造物背后的东西。在这个借口下,这个思维构造物不知不觉地再一次转变成为"自在"。这就是说,这个思维构造物,这种物化状况是自在存在的,是不可克服的。按照海德格尔本人的说法,这是操心的一个必然环节。他要破除这必然环节,但是却又承认,这个东西是自在的。海德格尔要破除物化意识。但是海德格尔本人的现象学方法其实就是一种物化意识的表现,他压制了主体的作用,压制了思维的能动作用。这就是一种物化意识。对于这个具有物化意识的人来说,这种思维构造物是自在存在的。由于海德格尔弱化了主体的力量,所以主体只能直观。对于这种物化意识来说,这个客观精神好像是自在的,先行存在着的。人只能在意识中直观这个对象。在阿多诺看来,尽管海德格尔要摧毁物化,摧毁拜物教的,其实他并没有真正摧毁拜物教,而是摧毁了看穿拜物教的条件。看穿拜物教的条件就是主体的能动作用,是思维的积极作用。有了这种积极作用,那么主客体之间就有一种辩证关系,在这种辩证关系中,主体会看到自身在征服客体中所存在的消极后果,会反思自身,从而克服这种消极后果。由于主客体之间既相互矛盾又相互统一的动态关系,物化就可以被克服。这种动态关系是克服物化的手段。但是,海德格尔把主客体的统一,把主观精神与事实性结合在一起绝对化。主客体的矛盾和相互作用被清除了,清除拜物教也就没有可能。所以阿多诺说,海德格尔打破牢笼的行动只是表面上的,他停留在他要逃离的地方。他的这种行动所达到的终点就是存在。海德格尔的存在,其实就类似于客观精神,类似于绝对化了的主观精神和事实性的结合体。所以,阿多诺说,海德格尔的这个存在是"人为状况"。

海德格尔一方面把主体和客体绝对对立起来,把形式和内容绝对对立起来，把思维的综合能力和被综合的东西对立起来。另一方面，他又把这两个完全对立的东西强行结合在一起。这个强行结合在一起的东西就是存在。所以，海德格尔的存在论缺乏主客体之间的辩证法。由于他缺乏这种辩证法。对于主客体之间既相互矛盾又相互结合的这种关系无法理解，他无法借助于辩证法来把握"存在"，而是把这种关系中的某个方面理解为"存在"。这个存在就好像能够直接展示出来的东西。其实，主体在把握客体的时候，人的精神努力把主体和客体联系起来，这种联系中存在着既相互对立又相互一致的关系。这是一种精神中介的作用。通过这种精神中介的作用，主客体之间发生了联系。海德格尔把这个主客体之间的这个精神中介独立起来，并变成一种可以明白地展示出来的东西。对于海德格尔来说，哲学就是要研究这个精神性的中介。在阿多诺看来，当海德格尔试图这样来理解哲学的时候，哲学就与那种平淡的非理性主义生活方式结合在一起了。这就好比说，我们在生活中有这样一种东西，就是脱离主客体的精神中介。这个独立的精神中介也能够独立的生活，像我们平常一样生活。而哲学就是在这个精神中介中生活。这是用一种类比的方式来说明海德格尔哲学的特点。在阿多诺看来，这是一种哲学上的非理性主义。在这里，阿多诺把认识中的非理性要素和哲学上的非理性主义区分开来。在认识中主体和客体是非同一的。这种非同一的东西是知性思维所无法把握的，是认识中的必然现象。认识中的非理性是主客体之间的非同一性所留下的不可消除的污点。这是必须保留的。这就是认识到，认识中主体和客体的矛盾的必然性，认识到认识主体的能力是有局限的。所以，这种非理性也希望与主观概念的万能力量相对抗。这就是说，主观概念是无法真正地把握这种非同一的东西，这是必然的。而非理性就是要抵抗主观概念的万能力量。主观概念就是没有能够真正把握客观内容的概念，而客观概念在黑格尔那里就是真正把握内容的概念。正如概念要克服自身的主观性而要把握客观内容，非理性也是一样，它也是理性的一种功能，这个理性要进行自我批判，通过这种自我批判而达到客观内容，达到主观概念所无法把握东西。在这里，主观概念和非理性都是要进行自我批判。它们要通过自我批判达到客观的东西。那漏网之物也是被这张网所过滤过的。当我们用概念之网来认识世界的时候，必定有漏网的东西，这些漏网的东西也被概念之网过滤过了，也受到了概念之网的影响。我们应该对网络和漏网之物都进行批判性的反思。非理性也需要概念，需要理性的东西，需要与它不兼容的东西。这是认识中的辩证法。可是，海德格尔却不同，他逃离辩证法，他要直接达到主客体之外的某个立足点（独立的精神中介）。在这个立足点上，主客体之间的差别被直接把握了。在此，阿多诺批判了海德格尔。在阿多诺看来，借助于康德所说的那种理性——希望达到自在之物的那种理性（Vernunft）——而进行的跳跃必然会失败。这个理性是与"ratio"（理智）不同的。"ratio"是在主客体的对立的关系中，把握非同一的东西，把握主客体之间的差别。而海德格尔要借助于康德的"Vernunft"直接跳跃到主客体直接同一的地方。这里所说的跳跃是指，按照康德的思想，理性总是希望达到绝对，达到自在之物。理性的这种做法是一种不合法的跳跃。海德格尔就是借助于康德这个理性进行了不合法的跳跃。好像他通过这个跳跃直接达到了自在之物，达到了存在本身。阿多诺指出，思维不可能达到这样一个地步，在其中主客体之间的分离直接消失，或者说，在任何一种认识中主客体之间的矛盾必然存在。主客体之间的分离和矛盾隐含在每一种思想，每一种思维之中。因为只要人有思想，就必定有主客体之间的矛盾。只要海德格尔要进行思维，那么他就必定有思维对象，必定有主客体之间的分离。当海德格尔借助于理性跳到直接的存在那里，直接达到主客体的统一的时候，而海德格尔的真理观是一种非理性的世界观。我们不能把这种非理性的世界观与非理性混淆起来。人在认识世界中需要超出概念的非理性，这是理智（ratio）中的要素，而不是试图直接达到自在之物的理性（Vernunft）。所以，在这个部分的最后，阿多诺说，今天的哲学正如康德的时代一样，需要用主客体之间的分离来批判理性，即类似于康德所进行的纯粹理性批判。正如康德所说的那样，理性不可能达到自在之物，海德格尔也不可能借助于理性（Vernunft）的跳跃而直接达到存在。他不能取消或者驱逐主客体之间的分离。正如康德所指出的，理性要达到自在之物是不合法的。海德格尔的理性要直接跳跃到主客体不分的状况，这是不合法的。

"存在的意义"

海德格尔一再强调，他要研究存在的意义。可是，海德格尔所说的存在的

第一部分　与存在论的关系

意义究竟指什么呢？在这个部分，阿多诺深入发掘了海德格尔在存在的意义问题上的那种特殊做法。按照阿多诺的分析，海德格尔的诡谲的做法是，他首先质疑先行文化体系所规定的意义，质疑这种意义，最后却又接受文化传统所提供的意义。

在这个部分的一开头，阿多诺表达了自己的基本思想，在思想被禁止的情况下，思维便认可了只是现存的东西。而海德格尔恰恰弱化了主体的作用，把思想和思想的对象割裂开来。于是，这样思想就被禁止思考了。当思想被禁止思考的时候，思想就只能接受现状了。这就是阿多诺这个部分要说的核心内容。接着阿多诺指出，从文化的幻象中觉醒起来，这是思想所需要的真正的批判，但这种需要却被诱惑、疏导、引入错误的意识中。这就是说，思想本来就是要进行批判，使人们从文化的幻觉中觉醒起来。阿多诺和海德格尔等人都一样，都吸收了尼采的思想，都对传统的文化提出质疑，都要让人们从文化的幻觉中觉醒起来。但是，海德格尔却把思想所需要的真正批判引入到一种错误的意识中。这就是引导到观念论之中去，引导到思想无批判地对待现实的状况中去。

接着，阿多诺指出了文化中所存在的一种矛盾现象。一方面，文化具有一种特征，这种特征就是把其中所包含的意义变成理所当然的东西，变成人们所不能质疑的东西。比如，现代社会中，人们对于合理性不能进行任何质疑。这是伴随着文化而出现的。所以在这样的情况下，思想在其中成长起来的文化氛围阻止人们去追问，这些是关于什么的，其目的是什么，思想的意义是什么？另一方面，人们越是觉得询问的意义不是那么自明，那么就越是要去追问。这就是说，人类的文化越是阻止人们去思考这个文化中的思想的意义是什么，人们就越是要去追问。这是文化自身中的矛盾特点。但是，在这种矛盾状况下，现存的文化总是占据了优势地位，人们不仅简单地接受了文化给人们所提供的意义，而且不再追问文化所主张的意义能否得到思想，不再追问，这种文化是不是有合法性。在这里，对于这两个问题，阿多诺可能给出的回答是，文化所主张的意义无法得到实现。从启蒙辩证法中，我们知道，文化是在人的自我持存的努力中发展起来的。而在人的自我持存的努力中包含了两种相反的东西，即自我持存和自我牺牲是结合在一起的。如果说，文化肯定了人的自我牺牲，并把这种自我牺牲看做是人实现自身的目的的手段，那么自我牺牲恰恰会导致人类文明的自我毁灭。这里包含了一种辩证法。如果说文化的核心是自我持存的努力，那么这种自我持存的努力一定是正当的吗？这并不是理所当然的。从这个角度来说，海德格尔就是要对整个人类文化的基础进行反思。或者说，对于以工具理性为核心的人类文化进行反省。按照他的思想，当人类局限在工具理性意义上来实现自我持存的时候，当人沉沦于日常世界的时候，人们遗忘了存在。人们遗忘了主客体之间的源始统一性。所以，阿多诺说，海德格尔以"被遗忘了的东西"的代言人的说法，以被盗走了的利益（主客体之间的统一对人的意义）代言人的身份出现了。海德格尔要追问存在，追问主客体之间的源始统一性。海德格尔的这种追问是存在论意义上的追问，这种追问从一开始就否定了从主客体对立的角度思考认识论问题。而海德格尔拒绝思考认识论问题原因之一是因为对于意义的追问是与利益有关的，是与价值有关的。而在认识论中利益是被理解为偏见的。人的认识活动是不能受到利益干扰的。而海德格尔要思考意义问题。但是海德格尔思考意义问题不是认识论角度的思考而是从存在论上进行思考。海德格尔是从源始的角度，把意义、价值和真理结合在一起。海德格尔也反对一个独立于人的生存理论的那种价值理论或者伦理学。我们也可以说，对于伦理问题或者道德问题的讨论必须在人的生存根基上进行。

在阿多诺看来，虽然海德格尔讨厌认识论，但是他也不能从根本上取消认识论。在《存在论与辩证法》的讲课稿中，阿多诺说，在海德格尔的此在学说中，我们仍然可以看到间接意向在其中秘密地发挥作用，仍然可以看到他返回到主体的努力。[①] 这里所说的间接意向就是认识论中的反思。在这里，阿多诺强调，虽然海德格尔批判了哲学传统，特别是柏拉图以来的哲学传统，否定那种主客体关系为核心的认识论传统，但是他利用现象学方法这一点就表明，他其实仍然接受了这个传统，仍然深深地扎根在这个传统之中。前面其实我们已经说过了，海德格尔虽然认为，他自己超越了认识论中的主客体关系，但是他并没有真正地超越。对他来说，认识论是生存论存在论的根基上发生的。在

[①] Theodor W. Adorno, *Ontology and dialectics*: 1960/61, Edited by Rolf Tiedemann, Translated by Nicholas Walker, Polity Press, 2019, p. 205.

生存论存在论的源始基础上才会出现认识论意义上的真理（合理化的知识）。在这里，阿多诺认为，海德格尔对于存在意义的追问其实就包含了一种认识论的维度。他追问"存在"这个词语的意思的做法就是继续了认识论的传统。我们知道，在中世纪关于唯名论和实在论的争论之中就包含了这个问题。在古希腊的传统之中，也包含了这种对于字词意义的追问，比如在亚里斯多德那里。所以，阿多诺在这里说，此在学说秘密地回复了古希腊传统中的那种古老的追问。这表明，海德格尔拒绝了认识论又包含了认识论，阿多诺通过这一点对海德格尔进行了内在的批判。海德格尔在《存在与时间》的一开始就提出如何理解"存在"这个词语的意义的问题。而这个词语的意义在海德格尔看来是通过此在来领会的。而海德格尔所说的那个此在其实就是主体的另外一种表述。当然他认为，过去人们讲主体的时候，这个主体没有"世界"（世界之为世界），而海德格尔把主体和"世界"结合起来了。这个主体就被理解为"此在"。在阿多诺看来，海德格尔的此在学说秘密地恢复了字词意义的分析。但是海德格尔的存在论又贬损这种分析，这是因为，这种分析是知性的分析。从这段文字的后面的分析中，我们可以看到，海德格尔虽然也要分析字词的意义，其思路中包含了语义学分析的传统，但是又超出了这个传统。这就是说，他既要借助于传统语义学中的指称和意义关系的学说，又要超越这种关系。所以，阿多诺接着说，尽管现象学方法要求剥夺西方哲学研究传统所具有的力量，但是这种要求仍然停留在这个传统中，并且在这一点上，从来没有欺骗自己。这就是说，海德格尔还是在一定程度接受了指称和意义关系的语义学传统。

在阿多诺看来，海德格尔对于存在意义的追问其实是在存在论的研究上发生了一种转向。在传统的存在论的思考中，人们会提出这样的问题，为什么某物存在，而无反而不存在？在《存在论与辩证法》中，阿多诺指出，这个提问的方法最初是来自于莱布尼兹。[①] 而海德格尔在《形而上学导论》的一开始也提出这样的问题。而对于存在这个词语的意义的追问就在存在论上转换了一个方向。原来的存在论所讨论的是存在和无的关系，而在这里，他所讨论的是

---

① 参见 Theodor W. Adorno, *Ontology and dialectics*: 1960/61, Edited by Rolf Tiedemann, Translated by Nicholas Walker, Polity Press, 2019, p. 20。

存在这个词语的意思。阿多诺指出，这个讨论具有现象学上的源始特点。现象学也是要通过字词的含义的分析来把握最可靠的东西。我们知道，胡塞尔的现象学，特别是在《逻辑研究》中，他致力于分析字词的含义。含义（Bedeutung）这个词相当于英文中的"reference"。在中文中，我们一般翻译为"指称"。如果我们仔细地分析，那么这个词语其实包含了两个意思，一个是字词所涉及的对象，一个是字词和对象的关系。字词和对象所产生的关系也可以被理解为字词的意义，更具体地说，这是功能意义。它区别与字词在符号结构中的意义，即结构意义。而海德格尔关于存在的意义的分析其实就是玩弄字词的含义和意义的这种复杂关系。

在这里，阿多诺首先指出，在海德格尔那里，存在或者此在一词所说的东西是与存在或者此在本身的意义是一致的。这就是说，在语义学上来说，字词的所涉及的东西与字词本身的意义是一致的。这就是我们前面所说的，含义两种意思，即含义所涉及的对象以及字词和对象的关系是一致的。这就是说，在海德格尔那里，海德格尔把存在的意义和存在本身一致起来了。这就是我们前面所说到的，海德格尔的存在既是概念，又不是概念。海德格尔对存在这个词语的这种理解与传统文化中以及语义学中所说的那种词语的理解是不同的。在传统文化中，在语义学中，"是"这个词语的意思是在句子的结构中被理解的，可是海德格尔却不接受这样的语义学传统。他把内在于文化之中并被语义学破译出来的东西驱逐出去。换句话说，在海德格尔那里，"是"（甚至其他字词都有这样的特点）不能按照传统中被语义学所分析出来的意思被理解。这样，字词的意思就不再像人为东西那样具有相对性。比如，在说话中字词的意思与人们的用法是有关的。用后期维特根斯坦的话来说，意义即用法。这就让字词有了人为东西的相对性。同时，世界上的各种存在者也不是单纯的存在者而是与字词结合在一起的。或者说，世界上的东西也是字词，也有意义，而不是纯粹的存在者。这是因为，海德格尔把字词和纯粹的存在者结合在一起了，即字词所说到的东西与字词的意义是一致的。所以，在这里，阿多诺说，海德格尔的这个理论是语言优先性的学说。这个语言既不是纯粹符号，也不是简单的实体，而是把符号和存在者结合在一起的。这种意义上所理解的语言颇有点原始人类的那种语言神秘主义的特点。由于字词所涉及的东西和字词的意义是一致的。所以，在海德格尔那里，存在一词的意义就是存在的意义。存在和存在这词语是不可分割地结合在一起的。

阿多诺批评说，这种做法是恶劣的含糊其辞。不过，阿多诺也承认，这种含糊其辞也不仅仅是不准确的表达。从一般的角度来说，当我们用字词来表达某种难于用字词表达的东西的时候，我们就会出现这种含糊其辞的做法。这种做法就是要希望人们不拘泥于字词本身，而是要超出字词，把字词和字词所涉及的对象联系起来。从这个角度来说，海德格尔的含糊其辞还是有一定的道理的。同时，存在这个词语的意义和存在的意义是一致的，这是因为，存在这个词语和存在本身都只能用"存在"这个声音来表达。这个相同的声音完全可以指称同样的东西。从这个角度来说，把存在的意义和存在一词的意义等同起来也是有道理的。所以，阿多诺说，意义的两种不同含义是交织在一起的。意义的两种不同含义，即字词所涉及的对象（指称的对象）以及字词和对象的关系（功能意义），在这里是交织在一起的。所以在这里，阿多诺强调，任何概念都应该具有这样的功能意义。这个功能意义表明，任何一个词语都要让人想到这个概念所涉及的东西。如果我们排除了我们对于概念的形成机制之外的客观东西（概念所涉及的东西）的任何回忆，那么概念就没有任何意义，它也不能作为认识工具发挥作用。既然概念要让人回忆概念所涉及的东西，那么把概念所涉及的东西和概念的意义结合起来，这当然是有道理的。阿多诺也肯定了这一点。而实证主义却否定了这一点。在实证主义的语言框架中，字词就是纯粹的符号，而指称就是字词外部的东西。这两者之间的联系是纯粹偶然的，是约定俗成的。字词作为纯粹的符号是可以替换的。所以，阿多诺认为，实证主义会产生这样一个后果，即它以对于真理表示敬意的方式消灭了真理。这就是说，实证主义不满足于字词，它要直接把握存在者，把握字词所涉及的东西本身。可是真理都是需要用字词来表达的，纯粹的存在者的呈现不是真理。我们可以说，实证主义缺乏了对于字词和它所涉及的对象之间关系的一种客观认识。海德格尔的存在哲学认为，实证主义的这种做法极其愚蠢。它要把字词和它所涉及的对象结合在一起。阿多诺承认这种做法在一定意义上的合理性，但是，他采取了一种辩证法的视角，即这两者既相互联系，又相互分离。我们需要承认这种联系，但是也要把这两者之间区分开来。只要我们把海德格尔含糊其辞的东西区分开来，把存在的意义和存在这个词语的意义区分开来，那么海德格尔的错误就可以被揭示出来。阿多诺指出，海德格尔拒绝把这两者区分开来。对于词语本身的意义，海德格尔把它具象化，即把词语意义和词语所涉及东西的意义结合起来。当海德格尔把存在这个词语的意义和存在本身的意义等同起来的时候，他就采取了这种具象化的方式，一个词语代表了这个词语所说的东西本身。这就是具象化，就是类似于道成肉身的做法。当海德格尔这样做的时候，海德格尔就借助于有条件东西的表达模式即"是"这个词语赋予有条件领域所发生的东西（是所涉及的具体内容）以无条件的幻相（赋予"是"以不可确定的意义）。我们在日常语言中使用的"是"都是在一定的确定的意义上使用的，我们使用的"是"的情况都是在有条件的领域中产生的，但是海德格尔把"是"从具体的条件中摆脱出来，把它变成了一个"无条件的东西"，使这个"是"的意义变得完全不确定。当然，我们在生活中也使用其他字词，比如"电脑"就不会出现像"是"这样的情况。这是由于，存在这个词语的用法太多了，太不确定了。当人们把具体的"是"从句子中抽象出来，这个词语的意思就闪烁不定了。它不再有确定的意义。

在这里，人们会说，海德格尔把字词的意义和字词所涉及东西的意义等同起来。这是具有唯物论倾向的。在这里，阿多诺对此又进行了分析。海德格尔把存在和存在者完全分离开来的。那么这个脱离存在者的单纯存在其实就变成了一种观念论所建构起来的存在（当然在海德格尔那里，这是一种客观的综合事态，与主体的综合活动结合在一起的事态）。由于存在和存在者被分离开来，于是存在就获得了一种独立于存在者的本质性意义，自身存在的独立的意义。这就是存在本身的意义。本来，海德格尔是要打破观念论的，是要达到主客体的一致的，但是当存在脱离了存在者的时候，存在就失去了它赖以存在的基础，存在就被观念化了。所以，阿多诺说，海德格尔打破观念论的努力不知不觉地白费了。这个存在学说，把不同于思维的东西都剔除在存在之外，把存在变成不能被思考的东西。这个不能被思考的东西是纯粹人为的东西（存在）。反过来，如果思维包含在存在中，能够对于存在中所包含的东西进行反思，那么这就意味着存在之中包含了超出思维的东西。当思维被排除在存在之外的时候，存在被纯粹地观念化了。即使存在这个词语让人想起存在者，但是存在本身却完全是观念的。当存在完全和存在者分离开来的时候，这个存在就变成空洞的了，毫无内容的东西了。从这个角度来说，存在的意义也是空洞的。人们无法从摆脱了一切存在者的存在中感知到意义（请特别注意这个感知）。可是对于海德格尔来说，这个脱离了存在者的存在还是客观的东西，其意义是可以被感知的。存在脱离存在者之后就变成空洞的了，于是，海德格尔用一种补充性的东西来填入存在之中，这就是分析判断中的意义领域。如果我们按照康德所说的那个分析判断的模式，在物体这个词语所表达的意思中就包含了长度。所以"物体是有长度的"这个判断就是分析判断。这就是说，物体这个词语所表达的客观意思是通过分析判断揭示出来的。既然物体这个词语中本来就包含了长度，那么"物体是有长度的"这就是从物体这个词语的意思的分析中得到的。这就是分析判断中的意义领域。这就是说，在我们的所使用的一切词语中都有一种类似于分析判断中所涉及的意义领域。这个意义领域被海德格尔预先构想出来的。海德格尔所说的"存在的意义"就是指这个被事先构想出来的意义领域。在分析判断中人们都使用"是"，人们在使用"是"的时候，"是"就有一个预先存在的客观的意义领域。存在的意义解释就是对这个客观的意义领域的解释。但是，存在不仅仅是存在本身，有这样一个客观的意义领域，而且还是一个概念。既然它是概念，那么这个概念也应该有意义。我们前面说过，含义这个词语有两个意思，一个是词语与对象关系的意思。这个是概念的意义。而它所涉及的东西是指称。存在这个词语所指称的是存在本身。我们知道，任何一个概念都必须有意义，没有任何意义的概念是不可能的。存在作为一个概念也有意义。于是，概念要成为概念就必须有意义这个说法就发挥了一种中介作用。人们可以根据这个说法表明，既然存在这个词语必须有意义，那么存在本身也必须有意义。存在这个词语的基础是存在本身。而对于海德格尔来说，存在这个词语和存在本身是结合在一起的。或者说存在本身是存在这个词语的基础，既然存在这个词语是有意义的，那么存在本身也必须像存在这个词语一样是有意义的。在海德格尔那里，存在本身不能直接显示出来，而只能借助于存在这个词语显示出来。这就是说存在是和存在这个词语（概念）结合在一起的。存在本身不能有其他方式表现出来，只能作为概念而被提供出来，作为话语上的含义而被体现出来。我们前面说过了，存在的意义领域,是分析判断中的客观意义领域。这个意义领域是作为话语上的含义而被提供出来的。从这个角度来说,存在只能作为话语出现。在海德格尔的存在论中,语言的首要地位表现出来了。既然存在只能作为话语出现,那么存在这个词语的意义就是存在本身的意义。海德格尔的存在这个词语和存在本身是无法被区分开来的。

最后,阿多诺引用了海德格尔的一句话,这句话即呼应了开头部分所说的意思,又用海德格尔的话语来挖苦、批判海德格尔。这句话的意思是,存在这个词语不能在类的意义上被理解,或者说,它不能被理解为一类东西的名称。这是《存在与时间》一开头所表达的意思。他强调,存在不是"属上的普遍性"[1]。而关于存在者的学说,那是属于类的,属于分类的学说。我们可以对于存在者进行分类。这种分类是空洞的。而存在却不是空洞的。存在所涉及的是分析判断的客观意义领域。而分析判断的客观的意义领域是与我们使用的字词有关的,而字词的意义是被传统确立起来的。所以,"存在"是被传统说渗透的,也是像传统那样传播的。这就是说,海德格尔的存在之中包含了传统的要素。本来海德格尔是要批判传统的,但是结果传统的东西渗透到他的基本概念之中了。最后,阿多诺挖苦海德格尔,海德格尔从传统中获得了安慰。这就是说,他的存在概念潜在地包含了对于传统秩序的拥护。尽管表面上他要否定传统,要像尼采那样来反思整个人类文明,但是传统的东西都渗透到他的整个的哲学之中了。海德格尔的基础存在论之所以吸引人就是因为他对于传统秩序的维护。人们关注海德格尔的思想不是因为海德格尔的理论内容,而是因为海德格尔提供了稳固的基础。在不断动荡的现代文明中,没有任何可靠的基础了,海德格尔提供了可靠基础。这就是他的思想吸引人的地方。而这是与他的思想的内容无关的。

包含先定秩序的存在论

在这里,我们把"verordnet"翻译为"包含先定秩序"是根据后面的内容而进行的意译。这个词的原形本来意思是制定、预先规定。在这个部分,阿多

---

[1] 海德格尔:《存在与时间》,陈嘉映、王庆节译,熊伟校,北京:商务印书馆2016年版,第6页。

诺批判海德格尔哲学表面上要强调自由，强调人成为其自身，而其实他是把先定的秩序固化在人的意识中，他的思想与其说是强调人的自由的，不如说是否定人的自由的。

在这个部分的一开始，阿多诺就指出，海德格尔的存在论是要借助于精神来恢复被精神打破了的社会秩序。这就是说，表面上看，海德格尔要用精神来摧毁社会秩序，比如，他要人从日常生活中回到自身，而不是沉沦于日常生活。这就是要打破由主客体的二元对立所建立起来的社会秩序。他的做法是要求人通过领会存在而生存。这个生存不是日常生活意义上所理解的人的保持肉体存在意义上的生存，而是存在论意义上的回到自身意义上的生存，是摆脱主客体二元状况意义上的生存。所以阿多诺指出，海德格尔在存在论上所说的那个"筹划"表面上是为了实现人的自由，让人从日常生活中摆脱出来，其实是要否定自由，让人回到主客体不分的所谓源始状况。在阿多诺看来，这种源始状况不是获得自由而是放弃自由。在阿多诺看来，海德格尔所说的"筹划"是把一种"超主体的义务"移交给进行行动的主体。这就是说，这种筹划是超越主客体的，是要让进行建构行动的主体超越主客体，放弃主体自身。在海德格尔来说，如果此在成为本真的存在，那么人就自由了，这个所谓的本真的存在是要回到主客体的源始的统一状况。而阿多诺所强调的自由是主体活动中所实现的自由。因此，当海德格尔把超主体的义务移交给进行建构的主体的时候，这即是要让主体放弃自由。而且更重要的是，海德格尔所说的筹划不是主体自身的筹划，对于主体性的回忆被他排除在筹划之外了。比如，海德格尔在他的后期中指出，在筹划中，进行筹划的不是人，而是存在本身。存在本身把人投射到本质之中。人的本质就是他所说的那种绽出性的生存。这个绽出性的生存在海德格尔那里是指源始时间性意义上的那种生存，这种所谓的生存是人能够自在自为地"出离自身"[①]，人由此而获得自由。

从阿多诺的分析中，我们可以看到，关于筹划的不是人而是存在这个说法其实就是人是通过理解存在而生存的思想的另一种表达。那个理解了存在的人所进行的筹划不是此在本身所进行的筹划，而是存在本身的筹划，在这里存在

---

① 海德格尔：《存在与时间》，陈嘉映、王庆节译，熊伟校，北京：商务印书馆2016年版，第448页。

代替了人进行筹划。所以阿多诺说，存在作为投送的领域（被给予的领域）被神秘化了，附加在这种神秘化之上的是一种神秘的傲慢，好像主体所进行的抽象就代表了存在，好像这种筹划说出了存在的声音。而这个存在就是超越了主客体对立的。这个存在是最高权威。主体所进行的筹划（筹划就有投射的意思）就是存在所进行投射，就是代表了存在。而不能进行这种筹划的人就是"存在的遗忘"，就是沉沦在主客体的二元对立结构之中。海德格尔一再提醒我们，不能沉沦在主客体二元对立的结构之中，而要回到存在本身。这个存在本身就是最高的权威。对于他来说，我们应该服从于这个最高的权威。据此，阿多诺说，这是一种预先包含了秩序的要求，是要服从存在的要求。而这种服从于存在的要求是与海德格尔的思维结构一致的，即不允许思想。凡是思想都是主体对于某种东西的思想，对于客体的思想，而海德格尔却强调直观，不允许思想。所以，阿多诺说，这是对思想的施暴。只有对于思想施暴了之后，这种预先包含了秩序的要求才能发挥作用。按照海德格尔的说法，人沉沦在日常生活中必然会出现"存在的遗忘"的状况。人要生活就不能不把主客体对立起来，就不能不用工具理性的思维方法来改变世界，获得物质生活条件。这对于海德格尔来说就是"存在的遗忘"，并且这种存在的遗忘是命定的。阿多诺认为，"存在的遗忘"这个矫揉造作的表述是有背后的动机的。这个动机就是，他对于那失去的久远的古代遗迹的惋惜。或者说，"存在的遗忘"这个说法就是要企图回到那个久远古代的遗迹，回到那个古代的原始存在，回到人和自然统一的那种原始状态。在那种原始状态中，主体和客体是没有区分开来的。对于海德格尔来说，当人从大自然中摆脱出来的时候，人就获得了一种意识，这种意识就是让远古的遗迹在意识中消失。阿多诺对于这种思想的批判是，这不过是一种神话，是回到原始状态的那种神话。按照这种神话，人的一切努力都无法逃脱自己的必然命运。人的努力是无效的。阿多诺指出，这种神话是一种欺骗。而海德格尔关于"存在的遗忘"的说法其实就是欺骗，就是要恢复神话。只有这种欺骗才能发号施令，让人回到这个原始的状况，回到一种超越主客体的源始状况。海德格尔所提出的这个存在是不能被思考的，当然也是不能被批判的。这个不能被批判的东西显示出其自身的特点，实现了自身的风格。由于它不能被批判，所以它自身就是合法的，正当的。当这个存在本身是合法的时候，这个存在其实也就让神话获得了合法性。我们可以说，海德格尔所说的存在具有神话的特征，即让人放弃主体的努力的特征。而只要启蒙还留下一点点东西，还留下一点点主体性的要求，那么存在就需要这种合法性的称号。而这个存在其实就是一种他律的东西，就是外加在人身上，是人必须遵循的东西。这个他律的东西与主体性是对抗的。

按照海德格尔的看法，如果人忘记了存在，这会给人带来痛苦。其实，在日常生活中的人们都在不同程度上失去了对于存在的领会，但是这种存在的丧失却没有给人带来多大的痛苦。日常生活中的人没有感到存在的丧失而带来的痛苦。所以阿多诺说，存在的丧失给人带来的痛苦是不真实的。不仅如此，这种说法还是一种故意的欺骗。如果存在的丧失给人带来的是真实的痛苦，那么这种痛苦能够从荷尔德林的诗歌中获得慰藉吗？如果人果真由于存在的丧失而陷入痛苦之中，陷入现实生活的痛苦之中，荷尔德林所说的那种"诗意地栖居"也无法给人提供多少安慰。对于阿多诺来说，这不过是逃离现实生活的幻想，而人不可能回到这样一种状况，好像人一旦理解了存在就能够回到这样一种"诗意地栖居"的自由状况。

为什么这种所谓的"诗意地栖居"不能达到自由呢？在阿多诺看来，人在社会中生活都是有秩序的，而不可能是一种无秩序的自由状况。而这种自由是依靠主体的努力才能达到。如果人不加努力就能够达到某种"自由状况"，那不过是盲目地接受一种秩序。阿多诺是这样具体论述的。按照阿多诺的理解，社会从概念上来说，应该是个人之间自由结合。但是，直到今天社会也没有达到这样的状况。这是因为，我们这个社会是一个建立在交换关系基础上的社会，经济关系中的权力结构所制约的社会。从这个角度来说，这个社会构成了一个结构性的总体。在这个结构总体之中，人是没有自由的。因此，阿多诺说，在这里制度形式享有无限的权力，也就是交换关系的结构享有无限的权力，在这个权力关系体系中，人受到了制度的强制，并被扭曲了。这就是我们常常所说的社会变成了一个总体结构，人就在这个总体结构中生活。在这个总体结构中的人也直接认同这个社会的结构，他无法超越这个结构来认识这个社会结构。尽管人的理性（Vernunft）希望像康德所说的那样达到对这个系统的总体的认识，但是理性却达不到这一点。在这样的社会中，那种古老的、自然地发展起来的秩序，或者说古代的社会秩序要么已经消失，要么超越了合法的界线而成为恶的东西。这就是说，人类在生存斗争中形成了各种秩序，有些秩序，比如，古代的某些道德秩序消失了，但是生存斗争中的某种秩序，比如主客体对立这种秩序，却始终存在，甚至超出了自身的范围，变成了恶的东西。比如，今天的社会中，人把生存斗争永恒化，把生存斗争变成超出经济范围之外的斗争。这都使生存斗争的努力变成恶的东西。

　　社会无论在哪一个阶段上都存在着一定的秩序，而绝不会是无序的，绝不会完全受到非理性的偶然性所支配。阿多诺把社会生活中的这种秩序理解为"对象化的合规则性"。这就是说，一种规则性的东西已经以对象化了的形式在社会中存在。海德格尔却害怕任何一种形式秩序。他设想了一种与规则性的秩序相反的东西，即此在的结构。在这个此在结构中的人们是自由生活的，摆脱了规则性的束缚，他们毫无畏惧地生活着。而存在论的筹划就是要人回到这样一种生活状态。这就好像道家所倡导的那种原始的、最自然的生活方式。在那种此在的结构中，天人合一了。海德格尔所渴望的自由生活就是这样的生活。对此，阿多诺批判说，海德格尔的这种做法是，把一种抽象的结构（此在的结构）投射到主体身上。而主体是这个合理化的社会中的受害者，他要人们进入一个所谓的"此在的结构"中，而这个此在结构就包含了一种秩序讯息，甚至最抽象的秩序讯息（比如人在生存中必须相互依赖）。存在论用这种秩序信息掩盖一种"客观的否定性"，即没有一种确定的、规则性的社会秩序。此在的结构是与这种规则性的社会秩序相对抗的。对于存在论来说，如果人进入到一种他们所期望的存在秩序（此在的结构）中，他们就能够自由快乐地说，他们就能够成为他们所期望的能在。而在阿多诺看来，人只要在世界上生存，那么这种生存就必须要有强制的结构，没有强制的结构，那么社会反而变得极端的恶。所以，阿多诺说，在世界上的任何一个地方，这个世界都要进入一种秩序的恐怖之中。这就是说虽然秩序是恐怖的，但是人也要进入。问题只是我们如何处理我们面对的秩序，来改变这个秩序，而不是逃避这个秩序，进入一个所谓的此在结构之中，即阿多诺在这里所指出的"过渡到相反的情况"。而辩护性哲学即海德格尔哲学或明或暗地希望那个秩序（此在的结构），他为这个秩序被"遗忘"而感到惋惜。这是因为，在现代社会，自由大体上来说是一种意识形态,或者说现代资产阶级所炫耀的自由社会其实并不自由。人们在社会系统面前感到自己无能为力,他们不能借助于自己的理性来决定自己的生活,人在这里是痛苦的。人不经受这种痛苦就不能真正地获得自由。由于生存中这种痛苦是必然的,这种情况迷惑了人们,人们期望无痛苦的秩序,希望直接接入所谓的"此在结构"。他们希望回避这种痛苦。他们反抗这种痛苦,但是他们的反抗采取了一种颠倒的形式,采取了一种自暴自弃的形式。这就是说,他们不是去直接对抗这种痛苦,去改变这种痛苦状况,而是幸灾乐祸地去接受一种更坏的状况,接受一种"鸡犬之声相闻"的状况,那种更粗朴的"源始"状况。他们不是要更好东西的幻相,不是要自由的幻相。

现代社会中的人们产生了这样一种不健康的心理。存在哲学在这里发挥了推波助澜的作用,它不让人们直面这样的痛苦,直面这种自由的丧失,它不是鼓励人们发挥主体的作用,反思这种人类面临的痛苦,积极地与这种痛苦抗争,而是要让人投入到对于存在的怀念和意识之中。所以,阿多诺认为,海德格尔的存在哲学促使人们宁愿选择更坏的东西,而不是选择更好的东西。当人们不愿意与现实的秩序体系抗争的时候,人们就被动地接受了这个体系。在现实社会之中,人们就会与逐步显示出来的强大利益相一致,接受强大的利益,接受现实的秩序。他们没有勇气与这种强大的利益抗衡。他们退回到存在之中。而在存在的体会中,他们所面对的是没有任何规定性的存在,他们所面对的东西中没有什么是确定的。在这里,人们出现了一种奇怪的心理现象。一方面人们没有勇气对付强大的利益,另一方面人们回到存在的时候,人们又觉得没有任何确定的标准可以依靠,他们好像来到了空无之中,他们可以任意行动。当人们陷入到这种空无之中的时候,人们就会像希特勒那样悲剧性地冒孤独之险。这种存在论非常奇特,一方面,它让人失去主体性,让人顺从强大的力量,另一方面却又让人在无依无靠中自由抉择,似乎完全自主。这是两个完全相反的东西奇特地结合在一起。其实,这就是观念论的表现,观念论在观念的世界中非常强大,非常了不起,但是一旦面对强大现实的时候,它就泄气了,就龟缩在自己的思想领域中,有时甚至会像希特勒那样,走极端冒险的道路。所以,阿多诺认为,这种被束缚在空无之中的做法,这种形而上学上的无依无靠的样子其实也是确证社会秩序,确证当代资本主义社会中的那种合理化秩序，逼迫人们接受这个强制的秩序。这种强大的秩序让人感到彻底失望，甚至会用消灭肉体来威胁人。按照阿多诺的启蒙辩证法，人的自我持存的努力同时也包含了自我毁灭。自我持存和自我毁灭是结合在一起的。奥德修斯征服塞壬的神话故事表明了这一点。所以说，这种秩序甚至会用消灭肉体来威胁人。在阿多诺看来，无论是资本主义制度还是苏联的那种制度都没有摆脱启蒙辩证法，都包含一种自我持存的原则，而这种自我持存的原则的极端形式就是今天社会中所出现的合理化和物化现象。阿多诺和海德格尔都要面对和处理这种物化现象。海德格尔是回到存在来回避这种现象，而阿多诺是坚持主客体对立，而在这种对立中不断克服这种现象。因此，对于他们来说，无论在东方还是西方社会都存在着一种物化秩序，都存在着一种强制的秩序。

由此，阿多诺说，复活的形而上学的回声就是要预先认同一种压迫。这就是在强大的物化秩序面前退缩，就是要回到所谓的存在的领域，去领会存在，而不是发挥主体的作用。这就是对于一种物化秩序的预先认同。这种物化秩序在西方也具有取得胜利的潜力，而在东方已经取得成功。对于苏联社会所出现的问题，他认为，这个社会把实现自由的思想扭曲为不自由。[①] 它不让人思想。阿多诺认为，思想都是受到某种东西控制的思想，思想都不是完全自由的。思想就是要在不自由中实现自由，毫无束缚的所谓自由思想恰恰是思想的不自由，是完全任性。苏联就是把思想的被束缚状况常态化，任何反思都被当作受束缚的思想。而海德格尔的哲学就是不让人思想。所以，阿多诺在这里接着就说，海德格尔促使人们思想上的顺从。那么，人们必然会问，这种说法根据何在。在这里，阿多诺指出了海德格尔《关于人道主义的书信》中的说法。在那里，他拒绝人道主义这个词语。那么，人们必然要问，为什么会拒绝这个词语呢？在阿多诺看来，这大概不仅仅是海德格尔对于这个词语有意见，而是他反对一切"主义"。人们提出各种"主义"就是要进行理论的讨论。而反对这些词语，就是反对人们进行语言上的交流。所以，阿多诺说，这种反对这些词语，其实也包含了反对人们交流的意思，反对一切"主义"的意思。在这里，阿多诺提出，我们应该问一问，阿多诺所反对的究竟是人道主义这个词

---

① 我认为，阿多诺对于苏联社会中所出现的强制和压迫的理解过于简单化了。

语,还是反对人道的状况。在阿多诺看来,海德格尔不仅反对人道主义这个词语,而且反对人道的状况。他的那种回到源始的此在就是包含了反对人道状况的意思。人作为人就是在用主体征服自然的过程中成为人的。这就是最根本的人道状况,返回那种源始的状况就是反人道的。当然,人道主义这个词语在很大程度上把主客体对立的状况无条件地合理化。这是人道主义这个词语在人们的理解中所存在的问题。这是需要反思的另外一个问题。我们需要反思这个词语的意义,而不是简单地否定这个词语。

对物化的抗议

在这个部分,阿多诺通过分析海德格尔反物化思想的来源指出,海德格尔对物化的抗议是不成功的。在海德格尔看来,回到了存在,就可以消除这两者之间的对立,就可以消除物化。① 而在阿多诺看来,海德格尔对物化的伤害是微不足道的,他甚至在一定程度上陷入了物化。

在这个部分的一开头,阿多诺指出了存在论与等级制度的联系,等级制度又是与批判相对主义,追求绝对性联系在一起的。阿多诺指出,虽然存在论也有威权主义的要素,但是这种威权主义更加隐晦,更富有经验。因此,虽然存在论也拥护威权主义,但是他的做法与舍勒的门徒不一样。舍勒的一个门徒曾发表过《中世纪的世界与我们》的文字公开赞扬等级制度。这是指保尔·朗兹伯格(Paul Ludwig Landsberg)。他建议把中世纪的存在论作为我们的哲学模型。② 在阿多诺看来,海德格尔没有明目张胆地主张等级主义,他采用了一种掩盖的策略。而这种策略是与当代资本主义社会这个阶段相联系的。这个阶段也是遮遮掩掩地与传统的等级社会保持着联系。这种联系就表现在其中的一种自我保存策略,或者叫"全方位的掩护策略"。如果一个人想在权力体系中有他的位置,那么他就必须考虑到资产阶级社会中的这种人类学特征。这是一种既与古代社会有联系,又不同的人类学特征。这种资产阶级的人类学特征就是

---

① 参见 Theodor W. Adorno, *Ontology and dialectics*: 1960/61, Edited by Rolf Tiedemann, Translated by Nicholas Walker, Polity Press, 2019, pp. 210 – 213。
② 参见 Theodor W. Adorno, *Ontology and dialectics*: 1960/61, Edited by Rolf Tiedemann, Translated by Nicholas Walker, Polity Press, 2019, p. 166, p. 210。

人把自我持存作为自己的生存目的。为了自我持存,一个人既需要利用市场体系,与其他人结合在一起;又要脱离其他人,要只顾自己的利益。古代社会的人们也要自我持存,但是这种自我持存是一种暴力强制,是一种等级秩序。市场经济不是没有等级秩序了,但是它以平等之名来实现等级秩序。希特勒就采取这样一种自我持存的策略,他把自己抬高到其他人之上,并斥责大众是道貌岸然的家伙。其实他自己就是这种道貌岸然的家伙。他通过不断地更换卫兵而把自己与其他人分离开来(资本主义社会中的个人都是孤立的个人,并且努力征服其他的个人)。海德格尔存在论与希特勒类似,他把中世纪的那种带有等级特点的形而上学转换为把存在置于优先地位的存在论。他强调了存在对于存在者的优先地位。这种策略暗暗地保留了等级的特点。所以,阿多诺说,海德格尔对于等级制度的同情消失在存在的霸权和孤独之中。

海德格尔这种等级主义的观念是与胡塞尔对相对主义的批判联系在一起的。换句话说,胡塞尔的思想中所包含的绝对主义观念可以为海德格尔提供思想基础。胡塞尔对于绝对主义的追求是与他对相对主义的批判联系在一起的。胡塞尔的思想是从笛卡尔的我思故我在出发来寻找绝对的东西的。在阿多诺看来,胡塞尔对于相对主义的批判,对于绝对主义的追求还包含了这样一个要素,即它要把握内容,把握逻辑学所无法把握的东西。如果逻辑学是一种僵化的、固化的思维方式,那么这种力图把握内容的思想是一种动态的思想,而不能像物性那样成为一种固化的思想。这就是说,胡塞尔反对把思想固化的做法就包含了反对物化的要素。而马克思和黑格尔思想中都包含了这种反物化的要素。这种动态的观念与物化的观念是格格不入的。从这个角度来看,海德格尔在很大程度上接受了胡塞尔的思想。这就是把对于绝对性的追求与反物化的要素结合在一起。相比而言,舍勒以及处于萌芽状态的新存在论却忽视了胡塞尔思想中的这个方面,即忽视了这种反物化的方面。

最初,胡塞尔是反对相对主义的,是要找到某种稳固的东西的。由于相对主义在现实中已经衰弱,海德格尔的哲学就不把反对相对主义作为其重要目标,而是转向反对物化。这就是说,海德格尔哲学最初也是要反对相对主义的,他把存在看做是最终的绝对的东西,看做是超出主客体的局限的东西。在《存在论与辩证法》中阿多诺具体说明了相对主义弱化的原因。在他看来,由于科学技术的发展，科学家在一定范围内可以找到确定的可靠的东西。从社会角度来说，社会也开始功能化，它也不能容忍人们的主观的武断行为。而主观武断的行为是与相对主义密切联系在一起的。所以，在相对主义衰弱之后，人们把理论的重点放在对于物化的批判上。这种精神上的物化是由社会所实施的，并支配其成员。我们知道，按照卢卡奇的看法，物化已经扩展到整个社会领域，人们在精神上和社会生活中都陷入了物化。现代社会变成一个功能体系，这就是物化，人只能屈从于这个功能体系。海德格尔受到了胡塞尔的影响也反对物化，但他是从形而上学的角度来反对物化的。他是求助于一种不可失去的源始的东西来限制物化。或者说，他求助于存在来限制物化。在阿多诺看来，求助于存在并不能纠正物化的后果。阿多诺强调，人必须在主客体关系中，在一定程度上承认物化的合理性，并在此基础上来克服物化，而不是回到源始的存在。回到那个源始的存在其实不过是任由物化存在，而不是采用主体的力量来积极行动。只有主体积极行动起来才能克服物化。正如存在论无法对于科学的发展中产生的问题造成多大的伤害一样，求助于存在无法克服物化。

在这里，阿多诺对于海德格尔诉诸存在来克服物化的做法进行了三个方面的批判。第一，存在是一种变种了的绝对，具有妥协了的永恒价值。这就是说，海德格尔继承了胡塞尔的绝对主义观念，只是稍微有点妥协而已。海德格尔没有明目张胆地宣称存在就是绝对，就是第一性的东西。尽管如此，海德格尔却信奉他的存在，把存在神圣化。这种神圣化表现在存在高于一切存在者。或者说，存在高于一切物性的存在，高于一切存在者。这就是把存在变成一种变种的绝对。第二，海德格尔的存在自在地具有动态性，而不是固化的物性的东西。这种动态性特征也被海德格尔本人说成是"成己"。对于海德格尔来说，存在无法被规定，因此，也不是某种固化的东西。与这种动态的存在相比，而物化的世界是非本真的，因此是不值得变化的。然而对于阿多诺来说，对抗物化不是回到物化世界之外的存在这个神圣的东西，而是要改变物化世界。第三，对相对主义的批判被海德格尔过分地拔高了，或者说，他的思想在很大程度上走向了绝对主义，好像人的思想中没有不断进步的要素。对于海德格尔来说，如果思想回到了存在，那么这才有真正的思想。这种思想其实是反对知性（主观理性）、合理性的思想，它包含了对于整个主观理性的蔑视。而对于阿多诺来说，人的思想中的合理性要素是必须的。而主观理性是理性的必然要素，工具理性就是一种主观理性，它不是致力于把握对象的客观内容，主要是要达到对象的控制。海德格尔的思想包含了对于这种主观理性的蔑视。

接下来，阿多诺进一步解释了海德格尔的反物化思想的特点。我们知道，知性的思维只是从局部把握对象，只是要获得控制对象的知识，而不是把握真理，更不是把握总体。因此，阿多诺说，理智（知性思维）是支离破碎的。从卢梭、赫尔德以来的浪漫主义就开始批判这种理智。这就是他所说的公众意见对于理智的批判。而这种批判是与人们对于物化、对于异化的批判结合在一起的。阿多诺指出，至少从卢梭、赫尔德以来，人们就产生了一种浪漫主义精神，他们反对用那种机械的方法分割自然。对他们来说，这不过是一种支离破碎的理智方法。他们反对这种方法。他们把这种方法与反对物欲横流的现代文明的做法结合在一起。而19世纪以来的德国学生运动也延续了这个传统。① 从这里可以看出，从卢梭以来，反对合理性的思维方法就与反物质主义（沉迷于物性的东西）始终结合在一起，并相互作用。海德格尔的存在论是这样一种思想传统的延续。他把反功能（反对合理化的方法）与反物质（反对物化）结合在一起。反功能的做法就是反对把社会变成一种功能系统。这种功能化是物化的表现之一。反功能是反对把思想对象化，反对把思想对象化在社会系统中，从而保持思想中纯粹的综合能力。这种纯粹的综合能力，就是纯粹形式，是海德格尔所说的存在的一个方面。而反物质是从纯粹质料的角度来看的。物质是一种存在者，是形式化了的质料。而海德格尔的存在是纯粹的质料和纯粹形式的强制结合。而海德格尔把反物质和反功能结合在一起就是把纯粹的质料和纯粹的形式结合在一起。而这两者的外在结合就构成了海德格尔的存在。也正因为如此，存在决不能被说成是物。虽然存在不是物，但是却是"基础"。这个基础是一种稳固的东西。它类似于"物"。或者说在这个"物"（存在）之中，主观和客观是直接结合在一起的，是被外在地、强制地结合在一起的。

于是，阿多诺按照这样的分析来说明海德格尔物化批判的特征。按照阿多

---

① 参见 Theodor W. Adorno, *Ontology and dialectics*: 1960/61, Edited by Rolf Tiedemann, Translated by Nicholas Walker, Polity Press, 2019, p. 212。

诺的分析，如果主体和客体完全分离开来，那么无论是主观的东西还是客观的东西都会物化，都会变成类似于物的东西。那么当主观和客观、主体和客体结合在一起的时候，是不是就没有物化了呢？阿多诺认为，当海德格尔把这两者强制结合在一起的时候，仍然采取了一种抽象化的方法，这也导致了物化。按照阿多诺的分析，认识的活动必然是主客体相互作用的过程。但是，如果被认识东西作为认识的结果被功能化，被认识的东西被人们作为一种物来使用，那么这个被认识的东西中虽然曾经有主体在其中发挥作用，但是这个主体的作用已经从认识的结果中脱离出来。这样被认识的东西就是死物，而认识过程中的活生生的要素被归结到主体身上，被理解为主体的活动。本来在认识活动中，认识过程都是质料和形式的相互作用。我们在感性活动中获得了质料，但是这个质料不是纯粹的质料，而是与思维主体的活动结合在一起的。这种与思维主体结合在一起的东西才是认识客体。如果认识客体被还原为纯粹的质料，那么这个质料就与主体无关了。这个纯粹的质料就没有任何动态的特点。这种质料就是被物化的质料。这种做法其实就是从客体中吸走其中的一切动能。这种被吸走了动能的东西变成了被消除了质的特性的东西，是纯粹混沌的东西，或者说，是无法用概念来概括的东西。这种东西是静止不动的，人们也无法对它进行判断。没有被概念所中介过的东西是无法被判断的。这种东西也是被物化的东西。所以，在阿多诺看来，认识中的客体不能被理解为纯粹的质料，而是包含了动态要素的东西。为此，阿多诺强调，康德把一类范畴称为"力学的"不是没有理由的。① 这些力学的范畴就是要表明认识对象不是死物。可是，在这里，人们必然要问，康德那里还有量的范畴和质的范畴，这些数学的范畴不是力学的，认识对象的这个方面是不是可以被当做死物呢？即使这些可以用量的范畴和质的范畴来考察的对象也不是直观的对象，而是经过中介的。这就是说，在认识中没有纯粹直接被给予的东西，而都是被中介过的。对于海德格尔来说，那种纯粹的质料是完全具体的东西，是没有被概念概括过的。其实，这种所谓的质料，所谓完全具体的东西也都是被概念中介过了，只是这种被中介

---

① 康德把范畴区分为两类，一类是数学的，一类是力学的。其中量的范畴和质的范畴是数学的，而关系范畴和模态范畴是力学的。见康德：《纯粹理性批判》，邓晓芒译，杨祖陶校，北京：人民出版社2004年版，第74页之后。

过的东西被阿多诺看做是死物。对于海德格尔来说，存在就是完全具体的东西，是不能用概念表达的东西。或者说，这种纯粹的质料是海德格尔存在概念中的一个方面。他是把认识的结果变成死物，变成纯粹的质料。于是，这个变成纯粹质料的东西就被物化了。而这个物化的要素是海德格尔所说的那种存在的一个方面。在阿多诺看来，完全抽象的东西（纯粹形式）和完全具体的东西（纯粹质料）是不存在的。人们之所以把这两者对立起来。这是有一定的社会基础的。这就是生活分化为完全抽象和完全具体的两极。我们可以说，一些人变成纯粹从事具体的劳动，而另外一些人只是在思维中进行抽象思考。一般来说，社会不可能如此极端，把纯粹形式的东西和纯粹质料对立起来。但是，一旦它们被对立起来，那么纯粹形式和纯粹质料都被物化了。

前面阿多诺主要分析了纯粹质料。接着他又分析了纯粹主体（纯粹形式）。在认识活动中，人的肉体和精神是结合在一起的。这是活生生的认识活动。但是，如果这个主体的活生生的要素被抽离了，那么所留下来的就是纯粹的自我，康德把它理解为纯粹统觉。这好像是人的一种纯粹的综合能力。但是，这种纯形式的东西在自主的逻辑性中耗尽了自己的能力。这种纯粹逻辑的能力其实是无能的。这就是说，它不再具有活生生的能力了。这就好比说，精神如果脱离了肉体，纯粹的精神也是没有动力的。这个精神也被物化了。

海德格尔对于物化的批判就是要指责主客体之间的对立，就是批判主体和客体都被物化的状况，指责人们的合理化的思维方法，即"不断进行思索和领会的理智"。而海德格尔的这种指责是有客观来源的。这是因为，在现代社会，合理化的方法成为认识和改造世界的基本方法，人们生活于其中的经验世界完全物化了。在阿多诺看来，这不是精神本身的错。精神不过是把现实联系强加于它的东西（即合理化的方法）而进一步返回到现实中。我们可以说，这是精神和现实相互作用的结果。按照阿多诺在《启蒙辩证法》中所进行的分析，人最初为了改造自然就需要用合理化的方法，这种合理化的方法逐步地内化于精神之中，而精神后来又把这种合理化的方法返回到社会之中。精神和社会在相互作用中走向了物化。这种物化是有社会历史根源的。因此，要克服这种物化就是要自觉反思精神的痛苦，实现肉体和精神的和解。但是这种和解不是现成的东西，而是肉体和精神相互斗争的过程。在这个过程中实现和解。

从这个角度来说,这种和解是一个动态过程。换句话说,物化是必然的,这需要通过活生生的主体的努力来克服。这才是正确的做法。

海德格尔对于物化的批判是错误的,他把主体和客体,肉体和精神的和解变成了一种现成存在的东西。这个东西就是他所说的存在。对于他来说,在源始状况中,主体和客体、肉体和精神是和解的。如果人返回到这个源始的状况,那么物化就被克服了。然而人类在日常生活中沉沦了,忘记了存在。这是人类生存的不可避免的命运。对于海德格尔来说,物化是存在的遗忘,而这种存在的遗忘是人类生存过程中不可避免的"命运"。既然存在的遗忘是人的不可避免的厄运,既然物化是人类不可避免的厄运,那么我们就只能顺从这种厄运。本来,对于阿多诺来说,虽然物化是命运,是不可避免的,但是人可以通过反思以及借助于反思所激发起来的实践来改变这种命运,改变这个现实。但是,在海德格尔那里,这个被当做"命运"来悲叹的现实被神圣化了。这就是说,海德格尔并没有真正地克服物化,而是在面对物化的时候,把物化当做不可避免的命运来悲叹。

当然,阿多诺承认,海德格尔反对实证主义,在这种反实证主义的思想倾向中包含了思辨哲学的要素。从这种思辨哲学中,海德格尔也感受到,主体与客体、内在和外在、本质和现象、概念和事实之间的对立是对的。这是继承了康德黑格尔哲学传统。尽管海德格尔在回忆哲学史的时候强调,从柏拉图以来,人们在思想上陷入了这种二元对立的困境,但是海德格尔也看到了哲学史上的思想家并不是完全把这两者对立起来的。无论是康德还是黑格尔都在一定程度上包含了两者之间和解的要素。比如,在本书第三部分模式中,阿多诺在讨论康德和黑格尔的时候就是致力于说明这个方面的内容。在阿多诺看来,这些要素之间的和解是在矛盾着的双方的斗争中实现的,而不是现成的状况。而海德格尔恰恰把这种和解理解为一种现成状况,即存在。这就是说海德格尔把对立东西的和解投射到一种源始状况,投射到存在。在存在中,这些冲突的东西相互和解了。其实,这些东西之间并没有真正地实现和解,而是两个对立的东西被强行统一起来。主体在把握客体的时候会发现客体是对抗主体的,主体无法完全把握客体,于是,这个时候主体就要和客体做斗争,它改变客体从而更好地接近客体。这就是通过斗争而实现的和解,但是这个和解也是暂时的,并且是动态的。而当海德格尔把两个对立的东西直接结合起来的时候，二元对立反而被强化，并对抗和解的冲动。这就是说，海德格尔在克服物化的努力中把主客体对立起来，其实就是把纯粹形式和纯粹质料对立起来，并把这两个对立的方面强行结合起来。这不仅不能克服物化反而强化了物化。

所以，阿多诺最后说，关于"存在的遗忘"的挽歌阻碍了这些东西的和解。虽然人们对于和解抱有期望，对于存在的历史抱有期望，期望这些东西在冲突中达到和解，但是，存在的历史否定了这种和解，存在变成了源始的东西，是无法透视的东西，其历史也是无法透视的。这个无法透视的东西无法真正地达到相互对立的东西之间的和解。由于和解无法达到，所以这种和解面临着一种厄运。或者说，在存在的历史中，和解面临着一种厄运。阿多诺认为，这种厄运可以被当做虚幻的联系而被打破。这种厄运是由于人们把对立的东西强行结合在一起，人们在这些对立的东西之间建立了一种虚幻的联系。如果理解了这种虚幻的联系，那么和解的厄运就可以被打破。

虚假的需求

在这个部分，阿多诺批判了存在论的需求，说明了存在论的需求是包含了某种真实性的虚假需求。

这个地方的一开始是接着前面的虚假联系而说的。在阿多诺看来，把主体与客体、内在和外在、本质和现象、概念和事实等直接对立的东西结合起来，把它们说成是"存在"这就是一种虚假的联系。而海德格尔的存在论上的"筹划"就包含了这种联系，即这个筹划是存在本身所进行的投射。不仅如此，这种直接统一还渗透到了需求之中。这就是说存在论的需求包含了对于这种直接统一的需求。筹划即存的投射不仅仅与主客体统一的需求有关，而且还从这种需求之中看到了这种需求对于其命题所提供的担保。海德格尔在《存在与时间》中说，"领会本身于它本身之中就具有我们称之为筹划的那种生存论结构。领会把此在之在向着此在的'为何之故'加以筹划。"[1] 此在的"为何之故"即对于主客体分离的超越，筹划就是要达到这种超越。海德格尔

---

[1] 《存在与时间》，陈嘉映、王庆节译，熊伟校，北京：商务印书馆2016年版，第207页。

从存在论需求中看到了筹划的这个命题得到了担保。对于海德格尔来说，在现代社会中人们都有这种超出主客体分离的需求。对于海德格尔来说，如果人们有对于超出主客体分离的需求，那么这种需求也担保了他所提出的存在优先命题的正确性。阿多诺的这个说法显然是讽刺海德格尔的。阿多诺的这个说法，即人们有这种需求就能够担保表达这种需求的正确性，也从另外一个角度说明了海德格尔思想之所以受到追捧的现实基础。

在这里，阿多诺直截了当地指出，即使再固执和天真的人都不能简单地相信，社会的进程直接是由供需关系，由需求来担保其前进方向的。这就是说，虽然人都有存在论的需求，都有超越主客体关系的需求，但是这并不保证社会一定会朝着超越这种主客体关系的方向发展。这就好像说，虽然人都有一种乌托邦的需求，比如对于美好社会的需求，但是，这并不意味着社会就一定朝着这个方向发展。人们的需求不能确定社会的前进方向。对于海德格尔来说，如果现代社会中的人都有了对于存在论的需求，那么主客体对立的状况就会被克服。而在阿多诺看来，需求本身是需要被批判地分析的，无论是精神需求还是物质需求。

接下来阿多诺就对需求进行了分析。在阿多诺看来，需求之中包含了幻相和幻觉。这种幻相和幻觉都是一种虚假意识。而关于需求的幻觉是，无论人们有什么样的需求，它都应该得到满足。或者说，任何需求本身都是正当的。这显然是幼稚的幻觉。而需求的幻相在这里应该是指，人们本来所需要的是A，但是人们却用一种类似于A而实际上非A的东西来代替对于A的需要。比如一个人本来需要一个具有实用价值的包，但是在社会时尚化潮流的影响下，人们实际上购买了时尚的皮包，而这个皮包可能并没有多少实际价值。从这个角度来说，人的需求受到了他律的影响。所以，阿多诺强调，无论需求多么具体，如果需求是按照他律产生的，那么这个需求一定是包含了意识形态成分的需求。当然，阿多诺承认，任何真实的东西都不可能完全和意识形态分离开来。任何真理都不可能完全与意识形态无关。即使我们在批判地分析各种需求，即使我们不想屈从于意识形态，尤其是不屈从于简单的自然生活的意识形态也是如此。存在论的需求在某种程度上说就是回到简单生活的意识形态。即使我们不屈从于这种意识形态，这也不意味着，我们的需求就必定与意识形态无关。在这里，阿多诺强调，任何一种需求都在一定程度上与意识形态有关。阿多诺强调，真实的需求和虚假的需求是联系在一起的，需求之中总是包含了意识形态。从这个角度来说，真实的需求是一种客观的意识形态，被一种文化所普遍认可的需求，比如在现代社会中对手机的需求。在我们的社会，没有人会认为，对手机的需求是虚假的需求，但是这却是一种文化氛围的产物。我们不能因为它是一种客观的意识形态，而否定这种需求。这是因为，尽管这种需求是在一个被控制和被管理的世界中出现的，是人的需求被扭曲的情况下出现的，但是我们也不能否定其中也有客观需要（即主观部分的剩余）在其中发挥作用，不能否定这种需要也有系统所没有完全控制的要素。被控制的人也会在一定程度上具有自主性，也有没有被控制的需求，也会对于这种没有被控制的需求做出反应。这就是真实的需求。阿多诺说，即使在出现了过度生产的情况下，物质需求也应该得到尊重。这就是说，在现代社会，物质生产超出了人们的需求范围之外，社会从各种不同的角度来刺激需求。这就让人们产生了许多虚假的需求，即使如此，我们也不能否定人们的物质需求。

如果是这样，那么在现代高度发达的物质社会中，人们对于物质的需求仍然是合理的需求。人们一定会在一定程度上为这种物质的需求而斗争。他们不会因为物质生活条件好了而放弃这种需求，去追求那种简单自然的生活，追求主客体的单纯统一。我们的社会中，人们需要为物质生活条件而斗争。但是如果人们不是把这种需求看做是惟一的必然的需求，人们不承认他们必须屈从于这种唯一的必然性，那么存在论的需求，即回到简单自然生活的需求，达到主客体统一的需求也包含了真实的要素。应该说，阿多诺的这个思想是正确的。在物质条件丰富的今天，越来越多的人重视简朴的生活，注意节约资源。这种需求无疑是真实的。阿多诺并不否定这一点。然而对于这种简单的自然生活的需求的错误意识却会导向自主主体所不需要的东西，并由此允诺可以满足这种需求。比如，对于存在论的需求中，人们被错误地引导到对于一种绝对肯定的东西的追求上，好像这种主客体的统一为人提供了最可靠的基础。更重要的是，对需求的错误意识表现在，不可获得的东西好像是可以获得的，并且被补充性地添加到他被禁止的需求及其可能的满足上。这就是说，在现代社会中，生存斗争是所有的人都必须的，没有生存斗争，没有自我持存的斗争，人类就会走向灭亡。即使在物质条件非常优渥的西方也是如此。在这样一种生存斗争中，人们不可能直接回到源始的朴实的自然生活状况，不能直接达到主客体统一。现代文明史拒绝了这种可能性，但是那种自然朴素的生活让人们异想天开地认为，这种直接的主客体的统一是可能的。这种不可获得的东西好像变成了可以获得的。这种不可获得的东西被附加在被现代文明所禁止了的东西之上，好像这种需求是能够得到满足的。这显然是对于需求的错误意识。而这种错误意识表明了一种颠倒的需求，生存斗争，自我持存的努力是文明的必然方向。而颠倒了的需求从精神上表明，人会意识不到物质贫乏方面的痛苦。人会为自己回到那种所谓淳朴的自然的生存状态而高兴，而不会感到物质贫乏的痛苦。本来精神上的需要也是要消除人的痛苦，特别是物质贫乏上的痛苦，但是这种颠倒的需求却对于消除物质贫乏上的痛苦毫无作为。接着，阿多诺说，思想如果没有需求，没有欲求的东西，那么这就是空洞的思想，是纯粹的自我思考。思考必定是某种东西的思考，都是对于自己所需求的东西的思考。但是如果人的需求是主观确立起来的，那么这种思考就会迷失自身。而存在论的需求就是主观地确立起来的，这种需求就迷惑自身。当然，存在论的需求也包含了正确的东西，但是这种正确的东西是与虚假的东西结合在一起的。如果存在论的需求需要某种恰当的东西，那么这种东西就是正确的。如果存在论需求使人们关注自然环境，不浪费资源，那么这就是正确的需求，但是如果这种需求变成了直接达到主客体的统一，那么这就是虚假的东西。

如果存在论说我们不能根据人的自然状况而要根据所谓文化标准来观察人的需求，那么这个标准中就包含了不合理的东西。按照存在论的思路，生存斗争是人的自然状况，人作为自然的存在当然要生存斗争，但是这不是文化标准。于是存在论认为，我们要用文化标准来衡量人类。今天的西方社会已经物质文明高度发展了，人们好像应该放弃这种自然的状况，应该回到源始的存在状况。阿多诺认为，这种所谓的文化标准之中包含了恶劣的不合理性。这种不合理性包含了对于主客体分离的排斥。在人类生存斗争中，人必须要征服自然，必须要有合理性。这是征服自然所需要的东西。这种所谓的文化标准其实就是用一种替代品来替代被排除了的东西。主客体的天然统一在现代社会中是被排除了的，于是人们就用一种替代品，用存在论来满足人们对于这种东西的需求。这就是说，在现代社会中，人们确实发现了现代文明中的问题，这个问题是不能用回到源始的存在来解决的。现代文明排除了这种可能性，于是海德格尔用存在论来满足人们的这种需求，即对于源始的主客体统一的需求。在这里，阿多诺认为，存在论的需求就是被排除了的需要的精神替代品。也正因为如此，一些人极端地迷信海德格尔的存在论。阿多诺在这里指出，本来存在论是要超越主客体的，是要超出观念论的，但是它还是变成了观念论。这是因为，它试图用一种纯粹的精神产品满足人。好像人们所需要的不过就是对于存在论的需求。它不是要真正克服主客体分裂的对立状况，不是真正地克服现代社会中的物化状况。这种存在论不过是给人们提供一种精神上的慰藉。通过满足人的精神需求，这种存在论也能够阻止人们对它的批判。

接着，阿多诺进一步挖苦这种存在论所提供的替代满足。他说，一般来说，替代品仅仅提供粗糙的满足。比如文化工业就是如此。按照阿多诺的分析，文化工业就如同饭店里面提供菜单那样，通过美图给人们提供满足。而这不是真正的满足。大众也不会相信这种满足。而海德格尔的存在论就不同了。它不是文化工业产品，是思想家的理论思考。不过阿多诺认为，这是一种官方文化所提供的经典产品，是充满了欺骗的东西。那么存在论所包含的欺骗性表现在什么地方呢？它是对于虚假需求的虚假满足。在现代社会，人们在精神上特别需要一种稳固的东西。这种对于稳固的东西的需求激发了存在论。存在论就是要衡量，它所提供的存在是不是这样的稳固的东西。那么为什么人们那么需要稳固的东西呢？这既有主观的原因，也有客观的原因。从主观上来说，人们太软弱了。从客观上来说，社会发展太快了，一切客观的标准都受到了怀疑。这在个不断发展的社会中，人们需要稳固的东西，他们害怕被历史发展的过程所埋葬，也对这个不断发展的过程感到无能为力。所以阿多诺说，对于稳固的东西的希望，对于不变的东西的希望，其实就是要保留那些过时了的东西。这个社会发展越是让人感到无能为力，人就越是要获得稳固的东西。而存在论就是这种绝望中的希望。所以阿多诺说，现存社会形式越是无法阻止人们对于稳固的东西的渴望，那么存在就越是能够在这种绝望之中满足人们的渴望。从这个角度来说，这种存在论是在绝望中维持自身，即在无法得到稳固东西的绝望中维持自身。所以，阿多诺说，在这种哲学中，绝望（对于无法得到稳固东西的绝望）与维持自身是结合在一起的。在绝望和维持自身的哲学框架中，这种哲学用威胁、恐吓来维持自身。这个哲学用彻底的毁灭来恐吓人们。按照这种哲学的设想，现代人类文明处于灾难之中，面临着毁灭的危险。主客体的分离好像把人类带到了万劫不复的深渊。当这种恐怖威胁存在的时候，哲学就可以维持自身了。海德格尔的哲学就是把这种恐怖威胁，把这种绝望和它自身的自我持存结合在一起。如果这种威胁消失了，那么人们也就不需要这种哲学了，就不需要给人们提供稳固基础的存在了。而这个存在其实是一种倒置过来的肯定性。所谓倒置过来的肯定性就是指，它本来是一种否定的东西，但是这种否定的东西被作为一种肯定的东西表现出来。存在就是"是"的意思，它表示肯定。而这个肯定不是别的，就是抽象的否定性。这个抽象的否定性，就是对于现代文明的抽象否定性。它抽象地否定了现代文明，于是回到存在就成为必要的。在阿多诺看来，虽然文明中存在问题，但是对于这个问题，我们不是要回到源始的存在，不能靠否定了主体的作用，而是要通过主体的自我觉醒，通过反思和行动来解决。

软弱和支撑

这个部分是对于前面关于虚假的需求批判的延伸。传统保守的文化批判对于形式的需求就是这样一种虚假的需求。这种对于形式的需求其实就是一种对于基础的东西，对于永恒不变东西的需求。

按照阿多诺的观念，19世纪以来，一种保守的文化批评提出了这样一种观念，即在这个世界之中出现了形式之丧失的情况。这种保守主义文化反对进步，反对革命。在这种保守主义文化的视野中，由资产阶级革命所引起的那种激进的文化运动动摇了社会秩序。这种保守主义文化呼吁秩序的神圣性。社会失去了秩序就被理解为现实的世界失去了形式。他们对于形式的要求其实就是对于一种稳固的社会结构的要求。所以，阿多诺说，保守的文化批评其实需要的是对于社会不稳定状况的固定反应结构。这种对于形式的要求其实与存在论的需求是非常类似的。但是与存在论的需求相比，这种对于形式的需求更加特殊。这种特殊性就在于，文化保守主义者其实已经被形式所控制了，失去了主体性力量，这些失去主体力量的人就迫切需要形式，需要稳定的基础为他们提供支撑。这种文化保守主义从艺术史的命题中吸取营养。这就是说，19世纪的文化保守主义者从艺术风格的崩溃中发现形式的丧失这种现象，并把艺术领域中的现象拓展到社会生活领域，由此而认为，整个世界都出现了形式之丧失的问题。这就形成了一种关于形式之丧失的总体观。比如，一些艺术史家认为，现代社会确实出现了一种形式的丧失的问题（社会缺乏一致承认的东西把社会整合起来，而在阿多诺看来，形式和内容结合在一起的，形式沉淀在内容之中），这不是社会进步的表现，它并没有促进生产力的发展。艺术史家的这种看法没有错，应该得到承认。比如，革命的审美艺术家就是这样看的。在这里，阿多诺列举了阿道夫·罗斯（Adolf Loos）关于建筑的观点。罗斯认为，建筑应该按照空间建构的要求本身来展示出形式，而不是通过外部的装饰使它获得形式。他提出了装饰就是罪恶的著名论点。外在的装饰是一种浪费，它阻碍生产力的发展。所以，阿多诺高度评价了罗斯的思想。他认为，罗斯是革命性的审美理论家。这是一种反对外加形式的做法，而是主张形式从内容中发生。因此，对他来说，形式的丧失是一种进步。而其他艺术家却没有勇气承认形式的丧失的状况，他们屈从于现存文化，在意识上胆小如鼠。他们都不敢说出形式之丧失的情况。虽然，革命的艺术家和文化保守主义都看到了形式的丧失，但是，他们的态度是不同的，对于革命的艺术家来说，形式的丧失是一种进步，而保守主义则对于形式的丧失哀伤不已。

当人们哀伤有序形式之丧失的时候，形式的力量就不断加强，形式变成了对人的一种强制。这是一种秩序的强制。现代社会中的文化工业就是这样，它不重视内容，而是通过形式来刺激人的感官，把形式上对于人的吸引力作为文化的核心目标。所以，阿多诺认为，文化工业是霓虹灯式的文化，过度重视形式的文化。这种文化与17世纪以来的巴洛克文化特别相似。巴洛克文化其实就是一种保守的文化，它以极度张扬的形式来宣誓自己的"贵族气质"。这是资本主义发展初期所出现的一种文化，它留恋于封建秩序。今天的文化工业如同当年的巴洛克文化一样都是一种过度重视形式的文化。

接着，阿多诺强调，形式是与主体对抗的，形式束缚主体，而主体要去突破形式。这就如同现代社会中所出现的形式主义那样，形式主义是压制主体的东西，而主体一定要求突破这种形式的压制。在文明史中，主体和形式的对抗是始终存在的。但是，在形式与主体的对抗中形式总是取得优势地位。在形式取得优势地位的时候，人们都感到自己无力改变这种形式，并屈从于形式。在这种情况下，形式变成了主体自身的特点，成为主体自身的要求。人作为主体必定包含了某种形式的要求和结构。主体就是借助于这种形式来规定对象的。康德所说的感性的先天形式其实就是主体中形式结构的表达。从这个角度来说，没有形式就没有主体。一个被形式所控制了的主体特别喜欢形式，它会哀痛这个世界丧失了形式，开始呼吁约束性秩序。其实，我们每个人的心目中都有秩序的渴望，如果没有秩序，那么人就无法生存了。而从主体自身的角度来说，秩序和形式是外来的，他律的东西，是与主体的自主性相对抗的。所以只要世界丧失了形式这种说法不是意识形态，是真实出现的情况，比如，社会革命导致社会失序，那么这就表明，当主体哀痛形式的丧失并要求形式的时候，这种哀叹显示出，主体的解放失败了。这就是说，保守主义哀痛形式之丧失的时候，这表明，主体本身没有得到解放。主体在这种革命中没有得到解放，所以它才会哀痛形式的丧失，才会要一种秩序或者形式。

当文化保守主义哀痛世界失去形式的时候，这不过是社会失去了过去社会中的形式，但是，这并不意味着这个社会就没有形式。阿多诺说，那个看上去毫无形式的此在结构不是毫无形式。只不过这种结构不是外在的强制结构，而是模仿了主观理性的结构。此在结构中包含了一种被内化了的形式，这是主观理性的形式。没有被解放的主体其实被束缚在一种内在的心理的形式结构中，这就是主观理性（海德格尔所说的那个存在就是一种纯粹形式的东西。这个纯粹形式的东西沉淀在此在之中）。所谓主观理性就是工具理性。这个工具理性在人类文明的发展过程中，始终控制着人。我们在这里可以说，文化工业的形式化方法与在它背后发挥作用的主观理性的原则是一致的，与商品交换的原则是一致的。文化工业作品的外在形式变化纯粹是为了商品交换。我们可以说，文化工业所渲染的那种形式不是内容本身所要求的，而是外在的需要强加的，是按照市场交换原则而强加的。所以它是要敉平质的规定性，或者说，它要消除事物自身固有的特质。在阿多诺看来，正是这种商品交换在现代社会构成了人对人的统治。这种交换原则把人限制在一种主观理性之中，限制在工具理性之中。人们甚至把按照工具理性来行动理解为唯一正当的行动。如果人把自己限制在主观理性之中，那么人其实就失去了主体性，或者说，这个主体仍然是不成熟的主体。而当主体成熟起来的时候，这个主体就能够自由地走向事物的质，即无法用同一性的尺度来把握的那种质。阿多诺把主体的成熟理解为"走向质的自由"。只有不成熟的主体才拘泥于同一性，拘泥于主观理性，一旦主体从这种主观理性中摆脱出来，那么主体就能够自由地走向质，把握非同一的东西。

与这种文化工业相反的是现代艺术（这表明，阿多诺对于现代主义的艺术作品的赞赏。），它不屈从于商品交换原则，不屈从于外在形式的。它把形式的压迫性要素暴露无遗。从压迫性要素中借来的对形式的需求具有欺骗性，是一种强制。这就是说，形式不是内容本身所需要的，而是被形式所压迫了的人们对于形式的额外要求。所以，对于形式的这种额外需求是恶劣的东西，是强制的东西，是在现代市场经济的强制下而出现的对于形式的需求。在这里，阿多诺强调，任何一种形式要能够证明自己的正当性，如果不能证明形式的正当性，那么这种形式就是不真实的，是外在的强制形式。形式的正当性就在于内容需要形式。可是，如果形式不过是外在地确立起来的，只是作为形式而存在，并外在地强加到内容上，那么这种形式就是不真实的形式。阿多诺承认，内容需要形式，正如精神需要形式一样。但是精神不是把自己束缚在形式之中。阿多诺强调，精神虽然是被隐藏在形式之中的，但是精神有力量，有潜力超出形式。在精神具有强大力量的时候，精神不会害怕形式，而是渴望形式，他借助于形式而超越形式。这就好比说现代社会中的人不是不需要形式，不是不需要秩序，但是他们能够超越秩序。只是由于人们无法从范畴中解放出来，无法让世界摆脱形式（比如，交换形式），形式范畴才会成为主流范畴，才会大行其道。这就是说，只是由于现代社会有一种形式结构在其中发挥作用，这就是市场交换的原则，这个原则为世界提供了形式。通过这种形式结构，社会保持其秩序。它用形式的特性来否定质的规定。现代社会人们还无法摆脱这种形式结构，人的意识还没有能力去对付这个形式结构。本来，人的精神在接受这个结构的时候，同时也会冲破这个结构。这是精神的潜力。但是由于精神没有能够现实地冲破这个结构。于是这个形式结构就与意识对立起来，与精神对立起来，这个形式结构变成了一种突破了其合理界限而自行其是的东西。当形式这个范畴自行其是的时候,形式膨胀了,成为一种外在强制的东西。在这里,阿多诺强调,由于精神没有能够压制形式的不恰当性,或者说,精神没有能够控制形式的过度膨胀(就如同今天社会中所出现的市场原则的超范围的运用),于是,精神就把自因这样的价值,把形式范畴与活生生东西和解的幻想,与他律对立起来。这就是说,由于精神没有能够很好地控制形式,于是形式就好像是自因的,好像是能够与活生生东西和解的。这种表面上的自因、和解的假象就与明显的他律的东西,明显的外在强制对立起来。我们知道,形式主义就是一种强制的形式,这种强制的形式就会变成完全他律的东西。另外还有一种形式,这是内容所必须的形式。这是与内容真正和解了的形式。但是,除了完全他律和完全自律意义上的形式之外,还有夹在在两端之间的形式。这一类的形式也可能会是表面上合理,而其实是不合理的。这就是形式范畴与活生生东西的和解幻想。在生活中,许多被我们接受的、而其实包含了形式主义的东西就是如此。这种被我们所接受了的形式主义就是形式获得了一种自因的假象,获得了和解的假象。比如,日常生活中大众所喜爱的文化工业产品就是如此。人在精神上接受了文化工业产品。

我们前面说过,文化工业是与激进的现代艺术相对立的。激进的现代艺术是以批判和反思这种文化工业为前提的。比如,沃霍尔用复制品的形式来否定复制。这就是一种激进艺术,或者叫反讽的艺术。而"等待戈多"就是激进地对抗形式的艺术。这种激进的现代艺术是对抗强制形式的。而复辟的保守主义和法西斯主义都憎恨现代艺术。为什么他们都反对激进的现代艺术呢?这是因为,这会让精神回想起它自己失败的过去。精神本来应该能够征服形式,控制形式,但是由于精神没有能够成功地控制形式,于是就假装自己与形式和解了,假装自己是自因的。这是精神的失败,而激进的现代艺术让精神回想起这种失败。对于文化保守主义和法西斯主义来说,单单激进的艺术本身的存在就已经把人们对于他律结构的质疑公开出来。只要激进的现代艺术存在,那么人们就会看到这种反形式的东西对于他律结构的抗拒。

那么,为什么文化保守主义和法西斯主义不敢面对精神的失败呢?这是因为他们在精神上太软弱了。他们不敢面对自己在精神上的失败。所以,阿多诺在这里说:"从社会意义上来说,人的主观意识太软弱了,以至于它无法打破禁锢着它的那些不变要素。相反主观意识使自己适应这些要素，并为这些要素的缺失而哀伤不已。"① 在精神抗拒形式的失败的时候，精神觉得自己无力抗拒形式，它觉得自己无法打破束缚着它的那些不变的要素（固定的形式）。于是，人在意识中就自觉地接受形式，接受外在的强制，甚至会要求更多的形式上的强制。这就是前面我们所说的，人在精神上宁愿接受更坏的东西，而不是要更好的东西。在精神的失败面前，人们宁愿接受外在的形式，宁愿接受那压制自己的东西，而不是恐惧这种压制。在这种情况下，人们就会渴望形式，就会认为世界失去了形式，就会对形式的丧失悲叹不已。阿多诺指出，这是物化意识的必然结果。在现代社会中，物化已经变成了一个总体，物化意识是这个社会总体中的一个要素。这种物化意识需要维持这个总体，需要形式化的秩序，可以说，市场经济体系就是最突出的形式化体系。

物化世界中的人们、被形式主义所控制的人们渴望形式，这就是文化保守主义的根源。而存在论的需求就是一种文化保守主义的表现（海德格尔要回到源始就是一种文化保守主义）。这种存在论的需求是物化意识的形而上学。我们也可以说，存在论的需求是对于一种纯粹形式的要求，其实，这种对于形式的要求就是一种物化意识。虽然存在论的需求也批判物化，但是其背后发生作用的东西就是一种物化意识。阿多诺认为，这种存在论对于物化意识的批判不过是一种十分廉价的批判。如此这般不变要素的形式，比如存在，就是麻木了的物化意识的投射。这就是说，存在论本来受到了物化意识的控制，但是它自己不知道，于是它构想了一种不变的形式，纯粹的形式，甚至是完全独立和自主的形式。一旦形式独立起来，形式就变成了外在的强制的东西。

既然这种对于形式的要求是一种物化意识，是市场经济中同一性逻辑的一种极端表现形式，那么，这就表明，在这种同一性逻辑占据统治地位的社会中，人们无力自觉地意识到非同一的东西，无法自觉地意识到那些无法纳入等同性仓库中的东西。于是，物化意识就把这种不变性，这种同一性变成了永恒性，变成了超越性。而存在就是存在论所理解的这种永恒性和超越性的东西。存在论的需求就是对于这种永恒性和超越性东西的需求。它们害怕精神的失

---

① 阿多诺：《否定的辩证法》，王晓升译，北京：中央编译出版社2023年版，第125页。

败，害怕精神的自由，于是它们就需要这种永恒的和超越东西。在不自由的情况下，没有人拥有被解放的意识。只要一个人有自由的意识，只要一个人真正具有自主性，那么这个人就不会害怕失败，就不会害怕自由，相反他会勇敢地面对自己的失败，努力奋斗，去征服外在的强制。真正自主的人是不会害怕委身于他者的，不会害怕他律的东西的。他需要他律的东西来显示自己的力量。或者说，他要在克服他律中显示自己的力量。在这样的情况下，他不需要支撑，不需要永恒的东西。如果联系到存在和存在者，那么存在应该不害怕存在者，它需要存在者。所以阿多诺认为，在现代社会中，人们对于稳固的东西的需要，对于支撑的需要，或者说对于根基性的东西的需要都不具有根基性。所有的根基都是非根基的，都是被中介过的。绝对的根基是不存在的。如果它自身是根基性的，那么它就不需要根基。此在对于存在、对这种最一般形式的需要，要通过理解存在而生存。这不是根基性的。在阿多诺看来，对于根基性东西的需要，对于支撑的需要是现代人的心理上的弱点，是人类的典型的创伤。这是因为，人类缺少自主性，缺少内在的力量。人越是没有强大的内在力量，就越是需要外在的支撑，越需要基础性的东西。这些人之所以缺少内在的力量，是因为他们受到内在或者外在的压制。自由的主体不会害怕压制，而是在压制中显示自己的自由。而不自由的主体则不同了，他们总是感到自己缺乏支撑，而且把这种缺乏归咎于自由。对于他们来说，由于自由的存在，人没有任何东西可以依赖了，缺乏支撑了。他们把自己的不自由的状态归咎于自由，认为，他们之所以不自由是因为自由本身不好，这是自由本身的罪过。从这个角度来说，他们表面上渴望自由，其实他们害怕自由。这些害怕自由的人总是要寻找支撑。阿多诺指出，如果人不把自己和物性的东西等同起来，如果人们不把自己物化，那么他就不需要物性的东西，既不需要物性的上层建筑（这是批判文化工业的，它是物性的上层建筑），也不需要把自己设计成为某种类似于物性的东西。

阿多诺说，关于不变性的学说把极少变化的东西永恒化，把这种东西实证化。这种做法就是恶。这就是说，世界上没有什么永恒的东西，这只不过是把极少变化的东西变成永恒的东西，把这种东西变成一种实证的东西。存在论其实就是在一定程度上把这种极少变化的东西永恒化，即把存在永恒化，把它变成最终的，可靠的根基。这其实就是一种恶，就是让人主动地接受控制。因此，阿多诺指出，就此而言，存在论的需求是错误的。它要找到一种永恒的东西，找到可靠的支撑和根基。反过来说，永恒的东西就应该被完全排除？阿多诺也不同意这样的看法。在这里，人们或许会认为，只有永恒的东西垮台之后，形而上学的曙光才可能在地平线上出现。这就是说，现代的形而上学不能再去寻找这个永恒的东西，绝对的根基了。这也是错误的。在阿多诺看来，没有永恒的形而上学不过是一种安慰。这种安慰不会有多大的帮助。为什么呢？这是因为，这种做法其实是把永恒性和短暂性割裂开来了。阿多诺强调一种辩证法，他主张把永恒性和短暂性结合在一起。所以，如果人们说，时间中的东西没有时间可以被耽搁，决定性的时刻不能等待，抓住每一刻。在这里，人们就是要抓住瞬间，而这就是把瞬间与永恒对立起来。这种分离是错误的。如果没有永恒的东西，时间性也无法被提出来。海德格尔把时间和时间性区分开来，时间性是有终的，而时间是永恒的。阿多诺反对这种分离。所以，他说，这种分离是错误的。而不变的东西的垮台的要求也会在历史的时刻中被搁置。这里必然存在着一种辩证法。由于这种分离是错误的，由于这种不变东西的垮台是在历史中发生的，所以针对安慰（只有不变的东西垮台，形而上学的曙光才会出现）所提出的一切问题都具有二律背反的性质。这就是说，针对安慰所提出的一切东西，都是在永恒和暂时的对立中进行了。只要人把自己的思维限制在这种形而上学的框架中，那么永恒和暂时的对立就是不可避免的，二律背反也是不可避免的。

第二章 存在与生存

对存在论的内在批判

第一部分是对存在论需求的批判。这是一种外在批判。这种外在批判就是要追问，为什么人会有存在论的需求。当然通过前面的分析，我们知道，这是因为，在这个被全面控制的世界中主体衰弱了，所以主体需要有支撑，需要稳固的东西。但是，仅仅从外部批判存在论显然是不够的。阿多诺要对存在论进行内在的批判。所谓内在的批判就是要用它自己的力量来反对它自身。简单地说，这就是要揭示它的内在矛盾，让它自己否定自己。而要想让它自己反对自己，这就需要对海德格尔的存在论进行重构。而在阿多诺看来，海德格尔的哲学是允许这样的重构的。阿多诺就是通过这种重构来表明他自己的哲学思想。我们知道，海德格尔的存在哲学的动机是要克服主客体二元对立以及由此而产生的问题。但是，从其结果来说，海德格尔的这个努力并不成功。阿多诺认为，他从海德格尔的动机和结果方面来重新理解存在论，重新建构"存在论"，一种否定意义上的存在论。从我们也可以看到，阿多诺对于哲学史研究的方法。阿多诺在研究其他人的思想的时候，不是简单地重复别人的思想，而是挖掘这些人的哲学思想的前提，说出这些思想家所没有说出的东西。所以，阿多诺说，他可以对海德格尔的思想动机和结果进行理论上的重构。比如，从阿多诺对存在的分析中，我们可以看到这一点。

接着，阿多诺通过对于海德格尔思想的体系的特点来说明，对海德格尔思想重构的可能性。这种重构的可能性就在于，海德格尔的体系是在理论范围内的演绎，是一个演绎体系。阿多诺认为海德格尔的哲学是一个作为整体的功能结合体，是一个演绎体系。从《存在与时间》中，我们可以看到海德格尔思想的这个方面。海德格尔的这种体系化的哲学是现代资本主义社会体系化、功能化的一种理论表达。所以，这种理论表达中的句子没有一个是没有价值立场的。或者说，海德格尔的那些话是资本主义社会体系中的要素，是这个体系的要求的体现。这就为后面的论述进行了理论上的铺垫，即存在概念不是什么中立的概念，而是一个有价值立场的概念。

由于海德格尔的哲学体系是一个演绎体系，所以其中的概念是思想中推导出来的，这些概念不涉及相应的事态。这也是演绎体系的特点。所以海德格尔的体系之中包含了丰富的概念，但是，这些概念是思维中构造出来的，与客观事态无关①。在这里，阿多诺从一开始点明了海德格尔存在概念的特点。这是一个思辨概念，是构造起来的，是从构造概念的必然性中产生的，是与客观事态无关的，或者说，不是在阿多诺的那种概念辩证法的意义上理解概念。由于这些概念是构造出来的，思维的过程被固化在这些概念之中。现在，如果我们要剖析这些概念，那么我们就必须让凝聚在这些概念中的思维过程流动起来。一旦存在概念中的思维过程流动起来，那么我们就可以发掘这些概念的奥秘。为了让这些概念流动起来，我们就要不断地去追问，这些概念的有效性根据是什么。而阿多诺对于存在概念的剖析就是考察海德格尔构造这个概念的思维过程本身。

就存在论的批判来说，阿多诺认为，我们不能简单地批判说，不存在海德格尔所说的那种存在。因为海德格尔本人也没有把存在当做某种"给定的东西"。对于海德格尔来说，存在不是给定的东西，给定的东西都是存在者，存在是看不见摸不着的，但是对于海德格尔来说，存在又是客观存在的，是地地道道的"超越的"。那么这个不可见而又客观存在的东西需要借助于理论而被推导出来。这是因为，海德格尔的体系是演绎体系，这个存在概念是推导出来

---

① 在这里，人们会提出一个问题，为什么与客观事态无关的概念体系又是资本主义现实的体现呢？这不是显然矛盾吗？这就是阿多诺辩证法的理解，即理论体系的精神来源于现实，而又与现实对立起来。这就如同资本主义社会中的个人。这些个人被阿多诺理解为"单子"，个人都把资本主义社会的精神内化了。但是这些内化了资本主义精神的人又是会把自己和社会对立起来。阿多诺的审美理论中把艺术品也理解为"单子"。其核心都是一致的。

的，是观念建构的产物。这个被逻辑地推导出来的东西就可以具有无可辩驳的特点。反过来，正是存在是不可见的，于是人们就无法反驳它。人们不能用它究竟存在还是不存在来反驳它。它不能在某种实体存在的意义上被理解。在阿多诺看来，存在是建构起来的东西，但是又是客观的东西。从存在论上来说，存在是不能用概念来规定的，或者说，它的意义是无法用概念来说明的。从生存论上来说，它认为，存在的意义是通过此在在生存中加以体会的。而人的这种体会也不能从一般意义上去理解，我们也无法给出一个确定的意义。在阿多诺看来，这个东西本来是无意义的，或者说，这个东西不指称任何东西，不能被思考，是纯粹空洞的东西。从逻辑实证主义的角度来说，这纯粹是无意义的东西。但是这个空洞的东西却被海德格尔看来是有意义的。这就是从历史哲学的角度来说，是有意义的。因为存在是可以被历史的主体所领会。这个纯粹空洞的无意义的东西，变成了从历史哲学的角度来看具有意义的东西，并且这种意义还非常明确。这是阿多诺挖苦海德格尔，表明海德格尔哲学的内在矛盾：无意义的东西是有意义的。

在这里，阿多诺强调，海德格尔的存在概念从一定的角度来理解是神学内容的世俗化。这个看不见摸不着的却又是客观的东西类似于神。阿多诺在《存在论与辩证法》中还专门论述了这一点。在那儿，他认为，海德格尔受到了现象学的影响，而现象学的思想源头上又受到了布伦塔诺的影响。而布伦塔诺在思想上就有神学的根子。也正因为海德格尔思想受到神学思想的影响，所以，海德格尔思想中那种反启蒙倾向就与布伦塔诺的思想渊源有关。[1] 海德格尔把神学的内容世俗化。我们知道在神学世俗化的时候，神就会被否定，为了保持这个神学的内容，人们需要主体性来挽救神学的内容。而康德哲学就是这样做的。这也是信仰学说的变革。按照康德的思想，上帝的存在是无法被证明的，但是在实践哲学中，康德又把上帝作为悬设而肯定下来。上帝的存在被当做德福一致的保证。从这个角度来说，康德是拯救这个神学内容的典型。从阿多诺对于海德格尔的批判中，我们可以看到，在阿多诺看来，海德格尔在很大程度上继承了康德哲学的思路。海德格尔的存在类似于神学的悬设。可是，阿

---

[1] 参见 Theodor W. Adorno, *Ontology and dialectics*: 1960/61, Edited by Rolf Tiedemann, Translated by Nicholas Walker, Polity Press, 2019, pp. 32 – 33。

多诺指出，尽管海德格尔试图通过主体，通过此在对于存在的领会来拯救存在，但是，这个努力是失败的。海德格尔的此在是失去主体性的主体，是现象学上的直观的主体。在这里，阿多诺从启蒙自身的发展过程来说明主体性的丧失。按照他的看法，主体性的丧失是启蒙自身的必然结果。在启蒙大踏步的前进过程中，虽然主体性被用来代替神，但是在启蒙的去神话的过程中，这个神也被推下神坛。主体性被卷入祛神话化的过程之中。启蒙的核心内容之一就是强调主体的作用。但是，按照启蒙辩证法，当人们极度地强调主体的时候，主体走向了自己的反面。所以阿多诺说，主体的希望已经退化为主体的牺牲。本来人是有血有肉的存在者，可是，在强调主体的过程中，人的肉体的东西被否定了，当人的肉体的东西被否定了的时候，人就变成了纯粹精神的存在。而作为纯粹精神的存在，人恰恰不是人，而是死人。人被否定了。所以，阿多诺说，当启蒙走向自己的反面的时候，主体毫无保留地走向了自我反思，纯粹精神上的自我反思。在阿多诺看来，海德格尔虽然也有一些反观念论的东西，但是他的思想的本质是观念论的，而这种观念论的极端化才表现出反观念论的倾向。比如，我们从他对此在的理解来看他对人的理解。海德格尔强调人是具体的存在者。人作为具体的存在者，人当然是活生生的人，是肉体的人。可是他又把人这个存在者存在论化，强调此在是存在论上的。当此在是存在论上的时候，人就不是活生生的人了。所以，他在讨论死亡的时候，他所说的死亡不是生物学意义上的死亡，不是活生生的人的死亡，而是抽象的死亡，现象学上的死亡。当人被他精神化的时候，人本来所具有的主体作用没有了。或者说，精神的绝对化反而否定了精神的作用。精神本身变成了客观化的东西。从这个角度来说，他又走向了反观念论。海德格尔哲学可以被看做是反观念论的观念论。阿多诺要对海德格尔哲学进行内在批判。而内在批判就是要揭示海德格尔哲学的内部矛盾。从这里我们就可以看到阿多诺的内在批判的特点。

接着，阿多诺对于海德格尔哲学进行了这样一个评价，海德格尔的思路既是正确的，又是错误的。海德格尔的思路是正确的。这是因为，海德格尔是在否定传统形而上学的过程中屈从于这种趋势的，即屈从于形而上学。这里所说的趋势就是指从启蒙走向反启蒙的趋势，从主体走向反主体的趋势，走向纯粹的精神自我（极端的自我走向反自我）的趋势。在阿多诺看来，海德格尔对于传统形而上学的否定这是对的，对于传统二元对立的批判是对的。海德格尔的思路是错误的，是因为，他把需要拯救的东西，即存在本身当做是直接呈现的，好像黑格尔在他的体系的终结的时候，绝对就直接呈现出来那样。海德格尔与黑格尔的差别是，在黑格尔那里绝对只有通过辩证法的过程才能最终呈现出来，而海德格尔从一开始就把存在当做直接呈现的东西，直观地被把握的东西。

在这里，阿多诺揭示了海德格尔存在概念的自身矛盾。前面我们指出，海德格尔的存在"概念"是一个疑难概念，它把不能结合在一起的东西结合在一起，把纯粹的思维形式和纯粹的质料结合在一起，而且在这两个极端之间徘徊。思维自身的证据是思维必须是对某种东西的思维，没有思考对象的思考是不可能的。而人们思考存在的时候，这两个东西都无法被思考。因为人们在思考中都需要借助于概念的中介来思考，而海德格尔从一开始就排除了从这个角度来思考的可能性，它们只能被直观。既然这种东西不能被思考，那么我们就不能说它有意义，可以从概念加以阐释的意义。所以，阿多诺说，存在哲学一旦宣布存在有意义也就失败了。在这里，阿多诺强调，存在这个词语的无意义性常常被人们所嘲笑。但是，这并不是因为海德格尔对存在思考太少，也不是因为海德格尔胡思乱想，而是因为存在无法被思考。按照阿多诺的分析，从存在这个词语中，人们不可能得到任何肯定的意义，因为存在无法被思考。绝对的形式或者绝对质料无法通过概念被思想。任何思考都是有内容的思考，都是有意义的思考，而海德格尔的存在没有被概念规定了的内容，所以无法被思考。一旦人们思考存在的时候，人们就会发现存在是没有意义的。由于思想没有对象，思想变成了思想它自身，这就消解了一切意义。所以思想是消解意义的媒介。那么海德格尔的存在为什么没有概念性的内容呢？因为海德格尔要把存在与逻辑上限定存在的那个概念进行了区分。逻辑上限定存在的概念是用概念来表达存在，这个概念要涉及存在者和存在者的范畴。而海德格尔要把这两个方面区分开来。如果把这两者完全彻底地区分开来，那么海德格尔所说的那个存在就剔除了存在者和有关存在者的概念，在存在这个词语中所留下的就是完全未知的东西，没有任何概念可以加以表达的东西。这个东西就像康德的自在之物一样，人们不能给它做出任何规定。如果规定了这个东西，那么这就必定陷入二律背反。对于海德格尔来说，无论谁规定了存在，那么他就误解了存在。所以，阿多诺说，在海德格尔那里，思维和思维的对象都毫无内容，没有可以用概念上来加以说明的内容。对于海德格尔来说，它是有内容的，但是这个内容是无法用概念来规定的内容。而在阿多诺看来，人的思考都必须借助于概念，没有概念就没有真正的思考，即"无概念的思维不是思维"。海德格尔所说的思考是无概念的思考，是把握非同一东西的思考。这就好像现代物理学中所说的那种测不准原理一样，如果用概念来把握存在，那么存在就不是存在了，存在本身就变了样。所以，阿多诺说，海德格尔把思考存在当做他真正的任务，但是，他所说的存在不能用概念来概括，所以这个思考是无内容的思考，这种思考也就否定了思考。由于存在不能被思维主体所思考，而只能被直观，所以阿多诺说，海德格尔的客观主义，即客观地把握存在的做法其实驱逐了思维主体。主体只能直观存在。存在好像变成了一种客观的东西。思维主体在它对于存在的把握中不发挥作用。而当主体不能发挥作用的时候，海德格尔走向客观主义。驱逐主体的思维的做法就是一种客观主义。但是阿多诺又指出，这种客观主义走向了自己的反面。这种客观主义走向了主观主义。那么客观主义如何走向了主观主义呢？这个被直观的存在本来没有意义，或者说，从实证主义的角度来说，是没有意义的，是空洞的，但是海德格尔恰恰借助于准实证主义的方法（现象学）直观存在本身，并获得意义。海德格尔要对存在进行直观，这类似于实证主义。而从实证主义的角度来说，海德格尔要直观的存在是不存在的。所以阿多诺说，在海德格尔的那些对于实证主义来说毫无意义的句子中，他没有呈现任何东西，或者说，他所说的那些句子就如同空头支票。他所说的那些句子就像有内容的东西发出的回声。从有内容的东西发出的回声我们不知道这个有内容的东西是什么，它是空洞的。正如我们一般人在生活中听到各种回声的时候，我们不知道这个回声的本来意思。海德格尔所说的那些句子就是这类回声。意义并没有被包含在海德格尔哲学的最内在细胞中，即存在之中。

在阿多诺看来，尽管海德格尔承诺，如果人们领会了存在，那么人们就可以克服主客体二元状况所带来的痛苦，就可以给人们带来福祉。而其实海德格尔的这个具有客观主义的特点东西是束缚人的东西。如果人领会了存在，那么这就意味着人接受这个存在，接受这个具有客观特征的束缚。所以，阿多诺说，海德格尔给人们提供的不是幸运的知识，而是进行控制的知识。海德格尔的哲学具有弱化主体的作用。这就是要让人顺从现实。从这个角度来说，他的哲学是进行控制的知识。接下来，阿多诺就是要进一步说明海德格尔思想中所包含的那种具有控制性质的东西。在这里，阿多诺首先表扬了海德格尔，他承认，海德格尔对存在的崇拜具有重要的意义，这就是海德格尔对存在的崇拜之中包含了肯定的东西，即海德格尔对存在的崇拜具有反观念论的倾向，即存在具有客观性。所以阿多诺认为，海德格尔对存在的崇拜是要对抗精神被观念化的倾向，是要批判那种把精神自我神化的做法。而这种精神的自我神话就是观念论。但是，海德格尔的存在也有一个缺陷，这就是海德格尔的存在几乎无法与它的相反极精神区分开来。我们前面说过，海德格尔的存在包含了两个方面，一个方面是纯粹的质料，一个方面是纯粹的形式。如果纯粹的质料是完全客观的东西，那么纯粹的形式就是纯粹思想的东西。海德格尔的存在就是把这两个完全对立的东西强行结合在一起。我们前面也说过，存在是超越主客体的，这其实就是把主客体直接结合在一起。由此，存在概念中必定包含了精神的要素。精神具有压迫性质，因为精神要进行控制，包括对人的肉体的控制，对于外在自然的控制。所以精神具有压迫性质。而存在也有压迫性质。它也强迫人顺从它。海德格尔所说的领会存在就是顺从存在。不过这里还是有差别的。精神的压迫性质是透明的。精神可以反思，所以它能够知道自己有压迫性质。可是，存在缺乏思想的要求，是不能被思想的，因此虽然存在也有压迫的要素，但是却无法被透视。从这个角度来说，精神哲学能够更好地看穿精神自身的压迫性质，而存在哲学却难于看透存在本身的压迫性质。

　　海德格尔哲学包含了神学的性质。这就是对存在的崇拜。因为存在本身好像是中性的。这就是海德格尔赋予存在的那种性质的电荷。而对于这种中性的东西的崇拜与中性的文化是一致的。对于中性文化来说，崇拜本身就是一种美德，至于人们所崇拜的东西是什么，这并不重要。海德格尔对存在本身崇拜就是这样一种崇拜，它把崇拜本身当做是一种美德，至于所存在的东西是什么这并不重要的。海德格尔的存在哲学就是这样一种宗教，他把崇拜本身变成了一种美德，而崇拜的东西是什么呢？空洞的存在本身。海德格尔的存在论中，存在的内容是什么，这是无法被规定的。但是海德格尔就是崇拜这样一个东西。他就是崇拜这样一个没有概念性内容的东西。所以，阿多诺说，海德格尔对存在的虔诚取消了存在的内容。对于阿多诺来说，这就是一种宗教，不过这不是对神的崇拜，而是对存在的崇拜。这是一种世俗化的宗教。而对于存在的崇拜本身就是要强化人们的屈从和依赖。本来人们在思维中应该遵循思维的客观规律，比如要借助于概念对内容来思考，但是海德格尔对于存在的崇拜不是屈从于思维规律，而是屈从于存在本身。当然，在海德格尔那里，这种对存在的崇拜，对于存在的顺从和依赖是潜藏着的，不是公开的。或者按照前面的说法，这种顺从是无法被透视的。从这个角度来说，这种崇拜的结构已经永久地隐藏起来了。海德格尔不是公开的神学，神学因素被隐去了，但是却还发挥作用。同样，海德格尔哲学不是实证主义，实证主义的东西已经隐去了，但是在海德格尔这个思辨的行家那里，这种顺从的结构，这种实证主义要素都保存在他的哲学思想中。

接下来的一段文字是阿多诺对海德格尔存在的进一步解释。任何事实都有多于事实的东西。这就是我们前面所说的，任何一个事实都必须有多于事实的东西才能使这个事实成为可能。由于事实之外的中介，事实才成为这样的事实。海德格尔把多于事实的东西从事实中剥离出来，并把这个多于事实的东西作为存在来把握。所以阿多诺说，海德格尔可以说是掌握着气化了的灵韵之类的副产品。在这里，这个作为灵韵的副产品可以被理解为单一的东西，但是这单一的东西是非同一的东西，是各种非同一的东西的链接。从这个意义上来说，它是"一"同时也是"全部"。它把"一"和"全部"集中在它自身之中。从这个角度来说，这个作为灵韵的副产品把"一和全部"作为它所特有的东西来处理。这就是说，把"一"和"全部"结合在一起，这是海德格尔哲学特有的特征。在这里"一"代表抽象的概念形式，而"全部"代表了与概念相反的质料。海德格尔的存在就是把抽象的概念形式和概念所无法概括的质料结合在一起。这样它就给哲学保证了某种类似于后实存之类的东西。所谓后实存，就是指存在，就是"一和全部"的结合体。这是一种非常奇特的实存。这是把存在者都剔除之后存在下来的东西，是具有灵韵特征的副产品。当然,海德格尔的存在相当于灵韵,但这是不带星星的灵韵。我们知道星星会闪闪发光,如果我们也可以带有某种宗教的色彩,那么我们就可以把星星所发出的光辉理解为灵韵,而把星星理解为存在者。而海德格尔的存在是脱离存在者。所以,阿多诺说,海德格尔的存在类似于星星所发出来的光亮(灵韵),但这是没有星星的灵韵(光亮)。在这里,中介的要素被孤立起来了。前面我们已经说过了,存在者是通过中介而存在的,而海德格尔所讨论的存在就是这个中介,他把这个中介孤立起来了,把这个孤立起来的中介当做可以直观的对象。在认识活动和实践活动中,我们都需要借助于中介。海德格尔所说的中介不是某一个中介,某种中介的东西,而是中介的全体,是一个东西成为一个东西的全部中介。如果我们用一个句子来表达这里的中介,那么在"张三是工人"这句话中"是"就是中介,是主词和宾词之间的中介(关于主词和宾词以及主体与客体之间的关系,我们后面论述)。主词和宾词是可以独立的,但是"是"(存在)这个中介是不能独立的。当我们说"张三""是""工人"的时候,这是具有一系列前提的,这就是张三和工人都是在一个非常广泛的中介体系中存在的。这个中介体系是"先在"的,或者用海德格尔的话来说,是"超越"。由于这个中介体系预先存在着,我们才能说,"是"。"是"(既是一又是全部)作为句子中的中介就代表了这个中介体系。但是,这个中介是不能独立出来的,是离不开被中介的东西的。正如在这个句子中的情况一样,张三是有独立性,工人是有独立性的,但是"是"本身是不能独立起来的。所以阿多诺说,与主词和宾词这两极不同,中介无法被具象化。中介必须在主词和宾词的结合中才有效。这个中介是通过被中介者(主词和宾词)而被中介的。而海德格尔过度地扩展了主词和宾词之间的这个中介,把它独立化,把它从主词和宾词中孤立出来。于是,这个中介就成为与对象无关的客观性。所以,阿多诺也把这个中介理解为"想象的中间地带",是处于呆板的粗陋事实与世界观的废话之间的中间地带。这就是说,在认识中,一边是事实,一边是观念。存在是介于事实与观念之间的东西,即包含了事实的要素,也包含了观念的要素。这个中介不是独立的,是通过被中介者而被中介的。比如,我们要获得关于星星的灵韵,那么我们必须把这个灵韵与星星联系起来。但是,海德格尔那里只有纯粹的灵韵。我们不能说灵韵是虚假的,它是客观的,但是它也不是纯粹客观的，而是与观念联系在一起的。本来这个客观性是与星星联系在一起的。但是海德格尔得到了离开星星的灵韵（aura）。于是星星本身就被压制了。从这个角度来说，存在这个概念不让存在者，不让它的中介出现，不让这些中介发声。在这样的情况下，它就不是海德格尔所期望它所是的东西，不是本身了，而是一种类似于存在者的东西。它不是存在者，而类似于存在者，所以阿多诺说它是存在者的重复。存在在这里是以事实性的形式出现。这就像亚里斯多德在柏拉图的理念中所发现的那种卓越本质。前面我们曾经说过，柏拉图的那个理念，是爱多斯，是形式。这个卓越的本质，不是前面所说的那种一般本质。我们可以区别出两种本质，一是抽象的一般本质，一个是使每个事物成为其自身的本质。卓越本质就是指后一个意义上的本质。只有借助于全部的中介，张三才成为特殊的张三，张三才有能够卓越的本质。海德格尔纳入存在的东西就是来自于这种卓越本质，就是来自于这个中间地带。海德格尔就是要把存在理解为"纯粹的本质性"，理解为爱多斯（包含了一定的"内容"的形式）。阿多诺认为，海德格尔的这种做法是无效的，因为存在者已经不可清除地保留在存在之中，它是以存在者状态保留在存在中的。尽管存在者被保留在存在之中，存在却不承认它自身之中包含了存在者状态。海德格尔不承认存在之中包含了存在者状态。这是无效的。这就是说，本来存在之中包含了存在者状态，但是在存在论中，存在否定了存在之中包含了存在者状态。存在论就是靠这样的方法才得以形成的。所以阿多诺说，"存在论的要求就寄生性地参与到这个活动中了。"① 即它包含了存在者状态却否认其中包含了存在者状态。

接着，阿多诺分析了海德格尔这个被独立起来的中介的特点。按照海德格尔的说法，存在只能被直观，而且是与事实性有关的东西的直观，那么这个东西就只能是这样一种纯粹的质料。这种事实性的东西必定是与存在者状态有关的。当海德格尔把这种存在者状态上的东西纳入到存在之中的时候，这种存在者状态上的东西所包含的偶然性被清除出去了。这样海德格尔就得到了纯粹的材料，剔除了一切偶然性的材料。存在就成为某种必然的东西，先验东西，变

---

① 阿多诺：《否定的辩证法》，王晓升译，北京：中央编译出版社2023年版，第131页。

成了一种脱离一切具体东西的纯粹质料,对于这个质料,人们无法用概念来说明,它超出了批判的范围。如果它包含了偶然性,包含了实际的内容,那么人们就可以对于这个质料进行批判,但是海德格尔得到的这个质料是完全抽象的质料。所以,阿多诺说,这个东西具有属于神圣的领域。在我们的世俗生活中,存在者状态上的东西是有偶然性的,我们根据这种偶然性,根据这种存在者性质来讨论存在。本来存在者是可以在经验上被把握的,而这种经验是具有偶然性,但是,海德格尔却剔除了偶然性,存在变成了一个神圣领域内的东西,这个神圣领域取代了经验上的主导地位。并且这个神圣领域进入了一种本质状态。那么为什么这个神圣的领域具有这样的能力呢?这是哲学的疑难逻辑在发挥作用。这个疑难逻辑就是存在概念本身的疑难。或者用阿多诺的话来说,存在概念是一个疑难概念。这个疑难概念是把单个和全部的结合起来。这个结合体从概念上来说是无法表达的。由于这种疑难的存在,所以即使没有海德格尔在理论上所进行的补充,人们也很容易把这个存在领域神圣化,变成一种本质状态的东西。对于海德格尔来说,存在是可以被直观的,是本质直观的对象。所以从这个角度来说,存在在一定的程度上被理解为"实体"。但是,这个实体不是现代哲学所说的那种偶性背后的实体,而是埃利亚学派的意义上所说的实体。现代哲学所说的实体是强调一切事物背后都有一个不变的实体,构成了事物的本质规定性。阿多诺认为,这样实体概念会扭曲事物。海德格尔的这个实体类似于埃利亚学派的巴门尼德提出了存在的概念。在阿多诺看来,巴门尼德所提出的"存在"类似于一个封闭的整体。巴门尼德认为,存在是"一",是连续的不可分的,是永恒的和生生不灭的。从这个意义上来说这类似于一个整体。而过去,人们把这个整体理解为体系,或者说,整个世界是一个体系。近代哲学都有这样的看法。而今天,这个整体像世界。这就是说,今天整个世界变成了一个功能的整体。阿多诺这句话的全部意思是,海德格尔的存在可以被追溯到巴门尼德的那个作为整体的存在。这个存在后来被人们从观念的体系的角度来理解,而现在被作为世界来理解,世界变成了一个功能体系。而海德格尔的存在概念就是在这个世界的背景中产生的。他所说的这个存在就是这个作为功能整体的世界。这个作为整体的世界在日常世界背后发挥作用,海德格尔所说的存在就是指这个世界。他的世界之为世界应该有这样的意思。他所提出的"意蕴"总体①也应该在这个意义上被理解。从这个角度来说，海德格尔所说的存在与"世界之为世界"没有多大的差别。

接下来，阿多诺指出，作为海德格尔思想背景的这个世界，虽然是一个总体，但是不是像观念论体系所设想的那种总体，不是按照逻辑那样编织起来的思维总体，而是一个异质性的总体。这就是说，它既是功能的总体，但是也包含了许多逃离这个总体中的东西，背离总体的东西。如果按照海德格尔的思路来理解，那么这个世界是日常世界和世界之为世界（世界性）是结合在一起的。所以，这个世界是一个异质的世界。由于这个世界具有异质性，所以，人们无法用某种同一性的逻辑来把握，也不能完全用观念的体系来把握。无论个人的理性还是社会总体主体的理性都无法把握这个世界。由于这个世界把功能性总体与异质性结合在一起，这个社会中的功能性要素是可以从统计意义上加以理解。从统计意义上理解社会其实就是一种实证主义的方法，而这种实证主义的方法就是一种意识形态，就是简单承认社会现实的意识形态。如果人们从统计上去理解这个社会，那么人们就停留在这种实证主义上的意识形态，也不可能有新的意识形态来添加到这种意识形态仓库中了。海德格尔的存在论也是意识形态，但是这个意识形态很诡谲。它吸收了实证主义，而又不同于实证主义，具有思辨哲学的传统。这是思辨哲学传统和实证主义的奇特结合。所以，阿多诺说，海德格尔哲学这种意识形态飘忽不定、难于辨识。也正因为如此，人们也很难否定这种意识形态。在我们的社会也有许多人无法辨识其中的意识形态，而简单地接受这种意识形态。那么这个飘忽不定的意识形态有什么特点呢？从实证主义的意义上，这个存在哲学会注重存在者，而在思辨哲学的角度，它会注重存在。它会在存在者和存在之间摇摆。于是，它既可以确证存在者，也可以否定存在者。如果它用诡计和强制把存在者投射到存在上，把存在和存在者结合在一起，那么存在者就被承认了。或者说，存在者就被愉快地确认了。如果存在者与存在割裂开来，那么存在就不包含存在者，于是存在者又被排除了。海德格尔对于存在者就采取了这样的态度，一方面它强调存在和存在者之间的分离，另一方面又强调这两者之间的结合。存在论就是在这两者之

---

① 海德格尔：《存在与时间》，陈嘉映、王庆节译，熊伟校，北京：商务印书馆2016年版，第127页。

间徘徊。他的这个做法与希特勒非常类似。希特勒一方面以存在的高傲姿态远离存在者,远离集中营。另一方面,他又通过手下的官员来处理集中营(存在者)的事务。从这个角度来说,海德格尔的存在论为希特勒法西斯主义奠定了思想基础。这是一种意识形态。或者说,海德格尔的体系中存在着这样的内在矛盾。

系词

前面我们已经说过,海德格尔的存在论是一种意识形态。而这种意识形态还与市场假象有关,与语言的误用有关。这就是说,海德格尔误用了"存在"这个词语。

培根在讨论四假象的时候批判了一种市场假象,用错误的语言误导他人。这种一种语言的误用。在阿多诺看来,海德格尔对存在的崇拜就是依赖于他对语言的误用,对"概念"的误用。这种假象是从存在这个词或者从存在中派生出来的词语(比如此在,能在等)的影响下出现的。在实存判断中,比如,在"张三是医生"这个判断中,"是"把主语和谓语联系起来。它表示这两个存在者之间的关系。这个"是"还可以表示一种综合联系。它可以独立于"张三"和"医生"。我们可以把这个综合联系理解为一般范畴意义上的事态。这就是说,一方面,我们可以把"是"当做系词,说明两个概念之间的综合关系。它说明一般范畴意义上的事态,抽象意义上的范畴事态。这种范畴事态不代表任何存在者状态。另一方面,它又可以被用来暗示存在者状态(不是抽象的一般存在,也不是存在者,与存在者有关而又不是存在者)。海德格尔正是利用了实存判断的这种特点,而使"是"(存在)这个词获得存在论的意义。一方面,他把"是"从判断中抽象出来,成为独立于具体东西的抽象概念。这样,他就可以从系词的逻辑地位中抽取出存在论的纯洁性。这个"是"就与具体的东西无关。它不代表任何存在者状态。另一方面,这个"是"又是从实存判断中抽取出来的,它总是让人想到具体的东西,它暗示了存在者状态。"是"的这两个维度类似于我们前面所说的"存在"的两个方面,即纯形式的方面和纯质料的方面。它的纯洁性相当于纯粹形式,它让人想起的具体的东西相当于纯粹质料。海德格尔的存在概念就从"是"的这两种用法中得到好处。一方面,"是"是一个抽象概念,它与事实性的东西无关,具有存在论上的纯洁性,另一方面,它又让人想起存在者状态。阿多诺说,这种回忆让人们把具有范畴性质的成果(即所得到的存在概念)加以具象化,当做被给定的存在者状态。这就是说,如果范畴完全是抽象的,那么它就不能被具象化,可是,"是"是从实存判断中得来的,它能够让人想起存在者状态。这就使它可以被具象化了。

不过,阿多诺对海德格尔的这种做法提出了批评。他指出,"是"确实会与"事态"相对应,这就是说"是"这个词也有它的含义,而这个含义就是指称一种"事态"。不过这种"事态"是意向性的,是观念中存在的,是由"是"的含义构成的,而不是一种存在者状态上的事态,更不是客观存在者。当海德格尔把"是"从主词和谓词中独立出来,变成一个独立的词语的时候,这个"是"就变成了类似于主词和谓词的东西了。好像,这个"是"具有独立性一样,好像它与存在者状态有关。而阿多诺认为,"是"只能在主词和谓词之间的关系中才有意义。这就是说,系词只能在主词和谓词的关系中实现其功能,它不是独立的。海德格尔的错误就在于,他把系词独立起来。

本来系词只能在主词和谓词之间的关系中获得意义,但是海德格尔让它独立出来,并且这个独立出来的词好像自身就有意义,它好像类似于主词或者谓词,有某种客观的事态与之有关。当海德格尔把这个系词变成独立的东西,变成"存在"的时候,这个存在被用来指称这个客观的事态。于是,这个存在作为概念涉及某种具有物性特征的东西,是可以被直观的对象。所以阿多诺说,在这里,海德格尔屈从于一种物化的思维。

阿多诺进一步分析,在海德格尔那里,系词独立起来了,变成了存在,变成了绝对的理想的东西。那么独立于系词之外的主词和谓词所进行的判断怎么样了呢?人们借助于主词和谓词所进行判断也意指某种东西。而这个意指的东西也可以像系词那样是自在的、独立的东西。于是,在判断中,我们就有两个东西,一个是独立起来的系词,它表示综合功能,即人在思维中所进行的综合。这类似于我们前面所说的作为纯粹形式的"是"。一个是借助于主词和谓词而进行的判断所意味的东西。这相当于纯粹质料上的"是",是被综合起来的东西。由于海德格尔把"是"独立起来,而这个"是"所表达的与判断所意味的东西是不同的。在判断中,这两个东西通过系词"是"外在地综合起来了。所以,阿多诺说,主词和谓词只是外在地经历了系词所完成的综合。海德格尔先把主词、系词独立起来,然后,他认为,这些独立起来的东西缺乏内在联系。于是他所提出的"存在"就是这三者之间的内在联系。对于海德格尔来说,一旦这三者内在地联系起来了,那么这三者就如同事物那样,构成了一个封闭的,特殊的联系。这其实就是指这个判断在思维中所形成的一种综合事态,是判断所表达的意思。在判断中本来有一种逻辑联系。系词"是"表达了这种逻辑联系。但是,在判断中,除了存在着逻辑联系之外,除了表达主词和谓词之间的逻辑关系之外,它还表达了内容。这个内容本身是不在逻辑联系之中的。在这里,逻辑联系失败了的。人们借助于事物之间的关系而把主词和谓词所表达的关系结合起来的。这是一种自身封闭的、完成了的特殊内容。在这里,一个是思维中的纯粹综合,一个是思维中所综合起来的内容。在这里,阿多诺对海德格尔进行了批判,

这个批判的核心是,如何理解主词、谓词和系词的关系。对于海德格尔来说,这里一方面存在着一种逻辑联系,一方面存在着内容方面的联系。海德格尔把这两个方面的联系先割裂开来,然后通过"存在"把它们结合起来。对于海德格尔来说,这两种意义上的联系都可以概括在"存在"之中。而阿多诺不同,他一方面承认这两者之间有差别,但是这两者之间又是密切联系在一起的。它们是对立统一的。他说,在真理中,即如果判断是正确的判断,那么直言判断不仅表达了一种逻辑联系而且还表达了事物之间的本来联系。这就是说,直言判断中的联系不是外加在事物之间的。或者说,主词和谓词所表达的东西本来就是联系在一起的,他们之间原来本该如此。这是主词和谓词所表达的东西之间本来就有的耦合,这是一种具有客观意义的内容。这个内容是本来就有的,是原来就有的。当然,在德语中这个"原来"是"是"的一种变化形式,它容易让人想到,这是"是"的综合,是一种纯粹观念上的综合,纯粹逻辑上的综合。阿多诺强调,在真理中,这种耦合不是想象的,不是外加的,而是主词和谓词本来就有的。当我们这样来理解直言判断,这样来理解判断之中的逻辑形式和内容之间的关系的时候,我们就不能从系词中外推出一个先定的本质"存在",即客观内容意义上的"存在",也不能外推出一个纯粹

的综合,或者"变化",即纯粹的思维形式(逻辑形式)。这是因为,这个系词中所表达的逻辑上的综合与主词、谓词之间的客观联系是结合在一起的。它们之间本来是联系在一起的,而不是外部的联系。这里存在着对立统一的关系。而海德格尔不同,这两种关系都可以从系词中推导出来,都可以用"是"来表达。这就是说,这个系词既可以表达行动本质的"存在",也可以表达"纯粹的综合"(存在)。

接着阿多诺认为,海德格尔的外推是基于一种理论上的混淆:海德格尔把系词意义上的"是"即判断中表示联系的语法标记(逻辑上的综合联系)和每一个特殊判断中的"是"混淆起来了。在每一个判断中,"是"的含义都是特殊的,是可以被等同于"偶然的表达"(质料意义上联系)。而系词上的一般的"是"是特殊性的期票,是特殊性的抽象形式。或者反过来说,"是"的一般形式在特殊判断中兑现了,表现出来了。这两者是不同的,而绝不是重合的。这就是说,这两者之间既相互对立,也相互联系。这是一种对立统一关系。而命名法也考虑到这一点,把一般意义上的"是"称为"系词",而每一个具体判断中,仍然使用"是"。海德格尔恰恰忽略了这种差别。在这里,我们要注意,海德格尔的混淆是这样的,他把"是"的特殊用法,特殊意义上的"是"变成了普遍性的显示方式。这就是说,他把特殊性本身提升为一般性。这样实存判断的内容(质料方面)和范畴(形式方面)之间的差别就消失了。每一个具体的实存判断都是有具体内容的,但是这里的具体内容被提升为一般范畴。所以,阿多诺认为,这是用普遍的语法形式(一般系词意义上的"是")来代替断言的内容,即具体内容。具体的内容是存在者状态上的东西,而这种存在者状态上的东西,被转换为一般,变成了"存在论"意义上的东西。这就是用普遍的语法形式,一般意义上的"是"取代实存判断的内容。然而,在任何一个具体的实存判断中,"是"的意义都与被中介者、中介者有关,在这里,"是"不可能成为脱离中介者和被中介者而成为最基础的东西,成为绝对第一的根本性的东西。这是因为它是在中介者和被中介者之间存在的。所以,阿多诺强调,即使人们忽视了中介者和被中介者,人们也不可能把"是"变成脱离一切中介的基质,成为第一性的东西,人们在这里所能够得到的只是一般中介的抽象形式。这是因为,"存在"(系词)是在中介者和被中介者之中存在的，它就是一个中介，如果把中介者和被中介者剔除出去，那么"是"也就是一个纯粹的中介，而不是海德格尔所说的那种存在论意义上的"是"。在这里，阿多诺用黑格尔的思想对他进行了批判。按照黑格尔的原则，纯粹的"变"（逻辑意义上的"是"，纯粹综合联系上的"是"）不是首要的。在黑格尔哲学中，没有一个绝对的首要原则。虽然他在《逻辑学》中把"存在"作为开端，但是，这也不是绝对第一的东西。在他那里，开头就是结尾。或者结尾是更高层次上的开头。而海德格尔把"变"（纯粹的综合）变成首要原则。所以阿多诺说，这种做法就是用赫拉克利特赶走巴门尼德，用赫拉克利特纯粹意义上的变来赶走巴门尼德所说的"存在"，用"变"来取代存在。

接着阿多诺又从另外一个角度来批判海德格尔。我们知道，海德格尔的"存在"有表达弦外之音的意思。任何一个存在者都需要依赖其他东西，如果没有其他东西，那么这个存在者就什么也不是。同样的道理，任何一个概念都需要借助于其他概念，如果这个概念是完全孤立的，那么这个概念就变得无法理解。所以，我们在理解一个概念的时候，不是孤立地把握这个概念而且还要把握没有包含在这个概念中的东西，这个概念之外的东西，这是概念获得其意义的关键要素。从这个角度来说，任何一个概念都有弦外之音，任何一个存在者都需要借助于弦外之音。海德格尔的"是"就是用来表示弦外之音的。海德格尔哲学要我们不是关注存在者，比如概念或者具体的事物，而是要关注存在，即关注弦外之音。所以，阿多诺说，任何一个存在者，都是既规定自身，又是被规定的。如果这个存在者没有任何被规定的东西，只是自我规定，那么它就什么也不是。这就是说，任何一个存在者在自我规定的同时，也是被规定的。而存在者的被规定性就是被中介的意思。存在就是表达这个被中介的意思。所以，阿多诺说，"中介"就是用来表达任何一个存在者被规定的另外一个词汇。海德格尔的"存在"就是用来表达这个中介特性的。所以，阿多诺批评海德格尔，说他试图驾驭那超出自身之外的东西，也就是驾驭那规定存在者的东西，使存在者被中介的那种东西，而把存在者本身弃之不顾。我们在这里可以用一个比喻来说明。我们知道，在听某个人说话的时候，一个人说话表面上表达的是一个意思，其实他还想表达另外一个意思。也就是说，他话中有话，他的话语有弦外之音。这个弦外之音离不开他的话语，但是海德格尔要把握这个"弦外之音"本身，而把原来的话语弃之不顾。海德格尔的整个哲学的秘密就在这里，他要直接把握弦外之音，即不顾存在者而直接把握存在。

按照这样一种分析，那么我们就可以看到，任何一个存在者都是处于交织联系之中的。通过这种交织联系，一个存在者得以成为它自身。本来联系是与存在者结合在一起的，海德格尔把交织联系与存在者分离开来，变成一种独立的东西，变成了亚里斯多德所说的第一"实体"。在生活中，我们一般来说都把实体和关系区分开来。实体是关系的对立面。而现在在海德格尔那里，关系从存在者中脱离出来，变成独立的东西，变成了实体，而且成为第一实体。对于海德格尔来说，只有有了存在，才有存在者。

根据以上分析，我们可以看到，在海德格尔"存在"一词中，也就是在具体之"是"的概括中，系词被对象化了，变成一个表示实体的概念。本来系词是表示一般联系的一种语法标志，这个语法标志现在不是在语法标志的意义上被使用，而是表示一种实体，表示交织联系。我们前面已经说过，这个语法标志不能和具体的判断中的"是"混淆起来。现在，我们姑且承认，海德格尔可以用系词意义上的"是"（存在）来表示交织联系，那么这个交织联系意义上的"存在"能不能独立呢？如果没有"存在"，没有交织联系，我们也不能在具体判断中说"是"，反过来，如果没有具体判断中的"是"，我们也不能说"存在"。阿多诺肯定，"存在"这个词语指向某种客观要素，事物之间的客观的交织联系，没有这种交织联系，我们也不能在具体的判断中说"是"。所以，阿多诺说，这种客观要素限定了人们在每一个谓词判断中的综合，并把其中的某种联系在谓词判断中固化。这就是说，在每一个谓词判断中，我们都把某种联系固化。而谓词判断是与这种固化了的联系结合在一起的。这种固化了的联系是判断中的事态。我们在每一个判断中都有这种固化了的事态。但是这个事态是与"是"联系在一起的，是与判断中的"是"（纯粹的综合）结合在一起的。同样的道理，虽然"存在"表示交织联系，但是这种交织联系作为事态是与"是"联系在一起的。从这个角度来说，存在作为交织联系也不能脱离"是"而独立存在。因此，海德格尔的一个思想是正确的。这就是，在海德格尔看来，语言不仅仅是用来指称的。在海德格尔看来，字词不能在传统的指称意义上来理解，存在不过是符号，而指称就是符号用它的具体意义来指称某个其他东西。海德格尔对于字词的理解不是这样的。在《通向语言的途中》海德格尔强调语言是进行命名。这种命名不是现代意义上的，而是古代意义上的。原始人类在命名某个东西的时候，是把这个东西和它的名称结合在一起的。诅咒一个人的名字好像就能够直接导致这个人的厄运。名字和人本身是结合在一起的。按照这样一种思路，交织联系和"是"结合在一起的做法就在海德格尔的语言观中表现出来。这就是说，按照海德格尔的语言观，当我们说"是"（存在）的时候，我们就把交织联系一起提供出来了。如果把"是"和交织联系结合在一起，那么"是"就不能被独立地使用。或者说，"是"就不能脱离综合联系而被独立地使用。所以，阿多诺说，如果语法把"是"和作为其参与者的存在（即存在介入到"是"之中）这个基础范畴结合在一起，也就是"应当之是"（思维对象应该具有的客观联系，纯粹的质料）结合在一起，那么它就把存在和一切"具体之是"结合在一起。把存在与一切"具体之是"结合在一起，就是把抽象的一般联系与具体判断结合在一起。"是"与"应当之是"的结合是语法形式与抽象的质料的结合，而存在与"具体之是"的结合是抽象的质料（抽象的综合联系），与具体的判断结合在一起。在两种联系在本质上是一致的。如果我们把"是"这个词语和存在这个范畴结合起来的话，那么我们必须把存在和"具体之是"结合起来。在这样的情况下，存在不能在自在的意义上被独立起来。这就是说，如果按照海德格尔本人对于语言的理解，存在这个词语不是独立的，是与实存判断中的"是"结合在一起的。同样的道理，存在本身也不是独立的，是与具体之"是"结合在一起的，而不是独立的。具体之"是"与存在、纯粹逻辑上的"是"是结合在一起的。在这里，阿多诺强调，存在不能在自在的意义上被使用。

　　接下来，海德格尔换了一个角度来批判海德格尔的存在。存在论上纯粹性的幻相，即存在的纯粹性的幻相，根源于主词和宾词（以及主体和客体之间）的不可还原性。当我们对于判断进行分析的时候，我们可以发现判断的主体和客体之间存在着一种不可还原的关系，正如判断的逻辑形式中的主词和宾词相互之间不可还原一样。在这个地方，阿多诺有一个很长的注。这个注是要表明，逻辑意义上的主词和宾词之间的关系、认识中主客体之间的关系，这两种不同关系的差别与联系。在他看来，判断中主词和宾词之间关系中就已经包含了判断中的主体和被判断的客体之间的关系（判断不仅仅是一种纯粹的主词和宾词之间的关系，还是一种判断行动，而判断行动中包含了认识关系，即主客体关系）。正如判断（认识）中的主体和客体之间也是不可还原的一样，判断中主词和宾词之间的关系和认识中主客体关系也是不可还原的。这两种不可还原性虽然不是严格一致的，但是两者意义上的不可还原性就是存在这个词语和存在本身所涉及的东西。这两个方面的不可还原性使得海德格尔有可能超越主客体而找到某种绝对第一的东西。海德格尔虽然否认了主客体角度的形而上学，但是还是对于绝对第一性抱有幻想。对于绝对第一性的渴求使得海德格尔把"不可还原性"本身当做是最终的东西。所以阿多诺说，海德格尔的存在概念是还原到不可还原性。对此，阿多诺进行了批判。他认为，海德格尔的这种做法其实就是一种形式化的方法。这就是说，不可还原性是一种形式化的东西，它没有内容。这种纯粹形式化的东西无法被思考。不可还原性必须在人们试图还原的两种东西的关系中来把握。或者说，这种形式化要与被形式化的东西之间的结合才能被理解。如果把这种形式化的东西即不可还原性独立出来，那么这种形式化本身只是表明，在判断中，判断所涉及的两个要素相互之间是不可还原的。我们不能把其中的一个还原到另一个。所以，当我们思考不可还原性的时候，我们除了知道这两者有一种否定性关系之外，我们什么也不能思考。我们只是知道，这两者之间有一种否定性的联系。就这种不可还原性与判断中所涉及的两个要素之间的关系来看，这种不可还原性不能被赋予存在论上的优先地位，这是因为，没有判断中的这两个要素，这两个要素之间的关系就无从谈起。更重要的是，这个不可还原性是一种否定的东西，它表示的是两个要素之间的矛盾，非同一性。可是，这种否定的东西被海德格尔说成是"存在"，于是这个否定的东西就变成了肯定的东西。当然，阿多诺承认，海德格尔通过他的存在概念揭示了同一性之中的非同一性，即认识和判断中的不可还原性，非同一性。海德格尔从同一性之中看到了非同一性。这是海德格尔哲学的一个贡献。这里包含了辩证法。但是海德格尔还是与这种辩证法失之交臂。他没有贯彻存在概念中的矛盾。这就是我们前面所说的，存在概念是表示非同一性，不可还原性。但是，海德格尔把非同一性变成了同一性，把否定变成了肯定。当他用存在来表示非同一性的时候，当他用肯定来掩盖否定的时候，否定的东西、非同一的东西就无法被把握了。所以，阿多诺说，只要我们思考存在（在这里，我们姑且不区分存在概念和存在本身），那么我们从存在之中所思考的任何一种东西都会碰到矛盾、都会碰到非同一性，那么这种矛盾就对存在概念的同一性的讽刺。海德格尔把非同一性当成同一性，把否定当成肯定，当成存在本身，这就像掩盖家庭丑闻那样掩盖了这种非同一性。其实，后期海德格尔在某种程度上意识到这个问题，所以，当说到"存在"的时候，他有时候在"存在"上打个"×"。这就是说，存在不能被当做肯定的、同一性的东西来理解。

最后，阿多诺批判了海德格尔把存在当成是第三者，并把存在绝对化的做法。从前面的分析中，我们可以看出，海德格尔的"存在"既不是主体性的、纯粹观念的东西，也不是纯粹客观的东西。比如，我们从主客体之间的不可还原性来看，主客体之间的不可还原性是客观的。比如，我们用概念（如果我们把概念固化）来把握概念所涉及的东西，那么概念肯定不能准确地把握概念所涉及的东西，这两者之间肯定是不可还原的。概念和客体作为两种不同的存在者之间是不可还原的。但是，这种不可还原性不仅仅是客观的，而且也是通过人的认识才被发现的，它又与主体的认识活动有关。所以，阿多诺说，存在既不是主体的功能，也不是某种物性的东西，不是某种存在者。海德格尔把它称为"存在"，某种不同于这两者之间的第三者。可是，阿多诺认为，当海德格尔把它当做第三者的时候，海德格尔忽视了这个表达的意图，因为这个表达本来是要说出弦外之音的，尽管海德格尔想达到这个意图。他把这个弦外之音变成了第三者，变成了可以直接把握的东西。在海德格尔那里，存在不仅仅是思想，不仅仅是用概念所表达的思想，它还要指思想之外的东西，它也不仅仅是存在者，它要涉及存在者之外的东西，它是要表达弦外之音。认识到这一点当然是海德格尔的伟大之处，但是这并不意味着，我们可以把它变成思想和存在者之外的某种东西，并且是与其中之一相关联的某种东西（或者是超出存在者的东西，或者是超出思想的东西）。在阿多诺看来，只要我们进行思考，即使是最苍白的思考，都会要涉及概念或者存在者，而不可能只是思考那个弦外之音，不可能直接思考那个超越的东西。

对于海德格尔来说，存在是指超出概念的弦外之音，或者是超出存在者的弦外之音。只要思考这两个东西，那么这种思考都会涉及概念或者存在者，如果把概念和存在者这两个结合在一起，那么这两个东西一定是矛盾的。海德格尔把这种矛盾变成超出概念和存在者的东西，变成了同一性的东西，也就是说，变成了"单个的本质"。而这两个要素结合在一起不可能变成单个的本质。因为，这两者是相互矛盾的。这个矛盾的东西不可能是本质，不可能是抽象一般意义上的本质。所以，阿多诺说，海德格尔用存在这个词语所允诺的统一，只有在这个词语未被思考时才是可能的，只有在按照海德格尔自己的方法（现象学的描述）、在它的意义未被思考时才是可能的。只要认真思考存在，只要分析存在，那么人们就可以看到存在概念之中所包含的矛盾，就可以揭示存在概念中所涉及的概念或者存在者。这是消失在存在"深渊"中的东西。这里所说的"深渊"应该是阿多诺挖苦海德格尔的话。海德格尔喜欢使用这个词，表示"无根基"。阿多诺在另外意义上使用这个概念，意思是，存在中所包含的内容陷入了存在这个词语的深渊之中了，这些内容被吞噬了，存在变得极其空洞了。海德格尔认为，他找到了可靠的根基，而阿多诺认为，这个存在仍然是深渊（Abgrund），即去除了根基。存在本身表示了一种矛盾，是表示一种疑难，它是一个疑难概念。如果存在本身的分析被禁止了，那么存在之中所包含的矛盾、困难或者说疑难就被歪曲了。从这个角度来说，阿多诺认为，绝对应该在存在中被思考（海德格尔把存在当成了绝对），它的意思是，绝对必定是矛盾的，应该在存在之中被思考。由于它没有被思考，所以才成为绝对的。由于它没有被思考，人们没有看到其中的矛盾，所以，人们才把它当成绝对。只是由于它魔术般地遮蔽了人们对这些要素的思考，它不让人们对它进行思考，于是它就好像是超越了这些要素。由于理性不能最佳地思考，所以理性对它自身来说也是最坏的。这就是说，海德格尔对于理性概念提出质疑，他要超越近代以来的理性哲学。在阿多诺看来，这是因为，他没有借助于理性进行思考，所以，这个理性对他来说是最坏的。从这个角度来说，海德格尔现象学直观意义上的理性是一种缺乏思考的理性。这个理性是最坏的。

存在不是超越的

从前面对于存在的分析中我们可以看到，阿多诺认为，海德格尔把存在变成了超越于概念和存在者之外的第三者。其实，这是把主客体作为矛盾、对立的东西包含在存在之中。而在这个部分，阿多诺着力批判这种超越性。

我们知道，阿多诺对于海德格尔的批判方法是内在批判，是要批判海德格尔哲学的内在矛盾。而在这个部分，阿多诺从一开始就揭示了海德格尔哲学中的这种矛盾。我们知道，海德格尔在哲学上追求整体性，比如，他在《存在与时间》中对于意蕴总体的分析，对于存在的整体性的分析等。虽然他追求整体性，但是他却用语言原子主义的方法来对待存在。这里所说的语言原子主义，就是指海德格尔把存在这个概念从概念的联系中独立出来变成一个孤立的概念。在前面的分析中，阿多诺从判断的分析中揭示海德格尔的存在概念的由来。或者说，存在作为一个概念是与判断有关的。在这里，阿多诺认为，任何一个概念都进行判断，由于任何一个概念都进行判断，所以任何一个概念都包含了主体。这当然是阿多诺对于概念的一种辩证理解。本来，我们知道概念就是一种思维中的抽象，即把事物的共同点抽取出来，凝聚为概念。从这个角度来说，概念不是判断。如果概念就是判断，那么概念和判断之间的区分就毫无意义了。但是阿多诺从辩证法的角度来理解概念。他主张要让概念超出概念。当我们这样来理解概念的时候，概念就包含了判断了。比如，我们说"张三是人"这是一个判断，在这个判断中，"张三"这个名词，我们可以理解为概念，表达个别事物的概念。从通常意义上来说，"张三"就是表达张三这个人的个别特征的。但是，我们知道张三是在中介中才成为张三的。从这个角度来说，"张三"这个概念之中就包含了不是张三的东西，如果没有不是张三的东西，张三也不能成为张三。从这个意义上来说，"张三"这个概念就进行了判断，即张三不是张三。所以，阿多诺强调，没有概念不进行判断。概念就进行判断。既然概念本身就进行判断，那么我们就不能简单地按照林奈体系把逻辑简单地区分为概念、判断和推理三个部分。而海德格尔却忽视了一点。概念之中包含了判断，包含了主体性，而海德格尔却把概念，把存在的概念孤立起来，提升起来，变成一个绝对者。这可能是他受到了经院哲学的影响（关于海德格尔受到经院哲学的影响，我们在前面已经讨论过了），阿多诺就是批判了海德格尔的这种做法。

我们在前面已经说过，存在之中渗透了主体性。它既不是纯粹客观的，也不是纯粹主观的，而是两个对立的要素包含在其中的一个疑难概念。因此，无论从中介性的角度，还是从判断中"是"所表示的不可还原性的角度，主体都已经在其中发挥了作用。比如从中介性的角度来看，任何一个事物要成为自身都是经过中介的。这是一个客观现象，这个客观现象却需要借助于人的想象才能被呈现出来。每个存在者都包含了"多于"自身的东西。这个"多于"既是客观的，又是想象的。比如张三就包含了多于张三的东西于自身。同样，在利用"是"所进行的判断中，比如，"张三是人"，这个无穷的表达式（张三不是张三，张三是……，这有无穷的可能性）表达了主词和宾词之间的不可还原性，张三不等于人。人也不等于张三。当然，这也与张三多于张三这个事实相关的。如果张三就是张三，而没有多于张三的要素，那么我们就只能说"张三是张三"，而不能说"张三是人"等。所以，存在的这两个方面即存在本身或者存在这个词语都与主体性有关，都包含了主体的内容，都与主体的判断有关。既然存在之中包含了主体的判断，那么主体就已经潜入存在的中介性，潜入"是"之中了。从这里，我们就可以进一步看到，虽然海德格尔要超越观念论，但还是包含了观念的要素。他把这个包含了主体性的东西提升为绝对者，提升为高于主客体的二元性的东西。

既然存在之中已经包含了判断，只要我们对于判断进行分析，那么我们就可以看到，对判断的任何一种分析都会导向主体和客体。前面在讨论"系词"的那个部分的"注"之中，阿多诺说明了判断中的主客体关系，任何判断都包含了判断者和被判断者，即包含了主体和客体。所以对于任何一个判断的具体分析都会导向主体和客体，而绝不会造成一个超越于这两个要素之外的某个领域。可是，对于海德格尔来说，人们在进行判断的时候，人们用了"是"，而这个"是"就表达了中介性和不可还原性。而这个中介性和不可还原性好像是超越于判断之外。对于海德格尔来说，任何一个判断都有弦外之音，"是"表达了这种弦外之音。而阿多诺认为，如果我们对判断进行分析，那么我们就会从判断之中分析出主体和客体，而不可能从这里分析出某种超出主体

第一部分 与存在论的关系

客体之外的东西。对于阿多诺的这个思路,海德格尔可能会回答说,是的,如果你对判断进行分析的时候,那么你只能得到主体和客体。可是,判断是主体和客体结合的结果,通过这种结合,我们才得到超出主客体的东西,我们才得到弦外之音。如果你不弹奏,那么弦外之音从何而来呢?如果把主体和客体结合起来,那么这就导致了一个第三者。这个第三者是主客体这两个要素之间的汇聚的结果。如果我们把这两个要素汇聚在一起,那么我们就得到了这个第三者。对于这一点,阿多诺也进行了回应。他承认,在海德格尔的意义上,"是"不是"是者",不是存在者,也不是"这个"。阿多诺在这里用了两个希腊文来说明一种特殊的意义(ta onta 和 tode ti)。这就是说,存在既不是 ta onta(存在者)①,也不是 tode ti(这个)。在这里,按照阿多诺的分析,海德格尔整个哲学就玩弄了这样一个花招,就是玩弄概念和非概念东西之间关系的花招。在认识中,我们总是用概念来把握非概念的东西。而海德格尔的存在就是从用概念来把握非概念东西而得来的。"ta onta"就是指存在者。而当我们要把握一切存在者的汇聚的时候,我们就面临着非概念的东西,我们要用概念来把握非概念的东西。而这个非概念东西的概念就是海德格尔所说的存在结构。或者说,海德格尔就是把非概念东西的概念存在论化。海德格尔在这里所进行的转换是,存在作为非概念的东西的概念,尽管是被存在者所中介的,尽管涉及存在者的领域,但是,它同时还多于存在者的领域,还多于存在者本身,而这个多于部分就被理解为存在。② 好像这个存在具有客观性。阿多诺否定了这一点。

从这里,我们可以看出,存在不是存在者。但是,要得到存在,我们还必须进行综合,如果没有综合,"是"就没有根基。"是"是对存在者之汇聚的思考。但是,存在者的汇聚也不是个别的东西,不是我们可以直接观察到的事态。从这个角度来说,我们也不能说存在是"这个"。虽然存在既不是存在者,也不是"这个",但是我们不能因此说,它是第三者。这就是说,存在一

---

① "ta onta" 相当于存在者 "Beings"。参见 Theodor W. Adorno, *Ontology and dialectics*: 1960/61, Edited by Rolf Tiedemann, Translated by Nicholas Walker, Polity Press, 2019, p. 84。
② 参见 Theodor W. Adorno, *Ontology and dialectics*: 1960/61, Edited by Rolf Tiedemann, Translated by Nicholas Walker, Polity Press, 2019, p. 84。

定要依赖于存在者，一定需要被中介。如果没有中介，存在就无法被理解。阿多诺把海德格尔的这种做法称为语用学政变。这就是说，用概念思考非概念的东西，所获得的这种概念性，是离不开非概念东西的。从语用学上来说，存在这个概念一定和非概念东西是联系在一起的，与存在者联系在一起的。但是，海德格尔却使这个存在概念获得了一种新的用法，一种脱离了存在者的用法。所以，这就是一种语用学政变。离开了存在者而进行的所谓的纯粹综合是不能发生的。因为，任何思考都要有被思考的对象，而纯粹的思考，"是"的所谓纯粹的根基是无法被思考的。而海德格尔把存在具象化（Hypostasis），把它变成一个无中介的东西。在这里，阿多诺又再次重复了前面所提出的观念，由于海德格尔把存在具象化，存在就获得了一种特殊的形而上学的尊严。在阿多诺看来，这个存在无法被思考。正是这个原因，存在在海德格尔那里才成为绝对。

从上面的分析中，我们可以看到，存在既不能完全还原为主体，也不能完全还原为客体，它同时包含了主客体，把对立的主客体包含在自身中。正因为如此，存在才能超越主客体。但是存在却不能脱离主客体而存在。如果完全脱离了主客体，那么存在就无法被思考。存在可以被思考，而且被理性地思考，可以被人们用概念来思考，如果理性不能思考它，概念不能思考它，那么思考就可以与理性分离开来。其实海德格尔就有把思考非理性化的特点，让思考出丑，把思考变成了脱离理性的思考。

接着，阿多诺认为，海德格尔哲学也有它积极的意义。海德格尔哲学超越了实证主义，具有反实证主义的倾向。在海德格尔看来，任何一个存在者都不仅仅是具体之"是"，不仅仅是具体状况。存在概念也不仅仅是具体之"是"的抽象概括，不仅仅是具体状况的抽象概括。存在概念涉及超出具体之"是"的东西，超越具体状况的东西。我们不能拘泥于所见到的事实。任何一个存在者都包含了多于存在者的东西。任何一个概念都要又涉及超出事实性的东西。海德格尔的反实证主义倾向公正地处理了概念超出事实性的部分。概念本身就是超出事实性的东西，如果没有超出事实性的部分，那么任何概念都是不可能的，任何概念都无法被思考。人们使用概念是要让概念指称超出概念的东西，这样的概念才是有内容的。如果概念没有超出概念自身的东西，那么概念就无法被思考，变成纯粹的概念。同样，任何事实都必须有多出事实的部分，如果没有超出事实的部分，那么任何事实都是不可能的，任何东西都是不可能的。所以阿多诺说，正是这个多出的部分才使语言成为语言。在日常生活中，我们使用语言不是把它仅仅当做声音或者符号，而是要让它超出声音或者符号。这样语言才有作用。如果没有这种超出，语言就不成为语言了。海德格尔所说的存在就涉及这个超出的部分，存在就是表示超出存在者的部分。所以，存在这个词语与存在者这个词语不同，它表示多于存在者的东西。在阿多诺看来，一切存在者都具有多于它所是的状况，都多于它的实际存在状况。它意味着交织联系，而交织联系是与存在者结合在一起的，而不是超越存在者的东西。海德格尔把这种交织联系看做是超出存在者的东西，并把这种交织联系外加到存在者身上。海德格尔的这种做法达到了辩证法，他看到了任何一个存在者都有超出存在者的东西，无论是主体还是客体都包含了超出存在者的东西。从这个角度来说，主体和客体都不是最终的、直接的东西，都有超出主体、客体的东西。但是，他又逃离了辩证法，他要超越主客体，要直接达到这个超越的东西，并把这个超越的东西变成直接的、首要的东西。

当海德格尔把超出的部分变成首要的东西的时候，他赋予这个东西以源始性的地位。好像这种超越了主客体而又把主客体结合起来的状况在原始人类那里早就在一定程度上存在着。在这里，阿多诺用了一个希腊词语（άρχή）来说明这种源始性。这个源始性既有时间的意义，又超出时间的意义。这就是说，它既是指古代的某种状况，又超越这种状况，是逻辑上的源始。[①] 当海德格尔强调这种源始性的时候，海德格尔的思维就具有一种复古思维的特点。这个特点表现在，他把超出存在者的东西理解为类似于"灵韵"之类的东西。这就是说，任何一种东西都有超出这个东西的部分。这个超出的部分就像灵韵那样，像古代人在事物之中看到了曼纳一样。对于古代人来说，一切事物之中都有灵性，都有某种类似于精神性的东西在其中发挥作用。所以阿多诺说，海德格尔的思想是一种万物有灵论。海德格尔的哲学就是把这种灵韵、这种曼纳恢复起来，把它们作为物体超出自身的东西，并把这种东西重新功能化，作为

---

① 参见 Theodor W. Adorno, *Ontology and dialectics*: 1960/61, Edited by Rolf Tiedemann, Translated by Nicholas Walker, Polity Press, 2019, p. 24。

一切事物的根基,成为某种类似于事物的东西。在这里,阿多诺挖苦海德格尔。我们知道,人在面对陌生的东西的时候,都会产生恐惧,面对这种恐惧的时候,人们就认为其中存在着某种神灵,如曼纳。他们把崇拜曼纳作为克服恐惧的方法。这就是用命名的方法把它控制起来。在阿多诺看来,这种神秘的曼纳实际上也被理解为一种交叉联系。当人们面临着无法抗拒的命运,也就是事物之间不可避免的联系的时候,人们也会把它作为曼纳来理解。曼纳的观念实际上也表现了人类对于必然中的偶然的无奈。这种偶然(非统一性)好像是要表明,必然现象中有某种精灵在发挥作用,人只能以崇拜曼纳的方式来克服恐惧。而对于存在的崇拜也类似于古代人对于曼纳的崇拜。在阿多诺看来,海德格尔对存在的崇拜也表现出一种复古主义的倾向,由于理性的发展,人类社会变得越来越不合理,合理化的社会变得越来越不合理。所以,越是合理化也就越是倒退。正如古代人在曼纳的崇拜中克服恐惧一样,现代人可以通过对存在的崇拜克服生存的恐惧。虽然海德格尔思想上有这样一种复古主义的倾向,但是,阿多诺认为,海德格尔很聪明,他的那种复古主义与克拉格斯浪漫主义和奥斯卡·哥登堡的权力不同。克拉格斯(1872—1956年)是德国哲学家,心理学家。他曾经做过笔迹学研究。他认为,通过人的行为可以理解人的心理,甚至认为一个人的笔迹也在一定程度体现人的心理。他曾经与法兰克福学派的代表人物有联系,比如与霍克海默有联系。① 阿多诺认为,克拉格斯的思想是为神话和牺牲做辩护,具有反犹主义倾向。奥斯卡·戈登堡是魏玛共和国时期的重要人物。他出生在柏林,在柏林大学和慕尼黑大学学习东方宗教、心理学和病理学等,在1915年完成他的博士学位论文。论文所讨论的是,东方宗教中的不正常的生物学事件。他认为,每个民族都与神有一种神秘的联系,而每个神都是一个民族的"生物学中心"。从这里可以看出他的思想中的宗教神秘主义。这些思想可以被法西斯主义所利用。阿多诺认为,海德格尔虽然也有复古的倾向,但是他还是避免了像这两个人的那种做法。同时,虽然海德格尔受到中世纪思想的影响,但是他的思想也不是要回到传统的宗教。这就是说,海德格尔的存在论既避免了浪漫主义的做法,也避免了宗教的做法,而是

---

① 关于阿多诺对于克拉格斯的思想的评价,参见 Theodor W. Adorno, *Ontology and dialectics*: 1960/61, Edited by Rolf Tiedemann, Translated by Nicholas Walker, Polity Press, 2019, pp. 300 – 301。

进入了一种朦胧状态。我的理解是,海德格尔的存在论虽然受到古代的思想的影响,比如吸收苏格拉底、柏拉图的哲学思想,也有古代神话思想的痕迹,但是海德格尔又不是简单地回复到古代社会,而是在存在论上设定了那样一种生存状态。从这个角度来说,他没有像古代神话那样把某种形象性的东西实在化,他也没有把存在简单地当做是实在。所以,《存在与时间》中把"ursprünglich"翻译为"源始"的是有道理的。它不是原始的,但是它又让人想起原始的东西,类似于原始的东西。由于海德格尔所说的这种源始状态不是时间中古代意义上的原始,所以阿多诺说,这种源始状态不在时间中存在。当然这种源始状态不在时间中存在,但是却又无所不在。这种状态之所以无所不在,是因为在海德格尔那里,人在自己的生存中都在不同程度上理解存在。这种对于存在的理解在我们的生活中到处都发生,不过它是以前存在论的形式发生的。这种源始状态是存在论上的设想。对此,阿多诺在这里引用了荷尔德林的一句话,"那是行不通的"。海德格尔的存在论表面上要避免回到古代社会,是超历史的。但是他的思想恰恰是复古的。所以,阿多诺说,他打破历史的努力恰恰是倒退。海德格尔要改变人类文明史中所出现的合理化趋势,但是却走向了一种倒退的路子上。阿多诺认为,这种倒退的目标是要返回到某种最古老的状况,而海德格尔所要返回的那种古代状况不过是幻相,是假象。这是对超自然东西的拙劣模仿。海德格尔所设想的这种状况也就是我国传统文化中所说的那种天人合一的状况。随着现代文明的发展,现代理性的发展所出现的问题也在被我们不断地反思。在这种反思中,一种保守主义的文化趋势出现了,人们越来越崇拜那种原始的混沌状况。这是一种倒退,阿多诺显然批判了这种做法。

海德格尔认为,存在是超越的,海德格尔在《存在与时间》中强调,存在是地地道道的超越者。本来按照康德观念,超越和内在是完全对立的。而海德格尔的存在不是康德意义上的超越性,而是把内在绝对化,即把存在者的中介绝对化,正是由于他把内在绝对化,才使存在具有超越性。康德的内在领域是主客体相关的认识领域,是人获得知识的领域。而海德格尔把内在绝对化就是把主体和客体之间的外在对立状况绝对化。存在是绝对化的内在,他把这个内在说成是超越的。按照海德格尔的思路,这个超越的东西克服了主客体之间的对立。其实这是一种幻相。海德格尔所说的存在之中包含了不可克服的矛盾。这就是说,其实主客体之间的矛盾还是包含在存在之中。但是,这个矛盾的东西为什么看上去却不矛盾呢？阿多诺要具体解释这里的矛盾。在阿多诺看来,海德格尔的存在是中介,纯粹的中介,但是这个纯粹的中介怎么又变成了最具体的东西,变成了"这一个",存在为什么会获得最具体东西的荣耀。

阿多诺认为,这种情况是建立在这样的事实的基础上的：认识论中的两个极端可以相互替代。在传统的认识论中有两个极端,一个是纯粹的这个,认识中纯粹被接受的质料（客体）,一个是纯粹思维（主体）。在这里纯粹的思维和纯粹的质料都是抽象的。比如,在认识中,我们必须针对认识对象才能进行判断。可是如果这两个东西绝对分离开来,那么判断就是纯粹的思想,而被判断的对象就是纯粹的质料。海德格尔把这两个极端分离开来,于是,这两个极端都无法被规定。本来,人们在判断中都是针对某个具体对象进行判断。在判断中,被判断的东西和判断者都可以被具体规定。然而在存在的讨论中,人们不针对具体东西进行判断。被判断的东西和判断的东西都是空洞的。由于它们都是空洞的,所以它们是可以相互替代的。然而,在判断中,这两个东西又是相互结合在一起的,是无法被真正分离开来的。于是,人们就可以根据情况,把判断中所使用的"是"或者理解为"这个"（最具体的东西,无法用概念所规定的最具体的东西）,或者理解为纯粹的思维（纯粹的综合,存在就是中介,就是进行纯粹的综合）。所以,在海德格尔那里,存在一会儿可以被当做"这个"来理解,一会儿又被当做纯粹的思维来理解。由于这两个东西都没有具体的规定,所以这两个东西是可以相互替代的。当然,这种替代也是有奥秘的。阿多诺认为,海德格尔思想中包含了这样的奥秘：单纯的存在者概念,在其最理想的状况下,是纯粹的质料,是没有被任何范畴所规定的质料,所以这个质料不是存在者。既然这个质料不是存在者,既然它超出了存在者的范围,那么它就是存在。从这个角度,纯粹的质料可以被理解为存在。反过来,存在概念本身,作为绝对概念（进行思想中的综合,概念就是进行综合的）,它就是一个存在者,但是这个存在者是反抗自己存在者的身份的。或者说,这个存在者概念本身是不能被当做存在者的。用阿多诺的话来说,这个存在者无论如何都要限制自身,抗拒自身的意义。这个存在者不能把自己仅仅作为一个概念。所以,这个存在概念又是存在本身。既然纯粹存在者可以被理解为存在,而存在概念,就是用来进行综合的存在概念,也可以被理解为存在,那么纯粹的质料和纯粹的思维就可以相互替代了。本来,"这一个"是纯粹质料,不能被看做是本质的,但是由于"这一个"也像存在本身一样,而存在就是本质性的东西,所以,"这一个"也获得了本质性的尊严,而"存在"本来是本质,现在它也像"这一个"一样,是直接存在的,是可以被直观的。在海德格尔那里,最具体的就是最抽象的,最本质的也是最具体的;本质(存在)也具有直接性,可以被直观。而"这一个"(纯粹质料)本来是具体的东西反而成为本质。所以,阿多诺认为,海德格尔的全部哲学就是玩弄这两个彼此无关的极端。在这个地方,阿多诺有一个很长的注释。这个注释的意思是,海德格尔虽然接触过黑格尔,但是由于他绕过了黑格尔的辩证法,无法理解这里的辩证关系。其实,在这里,我们可以看到,海德格尔哲学要超越主体和客体,而这个主体和客体以变化的形式存在于"存在"之中了。它既是纯粹的质料(客体),又是纯粹的思维。而且这两个可以互相替代。

对于海德格尔把这两者极端化的做法,阿多诺进行了批判。阿多诺认为,海德格尔把纯粹的这个或者纯粹的思维看做是脱离存在者的东西,而事实上,存在者已经渗透到存在之中。在存在之中,已经包含了主客体的痕迹在其中,即绝对的质料和绝对的形式之中。在这里,阿多诺用芙蕾雅的苹果来类比存在。芙蕾雅是北欧神话故事中的青春不老的女神。对于这个女神来说,要保持青春不老就必须拥有神圣的苹果。只有靠这种苹果才能青春永驻。阿多诺在这里借助于这个神话故事来挖苦海德格尔,海德格尔要保证他的存在,就必须拥有这个神圣的苹果(存在者)。在阿多诺看来,存在和存在者是相互中介的。但是,海德格尔为了保证存在的绝对性,保证它像灵韵那样的绝对性,他就把存在和存在者绝对对立起来。当存在和存在者绝对对立起来的时候,存在就没有任何中介了,我们也不能借助于存在者来认识存在,存在就变成了直接的东西。由于存在的这种直接性,存在也变成了绝对的东西。如何没有直接性,存在也不能被绝对化。一个东西如果是完全直接的东西,不依赖于其他任何东西,那么这个东西就是绝对的东西。而任何一个直接的东西都不是直接的,都必须被中介。而海德格尔把中介绝对化,变成直接的东西。可是如果存在是直接的东西,那么存在就总是包含了这样的意思:它是单纯的存在者。如果不是存在者,那么它就不能成为直接的东西,就无法被直观。所以,阿多诺挖苦海德格尔。本来海德格尔强调存在论上的差别,把存在和存在者区分开来,结果,他的存在本身直接就变成了存在者状态(被观念所把握了存在者)。所以,只要海德格尔说"存在"的时候,他就已经给存在附加了某种东西,即存在者状态。如果没有这个被附加上去的存在者状态,海德格尔也无法说存在。这是存在概念中的质料的残余。阿多诺说,在海德格尔那里这种质料残余是暂时的,是稍纵即逝,是悄悄发生而又瞬间消失。这就如同舍勒的质料伦理学中所说的那种质料(即质料先天)。这就是说,他既需要这个质料的残余,又排除了这个质料的残余。

表达不可表达的东西

这个部分,我们首先需要理解,阿多诺本人对于哲学对象的理解。对于阿多诺来说,哲学要研究的不是实证的东西,不是研究存在者,而是要研究"存在",或者用阿多诺本人的话来说,研究这个飘忽不定的东西。哲学就是要表达这个飘忽不定的东西,但是这种东西不能被直接表达,而必须借助于中介,而海德格尔把不能直接表达的东西,用"存在"这个概念表达出来。阿多诺通过对哲学对象的说明来批判海德格尔所出现的错误:把不可表达的东西直接表达出来。

在这里,阿多诺开宗明义地指出,如果存在概念所引发的真正经验得到理解的话,那么存在概念就可以得到正确地对待。这里阿多诺所说的真正经验就是对非同一的东西的经验,也就是阿多诺此前所说过的哲学经验或者精神经验。这种经验不是康德认识论意义上的经验。我们可以用本雅明的无意识经验来理解这种经验。被如此经验到的东西是不能直接表达的,哲学是要表达不可表达的东西。海德格尔的哲学错误就在于它阻止这样一种哲学要求,而是努力直接表达不可表达的东西。这不是希望像西西弗斯那样进行艰苦的劳动。而在阿多诺看来,哲学的精神就是这样一种精神,就是要像西西弗斯那样去劳作,尽管人们会由此嘲笑哲学。对阿多诺来说,表达不可表达的东西不是一蹴而就的,而是一个辩证的过程,是要通过不断的艰苦、重复性的劳动才是可能的。

哲学是要研究一种飘忽不定的要素，这个要素是非同一的东西。海德格尔希望沉思这种东西，但是海德格尔的沉思恰恰是用直观的方法来把握它，这就是说海德格尔的存在论进行的沉思并不能真正把握它。所以这个东西也阻止海德格尔的那种沉思。

既然哲学要表达不能被表达的东西，那么哲学就会犯错误。于是哲学作为一种精神形式就是要不断反思自己。这就是哲学的一种非常特殊的形式，这种特殊形式就是，它把自己与反思结合起来。哲学通过这种反思来克服自己的缺陷。所以哲学必须要进行自我反思。在对于哲学概念的理解上，很少有人做到这一点。只有黑格尔才把哲学概念与反思联系在一起。这样，黑格尔就既把哲学与经验科学区分开来，也把哲学与逻辑学区分开来，尽管哲学也是与这些东西联系在一起的。按照这样的说法，阿多诺认为，哲学既不包含唯理主义所说的那种理性的真理，不包含逻辑的真理，也不包含经验的真理，经验科学意义上的真理。逻辑的真理或者经验的真理都是研究某种肯定的事态的。而哲学研究不是研究精神上的事态或者客观的事态。哲学上所讨论的这种非同一的东西。它不能用某种可把捉的标准，比如像某种尺子那样的标准来加以衡量。由于哲学与经验事实、逻辑上的事态之间的距离，所以哲学是脆弱的。我们也可以说，哲学经常会出错。哲学不能被固定下，研究某种固定的东西。为此，阿多诺说，哲学的历史是不断失败的历史。由于哲学总是会不断失败，所以人们总是挖苦哲学，嘲笑哲学。所以，在实证科学的威胁下，哲学也学习实证科学，不断地沉迷于可把捉的东西。哲学不得不诉诸实证科学的那种科学性。尽管哲学也对其自身进行实证主义的批判，但是哲学经常在实证主义面前投降。然而，这是错误的。阿多诺认为，哲学应该遵循它自己的观念，应该与确证性的东西保持距离，与那种实证科学的认识保持距离。它应该指明，实证科学的真理是有局限性的，因为它只是把握了同一性的东西。但是这不是说，哲学要拒斥真理。哲学也有自己的严谨生活，它也是受到约束的。这就是要把握非同一的东西。接下来一句话非常重要。哲学不是在它自身的东西中寻求严谨生活。凡是被纳入哲学体系中的东西，哲学已经把它同一化了。哲学不能拘泥于它自身，要关注非同一的东西，即与它自身不同一的东西。这就是哲学要借助于实证科学的东西来把握非同一的东西。哲学要借助于与它自己相反的东西，即实证科学的东西,而间接地达到非同一的东西。非同一的东西不能直接呈现出来,只能通过对同一性东西的分析中把非同一的东西展示出来。在实证的认识以可怜的天真视为义务的东西中,即在把握同一性东西的努力中,哲学去反思这种同一性东西,通过对同一性东西的反思来把握非同一的东西。在把握这种非同一的东西中,哲学达到自己的严谨性。所以,阿多诺说,哲学不是实证科学,也不是"沉思的诗"。按照实证认识的标准,哲学对于非同一东西的认识是充满矛盾的,实证主义会认为,哲学不过是掩盖自己的矛盾,是"沉思的诗"。于是,在这里,阿多诺强调,哲学中那种飘忽不定的东西,那种多出的东西,那种具有灵韵特点的东西,不是别的而是它对它自身中不可表达的东西的表达。当它表达这种不可表达的东西的时候,它就意识到,这种东西是飘忽不定的,是像灵韵那样的东西。所以阿多诺认为,哲学是与音乐联系在一起的,更广泛地说,是与艺术联系在一起的。在阿多诺看来,其他人都没有意识到这一点,而只有尼采才意识到这一点。尼采哲学是一种诗化的哲学,他就是要努力达到其他哲学家所没有达到东西,而其他哲学家却掩盖哲学与艺术的关系。在阿多诺看来,历史上的哲学家都不同程度上触及这种飘忽不定的东西。我们在理解哲学文献的时候,就要注意到其他哲学家是如何来对待这种东西的。所以阿多诺强调,虽然表达不可表达的东西是哲学的一种显著特征,但是更重要的是,这种东西是理解哲学文献的必要条件。阿多诺喜欢评价哲学史上的人物,并由此来解释,这些人如何对待非同一的东西的。这也是阿多诺哲学中的一个难点。他不直接说明,他自己是如何把握非同一的东西,而是说别人在把握非同一的东西时出现了哪些错误。他的辩证法常常不是直接说明这种辩证法如何把非同一的东西呈现出来,而是说别人没有很好地利用辩证法,所以没有把非同一的东西呈现出来。他的方法始终是否定性的,总是喜欢绕弯子。他总是通过批判来说明,这种非同一的东西如何呈现出来。阿多诺说,这种东西是历史地发生的,也就是说,在历史上哲学家们都在不同程度上触及到这种东西,但是这种东西也会一再沉默,不能被表达出来。正如人们可以借助于音乐把这种东西表达出来,比如,"命运"就应该在非同一的东西的意义上理解,被当做飘忽不定的东西来理解。贝多芬通过音乐来表达命运。当人们以实证主义态度来对待命运的时候,命运就变成了一种可以肯定地把握的东西。这就是算命先生的做法。哲学家不是这样的算命先生。当这个非同一的东西被当做实证东西理解的时候，这个东西就沉默了，这也就威胁音乐了。如果人们都能够像算命先生那样把握命运，那么"命运"这部交响曲就不可能了。阿多诺的方法似乎是这样的，他通过揭示算命先生的错误来让人明白，命运是不可把握的、飘忽不定的。

　　接下来阿多诺对海德格尔的哲学做出评价。阿多诺认为，海德格尔敏锐地意识到，哲学要把握非同一的东西，这种东西是哲学所特有的东西，但是却处于消亡的边缘。这种东西在哲学史上会一再沉默。这是一种教训。海德格尔要拯救这个处于消亡边缘的东西。但是，他把这种东西转换到一个更高秩序的对象性领域，即转换到存在的领域，这个领域被海德格尔看做是更高的领域，是超越了主客体对立的领域。海德格尔也认识到，哲学不是对事实性作出判断，也不是对纯粹概念性的东西作出判断，而是有自己的对象。这当然是对的。对于海德格尔来说，如果哲学也进行事实判断和概念判断，那么人们就要用这两种判断的标准来判断它。但是哲学不是这两种判断。这当然也是对的。但是，海德格尔认为，虽然哲学甚至不能有关于自己的对象的知识，虽然哲学要表达的东西是飘忽不定的，但是哲学也应该有除了事实、概念、判断之外的内容。这种内容必须是肯定的内容。这就是说，虽然哲学没有那样概念和事实方面的内容，但也可以有肯定的内容。而当海德格尔这样理解哲学的时候，他就把哲学理解为一种存在论，这种存在论就把飘忽不定的东西，非同一的东西理解为"存在"，即肯定的东西。他把非同一的东西当做一个肯定性的领域，他希望有事实和判断之外的某种肯定的内容。而在阿多诺看来，非同一的东西只能以否定的形式出现，它不能以肯定的形式出现，"positive"（肯定）这个词也可以翻译为"实证的"，非同一的东西不能变成某种实证的东西，变成某种实体。而海德格尔的问题就在这里，他把非同一的东西变成实证的东西。用阿多诺的话来说，他把这种飘忽不定的东西提升为不可表达的东西本身。这就是说，不可表达的东西本身变成了某种实证的对象。这种东西可以自己直接呈现出来。他把非对象的东西转换成为对象，变成这种东西的概括性的本质。好像这个非对象的东西可以直接以对象性的形式表现出来，好像它的本质可以直接显示出来。当海德格尔这样做的时候，海德格尔其实就破坏了非同一的东西。

这种做法实际上就是把否定性直接变成了肯定性。

尽管海德格尔想摆脱传统，也就是海德格尔想摆脱实证的传统，摆脱把哲学理解为事实判断或者概念判断的做法，但是海德格尔还是陷入了这个传统之中，现象学就是这个传统的产物。而海德格尔正是在这个传统的压力下，把不可表达的东西变成可表达的，从而破坏了这个不可表达的东西。他把这个不可表达的东西浓缩在"存在"这个词语之中。海德格尔本来是批判物化的。对海德格尔来说，关注存在者而忽视存在就是一种物化。而海德格尔要让人们关注存在，就是要反对物化。可是海德格尔还是把存在物化了。因为，他把存在变成了对象性的东西，把存在实体化。而阿多诺认为，非同一的东西是在主客体相互作用中表现出来。人的思考就是要思考非同一的东西，这种非同一的东西的思考只能用辩证法，而纯粹的逻辑思考就不是阿多诺所说的那种思考。在阿多诺看来，纯粹逻辑的思考机器都能行，而哲学上的思考是辩证法意义上的思考。但海德格尔抛弃了这种辩证的思考的时候（他的思想因此变成了对思考的背叛），他就只能直观存在本身，而存在又不是可以被直观的对象，在这样的情况下，海德格尔就走向了非理性。他本来是要把不可表达的东西作为论题来处理，要表达这种东西，但是这个论题只能通过曲折的路径达到，而不能成为直接的论题。当他用存在来概括这种东西的时候，把这种东西当做直接的论题，于是又阻止了对这个东西的表达，甚至最终无法真正地意识到这种东西。接着阿多诺做了比喻，通过这个比喻来说明海德格尔思想的长处和缺陷。这就好像是说，海德格尔挖了一口水井，他希望这口水井中渗出水来。结果，这口水井又被他自己堵上了。这就是说，他本来是要把握被人们所忽视的非同一的东西，结果，它用这个存在概念把非同一的东西同一起来了。虽然他的这口水井也渗出一点水来，但是大多数的水还是被他堵住了。他的这种存在哲学要比那些借助于中介来表达不可表达的东西差了许多。后者更能把握非同一的东西。在阿多诺看来，荷尔德林的诗歌本来是可以被用来把握非同一的东西的，但是海德格尔却误用了荷尔德林的诗歌。比如，在"荷尔德林的诗与本质"一文中，他把非同一的东西理解为本质，理解为持存的东西，理解为那种可以用天神来加以命名的东西。这样，他就无法真正地把握非同一的东西。在海德格尔那里存在是超时间的（存在有时间性而不是物理意义上的时间）。

阿多诺在前面也已经指出了，海德格尔对源始的存在的思考是超时间意义上的思考。而在阿多诺看来，这种思考缺乏思想，缺乏辩证法意义上的思想。这种缺乏辩证法的思想认为，它自己是超时间的，是永恒的真理。存在论好像能够一劳永逸地把握存在本身。当然，海德格尔也承认，此在要在时间性的领会中逐步来把握存在。虽然人是在自己的生存体验中领会存在的，而不是一劳永逸的，但是存在论却一劳永逸地把握了存在本身。

最后，阿多诺强调，不可表达的东西不能被直接表达出来。这种东西被表达出来的时候，总是余音绕梁，促使人不断思考。这种东西的表达不可能有终结，不可能有最终的音符，不能"到此为止"。如果人们用牺牲思想（辩证法意义上的思想）的方法来思考不可表达的东西，那么人们所能够达到的就只能是抽象的客体，而这恰恰使这种飘忽不定的东西成为它最不想成为的东西。海德格尔的存在就是这样的抽象客体。海德格尔也强调，哲学要思考，哲学的工作是"思的事情"，但是他的思考类似于诗歌意义上的思考，而不是辩证的思考。所以阿多诺说，海德格尔的思考是无思想的思考。

儿童的问题

阿多诺认为，海德格尔的存在论实际上就像儿童问凳子为什么叫凳子这样的问题。不过他把这样的问题形而上学化。阿多诺借此批判了海德格尔"存在的语言"的特点。海德格尔从命名的角度来看待语言。对于他来说，存在的语言是直接从原始人类语言那里延伸过来的，是具有命名特征的语言。而阿多诺认为，语言之所以能够与所指称的对象联系起来，是因为人们通过反思赋予语言一种力量，这种力量使语言不仅仅是符号，而且能够与所指对象结合起来。海德格尔在存在论中也提出这样的问题，为什么存在者被称为这样的存在者。在海德格尔看来，这只是因为人们预先理解了存在的语言，所以，人们才会说，"这是（存在）凳子"。我们为什么能够命名一个事物，这种命名的力量从何而来。对于海德格尔来说，这是因为，人们理解了"存在"（这个存在是与源始的语言结合在一起的，即存在的语言），所以才会说，"是"。如果我们不理解"是"，我们怎么能说"是"。阿多诺的这个部分就是对海德格尔的这种语言观进行分析和评论。在阿多诺看来，海德格尔这种询问当然是有意义的。他走出了辩证法的第一步，却没有进一步进行下去。①

在这个部分的开头，阿多诺揭示了基础存在论所提出的存在的问题实际上就是一种儿童的问题，即凳子为什么叫凳子？如果儿童的这个追问不仅仅是关注凳子这个东西，而是关注这里的名称和对象的关系问题，那么这就涉及存在论。因为，任何对象都不是它自身，都有超出它自身的东西。存在就涉及这个超出的部分。如果儿童学会了反思，那么他就会知道，他用凳子概念指称凳子的时候，"凳子"概念都有超出的部分。所以，反思会使儿童停止这样的追问②。这种追问其实就是被阿多诺理解为唯物论意义上的追问，是阿多诺所认同的那种反思，即后文所说的，"在反思中，表达和事物相互之间走向对方"这个意义上的反思，是一种让语言获得"力量"的反思。可是海德格尔对于这种反思不满，他还要在这个反思的基础上进一步地反思，那么这就是观念论意义上的反思，即对于反思本身的反思。前一种反思是思考词语与对象之间关系的反思，而后一个反思是反思反思本身。海德格尔就是这种观念论意义上的反思。他不是思考字词与对象的关系，而是设想了一种源始的"存在的语言"。海德格尔不满足于语言哲学对于字词和对象关系的思考，而是要思考语言本身。对于海德格尔来说，停留在字词和对象之间关系的思考是不够的。因为，这种思考没有达到对存在的思考。当反思使"儿童"满足于字词与对象关系的时候，当这种反思不再进一步追问，为什么字词和对象发生关系的时候，海德格尔的进一步的追问就可以弥补这个缺陷。对于海德格尔来说，由于存在、由于语言的源始性质，所以词语才与对象联系起来，词语才有力量。而阿多诺倡导一种语言辩证法。

由于海德格尔要达到一种源始的语言，而这种语言是"前时间"和"超时间"的语言。这是海德格尔所设想出来的语言。按照他的设想，人类都能够在前存在论的意义上领会存在，领会语言的那种源始意义。这就像儿童询问凳子为什么叫凳子一样。凳子之所以叫凳子是因为，"凳子"这个词语有超出

---

① 参见 Theodor W. Adorno, *Ontology and dialectics*: 1960/61, Edited by Rolf Tiedemann, Translated by Nicholas Walker, Polity Press, 2019, p. 221。
② Theodor W. Adorno, *Ontology and dialectics*: 1960/61, Edited by Rolf Tiedemann, Translated by Nicholas Walker, Polity Press, 2019, p. 222。

这个词语的东西，这个超出的部分使语言成为语言。在这一点上阿多诺和海德格尔是一致的。不过对于阿多诺来说，这种"多出"的部分是依赖于主体的力量，而不是有一种先定的存在的语言。而对于海德格尔来说，这里有一个先定的源始的语言，这是一种超时间、前时间意义上的源始语言。这类似于存在，由于这种语言的存在，于是凳子就可以被叫做凳子。阿多诺认为，海德格尔的哲学给儿童的询问涂上了成年人的色彩，即儿童的询问是关于存在的追问，而整个人类都有类似于儿童的那种追问，即追问为什么凳子叫凳子。整个人类都有这种关于存在的追问。

那么为什么儿童的这种追问具有存在论色彩呢？应该承认，儿童的劳作是要致力于探索他与词语的关系，也就是说，他要占有词语，而不是思考词语与对象的关系。这就是说，儿童一开始是要占有词语，把自己融入到由词语构建起来的文化系统中。儿童的询问是要学会语言。而在这个文化系统中词语和词语所涉及的世界是结合在一起的。词语和世界上东西的一体化就是海德格尔所说的那种存在的语言。在这里，存在就是真理的显现。在这种存在的语言中，由于字词和对象本来就结合在一起的，语言的展开就是真理的展开。

所以，阿多诺强调，在这里，儿童在这里不是要探索他与世界的关系，不是要把自己和他所涉及的对象世界联系起来。孩子在这里是要确认字词的含义，而且非常固执地追问字词的含义，甚至达到了只有精神分析才能解释的固执来追问字词的含义。当儿童在追问字词的含义的时候，他也涉及他与字词以及他与事物之间的关系。他就要问妈妈，为什么凳子叫凳子，即凳子这个词语和凳子这个东西的关系。我们在哲学上把这种关系理解为，字词的含义和它的指称的关系，或者说字词的含义和它的真值函项之间的关系。这两个方面有时是很难区分开来的。比如，我们在生活中把金星称为启明星或者长庚星，启明星或者长庚星是有一定的含义的，它们都指称金星。从这里，我们可以看出，字词的含义和指称的差别。但是在生活中人们很难把这两者区分开来。而含义和指称之间的差别实际上就是关于字词的含义和它所涉及的对象之间的差别。在这种原初的语言（儿童初步习得的语言）中，人们还不能把字词的意义（含义）和真值函项（指称）区分开来。而儿童在询问凳子为什么叫凳子的时候，儿童是意识不到这里的差别的，他要在后来的无数的艰苦努力中才能把这两者之间区别开来。所以，当儿童询问为什么凳子叫凳子的时候，儿童是被导入到凳子的原初命名的问题。在这个原初的命名中，含义和指称是结合在一起的。在这里，字词是在一定的文化中存在的，是被预先规定好的。儿童被引入他所习得的词库之中，引入到既定的语言体系之中。对于他来说，这个语言体系是直接存在的东西，是现成的东西，是相对独立的东西。当人们谈论语言中的原初性的时候，就是把语言看作是在文化上给定的。用我们的日常话语来说，这是"约定俗成"的，是既定的东西。有了这个既定的东西，海德格尔才有本钱讨论原始性，才能把这种给定的语言作为"押金"来讨论原始性。由于这个东西具有一定程度的相对独立性，所以这个语言体系也被阿多诺说成是在其自身被中介的东西。当儿童询问为什么的时候，当他询问第一或者原初的时候，他就已经预设了这个相对独立的语言体系。原始的语言是给定的。在这样的情况下，话语就被感知为"自然的"，"理所当然的"东西，而不是被感知为"人为的"东西。也正是从这个角度，阿多诺认为，对于原初的追问，总是已经预设了原初东西的存在。在这里，这就是预设了语言体系的存在。所以，阿多诺认为，拜物教从一开始就存在着，而且对于原初的追问总是受到拜物教的束缚。这就是说，语言是原始的、给定的东西，是第一性的东西。海德格尔对于存在的追问，其实也就包含了对于原初的东西、对第一的追问，这种追问从一开始就受到拜物教的束缚。但是，这种拜物教是隐秘的，是不容易被识破的，这是因为任何一种思想都是语言性的。而语言是既定的，而这种既定的语言是把字词和对象是结合在一起的。按照这样一种语言观，唯名论和实在论都是错误的，因为它们都把字词和对象割裂开来了。唯名论认为，一般的概念没有客观实在性，只有具体的感性事物才是客观实在的。这是一种简单的朴素的直观的唯物论，是无沉思的。而实在论持相反的观点。实在论认为，字词本身直接就是实在，就把实在表达出来了。本来，字词是可错的，但是在实在论那里，字词没有可错性了，好像字词直接就与实在结合在一起。而阿多诺认为，概念和具体对象是相互作用的。只有在这种相互作用中，我们才能把握概念的动态含义，把握感性事物的本质特征。而唯名论和实在论却忽视了这种相互作用。所以，这种非反思的唯名论和实在论都是错误的。海德格尔当然看到了这里的问题，他要追问，概念最初是如何与对象联系起来的。如果概念从一开始就和对象结合在一起，那么对象和概念的差别就可以被消除，概念和对象的那个"多于"的部分，那个超出部分就被把握了。如果概念和对象结合在一起，那么概念就直接表达了真理，概念和真理之间的矛盾就被解决了。所以，阿多诺说，对于海德格尔有利的是，任何真理都需要借助于语言，没有一种自在是非语言的。一切自在的东西都和语言结合在一起。不过，这种说法需要被进一步思考。"任何真理都在语言中"这个说法，只是表明语言对于真理具有建构性贡献。它只是表明语言在真理之中，表明真理需要借助于语言才能被表达出来。但是，它并不表明，真理在语言之中，并不表明真理已经完全被语言所表达出来了。在这里，真理和语言是不相等的。而海德格尔所提出的存在就是要把真理和语言一致起来，同一起来。这就是说，虽然海德格尔也发现了真理和语言之间的差别，但是海德格尔拒绝对这个问题进行进一步的反思，他在走向语言哲学的辩证法的第一步之后停下来了。他认为，他可以直接解决这个问题，直接达到两者之间的同一。而阿多诺认为，语言和真理之间的这种矛盾是永恒存在的，字词和它所涉及的对象相互走向对方，这样字词就能够指称对象，这样语言就能够证明自己的力量，即具有指称对象的力量。同时语言也能够意识到字词和它所指称的对象之间的差别。而正是对于字词和对象之间的差别的意识，语言才成为达到真理的机关，成为达到真理的手段。由于海德格尔拒绝了语言的辩证法，所以，海德格尔的哲学不是考察字词和它的指称的关系，而是考察字词的原初命名。对于海德格尔来说，字词在原初命名某个对象的时候，字词和对象是结合在一起的。当字词和对象结合在一起的时候，字词直接把对象显示出来了。在这里，海德格尔所说的命名和我们日常生活中给孩子命名不同。我们在给孩子命名的时候，就是用一个符号来代表孩子。而海德格尔所说的命名却不同，在这里，名字和它涉及的对象是不可分离的。这就如同原始人的那种语言魔力观一样。诅咒一个人，说出一个人的名字就是诅咒这个人本身。对海德格尔来说，名称有一种特殊的力量。所以，阿多诺说，海德格尔的做法是通过命名仪式来重新确立名称的力量。这种神秘力量与我们日常生活中的世俗化语言是不同的，世俗化语言有一种指称的力量，而海德格尔的语言有一种命名的力量。在指称中，人们（主体）会反思字词和对象之间的关系，而在命名中，人们不需要反思，名称直接把对象呈现出来了。所以，阿多诺说，世俗化允许主体反思表达和事物之间的关系，允许通过指称来达到对象。世俗化的语言通过指称，通过反思而达到真理，达到客观性。而海德格尔的哲学保存着对于上帝的哲学信念，对于它来说，上帝保证了字词和对象的同一，上帝赋予字词以这样一种神秘的力量，而不是主体所具有的指称力量。在《通向语言之途中》，海德格尔所说的上帝实际上就是指人类有给定的了语言，这种语言与存在直接结合在一起。而在世俗化的语言中，人们借助于指称而使语言成为符号，借助于指称而使语言得到其确定的意指。语言和对象之间是矛盾的，它们之间是动态变化的。从动态变化的角度来看，语言就是处于表达和事物之间的持续碰撞之中。这就是说，语言是动态的，变化的，而不是海德格尔命名意义上的固化的语言，被设定为第一的，原初的语言。在阿多诺看来，卡尔·克劳斯就是从这种动态的角度来对待语言。虽然他的思想也有存在论的角度，也要把握语言所无法把握的东西，但是这是一种动态的语言观。而海德格尔的语言哲学包含了一种拜物教的维度。所以，阿多诺说，海德格尔的做法是一种条顿神秘主义。在这里，阿多诺提到了肖勒姆（Grshom Scholem）这个人。他是本雅明的朋友，对本雅明和阿多诺的思想都曾经产生一定的影响。在这里，阿多诺对海德格尔思想进行了评价。他说，海德格尔的思想是一种狂热的反浪漫主义，而浪漫地对待历史的语言。这句话非常令人费解。一个反浪漫主义者怎么能浪漫地对待历史性语言呢？如果我们仔细思考，我们就会发现，海德格尔确实如此。海德格尔发现语言和真理之间的矛盾，他要消除这种矛盾，他要用语言来把握语言所把握不到的东西，是要完全准确地把握真理。从这个角度来说，他是反浪漫主义，强调以严谨的态度，用字词准确地把握它所涉及的对象。但是，他所使用的方法却是浪漫主义的。他认为，人类的原初语言把字词和对象结合在一起的，好像人类原初的字词就直接表达了不能被表达出来的东西，好像人类原初的语言就是存在的语言。这种语言直接把存在表达出来了。这就是用浪漫的态度对待原初的语言。其实人类的原初语言绝不是这样的，并不是海德格尔所设想的那种神秘的"存在的语言"。虽然人类语言最初也有这种特点，但是把人类最初的语言设想为"存在的语言"。这不过是海德格尔的浪漫设想而已。

最后，阿多诺强调，本来海德格尔哲学包含了一种批判精神，比如，批判现代理性主义所导致的问题等。但是在未受他所重视的哲学构造面前，他的哲学却失去了批判精神。未受重视的哲学构造就是指主客体哲学。海德格尔的语言观中，没有主体的作用，却有"上帝"的作用。他用上帝来保证存在的语言，而不是借助于主客体之间的相互关系来使语言中的指称和意义的关系协调起来。所以，阿多诺说，海德格尔的那种摧毁方式沉默了。海德格尔的那种对现代社会中出现问题的否定，那种对于现代主客体哲学的激进否定不发挥作用了。本来，海德格尔哲学是对现代文明进行了激进的批判，但是其实并没有真正地进行批判，因为任何激进的批判都是怀疑的产物，而海德格尔哲学恰恰摧毁了怀疑，摧毁了主体所进行的怀疑和思考。他摧毁了语言和真理的差别，摧毁了对于真理的怀疑的可能性。从这个角度来说，海德格尔对于现代文明的质疑是虚幻的。他实际上从另外一个角度认同了社会现实。或者说，海德格尔哲学并没有真正地批判现实，而是认同了现实。阿多诺认为，由于海德格尔弱化了主体的力量，所以这个弱化的主体只能被动地接受现实，而缺乏批判精神。而批判哲学就是要强调主体的精神。

存在问题

从这个部分开始，阿多诺对于海德格尔的存在论的内在批判转换到第二个主题，即从存在概念的分析转换到生存概念的分析。而在生存论的分析中，海德格尔在《存在与时间》中强调一种本真的生存方式。对于海德格尔来说，只有领会了存在的人而不是沉沦于存在者的人才能够有这种本真的生存方式。于是，在海德格尔那里，存在就与本真一样具有本质的意义。对于海德格尔来说，存在作为本质的东西，作为超越的东西是没有矛盾的。而按照阿多诺分析，其中恰恰包含了矛盾。存在就是一种幻相，如果不承认存在是幻相，不承认其中的矛盾，那么存在就变成纯粹的同意反复。

在这里，阿多诺开宗明义地指出，海德格尔的"存在"一词是建立在他的"本真性"这个范畴基础上的。这就是说，存在类似于本真，是属于本质的范畴。海德格尔把存在和存在者区分开来，把存在者当做是现象，而本真的东西是本质。从这个角度来说，本真性地生存就有本质性地生存的意思。而本质地生存就有超越现象领域的生存的意思。而本质性的生存、脱离现象的生存就会把生存抽象化，变成脱离现象的生存，脱离存在者的生存。对于海德格尔来说，人在生存中理解存在的意义，就有可能达到一种本真性的存在。"本真的"（eigentlich）在德语中就包含了成为它自己的意思。在《存在与时间》63节之中，我们可以看出，这个"本真"还与真理有关。从两个角度来看，海德格尔用本真这个词语也是想要表达人成为他自己这样的存在方式。理解了存在意义的生存也是人的本质意义上的生存，是超出现象领域的生存。但是，海德格尔后期很少使用本真这个词语了。这就是说，他用存在问题的思考来代替本真性问题的思考。

在阿多诺看来，后期的海德格尔不再使用本真性这个范畴，而以存在的超越性取而代之。阿多诺在《存在论与辩证法》之中是这样讲解的：海德格尔显然认为，他自己是一个讨论"存在"的哲学家，而"本真性"这个概念却包含了历史—哲学的意义，他要压制这种意义，而存在超越概念和存在者，这个存在概念满足了他的这种需要。所以海德格尔才放弃了本真概念。① 这表明，海德格尔是把存在和本真性都看做是属于本质的领域的。尽管海德格尔后来用存在来取代这个概念，但是存在这个概念的超越性却又使得本真性获得必然性的特征，而不是一种幻相（Schein），既不是主体所建构起来的幻相，也不是偶然的幻相。海德格尔认为，他的存在概念超越了概念和存在者，由于存在超越了概念和存在者这些现象领域的东西，而达到超越的领域。在超越的领域，存在是必然的，这种超越不会导致康德所说的那种幻相。我们知道，"幻相"这个概念是康德的概念。按照康德的观念，人的认识对象是现象，而不是本质（自在之物）。如果人们用概念和范畴来认识自在之物，那么这种认识就会导致二律背反。人们在这里必然陷入幻相之中。这个意义上的幻相就是这里所说的建构起来的幻相。而这个幻相是人们把本质和现象混淆起来的结果。从康德的角度来说，本质就是一种幻相。如果人们认为自己把握了本质，那么这必然是幻相。从这个角度来说，康德铲平了本质和幻相之间的区分。而海德格尔反对康德的这种做法。对于他来说，本质不是幻相。因为，他所说的存在是超越的，这种超越使本真成为必然的东西，成为超越幻相的东西。在海德格

---

① Theodor W. Adorno, *Ontology and dialectics*: 1960/61, Edited by Rolf Tiedemann, Translated by Nicholas Walker, Polity Press, 2019, p. 223.

尔看来，人的生存就是对存在的理解。如果人在理解了存在的意义上生存，那么人就是本真地生存。对于海德格尔来说，存在作为本质是不会成为幻相的。他要把本质和幻相区分开来。而阿多诺就是要揭示，海德格尔的存在就是幻相。在这个部分的最后，阿多诺指出，海德格尔的存在是一个疑难概念，是把不可统一的东西统一在一起。这就是幻相。

当然，海德格尔反对把本质和幻相等同起来，要把它们区分开来，这是为了说明存在作为本质不是幻相。这在哲学传统中是有根据的。在哲学历史的发展过程中，这是关于人们能否切实地把握本质的问题。哲学史上的怀疑主义都怀疑人们能够把握本质，而黑格尔就反对这种怀疑主义。海德格尔的做法就是要把握本质，而否定那种把本质当做幻相的做法。从哲学诞生的一开始，人们就致力于把握本质。海德格尔试图恢复哲学最初出现的时候所具有的那种冲动，即对表面现象不满的冲动。这就是说，海德格尔要回到哲学的原初诞生时候那种冲动，对内在的、本质的东西的渴望的冲动。在《存在论与辩证法》之中，编辑者在这里有一个注。在柏拉图那里，哲学被认为是从这种"惊奇"的感觉之中诞生的。①

接下来，阿多诺说明了海德格尔对于本质和幻相的区分与实证主义的类似之处。在阿多诺看来，无反思的启蒙，也就是实证主义，否定了本质是现象背后的东西，否定了现象背后有一个真实的世界。不过它是用本质就是幻相（这是与康德一致的，在康德的思想中限制理性的做法包含了这种实证主义的倾向），或者说用幻相直接就是本质（怀疑主义，人在经验中得到的就是幻相，这就是认识的本质）来反对幻相背后有本质的观念。在阿多诺看来，从表面上看，无反思的启蒙取消了本质，局限于现象，但是它并没有真正地取消本质和现象的二分，而只不过是借助于世界的二分而把本质和现象的区分隐藏起来了。世界的二分其实就是本质和现象的区分的一种表现。而世界的二分之中最典型的就是把神圣世界和世俗世界的二分。神圣世界其实就是世俗世界背后的本质。实证主义虽然没有现象和本质的二分，但是却用神圣世界和现实世界的二分来掩盖现象和本质的区分。当实证主义把现实世界和神圣世界区分开

---

① 参见 Theodor W. Adorno, *Ontology and dialectics*: 1960/61, Edited by Rolf Tiedemann, Translated by Nicholas Walker, Polity Press, 2019, pp. 299 – 300。

来的时候，它要人们忍受现实世界，强化了现象的世界。现实世界是如此令人痛苦的世界，它把人束缚在这个世界之中，让人忍受现实世界。它潜在承认了一个超越的世界，现实世界中的痛苦可以在超越的世界中得到解脱。这就是说，实证主义虽然取消了本质和现象的对立，但是却以另外一种形式出现了，本质和现象的对立被隐藏在这种二元区分中，隐藏在实证主义对于现实世界的承认之中。现象学包括海德格尔的现象学也是如此，现象学和实证主义一样取消了现象背后的本质。对于现象学来说，人们在现象中就能够直观本质。本质和现象是结合在一起的。但是，这并不意味着现象学就没有进行本质和现象学的区分，没有把本真的领域和现象的领域区分开来。而本真的领域就是本质的领域，是超越的领域。它就是要用本质的领域、超越的领域来安慰人们。或者说，它用确认本体（noumenal，胡塞尔哲学中常常使用的概念。他把本体的世界和现象的世界区分开来）的方式安抚那些在世俗世界中的受苦受难的人们。实证主义也具有维护二元区分的世界秩序的意义。阿多诺认为，海德格尔从实证主义的这种做法中吸取经验。这就是他表面上把本质和现象结合起来（反对本质和幻相等同起来，本质就在现象中存在），但是其实他还是把它们区分开来。通过这种区分，现实世界中的苦难就变成是可以忍受的了。在海德格尔那里，本真的东西是隐藏在实证性之中的，也就是说，本真的生活方式是与人的日常操劳是无法区分的。海德格尔就是从操劳结构出发来分析人的本真的生活方式。按照海德格尔的看法，人们在日常生活之中也能够在一定程度上理解存在。从这个角度来说，在海德格尔那里，本真的东西是与实证性是结合在一起的。但是海德格尔那里还有一个本真性，这个本真性是与人的意识有关的，是与人对于存在的领会有关的。所以，阿多诺把本真性理解为一种意识行为。作为一种意识行为，人就能够把本真的领域和非本真的领域区分开来。阿多诺说，海德格尔的本真性是从世俗领域中有意识地迁移出来的，是从实证的东西中分离出来的，而成为本质的东西。对于世界的这种二元的区分，本真和非本质的区分是对于古老本质的模仿，是对于神学习惯的模仿。所谓"无力地模仿"，无可奈何地模仿。这就是说，本真的世界是一个超越的世界，好像神学中的神圣世界。现实世界中的悲剧可以在神圣世界中得到解脱。在这里，我们看到，海德格尔类似于实证主义，把本质和现象结合在一起，取消了本质，另一方面又通过本真和非本真的区分把本质和现象的区分重新确立起来。这里包含了一种矛盾。本来这里存在着一种辩证关系，但由于海德格尔缺乏这种辩证法，他无法真正地理解现象和本质的矛盾，无法理解本质自身中的矛盾。所以阿多诺说，这里有一种隐秘的本质，即世俗的东西中包含了隐藏了本质。于是这个世俗的东西就不会受到人们的质疑，人们就不会说这种东西是非本质的。在这里，阿多诺举了一个例子来说明海德格尔这种隐秘的二分性的诀窍。这就是说，海德格尔表面上没有把两者区分开来，而实际上却区分了。比如，在海德格尔所使用的大众化（常人）概念中，我们就可以看出这一点来。一方面，海德格尔认为，大众化就是人的一种存在方式，而且是人的不可避免的存在方式。所以没有人敢说，大众化的范畴本身中隐藏着非本质。从这个意义上，大众化的范畴是本质。但是，大众化却又是一种非本质的东西，它使人成为他所是的状况，成为现实社会中的那种存在者。而这种现实的存在状况又不是人的本真的存在状况，是应该受到指责的存在状况。所以，这些人应该受到哲学的责骂，因为他们忘记了本质，忘记了本真的存在方式。他们沉沦了。海德格尔在《存在与时间》中有一个重要概念"常人"（阿多诺称为"大众化"）。这个概念实际上与雅斯贝尔斯在《时代的精神状况》中所说的"群众"是一个概念。按照海德格尔的看法，现代社会中，人就是这样的常人，就是沉沦在这种日常生活的世界之中。

　　由于海德格尔把存在当做是本质，是超越现象的本质，于是这个存在其实就已经被他物化了，类似于康德的自在之物。所以，阿多诺说，海德格尔对物化意识的抗议失败了。按照康德的模式，现象和本质（自在之物）区分，本质就是被物化了的东西。当存在被当做本质的时候，这就是一种物化意识。在这里，阿多诺从海德格尔的内在思路上来揭示海德格尔哲学中的奥秘，从而批判海德格尔。

　　我们知道，海德格尔是反对物化现象的，否定人们沉沦在日常生活中。在他看来，在日常生活中即存在的人们遗忘了存在，遗忘了本质。对于海德格尔来说，现实世界中所出现的那些问题与本质无关，而恰恰是因为，忘记了本质。在这里，我们可以看到，阿多诺用康德的本质和幻相之间的关系的理论为基础来分析海德格尔关于本真性和日常世界的关系。在康德那里，本质和幻相是结合在一起的。而在海德格尔的存在论中也是如此。本真性和日常世界关系是本质和现象的关系，在日常世界中，人陷入了一种幻相，以为自己把握了本质，是按照本真地生活的，其实，他不是，他忘记了本质。所以，他陷入了一种幻相之中。人在生活中陷入了一种非本真的状况。这种状况应该由人自身负责。如果按照这样的思路来进行，那么人应该把自己的认识局限在现象的领域（erscheinung），应该对那种由主体所建构起来的现象进行批判。社会所出现的问题就只能在幻相的领域，只能是因为人自己生活在幻相之中，人忘记的存在，忘记了本质。好像本质是毫无罪过的，一切罪过只能由主体来承担。主体听任自己沉沦在日常生活中。在《否定的辩证法》中，阿多诺的分析到此为止，而在《存在论与辩证法》中，阿多诺还对海德格尔的这个思想进行了进一步的批判。按照阿多诺的分析，海德格尔的思想其实也包含了这样的可能性，即存在本身具有自然宗教和神话的意义（关于"存在的神话学"那个部分有进一步的论述）。在海德格尔那里，幻相和本质是分离的。当本质和幻相（日常领域出现了幻相）分离开来的时候，幻相就被消除了。只要人们重新认识了本质，那么幻相消除了。海德格尔的任务就是对现象本身进行分析和批判，同时也是对主体的批判。这是因为，主体沉沦在现象中，沉沦在日常生活中。"存在的遗忘"就是主体的过错。因为人作为主体就是要不断地征服自然，就是要努力维持生存，就是要沉沦于知性的努力之中。这种主体总是会遗忘了存在。而遗忘了存在也就是遗忘了本质，沉沦于现象的领域。

从这个角度来说，海德格尔的基础存在论没有一刻偏离"惊奇"，没有偏离对于本质的把握。从古希腊的角度来说，这种惊奇还有领会存在的意思。他仍然拘泥于本质和幻相的区分。他在《存在与时间》的第二部分，特别注重思考了人如何才能够本真地生存。而对于他来说，本真地生存就是要通过理解存在的意义才有可能。对于海德格尔来说，所谓的"存在问题"也就是对于存在意义问题的思考，"存在问题"就是关于人的本真地生存的问题，是关于人的生存的本质的问题。而这始终是以问题形式出现的。从这个角度来说，人的生存本质上就是对于"存在问题"的追问。阿多诺说，基础存在论以问题的形式阻碍了对于究竟什么是本真这一疑问的回答。那么海德格尔为什么会以问题的形式来做这种搪塞呢？这是因为他所说的"存在问题"表面上看是人们日常生活中到处使用的一个字词。用阿多诺在《存在论和辩证法》中的解释来说，这个词语是人们在小巷之中，在高速路上到处都可以知道的词语（"是"最经常使用的日常词语），是人们习以为常的说法。但海德格尔不是在日常说法的意义上使用这个词语。[①] 所以，阿多诺说，这是谎言，海德格尔所说的存在问题不是某种东西是否存在的问题，而是涉及人的生死的问题，涉及人的生存的问题。所以阿多诺说，这涉及每个人的肉体上的利益。但是，这个涉及每个人的肉体上的利益的事情在海德格尔那里却被本质化。所以，在这里，阿多诺说"哈姆雷特所想到的生还是死的问题被纯粹的本质所取代，这个纯粹的本质吞噬了生存。"这就是说，哈姆雷特所说的生和死的问题，是与人在日常生活中的肉体联系在一起的，是现象领域的事情，而海德格尔所说的生和死不是现象领域的事情，而是本质领域的事情。从这个角度来说，人的肉体其实被他取消了。他所说的生存是纯粹的抽象的生存。他所说的"死"不是日常生活意义上的"死"，不是肉体上的"死"，而是形而上学意义上的"死"。海德格尔的生存论存在论是从现象学的角度来描述人的生存。从表面上来看，海德格尔描述的是"生存"，好像是肉体上的生存，其实它是描述的本质。所以，阿多诺说，海德格尔的存在论既满足了肉体的利益，又置之于不顾。后面的一大段文字就是说明海德格尔对于"存在问题"的思考既要保证关于现象的实证科学成为可能，也要保证存在论本身成为可能。这就是说，存在问题的思考既是关于现象的科学的思考，也是关于本质的科学的思考。

接下来，阿多诺对海德格尔的这种做法进行了批判。他认为，海德格尔把"存在问题"的思考过度扩展了。这就是说，本来"存在问题"的思考是事物本身的存在特性，但是，海德格尔的"存在问题"是思考生和死的。存在问题不仅仅涉及科学的可能的先天条件，而且还涉及人的生存。于是，这个存在问题被过度扩展了。海德格尔的这种思考是按照现象学方法来进行的思考。他要从现象中直观本质，描述本质。当他用这种方法来描述本质的时候，"存在问题"这个词语中所包含的内容丧失了，而这个丧失内容的东西还导致了进

[①] Theodor W. Adorno, *Ontology and dialectics*: 1960/61, Edited by Rolf Tiedemann, Translated by Nicholas Walker, Polity Press, 2019, p. 225.

一步的偏见：拒斥内容的做法反而成为更高的智慧。这就是说，表面上海德格尔所涉及的是现象，其实他把存在问题变成了纯粹的本质问题，变成了类似于康德的自在之物的东西。对于这个东西，我们什么也不能说。所以，阿多诺说，在海德格尔那里，存在的意义被浓缩为一个无延展的点。由于存在的意义变成了一个无延展的点，变得没有内容了，于是海德格尔在谈到存在的规定性的时候，就只能一再重复存在自身。他不能给出任何具体的内容。

海德格尔还把这个同义反复的存在看做是高于逻辑规定的东西。我们前面已经说过，海德格尔的存在要表达不能直接被表达的东西，它无法被纳入到同一性之中，所以无法按照逻辑的方法被规定。而在阿多诺看来，海德格尔的这种做法其实是在两个对立起来的东西之间徘徊。他屈从于思维中的两个并列的要素：一个是纯粹的思维，它摆脱了一切经验的混合物，变成了绝对有效的东西，是纯粹的形式，是绝对有效的纯粹形式；一个是纯粹的被给予，是纯粹的质料。无论是纯粹的思维，还是纯粹的质料，都是无法被表达的。纯粹的形式由于它没有内容而无法被表达出来，纯粹的质料由于它没有形式也无法被表达出来。我们前面说过，海德格尔的存在是绝对化的中介。而这个中介就在这两个东西之间摇摆。中介不能脱离被中介的东西。本来纯粹的思维形式或者纯粹的质料都是中介，都要与其他东西结合，但是海德格尔把这两种中介绝对化。存在就是这两个绝对化了的中介的结合，是把无法同一起来的东西同一起来，是一个疑难概念。

海德格尔的这种做法吸收了胡塞尔的思想。胡塞尔的现象学也包含了两个方面，一个是本质现象学，一个是自身被给予的现象对象的现象学，也就是质料现象学。而胡塞尔的"纯粹现象学"就是把这两个纯粹的东西，即纯粹本质和纯粹质料结合在一起的现象学。而胡塞尔的现象学由于它不是认识论，而是直观把握这两种纯粹东西的方法。而直观一个东西是与这个人所采取的立场无关的。阿多诺曾经比喻说，这就好像一个人拍照一样，人们可以随意采取了一个立足点来拍照。从这个角度来说，胡塞尔就不需要考虑把哪一个范畴当做最基本的范畴，不需要考虑范畴之间的关系。胡塞尔是要在意识领域中直观本质。而海德格尔则不同，海德格尔要把这个被直观的本质、把存在放在超越领域。海德格尔也确实是在这个意义上来理解存在的，对于他来说，存在是

"超越"的。胡塞尔在意识领域中的直观被海德格尔转换为在日常生活世界中的直观,直观那个超越的本质领域。这个本质领域确实具有某种神话的特征。日常生活中有一个超越的本质在发挥作用。这就如同神话中所说的那种神秘力量在发挥作用。当然,应该承认,胡塞尔中期在对意向对象的沉思中已经预示了这种趋势。

海德格尔把两个相互冲突的东西,把纯粹的形式和纯粹的质料结合在一起,而这两个东西是互不相容的,其中的一个会否定另外一个。人们无法确认这两者之间统一的根基。当人们试图确认这两者之间统一的根基的时候,人们就必须在这两者之间进行选择,而在进行这种选择时候,人们就只能用其中的一个否定另外一个。这就是要用其中的一个证明另外一个是假的。由于海德格尔存在之中包含了这两个相互对立的东西,于是海德格尔强调,存在既不是概念,也不是存在者。对于这样一个存在概念,人们无法批判它,无法指责它。如果你说它是概念,那么他就会说你误解了它,如果你把它说成时候存在者,他也说你误解了。它的不可规定性成为它的无可指责性。当然,他也要为这种无可指责性付出代价。这就是,他的这个存在是虚无的。他所期待的那种统一性是不存在的。所以,海德格尔只能不断地重复它的名称。最后,阿多诺指出,海德格尔之所以这样不断地重复,这不是由于他喜欢啰嗦,而是因为他的存在概念是一个疑难概念,是类似于康德从自在之物那里得到的幻相。对于阿多诺来说,一个现象只有通过规定才能超越自身,只有通过中介,它才不是孤立的存在者。由于海德格尔的存在无法被规定,所以它无法走出其自身,变成了孤立的存在者。它不能借助于其他东西展示自身。于是它只有一遍又一遍地重复自身。而它所重复的就是不确定的东西,对于这个不确定的东西,它没有任何影响。所以,阿多诺说,他的这种做法就如同无意义的仪式那样,只是做个手势,对于事实不产生任何影响。这种仪式就像神话的仪式一样。阿多诺的最后这句话是为后面的论述留下引子。在后面,他专门论述了存在论的神话性质。

突然反转

这个部分说明,虽然海德格尔要把存在和存在者区分开来,把存在论和存在者状态区分开来,然而他却把存在者状态存在论化。本来,他要承认存在者的，但是存在者在他那里被概念化，变成了类似于存在的东西。这就是海德格尔的突然反转。

海德格尔之所以这样突然反转是因为，海德格尔遵循了同一性的逻辑，而压制了辩证法。按照辩证法的思想，没有存在者，存在就是完全空洞的，就无法被思考，没有存在者是没有被中介过的，而存在就是表达了这种中介特性。按照这种辩证法，我们不能说，没有存在就没有存在者。海德格尔对于辩证法的这种压制表现在，那一特点即存在者都必须被中介这一特点，是直接存在的。本来离开了存在者，这个纯粹的中介性就是无，但是海德格尔却认为，它是直接存在的，阿多诺把这个中介性称为"直接的一"，是肯定的存在着东西。这就说，存在本来表示的是，"一要素必被它要素所中介"，可是海德格尔把这里的存在者要素去掉了。对于海德格尔来说，即使没有这些存在者要素，存在仍然还是肯定地存在的，是"直接的一"。而在阿多诺看来，当海德格尔按照同一性逻辑进行思考的时候，他好像是在进行数学计算。既然海德格尔在进行计算，那么在这里的计算就不能终止，因为海德格尔的计算中包含了一种借贷关系。什么借贷关系呢？我们在前面已经说到过，债务人获得优势的关系，亏欠获得优势的关系。这就是说，海德格尔的同一性概念把存在者、把内容掏空了，他要借债才能获得内容。这就是说，如果没有存在者，存在就变成空洞的，变成了"无"，变成按照同一性逻辑所理解的"直接的一"。这个"直接的一"是空洞的，无内容的。为了有内容，海德格尔还必须暗暗地借助于存在者。这里存在一种债务：海德格尔先从存在的概念中赶走了存在者，然后他又要把存在者包含在存在之中。这样，清洗掉存在者而后又让存在者返回来的存在就成为一种源始现象。那么被赶出去而后又被召回来的存在者是怎样的存在者呢？这是被存在论化的存在者，是被概念化的存在者。这个被概念化的存在者被海德格尔称为存在者状态，而这个存在者状态本来的意思是表示存在者的不可消解性。这是与存在论区别开来的东西。存在论是关于纯粹存在的，而存在者状态是关于存在者的概念。海德格尔的策略性高招就是把这两者区分开来。但是，海德格尔果真能够把这两者区分开来吗？

在海德格尔哲学中有一个重要的思想，这就是存在论上的差别，这种差别就是存在者状态（ontisch）和存在论上的东西（ontologisch）之间的差别。在阿多诺看来，当海德格尔把这两者区分开的时候，他实际上触及到存在者的那种不可消解的因素。这就是说，在存在者状态（概念之中与存在者有关而又不是存在者的"内容"）的概念中，存在者是不可消解的，是不能被完全纳入存在概念之中的。本来，海德格尔想表达的就是这个意思。在这里，阿多诺引用了哈格的思想来说明海德格尔并不能真正把这两者区分开来。这是因为海德格尔没有澄清"存在"概念本身，而要澄清存在概念本身就必须借助于主客体的辩证法。前面的分析已经说明了，存在概念是把主客体之间的对立内在化，所以，存在概念无法被规定。如果接受了主客体之间的辩证法，那么存在概念就可以被规定。可是海德格尔否定了主客体辩证法，他直接超越了主客体。由于存在概念是空洞的没有内容，海德格尔就必须借助于存在者，如果没有存在者，那么存在就根本无法理解，就变成了彻底的无。可是当存在借助于存在者来说明自身的时候，存在和存在者之间的差别就无法被规定了，存在和存在者之间的界线究竟在哪儿呢？所以，哈格认为，当存在和存在者之间的差别无法被规定的时候，存在论的差别，也就是存在者状态，就和存在所表达的意思无法区分开来了。因为存在所表达的也是存在者状态。从这个角度来说，如果没有存在和存在者之间的差别，那么"存在论上的差别"这种说法就是同义反复。它所表达的无非是，存在不是存在者，因为它是存在。所以，哈格认为，海德格尔与它所批判的形而上学犯了同样的错误。

　　接下来，阿多诺批判了海德格尔的思想，由于海德格尔无法把存在和存在者严格区分开来，所以当他说存在者的时候，存在者变成了存在论上的事实，存在论上的事实是观念中的事实，而不是存在者本身。在这里，当存在者变成了存在论上的事实的时候，它就可以和存在结合在一起了。当存在和存在论上的事实结合起来的时候，存在所涉及的就不是存在者本身，而是存在论上的东西。从这个角度来说，存在在这里被模糊地具象化了，即存在变成了存在论上的事态。当这种具象化成立的时候，那么我们就可以说，没有存在者，存在就无法思考，我们借助于存在者变成了存在论的事实而讨论存在，思考存在。既然存在者和存在能够以这样的方式联系起来，那么人们似乎也可以说，没有存在，存在者就无法被思考。这是海德格尔想说的道理。在这里，海德格尔把没有存在者，存在就无法被思考颠倒过来，没有存在，存在者就无法被思考。在海德格尔那里，存在变成了独立于存在者的东西。阿多诺认为，这是海德格尔玩了一个突然翻转的把戏，即没有存在者，存在就无法被思考，被变换成为，没有存在，存在者就无法被思考。这种颠倒就是一种观念论的做法，这种颠倒类似于马克思在《神圣家族》中对黑格尔颠倒做法的批判。本来，海德格尔的奠基性的思想是，没有存在，存在者就无法得到思考，现在由于这两者之间的区别被模糊了，于是，他好像也是在说，如果没有存在者，存在就无法得到思考。本来没有存在者，存在就不能被思考，这是包含了真理的东西的，但是，现在海德格尔把这个具有真理内容的东西翻转过来了，即没有存在，存在者就无法被思考。这种做法就是把真理的东西变成了非真理，变成了谬误。

从存在者变成存在论的事实这个模糊化的做法中，阿多诺看到了其中的真理的要素，即存在要依赖于存在者。而海德格尔的存在论如果没有这个存在者，那么就陷入思想上的贫困，存在就会没有内容。存在论本来是关于存在的学说，它是排斥存在者的。如果存在论要依靠存在者，依靠和存在相对立的东西，那么这对于存在论来说，这是一件很丢脸的事情。海德格尔也感到了这个丢脸的事情，于是他要克服这个让他丢脸的事情。他的办法是，把存在者状态存在论化。我们前面说过了，海德格尔把存在者变成了存在论上的事态。而这个存在论上的事态就是存在者状态。海德格尔在这里就需要进一步把存在者状态存在论化。这也是海德格尔比其他的存在论高明的地方。那么什么叫存在者状态的存在论化呢？本来存在者状态表明存在者概念中包含了某种不可消解的东西，这是存在者概念超出概念的部分，是非概念的东西。但是，当海德格尔把存在者状态存在论化的时候，这个非概念的东西（区别于非概念性的东西），这个超出概念的东西就被剔除出去了，存在者状态就变成了一个封闭的概念了，变成了一个纯粹概念了。这样存在者状态就被存在论化了。或者说，他所精心策划的存在者状态和存在论之间的差别就没有了。那么他的具体做法是什么呢？本来存在者状态表明，存在者概念之中包含了某种不可消解的东西。可是当存在者状态存在论化的时候，这种不可消解的东西被消解了。而当存在者的不可消解的东西被消解了，存在者的特性就发生了一个重要变化：存在者成为本质（wesen，在德语中它也是存在的过去式。这里隐含了存在者变成存在的意思)。或者更准确地说,存在者的存在属于存在的本质。在阿多诺看来,这个说法之中包含了一定的真理要素,这就是存在需要与存在者联系起来,存在者属于存在的本质就是表示,存在者的要素包含在存在之中。但是,这种真理要素很快消失了,变成了非真理。这是因为,存在者的存在属于存在的本质也可以这样来理解,即存在者是本质,当存在者变成本质的时候,存在者就变成了存在,存在者概念中的不可消解的要素被消解了。

当存在者概念中不可消解的东西被消解,存在者和存在之间的差别也被消除了。从这个意义上来说,存在者的存在属于存在的本质也可以被理解为,存在本身变成了存在者。而存在变成存在者,是违背海德格尔存在论的基本思想的。按照海德格尔本人的思想,存在本身是独立于存在者的,存在不能成为存在者。存在这个词不过是表示,存在者概念的结合体,注意这不是存在者的结合体。按照存在概念自身的意思来说,存在不能变成存在者。而当存在者变成存在的时候,海德格尔所确立的存在论差别就消失了。这样,存在和存在者其实无法区分开来,存在者状态和存在论上的东西也无法区分开来了。所以,阿多诺说,整个存在论上的差别的建构就是一个波将金村①。海德格尔的区分不过是一种虚拟的建构。在这种虚拟的建构中,存在者成为存在的存在方式,或者说,存在者存在论化了。由于存在者存在论化,存在者好像也包含在存在之中。而存在也变成了像实体一样的东西。在这样的情况下,海德格尔所精心勾画的存在论差别就不过是波将金村。阿多诺认为,海德格尔之所以要建构这样的东西,是因为,凭借存在者是存在的存在方式这个命题他就能更加专断地排除人们对绝对存在的怀疑。这就是说,由于存在的存在方式中包含了存在者的影子,所以存在才不受到人们的怀疑。阿多诺在这里所进行的批判,实际上就是想表达这样一个基本思想,即存在和存在者之间是存在着一种辩证关系的,但是海德格尔却缺乏这种辩证关系,由于他缺乏这种辩证关系,所以,他一会儿把存在和存在者区分开来,一会儿又混合在一起。对于阿多诺来说,这是海德格尔思想的必然缺陷。

当存在者存在论化的时候,一切存在者就都被纳入到存在者的概念之中

---

① 波将金是叶卡捷琳娜二世的情人。据说,为了取悦于叶卡捷琳娜二世,他在叶卡捷琳娜巡游所经过的地方建立了一些虚假的村庄。

了，也就是存在者状态的概念之中，使存在者成为存在者的那种东西，即存在者之中那种不可消解的东西在存在者的概念中被消解的了。本来，存在者这个概念之中是有内容的，这个内容是异质于概念的东西，它所涉及的是存在者的那种不可消解的东西。在这里，读者一定要特别注意，存在者概念涵盖十足的非概念东西。这是概念超出概念。如果存在者概念没有超出概念的部分，那么这个存在者概念就变成了存在者状态，甚至逐步走向存在本身（从一定的角度来说，存在者—存在者状态—存在之间的差别是实在内容上的差别）。而当海德格尔从一般形式的角度讨论存在者状态的时候，他所讨论的那种存在者状态其实就消解了存在者概念的那些异于概念的东西的内容。要想把握这种异于概念东西的内容，就需要把存在者概念和存在的概念区分开来，把存在者状态与存在论的东西区分开来。然而，在海德格尔哲学中，存在者变成了概念。海德格尔用"存在者"取代了存在者。这样存在者就转换到存在结构中了。在这里，存在者被存在论化了。在《存在与时间》中，存在者存在论化表现在这句话之中："此在的'本质'在于它的生存（Existenz）。"本来，此在就是一种存在者，海德格尔认为，此在这种存在者通过理解存在而生存。这就是说，这个存在者是有意识的存在者，这个存在者与其他存在者不同，他的存在是生存。但是有意识、能生存等方面的特性不会使这种存在者变成存在论上的。可是，海德格尔却明确地说，这种存在者是"存在论的"。[1] 所以，"此在的'本质'在于它的生存（Existenz）。"这个说法就是把存在者存在论化的最典型的表现。

在这里，我们还要讨论一下，本质和生存概念。我们知道，在拉丁文中有本质（essentia）和实存（existentia）这对概念。本质是要回答这个东西是什么，涉及共相，而实存是要回答这个东西如何存在。它涉及事物的殊相，涉及的是个别性。这里的实存说的是具体存在者，而当海德格尔要说此在的实存的时候，他从另外一个不同的意义上理解生存（Existenz），即有意识地领会存在。此在的"本质"就是它的生存。本来，此在的本质，此在是什么，是指它的共相。但是，此在这个存在者不同，所以这里的本质就被打上了引号。这

---

[1] 海德格尔：《存在与时间》，陈嘉映、王庆节译，熊伟校，北京：商务印书馆2016年版，第20页。

说明，这个本质不是人们通常说的本质，而是使一个存在者成为这样的存在者的本质，是一种特殊意义上的本质。所以，人的这个本质是生存。通俗地说，每个人都有他自己的特殊的生存。阿多诺对海德格尔的理解是，海德格尔把本质理解为生存，实际上是把生存、把个别的东西、把存在者存在论化。按照阿多诺的理解，当海德格尔说本质就是生存的时候，这就是把生存变成本质，把生存，把个别的存在者存在论化。而阿多诺自己的理解是，既然本质是生存，既然本质是个别的东西，那么这种个别的东西就不能存在论化。由此，他说，从海德格尔的此在定义中，此在之中非本质的东西（个别东西、特殊的东西，不可消解的东西）才确确实实是存在论上的。这就是说，如果存在论要研究存在，那么就应该研究存在之中的这种不可消解的东西，研究这种具体内容。只有这种非本质的东西，这种不可消解的东西才是存在论研究的对象。这是阿多诺所理解的存在论。在这里，阿多诺要揭示海德格尔存在论之中的矛盾。既然海德格尔认为，此在的本质是生存，那么此在就不能在存在论意义上来理解，而是切实的生存者，是具体的生存者。当我们这样来理解此在的时候，当我们这样来理解此在的本质是它的生存的时候，我们就可以说，此在的生存不是海德格尔所理解的生存，而是切切实实的生存者的生存。所以，阿多诺最后把海德格尔的此在修改为"此在者"，并把这个此在者理解为作为生存者的生存者。这个生存者（活生生的生存者）是肉体的生存者。生存（Existenz）这个概念也被中文翻译为"实存"等。当然由于海德格尔的意思与一般"实存"的意思不同，所以这个词在海德格尔那里被翻译为"生存"。而阿多诺从这个词的原来意义上来理解它，从实存的意义上理解它。所以他强调生存者。对于阿多诺来说，要研究存在论，就应该研究这个具有生存者意义上的、非本质意义上的生存，而不是海德格尔作为此在本质意义上的生存。这是阿多诺设想的存在论。这个存在论不同于海德格尔所说的那个存在论。

最后的一句话是总结，海德格尔把非概念的东西（不可消解的东西）概念化，把它理解为"非概念性"，这实际上就消解了非概念东西，把非概念的东西变成"非概念性"，把某种东西变成某种东西的"概念"，这就是把这种东西的观念化，变成一种观念。这就是说，虽然海德格尔也讨论存在者，但是存在者却被概念化了。当存在者被概念化的时候，存在和存在者之间的差别，存在者状态和存在论的东西之间的差别也就被消除了。

关于存在的神话学

在这个部分，阿多诺认为，当海德格尔把存在看做是超越的，看做是超出主观和客观，把存在论看做是先于存在论差别的时候，先于实存和本质的差别的时候，存在论就变成了古代的神话学。这种神话学就是要此在接受命定的必然性。阿多诺在这个部分就是要批判海德格尔的这个思想。①

在前面的分析中，阿多诺已经指出，海德格尔虽然要区分存在者状态和存在论上的东西，但是这种区分是无效的。而当这两者的区分无效的时候，那么存在论就可以不再受到存在者状态的困扰，或者说不再受到不可消解的东西的困扰。而当存在论不受存在者状态困扰的时候，海德格尔的存在论就达到对于一种源始状况的确认。而这种源始状况就是先于实存和本质之区分的状况。

为了能够让存在论不受存在者状态的困扰，海德格尔提出了一个重要思想：存在论先于存在论差别。这就是说，存在论先于存在者状态和存在论上的东西的差别。而这种差别从一定程度上来说，这也是实存（existentia）和本质（essentia）之间的差别。实存相当于存在者状态，而本质相当于存在论上的东西。海德格尔的存在论所讨论的是一种先于存在论差别的状况，先于实存和本质的差别的状况。这就是海德格尔的所谓源始状况。而海德格尔所说的这种源始状况就是直接超越了实存和本质。海德格尔本人也是这么说的。不过，在阿多诺看来，海德格尔所说的这种先于存在论差别的东西，这种源始的东西，也就是存在。我们在前面的分析中也已经指出，海德格尔的存在是把纯粹的形式和纯粹的质料结合在一起的产物。而当海德格尔把纯粹的形式和纯粹的质料结合在一起的时候，其实，他就是把认识中的主体和客体抽象化，并把它们都纳入到存在之中。在这里，海德格尔从人的生存的角度也在同样把实存和本质抽象化。而这个抽象化的东西是被纳入到此在的生存之中。由于此在是通过理解存在而生存的，于是，在海德格尔那里，这个生存就不是具体的存在样式，而

---

① Theodor W. Adorno, *Ontology and dialectics*: 1960/61, Edited by Rolf Tiedemann, Translated by Nicholas Walker, Polity Press, 2019, p. 229.

是要回答人究竟是什么的问题,是关于存在的本质的问题。或者说,在海德格尔那里,关于此在的生存所进行的讨论所涉及的是此在的本质。正如,海德格尔把存在者状态用一种抽象化的形式纳入到存在之中一样,海德格尔也是把生存抽象化并把抽象化的生存纳入到此在的本质之中。其基本思路是一样的。正因为如此,阿多诺说,海德格尔的那个先于存在论差别的东西,那个源始的存在是属于本质的,而那个抽象化的生存也是属于本质的。在这里,存在者概念所表达的东西,即超出存在者概念的东西被拒绝了。于是,这个超出存在者概念的东西(非概念的东西)就被纳入到概念之中,这个非概念的东西就被概念化了。可是当非概念的东西被概念化的时候,这个概念就得到了提升,即这个非概念的东西可以让概念得到提升。这句话的意思是,存在者的概念虽然拒绝了非概念的东西,但是,这个非概念的东西却被纳入到概念之中了,变成了概念化的东西。而这个概念化的东西使概念得到提升。在这个情况下,生存(实存)本来是表示具体存在方式的,这个概念是包含了人的具体生存方式的。但是,生存这个概念把具体生存方式排除了,不指涉外在的生存方式,人的活生生的生存方式,而是变成了关于生存方式的概念。本来"生存"是一个空洞的概念,但是由于具体的生存方式被抽象化并被纳入到生存方式的概念之中。于是这个"生存"是包含了概念化了的具体生存,抽象化了的具体生存。由于它是一种抽象化的具体生存,概念化了的具体生存。所以这个生存其实也就是本质。海德格尔所说的人之"绽出"就是指人的具体生存样式。海德格尔从人对于时间性的不同体验出发来理解这个"绽出",理解各种时间性的样式。其实,海德格尔就是试图通过这个"绽出"来说人的具体生存方式。但是,这个具体生存方式是被抽象化了的,是被理解为人的必然的生存方式。这就是说,海德格尔把人的这种具体生存方式存在论化了。由于人的这种具体存在方式被存在论化了,所以海德格尔就把生存问题转换成为本质问题,把人的具体存在样式的问题,变成了人的存在的本质的问题。或者说,存在论从对于人的具体存在样式问题的思考变成了对于本质问题的思考。正因为如此,海德格尔认为,人的绽出这个说法所讨论的不是人的生存问题,不是讨论人究竟以什么方式存在的问题,而是回到人的本质的问题。本来,人的具体生存方式是在时间中发生的,但是海德格尔所考察的时间类似于时间体验,海德格尔又把这种时间体验观念化。这种观念化的时间体验被海德格尔理解为"时间性"。而这个时间性就变成了一种去时间意义上的时间。对于阿多诺来说，由于海德格尔在这里缺乏辩证法，所以他也无法从辩证法的角度来思考时间，思考人的源始的生存方式。在引证了海德格尔所说的人的绽出是回到人的本质的问题之后，阿多诺指出了海德格尔思想中的矛盾。这个矛盾表现在：一方面，在谈到"尚未"的地方，生存和本质的对立被拒绝了，这种对立"尚未"展开。这是一种源始的存在方式。另一方面，"尚未"这个词语中表达了时间性的意思。海德格尔要说的那个源始的存在，那个抽象的绽出是无时间意义的时间。在这种源始状况中，生存和本质的区分还没有出现。这个时候，我们可以说，在源始状况下，本质和生存的区分"尚未"出现。在这种生存和本质没有区分的状态下，这种源始的生存是非时间的。可是，这个非时间的东西却被说成是"尚未"，是包含了时间意义的。那么，阿多诺为什么要指出这个矛盾呢？其道理还是要说明，海德格尔要讨论的生存是被抽象化的生存，本来生存是包含了时间的，但是在海德格尔那里，这个时间被抽象化了，被存在论化了，时间被剔除出去了。当时间被剔除出去的时候，这个东西就不是现实的存在了，于是，海德格尔又悄悄地把时间纳入到这个源始的存在之中。于是超出时间的东西又有了时间。这个无时间性的东西包含了时间。从海德格尔的这个矛盾中，我们可以看到，海德格尔的生存是想表达一种源始的生存，这种生存状况中，本质和生存是没有区分的。而这种源始生存又不同于原始社会意义上的生存。他是把那种原始生存方式在现代意义上进行理论重构。对于海德格尔来说，人的日常生活中必然包含了这样的生存，只是这种生存方式被人遗忘了。

在阿多诺看来，海德格尔的存在论和生存论其实是一种远古的思维，是伊奥尼亚的万物有灵论的远古思维。而这种远古的思维就是要把实存和本质结合在一起。海德格尔就是回到了这样一个远古的思维。本来，从巴门尼德之后，人们就开始把思维和存在区分开来，把实存和本质区分开来。这种区分是一种启蒙的表现。这种启蒙就是要祛除神话。而海德格尔要否定这种区分，要回到源始（原始）状况，这就是要回到神话。这就是要让被区分开来的东西重新结合在一起。所以，阿多诺认为，海德格尔的存在概念就是要回到神话。从启蒙的角度来看，不加区分的源始原则，也就是把实存和本质结合在一起的原则，不能准确地解释当前世界，不能解释我们生活的世界。于是海德格尔就试图进行区别性的阐释。这种区别性的阐释就是要说明，日常世界和"世界之为世界"（世界性）区分开来。通过这个区分，海德格尔就可以把握存在，这就是要在概念之网中去把握存在。这就是说，在用概念来把握世界的时候，总是有一些东西是无法被概念之网所网罗进去的。这些漏出了概念之网的东西就是属于魔幻般的超然领域。海德格尔的存在概念就是试图表达这个领域。这是一个在事实和本质之间徘徊的领域，或者说，是实存和本质之间徘徊的领域。本来，我们应该按照辩证法的方法来分析这里的矛盾，不断克服这种矛盾。可是海德格尔却走向了一种反启蒙的道路。本来通过概念与世界关系的分析，通过实存与事实之间的关系的分析，我们就可以看到这个特殊的领域。但是海德格尔却认为，这种分析是一种倒退，是人类文明的堕落的历史。他反对这种启蒙的做法。他要摆脱这个堕落的历史。他的存在论是要在历史之外获得一种历史的立足点。这就是说，存在论是要超越历史，在历史之外来寻求解决问题的方法。这表明，海德格尔的存在论有一个超历史的维度。从这个角度来说，我们不能简单地说，海德格尔回到了原始状况。但是，海德格尔又不是完全超历史的，而是吸收了历史上的东西。他是把历史上的东西存在论化而已。所以，阿多诺说，海德格尔的哲学又屈从于历史，尤其是现实的历史，我们前面说过，海德格尔的存在概念包含了纯粹抽象的综合，而这个综合就包含了现代社会中功能关系的痕迹。或者说，他的存在论既超越历史，又屈从于历史。他的时间性这个概念也是如此。根据海德格尔哲学的这个特点，阿多诺对海德格尔做出了这样一个评价：海德格尔出于系统的强制而反理智，出于哲学的原因而反哲学。这个评价的意思是，海德格尔受到了系统的强制，也就是说，海德格尔也是要用系统的概念来把握世界，但是他发现概念的系统无法全面把握世界。当他把这种系统的强制贯彻到底的时候，他就只能用存在来概括不能被概括在存在中的东西。他只能把不能统一在一起的东西统一在一起。这样他就走向了反理智。他试图进行一种哲学的研究，他的哲学研究发现了概念所无法概括的东西（这与他在现象学思路上走向反知性思维的思路是一致的）。他本来应该进一步思考这种东西，应该遵循辩证法的思路来思考这个疑难的东西，但是海德格尔却不这样，他把它们当做存在来信仰。而对存在的信仰堵塞了把握这个疑难东西的道路。哲学的本来特性是要让人思考，结果，海德格尔的哲学不再促使人思考，而是堵塞了思考的道路。从这个角度来说，他的哲学是反哲学的。他的哲学在一定的程度上变成了宗教，变成了对于存在的信仰。这个宗教不是借助于其说教的真理性来让人信仰，而是借助于哲学而复兴。这个宗教认为，有信仰是好事。这是阿多诺对海德格尔存在论的一个评价：海德格尔的存在论不过是借助于哲学而复兴起来的宗教，这种宗教就是对存在的信仰。好像只要有了对存在的信仰，一切问题就都解决了。对存在的信仰本身就是好的。

那么为什么海德格尔的存在论既有历史的踪迹，又超越历史呢？阿多诺的回答是，思维的历史无论追溯到多么久远的过去，都是一种启蒙辩证法。这就是说，无论在哪个历史阶段上，思维都包含了一种启蒙辩证法，即任何一种启蒙的东西都要包含自己的反面。启蒙总是和神话结合在一起的。启蒙本来是要把事实和本质区分开来，但是，这种区分必然会面临着如何处理这种区分所无法把握的东西。这种东西都有被神话化的可能性。对于启蒙来说这是不可避免的。既然这种状况在哪一个历史阶段都是如此，那么存在论就与某个具体的历史阶段无关。或者说，这种拟古主义的思维可以在任何一个历史阶段上发生。所以，阿多诺说，海德格尔借助于威尔斯的时间机器一头扎进了拟古主义的深渊。科幻作家威尔斯虚构出来了一种时间机器。其比喻意思是，它既与时间有关，又超越时间。这就是说，海德格尔的存在论勾画的状况就像威尔斯的时间机器那样，它是与古代社会无关的"古代社会状况"，一种拟古的状况。这就是用存在来概述类似于古代社会的那种混沌不分的状况，那种事实与本质不分的状况。他是模仿这种状况。从这个角度来说，海德格尔其实就是在现代社会的基础上模仿神话。

所以，阿多诺说，海德格尔拥抱神话，而他的神话是二十世纪的神话。这个二十世纪的神话的意思是，它与古代的神话类似，是一种超出实存和本质区分的神话。海德格尔认为，在现代社会中，在人的生活的内部也存在着这样一种状况，只是人们没有意识到而已。而在阿多诺看来，这种神话是不可能的，是被历史所揭示的幻相。这里的幻相是超越的幻相，即超出了生存和本质的对立的幻相。这就是说，海德格尔超越了生存和本质的对立，但是这个对立仍然存在着。下面的那句话就是要从历史的意义上来说明这个幻相，即在历史领域中，现代社会中的合理化状况不能让人想到原始的混沌状况，虽然在两者之间有一致性，都受到盲目必然性的支配。但是，"其基础是这样的，海德格尔尽管从此在、从直至今天的真正人类历史的必然性中抽取出一些规定性，而这些规定性却排斥了对这个历史的回忆。"① 这就是说，即使海德格尔从现代社会中也能发现那个被遗忘了的存在，但是，这也不能让人想起古代社会中的那种原始状况。这完全是两码事。这就是说，神话与现代社会的合理化形式是不相容的。所以，阿多诺认为，海德格尔所说的那种源始统一状况是一种神话，是幻相，是明显不可能的。但是，现代社会中的合理化形式使任何一个人的意识都受到限制。而这种受到限制的意识会对于自己的生存状况产生一种误解。这种意识误认为自己处于一种神话学状况，这就是说，这种意识类似于神话学，虽然它知道，现代社会与古代神话是不同的，但是它认为这种神话学状况是可能的。比如，在古代神话中，人摆脱命运的努力恰恰最终受到了命运的束缚。而现代社会中，人都处于一种合理化的联系中，在这种联系中，人也受到这种无法摆脱的命运的束缚。海德格尔的意识就是在现代社会中所产生的一种神话学意识。海德格尔存在概念中所说的那种天命就是具有神话意义上的天命。正如我们前面所指出的那样，存在概念是把现代社会中的那种功能关系的极端抽象化。这个极端抽象化的功能关系决定了人的命运。这就是海德格尔存在概念中的神话天命的社会基础。在这里，阿多诺引证了海德格尔在《关于人道主义的书信》中的一段话来说明这一点②。海德格尔说："存在者的出现依赖于存在的天命"。那么，存在之中为什么包含了天命呢？按照阿多诺的分析，这是因为存在是本质，是把一切存在者都存在论化了的本质。这就是说，在海德格尔的存在之中，生存和本质是无法区分的。这种不可区分性就被直接称呼为"它的所是"。或者说，这种无法区分的状况就是这样的，就是必然的。存在就是生存和本质无法区分的状况，它就是如此，这是"它的所是"。"存在就是这样的"，这是"它的所是"，这个说法其实就把"自然联系的盲目性"、

---

① 阿多诺：《否定的辩证法》，王晓升译，北京：中央编译出版社2023年版，第158页。
② 见海德格尔：《路标》，孙周兴译，北京：商务印书馆2000年版，第398页。

"相互关联的厄运"、"超越的绝对性"等都包含与其中了。我们前面说过,存在就是表达无法在概念中表达的东西,而自然联系的盲目性就是无法在概念中表达的自然联系,无法被概念所把握的自然联系。我们也说过,存在是中介的绝对化,任何一个存在者都是在中介中存在的。这就是说,存在表达了"相互关联的厄运",以及"超越的绝对化"。由于存在概念包含了这些意思,所以,存在就包含了"天命"于其中。前面我们已经说过,海德格尔的存在属于本质这一边,它把生存本质化了,变成了概念化了的生存。既然如此,那么海德格尔所说的天命也可以从这个角度来理解,这就是海德格尔的天命概念是从具体的、切实的历史中抽取其中具有必要性("Not"强制性东西)的内容,他把这个内容变成本质,变成了"规定性"。由于这些内容变成了本质,变成了"规定性",于是,这种本质就排斥了历史的具体内容,排斥了对内容的回忆。它可以被理解为排斥内容的内容,排斥历史的历史。这个排斥历史的历史就是海德格尔所理解的历史本质(历史性)。这个排斥历史的历史成为存在之中所包含的要素。这些作为本质的要素是脱离具体的存在者的,是脱离具体的生存的。这种本质的要素对于生存来说是既定的,是预先被规定好的。人的生存必须服从这个被规定好的。这是人的天命。本来,在阿多诺看来,历史的本质和具体的历史是联系在一起的。这两者之间应该从辩证法的角度来看。我们不能把本质和现象对立起来。然而,海德格尔把这两者分离开来。从分离的角度来看,历史的本质光辉灿烂,力量无穷。这是作为历史的本质的存在发挥作用。而历史中所出现的灾难与历史的本质无关。另一方面,它对历史中的耻辱和失败冷若冰霜。历史上的屈辱和失败好像是不可避免的。人无奈地要接受这种苦难。在阿多诺看来,海德格尔这个说法太滑稽了。如果这个东西是历史的本质,是光辉灿烂的东西,那么这个东西就应该在历史中发挥作用,就应该让人类避免灾难和屈辱,但是,这个东西作为本质的存在却对于历史中的灾难和屈辱毫无影响。这个光辉灿烂的东西对于历史上的灾难冷若冰霜。所以,阿多诺挖苦海德格尔说,这个存在是无意义的东西,对于历史不发挥任何作用的东西,但是海德格尔却把这个东西当做有意义的东西。所以,阿多诺说,把无意义的东西当做有意义东西来庆贺,这就是神话。

接着阿多诺进一步解释了这种无意义的东西变成有意义东西的内在矛盾。

海德格尔强调此在的存在，这个此在是在自身的体验中来领会存在的。如果这个存在被理解为必然联系，一种神秘化的必然联系，那么这就是单个人的行动中的必然性。这种单个人的行动在领会存在的时候，其实就仪式般地重复自然联系。它之所以是仪式般地重复自然联系，是因为这种自然联系对他、对历史都不发挥作用。这个自然联系，这个神秘的自然联系好像是某种超自然的东西。自然联系的东西被转换成为超自然的，或者说，人对于存在的领会变成了对于某种超自然的东西的领会。海德格尔那里的许多范畴，比如畏，就是这样转换而来的，即它是从个人的生存体会中得到的，而这个东西变成了超自然的东西，变成了命定的必然性。畏在人的生存体会中不是永恒的，但是这种体验是对于存在的体验。这种对于存在的领会、体会变成了存在的要素，这个要素是超出个人的，是地地道道超越的。这个东西是对于每个具体存在者来说是预先规定好的东西，是先天的东西。在海德格尔看来，这些范畴是被存在所规定的，是超自然的东西。这种东西在历史中毫无意义。但是，这些范畴恰恰把自己确立为"意义"。人们还能肯定地命名这种东西。好像这种东西是直接存在的。所以，阿多诺说，没有意义的东西在这里被赋予意义，那么没有意义的东西（存在）如何才能有意义呢？这就要在具体的现实中，在人的具体的生存中才有意义。而这个生存就是存在的对立面。如果存在是抽象的本质，那么这个抽象的本质必须与具体的生存结合起来，这时存在才有意义。而生存是存在赖以出现的形式，赖以被理解的形式。海德格尔把存在理解为本质，把生存本质化，于是他就把历史的本质和具体的历史过程脱离开来。而阿多诺强调这里的辩证关系。

存在者状态的存在论化

在这里，阿多诺借助于黑格尔对于非同一东西的消解来说明，当非同一的东西，存在者状态被消解的时候，它就变成了存在论意义上的东西。存在者状态表示某种不可消解东西，非同一的东西，这种东西在黑格尔那里被纳入到同一性的框架之中了。海德格尔的存在与黑格尔的思路是一样的[1]。

---

[1] 参见 Theodor W. Adorno, *Ontology and dialectics*: 1960/61, Edited by Rolf Tiedemann, Translated by Nicholas Walker, Polity Press, 2019, p.84。

阿多诺在这一段一开头就概括了这一部分的基本思想。黑格尔的观念论是通过主体优先性这个命题确立起来的，而这个命题其实就包含了此在存在的优先地位的内容。那么黑格尔是如何通过此在的优先地位来确立主体的优先性的呢？此在是具体的存在者是包含了非同一性要素的存在者。只有剔除了其中的非同一性的东西，此在才会变成抽象的主体。黑格尔清理掉非同一性东西的方法是，非同一的东西都必须借助于概念才能被规定，而当非同一的东西（客观的内容、不可消解的东西）被概括在概念的时候，非同一的东西就被同一起来了，非同一的东西就被清理掉了。而清理掉非同一的东西就是把存在者状态存在论化。阿多诺在批判海德格尔的时候认为，海德格尔虽然也要把握非同一的东西，但最后还是消解了这个不可消解的东西。阿多诺对海德格尔的整个讨论都是围绕这个核心而展开的。而否定辩证法的核心就是讨论如何把握非同一的东西。而他对海德格尔的批判旨在说明，海德格尔的存在论做不到这一点。

在这里，阿多诺通过对于黑格尔《逻辑学》中关于"变"的第三个注释在文字上的细微差别来说明，黑格尔怎么把存在者状态存在论化的。在阿多诺所引的这段文字中，黑格尔说明了这样一个道理，时间空间是没有规定的东西，是有，但也是无。阿多诺试图从黑格尔有和无的转换当中揭示出其中所表现出来的观念论的倾向。时间是没有规定的东西，没有规定的东西，当然就不等于无，它是有。其中一定包含了某种不可消解的东西。如果其中没有任何东西，那么我们也不能说"时间空间"。在这里，我们注意，黑格尔突然发生了一个转变，本来时间空间是无规定的东西，但是，这里他突然把无规定东西说成是"无规定性"。既然时间和空间"无规定性"，而这种无规定性就是它们的规定性。这种无规定性是纯粹的否定的规定性，是抽象的否定。这个抽象的否定也可以被说成是无。这就是黑格尔在一段文字中所要表达的思想。

在这里阿多诺分析了黑格尔的有关思想。黑格尔偷偷摸摸地把用无规定性来替换无规定的东西。这样，概念所概括的东西就消失在概念中了。无规定的东西就消失在无规定性之中了。无规定性不能等同于无规定的东西，而黑格尔却把这个无规定性的概念等于不确定的东西。时空是不确定的东西，而无规定性的概念把不确定的东西与无等同起来。在这里，阿多诺认为，黑格尔的绝对观念论在其真理中早已预设了需要逻辑上加以证明的东西。黑格尔哲学是一种观念论，是绝对观念论，这种观念论本来是要通过逻辑上的演绎而达到最终的绝对精神，达到主客体的绝对同一。但是这种观念论在逻辑上预设了存在者状态的存在论化，把客体以及客体中无法被纳入主体（概念）中的关系概念化。他的思想的一个核心特点就是把非概念的东西概念化。这种概念化就预设了达到绝对精神的可能性。这类似于黑格尔在《逻辑学》中从存在开始，而不是从某物开始，"存在"是一个概念，存在概念本来是要表示某物，表示不可消解的东西的，但是当不可消解的东西（非同一的东西）变成"存在"的时候，它就已经被消解了。虽然黑格尔也要把握非同一的东西，承认非同一的东西是经过中介的东西，并通过中介而被把握，但是这种观点在他的整个体系中并没有多大的分量。黑格尔也确实认识到，非同一的东西虽然也会走向同一，但是它是他者，是非同一的。可是黑格尔并没有公正地对待他自己的这种洞见。虽然黑格尔也要保持前批判的语言习惯，即保持那种能够把握非同一东西的语言习惯，但是他并没有把非同一的东西的辩证法贯彻到底。尽管黑格尔也要把与非同一概念相对立的东西（非同一的东西）作为内容，但是他还是通过概念把非同一的东西变成非同一东西的概念，变成同一的东西的媒介。虽然他也要关注差异，但是最终关于差异的文字变成了对差异的反击。虽然黑格尔的整个体系要把握非同一的东西，但是由于它总是不断地抵抗非同一的东西，所以这个体系最终否定它自身。他的理论最终是用概念吞并不可消解的东西。

接下来，阿多诺借助于亚里斯多德的"缺如"（steresis）概念来说明不可消解的东西在亚里斯多德那里是如何被消解的，并说明了消解这些东西的可能。按照亚里斯多德的看法，一个事物的运动就是实体在不变载体基础（可理解为"质料"）上从一个状态向另一状态的变化。这两个状态就是"形式"（eidos, form）和"缺如"（steresis, privation）。形式决定实体在运动过程中所处的状态，缺如决定实体在运动中所朝向的状态。所以缺如也是一种形式，不过这是潜在的和将实现、正在实现之中的形式（注意它的时间含义）。相对于形式，它是潜在，但相对于载体，它是现实或"实现"（活动）。阿多诺认为，这个缺如概念既表明了同一性哲学的胜利，但是也是它的厄运。说它是同一性哲学的胜利，这是因为它是一种形式，要进行的是同一化。说它是同一性哲学的厄运，因为，这个概念表明，它有非同一的可能性，它会摧毁同一性。这是同一性所招致的厄运。

缺如是与形式不同的东西，是偏离形式的东西。从这个角度来说，这也是指必然偏离概念的东西。这个必然偏离概念的东西应该是非同一的东西。但是，由于这个偏离概念的东西不能成为非概念物，它还是停留于概念上，还是一种形式。所以，这个形式是非常空洞的形式，是缺乏，是短缺，是空洞。这个空洞的东西，这种形式与它从中抽离出来的东西即与具体的质料是相反的东西。黑格尔把这个空洞概念，把这种缺乏理解为更高的东西，理解为精神的东西。这个精神的东西与精神从中被迫抽离出来的东西（即具体的东西）相反。在黑格尔那里内容越来越少反而成为一种优点。而海德格尔也是如此，内容越少就越正确。海德格尔的存在概念就是这样的抽象概念，类似于亚里斯多德的缺如。

那么为什么海德格尔要把存在者状态存在论化，为什么他要让概念变得如此贫乏（思维甚至被收缩为一个点），并且认为，概念越是贫乏就越是优越？阿多诺认为，这不仅仅是海德格尔为概念的贫乏进行辩护，而且还有一种意识形态的功能。在当代资本主义社会，虽然社会已经非常发达，完全可以消除贫困，但是它却不愿意消除贫困。为了能够为这种贫困状况进行辩护，人们就会说，简单性是高贵的。这就如同现在有钱人总是表现得生活很简朴，而简朴是高贵的象征。当他们这样做的时候，他们就让贫困的人感到满足，他们的贫困变成了高贵。接着，阿多诺指出，海德格尔的存在概念虽然非常贫乏，但是并不天真淳朴，而是包含了意识形态的功能的，它是要为这个社会中的贫困的存在提供辩护，为荒谬的贫困（一种可以被消除却仍然还保留着的贫困）提供辩护。虽然海德格尔的概念并不天真淳朴，但是这些概念还是力图表现得天真淳朴。那么他是如何做到这一点的呢？他与"莱茵家庭之友"调情。这里所说的莱茵家庭之友是指《莱茵家庭之友的小宝盒》。这是德国的经典儿童小说。这部儿童小说虽然非常朴实，但是却充满机巧，告诉儿童处理棘手问题的特别的手段。以其人之道还治其人之身就是其中所表达的一种手段。通过这样的方法，通过表面的质朴而实质上一种狡诈的方法，海德格尔使他的贫乏的存在概念变得极其崇高，从而为现代社会中的贫困状况辩护。这在古希腊哲学中就有了源头，在亚里斯多德的缺如概念中就有了源头。海德格尔的这种做法与

第一部分　与存在论的关系

黑格尔如出一辙。在黑格尔那里，抽象的东西反而更加具有实质性内容。黑格尔从最初的抽象，走向更高的抽象的时候，就是把更多的实质内容包含在其自身中。他在《逻辑学》中，从存在过渡实存（Existence）的过程就是如此。在这个过程中，虽然实存所强调的是质料，但是这种质料不过是抽象化的质料，是质料的形式。实存也是一种存在，不过是包含了质料的存在。从这个意义上，实存之中包含了更多的实质内容。但是，由于质料本身是不确定的，于是人们所关注的是质料的形式。在西方形而上学传统中，质料和形式（如亚里士多德）是对立的。由此，阿多诺说，黑格尔的这个思想最大限度地适应了西方形而上学。黑格尔强调形式，强调概念优先性，而恩格斯则相反。在恩格斯那里，质料是首要的。在阿多诺看来，这两种做法都缺乏辩证法。

　　阿多诺认为，海德格尔的做法与黑格尔是一致的，黑格尔用概念取代内容，海德格尔把存在者状态存在论化。其核心都是一致的。他们都关注了质料，不过在他们那里质料都被形式化了。它们剔除了质料的内容而得到了形式化的质料。他们都有观念论的色彩。只是海德格尔更加隐秘而已。黑格尔直接把存在者存在论化，把无规定的东西直接变成无规定性概念。海德格尔则偷偷摸摸地把存在者存在论化。海德格尔一再强调存在者状态和存在论上的差别。但是，正如我们前面所分析的那样，存在本来是包含内容的，但是这个内容却被他掏空了。阿多诺认为，海德格尔的这种思想趋向，即把抽象的东西看得更高的趋向，是与柏拉图思想有关。柏拉图否定了感性的东西，而认为非感性东西更高一等。这实际上就是宣传禁欲理想。这里，非感性的东西，抽象的概念变成了拜物教的对象。这就是阿多诺所说的概念拜物教。而拜物教本来是要崇拜感性的东西的，但是当非感性的东西成为拜物教的对象的时候，这两种拜物教之间又有了相通之处。这就可以减低感性东西和非感性东西之间的紧张关系。海德格尔的做法其实就是把非感性的东西和感性的东西结合在一起，消除感性和非感性东西之间的紧张关系。但是，阿多诺认为，人的认识就是把非感性的东西与感性的东西结合在一起，就是要用概念来把握非概念的东西，把握感性的东西。但是，只有这两者之间处于紧张关系，非感性的理想，即抽象概念的理想才能达到感性的东西，就是要达到真理。这种真理与海德格尔的那种真理，把感性东西和非感性东西直接结合在一起的真理是完全不同的。在海德格尔那里，这两者之间的直接结合是一种自慰式的满足，好像贫乏就是最丰富。这种结合所达到的真理是一种幻觉。

接下来，阿多诺进一步说明，海德格尔那里的概念的贫乏是与现代工业社会中的贫困是联系在一起的。存在概念是空洞的，是贫乏的，无内容的。本来这个社会完全可以消除贫困，但是它却不愿意消除贫困，让贫困存在。本来海德格尔完全可以消除存在概念的贫困，但是海德格尔却保留了这个概念的贫困。这就好像生产工具有了很大的进步，社会完全可以消除贫乏，但是这个社会仍然保持贫乏。从这个角度来说，如果一定要保留存在概念的话，那么由于存在概念毫无内容，所以我们应该否定这个概念。阿多诺认为，如果存在概念是可能的，那么它不能是肯定的，不能用"存在"这样的肯定形式，而只能是否定的。如果把一个否定性的东西说成是肯定性的东西，那么这就是恶。比如，本来可以消除贫困，却肯定贫困，让贫困存在下去。这就是恶。同样的道理，本来我们可以通过否定存在概念，而使哲学获得客观的内容，但是，存在概念却堵塞了走向客观内容的道路。所以，如果一定要研究存在，保留存在论，那么这种存在论必须是否定的，只能是否定的概括。海德格尔的存在概念是按照同一性原则确立的概念。虽然他也要把握非同一的东西，但是非同一的东西被他纳入到同一的框架之中了。这就如同黑格尔一样，虽然黑格尔也要把握非概念的东西，但他的目标最终是要达到绝对真理，达到最终的同一。所以，他也没有能够真正把握非概念的东西。海德格尔的存在概念就是自身等同的东西。它被掏空了一切内容，是纯粹的同一性。一种社会制度在能够消除贫困的情况下仍然要让贫困存在下去。这是恶。一个概念本来可以通过其自身的否定也可以获得内容，但是它却用肯定的方式阻止人们获得这种内容，这也是恶。所以，阿多诺说，纯粹的自身等同的东西，纯粹的同一性是恶。

最后，阿多诺围绕纯粹的同一性是恶，进一步阐述了这个思想。他说："神话的厄运是永恒的（zeitlos）"①。这里所出现的这句话比较难于理解。在这里，我们要略微展开阿多诺对于神话和启蒙关系的理解，从而进一步说明神话厄运的无时间的特点。我们知道，神话的思维最初的时候是把事实和概念结合

---

① 阿多诺：《否定的辩证法》，王晓升译，北京：中央编译出版社2023年版，第162页。

在一起，赋予自然现象（事实）以某种神圣的要素（概念）。这就是说，人类在原始时代把人的要素投射到自然现象之中。其实，这也就是人控制自然的原初方式，对于人所无法控制的自然，人就认为其中包含了某种神圣的东西，而这种神圣的东西与人相似（神人同形说）。如果人要控制自然，那么人就要膜拜自然现象中的神。从这个角度来说，人就是用顺从自然的方式来控制自然。而启蒙也是如此，也是用顺从自然的方式来控制自然。从这个角度来说，启蒙和神话在本质上是一致的。他们都肯定人的力量，人的力量能够征服自然，能够改变自然加于自身的厄运。从希腊时代的神话故事中，我们可以看到这种情况。比如在关于俄狄浦斯的神话中，国王努力掌握自己的命运，而避免厄运的控制，但是他最终还是屈从于命运。在这里，控制自然和顺从自然的要素始终是结合在一起的。从这个角度来说，虽然启蒙要征服自然，最后也必然要顺从自然，这是神话的厄运。而人在征服自然过程中都要遵循同一性逻辑。从原始时代的主观投射，把自然神看做是类似人类的东西，到今天的纯粹的逻辑，其核心都是一样的，都包含了同一性的要素。只要人试图征服自然，人就必然要遵循同一性逻辑。而这是必然的。而前面我们说过，纯粹的同一性就是恶。按照同一性的逻辑来活动，这就是神话的厄运，也是人所不可避免的神话厄运。从这个角度来说，神话的厄运是无时间的，不受时间限制的。海德格尔的存在概念是这种同一性逻辑的结果，是肯定性东西，把这种肯定的东西永恒化。这就是恶。自从有了哲学开始，人类就已经把人的自我持存的这种内容纳入到哲学之中，都包含了同一性原则。自从人类文明的一开始，自我持存的原则就成为人类文化的核心。形而上学就是理论化的自我持存原则。这个自我持存的原则就是哲学中不变的东西，并把这个不变的东西说成是善的。或者说，哲学都在不同程度上坚持了同一性原则，并把同一性原则当做是善的。所以，阿多诺说，哲学，一直到黑格尔和莱布尼兹的神正论都是如此，都是把神话的要素纳入到哲学之中，都包含了神话厄运的要素。不过这种神话的厄运要素是用哲学的语言表达出来的，是世俗化的神话厄运。从这个角度来说，他们都是神话厄运的奴隶。如果有人要勾勒出一种存在论，并借此而遵从基本的事态，使基本事态（生存斗争）永恒化，那么这将是非常可怕的。这就是说，本来一个社会完全有能力消除贫困，但是它要让贫困持续存在下去，人自我持存的原则永恒存在下去。这是非常可怕的。这是恶。这种自我持存的原则，这种基本事态是可以变的，没有不变的基本事态。阿多诺和马尔库塞等人都一样，都看到了自我持存原则之中包含的缺陷。阿多诺强调说，如果果真要在文化上确立一种存在论，那么文化在那里总体上是失败的。这就是说，如果按照人们果真要确立存在论，那么这种存在论就是按照同一性原则确立的存在论。如果按照同一性原则确立存在论，那么这个文化是失败的。这个失败的文化就是建立在自我持存的原则基础上的。我们从最后一部分，即奥斯维辛之后的形而上学那个部分中可以看到，阿多诺吸收了布莱希特的思想，把人类文化看做是狗屎堆起来的。这是一种失败的文化，是从自我持存走向自我毁灭的文化。这就是说，人类在文明史上，总是以自我持存为核心，而这个自我持存之中包含了自我毁灭。这是神话的厄运。海德格尔的存在论表面上内容丰富，其实是内容贫乏的。这是因为，他在思想中把存在者状态存在论化了。这与自我持存走向自我毁灭是一致的。最后，阿多诺说，所谓哲学上的合法的存在论，也就是海德格尔的存在论，不是从存在的建构中，而是从文化工业中找到它的位置。或者说，海德格尔的存在论是文化工业的一部分。文化工业从表面上看非常吸引人，这种形式非常吸引人，其实却毫无内容。它从表面上好像满足人的需求，而其实是虚假地满足虚假的需求。而海德格尔的存在论是在发达工业社会中把贫困合理化。而文化工业就是一种内容贫乏的文化。这两者在本质上是一致的。正如文化工业是为资本主义制度辩护的，是资本主义生产体系的一部分一样，存在论也是为资本主义制度辩护的，是资本主义社会体系中的一部分。

从这个角度来说，阿多诺认为，只有逃脱了存在论的东西才是好东西。

生存概念的功能

如果说前面的这一段是批判存在者被存在论化的话，那么这一段其实是前面一段的一个延伸。这个部分是对生存概念的错误理解所进行的批判，是对雅斯贝尔斯和海德格尔的生存概念的批判，也是对萨特的生存概念的批判。我们知道，生存这个词在西文中和实存这个词是一样的。当我们把事物的实存理解为事物的具体存在方式的时候，那么生存就是指人的具体存在方式。正如实存的东西不能被存在论化一样，生存也不能被存在论化。阿多诺认为，各种生存哲学恰恰把生存存在论化。海德格尔把生存理解为本质其实就是把生存存在论化。如果生存就是本质，而本质就是存在的变种，那么这就意味着生存变成了存在，变成了本质。生存哲学认为，人是开放的，这是人的生存方式。人的无规定性类似存在的无规定性。而在阿多诺看来，当人们说"人是开放的"的时候，人们没有意识到在背后发生作用的某种东西。阿多诺强调，我们应该从辩证法的角度去理解人的生存。

海德格尔的存在论是把生存者状态存在论化。这是他的主要目标。可是，在他的生存论存在论中还有一个基本概念：生存。那么海德格尔究竟是如何看待生存的呢？海德格尔按照一个古老的论证来理解生存。我们在前面已经说过了，在中世纪，人们把实存（existentia）和本质（essentia）区分开来。实存是不能从本质被推导出来的。实存是指一个事物的具体的存在样式。按照传统的推论，如果实存不能从本质中推导出来，那么实存本身就获得了本质的特性。海德格尔的生存论就是把实存理解为本质。或者说，生存在海德格尔那里获得了一种本质的特性。当海德格尔这样做的时候，其实生存也被抽象化了，也变成了无法被规定的东西。海德格尔强调，生存是此在对于存在的理解。如果说存在是本质，那么生存也被本质化了。如果说克尔凯郭尔在理解生存的时候还强调人的肉体上体验和心理上的经验，或者如后面论述所指出的那样，克尔凯郭尔的思想中包含了一种唯名论的思路，那么海德格尔把这种分析也剔除在生存之外了。所以阿多诺说，在这里，生存被抬高到了克尔凯郭尔的模式之上了，并且与克尔凯郭尔模式相对抗。接着，阿多诺引用了《圣经》中的一句话来挖苦这种生存观念。他所引用的这句话是，"你将根据它们的果实来认识它们"。阿多诺在这里借用这句话来概述存在论的生存观念。如果我们不知道这个果树是什么品种（不知道它的本质），那么我们就要根据他生长出来的果实（具体的实存）来认识这个果树。人的本质是什么，我们是无法规定的，但我们可以从人的具体生存来理解人。从这个意义上来说，圣经中的这句话在生存的庙宇中回荡。不过，海德格尔的生存概念太抽象了，以至于他所说的这种生存比圣经中的思想还要抽象，是对圣经中的思想的一种亵渎。这就是说，本来人在世界上的生存是有各种痛苦的经验的，是有各种生活的体验的。海德格尔把这种生活体验的东西作为心理学要素剔除出去了。他所说的生存与这种生存体验无关。所以，这是对于圣经思想的一种亵渎。

由于海德格尔把生存变成了本质，于是在海德格尔那里，生存不再与存在的存在方式对立，生存就是此在对存在的领会。生存在这里与存在的存在方式没有多大的差别了。当生存变成存在的领会的时候，在这种生存中，心理学意义上的痛苦已经被清除了。当心理上的痛苦被清除了之后，人的生存是一种与肉体体验没有关系的生存，"抽象的"生存体验。本来生存是与人的肉体上的痛苦有关的，但是，当肉体上的痛苦被清除出去之后，人的生存体验就被"抽象化"，可以说是变成了一种"纯粹的质料"。这种纯粹的质料只能被直观，而不能被概念加以思考。这个东西不能被思考，是直接存在着的。但是这个直接存在着的东西，被理解为本质，好像类似于柏拉图的"理念"。我们知道，"理念"（eidos, idea）来自动词"看"（idein），原意是"看到的东西"。在柏拉图那里，这个词语被引申为"心灵的眼睛看到的东西"，可以被翻译为"理念"（相当于英文 Idea）或"型相"（相当于英文 form）。这个理念一方面是抽象的形式，另一方面又与具体事物有关的，可感事物是从理念中派生的。如果在形式中能够派生出可感事物，那么这个理念之中潜在地保留了某种类似于质料的东西，只是这种东西不能被说出来。按照阿多诺的这个思想，柏拉图的理念之中包含了同一性东西，但是又暗中包含了非同一的东西。海德格尔的生存类似于柏拉图的理念。这个理念是形式性的，但是又是与质料有关的。不过，这种质料是被完全抽象化了的。所以，当他说，理念保护了不能被另类思考的东西，即保护了质料性的东西。一般来说，人们的思考是按照同一性逻辑来思考的。而另类思考是非同一性的思考反思，辩证的思考方式。理念保护了这些不能被另类思考的东西，但是这个东西却不能被思考而只能被直观。理念包含了直观的意思在其中。生存如果被理解为理念，那么这就包含了被直观东西的意思。如果生存按照理念来理解，那么它就是具有抽象的形式，却包含了直观的东西。如果这样，那么生存就可以在这样一种独特的"抽象"意义上被理解。

阿多诺认为，在这个方面，海德格尔和雅思贝尔斯是一致的。他们都是对生存的"抽象"思考。在这里，阿多诺引证了雅思贝尔斯的一段文字来说明雅思贝尔斯思想的特点。雅思贝尔斯把自己的思想与克尔凯郭尔对立起来。这段文字就是表达了这种对立的意思。前面我们说过，在阿多诺看来，克尔凯郭尔的生存概念之中包含了具体的生存体验，而雅思贝尔斯却把自己的思想与这种思想对立起来，那么这其实就走向了与海德格尔的同样的思路。这也是要把生存中立化，即把生存变成了与个人肉体的欢乐和痛苦无关的东西。本来，人的生存总是包含了欢乐和痛苦。但是，他们把生存抽象化了，变成了与欢乐和痛苦无关。这就是中立化。在这里人们会说，海德格尔在《存在与时间》中讨论讨了生存情态。不过这种生存情态是存在论的意义上的生存情态。这与阿多诺说的肉体体验不同。阿多诺接下来的一段话非常清楚地表明了雅思贝尔斯的生存概念的特征。阿多诺说，雅思贝尔斯在存在概念的建构上，没有受到克尔凯郭尔思想的影响，他的存在主义从一开始就是对"存在的追问"。这就是与海德格尔的生存概念一致起来了。由于海德格尔和雅思贝尔斯都曾经在巴黎做过学术演讲①，所以阿多诺说，这两位如果能够不虚假地面对自己，那么他们就应该对他们在巴黎所干的事情表示忏悔。本来，按照他们对生存的理解，他们就不应该去酒吧，他们应该感到这样的做法不够体面。这样的做法给他们的生存概念抹黑。其实，这就是批判他们把生存概念"抽象"化。他们表面上讲生存，其实是把生存变成不食人间烟火的事情。

那么在这里，人们会问，为什么他们在那里没有感到自己不那么体面呢？显然，他们也没有把生存完全变成一种不食人间烟火的事情。在这里，我们可以看到，海德格尔虽然说生存是人的本质，但这是要把具体的生存要素纳入到人的本质之中，强调每一个人的特殊生存方式，而这种特殊生存方式就是人的本质。从这个角度来说，这是反对把存在者状态存在论化。然而，阿多诺认为，这不过是海德格尔思想中的一个迷雾。这就是说，海德格尔所坚持的是存在者状态的非存在论性。我们不能把非存在论性和非存在论的"东西"等同起来。所谓存在状态的非存在论性，即存在者状态不是完全被本质化的，不是完全空洞的，而是考虑到具体内容的。从这个角度来说，存在者状态不是存在论的。但是，这并不意味着，存在者状态就完全以存在者状态的形式出现的，而还是以存在论的形式出现的，还是被观念化了的。比如，他所说的生存情态（Befindlichkeit）就是一种非心理学意义上的心理现象。这就是说，他是从存

---

① 参见 Theodor W. Adorno, *Ontology and dialectics*: 1960/61, Edited by Rolf Tiedemann, Translated by Nicholas Walker, Polity Press, 2019, p. 303, 注 12。

在论意义上去理解存在者状态的。这种生存情态是每个个人所必然面临的生存方式。所以，阿多诺说，这种批判仍然是对不变的结构联系所做出的判断，同样是存在论意义上的。阿多诺的这段批判的文字其实就是说明一个道理，当海德格尔要把存在者存在论化的时候，他无法真正做到存在论化，其中必然包含了非存在论要素。他的思想是相互矛盾的。他所说的那些生存情态既与心理现象有关，也试图获得存在论的意义。

我们知道，萨特有一个重要思想，就是生存先于本质。既然萨特所说的是生存先于本质，那么我们总不能因此说，萨特也是把存在变成了本质。萨特的思想与那种所谓的理解存在而生存的说法（海德格尔和雅思贝尔斯的说法）是不同的。从萨特的思想中，我们可以更明显地看到存在者状态的非存在论性（Nichtontologisierbarkeit）的命题。这个命题的意思是，存在者状态不能变成存在论性的。他坚持一种具体的生存。但是，在他那里，具体的生存仍然是被抽象化的，只有那个脱离具体生活条件的人才是可以自由选择的。这种脱离具体生活条件的生存其实就是抽象化的生存。萨特的这种思想在本质上与海德格尔、雅思贝尔斯是一样的。本来生存都是具体的生存，但是具体的生存变成了本质。萨特也强调人的具体生存，但是这种具体的生存是抽象化了的具体生存，或者说，表面上很具体，其实很抽象。这就如同我们也看到我国的某些学者在讨论马克思的"具体人"的时候，他们所说的"具体人"都是抽象概念，而不是真正的具体的人。"活生生的人"其实是被概念化了的活生生的人，是局限于书本上的活生生的人。从这个角度来说，这种活生生的人的说法与萨特的存在先于本质是类似的。所以，阿多诺说，萨特的存在同样也有存在论意义。当萨特转向政治，谈论人的自由的时候，其实仍然是抽象的自由，抽象的生存。这种抽象的生存和抽象的自由对社会生活本身不会产生多大的影响。在第二次世界大战之后，也就是20世纪60年代，萨特思想产生了巨大的影响，变成了一种存在主义运动。这个存在主义运动表面上非常激进，甚至有先锋派的特点，其实它软弱无力，对现实不产生什么影响[①]。所以，阿多诺说，表面上这种存在主义具有颠覆性，其实不过是装扮起来的颠覆性。那么这个表面上

[①] 从阿多诺的讲课稿《存在论与辩证法》中，我们可以看到，这个部分的内容在最初讲课的时候是没有的。这应该是阿多诺后来添加上去的。它意在说明，萨特思想没有超出海德格尔和雅思贝尔斯。

的颠覆性表现在什么地方呢？这就是，这些存在主义的追随者（这里应该是指海德格尔思想的追随者）把自己打扮成为现代文明的对立面，好像他们成为穴居人（类似于海德格尔所说的那种回到源始状态的人），存在主义就是这些穴居人装扮自己的胡须。他们不再与现代社会中的那种眩晕文化（现代主义文化）为伍，好像回到了他们的先辈的父权制时代。这就是说，这些存在主义运动的追随者们为了与现代社会对抗，好像回到了一种原始文明。阿多诺承认，他们的这种做法也有合理之处。他们反对现代社会中的合理化思维方式，反对思维驱逐未被管束的经验，反对现代合理化的思维方式排除了人的肉体上的体验。虽然现代认识论强调人的经验，这种经验是与概念上的概括联系在一起的，而不是把握非同一东西的经验。把握非同一东西的经验才是未被管束的经验。对于阿多诺来说，真正的认识主体是包含了肉体体验的认识主体，包含了肉体冲动的认识主体，没有这种冲动，没有这种肉体的体验人们无法把握非同一的东西。现代社会的认识论却排除了这样的认识主体。人们把认识主体理解为以概念的方式把握事物的主体，虽然这种主体也要接受经验，但是这种经验是被纳入到同一性中的经验。① 在阿多诺看来，这种认识主体其实是弱化了认识主体。没有肉体的冲动，这种主体就不可能真正成为主体。从这个意义上来说，克尔凯郭尔对哲学的抗议也就是对物化意识的抗议。这是因为，那种在合理化基础上所产生的哲学是排除了肉体体验的哲学，是排除了主体的哲学。如果那种哲学中也有主体，那么这种主体其实就是失去主体的主体，或者说是被物化的主体。在这种哲学中，主体性消失了。克尔凯郭尔要恢复主体性，要恢复肉体上的体验。所以，阿多诺说，克尔凯郭尔在反对哲学的时候也体会到了哲学的兴趣。这个哲学的兴趣就是对非同一东西的兴趣，就是对肉体体验的兴趣。从表面上看，法国存在主义是要恢复活生生的人，恢复人的具体生活，但是这种具体生活是被抽象化了的。他们所说的生存是脱离具体生活条件的具体生存。所以，阿多诺说，当存在主义重复克尔凯郭尔的时候就不合时宜了。为什么不合时宜呢？阿多诺的解释是，在存在主义那里，主体是羸弱的、是无力的，而这个羸弱的、无力的主体被它们具象化。主体只有在与客体

---

① 参见王晓升：《经验的贫乏与家园的失落——本雅明的经验概念分析》，载《江海学刊》，2019 年第 4 期，第 47 页。

的斗争中，在与环境的斗争中才成为主体，才显示出主体的力量。存在主义的主体可以在思想中进行自我选择。这种自我选择的主体看起来力量巨大，其实都是在头脑中的玄想，没有肉体上冲动，没有改变现实的冲动。

接下来，阿多诺按照分析存在的模式来分析这个"生存"。海德格尔有一个从存在者之中独立起来的存在。而萨特有一个从环境中、从客体中独立出来的主体。萨特的这个主体和海德格尔的存在具有相互补充的作用。这两者都进行了一种"抽离"，而这个被抽离出来的东西都被具象化。从这个角度来说，这两者在本质上是一样的。如果存在在海德格尔那儿是被直观的东西，那么主体在萨特那儿也变成了可以被直观的东西。

主体本来是被中介的东西，然而在这里却变成了直接的东西，获得了直接性的幻相。萨特在《存在与虚无》中就是这样理解主体的。这就是说，萨特把主体看做是脱离客体的直接的东西。在阿多诺看来，存在是经过主体或者概念的中介的，同样，主体也是经过中介的，是经过主体生存于其中的世界所中介的。而萨特的主体却是没有这样的中介，而是完全内在的，纯粹束缚在其自身之中的。这个纯粹的内在思考的主体所进行的决定当然是羸弱无力的。主体只有在与客体的作用中才显示出主体的力量。由于萨特那里的主体是纯粹内在的，是软弱无力的，所以外部环境对于主体取得了优势地位。在阿多诺看来，萨特的这个自由主体与外部世界隔离开来了，所以，这个主体表面上非常自由，其实必定会无奈地顺从现实。这是一种恶劣的物化状况对于主体所取得的胜利。这个表面上的自由主体其实是没有自由的主体。在这里，人们必然会说，这不是矛盾吗？

接下来阿多诺通过分析说明这个矛盾，并把这个矛盾解释为人的存在方式。按照阿多诺的分析，一般来说，当人们从生存的角度来理解主体的时候，主体是从两个方面被理解的，而且是把这两个差异的方面结合在一起的。一个方面是，主体的自我反思，这是纯粹的理性的方面，主体借助于这种理性的方面来认识事物，来建构被认识东西。另一个方面是，主体的经验方面，是个别的方面。每个人的经验是不同的。当然，这两个方面不是分离的，而是相互激发的，并由此而相互作用，并构成了一个总体。这表现在，人们在这里认识到，抽象的、自我反思的主体是从经验中抽象出来的，他通过抽象而脱离了经验的内容，无法为经验的内容奠定基础，这是一方面。而另一方面，人们也会认识到，主体的经验是个别的偶然的东西，局限在这种偶然的东西中也是不行的。人们认识到这两个方面需要相互作用。当人们从这两个角度来理解生存的时候，从这两个角度来理解人的时候，人们就把这两个方面结合在一起，从而认识到，人既是普遍的，与其他人具有共同的本质，人又是特殊的，人的普遍性存在于特殊之中。可是，我们应该如何去理解这样的人呢？我们没有一个规定可以被用来说明，这个人是什么？人在这里无法被规定了。在萨特那里，这就是被直观的对象。因为，这个主体从一切中介中脱离出来，而只能被直观。然而，那种直觉性的"我明白啦"（阿基米德）也无法给出一个自明的答案。于是，萨特意识到，人是无法被规定的。人是具有无限可能性的。只要萨特进行这种最简单的直观，他也会认识到，从这种"我明白了"的直觉中，他无法规定人。那么我们究竟如何理解人的这种无法被规定的特征呢？阿多诺对萨特的批判就是针对这个思想来进行的。他强调，人是什么，这不是被勾画出来的。在今天，人只是功能，是被功能体系所规定了的，而不是一个人自己可以随意规划的。人是不自由的。"人是功能"这样一种状况，不是今天才突然出现的，而是有一个历史过程。从人类文明的一开始，人就要征服自然，就要自我持存。为了自我持存，一种征服外部自然，控制内在自然，甚至否定自身的内在自然的趋势也发展起来了。这种要素在人类自身的发展过程中一直存在。这就是人身上的不变的和给他打上烙印的东西。人就是受到这种东西的控制。所以阿多诺说，这种东西是毫无防备地被需求的，人不知不觉地需要这样的控制。其实人只要生存，就必须受到这种东西的束缚。这也是许多人类学家所乐见的。对于他们来说，人就应该是这样的，人应该是理性的动物，要用理性的方式来控制外部自然，也要用理性的方式来控制自己的自然。如果不能控制自己的内在自然，人就变成了动物。人类数千年来努力形成的文明成果会全部消失。而对于自身自然的遏制和否定恰恰是压制主体的东西，是否定人的东西。从这个角度来说，人的自我持存中就包含了自我否定。这种自我否定的要素就是人千百年来所遭遇到的残缺损失。而残缺损失被当做是社会的遗产，当做文明的遗产而被接受。人类就是在背负着这种遗产而吃力前行。如果人类学家把这种东西破译出来，那么人类学家就会意识到，人不是自由的，这种社会的遗产在压制着人，控制着人。这些被控制的人没有萨特所希望的那种无限可能性。从这个角度来说，历史人类学就再也不适用了。这里的历史人类学就是指海德格尔的存在论意义上的历史人类学。它认为，人是开放的，是具有无限可能性的。当然，在历史人类学在分析人的时候，也看到了人受到制约的情况，也看到了人的可能性。但是，他们所认识到制约性与阿多诺所说的制约性是不同的。历史人类学所理解的制约性是说，人的生存受到一定历史条件，社会、经济等方面的制约。或者人们也认识到文化的制约性，但是却没有认识到文化之中的那种"自我否定"的要素。按照阿多诺的理解，人是在自我持存而又自我否定的矛盾中存在的，或者说，人是在精神和肉体之间既相互冲突又努力相互和解意义上生存的。这是人的生存状况。"去人化"的抽象看不到这里的辩证法，看不到人的生存中对立统一关系。于是，在这种抽象的"去人化"的努力中，人或者被理解为纯粹精神的存在，或者被理解为纯粹物质的存在，并把这两个对立起来的要素简单地结合在一起。萨特直观到的主体，或者海德格尔所意识到的生存其实就是这种抽象的结果。而这种抽象的去人化反而被理解为人性的东西。在这里，我们必须看到，阿多诺和海德格尔等人的差别。阿多诺也承认人是无法被规定的，这是因为人是精神和肉体之间相互冲突而相互和解的状况。这种状况无法被规定。而海德格尔、萨特是在现象学基础上得到的人的本质，是两个对立起来的东西的简单结合。对于阿多诺来说，这是对人的一种抽象。所以，阿多诺认为，这种历史人类学所理解的主体是去人化的主体，也是去主体化的主体。主体只有在与客体的相互斗争中才成为主体，而萨特等人却没有从这种对立统一关系中去理解主体。

接下来，阿多诺从这个角度进一步批判这种人类学，也就是萨特的思想。这种人类学越是具体，就越具有欺骗性。这种具体表现在，他不是把人规定好，而是承认每个人的具体特征，承认每个人都有无限的可能性，强调人的开放性。而他越是强调人的开放性，就越是抽象。这种"开放性"的说法对人之中那种去主体化的东西漠不关心，忽视了其中的去人化的东西。阿多诺强调，这种去主体化的过程一直伴随着主体的历史形成过程。对于阿多诺来说，主体的形成过程就是一个去主体化的过程。当前流行的人类学命题"人是开放的"，即人具有无限可能性，人无法被规定，等类似的说法，都是一些空洞的说法，它们故弄玄虚地把否定性变成肯定性，把"无规定性"说成是规定性。这与阿多诺批判海德格尔的存在概念的思路是一致的。存在是内在矛盾的，是空洞的，但是这个空洞的东西，否定的东西变成了肯定的东西。不仅如此，它还包含了蔑视动物的要素（动物被规定了的，动物也不是完全被规定的，动物也有点灵性）。在阿多诺看来，人身上具有肉体性的要素，这是人的要素。如果排除这些要素，那么这就是对人的否定。我们不能因此而把它当做是动物的要素。对于阿多诺来说，这种动物性的东西就是人性的。最后，阿多诺说，生存是一个要素，存在主义所理解的生存，人的开放性意义上的生存，是人的整个生活中的一个要素，而不是生活的全部。这个要素应该在人的生活的总体中被思考。而存在主义的问题是，把这个要素从全部生活中脱离出来，特别是从肉体的生活中脱离出来，变成一个哲学概念。当生存变成一个哲学概念，变成"人的开放性"，那么这就是把生存从人的全部生活中抽离出来，独立出来。一旦独立出来，这个生存就会提出一些狂妄的要求，提出了一个总体性的要求，即人的自由和无限的开放性。而这个要求是总体所无法兑现的。生存哲学认为，人无法被规定。而阿多诺认为，人无法被规定并不能使人类学有所提升，而是否定了任何一种人类学。人类学本来应该对人有所规定，如果它对人不能做出任何规定，那么任何一种人类学都无可能。但是，对于生存哲学或者哲学人类学来说，这好像使人类学上升了一个档次，好像它是在更高的哲学层面上来理解人类。而在阿多诺看来，这种做法是去人化。当人类学进行"去人化"的时候，这种人类学也就否定了人类学的可能性。

"此在自身是存在论的"

在这个部分，阿多诺批判了海德格尔关于"此在自身是存在论的"这个说法。对阿多诺来说，此在是一种存在者，而不能是存在论的。此在的生存必定是包含了不可消解东西。"此在自身是存在论"这个说法恰恰要消解这种不可消解的东西。[①] 阿多诺认为，此在这个存在者绝不会因为他有意识而不再是

---

① Theodor W. Adorno, *Ontology and dialectics*: 1960/61, Edited by Rolf Tiedemann, Translated by Nicholas Walker, Polity Press, 2019, p. 231.

存在者，并变成存在论的。

在这里，阿多诺首先评述了克尔凯郭尔的关于生存的思想。阿多诺认为，克尔凯郭尔是从唯名论的角度来理解生存的。这主要表现在他从直接的个人的心理体验出发来理解人的生存。比如，他在《致死的疾病》中他描述了人的绝望的心理。这种绝望被他理解为一种精神状况。他说，"成为自身就是成为具体者"[①]，绝望就是自我不能成为他自身。而克尔凯郭尔把这种绝望的精神状态与上帝的存在联系起来。因为上帝给人提供了可能性，绝望就是人没有能够实现这种可能性。尽管克尔凯郭尔借助于神学的武器反对形而上学，尽管他强调直接的个人，但是他所理解的直接的个人仍然具有神学的性质，与存在论也没有多少差别。因此阿多诺认为，在这一点上，他与海德格尔《存在与时间》没有多少差别。这就是说，他们都要有一个共同的特点，就是把此在的生存存在论化。在阿多诺看来，克尔凯郭尔所说的主体的"透明性"就是要把主体（此在）存在论化。比如，在《致死的疾病》中，他强调了主体的透明性，这就是从纯粹意识的角度来理解主体。当主体成为纯粹意识的时候，当主体不再包含存在者状态的时候，主体就是透明的。克尔凯郭尔对主体透明性的理解与海德格尔的此在存在论化是一致的。在《存在与时间》中，海德格尔强调，此在与其他东西一样都会存在，但是此在与其他东西不同的是，此在所涉及的存在是"生存"。海德格尔认为，由于此在以生存为规定，所以此在的生存本身是"存在论的"。显然，从海德格尔对于生存的这种理解中，我们可以看出，此在的生存不是一种存在者状态，不是一种具体人的生存，而是"存在论意义上的生存"。具有丰富意义的个人生存被抽象化。这个存在论意义上的生存在很大程度上就是让生存观念化，或者说，从一种观念论意义上去理解生存。我们前面在论述主体的时候说过，主体性是在肉体与精神的和解与对立中出现的，也是在与客体既同一又斗争的情况下出现的。在这种情况下，主体性是无法被严格规定的。被严格规定的主体性就失去了主体性。从这个角度来说，主体性和存在一样，都是无法被严格规定的。当主体性概念与存在协调起来的时候，主体性就可以在存在的意义上被理解，而不是存在者状态的意

---

① 克尔凯郭尔：《致死的疾病》，张祥龙、王建军译，北京：中国工人出版社1997年版，第24页。

第一部分 与存在论的关系

义上被理解了。本来主体性是一种存在者状态，而此在的生存也是一种存在者的存在状态，但是当主体性与存在协调起来的时候，主体性就失去了他的存在者状态上的特征，它就变成了存在的存在方式了。这就是说，主体性作为存在者状态被存在论化了。也正因为如此，海德格尔才会说，生存即一种存在者的存在方式就其本身而言是存在论的。海德格尔把生存，即存在者的存在方式存在论化，这就是一种观念论。正因为如此，阿多诺说，海德格尔所说的存在论差别也在这种分析中消失了。

本来此在是具体的存在者，它由于在时空中的个别性而应该被理解为存在者状态上的，但是，此在在逻辑上却可以被理解为存在论上的。海德格尔尽管也承认此在的存在者状态的性质，但是海德格尔还强调，此在"与此同时"也具有存在论性质①。海德格尔对于此在的其他一些理解也表达了这样的意思。比如，海德格尔也承认，此在是一种存在者，但是"与此同时"，此在还具有"先于其他一切存在者"的"多种优先性"。这也就是说，此在虽然是存在者，但是"与此同时"此在还有"多种优先性"，具有存在论的特性。在这里，阿多诺强调，此在（人）是有意识的，由于人有意识，人能够进行自由选择，因而有无限多样的可能性。但是，人有意识这个事实并不能使我们得出结论，人就是一种意识的存在，把人理解为完全是"意识的"、"透明的"、"存在论的"。只有命题才是存在论的，因为命题是一种观念的表达，而某种东西（包括人）不同，它不是命题，不是"存在论的"。人是存在者，而不是存在，不能从存在论上被理解。在阿多诺看来，如果主体潜藏在存在中，那么这个主体是概念，而不是直接被给予的。直接被给予的不是这种概念，而是存在者本身。我们应该注意，这里所说主体是纯粹观念上的主体，这个主体不是指人，而是指意识中的概念。由于这个主体被理解为概念，所以，这个主体可以被纳入到存在之中。而海德格尔的存在也是概念。在特殊的个人意识之中，存在者意义上的东西就潜藏在主体之中，它已经包含了不可消解的东西。既然此在这个存在者有意识，而这个意识之中就包含了不可消解的东西，这就是存

---

① 我们核查了海德格尔《存在与时间》德文本，在第四节海德格尔没有直接说道，存在"与此同时"也具有存在论性质。在这个段落中，没有出现过阿多诺在这里所使用的"Zugleich"这个词语。阿多诺在这里所说的"与此同时"应该是从意思中推导出来的，而不是字面上的。

在者意义上的东西。因此，这个存在者有意识、能思考，他不能因此而被说成是存在，不能被当做直接的本质性东西。他不能被剥夺了存在者的规定性。由此，人有意识，并不因此成为"存在论的"，而是包含了存在者状态上的东西。海德格尔根据人有意识，而强调人的"存在论"特性，而贬低或者忽视他的存在者状态。海德格尔的此在是存在论上的这个说法确立了此在的"自我性"。而在阿多诺看来，这种自我性，即纯粹的自我规定性必须是被中介的，必须要预设存在者状态。而海德格尔强调的存在论上的优先地位①却从此在之中消除了这种存在者状态。

唯名论的方面

在这一段，阿多诺批判了海德格尔等人把非同一性的东西，非概念的东西（这个唯名论的方面）形而上学化。在中世纪出现了两个对立的派别，一个是唯名论，一个是实在论。唯名论认为，共相即一般的、普遍的东西以及抽象的概念不具有客观实在性，而只有感性的个别事物才是真实存在的。而实在论则相反。在阿多诺看来，克尔凯郭尔和海德格尔哲学都有这种唯名论的特点。不过，我们在这里必须注意，克尔凯郭尔和海德格尔所说的存在、生存虽然都有唯名论的方面，虽然强调个人的特殊的意识和体验，但是这个唯名论的方面是极端抽象化的唯名论的方面。比如，在海德格尔那里，这个极端唯名论的方面、这个纯粹的质料方面被抽象化，变成独立于形式的纯粹质料。这就是我们在前面所说的，把存在者状况存在论化。对海德格尔来说，感性的个别事物是存在者，而海德格尔所要把握的是存在本身。而这个存在本身具有非概念性的特征。这是一种可以被感性地加以领会的东西。海德格尔把它当做是直接给予的东西。他把这个东西形而上学化。阿多诺在这里批评的就是这个思想，就是这种意义上的唯名论。或者说，存在、生存、此在等都有唯名论的方面，都有唯名论的要素。

克尔凯郭尔、海德格尔等人都从存在论的角度去理解生存，把生存存在论

---

① 海德格尔：《存在与时间》，陈嘉映、王庆节译，熊伟校，北京：商务印书馆2016年版，第一章，第三节和第四节。

化，企图消解其存在者状态。他们的做法是，把无概念（非概念）的东西提升为概念，或者说，他把存在者状态转换为存在论的。把存在者状况转换为存在论，就是把不能用概念概括的东西"概括"在概念中，并由此把这种具体的东西，把这种存在者状态存在论化。比如"此在本身是存在论的"这个说法就是这样的。此在是具体的个人，但是这个此在是在存在论的角度被理解的，被当做是直接被给予的具体的东西。阿多诺还强调，他的批判不仅仅要针对这一点，而且要针对其中所包含的"唯名论方面"。这就是说，克尔凯郭尔等人在把存在者状态存在论化其实是要赋予非概念性要素以一种特殊的地位。他们非常重视非概念性要素。这是不能被概念所概括的东西，是非同一的东西。他们像唯名论重视特殊的东西一样重视这种非概念性的东西，这区别于共相的东西。这就使得他们的思想具有了一种"唯名论的方面"。在阿多诺看来，无论是克尔凯郭尔还是海德格尔都具有这种唯名论的特点。

　　无论在海德格尔那里，还是在克尔凯郭尔那里，这种非概念性要素都获得了特殊的地位。比如，海德格尔强调，存在在存在论上和存在者状态上的优先地位。阿多诺在这里的批判就是要针对这种特殊地位。这种特殊地位其实就是形而上学上的优先地位。克尔凯郭尔的哲学就是建立在这样一种理论的基础上的。海德格尔的整个存在论就是要研究这个不能被概念化的东西，这个超出语言表达范围的东西。也正因为如此，海德格尔哲学便具有了特殊的魅力。当然，海德格尔哲学缺乏思辨性，这是因为海德格尔从直观的角度来描述这个"东西"。在海德格尔哲学中，生存者不仅仅被错误地概念化，此在被理解为存在论的，而且还被当做高于概念的。海德格尔的存在论上所说的生存，也是这个意思。这就是说，生存与存在是一样的，是指不能被概念所概括的现象，是每个人的特殊的生存体验。但是，海德格尔等人都用概念来概括这种东西，海德格尔要从存在论意义上来描述这种特殊的生存体验。在他看来每一个人都有这种特殊的生存体验，这种非常具体的、特殊的东西。这是不能直接说出的东西。这就是他的唯名论方面。这是脱离了一般的纯粹抽象化的特殊。

　　阿多诺的批判是这样的，个体都是经过社会中介过的，同样个人的反思也是被社会中介过的。既然个人是被社会所中介过的，那么个人就不能对社会获得优先性。从这个意义上来说，个体就是幻相，因为他把不是个体的东西看所是独立于社会的个体。既然个体是幻相，那么纯粹从个体角度进行的反思而得到的个人体验也是一种幻相。比如个人优先性就是从个体体验中得到的一种先天必然的幻相。海德格尔所强调的存在优先性，此在优先性，都是这样的幻相。这是一种在唯名论基础上所产生的一种幻相。所以，阿多诺在这里强调，难于理解的是，为什么每个言说者的个体意识优先于其他一切东西，对于其他一切存在者都具有优先地位。在这里，每个人的个体意识都是"我的"个体意识，而这个"我的"，就如同黑格尔在《精神现象学》中对于"这个"的分析一样。当我们说"这个"的时候，我们一定是指某种个别的东西，唯一的东西。只有这种个别的、唯一的东西才能被称为"这个"。但是当我们用"这个"来表示的时候，恰恰是用了一个最一般的概念，最抽象的概念。任何东西都以被称为"这个"。从这个意义上，"我的"也预设了语言上的一般性。这就是说，"我的"是一般意义上的。而这个"我的"、"这个"的特殊性恰恰否定了一般性。阿多诺强调一般和特殊之间的辩证法。而海德格尔由于其唯名论的局限性，缺少这个辩证法的维度。从唯名论的角度来说，每个人都是特殊的，都具有特殊的维度，这个特殊性是偶然的，对于每个人来说或都是给定的。所以，在这里个人在其中成长起来的偶然性变成了必然性。每个人自身的偶然性对他来说都是给定的，是必然的。于是，偶然性对他来说成为必然性的根据。唯名论的方面就是强调这种个别性。当海德格尔说生存、存在的时候，这个生存或者存在就是要指涉这个偶然的、纯粹质料的东西。个体的体验都是特殊的，是偶然的，偶然的东西是优先的，是一切事物得以被理解的根据。这个个体体验被海德格尔赋予存在论的意义。这就彻底颠覆了传统的形而上学。传统的形而上学是把必然的东西作为偶然性的根据。而海德格尔在这里把它颠倒过来了。

在这里，阿多诺借助于黑格尔的辩证法思想批判海德格尔把特殊的东西，把个人的体验置于优先的地位。按照黑格尔的分析，当一个人说"我的"的时候，这个人就是要把自己和其他人区分开来。这就是说，当一个人说"我的"这个词语是有限定性的，即它限定在唯一的我上面。既然这个词语是有限定性的，那么这个"我的"就与他者先天地联系在一起了。于是"我的"这个说法预设了我与其他人之间的先天联系。没有这种联系，"我的"这个说

第一部分　与存在论的关系

法也就没有必要了。从这个角度来看，社会是先于主体的，先于个人的。主体把自己看做是先于社会的存在者，这是错误的，这是一种错觉。为什么这是错觉呢？因为，任何一个个人都是作为实体而存在的。他是现实的存在者，而社会却没有这种现实的存在形式。于是，他错误地把自己看做是优先的。用阿多诺的话来说，社会是纯粹否定的东西。社会不是肯定地出现的东西。比如，一个人在找银行借钱的时候，他到处都碰到困难，他借不到钱。这个时候他才发现有一种力量是他所无法克服的，这种力量就是社会的力量，社会就是在对他的否定中出现的。或者说，社会是以否定的形式出现的。所以，阿多诺说，个人把自己看做是优先的，这是一种必然的错觉。海德格尔等人就是把人的这种幻相，这种错觉当成优先的东西，并赋予它们以形而上学上的优先地位。

接下来，阿多诺强调，"我的"这个词语也是包含了一般的意思。我们在前面分析"这个"的时候就已经指出，"这个"是个别，同时也是一般。同样，"我的"是个别，但是这个个别也具有一般的含义。这个一般的含义是把财产关系在语言上永恒化。任何一种财产都是一个人自己的财产，都可以被说成是"我的"财产。所以，阿多诺说，这个财产关系在语言上被永恒化了，几乎变成了一种逻辑形式。在这里，阿多诺把"我的"与"这个"加以类比。如果没有"一般"这个要素，那么纯粹的"这个"就是空洞的。当人们知道了一般东西之后，人们才用"这个"把它与一般东西区分开来，没有一般，那么"这个"就变得极其空洞而无法理解。同样的道理，如果没有一般这个要素，那么"我的"就变得根本无法理解。所以，"我的"这个说法在把它自己与一般区分开来的同时，也意味着一般要素。克尔凯郭尔的哲学人格主义（这个地方的人格主义概念是指个人的特殊性，而不是康德抽象一般意义上的人格主义。）所强调的就是这个纯粹的"我的"，这个脱离一般的"我的"。他们从这个纯粹的"我的"之中看到了形而上学的可能性。这就是说，他把这个特殊，把个别性绝对化，并把它当做优先性的东西。这样就建立了一个在个别的被给予性基础上的形而上学。海德格尔也是如此，他们都没有辩证法。这是一种唯名论，而启蒙的思想就建立在这种唯名论的基础上的。比如，近代启蒙思想家就强调经验的要素的优先性。而海德格尔、克尔凯郭尔的唯名论比他们还要极端。近代经验论是把经验作为认识的材料，这个材料是作为知识基础的材料，是可以用概念来概括的经验材料。而海德格尔和克尔凯郭尔等人所说的这种经验，是生存体验，是无法用概念概括的材料（当然他们也用概念来叙述了）。所以，阿多诺把他们的唯名论说成是"顽固的启蒙"。

这就是说，海德格尔哲学是要把握"我的"特殊体验的，但是他把唯名论绝对化，把这种特殊体验绝对化，把它与一般东西完全割裂开来，变成一种可以直观的对象。这就是他的错误。在阿多诺看来，我们要把握这种东西必须要借助于中介，借助于其他一般的东西。但是，海德格尔不是辩证地分析这个东西，而把它当做绝对。当海德格尔把它当做绝对的时候，他就无法把握这种东西，这种东西成为信仰的对象。所以，阿多诺认为，海德格尔的这个顽固的启蒙又返回到神话，返回到对这种绝对的东西的信仰，对存在的信仰。海德格尔本来要征服、控制存在，但最终却屈从于存在。这就是我们在前面讨论过的，他最终屈从于存在的天命。最后，海德格尔的生存，这个无法把握的生存究竟包含了什么东西呢？这个生存就是每个人的自我持存。每个人在自我持存中都有自己的特殊体验。正如我们前面所指出的那样，如果对于自我持存缺乏反思的话，那么这种自我持存就会走向自己的反面。自我持存就变成了自我否定。海德格尔的这种缺乏辩证法的做法，这种终止反思的做法，就是一种朴实的实证主义。这种实证主义就坚持一种顽固的自我持存。

武断的生存

海德格尔在《存在与时间》中提出了一个全新的真理概念。按照海德格尔的看法，"真理本质上就具有此在式的存在方式"。[①] 真理就是此在的展开方式。海德格尔的这些说法的意思就是，此在如何生存的，真理就是如何。阿多诺据此认为，海德格尔在这里，实际上是把人的生存状态理解为真理，因此，他认为，这个意义上的生存是武断的。阿多诺在这个部分其实就是批判海德格尔的真理观的。

在这个部分一开始，阿多诺说明了海德格尔关于真理的思想：真理的尺度不是任何一种类型的客观性，而是思想者纯粹如此地存在和如此行动。对于海

[①] 海德格尔：《存在与时间》，陈嘉映、王庆节译，熊伟校，北京：商务印书馆2016年版，第314页。

德格尔来说，此在的本真的生存就是真理的展示。海德格尔认为，生存者在理解存在的过程中就把真理显现出来。生存者的概念中就包含了这样一种真理的尺度。阿多诺在这里认为，具有实证主义倾向的人（从上下文来看，生存哲学，或者说把生存理解为真理之展示的哲学就是具有实证主义倾向的哲学）剥去了理性中的理性因素。这就是说，实证主义本来在真理观上还是有理性要素的。真理是对于客观东西的把握。现在真理观中的这种理性要素也被消除了。真理变成了与人的主观的体验有关，与人的生存方式有关。从这个角度来看，实证主义者赞美主观理性。对于主观理性的赞美最典型地表现在克尔凯郭尔那里，主观性就是真理。当然，克尔凯郭尔是把主观性与对于上帝的信仰联系起来的。主观性就是真理的思想是通过神学的方式而被确立起来的。雅思贝尔斯也不假思索地接受了克尔凯郭尔的思想把真理与信仰联系起来。他说："生存是在信仰中体验到真理"。① 这就是说，真理是在人的生存中被体验到的。所以，雅斯贝尔斯的思想中包含了较多的主观主义的色彩。从这个角度来讲，海德格尔不会直接地接受，主观性就是真理的说法。我们前面说过，海德格尔是一个客观主义者。海德格尔要把握存在本身，这是一种超出主客体的东西，是超越的东西。此在是通过对于存在的领会而生存的。领会了存在的生存才能把真理显现出来。或者用海德格尔本人的话来说，这个时候，此在才会在真理中存在。从这个角度来说，海德格尔的生存概念中就包含了这样的客观主义思想。但是，这并不意味着，海德格尔的真理观与克尔凯郭尔就毫无联系。其实，他通过雅思贝尔斯这个中间环节而把主观主义的东西绝对化。海德格尔在这里是把人的生存绝对化，而这种绝对化的生存就变成了真理。他把克尔凯郭尔的主观性变成了人的生存。"主观性就是真理"，在海德格尔那里变成了，此在的生存就是真理。从这个角度来看，海德格尔的客观主义中隐藏着主观主义，是一种把人的生存绝对化的主观主义。

接下来，阿多诺认为，海德格尔的这种真理观之所以流行起来，是因为德国有这样一种意识形态倾向：好像一些有特殊的生存方式的人就能够直接通过他们的生存方式而展示真理，好像这些具有特殊生存方式的人是一些具有特殊

---

① 雅斯贝尔斯：《生存哲学》，王玖兴译，上海：上海译文出版社2005年版，第27页。

品格的人。这些人具有高人一等的精神品格。这些具有特殊品格的人的行动就是真理的体现。这些人能够把神圣的语调、激进的姿态与真诚、刚毅的意识形态结合在一起。当这些东西结合在一起的时候，这些人的行动就展示了真理。这是暗地里批判海德格尔思想中所包含的法西斯主义要素。海德格尔从存在论上所颂扬的这种生存方式。这本身就是一种意识形态。这也暗含了对海德格尔的所谓客观主义真理观的批判了。这种生存的真理实际上就是一种意识形态。对于这种意识形态，阿多诺在《存在论与辩证法》之中进行了解释。在那里，他用移民来表示主体性，而用定居的人表示此在的生存。阿多诺认为，这种意识形态是艰苦劳动的定居者的意识形态。这种定居者感到，他们的劳动成果被外来移民骗走了。① 阿多诺这里所做的比喻的意思是，按照存在论的看法，真理是此在的生存方式（定居者），而主体性是外来移民。主体性是不确定的。以前人们认为，真理是主体认识客体的结果。存在论认为，这是移民骗取了定居者的劳动成果。主体性是不确定的，而只有此在的生存才是确定的，只有他的存在本身才是真理。其实，这也暗示了德意志人对于犹太人的态度。这是为反犹主义提供辩护的意识形态。

　　接着，阿多诺把海德格尔与康德相对比。按照康德的思想，认识就主体把握客体。真理的内容就在于其客观性。康德要为自然立法，自然被纳入到主体的概念框架中，所以阿多诺说，康德的主体性借助于功能性的本质而消解了固化了的实体。可是当主体性消解了这种实体之后，人的认识其实也就缺乏了稳固的基础。换句话说，对于海德格尔来说，康德的知性为自然立法的思想是主观主义的，康德让实体消失在主体之中。为了弥补这里所产生的缺陷，海德格尔所提出的方法是把主体性变成绝对稳固的东西，也就是把主体性变成人的生存方式，好像此在的存在方式是稳固的东西。而康德的先验统一性学说，概念框架的先验必然性其实在一定程度上已经预示了主体性可以提供绝对稳固性东西的基本设想。阿多诺的这个说法表明，海德格尔的存在概念有康德先验哲学的要素在其中。海德格尔所说的生存类似于康德的先验同一性。主体通过这种先验统一性而获得真理。

---

① Theodor W. Adorno, *Ontology and dialectics*：1960/61, Edited by Rolf Tiedemann, Translated by Nicholas Walker, Polity Press, 2019, p. 232.

阿多诺对海德格尔的思路提出了批判。在阿多诺看来，海德格尔的真理观不过是把主体性的东西，也就是人的生存方式绝对化。他的客观主义的核心就是主体行为方式的绝对化，存在的绝对化。而在阿多诺看来，真理是主体和客体之间相互作用的产物。从这个角度来说真理既不能被还原主体，也不能被还原为存在，尽管海德格尔强调这种存在好像是稳固的东西。对于海德格尔来说，存在是超越的，超越了主体和客体。而阿多诺认为，这个存在不是超越的，是与主体相联系的。如果没有主体去体会（描述）非同一的东西，这种非同一的东西也无法显现出来。海德格尔的错误就在于，他认为，这种存在在人的生存中显现出来。在阿多诺看来，海德格尔没有清晰地认识到存在与主体性的辩证关系。主体领会存在，同时也不同于存在。阿多诺批评说，主体只有在与非主体东西（客体）的联系中才能展开其中的真理，而不是自卖自夸地肯定它是如此这般而展示真理。当然，在这里，我们必须注意，海德格尔要通过主体肯定地表明自己如此这般而展示真理，绝不是纯粹主观主义的。如果真理就是主观的，那么这肯定走向了非真理。海德格尔认为，此在的存在通过自己的生存而让真理显现出来，存在在这里被去蔽了，存在以它本来的样子显示出来了。所以，阿多诺说，海德格尔的真理观属于恢复原状的学派。这种恢复原状的学派与黑格尔强调主客体的矛盾的学说是完全相反的。阿多诺坚持从主客体之间的矛盾的角度来理解真理，而海德格尔是要去蔽，要恢复原状。海德格尔的这个恢复原状的学派其实是一种主观主义，但是这种主观主义是被掩盖起来了。这种主观主义的核心是，主体的行动本身就变成了真理的展示，但是它又与主观主义不同，在这里，真理不是完全的主体性，不是主体的重复（如果是这种重复，那么它就毫无意义，没有任何真实的内容），而是把主体提升为生存。这里的主体不是一般意义上的主体，而是此在的生存。对于海德格尔来说，这种生存好像消除了主观性的弱点。在这里，阿多诺挖苦说，这个被提升起来的生存既追随相对主义，又认为自己高于相对主义。如果生存是客观必然的，生存就展示了真理，而主体性就是偶然性，真理与这种主体性就无关。

接着阿多诺借助于雅斯贝尔斯的说法来挖苦海德格尔。雅思贝尔斯的这段话的原意是，一些哲学家们认为，哲学的话语和空洞的理知（知识分子对于生存的理解）是没有区别的。哲学家对于真理的理解与知识分子的生存体会是一致的。这两者是无法区分开来的。按照雅思贝尔斯的说法，人作为研究者总是有普遍的标准的，并且对于这种标准的普遍有效性感到满意。这就是说知识分子作为研究者，是有客观标准的。但是，这个普遍有效的标准不是外在的，而就是知识分子或者哲学家的生存体验中得到的。这是哲学家或者知识分子的生存话语。这种生存话语虽然是知识分子或者哲学家的直观标准，但是它同时也是普遍有效的。这个普遍有效的标准，就是人的生存体验，因此它与空洞的话语不同。从这里，我们可以看到，哲学家有一种生存上的标准，而这个标准与科学家的标准是不同的。雅思贝尔斯对于哲学标准的说法与海德格尔对于真理的理解从本质上来说是一致的。这也说明海德格尔的真理观是一种主观主义的真理观。这种真理观就像雅思贝尔斯的真理观一样，排除了科学中的客观真理，而从主体自身的体会中去理解真理。所以，阿多诺说，生存排除了与它自身不同的东西（即科学中的客观真理），把它自身作为真理的标准，这是武断。这就像独裁者让自己的世界观在政治实践中有效一样。在阿多诺看来，真理是主客体相互作用的产物，是人的思维的产物。当海德格尔把生存本身变成了真理的时候，思想就被还原为思想者（的行动）。而当思想被还原为思想者的时候，通过思想的作用，通过主体的作用把握真理这个思想过程就被终止了。在这里发挥作用的不是思想，不是主体性，而是思想者的行动。在这里，主体性物化了。本来，主体性是真理的基础。主体性物化了，真理也就失去了基础。生存哲学所理解的人格性其实就是否定了主体作用，就是主体物化的表现。在这里，人格性是人的必然的生存方式的另一种表达方式，是物化了的主体性。本来，认识通过思维把握真理，然而在海德格尔的真理概念中，真理变成了思维者始终所是的东西。本来真理通过人的思维才是可能的，可是在这里，思维变成了思维者的始终所是，于是，思维就变成了同义反复，成为一种退化了的意识，无内容的意识。而在阿多诺看来，思想的重要特点是思想能够打破思维者的狭隘性。这就好比说，一个人可以是资本家的儿子，他生活中有狭隘性，但是他的思想可以突破这种狭隘性，他可以成为反资本主义的人。所以阿多诺说，超出软弱、可错的思维者就是思想的最好力量。然而在海德格尔哲学中，思想的这种力量受到制约。海德格尔把思想还原到思维者，思想失去了自己的最好力量。所以阿多诺说，在海德格尔那里思想的力量受到了生存的真理概念的阻碍。在阿多诺看来，从克尔凯郭尔开始一直到法西斯主义都是这样。克尔凯郭尔以来的生存论用生存的概念阻止人的思想。法西斯主义也用生存的真理概念阻止了人的思想。人的思想被阻止了，法西斯主义才有可能以生存的名义来阻止真理，把生存本身变成真理。这种以生存为核心的真理概念是把人的狭隘的生存当做真理，把狭隘性当做真理。对于生存的崇拜显示了一切国家之中都有这种狭隘性。为生存而斗争就是真理。在当代世界中的国家关系就是这样一种生存斗争的关系，丛林法则在这里发挥作用。由于所有国家都有这种狭隘性，这种真理概念才能兴盛起来，对生存的崇拜才在许多国家兴盛起来。这些国家也以生存的崇拜的名义进行侵略战争。

"历史性"

在这个部分，阿多诺批判了海德格尔的"历史性"概念。这个历史性概念与海德格尔的生存概念的特点是一样的，如果说生存哲学是把具体生存和生存概念对立起来，最终用生存概念否定了具体的生存，那么在历史性中，海德格尔也同样如此，他试图把握具体的历史，但是当具体的历史被概括在历史性中的时候，具体的内容又被他抽象化了。这是因为，海德格尔哲学中缺乏辩证法。阿多诺通过分析表明，在这种历史性中，生存处于一种矛盾的境界。[①]

按照阿多诺的看法，本来生存概念是指人的实实在在的具体生活。这个生活不能被观念化。存在论引入这个概念的时候，本来是要抵抗观念论。但是，当海德格尔从存在论的角度来看待生存的时候，生存就被观念化了。这就是我们前面所说的，海德格尔要达到具体的生存，但是具体的生存被概念化。而这个被概念化的生存就无法达到能够具体的生存。本来这里应该有一种辩证法，但是海德格尔却缺乏辩证法。所以生存概念处于两难的境地。本来，人作为存在者能思考，他可以通过这个思考让概念超出概念。从这个角度，人所提出的观念具有神圣性，或者说，人所提出的观念是人的卓越地位的体现。而如今在

[①] 参见 Theodor W. Adorno, *Ontology and dialectics*: 1960/61, Edited by Rolf Tiedemann, Translated by Nicholas Walker, Polity Press, 2019, p. 233。

生存哲学中，人的观念没有被神圣化，而存在本身却被神圣化。本来人是通过概念的思考来达到非概念的东西，而海德格尔把这个非概念的东西直接表达为"存在"。于是，这个存在取代了人通过概念的思考而能够达到的东西。这个存在本身被理解为超越的东西，这个东西本身被神圣化了。这个存在就是人借助于存在者而达到的。阿多诺把这个超出存在者的东西理解为存在者的"以太"。"以太"是亚里斯多德所构想起来的某种物质，它不能以任何形式被人们所感觉，但是却发挥作用。这非常类似于海德格尔的存在概念。按照海德格尔生存论思想，如果一个人能够通过理解存在的方式而生存，那么这个人就能够本真地生存。所以，阿多诺说，这个存在者（此在）的以太能够让存在者高贵起来。所以，在人的生存中重要的不是具体的存在者，不是具体的生活条件，而是存在者的以太，是存在本身。如果从历史的角度来说，这里重要的是存在，是历史的本质才使人高贵起来。

克尔凯郭尔也曾经承认生存概念的物质特性，用"眼下"来说明物质生活条件。我们前面已经说过，克尔凯郭尔具有唯名论的特点，他重视个人的具体生存。所以，克尔凯郭尔还是看到了物质条件在历史中的作用。他用"眼下的东西"即当前的现实来表明历史的条件。在这里，生存概念指称物质性的生存。可是，对于唯名论来说，概念是空洞的。对它来说，"生存"不是概念，不是指称生存，而是直接把物质性的生存呈现出来了，把具体生存呈现出来了。这个生存概念和具体的生存是结合在一起的。而当这个生存概念和具体生存结合在一起的时候，这个生存其实就变成了一种没有具体内容的、空洞的概念。这就如同海德格尔所说的那个存在一样。在这样的情况下，生存又变成了一个纯粹的、空洞的一般概念。或者说，在克尔凯郭尔那里，生存是抽象的形式（概念）和具体的生存（质料）完全对立的。生存就是把这两个对立的方面结合在一起。这个生存与海德格尔所说的存在是一致的。所以，阿多诺说，生存被吸收了存在的之中。而在这个存在之中，历史面临着两种可能性，一是历史被精神化，变成纯粹的概念，一是历史变成纯粹的质料，纯粹历史事件的汇聚。在这个事件的汇聚中，历史变戏法式消失了。这就是说，这种历史事件不过是纯粹的质料，可以任由人来处理。与必然性联系在一起的那个历史维度没有了。阿多诺说，尽管克尔凯郭尔也承认黑格尔左派很重要，承认黑格尔左派的思想，承认黑格尔的辩证法的重要性，但是他并没有真正地吸收辩证法思想，而把历史的永恒性和时间对立起来，把质料和形式对立起来，借助于神学的力量把这两个完全对立的东西悖谬地结合在一起。这种做法与他所提出的主观性就是真理的做法在本质上是一致的。所以阿多诺认为，克尔凯郭尔的哲学由于其中的神学因素还是陷入思辨之中，陷入到矛盾之中。

接着，阿多诺继续强调存在学说的模糊性。这种模糊性表现在，它要处理存在者，但是又把存在者存在论化，既要处理具体的东西，又要处理一般的形式。从历史的角度来说，这种存在学说，一方面诉诸存在者的形式，把存在者完全概念化，观念论化，另一方面，又要处理具体的历史状况，要确定存在者与具体历史状况的联系。在这里，阿多诺引证了海德格尔在《存在与时间》中的一段文字。这段文字的基本思想是历史性的基本特点的。从海德格尔对于这个基本特点的描述中，我们可以看到，他要把本真的历史性和具体的历史外在地结合在一起。这就如同他把世界性和日常世界外在地结合在一起是一样的。于是，在这里历史从两个方面被理解。一方面，他把历史精神化了，于是历史就变成了永恒的历史，历史变成了"历史性"。另一方面，他承认历史是具体的历史，是物质生活的历史，这种历史是时间中的历史。阿多诺分别概述了这两个方面。

一方面，历史被转换为历史性，历史中的事实要素就被剔除出去了。第一哲学的基本特点就是把一切东西都归结到某个第一性的东西上。这个第一性的东西是必然的，不变的。存在学说也在一定程度上沾染了第一哲学的特性，它要把不变要素扩展到可变要素上。在这里具体的历史条件（偶然的要素）都被纳入到历史性之中。而这个历史性是剔除了具体的内容的，是没有具体的历史的。从这个角度来说，海德格尔的存在学说使历史停留在非历史中。当海德格尔使历史停留在非历史中的时候，社会的要素也被剔除了。这就如同胡塞尔的逻辑研究把心理要素剔除出去一样。这些社会的要素被看做是偏离了事情本身，社会学拘泥于存在者的要素，而不是存在本身，所以社会学让事情本身相对化和外在化，让人们看不到社会中的事情本身。按照这样的存在学说，社会学只是看到存在者，而看不到存在，仿佛这些偶然的社会要素妨碍了人们把握事情本身，妨碍了思维的诚实劳动，好像人们在认识具体历史事件的时候，人们没有把握真正的历史。海德格尔要克服物化，但是他不是在主客体相互关系中克服物化，而是要直接把握历史中的本质，把握历史性本身。按照他的这样的思路，如果直接把握了历史性本身，那么这种物化状况就可以被克服。阿多诺认为，物化只有在主客体的相互作用中被克服，物化是必然的，是主客体相互作用的结果，克服物化也必须在主客体相互作用中发生。在阿多诺看来，主客体相互作用意义上的认识能使固定的东西流动起来。而海德格尔却认为，只有直观了存在本身，只有回到他所说的那种源始状况，这种物化状况才被克服。

另一方面，历史的存在论化还使历史中所出现的具体现象获得正当性。由于历史被存在论化了，存在在其历史中发挥决定性作用。这个存在的力量是人们在日常世界中所无法透视的。人们所把握的存在是与具体历史状况分离的，与具体的历史状况无关的。即使领会了存在，人们也必须在日常世界中把自己所面临的历史状况，历史境遇当做必然的东西，当做是天命而接受下来。好像，这种历史境遇是存在的命令。在这样的情况下，人们只能顺从历史。存在的力量变成为历史的力量。人只能无奈地顺从历史，屈从于现实。阿多诺认为，洛维特就发现了海德格尔把具体的历史纳入到存在之中，把顺从历史的境遇看做是一种必然。这个地方有一个注。在这个注中，洛维特认为，海德格尔无法把存在和存在者区别开来，把本真的历史和具体的历史境遇区别开来，于是他就接受了现实，也接受了纳粹统治下的弗莱堡大学校长的职务。

从上述两个方面，我可以看到，具体的历史在存在哲学中所面临的两难境地。从第一个方面来看，历史被消解为历史性，具体的历史要素就被排斥了。从第二个方面来看，存在的力量在历史中发挥作用，任何一种历史的事件背后都有存在的作用。从这个意义上来说，任何一个历史事件都是正当的。人应该服从具体的历史境遇。阿多诺根据这两个方面认为，海德格尔实际上就是根据需要或者蔑视历史或者把历史神话。对于历史的这种看法带来了一定的政治实践上的后果。海德格尔成为纳粹的大学校长就表现了这种后果。既然历史所面临的是这样一种困境，那么与历史联系在一起的生存和时间也同样面临着这样的问题。从时间来看，本来时间就是过渡，是事物的运动形式，但是在海德格尔那里，时间被美化、被绝对化了。于是在生存论存在论中，时间变成了时间性,变成了永恒。或是说,时间变成了没有时间的时间。本来生存是人的具体的生存,但是在海德格尔那里生存是人的本质,是人的生活的本质,所以,生存就变成了时间性,生存也就不再是具体的生存。当海德格尔把生存看做是本质的时候,他就重新命名了生存。由于海德格尔的这种命名,生存就不是具体的生存了。于是阿多诺说,由于海德格尔的这种命名,即把存在说成是本质,所以,生存概念又远离了生存,远离了具体的生存。可是,海德格尔也不是完全排斥具体的生存,不是完全把生存抽象化。或者说,海德格尔在形式意义上的生存和质料意义上的生存之间徘徊。这种做法其实就像现象学排除了心理现象而从本质意义上去把握它一样,它也从现象上把握生存,把生存理解为本质。可是,海德格尔也不满足于把生存当做本质,他也会把生存当做是现象学上有问题的名字,希望把具体的生存融合进来。从这个角度来说,生存概念又被整合起来了。

接下来,阿多诺对于海德格尔的这种做法进行了批判,对海德格尔在存在和存在者之间、在历史和历史性之间、在时间和时间性之间徘徊的做法进行了批判。阿多诺把这种做法称为"哲学安慰"、"委婉的神话操作"。这种做法之所以被说成是哲学安慰,就是因为海德格尔排除了存在者,但是又试图吸收存在者,排除了历史,又试图吸收历史。于是,海德格尔的哲学虽然排除了历史,但是好像还是在研究历史。而海德格尔的这种做法是一种神话操作。为什么被理解为神话操作呢?这是因为,他的这种做法像古代的神话那样,即通过模仿自然来打破自然的魔力。我们前面已经说过了,神话和启蒙都有一个共同点,就是要通过模仿自然来控制自然。神话把人的要素投射到自然之中。它认为自然之中包含了神,并通过膜拜自然神来控制自然。海德格尔的存在论继承了神话的模仿要素。海德格尔直接描述存在的做法可以被看做是模仿自然的做法,模仿自然中具有的那种魔力,并通过控制存在,用概念来描述存在来打破这种魔力。所以,阿多诺挖苦海德格尔,说他爬进了早已过时的模仿洞穴。这就是说,他模仿了柏拉图的思想。这就是说,他既打破柏拉图,又吸收了柏拉图的思想。他是用模仿柏拉图的方法来打破柏拉图。从这个角度来说,他又爬进了柏拉图的洞穴。

于是,阿多诺认为,海德格尔对待柏拉图的方法就像一个公司对待它的多余雇员的方法。我们知道，任何一个公司在解雇多余雇员的时候，其实是已经剥削了雇员的劳动成果。当公司在雇员的劳动成果的基础上强大起来的时候，当公司借助于雇员的技术而提升了自己的竞争力的时候，公司由于技术的提高，而使雇员变成多余。海德格尔对待柏拉图也是如此。他表面上放弃了柏拉图，但是却吸收了柏拉图思想中的一个偏见：即不灭的东西一定是最好的东西。不过，这种偏见以一种转换了的形式表达了这样一个思想：在永恒的战争中，强者总是对的。强者没有被消灭，所以，强者就是伟大的。或者说，在生存竞争中强者总是对的。柏拉图的理念论之中潜在地包含的就是这样一种生存斗争的暴力的原则。因为柏拉图理念论就是按照同一性原则确立起来的，而海德格尔表面上否定同一性原则，而实际上他就是把不能同一的东西同一起来（变异了的同一性原则）。而同一性原则就是生存斗争的核心。它就是要通过模仿自然来控制自然，就是神话的模仿。所以，阿多诺认为，柏拉图的教育学也培养战争的德性，承认胜者为王的原则。本来教育是要遏制战争的，但是这种教育学却走向了自己的方面。对于阿多诺来说，只要人们没有辩证法，而把对立的两个方面机械地结合起来，那么人们就必然会在两个对立的方面之间徘徊。因此，柏拉图就会希望通过所谓正义理念来为他的这种战争德性服务。而海德格尔的生存概念其实也是一种赞美战争德性的理论，是鼓吹胜者为王的观念。在柏拉图那里，这种战争德性还需要在正义的理念面前得到辩护[①]，而在海德格尔那里，这种战争的德性不再需要借助于正义的理念来辩护，它直接就被神圣化了。这就暗示，海德格尔的生存哲学的核心就是胜者为王的哲学，其本质上就是鼓吹这种理论的哲学。所以，阿多诺挖苦他说，在他的生存学说中，不再有闪烁的星星。对海德格尔来说，生存就是真理。本来，存在者应该分享永恒理念，但是在海德格尔那里，存在者就不需要分享这个理念了，这个存在者直接就肯定了权力。这个存在者的生存直接就是神圣的。这里，阿多诺其实再次暗指，海德格尔的存在论的法西斯主义性质，就是直接对于现存权力

[①] 在这里，阿多诺认为，这是柏拉图《高尔吉亚篇》中的思想。但是，《存在论与辩证法》一书的注释者认为，阿多诺可能在这里记错了。这里应该是《美诺篇》。见 Theodor W. Adorno, *Ontology and dialectics*: 1960/61, Edited by Rolf Tiedemann, Translated by Nicholas Walker, Polity Press, 2019, p. 304，第 24 个注。

的服从。在他的思想中，对于高高在上的历史本质的强调与屈从于现实是结合在一起的。他的那个高高在上的历史本质对于现实的历史没有发挥任何作用。在海德格尔那里，历史的本质和现实的历史之间缺乏辩证法。

第二部分
否定的辩证法:概念与范畴

某物的不可消解性

在这个部分，阿多诺主要是要强调，人所使用的概念必定包含了某种内容。这个内容就是概念中的某物。这是概念中所必不可少的东西，如果没有这个东西，概念就成为空洞的形式。它可以被理解为最抽象的存在者。一个人只要用概念来思维，那么概念中就有内容。而阿多诺在这里所说的内容，显然不是主观想象出来的内容，而是有客观基础的内容，是对于事态的最抽象概括，并且是与经验内容有关的。所以，阿多诺说，这是不可消解的。这里的某物不是纯粹主观的，而是思维中的客观要素，是概念中的客观要素。

在这里，阿多诺的分析从一开始就是针对海德格尔的。虽然海德格尔也强调存在和存在者之间的联系，但是海德格尔还是在一定程度上把存在作为脱离存在者而可以被直观的对象。而阿多诺强调，我们必须借助于存在者来认识存在。存在者（某物）是存在的根基。如果存在被当做概念来理解，那么这个概念之中必须包含了某物，必须包含存在者。如果没有这个要素，那么它就成为完全空洞的形式。阿多诺把海德格尔那里的存在者理解为某物。在阿多诺看来，尽管某物这说法仍然非常抽象，是一种最抽象的事态，但是事态是一种客观状况，比如说某种客观的关系。阿多诺把这种存在者理解为事态的极端抽象。尽管它非常抽象，但是它也包含了客观内容，因此我们不能把这种事态与思维等同起来。假如没有某物这种事态的话，那么形式逻辑就只是纯粹的形式，就无法被思考。我们在形式逻辑中进行推理，比如，如果 A 大于 B，B 大于 C，那么 A 大于 C。这里的 A、B、C 就是非常抽象的事态，至少我们有关于 A、B、C 这三种东西的感性经验，而这种三种不同的感性经验类似于我们对于外部事物三种东西的最抽象的经验。如果没有它们，我们就无法进行逻辑推理。如果这里的"大于"关系是元逻辑的关系，那么 A、B、C 就是元逻辑的剩余。没有这些剩余的东西，那么形式逻辑也无法思考。这里有一个注。这个注是批判黑格尔的《逻辑学》的，因为黑格尔的逻辑学从"存在"开始，而不是从某物开始，所以黑格尔的逻辑学是观念论的。这个观念论试图排除存在者，排除由某物所表达的事态。他的理论最终走向了同一性的哲学。在这里，人们会提出一个问题，黑格尔所说的存在之中也包含了内容，但是这个内容与阿多诺所说的某物的差别究竟有多大呢？其实差别不大。如果有差别，也是对待这两种东西的态度上的差别。在黑格尔那里，这种内容最终要达到同一，而在阿多诺那里，这种内容决不能被同一。黑格尔在完成抽象之后认为，抽象的概念只有概念的抽象含义，而被抽象的东西就与抽象的内容无关了。而阿多诺认为，抽象的同一性概念不能排除被抽象的东西。这个被抽象的东西作为某物仍然在思维中发挥作用。按照阿多诺的观念，任何思维，哪怕是非常抽象的逻辑思维，也必须有事态，有某物，如果没有某物，那么任何思维都无法展开。因此，他强调，如果思维想摆脱事态，设定一种绝对的形式，那么这是一种幻想。这就是说，形式逻辑无论多么形式化，都包含了不可消解的内容。脱离内容的纯粹形式是不可能的。比如，"大于"的关系，如果没有关于现实中事物之间大小关系的经验基础，那么纯粹抽象的"大于"也无法理解。所以，阿多诺在这里说，关于事态的经验内容是事态的构成要素。这就是说，我们思维中的事态，概念所包含的某物一定有某种经验的内容在里面。这个经验内容是思维中的事态的构成要素。

如果说某物是思维的内容，那么思维的相反的一极是主体。主体要借助于概念来思考。没有概念主体也不能思考。主体中的任何一种思维都是我的思维。哪怕这个思维是非常抽象的，纯粹的思维，这个思维都不能摆脱存在着的"我"。这个"我"也不是纯粹形式上的我。我们在思维中要借助内容，而这个思维一定是与肉体结合在一起的"我"在思考。从这个角度来说，主体也不能被设想为纯粹的概念、思维功能。如果从主体的角度来理解概念，那么这个概念是与肉体上的某种动力有关的。比如，概念中包含了主体的力量，那么概念就能够走出概念。这个具有能动作用的概念，就与存在着的"我"联系在一起的。费希特在反对康德的物自体的时候，排除了一切主体之外的东西，甚至主体也变成纯粹的主体，绝对的我。这个绝对的我甚至把经验的我排除出去。所以，阿多诺说，自费希特以来的观念论，包括黑格尔的观念论在抽象过程中丢掉了被抽象的东西，丢掉了一切经验的内容。在阿多诺看来，其实他们并不能真正地丢掉这些被抽象的东西，只是思想家自己以为这种被抽象的东西被驱逐出去了。或者说，这种被抽象的东西只在思想家的头脑中被驱逐了，而大脑是被抽象的东西的家园，思想家把被抽象的东西从它的家园中驱逐出去了。而在他们所进行的抽象中,这种被抽象的东西都会如影随形地伴随着这种东西。这就类似于形式逻辑中也包含了某物一样。在思维中人们进行抽象的时候,一定离不开被抽象的东西。如果有人相信这种东西果真被完全驱逐出去了,那么这就非常神奇了。思想家们虽然认为他们驱逐了被抽象的东西,其实,这些被抽象的东西仍然在他们的思想中发挥作用。这就是以他们思想中的矛盾的形式表现出来。人们用概念进行思考,用概念进行抽象的时候,被抽象的东西一定保留在思维过程中。没有对象的思考是不可能的,没有对象的思维是与思考这个概念自身相矛盾的。被思考的对象就是意指了存在者。这就是说,只要思考,那么思考之中就一定包含了某物。这是任何一种思考中所设定的。我们甚至可以说这是先天必然的。甚至观念论所说的完全抽象的东西,也一定包含了某物。没有事态,没有某物,那么思考就不可能。思维自己以为自己驱逐了内容,以为自己进行纯粹的思考,其实它在思维的时候就包含了某物。根据这样一种分析,阿多诺认为,思维所思考的、被抽象的东西虽然在思维过程中是后来的,但是这个后来的东西是预先就存在着的。如果没有被思考的东西,没有某物,没有存在者,那么任何思考都是不可能的。虽然我们思考是针对某个对象进行思考,这个思考对象是后来出现的。但是,这个思考对象其实在思维中早已存在。如果没有早已存在的某物,那么抽象就不可能,思考也不可能随后去思考对象。在这里,某物虽然不是抽象中形成的对象,但是某物还是在思维中预先存在着。我们可以说,在人还没有具体地有意识地思考某个对象的时候,某物其实先行在思考中存在。我们可以说,某物存在于"肉体"中。对于阿多诺来说,思维和肉体是分不开的。

后来的东西是在先的,这个说法显然是违背了不矛盾律。然而,只要进行概念批判,我们就会发现,虽然思维所思考的是一些抽象的内容,但是作为内容的根基的某物其实早就存在了。它与概念有关而又超出概念。这是概念的辩证法。通过概念的自我批判,通过概念的辩证法,我们就能够把握和理解这个矛盾的说法。后来的东西是在先的这个说法是由认识论所客观地引起的。在认识中,我们要感知对象,并在对于对象的感知中把握对象。而在认识中得到的抽象概念从一开始就是与被抽象的东西结合在一起的。只要我们理性地反思这个认识过程,那么我们就一定会承认这个被思考、被抽象的东西是在先的。这是认识客观过程的必然结果。只要我们对认识过程进行理性批判，只要我们深入思考被抽象的内容，我们就能够理解思维中的内容的在先性。而这种思维的内容的在先性在观念论中也没有消失，而是以辩证法的形式出现的。黑格尔之所以能够有辩证法，就是因为理性地反思这个内容，他把认识论的要素纳入到了逻辑学之中。所以虽然黑格尔的观念论后来被否定了，但是辩证法却反而存活下来了。马克思等人接受黑格尔的辩证法就在于马克思强调了这个某物的优先性。从马克思《关于费尔巴哈的提纲》的第一条中，我们能够理解这个思想。由于思想中必然有内容，而这个内容是预先存在的，是在思考过程之前就存在的，思想要走向这个要素，而在思想走向这个要素的时候，思想不是把它变成完全的抽象的要素，而是包容了这个与思想不完全一致的东西。思想包容了这个与思想不同一的东西。阿多诺所强调的就是这个非同一的东西。

思想走向这个客观内容，走向这个与思想不同的东西，但是思想又不完全吞并这个被思想的东西。康德在他的哲学中就强调了内容和形式之间的联系。在这个方面最著名的就是康德所说的，没有概念的经验是盲目的，而没有经验的概念是空洞的。这就表明了概念和经验内容之间是相互中介的。这表明，康德虽然把形式和内容，主体和客体区分开来，但是这两者之间仍然是相互中介的。但是，康德没有意识到其中的内在矛盾。比如，康德所说的那纯粹的知性概念。这些概念是纯粹知性的，那么这就不包含感性的要素，是属于纯粹形式，这些知性的概念能够把感性的要素综合统一起来。这是形式和内容的统一。但是康德却没有发现，知性范畴之所以能够进行这种综合，是因为这些范畴本身早就包含了经验的内容，如果没有两个要素之间的时间关系，如果没有前一个事态引发后一个事态，那么因果范畴也不可能得到理解。作为直观形式的经验内容已经包含在时间概念之中了。康德不能理解先验的东西是后来的，是经验上一般抽象的结果。阿多诺在《康德的〈纯粹理性批判〉》的讲课稿中从许多方面揭示了康德思想中的矛盾。这种矛盾就是一种辩证法思想。只是康德本人没有注意到这种辩证法。胡塞尔极端地推进了康德的那个先天的形式。这个必然的先天形式是胡塞尔本质直观的对象。而在阿多诺看来，其实胡塞尔的那种必然性的形式之中其实预设了某物，预设了某种内容。如果没有预先存在着的某物，那么胡塞尔也无法直观到本质。在《走向认识论的元批判》一

第二部分　否定的辩证法：概念与范畴

书中，阿多诺详细地分析和说明这种内在矛盾。而海德格尔在思想中其实也包含了矛盾。比如，他本来是要强调主体的作用的，但是在他那里此在却只能接受命运的控制。对主体的强调最终走向了反主体的道路。他的那个存在其实是把纯粹形式和纯粹质料外在地结合在一起的产物，这本身就是一种矛盾。所以，胡塞尔和海德格尔等人想直观地把握的那种本质都包含了矛盾。这表明，辩证法是不可避免的。他们试图直接把握的那个本质，他们所说的那种形式其实本身就包含了矛盾。

接下来，阿多诺强调，如果辩证法是不可避免的，那么第一哲学就是不可能的。先验哲学或者存在论都要找到某种最终的基础，最可靠的根基。这是他们的思考的基本原则。纯粹的形式、先天的东西不是直接给予的，而是经过中介的。纯粹形式之中已经包含了内容。海德格尔的存在是如此，胡塞尔的爱多斯是如此。而辩证法则表明，先验哲学的那种绝对可靠的东西，比如，纯粹的逻辑形式，都需要有某种内容，都需要某物，如果没有某物，那么这种纯粹的逻辑形式也是不可能的。先验哲学和存在论虽然其结构发生了变化，但是其基本原则没有变：先天的形式是直接被给予的。这是绝对第一的东西。这是先验哲学和存在论所固执地坚持的东西。

阿多诺强调，他对存在论的批判，并不是要用一种新的东西来代替存在，用一种非存在，或者用非同一性来代替同一性。如果是这样，那么他就是要重新建立一种新的第一哲学。而阿多诺否定了任何第一哲学的可能性。在他看来，任何第一都是被中介的。当一个东西被中介的时候，它就不是第一了。阿多诺强调，非同一性，强调非概念的东西，这不是要把非概念的东西、非同一的东西作为第一的东西确立起来。这个非同一的东西（某物）也要通过概念的分析而被揭示出来。我们可以说，它是第一而又不是第一。这里包含了辩证法。在阿多诺看来，如果把非同一的东西、存在者变成第一，那么这就把这个非同一的东西脱离了概念（脱离了形式），成为纯粹的质料，纯粹的非同一的东西。而这个纯粹非同一的东西本身就直接变成了概念，并且变成一个具象化的概念。同一性是纯粹形式意义上的概念，而非同一东西是纯粹质料意义上的概念。这两者在本质上是一致的。如果把这个非同一的东西、这个某物变成概念，那么这就是以违背它的意思的方式来对待它。这就是说，本来它是以概念为中介的，是概念中超出概念东西，超出纯粹形式的东西，是概念的基础。现在它变成了概念。当它被概念化的时候，这个非同一的东西被同一起来了，并由此而被消解了。在阿多诺看来，一切东西都是相互中介的，形式和内容也是相互中介的，把形式作为第一的东西确立起来与把内容作为第一确立起来，都是错误的。这忽视了它们之间的相互中介的性质。

第一哲学必然要把某种东西确立为第一。如果要确立第一，那么作为第一确立起来的东西必定是概念。或者是纯粹形式的概念，或者是纯粹质料的概念。被观念论所确立起来的第一是纯粹形式的概念，而被唯物论所确立起来的第一是纯粹质料的概念。所以，基础哲学和第一哲学必定会带有概念的首要性。如果没有概念的首要性，没有确立某种概念的第一性，那么基础哲学就不是从基础出发进行探究的哲学。这就违背了基础哲学的本来意思。如果哲学作为第一哲学确立起来，那么无论是纯粹质料意义上的概念还是纯粹形式意义上的概念，都是同一性意义上确立起来的概念。这些概念之中没有超出概念的东西，而阿多诺强调，概念一定要超出概念，而这个超出概念的东西就是不可消解的某物。如果没有这个超出概念的东西，那么，这就达到了纯粹的同一性，这就可以满足先验统觉的思想，或者关于存在的思想。无论是先验统觉还是关于存在的思想，它们都是掏空了或忽视了超出概念的某物。在这里，掏空某物的概念不是非同一的概念，不是超出概念的概念。这些概念就纯粹思维意义上的概念，是纯粹的概念自己思维自己。第一哲学的核心是同一原则。这个同一性原则是不可能的，第一哲学也是不可能的。最后，阿多诺说，如果概念要作为第一性的东西，作为基础下沉的时候，如果不坚持同一性的原则，那么它就必然会遇到某物的不可消解性，它的第一性必然会被动摇。每一个一般概念都必然与某物相关，都与存在者相关。当一个概念想成为一般的概念，成为基础概念的时候，它就是要脱离存在者，就是要脱离某物。所以，阿多诺说，当这个概念试图作为基础的时候，一旦它碰到某物，碰到存在者，它就会失去平静。概念就会成为动态的概念，概念就要指向非概念（某物）。既然概念作为同一性是不可能的，那么概念就必然会碰到非同一的东西，就必然会面对不可消解的存在者。这个不可消解的存在者就包含在一般概念之中。所以，每一个一般概念的基础性特点都会在存在者面前消亡。任何概念都不可能达到绝对的统一，思想也不可能达到绝对的统一。其中必定包含了内部的矛盾。所以哲学不可能达到总体，它不应该期望总体。

走向事态的必要性

即使哲学再抽象，它也必须走向事态，走向某物。由于事态需要借助于概念才能被说出来，而事态本身有具有偶然性和暂时性，于是在哲学中事态常常被遮蔽了，被遗忘了。因此，在进行哲学思考的时候，我们都必须走向事态。

在这里，阿多诺首先从康德的知识论进行思考。在《纯粹理性批判》中，感性材料处于一个尴尬的位置。在这本书的一开始，康德说，一切知识都从经验开始，但是却不是从经验起源。这就是说，虽然知识涉及感性材料，但是却不包含感性材料。这就是说，虽然知识不包含感性材料，而只是触发知识的一个东西，尽管如此，感性材料也不能被消解。所以，康德所说的知识中虽然不包含感性材料，但是感性材料却在其中占据了不可消解的存在者状态的位置。在这里，我们可以看到，感性材料占据着"某物"的位置。而这个某物是不可消解的。

接着阿多诺从某物的不可消解性出发，来批判康德的先验哲学，尤其是先验的主体。康德的先验主体是从这样一个事实出发的，即一切感性材料都是"我的"感性材料。任何感觉材料好像都包含了这样一种先验主体。对于康德来说，感性材料经过纯粹主体（我）的统觉的综合才能够成为知识。虽然知识要综合这种感性材料，但感性材料却不是知识的内容。阿多诺却要强调感性材料的重要地位。在阿多诺看来，如果我们对于感性材料进行先验分析，那么这个"我的"对于感性材料来说是偶然的。在这里，我们看到阿多诺对于感性材料的先验分析与康德的先验分析恰恰相反。在康德的先验分析中，"我"是先验的，是必然的。而在阿多诺的先验分析中，感性材料是必然的，一个人只要进行感觉就必然有感性材料，但是这个"我"却是偶然的，具体的存在者。而每个存在者本身却是不同的，由此而得到的视觉材料才是不同的。如果这个"我的"是偶然的，那么康德为什么要确立这个先天必然的主体呢？阿多诺认为，这是一种误认。这就是在个人进行内在的反思中，人们感到，只有个人自己才能接近于这个感性材料。所以，一个人在自身的意识中所得到的东西就是最终的东西。在这里好像这个自我本身具有最终的决定地位。其实，只是由于个人有意识，能感觉，个人才成为存在者。能感觉是"我的"的前提。从这个角度来说，先验的主体需要经验，只有有了经验，先验的主体才是可能的。这样，阿多诺就把康德的思想颠倒过来了。在阿多诺看来，先验的自我要进行判断，他就必须具有感性材料。如果先验自我进行判断的时候离不开感性材料，那么先验的自我就不仅需要有统觉的综合能力，而且还需要有先验自我（形式）的对立面即感性材料（质料）。没有感性材料，先验自我也是不可能的。可是如果先验的自我要依赖感性材料，那么整个先验哲学的根基就被动摇了。这是因为，按照康德的思想，质料不能归因于主体的建构，质料不是从主体的建构中产生的。在这样一种情况下，那种不可改变的东西的观念，即先验主体的观念，这个主体的纯粹的自我同一的观念也就崩溃了。先验的自我和感性材料的相互依赖，就表明，先验的自我不是在存在论上优先的，从准存在论意义上来说，它受到了感性材料的限制。

接着，阿多诺指出了感性材料的暂时性质。在康德那里，感性材料也就是质料，是偶然的东西，而形式是永恒的不变的东西。尽管没有内容，形式也是无法想象的，但是形式就其自身而言仍然是认识可能性的必要条件。没有质料，知识是不可能的，没有形式，知识也同样是不可能的。虽然感性材料如此重要，但是相对于形式来说，相对于概念来说，感性材料是易逝的，具有暂时的性质。这个感性材料需要借助于形式才能稳固下来。然而一旦人们用形式来稳固概念的时候，概念就会被形式所改变。感性材料是概念中异于概念的东西。这种非概念的东西不承认概念是自在存在的，它会改变概念。如果非概念的东西也要被纳入概念，比如，像海德格尔的存在，其实就是非概念东西的概念，但是，这个概念不应该停留在自身，非概念的东西概念必然超出自身，与客观的事态相关联。非概念的东西与事态的相关特性被阿多诺称为"事态性"。由于非概念的东西超越概念，而不会被束缚在概念之中，它与事态性有关。任何哲学都需要借助于概念，而又超出概念，所以哲学中都必须有事态性。只有借助于这种事态性，概念才能超出概念。即使在传统的同一性哲学之中，这种事态性要素也还存在的。在阿多诺看来，柏拉图、谢林和黑格尔都是如此。他们的思想之中都包含了事态性要素。一切哲学都应该包含事态性要素，因此当哲学能够主宰事态要素的时候，它就会关注事态性要素，关注非概念的东西，把历史中的存在者作为它的对象。比如，柏拉图所关注的是理念，他的理念论应该排除具体的东西的。但是，哲学中关注事态的必要性也使柏拉图违背他的哲学思想，关注存在者。所以，尽管柏拉图要用理念论清洗掉存在者，把存在者理解为非存在者，理解为理念一类的东西，但是，他还是写出了关于国家的学说。在这个国家学说中，他把永恒的观念和经验的规定结合在一起，比如与平等交换、劳动分工等具体的东西结合在一起。

根据概念必须要超出概念、必须要与事态联系这个观念，阿多诺提出了他自己的哲学观念，这就是任何纯粹抽象的哲学原理都必须与事态（注意，不是事态性）联系起来，哲学研究必须与具体科学联系在一起。而今天的学术领域，存在着一个缺陷就是把正规哲学和其他学术领域，比如与知识社会学等等区分开来。人们认为，哲学是研究最根本的、最抽象的东西的，而知识社会学是研究具体的东西的。在阿多诺看来这种区分是错误的，从哲学自身的情况来看，对于哲学的这种理解也是错误的。因为，哲学的抽象概念必须超出自身，比如与具体的东西联系。把哲学封闭在抽象的概念领域也是错误的。阿多诺认为，即使哲学认为，它很纯粹，在纯粹的思辨领域中翱翔，以为它自己摆脱了实体性的东西，其实都无法真正做到这一点。从阿多诺对于康德、黑格尔、海德格尔等人的批判中，我们可以看到这一点。所以，阿多诺强调，如果我们仔细地对哲学概念进行分析，那么我们就可以从概念的真理内涵中发现存在者状态，看到事态性东西。

那么我们究竟如何对待这些事态性的东西呢？许多哲学家企图在纯粹的领域中思考，可是一旦在纯粹的领域中碰到了事态性的东西，他们就非常恐惧，于是就向实证主义投降。现象学的本质直观的思路其实就是如此。海德格尔的存在论也是如此。当海德格尔一再强调存在的超越性的时候，也不得不承认存在必须与存在者状况联系起来。所以当正规哲学面对着存在者的残留的时候，或者努力排除存在者，或者偷偷摸摸地把存在者包含在它自身之中，它也会与存在者打交道，而不会拘泥于纯粹的概念，不会在思想的范围内去思考概念究竟是什么意思。它必定会把概念与非概念的东西联系起来，必须超出概念的范围。最后，阿多诺认为，哲学必须要有具体的内容，而不是停留在概念的抽象之中。我们知道，人在获得经验内容的时候，这些经验内容一定是在自己的内在的时空框架之中，用时间和空间把这些经验的材料结合起来，哲学不可能把时空框架取消之后的经验材料作为自己的对象。取消了时空之后的残留物是纯粹的质料，哲学无法思考这个纯粹的质料。海德格尔的存在从一个角度看就是这种纯粹的质料。哲学也不能脱离质料而把纯粹的形式作为自己的内容。哲学必定是在把内容和形式结合在一起的对象中进行思考，也就是要把存在者作为自己的对象。所以，阿多诺说，哲学把自己固化在特殊之中，固化在时空里被规定了的东西之中，也就是具体的东西之中。如果把存在者变成了存在者概念，变成了纯粹的质料，那么这个纯粹的质料就是存在概念的影子。海德格尔的存在概念就是如此，把存在者概念化，变成了纯粹的质料。

管窥式的形而上学

在这里，阿多诺从主客体相互关系的角度批判和分析康德哲学，并通过对于康德哲学的分析来批判海德格尔的存在概念。他认为，海德格尔的哲学仍然属于一种管窥式的形而上学。这种所谓管窥式的形而上学其实就是把主体绝对化，把主体封闭起来，从封闭的主体的视角看世界。这种把主体封闭起来的哲学没有看到主体和客体的相互作用。

管窥式的形而上学总是把某种东西当做绝对第一的东西。比如观念论就是把主体当做绝对第一的东西。可是，任何一种学说，如果要宣扬绝对第一，那么它就必须讨论第二，如果不讨论第二，第一也无法被确立起来。所以，绝对第一的学说必须把第二作为绝对第一的逻辑关联物。当它把第二当做第一的逻辑关联物的时候，第一就和第二密切联系在一起了。所以，第一哲学最终都会走向二元论。把主体封闭起来，当做第一东西的哲学就会走向主客体的二元对立。

为了避免二元论，海德格尔的基础存在论直接超出了这种主客体对立，而把存在当做是超越的东西。这个存在对他来说就是第一的东西。其实海德格尔在这个方面还是有所保留的，而不是像传统形而上学那样公开地把存在作为绝对第一的东西确立起来，但是存在对他来说还是第一性的东西。只是，他不对这个存在做出规定。这样，他就避免了传统形而上学把主体或者客体当做第一

第二部分 否定的辩证法：概念与范畴

的东西的那种做法。但是，从这个部分的结束的地方，我们可以看到，阿多诺认为，海德格尔其实是把存在作为主体性的东西，并把这个主体性的东西当做第一的东西。海德格尔这样做的时候，能够避免第一哲学的这种困境吗？在这里，阿多诺借助于康德的思想来说明，海德格尔思想无法摆脱这种困境。在康德那儿，第一性的东西就是先验自我所进行的综合，即统觉所进行的综合统一。在阿多诺看来，海德格尔的存在类似于康德的综合统一。康德与海德格尔一样都没有对这个综合统一进行规定。这种综合是主体的一种能力。按照阿多诺对于康德的理解，主体所进行的综合统一也就是对于客体的规定，对于客体的规定就是主体对于纯粹的质料、或者说杂多的质料进行综合。而杂多的质料是没有任何质的规定性的。它是纯粹的杂多。在康德那里，客体就是对于纯粹的杂多的综合的结果。可是，当康德对于杂多进行综合的时候，康德却忽视了两个基本的东西。第一，主体进行综合的时候，这个综合是先验逻辑的自发行动，与肉体无关的（其实这是不可能的）。而当这个先验逻辑自发地行动起来进行综合的时候，它必须模仿异于它自身的要素，也就是模仿客观对象之中的关系。这如同恩格斯在《反杜林论》中所说的那样，你不能把刷子和乳腺综合在一起。第二，被综合的东西只有在它们要求并允许这种综合的时候，综合才得以发生。比如，大多数植物都是在阳光的照射下才能成长，只有植物趋向于这种联系，我们才说，阳光与这种植物之间的生长之间存在着因果关系。这就是说某些植物的生长要求阳光，这就允许我们用因果性来综合这里的关系。可是，康德的先验观念论在讨论主体的综合统一能力的时候忽视了这两个基本的事实。好像主体所进行的综合是纯粹主体的自发行动，是先验逻辑的自发行动。所以阿多诺认为，康德的那个至上主体是空洞的，好像这个主体果真能够为自然立法，把自然中的关系综合起来，其实它只是纯粹主体内部的行动。

在阿多诺看来，主体和客体不仅相互作用，而且相互渗透。主体中包含了客体，客体中包含了主体。这种主客体相互渗透的思想，是阿多诺的辩证法中最值得我们重视的。阿多诺在这里具体说明了这种相互渗透。对于阿多诺来说，既然主客体是相互渗透的，那么被作为客体的对象就不是纯粹的杂多。主体要综合的对象不是纯粹的杂多。这个杂多的质料已经包含某种秩序。同时，主体也不是纯粹的综合能力，不是先验逻辑的自发行动。这个赋予形式的能力一定是与感性要素，与肉体要素联系在一起的。纯粹的先验逻辑无法推动人去进行综合，这种综合的精神力量一定是与肉体联系在一起的。所以，阿多诺说，主体所施加的魔力也施加在主体自己身上。主体所施加的魔力就是主体施加在对象上的那种纯粹的综合力量，也施加到主体自己身上。反过来说，当主体把这种纯粹的综合力量加到客体上的时候，这种纯粹的综合力量也被强加到主体上，主体自身也受到了束缚，也是用纯粹的范畴束缚自己的主体。这个时候主体就失去了肉体的要素。所以，阿多诺说，主体在利用范畴的行动中耗费并虚化了自身。这个纯粹的主体，这个先验逻辑的自发性看起来力量无穷，其实毫无力量，没有肉体的要素在其中发挥作用。他把自身变成了纯粹的先验逻辑上的东西，由于这两者之间的相互对立，所以这两者都陷入了黑格尔的毁灭性复仇。阿多诺在这里所指的是，黑格尔在《精神现象学》中所说的启蒙辩证法，其启蒙的思想家们在强调空洞的理性的时候，最后都走向了自我毁灭。① 如果说主体变成了纯粹空洞的力量，先验逻辑的综合力量，那么客体也被虚化了。为了规定和表达与主体相对抗的东西，即客观的、杂多的东西，从而能够把这个东西成为康德的客体，成为康德意义上的对象，那么这个客观的杂多的东西就必须把自身弱化为单纯的一般性。这就是说，这个杂多、这个被联系起来的杂多就失去了杂多的特性，而变成了单纯的一般。这样，这个变成了客体的东西就是被规定了东西，即被那些先验范畴所规定了的东西，而这个被先验范畴所规定了的东西就是客观有效的东西，就是先天必然的知识。所以，阿多诺认为，这个被综合起来的杂多就既被它自身，也被认识对象所肢解。这个东西之所以被它自身所肢解，即这个杂多从来就不是纯粹感性材料，综合的要素从一开始就包含在其中。这个东西之所以被认识对象所肢解，是因为这个东西被按照认识对象的要求去理解，按照认识对象而被综合。最后，当这个东西变成认识对象的时候，当这个东西变成了范畴所规定的东西的时候，这个认识对象其实就被还原到主体的概念。这就是说，在康德那里，认识虽然是从经验开始的，但是经验的东西其实并没有真正发挥作用，认识其实就认识

---

① 参见黑格尔：《精神现象学》，邓晓芒译，北京：人民出版社2017年版，第358页。也可以参见 Theodor W. Adorno, *Kant's critique of pure reaon*, Edited by Rolf Tiedemann, Translated by Rodney Livingstone, Stanford University Press, 2001, p.120。

了主体自身的概念。认识对象在实质上是被还原为主体的概念的。

从这里的分析，我们可以看到，在主体和它的对象的二元对立中，主体收缩为抽象理性的一个点，并最终成为无矛盾的，纯粹抽象的形式。这个无矛盾的抽象点，与对象无关，没有任何内容，也没有任何意义。所以这个无矛盾的点从它自身那个方面来看，是没有任何意义的。这个抽象的主体是绝对的第一的，它和对象一样都是没有被规定的。抽象的主体和抽象的质料是抽象对立的，这是主体和客体（抽象的质料）之间的对立。在这种对立中，主体会虚化自身，这个被虚化了的主体失去了主体性。反过来，客体反而被还原为主体的概念。本来，主体和客体是相互排斥也相互渗透的。这是一种对立面之间的统一，但是康德哲学中缺乏这种对立面之间的统一。海德格尔对于具体在先的东西（存在）本身的追问也没有能够展示这种对立面之间的对立统一。他把这两个完全对立的东西直接结合在一起。

阿多诺反对把主客体抽象对立起来。在他看来，主体对于客体的规定其实就已经把主体包含在客体之中了，同时客体的要素也进入主体之中了。主体是客体中的要素，客体是主体中的要素。如果是这样，那么主客体之间的二元对立就被否定了。在思想过程中，只要人有思想，就必须要有主客体，没有主客体，思想就不可能，所以，从这个角度来说，主客体的二元对立是给定的，是不可避免的。没有主客体的对立就不可能有思想。但是我们不能把这种主客体关系固化。在思想中，我们不可避免地要把主客体对立起来，而这个对立又是不可避免地错误的。正由于这样，主客体之间是相互中介，相互渗透的。对于这种特殊的关系，人们用中介这个说法表达这一点，这是一种极端一般的说法。但是，这个说法又不恰当，这是因为，中介好像成为某种现成的东西，好像是可以脱离主体的一种东西。海德格尔的存在就是从这里得到的。他把这个中介独立起来，并认为它直接超越了主客体。把这个中介独立起来在其本质上包含了一种观念论的趋势。海德格尔的存在概念中包含了一种观念论的思想。所以，主体成为第一性的诉求秘密地激励着存在论。"秘密地激励着存在论"的意思是说，它不是公开的观念论。阿多诺在分析海德格尔思想的时候，进行了仔细的说明。既然主体和客体是相互渗透的，那么主体的第一性诉求和客体的第一性诉求都是错误的。如果主体的第一性被取消了，那么客体的第二性也就不再是可能的了。在这里,阿多诺强调,客体不再是双重意义上从属的。这个双重意义应该是说,客体既不是在存在论的意义上,也不是在认识论的意义上是从属的。

在阿多诺看来,如果贬低客体,那么这种贬低恰恰把这个微不足道的东西,把这个客体翻转过来。这就是说,人们在贬低客体的时候,恰恰客体的重要地位凸显出来。在强调主体首要地位而贬低客体的时候,人们会说一切存在的东西都被染上了观察者的色彩。如果把这个思想倒过来说,那么这就是,一切观察者都被存在的东西所束缚。一切存在的东西都被染上了观察者的色彩。这个说法是要贬低存在的东西,贬低客体。而阿多诺就是要通过分析来说明,这个微不足道的东西其实是最重要的,它束缚着主体。我们接下来看,阿多诺是如何把这里的关系颠倒过来的。

阿多诺强调,在认识中,主体介入了客体。既然主体介入到客体之中,那么认识就不是对于纯粹自在的东西的观察。在这个"纯粹自在的东西"之中包含了主体,只是这个主体是隐秘地存在在客体之中。虽然这个主体被忘记了,但是这个客体之中是包含了主体的。既然客体包含了主体,那么客体就束缚着主体。如果是这样,那么主体就不可能独立于客体而在客体之外去观察客体,然后在所认识的客体上打上主体的烙印,染上主体的色彩。可是,西方形而上学的核心思想就是如此,甚至海德格尔的存在论也没有脱离这种形而上学的窠臼。所以阿多诺说,在西方形而上学中除了少数异类,都是这种意义上的形而上学。当主体外在地观察客体的时候,主体被永久地监禁在它自身之中,变成一个受到限制的主体,不能从它的对方中吸取力量。接下来,阿多诺用了一个例子来形象地说明这种管窥式的形而上学的特点。主体之所以被监禁在它自身之中,是因为它把自身神化,把自身当做绝对第一的东西。当它把自身当做绝对第一的东西的时候,它就把自身监禁在它自身之中了。这个被监禁起来的主体仿佛是通过高塔上的瞭望孔注视着漆黑的夜空,看到了像星星一样的观念或者存在在这夜空中升起。按照这个瞭望塔的说法,瞭望塔就是人的身体,这是脱离意识的身体。这是身体和精神的二元论的典型表现。可是,主体要把自己监禁起来就需要高塔,需要有物质性质的高墙。这个高墙就是主体周围的物质世界。所以当主体在高墙的围绕之中观察对象的时候,其实就已经把物性的影子投射到主体所神秘地唤起的东西上。主体所神秘地唤起的东西就是指康德所说的那些范畴等。这就意味着,物性的要素已经在康德所说的那些范畴中发挥作用了。在这里,主体已经意识到物质的东西,感性经验的东西在这里发挥作用了。物性的影子就是主体所无法摆脱的经验要素、内容的要素。但是主体哲学在强调主体第一性的时候,还是努力要对抗这个影子。因为这个影子会摧毁它的纯粹的第一性。

海德格尔的哲学所强调的存在也包含了人在世界上所体验到的经验内容,是无法用语言来表达的经验内容。从原则上来说,这种经验的内容必然与存在者有关。离开了存在者,这个经验的内容就无法理解。即使我们无法借助于语言表达这些内容,但是我们还是要借助于语言。我们不能脱离日常语言来构造一个上帝的语言。存在所包含的经验必须借助于存在者表达出来,而不能脱离存在者,不能通过对于日常语言的厌恶来表达。如果我们试图排除存在者,那么在这个纯粹的内容被不断排除之后,剩下了的就是纯粹主体。海德格尔就是把纯粹主体和纯粹客体对立起来。这个纯粹的主体就是笛卡尔的自我。如果存在是确定的,那么它就会如同笛卡尔的纯粹自我一样确定。按照这样一种存在论,人不能向外看,外面的东西只是在范畴和质料之中显示出来的。在海德格尔那里,存在是把经验内容和抽象的形式结合在一起的。人只要观察内部就可以了,就可以直观自己所面对的纯粹质料。这与前面的瞭望塔的结构是一样的,一个是瞭望那个漆黑的天空,一个是它内部。这是把康德的瞭望塔模式调转了方向。但是这个瞭望塔模式没有改变。如果把康德的瞭望塔模式倒转了一下,那么康德哲学中的真理和谬误也被倒转了。康德的思想之中既包含了真理的方面,也包含了非真理的方面。但是这种真理方面和非真理方面在存在论中都发生了倒转。从真理的方面来说,康德否定了绝对直接知识的幻想。人不能直接认识绝对的东西,而只能认识现象。从非真理的方面来说,康德用了认识的模式,也就是直接意识的模式来描述绝对,这就是理知的原型。这就是说,康德在否定了绝对知识的幻想的同时,他又认为,人可以借助于直接意识来把握某种绝对的东西,他的理知学说所要把握的东西。关于康德的理知学说对于绝对的东西把握,阿多诺在讨论康德的实践理性的时候有深入的分析。这就是说认识模型有错误的东西,也有正确的东西。但是,海德格尔的存在论中,康德的这两个东西都发生了颠倒，康德的非真理的东西变成了存在论的真理，而康德的真理的东西反而被弄成了非真理。对于这种非真理的证明是后康德观念论（包含海德格尔的存在论，阿多诺在这里主要是指胡塞尔和海德格尔），这就是要证明某种理知领域的东西，海德格尔的存在就类似于这个康德的理知领域，胡塞尔直观到的本质也是理知的领域。海德格尔吸收了现象学的方法来描述存在。这就是要像康德的那种错误做法那样，直接把握理知的领域。康德的错误的东西在这里变成了现象学和存在论的真理。而康德哲学中的真理（真理都是经过主体中介过的）被这些观念论哲学推向极端，主体所中介过的真理变成了主体。康德所说的真理之中还是努力与经验要素联系的，虽然康德强调了主体的作用，甚至把认识变成了对于主体的概念的认识，但是他还是承认认识是从经验开始的。而观念论却把真理等同于主体，于是真理被彻底观念化了。这就是在海德格尔那里，真理即主客体的统一是在主体之中实现的，主体的自我展开过程就是真理。康德的真理就变成了非真理。而海德格尔把康德的纯粹概念变成存在本身，这就是把真理观念化的做法。这就是非真理。海德格尔的那个直接超越主客体的存在就是从康德的纯粹先验的范畴演化来的。从这个角度来说，海德格尔把康德的真理变成了非真理。

无矛盾性不可被具象化

如果把主体和客体分割开来，那么这两者之间就是各自独立的，主体不能规定客体，而客体也不能规定主体。然而，按照阿多诺的辩证法思想，这两者之间是相互渗透的。这似乎就导致了一种悖谬。主体性本来是表示自主性的，结果这个主体性居然是其他东西来决定的，是由实际状况、特别是由社会状况所决定的，而客观性本来就是客体对于主体的独立性，可是按照阿多诺的说法，客观性居然要依赖于主体性。如果客观性依赖于主体性，那么客观性还具有客观性吗？从笛卡尔主客体对立的思维模式来说，这是一种悖谬。按照笛卡尔的规范，我们只能用先出现的东西来解释后出现的东西。先出现的东西是后出现的东西的根据。如果主体在先，那么我们就可以用主体性解释客观性，如果客体在先，那么我们就要用客体来解释主体。然而按照主客体相互渗透的思想，笛卡尔的这个规范就失去约束力了。

按照笛卡尔的规范，辩证的事态，即主体之中包含了客体而客体之中包含了主体的事态，就是一种逻辑矛盾。人们之所以把它看做是逻辑矛盾，是因为人们从外部引入了一种等级秩序，即主体第一或者客体第一的哲学等级秩序，按照这个等级秩序，辩证的事态就是矛盾的。如果人们按照这样的等级秩序来解释，那么人们就预设了某个第一性东西，这个第一性的东西是无矛盾性。而在阿多诺看来，这是预设了某种有待发现的解释。其实这个预设本身也是需要解释的，但是人们却把这个需要解释的东西作为前提，用这个需要解释的前提来进行论证。在阿多诺看来，这个预设之中包含了一种主观思维的原则。这个主观思维的原则就是纯粹形式的思维，脱离内容的思维。这就是把某物排除在外的思维。把某物排除在思维过程之外，于是思维就思维自己本身。这就是一种主观思维。而在人们的预设之中，这种主观思维的原则就被看作是内在于被思考的东西之中，内在于客体之中。这就是说，在人们按照主观思维原则进行思考的时候，人们就把被思考的对象纳入到思想中，把被思考的对象也变成与主观思维原则一致的东西。而这个主观思维的无矛盾性本身是思维思考自身的结果，这种纯形式的思维是不包含矛盾的。主观思维的原则忽略了对象，对象与主观思维原则不同的东西。所以，阿多诺强调，辩证思维比实证主义更具有实证性，因为它把对象，把某物作为对象来思考，它看到了客体中不同于主观思维的东西。这种辩证的思考作为思考不是被束缚于主体自身，而是思考对象的。所以，它比实证思维，比主观思维的原则更尊重被思考的对象，甚至在这个对象不遵循思维规则的时候，也尊重被思考对象。这就是说，当这个对象具有超出逻辑的东西，超出表达范围的东西，辩证的思考也尊重被思考的对象。而实证主义只承认那些符合主观思维原则的东西，符合主观理性的东西。在阿多诺看来，工具理性就是一种主观理性，是一种主观思维原则。从这个意义上来说，辩证的思维更具有实证性。

在这里，把辩证思维和形式逻辑的思维规律进行了一种形象的比较。这个比较特别值得重视。辩证逻辑所进行的分析是思维规律的切线。这就是说，辩证逻辑既在一定程度上遵循逻辑规律，但是它是从逻辑规律中延伸出来的。这个切线说表明，思维不满足于自身的逻辑规则，它能够在不牺牲自己的条件下，以对抗自身的方式来思考。它既遵循思维规律，又超越思维规律。阿多诺认为，这个切线说可以被当做是辩证法的定义。我们知道，阿多诺从来不对概念做定义，尤其是那种以属加种差的方式进行的定义。在这里他只是对辩证法做了一个形象的比喻。这个比喻是有意义的。形式逻辑是一种思维工具。这种形式的思维规则本身是有限的，只能把握可以被概念概括的东西。人们不可能把一切的具体内容都纳入到思维的工具体系之中。思维逻辑不可能形成一种总体，客体之中一定包含了思维工具所无法把握的东西。同时思维也不可能局限于思考它本身，思维要思考对象，但是思维工具不可能完全把握对象。因此思维必须突破思维工具的局限性。而思维也有能力突破思维逻辑、突破思维工具的方法。

主体性以事实的东西为条件，而客观性又以主体为条件，这是辩证法。这个辩证法表面上是不可容忍的，但是这只是对于固执的知性思维方式才是不可容忍的。按照这种知性思维方式，原因和结果之间存在着一种线性的关系。我们只能按照这种线性的关系，从某个确定的、在先的原因来解释后来出现的事态。如果把这种因果原则具象化，变成一种僵化的原则，那么原因和结果之间的线性关系似乎与主体无关。如果是这样，那么主观性以事实为条件，而事实又以主观性为条件就是矛盾。这种知性思维方式就是一种工具理性的思维方式。这种思维方式忽视了客体的经验，即那种无法用工具理性所把握的那种经验。这种工具理性就是一种主观理性，是一种主观性原则。这种知性思维是不能容忍辩证法的。它把工具理性，把主观理性当做是唯一合理的思维原则。或者说，它把这种主观的思维原则具象化，固化。

本来，辩证法是一切包含了内容的思维所必须遵循的思维规则，但是人们按照笛卡尔模式把这种思维规则看成是悖谬，并且要消除这种悖谬。而消除悖谬的方法就是用最古老的启蒙的手段，即狡诈来消除悖谬。这个最古老的启蒙手段即狡诈，是阿多诺和霍克海默在《启蒙辩证法》之中讨论的内容。在那里，奥德修斯是最古老的启蒙思想家，他就是用狡诈，把不相等的东西等同起来而获得利益。比如奥德修斯就是从馈赠礼物之中获得了大量的财富。启蒙就是用合理化的思维方式把不相等的东西等同起来，忽略内容上的差别。这种启蒙之中也有辩证法，但是，这种辩证法是就是通过自我牺牲来获得自我持存。比如奥德修斯为了摆脱海妖塞壬的歌声的诱惑，把自己捆在桅杆上来获得生存,把水手的耳朵堵塞。这种技术的方法(工具理性的方法)包含了一种牺牲和报复的原则。这就是,人为了自我生存而不得不做出牺牲。这就是说,在自我持存的努力中也包含了辩证法,这是一种自我生存和自我牺牲的辩证法。从这个角度来说,工具理性的方法必然包含了牺牲和报复。工具理性不能正确地对待客体,因此,必然会遭到客体的报复。它不能正确地对待自然,而只是用工具理性的方法对待自然,这必然会遭到自然的报复。这不是真正的辩证法,是辩证法的恶劣简化形式①。所以,阿多诺认为,自克尔凯郭尔以来,辩证法就以一种衰弱的形式变成悖谬。牺牲和报复的原则就是一种悖谬。在工具理性体系中,生存和牺牲就是无法统一在一起的悖谬。过去我们讲辩证法的时候,也是如此,把两个极端对立的东西简单地结合在一起。这是辩证法的衰弱形式。辩证法衰弱了,牺牲和报复就成为必然。

阿多诺强调,辩证理性具有一种超越自然联系及其幻象的冲动。辩证理性既不是简单地接受自然联系,也不是简单地对自然联系产生幻象,而是把自然联系和思想的想象结合在一起。比如,它对因果关系的理解就是如此。从超越自然联系的角度来说,辩证法不是简单地把主体与外在自然对立起来。在辩证法中,理性和自然相互作用。阿多诺否定纯粹的自然辩证法。纯粹自然的东西都是通过人的认识而显示出它的辩证法的特征。辩证法不是简单的顺从自然。自然就是按照它自身的方式发生运动,自然本身不会说话,辩证法这个词语本身是从对话这个词语中延伸出来的。而当人用话语,用理性来把握自然的时候,这个时候,自然显示出辩证法的特征。辩证法强调主体的作用。同时辩证法也超越关于自然的幻象。这个幻象(Verblendung)不是康德意义上的幻相(Schein)。这种幻象是在逻辑的主观强制中所出现的矛盾,而不是把自在之物和现象混淆起来的幻相。这种幻象把主观的思维原则当做唯一的原则,并用这种主观的思维原则去把握自然。于是它就得到了关于自然的幻象。这就出现了关于自然的错误观念,它不能把握其中的非同一的东西。辩证理性在理解自然

---

① 在这里,读者要特别注意真正辩证法和辩证法的恶劣简化形式之间的差别。对于阿多诺来说,如果不是按照真正辩证法来行动,那么恶劣的辩证法就不可避免。比如,如果人们从精神中排除自然,那么自然就会报复精神。如果人们承认精神中包含了自然并由此而限制自然,那么这就能够在自然和精神的对抗中实现精神和自然的和解。

的时候,既使用了逻辑的规则,也承认事物中超出逻辑规则的东西。它没有把自然强行纳入到思维规则之中,也没有被束缚在思维自身之中。如果把自然的东西强行纳入逻辑规则中,把技术的控制加在自然之上,那么这就会受到自然的东西的报复。这种报复就表现在自然会以各种不同的方式强行在排除自然的地方发挥作用。比如,当人把纯粹的理性原则作为道德规则的时候,肉体的要素就会对这种道德原则进行报复。这就如同布莱希特在《四川好人》中所说的情况。一个人要做好事,无条件地施舍别人,他要能够施舍就必须有经济实力。于是白天他是好人,不断施舍,晚上就去偷盗。牺牲和报复在这里发挥作用。所以,在辩证法中不存在牺牲和报复。牺牲和报复是强行把同一性逻辑施加在对象上的结果。牺牲和报复隐含了同一性的逻辑。

辩证理性从本质上来说,包含了对抗和矛盾。从前面我们对于某物的不可消解性中看到这一点。所以辩证理性与社会一样是包含了对抗的,它是生成性和过渡性的。辩证法承认对抗,但是也不固化在对抗之中。辩证法不仅仅在社会中存在,而且在另外一种意义上在自然中存在。我们不能简单地认为,社会之中包含了矛盾,具有辩证理性的特点,而自然就没有这种特点。不能把关于社会的真理和关于自然的真理并列起来,变成两种完全不同的真理。尽管我们不能把辩证法简单地推广到自然界,但是我们不能简单地认为,有两种并列的真理。在这里,阿多诺反对把社会存在和社会之外的存在区分开来,把科学区分为两个不同的部门,自然科学和社会科学。马克思在《1844年经济学哲学手稿》中也强调,自然科学和人文科学将是一门科学。其实,当人说自然的时候,自然都是在人的世界中的自然,这不是说,自然界没有独立于人的存在,而是说,当人出现在自然界的时候,自然界也变成在人的视野中的"自然界"。从这个意义上来说,当人说"自然界"的时候,这个自然界就成为人所说的"自然界"(是不自然的自然,是矛盾),这个自然界就不自然了。它不再是纯粹的自然界。在《启蒙辩证法》中,阿多诺和霍克海默指出,盲目自然的自然特质在他律的历史中持续。这就是说,当我们说自然的盲目性的时候,我们是从社会历史活动的角度来说的,我们在历史的活动中,我们感到有些东西是我们所无法控制的东西,是他律的东西。这种他律的东西就是这种盲目自然在历史中所发挥的作用。历史中那些背离人的活动的目的的东西,都有

第二部分　否定的辩证法：概念与范畴

盲目自然的作用。或者说，当我们说"自然"的时候，它是指历史活动中他律的东西。人在自己的活动中要彻底控制自然，而自然的东西就以命运等不可控制的形式而在历史中出现。

辩证法不能被局限在思维的内部，在社会生活中、在被改造自然界中都包含了不同的意义上的辩证法。走出辩证法的内在联系的唯一出路就是辩证法本身。这就是说辩证法要不断地自我反思，反思它的自身运动，从而走出自己内在联系。阿多诺这句话是批判黑格尔的。黑格尔的辩证法是一种主观的辩证法，是局限在思维过程中的辩证法，虽然他也要把握非同一的东西，但是黑格尔最终要达到同一性。

康德就没有用批判地内在反思的辩证法来走出辩证法的内在联系。康德提出了一个合法的诉求，就是要超出概念体系之外，把握自在之物本身，把握概念体系所无法把握的东西。在阿多诺看来，这是康德的一个合法的诉求。这个诉求是与黑格尔相反的，黑格尔是要在思想体系内部把握绝对的东西。但是，康德的这个合法诉求失败了。他认为，当人试图把那些只能适用于现象领域的概念和范畴用到自在之物的时候，人就陷入了二律背反。这种二律背反其实是辩证法的表现。但是，康德要消除这种二律背反，用现象和自在之物之间的差别来消除这种矛盾。康德对于辩证法采取了一种否定的态度。在他那里辩证法是否定意义的、消极意义的。他的这个辩证法失败了。而黑格尔坚持了辩证法的思路，即从思想内部反思思想。但是黑格尔的辩证法也有一个缺陷，它是一种肯定的辩证法，它最终要达到同一性。黑格尔的辩证法要努力把非思维的东西，把某物，把非同一的东西纳入到辩证法之中。它把一切非同一的东西、客观的东西都纳入主体之中。当黑格尔把这种非同一的东西纳入主体之中，并把主体性提升到绝对精神的时候，他也试图包容非同一的东西，试图达到非同一的东西。在阿多诺看来，这种包容之中应该达成一种和解。这就是主体和非同一东西的和解。但是，当黑格尔试图达到绝对同一的时候，这就不是一种和解了，而是一种暴力的强制了。

黑格尔哲学要达到绝对同一的总体，于是这个总体的力量在这个总体的每一个具体的环节中都发挥作用，即每一个环节都是总体中被规定了的环节。从另外一个方面看，这个总体的力量就是对于总体力量的否定，而且这个力量就是否定的。因为，当这个总体努力成为总体的时候，这个总体必定无法成为总体，其中一定充满内在冲突，一定有无法被控制的东西在这个总体中发挥作用。因此，当黑格尔把这个体系变成一个完备的总体体系的时候，这个总体就是否定的，而不是黑格尔所设想的肯定的。黑格尔的辩证法要把握非同一的东西，但是最终都是按照合理性的要求，纳入到同一性的框架中，非同一的东西最终还是被强行同一起来了。黑格尔的哲学要成为绝对总体的哲学，但是这个绝对总体的哲学是特殊的，就是一种特殊的哲学形态，是把握非同一东西的特殊哲学形态。那么为什么这个绝对总体的哲学是特殊的呢？在这里，阿多诺有一个很长的注。这个注说明了绝对的总体成为特殊的东西的原因。在这个注当中，阿多诺通过对于同一性概念的分析来说明，绝对的总体是特殊的。黑格尔哲学是要最终要达到总体，达到同一性。因此，在这里所进行的同一性概念的分析也可以用来说明黑格尔哲学。当康德说，"我思考，而我的一切表象就随之而来。"这就是表达了个人意识的同一性。我在我的所有经验中都保持我的同一性。这是同一性的一个意思。我们可以说，这是心理学意义上的同一性。只要我还是我，那么我就会在意识中保持这个同一性。但是，这个同一性还有另外一个意思，从逻辑一般性来说的同一性。如果我一直是我，那么这就是说，我在意识之中所思考的对象是一致的。在康德那里，这两个意义上的同一性是没有被严格区分开来的。所以，阿多诺在这里说，同一性表明了心理要素和观念要素在观念论中的无差别点。这两个东西本来是有差别的，但是在康德的观念论中，两个东西被一致起来了。这说明这里包含了一个无差别的点。这就是同一性。而在这种同一性中，个人的同一性（心理上的同一性）和逻辑上的同一性是无差别的。如果这是无差别的，那么个人的同一性是特殊的，而逻辑上的同一性是普遍的。在观念论中，这种特殊的东西与逻辑的东西一致起来了。逻辑的东西是超个人的。在康德哲学中，这两个不同的东西在某个点上被一致起来。黑格尔的辩证法也是要达到同一性，在这个同一性中特殊和普遍同一化了。黑格尔以一种特殊的方式把普遍和特殊结合起来。从这个角度来说，绝对的、总体的哲学是特殊的。如果总体的哲学是特殊的，那么总体本身就是否定的，而且总体的力量是否定的。当然，这不是黑格尔本人的思想，是阿多诺从黑格尔思想中引申出来的。通过这种引申，阿多诺要得到一个否定的辩证法。辩证法最后能够得到的不是肯定的总体，而是否定的总体。这就推翻了黑格尔的同一性哲学。

在这里，阿多诺试图借助于黑格尔的辩证法来重构辩证法。既然黑格尔的辩证法是要把握非同一的东西的，那么在黑格尔哲学体系的内部，同一性命题是可逆的。可是，这种可逆性又是与黑格尔哲学的总的精神原则相对抗的，黑格尔的哲学是绝对观念论，它要达到绝对，达到总体。所以从这个角度来说，黑格尔哲学从总体上是否定和压制非同一性东西的。接着，阿多诺继续通过分析黑格尔哲学来说明黑格尔哲学对同一性的压制性，并从这种压制性中看到了矛盾。在黑格尔哲学中存在者是完全是从精神中派生出来的，而不是我们所说的"某物"。如果存在者是某物，那么这个存在者就一定和精神相矛盾。在黑格尔那里，由于存在者是从精神中派生出来的，所以这个存在者是和精神相似，这两者就能和谐相处。可是，按照黑格尔的哲学原则，这个存在者是与精神不一致的，是非精神的，是与精神对抗的。黑格尔本人强调，精神从自身中派生出存在者，然后精神又发现这个存在者是从精神中派生出来的，精神就可以重新把这个存在者纳入到精神之中。这就是说，黑格尔承认存在者和精神之间的矛盾。在一定程度上承认存在者的合理性，能够与存在者和谐相处。但是，在黑格尔那里存在着一个永不满足的同一性原则。这个原则压制了某物，压制了存在者，压制与它矛盾的东西。当它用同一性原则压制存在者的时候，压制非同一东西的时候，那么精神和存在者就永远都相互对抗。

最后，阿多诺得出结论，一种东西如果对与它不同的东西绝不宽容，那么尽管它会误以为自己与这种东西达成了和解，其实它却妨碍了这种和解。黑格尔的哲学虽然也要达到和解，但是其实，它妨碍了和解。强行实现雷同（Gleichmachen）的暴力行动再生产出它想根除的矛盾。这就是说，尽管黑格尔因为他的哲学对非同一性的东西表现出宽容，似乎与非同一东西达成了和解，但是其实这种做法只是压制了矛盾。这种做法不仅不能达成和解，反而会把矛盾再生产出来。所以，阿多诺认为，黑格尔哲学中的这种和解其实是强制雷同的暴力。强制雷同的暴力只会再生产出矛盾。

与左派黑格尔主义的关系

在这个部分，阿多诺强调理论反思的重要性，而对于实践第一的观念提出了质疑。这种质疑也使他的思想表现出某种观念论的倾向。

在前面的一段，阿多诺对于黑格尔哲学、海德格尔哲学的缺陷进行了理论上的分析和批判。然而阿多诺预测到，他的这种理论分析和批判会受到人们的质疑。比如，柯尔施以及西方的一些辩证唯物主义的支持者们都会对这种理论的批判提出反对意见。他们尽管承认阿多诺的思想是转向了非同一性，强调思想中的非同一的东西，但是他的思想仍然是一种思想内部的批判，是一种理论上的批判，而不是实践上的改造。这种理论内部所进行的批判是青年黑格尔派的做法，青年黑格尔派早就对黑格尔进行了类似的批判。所以，柯尔施等人会认为，从非同一性的角度来批判黑格尔没有超出青年黑格尔派。按照马克思的说法，这些青年黑格尔分子，满口"震撼世界"的词句，却是最大的保守派。① 马克思早就否定了青年黑格尔派的这种做法。对于这些左派学者来说，阿多诺的这种做法如同青年黑格尔派类似。于是，在他们看来，从理论上批判黑格尔没有多大的意义。而在苏联为代表的一些国家，人们也没有对于马克思主义进行内部的反思，而只是进行一种理论上的献媚。这些国家在理论和实践统一的口号下，贬低了理论，而向实践低头。阿多诺认为实践第一的思想贬低了理论反思和批判的意义。人们强调，理论应该得到实践的检验，得到实践的许可。应该说，实践是检验真理的标准，是马克思的哲学思想的基本原理，这是不容否定的。但是我们不能简单地认为，理论的思考就不重要了。阿多诺的这个批判要我们进一步关注理论反思的重要性。

由于人们过度强调了实践的作用，而忽视了理论的作用，于是实践成为一种无概念的政治活动。这种政治活动没有在理论上得到应有的反思。如果理论被教条化，被禁止思考，那么这容易造成恶劣的实践。在人类文明史上，这种情况很多。所以，阿多诺强调，理论应该重新赢得独立性，这才应该是实践本身的兴趣。或者说，在今天这个时代，我们更应该重视理论，重视对于实践的

---

① 《马克思恩格斯选集》第一卷，北京：人民出版社1995年版，第66页。

反思。这也是阿多诺对于20世纪60年代的西方左翼运动的态度。理论和实践的关系是动态发展的，不能一劳永逸地确定下来。当人们进行宣传上的鼓噪来污蔑和否定理论的时候，理论也只能通过自己的单纯存在来无力地抵抗这种鼓噪。这种抵抗是合法的，这种合法性表现在，人们需要借助于理论来反思实践。但是对于实践的反思甚至对实践的否定当然受到一些否定理论的人的憎恨，受到那些强调实践的人的批判。在阿多诺看来，只有借助于理论上的反思，实践才能改变自身。但是，当理论反思实践的时候，人们总是会说这种对抗实践的理论是过时的理论。这其实是因为理论在现实中总是受挫，而在理论受挫的时候，人们就会感到痛苦，而在感到痛苦的过程中，人们就认为理论过时了，是应该被放弃的东西。理论观念本来是要拒绝服从世界过程，是要审查世界过程的，它是要批判现实的，然而当理论失败的时候，当理论被当作过时的东西的时候，现实得到了肯定，而理论受到了排斥。然而，在阿多诺看来，即使人们否定了理论并强调世界过程的正当性，但是这个世界过程也没有能够从理论上击中理论，没有展示理论所存在的缺陷。即使理论失败了，这也不能证明世界过程本身的正当性。

阿多诺虽然强调理论反思的重要性，但是他也没有忽视理论本身可能存在的问题。在这里，他认为，西方学术界存在着一种浅尝即止的思想习惯，一想到有分量的理论就愤怒不已。这就是说，西方学术界很难提出有分量的思想。尽管人们在思想上没有多少创新，但是他们总是害怕被说成是鹦鹉学舌，学究做派等。这种学究做派在编撰哲学史的过程中表现得特别厉害。这些没有思想的人就会自吹自擂，说他们自己的思想是前所未有的。这些人越是吹嘘自己的思想的创造性，就越是表明他们的思想是历史上的思想的延续，是重复，而没有多少创造。

从理论和现实的关系上来说，一种理论越是强调他的思想包含了原初经验，保持原初经验，这就越是表明，它的这种原初经验是来自现实的，是现实过程的一个方面。这其实就是实证主义方法，也是现象学方法的基础。在这样的思想中，人们所获得的概念其实就是从现实从产生出来的。阿多诺强调，这种方法是可疑的，人在思想中不可能坚守原初的经验，经验和现实的东西一定存在差距，同样思想也是如此，虽然思想来源于现实，但是思想还是与现实有很大的不同。所谓的原创哲学强调源始经验（现象学），这是一种实证主义的方法。从这个角度来说，这种思想不可能反思现实，而只是模仿现实，甚至它的概念范畴是从现实的东西中得来的。阿多诺也关注现实，但是阿多诺关注的现实与这种强调源始经验的哲学不同，与这种所谓的原创哲学不同。如果人们要防止遗忘，那么这不是像海德格尔所说的那样遗忘存在，而是要防止人们遗忘那些在历史中被抛弃和否定的东西。这些东西很容易被遗忘。比如，在历史上人们争取自由的努力，人们的那种自由意识很容易在历史上被牺牲。在历史中有一个大趋势，而自由的思想常常与这种所谓的大趋势不同。这种自由的思想就被历史的大趋势所否定。而在阿多诺看来，就是这些自由的意识常常会被牺牲。我们不能遗忘的是这种东西。而精神历史的恢复在这里是指恢复控制自然、征服自然的精神。这是人类在人类文明史中占主导地位的精神。阿多诺在这里强调被历史遗忘或者否定了的东西。在人们的思想的深处存在着这样一种趋势：历史被看做是世界法庭，凡是在历史中占据主导地位的东西就是正确的东西。按照这样的思路，那么历史就会超出各种立场而大踏步前进。从这个角度来看，人们应该尊重历史。

而阿多诺却与此不同。阿多诺认为，历史上经常出现的情况是，那种被否定、被抛弃的东西只是在后来才展现出其真理的内容。而这些东西在当时的历史条件下是被否定的，甚至也无法被历史所吸收。从这个角度来看，现实中那些被否定的东西，被抛弃的东西具有历史的意义。这是真理的内容，但是在现实中却变成了健康身体上的溃疡。如果这种东西被当做是溃疡，那么真理的内容就被否定了。而在改变了的环境下，这种被否定和被排斥的东西就会一再导致这种溃疡，一再对现实产生否定作用。对于阿多诺来说，我们应该牢记这种被抛弃的东西。从这个角度来说，虽然理论在实践中失败了，但是它可能包含了真理。

最后，阿多诺强调，马克思的思想和黑格尔的思想中某些不够准确的东西反而成为历史实践的一部分。或者说，人们把马克思和黑格尔思想中不准确的东西现实化。当这种东西被现实化的时候，现实的东西中就会出现缺陷。这就需要我们进行理论的内部反思。只有通过这种内部反思，我们才能发现现实中的问题，而不是简单地屈从于实践，实践第一性恰恰会让人忽视这种反思的重要性。实践其实也是一种理论概念。既然实践是一个理论概念,那么我们就应该对于这个概念进行重新反思。阿多诺并没有忽视实践,而是反对缺乏反思的实践,缺乏精神力量的实践。缺乏精神力量的实践,缺乏反思精神的实践是阿多诺所否定的。缺乏精神力量的实践其实就是用合理化精神指导的实践。

"瓦解的逻辑"

在这个部分,阿多诺认为,必须按照黑格尔的瓦解的逻辑来瓦解总体。而黑格尔的逻辑就是一种瓦解的逻辑,否定辩证法就是依据黑格尔的瓦解逻辑来瓦解总体。这是一种内在批判的方法,而这种内在批判同时也是外在的。

在前面的分析中,我们看到,要达成一个总体,那么就必须遵循同一性的逻辑,但是这是总体所无法做到的,任何一个总体中都包含了总体所无法包含的东西。所以总体就是一个矛盾。而这个总体的矛盾与特殊矛盾是不同,特殊矛盾是可以按部就班地加以解决的,而总体的矛盾是无法按照解决特殊矛盾的方法来解决的。而黑格尔要达到的那个总体就是矛盾的。从这个角度来说,告别黑格尔哲学是显而易见的。这就是说,黑格尔最终所达到的是同一性的总体。而这个总体是矛盾的总体。既然这个总体仍然是矛盾的总体,那么这就说明这个总体的不可能性。

在批判康德把形式和内容区分开来的时候,黑格尔要克服这种缺陷,他要排除独立于内容的形式、排除独立于内容的方法,排除独立于事物而施行的方法,这是一种把内容和形式结合在一起的方法(辩证法),并依循这种内容和形式统一的方法前进。这就是黑格尔的辩证法中的积极要素。如果按照这样的方法来理解辩证法,那么事实上辩证法就既不单纯是方法,又不单纯是现实,不是朴素的知性所理解那种现实,不是某种直接摆在我们面前的现实。它是两种东西的结合。在这里,阿多诺首先强调,这种辩证法不是方法,而是与事物有关的,而事物本身(思想中的某物)是矛盾的,它不像思想那样有同一性。如果人们用思想来把握事物,把对象纳入思想中,并用思想代替事物,那么这个被思想代替的事物就是同一的。某物是思想中不可替代的东西。思想中的这个某物是无法用某种同一性的概念来解释的。它阻止任何同一性的解释。如果把辩证法变成方法,那么这就是脱离事物的纯粹方法。思想中的这个某物不是在思想的强制下形成的，它却迫使思想向它让步，使思想中包含辩证法。另一方面，这种非同一的东西也不是思维过程之外的东西，而是与思维过程相关的，是思维过程中概念与事物之间的关系，是概念无法把握事物的时候出现的矛盾。主体用概念把握事物时主体会进行反思，而在这种反思中，主体会认识到这种矛盾。矛盾是在主体的反思中出现的，不是离开主体的独立的事物。矛盾性是一个反思范畴。所以，辩证法不是纯粹的方法，也不是纯粹的事物，而是两者相互结合的产物。

阿多诺强调，辩证法作为一个过程意味着，为了事物中曾经被经验到的东西而思维。这就是说，人们在认识事物的时候经验到某种东西，而这种经验到的东西无法完全被纳入到概念之中。由于这种东西无法被纳入到概念之中，概念把这种东西当做与它矛盾的东西，并在这种矛盾中抗拒这种东西。在思维中概念和被经验到的东西之间的矛盾是一种现实的矛盾。这种矛盾是思维中的现实。而思维中的这种现实又抗拒这种矛盾，要克服这种矛盾。这里的现实既不是纯粹的概念，也不是纯粹外部状况。

然而，阿多诺强调，他所理解的这种辩证法，不再与黑格尔相兼容。这是因为，阿多诺所理解的辩证法绝不是最终要消除矛盾，而是要承认这种矛盾的合理性。他所理解的辩证法是一个过程，这个过程不是要消除概念和对象之间的矛盾，而是去怀疑其中的同一性。所以，阿多诺强调，他自己的辩证法的逻辑是一种"瓦解的逻辑"，它是要瓦解同一性，瓦解概念的东西既定的形式，瓦解概念的抽象形式，瓦解认识主体所直接面对的形式。这就是要把概念运动起来。

在这里，主体不是简单地认同概念所提供的形式，概念和主体之间是不一致的。主体要否定概念的形式。所以，主体和概念的一致是非真理。这表明，在阿多诺那里，思想的主体和思想过程所使用的概念是存在着冲突的。在认识过程中，主体获得关于现相的一般形式。这里所说的现相区别于现象。在康德那里，现象是知识的领域，主体用概念来综合现象获得了知识。而现相所体现的东西不是纯粹知识领域东西，而与非知识领域的东西相关，或者说，与无法概括在概念中的东西相关。当主体和概念不一致的时候，主体发现它所得到的东西是与概念不一致的，发现所呈现出来东西即现相之中包含了某种超出概念的东西。在这种情况，主体就把对现相所预先形成的形式推进到非同一的东西面前，推进到不可言说的个别东西面前。现相呈现了某种超出概念的东西。而这种情况在现象领域中是不出现的。

海德格尔的存在就是现象学意义上获得现相，这个现相（在《存在与时间》中文译本中被翻译为现象）实际上是把无法用概念表达的东西，不能被简单地纳入一个概念中，用概念把它们同一起来。这就好像我们在前面所说的，那种把无限的东西纳入到"无限性"概念中那样。无限的东西就被消解在"无限性"之中。这是用一种抽象的结构，用传统的同一性概念来进行的概括。本来，海德格尔要达到的是现相，但是海德格尔还是按照传统的思维方式，按照处理现象的方式来处理现相，用存在来概括现相。所以阿多诺说，这种被汇总起来的同一性规定符合传统哲学的期待，符合先天结构，符合新近的拟古主义形式。当海德格尔用抽象的存在，用一般的概念来概括现相的时候，这个抽象的概念、这个抽象的存在其实就是无。因为这个概念与所概括的现相，是无关的。如果人们坚持这个抽象的概念，那么这个抽象的概念就是无，是一种极端强制的精神。阿多诺说，直到今天，这种否定的力量支配着现实。这就是说，在现实生活中，那些非同一的东西，都被人们用一种强制的抽象的概念来概括。比如，市场经济就是把不能等同的使用价值等同起来，进行数量上的交换。这种抽象的等同就是一种否定力量，否定了非同一性。在这里，阿多诺强调，应有的变化没有出现，这影响了所有的具体规定。这就是说，人们都习惯于用抽象的概念，用抽象的同一性来否定差异，否定非同一性。当海德格尔用抽象同一性意义上的概念，比如存在和生存来描述（命名）非同一东西的时候，那么这些概念之中必然包含了矛盾。这个矛盾就表现为，存在概念本身是抽象的，是纯粹形式的，而它所要概括的东西是无法概括在概念中的，不是这个概念中所表达的内容，是与这个纯粹形式对立的纯粹质料。我们可以说，在海德格尔使用"存在"这个概念的时候，出现的形式和纯粹的质料是对立的。

只要哲学想要把握非同一的东西，而哲学又只能使用抽象的概念来把握非同一的东西，那么哲学所进行的描述就必定是矛盾的，都是用抽象的概念说那些无法用抽象概念表达的东西。这是哲学所面对的无法克服的矛盾。所以，阿多诺说，从哲学中得不到任何与其抽象结构相一致的肯定的东西。海德格尔要从现象学的角度对存在进行肯定性的描述，但是这个肯定性的描述必然包含矛盾。避免这种矛盾是不可能的。

接下来，阿多诺说，去神话的过程中，肯定性必须被否定。所谓的去神话过程就是走向启蒙的过程，就是用概念来控制自然、把握自然的过程，在这个过程中人们必须用抽象概念来概括非概念的东西，概括非同一的东西。在这里，人们必然会进行肯定性的概括，而这种肯定性必须被否定。人们在去神话的过程中，人所使用的方法就是用工具理性的方法，用工具理性的方法去把握工具理性所无法把握的东西。所以，在去神话的过程中，我们也应该否定工具理性。在这里，阿多诺要达到概念与非概念东西的和解，我们需要借助于概念，需要借助于同一性，同时也要超出同一性。这同一性对于非同一性的承认，概念对于非概念东西的承认。这是和解。如果要达到这种和解，那么这种和解的观念禁止把肯定性安置在概念中，概念应该不断地否定自身。

当然，阿多诺认为，只有观念论才认为，它达到了绝对肯定的东西。但是，他又强调，对观念论的批判不是要彻底否定观念论，而是承认观念论的合理之处。这种合理性表现在概念结构在认识中是具有重要作用的，通过概念把握一般东西这一点也不能被否定，但是当概念被用来把握非概念的东西的时候，概念就包含了内在的矛盾。这个时候概念之中就包含了活力。当黑格尔要把形式和内容结合在一起的时候，其实黑格尔就包含了这样的意思。这种东西就能够让概念结构运动起来。这是黑格尔的概念结构所具有的活力，或者说，黑格尔的辩证法所具有的活力。我们在批判观念论的时候，我们需要把握这种东西。所以，阿多诺说，只有埋藏在观念论怪圈中的东西，才能走出观念论。埋藏在观念论怪圈中的东西就是这种非同一的东西。当这个怪圈把这种非同一东西在其自身的演绎过程中展示出来的时候，这种东西解救直接呈现为非同一的东西。所谓在完成其演绎过程中直呼其名，就是直接展示这种非同一的东西，展示同一性中所存在的不真实的东西。

这就是说，阿多诺虽然也要把握非同一的东西，但是他是通过对于观念论的内在批判中把这种非同一的东西展示出来的。当观念论用概念体系把握非同一东西的时候，它必然会产生内在矛盾，就必然会展示出其自身的不真实性。

这就是一种内在批判。阿多诺致力于这种内在批判的方法。但是，阿多诺又强调，他的内在批判和外在批判是结合在一起的。为什么内在的批判同时也是外在批判呢？阿多诺是这样解释的，纯粹的同一性是主体设定起来的，这就是说主体纯粹从自身中设定了同一性。既然同一性是主体设定起来的，不是完全自发形成的，那么这也意味着，同一性是由外部所引发的。外在的同一性迫使主体走向了自身的同一性，所以，对于主体内在的同一性的批判同时也就意味着从外在的角度对主体自身同一性的批判。而对于主体自身的批判就包含了外在的角度。那么如何进行主体批判呢？

主体由于坚持同一性原则而没有能够公正地对待客体，没有把握非同一东西。主体必须为它自己所干的坏事进行补偿。当主体认识到这种缺陷的时候，当主体进行这种补偿的时候，主体就从绝对的自我存在、从孤立的自我同一性中解放出来了。主体的纯粹自我同一性其实就是同一化思维的产物。这种同一化思维把自我孤立起来，变成绝对的自我，纯粹同一的自我。这种同一化思维把自身看做是纯粹自我同一的，看做是无矛盾的，它也按照这种原则把事物看做是类或者种的样本，把各种不同的东西纳入到同一性的框架之中。当它这样做的时候，它还错误地认为，它没有把主体的东西附加在客体之上，其实它就是把主体自身的同一性原则加到了对象上面。

走向同一性的辩证法

当阿多诺强调非同一性的时候，阿多诺难道就完全否定了同一性吗？当然不是的。他并不否认同一性，而是要从辩证法的角度来重新审视同一性。

人在思维中使用概念，以概念来把握客体，虽然客体之中包含了概念所无法把握的东西，但是思维并不就因此放弃概念。主体它还是努力用概念把握与它对立的东西。它意识到他所使用的概念与它之间的矛盾，它越是意识到这种矛盾，它就越是要关注与它对立的东西，要把握这种东西，并努力来克服矛盾，从而真正地把握客体。如果思维中没有这种消除矛盾的努力，思维就不会进行积极的思考。它总是要思考概念是不是公正地对待自己的对象。思维在它自身中与异于它自身的东西相对抗，并把这种对抗看做是思维的内在矛盾。思维只有在思考与它对抗的东西的时候，思考才真正展开。比如，在思维过程中，人们会思考概念和特殊之间的矛盾。人们借助于概念和特殊之间的相互批判而把握非同一性。这样，概念和特殊之间的相互批判就成为我们把握非同一性的中介。概念和特殊之间的相互批判就会涉及概念是不是公正对待特殊对象，这种判断也是人把握非同一性的中介。这种相互批判、这种同一化的行动作为中介不仅仅涉及思维过程，还要涉及对象之中那种对抗思维的东西。这种中介不是纯粹思维的中介，不是在纯粹的思维内部发生的。从概念和特殊之间的这种相互批判和判断之中，我们可以看到，同一性和非同一性之间的辩证法。从特殊的角度来说，如果人们用同一的尺度来对待特殊，那么这就会否定特殊，特殊需要反对一般。但是，一般也表达某种本质的东西，特殊也需要成为一般。同一化之中肯定包含了强制，但是要摆脱这种强制不是直接否定这种强制，而是要借助于同一性来消除同一性的强制。

接下来，阿多诺用事例具体说明这种辩证法。比如，每个人都是特殊的，如果社会用某种强制使每个人屈从于这种强制，这就是用一般否定特殊。这当然会遭到人的反抗。但是这并不意味着，一个人就应该完全否定一般。一个人作为一个人，他就必须有人的本质，就应该与人的概念相一致。我们不能用一个人是特殊的而否定人之为人的一般本质。人要和人的概念同一起来，只有借助于这种同一，人才能够成为人，并由此而摆脱同一性的强制。关于人的所有相关范畴都在这里发挥作用。再比如，市场中的交换也遵循同一性原则。这就是要把复杂的人类劳动都还原到抽象的一般劳动时间。这是把不同的东西同一起来的同一化过程。在资本主义社会，这个同一化的过程不会局限在经济领域，而且会扩展到整个社会过程。当这个同一化过程被扩展到整个社会的时候，世界就成为同一的，成为一个总体。如果这个同一化的原则被抽象地否定了，交换的原则被抽象地否定了，那么人类社会就会倒退。完全消除了交换原则，那么人类必定会倒退。人们会说，这种同一化是不可实现的抽象理想。人的劳动千差万别，如何能够准确地计算呢？如何能够准确地达到公平计算每个人的劳动呢？每个事物都有不可还原的质，因此物体都不能按照相等的原则来对待。如果人们以这种计算中的不公平为借口而否定这种同一性原则的意义，那么人类就会有倒退到古代的不公平的危险。这就是说，这种同一原则在一定的范围内是有价值的。应该承认，这种不相等的东西以平等的名义所进行的交换包含了对劳动的剩余价值的剥夺。但是，如果人们简单地否定了劳动之间的比较，那么这就为直接的霸占和暴力提供了口实。尽管所谓的平等交换是一种意识形态，但是毕竟平等作为一种承诺还是包含在交换原则之中。如果这个承诺都没有了，那么霸占和暴力就会盛行。应该说，阿多诺的这个思想是有深刻的道理的。过去，我们曾经否定市场交换。这其中就包含了一种霸占和暴力的占有。

当然，承认按照同一性原则所进行的交换的合理性，并不是要否定我们对于同一性原则的批判。把交换原则作为思维中的同一化原则来批判，就是希望实现真正的公平。只有这样我们才能超越虚假的公平。资产阶级的平等理想会表现出一种恼怒，即它不容忍任何质上不同的东西。我们在反思和批判这种平等交换的时候，我们就会对于这种恼怒，对于这种不宽容的态度持完全怀疑的态度。如果我们的社会中，人们都没有剥夺他人的劳动，那么社会就超越了抽象的同一化思维，就把质的要素和量的要素结合在一起了，把同一性的东西和非同一性的东西辩证地结合在一起了。这就非常接近黑格尔了。

可是，这里就出现一个问题，即阿多诺所主张的否定辩证法和黑格尔的辩证法的差别究竟在什么地方？阿多诺强调，他的否定辩证法和黑格尔的辩证法之间的差别很难划出一条明确的界线。这种差别主要表现在于意图上的差别。否定辩证法的意图是，在理论和实践中，意识都不是把同一性作为最终的、绝对的目标。否定的辩证法意识到，同一性是一种强制机制，虽然它也承认这种强制机制在一定范围内的合理性，但是它要求逃离这种强制机制。而黑格尔哲学对于这种同一性的原则的强制性认识不足，它把同一性作为最终的、绝对的目标来追求。在这里，阿多诺的同一性辩证法就表现为借助于同一性原则而超越同一性原则。这与整个人类文明的发展进程是一致的，人类的文明就是压制自然，而不是放任人的自然，但是压制自然不是目标，而是要达到人和他自身自然的和解。这种和解就是达到真正的自由。所以自由不是放任自然，而是通过文明而达到人和自身自然的和解。

从这个角度来看，阿多诺认为，总体性应该遭到反对，因为总体性要把同一性贯彻到底，要达到彻底的同一性，把同一性作为目标。如果一定要有总体，那么这就是同一和非同一之间的和解，而不是强制的同一。如果从这个角度来理解总体，那么总体就没有与它自身同一起来，它犯有与它自身非同一之过失。可是，总体按照其自身的概念是反对非同一性的。这就是总体的内在矛盾。

阿多诺按照对于总体性的这样一种理解来看待他自己的否定的辩证法。否定的辩证法也不否定同一性，而且是与同一性哲学的那些最高范畴联系在一起的，它也使用那些最高范畴。既然它也追求同一性，那么否定的辩证法就是错误的，因为它一再强调，它是反对同一性的。既然否定的辩证法反对同一性，却包含了同一性，追求同一性，那么它就是错误的。既然否定的辩证法认识到它自身是错误的，所以它就要不断地反思自身，不断地修正自身。

由于否定的辩证法能够辩证地对待自身，这就会影响到它对概念所采取的态度。概念要求我们把它当做形式，当做综合内容的形式。那么否定的辩证法究竟应该如何对待这种形式呢？阿多诺指出，这里有两种情况。一种情况是，虽然否定的辩证法有时也把概念当做是第一性的东西，因为思维不可避免地需要形式，它在原则上要服从形式。没有形式，内容就无法把握。但是，形式的东西只是一种手段，是获得内容的手段。否定的辩证法是要借助于这种概念形式否定传统哲学的那种封闭结构。传统哲学认为，它借助于形式所得到的结果是封闭结构。第二种情况与第一种情况不同，第一种情况是要否定这种封闭结构，而第二种情况是推动这种封闭结构。它之所以要推动这种结构是因为，它要确立概念的首要地位，要确立思维自身的首要地位，把它自身变成第一性的东西。这是观念论的态度。否定的辩证法也承认同一性，承认封闭结构在一定程度上是合理的，但它要努力推动这个结构，使之开放自身。阿多诺当然否定这种态度。在观念论之中，同一性原则发挥了核心作用。同一性原则就是要努力让非同一东西同一起来，与纯粹的概念一致一起，剔除超出概念的东西。所以这种同一性原则就是一种形式化的过程。它虽然也注意内容，但是内容是用来肯定形式的。这就是说，思维的过程就是要肯定自身，而不是要认识客体，认识非同一东西。这是思维活动的一个偏好和趋势，就是确认自身，就是肯定自身，并把这种肯定作为自己的内容。如果我们有这样一种思维的趋势，那么我们就会发现，世界上的一切东西都能被我们纳入概念框架之中。外部世界的一切东西都被用来论证我们的概念框架的正确性。这就是说，我们把肯定自己的概念框架作为自己的内容了。比如，当我们做简单的判断的时候，"这个人是医生"。张三、李四等不同的人都被纳入"人"的概念之中。各种不同的医生都被抽象为医生。这个简单的判断句子就是肯定句。这种肯定句子之中包含了一种同一性原则。如果我们采取前面所说的否定的态度，那么我们就会有不同的理解。这个时候我们是采取了一种否定的辩证法的思想。在日常生活中，这种判断句都是遵循了同一性原则。按照这种同一性原则，系词"是"就是用来肯定这种同一性的。系词"是"的意思是，事物是如此这般的，而不是别样的。这就是把一切纳入到概念框架之中，把综合起来的东西纳入到同一性框架之中。阿多诺说，在这种综合的句子中，趋向同一性的意志在这里发挥了作用。思维本来的任务就是要综合。这是先天的内在于思维之中的。这是思维中的一种必然的追求。这种综合是一种肯定，也是被渴望的。在这种肯定中，在这种渴望中，思维就和它自身和解。通过这种综合统一，通过这种能力，思维进一步肯定了自我。当思维与它自身的内在目的和任务达成和解的时候，思维会很高兴，思维把这种综合看做是"好的"。

接下来，阿多诺就对于这种综合做了一种辩证的理解。既然这种综合是"好的"。那么这就意味着，思维对于自己有一种道德上的要求。它要进行的综合必须是"好的"。如果这种综合一定要是"好的"，那么我们就看到了一种道德上的必要性，就是主体不应该自我满足，而是要深入透视事物本身，应该服从于异质于它的东西。而综合就是把不同的东西相互结合，这里包含了非同一性。同一性是意识形态的原初形式。这个非常重要的判断表明，同一性没有深入透视事物，没有准确地把握事实，是非科学的东西，但是却好像准确地把握事物了。所以，同一性就是意识形态。而人类要生存就必须坚持同一性逻辑，从这个生存的根基上来说，这是原初的意识形态。同一性以为它准确地把握事物了，而对它来说，把握事物就是控制事物，就是按照控制的目的压制事物，而不是准确地把握事物。所以，在同一性那里，准确性是与它自身相矛盾的。它所理解的准确性就是压制，就是控制，而不是准确地把握事物。我们不能简单地认为，成功地控制事物，成功地达到了实践的目的就是准确地把握了事物。这种同一性是不准确的，是与自身相矛盾的。但是，在人类的文明史上，人们在思维的根基处总是要进行综合，进行同一，但是这种同一性并不是首要原则。其实人不仅仅满足于控制自然,而且还有一种(与肉体结合在一起的)精神上的要求,就是要把握非同一的东西。所以把同一性确立为首要原则,也是经过人的艰苦努力才达到的,甚至是违背自己的意愿的情况下达到的。当人类付出艰苦的努力,确立同一性的首要地位之后,人类就把同一性作为被征服事物的规定性,并为这种征服所取得的成就而欢呼雀跃。它在这样做的时候,其实是把被征服事物中所遭遇到的东西(同一性的东西)当做其自身就有的东西。好像被征服事物自身就是自在地服从同一性的原则。其实这是一种意识形态。阿多诺说,这种意识形态拥有一种抵抗(阿多诺所说的肯定性的)启蒙的巨大力量。启蒙本来就是要揭开蒙蔽的东西,要把握事物本身。而意识形态却掩盖事物本身。同一性本来是启蒙的精神,但是这种启蒙的精神现在反启蒙了。这种意识形态是与同一化思维有一种同谋关系,与人的一般思维具有同谋关系。这种同谋关系表现为,意识形态确认了同一思维首要地位的正当性,而同一性的首要地位又反过来确认了意识形态的正当性。

这种同一性思维显示出了一种意识形态的趋向,它从来就不能证明"非我即自我"的断言是正确的。"非我即自我"是费希特的思想。在费希特看来,"非我"是自我所设定的,这个自我设定的"非我"也就是客体,最终与我同一起来。这显然是一种观念论。非我即自我是一种同一性思维,这种同一性思维是一种意识形态,是自身矛盾的,它根本无法证明自身的正确性。这种同一性思维的思路是这样的:主体要努力把握非我,把握客体,但是这个客体就是主体自身设定的。在这种情况下,主体越是要把握客体,主体就越是把自身降格为客体,降格为纯粹同一性的思维框架。在这样的情况下,主客体之间同一起来了。这种同一性是这样确立的,主体按照客体来校准自己,而客体又把主体附加在它身上的东西返回客体。于是,主体和客体之间相互校准。在这种相互校准之中,主客体同一性起来了,客体就是主体,非我就是自我。这个校准过程是按照同一性逻辑进行的。

最后,阿多诺提出自己的思想,主体应该按照理性的原则来思考,按照同一性原则来思考,但是主体又要反思这种理性,对抗这种理性。从这个角度来看,意识形态批判是哲学的核心。对于阿多诺来说,哲学的核心就是要把握非同一性的东西。只有把握非同一的东西,我们才能真正把握事物。否则,我们就陷入了意识形态,就陷入了意识的自我认识之中。于是对于意识形态的批判也就是要对建构性意识进行批判。建构性意识就是费希特的这种自我首先设定自我,然后自我设定非我,自我和非我的同一性。这种认识其实就变成了自我在意识内部的自我认识。这种意识形态批判不是科学内部的事情,科学不能局限于它自身的思维模式,局限于它自身的同一性模式。按照这种科学思维方式,那么我们也无法达到对非同一性东西的认识。同样这种批判也不能局限于客观精神或者主观精神之产物,这是因为,在精神内部所进行的批判是无法真正克服这里的困难的。要把握非同一东西,我们必须真正地面对客观对象。

思维的自我反思

这个部分,阿多诺强调自我反思的作用。从前面的分析中,我们知道,否定的辩证法是要在接受观念论的基础上,反思观念论,对于观念论进行内在批判。这种内在批判其实就是一种反思,通过这种反思,我们就能够克服同一性。在这里,阿多诺要通过反思来把握非同一的东西,并从这个角度来理解自由,把自由作为非同一的东西来理解。如果我们掌握了阿多诺的非同一的分析方法,那么任何一个概念都可以作为非同一东西得到理解。

意识可以直达它自身的幻觉,意识可以识别自身的欺骗性幻象。这第一句就点出这个部分的主题,即意识可以通过反思来祛除它自身的幻觉。而阿多诺在这里所说的幻觉是,由于合理性放任自己而出现的错误,合理性被推广到社会生活的所有领域,并把这种合理性当成是理所当然地合理的。这就会出现幻觉。这就是说,当意识被合理化的时候,意识会认识到自身的错误。其实,当精神和肉体对立起来的时候,精神就合理化,而这种合理化的精神会被当成天然合理的。这是一种幻觉。要从这种幻觉中醒来,这就需要使肉体和精神得以和解。这就需要通过意识的自我反思。阿多诺认为,通过这种合理化的反思,人们就能够意识到自己的错误。合理性放任自身就会变成神话,这就是像启蒙辩证法所说的奥德修斯的那个神话,即精神束缚肉体的神话。合理化的错误是因为合理化放任自身,所以消除这种错误的方法是理性通过自身的方式来束缚合理性,反思其中所存在的问题。但海德格尔却错误地认为,这是因为理性失去了它自己的根基,即存在。按照这样的思路,如果理性能够直观存在本身,那么理性就不会犯错误。而理性的根基之所以消失是因为理性总是进行抽象，由于这种抽象，理性失去了自己的根基。对于阿多诺来说，理性进行抽象，是理性的必然要求，如果我们放弃这种抽象，那么理性就变成了非理性。

接下来，阿多诺认为，如果思维无意识地遵循它自身的运动规律，也就是思维意识不到感性的要素在其中作用；如果思维只是思维它自身，那么思维就变得和它自己的意思相对抗了。因为思维必须是对于某种东西的思维，如果思维没有意识到它与肉体结合在一起，没有把肉体所获得的感性要素作为思维的对象，那么思维就是无对象的思维。如果是这样，那么思维就对抗思维中被思考的东西，对抗那种能够约束思维的东西。如果思维认为自己只要思考自身，如果思维认为它是自足的，那么这种思维不仅仅是空洞的，而且还会是愚蠢的和粗野的。它不思考任何内容，却以为自己把握了真理。

虽然思维纯粹地自己思考自己是空洞的，愚蠢的和粗野的，这是因为思维缺乏反思。这种思维是意识的倒退，意识本来就是和肉体要素结合在一起的。但是，当意识缺乏反省的时候，意识就会倒退，就会变成空洞的意识。而意识在进行反思的时候，能够发现同一性原则所存在的缺陷。但是，这并不意味着，意识要抛弃同一化过程，没有同一化过程，意识就不能思考。这是因为，意识的思考都是用概念来思考，都是借助于某种同一化的东西来进行思考。意识的任何思考都要对被思考的东西进行规定。而每一种规定都是同一化。但是，这种同一化的过程是为了接近客体，是要接近作为非同一东西的客体（借助于肉体的力量接近客体）。而在意识接近客体的过程中，非同一的东西会给同一化过程打上烙印，而同一化也期望它自己被打上这种烙印。在这种同一化过程中，非同一性是同一化过程的目标。

这样思维就凭借本身的这种力量，即把握客体中的非同一东西这种力量来摧毁它自身的同一性的幻相。这类似于康德把握自在之物所产生的幻相。强制的同一性必然会导致两个相互对立的东西。这是思维中的必然结果。按照康德的思路，这是一种幻相。但是，思维同时也能摧毁这个幻相。思维用"这是"来摧毁它的那个表面上不可动摇的形式。"这是"是一种肯定性判断，如同我们在前面的论述中所指出的，是一种综合。从表面上看，它是要表达同一性。这是我们前面所表达的思想。但是，"这是"同时也表达了非同一性。从深层次上看,"这是"是表达非同一性的。比如,当我们说"张三是医生"(其中包含了同一性的意思)。这个说法就等于说"张三不是他自己","张三"只能与他自己是绝对等同的。这才是唯一正确的说法。可是当我们说"张三是医生"的时候,我们恰恰表明,张三和医生是能等同的。"这是"表达了非同一性。我们在日常生活中从来不说"张三是他自己",我们不说这个总是正确的话,而说"张三是医生"。我们就是通过"这是"(包含了同一性)思想的东西来把握非同一性的东西。因此,阿多诺说,对非同一性的认知是辩证的。这表明,非同一性不是不要同一性,它追求同一性,不过只是追求对非同一性的东西的同一,要把握非同一的东西。从这个角度来说,对非同一的认知比同一性思维还要更多地同一化,不过以一种不同于知性思维的那种同一化。这表现为,它说,某物可能是什么,它有无限的可能性。而同一性思维则把事物纳入某个框架中,说某物归属于什么,它是什么东西的样本。它会说明,某物自身不是什么。在"张三是医生"这句话中,张三被归入医生这个范畴之中了,他不是兽医,不是工人,不是公务员。按照这样来理解"这是",那么这就是同一性思维,但是这里还包含了张三不是他自己的意思。这是非同一性的意思,是张三与他自身的内在矛盾的意思。如果按照"这是"的这种意义上的同一性来理解张三的时候,那么我们就更接近于张三。我们可以从张三不是自己的痛苦中理解张三。这就是让张三更接近于我们的躯体。或者说,我们就能更深入地同情和理解张三,而不是把张三归入某个类别,去控制和管理张三。所以,同一性思维越是远离对象的同一性,就越是能够使对象接近于躯体。即使人们批判同一性思维,同一性思维也不会消失。因为人们在改造世界的时候需要同一性思维。甚至在把握非同一东西的时候,人们还要借助于同一性。非同一性思维也有同一性的要素,当人们把非同一性纳入到同一性之中的时候,那么同一性就发生了改变。由于同一性有了一种质上的改变,于是这种同一性类似于歌德所说的亲和力。亲和性要素是两者相互吸引的要素,这就如同歌德的《亲和力》中所描述的那样。同一性是要达到概念和事物之间的符合。在阿多诺看来,这种符合说,是一种狂妄自大。事物自在地与概念相符合,其意思是,事物本身就是纯粹的自我同一性,这种纯粹自我同一的东西与概念就会完全一致。这是思想的狂妄自大。虽然这是狂妄自大,但是这个狂妄自大的要素也不能完全抛弃。我们可以把它理解为概念之中的一种渴望，就是渴望把握非同一的东西，对非同一东西的渴望，概念期望和非同一性的事物相同。在非同一性的意识之中包含了这种渴望，包含了这种同一性的渴望。事实上，同一性的假设，直至形式逻辑的假设都是纯粹思想中的意识形态要素。这就是说，人们是在纯粹的思想上假设，概念和事物是同一的，假设逻辑是纯粹思想的形式。这都是一种意识形态。然而，在这种意识形态中隐含了真理的要素，这就是思想应该追求非同一东西，努力和非同一的东西同一起来，也就是要去思想，去消除思想中的矛盾和对抗。在阿多诺看来，这种对抗是必然的，但是要求思想中消除这些对抗和矛盾，就是一种思想上的乌托邦。这个乌托邦要素还是有积极意义的，即把握非同一东西。所以，阿多诺说，这种意识形态之中也包含了真理的要素。

在简单的同一化判断之中，包含了控制的要素。这就是说，人们是为了控制自然而采取这种同一化的做法。但是这种同一化的做法之中也已经被加入了乌托邦的要素。这就是说，人们不可能完全控制，这种完全控制的想法是一种乌托邦。所谓乌托邦就是不可能实现的东西。这个不可能的东西也是有积极意义的。乌托邦的意思是期待实现而又永远无法实现。按照同一性来控制自然就是这样一种乌托邦：在简单的同一化判断中，人们要达到完全的同一，但是却永远也达不到。这就是乌托邦的积极意义，即对于非同一东西必然性的承认。而人们在控制自然之中就包含了这种要素：A应该是它还不是的东西。这就是一种乌托邦的意思。比如，当我们说"这是"的时候，我们还期望，"这个东西应该是它还不是的东西"。比如，当我们说，这个人是自由的，那么我们的意思是，这个自由应该是它还不是的自由。或者说，已经实现的自由还不够自由。如果我们把某种乌托邦的要素包含在这个谓词判断中，那么我们就可以说，张三是医生这个说法表明，张三渴望成为真正的医生。而真正的医生可以被理解为一种乌托邦。真正的医生既存在，也不存在。从这个角度来看，在谓词判断的同一性之中，就包含了非同一性，包含了乌托邦的要素。于是，在谓词判断中，打破同一性的非同一性的要素也包含在谓词判断之中。这就是同一性和非同一性矛盾地结合在一起。

接着，阿多诺对于这种乌托邦进行了解释。传统哲学用"理念"来表达

第二部分 否定的辩证法：概念与范畴

这种同一性和非同一性结合在一起的状况。我们应该特别注意这个"理念"的意思。如果在简单的同一化的判断中包含了"A 应该是他还不是的东西"这样一种渴望，那么我们就可以这样来分析"张三是医生"这个简单的同一化判断，即"张三是医生，但是还不是他所应该是的医生"，即张三是医生，但又还不是医生。于是，在这里，这种希望（达到同一性）与打破谓词判断之同一性形式的东西（非同一性的内容）矛盾地结合在一起。这就是说，人的观念之中包含了同一性，这种渴望就包含了同一性，另外一方面，谓词判断中也包含了打破同一性形式的东西。所以，阿多诺在这里所说的理念不是分离，即不是纯粹的非同一性的分离，而是这两种东西结合在一起。可是，这既不是同一的，又不是非同一的，或者说这是既同一又不同一的东西。这个既同一又不同一，这个类似于乌托邦的东西也不是纯粹的"无"，不是空洞的声音。从这个角度说，这个乌托邦，这个观念可以被理解为一种否定的标记。柏拉图所说的理念有这样的意识，一切东西都趋向于最高理念。非同一性之中包含了同一性就是趋向于理念的意思。这是现成的同一性东西的否定。所以，一种已达到的同一性（谓词判断，同一性判断，包含了真理的判断）包含了非真理性，包含了对于这种真理的否定的要素，而这个非真理性其实也是真理，不过是真理的颠倒了形式，即否定的形式出现的真理。张三是医生，这句话表明，张三是医生这个事实，如果张三是医生表达了这种真理，那么由于张三是医生这句话中还表达了张三不是真正的好医生。所以，张三不是真正的好医生（张三是医生）这句话是以颠倒的形式表达了真理。张三是医生表达了一种渴望，一种以否定的形式所表达出来的真理。理念存在于事物被期待的样子和实际的样子之间。这种观念类似于乌托邦。这个乌托邦意义上的理念处于实际的样子和被期待的样子之间。这个乌托邦的要素既超出了同一性，也超出了矛盾。这是同一和非同一的混合。这个乌托邦不能用"是"来肯定地说，而只能说，它"不是"什么，它不是同一性，不是矛盾。它是否定性的。阿多诺反对把这个否定的东西肯定化。如果肯定化，那么这就走向了海德格尔的存在论。海德格尔所说的存在其实就是这里要表达的理念或者乌托邦的意思。但是海德格尔是肯定的乌托邦，而阿多诺是否定的乌托邦。

接下来，阿多诺通过语言的表达来说明这一点。人们所使用的日常语言中的同一化其实也包含了语言的逻辑意义。但是，这种逻辑的运用之中包含了超逻辑东西（某物应该是它还不是的东西）。这就是同一化中所包含的超逻辑的东西。这种超逻辑的东西是乌托邦的要素。所以，由于这种同一化是"某物应该是它还不是的东西"，这是一种"应然"判断。所以，这里所说的不是客体的同一化（思想把客体同一化），而是人与事物的同一化。

接下来，阿多诺从古希腊哲学的一个观念中来分析这里所说的人和事物的同一化。古希腊哲学提出了这样的问题，人在认识中是用类似的东西来认识类似的东西，还是用不相似东西来进行认识呢？阿多诺认为，这个问题只能辩证地加以解决。假如类似者相知这个说法认为，类似的东西能够使人们意识到认识和实践中的模仿要素，即认识中有类似的东西在发挥作用，那么这是有一定的道理的。这就是承认认识之中，认识者和被认识者之间存在着某种亲和性。但是如果把这种亲和性设定为肯定的东西，即忽视了两者之间的某种程度的冲突，那么这就是一种虚假的意识。在认识中一种虚假的结论是，客体就是主体，客体就是和主体一样的东西。其实如果客体就是主体，客体就是主体一样的东西，那么这个东西其实不过就是主体自身设定的，这种认识其实就是主体认识它自身。而传统哲学就持有这样的看法。传统哲学认为，它能够把非类似者变成类似于它自身的东西，从而认识非类似者。当认识把非类似者变成类似的东西的时候，其实就是致力于按照主体自身的模式改变客体，这样的做法就是主体认识它自身。另一种哲学观念认为，虽然认识客体和主体是不同的，但是认识主体可以把客体纳入到一个概念框架中，它由此而认识到，客体中有超出概念的东西，认识到个别对象中有超出类的东西。把个体纳入类之中，这是一种同一化判断，通过同一化判断，非同一的东西作为超出类的定义的东西也是可以把握的。在这里，类的概念是一个相对固定的概念。而阿多诺提出了一种新的概念，也就是这里的"有所强调的概念"。这种概念不仅仅是从单个客体中抽取出某种特征，而是一个动态的概念，是有弹性的概念，甚至是自我矛盾的概念。在这样的情况下，同一化的判断中的非同一性要素就不是在同一化判断中被把握的，是超出同一化判断的。接下来，阿多诺通过自由概念来说明这种情况。非类似的东西相知虽然有一定的合理性，但是却不能把非类似于主体的东西，强行纳入主体。因此，对于阿多诺来说，我们既不能简单地认为，非类似的东西相知，也不能简单地认为类似的东西相知。这里既有类似也有非类似。这是亲和力和概念把握的矛盾统一。按照这样一种观念，人们可以通过同一化的判断无条件地认识非同一的要素。

比如，当我们说"某人是自由的"，这是与自由概念的理解有关的。在这里，自由这个概念多于我们对这个人所作出的判断。比如，某个人是自由的，这句话的意思是，他有很多钱，财政自由了，不受金钱的束缚了。而我们所说的自由概念是多于这个意义上的自由的。同样的道理，这个人也有许多规定性，这些规定表明，他是多于他的自由概念的。就自由概念来说，这个概念不仅仅可以用于所有的人，即所有的人都是在一定程度上自由的。甚至被铁链束缚住的人都在一定范围内是自由的，即他是思想自由的。这个概念还有这样的意思，即在自由所规定的状态性，所有的人都应该是自由的，但是现在所有的人还没有达到自由状态，也就是说，所有的人都在一定程度上受束缚的。自由还不是一个现实状态，而只是一种应然状态。当我们赞美一个人是自由的时候，我们同时的意思是，这个人还不是自由的，但是这种自由是可能在他的身上实现的。他是可能自由的。自由是这样一种状况，在此状况下，所有人都是自由的，都有这种自由的特质，但是所有的人在此时此地也没有达到这种状况。自由是现实的，也是乌托邦。其实，阿多诺在这里所说的意思是，自由不是一种现实的状态，如果自由是一种现实状态，那么自由其实就已经是不自由了。所以，当我们说一个人是自由的时候，我们的意思是，他获得了某种不可能的东西，这个东西在他身上展示出来了。我们看到了他身上的一种潜在气质。这是一种神秘的气质。一个人在压制的环境中所表现出来的气质。这是一种偶然的而又神秘的东西，自由就表达了这样一种偶然而又神秘的东西。所以，当我们说，这个人是自由的，就是说，这个人有一种值得我们赞扬的气质。而这个偶然的、神秘的东西激活了每一种肯定的判断，并且我们值得做出这样的判断。

自由表示一种可能性，表示一种偶然而又神秘的状态（气质）。如果一旦自由被经验地使用，比如，当我们说某个人是自由的，这个时候自由就失去了它的偶然和神秘的性质。这个时候自由就落后于它自身了。它就不是它自身所说的东西了。这表明，经验中所使用的自由和自由概念是不同的。一旦自由概念在经验的使用中被固化，那么它就不是自由的了。而自由概念又是用来把握自由的东西（经验上被使用的自由的），经验上使用的自由总是与自由概念对立的。所以自由概念总是迫使它与自身（被固化的自由）相互矛盾。这就是说，自由概念永远都是自身矛盾的。阿多诺通过自由概念的这个分析，就是要说明他的那个"有所强调的概念"，即与其自身相矛盾的概念。当人们用操作定义来说明自由观念（注意这里使用的观念，与前面的对于观念的解释之间的联系）的时候，自由其实就被消解了。这种做法其实是把自由限定在某种经验状态。所以阿多诺认为，这种做法是为了运用这个概念而贬低这个概念，否定这个概念本身的意义。

最后，阿多诺从特殊与一般的关系来说明概念的特征。个别既多于一般规定，多于概念，又少于一般规定。这是特殊与一般的矛盾，只有扬弃了这个矛盾，特殊才和概念一致起来，才和其概念取得同一性。而在阿多诺看来，特殊的东西通过与概念的同一而成为其自身。医生通过与概念的同一而成为真正的医生。人通过与人的概念成为真正的人，但是这个人不是纯粹的一般的人，而是具有特殊性的人。这个人才成为真正的自身。因此，阿多诺说，个别的兴趣不仅仅在于保持那些被一般的概念所剥夺的东西（个人的特殊性），而且还要针对他所缺乏的东西而获得比概念"更多的"东西。与人的概念相比，特殊的人肯定还缺少许多东西，人就要针对自己所缺少的东西而努力获得这些东西，当人获得这些东西的时候，人就有了比概念更多的东西。概念把这些更多的东西当做是它自身的否定。在这里，我们特别注意阿多诺用了"体验"这个词，概念怎么能够"体验"呢？这个概念不是抽象的一般概念，而是被人吸收和把握了的概念，在人自身中所拥有的概念。当人拥有概念的时候，人就把已经获得的东西看做是对于概念的否定。人一旦有了自由观念，那么他就把达到的自由、经验中的自由、特殊的自由当做是对自由的否定。最后，阿多诺说，特殊和一般的矛盾是这样的，凡是在个别确立自身的地方，个别作为特殊已经成为现实的地方，个别还不存在，这是因为，个别还不是真正的个别，个别还要否定自身。比如已经在自己身上实现了自由，其实这种实现了的自由就是自由的丧失。由于个别性还不存在，还不是真正的个别，所以，它仍然是恶的。自由概念作为一个概念由于它还没有真正实现，所以自由概念还是保留了自由概念的不充分性,可是如果自由概念实现了,自由就不自由了。自由的潜能就在于它期望批判形式化的强制使之成为的那种样子。自由应该在否定的意义上被理解,即它否定那些对它形成形式化的强制的东西,否定那种使它强制成为的东西。

矛盾的客观性

从前面的分析中,我们知道,矛盾是在人的认识活动中产生的。矛盾的客观性是指人的认识活动中矛盾的客观性,而不是指独立于人的事物自在地矛盾的。当人努力从精神上控制对象的时候,这个对象就陷入矛盾中,这个矛盾是客观存在的。这就是阿多诺所说的矛盾的客观性。虽然黑格尔等人也是反思哲学,但是这种反思哲学还是把矛盾看做是令人恼怒的东西,而不是容忍矛盾。

对于阿多诺来说,矛盾是客观的。这是因为,当人要控制对象的时候,这个对象就必然陷入矛盾之中。比如,判断就是人把握和控制对象的一种方法。而在判断对象的时候,被判断的对象总是具有超出被判断的那种特殊东西之外的东西。这就是说,当我们对于一个对象进行判断的时候,我们把被判断对象的某些性质归入到判断中所使用的概念之中,但是被判断的特殊对象一定还包含了超出判断内容的东西,这个超出的部分就与被判断内容相矛盾。比如,当我们说"张三是医生"的时候,我们把张三纳入到医生这个概念之中,可是"张三是医生"同时就意味着"张三是自己,又不是自己的"这个矛盾。这不是玩弄概念,而是因为张三自身必然是自己,同时又不是自己。这不是概念使用上的局限性,而是张三本人所必然具有的矛盾。张三本人必然既是张三又不是张三。同时,作为"医生","张三是医生"既表示了医生的特点,又限制了医生的特点。或者说,这既把张三和医生等同起来,同时又不能等同起来。这里一定包含了矛盾。这种矛盾是必然的。如果我们从矛盾的角度(辩证法的角度)理解"是"的时候就应该看到"是"之中所包含的这种主客体的矛盾。海德格尔其实就是试图用这个"是"来概括这里的矛盾。

所以,在这个部分的一开头,阿多诺强调,这样的矛盾不是主观的矛盾,而是客观矛盾。我们前面说过,辩证法就是要反思这种客观的矛盾。可是,黑格尔也反思,他的哲学也是反思哲学。那么阿多诺的反思哲学与黑格尔的反思哲学有什么关系呢？黑格尔还是把客观矛盾看做是辩证法中令人恼怒的东西，他的努力最终是要消除矛盾，即他努力把存在者状态概念化。前面我们已经说了，黑格尔的辩证法和否定辩证法很难区分开来，这里的差别就是目的上的差别。这种矛盾不仅与现行的逻辑不相容，现行的逻辑不会承认概念自身的客观矛盾。而在现代逻辑中人们强调的是被判断的形式的一致性，而忽视了其中的不一致性。比如，张三是医生，人们所强调的是张三属于医生。这是同一性，但是张三是医生这句话还是非同一性的，张三可能是什么？这是包含了非同一性的同一性。张三不是被完全规定了的人。如果完全被规定了，那么张三就只能按照同一性而被理解。任何一个事物都包含了可能性。判断形式"某种东西是什么"的这种一致性，使人们只是看到同一性，而看不到其中的矛盾。当然，人们也会对于这种矛盾有另一种理解：这里存在着普遍和一般的矛盾，即存在者在被概念规定时被预先剪裁了。只是由于这种剪裁，存在者才与概念一致。而在这种剪裁的情况下，对存在者所进行的判断就是真理。这种说法也容易被发达的反思哲学所接受。我们在讨论一般和特殊的关系的时候大多坚持这样的观点。但是，阿多诺对这种观点提出质疑。他指出，客观的矛盾不仅仅是指特殊的东西，存在者还具有判断之外所留下的东西，还有被剪裁掉的东西，而且还是指被判断者本身是矛盾的。这个客观的矛盾是被判断者本身的矛盾。这就是说，我们在判断的时候，被判断者一定是具有超出判断的内容。或者说，当我们说张三是医生的时候，张三一定还有不是医生的属性。而张三是医生和张三不是医生是同时存在的。当我们说张三是医生的时候，我们同时也意味着张三不是医生（有不是医生的特性）。被判断的存在者一定包含了超出判断所包含的特殊内容。否则的话，按照判断自身的意图，判断就是多余的。判断究竟是要干什么呢？判断就是要对被判断者做出规定，这个规定就是要排除其他规定，如果不能排除其他规定，判断就没有必要的。既然判断是排除其他规定，那么这就说明其他规定也可能是被判断者的规定。判断只是把某种规定凸显出来。可是当人们在进行判断的时候，人们却没有把其他可能性包含在判断中，而只是强调一种同一性，强调判断中的特性。判断本来应该告诉人们被判断者还有超出判断的东西，但是判断却没有满足这个要求。但是在判断中，这种否定性的要素仍然是存在的。或者说，张三是医生这个说法一定要包含张三不是医生的含义。这种否定性力量仍然应该被包含在判断中，包含在同一性哲学之中。同一性的动机即判断的动机（告诉人们被判断者有超出判断的内容）仍然包含了某种否定的力量。人们进行判断的时候就包含了同一性的动机。从辩证法的角度来看，这种同一的动机中包含了超出同一性的东西。

按照这样一种分析，判断中的肯定，判断中所规定的特殊性，同时也是否定的。这是一种客观的矛盾。如果有人说，他是医生，那么他其实也告诉人们他还有不是医生的属性。正是因为他有其他属性，有不是医生的属性，所以他才有必要告诉其他人，他是医生。从这个角度来说，特殊的东西（张三）并不是像他所宣称的那样是其自身。其实，任何一个人都不是他自身，他必须借助于不是他自身的东西，才是他自身。没有其他东西，没有任何外部的中介，张三就不可能存在。这是一种客观的辩证法。所以，阿多诺强调，辩证法不是概念的建构对于事物所进行的失败投射。我们要用概念来规定事物，但是当我们用概念规定事物，当我们把概念投射到对象上，外加到对象上的时候，我们一定会失败。辩证的矛盾不是这个意思。辩证法也不是形而上学的胡乱作为，不是形而上学的构想。这是一种客观矛盾。比如，任何一个人既是他自己，又不是他自己。这个矛盾是客观存在的，而不是由于人们对人进行判断才存在的。这种客观的矛盾无法在通过意识的同一性从经验上加以解决的。这种矛盾是客观的矛盾，是经验性的现实中的矛盾，这种矛盾是不能通过同一性思维来解决的。

接下来，阿多诺通过现实的人的分析来说明这种客观的矛盾。在现实中，人有两种规定，一种是一个人对于自己的规定，一个是社会强加给他的规定。这两个规定是必然矛盾的。但是，人们要操控这种矛盾，要用贫乏的上位概念来掩盖这种矛盾。比如，海德格尔的"此在"就是如此，他把角色和人格结合在一起。好像这样一个上位概念可以解决这个矛盾。这就是通过上位概念使其中的矛盾归于消失。在这样的情况下，人就成为一个统一体，主体就是一种统一体。而在阿多诺看来，人就是一个矛盾的动物，主体始终是矛盾的。这是一种客观必然性。同样，今天的资本主义社会也包含了一种客观的矛盾：交换原则在提高生产力的同时也威胁生产力，阻碍生产力的发展。这就是马克思所分析的市场交换必然导致危机的基本理论。这种矛盾不能被还原为一种统一体,不能被当做一种无矛盾的统一体。

在面对这样的矛盾的时候,无法容忍矛盾的主观意识把自己束缚在纯粹意识的范围之内。它不敢面对这种客观的矛盾。于是,它就陷入了一种绝望的选择之中:它或者必须把自己和谐地打扮起来,表面上看起来它好像有自己的纯粹的自我意识,好像封闭在自我意识之中,超凡出世,而实际上却不得不违背自己的更好的洞见(对于世界的他律性的洞见),而屈从于世界;或者忠实于自己的规定,确信自己的认识,从而与世界格格不入,最后走向自我毁灭。对于阿多诺来说,矛盾是客观的,我们既要承认矛盾,而又在矛盾中克服这种矛盾,绝对消灭矛盾的状态是不可能的。在阿多诺看来,人必须承认矛盾的特殊性,人的意识不能靠重新排列概念来消除矛盾或者由矛盾所派生出来的现象消除矛盾。人的意识只能把握矛盾,人必须意识到矛盾,勇敢地面对矛盾。人就是在面对矛盾的时候解决矛盾,而其他的一切都是徒劳的宣誓。

接着,阿多诺强调矛盾的客观性,强调我们不能通过同一化过程来消除矛盾。在黑格尔那里,矛盾也具有极其重要的分量。不过矛盾在他那里是总体的同一化过程的媒介。而对于阿多诺来说,矛盾是同一化过程的不可能的器官,也就是说,矛盾是客观的,是不能在同一化中消解的,它恰恰表现了同一化的不可能性。有人在批判辩证认识的过程中认为,辩证法是在客观的矛盾之外(从上面)在思维过程中建构矛盾并通过解决这种矛盾而向前推进。黑格尔的辩证法就是如此。然而,在阿多诺看来,辩证法并不是这样。辩证认识的任务是要探索思想和事物之间的不对称性,探索这两者之间的非同一性,体验事物自身的非同一性。有些人认为,辩证法受到这样一种观念的困扰,即人们沉迷于矛盾的客观性,而实际上事物之中的对抗和矛盾在总体中得到了平息,矛盾得到了克服。而在阿多诺看来,事物之中的矛盾是客观的,是不可能在总体中得到平息的。个人在这个没有平息矛盾的总体中是不可能得到和平的,他自身也是矛盾的。哲学上的那些疑难概念,比如,海德格尔所使用的存在概念,其实就是没有被解决的客观矛盾的标记,是客观的矛盾、是主客体之间的矛盾的标记。于是,阿多诺指出,将矛盾归罪于思辨的不可救药的固执,不过是转移矛盾。

既然客观事物充满了矛盾,那么历史中当然也充满了矛盾,人类在这种矛盾之中生活。这是人类的痛苦。这是人类历史的必然性。从阿多诺对于人在生存中必然会自我牺牲的分析中，我们可以看到这种痛苦的必然性。忽视矛盾、掩盖矛盾都是对人类痛苦的漠视。而齐美尔深刻地洞见到，人们在自己的历史中竟然漠视人类的痛苦。这种情况之所以会出现就是因为人们否定客观矛盾，否定辩证法。辩证法是有良心的哲学。只要人们有这样的良心，只要哲学有羞耻感，那么它就不应该压制齐美尔的洞见。最后，阿多诺坦率地承认，辩证法强调矛盾是有企图的，而不"是"单纯的（这里的"是"是非辩证法意义上的"是"，纯粹同一性意义上的"是"），它是一种社会批判理论。讨论辩证法的时候不能否定这个主观的要素。通过这种主观的意图，辩证法走向各种不同的具体的东西，走向各种不同的方面，关注各种差别。把辩证法作为哲学的基本内容是哲学的自我批判。所以，这种辩证法仍然属于哲学。辩证法属于哲学这个说法，可能是针对现象学方法的。海德格尔强调，存在论必须是现象学上的。而阿多诺强调，辩证法在哲学中的核心地位。现象学没有批判现实这个主观意图。

概念的出路

从前面对于辩证法的理解中，我们看到被固化的概念所存在的问题。而概念必然会存在这样的问题。概念的出路就是要消除概念的固化。

阿多诺开头这句话是针对现象学的。现象学从单纯的被给予开始，从直接的存在者开始。而在阿多诺看来，任何直接被给予的东西都是被概念所中介过的，任何存在者作为被给予的东西都不是直接的。而被给予的东西也是通过概念而被透视。既然一切被给予的东西都是通过概念而被透视的，那么我们就需要从概念开始。在阿多诺看来作为概念的概念自身是有问题的。那么作为概念的概念本身有什么问题呢？这就是概念被固化，变成一种纯粹形式的框架。那么为什么概念会有这样的问题呢？阿多诺的解释是，从远古时代开始，人的思维之中就包含了两个东西，一个是非理性的直觉，一个是理性的概念。概念的功能就是把思想中流动不居的东西稳固下来。所以，阿多诺才说，概念是动态意识中静态思维和静态认识的理想残余。概念要把思想中变化的东西凝固起来，把它们秩序化。它要建立一种稳固的秩序，以抗拒思想中所获得东西的流动性。由于概念从一开始就追求稳固性，追求秩序，所以，阿多诺认为，概念也是"错误的"，它忽视了流动性。阿多诺的这个思想就是要表明，只要人类想把握对象，那么人类就必须使用概念，就必须有一种固化思想中所获得的东西的手段。概念就发挥这样的作用。在辩证法中，思想对于这种追求稳定的做法，对于这种追求秩序的做法，或者说，对于这种像古代那样的做法（拟古主义）提出异议。概念在所有的内容面前把自身的形式具象化。具象化这个词语的本来意思是道成肉身。这就是说，思想的东西变成了一种物化的东西。在这个地方，思想的内容被套上了僵死的外壳。概念强制性地给思想的内容套上僵死的外壳，而不顾内容，甚至排斥内容。而这个僵死的外壳其实就是按照一种同一性逻辑形成的。本来在思想实践中人的思想是活跃的、流动的，但是流动的思想被固化在僵死的外壳之中了，变成了事态，变成了稳固的东西。这种同一化思维又通过概念而被对象化。这就是说，当概念被固化，变成纯粹逻辑上同一的东西的时候，同一性思维方式就通过概念变成一种客观的形式，变成了对象化的形式。而这种同一性的思维方式就随着逻辑形式的普遍有效性而被广泛接受。

从概念的主观方面来说，从概念的思维内容方面来说，辩证法意味着这样一种思维方式，它不是要把它所思考的内容固化为不变的、始终如一的东西。概念就是要把握思维的内容，就是要接受流动的东西。如果概念是把思维的对象、思维的内容固化，那么这就和经验相冲突了。我们从经验中获得的内容都是流动的，我们自身的经验也是流动的。如果思维的内容被转换为稳固的同一性的东西，那么我们如何保证思维内容是稳固的、具有同一性的东西呢？传统哲学把个体意识作为这种同一性的保证者。比如，康德就是如此，先天的自我就是普遍给定的统一体。人的意识中有一个永恒的自我。这个永恒的自我保证了思想中的稳固同一性。一切思想都是我的思想，自我的同一性保证了概念的同一性。

然而自我真的具有这种永恒的同一性吗？阿多诺批判了康德的这种说法。从先验的角度来说，人都是自我。当一个老人在回顾他何时开始有意识的时候，他明显在回忆遥远的过去。可是，当他回忆这个自我的时候，当他回忆这个遥远过去的时候，回忆这个不确定过去的时候，他并不能真正确立自我的同一性，这就如同他追问自己的童年时代一样，他的童年时代是不确定的，而他的自我也是不确定的。当他回忆这个自我的时候，这个自我就变成了他自己的思考对象，变成了一个不是自我的他者。他作为自我在思考这个对象。他变成了对于自己、对于自己的童年时代的观察者。这就是说，当他回忆自己的童年的时候，他其实就已经把作为纯粹自我和作为观察者的自我区分开来了。这里就已经出现两个自我了。他的那个自我同一性就是不可靠。从这个角度来说，康德所强调的那个同一性的自我，其实根本无法得到保证。这表明，人自身就是既具有同一性，也具有非同一性，这种两可要素一直保持在他自身的同一性之中。如果作为思维主体的同一性都无法保证，思维形式的同一性同样也无法得到保证。概念作为思维的工具也不能保证这种稳固的同一性。

针对主体自身的同一性中包含了同一性和非同一性的两可要素。人们用一种行话来概括，这是非同一性中的同一性。这就是说，虽然这里有同一性，但是这是非同一性中的同一性。非同一性是根基。而这种情况与同一性中的非同一性是不同的。在同一性中的非同一性是同一性占据基础地位。同一性和非同一性的基础地位发生了颠倒。只要人们把非同一性作为基础，那么这里的困难似乎就得到了解决（胡塞尔）。对于这种翻转的做法，阿多诺提出了质疑。在这种翻转中，人都是把某种东西确立为第一的东西，或者是同一性是第一的，或者是非同一性是第一的。在这里总是有一个第一。当辩证法强调概念的非同一性的时候，这种辩证法就变成了第一辩证法。在这里，阿多诺有一个注。这个注就是说明，这位《逻辑研究》的作者（胡塞尔）就是把辩证法与实证科学完全对立起来。在这种对立中，要么实证科学是第一的，要么辩证法是第一的。这里人们无法避免第一哲学的框架。阿多诺否定了这种做法。

针对这种观点，阿多诺进行了批判。他指出，这样所理解的辩证法，虽然转向了非同一性，承认非同一性的重要意义，但是如果这种转向只是声明，只是一种口头上的表示，那么这就不过是一句空话，而并没有真正地转向非同一性。这就是说，在辩证法中转向非同一性是切实进行的，如果没有切实转向非同一性，那么辩证法就会消解，辩证法就不再是辩证法。在这里，阿多诺以谢林的同一性哲学为例来说明这种转向的特点。按照阿多诺的理解，谢林虽然也转向非同一性，但是其实这只是口头上的，而没有真正转向非同一性。谢林所提出了绝对同一性的思想，自然与精神最终同一于绝对。那些按照传统模式被建构起来的哲学，从表面上来看是用概念来概括非同一的东西，其实这种所谓的建构是后建构。这就是说，在它进行建构的时候，它是不容许任何未被预先消化吸收的东西的。它已经预先对于非同一东西进行规整，已经把非同一的东西同一化了。在这种同一化的基础上再进行建构。这种建构是后建构，是对于非同一东西的预先同一化之后的再建构。异质于精神的东西已经被预先精神化了。所以阿多诺说，由于它还是把异质于它的东西解释为它自身的东西，最终解释为精神，好像它也吸收了异质的东西，但是，这种东西会再次转变成为相同的东西，成为同一的东西。这就是说，异质的东西在这里已经变成了同一性的东西。所以，在这样的结构中，这个理论就如同一个宏大的分析判断。这个分析判断没有真正地吸收异质的东西，而是一再重复自身。它不给任何质上的新东西留下任何空间。

那么，人们为什么会出现这种情况呢？这就是人们对于概念的固化理解，固化了的形式概念被当做核心的东西，一切非同一的东西都固化在概念的形式框架中，使之同一化。所以，阿多诺说，这是一种思维习惯。人们有一种运用固化的形式概念进行思维的习惯。如果没有这个同一性结构，哲学就不再可能。有了这种同一性的结构，一切东西就都可以纳入到这个结构之中，如果没有这种结构，哲学就只能是各种既定立场的排列，各种既定观点的简单排列，而这些不同的观点无法被整合起来。虽然人们也努力让哲学转向非同一的东西，而不是转向同一的东西，但是这些非同一东西早已被他们纳入到固化的概念形式之中了，非同一的东西已经被先天地还原到其概念上了。

所以，阿多诺认为，像海德格尔那样的富有启发性的思考虽然非常激进，要把握非同一的东西，要直面非同一的东西，比如像谢林那样进行理智的直观那样把握非同一的东西。但是这种启发性的思考又不够激进。这是因为，这种思考最根基东西的努力始终没有真正地触及它要思考的东西。阿多诺在这里甚至挖苦这种努力，好像受到了某种劳动伦理的推动，好像有一种执着的精神，非常执着地努力达到最根基的东西，达到非同一的东西。对于海德格尔来说，如果达到了这种非同一的东西，那么他就达到了根基，达到了最源始的东西。好像非同一的东西成为他们的基础。

所以，阿多诺说，在这种哲学思考中，根的范畴、起源的范畴本身是支配性的。这是对首先出现的东西的肯定。比如，现象学就是要把握直接的被给予，把握首先出现的东西。好像把握了首先出现的东西就把握了最根基的东西。海德格尔借助于这种方法，直接把握的存在。这个存在才是最根基的。这就回应了这个部分开头的那句话，现象学没有看到，这个最根基的东西是受到概念的中介的。他们好像可以不借助于中介达到非同一的东西，实际上这个非同一的东西本身变成了抽象的固化的概念，变成一个空洞的概念。于是，阿多诺挖苦他们说，这是原住民对于移民的抗拒（暗示希特勒法西斯作为土著对于犹太人的抗拒），是定居者对于游荡者的抗拒，是第一的东西对于中介的抗议。

在这种哲学中，具有吸引力的是起源，是最初，而不是派生的东西。这种哲学认为，只要把握最原初的东西，它就掌握了真理。海德格尔哲学就是想把握这个最初的起源。按照海德格尔的哲学，这种对于这个原初起源的东西的诱惑，派生的东西是无法满足这种好奇心的。派生的东西作为一种意识形态，而不是最终的真理。只有达到最初的根源，达到真理，对于起源的追求才能得到满足。然而，阿多诺认为，海德格尔哲学所设定的那个最初的东西，那个源始的东西其实恰恰就是意识形态，而不是真理。最后，阿多诺引用了卡尔·克劳斯"起源就是目标"这句话来回应那种现象学，回应这种关注起源的哲学。起源就是目标这个说法，消解了起源，把起源作为目标来追求。阿多诺说，这句话听起来有点保守，但是道出其中的真理，道出了当下人们还难于表达的意思。这就是阿多诺对于非同一东西的追问。这种东西不是海德格尔意义上的原初的东西，而是在主客体的相互作用中被否定地达到的东西。这个被当做起源的东西应该作为目标而被追求。这其实与我们前面所讨论到的在先的就是后来的思想是一致的。被当做在先的东西其实是后来的东西。起源必须被当做后来的东西，被当做目标来追求。当我们这样来理解起源的时候，我们不能把起源当做是某种早已确立起来的东西，最终的东西，而是要让起源摆脱它的那种静止状态。我们的目标不是要回到起源，回到最初的那种状况。目标不能在起源中，在幻相的善良天性中发现。这里所说的幻想的善良天性类似于海德格尔所设想的那种源始状况，即天人合一的那种源始状况。如果我们的目标是回溯到最初的起源，人的最初的善良天性，那么我们就回到了一种静止的恶劣状态。人类的文明必须在主客体的相互作用中发展，其中的问题也只能在主客体相互作用中被克服，而不是回到源始，回到最初的善良天性。如果回到这个所谓的善良天性，那么人类文明就会倒退，会倒退到那种静止的恶劣状况。这种所谓源始的东西只能在主客体关系中，只能在目标的建构中被把握。认识就是不断地追求，就是要不断地克服主客体的对立所出现的困难。这只能在人生的短暂生命中维持，而不是达到那个源始的东西。只有短暂的生命，而没有所谓起源。哲学的研究应该放弃起源。

综合

这是讨论起源哲学的继续。在上一个部分的最后，阿多诺强调，我们在哲学研究中要把起源当做目标。而黑格尔的哲学就是把起源当做目标的。他把最初确立的起点也作为终点来追求。而黑格尔把起源作为目标的做法是与他所理解的综合分不开的。在黑格尔那里，综合就是把起源作为目标来追求的表现。

在阿多诺看来，黑格尔是起源的哲学，他也把起源作为终点来追求。这是因为黑格尔把哲学比作圆圈，他最终所达到的终点也就是起点。从这个角度来说，阿多诺是赞赏黑格尔的这种做法的。但是黑格尔哲学有一个缺陷，这就是在终点达到了主体和客体的同一。在阿多诺看来，如果把起点（起源）作为目标来追求，那么这个终点的东西应该类似于起源，应该达到一种非同一的东西，但是黑格尔却认为，终点是主客体同一的。所以，阿多诺认为，黑格尔所达到的结果把非同一的东西取消了。

黑格尔也把起源作为目标，但是黑格尔达到这个目标的方式是通过综合，通过辩证法意义上的那种综合，而不是像海德格尔那样的直接描述。在这里，阿多诺区分了两个意义上的综合，一种意义上的综合是个人思维活动中把孤立的要素结合起来的意义上的综合，一个是作为指导性的、最高原则的综合。应该说，在黑格尔的辩证法中，这两个意义上的综合都有。作为指导性的、最高原则的综合最后达到了同一性。阿多诺是否定这个意义上的综合的。

本来，思维中的综合是把不同的东西联系起来，是非同一性东西的联系。然而在人们的日常理解中，综合这个词采纳了这样一个含义，即抵抗分解。而抵抗分解就是要把不同的东西牢固地结合起来，就是要否定差异东西之间的分离和对抗。所以，阿多诺认为，这是从心理综合的意义上吸收来的综合概念的含义。这种心理综合是用来对抗弗洛伊德的心理分析的。所以，阿多诺认为，这个综合的含义特别恶心。由于综合概念有了这样一个恶心的含义，所以人们常常拒绝使用综合这个概念。

在三段式中，尽管黑格尔也使用过这个概念，但是他对于这个词的使用比人们所期待的要少得多。这是因为他对于综合的理解有一定的特殊性。虽然他所说的综合也是把孤立的要素结合起来，但是，他所说的综合是与确定的否定联系在一起的。或者说，这是与黑格尔的思维结构有关的。黑格尔的思维结构中起决定作用的是对概念的确定性的否定。所谓确定的否定就是我们通常所说的扬弃。这种否定不是纯粹的否定，是有所保留的否定。对于一个概念的否定中，被否定的概念之中有些东西被保留下来。所谓综合就可以理解为，拯救被否定了的概念之中的东西，这些被拯救的东西就是被综合的东西。思维就是在这种否定中不断地进行综合，通过这种综合而以更加丰富的方式把握概念最初所要把握的东西。因此，在黑格尔那里，概念的展开过程同时也是一种回溯的过程。应该说，对于概念的确定的否定是有积极意义的。通过不断地对概念的确定的否定，他就可以不断地接近对象的特性。按照黑格尔的思维方式，对于先前的任何一个概念的否定也是把先前已经获得的东西的综合。这种综合是对否定性的运动所具有的不充分性的透视，人们在进行的综合的过程中要关注否定的过程所没有被完全否定的东西，把没有被完全否定的东西结合在其后的概念之中。

这是黑格尔的辩证否定观。而在《精神现象学》中，他就已经非常接近于这种辩证法的否定观了。这种辩证的否定观强调概念的动态方面。这种否定的辩证法要求，人们要观察每一个概念，直到这个概念运动起来，直到它不再与自身同一。以往，人们认为，概念就是概括，而黑格尔的辩证法强调，概念不是纯粹的抽象概括，而是展示事物内在的具体的东西。因此在考察概念的时候，我们不仅要看到概念的固化特性而且要观察概念的动态方面，要让概念否定自身，不再与自身同一。不过，这种对概念的否定性的考察，对于概念的动态方面的考察也被理解为分析，而不是像逻辑学那样理解为综合。这种分析就是要从静态的概念之中把动态的东西释放出来。在这里，黑格尔把这种分析理解为在显微镜下看出一滴水的混乱状态。这就是说，考察概念，分析概念就是要让概念中那些非常细微的东西，无法在抽象的形式中出现的东西在分析中显示出来。黑格尔把这种方法称为现象学方法，这是从被动的角度来观察概念中的动态的东西，观察静态概念所显现出来的东西。所以，本雅明把黑格尔的这种辩证法理解为处于停顿状态的辩证法，即对静态概念中的动态方面的被动观察。这个现象学方法与胡塞尔的现象学方法还是有很大的不同的。后者是对于被给予的东西本质直观，不借助于任何中介而直观本质。所以阿多诺认为，黑格尔的现象学比胡塞尔的现象学远远进步得多。胡塞尔的现象学缺乏辩证法，缺乏中介。而黑格尔的辩证法就是要借助于中介。这就是说虽然胡塞尔和黑格尔都一样，都有把握非同一的东西，但是胡塞尔是直观非同一的东西，最终这个非同一的东西还是被纳入到抽象的概念之中，被同一化了。而黑格尔的辩证法则不同，它借助于同一性，通过同一化的过程所积累起来的能量来打破同一性。这就是说，非同一性是在打破同一性的过程中达到的。所以阿多诺认为，黑格尔在这个方面部分取得了成功，也就是说，黑格尔要借助于同一性来克服同一性自身，黑格尔并没有完全否定同一性强制，即他确实不承认同一性强制的非真理性。他承认同一性强制在一定程度上的合理性。那么概念如何通过同一性而走向非同一性的呢？概念经验到它自身的非同一性以及它的运动。这就是说，主体在运用概念的时候会体验到概念所无法概括的东西，所以它会推动概念走出自身，走向他者。而在概念走向他者的时候，它也不可能全面把握和控制他者，它没有吸干他者。当概念走向他者的时候，这就表明概念要借助于他者来规定自身，而不能根据自身来完全展示自身。所以，概念是它自身而又不仅仅是它自身。

　　黑格尔在《逻辑学》中的理解就与《精神现象学》有所不同。在《逻辑学》中黑格尔把这个过程理解为综合。在《逻辑学》的第一个三段式讨论了"有"（存在）、"无"（虚无）和"变"三者之间的关系。而"变"即生成就是一种综合。在这里，阿多诺解释了黑格尔关于这三者之间的关系的论述。"有"是一个空洞的概念，没有可以被明确规定的内容。我们只能说它存在。从这个角度来说，"有"也是"无"。可是如果"有"也是"无"，那么为什么我们还要用两个不同的概念来表达呢？显然，"有"和"无"是不同的。这两个概念恰恰表示了一种绝对差异。而这个既存在同时又不再存在的东西就是变。这就是把两个完全不同的东西综合起来。从有走向无、从无走向有的过程就是变。这个变就综合了其中细微差别，综合了其中的非同一的东西。在这里，阿多诺借助于"有"和"无"之间的关系来说明同一性和非同一性的关系。

阿多诺指出，在黑格尔的早期学说即在《精神现象学》中，"变"（生成）是通过同一性和非同一性关系来加以说明的。这就如同在同一性的东西中，在水滴中看到了动态的非同一的东西。在早期学说中，黑格尔强调，同一性只有通过非同一东西来加以说明。纯粹的同一性就是同义反复，而同一性要用多于同义反复的方式，即多于同一性的方式来加以表述。那么这种同一性和非同一性的关系如何显示出来呢？黑格尔在《逻辑学》中用综合来加以说明，即只有每一个要素被综合在一起的时候，这些要素才显示出非同一性。综合是把这些要素同一起来，而综合的时候，恰恰使这些要素表现出非同一性。所以，这种综合是通过同一性而显示非同一性。这个综合的过程是一种生生不息的运动。黑格尔把这种运动称为"生成"。这个生成是概念自身的运动，是把不同的东西综合起来，通过同一性而产生非同一性的运动。这个运动既是前进运动，又是后退的运动。这就是说，概念在前进的过程中，要对概念中被毁灭了的东西进行拯救，把这些被拯救的东西包含在概念之中，或者说，通过确定的否定把被否定的东西拯救出来，重新概括在概念之中。黑格尔把这样一种前进与回溯结合在一起的过程理解为圆圈。这是一种非常准确的描述。阿多诺认为，黑格尔的这个准确的描述极其类似于荷尔德林对于自然的东西，对于逝去的东西的回忆。其实，概念在其抽象概括的过程中一定会剪裁掉一些东西，而概念在前进的过程中必须拯救被否定了的东西，综合这些被剪裁掉的东西。这是一种确定的否定，是扬弃。这就是前进和回溯的统一。综合就是在同一性的自我否定过程中拯救被否定了东西。比如，没有存在可以被等同于虚无这一步，没有同一性，那么用黑格尔的喜欢的话来说，这两者之间就漠不相关。当存在被等同于虚无的时候，存在被否定了。可是当存在和虚无同一起来的时候，存在毕竟还是与虚无有所不同的，这个有所不同的东西就是需要被拯救的东西。这个被拯救的东西就被包含在"变"之中。这个被包含在变之中的存在就是被综合起来的东西。在这里,阿多诺把这种辩证法的运动过程,把这种具有回溯意义的运动过程与德国宗教仪式中的一种舞步加以类比。这种舞步即埃希特纳赫舞步是前进了之后又后退的舞步。

当然,黑格尔虽然强调了三段式中的综合,但是黑格尔还是限制了综合。而这与康德有很大的不同。在康德那里,知识是通过先天的综合能力综合的结果。从这个角度来说,综合在康德那里具有优先性。虽然康德强调综合在知识中的重要作用,但是他在范畴表中却把多数性和单一性作为并列的范畴,而没有把这两者综合起来。从这个角度来说,黑格尔也有优于康德的地方。黑格尔强调这两个范畴之间的相互依赖,强调它们之间的辩证关系。从黑格尔对于综合的理解中我们可以看到这个特点。这就是在概念的同一性之中包含了许多独立东西的综合。阿多诺肯定黑格尔的这个思想。但是黑格尔最终还是强调同一性,即最终把主客体同一起来。所以,阿多诺说,黑格尔最终属于同一性那一派。他不愿意否定同一性,甚至抽象地否定同一性也是被他排斥的。

最后,阿多诺吸收了黑格尔的思想,讨论了单一性(同一性)和多数性,讨论了同一性和非同一性之间的关系。像海德格尔那样直接把握多数性是一种幻觉,这种幻觉就是倒退到源始的模仿之中,否定了概念所进行的形式上的概括。这是退回到神话,退回到令人恐惧的混沌状态之中。而与这种退回到混沌状况的做法相反的是同一性思维。同一性思维就是要通过模仿自然来控制自然,强调自然的必然性。这两种做法都是错误的。《启蒙辩证法》中关于"启蒙概念"的论述指出了这个方面的内容。在阿多诺看来,如果把直接的多数性和单纯的同一性思维对立起来,那么人们最终得到的结果都是一致的。神话的思维就是要直接把握多数性,这是用一种神话的思维方式来控制自然,而同一性思维也是要把握自然,但是把自然束缚在同一性思维框架中,其实这种同一性也是模仿自然。两者在本质上是一致的。从这个意义上来说,神话和启蒙在本质上是一致的。只要把这两者绝对对立起来,那么启蒙就是神话。阿多诺反对把这两者简单地对立起来。概念思维和神话模仿都是要模仿自然而控制自然。它们都不是掌握真理的方式。

阿多诺强调一种新的启蒙。这是一种能够自我反思的启蒙,也就是阿多诺自己所强调的启蒙。启蒙的自我反思并不是要废除启蒙,而是要让启蒙复活。如果人们废除和败坏启蒙,那么这不过是为了取悦当前的状况。这就说,虽然当前的社会状况是启蒙所导致的不良后果,但是如果反对启蒙,那么这就是要走向野蛮。而现代社会的状况之中就包含了这种野蛮。如果否定启蒙,那么这无疑助长了这种野蛮。今天,我们要反思启蒙,这不是要彻底否定启蒙。阿多诺认为,甚至我们对于同一性思维,对于启蒙思想的自我反思都必须借助于概念,借助于凝固起来的综合。综合的行动由于意识到它对于多数性,对于非同一性所造成的影响,会调整自己的方向。这就是说,综合会更多地照顾到非同一性。只有借助于同一性才能超越同一性,而不是彻底否定同一性。同一性在亲和性中获得了存在的权利。所谓亲和性就是指非同一东西之间的联系,是非同一东西的紧密联系。这种联系既不是同一性,也不是毫无联系的分散要素。当然在启蒙的过程中,这种亲和性受到了遏制,蛰伏于同一性之中,成为一种不可认识的点。亲和性被认为是一种神秘的力量,这种神秘的力量以一种世俗化的形式存在于同一性之中。这表明,亲和性是无法被彻底消除的。在同一性之中包含了这种亲和性的力量。阿多诺就是要发掘同一性之中的非同一性。最后,阿多诺强调,主体在进行综合的时候,主体会模拟它要综合的东西,所谓模拟,就是类似于综合东西,而不是那种同一性的强制。当然这种综合也要借助于概念。

其实,在这里,阿多诺就是试图通过对于黑格尔的综合概念的分析来说明,我们究竟如何对待概念,我们如何借助于概念来把握非同一的东西。

肯定性否定的批判

这个部分,阿多诺通过对黑格尔否定之否定的改造来凸显否定的地位,从而确立否定的辩证法。虽然黑格尔也承认辩证法中的否定和扬弃,但是黑格尔哲学中暗含着一种把否定东西加以肯定的做法。阿多诺在这里批判这种做法。

非同一不能像实证性(肯定性)的东西那样被直接地把握。这就是说,实证性东西是看得见、摸得着的东西,而非同一的东西不是这样的实证性的东西。我们不能直接观察这种非实证性的东西。这种东西不是以肯定形式出现的,而是以否定形式出现的。而被否定的东西不是实证的东西,不能被肯定地、直接地把握。按照这样的思路，对否定性东西的否定，我们也没有确定性。请注意，这里的否定不是形式化的否定，而是有内容的否定，是辩证的否定。如果我们否定了"张三是医生"，那么张三可能是教师，公务员等。张三是什么，具有无限的可能性。对于否定东西的否定如果从纯粹的形式逻辑的意义上来理解，那么我们所得到的结果一定是肯定。可是，黑格尔的否定是辩证法的否定，而不是纯粹逻辑上的否定，而是涉及内容的否定，所以这种否定所得到的结果不是确定的东西。既然导源于否定的东西所得到的东西是不确定的，如果一定要把这个东西看做是肯定的东西，那么这种东西也一定是包含了否定意义的东西。比如，我们通过否定我们之前的认识成果，而得到了一个新的认识成果，这个成果有一定的肯定性，但是我们不能把它当做完全肯定的东西，这里还有否定的要素，我们还是要继续否定它。这是认识非同一东西的必然要求。所以，通过否定而得到的那种肯定与黑格尔青年时代一直与之战斗的那种肯定（实证东西）是不同的。黑格尔青年时代所否定的是实证的宗教。这种实证的宗教把上帝看做是某种实际存在着的东西。黑格尔所接受的肯定是包含了否定的肯定，而实证宗教的肯定是纯粹的肯定性、实证性。

虽然黑格尔的肯定是包含了否定的，但是他还是认为通过否定可以得到肯定。把否定之否定和肯定等同起来，这是一种同一化的做法，是纯粹形式化的做法，是剔除内容的形式化方法。而这种形式化的方法就是同一化。剔除内容的纯粹形式一定是同一的。这种纯粹形式性的原则即同一性原则是反辩证法的。这种反辩证法的东西却在辩证法的核心处取得优势地位。这就是说，本来黑格尔的逻辑学应该是这样的，否定之否定的结果仍然是否定。而"否定之否定是肯定"却在黑格尔的辩证法中取得了优势地位。这种否定之否定之所以能够在黑格尔的辩证法中取得优势地位，恰恰就是因为这是传统逻辑中得来的。否则的话，黑格尔会特别讨厌这个东西。在这里，阿多诺举了一个例子来说明否定之否定仍然是否定的。如果总体是被禁止的，是否定的东西，那么无论我们否定总体中的哪种要素，无论我们否定总体中的哪种特殊的东西，我们所得到的结果仍然是否定。或者说，无论我们怎么否定，从否定中得到的结果，这个总体仍然是否定的。通过对于总体中的要素的否定，我们得不到一个肯定的总体。由此所得到的肯定只是一种确定的否定，是批判。否定的辩证法

第二部分　否定的辩证法：概念与范畴

恰恰就表达了对于同一性总体的否定。黑格尔的辩证法最终要达到的是肯定性的总体，这是与阿多诺相矛盾的。在这里，阿多诺暗示，本来否定之否定得到的结果仍然是否定，但是在黑格尔那里，由于他要得到肯定的总体，所以确定的否定被黑格尔以巧妙的方式变成肯定的结果，变成了可以快乐地把握在手中的肯定的东西。

接下来，阿多诺就根据这个思想来分析黑格尔哲学中所存在的缺陷。从思想的内容上来说，黑格尔应该坚持否定之否定仍然是否定的思想，然而对于走向保守的后期黑格尔来说，否定之否定变成了最终的肯定，即总体上的肯定。在黑格尔哲学的每个环节，黑格尔强调否定之否定所得到的仍然是否定，但是其最终的结果却是肯定，即主客体的绝对同一。这个绝对同一的总体就是黑格尔所再生产出来的一种不透明的直接性。这个最终的总体不再是被中介的，而是成为直接性的。这个直接性的总体并不是主体能够直接把握的，对于主体来说不是透明的。而这样一个直接的总体一经产生就是幻相，即康德所说的那种幻相，知性的范畴把握绝对的幻相。在阿多诺看来，这个总体必定是矛盾的。任何一种完全同一的总体是不可能的。当然，这是黑格尔成熟时期，也就建构整个哲学体系时期所提出的思想，是《逻辑学》中的思想。这个直接的总体是坏东西。我感到，阿多诺在这里是从资本主义社会的现实基础的角度来思考黑格尔的这个总体性的思想的。这个资本主义社会把合理化推向了极端，从而走向了总体。所以这个总体本身就是坏东西。否定其中的某个要素并不能从总体上改变资本主义，但是阿多诺也不是主张毕其功于一役，而是强调，这个是一个无尽的过程。最终的总体是一个完美的总体的思想，是一种资产阶级意识形态。

在阿多诺看来，主体不能脱离经验，不能脱离肉体。黑格尔哲学包含了这样的合理要素，即黑格尔的分析摧毁了主体性自在存在的幻相，承认主体性是包含经验的。如果主体性是自在存在的，那么这个主体就是纯粹的笛卡尔意义上的主体。但黑格尔在他的《逻辑学》中，在主体不断得到提升的体系中，主体变成了一个纯粹肯定的东西。通过这种提升，主体回到了自身。这是从辩证法意义上来处理的主体性，而这个提升主体性的机制并不比它机械处理主体性的机制有多高明。机械地处理主体性，就是纯粹按照笛卡尔的心灵和身体的二元对立处理主体的机制。这个被提升起来的主体性是自我否定中不断提升自己的主体性。这种主体其实最终也丧失主体性，在绝对同一性中丧失主体性。这个最终的绝对性，这个最终的总体就是被进一步生产出来束缚主体的东西，是抽象地压制主体的东西。这是加在主体身上的抽象的东西，是压制主体的东西，这种东西是我们可以有很好的理由加以否定的东西。对于阿多诺来说，主体性是与限制主体的东西结合在一起的，如果没有限制主体的东西，那么主体性就是纯粹抽象的主体性。所以，主体在对抗客体的时候，主体也被自己所建构起来的客体所限制，主体不断打破这种限制，而在打破限制的过程中，主体仍然被限制。从这个角度来说，主体所施加的否定是合法的，而施加在主体上的否定也是合法的。这是因为主体在其自身的发展中会必然产生出一个总体，这个总体会被施加在主体身上。这虽然也是合法的，但是却包含了意识形态的要素。这是因为，这个总体看上去是一个合理的总体，其实它是不合理的。按照黑格尔的辩证法思想，他应该继续否定这个总体。但是，黑格尔的辩证法中却包含了某种反辩证法的东西。这表现在，他在辩证法的每一个新的层面上忘记了先前步骤的权利，即先前步骤的否定的权利，这是他《逻辑学》中断断续续的洞见。黑格尔在《逻辑学》中肯定了概念的否定过程，这是黑格尔的洞见。本来，黑格尔如果在否定之否定的结果中吸收了先前的内容（综合），把先前的东西综合在概念后来的展开过程中，那么这个否定之否定所得到的是具体内容的，但是这个具体内容不能被抽象地肯定。按照阿多诺的思路，对于概念的否定是为了进一步把握"对象"中的非同一的东西，因此，对于概念的否定最终不能得到一个肯定的东西，不能得到概念与对象的完全一致。当黑格尔遏制了他的思想中确定的否定的思想，忽视了先前步骤所包含的积极内容的时候，黑格尔就模仿了他的对立面，即模仿了抽象的否定的观念。当黑格尔把否定变成抽象的否定的时候，这种抽象的否定和抽象的肯定是一致的。这种一致性表现在抽象的否定和抽象的肯定都看不到肯定之中包含了否定，而否定之中包含了肯定。它们共同地把肯定和否定简单地对立起来。而抽象的肯定就是没有客观依据的随意做出的肯定。这就好像日常生活中常常出现的情况，某个人在赞扬其他人，说他非常好。但是如果我们问他，他所赞扬的那个人好在什么地方，他什么也不说。那么这种抽象的肯定表明，他所表扬的那个人没有什么值得肯定的优点。这其实就是否定了这个人。

　　黑格尔的否定之否定最终得到的是肯定。这就是黑格尔的肯定性的否定。这就是说，在黑格尔的辩证法之中还包含了一种抽象的方法。当黑格尔把方法脱离内容的时候，他就按照方法来理解辩证过程。而当这种否定的方法脱离内容的时候，这个否定的方法就变成了否定之否定走向肯定。所以，这种否定之否定不是像黑格尔所说的那样是关系到事物的辩证法，而是方法论意义上的辩证法。于是，对于他来说，整个世界就是一个抽象的肯定的总体。这还转变成为真正的笑柄，成为荒谬的东西。这就是对于合理化世界的肯定，对于现实的抽象肯定。同时，这个荒谬的笑柄就是黑格尔对于普鲁士王国的抽象肯定，对于"国家"的抽象肯定。在这里，否定的东西变成了肯定的东西，并受到推崇。这就是一种拜物教。本来这是一种不确定（非同一）的东西，是有无之间的东西，但是现在变成了一种现成的，实证的，肯定的东西。这种肯定的意思包含了对于现存生活状况的肯定，也包含了"肯定的力量"所说的肯定。我们前面说过这种抽象的肯定和抽象的否定是一个意思。因此，这个抽象的肯定力量同时也是一个否定的力量。在这个抽象的肯定中，人受到了压制，人在这里被否定了。所以，这种以肯定性形式存在的力量具有杀气腾腾的特点。这种抽象肯定性变成对于一切否定的坚决抵抗，变成对一切反对意见的压制。肯定性就是实证性，而实证性就是对于放在面前东西的抽象肯定。这就是拜物教的核心特征。这就好像人们到庙里去拜佛。而他们所崇拜的就是泥土和木头雕刻起来的佛像。好像这些泥塑的东西就是神一样。由此，阿多诺强调，那必须被严肃对待的坚定的否定就在于，它不打算认可存在者。否定之否定不是要回到肯定，而是要证明这种否定仍然是不充分的否定。认可存在者就是认可现存的东西。被严肃对待的否定，这种否定的结果不是肯定，而仍然是否定。这种否定仍然是不充分的否定。这就是说，在我们用概念把握非同一东西的时候，我们不断地要否定已经得到的结果。否则的话，辩证法就仍然保留着它在黑格尔的体系（方法）中的那个样子。只有冲破黑格尔的体系，我们才能拯救这个否定的力量。否则，辩证法就丧失其潜力，就丧失它通过否定之否定而不断走向非同一东西。如果失去了这个潜力，那么这种辩证法最终会对起初确立起来的东西漠不关心。它最初所确立起来的东西是"存在"，有不确定内容的存在，是有无之间的那个东西。对于阿多诺来说，被否定的东西不是变成肯定，而是最终走向消失。如果被否定的东西在被否定之后变成了肯定，那么这就是要保持这个被否定的东西，否定恰恰就是要消除被否定东西，而保留其有意义的东西。最终消失的是被否定的东西，而不是具有积极意义的东西。在阿多诺那里，非同一的东西，也不是肯定的东西，不是给定的东西，而是动态的。只有这样，辩证法才脱离黑格尔。我们可以说，把否定的东西肯定下来，这是黑格尔辩证法的缺陷，也是阿多诺与黑格尔辩证法的最核心的区别。

接着，阿多诺说，如果用同一性来再一次掩饰辩证矛盾，即不可化解的非同一者这个说法所表达的东西，那么这同时就意味着它忽视了这个表达所说的东西，并且重新回到纯粹的一致性的思维。这就是说，如果把否定之否定得到的矛盾的东西变成肯定的东西，变成同一性的东西，那么这就把思维中的非同一内容剔除了，只有剔除了非同一内容，否定之否定才会是肯定。如果用同一性、肯定性来表达那个不可化解的非同一性东西，那么这就是用同一性来排除非同一的东西。这就是回到了一致性思维。如果人们一开始就设定了抽象的普遍概念，把这个概念中的非同一东西内容掏空，那么人们就会捍卫否定之否定是肯定的说法。

在阿多诺看来，从一开始就把肯定性作为普遍性预设起来，就是要确认逻辑对原逻辑的优先性。逻辑强调的是纯粹形式上的一致性。而元逻辑是包含内容的逻辑的，类似于黑格尔的辩证法逻辑。我们在前面已经说过。即使再纯粹的逻辑形式最终也必须有"某物"，没有"某物"这种纯粹形式的思维是不可能的。这是逻辑的根基。这就是阿多诺所说的元逻辑。阿多诺看到了黑格尔《逻辑学》中的这个元逻辑的方面。如果逻辑对于元逻辑取得优势地位，那么，这是观念论上的欺骗。这是排除了内容的观念论，排除某物的观念论。当逻辑取得了对于原逻辑的优势地位的时候，否定之否定就是肯定的做法就得到了自我确证。在阿多诺看来，这种否定之否定就是肯定的思想的核心就是同一性逻辑，是一种纯形式的思考。按照这样一种纯形式的思考，那么否定之否定就是肯定，就变成了同一性。本来黑格尔在辩证法中所突出的是否定之否定仍然是否定，然而形式化的强制对他产生了强大的影响。所以，他的这种否定之否定最终达到了同一性，达到了绝对。这个同一性是主体性原则（纯粹的自我同一性）在绝对上的投射，也就是说，黑格尔在主体性原则中最终排除了对象，排除了非同一的内容。只有排除了这种内容的时候，这种同一性才可能达到。

从这里，我们可以看到，黑格尔哲学中的内在矛盾。阿多诺引用了黑格尔的一句话来说明这种黑格尔哲学的这种内在矛盾。黑格尔说："真理作为与客体相符合的知识也是肯定的东西，但是只有在这种知识否定地对待他者时，只有当它穿透客体并扬弃否定即扬弃客体所呈现的那种否定时，真理才是与其自身的等同。"[①] 这句话既表达了黑格尔的深刻见解，也表达了对这种深刻见解的彻底否定。其中的深刻见解表现在：把真理描述为知识的否定性行动，即穿透客体的行动——从而消除客体直接如此的幻相——听起来好像是否定的辩证法的纲领，即一种"与客体相一致"知识之否定的辩证法的纲领。这就是说，要获得知识，就要穿透客体，而不是停留在客体的表面现象上，不是停留在客体直接如此的幻相上。这就是否定的辩证法的纲领。这个纲领就是要真正地穿透客体。比如在对于现代社会的一些现象，我们不能停留在表面上来看待它，而是要穿透这个客体，这样才能真正把握客体；这就是否定的辩证法纲领。这就是阿多诺要得到的思想。在阿多诺看来，黑格尔这里已经有了这种思想。而对于这种深刻洞见的否定表现在，它把知识作为肯定性确立起来，这种知识好像使主体和客体完全一致起来，好像已经把握了绝对，达到了绝对。这就背弃了穿透客体的洞见。客体本身就是非同一的，是矛盾的。穿透客体的努力不可能达到绝对，达到肯定性。阿多诺指出，通过这段引文中所说的"与自身等同的"公式，通过同一性的公式，关于客体的知识就被揭示为变戏法。这就是说，黑格尔在这里通过"与自身等同的"公式玩起了变戏法，把关于客体的知识变成了纯粹思维中的自我等同。当黑格尔要达到这种自身等同的时候，黑格尔所得到的是纯粹观念上的自我确证，而不是思想和客体的和解，这种和解的观念无法在概念上得到确证。在黑格尔的绝对之中，这两者之间无法得到和解。和解就是承认主客体之间的非同一性。

阿多诺指出，如果有人提出反对意见说，对否定之否定即肯定（之学说）

[①] 《黑格尔全集》第四卷，格洛克纳编，斯图加特，1927年版，第543页。

的批判会斩断黑格尔逻辑学的命根子，会排斥任何一种辩证运动，那么这种指责不过把辩证法局限在黑格尔自我理解的权威性的绝对信仰上。这是因为，对于许多人来说，否定之否定的结果是肯定，这是黑格尔的辩证法的核心原则，如果否定了这个核心原则，那么这就会摧毁黑格尔哲学。人们这是按照黑格尔的逻辑来理解黑格尔，或者人们迷信于黑格尔自我理解的权威性。而阿多诺不是按照黑格尔的自我理解来理解黑格尔，他要看到黑格尔哲学的内在矛盾。这就是说，如果按照黑格尔自身的内在逻辑，那么黑格尔思想中必定会包含矛盾，必定包含了否定之否定是肯定和否定之否定是否定之间的矛盾。而这是要通过黑格尔思想中的内在矛盾的分析才能挖掘出来。而从黑格尔本人的角度来说，如果摧毁了否定之否定即肯定这个原则，那么黑格尔的体系会垮台。但是，从阿多诺的角度来说，这并不意味着辩证法会失败。这是因为，辩证法的经验内容不依赖于否定之否定这个原则。辩证法的经验内容来自于客体，来自于对象。这个对象是与主体不同一的，是对抗主体的。辩证法的力量就来自于主体和客体的非同一性，来与他者对同一性的抵抗。既然主体的统治产生了矛盾，既然客体在与主体的相互作用的事态中也是矛盾的，那么主体就是矛盾的，就是潜藏在辩证法中的。在这里，主体的辩证法是与客体密不可分的。离开了客体，孤立地讨论主体的辩证法，这是观念论的产物。而黑格尔的辩证法在体系的框架中就是这样一种辩证法。

所以，阿多诺最后得出了结论，如果把辩证法单纯归于主体，并且通过矛盾来否定矛盾，那么这就是一种观念论上的辩证法，是清除了内容的辩证法，成为一种形式上的总体的辩证法。这种辩证法其实也就是对辩证法的否定。而黑格尔的辩证法来源于体系，来源于他建构观念论体系的努力。因此，在这个体系中，辩证法最终被清除了。在这个体系中，没有辩证法的尺度。

个别也不是最终的

这个部分批判了这样一个思想，即非同一性就是强调个别性，把个别性作为最终的东西。阿多诺在这里指出，把个别性作为最终的东西恰恰是同一性思维的一种表现。个别是内在矛盾的，是被普遍所中介的。

阿多诺认为，对于同一性发生错乱的思维就是把不能被纳入同一性的东西也按照同一性的方式来加以对待。当这种东西不能被纳入同一的框架的时候，这种东西就被排除在思维之外。这就是说，如果一个东西不能被纳入同一性思维的框架，那么它们就向这种非同一性的东西、向这种不可消解的东西投降，把客体的不可消解性变成主体的禁忌。主体不能用概念来表达它。它被排斥在主体范围之外，成为主体所不敢面对的对象。所以，阿多诺说，在这种情况下，主体就是非理性地或者唯科学地放弃自己。唯科学的方式对待这种东西就是把它作为非同一的东西排斥在科学范围之外，主体放弃对于这种东西的认识。而非理性地对待这种东西的方式就是把它作为崇拜的对象，主体不愿意触及它。这两种方式都是主体放弃了对于非同一东西的认识和把握。阿多诺认为，这就是向流行的认识理想投降，甚至向流行的认识理想表示崇敬。流行的认识理想就是同一性的理想，被认识对象与认识主体的同一性。人们把这种认识理想当做唯一适当的认识理想。唯科学地对待对于非同一性东西就是直观这种非同一的东西，如胡塞尔。现象学的非理性化代表，如海德格尔非理性地对待这种非同一的东西。胡塞尔熟悉这种认识理想，甚至崇拜这种认识理想。海德格尔虽然看到了主体哲学的缺陷，但是他还是期待在存在之中直接达到主客体的同一。从这个角度来说，他也崇拜这种科学理想。阿多诺指出，这种思维态度始终把对可吸收东西的欲望与对不可吸收东西的厌恶结合在一起，而恰恰是这些不可吸收的东西是需要被认识的。如果我们把这句话与个别的认识联系在一起，那么这就是说，这种思维方式也要认识个别，但只是从同一性思维的角度来对待它，把能够纳入同一性思维框架的东西纳入同一性之中，而那些不能被纳入这个框架的个别的东西则仅仅被当做直观的对象，而个别并没有真正地被把握，并没有真正地被吸收。这里存在着同一和非同一东西之间的完全对立。在阿多诺看来，正是这种矛盾的东西，才是认识需要把握的东西。这种对于需要被认识的东西置之不理的做法不仅具有认识论上的消极影响，而且具有一定的社会意义。这个社会意义就是，它们起到了维护社会现状的作用。在个别性面前，在非同一的东西面前，人们极端热情，但是却不是真正把握它，而是把这种个别的东西作为崇拜的对象。从认识论上来说，他们只是对它进行直观。胡塞尔和海德格尔哲学就对于这种个别的东西极端热情，甚至把它作为崇拜的对象。而抽象地强调一般的哲学对个别的东西冷漠无为，这其实就是对于它不理不睬,放任这种特殊的东西。这两种做法的一个共同特点是赋予现状以精神上的不可透视性,使它获得权威地位,就是承认现状是无法被认识的,只能听之任之。然而,在阿多诺看来,任何一个现实的东西都具有非同一性,都是内在矛盾的。

个别生存者(Existierende)不能被抽象地纳入实存概念之中,不能与实存概念相符合。这是必然的。但是,这并不意味着,它不能被解释,不意味着它就其自身来说是最终的东西,不是无法认识的东西。这里所说的个别实存者不是指具体的、个别的东西,而是指非同一东西。在西方语言中,实存是要说明某个东西具体究竟是怎样的。它所涉及的是一个东西的存在方式。如果说这个东西的具体存在方式可以被把握在实存这个概念中,那么实存者就表达了实存概念所无法表达的那种具体的存在方式,它是"具体之是"。对于个别实存者,我们也可以用实存概念来认识。但是我们知道,这个实存概念是不够的。个别实存者一定有"多于"一般概念的东西。我们只能借助于这个概念来领会"多于",而不能把"多于"作为直观的对象。好像这个"多"可以被直接把握。胡塞尔和海德格尔就把这个"多于"作为直观对象来把握。所以,黑格尔在《逻辑学》中认为,个别存在者不是纯粹的自为存在。纯粹的自为存在是孤立地束缚于自身的存在。它一定是被中介过的,一定包含了他者的要素,是与他者结合在一起的。所以,这种实存者又被说成是自身中的他者。这就是说,它在其自身之中的时候也一定要与他者联系起来,即使不是实际发生联系,也必定包含了他者于自身。世界上没有任何东西是孤立地自在存在的。从这个角度来说,具体之是(Was ist)也就是一个东西的具体的存在方式,是包含了他者的具体存在状况的,一定超出了它孤立的存在状态(它的所是)。比如,按照实证的思维方式,按照直观的思维方式,"张三是医生"是完全的孤立存在的事实,但是医生是在与病人的联系中才成为医生的。张三不能在与病人无关的情况下成为医生。病人作为他者是包含在医生这个概念之中的。因此,这个"多"不是外加在它的所是上的,而是内在于它的所是的。如果我们按照同一性逻辑来挤压这个概念,那么这个"多"出的部分就被挤压出来了。或者说,这个"多于"是内在于事物本身之中的。从认识论上来说,如果我们坚定地把它纳入同一性框架的时候,这个"多"于的部分就显示出来了。由于他者作为非同一的东西就是在事物自身的内部，所以非同一的东西是事物自身的同一性，是对抗同一化的同一性。这个他者被同一在事物自身（没有同一性，事物自身就不可能作为他自身存在）之中，但是它（他者）却对抗这种同一化。这让人费解的说法其实表明了事物自身的同一性之中一定包含了非同一性。根据这一点，阿多诺指出，这表明，对象的最内在的核心同时也是外在于这个核心的，它的封闭特征，作为一种幻相，是同一化、稳固化的过程的反映。从表面上看，事物是自足的，是孤立的自我存在者，但是它包含了他者于自身。这个他者就在它的核心处。所以，它的封闭特征不过是一种幻相。

阿多诺认为，当人们执着地思考个别的时候，人们会走向本质（Wesen）。在通常的理解中，本质都是一般的东西，普遍的东西，而阿多诺所说的这个本质不是指一般的东西，而是指使一个东西成为它自身的那种东西。本质就应该是这样的意义上的本质。所以思考个别会导向本质，而不是导向一般，不是导向该事物所代表的一般。与他者的交流会凝固在个别之中。这就是说，通过与他者的交流，个别之中会包含他者，这表明，个别实存者总是被他者所中介的。个别在其特殊的存在方式中，即在其此在之中被他者所中介的。当然正如我们通常所理解的，此在（定在）作为特殊的存在者是包含了一般的。胡塞尔认识到这一点，一般寓于个别事物的核心。按照胡塞尔本质直观的思想，"红"色书本具有"红"这样一个一般特征。如果我们把书，把四方性，把红色之外的所有这些东西都"悬置"起来，那么我们就得到了作为本质特征的红色。而这个红色其实就是特殊的红，可以用"红"这个概念来概括。于是，对于胡塞尔来说，我们不是通过红色的东西的比较中得到"红"，而是直观到这个本质。但是，阿多诺认为，胡塞尔没有注意到，如果我们把事物中所有能够用一般的特征概括的东西（包括红色本身）都抽取掉，都"悬置"起来，那么我们所得到的是绝对个别性。这个红其实也是绝对个别的红。我们也可以说，这是红色的一种范例，一种典型。这个典型或者范例是通过个别来表示一般。由此，我们可以说，这种绝对的个别性一定与一般联系在一起的。最后，阿多诺以艺术品为例说明，个别不是最终的东西，个别是被中介的。尽管个别不是从思想中推导出来的，不是从思想中推导出来的一般的东西，但是个别在其核心处却类似于艺术品。它拒绝一切图式，拒绝一切模式化的东西，甚至拒绝最大程度上个别化的图式。然而，如果我们分析艺术品，那么我们可以从极端的个别化的艺术品中发现一般的要素，发现一般介入到典型的东西之中。这就是说，艺术是以典型的方式来表达一般东西。比如，拉斐尔的圣母像就是用一种典型的形式表达了母性的特征。拉斐尔的圣母像是独一无二的，但是这个独一无二的圣母像之中包含了一般。他用典型的特征表达了母性的特征。这就是阿多诺所说的一般介入到典型的东西之中。但是，请注意，这个一般不是可以用概念来表达的一般。当我们用圣母像来表达"母性"的时候，这个其实也是不对的。当然，这种典型特征中有一般，但是这是一般介入典型之中，甚至这种介入对于一般来说也是隐藏着的。人们不是有意识地把一般介入典型之中。这个一般不是显著地表现出来的，不是可以被直观的对象。这个一般需要借助于概念而又超出了概念。这个具体的东西，我们既不能简单地说是个别，也不能简单地说是一般。

星丛

这是从本雅明那里吸收过来的概念。这个概念表明，要把握一个事物就必须借助于一系列相互关联的概念，这些相互关联的概念既能够把事物内在的特征表达出来，也能够把事物的外部关联表达出来。

人要认识事物都必须进行统一，必须进行综合。这种综合统一的方法有很多，否定之否定也是一种综合，是一种统一，抽象的概括也是一种统一。如果我们不是按照否定之否定，不是进行抽象而进行统一，那么如何来统一呢？这就是所谓的概念进入"星丛"。借助于星丛所进行的统一不是从低级的概念走向更抽象的上位概念，而是让概念联系起来，这就好像是说，概念像天上的星星那样相互排斥又相互吸引。概念之间的这种排斥和相互吸引的关系能够从外部勾勒出事物的特殊性，事物的非同一性的特征。这与抽象过程不同，与按照概念进行分类不同，分类只是把握共同特征，而事物的特殊性对于分类来说就是一种负担。概念的星丛能够揭示对象的特殊性。

那么为什么概念的星丛能够做到这一点呢？阿多诺通过语言与概念的关系来说明这一点。概念是用字词来表达的，但是概念和字词不是一回事。概念是要对事物本身进行规定，而字词只是概念的外在形式。当然语言作为字词的结合体都是与概念联系在一起的。概念是通过语言而与事物联系起来的。语言也通过概念而把握事物。在这里，阿多诺考察了语言、对象与事物之间的关系。首先阿多诺强调，语言不仅仅是要为认识提供符号系统，人们可以用这个符号来代表概念。语言是被用来描述事物。只要语言根本上作为语言出现，那么语言就是与事物结合在一起的。这就是阿多诺的语言观。语言不能被理解为符号，也不能被简单地理解为概念。语言是在做事情的，不是死的。所以，语言的行为是让概念进入星丛，让概念联系起来，而不是固化概念。语言是动态的，所以它不是对于概念进行规定。它把概念放在动态过程之中，把概念与概念联系起来。那么语言作为动态的东西，把概念联系起来的目的是要描述事物。这个时候语言就让概念围绕事物转，让概念围绕事物转就是让概念获得客观内容。由于事物本身是矛盾的、是相互联系的、是动态的，所以概念也不能被严格规定，不能定义。语言不是要对于概念进行定义，而是要让概念围绕事物转。这是语言的行为的特点。语言的这种行为方式是为了让概念获得客观内容，从而让概念达成自己的目标（意图），就是完整地表达它所意味的东西，就是表达事物的特征。如果概念被固化，并严格定义了，那么概念就不能完整地表达所意味的东西了。可是，当我们用概念来认识事物的时候，我们的概念毕竟是抽象的，而这种抽象必定会对于所认识的对象有所剪裁。这就是说，概念在认识事物的时候，就会从内部对于事物有所剪裁。虽然概念对于事物有所剪裁，但是概念还是渴望完整地表达所意味的东西，只是概念由于自身固有的缺陷而无法达到这一点。于是，概念就要与其他概念结合在一起，从外部来弥补概念所存在的缺陷。所以阿多诺说，概念的星丛能够从外部表达"更多的"东西，虽然孤立的概念也曾试图这样做，但是却做不到。当这些概念结合起来的时候，这些聚集在一起的概念就能够把握事物最内在的东西，最核心的东西，也就是事物本身的最特殊的东西、非同一的东西。这就是思维试图达到，但是却又必然会排除的东西。思维之所以会必然排除这种东西，是因为思维必须借助于概念来思维，所以思维也会排除这种东西。事物最内在的东西也就是一个事物成为它自身的东西，是事物自身独一无二的东西，是非同一的东西。这种东西不可能通过某个抽象的概念来规定。黑格尔把这个非同一的东西称为具体，具体的意思就是事物之间的相互关联，没有这种外部的关联，它就不是具体。从这里我们可以说，事物最内在的东西、最独一无二的东西也是与外在的东西联系在一起的。如果没有这种外在的联系，那么事物的最内在的东西也是不可能的。最内在的东西、最核心的东西如果不与外在的东西联系起来，那么这个东西变成孤立的东西，而这种完全自在的东西是不可能的。所以，通过概念上的外在联系，我们才能揭示最内在的核心。黑格尔所说的具体就表达了这个意思。黑格尔非常强调具体。但是黑格尔是从精神上去把握具体。而这个纯粹精神上的过程是通过概念来表示的。所以，对于黑格尔来说，没有语言也不要紧，我们只要借助于精神就可以把握具体。我们可以说，黑格尔遨游在一个没有语言的精神世界中。所以，阿多诺认为，黑格尔的哲学是批判"商谈逻辑"的，黑格尔的辩证法是没有语言的辩证法。在这里，人们必然会说，黑格尔的概念也是借助于语言来表达的，怎么能够说，黑格尔的辩证法是没有语言的辩证法呢？显然阿多诺所说的语言的意思是非常特殊的。他所说的那个语言是把概念与事物联系起来的语言，是能够客观地呈现事物的语言，而黑格尔的语言是表达精神的语言，黑格尔的语言达不到那样一点。阿多诺所理解的语言非常类似于海德格尔和本雅明的语言。这个语言最初是与事物的特殊性、客观性联系在一起的。它类似于本雅明所说的上帝的语言和海德格尔的命名的语言。这种语言与表达抽象概念的那种语言是不同的。而现代社会中流行的科学，实证科学就是用概念来把握事物。它们没有"语言"的维度，即阿多诺说的那种"有所强调的语言"。黑格尔不需要这种意义上的语言，这是因为，对黑格尔来说，一切东西，甚至无语言、不透明的东西，都被预设为精神。这就是说，一切东西，包含非同一性的东西，甚至客观世界的东西，无法被直接透视的东西，都是精神的一种表现形式，而且精神内部是关联的。阿多诺认为，黑格尔的这个预设是其哲学中的不可救药的缺陷。它无法真正地把握事物。

接着阿多诺提出了自己的看法。他认为，那种化解在并非事先设想好的关联中的东西，即没有被黑格尔的那种事先设想好的关联所束缚的东西，按照事物本身的样子而关联起来的东西，是非同一的东西，是会超越自身的封闭性的。这种东西会超出了自身之外，而与其他东西关联起来，与那疏离于概念的东西进行交流，与无法概括在概念中的东西联系。特殊的事物不会束缚于自身，而是会超出自身的，并且与非概念的东西进行交流，显现自身。由于这种东西是非同一的，是无法被概括在概念之中的，所以，它不是透明的。只有在对于同一性的总体诉求中，它才是透明的，如果人们一定把它纳入到同一性总体之中，纳入到黑格尔的哲学概念体系中，那么这种东西就是透明的。相反，这种非同一性的东西会抵抗这种同一性的总体诉求。作为非同一的东西，它要表达自身，而要表达自身就需要借助于语言。当它借助于语言表达自身的时候，它就走出了自我独立性的魔咒，走出那种束缚于自身的状况。接下来，阿多诺说，当非同一东西在其概念中被规定的时候，它就超出它的个别定在。这个非同一的东西被包含在个别定在中，这个个别定在在与概念联系起来的时候，在与语言联系起来的时候就超出自身。这个个别定借助概念而超出个别定在自身。定在中的东西怎么能够超出定在呢？这里的定在是被思维所把握的定在，是被概念所把握的定在。在概念把握定在的时候，定在之中包含了超出定在的东西，这种东西是不能被概括在概念中的东西。这种东西（非同一的东西）在个别定在中就成为超出概念的东西，并与概念相对抗。所以，在定在中这种超出概念的东西收缩到与概念对立的那一极，并注视着概念。在这里，阿多诺强调，在非同一东西的内部存在着这样的联系，它与非自身存在的东西的联系，它与它的自身同一向它隐瞒的东西的联系。这里所说的非同一东西就是指定在的东西，被概念所把握了的定在。这个定在内部包含两种东西，可被概念的东西以及与概念对抗的东西。这个与概念对抗的东西，是非自身存在的东西，它要依赖于概念才能存在，才能显现。非同一的东西即定在必须与这个非概念的东西联系起来，只有这样它才能成为定在。而这里所说的，它的自身同一，即定在的自身同一。而这个向定在自身所隐瞒的东西就是对抗概念的东西，非同一的东西。定在必须与这个非自身存在的东西，与这个定在自身向它隐瞒的东西联系起来。这个定在中的非同一的东西是对抗概念的东西，是不能被概括在概念中的东西，它无法被概念所固化，但是它可以外在地显现自身。我们可以领会到这种东西的存在。所以阿多诺说，这种东西只能在外化中显现自身，而不会在固化中成为自身。在阿多诺看来，这就是我们可以从黑格尔那里学习到的东西。这就是说，这种非同一的东西可以外化自身，可以显现自身，可以成为我们思维中的现象。我们可以领会这种现象。对阿多诺来说，这种现象是客观的，是"定在"概念所无法概括的东西。黑格尔虽然也看到了这种东西，也强调这种东西可以在外化中被人们所领会，但是黑格尔却把外化和扬弃外化的过程纳入到一个"事先设计好的关联中"。因此，这个外化具有强制的特点。

接下来，阿多诺利用单子论来说明个别和非同一东西。按照莱布尼茨的单子论，每一个单子都是不同的，都是封闭的，这些封闭的单子如果要专注于自身的内在特性，专注于自身，那么它就必须有外在的东西，如果没有外在的东西，内在的独特性也无法体现出来，我们也无法把单子区分开来。从这个角度来说，单子论之中包含了一种星丛意识。这种星丛意识表现为，一个东西的内在的独特性、非同一性必须要借助于外在性，必须在外在性中被把握。而内在又是与外在联系在一起的。前面我们已经说过，任何个别都是普遍的，普遍内在于个别的核心。如果是这样，那么我们也可以说，普遍既是内在的又是外在的。如果普遍既是内在的又是外在的，那么我们借助于概念的星丛来认识特殊的事物，既是对于事物的外在描述，也是对它的内在把握。阿多诺的这个说法其实是反对把内在和外在，普遍和个别割裂开来，而是强调它们之间的相互交融。而这种相互交融就类似于我们前面所说的艺术中的典型。任何一种东西都具有艺术中的那种典型的特点。任何一个事物都是这样一种艺术中典型。如果说艺术中的典型是可以用绘画、音乐等艺术形式来表达的话，那么我们现在需要用概念来描述（或者表达）。阿多诺这里所说的事物，不是脱离人的概念或者思想上的理解的事物，这个事物是在人的思维中的事物。所以，阿多诺说，这种意义上事物既不是纯粹客观的，也不是纯粹主观的。从这个角度来说，事物是居于星丛之中的，是居于内在和外在的关联之中的。要意识到这种关联，就是要对个别进行解码，而个别被阿多诺理解为"生成"。这就是说，个别事物是星丛中事物，是主客观结合的产物，是动态的过程。这是在认识过程中解构事物，也是在认识过程中建构事物。意识的星丛就是要对于建构过程中被建构起来的东西的解码。在这里，阿多诺特别强调，我们不能把内在和外在区分开来。这种区分是一定历史条件的产物。这就是在资本主义社会条件下的产物。在这个社会中，普遍和个别被割裂开来，内在和外在被割裂开来。人们认为在外在的背后有一个内在本质。正如马克思在《资本论》中所指出的那样，在资本主义社会中价值和使用价值被区分开来，抽象劳动和具体劳动被区分开来。正是由于这种区分，普遍的交换才能发生。当人们把一切具体劳动都还原到抽象劳动的时候，抽象劳动就成为具体劳动的本质。这种区分是资本主义社会运行的必然要求。而阿多诺对于个别的分析就是否定了这种区分。这种区分所反映的是对象中的历史，如果我们要认识资本主义，那么我们就需要认识对象中的这种历史。资本主义作为一个对象，就包含了这种分离，就包含了这种分离的历史。要理解这种历史就要理解对象与他者的关系中，理解资本主义与非资本主义的关系中，从对象的非同一性中把握对象。只有通过对于对象与他者关系的意识我们才能认识对象的历史地位和价值，只有通过对于已知东西的关注和更新，对象中的历史才能被释放出来。而阿多诺所说的把对象中的历史释放出来就是把对象中的关联释放出来，把内在和外在的关联，普遍和个别的关联释放出来。

在阿多诺看来，对象本身就是处于星丛之中，对象就是星丛所建构起来的，对象之中包含了历史，那么认识对象就是认识对象中所包含的历史，认识对象中所积累起来的历史。对象的星丛也是展示对象的历史。对象是在思维中建构的，对象的星丛也表达了思维的星丛。或者说，这种星丛也是一种理论思维的方法。这种理论思维的方法从一个新的维度来理解概念。这种星丛不再把概念当做抽象的概念，而是在复杂的关联中理解概念。阿多诺把从这种关联中理解概念的做法与打开保险箱加以类比。开启概念就像打开保险箱一样，这不是通过某个数字，而是一组数字。概念是在复杂的关联中被领会的。

阿多诺从内在与外在，特殊和一般的关联中理解星丛，并把这个关联放在一个历史过程中来理解。在这样的理解的基础上，他借助于星丛来重新理解概念，使概念摆脱传统的思维的那种抽象性质。其实这也是他所提出来的摆脱概念拜物教的一种思想方法。

科学中的星丛

在这个部分阿多诺借助于韦伯的方法来说明科学中人们是如何利用星丛的。

我们如何通过星丛来开启对象呢？这与其说是从对此不感兴趣的哲学中获知，倒不如说是从重要的科学研究中获知。这就是说，在科学研究中，人们会使用星丛来把握对象。而哲学家们几乎没有关注星丛，也没有专门研究过如何通过星丛来把握对象。这就表明，阿多诺是要把科学研究中的方法吸收到哲学概念来。他反对把社会现象的研究与哲学研究割裂开来。哲学家们往往从唯科学主义的方法（比如现象学）来理解这个工作，像科学家那样，要从形而上学的角度直接来思考和探索这种现象。而本雅明就是这样做的。在本雅明的《德国悲剧的起源》中，他从最源始的意义上去理解真理，把真理概念本身理解为星丛。本雅明所说的真理类似于海德格尔在《存在与时间》中所说的真理。当他把真理本身理解为星丛的时候，他就以星丛为直接的对象。

如果不是像本雅明那样，把星丛本身作为真理，而是作为把握真理的方法，那么我们就可以从韦伯对于资本主义社会的研究中看到这种方法。从韦伯的研究中，我们可以看到，他把理想类型和经验材料结合起来。韦伯把理想类型当做接近对象的辅助手段。但是这个理性类型是一种观念上的构想。这种观念上的构想完全是主观的。由于理想类型是主观地构想起来的，是排除了内容的。所以，这种主观的构想变成了空洞的东西，而经验内容变成一种任意流动的东西。而对于阿多诺来说，认识是要把握事物本身，要依靠经验的内容。客观的东西来源于经验的内容。

韦伯使用了理想类型的方法，而这种理想类型是主观的，是抽象的。这种理想类型就如同唯名论所说的那种任意的符号那样。在唯名论那里，符号是任意的，是纯粹外在的东西。但是，阿多诺认为，任何一种唯名论，即使它们把概念看做是空洞的，是任意的，也会关注经验的内容，使某种客观的要素渗透到概念之中。从这个角度来说，对于唯名论来说，空洞的概念其实都在不同程度上被赋予了内容。从这个角度来说，它要高出纯粹的思维实践。而纯粹的思维实践之中，人们所得到的纯粹主观的概念。这就是说，韦伯的理想类型作为一种唯名论意义上的概念还是具有内容的，是超出了纯粹思维实践的。而非反思的唯名论却看不到这一点。它们把概念，把符号看做是纯粹空洞的东西。而韦伯不同。他吸收了唯名论的思想，从客体中获得材料，把这些材料作为打破概念的有力途径。这就是说，韦伯采取了星丛的方法，而这个方法的特点之一

第二部分 否定的辩证法：概念与范畴

就是把理想类型与经验材料结合起来，把一般和特殊结合起来。这里所说的西南学派是指，新康德主义的西南学派，由于主要活动在德国西南地区的海德堡等地，所以称之为西南学派。其代表人物有文德尔班等。他们看到物自体与现象之间的对立，希望把这两者结合起来。这种结合就有试图把理念和经验结合的企图。韦伯也曾经受到过西南学派的影响。虽然他吸收了西南学派的思想方法，但是韦伯要比西南学派的这些人更重视经验的材料。这是因为，韦伯的研究更多地关注社会现实的研究，更多地关注当代资本主义社会的现实。但是韦伯的研究又不是经验科学意义上的那种社会学研究，而是把理想类型的方法和经验材料有机结合起来的方法。

那么为什么社会研究需要采取类似于韦伯的这种方法呢？只要一项研究是针对社会对象的，只要这个针对社会对象的研究是错误的，那么概念就是事物的恰当基础。这句话很费解。在这里，阿多诺通过一个注来说明。他的这个分析是来自于黑格尔的。按照黑格尔的看法，当一个社会被看做是总体的时候，这个总体只存在于概念中。也就是说，人们在把握一个总体的时候，这个总体其实是以概念为基础的。如果一个对象，比如资本主义社会，是以抽象的概念交换为基础的，如果我们按照这个社会的方法来研究这个社会，那么我们就不能真正地把握社会。这个社会把不能等同的东西等同起来了。如果我们要针对对象进行研究，那么我们就必须借助于概念，而当我们用概念来研究对象的时候，这个研究就会出错。这是因为这种研究不能正确地对待材料。在这种研究中，人们都把研究的对象纳入到上一级概念中。这个研究把自己看做是从属于它所研究的领域中，按照这个领域的规定来研究这个研究领域。这个研究领域已经被概念规定了范围。并且，这个研究是从属于这个社会总体的。比如，我们研究资本主义社会的时候，我们就按照资本主义社会给我们提供的思维方式来研究它。我们的研究就属于我们所研究的领域的。按照这个对象所要求的方式来研究这个对象。于是，这样的研究一定是错误的。从阿多诺所引用的这段话中，我们可以看到，社会作为一种联系起来的总是"存在于概念之中"的。概念为事物奠定基础。从这个角度来时候，理想类型其实就是从社会吸收来的，就是从属于这个社会的，是社会所许可的认识方式。如果概念是事物的基础，那么人们在社会的研究中就会致力于讨论概念之间的关系，讨论下级概念与上级概念之间的关系。在讨论这些概念之间的关系的时候，人们看不到，在所有这些概念之间的关系中，社会总体是一个概念，社会总体在这里发挥了作用。当人们的认识局限在概念之间的这种关系的时候，人们借助于单个物体是无法弥补这个缺陷的。这是因为，单个物体本身就是从属于概念的，被概括于那种从属关系之中。如果人们要打破这种等级化的概念关系，那么人们就需要引入具体的事物。而要把握具体事物，我们就不能满足于概念之间的关系。从逻辑的角度来分析概念之间的关系不能真正把握事物。这就需要用具体的内容充实概念，把概念流动起来。只有通过具体的、个别的事物，概念才能获得具体的内容，概念所进行的认识才能真正成为确定的认识。

比如说，当韦伯要理解资本主义社会总体的时候，他就不能用传统的定义方法来把握资本主义。资本主义社会本身是一个总体，要把握这个总体，我们不可能仅仅按照"属加种差"的方法来进行。如果按照这种方法来进行，那么我们只是把握了类似的社会形态之间的差别，而不能真正把握这个社会形态本身的内在特质。在这个情况下，韦伯意识到对于历史的概念，比如资本主义这个概念，进行定义是困难的。他意识到了对于资本主义和资本主义精神进行定义的困难。从这个角度来说，康德、黑格尔和尼采等人类似。这就是不用"属加种差"的方法来定义历史性的概念。这种定义的方法只是说明了概念之间的逻辑关系。韦伯并不完全否定这种关系，但是韦伯要超越这种关系。韦伯认为，社会学的那些概念应该"逐步地从那些取自于历史现实中的个别部分谱写（komponieren）出来的。因此，概念上的最终说明并不存在于研究的开始，而在于其终点。"① 这就是说，我们不可能从一开始就给概念提供一个最终的定义。如果进行这种规定，那么这只能是按照社会的从属关系，按照社会的规则来定义。这恰恰掩盖了社会的从属关系。所以，阿多诺认为，这种定义是谱写（komponieren），像谱写歌曲那样。我们不可能在歌曲一开头就知道歌曲的内容。所谓谱写就是要借助于概念的关联而展开。直到谱写的最后，我们明白了概念所要表达的内容。这个概念不是拘泥于概念之间的逻辑关系，而是吸收了历史中的个别部分，进行概念的谱写。这种谱写其实就是要让概念流动

---

① 马克斯·韦伯：《宗教社会学文集》，图宾根，1947年版，第30页。

起来，吸收具体的内容，而不是借助于其他概念来进行定义。阿多诺抓住了韦伯所说的这个谱写来说明韦伯如何通过抽象的概念来把握具体的内容的。

那么我们是不是还需要属加种差那样的一锤定音的定义呢？如果没有这种定义，韦伯所说的"谱写"是不是能够成为韦伯的认识论所希望的那个样子。这个问题没有确切的答案。阿多诺的回答是，我们当然需要这种属加种差这样的定义，但是不能像粗俗的唯科学主义那样认为，只要借助于这种定义，我们就能够把握被定义的对象。所以，阿多诺强调，思维必须在其过程中把握定义，不能指望一锤定音式的方法来用定义把握被定义的事物。这大概也是黑格尔强调的，真理是一个过程的思想。如果思维不能在过程中把握定义，那么思维就不能真正地把握事物，思维不过是满足于口头定义。这就是说，如果简单地用属概念加种差，那么人们就不可能把握事物本身。然而，如果用谱写来进行定义，正统的唯科学主义是不会接受的。对于他们来说，要进行科学研究就必须对概念进行严格定义，如果不是属加种差，那么至少也有一个描述定义。而谱写是一种流动性的状态，没有固定性，这不能作为定义的方法。没有稳定性，没有精确的定义，那么这种研究似乎就是太主观了。阿多诺承认，这样做确实可能会非常主观，它所关注的是认识过程，关注的是主体怎么进行认识。但是，这种谱写也可以像音乐一样进行，尽管谱写过程是主观的，个人自主性的，但是只有当主观的生产在谱写中消失，这种谱写才是成功的。如果我们再参考阿多诺的审美理论，那么我们就可以看到，在阿多诺看来，音乐的谱写就是要把握真理的，谱写音乐当然要主体的参与，但是主体的参与不是要表达自己，恰恰是要把客观的东西表达出来，所以，在谱写结束的时候，主体在谱写的东西中消失，并把真理表达出来。在阿多诺看来，谱写音乐当然是主观行为，但是如果纯粹是主观的行为，那么音乐是不会成功的。成功的音乐就是要把音乐的真理、把人们无法用言语把握的真理展示出来，展开出来。这才是成功的音乐。所以在音乐的谱写过程中，人们不是随意的，纯粹主观的。对于定义的谱写也是如此，不是随意的，而是要把握真理。从这个意义上来说，阿多诺所说的谱写类似于海德格尔在存在论意义上所说的阐释。这种阐释就是把被领会的东西展示出来，释放出来。使这种谱写得以进行关联的是星丛，而星丛就是围绕着事物转的，就是要把事物展开来。在这种情况下，星丛作为客观的符号，作为精神的符号是可以阅读的。当星丛成为客观符号的时候，谱写中的主观性就变成了客观性。这就如同人们运用字词的符号方法是一致的。当字词围绕着事物转的时候，字词的主观要素就转变成为客观的东西。对于阿多诺来说，星丛不是真理，但是，星丛是真理得以展示的方式。在这样的情况下，星丛中出现类似于字符的东西就要借助于语言把主观的东西回归到客观。这种语言符号才能把主观地思考和汇聚起的东西回归到客观性。

传统的科学理想和科学理论中也需要这种方法，即谱写的方法。或者说，这种方法包含了谱写的要素。当然在韦伯那里这种要素还不是主题，而是处于边缘的。比如，在韦伯的《经济与社会》中，他总是受到了借自法学的文字定义的困扰。他用法学上的那种严格定义方法。但是，如果我们仔细研究，我们就会发现，在他试图进行严格定义的时候，他还试图把其他各种概念聚拢在需要探索的核心概念的周围，并试图借此来表达核心概念指向的目标。在阿多诺看来，韦伯的这种做法，就包含了星丛的痕迹。比如，对于资本主义这个概念，他用诸如收益或利润动机等范畴把资本主义概念凸显出来。我们知道，韦伯认为，只要有人存在就有了对于金钱的贪欲，但是资本主义社会的特殊性最突出的地方在于，利润动机和适应市场机会，核算方法，家务与经营的区分，簿记和合法的法律体系等都是密切联系在一起的，它们构成了一个概念的星丛。所有这些都是与资本主义社会中的合理化原则联系在一起的。这被韦伯称为资本主义精神。当然这个概念的体系可能还有许多其他概念。这表明，要把握资本主义，我们不是简单地对资本主义进行定义，而是在资本主义的发展过程中，通过一系列概念的展开来揭示资本主义的客观性质。韦伯的这个方法与马克思的《资本论》的研究方法有极大的类似之处。当然，阿多诺对于韦伯的思想又提出了质疑，韦伯只是从合理性的角度来分析资本主义，但是却缺乏对于资本主义社会的阶级关系的分析。如果没有合理性，那么我们就无法理解等价交换，等价交换就是合理化原则的具体表现。同样，按照合理性，我们就可以对等价交换提出质疑。如果都是等价交换，那么剩余价值从何而来呢？所以虽然韦伯把合理化与资本主义的方法、资本主义精神等量齐观，但是却忽视了阶级关系。

由于资本主义作为一种系统而不断地强化其功能，这是一个各种功能不断地相互缠绕的系统，是一种功能系统，我们无法按照因果方法来分析资本主义社会产生的原因，比如，资本主义精神导致了资本主义社会的出现。这是用一种用精神原因来解释资本主义。其实，当韦伯从功能系统的角度理解资本主义社会的时候，当他用概念之间的相互关联来解释资本主义社会的时候，他就否定了用原因来解释资本主义社会。所以，对于韦伯来说，原因是越来越不确定的。而与这种因果分析方法不同的是星丛的方法。从这里，我们可以看出，要认识资本主义，就不是要孤立地进行认识的批判，进行认识方法的批判，而是要从真正的历史进程中去探索星丛，从概念之间的关系去把握历史的过程，从而把握资本主义的本质。但是，阿多诺觉得，韦伯的思想还是受到了系统论的影响，他更多的是从功能系统的角度去理解资本主义。如果韦伯用星丛来取代系统，那么韦伯的思想就会更成功。有人曾经指责韦伯还不完全是从系统和功能关系的角度来理解资本主义，这是韦伯思想的缺陷。而阿多诺认为，这恰恰是韦伯思想的高明之处。如果他放弃了系统论，那么他的思想就更有价值了。这表明他超越了实证主义和观念论。他走向了星丛理论。这是一种正确的认识方法。韦伯的思想包含了实证主义倾向。在历史研究中除了实证主义倾向之外，还有一种观念论的倾向。这就是马克思所说的用观念的联系来代替实际的联系。马克思的辩证法就超越了实证主义也超越了观念论。因此，马克思的思想中，星丛的要素会更多。马克思的思想超越了实证主义和观念论之外的第三条道路。如果韦伯也是这样，那么他也同样走向了第三条道路。马克思在《德意志意识形态》中的关于历史的研究是真正的实证科学的说法就表现了马克思的思想中的这种趋势。

本质和现象

在这个部分，阿多诺从非同一性的角度来理解本质。这种本质既不是脱离现象的抽象的一般本质，也不是与现象结合在一起的非本质，而是自身矛盾的东西，非同一的东西。阿多诺根据他对于本质的这种理解批判了传统上对于本质的理解，也批判了胡塞尔本质直观的思想。

阿多诺的否定的辩证法可以具体地理解为，同一性的否定辩证法和总体性的否定辩证法，这就是说，纯粹的自身同一性和总体性是不可能的。阿多诺通过否定的辩证对于范畴进行了重新理解，即一切范畴都要从星丛的角度来理解。范畴不是固定的，而是历史地谱写的。它构成了一种星丛。如果我们从星丛的角度来理解范畴，那么某个范畴的变化就会导致其他范畴的相应变化。本质和现象的范畴就是这样一种聚合，是这样一种星丛意义上的范畴。我们需要从星丛意义上来理解本质和现象。那么我们在这里看看，阿多诺是如何重新理解本质和现象概念的。

本质和现象概念是从哲学传统中保留下来的。它们的趋势和走向必须倒转过来。在传统上，我们一直认为，本质是现象背后的东西，本质决定了现象。在这里，人们把本质和现象割裂开来，并把本质被具象化，被理解为一种纯粹的自在存在的精神。在阿多诺看来，本质和现象是结合在一起的，不存在脱离现象的本质。它不是完全精神性的，而是具有事实性的。或者说，它把事实性和精神性结合在一起。我们不能简单地用事实性或者精神性来描述它。它不是直接存在的，但是它却对直接存在的东西发生作用，它以一种否定的方式使事实成为它所是的样子。阿多诺从动态的，否定的意义上去理解本质。这与我们通常所理解的本质概念完全不同。本质不是直接性的东西，直接性的东西是现象，但是在直接性的外观"背后"有某种东西发生作用。这个"东西"就是本质。它使历史事实成为它所是的样子。这个说法还是非常抽象，还是拘泥在同一性的框架之中。其实，这个本质应该从否定的角度来理解，把本质理解为同一性的"东西"本身就是错误的。从后面的解释中，我们可以看到，阿多诺说，本质就是恶作剧。本质不是从肯定的意义上使某个东西成为它自身，而是当这个东西不成为它自身的时候，会处罚它。本质的作用是对于事物进行否定性的处罚。从历史上来看，人为了征服外部自然而必须压抑乃至否定自身的自然。这是历史发展过程的必须。这个东西成为历史的一种内在本质。这个本质是历史外观背后的东西，渗透在历史事实的背后。这个本质的东西决定了历史的样子。历史的现成状况恰恰是对人自身的一种否定。它是命运的法则，是历史一直屈从的法则。这就是说，在历史过程中，人类就是要否定自身的自然。在否定自身自然的过程中，人类感受到一种痛苦。人类要反抗这种痛苦，但是人类在反抗这种痛苦的过程中，反而更加深入地陷入这种痛苦之中。这成为一种无法抗拒的命运、是历史一直屈从于这种命运的法则。这个命运的法则在历史事实的背后隐藏得越深,就越轻易地被事实所否定,它就越是不可抗拒。人的自我持存必定走向自我牺牲。历史的本质就是从人的自我牺牲中表现出来。从这个角度来说,历史的本质是否定性的。对于许多人来说,人就是肉体和精神结合在一起的存在物,怎么可能肉体和精神对抗的。生活中所显示出来的这个简单事实否定了精神和肉体对抗的说法。社会事实可以非常轻易地否定这个说法。人们越是否定这个自我否定的法则,而这个法则就越是不可抗拒地在文明史中发挥作用。这个不可抗拒的东西就是历史的本质,就是一种法则。所以,阿多诺说,此类本质原先就是非本质的。或者说,本质是与非本质结合在一起的,没有单纯的本质。本来历史的发展过程就是人的自我持存的过程。但是历史跟人开了一个巨大的玩笑,这个自我持存的过程恰恰是一种自我牺牲,自我否定。本来历史的发展过程就是人类不断发展过程。这才是历史的本质,但是人的这个自我持存的历史过程恰恰是一种自我否定。历史的本质本来就包含了非本质。而这个非本质的概念在德语中有恶作剧的意思。从这个角度来说,历史的本质就是非本质,就是一种恶作剧。这个本质就是自我矛盾的,或者说,本质是以反本质的方式存在的。历史的发展从本质上来说,就应该是人的自我持存,人的自我发展和自我实现,而恰恰就是在这个过程中人自我否定了。所以,我们必须始终从自我矛盾的角度去理解本质的概念。于是,阿多诺接着说,这个本质是这样一种"世界构造",它把人贬低为一种自我持存的手段。这就是说,人要能够维持自己的生存,人就必须压制和否定自身的自然,如果不压制,那么就会人就会受到自然的诱惑,就会面临灭顶之灾。可是,当人类压制和否定自身的自然的时候,人的生活本身就会受到威胁。这个历史的本质告诉人类,人要想保证自己的生存,那么人就必须要否定自身的自然。事情就必须是这样的。而阿多诺强调,这是欺骗。这是启蒙的骗局。所以,阿多诺说,这个本质就如同黑格尔所说的那样,掩盖在自身的矛盾之中。这就是说,这个本质是自我矛盾的。一方面,它要维持人的生存,而另一方面却又否定人自身的自然。人既需要让自身的自然,让自己的身体存在下去。另一方面,人又要憎恨自己的自然。对于自身的自然充满了恐惧。人就成为一种自我持存而又自我憎恨的人。这就是人类历史中的本质的东西,这个本质的东西是一种自我矛盾。我们必须从现存的东西与它所宣称的东西之间的矛盾来认识历史的本质。比如，它宣称要实现人的幸福的未来，但是现实之中，人类却把大量的财富和技术手段用来制造杀人的武器。在人类文明史上，保护肉体和憎恨肉体的矛盾从来没有停止过。与所谓的事实相比，本质也确实是概念性的，而不是直接的，它是"世界构造"。与直接存在的事实相比，与自我持存的历史事实相比，人的这种自我否定这个"世界构造"是自我矛盾的，不是直接存在的，不是直接出现在历史中的。在历史中，人的活动好像都是为了实现自己的目的，都是要自我持存，但是其背后的本质却否定了自我持存。这个本质以恶作剧的形式出现。虽然这个世界构造是概念性的。但是，它又不是完全概念性的，而是在事实中发挥巨大作用的东西。从这个角度来说，这个本质又类似于自然，类似于事实。其实，它也不是事实。我们既不能说它是纯的概念性的，也不能说它纯粹是自然的。那么它究竟是什么东西呢？我们无法给出肯定的描述。但是，我们又不能说，这个东西不存在。它在历史中随时随地发挥作用。这个在历史中发挥作用的也不是主体，或者说，这个本质不是主体的产物。它不仅不是主体的作用，甚至还否定了主体的作用。所以，这个概念性不是人们通常所理解的概念，而是精神和肉体作用的概念。这个隐藏着的本质在历史中发挥作用，历史造成了这样一个世界，这个世界是概念化了的世界。所谓概念化了的世界是人的肉体和精神相对抗的世界，是合理化的世界，这个世界是主体自身的过失造成的，是否定人的自然造成的。因此，这个世界不是主体自身的世界，而是敌视主体的世界。或者说，当主体把肉体和精神对立起来的时候，这个纯粹精神的主体恰恰失去了自己的力量。

阿多诺认为，本质概念的这个特点在不知不觉中被胡塞尔的本质学说所证明。这就是，在胡塞尔那里，本质也是与主体性的能力相对抗的。胡塞尔把本质和把握本质的意识完全分离开来，本质是意识直观的对象。而历史的本质也是如此，它使人失去了主体的力量。历史的本质本来是主体自身造成的，但是却是主体的过失造成的，主体不能理解这个本质了。主体受到了这种历史本质的约束，而只能外在地直观这个本质。于是，本质和把握本质的意识分离开来了。人作为主体只能直观这个本质。所以，历史的发展过程，特别是现代社会的发展过程，为胡塞尔的本质直观学说提供了现实基础。

接着，阿多诺对胡塞尔的学说进行了一个评价。这种学说把绝对理念的领域拜物教化，这就是说，它把绝对理念的领域看做是一个类似于物的领域。比如，逻辑和数学知识的领域看做是一个绝对的理念的领域，并且这个绝对理念的领域对于主体来说是自明的。尽管如此，这个学说没有忘记，概念不仅仅是抽象和综合的产物，而且还同等地代表了杂多中的一个要素。这就是说，在胡塞尔的学说中，概念不是通过把不同的事物相互比较，通过比较而抽象地得到一个一般的概念，而是可以直观到这个概念的内容。比如，我们可以直观地看到"红"。这个红不是抽象和比较的结果。而这个被直观的概念如果按照观念论的学说来理解，是被纯粹设定起来的。但是，在胡塞尔那里，这不是纯粹设定起来的，而是有直观内容的，这个是通过对于被给予的东西的直观中把握的。所以，阿多诺认为，胡塞尔把概念的本质性和概念等同起来。概念的本质性就是概念的具体内容，直观到的内容，概念具有本质性的内容。胡塞尔把概念的本质性与概念等同起来就是用概念来概括这个内容。比如，直观到的红、非常特殊的红是与概念所概括的"红"是不同的。胡塞尔在这里把抽象的概念和直观的内容直接结合在一起了。本来在观念论那里抽象的概念是纯粹观念性的，但是在胡塞尔那里，这个纯粹观念性的东西，却具有直观的内容。所以，阿多诺认为，在这里胡塞尔的思想有个非常奇特的东西，即把观念论与反观念论的东西结合在一起。首先胡塞尔是观念论的，这是因为胡塞尔把抽象的理念的领域存在论化，把它变成了一个可以被直观的东西，把它拜物教化。所以阿多诺说，胡塞尔的这种观念论是极度夸张的，即把纯粹的理念的领域变成了一个类似于物的领域。这是把一个纯粹精神的领域拜物教化。但是胡塞尔却并不自知。当他把观念论极度夸张并且拜物教化的时候，他同时就否定了主体的作用。这个绝对理念的领域与主体无关，主体只能直观它。本来，当胡塞尔凸显精神领域，把精神领域绝对化的时候，他应该承认主体的作用，但是当他把精神绝对化，把精神领域物化的时候，精神恰恰失去了主体的作用。精神变成了一种反精神的东西。所以，阿多诺说，胡塞尔极端夸张的观念论不知不觉地变成了反观念论。他本来想要表达的是主体思维的绝对性的，结果变成了对于主体思维的绝对统治的不满。胡塞尔自己否定了自己。这是阿多诺惯用的否定辩证法的方法，即内在批判的方法。接着，阿多诺指出，凡是主体先前必须服从法则的地方，现象学都禁止主体制定法则；就此而言，主体把法则体验为某种客观的东西。这就是指，被物化了的精神领域，绝对的理念的领域，这是主体必须服从的。而这个领域本来是主体精神的产物，这些规则是主体自身制定的，但是胡塞尔却否定了这一点。主体把这些法则，把被物化了的理念当做某种客观的东西来体验。那么为什么胡塞尔会这样呢？这是因为胡塞尔和其他观念论者一样都把中介置于意向活动的方面，置于主体的方面。本来人的认识活动都有中介，而这种中介都会对于认识对象发生作用，但是，在观念论那里，这种中介发生在纯粹主体的那一方。中介不会对被认识对象发挥作用，中介只是在主体中对于主体本身发挥作用。如果概念是认识的中介，那么这个中介只能在主体中存在，是纯粹思想领域的东西。于是，在这个概念中是没有客观要素的，而是纯粹的观念要素，是纯粹主观的东西。这个没有客观要素的抽象概念就被设想为一般本身。于是，这个一般本身、这个中介本身反过来变成了对象，好像是可以被主体直观的。或者说，当抽象的概念变成一般本身的时候，主体好像是从感知的角度来复制一般性。这个时候，这个抽象的概念作为一种本质是主体直观的对象，而它好像不是主体生产出来的。这就是说，胡塞尔无法理解本质是生产出来的，是主客体相互作用的结果，而是被看做是独立于主体的东西，而主体只能进行被动的直观。胡塞尔在这里缺乏主客体的辩证法。我们前面已经说过，对于阿多诺来说，本质是矛盾的，是否定性的。而胡塞尔把本质变成抽象的绝对的东西。这是阿多诺所否定的。

接着，阿多诺说，他无知而又傲慢地责骂的黑格尔早就有了比他高明的见解：《逻辑学》第二部分的本质范畴既是历史形成的，是存在范畴自我反思的产物，又是客观有效的。如果是自我反思的产物，那么这是精神的产物，其中没有内容，但是本质却不是没有内容的，而是客观有效的。在这里，本质是矛盾的。阿多诺强调了从两个方面凸显了黑格尔本质学说的内容，第一，本质是历史地形成的，而不是抽象的、固化的东西，不是像胡塞尔所说的那样，独立于主体，而被直观的。它是在主体的参与下形成的，是一个过程。第二，它是存在范畴的自我反思的产物。存在包含了某种客观的内容的。可以说，这个本质既与主体有关，又超出了主体。这是一种辩证法思想。但是，胡塞尔的哲学却狂热地排斥辩证法，因此他不能够达到这一点。在阿多诺看来，胡塞尔本来也可以达到这种辩证法思想的。这是因为，胡塞尔所说的那种基本命题，比如

第二部分　否定的辩证法：概念与范畴

逻辑命题也是有客观内容的，而不是脱离具体思维过程的绝对的东西，不是纯粹形式的东西。如果没有内容，那么这种纯粹形式的东西也是不可能的。这就是阿多诺所强调的，不可消解的某物。按照胡塞尔的理论，基本命题是有客观内容的，是"本质的法则"。既然这个东西是本质的法则，是有客观内容的，而且这个内容是可以被直观的，那么这个内容就类似于不可消解的某物。这样胡塞尔就把纯粹形式的东西和内容结合在一起。这是一种辩证法。当然，胡塞尔还没有达到主体和客体相互作用意义上的辩证法。虽然逻辑命题是与思维密切联系在一起的，但是他起初对此避而不谈，把它看做是脱离具体思维过程的绝对有效的东西。他从这个绝对有效的东西的最核心处发现，这个核心是依赖于从它们那个方面看它们所不是的那种东西，即与这个核心不同的东西，也就是客观的内容，不可消解的某物。按照这样的理解，逻辑的命题就具有客观的特征，是"本质的法则"。这是阿多诺通过对于胡塞尔的思想的辩证理解中得到的。而胡塞尔本人却并没有意识到这一点。按照胡塞尔的观点，逻辑绝对主义的绝对在形式命题和数学的有效性中确证自身，即这种命题是纯粹形式的，是绝对有效的。而从阿多诺的辩证法的观点来看，这种命题不是绝对的，因为它所诉求的绝对性，即作为肯定地达到的主体和客体的同一性，其本身是有条件的，是主体的总体性诉求的浓缩。这就是说，本来这种命题是主体思维的产物，但是这个主体要达到总体性，达到主体绝对地控制客体。当主体达到总体，达到绝对控制客体的时候，这时候主体就得到了一个纯粹形式的命题。然而，这个形式的命题并不像胡塞尔所设想的那样，是纯粹形式的，而是包含了内容的，包含了不可消解的某物的。胡塞尔本质直观所把握到的这个绝对的东西其实是不可消解的某物和形式的辩证结合。从这个角度来说，这个本质既像存在者，又是不存在者。这个本质是一种矛盾的结合体，可以被理解为某种处于有无之间的东西。这样阿多诺就通过对于胡塞尔思想的批判性分析达到了对于本质的辩证理解。接着，阿多诺强调，然而这种辩证法绝不像黑格尔所说的那样，是在创造的精神和被创造的精神的统一中被解决。如果创造的精神和被创造的精神是同一的，那么这就是纯粹的精神领域的东西。如果本质不是纯粹的精神，那么这就有客观的内容，包含了不可消解的某物。阿多诺按照他的这样一种具有唯物主义倾向的观念来重新解释黑格尔的本质学说。按照黑格尔的本质学说，存在是仍然没有达到自身的精神。黑格尔从本质的东西与非本质的东西的关系的角度来理解本质，他把本质东西和非本质的东西看做是一种反映关系，而这种反映关系又被他理解为自身反思的关系。如果说定在本身是直接的，那么本质就是达到了自身反思的规定。本质是定在之间的反思关系。从这个角度来说，存在（定在是其中的一个环节）是还没有达到自身反思的精神，而本质是自身反思的精神。但是这个自身反思的精神是经过定在中介的。因此，这个本质之中是包含某种内容的，是包含不可消解的某物的。比如，我们用货币来交换商品的时候，货币是一切商品的本质，是抽象的本质，但是货币即使再抽象，甚至变成了纯粹的纸币，它还是包含了某种不可消解的某物。如果它是纯粹精神的内容，那么这个货币就无法发挥作用。货币作为本质包含了客观的东西。当然，如果没有精神性抽象，货币也不会发挥作用。"货币"不能从实体的角度去理解，它是精神的，也是客观内容的。所以阿多诺强调，本质提醒我们关注概念中的非同一性，而这种概念是关于起初并非主体设定的、但主体却要遵从的那种东西的。货币作为纯粹的抽象同一性，内部包含了非同一的东西，即抽象同一性之外的东西。如果没有这种东西，那么货币就是不可能的。阿多诺也按照这个思路来分析逻辑和数学，分析胡塞尔的那个绝对理念的领域。他说，即使把逻辑、数学与存在者状态的领域区分开来它们也有存在者状态的维度。它们也有客观内容的维度，有不可消解的存在者状态。从这个角度来说，逻辑和数学自在存在是幻相，这就是说，其中必定包含了抽象的形式和内容之间的矛盾。形式范畴的存在论却把这两者分离开来。这表明，本质既与存在者状态有关，又与存在者状态分离。这就是本质的辩证法。胡塞尔所说的那种本质既与存在者状态分离开来，又与存在者状态结合在一起。这就是阿多诺所强调的关于本质的辩证法。按照这种辩证法思想，在本质中，存在者状态会再生产自身。本质既包含了存在者状态，也超出了存在者状态。然而，当人们看不到这种辩证关系的时候，人们就会出现一种误解，把本质看作是一种独立的形式。人们没有看到，这种分离是本质自身的受限制的形式，于是，这种受限制的形式本身就被理解为一种定在。在这里，阿多诺用社会本质来说明本质的这种特征。社会本质的法则要比它们出现在其中的事实，比欺骗性地蒙蔽它们的事实还要真实。社会本质的法则是一种客观出现的事实，但是这个事实与我们面前直观的事实是不同的事实,但是这个事实比直接摆在面前的事实还要真实。从这个角度来说,社会的本质是客观的,类似于某种存在者状态,但是它又不是存在者状态。因为它不是可以直观到的事实,反而是直观到的事实的一种否定。从这个角度来说,社会的本质又是精神性的。这个意义上的本质不同于传统上人们所理解的那种本质,抽象的一般意义上的本质。所以,阿多诺认为,这种意义上的本质可以被称为"还原到其概念的否定性",使世界成为现在这个样子的否定性。这就是说,这个本质也是概念性的,是对于现存的状态的一种否定,它使世界成为世界的样子,但是又同时否定世界的这个现成的样子。它使世界成为这样的世界,成为它所是的样子,同时它又否定这个世界。

这是从否定辩证法的角度来理解本质的。阿多诺在这个方面吸收了尼采的思想。尼采是形而上学中神学遗产的不妥协的反对者。他嘲笑本质和现象的区分,把背后的世界(Hinterwelt)(形而上学研究的主题)转交给偏远地区的人们(Hinterwäldlern)。对于尼采来说,追问形而上学问题的人,是把本质和现象区分开来的人。这些人是要追问一个背后的世界。而追问背后世界的做法其实也是一种野蛮的做法①。那么为什么追问背后世界,进行形而上学的追问竟然会是野蛮的做法呢?我们知道,把现象和本质区分开来是西方形而上学传统,而中世纪的神学也是如此,比如,它把世俗的世界和神圣的世界区分开来。近代哲学也继承了形而上学传统。尼采否定了这个传统。如果现象和本质绝对区分开来,那么本质就与现象无关。这就如同康德所说的那样,这个本质是超越现象之外的,是人们无法把握的。如果是这样,那么这种现象和本质的绝对区分的启蒙思想,这种要深入把握本质的启蒙思想就会与实证主义相一致。比如,对于康德来说,把握自在之物的努力是理性的误用。而当尼采否定了本质和现象的区分的时候,他就取消了本质。而当本质被取消了的时候,人们的认识就可以满足于现象了。而这种满足于现象的做法恰恰与康德关于理性的误用的思想是一致的。也正因为如此,阿多诺认为,"没有其他任何地方像这里那样容易把握到,不知疲倦的启蒙竟然会有益于蒙昧主义者。"启蒙把本

---

① 参见 Theodor W. Adorno, *Metaphysics: concept and problems*, Edited by Rolf Tiedemann, Translated by Edmund Jephcott, Stanford University Press, 2001, p. 2.

质和现象区分开来这种区分恰恰有利于蒙昧主义了。尼采否定了这种区分,但是他们在本质上都是一致的,最终都成为一种蒙昧主义,即我们应该满足于把握现象。从这里我们可以看到,那种把本质和现象区分开来的做法与把本质和现象取消的做法都是错误的。阿多诺是在否定这两种错误做法的背景上来讨论本质和现象的辩证关系的。按照阿多诺的看法,本质就是在现象之中,但是它隐藏在现象之中,并且在现象之中发挥作用,它使现象成为这样的现象,但是本质又是自我矛盾的,因此本质又会否定现象。从这个角度来说,本质是以非本质的形式出现的,也可以说是以恶作剧的形式出现的。这就如同本雅明在《德国悲剧的起源》中所表达的那样,世界背后有一个本质,但是这个本质的东西以恶作剧的形式出现的,它以悲剧的形式在社会生活中出现。本质是按照非本质(恶作剧)的法则把自己隐藏起来了。这表明,本质在现象中发挥作用,但是本质却否定现象。于是在现象中,本质发挥作用了,但是人们从现象中也不能直接把握本质。在社会历史中,我们都认为历史中有规律。但是这个规律不是以肯定形式出现的,而是以否定形式出现的。这就是说,它不强制你按照这个规律来行动,但是一旦你违背了这个规律,那么你必定会受到处罚,悲剧一定会出现。虽然本质就存在于现象之中,而且以否定的形式出现,以恶作剧的形式出现,这就出现了把握本质的困难,但是我们却不能因此而否定本质。所以,阿多诺说,质疑本质的存在就是站在幻相一边,站在总体的意识形态一边,而实存(Dasein)在这里就变成了这样的一种意识形态。这里所说的实存就是指现实社会,在这个现实中,本质是不直接出现的,于是人们盲目相信实存而否定了本质。这就是一种幻相。这个本质如同康德的上帝那样,从存在论上来说,是无法被证实的,但是,它也可以被理解为存在的。当然,康德是悬设了上帝,而阿多诺那里,本质是客观的。比如,从现象上来看,社会是人的活动的结果,但是在本质上,它却否定人的自主性,把社会变成物。如果本质受到怀疑,那么人们就会只关注实存,就会走向实证主义,或走向观念论(即把世界理解为一个总体)。从这个角度来说,质疑本质的存在就是站在幻相的一边。无论是实证主义还是尼采哲学都是站在幻相的一边。在这里,阿多诺批判了现象学。现象学认为,只要直观显示出来的现象就能够把握本质。他们把现象和本质等同起来。于是对于这些人来说,一切显现出来的东西(现象）都是同样的，都可以用直观来把握。由于这些人不知道现象和本质的区别而满足于现象，所以这些人出于对于真理的热爱而与非真理同流合污，与尼采所说的"枯燥的科学"同流合污。所谓"枯燥的科学"是实证主义意义上的科学，与"快乐的科学"相对。这种枯燥的科学不再关注所要考察的对象的尊严，不是真正地把握对象，把握非同一的东西，这些非同一的东西作为本质在发挥作用。这种枯燥的科学只是按照同一性逻辑来把握对象，恰恰没有能够重视对象的本质，没有重视对象中的非同一的东西。所以这种枯燥的科学就跟随大众的看法，鹦鹉学舌。或者，它们按照它们自己选择的标准来考察对象。凡是符合它们的标准而被考察过的对象就是获得了本质。所以，本质和非本质的区分取决于考察对象的科学。对于其中的某个科学来说，是本质的东西，对于另外的科学来说就不是本质。各个学科按照它们自己考察对象的方式提供标准，并按照这个标准来确定，科学是不是把握了本质。而黑格尔的倾向也是如此。在这里所出现的注之中，阿多诺引用了黑格尔的一段文字来说明，本质和非本质的区分是由外在于这两者的学科来规定的，对于其中的某个学科是本质的东西，对于另外的学科就是非本质的东西。外在于事物运动之外的学科规定了哪一种东西是本质。这就是黑格尔所说的"第三者"，是本质和被本质之外的学科。所以，阿多诺认为，这种方法不是从事物的内在运动，而是从事物的内在运动之外来判断本质和非本质。从这个角度来说，黑格尔对于本质和非本质的区分与各门具体科学是一致的。比如，同样研究物质，对于物理学来说是本质的东西，对象化学来说就是现象。接下来，阿多诺指出，具有讽刺意味的是，胡塞尔，这位连做梦也想不到本质和幻相之间辩证法的人，居然正确地反对了黑格尔。这就是说，虽然胡塞尔思想中具有实证主义倾向，而缺乏本质和幻相之间的辩证法思想，但是却正确地反对了黑格尔。这就是说，虽然黑格尔强调辩证法，但是黑格尔的辩证法中却缺乏了胡塞尔的那种"精神经验"。这个"精神经验"能够直接把本质和非本质区分开来。这种所谓的精神经验就是胡塞尔的本质直观。胡塞尔认为，人可以直观地把握本质。而要直观地把握本质，这要依靠一种"精神经验"。这是阿多诺对于胡塞尔的本质直观的一种新的理解。这是主体的一种特殊能力。这就好比书画鉴定专家一看到某个画作，就知道这是不是某个著名画家的真实作品，或者是赝品，尽管这些鉴定专家也有看走眼的时候。这是一种直观的能力，是一种经验上的能力，但是这个能力也不是毫无理性根据的。这种具有理性根据的经验能力就是阿多诺所说的精神经验。这是主体的特殊能力。这也类似于海德格尔所说的那种存在的领会。但是，实证科学的研究却出于秩序的需要排除主体的这种能力，强调严格的科学方法（黑格尔所说的，第三者就是这样的科学方法）。而这就是用一种暴力的方法排除了主体的这种能力，排除了精神经验。阿多诺强调，"只要这种经验没有发生，那么认识就仍然是僵化不堪，无果而终。"① 我们需要借助于这种精神经验来把握这种本质的东西。正是基于这样的思考，阿多诺提出了一个与实证科学认识完全不同的标准。他说，"认识的标准是，主体客观上遭遇到的使之痛苦的东西。"② 这是说，人的感觉等都是与肉体有关的，都是与痛苦和快乐有关的。可是在科学认识活动中，人要中立，要用理性来控制肉体的情感要素，把这种情感要素作为非理性的东西排除出去。而这种做法就是让人痛苦的事情。认识的标准就是主体客观上遭遇到的使之痛苦的东西。这个痛苦的东西就是本质的东西。这个本质的东西是与人在现象领域中按照科学的方式所把握的东西是不同的。

从这个角度来说，认识不是纯粹工具理性意义上的认识，不是价值中立的认识，是与痛苦和快乐有关的。认识是会带来痛苦的。而当人们在理论上把本质和现象等同起来，否定了本质和现象区分的时候，人们不仅失去了认识中快乐和痛苦的能力，而且失去了区分本质和非本质的能力。人们在理论上无法区分本质和现象，人们在认识中也就无法获得一种精神经验，没有这种精神经验，人们就不能确切地知道原因和结果，或者说，人们没有真正地把握本质的能力。只有本质才能使一个事物成为它自身。这才是事物的根本原因。但是，这个原因也不是我们通常的因果关系意义上的原因，不是线性因果关系意义上的原因。然而，当人们的意识发生倒退的时候，人就无法把握这种原因，无法把握本质，于是他们就固执地渴望去核实不相关东西的正确性，而不是去反思相关事物可能发生错误的危险。这里所说的相关事物就是与本质有关的事物，由于本质的恶作剧，相关事物才发生错误。我们要做的是要把握本质，防止本

---

① 阿多诺：《否定的辩证法》，王晓升译，北京：中央编译出版社2023年版，第224页。
② 阿多诺：《否定的辩证法》，王晓升译，北京：中央编译出版社2023年版，第224页。

质的恶作剧。

在这里，阿多诺指出，"偏远地区人们的最新风格是，他们不再受背后世界的困扰，而是满足于接受眼前世界有声或者无声地向他们所兜售的那些东西。"① 偏远地区人们就是指尼采所说的那种固执地追求形而上学的人。而这种固执追求形而上学的人最终和实证主义一致起来了。这是暗指海德格尔，海德格尔用现象学的方法来直接把握本质，描述本质。所以阿多诺说，这是偏远地区的人们的最新风格。他们不再受背后世界的困扰。他们把本质和现象结合在一起了，本质变成可以被直观的对象了。从这个角度来说，虽然他们批判现实世界，其实他们满足于接受眼前世界有声或者无声地向他们所兜售的那些东西。在阿多诺看来，这是一种新的实证主义。这种新实证主义的特点是，消灭了客观的本质范畴，然后又合乎逻辑地对本质发生了兴趣。它首先把本质和现象等同起来，然后又要直观地描述本质。客观的本质范畴被消灭了，否定了阿多诺所说的那种否定意义上的本质范畴，把本质看作是现成的东西，是可以被直观的东西。所以，阿多诺说，这种实证主义是意识形态。或者说，这种实证主义虽然也批判现实，但是它对于现实的批判并不能真正地撼动现实，反而强化了现实。

接着，阿多诺强调了他对本质的理解，本质绝不会在隐藏的一般法则中被穷尽。本质不是一般的法则，不是抽象的一般，而是矛盾的东西，是非同一东西。如果本质不能在一般的法则中穷尽自身，那么，本质就是在法则的背后，在世界的必然进程的边缘，是对于必然进程来说是非本质的东西。这就完全颠覆了我们对于本质的理解。本质本来是必然性的东西，但是在阿多诺那里，本质反而变成了对于必然进程来说是非本质的东西，是边缘的东西。边缘的东西才是本质的。这就完全颠覆了我们对于本质的看法。同一性从现象上来看是本质，但是非本质的东西即否定的东西，虽然不能肯定地推动进程，但是它却会恶作剧，它会让同一性的东西产生悲剧。正是这个产生悲剧，产生痛苦的东西才是本质。所以，本质本来不是肯定性的，而只能否定性地存在。但是，在悲剧中，在边缘中它也有肯定性的潜能。比如自我持存所导致的不良后

---

① 阿多诺：《否定的辩证法》，王晓升译，北京：中央编译出版社2023年版，第224页。

果也会引发人们的反思。本质本来是否定性的，但是阿多诺也不完全把它从否定性理解，也承认其肯定性，不过这个肯定性不能被具象化，被实证化。在最后一句话中，阿多诺告诉我们，究竟如何去把握本质。把握本质就是要关注"现象世界的剩余"，即现象世界中的边缘化的东西，关注非同一的东西。这就是要把特殊的东西当做非同一的东西。这是因为，从一般的角度把握特殊的东西，那么特殊的东西就是一般的样本。如果不是把它当做一般的样本，而是当做特殊的东西，那么它就是非同一的东西。这个非同一的东西使特殊的东西成为特殊的东西，这个非同一的东西就是特殊东西的本质。所谓本质就是让一个东西成为这个东西的根本性质。从这个角度来说，本质一定是非同一的。所以，在这个地方，阿多诺得出结论：本质的东西是批判性地超越占统治地位的普遍，同时又超越恶劣的状况（占统治地位的现存状况）的范围，并且与这些东西相对抗的。

借客观性而进行的中介

在这个部分，阿多诺认为，虽然一切事物都是经过中介的，但是这些中介是不同的。有些中介是包含了客观性的，或者更准确地说，通过客观要素而进行中介，而有些中介则不是如此。

从否定的辩证法的角度来理解现象和本质，那么本质和现象都不是原来意义上的本质和现象了，而是发生了变化。同样的道理，从否定的辩证法的角度来看，中介也不会保留原来的样子。而这个中介是借助于客观性而进行的中介，或者说，中介不是纯粹形式意义上的中介。我们前面说过，本质以一种否定的方式使现象发生了变化。本质不是纯粹的精神上的一般，本质是借助于一定的中介对现象而发生作用的。那么我们如何来理解本质和现象之间的这个中介呢？这个中介不是纯粹主观的，本质不是通过某种主体的要素而对现象发生作用。或者说，对于现象发生作用的不是一种主观的机制，而是一种客观性。这是一种通过客观性而进行的中介。那么这个通过客观性而进行的中介究竟如何呢？如何理解这里的客观性呢？

在这里，阿多诺把主观机制和客观性区分开来。这里所说的主观机制是指预先形成事实并推动事实的主观机制。这种主观机制是一种主体中被客观化的巨大力量。比如，社会中的合理化和物化机制。这种物化机制就是通过主体的盲目活动所形成的。主体的力量被物化为一种客观的力量，变成主体本身所必须屈从的力量。当社会出现这样一种情况的时候，人的主体性，甚至主体的主观意见都是自动地、鹦鹉学舌地重复公众意见。所以，阿多诺说，这样的一种客观化力量其实是客观性的平均值。阿多诺所说客观性是异于主体的客观性，是隐藏在主体所能够经验到的东西背后的客观性（非同一东西）。主体所能够经验到的东西是主体所客观化了的那种东西，是以合理化机制形式所出现的那种东西。在这种东西背后的客观性就是阿多诺所说的那种非同一性。这个意义上的客观性否定了主体的基本经验领域，否定了主体在客观化的社会机制中所获得的经验。而非同一的东西、这种客观性的东西是先于（由于客观化机制中的非同一东西是不可消解的某物，所以它先于）主体的这个经验领域的。只是由于主体本身受到了限制，主体无法经验到那个客观的领域。所以，阿多诺说，只有当主体抵抗客观性的平均值，抵抗公众意见，抵抗客观化的机制，只有当主体解放自身的时候，只有当主体成为自由主体的时候，客体才能成为它自身。由于主体不是自由的，由于主体受到客观机制的束缚，所以，这种不自由的主体也束缚了客体，使客体不能成为它自身。阿多诺强调，今天的客观性依赖于主体的解放，依赖于主体从客观化的力量解放出来，这种客观化的力量不仅妨碍了主体成为主体，而且妨碍主体对于客观性东西的认识。这种客观化的力量是主体要素所形成的东西，这是主体对于自身的束缚。主体要把自身从这种束缚中解放出来。从这个意义上来说，今天是主体性受到更多的中介，即主体性受到了客观化力量的中介，而不是客观性（非同一性）受到更多的中介。而阿多诺所期待的是，客观性受到更多的中介。因为只有借助于中介，客观性（非同一性）才能表达自身。阿多诺在这里要分析这个客观性的中介机制。

在这里，阿多诺首先指出，客观性的中介机制一直延伸到主体之中，甚至先验主体都受到约束。所谓客观性的中介机制，也就是非同一东西的中介机制。没有中介机制，比如概念化的机制，那么非同一的东西就无法表现出来。这种概念的机制一直延伸到主体中，并束缚了主体。主体把这种概念机制当做是唯一合理的认识的中介，甚至康德的先验主体也强调这个先验的范畴体系。

所以，阿多诺说，康德的这个先验主体也受到了客观性的中介机制的束缚。在阿多诺看来，康德所说的那个先验概念其实是前主体的社会机制所造成的。这种社会秩序从根本上建构了主体。于是，对于这种主体来说，它只能按照先验概念体系的要求，按照获得必然知识的要求来剪裁经验的要素。尽管这个主体也进行建构，但是这个进行建构的主体在本质上是被建构的。由于主体是如此这般地被建构起来的，于是对于主体来说，感性材料只能是这样的，而不能是别样的。按照阿多诺的分析，在康德那里，经验的要素、"被给予"是由"范畴所起先促成的"。这是因为，按照主体学说，感性材料只能如此这般而不能是别样的，这也是前主体的社会秩序（范畴就来源于这个秩序）所招致的。在这里，经验材料是服从于认识需要的经验，而排除了肉体要素的经验，排除了快乐和痛苦的经验。先验的范畴体系把"被给予"都纳入到知识体系中。在康德的范畴演绎中，他所致力于说明，理性没有别的范畴受它支配，而只有这12对范畴受到它的支配，而这个范畴体系完全适用经验的材料，可以被经验地运用①。所以，虽然他在演绎体系中保持了"被给予"，但是却完全适合范畴的使用。这个做法其实就是把经验的东西也拉平到一般性的层面，拉平到普遍性的层面。经验的要素和范畴都是在一般的、普遍的意义上被理解。在这里，阿多诺批判康德的这个做法。他强调，虽然经验需要概念的中介，同时概念也需要经验的中介，但是我们却不能把概念和经验都拉平，都变成一种普遍意义上的中介。我们不能把直接东西这个中介和概念这个中介等同起来。直接东西是经验的材料，这个直接东西作为中介和概念作为中介是不同的。就概念来说，中介是根本性，这是因为，概念本身直接地就是中介。概念首先是作为中介而存在的。而没有直接的东西，概念就完全是空洞的，是毫无内容的。从这个意义上来说，概念是作为中介的中介。直接性的中介，是一种反思规定。作为反思规定，它要借助于与它相反的东西才有内容，才有意义。直接性的中介也是概念，但是这个概念是和直接性是结合在一起的。从这个角度来说，直接性的中介虽然也是概念的，但是这与那种纯粹概念是不同的。这个以反思规定形式出现的中介是需要与概念相反的东西的。如果没有与概念相反的东西。

---

① 康德：《纯粹理性批判》，邓晓芒译，杨祖陶校，北京：人民出版社2004年版，第71—72页。

这个反思规定就不能成立。这个概念就不能成立。阿多诺非常强调这两者之间的差别。在这里，阿多诺其实是强调，经验中有一些是无法被概念化的，而这种无法被概念化，无法成为知识的经验是直接的东西。这种直接性的中介和概念的中介不同，虽然概念也是与经验有关的，但是这些经验是可以被抽象地纳入概念之中，变成知识的一部分。而直接性的中介却不是这样。

黑格尔认为，没有任何东西没有被中介过。中介总是且必然会在被中介的东西中出现。被中介的东西中包含了中介。中介和被中介的东西总是结合在一起的。不过在这里，阿多诺把中介和被中介的东西区分开来。中介比如纯粹的概念，在没有被中介的东西的情况下，那么中介就其自身来说就不是中介了。如果"是"（存在）被理解为纯粹的中介，那么没有被中介的东西，没有存在者，那么中介就其自身来说，就不是中介了。而被中介的东西虽然也必须借助于中介才能存在，但是这个说法是从纯粹个人和认识的意义上来说的，没有中介，被中介的东西只是在认识论意义上不存在，只是从纯粹私人意义上是不存在的。比如，用概念来把握被中介者是无法完全把握被中介者的。如果没有中介，那么对于这个被中介者我们就什么也不能说。比如，存在如果被理解为纯粹的质料，那么对于这个纯粹的质料，我们什么也不能说。我们不能对它做任何规定。这就无异于同义反复。在这里我们不能借助于概念对于纯粹的质料进行思考。也正因为如此，思考某种东西和思考完全一样。要思考这种东西必须借助于概念，没有概念，这种纯粹的质料无法被思考。在这里，某种东西没有真正地得到思考。

阿多诺在这里要讲一个唯物主义的基本思想。如果没有中介，那么我们只能说，某种东西进行规定是不可能的。可是，反过来，如果没有某物，没有被中介的东西，那么中介就无法持存。虽然中介和被中介的东西总是结合在一起的，中介和被中介是相互中介的，但是中介和被中介之间还是有差别的。阿多诺在这里进一步说明了这种差别。中介作为中介存在，比如纯粹概念是没有直接性的。如果有某种纯粹概念存在的话，那么纯粹的概念是没有直接性的，是不能独立存在的，而必须依赖于被中介者，依赖于某物。这个纯粹的中介、纯粹的概念与中介中的直接东西即某物是不同的。某物是具有直接性的，虽然这个直接的东西也被中介过。概念之中必须有直接的东西，有"不可消解的某物"。黑格尔就忽视了这个差别,而简单地把中介和被中介者等同起来。中介存在没有直接性,而中介中的东西是有直接性的。

直接东西的中介即概念影响了直接东西(给予)的模式。这就是说,我们通过概念来把握直接的东西。通过概念而对于直接东西的把握影响了关于这个直接东西的知识以及这种知识的边界。如果没有直接的东西,那么概念就不能提供知识。从这个意义上来说,直接东西所具有的直接性不是模态,不是像可能性或者必然性那样,表示某物对主体的存在样式,不仅仅是意识对"如何"作为规定。当然,直接性虽然也告诉人们事物的一种如何的状况,它表达了客观性,表达了"某物的不可消解性",表达了非同一东西的不可消解性。当我们说一个东西具有直接性的时候,这就意味着这个东西具有客观性。虽然直接东西都是经过中介的,但是直接的东西具有直接性,因而也具有客观性。所以,直接东西的概念指向不能被概念清除掉的东西,指向某物。当人们用概念来对于直接东西进行中介的时候,直接东西的概念具有概念意指,这个意指是客观内容,是指向某物。这与中介存在本身是完全不同的。中介存在本身是没有客观的意指的。所以,在这里阿多诺强调,中介并不是要表明,一切东西都经过中介,而是假定,有某种东西存在,而这种东西还没有展开,它需要借助于中介才能展开。直接性就表示,它需要借助于中介得到展开。直接性表示客观性,这里包含了客观的要素。因为没有直接的东西,中介就不存在。直接性代表了它可以在一定程度上独立存在,即使没有中介,没有被认识,它也是客观的。直接性代表了一种可以不被认识或者不被中介的要素。其实,阿多诺在这里就是要表达质料的优先性、客体的优先性、非同一东西的不可消解性。

阿多诺说,只要哲学还使用直接和间接的概念,而这在当前来说,是不可避免的,那么哲学就在语言上承认这个事实,即直接性代表了某种还没有被认识的、被中介的要素。只要我们使用直接性这个概念,那么我们就在语言上承认直接的东西。而观念论虽然也使用直接性这个概念,但是却否定了直接性所表达的这种客观性的意义。或者说,黑格尔的辩证法虽然使用了直接性这个概念,但是却没有承认这个直接性所表达的那种客观性的意思。阿多诺强调这个直接性所包含的客观要素。这表明,虽然阿多诺和黑格尔都讲直接性,但是他们的直接性概念还是有微小差别的。黑格尔忽视了这里的微小差别。而这种做法看上去还是合情合理的。黑格尔说，直接性在任何情况下都是被中介的。这句话听起来一点毛病都没有，合情合理，但是在这个合情合理的说法背后，却隐藏着一种强暴，它强暴地欺凌被中介者，强暴了某物，把某物纳入到直接性（概念）之中，直接的东西变成了直接性。观念论的思想在这里发挥了作用。所以，直接性在任何情况下都是被中介的，这个说法在这里取得了胜利，并把某物纳入到概念的总体中，概念的总体在这里取得了胜利。而任何非概念的东西都无法阻止它达到这一点。

虽然黑格尔的辩证法把这里的差异隐藏起来了，但是这种差异还是可以借助于辩证法加以认识的。阿多诺就借助于辩证法认识这一点。因此，黑格尔所达到的那种同一化的总体并不是最终的、决定性的。我们可以突破这个同一化的总体，能够打破这个怪圈。这就是说，我们可以通过辩证法本身，通过黑格尔辩证法本身来突破黑格尔的方法。这就是所谓的内在批判。通过内在批判，我们就可以走出黑格尔的怪圈，而不需要教条式地把这个总体（这个怪圈）和所谓现实的命题加以对比。人们在批判观念论的时候，总是用一种外在的关于现实的命题与这个观念论意义上的总体来比较，并借此来走出观念论。但是，这个外在的比较的方法无效。为什么会这样呢？由思维所描绘出来的同一化圆圈最终只能是与它自身的同一。这就是说，这个同一化的圆圈，就是与思维自身是同一的。如果我们从外部来把现实的东西与它对比，那么这根本无法触动这个圆圈。因为它自身就是自我封闭的。用阿多诺的话来说，它的这种自我封闭是它自己的作品。当它自我封闭起来的时候，它就是自身同一的，外在的东西对它不起作用。

最后阿多诺强调，思维的这种自我同一性是与思想全面控制自然的要求相一致的。为什么这种自我同一性是合理的呢？这是因为思维要控制一切威胁性的东西，要征服自身对于自然的恐惧。一切使精神感到恐惧的东西都要被束缚在精神之中。所以这种全面的控制就变成了一种特殊的合理性。这就是合理性的局限性。合理性就是把一切都纳入到概念的框架之中。同一性思维就是要使每一个不同的东西都变成相同的东西，它要在恐惧中持续地束缚自然。这就需要理性反思自己，内在的批判就是理性的自我反思。阿多诺对于黑格尔的内在批判就是进行这种反思。而非反思的理性，就是黑格尔的那种理性，在面对每一个逃脱它的支配的东西的时候失去理智，甚至达到了疯狂的地步。这就是把任何一点逃脱了理性控制的东西都纳入到理性之中。在我们通常所说的"人化自然"中，自然常常被彻底合理化。人们不容许未被合理化的自然。没有人和自然的和解。所以，阿多诺说，这种理性处于一种病态，是病态的理性。只有治愈了这种病态，它才是真正理性的。黑格尔思想中的异化理论其实就包含了一种强制的同一性要求。本来异化理论是黑格尔辩证法的酵素，没有异化，没有超出理性概念范围的东西，没有他律的东西，那么就没有辩证法。黑格尔的辩证法也承认人的精神会走向他律，走向不合理的世界，但是，黑格尔的辩证法恰恰要征服这个不合理的世界，把一切他律的东西都纳入到理性的框架之中。他要克服这种异化。对于异化的否定其实是同一性思想的一种表现。所以阿多诺说，在黑格尔那里，异化理论把走向他律与兼并、迫害的狂热混淆起来了，与古代的野蛮混淆起来了。关于不合理的世界，阿多诺用诺瓦利斯的话来表达，"处处是我家"。如果"处处是我家"，那么就不存在"家里人"和"外人"，就没有自律原则和他律原则的对立，就没有兼并和迫害的狂热。而古代社会的野蛮人虽然充满了渴望，但是却不能去热爱陌生人，不能接受陌生的东西，非同一的东西。所以，阿多诺最后强调，如果陌生的东西不再受到排斥，那么异化就很难发生。如果处处是我家，那么就不存在异化了，也就不存在外在的东西了。内在和外在，精神和自然就能和解了。

特殊性与特殊

那么为什么黑格尔会忽视中介概念之中所存在的微妙差别呢？阿多诺认为，中介概念的这种模糊性导源于抽象。这种抽象表现为，认识中对立的两极（主体和客体）被等同起来了。在认识中，人们用概念来把握被给予的东西，这就是主体认识客体。但是，概念和被给予（中介本身和直接性的中介）虽然都是中介，但是当这两者之间的微妙差别被忽视的时候，认识中的主体关系的差别也就被消除了。而这种差别（质上的差别）是哲学中所有的思考都需要依赖的。从这句话中，我们看到，否定这种差别而进行直接的存在论研究是阿多诺所否定的。当我们说中介概念的模糊性是由抽象引起的时候，"抽象"

这个词语还是太抽象了，它本身仍然还是模糊的。虽然我们都用概念进行概括和抽象，但是概括在概念中的东西的同一性根本不同于概念所规定了的特殊的东西。概括在概念中的东西所具有的同一性，比如"自由"根本不同于某个特殊的人在生活中的具体的自由。抽象的一般自由和一个人生活具体自由是不同的。虽然我们可以说，这个人是自由的。但是这个自由与一般的抽象概念是不同的。在这个地方，阿多诺所期望强调的是，表达特殊东西的概念和特殊的东西之间的差别。

而就特殊东西来说，概念同时就是它自身的否定。比如，我们说"具体东西"这个概念的时候，这个概念其实就被用来取代具体东西了。在这里，概念省略了特殊自身所是而又不能被直接命名的东西，并且用同一性来取代它。这种否定虽然是错误的但同时又是必须的，是辩证法的舞台。这就是说，人们在使用概念进行概括的时候，一定会省略掉具体东西的那些特殊性，而只是概括了共性，这就是用同一性来取代特殊东西。但是，这又是人在认识活动中必须采取的方法。这就是说，没有一般的概念概括，直接给予的特殊材料也无法得到理解。从这个角度来说，观念论意义上的辩证法的核心虽然就其自身来说，也是抽象，但是却不能简单地被抛弃。观念论意义上所进行的抽象也是必要的。我们却不能简单地认为，这种抽象的概念是纯粹主观的东西。即使抽象概念仍然是空洞的，没有具体内容的，因此也是不确定的，但它区别于无。这就是说，概念之中还是有内容的，不是纯粹的空洞形式，而不是单纯的不确定的东西（不是没有任何规定的）。从这个角度来说，概念对于事物所进行的规定不是完全主观的，概念对于事物所进行的规定，包含了客观性。按照流行的辩证法观点，没有一般，特殊几乎就无法被规定；特殊通过一般而被同一化，但特殊又不能与一般等同。

虽然黑格尔思想是一种观念论，但是黑格尔也会看到，某种东西，比如概念，即使再空洞，即使再缺乏质的特性，也不能被简单地称为无。那么我们究竟如何看待概念中的这种"有"呢？对于黑格尔来说，抽象概念中的"有"一定也包含了某种"特殊"，否则这个有就变成了"无"。但是黑格尔在这个特殊辩证法面前还是退缩了。为什么他会退缩呢？这是因为，他始终要坚持同一性的优先性，如果同一性的优先性被否定了，那么观念论也被消灭了。观念论就是要把一切都纳入到同一的框架中，纳入到精神的框架中。即使它承认特殊的东西，但是，这种特殊的东西也被纳入了精神的框架之中。在这个精神框架中，特殊东西变成了特殊性。所以，黑格尔就要不断地制造假象。这就是说，虽然黑格尔也要承认特殊，但是特殊的东西在黑格尔那里被概念化。他用"实存"（Existenz）之类的一般概念来取代特殊东西。特殊东西的概念取代了特殊东西。这就是黑格尔制造出来的假象。而在这个特殊的概念中特殊的东西就不再特殊了。阿多诺认为，在这个地方，黑格尔犯了一个错误，这个错误就是康德曾经斥责的那种思维方式，即反思概念的歧义。这是早期唯理论所出现的特征。康德在《纯粹理性批判》中专门分析了那种把知性的经验运用和先验运用混淆起来所引起的反思概念的歧义。① 如果我们把它联系到黑格尔思想的批判，那么我们可以说，黑格尔把一种经验意义上的"实存"概念变成了一种先验意义上的"实存"概念。或者说，这个概念本来只能有经验的运用，而不能有先验的运用。如果把这两者混淆起来，那么这就是一种诡辩。黑格尔在其辩证法失败的地方就运用这种诡辩。如果黑格尔坚持他的辩证法，那么他就会放弃同一性，而看到非同一的东西，看到超出概念的东西。但是超出概念的东西都被他概念化，同一化。所以阿多诺说，对于那种使特殊变成辩证启示的东西，对于这种东西在总概念中的不可消解性，黑格尔的辩证法都把它们当作一般事态加以处理，仿佛特殊本身就是它自身的上位概念，因而是不可消解的。这就是说，特殊是概念中不可消解的东西，但是这个不可消解的东西在黑格尔那里却变成了一般事态，变成了一个概念。好像这个特殊的东西就是它自身的上位概念，比如，他用"实存"代替实存。黑格尔在《逻辑学》中非常强调"实存"，这个实存不过是抽象的一般事态，而不是具体的东西。好像这个特殊东西本身变成了概念，并因此是不可消解的。表面上黑格尔哲学中包含了非同一性和同一性的辩证法，但是这种辩证法在这里变成了一种虚假的幻相。在这里，同一性战胜了自身同一的东西（特殊的东西）。任何东西作为一种东西都具有自身同一性，但是却不能被虚化为同一性本身。为此，阿多诺强调，没有概念，认识就不能确定任何特殊东西，而概念却并不就意味着特殊东

---

① 参见康德：《纯粹理性批判》，邓晓芒译，杨祖陶校，北京：人民出版社2004年版，第235页之后。

西。可是，如果概念就变成了特殊的东西，那么这就是变戏法。认识都是用概念把握特殊，都用概念来代表特殊，这其中有不充分的地方。但是如果为了达到充分性，把这种充分性变戏法地弄成这样一种现象，即概念直接就是特殊。这就是把一切实际存在的东西精神化，它增强了精神的优势。这种做法超越了特殊并清洗掉那些抗拒概念的东西（具体东西）。在这里，特殊性这个概念代替了特殊东西。而阿多诺的结论是，特殊性作为一般概念无权凌驾于特殊东西，它只是抽象地意指特殊的东西。

关于主体和客体的辩证法

这里所讨论的主客体的辩证法是前面的分析的继续。其实关于中介、关于特殊东西和特殊性的探讨已经涉及了主客体关系的辩证法。特殊东西和特殊性的关系就是主客体之间的关系的一种形式。在这里，阿多诺所讨论的主客体关系的辩证法与我们通常所理解的主客体关系以及主客体关系的辩证法有很大的不同。这里的主客体关系是思维过程中的主客体关系，是思维着的主体对于被思维的对象之间的辩证关系。

在这里，阿多诺从一开始就强调，辩证法是在主客体关系中发生的。离开了主客体关系来讨论辩证法就是无意义的。但是，主体和客体就其自身来说，却非常容易表现为非辩证的结构。这就是说，当我们把主体和客体割裂开来，变成两个孤立的东西，然后再讨论这里的辩证关系的时候，这就是一种非辩证的结构。所以主体和客体就其自身来说非常容易表现为非辩证的结构。如果我们一开始就把主体和客体作为既定的东西，然后来讨论这里的关系，那么这种讨论就是非辩证的。按照阿多诺的这个理解，我们在马克思主义哲学原理中所说的主客体关系的辩证法其实就是非辩证的。为什么会是这样的呢？阿多诺在这里强调了两点，第一，主体和客体是派生出来的。既然它们是派生出来的，那么我们就不能把它们当成是既定东西，不能从其自身来讨论，而要追溯它们产生的根源。第二，它们是反思范畴。这两个范畴是成对出现的。主体要依赖于客体才成为主体，客体要依赖于主体才成为客体。主客体要依靠它的对立面来作为自己的内容。主客体之间的关系还是某种不可调和东西的表达式。这就是说，这两个东西虽然是反思范畴，是相互依赖的，但是这两个东西又是死对头,它们是不可调和的。如果它们调和了,如果那么主体就完全把握客体了,主体不可能完全把握客体。这两者无法一致起来。接下来阿多诺说,它们不是肯定的东西,不是基本的事态,也不是简单的否定。这句话其实是前面的话语的自然延伸。既然主体和客体不是自在存在的,不是给定的,所以,它们不是肯定的。它们也不是基本的事态,基本的事态是原初的事态,它们是派生出来的,是在人的控制自然的过程中派生出来的。由于主体和客体不是肯定的东西,我们不能说它们是什么,我们不能给主体和客体进行肯定的规定。它们是非同一性的表达。从这里,我们可以看到,阿多诺对于主体和客体的理解与我们通常的理解非常不同。既然它们都不能肯定地描述,而只是非同一性的表达,而且它们都是从控制自然中派生出来的,那么主体和客体就可以被看做是同样的东西了吗?阿多诺否定了这一点。他说,主体和客体还是有差别的,从它们各自的角度来说,它们是不同的。如果它们是相同的,那么这就不存在主体认识客体的问题了。所以,它们之间的差别也不能被简单地否定。按照上述的分析,阿多诺得出了一个结论,它们既不是最终二分的,也不是有某种最终的统一隐藏在它们的背后。它们是既相互结合又相互分离,或者说,它们既相互建构又相互分离。主体建构了客体,而客体也建构了主体。客体是主体在思维中建构起来的,而主体在建构客体的过程中,也把客体包含在其自身中。如果它没有把客体包含在其自身中,主体就失去了赖以存在的基础。但是如果主体依赖于客体,那么主体就不是主体了,于是主体又要对抗客体。从这个角度来说,当我们说客体或者主体的时候,其实我们已经犯了一个错误,已经把主体和客体对立起来,并当做是给定的东西了。但是,这又是我们在哲学思考中不得已的做法。如果我们不用主体和客体的概念,那么我们就无法进行思考了,但是我们在使用主体和客体概念的时候,我们不能把这个概念固化,不能走向概念拜物教。

接下来阿多诺批判了黑格尔在主客体关系问题上的错误思想。如果主客体被当做两个现成对立的东西,也就是主客体被当做二元的东西确立起来,那么这个二元论其实就是同一性原则。而这个同一性原则本来是二元论所拒绝的。但是这个二元论就是总体的、一元的。那么为什么,二元论会是总体的、一元的呢?这是因为,当主体和客体变成两个完全对立的东西的时候,这两个东西就变成了一个东西。主体和客体都是从改造自然的活动中派生出来的，都是在思维过程中发生的。如果这两个东西变成完全对立的东西的时候，那么这两个东西就变成了都是纯粹思维的东西。而只有当主体和客体结合在一起而又相互冲突的时候，作为思考的主体才会意识到一个不同于主体的东西，这个东西是主体所无法完全控制的。这个无法被主体完全控制的东西就是客体。如果这个客体是完全独立于主体的东西，那么它就是一个纯粹思想的产物，纯粹被思想建构起来的东西。当两个东西对立起来的时候，思考的主体就是思考纯粹被思想建立起来的东西本身，黑格尔就是如此。思考就是思考思想自己所建立起来的东西，这就是思想思考思想自身。这是纯粹的思想的自我反思。这个思想的纯粹自我反思就走向了思想的绝对的自我同一性。从这个角度来说，绝对的二元性就是绝对的同一性。接下来，阿多诺强调，黑格尔就是如此，他就是把主客体对立起来，把客体看做是主体外化出来的东西，并最终把客体吸收到思维之中。黑格尔也是按照这样的思路来超越谢林和费希特的。费希特的知识论首先确立了绝对的自我，而这个自我又设定或者创造了一个与自我对立的非我，然后把这个自我和非我同一起来。但是在费希特那里，没有主体和客体的辩证法。而谢林却通过绝对的理智直观而达到主客体的绝对同一。他的思想中也没有辩证法。所以，黑格尔试图用主客体之间的二元论来克服谢林和费希特哲学的缺陷。他们没有像黑格尔那样，主体外化出一个与主体不同的客体，比如，我们前面所说的特殊性（定在）。或者说，黑格尔也思考了客体，但是这个客体是消除了特殊的特殊（特殊性）。所以在黑格尔那里，主客体之间的二元论最终在主体之中达到了统一。这里有一个注，阿多诺引用了一段长文来说明黑格尔哲学最终是主体吞并客体的哲学。在黑格尔那里，主体和客体的辩证法作为一种存在结构变成了主体。

接下来，阿多诺进行了批判。他说，二元论本身并没有暗示，这两者都是思维。如果二元论所确立起来的主体和客体都是思维，那么这两者就是一致的了，把主体和客体区分开来就没有意义了。这就是说，主体和客体虽然都是在思维中发生的，但是我们却并不能由此而否定这两者之间的差别。只要人进行思维，那么思维之中必定有思维者和被思维东西之间的区别，必定有主体和客体之间的区别。只要思维存在，那么思维就必定是按照二分法来进行的。而二分法是思维的形式，没有二分法思维就不存在了。在这个二分的过程中，主体和客体就是不同的，客体中包含了某物，就包含了主体所没有的东西。在思维中，人用概念进行思考，而在用概念进行思考的时候，任何一种概念之中就包含差异了，包含思维的东西和被思考的东西，任何概念作为进行思考的概念都包含了超出概念的东西。所以，阿多诺强调，任何一个概念都包含思维者和被思维者之间的差异。没有这种差异思维就不可能发生。虽然我们强调任何思维都是二元的，都包含了主体和客体之间的差别，都包含了思维者和被思维者之间的差别，但是我们却不能因此而把这两者对立起来，把这两者固化。那么人为什么会把这两者固化呢？这是因为现实的状况在理论意识中留下的烙印。现实的状况是对立的。这种对立就表现在概念化的、合理化的东西与无法被合理化的东西之间的对立，脑力劳动与体力劳动的对立。这种对立在理论上就表现为概念和概念所无法把握的东西之间的对立，就是概念作为思维工具与概念所要把握的对象之间的对立。所以，阿多诺说，就主客体之间的二元对立表达了现实中的对立来说，二元论的非真理性倒是具有真理性。不过，二元论所具有的真理性仅仅是因为它表示了现实中的对立。一旦背离了这一点，一旦把这种对立永恒化，那么这就是要把二元性永恒化，并且把这种对抗作为二元论的永久性的哲学遁词。

在阿多诺看来，要克服笛卡尔式的主客体二元对立的唯一可能路径就是对单个要素进行确定的否定。这就是说对独立的主体和独立的客体进行确定的否定。通过这种否定，主体和客体就既相互对立而又因此相互统一。从前面的分析中，我们可以看到，主体并不完全是主体，纯粹的思维形式无法独立存在，客体也不是纯粹的客体，没有思维形式，客体不过是杂多的质料而不能成为客体。这两者既相互对立而又相互统一，但是这两者不可能完全同一起来，如果完全同一起来，那么这就是思维中的绝对同一。从康德的意义上来说，知性的范畴把握的经验的对象，把握了现象，但是却不能把握自在之物，主体和客体是无法真正地同一起来的。康德在这里就试图借助于存在，即超越于主客体之外的第三者而把这两个对立的东西结合起来。阿多诺认为，用超越主客体的第三者把这两者拼凑起来是骗人的。这是因为，它的理论事先就设定了这两者永远都无法同一。康德把这个第三者当作自在之物。这个自在之物作为无限的东西，作为不可把握的东西是从肯定的、有限的认识中抽离出来的，也就是从对于现象的认识中抽离出来的。这个东西的作用就是要激励人们去进行不断的努力，激励人们的认识活动。阿多诺认为，康德的这个建议是不够的。他缺乏对于这两者之间的辩证关系的理解。他把主客体的二元性仍然保留了下来，仍然把这两者之间的对立凸显出来。当然，这个对立也有一个好处，这就是它被用来对抗思想所坚持的那种总体性要求，即思想能够完全把握客体，把客体的一切都掌握在主体之中，从而使思想达到一种总体。虽然这种二元对立是有一定的意义的，是用来抵抗思想上的总体性要求的，但是按照康德的设想，这种对立不过是一种抽象思维的结果，是主观设定的。这就是思维从一开始就把客体变成异己的、需要被控制的东西，能够被加以占有的东西。当然阿多诺强调，对于康德的批判并不是要取消这两者之间的对立，不是要把这两个分离之后再重新聚合起来。

把这两个分离开来的东西结合起来就是一种综合。而阿多诺强调，综合是在分析的基础上进行的。康德就强调意识所具有的这种综合功能，而他强调这一点的时候，却掩盖了分析。他不断地把分析隐藏或者禁闭起来。阿多诺认为，这是一种意识形态。这种意识形态的特点是，意识总是吹嘘说，它能够随意地对于意识中的东西进行分离和组合。其实它所进行的综合是为了掩盖分析。那么康德为什么总是强调意识的综合作用呢？这是因为，它讨厌分析。意识的综合能力好像是人的一种特殊能力，是人的高贵能力的表现。而在阿多诺看来，这种意识其实很粗陋。因为，意识用综合来掩盖分析，这是资产阶级精神所无意识地发挥了作用。或者说，康德哲学强调综合，这是资产阶级精神无意识地渗透到他的思想之中。资产阶级自身就喜欢分析，资产阶级精神之所以掩盖分析，并把这种分析作为一种禁忌，是因为它害怕别人说它进行分析，进行肢解。而这种肢解和分析就是资产阶级杰作。资产阶级就是把劳动过程进行分解。但是资产阶级精神为了掩盖自己的所作所为竟然责备它的批评者，说这些批评者进行了这种肢解。这就是说，虽然康德强调综合，强调主体的综合统一能力，但是其基础其实是分析，是主客体之间的对立。他强调综合是为了掩盖分析。

资产阶级特别喜欢进行这种分割，把生产过程部门化，通过分工，而后把生产过程中的零部件拼凑起来，形成产品。分工，把生产部门化，这是资本主义社会的生产的必要条件。资产阶级的生产过程非常类似于一般概念的综合过程。在思维过程中，人们按照抽象的原则进行分析，得到抽象的概念，然后又把这些东西进行综合。资产阶级的生产过程类似于一般概念的综合过程。其实，康德在他的纯粹理性批判中也是包含了分析的，他是通过分析而得到知性范畴的，然后才借助于这些范畴进行综合的。《纯粹理性批判》有一个部分叫"先验分析论"。在先验分析论中，康德首先从知性在逻辑上的一般运用中得到知性的范畴。这些范畴是通过概念的演绎得到的。康德通过这种演绎说明知性的范畴如何能够被经验地运用。纯粹先验的概念如何能够进行综合。而这个演绎的过程属于先验分析论。在这里，我们可以看到，康德是把分析和综合结合在一起的。但是，如果康德果真在认识论上把观察的主体和被观察的主体联系起来，把他的方法和理论联系起来，那么他就不可能忽略他在先验分析论中所进行的演绎，就不可能忽视分析。这就是说，虽然康德也在一定程度上意识到分析和综合的联系，但是他在总体上还是注重综合而忽略了分析。康德这种做法是资产阶级的精神的一种表现，这就是用综合来掩盖分析。这就是说，他们表面上强调了主客体之间的相互作用，但是在思想的深处，他们是把主客体割裂开来，对立起来的，而缺乏对于主体和客体进行深入的分析。

倒转主观还原

阿多诺在这个部分主要是对于主体进行分析。按照胡塞尔现象学还原的方法，在认识过程中，人们应该清除掉认识中的那种非自明性要素，还原到纯粹的主体性上。主体中的这种自明的东西就是客观的。阿多诺要把胡塞尔的这个看法倒转过程。在阿多诺看来，主体之中的这种自明的东西必须被倒转过来。这种自明的客观的东西是社会的功能性联系内化的结果。

在这个部分，阿多诺首先指出，当前认识论中的主导趋势是，把客观性回溯到主体上。这就是要在主体的直观和自明性中把握客观性。这个主导趋势必须被倒转过来。这就是要从主体回溯到客观性。这就是要看到，主体性之中所存在的客观性要素。阿多诺的这个思路是要批判哲学传统中的一种错误做法。这个错误做法就是模仿存在者而得到主体性概念。主体性好像类似某种存在者那样，是某种现成存在的东西，是没有被中介过的、直接存在的东西。如果主体是直接存在的东西，那么主体就没有被中介过，主体就是第一性的。或者至少可以说，主体和客体是相互对立的。其实，如果主体是直接的，现成的东西，那么主体恰恰就不是主体。这是因为这种主体都不需要主体自身的任何积极活动就成为主体了。而在阿多诺看来，主体之所以成为主体就是因为主体在进行某种积极的活动。这种积极的活动使主体成为主体。而主体的这种积极活动就是主体要反抗那种压制主体东西，那种限制主体的东西。只有当主体克服限制主体的东西的时候，主体才成为主体。而主体要克服那种限制主体的东西，那么这就需要主体知道自己受到了限制。这就需要主体进行自我反思。如果主体是给定的，是现成的，那么主体就不需要反思。即使主体不反思，它也可以成为主体。传统上主体就是被看做是现成的，缺乏主体的自我反思的要素。这种做法就是忘记了主体之中的中介。主体是通过这种中介，通过外部的那种客观要素的内化而成为主体的。在过去的马克思主义哲学研究中，我们都强调主体性是通过习得科学知识，通过实践能力而形成的。其实，我们应该辩证地看待这种东西：这种东西既构成了主体同时也限制了主体。这就需要我们进行反思。主体需要进行自我反思。在阿多诺看来，主体对于自身中中介的遗忘导致的一个后果就是主体自身受到了处罚，这就是主体被它所遗忘的东西所征服，比如被它所模仿的存在者所征服。在这种情况下，主体表面上非常强大，它变成一种纯粹的主体，其实它是被中介所征服。而康德所说的那个先验主体就是如此。可是，一旦主体变成了反思的对象，那么这种情况就会被改变，主体就可以分享对象所具有的那种对象性特征，就可以获得某种客观的东西，就获得客观知识。相反，如果没有这种反思，如果没有获得这种对象性特征，那么主体就把没有对象性、把缺乏对象性当做是高于事实领域。这就似乎是说，在没有对象性特征的时候，主体根据自己缺乏对象性为理由把自己看成是纯粹的主体，这个纯粹的主体变成了高于事实领域。它是高于事实领域的纯粹思想。

按照阿多诺的看法，主体之中一定包含了非主体的东西，如果没有非主体的东西，主体就不能成为主体。黑格尔哲学中就包含了这样的思想。按照黑格尔的看法，主体的本质性可以被理解为第二潜能的定在。这个第二潜能是与第一潜能相比较而言的。第一潜能是以事实性为前提的。这就是说，人在以事实性为前提的情况下所获的一种能力。这是一种与事实有关的能力，而第二潜能就是主体自身的纯粹自发性，与外部事实无关的一种潜能。没有这种纯粹的自发性就没有主体性。但是仅仅靠纯粹的自发性，而没有事实性这个条件，自发性也无法体现出来。主体性、自发性以事实性为条件。当黑格尔这样来理解主体的时候，他对于主体就有了新的理解。这就是在主体的形成过程中，原初反应的直接性被打破了。原初反应的直接性是指主体对于事物的刺激所产生的直接反应的意思。这种反应是被动的。主体作为精神性的东西，不可能对于外部刺激进行直接反应，不可能是纯粹被动的反应。人的这种反应是经过精神的中介的。与此同时，纯粹自我的自发性也被打破了。纯粹自我的自发性是以事实性为前提的。没有事实性的前提，纯粹自我的自发性也不可能。康德的先验论所说的自我就是这种纯粹的自我，纯粹的自发性。这就是说，主体也不能被理解为这种纯粹的自发性。概括起来说，主体不能被理解为一种刺激反应的主体，也不是纯粹的自发性。这个意义上的主体就不是纯粹观念论意义上所说的主体，也不是纯粹肉体意义上的主体。我们可以说，主体是这两种东西之间的相互对抗而又相互和解。从这个意义上来说，主体不是给定的。所以，阿多诺说，主体以牺牲观念论所赋予它的一切东西为代价而获得它的核心同一性。观念论所赋予它的一切东西包含绝对的自发性。如果绝对的自发性被抛弃了，那么主体获得了客观的要素，物性的要素，这个要素是主体的核心内容，主体之中一定包含这种客观的要素，如果没有这个核心的要素，主体就不可能成为主体。外部世界中的要素是其中的客观内容。肉体的要素的作用也是其中的客观内容。但是，这个客观的要素却被主体所排斥，被它排斥在自身之外。当主体把这些东西排斥在自身之外的时候，主体确认自身的主体性。而物性的要素必定在主体自身中发挥作用。阿多诺在这里所说的为确认主体性，主体必须借助于物性的要素。没有物性要素，主体就成为空洞的自我。这个物性的东西包括现代社会中的功能性联系。这个功能性联系也是卢卡奇所说的物性。这就是说，社会的功能性联系变成了主体性的内容。主体就是按照社会的功能系统的要求行动。所以，自我越是专断地把自己提升到存在者之上，就越是不知不觉地把自己变成了客体，并讽刺性地取消了它那建构性的身份。本来主体是自我，是自发性，但是当主体按照合理化的功能系统来行动的时候，主体就不是主体了，而变成了客体，主体不是建构者了，而是被建构者。在这样的情况下，不仅纯粹自我从存在者状态上被经验自我所中介，而且先验原则本身也被这样地中介了。纯粹自我、先验原则并不能脱离经验的东西，而必定在存在者状态上被经验的东西所中介。在阿多诺看来，康德在《纯粹理性批判》中关于纯粹知性概念的演绎的第一版中明白无误地说了，先验自我被经验自我所中介这个基本观点。按照阿多诺对于康德《纯粹理性批判》的分析，康德其实总是不知不觉地把经验的内容纳入到先验的原则之中。只是康德本人没有明确地意识到这一点而已。按照康德的先验原则，先验主体是某种优先的东西，是第一的东西。这个第一的东西是与存在者相对立的。既然这个先验的东西是与经验是联系在一起的，那么这个先验的原则其实就是外部的功能关系内化的结果。

接着，阿多诺更加具体地说明，纯粹的主体与功能系统之间的关系。阿尔弗雷德·S. 雷特尔曾经撰写过一本重要著作，《脑力劳动与体力劳动：西方历史的认识论》。在这部论著中，他提出一个重要思想，在先验原则中，在精神的一般的和必要的活动中，隐藏着绝对必要劳动。先验原则是纯粹的理性活动，是精神的一般的和必要的活动，而这个活动的背后其实是必要劳动。阿多诺在这里试图从合理化系统中的功能活动的角度来理解必要劳动。在阿多诺看来，康德的那个先验主体概念本来是一个疑难概念。这种疑难表现在，这个主体尽管不存在，但是却能够活动，这个主体尽管是一般的，但是却能够像特殊那样被经验到。这就是说，康德所设想出来的这个概念其实是一个矛盾概念。这个先验主体不过是一个肥皂泡。康德的这个先验主体是从个体意识的自我关联中得到的。按照康德的思想，一切思想都是"我"的思想。这个我始终伴随着思想。这个"我"就是纯粹的先验主体。在阿多诺看来，先验主体不可能从这种个体意识的自我关联（意识内部的自我关联）中产生出来。阿多诺试图在这里指出这个先验主体的经验基础。阿多诺认为，这个先验主体不是从个体意识中产生出来的，也不仅仅是更加抽象的东西，而是根源于某种更现实的东西，这个先验主体自身的构成能力显示了这种现实的东西。这个构造能力就是所谓理性的思考能力，是理性的建构能力。这个思维能力，这种建构能力是一种脑力劳动。这种纯粹的脑力劳动是在脑力劳动和体力劳动的分工的社会基础上出现的。所以，阿多诺说，如果我们超越同一性哲学的怪圈，也就是纯粹自我同一性的怪圈，那么我们就可以看到，先验主体是社会现实的一种体现，这个主体可以被理解为社会作用的结果，但是这种社会作用只是没有被先验哲学所意识到而已。那么为什么会没有被意识到呢？先验哲学为什么意识不到这个先验主体其实是社会的表现呢？这是因为，在脑力劳动和体力劳动出现分裂的情况下，脑力劳动占据统治地位。在这样的社会中精神占据了统治地位。虽然精神占据了统治地位，但是精神是来源于物质力量的。如果没有客观的东西，那么精神就什么也不是。精神为了维持自己的统治就不得不昧着良心，说自己是第一性的，而不愿意告诉人们它的物质的起源。精神的这种做法就是为了证明精神的优越性，为了保证精神的统治，为了保证脑力劳动者的统治地位。为此，它要求强调，精神是第一性的，是源始的。因此，假如精神不想崩溃的话，它竭尽全力忘记这种要求从何而来，即忘掉这种要求是从它要维持脑力劳动者的统治地位而来的。

阿多诺指出，在内心深处，精神感到它的稳固统治根本不是精神的统治，而是在它所支配的肉体力量中才获得其最终的理性（ultima ratio）。这就是说，精神通过肉体才有支配力量。阿多诺强调，精神通过它所支配的肉体获得最终的理性。或者说，这种理性是与肉体联系在一起的理性，而不是康德意义上的那种纯粹理性。按照阿多诺的看法，其实康德所说的那个理性之中本来就应该包含了这种肉体的要素，但是康德却要否定理性与肉体的联系，他不敢说出这种联系。这是理性之中所隐藏的秘密，理性是不会说出这种秘密的。如果说出这种秘密，那么理性就崩溃了。阿多诺所强调的理性是包含肉体的理性。这就是阿多诺所强调的实质理性，从而与形式理性（工具理性）区别开来。在阿多诺看来，其实观念论者也意识到这一点。甚至极端的观念论者费希特也认为，只有抽象才使主体成为完全的建构者。这就是说，本来理性是与肉体联系在一起的。只是由于人们进行了一种抽象，才把肉体和精神对立起来，才把理性理解为"完全的建构者"。这种抽象的做法其实就是把精神和肉体对立起来。精神的这种抽象统治是精神劳动和体力劳动分离乃至对立的结果。它表现了精神对肉体的驾驭和控制。

第二部分 否定的辩证法：概念与范畴

马克思在《哥达纲领批判》中曾经告诉拉萨尔派，劳动并不是像庸俗社会主义者所通常主张的那样，是财富的唯一源泉。对于马克思来说，劳动还必须与自然相结合，才能创造财富。阿多诺根据马克思的这个思想认为，马克思在这里所说的劳动是纯粹抽象的劳动。无论是体力劳动还是脑力劳动，作为活动本身都是抽象的，它都必须与自然相结合。而当时占据统治地位的官方哲学，即黑格尔哲学所理解的劳动就是这样一种抽象的劳动，是一种纯粹的活动。马克思对于拉萨尔的批判其实就否定了这种官方哲学。他的思想就是要表明，劳动本身，无论是手工劳动，还是智力劳动都不能被具象化。阿多诺在这里用的"具象化"这个词语，原本的意思就是道成肉身。这就是说，劳动本身还是一种抽象的东西，而不是一种具体存在的东西，不能被具象化。如果把劳动本身具象化，那么这实际上就是把生产原则，就是把纯粹的创造原则置于优先地位，把它脱离物质条件，把生产原则置于优先的地位就是一种观念论。这种观念论就是把生产原则的优先性永恒化。劳动或者生产都必须与非同一的东西，与自然联系起来，与生产资料联系起来，才能生产出具体的东西。在这个时候，生产原则才达到它的真理，这个时候生产原则才是唯物论意义上的生产原则。在这里，阿多诺还另外强调了两点，第一点是，马克思是一个认识论的鄙视者，这就是说马克思不是像康德等人那样束缚在认识论的意义上讨论哲学问题，马克思是强调实践的优先性，而不是观念上的认识的优先性。应该说，这确实是马克思思想的一个特点。第二点是，马克思在这里用了"自然"这个概念来表示非同一性。这是阿多诺对马克思的"自然"概念的理解。这就是说，在马克思那里，"自然"这个词是表示无法被纳入同一性框架的东西。这个"自然"是原初意义上的"自然"。马克思还有其他意义上的"自然"，被人加工过的自然。这就是自然材料。显然马克思思想中的自然概念的含义是多样的。这个"自然"概念是施密特的研究对象①。

接下来，阿多诺分析了康德的主体概念。阿多诺认为，构成先验主体的本质的那种东西就是功能性，就是纯粹的活动，就是马克思批判拉萨尔时所说的那种劳动，脱离材料的纯粹活动。按照阿多诺的理解，康德把这种纯粹的活动

---

① 参见阿尔弗雷德·施密特（Alfred Schimdt）：《马克思学说中的自然概念》，载《法兰克福社会学文集》，11卷，美茵河畔法兰克福，1962年版，第15页。

追溯到主体身上。一切活动都是主体的活动，主体活动所产生的后果不仅仅表现为单个主体的业绩，而且还超出这些业绩，所有人都有同样的业绩。这是人所具有的普遍能力。康德的先验主体就是这种功能性，就是这种纯粹的活动。假如康德要限制主体的活动，限制主体的功能性，那么他就应该承认，劳动或者人的活动都是对某种东西的劳动。在这种劳动中如果没有适合于主体的物质材料，那么这种功能就是空洞的。而康德之后的观念论者虽然一再强调人的活动，强调自我外化等。这都是纯粹的活动。马克思在《1844年经济学哲学手稿》中对于黑格尔的纯粹活动进行了深入的批判。他的批判就是说明，观念论者清除了劳动中的物质要素。

康德把所有的人都理解为这样一种先验主体，强调这种先验主体的普遍性，而这种先验主体的普遍性其实就是社会功能结合体的产物，是社会总体的产物。这个社会总体把每一个人都纳入到交换体系中，这个交换体系中的人都按照商品交换的原则而存在，这种人是被平均化了的人，是失去个体特性的人。这种人失去了主体性，而成为纯粹的客体。本来人都是个体，有自发性，有个人的特质，但是个人的这种自发性、这种特质，在交换体系中通过平均化、通过交换原则而受到限制。于是，这种自发性和特质在总体中被清除了。这种交换原则对人类进行了普遍统治，它阻止主体成为主体，使主体成为客体。由此，这种交换原则也把人作为主体的原则，把主体的优先地位的普遍原则减低为非真理。这就是说，这种交换原则本身否定了人的主体地位。最后，阿多诺得出结论，先验主体越多，主体就越是变成了客体，变成了交换原则中的要素，主体就越是丧失主体性。主体必须要有经验的要素，要有肉体的要素，主体才有自发性和特质。先验主体"越多"，那么经验主体就"越少"，主体的自发性和个体特性就越是会被清除，甚至被完全清除。

对先验的解释

阿多诺在这个部分试图说明，先验主体所具有的那种必然性是社会的功能联系的普遍性的产物。

如果把先验主体观念作为一种意识形态来理解，即这种先验主体并不是先验的，而是接近于非主体的，那么这种先验主体的观念在最极端的情况下，就接近于真理了。这就是说，先验主体虽然不是主体，但是由于先验主体是在社会功能联系基础上产生的，因此这个先验主体具有必然性。先验主体的必然性反映了一定的社会关系。从这个角度来说，先验主体作为极端的意识形态又接近于真理。从这个角度来看，这种先验的普遍性不仅仅是自恋和自我拔高，也不是自我的自主性的傲慢，而是有现实基础的。这个现实基础就是盛行的交换原则在控制着这个现实。康德哲学所美化的那个认识主体其实就是一种抽象思维的结果，而这种抽象思维在现实的交换社会中达到了顶点。前面一段的分析，已经揭示了这一点。

不过阿多诺不拘泥于这一点。他对康德的先验主体的概念进行了进一步的分析。在阿多诺看来，康德先验主体所说的那种先验原则内在地蕴含了自我持存的原则。把先验规定为必然的东西，并使它与功能性和普遍性结合在一起，这表达了类的自我持存的原则。前面我们分析过，康德的主体概念是功能性和普遍性的结合体，是市场体系中的原则。而康德所理解的这个主体还是先验的主体。在康德那里，先验有必然性的意思。当先验被理解为必然性的时候，当先验与功能性、普遍性联系在一起的时候，那么这个先验所表达的其实就是自我持存的原则。自我持存对人来说是必然的，是一种普遍的原则，也是一种功能性的要求。而在这种自我持存中，人都要进行抽象、进行概括。抽象是包含在自我持存的原则之中的。本来抽象是有缺陷的，它忽视了许多不能被抽象的东西，但是它是自我持存所必须的，于是自我持存为抽象奠定了正当性基础。这就是说，人类为了生存就需要进行控制。而为了实行控制，人就需要对不同的东西进行归类。这种归类就包含了抽象。为了能够自我持存，人类就需要借助于合理化的方法。比如在《启蒙辩证法》中，阿多诺对于奥德修斯的分析。这种理性就是工具理性，而这种工具理性的核心方法就是抽象。所以，抽象是自我持存之理性的中介。接着阿多诺认为，海德格尔哲学中也包含了这样的思想。我们知道海德格尔也是批判工具理性的。海德格尔也看到了哲学中关于普遍性、必然性的思想是与人的自我持存原则联系在一起的。他认识到抽象的概念是消除贫困所必须的，是通过有组织的劳动来消除贫乏所必须的。但是海德格尔在《存在与时间》中却非常滑稽，他既否定了工具理性，又把日常世界中的生存看做是人的生存所无法避免的。他不是要借助于工具理性并通过对工具理性的内在反思来克服工具理性，而是采用一种与工具理性相反的直觉和领会等来取代工具理性。正因为如此，海德格尔在语言上逃出了一种圈套，逃出了那种把客观精神神化的圈套。这就是说，海德格尔就能够从语言上否定客观精神，否定一切既定的社会规范。或者说，他接受了尼采的思想，重估一切价值。这是因为，客观精神其实是被绝对化的自我持存原则在现实中的表达。这种把客观精神神化的做法从一开始就拒绝对绝对精神进行反思，拒绝思考绝对精神中所包含的客观要素。

接下来，阿多诺解释了这种客观精神。我们知道人是有意识的存在物，这个有意识的存在物有一种关于个体意识的统一，也就是说，人总是能在意识中确认他的自我。当然这个意识都是个体意识，都是个人在自己的生存体验中对于自己的意识，这个意识也与个人的经验上的存在有关，带有存在者的痕迹。然而先验哲学恰恰根据这一点而得到了先验主体。这是因为，一切意识都是我的意识。这个我伴随着任何一个个体。先验哲学由此得到了一个先验的自我，这个先验的自我就是先验哲学所主张的那种主体。这就是说，个体意识由其无所不在而成为某种普遍的东西。本来所有自我意识中都包含了"我"，但是这个普遍的"我"是与具体的个人意识联系在一起的，但是先验哲学却强调普遍性的优势地位，而不再坚持个人意识中的自我的特殊性。同时，任何人都不是孤立的自我中存在的，个人意识的统一性也模仿了客观性，也就是说，个人也会模仿社会中被普遍接受的东西，模仿人的自我持存的客观要求。这就是说，人要进行生产，在生产中建构对象。在商品的生产和交换中，对象都是人建构起来的。对象的客观性是建立在人的建构性的基础上的。于是，先验哲学也按照商品生产和交换的原则为尺度来建构自己的对象。在先验哲学中，认识的对象是主体建构起来的。在阿多诺看来，这个思想是从商品生产的体系中得到的。阿多诺通过这样的分析来说明康德哲学的主客体关系的社会基础。

接下来，阿多诺批判了康德的这个思路。对于经验的意识来说，对于那种与肉体结合在一切的意识来说，自我之中的那种持久的东西，那种不可逾越的东西是模仿了外部世界的持久性和不可逾越性。在阿多诺看来，只要一个人具有经验，他就会经验到外部世界的不可逾越性，只要他能够反思，那么他就会理解这种不可逾越性是外在的不可逾越性的内化。而原始人类曾经在面对这种不可逾越性的时候感到自己无能为力。从这里可以看到，自我之中的那种绝对的东西是与他对于外部世界的持久性和不可逾越性的经验联系在一起的。从这个角度来说，绝对自我越是纯粹，越是感到自己力量无穷，就越是体现了他对于外部世界的无能为力。商品交换的关系内化为意识中的必然性，变成了纯粹的绝对自我。而这个绝对自我在思想中力量无穷，而对于外部世界中客观关系则绝对顺从。在这里，思维中的巨大力量和对于现实世界中不可逾越的东西无可奈何是结合在一起的。主体在现实中的无能为力和在观念中的力量无穷奇妙地结合在一起了。这是现实社会中的客观的生存机制造成的。只要人被限制在这种生存机制中，这种奇妙的结合就会发生。现实中的无力是主体在精神上的无穷力量的回响。主体越是在现实中感到自己无力，主体就越是要在观念上拔高自己。这是主体的自我生存的必要。在这里，主体所模仿的是外部世界的客观关系，人的自我持存所产生的那种必然关系，比如现代社会中商品交换关系。而这个商品交换和商品生产关系的体系恰恰是否定主体的。主体模仿的就是这个否定主体的东西。

客体并不像观念论者所熟悉的那样是主体。观念论把客体，把外在的客观性内化，并把这种客观性说成是主体。因为，客体包含了超出主体的东西。而康德所说的那个先验主体反而是客体。阿多诺认为，这种意义上的客体不是主体，不能把这种内化了的东西当做主体，它是客体。但是，主体一定却是客体，主体是把外部的客观世界东西内化的结果，而这个客观世界的东西就是主体所要认识和控制的对象。从这个意义上来说，主体一定是客体。阿多诺的这个思想就把观念所说的那种主客体之间的关系彻底颠倒过来了。阿多诺的这句简单的话，"客体不是主体，但是主体是客体"，是非常重要的。主体优先性就是强调一切东西都可以被纳入的主体之中，都可以被主体所控制。这是生存斗争的原则所要求的。阿多诺说，主体优先性是从精神上把达尔文的生存斗争永恒化持久化。阿多诺要否定这种主体优先性的原则。他所提出的依据是，为了自我持存的目的而征服自然，这是人的主体性原则，但是这实际上是人和自然界的一种自然关系。这就如同任何一种动物要生存是一样的，是一种自然关系。从这个角度来说，在征服自然中，人的主体性，人所表现出来的那种理性原则其实是人和自然的一种"自然关系"。或者说，理性服从于自然性的需要。根据这一点,阿多诺认为,支配自然的理性及其原则的首要性是一种幻相。在这里,阿多诺从达尔文的生存斗争原则来说明,主体优先性是一种幻相。支配自然的理性其实是自然的一部分。

接下来,阿多诺说明,主体优先性必定走向它的反面。主体不仅在认识论中,而且在形而上学中都强调自己的首要原则。或者说,在哲学史上,形而上学原则的核心就是生存竞争原则,就是自我持存原则。按照这个原则,这个主体宣布他自己就是培根式的主人。按照培根的思想,人要控制自然就首先要模仿自然。人就是在模仿自然中控制自然的。培根式的主人就是强调人对自然的控制。这种主体最终会认为,他是一切事物的观念上的创造者。然而,在具体的实施过程中,主体成为他所控制的东西的一部分。主体在控制自然的时候,不仅控制外在自然而且控制内在自然,他把自己作为自然的一部分加以控制。主体成为客体,成为被控制的对象。这就如同黑格尔在精神现象学中讨论主人和奴隶的关系是一样的。主人最终反而成为奴隶。主人之所以成为奴隶,这是因为,主人要依靠奴隶的劳动才能生存。同样,主体在这里依赖于它所消费的客体。主体以为客体是在他自己的控制之下,以为自然在他的魔力的控制之下,而实际上,他是在自然的魔力,在客体的魔力的控制之下。他所做的事情正是显示了自然的魔力和客体的魔力。

主体越是控制自然,就越是被自然控制,主体越是被自然所控制,主体就越是要摆脱控制。在这样的情况下,主体要竭力自我拔高,这种自我拔高是对于自己的无能为力的一种反应。本来,按照阿多诺的理解,主体应该进行自我反思,通过这种反思来和自然和解。但是,由于无力的自我需要自我拔高,这种自我拔高阻止他去反思,或者说,他害怕这种反思,害怕面对他自己的无力状况。所以,阿多诺说,绝对的意识就是无意识。所谓绝对的意识,就是强调理性的绝对性,强调主体的首要性,这种主体首要性主体无力的表现,是主体缺乏自我反思的表现。这种缺乏自我反思就是缺乏自我意识。这被阿多诺理解为无意识。

康德的理性就有这样的特点。在实践理性中,康德强调主体的自由,强调主体的自我规定,但是同时又承认主体是自然环境的一部分。而主体就是要摆脱自然环境,不受环境的影响。只有摆脱环境了,主体才自由。这就是康德道德哲学的一种矛盾。康德哲学中的这种矛盾是对于人的意识的这种自我矛盾状况的一种论证。这种矛盾就是自我在精神上是自由的，精神被自我拔高，但是自我拔高的精神又必须承认自己是无能为力的。它必须承认它在现实中是无力的。柏拉图哲学也有这样的特点，柏拉图的理念论具有去神话的特点，这就是说，柏拉图的理念论强调理念的作用，强调精神的作用。这具有去神话的意义，但是这种理念也是要把自然的东西置于主体的控制之下。他的理念论最终导致，他主张建立一种"理想国"，在这个国家中，人对人的控制被合法化，永恒化。而这种对人的控制就是神话的重复。为什么说，这是对神话的重复呢？本来人控制自然是为了获得自由的，但是人却没有由此获得自由，反而重新受到控制。这就如同古希腊的俄狄浦斯的神话故事那样。按照神谕，国王会面临着他的儿子弑父娶母的厄运。于是他要努力摆脱这个厄运。但是正是他试图摆脱这个厄运的努力中，厄运来临了。这个厄运对他来说，是无法避免的。在这里，去神话的过程就是要摆脱命运，打破神谕，但是最终神谕仍然是无法摆脱的。这个思路可以用来解释柏拉图的打破神话和回归神话之循环。柏拉图的理念论就是一种神话，它处于摆脱控制和无法摆脱控制的循环之中。在柏拉图那里，控制被永恒化。去神话而又回到神话思想方法（柏拉图和康德都是如此）是与辩证法对立的。对于阿多诺来说，不走辩证法这条道路而直接走向去神话的道路，那么去神话必定重新走向神话。

那么我们如何才能摆脱这种厄运呢？按照启蒙的精神，控制自然是去神话的条件。如果人类不能控制自然，那么人类就受到自然规律的控制，就无法真正地自由。但是，这种控制自然的要求却又必然会导致新的控制，人对人的控制。因此，在阿多诺看来，如果要真正摆脱神话，那么我们就必须把去神话的努力进一步扩展到"控制"上，或者说，我们用恐惧自然的方式来控制自然，排斥自然的方式来对待自然，那么我们必然会遭到自然的报复。因此，我们必须把"控制"也去神话化。只有这样，我们才能实现与自然的和解。按照阿多诺的思路，人在控制自然的时候，必须使用技术的方法。这种技术的方法不仅影响人对外部自然的控制，而且影响人对自身自然的控制。而人对自身自然的控制会使人自身的自然发生扭曲，而这种扭曲就会导致人对人的控制，就会使人失去自由。因此，虽然控制自然是摆脱神话所必须的，但是我们又必须克服由于对自然的恐惧所产生的控制,必须和自然和解。学会和自然和解,特别是和人自身的自然的和解,这是文明的发展,是实现人的自由的必然要求。然而哲学上的那种主体优先的学说却妨碍了自然的和解,主体优先性抗拒外部自然和人自身的自然,对人自身的自然充满了恐惧。这就使人无法真正地与自然和解。哲学上对主体要素的建构力量的强调总是妨碍了真理要素。

　　于是,阿多诺就用一个比喻来说明人的这种特征,人本来是要通过征服自然来实现自由,或者说,通过控制自然来摆脱命运的支配,但是人总是陷入到自我持存的努力之中。这种自我持存的努力就像犀牛或者三角恐龙的盔甲。这个盔甲虽然能够保证它们在自我持存,但是这个盔甲同时也限制了它们,束缚了它们。它们既需要这个盔甲,又要甩开这个盔甲。自我持存的机制也是如此,一个人需要这种自我持存的机制,但是又必须甩开这个机制。否则,这个自我持存的机制将永远把人束缚在生存的牢笼之中。由于犀牛陷于它的生存机制的牢笼之中,所以它特别野性。因为,它把生存机制作为自己的唯一的目标,于是它陷入了生存机制之中,它野蛮地对待一切,从而保证自己的生存。人类也是如此,当他陷入生存机制的时候,他就一定会非常野蛮。文明史上的各种大屠杀都与这种野蛮有关。在人类文明史上,人来也控制自然,甚至控制人自身的自然。人类害怕自身的自然,因为对于人类来说,如果放任这种自然,人类千辛万苦才获得的文明就会付诸东流。可是对于人自身自然的恐惧,导致了自然的报复,人的自身自然的报复就表现为,为了生存人可以采取各种残忍的手段来保证自己的生存。这就使人类陷入了可怕的野蛮。更重要的是,人类理应能够知道自己会陷入这种野蛮,但是他却从来不承认这一点。抽象的主体,主体的优先性就是在排斥自身的自然中出现的。人作为抽象的主体是被束缚在客观的要素之中的,是被束缚在自身的客观要素之中的,束缚在生存竞争的客观要素之中的。这种客观的要素是沉淀在主体之中并限制的东西。从这个角度来说,主观的要素是客观的。先验的主体是客观的,是自我持存的原则确立起来的。

"先验幻相"

　　这个地方的"先验幻相"是打上引号的。这里有两个意思,第一个意思是,"先验幻相"这个词语是来自康德的,第二,虽然阿多诺借用了康德的这个词语，但是这个词语在这里的意思是与康德不同的。在康德那里，先验幻相是理性为了达到最终的体系必定会出现二律背反。而阿多诺要强调是，"先验幻相"表明，先验之中必定包含了矛盾，我们可以借助于这个矛盾来克服先验哲学的错误。

从前面对于先验主体的分析中我们可以知道，先验的东西是后来的，是从社会之中得到的，是从社会中确立起来的。康德所说的那些先验的东西是后来被内化到主体之中。用马克思主义哲学的话语来说，这是人类通过实践活动而内化在主体之中的。阿多诺强调了这个观点。那么坚持这个观念是不是就能够颠覆观念论呢？在阿多诺看来，这种观点还不足以颠覆观念论。观念论和存在论也不会否定这一点。这就是说，在观念论和存在论的规范中，所有的一切都有"之后即之前"的结构。这就是说，观念论其实也承认人的知识要与外部的东西联系起来。但是，在如何看待这个结构方面，如何看待内化了的外在东西方面，观念论和唯物论是不同的。观念论和存在论也在一定程度上意识到，观念的东西是来自于外部，主体和思想是被中介的东西，是被人的活动所中介过的东西，但是观念论、存在论事实上还是把主体和思想作为给定的前提，把主体和思想预设为进行中介的东西，尽管它们在口头上不承认，它们把思想和主体预设为前提，把它们作为直接的中介者。唯物论和观念论的差别是在于，究竟如何对待主体和思想？虽然它们都会在一定程度上承认主体是内化的结果，是被中介的，但是观念论把被中介的东西（主体和思想）确立为直接的中介者，把它确立为第一性的东西，而传统的唯物论则用客体取代主体的位置。在观念论那里，这个主体或者思维是纯粹的思维规定。这就是说，虽然主体和思维是后来的，但是这个后来的东西一旦被确立起来，这个后来的东西就是纯粹思想的东西，是纯粹的思维规定。阿多诺与传统的唯物论不同。他强调，虽然他批判这种观念论，虽然他否定了主体直接就是中介，但是他并不是要用客体来取代主体的位置。这是因为，如果把客体取代主体的位置，把客体直接确立为中介本身，那么客体就不再是被中介者，而成为一个偶像。这是第一哲学的思路。而他要消除等级制度，要消除第一哲学。

接下来，阿多诺对于观念论进行了批判性的分析。在观念论那里，先验主体是一个阿基米德点，这是一种幻相。先验主体是观念论的核心，是观念论的关键命题。而这个命题是一种幻相，这是因为，先验主体其实不是先验的，是后来的东西。在先验幻相中，人们没有看到，思维中介中有一个没有被发现的东西，即社会对于个体意识来说是在先的，先验的东西是后来的，是社会固化在个人的意识中的。这里有两点需要注意，第一，先验主体是幻相。这里所说的幻相的意思与康德本来所说的那个幻相的意思不同。这里所说的幻相是指，主体不是先验的，而是社会对于个体意识具有优先性。先验主体本身包含了一个不可克服的矛盾。这就是幻相。第二，既然先验主体中内在地包含了矛盾，那么对于这种矛盾的分析就不能从纯粹主体自身来进行。通过纯粹主体的内在分析是无法揭示这里的矛盾的。因为，纯粹主体分析无法揭示出社会的优先性。社会对于个人意识的优先性，社会的这种"先验"地位不能通过对于个人的意识的分析中被发现。这个"真理"无法在思维中介中被剖析出来。

既然从主体内部，从思维内部无法剖析出这种真理，那么要剖析这种真理，我们就需要通过客观性，就需要借助于社会的优先性来剖析这种真理。那么通过客观性来剖析这种真理的目的是什么呢？阿多诺指出，通过客观性、通过社会优先性来剖析这种真理，不是要否定思维，不是要否定思维规律。主体或者思维在这里当然要按照思维规律来进行的，但是这个思维规律之中有"客观性"。或者说，这个思维之中有不是思维的东西，是包含了社会优先性的东西在其中发挥作用。这就是说，在思维之中社会优先性和思维的主动性始终在主体之中存在着、在思维之中存在着。这是非同一的东西。对于阿多诺来说，通过客观性来剖析这个真理的目的就是要揭示这里的非同一性。这种非同一性是无法绕开的事实。正是这个事实成为非同一东西的支撑点。对于非同一的东西，思维要否定它，凸显思维的绝对统治地位。这是思维自身的要求。为了达到这一点，思维又要探索它，思维借助于概念的形式来把握它。思维中的非同一性才是真正的先验幻相。这就是阿多诺试图从康德的先验之中所剖析出来的幻相。这个先验的幻相与康德所说的那个先验幻相是完全不同的。对于阿多诺来说，这种先验幻相是必然的。他与康德不同，康德要努力消除这种幻相，而阿多诺要拯救这种幻相。在阿多诺看来，思维中的幻相就在这里，这个幻相的根据与康德所说的那个幻相不同，康德所说的那个幻相是，理性超出经验的范围所导致的矛盾。而阿多诺所说思维中的幻相是，思维在间接意向中势不可挡地在主体的具象化中达到顶点。思维中的间接意向是思维中所进行的自我反思，在这种自我反思中，思维在它的自身的优先性中达到了顶点，思维的优先性达到顶点，而思维其实不可能是完全内在的东西。当思维在间接意向中达到顶点，把自身具象化，好像思维是某具象化的东西，是第一的东西。这就是先验的观念，而在这个先验的东西中其实是包含了客观性，甚至这个先验本身就不是思维，而是来自外部的。这就是一种二律背反，这就是一种幻相。主体便自命不凡地认为，它是完全先验的，是纯粹精神的。其实它是来自外部。自从亚里斯多德批判观念论以来，唯物论都是从这个角度来批判观念论的。他们都认为观念论就是把这个观念的东西抽象化，物化。这种抽象化、物化的主体被作为主体的原则，作为主体的本质。

可是，这里出现了一个问题，主体的先验性其实不是在先的，而是后来的，后来的东西为什么被当做在先的东西呢？把后来的东西当做在先的，这就是先验的幻相。于是人们当然会按照之后就是在先的方法来批判康德的思想。这种批判认为，康德的先验自我其实是把社会的合理化原则内化的结果。在上世纪80年代，李泽厚在批判康德哲学的时候就是按照这个思路来进行的。面对这样的思路，康德会回答说，这是一种外在批判，即用某种外在的东西来否定主体。对于康德来说，这是一种"超越的教条"。这就是用超越的东西来否定先验主体。这是不可取的。为什么这种批判不可取呢？人们的这种批判是由内而外的批判。这就是说，人们首先接受了康德的先验的主体的观念，然后指出这个先验主体是外来的，是社会要素的内化。于是，在这种批判中，人们首先接受了观念论的前提，认可了观念论。而观念论本身也拥有了这种批判。这就是说，观念论之中也包含了之后即之前的思想。或者说，观念论也会进行这种批判，也会从之后即之前的思路来进行批判。当然这种批判是在观念论的前提下进行的。从这个角度来说，从之后即之前的思路来批判还是不够的。在这样的情况下，观念论会把外部异议，即从社会的角度来理解主体的做法看做是一种前辩证法的东西，看做是反思哲学的东西。这就是说，这种批判还是从外部要素来否定内部，这是一种外在的强暴。

于是，在这里，我们面对着两种情况，要么坚持纯粹观念，按照观念论的做法进行内在的批判，要么用外在因素来批判。我们只有这两者择一的情况。那么我们是不是可以有一种内在批判的思路，而这种内在批判也还超出观念论。阿多诺就提出了这样的思想。按照阿多诺的分析，纯粹思想中一定有自发性，如果没有自发性，那么思想就不可能。而这个自发性是思想内部的。可是这个自发性又超出了纯粹的思想。这个自发性一定包含了思想原来所没有的东西。从这个角度来说，思想不可能成为一个完全的内在性的总体。内在性是同一性立场的总体。这就是就是说，观念论把一切都纳入到观念的体系中，成为一种观念的总体。如果内在的东西就是纯粹的观念，没有任何外在的东西，那么这个内在的同一的总体就是无。它什么内容也没有，而只是纯粹的思维。马克思在《黑格尔法哲学批判导言》中曾经批判观念论，认为它是按照它自己的曲调跳起舞来。① 这就是说，观念论局限在它自己的思想领域。但是，按照观念论自身的思路，其中的非同一东西（客观化东西，社会内化的东西）就显示出来了。非同一的东西就在同一的东西内部，它规定了同一的东西，并和同一的东西相对立。这种非同一的东西是观念所无法控制的。

这就是说，在观念中一定包含了来自于纯粹观念之外的知识，来自于直接性的东西，即外部的客观性的东西。如果一个人的思维是纯粹的自我思维，那么这个思维就是纯粹空洞的思维。本来按照康德的先验原则，这个思维就是既定的东西，可是思维如果纯粹是既定的东西，没有自发性，思维能够发生吗？思维中包含了自发性，但是思维不是纯粹自发性，也一定包含了外在的东西。这个自发性规定了思维。自发性是观念论的核心，如果没有自发性，如果没有思维的自主性，那么观念论也无法被确立起来，但是观念中的这种自发性是与某种客观要素有关的，它有内化在思维中的那种"先验"的东西。如果没有内体的要素发挥作用，思维的纯粹自发性是不可能的。而康德的观念论在承认这个先验的东西的时候，其实又否定了这个自发性。客观性和自发性结合在一起，构成了康德的那个先验，这是一种包含了内在矛盾的先验，是一种"先验幻觉"。这里所说的直接的东西就是来自纯粹思维外部的东西，是来自"外

---

① 《马克思恩格斯选集》第一卷，北京：人民出版社1995年版，第5页。

部"的知识，附加在"主观思维"上的东西，超出辩证法机制的东西。如果没有这种东西，思维也无法展开，如果思维无法展开，那么思维的内在批判也就不可能。

在这里，阿多诺借助豪夫的童话故事《长鼻子的小矮人》来说明观念论的特点。观念论就如同小矮人的鼻子。这个小矮人的鼻子受到一种草药的迷惑。但是，小矮人一直不知道这个秘密，不知道草药迷惑了他。由于他的鼻子被这种草药所迷惑，所以，他无法学会做"宗主馅饼"（宗主馅饼有这样一个意思，即一个国家不能自己做决定，而是受制于其他国家）。从人的思维来说，主体的能力受到了外在的东西的制约，比如内化在思维中的客观的东西（"先验"的东西），但是主体本身是不知道的。而要知道自己所受到的限制，那么主体就需要借助于外在的力量。这个外在的力量就是"咪咪鹅"（这个咪咪鹅相当于阿多诺所说来自外部的知识）。观念论其实也是如此，它在主体性的名义下兴奋狂迷，就如同这个小矮人。

接着，阿多诺继续批判黑格尔的观念论。对于观念论哲学尤其是对于黑格尔哲学来说，从外部推动来批判观念论是一种异端邪说。黑格尔强调，这需要观念进行纯粹的内在反思。而在阿多诺看来，这种内在反思是不够的，仅仅对于先验的范畴进行内在的分析是不够的，因为这个内在的分析是与它的幻觉是一致的。这类似于小矮人。仅仅靠小矮人的内在反思，他是无法知道他的鼻子是被一种草药所迷惑。内在的批判还需要借助于外在的知识。所以，阿多诺强调，只有当内在批判完成的时候，即当黑格尔式的内在批判完成的时候，质的跃迁才是可能的。这里所说的质的跃迁是指，超出内在，从外部知识的角度来看待内在的东西，把外在的东西看做是内在东西的来源。内在的反思达到极点的时候就会打破内在性，看到外在的东西的作用。阿多诺强调，内在批判具有这种自身超越的倾向，即发现自身中那种非自身的东西，那种超越自身的东西。这种超越倾向也类似于柏拉图的那种向自在理念转变的辩证法。柏拉图的自在理念之中提出了超出理念的东西，比如，他的理想国。从这个角度来说，阿多诺强调，内在的东西之中包含了非自身的东西。如果辩证法封闭于自身，那么它仍然是一个总体，并且退回到了同一性原则。而在阿多诺看来，辩证法不可能是这样的总体，它一定包含了非同一东西。阿多诺认为，谢林在批判黑格尔哲学时也包含了某种唯物主义的倾向。他把某种驱动力赋予质料。而这里所说的质料就是外部的东西。从阿多诺的角度来说，这就相当于表明，由于肉体的作用，人才有冲动，才有自发性。思维中的自发性就是来自于这里。从这个角度来看，谢林批判黑格尔，说他放弃思想，并走向神秘主义是有道理的。思想必定包含了肉体性的要素，这是一种质料。思想中的纯粹自发性其实是与肉体有关的，肉体的冲动导致了思想中的自发性。如果没有这个东西，思想就变得非常神秘了。阿多诺强调，这是谢林思想中的唯物主义的要素。但是，在如何对待这个唯物主义的要素的问题上，我们也要保持警惕。这就是不能把这种自发性具象化。而克尔凯郭尔就出现了这样的问题，他把跃迁，即把自发性具象化，好像这个自发性是某种具体的东西。阿多诺认为，这种做法就亵渎了理性。这就是把一种动态的力量固化。

最后，阿多诺强调，辩证法必须出于意识对于自身的意识而限制自身。这就是说，当意识发现自身不是纯粹的自发性，而是有肉体要素的作用的时候，意识就会限制自身，它会发现它自身不是纯粹的意识，从而限制它自身。更重要的是，辩证法不能因为它需要借助于纯粹思想之外的东西，比如肉体的东西，而感到失望，也不能因为，思想需要借助于外在的东西失去内在自主性而失望。在这里，阿多诺批判了这种失望。意识哲学、内在哲学、同一性哲学感到失望，他们意识到，哲学需要外在的东西。这种失望就如同读过豪夫作品的儿童的失望一样，儿童为小矮人不能再为主人提供馅饼而感到失望。阿多诺用这个类比来嘲笑观念论、同一性哲学。这些人害怕外在的东西，认为这种外在的东西限制了自发性。这种有自主性的思想就需要有自己的主权，需要进行自己的思考。从这个角度来说，观念论、同一性哲学害怕外在的东西。其实只有靠这种外在的东西，人们才能真正获得自主性。反之，如果哲学束缚于自身，那么哲学就像小矮人那样受到一种魔力的控制。而要摆脱这个魔力，人们就必须借助于外在的东西，借助于外力。可是，同一性哲学却感到失望，它们宁愿继续做宗主馅饼，来服务于主人（观念论），而不愿意自我思考。从这里，我们可以看出，阿多诺强调，内在的批判和外在的批判必须结合在一起，才能够使人们克服思想的局限性。

客体的优先性

如果说前面的部分主要讨论主体的，那么这个部分则开始讨论客体。或者说，阿多诺试图从主客体关系的角度来讨论客体，说明客体的优先性。

在阿多诺看来，要彻底批判同一性就必须要说明客体的优先性。只有确立了客体的优先性才能最终否定同一性。如果不能确立客体的优先性，那么同一性思维，即使在否定这种同一思维的时候，仍然是主观主义的。比如，黑格尔在他的辩证法中也否定了同一性思维，但是他最终仍然是主观主义的。再比如，海德格尔虽然要超越主客体哲学，把握非同一的东西，但是他最终仍然陷入了同一性思维。同一性思维的最核心的特点就是把客体彻底主观化，把客体与主体完全同一起来。而修正同一性思维就是要限制主体，就是要抵抗主体彻底吞并客体。从这个角度来说，修正同一性思维，把同一性说成是非真理，就是要确立主客体之间的非均衡性，确立认知中的功能概念的非和谐性。这就是说，主客体之间是不可能同一的。这就是要限制主体的力量，只要主体的力量受到一点点限制，那么主客体就无法同一起来，同一性的原则就被否定。所以，阿多诺说，按照主体自身的绝对性标准，即使非同一性的最少残余也会威胁主体的绝对同一，即使作为最微不足道的东西，它也会作为总体的主体受到损害。因为主体要求这种总体，要求把一切都纳入到主体之中，受到主体的绝对控制。因此，只要有那么一点点的非同一性的东西（不可消解的某物），主体都是不容忍的。绝对的总体是主体的自负的要求。

因此，要否定这种总体性，否定这种绝对的同一性，就要限制主体性。那么如何限制主体性呢？如何改变主体的性质呢？主体要从一个在它自身中所不能发展起来的关联中改变性质。在主客体相互作用中，主客体之间的某种关联是主体自身所无法改变的。主体是要认识客体和把握客体的，客体是在主体之中的，这个客体是主体从自身中所不能发展起来的东西，同时这个东西又与主体相关联的。虽然客体是主体建构起来的，客体也不是纯粹主体建构的产物。这就如同建房子一样，虽然房子是人建起来的，但是这个被建构起来的房子不是纯粹主观的产物，其中一定包含了主体所无法建构的东西。于是，在这里，我们就需要进一步考察主客体之间的关系。阿多诺说，借助于中介概念的不平等，主体进入客体的方式完全不同于客体进入主体的方式。关于中介概念的不平等，我们前面已经讨论了。一个是概念作为中介，一个是直接东西作为中介。这两种中介是不同的。概念作为中介是没有直接性的，概念进入客体是用概念来把握客体，这个时候概念就和客体结合在一起了。而客体进入主体却不同，客体进入主体之后，仍然保持其为客体，保持自身的独立性。所以，阿多诺接着指出，客体只能被主体所思考，而不能完全被纳入主体之中，客体一定会在主体之中保持独立性，并且和主体相对抗。而主体不同，主体从一开始就是客体了。主体从一开始就是实践中建构起来的，是实践活动内化的结果，主体从一开始就是客体。主体在用概念把握客体的时候就和客体结合在一起了。离开了客体，主体就是一种纯粹的"思考"。然而我们前面说过，任何思考都是对于一定对象的思考，纯粹的思考是不存在的。独立于客体的纯粹主体是不存在的。从这个角度来说，主体从出现的一开始就和客体结合在一起，客体是主体建构起来的，主体就被包含在客体之中。由于主客体之间的这种关系，因此客体即使作为观念也不能被主体当做是不存在的。被认识的客体是在思维中存在的，即使这个被思考的客体是一种观念，但是这个观念也必定包含了客观的东西。所以，客体即使作为观念也不能被主体看做是不存在的。但是主体却可以被客体看做是不存在的。客体有独立于主体的东西，并且主客体是结合在一起的，客体可以认为主体就在它自身中，主体不能独立于客体而存在。所以，阿多诺指出，主体性之中包含了成为客体这个含义。这就是说，主体性要表现自己为主体性，它就要能够把握客体，建构客体，就要和客体结合在一起。而当主体和客体结合在一起的时候，主体变成了客体。所以主体性之中包含了成为客体的意思。客体融入主体的时候，不是要把自己变成主体。客观性之中却不包含成为主体这样意思，相反客观性就表示它要独立于主体。

　　接着，阿多诺借助于康德对于先验自我的思考说明，这个先验的自我作为主体所具有的客观性。我们知道，康德在提出先验自我的时候，他的依据是，"我的所有的观念都伴随着我"，我的一切观念都是我的观念，在这里始终存在着"我"。这可以从"我的思考"之中逻辑地得出的东西。在康德看来，这个"我"是先验的意义上的我。而阿多诺认为，这个我在思考的时候一定是在时间中进行的，如果我的观念一直都伴随着我，那么这就说明我的这种思考具有时间性。既然这个我具有时间性，那么这个我作为存在者就不是康德所说的那个超越时间的先验的我，而是拥有我的可能性的时间序列，而我就是这个时间序列中的一个暂时的东西。于是，在这里，阿多诺逻辑地得出，我是经验意义上的我。而这个我从一开始就是客体。所以，阿多诺在这里推导出，在这里，"我的"（注意阿多诺把纯粹的"我"改为"我的"。纯粹的我不能拥有任何东西，不会有"我的"。这是从一切思考都是"我的"思考中得来的）是指一切客体之中的一个客体。也就是说，"我的"作为主体其实是客体，并且从一开始就是客体。由于一切思考都是"我的"思考，这个能拥有思考的东西"我的"不是纯粹先验的我，而是与肉体的东西结合在一起的。也正因为如此，这个"我的"是伴随着"思考"的。所以，阿多诺强调，没有"我的"就不可能有"我思"。"我的"、"我思"都是表达主体的，是主体的同义词。不过在这里，这个"我的"、"我思"与康德、笛卡尔那里的意思不同了。这个说法暗示了主体不是纯粹的自我，而是包含了客观性，暗示了主体从一开始就是客体。所以，阿多诺说，这是从客观性中设定了主体的存在，也赋予主体以某种客观性的东西。按照这样一种理解，阿多诺就把康德和笛卡尔所说的那个主体彻底颠倒过来了。接着，阿多诺指出，拉丁文中"subjectum"（主体）这个词语原来的意思就是承受者的意思。我们在日常生活中所说的主体就是这个意思。比如，人们说，在这件事情中，张三是主体，那么这就意味着，张三是承受者，他要承担责任。这是人为的语言所表达的主体的意思，而这个意思就是表达了客观。所以，阿多诺认为，人为语言好像也在表达哲学思想，即把主体表达为客观。这个说法是有客观的社会基础的。在社会生活领域中主体就是客观的意思。而客体是独立的，只有在人们对客体进行反思的时候，只有在人们试图规定客体的时候，人们才把客体联系到主体。这样，阿多诺就把康德、笛卡尔等人所说的主体颠覆了。

接着，阿多诺指出，即使我们说主体是客体，但是这也并不意味着，客观性是某种直接的东西。客观性都是被中介过的。如果我们把主体本身理解为客体，那么主体本身所说的东西好像直接就成为客体了，直接变成了客观的东西了。如果是这样，那么这个观点与朴素的实在论一致起来了。好像我们对于朴素实在论的批判是错误的。主体本身就是客体并不支持朴素实在论的主张。那么把主体理解为客体，并强调客体优先性，究竟意味着什么呢？阿多诺指出，这意味着，自身中介的东西在质上被不断细分。所谓自身中介的东西就是指，直接的东西，直接的东西就是自身中介的东西。客体就是自身中介的东西，虽然客体也是被中介的，但是客体具有直接性，是自身中介的东西。这个自身中介的东西是非同一的东西，是无法被完全概念化的东西。我们可以对于其中的东西进行不断的细分。这种细分也是辩证法的要素，辩证法就是要看到这些东西之间的差别。所以，阿多诺强调，对于直接性东西的细分也是辩证法的要素。

接下来，阿多诺指出，康德思想中就包含了一种客观性的努力。虽然他强调，主体建构客体，但是他并没有放弃客观性的优先性。他的客观性的优先性表现在他限制主体的能力并且稳固地维持自在之物。这就是说，康德限制主体的能力，认为，主体只能认识现象，而自在之物是无法被认识的。对于阿多诺来说，自在之物不可认识就表达了客体的优先性，即客体不能完全被主体所把握、所控制，客体一定包含了超出主体的东西。在这里，阿多诺强调，虽然自在之物不是客体，但也不是与客体完全无关的，不是与客体矛盾的。它也表示了客体的某个方面，即客体超出主体的方面。客体的主观中介虽然是观念的东西，但是这个主观中介，这个观念是与客体联系在一起的。这个主观中介表明，它不能完全把握和控制客体。所以，阿多诺强调，这个主观中介与其算作是客体的观念，不如说是主体的不足，主体没有能力把握客体。特别值得注意的是，由于主体是把外在合理性内化的结果，于是这个主体一定是不足的。这个被合理化所限制的主体，即理性的主体一定是能力不足的。既然这里包含了主体的不足，那么这就表达了一种客体优先的思想。在这个地方，阿多诺有一个注释，这个注释是解释客体优先性。在这个地方，阿多诺强调，如果客体优先性要贯彻到底，这种优先性表现在思想获得了他的绝对客观性的地方。这个绝对客观性就是阿多诺在前面所说到的"不可消解的某物"。比如在形式逻辑中，即使这种思考是纯粹逻辑的思考，是纯粹形式的思考，但是，这个东西也涉及"某物"。阿多诺把这个东西理解为"思想所意味的东西的余像"。思想所意味的东西就是思想，但是，思想之中一定包含了对于某种东西的思想，包含了思想没有能够穷尽的东西。这个东西是思想的条件，没有这个东西，思想是不可能的。这里所说的"某物"不能在现成存在者的意思上，而是思想中非思想性的东西。思想中的非思想性的东西。这个非思想性的东西是思想的逻辑内在性的条件。这就是阿多诺所要强调的客体优先性。这个绝对客观性不是形式逻辑所期望达到的那种绝对客观性，而是指逻辑内在形式中非思想的东西。这个东西没有绝对无条件性，不具有绝对第一性。或者说，这个东西是与思想结合在一起的，但思想中有非思想的东西。系词"是"的实存判断始终表达了这个东西。其实这就是非同一东西。

在这里，阿多诺还进一步分析了康德拯救客观性的意图。在康德那里尽管主体性没有能够成功地走出自身，没有达到自在之物，但是他也没有牺牲他者性的观念。他保留了这个自在之物，并把这个自在之物作为他者性的东西。如果没有这个他者性的东西，那么认识就退化为同义反复了。这其实与阿多诺对于康德的认识论的理解有关。在阿多诺看来，虽然经验被看作是知识的来源之一，但是经验在康德所说的那种物理知识和数学知识中并没有发挥多大的作用。所以，阿多诺认为，这个他者性、这个自在之物是知识的客观性要素发挥作用。阿多诺认为，这种他者的观念激发了康德的沉思，而这里所存在的一种不和谐对于康德来说却没有那么重要。这里的不和谐性是指，自在之物是现象得以产生的原因，这个原因是客观的，但是在康德那里，他又通过现象与自在之物的区分把自在之物排除在认识之外，它在认识中不发挥作用。

康德的先验观念论提出了一个先验主体的观念。而这个先验主体是与客体对立的。认识就是在主客体的两极对立中把握客体。肯定性的、观念论的辩证法，比如黑格尔的辩证法只能通过批判主体建构来进行。比如黑格尔就通过概念自身的推演过程来分析主客体关系。这是一种肯定的辩证法。阿多诺批判了黑格尔的这种观念论意义上的辩证法。他所提出的是否定的辩证法，是唯物论意义上的辩证法。这种唯物论意义上的辩证法表明，主体需要存在论要素，这个存在论要素是指非主体的要素，需要他者。而这个存在论要素，这个他者就否定了主体的建构功能，即这个他者、这种存在论要素不是主体建构的产物。尽管存在论要素否定了主体的建构功能，但是主体的能力也没有被否定。主体仍然是主体，而不会被客体所取代，主体仍然会发挥主体的作用。在这样的情况下，主体就不会被第二直接性意义上的客体所取代。第二直接性就是社会功能体系意义上的直接性。前面我们在分析主体的时候已经说过，康德的那个主体其实就是社会功能系统内化的结果。当他把主体和客体对立起来的时候，这个主体就会变成这种理性化的主体。这就是说，只有在主客体的相互作用中，主体才不会变成功能意义上的主体，才不会被第二直接性意义上的客体所取代。所以，阿多诺指出，只有主体自身的反思以及对主体的反思才能获得客体的优先性。主体自身的反思和对主体的反思都是在主客体关系中发生的。通过这种反思，主体就会发现客体的优先性。或者说，主体在这种反思中发现无法被它同一化的东西。主体的这种反思就是发现主体自身的矛盾性。主体自身的矛盾，无异于说，主体是主体，而又不是主体。而这种说法是与流行的逻辑规则不一致的，而且也是非常怪诞的。主体怎么可能既是主体，而又不是主体。对于这种事态，阿多诺是这样来解释的，主体的元历史是可以被撰写出来的，而客体的元历史是无法撰写的。我们知道，阿多诺和霍克海默在《启蒙辩证法》中就是要讨论主体的元历史。这个元历史表明，主体在征服自然的过程中形成的，是在肉体和精神的对立与和解中形成的。这里必然存在着主客体之间的辩证法。所以，主体的历史可以被撰写出来，而客体的元历史却无法撰写出来，这是因为，客体的元历史从一开始就讨论了历史，客体没有像主体那样的形成过程。客体是直接性的东西，客体没有历史。

在这里，人们会提出反对意见，没有进行认识的主体就没有对客体的认识，从这里，我们就可以得出意识优先性的结论。人们还可以进一步断言，主体性不管怎么说，都是"存在"的。主体是"存在的"，这是绝对的。这个绝对性就包含了客观性。主体可以借助于它自身的绝对存在而建立了客观性。在这里，"存在"这个概念的理解出现了差别。这种反驳意见所说的"存在"是主体的自我存在，是主体的纯粹独立性，而否定了主体是被中介的。而阿多诺说，主体是存在的，是被中介的，主体之中包含了不可消解的东西。所以阿多诺说，只是由于主体从它那个方面来看是经过中介的，而不是客体的极端他者，并且只有它才能使客体合法化，因此主体才能把握客体。主体不是直接与客体对立的，主体之中包含了客体，包含了无法被消解的东西。主体是被客体所中介的，而不是客体的极端的他者。所以，主体是存在的。而在以往的认识中，人们都认为，客体是主体的极端的他者。阿多诺否定了这一点。他认为客体在主体之中，是主体的中介，正是由于它在主体之中，它才能被主体所把握。主体建构了客体，从而主体也能在这种建构中认识客体。主体的建构并不影响客观性。我们甚至可以说，主体的建构才使客观性成为可能。因为，在主体的建构中，客体（不可消解的客观性）一定包含在主体之中。而影响客观性的是主体的中介，这里所说的主体的中介是指纯粹理性的原则（功能意义上的合理性内化的结果）。只有这种狭隘的理性原则，即主体的中介才妨碍了客观性。接下来阿多诺指出，从发生学上来说，独立的意识，认识成就的活动总体，是从人的自身生存的过程中发展起来的。在人类的生存活动中，人会束缚自己的肉体，这个时候，精神会在一定的程度上与肉体对立起来。在这种情况下，独立的意识发展起来了，认识成就的活动总体就相对独立起来了。这是从人的类存在的力比多能量中生长出来的分支，人类自我持存努力中出现的分支。但是，人的本质对此不能漠不关心。人的本质虽然也与人的这种自我持存的努力有关的，但人在本质上要达到肉体和精神的和解。只有在这里精神和肉体之间是既相互矛盾又相互融合的过程，人才成为人自身。所以，这个独立的意识不能像胡塞尔那样变成一个"绝对本源的领域"。意识是活生生的主体功能，是肉体和精神之间对立同一的过程，是主体和客体之间相互斗争而又相互融合的过程。意识是根据主体的形象形成的，也是活生生的，是充满了内在矛盾和斗争的。这种活生生的要素是不能从主体概念的含义中剔除出去的。

对客体优先性，人们还有另外一种反对意见，主体的经验要素和先验要素（本质要素）始终是结合在一起的；既然这两者是结合在一起的，那么我们就不能说客体是优先的。阿多诺说，这个反驳意见是软弱无力的。在阿多诺看来，虽然经验要素和先验要素是结合在一起的，但是经验要素是核心，经验要素占据主导地位。如果没有经验的要素，没有活生生的自我，那么人就没有先验的要素。没有经验的东西就没有先验的东西。但是如果反过来对于客体的发生进行类似的反思，比如，说没有先验的要素，就没有经验的要素，没有先验的自我，就没有客体，那么这类反思是无效的。这是为什么呢？阿多诺的回答是，客体的要素、经验的要素虽然需要借助于主体的中介，但是这只是因为客体不能被静态地、教条地具象化。这就是说，经验的要素不能直接自身显示，而需要与主体联系在一起，只有借助于主体，经验的要素、客体的要素才能显示出来的。客体只能在与主体交织在一起的时候，客体才能被认识。没有主体的中介，客体就无法被认识，但是却仍然是存在的。而主体则不同，如果没有客观性，那么它就什么都不是，它就不存在。这就是主体的中介和客体的中介之间差别，通过这种差别我们就可以看出客体的优先性。所以，阿多诺说，客体优先性的标志是精神软弱无力的。精神不能完全把握客体，客体可以独立于精神而存在，虽然它不能被认识，不能被表现出来。在精神所进行的判断中，在现实中，精神都依赖于客体，依赖于经验的要素。精神不能完全消解客体，不能把客观的东西完全地同一在精神之中，精神没有优先性，相反客观性限制了主体，限制了精神，精神无法实现同一化，这是精神中的否定的东西。这种否定的东西是精神自我祛魅的原动力。精神知道自己的能力是有限的。

通过精神与客观性的东西之间的这种联系的分析，我们就可以得出结论，精神既是真实的，也是幻相。精神是真实的，因为没有任何东西不受统治，而任何统治一定是包含了精神的统治。在主体与客体的关系中，纯粹的精神一定统治着客体。精神把客体作为它的要素，把客体置于它的统治之下。但是精神的统治是虚假的，因为与统治缠绕在一起的不是精神，不是纯粹的精神而是客观性的东西，这种东西虽然在精神的统治之下，但是又是精神所无法化解的，这种东西恰恰对抗着精神的统治。当精神取得统治的时候，它以为所有的东西都已经变成了精神，都是在纯粹的精神的控制之中。这是虚假的。

阿多诺也根据他对于精神和客观性这种关系，根据主体与客体的这种关系对于启蒙进行了全新的解释。在传统上启蒙被理解为，对神话的祛魅，揭示这个神话的谜底是人。一切神话的东西的背后都是人，是人把自己投射到对象上去，把对象神秘化，赋予神话的一切东西以精神的力量。所谓万物有灵论就是如此。但是，启蒙还需要进一步祛魅，就是对作为主体的人的祛魅，就是人的还原，或者说把活生生的人归还给人自己。这就是，在最初祛除神话的时候，人被确立起来了，但是这个人是被作为主体确立起来的，人变成了精神的存在。这是主体的骗局，启蒙就是要透视这个主体的骗局，这个把主体绝对化，把抽象的精神绝对化的骗局。近代启蒙所确立的是主体，是主体的神话，是精神化了的主体。这种精神化了的主体是神话的最新形式，但是这种神话与最古老的神话形态是相同的。最古老的神话就是精神的投射，赋予一切以精神的力量。这种古代神话就是要把一切置于精神的控制之下。这种古代神话与现代的精神统治在本质上是一致的。

客体不是被给予

如果客体是优先的,那么人们就会借此认为,客体是独立于意识而存在的,是与主体无关的。而阿多诺在这里强调,客体不是被给予,或者说,客体不是直接被给予主体的那种直观经验。在这里,阿多诺试图通过概念和经验之间的关系从辩证法的角度来说明,客体不是直接被给予的,不是现成存在的。

尽管客体是优先的,但是阿多诺强调,客体不是直接存在的,不是直接被给予的,而是经过中介的。客体的优先性和被中介性应该从辩证法的角度来理解。客体的优先性不是客体的第一性,而是客体与主体关系中的主导地位。从前面的论述中,阿多诺已经证明了这个观点,即一切主体都是客体,但是并不是一切客体都是主体。这表明,虽然客体与被给予有关,与直接性有关,但是客体不是直接的。直接性和中介性一样都必须从辩证法的角度来理解。按照认识论的传统,直接被给予的东西是属于主体领域的,其中包含了两个方面:一是外界的感性刺激而被给予主体的东西,一是肉体的要素、情感的要素直接被给予主体。而阿多诺对于被给予的直接性和情感的直接性进行分析,否定了这种直接性。应该承认,情感或者经验是直接被给予主体的,在外部刺激下人所获得的经验是自发的,而人的情感是人自主产生的。这两者都有直接性。但是,主体都可以用形式的力量来控制它们。形式力量就是用各种范畴、规范等来约束经验的要素。在阿多诺看来,即使主体能用形式的力量来控制自发性和自主性,但就被给予的东西直接在那儿而言,主体却没有这样的力量。主体不能阻止这种自发和自主的要素。这种被给予的东西是直接存在着的,虽然主体可以用形式来束缚它,但是却不能阻止它们的发生。在这个地方,阿多诺对于被给予性有一种特殊的领会,这就是主客体相互作用中的非同一性。我们可以说,它既是被给予的,但是又不是被给予的。我们无法给出恰当的规定。这只有借助于阿多诺所说的精神经验来加以领会。按照阿多诺的理解,这些被给予的东西构成了主体的基础,即主体说"我的"的时候主体所拥有的内容,而这些内容作为被给予主体的东西又会被用来抵抗客观的东西。这就是说,主体会借助于这种被给予的内容而抵抗客观的东西，用主体被给予的经验要素来抵抗客观性。这就是说，被给予的东西中虽然有客观性，但是却与主体结合在一起，并被用来抵抗客观性。而阿多诺所说的这种客观东西，即主体之中所包含的客观性，是主体所无法控制的东西。这是自主性和自发性，而这种自主性和自发性虽然主体能够控制，但是又不能完全控制。这就是主体中所包含的客观性。

接下来，阿多诺对经验论者休谟的思想进行了分析，休谟强调直接给予的经验材料，但是这种经验材料不具有同一性，或者说，在这些材料背后没有一个像康德所说的那个同一的主体，没有那个先验的自我对于这些材料进行综合。如果有了这个自我，那么它就有一种先验的同一性，这个同一的自我会抵抗经验上被给予的杂多。阿多诺对于休谟的思想进行的批评。他认为，虽然给予的东西是被自发地接受下来了，但是这种直接给予的东西也不能被固定下来，好像这个东西是绝对肯定的东西，确定的东西。通过这种直接给予，我们好像就可以直接得到某种结论。经验论就把这种直接被给予的东西当做了应该被接受的结论。阿多诺认为，在认识过程中，主体中单纯被给定的形式，比如时间和空间与直接给予的东西是相互作用的，即这两者之间相互剪裁而又相互补充。这种相互剪裁、相互补充是一个动态的过程，是非同一的。在这里，阿多诺并不否定给予的东西的直接性，但是他认为，这种直接性或者感性的材料是与抽象的形式相互作用的。既然这两者是相互作用的，直接性就阻止了人们对派生物的偶像崇拜，对于抽象概念、抽象形式等东西偶像崇拜。感性材料是直接的，而抽象的概念是从直接性中抽象出来的。尽管如此，直接性就其自身来说也是从客体中抽象出来的。这就是说，本来在客体中，概念和直接被给予是相互剪裁的、相互作用的，而当我们说直接性本身的时候，我们就把直接性与抽象概念分离开来，抽象出来。从这个角度来说，直接性本身也是抽象的。直接被给予的东西就好像我们在生产过程中所使用的原材料，而概念就是工具。认识的过程好像就是用工具来加工原材料。不过，在认识过程中，那种直接被给予的原材料是盲目的、抽象的，是纯粹的杂多。这种纯粹的杂多是没有客观性的，而只有临界值。这个所谓的临界值就是指一种纯粹的材料，纯粹的杂多。这是把感性材料与抽象概念区分开来，把感性材料推向极端的时候所出现的。所以，阿多诺说，这种材料是极端贫乏和盲目的。人所认识的是具体的客体，如果人被剥夺了具体的客体，被剥夺了思维中的具体对象，那么人就会面对这种纯粹的材料。而对这个材料，主体还不能用自己现有的形式来加以把握。这就是阿多诺所说的那种临界值。这类似于海德格尔所说的存在。既然主体中包含了这种纯粹的被给予，这种临界值，那么这表明主体中有一种主体所无法剔除而又无法完全控制的东西，虽然这种东西不能等于客观性，但是它却表明了客体的优先性，即客体之中一定包含了主体所没有的东西。这种临界值，这种纯粹的质料就表现了客体优先性。所以，阿多诺在这里说，尽管经验论把外部事物还原为感觉经验，但是，经验论还是凸显了客体的优先性，凸显了感觉经验（特别是临界值）是客观性的来源。经验论坚持认为，没有任何意识的内容不来自于感觉、不来自于"被给予"。如果意识中没有这些内容，没有感觉经验，那么意识也就不能获得任何客观性的知识。

在这里，阿多诺进一步评论了经验论。经验主义都在不同程度上批判朴素实在论。他在这里所说的朴素的实在论是指近代以来认为事物可以独立于经验而存在的实在论。而经验主义则强调没有独立于人的经验而存在的实在东西。在对实在论的批判中，休谟达到了顶点。对于经验主义来说，直接被给予的东西也是独立于主体的，是纯粹被接受的东西。因此，经验主义包含了对于主体作为创造者的怀疑。尽管经验主义批判了实在论，但是阿多诺认为，这种批判之中也还是包含了不成熟的实在论。这种"不成熟的实在论"表现为主体优先性和主体不可能性之间的妥协。一方面，既然经验论强调被给予的东西，那么这个被给予的东西之中一定包含了阿多诺所说的那种"临界值"，包含了客体优先性的要素。这就否定了主体优先性。主体优先是不可能的。另一方面，本来经验主义是否定主体性的，但是，其实经验主义暗藏了一种主体优先性的要素。对于经验主义来说，主体的经验好像是纯粹偶然的，好像没有任何客观性要素。好像在经验受到了主体的干扰而没有任何可靠性。在这种经验中，人们得不到任何客观知识。所以，经验主义其实是一种主体优先性的观念论。如果经验主义否定了主体优先性而又在一定程度上承认主体的作用，那么经验论就不能削弱主体，不能否定主体在和经验材料的作用中构成了一定的客体。这里必定存在着一种最低限度的客体。经验论不能把这种客体还原为纯粹的感性材料。这就是说，在认识中，主体通过对于经验材料的建构而构成了一定的客体，这种客体绝不是经验论所理解的那种纯粹的感性材料。由此可见，在阿多诺看来，经验论既否定了主体的作用，同时又陷入了主体优先性的陷阱之中。它是在主体优先性和主体的不可行性这两个极端之间。而阿多诺持一种辩证法思想。这种客体的建构是在主体优先性和主体的不可行性之间达成妥协。如果人们看不到这种建构，那么人们在思想上就处于主体优先性和主体的不可行性的两个极端上。如果彻底否定了主体的作用，那么人们所能够得到的就是赤裸裸地存在着的感性材料，而这种赤裸裸的感性材料是抽象过程的产物。康德所强调的是先天的形式和先验的范畴，而休谟的经验主义承认的是赤裸裸的杂多。如果把感性材料和先验的范畴对立起来，那么这两者其实都非常抽象。当经验材料被净化，被清洗掉形式，那么它就成为极端贫乏。对于这种赤裸裸的经验材料，我们什么也不能说。客体是主体和经验材料相互作用的结果，如果把主体从经验材料中剔除了，那么这就把客体剔除了。而剔除主体和客体之后所留下来的就是这种客体的剩余，就是纯粹的被给予。这个纯粹的被给予是第一哲学的骗局。因为，主体中所获得的经验材料都是被中介了的。经验的材料和主体的形式是相互作用的。主体的形式也不是独立存在的。因此，这种主体形式也不是需要被认识的最终的东西。在主体经验的过程中，这种形式是可以被打破的。

在阿多诺看来，哲学应该和自然科学结合在一起，而绝不应该和自然科学、社会科学分离。这两者一旦分离开来，那么哲学就缺乏经验的基础。既然这两者是结合在一起的，那么哲学就可以借助于物理学来论证自身。通过爱因斯坦的相对论，我们就可以看到直观形式和经验内容之间的联系。我们之所以说，相对论冲破了直观的牢笼是因为，按照相对论的原理，被直观到的两个事件是不是同时发生的，是与观察者的运动过程有关的。观察者不是静止观察的，而是运动的。观察者的运动速度在这里有着十分重要的地位。观察者不是纯粹的直观。同时，时间、空间和原因性也不是纯粹先天的形式，而是与物质运动有关的。在相对论中，观察者的观察，虽然在一定程度上与牛顿的观察类似，但是这个观察却否定了静止状态下所领会的同时性。时间和空间是与运动过程相关的。在这里，我们可以看到，这个观察突出强调了观察到的东西的客观性，但是这种客观性又是受到限制的客观性，即这种客观性离不开人的观察，并且与观察者的运动状况有关。这就是说，它凸显了客体的优先性又限制了它自身的过强力量。因此，相对论之中包含了一种不自觉的辩证法。它用主观的观察来对抗主观建构的学说，对抗主体优先的理论中所凸显出来的认识对象是纯粹主观建构起来的理论。

客体既与纯粹事实性相关，也超出纯粹事实性。这里的事实性是指材料与概念既相互排斥而又相互结合的状况。客体必定与事实性相关，而不能消除这种事实性。事实性不能消除的状况表明，就被记录的感性材料来说，我们不能满足于这种抽象材料的概念也不能满足于这种抽象材料的残余。这就是说，客体不能被还原为从经验材料中得到的概念，也不能被还原为这种被抽象之后经验材料所留下来的残余，那些无法被概括的经验材料，那些无法被围绕某个中心点而联系起来的材料。一切客体都是具体的客体，都是感性材料和主体要素结合在一起的。它既不能被当做是纯粹主观的，也不能被当做是感性材料。具体的客体的观念既否定了主观的、表面的范畴化，也否定了没有任何规定的、虚构的事实性。这就是说，任何一个具体的客体不是范畴与相关的经验材料简单相加的结果。主观的、表面的范畴化就是纯粹的范畴，比如塔勒的范畴；没有任何规定的虚构的事实性是纯粹的经验材料。作为具体客体的塔勒不是想象出来的塔勒（纯粹范畴）与塔勒的现实性（感性材料）结合的结果。好像，具体的塔勒是抽象的范畴（形式）与感性的内容机械结合的产物。阿多诺认为，康德关于100个塔勒的例子说明了内容和形式区分开来的二元论的错误。按照康德的说法，100个现实的塔勒并不比100个想象的塔勒有更多的东西。100个想象的塔勒是纯粹范畴。现实的塔勒不是我们在范畴中附加的某种现实性（质料）。想象中的塔勒已经包含了经验的内容，不存在纯粹的塔勒范畴。这两者是结合在一起的。[①] 康德所举的这个例子其实也否定了康德把形式和内容区分开来的二元论。康德把纯粹的经验材料即杂多与概念割裂开来，概念是用来综合杂多的。康德的这个例子其实也否定了他自己在一和多之间所进行的区分。而这种区分是哲学上的一种传统区分。无论是概念还是事实性都不能外

---

① 康德：《纯粹理性批判》，邓晓芒译，杨祖陶校，北京：人民出版社2004年版，第476页。

在地被结合在一起。具体的客体超出了概念和事实性的简单结合,形式和内容的简单结合,也超出了一和多的简单结合。具体的客体不能被简单地理解为这两者之间的结合。具体的客体是这形式和内容既相互排斥又相互结合的结果,是非同一的东西。阿多诺的分析给我们提供了非常重要的启示。我们以前总是认为,认识就是感性材料和概念的结合,客体一定包含了超出这两者结合的一种事实性。这种事实性是无法被消除的。这是一种辩证法,是对立统一。

接着阿多诺把黑格尔和康德相比较指出了黑格尔哲学中的一个有价值的思想。这就是,黑格尔进行了一种观念论的预设。按照这种观念论的预设,主体是纯粹地、无保留地屈从于客体的,屈从于事物本身的。当然在这里,客体是作为主体来理解的,客体会作为主体来展示自身,像它的所是那样展示它自身。把事物理解为主体,这是一种观念论,但是这个观念论中还是包含了积极的东西的。如果主体要毫无保留地屈从于客体,屈从于事物本身,那么这是与观念论相反的东西。主体屈从于客体就表示,客体中有超出主体的东西,超出主体思维的东西。在这里,主体必须切实地关注客体,而不产生客体。认识就是要关注客体,认识的标准就是认识要屈从于客体,尊重客体。在这里,主体是被动的,是根据客体的客观确定性来衡量客体。黑格尔的这样的思维是与康德不同的。在康德那里,意识自动地实施同一化,或者说,在康德那里,先天的形式自发地把经验材料结合在一起,这是无意识地实施的同一化,这种同一化缺乏黑格尔所说的这种屈从和对于客体的持续关注,缺乏主观的反思,而黑格尔的衡量客体的机制却需要这种反思。在这里,阿多诺指出,黑格尔所说的精神上的反思活动不同于康德所说的那种同一化活动,但是却类似于康德的那种建构活动,即把概念和经验材料综合统一起来的建构活动。这种建构活动与那种自动的同一化机制是不同的,是包含了主体的积极活动的。在阿多诺看来,虽然这两种活动不同,但是其中都包含了主体的积极活动。黑格尔的这种反思活动以及康德的建构活动作为精神的活动都有一种精神经验在其中。这种精神经验就是领会到了那超出概念和经验材料结合的东西,领会到其中的事实性。黑格尔的反思、康德的建构都涉及了这种东西。当然,无论康德还是黑格尔虽然都在不同程度上涉及了这种精神经验,但是又都阉割了这种精神经验。他们触及到了精神经验,但是没有真正地达到这种精神经验,没有达到这种非同一的东西，没有达到这种事实性。

　　最后，阿多诺对于事情本身进行了思考。阿多诺在这里所说的事情本身区别于客观的事实。这个事情本身（事实性）应该在非同一性的意义上来理解。胡塞尔的面向事情本身也是这样的意思。客观事实是现成存在的东西，而事情本身却不是这样的客观事实。这个事情本身是多于肯定地表现出来的事实的，多于我们感性地把握的东西，也多于我们概念所概括的东西。所以阿多诺说，事情本身所意味着的东西不是肯定的东西，不是某种现成在手的东西。无论谁要认识事情本身，认识事实性，他们都不能满足于用概念来概括经验材料，不能满足把杂多联系起来的概念，不能满足于把杂多联系起来的联系点，必须思考更多，必须超出那种概念和感性材料相结合的思维模式。我们传统的认识模式就是如此。如果人们满足于概念和经验材料的结合，而没有思考更多，没有超出这种知识论意义上的思考，那么这就类似于无思考。在这里阿多诺得出结论，事情本身是穿透了同一性的非同一的东西。这种非同一的东西不是观念的东西，是客观性的东西，是人的精神领域中的客观性的东西。但是，这个客观的东西也不是现成的客观事实。这是非同一的东西，要把握这种东西，经验主体就要竭力消失于其中，用精神经验来领会这种东西。这是因为，这个东西超越了纯粹经验的范围，又不能用同一性思维把握。经验主体要沉浸在这个东西之中，要努力消失在这个东西之中。这就是说，经验主体要努力不把自己作为一个主体去外在地把握这个东西，而是要体会这个东西。这就是经验主体要竭力消失在其中的意思。阿多诺把这种精神经验意义上的认识样式说成是主体的沉沦。这个主体的沉沦不是不需要主体性，恰恰非常需要主体性，需要主体的一种特殊能力，一种能够进行精神经验的能力。这种能力不是所有的人都能够具有的。真理是主体的沉沦，这就是一种精神经验的认识方法。最后这句话是阿多诺要把他的这种沉沦与海德格尔的现象学的直观区别开来。海德格尔的现象学的方法是为了主体的更大荣耀而直观地把握这种非同一的东西，直观地把握存在本身。这是从科学中借来的方法。海德格尔的这个主体（此在）是对象化为方法的主体，进行纯粹直观的主体。在海德格尔那里这个纯粹直观的主体能够直观到本质。于是，他的这种做法好像给主体添加了更大的荣耀。但是，他的这种做法其实是削弱了主体中的一切特殊能力，把主体变成了直观的主体。这种直观的主体表面上看与阿多诺的沉沦类似，但是在阿多诺看来，这不过是一种伪装。这就是说，海德格尔的哲学是反主体的主体哲学。

客观性和物化

在这个部分，阿多诺分析了物化的批判，他强调，我们不能在物化的批判中否定客观性。如果物化的批判中否定了客观性，否定了物性的东西，那么这就走向了观念论。阿多诺在这里所说的客观性就是前面所说的那种事情本身、是非同一性。在阿多诺看来，我们既不能简单地肯定物化，也不能简单地否定异化。

对于客体优先性的强调，同时也包含了对于物性东西的肯定，尤其是非同一东西的肯定。而观念论的态度是要把一切客观的东西，一切非同一的东西都纳入到观念的体系之中。这里的自负的哲学是指观念论的哲学。这种哲学之所以被理解为自负的哲学是因为，它要把一切东西，包含客观的东西、物性的东西都纳入到思想的框架之中，接受思想的控制。所以对于这种自负的哲学来说，客体优先性是可疑的。自从费希特以来，比如谢林对这种客观优先性的观念极度厌恶。他要走向绝对的同一性，是同一哲学。对于这些观念论者来说，他律比自律更有力的说法，是一种危害日增的东西。人们对他律思想产生疑问，人们数千次地重复一种相反的主张（与客体优先性相反的主张），并为这种相反的主张即自律更有力的主张提供辩护。而康德的学说就是如此，他认为，自律不应该受到强大的外力所胁迫。从意识形态上来说，强调主体性，强调主体的力量，这是资产阶级所要求的自我解放。康德哲学就是为这种自我的解放提供基础。他要用这种主体的精神来反抗现存的秩序，反抗现存事物。而在对现存事物的反抗中却也包含了对物性的反抗，即包含了对于物性东西的反抗，对于客观性和非同一东西的反抗。而这种反抗是被引入歧途的反抗。这种错误就在于，它要把物性的东西相对化和液化。或者说，它要消解物性的东西。在这里，我们要注意，阿多诺所说的物性的东西是非同一的东西，是客观性的东西，是无法被精神化的东西。在阿多诺看来，只有保留这种非同一的东西才能克服商品的支配力量，才能克服物化意识。而在观念论看来，只有把这种物性的东西消解了，我们才能超越商品的支配力量，才能超越物化的思维。

在这里，阿多诺说物化的思维是一种主观的反思形式，而与一种客观的反思形式区分开来。客观的反思形式是把物化与客观性相对照来批判物化，而主观的反思形式是在思想和思想的物化之间来反思物化。

按照阿多诺的看法，在费希特那里，这种消解客观性（他要消解自在之物）的冲动就像获得极权的渴望一样，是极其明显的。这就是说，费希特要达到精神的绝对统治。当然这种精神的绝对统治企图也有它的合理性。这种合理性表现在，它看穿了世界的自在存在特性。它认为，这种世界不是自在存在的东西，而是人为的东西，而是意识的产物。这就是把世界的自在存在的特性液化，使它变成动态的东西。就这一点来说，费希特的思想是反意识形态的。这就是说，费希特正确地表明，世界不是自在存在的，而是人为的东西，是动态的东西。这就具有反物化的意义。阿多诺强调，尽管客体是优先的，但是世界的物性却是幻相，并认为，这是马克思在《资本论》中所阐发的思想。按照阿多诺的理解，客体优先性是对的，世界是一个动态的过程，既不是纯粹主观的，也不是纯粹客观的，而是这两者相互作用的动态过程。如果把这个动态过程物化和固化，那么这就是幻相。因此，世界的物性是幻相。而客体优先性就是指包含在这里的非同一的东西。在阿多诺看来，马克思对于物化的批判就是要确立客体优先性，确立非同一性。所以阿多诺认为，马克思对于拜物教的批判也包含了德国古典哲学的一份遗产，这个遗产就是马克思强调了客体优先性，而反对物化。物化是社会系统化的结果。这种物化不是主体的意识错误，而是社会系统化所产生的必然结果。从这个角度来说，商品拜物教不能归咎于主体的错误意识，而是从社会先天性，交换过程客观地推导出来的。马克思揭示了这个总体体系的内在矛盾，是动态过程。从这个角度来说，马克思批判了拜物教，但是却凸显了客体优先性的观念。

马克思是明确地把客体优先性和物化现象是区分开来的。马克思批判地确立了客体优先性，这就是说一切客体具有非同一性，而市场交换过程却把这种非同一性伪装起来，或者说用交换过程来扭曲了这种非同一的东西。这种扭曲就是一种幻相。交换是某种先行发生的事情，具有现实的客观性，但是在客观上却是谬误。它违背了它自身所确立起来的平等原则。平等交换的背后包含了不平等。这就是非同一的东西，客体的优先性就是要凸显这里所出现的非同一的东西。但市场交换中却出现了一种虚假意识，把非同一的东西说成是同一的东西。这样一种交换原则让社会交换变成了类似于自然的东西，当然这不是自然规律。只有在讽刺的意义上，这种交换的似自然的特征才被说成是自然规律。这就是说，这种所谓的自然规律是可以被消解的。而经济的支配地位也不是绝对的，这种交换的支配地位不是绝对的，是可以改变的。这也让观念论者看到了消解这种所谓的自然规律的可能性。在这样的情况下，哲学家们就很容易想象，他们可以消解物化，消除商品交换的自然特质，从而获得"哲人之石"。阿多诺是挖苦哲学家，哲学家们就认为，这种物化世界的自然特性实际上是人的精神的产物。他们找到精神的东西所具有的支配地位，并由此而感到满足。但是，物化本身是虚假客观性的反思形式。这就是说，物化是把客体优先性（非同一性），把非同一性在观念上加以同一化而出现的。这是一种虚假的客观性，这种虚假的客观性是同一性意义上的客观性。于是，人们也认为，由于同一性，世界被物化。人们可以借助于观念来消解这种虚假的客观性。只要人们用理论来围绕物化，用意识来识破物化就可以消除物化。在这样的情况下，人们使理论围绕着物化，围绕着一种意识形式，从观念论的角度来批判物化。而大众意识也容易从这个观念论的角度来接受这种物化批判的思想。阿多诺认为，在马克思的早期思想中，他对于物化的批判就是这样一种观念论。这种观念论的思想在今天得以流行，尤其是在神学家那里得以流行。阿多诺认为，马克思的这个思路是与《资本论》的思路是不同的。马克思在《资本论》的批判中已经确立了客体优先性，确立了非同一的东西。马克思通过对于资本主义经济系统的分析揭示了资本主义社会中的剥削关系。这确实是与马克思早期思想是不同的。1923 年，卢卡奇的《历史与阶级意识》一书出版，该书的一个重要部分是"物化与无产阶级意识"。这个部分非常重要，也受到人们的重视。卢卡奇在物化批判中吸收了马克思对于商品拜物教的批判。从这个角度来说，卢卡奇对于物化批判是包含了客体优先性的。但是从"物化与无产阶级意识"那个部分的分析中，我们可以看到，卢卡奇确实在很大程度上受到观念论的影响。他的物化批判包含了观念论的向度。所以卢卡奇的思想在苏联受到了批判。人们之所以批判卢卡奇是因为，人们从他的构想中嗅出了观念论的气味。按照卢卡奇的思路，好像只要意识觉醒过来，知道这种物化的关系是人为地造成的，那么这种物化就被消解了。这是一种观念论。

那么我们究竟应该如何看待物化呢？阿多诺还是强调从辩证法的角度来看待物化。在他看来，尽管辩证法充满争议，但是我们还是应该坚持辩证法思想。坚持辩证法就是坚持非同一性，坚持客观性。如果把辩证法变成一个总体，那么这就是一种物化。这就是要把一切无法被纳入总体的东西都纳入总体，按照同一性原则来把握总体。所以，阿多诺在这里所说，既不能把辩证法还原为物化也不能还原为某个范畴。这应该是针对卢卡奇的。卢卡奇把辩证法还原为总体，其实就包含了把辩证法还原为物化，还原为范畴的特点。辩证法就是要看到非同一性，看到同一性所带来的痛苦。而这个同一性的核心是资本主义社会关系。在这里，阿多诺强调，人类所遭受的痛苦，物化的悲痛有时被掩盖起来了。这是因为，人们只是注意到物化，注意到物化本身所带来的痛苦。人们只看到人和人之间的合理化关系，一种冷酷无情的关系，而看不到这种合理化的关系是资本主义生产关系所造成的。我们需要改变这种生产关系。所以阿多诺强调，这种恶果的根子在于那个使人类软弱无力、冷漠无情的关系，即资本主义生产关系。需要改变的就是这种关系。人类所产生的痛苦主要根源不在于人类，不在于这种生产关系向人类所显示出来的方式，即表现为一种自然关系，表现为一种物化现象。物化现象是附带的现象，而总体性的灾难是这种生产关系本身。与物化联系在一起的异化更是如此。异化就是人们把物化当做一种异己的现象。所以，阿多诺强调，异化是一种主观的意识状态，即人把那种客观关系当做是一种敌视人的关系。阿多诺认为，这种异化意识与恐惧有关，即人们对于陌生（德文中异化和陌生是同一个词根）的东西的一种恐惧。异化是一种恐惧意识，这种恐惧意识在现代资本主义社会中，在这个已经构成的社会中被物化了，被固化了。这里出现了一种被固化了的恐惧。物化和异化在本质上是一致的，都包含了一种对于同一性的关注。异化的意思就是人所生产出来的东西，包括人自己都是与自己陌生的东西。当人们说异化的时候，人们就期待消除陌生的东西。而在阿多诺看来，一个社会需要这种陌生的东西，需要有他者。所以，在他看来，这种恐惧意识不是这个社会的构成要素。在现代社会中，我们不需要恐惧，不需要害怕陌生的东西。而要对抗物化，我们就需要借助于陌生的东西把物化的东西流动起来。只有那些恐惧物性的东西，恐惧客观性的东西的人们（观念论者），他们把物性的东西看做是极端的恶，他们要使一切存在的东西运动起来，一切都变成纯粹暂时性的东西。在这里，我们可以看到，阿多诺强调的物性的东西，是非同一性的东西，它们具有物的特征，是相对稳定的，但又不是像物化那样，不是完全固化的。而观念论者要把一切都纳入到同一性框架之中，把一切都观念化。他们在让物性流动起来的时候，使物性的东西变成完全暂时的东西。阿多诺既反对物化，也反对把物性的东西变成暂时性的东西。这些观念论者把物性的、非同一的东西当做陌生的东西，当做怪异的东西。他们恐惧和排斥这种非同一的东西。在异化这个名称中已经包含了陌生的东西的意识，是陌生的东西在异化这个说法中的回声。所以，对于阿多诺来说，异化就是从同一性东西中解放出来的意思。异化就是人的意识、甚至人性朝着解放开来的方向发展。人本来就应该异化的，是非同一的，是充满内在矛盾的。人性就应该是这样一种充满矛盾的东西，而不是同一性的。而观念论就是否定非同一性。他们在反对异化的口号之中，要把一切都纳入到观念之中，让一切都流动起来。所以，绝对的运动就是对事实的绝对控制，它粗暴地满足自身，并误用非同一性，把它作为这种粗暴行动的契机。所谓误用非同一性，就是把陌生的东西当做是可怕的东西加以控制。它要达到的是意识中的同一性，让一切都在这种意识的同一性中流动。

在这样一种思想观念中，那种不屈不挠、普适于人类的口号，比如自由、民主、平等被人们用来把那些不同于主体的东西都纳入到类似于主体的东西之中。这些都是同一性意义上的口号，这些同一性口号就是促使人们把非同一的东西同一化。在这种同一性的强制中，陌生的东西，物性的东西，非同一的东西被强制纳入到同一性框架中，虽然这种物性的东西也勉强被保留下来了，但是这种东西被称为异化，被当做需要否定的东西。在这种同一性的框架中，陌生的东西变成了异化，物性的东西变成了异化，这种东西在这个同一性的框架中被扭曲了。这就是说，物作为被征服的东西的碎片而得到强化。这就是说，虽然人们也承认他者，承认异于主体的物，但是这个物已经被扭曲了，人自身的自然被扭曲了，它们成为碎片，被当作异化。我们今天的社会其实就是在不断地强化这种扭曲的自然。拯救这些被征服的东西，拯救这种被扭曲的自然就是爱，就是对物的爱，就是对自然的爱。转向唯物主义就是要爱这种物。意识所体验到的那种物性的东西、异己的东西不能从现成事物的辩证法中被排除出去。人意识到这种物性的东西，意识到这种客观的东西，这是人类文明的一种幸运的事情。我们要保护这种意识。而这里所说的现存事物的辩证法就是指，在现存的事物中包含了具有否定性作用的强制和他律，应该被爱却又被扭曲了的形象等。这些都是非同一的东西。应该被爱却又被扭曲了的形象，比如，阿多诺和霍克海默在《启蒙辩证法》中所说的朱莉爱特，这就是一个被启蒙扭曲的人。这种人应该被爱但却被扭曲了。而意识的"族内婚"的禁令所不允许爱的东西，就是指意识排斥了异己的东西，它只允许"族内婚"，它只允许爱那些意识所认同的东西，而意识所不认同的东西是不能爱的，是被禁止的。在这里，阿多诺非常赞赏艾兴多夫的一个说法"漂亮的异在者"。这个说法就是要爱那些非同一东西，爱那些被自己的意识所禁止的东西。他的这种说法比浪漫主义有关世间悲哀、异化痛苦的描述要高明许多。对于他者的爱，对于陌生东西的爱，对于自己的意识中所讨厌的东西的爱是一种和解，是和异己的东西的和解。这种和解就不是用帝国主义的方式来吞并异己的东西，而是要让异己者感到快乐。即使在异己者接近自我的情况下，我们也要让异己者保持疏远和多样。在这样的情况下，异己者就不是简单地异己的东西，而是在一定程度上亲近自己的东西，是超出他律的东西，不是完全对抗自己的东西，这种接近自己的东西也不是被束缚在自我之中，而是超出自我的。这就是一种自我和他者的和解。阿多诺所期待的就是这样一种和解。

　　自我和他者的和解，心灵和肉体的和解是一种辩证法。但是对于物化的无休止的指责阻碍了辩证法，阻碍了人们对于陌生东西的爱。人们在否定物化的时候，连同物性的东西也被一起否定了。而异己者、陌生的东西则指控历史哲学中支持这种指责的东西，对抗历史哲学的建构。历史哲学中，人们强调历史的进步，强调对于非同一东西的控制，而陌生的东西就同这种历史哲学相对抗。对于异化的批判就是同一性的追求。从这个角度来说，阿多诺否定了异化的批判。但是，这是不是意味着，阿多诺支持异化呢？异化是陌生的东西与人相对抗，陌生的东西对抗人自身。阿多诺当然也反对异化。我们可以说，阿多诺既反对异化，也反对同一化。

　　陌生的东西否定历史哲学的建构。而卢卡奇就包含了这种历史哲学的建构。于是，在这里，阿多诺又根据他对于陌生东西的理解又进一步批判青年卢卡奇。

青年卢卡奇渴望回到感性得到满足的时代，这个感性满足的时代是非人的制度，是异化的产物。青年卢卡奇在历史哲学上犯了一个错误，即把古代社会当做是一种感性满足的社会，是陌生的东西与人和解的社会，是主客体和解的社会。其实，古代社会是一个非人的制度的产物，是异化的产物。这个社会其实也是敌视人的，而不是卢卡奇所说的那样，是与陌生东西和解，是感性得到满足的时代。在这里，一种完全敌视人的制度出现了。这里所说的异化就是人自己生产出一种敌视人的制度。从这个角度来说，资本主义社会也是这样一种异化的社会，也是敌视人的制度。对于青年卢卡奇来说，如果回到古代社会，那么人就能够克服当代资本主义社会中的异化现象。而在阿多诺看来，其实，古代社会与现代资本主义社会一样都是一种异化的社会。阿多诺认为，现代人对中世纪城镇的描述中，执行死刑看上去完全像是一种娱乐形式。对于他们来说，这个社会已经达到了一种主体之间的和谐。阿多诺认为，如果在那个时代也有某种形式的主客体和谐，那么这种和谐会是在极端强制下实现的，并且是极端脆弱的。现代社会也会出现一种主客体的和解，但是，这也是在极端强制下实现的。这种主客体的和谐其实是在精神否定肉体的基础上实现的，是在人征服自然的基础上实现的，是在生存竞争的压力中，在自我持存的压力下形成的。这种和谐是非常脆弱的。对过去状况的美化是为了后来的、夸张的诋毁服务的，即贬低现代社会而美化过去的时代。这是一种绝望的诋毁。人们对于现实生活绝望而会诋毁现实社会。只有作为失去的东西，过去的状况才会光彩夺目。在个体衰弱和集体退化的时代，对过去的崇拜，对前主体阶段的崇拜是在恐怖中的自我觉醒。美化过去的残酷历史其实表现了人们的一种绝望，表现了人们对于现实状况的恐惧，是在这种恐惧中的一种自我觉醒。在对于现实社会的恐惧中，人们渴望那个"已失去的过去"。

随着自然科学的发展，随着市场经济的发展，物化和物化意识所具有的积极意义也表现出来了，它们具有使这个世界摆脱匮乏的潜能。在这里阿多诺引用了本雅明的一句话来说明这种现象，这种物化现象从一开始是人性的条件。人类通过物质文明的发展，人性得到实现。但是今天这种物化现象变成了非人性的东西。在阿多诺看来,即使我们不能简单地认为,消除匮乏是物化意识的产物,至少物化意识在其中也发挥了一定的作用,这是与意识的物化形式携手共进的。在对物化的否定中,如果人们抱着一种对物质的冷漠态度,比如,把物质当做纯粹的生存手段,把物质还原到主体身上,把物质纳入到主体的同一性框架中,那么这进一步助长了人们对人性的折磨,助长了人们对于人自身的自然的折磨。在这里,我们看到阿多诺所理解的物,是质,是非同一的东西。这种非同一的东西被纳入到主体之中,那么这就让人无法体会到物质的那种非同一性。在这里,阿多诺要凸显出现代社会中物和物化中的辩证法。一方面客体具有非同一性,这是物的东西的特性,而另一方面物质的东西对于占统治地位的生产关系的屈服,这两种现象中都包含了物性。因此在物性之中,包含了这两个方面,客体优先性和对于物化体系的屈从。这两个东西是相互矛盾的。我们应该看到这个矛盾,我们不能在否定物化的时候,否定了物性,否定了客体优先性。阿多诺认为,成熟的马克思在讨论未来社会状况的时候,在讨论被解放社会的特征的时候,马克思虽然只有极少的论述,但是从马克思的这些少量的论述中,我们可以看到,马克思改变了对劳动分工和物化根源的态度,这就是他承认分工的合理性。分工不是问题,只要分工中生产出来的东西不是为了交换,而是为了人的生活,那么这种分工也是有助于实现人类自由的。马克思把自由状况和原始的直接性区分开来。马克思希望在有计划生产的环节中生产不是为了利润,而是为了生活。这在一定意义上说是恢复了直接性,类似于原始社会的直接性,但是又从根本上不同于这种直接性。物成为满足人的自然需要的东西,成为有异质特性的东西,而不是等价交换中的商品,不是被同一化了的商品。所以说,异在的物性维度也被保留下来了。马克思最初想到了这个自由社会的目标,并把物性的维度当做中介来实现这个目标。这就是说,马克思强调,要通过这种物性的要素来实现自由社会。

最后,阿多诺强调物性的东西的重要性。如果没有物性的稳固要素,如果没有这种物性的要素,那么辩证法也是不可能的。如果没有物性的要素,那么辩证法就会被敉平为关于变化的无害学说,没有客观的要素,变成纯粹的变动,即它不再具有改变现存社会的力量。物性的东西被纳入到了思想的框架之中,变成一种流动的东西,就如同黑格尔的同一性哲学那样,最终变成了一种关于变化的无害学说。把辩证法变成关于变化的无害学说，不能归咎于哲学的习惯，也不能被归咎于社会的强制，归咎于物化社会的强制，而要归咎于哲学忘记了他自己的任务。哲学的任务就是要去思考那不同于思想的东西，只有这种东西才能使思想成为思想，而哲学的恶魔就是会劝说它，这是思想所不应该思考的东西，这个恶魔不容忍那个与思想非同一的东西。哲学需要与这个恶魔作斗争。

向唯物论过渡

在这个部分，阿多诺批判了胡塞尔的现象学方法，即那种对于主体和客体关系的一种观念论上的理解，尤其是对客体的观念论上的理解。

阿多诺虽然把自己的哲学说成是否定的辩证法，但是这个辩证法也可以被理解为唯物辩证法。他认为，辩证法在过渡到客体优先性的时候就变成了唯物论。阿多诺就是从客体优先性的角度来批判现象学的。现象学所说的客体变成了完全观念论意义上的客体。本来，对于阿多诺来说，客体其实也不能表示某种肯定的东西，被给予的既定的东西。在这里，阿多诺强调，客体概念是用肯定的方式表达非同一的东西。非同一的东西，是否定的东西，是无法直接显示的东西。从这个角度来说，我们不能用肯定的概念来直接描述客体。也正因为客体是否定的东西，把握这种否定的东西只能用否定的辩证法，但是我们也可以用一个肯定的术语来表达非同一的东西，即客体。不过对于"客体"这个说法，我们必须有一个正确的理解，即它只是术语上的面具。我们不能认为，客体表达了一个肯定地存在着的，可以被直观的东西。客体成为认识对象的时候，它的肉体方面在认识论的转换中被预先精神化了。这就是说，当人认识外部世界的某个对象的时候，这个对象在认识过程中发生了转换，肉体上的感性内容变成了精神形态。只要人们进行认识，这种转化都会发生。现象学用还原这个术语表达了这种转换。这就是说，被认识的东西被还原为精神。当然对于胡塞尔来说，通过这种现象学还原，外部对象本身是否存在以及影响直观的各种观念都要被悬置起来。人们在这种还原中得到了纯粹的精神的东西。由于客体被精神化了，这种精神好像占据了统治地位，那么主体的优先性从表面上来看就是必然的。在这里，阿多诺对胡塞尔把客体精神化的做法进行了批判。

他指出，如果主体和客体范畴对于认识的批判来说是不可消解的。如果在主体范围内主体和客体的对立是必然的，那么即使客体被精神化，但是其中必定包含了不能被精神化的东西，如果客体完全被精神化，那么客体就变成了完全主体性的东西。而从主观分析的角度来看，客体是精神化的东西，但即使客体被精神化了，客体中的某种客观的东西是不能被精神化的。由于这种不能被精神化的东西，这个客体才能被称为客体。从表面上来看在主观分析中，主体优先性是必然的，但是在这种主观分析中，主体和客体已经区分开来了，而这个客体之中就包含了客观的东西，即使客体被精神化也是如此。这就是阿多诺所强调的唯物论的方面。从主观的分析，从认识的内在分析的角度，客体是被精神化的东西，但是如果我们从外部观察来看待客体，那么客体就不是精神性的，而是物质的。当我们从这个角度来反思精神的时候，那种非精神的东西，无法被精神化的东西，就是物质，是客体。当然，当我们说客体的时候，这个客体就是被精神化的，被作为精神思考对象的。从这个角度来说，非同一的东西是服从于同一性的尺度的。精神就是这种同一性的尺度。但是，如果非同一东西从同一性的尺度中解放出来，这个非同一的东西就显示为质料性的，是与质料不可分离地结合在一起的。这也是胡塞尔所理解的质料，而这个质料是来源于肉体的要素。于是，在这里，感觉是认识的质料，而这个质料在这里重新得到解释，被解释为一种意识事实。这个意识事实是与肉体的要素结合在一起的。按照胡塞尔对于意向经验的解释，每个意向经验都是某种类型的经验，比如希望、欲望、回忆、肯定、怀疑、害怕等。胡塞尔将经验的这个方面称为经验的特质。而每个意向经验都是涉及某个东西的经验，比如，对于一只猫、一头驴、一个数学事态，这都是对于某个东西的经验，这是经验的质料。① 虽然质料和特质都是认识的合法来源，但是，质料与特质是不同的。纯粹完满的特质是没有质料的。阿多诺所理解的质料是与特质对立的。在这里阿多诺强调，没有肉体的要素就没有感觉。而感觉作为认识的来源表明，认识不可能是纯粹精神的活动，而是与肉体的要素结合在一起的。但是，当胡塞尔讨论感觉的时候，他所讨论的是感觉的概念。而这个感觉概念为了满足认识的一切阶段的自

---

① 参见扎哈维：《胡塞尔现象学》，李忠伟译，上海：上海译文出版社2007年版，第18页。

主关联而被扭曲了。这就是说，感觉被抽象化，变成了抽象的概念。当人们用抽象的概念来表达经验的时候，这个抽象的感觉能够在认识的一切阶段都发生作用。但是这个感觉的概念却脱离了感觉，变成了与它所要概括的东西即具体感觉相反的东西。感觉的概念脱离了具体的感觉。既然感觉与肉体要素相关，那么意识就不能被理解为纯粹意识的现象。阿多诺根据这样的思想批判了胡塞尔的思想。既然按照现象学的观念，感觉属于意识，那么意识现象学就能够对于意识进行直观，就应该按照现象学不偏不倚的认识规则来对待意识。当现象学按照这样的方法来认识感觉的时候，那么它就不应该把感觉看做是在意识中产生的。意识中不能产生感觉。每个感觉本身都是身体的感觉。

按照这样的理解，感觉并不是"伴随"身体的感受。因为这要预设感觉与肉体之间的分离，这种分离只能从其中的心智意图中获得，从严格的意义上说，通过抽象而获得。这就是说，如果我们要在意识中描述感觉，那么我们首先是把感觉与身体分离开来，然后在意识中描述感觉。所以，这种对于纯粹感觉的描述是一种抽象，是心智上所进行的一种分离。诸如"感性的"（sinnlich）、"感官的"（sensuell）这两个词语以及"感觉"（empfindung）这个词语在语气上的差别，它们所意指的事态完全不像认识论所处理的那样，即它们不是纯粹的认识要素。如果它们是纯粹的认识要素，那么它们就是纯粹意识上的东西。在德语中，"感性的"、"感官的"都与肉体的体验有关，而"感觉"没有这样的意思。感觉好像与肉体无关。但是，这些细微差别并不表示感觉与肉体无关。人通过身体而获得感觉，这是认识的基础。如果没有身体，主体就不能借助于躯体而对于物质世界进行内在重构。主体对物质世界的内在重构是在身体中进行的，不是完全精神意义上的，是不能被完全精神化的。而主体要认识世界，或者说主体的纯粹的自主建构是建立在身体的基础上的。

躯体要素虽然与认识有关，却并不完全是认识中的认知要素，是不可还原的，是不可消除的。认识需要依赖于躯体，而躯体又超出了认识。极端的经验论强调经验，把经验理解为完全主观的。这其实就是将经验脱离肉体。所以，阿多诺认为，极端的经验论保留了一种主观的诉求，这种主观的诉求是无效的。认识主体所取得的认知成就，不是思维主体取得的成就，是躯体性，是躯体所取得的尊严。这不仅影响主客体之间的关系，而且影响肉体的尊严。阿多诺在这里，凸显了肉体在认识中的基础地位。这是他要克服观念论，克服笛卡尔以来的认识论的缺陷，也克服了极端经验论的局限。在阿多诺看来，主体不是纯粹的主体，而客体也不是给定的东西。主客体之间的关系是动态的，而不是固化的两极对立的关系。

躯体是认识论的核心。它处于存在者状态一端，处于那不可消解的东西的一端。这个存在者状态就是包含了客观内容的。躯体的要素是认识中不可消解的要素。认识主体的认知成就是躯体性的。主体就是和躯体结合在一起的。这改变了主客体两极对立的思维框架。这也废除了认识中的主导观念。这种主导观念认为，躯体是感觉和行动之间的桥梁，它使感觉和行动之间的关联起来。好像感觉、行动都是独立的，都是可以脱离肉体而存在的，于是在这里躯体本身被精神化了，变成了感觉和行动之间的联系起来的法则。在这里，感觉就与肉体无关，而是观念论系统所确立起来的，是通过意识而形成的，而不是通过身体而形成的。这是把感觉和身体分离开来的做法。现象学所进行的还原其实就是把感觉和肉体割裂开来。

传统哲学通过其概念而对异于它的东西进行剪裁。这就是说，传统哲学把一切非同一东西都概念化，都用概念来剪裁非同一的东西，把这些东西同一起来。传统哲学对于非同一东西所施加的魔法就是如此。在这里，阿多诺借助于黑格尔的思想批判了传统哲学，批判了那种把主客体完全对立起来的做法。用黑格尔的话来说，无论是主体还是客体都不仅仅是被设定的东西。如果它们是仅仅被设定起来的东西，那么它们就变成纯粹对立的东西，变成两个被设定起来的原初事态。由于它们不仅仅是被设立起来的，对立的东西，因此它们都不是原初的事态，它们之间是相互交叉的。主体不是纯粹精神性的，而客体也不是纯粹被给予的，纯粹肉体的经验。如果我们把主客体看做是原初事态，那么主体就是纯粹精神的，而与肉体是对立起来的，是肉体的绝对他者。这个精神的东西就会与躯体的东西，比如感觉，对立起来。精神不可能与感觉完全对立。主体和客体，肉体和精神不是两种原初的事态，不是简单对立的，而是相互作用的。如果我们把它们对立起来，那么即使精神也无法消灭这种对立。如果用精神来消除这种对立，那么这不过是把这对立的双方都重新精神化。如果我们把这两者对立起来，那么这只是表明，一方面，先于主体而拥有优先性的东西，即肉体的东西，那种脱离主体的东西具有优先性。这就是说，如果我们一定要把这两者对立起来，那么这只能表明，肉体的要素是优先的。另一方面，这种对立也表明，这个时代无法与主体优先性和解。主体的优先性就是要把一切东西都纳入到主体之中，都要把所有这些东西精神化。而在这种精神化的过程中，反主体的东西，非同一的东西必定会起来反抗。这个反抗的过程表明，这个时代无法与主体优先性实现和解。主体优先性不过是客体优先性的倒转形式。这种主体优先性的思想无法与这个时代和解，必定受到挑战。

唯物论和直接性

在这个部分，阿多诺从辩证法的立场上重新理解直接性，并借此既批判了庸俗唯物论又批判了观念论在直接性问题上的错误观念。这个部分的核心涉及如何理解意识事实的问题。在这里，我们应该注意三种不同意义上的意识事实，一个是庸俗唯物论所说的意识事实，一个是观念论所说的意识事实，一个是否定辩证所说的意识事实。庸俗唯物论所说的意识事实是把意识上的东西回归到大脑的事件，精神的东西被回归到一种大脑上的客观事件。而观念论要像大脑中的事件那样解释精神过程，精神过程像大脑中的事件一样是客观的。或者说，精神性的活动本身被理解为客观的。而否定辩证法所理解的意识事实是动态的，是介于这两者之间的。这里的细微差别，非常难于区分。这也是这个部分的难点。

观念论在批判唯物论的时候，用直接被给予学说来批判唯物论。这就是用意识中直接被给予的东西来批判唯物论。按照这种纯粹内在地展开的观念论，这种直接被给予的意识事实是质料概念的基础。本来，人们通过肉体上感觉而得到经验的材料，这才是认识中的质料。观念论特别是现象学意义上的观念论虽然也承认感觉在认识中的作用，但是它把通过肉体获得的感觉变成意识中的事实，这个意识事实与肉体割裂开来。它把这种意识事实基础上的质料来作为认识的对象。这就如同它对于世界上的一切事物所进行的判断那样，意识事实是判断的基础。意识事实本身被观念论化，包括康德的先验哲学以及现象学都确立了这样一种意识事实。把意识事实作为客观必然的东西确立起来。而庸俗唯物论在批判观念论的时候会说，这种意识事实是大脑中的事件，好像大脑中发生了一种客观的物质过程。在唯物论看来，这个大脑中所发生的事件就是一种纯粹的物质活动过程。它也没有从肉体和意识相互作用的过程中去理解意识事实。于是，观念论就抓住了唯物论的这个说法，它认为大脑中的过程确实是一种客观的事件，确实是一种物质活动，而主体获得的原初的感觉经验正是对于大脑中的物质活动的经验，而不是对于外部世界的东西，比如对于某种色彩的知觉。认识中的原初知觉是对于大脑之中的事件的知觉，而不是对于外部东西的知觉。这就是类似于休谟的观念论，而又不同于休谟。极端的经验论认为，人的感觉经验与外部世界无关。但是，现象学意义上的观念论认为，认识中的原初知觉不是对于外部世界东西的知觉，而是对于意识事实本身，是对大脑中所发生的事件本身的知觉。阿多诺认为，观念论的这种反驳是严谨的。这就是说，人的认识过程一定是在思维中发生的，是对于思维中的对象的思考，主体的认识一定是对于大脑中的意识事实的思考。但是大脑中的意识事实不是给定的东西。当唯物论把意识中的事实与物质等同起来的时候，这个精神过程就变成了一种给定的事实状况，认识就变成对这种给定的事实状态的思考。而阿多诺认为，认识对象不是被给予，不是给定的，而是一个动态的过程。它是与外部事物有关的。这是一种辩证唯物论，而观念论所批判的那种唯物论是一种笨拙的唯物论。按照这种笨拙的唯物论，大脑中的事实就是对于外部世界的映象。外部事物的事态已经被搬运到了大脑之中了，变成了大脑之中的事态。如果是这样，那么按照观念论的看法，主体在认识中就是要直接面对大脑中的事态，把握大脑中的意识事实，是对于大脑中的物质活动的精神化。这就是，观念论对于意识过程进行了一种还原，即意识过程与外部世界无关，而是纯粹的意识事实。于是，按照观念论的科学认识模型，认识就是对于意识事实的认识。所以阿多诺说，观念论的这种还原是被束缚在科学认识的理想之中，被束缚对于科学命题有效性在方法论上所进行的论证。从后面的文字中，我们可以看出，这是针对康德的。康德就是按照科学认识的理想模型来作为哲学的指引的。康德从科学命题的普遍有效性出发对形而上学进行论证。这就是说，形而上学的命题也应该像科学那样具有普遍有效性。当科学命题的普遍有效性被当做既定的意识事实，他从这个意识事实出发来进行论证的。本来，科学命题为什么是客观的、普遍有效的？这是一个哲学疑难问题。但是，在康德这里，这个疑难问题反而被当做了哲学的指引。科学的成果被当成既定的意识事实，被存在论化。科学被存在论化了，好像这些判断的有效性标准，对它们进行验证的路线，无条件的就是一种事态。它们成为必须被接受的意识事实。它们就像对待已经确立的东西那样回过头来处理这种意识事实，并且按照它们的主体所透彻把握的规范来加以处理。这就是按照科学的规范来把握和处理意识事实。

接着，阿多诺就对观念论的这个思路进行了批判。阿多诺的批判的核心思想是，我们必须把科学中的验证过程与被判断的事态及其客观基础区分开来。这就是说如果我们要考察科学体系是不是客观必然的，那么我们就按照科学的规则，对于科学体系进行验证。而这种科学验证的过程中，我们必须有既定的例题、又有大脑中按照逻辑规则进行的推演。这是每个人在科学推理中的事态。前者是对于科学体系的验证，是按照科学原则对于科学规则自身的反思。后者是具体人对于科学原则的具体运用。这两者当然是相互联系的，但是却不能被混淆起来。可是康德恰恰在这里把这两者混淆起来了。当康德把这两者混淆起来的时候，他就把科学命题的普遍有效性的验证与那种用科学命题的有效性来讨论形而上学的具体运用混淆起来。而这种混淆的结果就导致一种循环论证。这就是康德首先确立了科学命题的普遍有效性，并按照这种有效性来讨论形而上学的可能性。这是对于科学理论的具体运用。然后康德又把这个具体运用的结果用来论证科学命题的普遍有效性。按照他对于形而上学可能性的方式，科学知识在现象领域是普遍有效的。

阿多诺的具体论证过程是这样的：一个人可以在思想上对于科学体系进行经验验证，而这个验证是一步一步进行的。这是按照科学逻辑所进行的。当然，在演算的过程中，这个人会出错。如果他出错了，那么他就要核实他的演算是如何出错的，他的演算与那些科学命题冲突等。在这里，对于科学命题进行回溯性的追问，按照逻辑的规则进行推理过程与某个人进行推理的过程是不同的。或者说，对于科学命题的回溯性追问与个人心理上进行推理的事态是不同的。当一个人在演算的时候出错，他要反思自己的错误，要纠正自己的错误。这与验证的回溯性追问本身是不同的。个人在反思的时候要考察自己的心理上的事态，考察自己的意识事实。这个意识事实是与科学体系本身的回溯性追问是不同的。这两个东西不能被混淆起来。在科学验证的过程中，我们总是把自己的心理过程和科学体系的必然逻辑要求加以对比，从而核实自己的精神事态，从而发现自己究竟错在哪儿。我们个人的心理事态和科学体系的必然逻辑是不同的。这就是说，在验证科学体系的过程中，演算的人在内心中有两个东西，一个是科学中的必然逻辑，我们是通过自己的演算来验证这个必然的逻辑，另一个是我们自己的心理事态或者精神事态。这两者不能混淆。在内在心理过程中，我们是把这两者加以对比的。通过对比，我们反思自己是不是错误了。这是两种不同的反思。一个是科学体系自身的验证，一个是个人用具体的例题所进行的验证。虽然这两者是不同的，但是假如一个人在验证的时候，发现了自己的错误，那么我们就不能说，他所使用的规则或者例题只是他自己的。他的验证也是按照科学性规则来的。这两者之间既是不同的，也是相互关联的。正因为如此，如果某个人算错了，这种错误已经被指出了，那么这并不意味着，计算的例题或者这里所使用的计算规则可以被还原为"他的"计算，尽管这种计算作为他的客观性要素也同样非常需要主体的活动。这个人的计算活动也是按照科学体系来进行的。由于这两者之间存在着这样的关系。我们就很容易把这两者混淆起来。而康德本人恰恰就把这两者混淆起来了。

　　这种混淆就是康德本人在纯粹理性批判中所说的那种"反思概念的歧义"。这两种反思，一个是科学体系自身进行验证意义上的反思。一个是个人在具体运用中所进行的验证。阿多诺认为，康德对于"反思概念的歧义"所进行的分析对于批判康德的先验逻辑非常重要。康德在批判其理性主义的前辈的时候认为，他们对于反思概念发生了歧义。他们把概念的经验运用和先验运用混淆起来了。而康德本人也把这两者混淆起来了。这就是他在《纯粹理性批判》中所批判的那种反思歧义。这表现在，康德以一种反思即对认识主体在判断中所采取的路径的反思取代判断的客观基础。这就是说，康德用一个人在具体的思考过程中对于判断的反思取代判断的客观基础。判断的客观基础，是科学判断的基本规则，人们根据这些规则进行判断。人们进行科学判断的基础本身是科学，但是按照这个基础所进行的具体科学判断却不一定是科学的。这两者是不同的。而康德的《纯粹理性批判》其实也是按照科学判断的基础，即按照物理学和数学的科学的模式对于一般科学认识进行判断。但是，他却把他所进行的判断与科学本身混淆起来。由于康德把这两者混淆起来，于是他把他按照数学和物理学模式对于科学所进行的判断理解为科学。正是由于他把科学判断的基础与依赖于这个基础所进行的判断混淆起来,所以他认为,他所进行的判断,他所提出的批判理论本身也是科学。当康德把这两者混淆起来的时候,把他依赖于科学基础所进行的判断理解为科学本身的时候,他认为,他所确立起来的东西就是一种形而上学,就是一种科学。所以阿多诺说,康德把这种歧义确立为哲学原则,并从这里榨出形而上学来。阿多诺认为,这大概是现代哲学史上最致命的错误。而现象学也犯了这个错误。

接下来,阿多诺分析这种错误产生的社会根源和理论根源。阿多诺认为,这种错误可以从哲学史的角度来加以把握。从社会根源的角度来说,封建社会或者说传统社会的哲学的基础是上帝的意志。这个上帝的意志被看作是客观的。而在传统社会的秩序被摧毁之后,客观性似乎也已经崩溃。于是人们不再从上帝那里寻找哲学的可靠基础,他们从科学中看到了这种客观性。这种客观性不断扩张,并且与意见相对立。而在科学领域中,人们所使用的是工具理性。在这种情况下,人们对科学认识工具即理性极端的自信。于是,这里出现了一个矛盾,在社会领域中,为什么被确立起来的客观性会崩溃,而在科学领域中作为工具而确立起来的科学理论却能够保证客观性。在社会生活中的人们的理性秩序和科学中建立确立的理性规则变得完全不同。这难道是因为社会领域中的规则没有客观性,而科学领域中的规则就有客观性吗?这里明显地存在着矛盾。为了克服这里所存在的矛盾,人受到科学领域中的理性的诱惑而重新解释理性,把理性看做是进行建构的东西。理性不仅仅是工具,而且具有一种类似于上帝的特性,它能够进行建构,即理性自身的建构就可以产生一种客观性。于是,这个理性的建构本身就获得了一种存在论上的特征。这个理性的建构活动本身,这个意识事实本身变成了一种客观的事态,获得了一种存在论的特点。在这里,我们可以看到,康德受到了沃尔夫学派的影响,把这个理性的状况理解为一种客观存在的事态,理解为一种存在论意义上的东西。本来,康德的学说是在批判沃尔夫学派的基础上出现的,结果在其理论的最终结论中却包含了沃尔夫学派的基本思想。从这个角度来说,康德的批判理论仍然被束缚在前批判理论的思维之中。而他的整个主体建构的学说就是被束缚在这样一种存在论的思路之中。他的这个主体建构变成了一种存在论意义上的东西。而在康德之后的观念论者，比如在现象学那里，这也是非常明显的。

在这里，阿多诺对于这种存在论的思路，即确立一种客观的意识事实的思路进行了分析。他认为，这个思路就是把作为手段的理性变成一种客观的事态。阿多诺认为，从康德关于哥白尼的转换中，我们可以看到这一点。本来，哥白尼的转向在康德那里的意思是转向主体，即人为自然立法。如果是这样，那么这就是纯粹主观主义的走向。可是，康德是在天文学的意义上来比喻这个转向，而哥白尼的转向是从地球中心向太阳中心说转向，是走出地球中心。康德用走出地球中心来比喻人为自然立法的思想，这就是说，主体所确立的东西就是客观的，如同哥白尼的转向一样。转向主体就是转向客观性。这听起来是矛盾的，但是却暗藏在康德的比喻之中。所以，阿多诺认为，康德的这个比喻不是毫无意义的。它有着深刻的理论意义。这里的意义就在于，他把主体这个中心存在论化，把主体这个中心变成一种客观的事态。这就是康德的哥白尼转变的隐喻意义。

那么我们应该如何反驳康德的思想呢？阿多诺认为，康德所进行的论证是一种循环论证。按照阿多诺的分析，前面人们在批判唯物论的时候，是按照传统的论辩逻辑，用流行的论据来反驳唯物论的。按照这个论辩逻辑，唯物论错误地把精神事态和大脑中的事件等同起来。于是，阿多诺也要按照传统的论辩逻辑来批判康德的观念论。按照这个逻辑，康德的《纯粹理性批判》在逻辑上犯了盗取前提的错误。这就是我们常常所说的循环论证。在《纯粹理性批判》中，康德一开始预设了意识的先在性，并且这个意识从它那个方面看可以使科学合法化。我们知道，康德在《纯粹理性批判》中，一开始就提出了这样的问题，物理学和数学是如何可能的？物理学和数学作为科学是无可置疑的。这其中一定有某种先天必然的东西。在这里先天必然的东西已经被预设了。这就是康德所预设的意识的先在性。由于这种先天必然性的存在，所以从康德的视角来看，这种先天必然性使科学合法化，使科学成为科学。然而，这个先在性从何而来的呢？这是从科学的基本规则中而来的，是从那个按照科学的基本规则对判断进行推理和反驳的标准程序中推导出来的。他先从科学事实中得到先天性，并通过这种先天性来论证科学的合法性，而这个先天性本身又是从科学的推论规则中得来的。先天性论证了科学的合法性，而先天性又来自于科学的合法性。这里存在着循环论证。这种循环论证是错误方法的标志。从这个循环论证中,我们可以看到,不存在无可置疑的,绝对的第一。而直接性,直接的给予就是确立了这个绝对的第一,确立了纯粹的意识事实本身。而青年风格派和新浪漫派就是被这个最终的心理事实吓破胆。青年风格派是以《青年》杂志为核心而形成的一个工业设计和艺术创作的流派。彼得·贝伦斯是其代表人物。他在工业设计中强调功能性和简洁性。新浪漫主义是18世纪末至19世纪30年代在德国文坛流行的美学潮流。其代表人物有施莱格尔兄弟、诺瓦利斯、蒂克等。这些人虽然政治态度不一,但在美学思想和艺术特征的主张上却有许多类似与一致之处。在艺术与现实之关系方面,认为艺术不必反映外在现实,而在于表达内在的心灵世界。他们都在某种程度上崇拜先天的心理事实。从这个角度来说,青年风格和新浪漫派是和这种观念论的思路一致的。

在这里,阿多诺进一步从理论上批判先天被给予的心理事实,并在这里提出了他自己的思想。在他看来,直接被给予的心理事实是一种抽象和割裂的结果。在直接被给予的心理事实的周围存在着一系列的微妙的、过渡性的边缘形态,存在着一些不是直接被给予的,与其他经验,与肉体体验联系在一起心理现象。直接被给予的东西不可能孤立存在,而是与这些过渡的、边缘形态联系在一起的,甚至还间接地与身体上的神经运动相关。但是,出于控制的需要,出于分类的需要,人们才把所谓直接的心理事实与这些边缘形态区分开来。这种边缘形态拒绝意识事实中一切固定的东西,并特别地从这种边缘形态过渡到身体上的神经运动。这就是说,这些边缘形态会动摇直接被给予的东西的稳固性。与这种直接被给予的心理事实结合在一起的还有先天的自我,即被赋予了"被给予东西"的自我或者主体。这种自我或者主体,都不可能独立于主体间(transsubjektive)世界。阿多诺最机智的反驳,也是最有力的反驳是,那些被给予了某种东西的人先天地属于那个使他们拥有被给予东西的领域。这就是,如果主体是先天的被给予,那么总有某种东西给予它,总有一个领域先天地给予它,而这个领域就是主体存在于其中的那个领域。没有一个"给予"的领域,被给予也是不可能的。其实,在这里阿多诺重复了此前的一个观念。康德的先天的主体是现代社会功能系统的内容。从这个角度来说,主体不是先天的,而是现代社会功能系统内化的结果。

接下来，阿多诺从自己的角度来理解唯物论，一种具有辩证法特征的唯物论。唯物论不是它的机智的对手所指责的那种教条，而是化解了那个被观念论所看穿了的唯物论教条。观念论作为机智的对手指责唯物论，说它把精神事实和大脑中的事实等同起来，这是一种教条。这是一种机械唯物论。唯物论不是在这样的教条的意义上理解，唯物论化解了这样的教条性的东西。这就是说，被给予的领域和那个"给予的"领域是互动的。无论是观念论还是机械唯物论，它们都是把精神和肉体对立起来。在这样的基础上，它们或者把大脑中的事件归结为精神事态，或者把精神事态归结为大脑中的事件，它们无法从两者之间的结合中理解这里的动态过程。而阿多诺所理解的唯物论不是把精神事态归结于大脑中的事实，而是否定了身体和精神的绝对分离。因此，唯物论是正当的。而在康德的批判理论中，也包含了精神事态和外部事实之间相互作用的思想。比如，当康德在《道德形而上学的奠基》中把自由规定为摆脱感性的自由的时候，他不知不觉地向他希望在论辩中加以驱逐的东西表示敬意。他所驱逐的东西就是肉体的东西（比如德福一致的设想）。观念论所确定的被给予性的等级观是胡塞尔的思想，他认为，被给予性是有等级差别的[①]。现象学确立了被给予东西的优先地位，确立了先天的被给予。而这个先天的学说是不能被拯救的，同样身体和精神的绝对分离也是错误的。这种绝对分离导致了精神的优先性。注意阿多诺的这句话中的绝对。这就是说，这两者之间不是没有分离的，而是不能被绝对分离。如果绝对分离，那么精神的优先性是必然的。正因为如此，阿多诺说，这两者从历史意义上来说，在合理性和自我原则的发展中既相互对立，又缺一不可。在人类文明史上，人为了征服自然就要束缚自己的肉体的需要，这就造成了这两者之间的对立，而这两者之间的对立在现代社会中，也就是在合理性和自我原则的发展中越来越突出。尽管如此，这两者之间也没有绝对地对立起来。如果绝对地对立起来，大概所有的人都会讨厌自己的肉体，都要自杀。显然，这两者没有绝对对立起来。当然人的肉体的需要在合理化的社会中，在自我原则的发展中被扭曲了。这倒是非常突出的问题。这两者之间既相互对立，又相互依存。这对于无矛盾的逻辑是无法接受的。无

---

① 扎哈维：《胡塞尔现象学》，李忠伟译，上海：上海译文出版社2007年版，第25页。

矛盾的逻辑会进行挑剔,但是这个事态(这两者之间既相互对立,又相互依存)却阻止它这样做。在这里,阿多诺承认这种挑剔的合理性,但是阿多诺意义上的精神事态(精神和肉体即相互作用又相互对立的事态)又会阻止这种情况的发生。精神事态的现象学必然要通过如此这般来定义这些事态而超越这些事态。这就是说,精神事态的现象学应该把肉体和精神联系起来,如果它按照这样的方式来定义精神事态,那么它就会超越精神事态。阿多诺并不完全否定精神事态,但是我们也必须看到这个精神事态与肉体之间的联系,这个精神事态跟外部世界的联系。

辩证法不是知识社会学

在这个部分,阿多诺批判了他的同事曼海姆的知识社会学。他把辩证法和知识社会学区分开来。辩证法追求真理,而知识社会学尤其是曼海姆的知识社会学认为,在社会领域中,不可能存在真理,社会的知识都是受到社会条件的制约。这里只存在总体意识形态和特殊意识形态的差别。人们对于社会所得到的知识只能是一般意义上的意识形态。阿多诺批判了这个思想。

在这个部分的一开始,阿多诺首先重新解释了唯物论。他认为,马克思把历史唯物主义和庸俗的形而上学的唯物主义对立起来。庸俗的唯物主义、形而上学的唯物主义在理论上和观念论是一样的,它们都是把肉体和心灵对立起来,都是把物质和精神对立起来。观念论强调精神的绝对优先性,而庸俗的唯物论强调物质的优先性。而马克思的历史唯物主义,也就是我们后来所说的"实践的唯物主义"走向了一种问题框架。这个所谓的问题框架就是阿多诺前面所说的意识和物质,精神和肉体之间相互依赖又相互对立的状况。这里始终存在着一种矛盾。这是辩证法。从这个角度来看,唯物论就不是人们决心采纳的相反立场。这就是说,唯物论不是决心与观念论对立的相反立场,不是说,观念论确立了观念的优先性,而唯物论就采取一个相反的立场,确立物质的优先性。唯物论不是这样一种相反的立场,而是一种辩证法。阿多诺说,唯物论是观念论批判之总括。这就是说,它不是简单地和观念论对立,而是通过对观念论的内在批判,确立一种否定辩证法的思想。这种唯物论是否定性的,是通过对观念论的批判而确立起来的,而不是直接肯定性的。它也是对现实的批判的总括。而观念论以扭曲的方式拥护社会现实。观念论是精神，尤其是合理化的精神对于社会的绝对统治，于是这种全面合理化的社会也是观念论所拥护的社会，而唯物论则批判性地否定这个社会。由于唯物论不是要肯定地确立一种立场，而是进行批判，所以霍克海默用"批判理论"来表达自己的看法，这就是说他不是要让人们接受唯物论，而是要让人反思唯物论，他不是要让人把物质第一性确立起来，而是对于这种教条的反思。当然这也不是说，这种批判理论反对物质，排斥物质，而是要在新的视野下重新理解物质。所以，阿多诺强调，这种唯物论既与人们对世界的浅薄解释区分开来，又与科学的"传统理论"区分开来。对于世界的浅薄解释，就是把世界看做是完全合理化的实际，就是没有把握真理，忽视了真理。阿多诺在这里是把曼海姆的意识形态理论看做是一种浅薄解释。而科学的"传统理论"是指现象学等方面的观念论。这个观念论传统可以追溯到笛卡尔和康德。

接下来，阿多诺批判曼海姆的知识社会学。在阿多诺看来，马克思主义理论是一种辩证法，这种辩证法不是要提供某种肯定的东西，而是一种否定的理论。它是一种内在的批判理论。这种理论甚至会否定它活动于其中的全部领域，即整个资本主义社会系统。这种内在批判的理论是要把握真理，追求真理，虽然真理不是现成的东西。由于马克思的理论是一种辩证法理论，是要在否定中追求真理的理论，所以马克思的理论与知识社会学是对立的。知识社会学把社会理论变成一种客观知识，变成一种一般意识形态。而马克思是从资本主义社会的内部，按照资本主义自身的逻辑揭示了资本主义社会中的剥削，揭示了平等交换中的不平等。这是一种辩证法的方法。所以知识社会学是与马克思的理论对立的。这种理论是从外部接近某种东西，是一种外在的观察和概括，是一种实证主义的思路，而不是从社会内部进行反思。这种社会理论无法与哲学理论相抗衡。按照这种知识社会学，人们在用理论把握社会的时候，总是受到了社会的功能要素和利益要素的制约，所以，从这个社会中获得的理论就是一种意识形态。阿多诺认为，这种知识社会学既不能正确地面对真理，也不能真正把握意识形态。按照知识社会学，在这个社会中无论是什么人，他都是这个社会中的产物，都受到利益的制约，都不可能获得真理，他所能够得到的只能是意识形态。这种知识社会学对于真理漠不关心。阿多诺当然否定这种观点，虽然真理不能直接以肯定的形式出现，但是这并不意味着我们不要追求真理。真理就是在这种否定中不断显露出来。知识社会学却不关心真理。当它不关心真理的时候，其实它也无法真正地把握意识形态。虽然意识形态表示社会真相并没有被把握，但是，意识形态是与真理有关的，脱离了真理，谈意识形态就没有意义了。真理和意识形态是相互关联在一起的。知识社会学是在脱离真理的情况下讨论意识形态。所以，阿多诺挖苦曼海姆，这种意识形态概念是乞讨来的稀汤。这是德国人喜欢的比喻，说明这是毫无意义的东西。曼海姆所提出的意识形态概念不过是把这种毫无价值的意识形态概念再重新加工一遍而已。阿多诺认为，只有当我们相信有非幻相存在，只有我们确信幻相中有非幻相，我们才能说，社会中的必要幻相（即所谓的一般意识形态）。这就是说，我们在把握社会的时候，我们一定会出错，但是这不意味着，我们的社会就不存在真理。在否定了真理的可能性的条件下谈意识形态其实就是用必要幻相来否定真理。

当我们从这个角度来理解意识形态的时候，我们就是要从真理的角度来进行意识形态批判。这个批判就是要分析主体和客体在其中的份额和动力。这种分析主要包括两个方面，即批判虚假的客观性和虚假的主体性。虚假的客观性就是概念拜物教，这就是把概念固化，用固化的概念把握对象。那么为什么人们会把概念固化呢？这就是社会的主体把对于对象的分类和概括作为自己的目标。如果概念目的只是用来进行分类，那么固化的概念就足够了。所谓虚假的主体性，脱离肉体的精神所具有的主体性。当精神脱离肉体的时候，精神特别强大，但同时也特别脆弱。它缺乏肉体的力量做支撑。这里所说的通过对于精神的内在敌视来否定虚假的主体性，就是否定精神的内在性，否定纯粹的精神，通过否定纯粹的精神来否定虚假的主体性。而曼海姆所说的总体意识形态，把一切对于客观对象的意识都说成是意识形态，即所谓的总体意识形态，就是无。因为，如果人都处于意识形态，那么人们怎么发现这是意识形态呢？只有在错误的和正确的东西的区分中，我们才能区分意识形态和真理。只要它不把自己与正确的意识区分开来，那么它就不再能够批判错误意识。只有有了这种区分，我们才能批判错误意识。尽管唯物辩证法一直进行哲学批判，但由于它进行哲学批判，它在客观真理观念方面必然具有哲学的特征。这就是说，唯物

第二部分 否定的辩证法：概念与范畴

辩证法承认真理的存在，它要探索真理，它从哲学的内在批判中探索真理。

相反，知识社会学否认客观的社会结构，否认客观真理以及对真理的认识。客观的社会结构，不是我们通常所理解的社会。阿多诺是从一种否定的意义上来理解社会，对于阿多诺来说，这个社会是隐藏着的，是以否定的形式出现的。而知识社会学是从一种实证的角度来理解社会，把社会理解为个体反应方式的平均值。这种实证社会学类似于实证经济学。它无法理解否定意义上的社会，而这个否定意义上的社会才是客观的社会结构。这种社会学理论所说的意识形态理论类似于早期资产阶级的偶像学说，也就是培根所说的偶像学说。这里主要是指市场偶像。意识形态在这里其实就类似于法庭的辩论技巧，其目的不是要找到真理，而是通过辩论迷惑对手、并由此获得自己的利益。对于阿多诺来说，这种类似于法庭技巧的东西不是哲学，不是要探索真理，而是要摆脱哲学，哲学对于意识形态的讨论是以真理为目标的。所以，阿多诺认为，这种意识形态学说是为了摆脱哲学，摆脱唯物辩证法。精神就被当做是一种辩论技巧。当精神被如此这般地归类为辩论技巧的时候，精神就受到限制。精神一旦受到限制就成为意识形态。精神必须自我批判，通过这种自我批判来达到真理。阿多诺认为，知识社会学对于意识的还原，这种对于精神就是如此这般受到束缚的说法其实就是对于精神的懒惰做辩护，是一种哲学上的辩护术，而不是一种理论上的反思和批判。然而，知识社会学在这里会说，真理这种东西只是与哲学有关，这是哲学家的事情，与社会理论无关。这是因为，这种真理与社会条件无关。知识社会学可以不涉及真理。对此阿多诺挖苦说，这是把相对主义和劳动分工联合起来。仿佛社会学家可以搞相对主义。在这里，阿多诺有挖苦的意思，相对主义的观点是受到限制的观念，在分工中受到限制的人才会主张相对主义。在阿多诺看来，后期的舍勒的两个世界的主张就割裂了这两者。这就是把哲学和社会学区分开来，把真理和非真理完全对立起来。阿多诺认为，舍勒坚持一种独断的知识论，并最终得到荒谬的结果，一系列从社会冲突中起源的概念被看作是具有纯粹的内在价值，并且这种价值是绝对的，与这些社会冲突完全无关。① 舍勒的知识社会学把知识的起源和知识的真理在一种

---

① Theodor W. Adorno, *Metaphysics: concept and problems*, Edited by Rolf Tiedemann, Translated by Edmund Jephcott, Stanford University Press, 2001: pp. 44–45.

完全的外在的意义上加以把握。

最后，阿多诺强调，只有通过译解哲学范畴的真理内容，我们才能从哲学上采用社会的范畴。这就是说，哲学的范畴是要把握真理内容的，假如意识形态概念是一个哲学范畴，那么我们就需要看到这个范畴的真理内容，这就是意识形态总是与真理相关的，它掩盖了真理，而社会的范畴也必须具有哲学的意义。或者说，哲学的要素必须进入社会的范畴之中。

论精神概念

阿多诺对于精神概念的思考是通过对于黑格尔把精神变成总体的思想的批判，进一步说明现象学中的精神概念所存在的问题，强调精神之中包含了"肉体"这个不可消解的要素。

在这里，阿多诺开宗明义地提出，精神、意识要依赖于异质的材料。黑格尔在《精神现象学》中关于主人和奴隶关系的讨论中，强调自我意识来源于劳动关系，本来主人是有自我意识的，而奴隶是依赖于主人的，但是由于主人不劳动，而要依赖于奴隶而生存，于是奴隶在劳动中确立了自我意识。在这里，奴隶之所以获得自我意识，是因为奴隶要劳动，要让自己适应异质于自己的东西。自我意识要依赖异质于自己的东西，如果没有异质于自己的东西，那么自我意识就无法确立起来。于是，在这里黑格尔明确地确认了，自我起源于非我的思想。如果把这个思想联系到精神，那么这就意味着，一个人的精神，一种独立自主的精神需要依赖于非精神的东西。人的精神就是在人的这种生存法则中存在的。人类要生存，那么人就要在劳动中，在提供生活资料的过程中来寻找自我。人类的精神也是在劳动中确立起来。这就是说，精神也要依赖于异于精神的东西。可是，黑格尔后来在《逻辑学》中把精神具象化，把精神本身变成一个独立的实体。为了使精神成为一个独立的实体，他把精神吹嘘成为一个整体，一个排除了异于它的东西的整体。在这里精神排除了精神的他者。然而，阿多诺强调，精神不是整体，而是有种类上的差别的。按照阿多诺的理解，精神是主体，这个主体之中一定包含了客体，一定是自我矛盾的。这个自我矛盾的主体不可能成为总体。但是，精神的这种自我矛盾，这种内在紧张关系并不会由于黑格尔用一种偷梁换柱的方法把精神变成总体而被弱化。尽管把精神变成总体的说法就是要排除精神中的他者，排除异于精神的东西，但是精神内在地包含着的他者必然会发生作用。

接着，阿多诺指出，把精神理解为总体的做法具有恶劣的社会影响。精神应该是总体，这明显是胡说。这类似于20世纪发迹的那些政党，它们不容忍除它们之外的其他任何政党。在极权国家中，这些发迹起来的政党的名字就是用一种隐喻的方式告诉别人，某个特殊的群体，可以直接地获得权力。比如说，希特勒统治下的德国，法西斯主义的思想占据了统治地位，它不允许有不同于法西斯主义的思想。

在黑格尔思想中，尽管他承认精神要依赖于他者，但是黑格尔还是把他者的差别消灭了，精神的他者被消灭之后，精神变成了一个统一的总体，变成了纯粹的存在者。这种被消除了差别的精神类似于黑格尔在《逻辑学》中所说的"有"，而这个"有"，类似于"无"，是一种抽象的纯存在者。所以，阿多诺说，如果把精神中的差别消灭了，那么这就使精神第二次成为无。而《精神现象学》就是把精神第一次变成无。在阿多诺看来，本来黑格尔在其早期思想中还是乐于看到精神的他者的。比如关于主奴关系的论述就是如此。但是就是在《精神现象学》中黑格尔最终还是把精神理解为一个总体，排除了精神的他者。本来，黑格尔在这里能够把精神概念看做是自身中介的东西，把精神看做是有自己他者的东西。这就是说，在《精神现象学》中精神会异化为他者。这是精神的自我中介，它既是精神又不是精神。黑格尔虽然还是看到了精神中的他者，但是黑格尔在思想上还是没有完全摆脱绝对同一性。

接着，阿多诺从自己的角度来重新理解精神。黑格尔在主奴关系的论述中强调，劳动需要异质的东西。劳动包含理论的、精神的活动，这表明，精神作为精神需要有异质的东西。这就是说，精神在其所是中需要它所不是的东西。从这个意义上来说，精神就不是纯粹的精神，精神中包含了他者。但是，我们却不能因此认为，黑格尔摆脱了绝对同一性的链条。这就是说，虽然黑格尔看到了精神中的他者，但是这个特征最终仍然被它束缚在同一的链条中。如果精神在其所是中需要它所不是的东西，那么诉诸劳动就不再是哲学领域的辩护士们一再重复的那种最终智慧：变为另一类（μετάβασις εἰς ἄλλο γένος）。这就是说，如果精神之中包含了他者，那么精神就不能在黑格尔的观念论意义上被理解"转变为另一类"。这里所说的"转变为另一类"就是指,物质的劳动被转换成为纯粹精神的活动。精神劳动不能被理解为纯粹精神领域中的转换,不能理解为纯粹概念领域中的转换。如果劳动不是纯粹精神领域中的劳动,不是纯粹概念上的转换,那么这种劳动就是包含了他者的劳动,这种劳动就类似于物质劳动,这就需要借助于工具所进行的劳动。按照这样一种思路,那么我们就可以看到,精神活动作为劳动是通过个人及其工具来进行的,在这种劳动活动中,个体被贬低为他们的功能。这就是说,在个人的劳动中,个体性的东西消失了,而被纳入到功能体系中了,个人的精神的东西消失了。观念论就抓住这一点,强调精神的总体性,这个总体性是从个人结合起来的功能总体中获得的。阿多诺强调,精神概念中的这个要素不能被否定。这里的问题只是个人的要素的作用被忽视了。我们需要做的是,恢复其中的个人要素。我们要从唯物主义的角度对观念论做出回应。这就是强调,虽然唯物主义也接受观念论的思想,但是唯物主义会对唯名论表示同情。唯名论强调,抽象的名称是空洞的,而具体的东西才是最核心的。当唯物论接受观念论的思想的时候唯物论也在其中加入了唯名论的要素。这个唯名论的要素就是凸显个人的作用。观念论强调个人劳动会走向社会劳动,在个人劳动走向社会劳动的时候,个人行动被纳入到一般的行动中,这是有一定的道理的,但是我们也不能忽视个人的行动。不过,当唯物论承认、同情唯名论的时候,还必须看到,唯名论太狭隘了。它只是把单独的个人或者众多的个人看做是真正现实的东西。唯物论要把个人和社会结合在一起,把一般劳动和具体劳动结合在一起。当这两者被结合起来的时候,这个被结合起来的东西,既不是个人,也不是一般,那么这是"什么东西"?这不是"什么东西",不能被肯定地规定,而只能否定地展开。马克思在《资本论》中就是这样做的,马克思看到价值规律是超出个人的,这是按照一般人类劳动来衡量价值和商品的价格的。这就是说价值规律是超出个人的,是在个人的头顶上实现的。但是,马克思并没有否定个人劳动的意义。

这表明,马克思的唯物论思想中包含了辩证法。这种唯物论思想不能与唯名论等同起来。比如,马克思的价值规律理论就不能在唯名论的意义上被理解。马克思没有像唯名论那样把一般的东西当做肥皂泡。而唯名论就是过于草率地把一般当做了肥皂泡,否定了一般的东西。在马克思的思想中有一种普遍和特殊的辩证法。如果没有这种普遍和特殊的辩证法,如果否定了一般的东西,那么人们就无法把握在现存事物中一般所具有的优先地位。这是因为,一般只有在与个别的比较中才能显示出它的优先性。同样如果没有个人和一般的辩证法,那么人们就不能理解特殊的作用,就不能认识到这样一种状况的意义,即不能认识到,当个别被当做个别的时候,个别就能够抵抗一般。如果不是这样,那么一般就会走向某种恶劣的状况,个别也就不能剔除一般之中的恶劣的东西。

在这里,阿多诺强调一般和特殊的辩证关系。按照这种辩证唯物论的观点,没有社会,先验主体是不可想象的。先验主体是从社会的一般的功能关系中抽象出来的。没有这种功能结合体,就没有先验主体。同样,如果没有个体,那么先验主体也是不可想象的。这是因为,先验的主体来自于先验的自我。它是一般的个体。社会就是个体因为某种善的目的或者恶的目的而结合起来的。社会中一定包含了个体。先验主体概念的失败就在于,它把个体和一般等同起来了。在康德那里,个体就是一般,就是纯粹理性的存在者,就是社会系统中的功能承担者,他们都是被完全社会化了的个人。康德的一般性也希望用一个代表一切,即代表所有的理性存在者,这些理性的存在者都是被先天地社会化了的存在者。舍勒对于唯物论的批判就是把唯物论理解为唯名论。舍勒之所以这样理解唯物论是因为他缺乏哲学反思。他受到了现象学的影响,没有哲学反思,所以他无法理解个别和一般的辩证法。他无法理解辩证唯物论,并抹黑唯物论,把唯物论当做是次等的东西,然后又克服这个次等的东西。无论是康德还是舍勒都把一般和个别对立起来了。

当然阿多诺强调,我们不能简单地认为,唯物辩证法就是正确的。唯物辩证法也会出错。从实践上来说,它会变成政治统治的工具。这在苏联时代是非常突出的。当唯物辩证法变成政治工具,变成世界观的时候,尽管这种唯物辩证法也会对于世界观表示不满,但它却喜欢与科学结盟。苏联教科书中的唯物辩证法更愿意与科学结盟。它用许多科学的理智来论证唯物辩证法,喜欢用各种自然科学成果来论证自己的理论的正确性。当然这不是说辩证唯物主义不需要联系各种科学,而是说它们忘记了哲学的根基。布莱希特虽然是一位伟大的艺术家，但是他也主张把唯物辩证法简化，变成一种策略性的工具，变成政治统治的工具。而阿多诺在讲辩证法的时候强调的是批判功能。在阿多诺看来，布莱希特的这种期待是一种自杀，是消解了哲学。在我国，人们曾经也要普及哲学，在这种普及的过程中辩证唯物主义被简化。这种简化也在很大程度上消解了哲学。对于阿多诺来说，哲学应该有形而上学的维度，应该有关于"存在"的学说，或者有存在论的维度。阿多诺就是从这个角度来理解唯物辩证法的。因此，他认为，唯物辩证法本身也是辩证法，它既是哲学，又不是哲学。它既要有形而上学的内容，也要与客观实在的东西相关。这里所说的形而上学是对于非同一东西的抽象思考。客观实在东西的思考就是超出哲学的东西，是与具体科学有关的东西。阿多诺借助于海德格尔的存在论来说明这一点。唯物辩证法强调，意识依赖于存在。马克思主义在这样做的时候，其实也类似于海德格尔的存在论，把存在置于优先的地位。唯物辩证法强调，意识依赖于存在是针对精神的欺骗的，是针对精神的谎言的。精神的欺骗表现在精神认为，它是自在的，是独立的，不依赖于存在，与存在无关。而辩证唯物主义认为，精神既是自在的，又超越总体过程。如果精神是自在的，那么精神就是一个统一的总体。而辩证法既承认精神的自在性，又认为精神会超越这种自在性。甚至精神的条件在这里也不是自在的。精神的条件是非精神的，但是这个非精神的东西也不是自在的，是依赖于精神的。在辩证法看来，世界上没有完全自在的东西。

不过，虽然唯物辩证法承认意识依赖于存在，但是这里所说的存在即马克思所说的存在与海德格尔所说的存在的意思是不同的。马克思所说的存在是质料性的东西，是精神所面对的非同一性的东西。而海德格尔所说的存在是超越主客体对立的东西。这是马克思的存在概念与海德格尔的存在概念的差别。虽然这里的存在概念的含义不同，但是他们都强调，存在优先。这一点是共同的。从这里，我们可以看到，在海德格尔的存在优先性的学说中，在存在超越主客体状况的学说中包含了一定的唯物论的要素。这里还是有唯物主义的回声的。但是，阿多诺在这里还是看到了海德格尔哲学所存在的缺陷。这就是虽然他和马克思一样，都强调了存在的优先性，但是海德格尔却把存在精神化，并由此而使他的存在学说变成了一种意识形态。那么海德格尔是如何把存在精神化的呢？存在本来是包含了唯物主义要素的，但是海德格尔从现代社会中的功能体系的角度来理解存在，存在被理解为纯粹的功能，理解为超越一切存在者的功能。这样存在就变成了超越个别东西之上的纯粹一般，变成了纯粹精神化的东西了。在这里，阿多诺还指出，海德格尔在对虚假意识进行批判的过程中，魔术般地祛除了内在于唯物主义的存在概念中的东西。海德格尔对于虚假意识的批判表现在他对于主客体二元对立的批判。这个批判在阿多诺看来是对的，主客体不是简单地二元对立的。这是海德格尔正确的地方。但是海德格尔在批判这种二元对立的过程中，却魔术般地祛除了存在概念中唯物主义要素，即他提出了一个纯粹的存在，而这个存在是抽象的功能，是纯粹的一般。当然，海德格尔也看到了质料，但是在他那里，质料也变成纯粹的质料，这个质料也被抽象化了。所以，阿多诺说他魔术般地剔除了其中的唯物主义要素。

对于海德格尔来说，当存在得到领会的时候，我们就得到真理。但是，在海德格尔那里，那个希望被用来命名反意识形态东西的词汇"真理"也会变成最不真实的东西：对同一性的修正变成了理想领域的宣言。这就是说，虽然海德格尔也要修正同一性，但是他的存在概念掏空了唯物主义的内容，把存在变成纯粹思想性的，变成纯粹理想性的东西（纯粹形式或者纯粹质料）。只是他要在纯粹的思想领域中超出同一性，修正同一性，那么他的真理就是没有内容的真理，就是最不真实的东西。他的真理概念只是在理想领域中的宣言而已。

纯粹活动与发生

从上面对于精神概念的分析中，我们已经指出，精神必须要有他者，没有他者精神就不能作为精神而存在。但是观念论总是要把精神理解为脱离他者的纯粹活动。这种脱离他者的纯粹活动是不可能的。虽然观念论一直试图把精神变成纯粹的活动，但是它都无法避免这种他者的东西。

被规定为活动的精神内在地迫使哲学从精神走向精神的他者。这句话概括了这个部分的基本思想，即哲学把精神规定为一种活动，而不是现成存在着的东西，一种固定的东西。既然精神是一种活动，那么这种活动之中一定包含了精神的他者。如果没有他者，那么精神就不会发生。比如，精神的想象活动，如果没有肉体的冲动，这种想象也是不可能的。当然，这不是说，精神的想象活动可以被等同于肉体的冲动。从康德以来的观念论都表现出这样的特点，都要关注精神活动，从而自觉不自觉地注意到这里的他者，甚至包含了绝对同一精神的黑格尔也无法避免这一点。精神会像活动一样而处于发生过程之中，而这个发生却作为玷污观念论的东西困扰着观念论。这是因为精神作为一种发生过程，作为一种自发性的活动，处于发生过程中，而这种发生是在时间中进行的，是与经验的要素有关的。因此，这个发生一直困扰着观念论。在这里，阿多诺是按照观念论的思路来批判观念论的。观念论哲学家们一再重复说，精神作为活动就是生成，因此它是与历史无法分离的，这是他们仍然极其强调的。既然精神是发生，那么它就是一种历史活动，与历史有关，它就包含了历史性的内容。按照精神的简单概念，它的活动是内在于时间的，是历史的。内在于时间的东西，就是与经验有关的东西。它既是生成，又是生成在其中积累起来的已生成了的东西。按照简单的精神概念，精神作为活动，必然有发生，必然有历史，必然包含了历史的内容。正如时间一样，时间的最一般概念也需要某种时间性的东西。时间概念之中一定需要某种时间性的东西，比如有某种过程的经验。时间概念之中一定有某种内容，而不是纯粹直观的形式，如果是纯粹形式，那么人们怎么区分先后呢？从这个角度来说，时间概念和因果概念是不可分割地联系在一起的。时间性的东西就是客观的东西，是精神的他者。精神要能够发挥活动就必须有他者。据此，阿多诺强调，没有活动是没有基础的，例如，如果没有活动者以及活动对之发挥作用的东西，那么精神就不可能发生。不存在所谓的纯粹的活动，不借助于任何东西的纯粹活动是不可能的。隐藏在绝对活动的观念之中的只能是应该有事情发生。这是一种错误观念，按照这种观念在精神中应该有事情发生，但是却从来没有发生。这种纯粹的精神活动是不可能的。纯粹的作为思维的思维是一种害羞的信仰，这种信仰在神圣的造物主那儿中立化为形而上学。害羞的信仰是不敢面对内容的信仰，纯粹精神上的自慰。这里的神圣造物主是绝对的精神活动。由于这种神圣的造物主变成了精神运动，所以，传统的建立在神圣造物主基础上的形而上学就变成了绝对精神活动的形而上学。这是一种中立化的形而上学。阿多诺在这里对于绝对精神活动的批判其实也是对现象学的批判。现象学的所谓本质直观等就是这样一种纯粹内在的精神活动。观念论者把这种纯粹的思维中立化为形而上学。

但是这种形而上学无法保证自己的统一性，它必然会陷入自我矛盾之中。这其实就显示出，阿多诺在这里吸收了康德的思想。理性要达到统一性就会陷入到矛盾之中。观念论关于绝对的学说就是要确立精神的统治，把一切都纳入精神的同一性之中。这种做法就是要达到绝对的内在性。这就是，在内在的过程之中具有绝对的东西，具有绝对精神性的东西，比如纯粹逻辑上的必然性。然而这内在性却不容忍任何绝对。这是因为，内在的精神达不到绝对，在这里，精神必须依赖于存在者状态，依赖于非精神的东西。从这个角度来说，内在性不能容忍绝对。这就如同康德所说的那样，理性想达到绝对，想达到绝对的统一性，但是最终却陷入二律背反之中。这种内在性不容忍任何独立于存在者状态的东西。内在性无法达到绝对，达到精神的绝对统一性，它会发现内在性要依赖于存在者状态的东西。这就是观念论的最深刻的矛盾：一方面，它要求极端的世俗化，另一方面又要求神学的范畴。极端的世俗化就是把神学内容世俗化，并且要走向极端，这就是精神要能够完全自主的绝对同一性。而只有绝对的同一性，精神才能达到总体。极端世俗化的精神就是吞并一切的精神。另一方面，达到绝对就是要确立上帝之类的东西。这就是用神学的范畴来表达它关于绝对和总体的幽灵。这是内在性和超越性的对立。如果精神是绝对内在的，那么它就不可能容忍绝对的超越的东西。这种超越性是神学的范畴。于是精神就陷入了矛盾。这里阿多诺是在批判现象学的思路，包括海德格尔的现象学思路。现象学的范畴就是类似于这种剔除了神学内容的世俗化的范畴。这种范畴本来是依靠神学的要素，依靠绝对性的要素来维系自身的。一旦这种范畴从神学的要素中剥离出来，那么这些范畴就没有神学意义上的那种绝对性了，于是，这种范畴就缺乏本质了。比如，海德格尔所说的此在、存在等表达本质的范畴就没有这种本质的意义了。这些表达本质的范畴本来是要和"意识的经验"结合在一起的。或者说，这些范畴是被移交给"意识的经验"的，但是阿多诺认为，这些范畴也不能被意识的经验所填满。这是因为，这些范畴是抽象的范畴，即使人们试图用"意识的经验"来填满它，这些经验的内容也被排除了。这里所说的"意识的经验"也暗指黑格尔的精神现象学。黑格尔把自己的精神现象学理解为"意识的经验科学"。这个精神现象学本来是要把握意识的经验内容，但是在它的极端总体性的追求中，这种经验的内容也被抽象化了。当这种观念论剔除了神学的要素的时候，当它试图把精神活动人格化的时候，这种观念论就必须走向唯物论，就必须把精神活动理解为活生生的活动。而精神要具有活生生的活动就必须有自然的要素包含其中。这个活生生的东西中包含了自然的要素。或者说，自然的要素被纳入到了康德的所谓统觉的综合统一的主体性之中。现象学接受了康德的那个先验主体的观念，而这个先验主体之中其实必然包含自然的要素。本来，现象学所使用的那些概念是远远超出自然主义的，但是这些超出自然主义的概念其实是包含了自然要素的。

阿多诺通过对于纯粹精神活动的批判得出了一种唯物论的观点。按照这种唯物论的观点，只有当自我也是非我的时候，自我才会处理非我，才会"做"某事，它自身才是思维的活动。这就是说，被确立起来的先验自我必须内在地包含了非我，这个时候精神的自我才能进行活动。自我之中如果不包含非我，精神也不会活动。这个时候精神才会具有思维活动。胡塞尔的发生现象学就是要研究精神的发生，研究精神的活动。这种发生需要在时间中发生，需要针对某种东西发生。思维活动由此才会发生。阿多诺强调，这是发生中的唯物主义要素。思维在第一次反思的时候是对思维自身的反思，是要考察思维自身。这是精神对于自身的反思。在这个反思中，思维把一切东西都纳入到思维过程中，在思维中把握它们。于是在这里，思维是高于一切他者的，思维具有至上性。但是，当思维进行第二次反思①，对于这种反思进行再反思的时候（比如，像胡塞尔的发生现象学）这种思维的至上性就被打破，思维就必定会发现，思维自身中必定包含了思维的他者。思维自身中必须有他者，没有他者，思维就无法发生。所以，阿多诺强调，思维在其自身中就是他者。思维在自身中一直就是他者，思维就是对某种东西的思维，就是对于思维中的某种东西的思维，思维中包含了某种东西，尽管这个某种东西也是在思维中出现的。从这个角度来说，思维在其自身中就是他者。如果精神被理解为一种纯粹的精神活动，被理解为先验的功能，那么思维的这种先验功能并不优先于实际的发生。在这里思维的先验功能和思维的实际发生之间是无法被区分开来的。这两者是

---

① 关于第二次反思还可参见阿多诺的《审美理论》：Adorno, *Aesthetic Theory*, London: Continuum, 1997, p. 26。

结合在一起的。这似乎是对于现象学把思维的先验功能与思维的实际发生区分开来的做法的一种批判。思维的先验功能是被还原为纯粹先验的要素而发挥的功能。而思维的实际发生是包含了现实要素的。思维的先验功能和思维的实际发生是结合在一起的。在实际发生中的现实要素与真正主体的活动（先验的综合、纯粹主体的活动）是结合在一起的，我们不能把这两者割裂开来，这就如同我们不能在存在和存在者之间挖出一个存在论的鸿沟一样。接着，阿多诺通过劳动和精神之间的区分和联系这个角度说明了这两者之间的关系。在精神和劳动之间也不存在这样的鸿沟。这里所说的精神就是指思维的先验功能，而这里所说的劳动是思维的实际发生。劳动中包含了此在者，包含了某种内容。所以，这里所说的劳动是精神中的现实发生，把某种东西设想出来却未使之成为现实的那种活动，这个发生中包含了此在（定在），包含了"不可消解的某物"。在这里，这个此在（定在）不能被敉平为精神，这是精神的他者，是思考中必须具有的他者。这是思维中的现实发生。正如此在不能被敉平为精神一样，精神也不能被敉平为此在。这里包含了一种对立统一的关系。精神中的非存在者要素（精神的这种纯粹的自发性，这种先验的功能性）是与定在即具体的内容是结合在一起的。要把精神中的这种先验功能，把这种纯粹的自发性与此在（定在）分离开来，变成某种独立的东西，变成干干净净地独立于此在，那么这就是把这种纯粹的功能性要素、这种非存在者要素对象化，变成一个独立的东西，这就是把它虚假化。其实这应该就是批判胡塞尔的先验还原的观念。这是一种虚假化。

根据这样的分析，阿多诺强调精神和肉体之间的统一性，而讨论精神和肉体究竟谁是第一性的，这是前辩证法的思维方法，是第一哲学的癖好。这两者是联系在一起的。把这两者之间分离开来是一种思想上抽象。我们的讨论都是在这种抽象的基础上进行的。而关于这两者谁是第一性的问题的讨论从形式上来说是从物活论的角度指向原初。其实，海德格尔的那种存在的领会就是指向这个原初，就是这种物活论意义上的东西。这就是说，如果人们一定找到最初的东西，那么这个最初的东西从形式上来说就是存在论上的原初，即纯粹形式，从内容上来说，这是纯粹的质料。这两者是结合在一起的。当人们把纯粹形式和纯粹内容从这个原初中抽象出来的时候，人们就得到了肉体和精神。它们之间的差别是设定起来的东西。肉体和精神是结合在一起的。这种抽象反映了精神达到了一种"自我意识",它开始把自己和肉体区分开来。这种抽象是精神所进行的工作。这种分离反映了精神在历史上所达到的"自我意识",反映了精神拒绝某种东西,这个东西是它为自身同一而否定的东西,即肉体的东西、物质的东西。精神为了自身的同一必须否定肉体。最后,阿多诺得出结论,一切精神都是被调节了的肉体冲动,如果精神就是被调节的肉体冲动,那么精神和肉体的说法其实都是错误的,都是把这两者分离开来。这种做法不过是精神的一种自我意识,精神应该认识到,它在这种说法中犯了一个错误,它把肉体排除了。精神的这样一种调节从质上反馈到那不仅仅存在着的东西(was nicht bloss ist)之中。那不仅仅存在着的东西就是不仅仅纯粹存在着的东西,不仅仅是纯粹的先验的功能,而是与肉体结合在一起的精神活动。精神活动中的这种质的要素会被反馈到精神的发生之中。这种精神的发生是包含了肉体冲动的发生。所以,阿多诺说,按照谢林的洞见,迫切要求是精神的最初形式。精神有迫切要求,这是被调节了的肉体冲动。这个被调节了的肉体活动就是精神。

痛苦的躯体

在这个部分,阿多诺分析,人的认识活动或者思维活动是与肉体有关的,但是肉体是被否定掉的,而这种被否定的肉体要素就是痛苦。从这个角度来说,在认识活动中,躯体的痛苦是必然的。

所谓意识的基本事实就是,意识是纯粹的意识,但意识绝不是这样的基本事实。存在着一种纯粹意识这样一种基本事实,这是现象学的观念。阿多诺认为,这个事实不是基本的。这个意识当中有肉体的东西,但是肉体的要素不能显示出来。在这里肉体被压制、被否定了,所以在这种纯粹的意识中包含了肉体的痛苦,但是这种肉体的痛苦却不能被人意识到。意识之中一定有快乐和不快乐,一定包含了身体的要素。如果意识之中都有肉体的快乐和不快乐的要素结合在一起,人们为什么就意识不到,并认为意识是纯粹的意识,而与肉体无关呢?这是因为,一切痛苦和一切否定,作为辩证思维的动力,是被多次中介过的,并时常成为未被认识的身体形式。这就是说,意识中包含了肉体的东西，但是它被多次中介过了，肉体的痛苦和快乐已经在这里发生了变化，当肉体的要素被中介和变化了之后它就好像成为纯粹意识了。其实，意识不过是身体形式的表现，这种身体形式是没有被认识的。意识之中就有肉体，是变化了的肉体。那么认识中肉体的要素是如何变化的呢？这就如同一切快乐都是以感官的满足为目标，并在这种满足中获得客观性。如果快乐的任何一个方面都受到了阻碍，那么它就根本不是快乐。认识是以把握真理为目标的，而不是以快乐为目标的。所以人在认识的时候虽然也要用肉体获得感性材料，伴随着认识感性材料的东西本来应该包含快乐的，可是肉体对于追求快乐的目标被克制了，被否定了。本来肉体就是要追求快乐，但是在认识的感性材料中，这种快乐被取消了。本来这种感性材料是包含了肉体的维度的，包含了与精神对立的肉体维度的，但是感性材料就是要进行认识的，于是感性材料就成为精神的认识论上的一种要素，肉体的要素被弱化，这种肉体的要素就类似于精神，好像是精神的摹本，或是说从认识论意义上模仿精神。当肉体模仿精神的时候，当它变成精神的认识论上的摹本的时候，肉体的要素就被压制了，也无法被认识到了。对于感性材料的这种理解与休谟对于好奇的理解没有什么根本的差别。按照休谟的理论，具有意向功能的意识事实，比如好奇被说成是对于印象的简单复制。好奇是有一种意向功能的，这种意向虽然是精神性的，但也是与肉体的要素相关的。好奇作为一种意向，作为一种与肉体联系在一起的精神现象，不能简单地与认识中的印象等同起来。印象是一种感性的现象，而好奇更多的是一种精神现象。把好奇与印象等同起来这肯定是不对的。当好奇被理解为一种感性（肉体）现象的时候，人们就会提出批评意见，认为这是一种自然主义，把精神现象还原成一种感性现象。这无疑是错误的。当然在休谟那里，好奇变成了印象的简单复制。这里也有积极意义。其积极意义就在于他看到了好奇之中的感性要素，好奇不是纯粹的精神事实，不是纯粹的精神上的意向功能。所以，阿多诺说，（当休谟把好奇看做是感性的东西的时候）这是躯体的要素在被驱逐之后最后一次在认识中战战兢兢地出现了。休谟的伟大之处就在于看到了好奇中的感性要素。其实，阿多诺在这里就是想说，精神上的那些意向功能是与肉体要素有关的。而现象学在强调精神的意向功能的时候忽视了这个隐藏着的肉体要素。当然，把精神和肉体分离开来是一种无奈之举，其实在认识中，这两者之间根本就无法分离开来。

接着，阿多诺分析认识过程中肉体和精神的关系。首先，躯体的要素在认识中非常重要。躯体的要素作为骚动的要素使认识运动起来，并且在认识中不断地再生产自身。认识离不开肉体，没有肉体的要素，认识无法启动，没有必要的动力。而在认识中肉体的这种驱动力量会不断地再生产自身。我们常常说，科学认识中，人需要有意志力，这种意志力肯定离不开身体的要素。但是，在认识中，肉体的要素却被遏制了，它不让肉体的快乐要素进入认识过程中。这是认识自身的要求，即认识就是要把握对象，而不是从对象中获得快乐。从这个意义上说，缺乏肉体快乐的意识绝不是精神的欺骗性的虚荣。精神高傲地宣称自己摆脱了肉体的控制，好像很高尚。其实这是认识在发挥作用。人要认识就需要借助肉体的力量，但是这不是让肉体获得快乐。所以精神在这个地方不能欺骗性地说，自己很伟大，摆脱了肉体上的快乐。缺乏肉体上的快乐，这是认识活动的内在要求。从这个角度来说，缺乏快乐是内在于它的，是它的真正的、唯一的尊严，是它在与肉体分裂开来的时候所获得的尊严。人的肉体要追求快乐，但是在认识中肉体不是追求快乐的，认识是肉体中否定肉体快乐的东西。这从否定的方面提醒精神，使它意识到它有肉体的方面。这就是说，在认识中缺乏快乐，而缺乏快乐的现象提醒精神，精神中是有肉体的作用的，但是这种肉体的作用被抑制了。认识不能忘记了因为它排斥了肉体的快乐就认为它与肉体彻底无关。精神唯有能够这样，才赋予自己以希望。唯有意识到肉体的方面，精神才有希望。精神发挥肉体的力量，它才会有动力。经验世界中未被知觉到的痛苦（认识中的感性内容，被抑制了痛苦的感性内容）所留下来的最微小的痕迹也都会斥责全部的同一性哲学，说它是谎言，因为这个同一性哲学要说服经验，它没有这个最微小的痕迹。这就是把经验彻底地精神化。这就是说，即使精神否定了肉体的快乐，但是肉体的要素还在其中。接着，阿多诺引用了本雅明的一句话。他说："只要还有一个乞丐，那就还有神话。"[①] 这句话的字面意思是，只要社会中还有乞丐，那么资产阶级所说的那种平等自由，都是神话。而阿多诺借用这句话是要表明，只要被压制的肉体需

---

① Walter Benjamin, *The arcades project*, translated by Howard Eiland and Kevin McLaughlin, Harvard University Press 2002. 本雅明：《拱廊街研究》，手稿，K札，第六卷。

要还有一点点痕迹，那么同一性哲学认为精神达到了彻底统治的想法就是错误的，就是思想的神话。精神不可能在认识中获得完全的同一性。

人的认识中包含了肉体的要素，但是肉体的要素是作为痛苦而存在的，是作为被否定了的东西而存在的。精神总是努力让人忘记身体的痛苦，而身体则相反。身体的要素告诉我们这样的认识：痛苦不应该存在，事情应该不同。"痛苦意味着，逝去。"让痛苦逝去，这就是身体的力量告诉我们的东西。这就是唯物论，这种唯物论就是实践的唯物论。这种实践的唯物论就是要改变世界。马克思的唯物论中就包含了这样的思想。这里所说的特定的唯物论就应该是指马克思的唯物论。阿多诺说，消除痛苦或者把痛苦减低到理论所不能预估的程度，减低到不受任何限制的程度，这并不取决于经受痛苦的个人，而取决于个人所从属的类。或者说，要消除肉体的痛苦，这不是靠个人的努力所能够完成的，这要靠整个社会。人类在征服自然的过程之中一定要控制自己的身体，限制自己的身体，甚至排斥自己的身体。把束缚自己的身体作为获得生存的必要手段。所以，人类必然要在精神上压制这种痛苦，否定这种痛苦。所以，即使一个人摆脱了类，但是他还是要按照征服自然的模式来控制自己的身体，于是在这里，他客观上是一个无助的客体，是被社会养育、改造的客体，是社会功能体系中的客体。在这个功能体系中他感到孤立无助。

类的全部活动都涉及身体的持续存在，即使社会没有认识到这一点，它也会自发地组织起来，并顺便关照人类生活的事务。这里所说的人类生活的事务是超出了生存机制的事务。人把生存斗争作为核心，人类生活的事务只是顺便完成的。这就是说，这个社会的主要社会机制是要通过自我持存机制把人组织起来，把人束缚在社会机制中。这是生存斗争的必要。可是，这个社会机制同时也是一个一种自我毁灭的机制。这就是说，这个社会本来是要维持人的生存的，但是却是在肉体和精神对立中维持人的生存。这就是用一种合理化的机制，一种用理性的精神把社会组织起来的机制来进行生存斗争。而这个生存斗争之中内在地包含了精神对肉体的否定。而否定肉体的活动同时就会导致人的自我毁灭。从这个角度来说，自我持存的机制同时就是一种自我毁灭的机制。所以，阿多诺说，这个机制也是一种不受束缚的、荒谬的自我持存机制，同时也是他们自己对抗苦难的无意识活动。虽然在这个活动中，人要对抗自己的苦难，但是这种对抗都是无意识进行的。人没有自觉地意识到自己需要对抗这种自我持存机制中所存在的苦难。

既然个人的痛苦不是个人的事情，而是类的事情。所以，如果个人狭隘地只是关注自己的事务，那么他们的全部特殊性会反过来对抗他们自己，这是因为，他们的全部特殊性都是社会机制中的一部分，这个社会机制就会反过来对抗他们自己。他们所表现出来的特殊性，按照阿多诺在其他地方的分析，其实都是虚假的特殊性。这个时候，人们所做的是要改变社会，而不是局限于自己的事务。改变社会就是要把社会变成目的，消除社会机制给人带来的痛苦。要达到这一点，就需要改变社会生产关系，要按照生产力所允许的样子来进行社会安排。按照马尔库塞《单向度的人》中所表达的思想，今天的发达国家中，物质上的生存是得到保障的，但是这个社会却要把生存斗争永恒化，让所有人紧张地工作，让所有人处于额外压抑状态之中。一种新的社会安排目的是要消除身体的痛苦，哪怕是其最少成员的痛苦，消除对于这种痛苦所进行的内在反思。这种内在的反思缺乏物质的力量，不能从外在的方面来改变社会。只有改变这种状况，消除任何一个人的身体的痛苦是符合所有人的利益的，这种利益只有通过对他自己以及对所有人都显而易见的团结来实现。

无图像的唯物论

在这个部分，阿多诺批判了反映论。

在上一部分的最后，阿多诺强调，人类应该通过社会团结来消除身体的痛苦。本来唯物主义就是强调人的肉体利益，它能够有助于人们实现社会团结，但苏联的唯物主义当时却不想这样做。他认为，唯物主义之所以会变成这样的唯物主义是因为，持唯物主义的观点的人为了自身的利益而贬低了自身。这种唯物主义失去了自我反思的能力，即通过肉体的冲动而出现的自我反思的能力。本来，这种唯物主义是包含了主体能动性的唯物论。但是当唯物主义自我贬低的时候，它就失去了这种能动性。唯物主义的这种自我贬低状况不能被认为是人类的精神不成熟，而是统治者有意识地制造出来的。唯物主义的自我贬低是为了维持统治阶级的利益服务的。在这里，阿多诺批判苏联和东欧所出现的那种唯物主义。在这里，他认为，掌权者需要客观精神的约束力，于是他们就操纵客观精神。本来客观精神必然是包含了人的肉体的要素的精神，是包含了能动力量的精神，但是掌权者却要操纵客观精神，使这种客观精神适应于被束缚了数千年的意识，即工具理性。按照阿多诺的思想，人类为了能够自我持存就需要这种工具理性的精神。人类利用这种工具理性精神来控制自然也控制他们自己。获得政治权力的唯物论是指苏联的那种唯物主义。这种唯物主义像改造世界那样，也献身于这样一种实践。这就是说，他们在改造世界的时候同时也束缚人的意识，把人的意识束缚在工具理性的范围之中。它要继续束缚人的意识，把意识束缚在工具理性的范围之中。在阿多诺看来，这是一种老套的借口。唯物主义就是用这种老套的借口，用生存斗争原则为结构来维护自己的政权。所以，阿多诺说，尽管被控制的无产阶级（即苏联）只进行了50年的统治，但是这个专政却是一个恒久的制度。这种对人的身体的否定，这种用生存竞争为借口对人的身体的否定是一种老套的借口，是文明史上早就有的。在阿多诺看来，这是对于唯物主义的高谈阔论的嘲讽。唯物主义本来是要考虑到人的肉体利益的，是要消除人的痛苦的，但是其实它并没有这样做。它把无产阶级束缚在眼前的利益，使他们变得非常狭隘。这就是说，唯物主义要考虑的肉体利益的，要考虑肉体在精神中的那种反思能力的，但是唯物主义被贬低了，变成了只顾眼前利益了。阿多诺强调，精神中的肉体力量是精神所具有的一种反思能力。而被贬低了唯物主义是只顾眼前利益的唯物主义。

接下来的部分，阿多诺指出，由于它只关注眼前利益，从而贬低精神的作用，这种唯物主义理论包含了虚伪杜撰的东西。这个虚伪杜撰的东西就是在贬低精神的作用的前提下强调物质的第一性的作用。这种唯物主义不是在精神和肉体的对立统一中去理解唯物论，而是在把肉体和精神对立起来强调物质第一性。在这样的情况下，那些控制着理论的专家们认为，他们实现了一种文化上的转向，即从精神占据统治地位的文化转向了物质的第一性的文化。而在阿多诺看来，这是一种外在的转换，而没有从精神和肉体的内在的对立统一中去理解文化。所以阿多诺说，在表面上看来，这种强调物质第一性的文化超越了过去的文化，但是其实是文化的倒退。这些文化的官员自己感到他们超越了传统的精神统治的文化，其实就是推动着文化的倒退。在革命中，这种唯物主义哲学急切地需要在革命中取得胜利，于是就更加强调物质力量的重要性，而对于自己的诉求失去耐心。这就是说,唯物主义本来应该看到肉体和精神的对立统一,从这里拯救肉体的力量,看到肉体的要素在精神中的作用。但是,他们对于自己的这个诉求失去耐心,他们希望抛弃一些东西,比如抛弃观念论意义上的东西,但是他们所抛弃的那种观念论是早已过时的观念论。阿多诺要拯救观念论中所包含的肉体要素、物质要素的内容。这就是通过观念论的内在反思来拯救唯物主义的要素。由于唯物论凸显了肉体和精神对立的要素,于是在唯物论的虚伪杜撰中,在唯物论把肉体和精神对立起来的过程中,高级哲学即观念论哲学也暴露出它的虚假性,即精神至上的虚假性。过去,在市民社会即资本主义社会,资产阶级从前秘密地制造精神的至上性,而唯物论则否定和批判这种精神至上性。最后,阿多诺强调,观念论上的崇高和粗陋唯物主义的杜撰是一路货色。他们都是把肉体和精神对立起来了。从这个角度来说,粗陋的唯物论和极端的观念论是一致的。观念上的崇高是强调精神的力量,而唯物主义的杜撰是强调人对于物质的追求。这两者都是错误的。卡夫卡和贝克特的作品都尖锐地揭露了这种联系。我们在《否定的辩证法》的最后一部分可以看到,阿多诺对于贝克特的一段评论。从那里,我们可以看到,那种观念论上的崇高(比如集中营中的人应该具有挖壕沟的勇气,努力走出集中营,而不能自暴自弃)其实也是就是脱离肉体的设想。逃出集中营的人在理论上可以抽象地设想人们的这种勇气,但是物质条件制约了人们。他们看不到物质条件的制约作用。而唯物论却只看到物质条件的限制,而看不到人的精神作用,看不到人借助于精神力量也可以克服物质条件的限制。

唯物论的缺陷是它没有反思占统治地位的状况。这就是说,唯物主义虽然看到了肉体的作用,但是它不是在肉体和精神相互作用中关注精神的推动作用,并借助于其推动作用,去反思现实的状况。一种更高级的东西,一种看到了精神和肉体相互作用的东西会面对着这样的情况,即由于人们过度强调精神的作用并从而导致一种精神化的失误(合理化体系从一定的意义上说就是精神化的失误),于是人们否定了精神的作用,精神的原则没有能够被坚持下去。当精神看到精神的努力所存在的缺陷的时候,当它看到社会物质生活条件没有得到改善的时候,当它看到物质的东西重要作用的时候,它感到羞愧。于是人们不敢强调精神的作用。粗陋的唯物主义在这里就占据了上风。阿多诺强调，唯物主义的平庸和野蛮之处就在于，它强调物质条件的重要地位。这种唯物主义把第四等级的外在性永恒化。这里所说的第四等级就是指古希腊时代梭伦所划定的第四等级。这也就是当时社会中的最贫困的等级。第四等级的外在性即第四等级的物质生活条件。梭伦就是从收入的多少来给人划分等级的。这就是一种外在的划分。我们社会也是从这种外在性看待人。第四等级的外在性的永恒化就是指所有的人都是物质贫乏的人，都需要为物质生活条件而斗争。平庸的唯物主义就是要让所有的人为物质生活条件的改善而斗争。这种唯物主义把改变物质生活条件变成了一种文化，变成一种所有的人都必须接受的文化。在阿多诺看来，这是一种非常粗陋和野蛮的文化。本来唯物主义应该看到肉体和精神之间的对立统一，并由此而避免这种野蛮的东西。但是它没有能够做到这一点。而批判理论是一种新的唯物主义，它强调肉体和精神之间的对立统一，从这种对立统一中看到肉体的作用，强调精神在肉体的推动下而进行反思，既包括对于现实的反思，也包括对于整个人类文明史的反思。如果没有这种反思，那么这种野蛮的东西，这种不正确的东西就由于没有受到阻碍而不断恶化。所以，在阿多诺看来，他所进行的这种反思就是要提高摩擦系数，从而阻止文明中那些不正确的东西不断恶化。在这里，阿多诺把无产阶级革命比喻为弥赛亚的复活。本来，弥赛亚的复活就是比喻上帝再次来到人间，上帝复活了，人类得救了。在这里，阿多诺所说的弥赛亚的复归之路是回到人类文明之中的那种生存斗争的模式上，这种生存斗争的模式会使低级的东西成长起来。这里所说的低级的东西应该是指那种只顾物质利益的满足而忽视精神的作用的东西。

在阿多诺看来，资产阶级的意识表现了一种空洞的崇高，就是空洞地强调精神的伟大力量。而把沉迷于物质利益看做是低级的。而唯物论则强调了物质的满足，是一种粗陋的物质主义。阿多诺认为，这种唯物论不仅在审美上是有缺陷的，而且是不正确的。从审美的角度来说，唯物主义中缺乏精神上的高尚和伟大。如果艺术作品中没有这种精神上的高尚和伟大，那么这就是一种审美的缺陷。唯物论是不正确的。因为，这种理论中缺乏主体的能动作用。接下来阿多诺就批判了这种粗陋的唯物论。首先，阿多诺承认辩证法存在于事实（不是物质）之中，存在于人们的社会活动所形成的事实之中。但是，这种辩证法只有在被人意识到，它才是辩证法。从这个角度来说，阿多诺所强调的辩证法是客观的事态和人的意识相互作用的产物。反过来,辩证法不能被消解在意识之中。辩证法不是一种纯粹的事实,也不是纯粹的意识活动,而是在事态与意识的相互作用中存在的。在单纯的整一性(Ein)之中,在未分化的总体物质之中是不存在辩证法的。这就是说,物质本身是不存在辩证法的,辩证法是与人的意识活动有关的,是人在认识中面对客观事实状况时所出现的。这是一种认识论。阿多诺发现,苏联的官方唯物辩证法越过了认识论并且是通过命令而越过了认识论。这就是说,在辩证唯物主义中,把辩证法限制在物质的范围内,限制在自然本身的辩证法,忽视了认识之中的辩证法。由于辩证法被限制在物质领域,而超越了认识论,于是在唯物主义中,认识论就不包含辩证法了。阿多诺认为,唯物主义辩证法在认识论方面遭到了报复,即认识论之中不包含辩证法了,认识变成了一种简单的反映。对于阿多诺来说,辩证法是必然的,如果认识论不包含辩证法,那么辩证法就会报复认识论。在阿多诺看来,反映论就是没有辩证法的认识论。思想不是对事物的反映,而是瞄准事物本身。这就是说,认识论是把握事物本身,而把握事物本身必然是辩证法。事物本身不会直接地自我显现,都是被中介的,因此它们要通过概念才能被把握。这种认识论上的唯物主义是强调观念作用的唯物主义。而伊壁鸠鲁式的唯物主义是粗陋的唯物主义,看不到观念的作用。在阿多诺看来,苏联教科书中的那种反映论就是一种粗陋的唯物主义。对于这种唯物主义来说,思想变成了事物的反映,这种唯物论发现物质会散发出小图像。好像物质会以某种图像的形式显示自身。如果没有图像的形式,那么反映就无法把握事物。在阿多诺看来,这样来理解事物如同原始的神话。在神话故事中,事物都包含了某种精灵。这种精灵都具有类似于人或者其他动物的样子。这就是事物本身的图像。这是一种偶像崇拜。人认识事物就把握了这种图像。这种粗陋的唯物主义否定思想的作用,陷入了神话。思想包含了启蒙的意向,思想就是要揭开奥秘,就是要启蒙,就是要祛除神话。从这个角度来说,思想就是要消除意识的图像形式。意识的图像形式表现为,意识好像只能获取事物的图像。阿多诺强调意识中思想的作用。仅仅抓住图像的那种理论仍然受制于神话,仍然是偶像崇拜。在这种偶像崇拜之中没有思想的作用,意识屈从于图像,就像人在庙里跪拜在神像面前一样。这样一种偶像崇拜是无法真正地把握事物的。所以阿多诺说,图像的全体构成了挡在现实前面的一堵墙。整个世界就是一个图像，就是直观地摆在我们面前的东西。这就阻挡了我们对于图像"背后"的本质的理解。阻挡了我们对于真实的理解。反映论否认了主体的自发性，这种自发性是生产力和生产关系的辩证法的推动者。如果主体被顽固地束缚于客体的镜像上——它必然会无法把握客体，而客体只会对思想中的剩余主体性（纯粹理性的能力）开放自身，那么其结果就是一体化管理中永不终止的精神沉寂。如果主体被束缚在客体的镜像上，那么其结果就是一体化管理中精神的沉寂。这就是说，如果主体被束缚在镜像上，那么主体就失去了力量，精神就失去了作用，人就顺从于一体化管理。因为，在这里主体就把摆在面前的一体化管理作为客观的必然现象，作为一种镜像而接受了。他不会反思这种镜像。当主体被束缚在镜像上的时候，客体本身却并没有进入了主体，主体只是看到了呈现出来的表面现象，呈现出来的镜像。

只有那坚持不懈的物化意识才会想象，或者努力说服别人想象，它拥有客观性的图片。物化意识在本质上与实证主义是一致的，它只看到呈现出来的固化的东西，而不知道这个固化的东西是被中介的。所以，这种拜物教就是致力于把握固化东西的图像，并且努力说服别人相信，它拥有固化的图像。意识的幻觉转变成为教条化的直接性。这种物化意识是一种意识的幻觉（意识不知道肉体在其中发挥作用），它只是关注直接呈现出来的东西，教条化地关注直接的东西。按照阿多诺的理解，认识是主体对于客体的认识，客体是主体中现象，是被建构起来的对象，而不是主体之外的物质对象。可是传统唯物论却不是这样来理解认识论的，它认为，认识是把握外在于人的客观事物，而不是阿多诺所理解的客体。于是，按照阿多诺的看法，这种唯物论总是强调认识对象（不是客体）的自在存在。认识对象是在人之外自在存在的。对于阿多诺来说，唯物论的这种做法是反认识论的做法。那么为什么唯物论有这种反认识论的做法呢？这是因为，对于阿多诺来说，认识就是主客体之间的相互作用，而不是主体对于外在于主体的东西进行拍照，获得关于外部事物的图像。在他看来，当唯物论把认识理解为获得外在事物的图像的时候，这种认识是一种反映论，是主观的实证主义，它强调个人的主观的感觉映象。这种唯物论是出于政治上的需要而反对理论上的认识论。这种政治需要证明，主观的实证主义和现存权力的一致性。因为，这种主观实证主义否定了主体的反思，而只是承认从经验上简单接受现实，接受既定的秩序和权力结构。在阿多诺看来，认识的目标是要把握非同一的东西，把握阿多诺所理解的那种本质。他据此来批判这种唯物论，说唯物论根据政治的需要来理解认识论，反对认识的这种目标。阿多诺是按照他所理解的认识论，特别是接受了康德认识论的基础上来看待唯物论的思想的。按照他的理解，认识对象应该是在意识之中的，但是唯物论却认为，认识对象是超越的，是意识之外的对象。阿多诺认为，唯物论对于认识对象的这种理解是根据权力的诉求来进行的，把认识变成对于外部对象的直观。这样一种认识论导致了灾难的后果，那个要被认识的东西是外在的东西，虽然这个东西应该受到批判，但是这个被批判的东西却只是反映的对象，因此，这个东西并没有得到透彻的处理。这个应该被批判的对象保持原样，并转换为权力的一部分。这就是说，认识如果局限于直观对象，那么认识只能是对于权力结构的认同。而阿多诺所说的认识对象是在意识之中的，这个对象是与主体相互作用的，并被主体改造过的。于是，对于他来说，这个内在的对象会在反思中受到批判。而传统唯物论缺乏这种批判，并维护了现实中的权力结构。

正因为如此，阿多诺认为，布莱希特的下述说法是错误的，是短视的：布莱希特曾经在口头上说过，在列宁的《唯物主义和经验批判主义》一书出版之后，对内在哲学的批判，对先验论的批判再也没有必要。而在阿多诺看来，康德把认识对象看做是主体内部的对象，也包含了对于客观性的追求，但是其核心仍然是观念论的，批判这种观念论仍然是必要的。而机械反映论是一种狭隘的观念。如果把这种狭隘观念搬到艺术领域，那么人们就会简单地认为，艺术是对现实的反映。对于艺术的这种理解在东方国家也损害了艺术。因此，阿多诺认为，如果唯物论或者说他所理解的那种否定辩证法意义上的唯物论要不屈从于这种观念，那么对机械反映论的批判就是哲学所迫切需要的东西。哲学迫切需要的东西就是把握非同一的东西，就是要走向辩证法。于是，阿多诺指出，理论的对象绝不是某种直接的东西，理论也不能把直接东西的复制品带回家。直接东西的复制品就是机械反映论所强调的反映。这种反映论的政治意义表现为，认识就像国家的警察那样，拥有其对象的画像。认识的主体像警察。相反认识在其中介中思考对象，否则的话它就会满足于外表的描绘。甚至布莱希特也认为，过分扩展了的感性直觉不能用于被彻底中介过的社会。这就是说，社会是被中介过的，用感性的直觉来把握社会，一定无法把握被中介过的东西。这种直觉只有直接性，而没有中介性。社会是被中介过的，那么社会是如何被中介过的呢？被理性的原则所中介，比如按照合理性的原则来进行市场交换。既然这个社会被中介过了，那么在认识社会的时候，我们就要反思这个认识中介。而按照直观的标准来认识社会，那么在这个标准中，认识对象中的客观规律被剔除了，必然被现相的意识形态形式所掩盖的东西也被剔除了。这里所说的认识对象中的客观规律是指认识对象中的那种非同一的东西，是抵抗合理化思维的东西。而现相的意识形态的形式所掩盖的东西，也就是客观规律，就是非同一的东西。合理化的思维取得了一种意识形态的地位，人们把这种现象看做是客观的。

接着，阿多诺用马克思的思想来批判反映论。阿多诺认为，马克思在认识论上没有陷入到学术的争吵之中，而是对于认识论上的范畴进行颠覆性的批判。马克思的思想之中几乎没有关注过反映的概念，也没有关于反映的说法。在阿多诺看来，反映论牺牲了主体批判的要素，牺牲了对于主体自身进行批判性反思的要素。而阿多诺强调对于主体要素的批判。这种主体批判的要素包含了两个方面，既包含了意识形态的方面，也包含了反意识形态的方面。主体批判的要素包含了意识形态的方面，即局限于思维主体的内在批判。这种做法会走向观念论。但是，这其中也包含了对意识形态的敌意。这是因为，强调主体批判就避免了一种经验主义的思路，避免从直接性的角度来看待社会，并对于主体所直观到的东西进行反思。这就是从一个反思的角度来看待被生产出来的产品以及生产关系，而不是把它们当做直接性。在马克思看来，这些东西是被中介过的，而不是直接的。把它们说成是直接的东西，是一种歪曲。这种歪曲被马克思阻止了。反映论弱化了思想的作用，弱化了主体的作用。认识需要对人们直观地获得的知识进行反思。虽然思想要和实践统一起来，但是这不是不要思想，不是只要注重实践就可以了。只是由于社会被合理化地组织起来了，人们把思维理解为简单的直观和合理化思维，在这样的情况下，思维主体的作用被否定了。按照合理化来进行的思想其实就弱化了思想，思想的积极作用被否定了。合理化的思维是计算机都可以进行的。所以，阿多诺说，在这里，意识破产了。思维也取消它自身，它不再思考，而是简单地接受，接受社会的现实。社会不是直观地给予的，是功能性的，是一种功能联系的社会，隐藏在这种功能联系中的是一种交换规律，是一种抽象的同一性，是自在地抽象的。这种同一性本身是抽象的。

接着，阿多诺进一步批判了反映论。阿多诺认为，反映式的思维是非反思的思维，非辩证的矛盾。这里所谓的非辩证的矛盾就是把主体和客体简单地对立起来。没有反思也就没有理论，也没有思想。在阿多诺看来，这样的唯物论其实会走向观念论。这是因为，如果意识在它自身和它所思考的东西之间插入第三者即图像，那么观念论就会被不知不觉地再生产出来。这就是说，意识不是把握客体，不是把握对象，而是把握图像本身。在意识不能把握客体的情况下，意识就只能再生产自身。这样意识就走向观念论。我认为，这个思想特别重要。这就是说，机械唯物论表面上非常强调唯物论，其实它必然走向观念论。机械唯物论和观念论是同一种东西的变种。这就是把认识对象和认识主体割裂开来，康德把主体和客体割裂开来，走向了先验观念论，而机械唯物论用图像把主体和客体割裂开来，走向了主观观念论。阿多诺把这个第三者即图像理解为表象的结合体。表象的结合体就会取代认识对象，这些表象的主观随意性在这里主宰一切。当然我们也不能简单地否定反映。这是因为，外部的印象是思维中的认识对象的必要组成部分。如果没有这个组成部分，认识就会变成思想对于自身的认识。这也是观念论。当阿多诺批判反映论的时候，虽然他也强调思想中的他者，但是这个他者与外部事物无关，而是纯粹思想中的他者。这也会走向观念论。而更具体地说，阿多诺所反对的是机械的反映论，即认识事物就是把握事物的图像。这是有一定的道理的。但是，他在反对机械反映论的时候，却包含了走向观念论的危险。

阿多诺所主张的是唯物论，这种唯物论是要把握事物，把握客观的对象。他强调，唯物论希望相反的东西，即渴望把握事物：完整的客体只能无图像地被思考，是一种被建构起来的客体，动态的对象。阿多诺把这种唯物主义类比为一种神学。不过这个神学不同于拜物教，拜物教把摆在面前的图像作为对象。而阿多诺所说的这种神学是否定拜物教的神学，是有一种图像禁忌的神学。或者说，对于这种神学来说，它所崇拜的不是某种带有图像的东西，不是某个神。因为对它来说，神是超出了具体的形象之外的。把具体的图像、具体的神像当做是神，这是拜物教。他的这个唯物论是反拜物教的唯物论。这种唯物论不允许实证地绘制出乌托邦的景象。这种唯物论也有对于未来社会的构想，但不是给出具体的未来图景。这种唯物论不拘泥于现实，也不勾画未来的具体状况，这种唯物论是否定性的，它不提供任何实证的东西。他所说的那种神学是否定性，不提供具体的图像。唯物论在这个地方是与神学是一致的。这种一致性还表现在，它期待肉体的复活。我们知道在基督教中，人们也强调神在肉体上复活。这是经过了死亡之后的肉体上的复活。而唯物论也强调肉体上复活。我们前面指出了，在人类文明史上，人都要征服自然，其中包括人自身的自然，而在对人自身自然的征服中，人否定了肉体。这是肉体的死亡。与这种肉体的死亡联系在一起的是观念论的无限膨胀。而唯物论就要对抗这种观念论，就是要让肉体复活。这也是唯物论与神学一致的地方。这种肉体复活的观念，对观念论来说，对绝对精神的领域来说，这是完全陌生的。

历史唯物论就是这样一种唯物论。不过这种历史唯物论要进行自我扬弃，并通过这种自我扬弃而处于消失的边缘状态。为什么要让这种历史唯物主义处于消失的边缘状态呢？虽然唯物论要让肉体复活，但是这种肉体的复活不是要让人追求物质的满足，把物质需求的满足作为第一性的东西。而是要在物质的需求得到满足的情况下，从物质需求第一性中解放出来，摆脱出来。如果人们被束缚在物质需求的第一性之中，那么人们还是会被束缚在自我持存的努力之中，仍然会把肉体和精神对立起来，把肉体的满足和精神的追求对立起来。而在肉体的需求得到满足的情况下，精神和肉体才能和解。精神和肉体的和解就是这种唯物主义所追求的。如果生产力发展了，但社会的生产关系使某些人的基本生活条件无法得到满足，并拒绝肉体的满足，那么这时人们就只能追求精神，而观念论就会抬头。在自我持存的框架中，精神和肉体的对立就无法得到解决。历史唯物主义就是改变生产关系，从而达到肉体和精神的和解。反之，如果精神在物质条件的禁令中拒绝物质条件的满足，那么它就会成为唯一许诺的东西。如果精神被阻止了物质的满足，精神被拒绝和物质的东西结合（物质条件的禁令），那么精神就只能满足自身，那么精神就成为唯一许诺的东西，就成为唯一的东西。它就会走向观念论。

编译文库

马克思主义

王晓升 著

形而上学的重构
——阿多诺的《否定的辩证法》导读
（下册）

Reconstruction of Metaphysics
—— An Introduction to Adorno's *Negative Dialectics*

中央编译出版社
Central Compilation & Translation Press

华中科技大学哲学学院高水平学术著作
出版资助

第三部分
模式

第一章　自由：实践理性的元批判

幻相问题

在这个部分，阿多诺从幻相问题出发来重新理解自由。按照康德在《纯粹理性批判》中的观念，自由必然是一种幻相，不过阿多诺不是否定这种幻相，而是强调自由必须从这个幻相的角度上去理解。从否定辩证法的角度来说，自由必然是一种矛盾，不存在肯定的自由。

康德受到启蒙的思想的影响，提出了幻相的问题，当人用知性的范畴把握自在之物从而得到绝对的知识体系的时候，人所得到的是一种幻相，而不是绝对的知识体系。所以，康德所提出的先验幻相的说法，是要阻止那不可置疑的权威教条的。这里的权威教条应该是指经院哲学的权威教条。经院哲学以为它已经把握了绝对，其实它所认识的绝对，比如上帝存在，其实不过是幻相。所以，康德所提出的幻相问题是具有启蒙意义的。如果把经院哲学的教条进一步扩展开来，那么幻相的问题就是要否定一切未经理性反思的权威。日常生活中我们所说的"经院"一词的贬义用法是，教条和未被理性思考的权威。从这个角度来说，幻相问题也是针对这种权威的。

当然，反过来说，幻相问题的提出也是要限制理性的能力的。这就是说，如果人的理性试图把握自在之物，那么它就一定会陷入幻相之中。从这个角度来说，幻相问题是被用来嘲笑理性判断和理性兴趣的。可是，在后来的哲学思考中，人们把关于理性能力的思考转变成为一种语义学上的思考。这就是说，这种幻相是人们在对于字词的误用中出现的。这就是后来实证主义所进行的语义学分析。形而上学的问题是人们在语义学上的误用出现的。这就是把只能用来描述实证东西的语言误用到形而上学的领域中。对于实证主义的来说，这就是字词的意义没有被清晰地规定而产生的问题。如果人们对于字词进行严格的规定，那么这种形而上学上的幻相就可以被消除。而在阿多诺看来，这种形而上学问题是实质性的问题，是必须被思考的问题。而实证主义所提出的语义学禁忌（语义规则）却扼杀了这样的形而上学问题，扼杀了实质性的问题。对于实证主义来说，这种实质性的问题不过是语义问题。如果从这个角度来思考形而上学问题，思考实质性的问题，思考基础性问题，那么这实际上就禁止人们进行思考。把一切思考变成了语义学反思，而真正的哲学思考消失了。这种语义学思考其实是模仿了自然科学的那种精确科学规则。从这个角度来说，无论形而上学问题多么重要，多么紧迫，人们都按照这种精确科学的要求来进行思考。精确科学的规则在这里调节了人们的思考，规定了哪些问题可以被思考，哪些问题不能被思考。在对于字词的定义中，分析哲学甚至提出了一种所谓的操作定义。对于字词的意思的思考其实就是对于人的思维工具的思考。所以，阿多诺认为，这种做法就是要使那些被人们共同接受的操作方式对要被认识的东西取得优势地位，是手段对目标取得优势地位。本来形而上学问题是要思考某个重要对象，思考要被认识的东西。而在分析哲学中，对思考手段的分析取得了优势地位，而被思考的对象被置于一旁。同时，我们知道，对于形而上学的东西，我们有一种特殊的经验，阿多诺把这种经验理解为形而上学经验。人们在这里所获得的经验是难于用精确语言来表达的。这种经验由于它与用来标记它的符号相抵触而受到排斥。当我们用经验概念来说经验的时候，经验就失去了其经验的特征，而变成了概念。经验所引发的困难（即需要用概念来说明又超出概念）被归咎于命名方法，好像就是因为这种简单的命名，这种命名方法不能准确地表达经验。可是，我们能够有一种准确的语言来表达经验吗？

　　意志概念也类似于经验概念，如果要用简单明确的概念来表达其意思，那么这也是非常困难的。自由概念也是如此。它本来也是充满内在矛盾的，是任何概念都无法表达的。用某种严格的概念来规定自由，一定会消解自由概念。用纯粹的语义分析的方法是无法对这个概念进行规定的。我们不能简单地规定意志是自由的，或者意志不是自由的。这里面包含了非常复杂的东西。这是一个形而上学的问题，不能简单地通过语义分析的方法来解决。同时，意志是否自由的问题还涉及到，正义和处罚的问题，涉及到道德和伦理的问题。对于这些问题，人们不能简单地用这是形而上学的幻相而拒绝理性地思考这些问题。对于阿多诺来说，这些问题尤其值得认真的思考。对于这类的问题，用极其规整的思维，用实证的思维，用严格的语义学方法是无法给人提供满意的答案的，它只能提供一些贫乏的替代性满足。当然，阿多诺也承认，不能简单地认为，语义学上的批判是无足轻重的，是可以被忽略不计的。在这里，阿多诺也强调，我们不能因为这个问题很紧迫就强行给出一个答案。这种强行给出的答案不会是真实的答案。更何况，那可错的需求，无论多么急迫，都不能为答案指明方向。这就是说，如果我们按照精确的语义规定的要求来给出答案，那么这个要求就是一个错误的要求，按照这种要求给出答案就一定是错误的。所以，阿多诺强调，我们应该认真反思意志是不是自由的问题，我们的反思不是要说明意志是不是存在的。在这种反思中，我们不是把意志变成一种可触摸的东西。虽然它不是某种可触摸的东西，但是我们必须思考它们。阿多诺反对从现成存在东西的意义上去理解意志。

阿多诺认为，康德在《纯粹理性批判》的二律背反那个部分以及《实践理性批判》的大部分章节就是要进行这样的思考。这就是说，意志、自由等都是矛盾概念，都不能被简单地说成存在的或者不存在的，而是要从矛盾的角度来思考。尽管他没有明确地这么说过。然而，在阿多诺看来，虽然康德试图进行这样的思考，但是康德还是教条化地思考自由概念。或者说，康德以教条的用法来处理自由概念。虽然康德和休谟一样斥责传统的概念，认为这种传统的概念之中包含了一种教条的用法，即严格规定概念的意义的做法，但是他们自己也不能完全避免教条的用法。接下来，阿多诺分析了康德思想中的矛盾，一方面他看到了自由、意志概念中的矛盾，另一方面他又要给出严格的定义。按照阿多诺的分析，康德把事实性和理知的世界区分开来。事实性类似于"自然"，它不是纯粹的自然，而是与人有关的自然。所以，阿多诺把这个自然打上引号。而理知世界是康德所理解的自由所属的那个世界，是意志所属的那个世界。按照康德，意志的领域、自由的领域是摆脱了自然的领域。康德把这两个领域割裂开来了。而阿多诺认为，虽然意志和自由的领域不是像自然存在的东西那样，不是像某种客观存在的东西那样，但是我们也不能简单地把个人的冲动或者个人的经验纳入到、综合到与自然主义基础不符合的概念之下。这就是说，虽然我们不能像规定存在的东西那样来概括个人的冲动和经验（意志），但是这些自然的冲动和经验也应该被概括在与自然基础相对应的某种概念之下，而不能概括在与自然主义基础的不符合的概念之下。这是因为经验和冲动毕竟是与人的自然要素有关的。从这个角度来说，意志概念其实包含了自然要素。这就如同康德把现象概括为"客体"一样，个人的冲动或者经验也可以被概括到一个公分母下，比如概括到"意志"概念之中。本来康德的意志概念就是这样一种概括。

当康德按照这样的模式来理解意志概念的时候，他把意志规定为一切冲动的合法则性的统一。如果意志是冲动的合法则的统一性，那么这就意味着，它一方面是冲动，是不会按照法则发生的，否则就不能叫冲动了。另一方面，它又合法则。如果它合法则，那么它就不是冲动。意志作为一种冲动同时既表现为自发的，又表现为被理性地规定的。既然这种冲动是合法则的，那么这种冲动就区别于自然的因果性，不是纯粹肉体上的冲动，而且受到理性的法则的规定。于是，阿多诺指出，这种冲动既不同于自然的因果性，而又在自然因果的框架中。这就表现出意志的二律背反的特征，或者说，这个意志就是一种幻相。意志不是在因果性之外的，受到自然因果性的制约，也受到理性法则规定。这是一种矛盾的东西。自由也是如此，自由既不处于因果法则之外，也表示一种冲动的可能性。这是受到理性规定的冲动。于是，自由也必然包含了矛盾。如果自由简单地被规定为冲动的可能性，那么这种断然的认识批判意义上的解答并不准确。因为，这里包含了矛盾，包含了幻相。如果意志只是表现为冲动的自发性，那么这是任性，如果意志表现为完全合法则性，那么意志就不是自由的。所以，我们不能简单地肯定意志是自由的或者是不自由的。意志是自由的或者不自由的之类的说法虽然简洁，但是确实可疑。这就是说，对于意志是不是自由的，我们无法给出一个非此即彼的答案。可是，康德却把这两个东西结合在一起，得出了一个简洁的答案，即意志是冲动的合法则的统一体。这就漫不经心地掩盖了这里的矛盾，掩盖了我们不能简单地规定自由或者意志。那么康德为什么会从冲动的合法则的统一体的角度来理解自由或者意志呢？这是因为康德模仿了他的认识论中的一个思想，即关于主体的内在哲学的建构。这个主体哲学的内在建构，把主体理解为纯粹内在的统一体，类似于孤立的单子。这个内在的统一体如同莱布尼兹的单子论所说的单子。所以，阿多诺认为，康德把意志和自由设定为类似于单子一样的东西。这个单子好像是无矛盾的。意志就类似于这个无矛盾的单子。可是，当康德以单子为模型来理解意志或者自由的时候，这个模型与一个最简单的事实相冲突。这个简单的事实是，人作为一个意志的主体是受到无数的外部要素，也就是社会现实的要素的影响。这些社会现实的要素渗透到意志的自由决断之中。这就是说，意志的决定是被分析心理学所说的"现实测试"所中介。意志是在现实的中介作用下发挥作用的。由于意志的决定受到这个现实的中介，那么现实的要素就不知不觉地融入到意志的决定之中。现实是被合理性原则所调节的。因此现实中的合理性要素也被融入到意志的决定中。这就是意志中的合理性概念，也就是康德所说的合法则性的意思。在阿多诺看来，康德所说的意志中的合理性（合法则性）就是指这个内容，就是指社会中的合理性原则的内化。当然康德一定不同意这种说法。对于康德来说，意志的自由决定是纯粹按照理性原则进行的。而这种理性原则是先天的。

如果我们联系到一个人在实际生活中做出决定的情况，我们就可以看到，任何一种决定都包含了非常复杂的情况，都包含了许多内在和外在要素的影响。在这个情况下，如果人们询问，这种决定是自由的还是不自由的，那么人们无法给出一个简单的回答，只有纯粹的抽象才能做到这一点。而康德的内在哲学就是进行了这样的抽象，他从抽象的角度来规定了意志，从而使这个意志概念显得优雅而又自足。当康德进行这样的抽象的时候，与内在和外在的真实状况相比，这种抽象在心灵中所留下来的东西是极其贫乏的。阿多诺挖苦说，康德在这里对人的心灵进行了化学提纯。当心灵被"化学提纯"之后，心灵中所留下的内容极度贫乏。从这个极度贫乏的心灵之中，我们无法判断人所进行的决断是自由的还是不自由的。这就是说，人们无法根据这种贫乏的内容做出判断。

如果更加严格地按照康德的方式来表达的话，那么我们可以说，做出决定的是经验主体，而经验主体是在具有时空特性的外部世界中存在的。它是"外部"世界中的一个要素，而不是在存在论上优先于这个世界的，不是超越于这个世界的。进行决定的是经验主体，而不是先验主体，因为纯粹的先验的"我思"是没有任何冲动的。而康德的做法恰恰是把先验的"我思"从经验主体中抽象出来，把理知领域和经验领域区分开来，并把理知领域置于存在论上的优先位置。而他的自由意志的问题就是在先验的"我思"之中提出来的。所以，阿多诺认为，康德的这个思路从一开始就注定会失败。

按照这样的思路来理解幻相问题，那么我们就可以说，意志必须在幻相的意义上被理解，而不能被当做是一种肯定存在的、现成的东西。可是，康德就是把意志理解为一种现成存在的东西，即纯粹个人的意志。这个意志进行纯粹个人的内在决定，并且这个决定从具体的语境中解脱出来。这是把个人从社会中摆脱出来，变成纯粹的个人的自我决定。所以，阿多诺批判康德说，他听从了绝对的、纯粹自在的谎言。好像这个意志是绝对的纯粹自在的。好像这个绝对的、纯粹自在的东西是最可靠的东西。所以，阿多诺批评说，有限的主体经验被错误地认为是最可靠的东西。或者说，康德用有限的经验主体来替代最可靠的东西。康德把这个有限的经验主体理解为纯粹自在的，抽象的先验主体。而这个抽象的主体是一种虚构。康德就是用这个抽象的主体作为替代的基础。这是因为，所谓自在存在的主体，也就是抽象的主体是被社会现实所中介的，自在的主体把自身与社会分离开来，把自己看做是独立于社会的。只有独立于社会，它才是自在的。但是，这个表面上自在的主体其实是被社会所中介的。这个抽象的主体认为自己是自由的。可是如果这个抽象主体果真有自由意识，那么他就会发现，他作为抽象主体是被中介过的，他成为他自己所不想成为的东西，成为他律的。按照阿多诺的思想，自由的意志是自律的，而他所遵循的规律就是纯粹理性的规律。而这个纯粹理性的规则是社会规则的内化的结果。自律的主体其实是被中介的，而这个被中介的主体所遵循的理性规则其实就是社会的规则，他也是他律的。

虽然这个主体是他律的，但是我们不能因此认为完全是他律的，而一点自由都没有。意志总是自律和他律之间的矛盾，没有纯粹的自律，也没有纯粹的他律。正因为如此，阿多诺说，个人既是分裂的，也不是分裂的。这其实就是个人的存在状况。这就是说，即使在不自由的地方，其实也有自由。在自由的地方也有不自由。意志有冲动，这种冲动是自由的基础，但是这种冲动也可以是不自由的，是受到肉体的要素的制约，是受到内在的、封闭的心理因果性的制约。在这里，自由和不自由总是结合在一起的，如果一个人在自身之中没有感到当下的自由，那么他也无法发现他的自由之中包含了任性，决定论的原理也不能消除他的任性。自由和任性是结合在一起的。如果一个人不能发现自由，那么他也不可能按照决定论的原理来约束他的任性。只有当一个人在感到自己自由的时候，他才会体验到任性，他才会发现他的任性是受到心理要素，受到感性的要素的推动的。从这个意义上来说，心理学上的决定论学说只是在后来的阶段上才发挥作用。

自由兴趣的分裂

这个部分说明，自由或者意志是幻相，是矛盾的结合体。之所以出现这样的情况是因为，资本主义社会自身存在着矛盾，而这种矛盾导致了形而上学和具体科学的矛盾。自由一方面被抽象地确立起来，另一方面又在社会的具体实践中被否定。

从17世纪资产阶级哲学的崛起以来，资产阶级的哲学家们就对自由有着特殊的兴趣。他们的特殊兴趣就是按照资产阶级的命令对自由进行论证。而这个资产阶级的命令是没有明确地表达出来的命令：要保证个人自由，但是也不能伤害资产阶级的利益。或者说，要不要保证自由要根据资产阶级的利益来判断。资产阶级思想家就是按照资产阶级的命令来论证自由。由此可以看出，资产阶级思想家对于自由的兴趣是对抗性的。他们的兴趣表现为既要推动自由，也推动压迫。资产阶级在倡导自由的时候，也需要强制。或者说，自由和强制有内在关联性，自由的内在矛盾是与资产阶级的利益联系在一起的。比如，资产阶级所倡导的理性思考是要对抗压迫，对抗封建制度。但是当他们推进理性原则的时候，当他们把合理化原则变成了市场交换制度的时候，其实他们也在推进压迫，一种新的压迫，市场制度对人的压迫。在这里，人们为自由和压迫找到了共同的表达式，就是合理性。在这里，自由是按照合理性的模式来理解的。合理性是反抗封建制度的武器，是自由的根据。所以，在这里自由让位于合理性。当自由让位于合理性的时候,自由也就受到了限制。这个合理性是纯粹理性原则,与现实无关。从这个意义上来说,这种自由是纯粹理性意义上的自由,不能在现实中,不能在经验中得到落实。或者说,在这里,自由发生了分裂,在纯粹理性的意义上,自由得到了承认,而一旦要落实到现实的时候,自由就被否定了。这就是自由中的二分法。既然自由只是在理性的思维过程中的自由,那么这种自由、这种合理性就是观念上的自由,而不是要在经验中实现自由。

这种二分法也显示在资产阶级对待科学化的态度上。科学化的过程就是一个合理化的过程。这个合理化过程就包含了两种可能的要素。科学化过程既促进了生产力的发展,也能够妨碍自由的实现,因为如果科学被推广到一切领域,比如,实践领域,那么人在实践中就没有自由。既然科学有这两种可能性,于是,人们对于科学也会表现出一种矛盾的态度。所以,对于科学化过程,资产阶级思想也表现出两种不同的兴趣。当科学化过程促进生产力的发展的时候,资产阶级就拥护它。而当这个科学化过程妨碍自由的时候,资产阶级也会害怕科学化过程。这表明,资产阶级在哲学上既拥护科学,也限制或者排斥科学。康德提出的关于自由的二律背反其实就表现了这一点。按照康德的二律背反的学说,科学的理性(合理化)只能被局限在现象领域,而一旦超出了现象领域,比如达到自由的领域,那么这就会出现二律背反。这就是说,康德按照合理化原则既肯定了自由也否定了自由。科学化只能被用于现象领域,而不能超出现象领域。超出了现象领域(科学知识的领域),那么科学化就会妨碍自由。

从康德对于科学的矛盾态度中,我们可以看到,他是把自由和科学对立起来的,也就是和实证科学对立起来的。而心理学就属于实证科学。当自由和实证科学对立起来,比如与心理学对立起来的时候,自由就成为与经验现实无关的纯粹精神上的自由。所以,首先在康德那里,然后在其他的观念论者那里,自由的观念就与具体科学的研究对立起来,特别是与心理学研究对立起来。对于观念论来说,纯粹的实践理性是自由的,而心理的内容是受到肉体的、经验的要素影响的,是服从于自然规律的。这些内容属于不自由的领域。所以,具体科学的研究对象被康德驱逐到不自由的领域。在康德那里,实证科学被置于思辨之下，也就是置于形而上学之下的领域。这个形而上学之下的领域是现象的领域，是具体科学研究的领域。随着自然科学的发展，这种思辨的力量（形而上学领域）走向衰弱。科学领域和形而上学领域更加尖锐地对立起来。自由领域和不自由领域被彻底对立起来。自由只能在本体的领域才能存在。在这样的情况下，具体科学付出了头脑狭隘的代价。这就是说，具体科学所把握到的是纯粹的经验领域的规律性，而不涉及形而上学的领域。而哲学所探讨的自由却与现象领域无关，与经验领域无关。所以，哲学所付出的代价是不承担义务的空谈（这就是指，在康德那里，形而上学领域和关于现象领域的知识的分离）。哲学大谈自由，但是本来自由是与承担的义务联系在一起的，但是由于自由与现象无关，与经验现实无关，所以这种自由也不需要承担义务。由于哲学和具体科学对立起来，由于经验领域和超越的领域被割裂开来，所以具体科学就越来越探索规律，而哲学才高谈阔论地讨论自由。具体科学于是被剥夺了哲学的内容，越来越把自己束缚在经验的领域中，那么关于自由意志的哲学原理就越是变成高谈阔论。比如，心理学在对待性格发生的时候应该包含哲学的内容，但是由于哲学内容被剥夺了，心理学也无法准确地理解性格的发生。甚至康德也只能对性格的发生进行胡乱猜测。从这里，我们可以看出，阿多诺对于性格的理解。对他来说，性格和意志等类似，既是经验的，又是非经验的。如果关于性格的学说被当做经验领域的知识，那么人们就不可能真正把握性格。由于康德把科学知识和形而上学割裂开来，于是当他从心理学（经验科学）的角度来理解性格的时候，他就只能对性格进行胡乱的猜测。

由于具体科学和哲学理论对立起来，由于自由和不自由被割裂开来，具体科学就越来越多地探索合规律性，而哲学探讨自由。在这样的情况下，具体科学就倒向决定论的一边，而哲学就倾向于非决定的学说，走向自由的学说。不过由于哲学和具体科学完全割裂开来了，于是在哲学领域中，人们对于自由的讨论就排除了实证科学的要素，而只能变成一种前科学、辩护性的直觉。人们无法用科学的理论基础来论证自由。这就是康德自由学说的特点。于是阿多诺认为，正如自由的辩证法构成黑格尔哲学的基本要素一样，自由的二律背反构成了康德哲学的基本要素。在《纯粹理性批判》中，康德就确认了这样的二律背反。在他们之后，至少学院派哲学发誓要忠实于那高于经验领域的偶像，即形而上学的领域，更准确地说，理知的领域。个人的理知上的自由受到了赞美，人们于是就可以更加无情地让经验上的自由承担责任，并且用那种可以预见的、形而上学上得到确证的处罚来更好地束缚这种自由。形而上学所说的自由是纯粹精神的自由，而在生活领域中，自由都是与具体情况联系在一起的，都需要承担责任。形而上学上所确认的自由是绝对的，那么我们可以预见，所有人在经验的行动中都要承担责任。这就是说，一方面，先验论把经验领域和形而上学的领域区分开来，从形而上学的领域证明了自由以及与自由相关的责任，另一方面，人们又把形而上学和经验的领域结合起来，把形而上学领域论证了的自由和责任强加在个人的头上。换句话说，如果把形而上学领域和经验领域割裂开来，那么形而上学意义上的自由不仅无助于在现实中实现自由，而且还会在现实中限制自由，束缚自由。形而上学上的自由与现实中的强制相互合作。形而上学上的自由强化了现实中的不自由。

按照这样一种分析，阿多诺认为，把形而上学领域和经验领域区分开来，其实是把自由学说和压抑的实践结合在一起。观念论的学说对于自由的理解就存在着这样的缺陷。它是自由学说和压抑实践的联盟。这种联盟使人们无法真正地洞见到生活中的自由和不自由。如果说在17世纪初期，哲学和具体科学还是在某种程度上结合在一起的，还能在一定程度上真正地把握自由和不自由，但是后来的观念论却倒退式地失去了过去的辉煌。这就是把自由理解为纯粹理性上的自由，纯粹精神领域中的自由。黑格尔把这种倒退说成是哲学的贫困。把哲学和具体科学割裂开来不仅仅使哲学变得贫困，而且具体科学也变得越来越无能。而阿多诺反对把这两者割裂开来。比如，本来，刑法学应该对人的行动是不是自由做出判断，从而依据这种判断对人进行刑事上的判决。可是刑法学属于具体科学，而不是哲学，它没有能力处理自由问题。于是，它要求助于哲学，但是由于哲学和具体科学对立了起来，它也无法给具体科学提供帮助。于是，阿多诺认为，凡是在科学希望哲学就其无法解决的问题作出决断的地方，它从哲学中获得的只是世界观上的安慰。哲学也无法对于经验领域中的自由问题作出判断。它只是在形而上学的领域中空洞地讨论自由，它所提供的不过是一种空洞的世界观。

当具体科学变得越来越无能的时候，当哲学无法给经验的领域提供具体指导的时候，具体科学中的人们或者说（具体领域的）科学家们就变得无所适从。他们只能根据自己的兴趣来引导自己。可是根据自己心理上的本能结构，他们也会非常害怕。这是因为，科学家在心理上的本能结构是强调科学规律，强调排除兴趣，而纯粹按照理性的法则做出决断。因此，从这些科学家的"本能"结构来说，他们必定会害怕只是根据自己的兴趣来引导自己。本来自由和决定这样的重要课题，比如刑法中的自由和决定这样的重要问题，必须理性地处理，而不能由科学家根据兴趣或者心理上的本能结构来处理。而现在，科学家只能按照兴趣和本能结构来处理，按照非理性的方式来处理。这是非常可怕的事情。在这里，自由和决定论的复杂关系被随意地交由非理性来处理，并在临时的、多多少少经验上的具体发现和教条的普遍性之间摇摆。人们只能在具体发现和普遍的原理之间摇摆。他在摇摆之中只能根据自己的兴趣或者理性的法则来处理。最后，对于这种复杂关系的态度取决于政治信条或者刚好被承认的权力。比如，在美国，疑难的案件最后由联邦最高法院来处理。而最高法院的人是有自己的不同的政治信条的，比如，保守派和自由派。或者在面对自由和决定的复杂关系的时候，人们只能根据权力关系来做出决断。人们无法借助于哲学的观念，比如辩证法的观念，来理性地思考这里的问题。

最后，阿多诺强调，关于自由和决定论的讨论是一个老课题，从资产阶级革命时代开始，人们就讨论这个问题了。虽然人们早就关注自由了，但是自由却并没有实现。虽然自由没有实现，但是我们不能把它当做是宿命，当做无可奈何的事情。要对抗这种宿命就要揭示自由，就要深入地理解自由。可是，在今天的社会，自由却对人们失去了吸引力，自由的观念失去对人的支配力。这种情况之所以出现是因为，人们抽象地、主观地设想了自由，而不是联系经验的领域来思考自由。由于人们只是抽象地思考自由，以至于客观的社会趋势可以轻易地把它埋葬。因此，自由的问题更值得我们思考。从这里可以看出，阿多诺要把哲学和具体科学结合起来考察自由。

自由、决定论、同一性

在《纯粹理性批判》中康德强调，理性只能在现象领域获得知识，而不能超出现象领域。这就使得康德哲学具有一种实证主义的倾向。从这种实证主义的倾向来看，自由或者意志是不是也包含矛盾呢？阿多诺认为，这里同样包含了矛盾。

现代社会出现了一种倾向，这就是人们对于自由、自由概念或者事物本身漠不关心。自由、自由概念或者事物本身是属于形而上学领域的。在现代社会人们对于形而上学的领域不感兴趣。在阿多诺看来，这是由于社会整合造成的。在这种社会整合中，人被纳入到一个功能系统中，成为系统中的角色，他们失去了自由。他们感到，这个系统对他们来说是不可抵抗的。功能系统的人们习惯于一种实证的思维方式，他们停留在现象的层面，而缺乏对于超越领域的关心。在康德那里，自由是与理性对于超越领域的思考联系在一起的。当人们被整合到社会系统的时候，人们产生了对于社会系统的一种依赖，而不再关注自由。在这样的情况下，被爱的兴趣瓦解了他们对于自由的兴趣，他们担心自由会使他们得不到保护。如果说自由在社会系统中被排斥了，那么诉诸自由就毫无意义。自由概念就如同空洞无物的声音。人们对于自由概念的这种态度类似于极端的唯名论。对于极端的唯名论来说，字词或者字词所表达的概念是空洞的声音，是纯粹的符号，只有字词所表达的对象才具有实在的意义。按照这样一种唯名论，自由的概念毫无意义，我们只要注重现实状况就可以了。而在现实社会中，社会的功能整合消解了自由。而当这个社会消解了自由的时候，社会变成了一种功能化的统一体。从这个角度来看，极端的唯名论与人们失去对于自由的兴趣这个状况相适应的。这种极端的唯名论适应了合理化的功能系统，接受了这个功能系统的合理化原则。它按照逻辑的规则把社会中的客观对立，比如自由和不自由的对立驱逐到了幻相问题的领域。在现实社会中没有自由，自由属于超越的领域。在这个问题上，唯名论的倾向与康德的先验论是一致的。这其实也是康德所说的先验观念论就是经验性实在论的说法的一个证明。或者说，阿多诺在这里是按照康德的先验观念论就是经验性实在论的思路来分析自由的问题的。它否定了社会现实的矛盾，其实是要掩盖现实中自由和不自由之间的矛盾。这就是说，在现代资本主义社会中，存在着自由和不自由的矛盾。在功能系统中个人是不自由的，但是这个功能系统又是以个人的自由为前提的。没有自由的个人，这个功能系统就无法建立起来。个人之间的自由交换构成了一个功能系统。那么这种唯名论是如何来掩盖矛盾的呢？这就是，它局限于经验材料，局限于感性现实，坚持记述命题（记录经验材料的命题）。这个感性现实就是一个功能化的系统。这个被记录下来的功能系统是没有矛盾的。这就是说，它缺乏辩证法。当唯名论满足于记录经验材料的时候，它就在意识中排除了与现实相矛盾的东西。接着，阿多诺通过对于反射的分析来说明，唯名论是如何在意识中排除矛盾。这种做法其实是一种意识形态。

按照这样一种唯名论的方式，我们只需要对不同情况下的人类行为方式进行描述和分类即可，而不需要谈论意志或者自由，这类关于自由或者意志的说辞都是概念拜物教。所谓概念拜物教就是顽固地坚持概念而不顾概念所指涉的对象。与这种思维方式相一致的是行为主义心理学。这种行为主义心理学把人的一切规定都简单地转译为模式化的反应或者个体性的反应，这些反应都可以被固定下来。这就是从人的行为模式来理解人，而忽视了人的意识过程。这就是说，人的行动不是一种简单的条件反射，而是有意识过程的。人的固定化的行为模式中，包含了自发性的要素。而行为主义忽视了人的固定化的行为模式之中有一种超出反射的新特质，而这个新特质又是产生于反射的。在这里，人的行为中包含了反射，又包含了超出反射的东西。这是一种新特质，是与自发性有关的特质。这种自发性也包含在行为之中。这表明，在人的行为中，自由和不自由是结合在一起的。

在这里，实证主义的思维方式有一个特点，它要把握最终的东西，把握最基础的东西。而把握最终的东西的做法其实也遵从了一种形而上学的教条。形而上学是实证主义的死敌。这两个死敌其实也有一致之处。按照亚里斯多德的形而上学的思想，起初的东西是最优的东西。实证主义对于反射的把握好像就是把握到了起初的东西。亚里斯多德所说的"最可敬的是最古老的，而誓言证人是最值得敬重的"就表达了起初的东西是最优的东西的形而上学观念。在这里，阿多诺又把亚里斯多德起初的东西是最优的东西的说法进行进一步的引申。如果起初的东西是最优的东西，那么在亚里斯多德那里，起初的东西是神话，最古老的东西是神话。这句话其实就是想说明，实证主义的那个起初的东西其实是神话。纯粹的反射其实也不是起初的东西，反射之中就包含了自发性。虽然实证主义是反神话的，但是也保留了神话的要素，实证主义虽然是反形而上学的，但是也包含了形而上学的要素。实证主义的神话特点表现在，它要把现存的东西还原到过去的存在，要找到原初的东西。从这里，我们可以看到，彻底的形而上学和彻底的实证主义在本质上是一致的。

接着阿多诺继续按照这种思路来分析实证主义，并通过对于实证主义的内在批判来说明自由和必然的联系。实证主义所使用的是一种描述的方法，甚至是纯粹的量化方法。这种量化方法就是用同类来交换同类。这种纯粹的描述方法，这种纯粹的量化计算方法既不能说明命定的必然性，也不能说明自由，说明自我可以产生他者。或者说，这种方法既没有为阻止命定的必然性（命运）提供空间，没有为自由提供空间，没有为自我产生他者，为自我的自发性提供空间。实证主义方法无法为自由提供空间。尽管实证主义的方法无法为自由提供空间，但是实证主义对于反射的关注其实就已经为自由提供了可能性。这是因为，在人身上对象化的那种东西，也就是人的对象化的行动，既出于反射，又对抗反射。人的行动如果是出于反射，那么这个行动就是纯粹被动的，但是人的行动又超出反射，抵抗反射。阿多诺把人的这种特殊的行为方式理解为"性格"或者"意志"。而性格或者意志，是自由的潜在器官，而正是这种东西又暗中遏制自由。或者说，这种从经验角度所理解的意志可以被说成是"性格"。而人的这种性格既包含了自由而又超出自由。人的性格或者意志是自由的器官，由于人有性格，有意志，人会抵抗反射。这种抵抗中显示出人的自由。意志和性格有可能导致自由。但是意志和性格并不必然导致自由，因为意志和性格是包含了反射的，是在反射中发生的，它可能会暗中遏制自由。因此，意志本身就是一个矛盾的东西，性格本身就是一个矛盾的东西。限制人的自由的是意志，促进人的自由的也是意志。阿多诺把人的这种状况概括为，自我同一和自我异化从一开始就相伴相随。这是一个非常重要的思想。自我同一表明，同一的自我是自由的前提。如果没有这个同一，人就不可能是自由的，但是这个自由的条件恰恰又是反抗自由的，是限制自由的。这是因为人是被束缚在这种自我同一性之中的。从这个角度来说，人如果自我同一的时候，人是没有自由的，人也需要走出自己的自我同一，走向他者。这就是自我的异化。因此，自我同一和自我异化始终联系在一起的。这两者之间的结合表明了，自由和必然始终是联系在一起的。没有纯粹给定的自由，也没有纯粹给定的必然。阿多诺的这个分析,把自由和必然的理解极大地推向了前进。

根据上述分析,阿多诺认为,自我异化的概念是一个恶劣的浪漫主义观念。按照这种浪漫主义观点,当人自我异化的时候,人不是他自己。它设想了一种人是纯粹自己的状况。好像这个纯粹的自我是完全自由的。它忽视了自我同一和自我异化之间的内在矛盾。自我同一是自由的前提,同时也束缚人的自由。但是浪漫主义者忽视,自我异化的前提是自我同一,没有自我同一,也就没有所谓自我异化。阿多诺指出,自由的条件,即自我同一同时直接就是决定论原则。只有当人把自己对象化为性格,意志才会存在。在这里,阿多诺对于意志进行了一种完全不同于康德的理解,意志是人的对象化活动的结果,是人的性格之中的一种要素。而人的性格之中包含了自我同一性和自我异化。人在自己的反射活动中就已经进行一种对象化的活动。这种对象化的活动,既确立了自己的自我同一性,从而使自由得以可能。而在把自己对象化的时候,成为一种具有性格的存在者的时候,人其实就把自己外在化,就把自己变成一个外在的东西,人也因此屈从于因果联系。人在这里同时就是不自由的。

于是,阿多诺按照上述分析指出,实证主义的"反应"概念尽管就其意图来说纯粹是描述的,但是却预设了远远超出它所公开承认的那些东西,即它对每一给定环境的被动依赖。这就是说,反应不纯粹是对环境的被动依赖,实证主义对于反应的描述预设了自发性,预设了主动性。如果没有自发性,反应也不可能发生。而实证主义的纯粹描述却把这种自发性消解了,把主体和客体之间的相互作用消解了。实证主义对于反射的纯粹描述其实是一种意识形态,就是要人们适应这个世界,使人们和意识形态一致起来。这个意识形态的目的就是要排除自发性,排除自由。如果这里只留下了被动的反应,那么按照古代哲学的术语,这里也就只留下接受性:思维就不再可能了。这就是说,如果一个人只有反射,那么这个人就不可能有思维。思维就是一种自发性。自发性也是一种意志的力量。从这个角度来说,思维和意志是结合在一起的,没有意志就没有思维,没有思维也没有意志。所以,阿多诺在这里强调意识和意志之间的联系:通过意识才有意志,而只有存在意志的地方,才有意识的存在。

而意志和意识的这种联系又都与人的自我持存联系在一起的。人要自我持存就要有意志和意识。人的自我持存绝不是像动物那样的有限反射。人最初也是动物，也进行有限的反射，但是人为了自我生存不会满足于这种反射，人在自己的生存的历史中就已经为超越这种反射做好了准备。人最初的活动形式类似于生物个体的方式。但是人又不同于其他生物，人具有自我同一性，而这种同一性使人超出动物的反应模式。而在这个自我同一性中，人确立了自我。所以人虽然也有反射，但是人是在具有了自我基础上的反射。所以，阿多诺强调，没有这种同一性（统一性），人的反射就不可能。如果反射是人自我持存的基础，那么在自我持存中，人又确立了自我。这个自我是自由的基础。人的自我持存中遵循生物的必然法则，同时人又确立了自我，从而人又是自由的。

自由与被组织起来的社会

自由不是脱离社会条件的抽象的给定东西，而是在一定的社会条件下的产物。在这样的社会条件下自由与不自由是同时存在的。个人自由是在一定的社会条件下存在的，我们不能脱离社会条件来讨论自由。这就需要我们提升自我的意识能力，在批判现实社会中实现自由。

如果没有任何关于自由的思想，那么组织起来的社会也不会得到任何支撑。资产阶级在思想上论证自由，就是为了证明，在现代被组织起来的功能社会中，还是存在自由的，因此，这个社会也是合理的。所谓组织起来的社会就是按照合理化原则组织起来的资本主义社会。本来关于自由的理论是论证资本主义社会的合理性的，但是组织起来的社会并不是真正的自由社会，恰恰相反，它会再次削弱自由。这就是通过合理化的组织形式来削弱自由。资本主义的国家既强调自由，又削弱自由。这是资本主义国家的内在结构所决定的。这个国家的结构是这样的，它一方面强调个人自由，这是市场体系的基础，另一方面，它又通过市场结构限制个人自由。承认自由和限制自由在这种契约国家是结合在一起的。契约国家的基础是个人自由，而当这个国家建立起来的时候，个人的自由又被限制。

按照阿多诺的理解，霍布斯是一个决定论者。这种决定论认为，虽然人是有自然权利的，但是在面对主权者的时候，他都会在不同程度上被迫接受主权者。一方面，虽然个人拥有自然权利，但是个人为了自我保存，为了保证自己的自然权利，他会通过理性的算计而接受主权。另一方面，一个人即使不愿意服从主权者的意志或法律,但他却根本没有权力或者力量同主权者或国家的权力进行对抗,所以只能被迫服从主权者。个人接受主权者是被决定了的。这是霍布斯的决定论。按照这样意义上的决定论,主权者可以终结战争。而阿多诺提出了相反的主张。在他看来,如果把决定论贯彻到底,如果人的行动事实上都是被预先决定了的,那么主权者不可能终结战争,恰恰相反,它会允许一切人反对一切人的战争。这就是说,如果我们按照霍布斯的决定论的思想,把这种决定论思想贯彻到底,那么我们会得出这样的结论:如果人都是被自然的要求束缚的,被自然的要求预先决定的,并且都是进行盲目斗争的,那么人们之间的行动就没有一种确定的标准。主权者所提供的标准也无法终结战争。人和人之间的战争是必然的。这就是说,如果把这种决定论贯彻到底,那么人的行动都是由他的自然冲动所决定的。这些具有自然冲动的人结合在一起必定要发生狼一样的战争。这些受到自然冲动束缚的人只会进行盲目的斗争,而不会接受任何道德标准。可是这些必然战争的人又必须共同生活,那么他们究竟应该如何做呢?阿多诺认为,在这里隐含着一种谬误推理:自由必须彻底实现,恐怖才不会出现。按照通常的看法,如果人都是彻底自由的,那么人与人的战争的恐怖状态就会出现。而阿多诺恰恰把这种推理颠倒过来。要避免人和人之间的战争不是要限制人的自由,而是要彻底实现人的自由。只有彻底实现了人的自由,战争的恐怖才不会出现。显然这里所说的自由不是人在自然要求基础上实现的,而是肉体和精神、个人和社会和解的基础上实现的。而这种和解是一个历史的过程。或者说,这种自由不是现成存在的,而是需要一个历史过程。其实,阿多诺在这里试图通过对霍布斯思想的内在批判,而得到这样一个思想,不是要通过国家来限制人的自由,从而避免恐怖,而是要彻底实现自由才能避免恐怖。这才是我们应该从自然权利的思想中得到的结论。在现代社会,自由还没有出现,所以存在着恐怖。

这就需要我们通过一定的历史过程来实现自由,从而消除恐怖。而霍布斯的设想是不顾社会历史条件来讨论契约国家。而阿多诺强调,实现自由是一个社会历史过程,而不是抽象的理论反思的结果。霍布斯所进行的不过是抽象的反思。而康德其实也进行了这样的抽象的反思。不过,康德还是在一定程度上考虑到了社会历史条件的。按照这样的思想,意志是不是自由的问题就是一个历史哲学问题，而不是抽象的理论问题。因此，他不是纯粹从理论上思考这个问题，而是联系资本主义社会现实来思考这个问题。从资本主义社会状况中，我们可以看到，在这样的社会中意志是自由和意志是不自由的这两个命题都同时能够成立。这就是把意志和自由的问题变成了一个历史哲学问题。阿多诺认为，康德没有忽视了这样一个历史哲学的维度。在阿多诺看来，康德的道德哲学有一个革命性的诉求。这是一个具有历史哲学维度的革命性的诉求，即资产阶级期待的自由。在这里，阿多诺借助于康德的一段文字来说明这个道理。人们看到自己由于义务而受到法则的束缚，这是历史上的事情，是人们在生活中切实感受到的现实。人们要摆脱这种约束。但是康德在这里又指出，人们没有看到，这个法则是自己制定的。而且资产阶级的法则，比如人都是交换的主体是被所有人所接受的。这就是康德所说的普遍立法的意志。康德哲学中就包含了这个历史哲学的维度。接着，阿多诺指出了康德的矛盾，虽然康德的思想中包含了历史的维度，但是他却没有想到，自由本身也是历史性的，是包含了经验内容的。而康德却把自由当作是一个永恒的概念。对于康德来说，这是他在先验的自我的基础上所确立的自由。

接着，阿多诺批判了康德的先验自由概念。我们知道，当代社会甚至我们生活的时代，人们缺乏自由的事实。而且更重要的是，人们缺乏一种正确的自由概念。对阿多诺来说，这个社会缺乏自由概念是指，人们缺乏他所理解的那种自由概念，一种和解意义上的自由概念。康德的先验自由不是这样一种和解了的自由概念。康德的自由概念是给定的自由，是先验的自由。按照康德的自由概念，如果一个社会对于自由一无所知，那么人们就应该把一种客观自由的东西（先验自由）赋予这个社会或者这个时代。可是，这是与康德的先验自由学说相冲突的。自由不是外加到一个社会或者一个时代的，而是这个时代或者这个社会中的人们自由立法的结果。并且这里的主体意识作为一般意识是活生生的人的意识，是经验性的个人的意识。如果这种意识不是活生生的个人的意识，那么这个社会也不可能有先验的自由。于是，为了证明先验自由的存在，康德会固执地去证明道德意识是无所不在的，甚至一个极端的恶人也有道德意识。如果没有这种道德意识，那么先验的自由就无法被确立起来。对于康德来说，所有的人，哪怕是恶人也有道德意识。既然所有的人都有道德意识，那么所有的人都有自由的意识，所有的人都进行了自我立法。按照这样的推论，那么所有的社会都可以是自由社会。否则的话，作为一个理性的人就应该反对不自由的社会。而康德所生活的那个社会就是一个不自由的社会，康德理应反抗这个社会。作为卢梭的追随者，康德也应该奋起反抗这个不自由的社会。这就是说，康德思想中包含了这样的思路，任何一个人的天性之中都包含了道德意识，都有自由的观念，都能自由和自律。因此，人构成的社会，也是应该是自由社会。可是康德生活于其中的社会却不是自由社会。他本该不迁就于这个社会。这就是说，如果把康德自由思想落实到社会之中，那么这必然会出现矛盾，所以，康德的思想是一种纯粹理想的设定，而缺乏对于现实社会的批判。

康德本该不迁就于他所生存于其中的社会，但是康德还是撇开了社会要素来讨论自由。对康德来说，不言自明的、现代意义上所形成的个体绝不是生物学上的单个存在，而是通过反思而建立起来的统一体，即黑格尔所说的"自我意识"。他从人的自我意识的基础上来讨论自由。这个个人是具有自我意识的个人，是通过反思而建立起来的统一体，即纯粹的自我。这个纯粹的自我可以不管时代地讨论自由，可超出时代来讨论自由的实现，也可以讨论应然的自由。阿多诺要我们设想，假如康德所设想的自由实现了，那么实现这种自由的社会就应该是在一个物质条件非常丰富的社会。在这样的社会中，人们可以摆脱生物性上的本能的需要来实现自由。然而阿多诺认为，即使在物质条件非常丰富的社会，自由也可能被完全消灭。这是为什么呢？这是因为社会本身是恶的。这种个人自由之所以被完全消灭不是因为自由的个人会极端地作恶，而是因为这里不存在一个他们在其中不需要再作恶的世界。人在社会中必须生存，必须相互竞争。这种竞争就必然会限制别人的自由。这是社会的必然结果。布莱希特的戏剧其实表现了这一点。比如，在《四川好人》中，那个好人为了能够做好事，就必须晚上做坏事。如果没有晚上做坏事获得利益，那么他也没有条件白天做好事。在这个世界中，作恶成为必然。这不是要原谅人们作恶，而是要倡导人们改变这个世界。有自我意识的人知道自己在作恶。他们希望自己不再作恶，因此，他们也希望改变这个世界。阿多诺强调，恶是世界本身的不自由：这里所出现的恶都来自于这个世界。在我们思想中，自由只能是个人的自由，而不存在所谓的社会的自由、世界的自由。而在阿多诺看来，社会的自由，世界的自由是自由的条件。当一个社会建立了一种限制人的自由的体系的时候，个人是不可能自由的。阿多诺所期待不是个人的自由，而是一个自由的社会和自由的世界。这个自由的社会是人和社会、精神和肉体和解。在现代资本主义社会，人们的生存条件已经得到了极大的改善，本来，基本的物质需求的满足已经不成问题，但是这个社会仍然是一个恶的社会。

现代社会为什么还不是自由社会呢？因为现代社会仍然是和个人对立的。人们所提出的自由概念是在社会和个人对立的基础上提出来的。人们把个人的自足性作为自由的基础。阿多诺批判了这种思想。个人是被社会所决定的。阿多诺说，按照其内在的谱系来说，社会规定了个体，使他们成为他们所是的样子。他们的样子是被社会规定的。而个体化原则却把个人的自由或者不自由作为首要的原则确立起来。这是错误的，这是受到一种类似于摩耶面纱的东西的欺骗。叔本华的摩耶面纱是来自于印度佛教的思想。按照叔本华的看法，我们生活的世界所呈现出来的世界是一个表象的世界，这个世界是在摩耶面纱的笼罩之下欺骗人的世界。按照这样的思路来看待世界现象，我们就会发现，社会中的个人表面上都是独立的个体，其实这都是一种表象，不是真实的状况。在这样的面纱之下，即使一个人能够深刻地洞见到自我对于其他东西的依赖性，这种洞见仍然是有限的，仍然是困难重重。在这个面纱之下，人很难透彻地理解他所依赖的东西。人不可能完全透彻地理解自己的依赖性。当人无法真正透彻地理解自己的依赖性，他就认为，他是自主和自律的。叔本华就是在这个摩耶面纱的欺骗下确立了个体化原则。

那么个体化原则是如何确立起来的呢？一切个体之中都有一种普遍的理性。这种普遍的个人是首要的、最终的东西。这就是一种个体化原则。这种个体化原则其实是把人都有理性的学说同那个与它相关的语境孤立起来，赋予个人以优先地位。它由此也毫无疑虑地凸显主体的自足性。这就是把个体化原则从与包含了普遍性的环境（被合理化的社会）割裂开来，凸显出来。在这样的情况下，人就无法深刻地理解自己对于社会的依赖性。于是人们就心悦诚服地认为，个体是自足的。这个原则把个体的自足性与限制个体的总体对立起来。而阿多诺本人坚决反对这种个体化原则。在他看来，个体化原则根本不是形而上学上最终的和不可改变的东西，因此，个体也绝不是在个体化原则的意义上自由的。当然，这也不是说，个体没有任何意义上的自由。阿多诺承认自由，但是自由是相互交织的社会状况中的要素，而不是孤立发生的一个事件。这里的自由要素可以在双重意义上被理解：第一是在个人的自发性的瞬间。人的活动是在各种交织的要素中发生的，而自发性的瞬间是其中的一个要素。人的活动必定包含了这种自发性的瞬间。第二，在社会性的层面上，历史发展必然是各种要素交织在一起的，而在历史转变的关节点上，必定有某种自由的要素发生。这样的自由要素应该得到承认。

现代社会中的自由概念常常是建立在个人的独立性的基础上的。在自由概念中所出现的问题与人们对于个体的独立性的不适当的强调有关。阿多诺认为，如果个人的独立性被自由的意识形态不恰当地强调了，那么这是行不通的。这就是说，虽然自由在社会和个人的层面上存在上述两种要素，但是这两种要素不能被错误地拔高，不能被完全意识形态化。但是，人们从意识形态角度拔高个人的独立性，这也是有一定的社会基础的。这就是社会和个人在一定的程度上是相互分离了。由于这种分离的存在，所以人们才强调个人的自主性和独立性。人们只是在意识形态中错误地理解了这种分离。那么如何才能准确地理解这种分离呢？这个分离是在一定的社会历史阶段出现的，是在资本主义社会中，个人通过理性来追求自己的利益，并因此而把自己和社会对立起来。在这样一个社会中才出现个人和社会的分离。由于这种分离，自由问题才得以产生。这就是说，在这个社会阶段上，人的自我意识发展起来了。在这个阶段，人们才有自由的意识。当人们有了这种自由意识的时候，人们提出了个人自由的问题。人们在这个社会中发现，社会对于个人自由的限制。于是，也正是在这个阶段上，人们提出了超出这个社会阶段而真正地实现自由的问题。所以，阿多诺强调，在这个社会阶段并超出这个社会阶段，自由问题才是真实的。这个真实的问题是，社会所承认的个人自由是不是与它所许诺给他的自由完全一样？社会本身因此是不是自由的？这就是说，在资本主义社会阶段中，人们意识到了自由的问题，社会开始承认个人自由。人们需要追问，社会所承认的个人自由，社会结构中所实际提供的自由和它许诺的自由是不是一样的。社会本身是不是自由的。人们发现，这两者之间是不一致的，这个社会本身也是不自由的。它的内部存在着某种强制性的规则。个人虽然能够短暂地耸立于盲目的社会环境之上，但是这恰恰有助于他在闭塞的孤立之中把这种社会环境再生产出来。个人与社会之间在一定范围内的分离恰恰成为社会（功能化）被再生产出来的一个条件。或者说，个人在这个社会之所以不自由就是因为个人独立于社会了。

既然只有当人有自由意识的时候，自由问题才会出现，人们才会意识到社会条件对个人自由的限制。因此，当人们说，意志是不自由的时候，他所说的是，个人从历史上经验到内在和外在的不可调和性，意识到人被束缚在外在的东西中，人是不自由的。而这个外在的东西又是他们自己确立起来的。他们会把他们所确立起来的东西理解为自由个人的结合体，把它理解为个人与社会之间的对抗。个人究竟是自由还是不自由的，就是在这种对抗中被确立起来的。在这里，阿多诺用《精神现象学》的有关观点来论述自己的思想。按照黑格尔《精神现象学》的说法，主体只有在那与主体疏离开来的东西中、在那必然对抗主体的东西中才会获得自由和不自由的概念。这就是说，主体在与主体对抗的东西中既感受到了自由同时也感受到了不自由。比如一个人在市场交易中才会同时获得自由和不自由的概念。在主体获得了自由和不自由的概念之后，主体才与自己的原子结构联系起来，确立了自己的独立性。只有当主体把自己完全独立出来的并与社会对抗的时候，主体才感受到自己不自由。这里有两个方面，前哲学的思维只是看到后一个方面，即它只看到个人与环境的对立，而看不到它的这种看法所受到的限制。只有在他获得自由的概念之后，它才会把个人和环境对立起来。但他看不到这个前提。

当人把自己和环境对立起来的时候，人其实是受到了限制，人没有看到，这里存在着一个前提，即自由和不自由概念的产生。这就需要意识明白它在这里所受到的限制。至上的自我在自我内部是自由的，它是至上的，是自由的。但是至上的思维不是局限在自己内部的，至上的思维要去改变世界，去思考思维之外的东西，而当至上思维回到自己的内部的时候又会获得不自由的概念。本来至上思维是在内部感到自己自由的，其实它从外部回到内部的过程中，同时就获得了不自由的概念。这就是说，至上思维在回到自己本身的时候既获得了自由概念也获得了不自由的概念。自由和不自由是相互交织在一起的，而不是简单地对立的。参与社会实践的人自然会注意到这一点，也就是说，他们不是由于纯粹的理论原因而注意到这种联系的。意识不是出于理论上的求知欲而注意到这一点，而是在实践中注意到这一点。这就是说，人在控制自然和社会形态的时候，在控制和支配他人的时候，感到社会形态、他人对于自己的限制，感受到了不自由。他看到了自己对于外部条件的依赖，但是这种控制活动同时也使他感受到了自由，从他自己对于世界的改造中看到了自由的能力。从这个角度来说，自由是站在金字塔的顶端的人由于没有看到他的依赖性（不自由）而认为自己是自由的。从这个角度来说，自由的意识是站在金字塔顶端的人的一种意识。在这里，阿多诺从人的实践活动的角度来看待自由和不自由。这就是说，在实践活动中，自由和不自由是联系在一起的。

而自由概念的原型就是金字塔顶上的人，他忽视了他的依赖性。而抽象自由就是从这个原型中抽象出来的。抽象的、一般的自由概念是超出自然的，于是自由也会被精神化为摆脱因果王国的自由。但是，自由由此变成了自我欺骗。在这里，自由变成了纯粹精神上的自由，这是一种自我欺骗。这就如同金字塔顶的人看不到自己的依赖性一样。阿多诺认为，从心理学上说，主体对他会是自由的这个命题的兴趣是自恋，像其他任何自恋一样，是极端过分的。或者说，关注自己自由的人有一种自恋倾向。他把自己孤立在自己的内在自我之中。这个孤立的纯粹的内在自我是自由的。从这个角度来说，康德的自由概念就包含了这种自恋倾向。所以，阿多诺挖苦说，虽然康德从范畴的角度把自由领域置于心理学之上，但是他的自由概念之中还是包含了（心理学上的）自恋的倾向。接着，阿多诺引用了《道德形而上学的奠基》的有关说法来说明，康德自由概念其实并没有真正摆脱心理学的要素，其中就包含了这种自恋的要素。按照《道德形而上学的奠基》，每一个人，甚至"最坏的恶棍"也希望"当我们向他举出心意正直、坚定地遵守善的准则、同情和普遍仁爱的榜样的时候"，他也有这种倾向。由此，他不期待"欲望的满足"，"不能期待任何一种使他的某一个实际的或者可设想的偏好得到满足的状态"，"而只能期待他的人格的一种更大的内在价值……当他把自己置于知性世界的一个成员的立场上时，他相信自己就是这个更善的人格。自由，亦即对感官世界的规定原因的独立性的理念，迫使他不得不这样做"。① 这里所谓的"心意正直，坚定地遵守善的准则、同情和普遍仁爱"等都是心理学意义上的东西。而且这个"最坏的恶棍"在这种心理要素的作用下也会进入所谓的"知性世界"，并会自恋地认为，"他相信自己就是这个更善的人格"。这就是一种自恋。

在《道德形而上学的奠基》之中，康德不遗余力地从心理学上证明，所有人，甚至恶棍也有对人格的更大的内在价值的期待，而这种期待会促进自由的命题。可是，在阿多诺看来，假如人有对于人格的更大的内在价值的期待，假如人有这种心理上的追求，那么在这种期待中，人首先需要产生出对道德规律客观性的意识。只有有了对于这种道德规律客观性的意识，人才能提升自己的人格，才能达到自由。但人在心理上并不必然有这种追求。阿多诺在这里说明了康德自身的矛盾。一方面，康德不让我们忘记，与自由有关的"普通人类理性的实践应用"② 是与自我提升的需要，与人格"价值"联系在一起的。这就是说，自由的概念是与人格提升的需要联系在一起的。另一方面，这样一种普通人类理性，这样一种直接意识、"普通的道德理性知识"——康德的《道德形而上学的奠基》在方法论上就是从这里出发的——也会拒绝它所宣称的那同一个自由。这就是说，普通的人类理性在实践上可以走向人格的自我提升，从而走向自由，他们也会拒绝自由。因为，自由会带给他责任。

自由越大，承担的责任就越多。可是资本主义社会条件并没有保证人真正自由，所以，这个社会中的人也会不愿意承担责任。这就是说，这个人内在地是自由的，但是这个自由的人却不愿意承担自己的责任。这个不愿意承担责任的主体一定会感到内疚。在这样的情况下，他们也会反抗康德所提出的那种自由模型。而确信康德自由模型的人就会认为，这些人、这些具有普通人类理性的人还没有成熟，所以他们还不能享受自由。对于自由的这种说法，最终会否定人的自由。阿多诺的具体论述是这样的：

主体意识到，作为自然界的成员，他们的自由是有限度的，意识到在面对独立于他们的社会时他们自己的无能为力。这些无能为力的人也是具有普通的人类理性的人，这些人会按照康德的模型期望自由，但是当他们作为社会中的

---

① 《康德全集》第四卷，李秋零译，北京：中国人民大学出版社2004年版，第462—463页。
② 《康德全集》第四卷，李秋零译，北京：中国人民大学出版社2004年版，第462页。

被压迫者要按照康德的模型期待自由的时候，他们会反过来抗拒这个自由模型。这是因为，他们感到内疚，他们无能为力，他们无法承担责任。可是，在这个时候，那些高高在上的人，那些拥有自由特权的人会对于这些被压迫的人的态度做出反应。他们认为，这些被压迫的人还没有足够成熟以便享有自由。这些被压迫的人不配享有自由。当这些特权者、这些高高在上的人认为被压迫者不配享有自由的时候，他们极其明显地借助于自然的因果性把这种情况加以合理化。这就是说，他们又借助于自然的因果性，而把不自由的状况合理化，把普通人类理性不享有自由的状况合理化。

最后，阿多诺根据肉体和心灵的联系来说明即使接受康德的模型，自由也不一定能够实现。主体不仅是与他们的肉体融合在一起的，而且甚至在心理上借助于反思而殚精竭虑地与肉体世界分离开来的时候，彻底的合法则性在这里占据主导地位。这就是说，人作为主体包含了两个方面，一个方面是，主体是与肉体结合在一起的，是不自由的，而另一方面，主体又要竭力把自己与肉体分离开来，从而使自己符合道德的法则，符合自由的原则。当主体与肉体分离开来的时候，彻底的合法则性占据了主导地位。当主体被彻底的合法则意识所控制的时候，主体的心灵上的同一性也同时得到加强。合法则意识与心灵同一体是同比例被强化的。心灵的同一性既保证自由，也否定自由。只有内在的同一性的主体才是自由的，但是如果人就被内在的同一性所约束，那么人又是不自由的。所以，阿多诺说，这里既不存在直接、明显的自由的自我意识，也不存在这样一种不自由的自我意识。而不自由的意识受到两个方面的要素的影响：它或者是把人在社会中所感知到的东西反射到主体身上，也就是把社会规则纳入到主体自身之中，柏拉图主义（柏拉图的心理学）所说的就是这个道理。它或者把人看做是受到自然因果的影响。这就是把心理学所具体化了的东西，即人的肉体的要素纳入到主体之中。从这种心理学的角度来看，心灵生活是万物之中的一物，并处于物质世界的因果性之中。

前自我的冲动

在这个地方，阿多诺从肉体和心灵的统一说明了他对于自由的理解。

阿多诺认为，觉醒起来的自由意识得益于对远古冲动的回忆，这种冲动还没有受到被固化了的自我所操控。被固化的自我是纯粹的我思。这个自我是现代社会才出现的。而在远古时代，人不存在这种自我。其实阿多诺在这里也表达这样一种观念。这就是说，在每个人身上都有这样一种"远古冲动"。这是肉体和心灵结合在一起的意志（与康德所理解的意志，即遵循规则的意志不同的意志）、冲动。现代社会中觉醒起来的自由意识其实就是对于这种被压制的冲动的回忆。这里的远古冲动是一种比喻的说法。如果我们借助于海德格尔的"源始"概念，那么这是一种"源始冲动"。但是这种源始冲动在文明的发展过程中，在人的自我意识的觉醒的过程中被控制，被压抑。自我越是压抑这种源始冲动，这种源始冲动对人来说就越是成为某种混沌不堪的东西，是不可接受的东西。这种源始冲动没有按照同一性原则受到束缚，没有受到纯粹我思的束缚。因此这是一种无拘无束、前自我的冲动。没有对于这种冲动的回忆，自由的观念是不可能的。阿多诺把人的自由奠定在这样一种基础上。但是，在人类文明的发展中，在自我意识的觉醒之中，这种冲动受到了束缚，被理解为一种纯粹自然的冲动，属于不自由的领域。而在阿多诺看来，纯粹的自我、纯粹的思维，纯粹的合法则性之中是没有自由的。自我虽然像康德所说的那样有一种自发性，但是这种自发性不可能完全与肉体上的冲动无关。自由就是这样意义上的自发性。可是，当自我不断强化自身的时候，自我就要束缚这种冲动，在这种冲动基础上产生的自由观念就消失了。尽管如此，在阿多诺看来，自由必定是与这种源始冲动联系在一起的。无论人们怎么压制这种冲动，这种冲动的东西都会在一定程度上存在。即使哲学家把自由提升为超越于经验之上的东西，这种东西也会在他们的思想中留下印记。所以阿多诺说，虽然哲学概念把自由提升为超越于经验此在之上的最高行为方式即自发的行为方式（纯粹自发的行为方式），但是在这个哲学概念中经验此在的声音在回荡。自由概念之中包含了经验此在要素的回声。当康德从自发性的角度来理解自由的时候，自由其实就包含了这个回声。只有借助于这个回声才能保证自由，但是康德却又一直要控制这个回声，直至消灭这个回声，把这种自发性理解为纯粹的自发性，与肉体要素无关的自发性。自由本来是与人的冲动联系在一起的，是一个动态的过程。如果用抽象的自我束缚这种冲动，自由的观念就不可能了。反过来说，如果用抽象的自我束缚那种源始的冲动，自由被固化，固化了的自由其实就是不自由。当社会鼓励个人把自己的个体性和他们的自由具象化的时候，就是把自由变成了一种固化的东西，把个性变成一个现实的形态。一旦自由被固化，那么自由就消失了。所以社会鼓励人们把个体性和自由具象化其实就是为自由的倒转形式（不自由）服务。

既然自由不能以某种确定的、具象化的形式出现，那么我们就不能从现实的形式中看到自由。在现实的形式中，在具象化的形式中，我们所能够观察到只能是不自由。给定的自由是一种幻相，康德关于自由和不自由的二律背反就表达了这种自由的幻相。这就是把自由看做给定的东西而产生的幻相。在现实中，我们所能看到的只能是不自由。最容易看到的不自由状况是在一种病态状况中，比如在强迫性的神经官能症中。意识只能从这种病态状况中知道不自由。在这种病态状况中，人在心理上受到一种强制。这种强制就是不自由。所以，阿多诺说，这种病态状况迫使意识在其自身的内在范围按照规则，即被意识经验为"异于自我"的规则来行动。这就是在意识自己所属的领域中拒绝自由。这里"异于自我"中的"自我"不是纯粹抽象的自我，而是带有源始冲动的自我。人的自由包含了这种源始冲动。自由就是源始冲动对于约束它的东西的反抗。自由就是在这种反抗中表现出来的。人的自我就包含了这样一种约束和反约束的矛盾。这也是自由之中的矛盾。只有这种矛盾中才有自由。而神经官能症是无法接受这种约束，它把这种约束看做是"异于自我"的东西，而"正常人"之所以有"自我"是因为，他接受了那个异于自我的东西，把这个异于自我的东西作为自我的一部分。社会鼓励正常人忽视了这里的矛盾，忽视他自我中那个异于自我的东西。由于患神经官能症的人不接受那个"异于自我"的东西（其实，这本来是自我中的一部分），所以他感到一种强制，感到自己不自由。他意识到自身中的不自由要素，他只能无奈地强迫自己接受"异于自我"的规则，按照"异于自我"的规则来行动。阿多诺认为，神经官能症其实就是在意识自己所属的范围内拒绝自由。或者说，拒绝"异于自我"的规则，就是拒绝自由。自我之中就包含了"非我"，由于"非我"的存在，自我才可能有自由。而神经官能症拒绝了"非我"，也就拒绝了自由。它在自己的意识所属的领域中拒绝了自由。正因为如此，阿多诺说，神经官能症的痛苦也有其元心理学方面的意义，这种意义就在于，它摧毁了这样一种过于简化的观念：内在是自由的而外在才是不自由的观念，人的内在是把自由和不自由结合在一起的。或者从肉体和精神的对立与和解的角度说，即人既不是纯粹精神的，也不是纯粹肉体的，而是精神和肉体之间的和解。本来神经官能症患者应该认识到这一点，但是他却认识不到这一点。这就是说，神经官能症体现了一种真理性内涵：它们证明自我在其自身中就有异于自我的东西，就有"那根本不是我的感觉"，并由此而是不自由的；在这里，它控制内在自然的努力失败了。这表明，人的精神之中一定包含了肉体的东西，不可能完全控制肉体的东西。他应该做的不是完全控制肉体，而是承认自己的肉体的合理性，与自己的肉体要素和解。但是，主体却并没有认识到他的这种病态所传递给他的真理，他既不能把这种真理和他的本能和解，也不能把这种真理与他的理性兴趣和解。"正常的人"都是肉体和精神和解的人，而神经官能症的人却无法实现这种和解，所以，他总是会感到有一种不是自我的东西压制自己，感到自己不自由。他无法控制自己的本能（本能的自我）。

康德就是这么认为的，如果一个人完全控制了自己的内在自然，那么这个人就自由了。阿多诺批评说，当人回到自身的时候，当人成为纯粹的内在自我的时候，人就有了自由意识的统一性。传统认识论所说的那种自我意识的统一性，就是这样一种孤立的内在自我的统一性。在这种统一体中的一切要素都被打上合法则性的烙印来说，这种自我意识本质上是强制的，它把源始的冲动控制在这种自我统一性之中，进行了一种强制。这种强制是自由的丧失。但是对于抽象的自我意识来说，对于康德来说，这个抽象的自我是自由的。而在阿多诺看来，这表面上是自由的，因为它的自由观念来自于它的自我控制的模型。这种控制包含了两个方面，首先来自于它对人和事物的控制，其次是通过意识上的内化而来自于它对其自身全部具体内容的控制，它通过思考这些内容来处置这些内容。由于人所进行的这两个方面的控制，于是人就达到了自我统一性，就达到了康德所理解的自由，其实它恰恰不自由。这是一种内在的自我控制。在这种全面控制中源始的冲动丧失了，自由也丧失了。

所以阿多诺说，纯粹的我思，直接的自我是自由的，这是一种欺骗。这是把内在的自我控制理解为自由，把主体的自我束缚理解为自由。这是吹嘘为绝对的直接性（纯粹的我思）的自我欺骗。这种我思的根源在于控制，在于对于内在自然和外在自然要素的控制。这种控制不是自由，而是不自由。根据这样的理解，阿多诺强调，只有一个人作为自我来行动而不仅仅是反应性地行动的时候，这种行动才被理所当然地称为自由的。

虽然阿多诺强调源始冲动的重要性，但他不是把自由理解为一种不受控制的自发反应。我们不能把这种自发反应理解为自由。人有自发性反应，但是这又是在自我的控制中的自发性反应。这才能被理解为自由。从这个意义上来说，这个自由一定与不自由是联系在一起的，而不可能是给定的自由。阿多诺反对把自由看做是给定的东西，而是把自由看做是一种否定的东西。他认为，作为给定事实的自由会由于自我经验的进步而受到质疑，因为主体对自由的兴趣仍然没有衰弱，并且已经升华为一种观念。这就是说，随着自我经验的进步，主体会体会到自身的自由和不自由之间的矛盾。在现代社会主体对于自由的兴趣仍然存在，它会感受到在自身之中的内在矛盾，自由和不自由的矛盾。它由此会对给定的自由提出质疑。在这里阿多诺认为，从元心理学的角度来看，精神分析的压抑理论证实了这种矛盾。他说，按照这个理论，那个压制的机构、压抑的机制是与自我结合在一起的，而这个自我又极其辩证地成为自由的工具。按照精神分析，自我是在人压制本我的过程中形成的。从这个角度来说，压制和自我是结合在一起的。按照康德的说法，有了这个自我，人才是自由的。在康德那里，这个自我是纯粹的我思，而在阿多诺看来，这种自我是自我压制的结果。因此，压制和自由是结合在一起的，没有压制就没有自由。既然压制和自由是结合在一起的。自由是对于压制的一种突破，因此自由不是一种给定的东西。因此，在一个人自我的内省之中，自由和不自由不是直接呈现出来的，不是实证的东西，不是给定的东西。人不能像康德那样，从内省之中直接揭示出内在的自由。在阿多诺看来，不存在康德的这种纯粹内省意义上的自由。自由一定与不自由联系在一起。因此，人要领会到自由就必须联系到精神之外的东西。在这种联系中，自我在与精神之外的东西的联系中构想了自由和不自由。所谓自由就是在社会强制下所感受到的痛苦的反面形象。或者说，自由就是被压制的痛苦的反面，就是排除被压制的痛苦。人在摆脱这种被压制的痛苦的时候，人就获得了自由。这是关于自由的构想。而不自由就是对于社会强制下所引发的痛苦的镜像，这就是说主体直接认识到这种压制以及这种压制所产生的痛苦。不自由就是这种被压制痛苦的表现，显现，这是一种以镜像的形式表现出来的痛苦。

既然自我是在压抑中形成的，不是绝对的起源，所以把主体理解为绝对的起源是错误的。而康德就设想了这样一个绝对的起源，这个先验的自我。即使我们按照康德的思路，强调自我是至上的，自我是绝对的起源，我们也可以看到，自我也是被这些规定所限制的，而不是纯粹的自我，不是无规定的自我。而自我被规定为至上的，绝对的起源，其实这也是对于自我的限制。只要自我被规定，那么这种规定就限制自我，而自我就不是绝对自由的。换句话说，主体用来规定自己的规定性，需要自我，而自我也需要抽象的规定性。自我与这种抽象的规定性是相互依赖的。因此，阿多诺说，甚至主体借以宣称自己具有至上性的那些规定（比如绝对的起源、独立性、自律性等）也总是需要那些只需要这些规定的东西（包含了原始冲动的自我）。自我所依赖的这些规定性不是自我自身具有的，而是自我之外的东西。自我必须依赖于自我之外的这些东西。因此，自我之中的决定性东西，即它的独立性和自主性，只有在联系自我的他者的时候才能被判断。纯粹的自律性是不可能的。主体的自律性是否存在，这依赖于其对手和对立面即客体，它会允许或者拒绝主体的自律性。如果脱离了客体，那么自律性是虚构的。

关键的实验

在这个部分，阿多诺分析了康德用来论证他的自由观的几个关键的实验。这几个实验都是按照论证的需要而设计出来的，实际生活中的许多重要因素都被剔除了。

在这里，阿多诺从一开始就指出，仅仅通过内省，仅仅诉诸个人的体验，是无法弄清自由的。因为自由是与一定的社会环境有关的。而康德在他的论著中试图通过一些关于内省的关键实验来论证自由。这种实验就如同布里丹的驴子的实验一样。14世纪法国哲学家布里丹在讨论道德问题的时候认为，一个正常的人会自然而然地择善而行。如果他必须在两个善的东西之间进行选择，那么他也自然而然地选择更加善的东西。如果两个东西都同样地善，那么他就会等待这两种善的东西的均衡发生变化，从而进行选择。这就如同一条驴子在两捆完全一样的草堆面前会因为无法选择而饿死。这是承担了道德重负的驴子。这个通俗的实验被用来解决道德上的问题。这种类似的方法也被康德所使用。康德所举的例子与布里丹的驴子的例子类似。康德所要论证的自由是这样一种简单的自由概念，类似于贝克特在戏剧中所说的那种从椅子上站起来的决定意义上的自由。康德的自由概念与布里丹的道德选择的例子一样抽象和简单。正如布里丹的论证过程把一切环境的要素都清除出去一样，康德也是如此。为了能够确定意志是不是自由的，环境中的经验要素也被严格地清除干净。在康德的思想实验中，为了能够把思想实验的状况确立起来，决定性的因素必须尽可能地少。康德在设计自己的思想实验的时候，不仅要使决定性的要素尽可能地少，而且还要能够给主体的自我决定提供合理的理由，并把这个合理的理由作为决定的要素保留下来，否则他的思想实验就会变得滑稽可笑。当康德这样来设计实验的时候，他也使这个实验变得极其愚蠢，也贬低了决定。这是因为，这个实验据以做出决定的原则是一种抽象的原则，是把许多社会要素剔除的原则。所以阿多诺说，布里丹式的纯粹状况似乎不可能出现的，除非是为了证明自由这种状况才被设想而确立起来。即便类似的情况出现了，那也与任何人的生活无关，从而对自由来说也是无关紧要的。这就是说，实际生活中不会出现这种状况，即使出现这种状况，它对于自由来说也无关紧要。

阿多诺认为，实际上，康德的许多关键实验也极端自负。康德引入这些实验，把它们作为经验证据来说明他有权"把自由引入科学"，因为"就连经验也证实了我们心中的这种概念秩序"①。在这里，阿多诺挖苦了康德。康德用实验来证明自由，是为了"把自由引入科学的"，好像日常经验也能够证明我们心目中的自由概念。在阿多诺看来，这是极端自负和狂妄。阿多诺认为，当经验的证据被用来证实那按照康德自己的理论来说完全超出经验的东西的时候，这应该使他感到怀疑，因为这些决定性的事态被安置在它们原则上被清除出去的领域中。这就是说，当康德用实验来证明超出经验的自由的时候，他应该对此感到怀疑，因为当康德用实验来进行证明的时候，他的那些实验，或者说他的那些决定性的事态是安置在它们被清除出去的领域中。康德的那些经验

---

① 《康德全集》第五卷，李秋零译，北京：中国人民大学出版社2004年版，第32—33页。

事态是被清除出了先验的领域了。这些被清除出先验领域的东西无法证明先验领域中的自由。从这个角度来说，下面这个例子就不是严谨的："假设某人为自己淫欲的偏好找借口说，如果所爱的对象和机会都来到他面前，那么这偏好对他来说是完全不可抗拒的；如果在他遇到这种机会的房子前面竖起一个绞架，在他享受过淫欲之后马上把他吊在上面，他在这种情况下是否还会不克制自己的偏好呢？人们可以很快猜出他会怎样回答。但如果问他，如果他的君王以同一种毫不拖延的死刑相威胁，无理要求他对于君王想以莫须有的罪名来诋毁一个清白人提供伪证，此时无论他对生命的热爱有多大，他是否会认为有可能克服这种热爱呢？他是会这样做还是不会这样做，这是他也许不敢做出保证的；但他必须毫不犹豫地承认，这样做对他来说是可能的。因此他作出判断，他能够做某事乃是因为他意识到他应当做某事，并在自身中认识到通常没有道德法则就会依然不为他所知的自由。"①

　　对于康德所列举的这个例子，阿多诺是这样分析的，那个被康德指责为"淫欲倾向"之人以及那个被暴君——也就是康德尊敬地称呼为他的君王——胁迫之人或许会承认，他们会这样做，即这个具有淫欲倾向的人或者被暴君威胁的人会承认，他愿意放弃生命。但是，这两个人的说法其实都是纯粹观念中的设想，而没有亲身的肉体体验。假如这两个人在意识到这类决定在自我持存中的份量的时候，意识到生命的份量的时候，他们就会不愿意放弃生命。日常生活中的人都会非常重视自己的生命，所以不会轻易地像思想实验中那样放弃自己的生命。这样一种分析或许才是真理。而康德对于生死这样的重要问题置于反思的条件下，而不是在实际生活（肉体的体验）中来考虑。在紧急情况下诸如"自我欲望"以及死亡恐惧之类的心理要素会与思想实验中的情况显得截然不同，因为这种实验把这些要素中立化为一种经过深思熟虑的、冷漠无情的观念。一个人在真正面对死亡的时候，绝对不可能像康德的那个经过深思熟虑的实验那样，冷酷无情地对待自己的生命。据此，阿多诺说，任何人，甚至那些最正直的人，都不能预测，在备受折磨的情况下他们将如何行动。在此，这些绝非虚构的情况给康德的那个自明的东西划定了界限。这就是说，康

---

① 《康德全集》第五卷，李秋零译，北京：中国人民大学出版社2004年版，第33页。

德的那个自明的东西,那个自由的信念是虚构的,而关注自己的生命却绝不是虚构的,是生活中的切实情况。显然,康德的这种虚构的例子毫无作用。因此,阿多诺说,他的例证并不像他所期望的那样能够把自由概念按照其实践中的用法加以合法化,人们至多耸耸肩而不予理睬。他的这个例子毫无意义。

接着,阿多诺分析了康德的另外一个例子,即玩牌作弊的例子:"在赌博中输了的人,也许会对自己不聪明感到恼火。但如果他意识到自己在赌博中曾经使诈(哪怕他因此赢了),那么,只要他用道德法则对照一下自己,他必定蔑视自己。因此道德法则必定是与自身幸福的原则有所不同的东西。因为不得不对自己说:尽管我充实了自己的钱袋,我却是一个卑鄙小人。这与赞许自己说:我是一个聪明人,因为我充实了自己的钱袋相比,毕竟还必须有一条不同的判断准绳。"① 阿多诺认为,康德的这个例子其实是一种循环论证。他的分析是这样的,玩牌诈欺之人是不是会鄙视自己,是不是会反思道德法则,这显然是经验问题。他也许幼稚地感到他是被免除一切资产阶级义务的幸运之人,甚至为他成功的手腕而暗自窃喜,他的自恋会使他对所谓的自我鄙视无动于衷;他也许就是简单地遵循他那一类人所一致赞同的道德规则。这就是说,作弊的人在实际生活中不一定会如康德所设想的那样,蔑视自己,把自己看做是卑鄙小人。当康德认为,他会把自己当做卑鄙小人的时候,康德其实预设了,这个人承认了康德的道德法则。只有在他承认了康德所提出的那个道德法则的时候,他才会认为自己是卑鄙小人。所以,阿多诺说,这个人必定会谴责自己失去人的尊严的那种激情是建立在他承认康德的道德法则的基础上的。本来,他是企图借助这个例子来论证他的自由原则的,而在论证过程中他却预设了这个人承认他的道德原则。然后再用这个人的例子来论证他的道德法则。阿多诺指出,在实际生活中,在那样一群人中,比如"道德错乱"概念所涵盖的那一群人中,道德法则被悬置起来了,然而他们绝不缺乏理性。他们是按照获得最大利益这样一种理性原则来行动的。只有在隐喻的意义上,只有在康德的道德原则中,他们才被归入疯狂之人。

在阿多诺看来,如果关于理知世界的命题要在经验世界中获得安慰,那么

---

① 《康德全集》第五卷,李秋零译,北京:中国人民大学出版社2004年版,第41页。

它就必然满足经验的标准。康德的意志自由的观念是理知世界中的命题，如果康德要把这个命题用到经验世界中，那么它就应该符合经验世界的标准。然而，康德从思辨的角度把所谓的例证说成是低级的东西，并厌恶这种东西，就此而言，这些命题就不能从经验世界中获得满足。在这里，阿多诺引用了康德的几段文字来说明，康德是厌恶例证的。比如，康德说："这也是实例的唯一而且重大的效用：它们使判断力变得更加敏锐。至于知性的洞识的正确性和精密性，实例通常毋宁说对它们有些损害，因为它们只是罕见地完全满足规则的条件（作为 casus in terminis【术语中的事例】），而且除此之外还经常削弱知性在普遍的东西中、不依赖于经验的特殊情况而就其充足性来洞识规则的努力，从而最终使人习惯于把规则更多地当做原理来使用。所以，实例是判断力的学步车，缺乏判断力的自然才能的人绝不能缺少它们。"① 例证只能被用来帮助人们做出判断，但是例证是有害的，它会削弱知性判断的普遍意义。

虽然康德反对用例证来证明具有普遍意义的命题，但是在《实践理性批判》中，他并不讨厌运用例证。上面的那些例子都是来自于《实践理性批判》。既然康德在理论上反对例证，为什么他又多次运用例证呢？康德也希望他的道德法则能够在实际生活中发挥作用。为此他就需要借助于一些例证来说明，他的道德原则在生活中也可以使用。当他试图达到这个目标的时候，他就从经验上歪曲了这些例证。如果不从经验上歪曲这些例证，那么他的绝对命令就无法实现。最后，阿多诺说，康德哲学由于例证报复了他。在哲学上所进行的例证否定了他所确立的自由学说。道德实验的荒谬性的核心在于，它们把不相容的东西结合在一起，并宣称它们对那不可能被计算的东西进行了成功的计算。这就是说，康德在例证中，把许多不相容的东西结合在一起，把经验和超越的东西结合在一起，而这种不相容的东西结合在一起是无法进行预测和计算的，但是康德却进行了这种计算。

在最后的地方，阿多诺有个很长的注。这个注是用来说，康德在例证中提出了二选一的方案。而萨特的关于自由的思想与康德的这种做法类似。因此，

---

① 《康德全集》第三卷，李秋零译，北京：中国人民大学出版社2004年版，第126—127页。原文中的注脚有错，不是第二版97页，而是第二版的173页。黑格尔也一再讽刺性地批评哲学中使用例证，尤其是在哲学史中。

阿多诺说，康德思想实验与生存论伦理学没有什么不同。然而所不同的是，康德十分清楚地知道，善良意志需要经验的中介，康德的实验表明了善良意志需要经验中介。如果没有这种中介，善良意志和日常生活就割裂开来，这两者之间就缺乏生活的连续性。这种善良意志不是在孤立的行动中存在。但是康德却把善良意志限制到对于实验中二选一情况进行抉择，以便它能够证明它究竟应该做什么。当他提出这种二选一的抉择的时候，善良意志就和经验生活割裂开来，这种连续性不存在了。而萨特紧紧抓住抉择，并以这样一种方式倒退到18世纪，即倒退到康德的模式。可是，如果自律要在二选一中得到证明，那么这就是说，自律需要借助于其他东西，借助于他律才能被证明。所以，阿多诺强调，对于全部的内容来说，从论证自律的全部内容来说，自律又是他律的。既然要证明自律就需要他律，于是自律的个人要证明自己是自律的，那么他就需要面对一个君主，即一个完全他律的东西。这样就形成一种抉择的情况。同样，萨特的例子也常常是从法西斯主义那里产生出来的。这些例子被用作抨击法西斯主义是正确的，但是如果被当做是人类状况，那么这就是错误的。人的具体生活是复杂的，而不是康德所设想的那种二选一的情况。所以，只有当一个人不必接受二选一的情况时才是自由的，而在现存状况下，拒绝这种二选一就有一点自由的痕迹。如果人被限制在二选一的状况之中，那么这其实就是一种强制，而没有自由。因此，自由意味着，批判和改变这些状况，而不是在强制机制的范围内达成一种决定，从而肯定这些情况，肯定这种二选一的情况。布莱希特按照他与学生所进行的讨论，先让肯定者（Jasager）的集体主义的教育剧登场，然后让叛逆的否定者（Neinsager）戏剧登场。这就是说，他不是把二选一的情况直接呈现在一场戏剧中，而是在两个不同的戏剧中。当布莱希特这样做的时候，他也帮助这样一个洞见取得突破，即帮助那种否定二选一的情况取得突破，而不管他的官方信条。

附加物

阿多诺在这个部分进一步解释意志，即意志是属于意识的领域，但是意识不等于纯粹理论理性，而超出纯粹理性，这个超出的部分可以被理解为附加物。

康德的例子是弄一个二选一的情况让人选择。但是生活中显然不存在这样的二选一的情况，于是康德的实验中有一个可以被隐隐约约地经验到的因素，即附加物。或者说，人们还可以从康德的实验中隐约地发现在二选一抉择之中有一个特殊的要素在起作用。这就是说，主体在面临二选一的抉择的时候，不是按照因果关系来选择的，而是有一种突发的东西在其中发挥作用。这个突发的东西是意志的作用。如果仅仅按照因果关系来选择，也就是说，如果主体认识了因果关系，并且按照因果关系来选择，那么这种选择就是纯粹理性的行为，是按照纯粹的理性法则来进行的。在这样的情况下，意志就与被认识了的因果关系毫无差别，意志就是纯粹的合法则性。如果这样，那么意志的作用就被取消了。这个突发的东西就是超出了纯粹的合法则性，超出了纯粹理论理性的东西。这就是附加的东西。如果没有这个附加的东西就没有意志了。这就是阿多诺在这个部分强调的内容。

主体的决定不是像因果之链那样展开的，而是突发的。这个突发的东西显示了人的自由，显示了主体不是被束缚在因果之链之中。这是意志所具有的要素，是纯粹意识中的附加的东西，是意识外化自身而实现出来的现实东西。这是超出（理论）意识的东西，但是这个东西却被哲学传统，特别是康德，再次解释为意识。那么人们究竟如何把这种超出意识的东西解释为意识的呢？这种附加的东西会产生干预作用，对人的意识活动产生干预。然而纯粹的精神似乎可以预知这种干预作用。好像这种干预作用是在精神的范围之中发生的。人们对于附加的东西的这种干预作用的解释是为了表明：只要主体进行反思那么即使它不能打破因果之链至少也能够在其他的动机秩序（意识的秩序）中添加某种东西，从而改变其方向。这就是说，人们的这种解释是要为了表明，只要主体进行反思，那么主体虽然不能改变因果之链，但是却在动机秩序中添加了某种东西，改变了主体的活动方向。而这种干预作用是意识中发生的事情，是意识通过反思来改变主体的活动方向。在这里，附加的东西被解释为意识了。对于自由要素的自我体验是与这种意识联系在一起的，是在纯粹观念中发生的。按照这种设想，只有当主体的行动与主体一致的时候并且这种情况只有被意识到时，即主体的行动是按照主体设想的方式来进行的时候，主体才知道它自身是自由的。只有在这种情况下，主体性才艰难地、短暂地抬起头来。按照阿多诺的思想,自由是主体突破压制。而这是主体在生活中随时会发生的事情,而在康德的观念论的模型中,主体的行动只有与主体的自我同一性一致的时候,即主体的行动就是纯粹自我的行动的时候,主体才是自由的。而这种一致是在非常特殊的情况下才出现的,因此按照康德的观念论模型这种主体的自由是短暂的。

这种观念论当然也有一定的合理性。人的自由肯定与意识活动有关,但是仅仅局限于意识活动是不够的。如果固执地坚持这一点,那么它就是从理性主义的角度限制了它自身。这就是把自由理解为一种纯粹的理性的行为。而康德就是如此。就此而言,只要康德坚持把实践理性当作是真正"纯粹"的理性,即认为它对于一切质料性东西都是至上的,那么他就附属于理论理性所推翻了的那个学派,即唯理论。康德在理论理性的讨论中,力图把唯理论和经验论结合在一起。这就是说,知识不仅仅是纯粹理性推理的产物,而是包含了经验的要素。可是,如果人的实践理性是纯粹理性的,没有经验的要素,那么这就是从唯理论的角度来理解实践。在阿多诺看来,这是错误的。

因此,阿多诺指出,意识、理性的透视都不能简单地与自由行动等同起来,也不能径直地与意志相等。自由行动中包含了意识所没有看透和完全把握的东西。意志之中肯定包含了超出理性的东西,包含了附加物。而康德恰恰把理性的透视与自由行动等同起来,把理性与意志等同起来。对康德来说,意志就是自由的全部,是自由行动的"能力",是一切可以被设想为自由的那种行动的统一标志。这个意志被他与理性等同起来了。意志和理性都属于超感性的领域。在这个领域中,那些超越感性的范畴与"纯粹意志的规定根据"处于"必然联系"之中的。康德说:"这些范畴永远只与作为理智的存在者相关,而且在这些存在者身上也只与理性和意志的关系相关,因而只与实践的东西相关。"[1] 理性通过意志获得了现实,而这种现实却不受任何一种质料的束缚。理性通过意志的力量而成为现实,但是这种现实与质料无关,是属于超越感性的领域。当意志的行动与质料无关的时候,这个意志与纯粹的理论理性也没有多大的差别了。在康德有关道德哲学的文献中这种说法到处都是。比如,在

---

[1] 《康德全集》第五卷,李秋零译,北京:中国人民大学出版社2004年版,第61页。

《道德形而上学的奠基》中，意志"被设想为依据某些法则的表象来规定自己去行动的能力。"① 意志是按照法则来行动的能力，按照理性的法则来行动的能力。在《道德形而上学的奠基》的后面的一个段落中，他说："意志是有生命的存在者就其有理性而言的一种因果性，而自由只是这种因果性在能够不依赖于外来的规定它的原因而起作用时的那种属性"。② 意志也是一种理性（实践理性），这种理性也与理论理性一样遵循了因果性。在意志的行动中，只有因果性在其中发挥作用。在第三个二律背反中所出现的那个"由自由而来的因果性"这个矛盾的说法在《道德形而上学的奠基》中得到了解释。在这里，意志被抽象地看作是从理性中而来。按照第三个二律背反，意志是从理性而来的，理性就意味着一种合法则性。自由的意志也是合法则的。因此，对于康德来说，自由也是一种因果性，是由自由而来的因果性。在阿多诺看来，把自由和因果性结合在一起，显得似是而非。如果自由只有因果性，那么就谈不上自由了，康德把自由理解为纯粹的合法则性。这就是否定了自由之中的偶然性，突发性的要素。

事实上，对康德来说，自由成为生命主体的因果特性，因为它超出了规定它们的外来原因，并收缩为与理性相一致的必然性。自由成为生命主体的因果特性，摆脱了外来的、经验的要素的影响。本来意志作为一种实践理性包含了超出理论理性的东西，但是当实践与经验内容脱离关系的时候，实践就变成了纯粹的意识活动。于是，实践理性不仅与理性完全一致起来，而且与理论理性的差别也被消解了。这就是说，虽然康德强调了意志是一种"目的的能力"，是实现某种目的的能力，但是意志还是被他解释为理论理性。可是，当康德把意志理解为一种理论理性的时候，他让意志陷入了一种二律背反之中。按照阿多诺的分析，尽管康德把意志解释为目的的能力，即意志是以某种客观的目的为趋向的，是要实现某种目的，但是目的却是按照原则来规定欲求能力的，意志按照原则来规定的欲求。而康德所理解的原则是理性的法则。对于康德来说，只有理性的法则是属于原则的东西。当意志按照理性的法则规定欲求的时候，意志被赋予了指导欲求的权能，用来规定感性世界的东西的权能。如果意

---

① 《康德全集》第四卷，李秋零译，北京：中国人民大学出版社2004年版，第435页。
② 《康德全集》第四卷，李秋零译，北京：中国人民大学出版社2004年版，第454页。

志能够用来规定感性世界，那么本来人的欲求能力是属于感性世界的，在这样的情况下意志就落入了感性世界之中了。意志属于纯粹理性的领域，但是意志又要规定欲求，规定感性世界的东西。这个纯粹理性的东西超出了纯粹理性的范围。于是，这样意志既不同于纯粹的理性的领域，也不属于纯粹感性的领域，而是属于一种理知的领域。在这个理知的领域中，意志成为纯粹的逻格斯。它处于主体和客体之间。这个时候，意志就很容易走向一种二律背反。当意志被理解为纯粹的理论理性，它是自由的，而当意志被从感性的角度来理解的时候，意志就是不自由的。这就是阿多诺通过对于康德的理性批判的内在批判所分析出来的。这就是说，如果按照康德本人的思路来理解意志，那么意志必然成为主体和客体之间的无主地。它既属于主体，又属于客体。它既是自由的，又是不自由的。而这恰恰就是阿多诺所理解的意志。对于阿多诺来说，意志必定有理性所没有的东西，是具有附加物的东西。这个附加物让意志处于这样一个无主地的位置上。

阿多诺就是从理论理性和实践理性的差别入手进一步分析实践理性中的那个附加物。在近代社会，从主体解放的一开始，人类就进行自我反思。而在这种自我反思中，人就发现洞见和行动之间的差别。比如，哈姆雷特中，即使哈姆雷特发现了他的叔叔谋害了他的父亲，但是也很难完成复仇的任务。主体越是成为自为的存在者，越是成为康德意义上的纯粹的我思的主体，他就越是不顾社会既定秩序，就越是让自己远离那先定秩序的牢固和谐。这个脱离秩序的思想者却又很难把他的思想落实在行动中，于是他的行动和意识就越是难于一致起来。在行动中，他要考虑到各种外部要素，而在思考中，他在自己的纯粹意识中天马行空。从这角度来说，现代的、自我解放的主体难于得到意识和行动的一致。

从现代哲学开始，人们就把意识和身体区分开来。在这种区分中，人的意识是纯粹思想的，而思想要能够付诸行动，人的意识就需要有一种冲动的理论，需要有意志，只有意志力，思想才能被付诸行动。这是一种唯理主义的思想观念。这就是说，人的思想是纯粹观念的，这种观念性的东西要付诸实施，就需要有一种附加的东西，需要意志。对于唯理论来说，这种附加的东西是非理性的。而笛卡尔在把意识和肉体区分开来的时候，把意志归入到意识之中，把意志和思维实体（无广延的纯粹思想）结合在一起。我们在日常生活中理解意志的时候，也是如此。但是，阿多诺认为，人的意志不可能仅仅和意识联系在一起，如果没有身体性的要素在其中发挥作用，那么意志也不能真正地有动力，不可能真正地把人的观念付诸行动。当笛卡尔把意志归入心灵，把它与思维实体结合在一起的时候，他忽视了意志力与思维的差别。对于阿多诺来说，意志是实体和心灵的结合"物"，这不能被归入心灵之中，也不能被归入肉体之中，而是结合在一起的。所以，阿多诺认为，这是心灵之中的附加物，它与心灵有关，又超越了心灵。所以阿多诺说，附加物（意志）是一种冲动，是心灵之外东西和心灵之中东西这类二元区分所无法完全确定的，是两者差异之外的残余，这两者既不能有意地调和起来，也不是存在论上最终的东西。意志这种附加物，这种心灵与肉体的和解，不是人故意造成的，但是又不是与人的意识毫无关系的。它不是最终的东西，好像有一个实存的东西存在着。意志不是一种最终的、实存的东西。我们也不能把它当做独立于心灵和意识的东西。

对于阿多诺来说，意志概念就涉及这个附加物。意志概念把包含了附加物的意识事实作为自己的内容，同时这个内容又超越了意识事实。这个意识事实中的东西既是纯粹描述性的，同时又不仅仅是描述性的，是超出描述的东西。这是因为，附加物既是意识事实，而又不仅仅是意识事实，它属于意识，而又超出意识。这个附加物潜藏在从意志到实践的转换过程中。当意志把某种意识的东西付诸行动的时候，它就需要借助于意志中的这种附加物，这种是既与心灵有关，而又超越心灵的东西。所以，阿多诺说，心灵和肉体结合在一起的那种冲动超越了意识领域，而这又是它所从属的领域。

如果自由是与人的意志有关的，是与人的冲动有关的，那么它就与这个附加的要素有关。它既是一种意识，又超越意识。自由既是一种被压抑状态，又突破压抑。如果没有压制，自由就不可能，而如果没有超出压制，自由也不可能，自由就是突破压制。从这个角度来说，自由既与经验有关，与自然要素有关，又超出自然的要素。所以，这就把自由概念作为这样一种状态——既非盲目的自然状态又非被压抑的自然状态——的概念激活起来。这就是说，自由既包含自然的冲动，但是又不是盲目的冲动，而是与理性有关的冲动。这样，阿多诺就否定了康德关于自由和自然对立的思想。如果没有自然的冲动，那么就没有自由，反过来，如果只有盲目的自然的冲动，那么这就不是真正的自由，而是任性。在这里，我们要注意，阿多诺没有用肯定的语气规定自由，而只是说，自由既非盲目的自然状态，也非被压抑的自然状态。这就凸显了自由和理性之间的相互作用的关系。

我们前面说过，自由不是给定的，是动态的，一旦自由被给定了，那么自由就不是自由了。既然自由是动态的，那么自由就有愿景，就期待某种东西。这就是期待精神和自然的和解。这就是说，要实现自由，人都是在一定的必然性的控制之下而又冲破了限制。从现实的人来说，一个人具有精神，需要控制自己的自然，如果不控制自己的自然，那么人就变成了动物，但是人的精神也不能彻底否定自己的自然。自由不是像康德所说的那样，否定人的自然，与自然为敌，也不是放任自然，而是把自然和精神和解。当我们这样来理解意志的时候，这个意志概念就与康德有很大的不同，正如我们前面所分析的那样，康德把意志与理性等同起来了。而当我们把意志理解为自然和精神和解的时候，那么这种和解不是外在于理性的，而是理性本身。对于阿多诺来说，理性不能被理解为康德的那种纯粹理性，而是与自然结合在一起的理性。

如果从纯粹实践理性的角度来理解自由，那么这个自由之中是不包含这种自然要素的，是不包含这种附加物的，对于这样一种理性来说，自由的愿景是外来的，好像是天上掉下来的，是某种完全的他者。康德的实践理性是把"肉体"（精神和肉体的结合物）的东西，"自然"的东西抽象掉。对于这样的实践理性来说，附加物就是用来命名这种被抽象掉的东西。这个附加物其实很难从肯定的角度来加以说明。阿多诺用附加物来命名这个被抽象后所留下的东西。对于这个东西我们没有合适的概念来表达，只能把它叫附加物。这个附加物即不是精神，也不是肉体，而是精神和肉体的杂糅。当然这个说法也不妥，这其实就把它当做两种东西之外的第三种东西，但是它不是这第三种东西。阿多诺这样来描述，附加物像闪电在下述两个极点之间闪现：一个极点是某种早已过去的东西、是几乎无法被认识的东西（前自我的冲动），另一个极点是未来总有一天能够实现的东西。这就是说，附加物介于过去和未来之间。这是一种冲动的力量，包含了理性和自然之间和解的冲动力量。这是从人的实践活动的角度来理解附加物的：人的实践活动就是在过去的既定的基础上走向未来。而附加物就是这样一种冲动的力量，就是像闪电那样闪现，使人从过去走向未来。

我们知道，从理论走向实践，需要有附加物的作用，也需要理性的判断。如果没有理性的判断，那么人的实践就会变成一种纯粹的决断，变成缺乏理性思考的盲目冲动。因此，阿多诺强调，真正的实践需要有充分的理论意识。这就是说，需要人们对于环境等方面的理论认识，需要人们进行理性的判断。如果取消了理性，那么判断就成为纯粹的冲动，没有理性根据的决断。阿多诺强调实践中需要有自然的力量，同时也需要理性的力量。如果理性的力量被取消了，那么就变成了依据"自然"（被改造过，而完全顺从于既定秩序的东西）的一种决断。所谓决断论就是取消了理性的思考。如果人们的实践缺少了理性的思考和反思，那么从意志转换为行动的过程就变成了纯粹的决断了。这就是把意志到行动的转换过程托付给统治的自动机制来完成：这种决断论所适应的那种未经反思的自由成为总体不自由的奴仆。这就是说，当人们不经过理性思考就做出决断的时候，那么这种决断其实是由统治的自动机制来完成的。这种统治的自动机制就是被人们所共同接受的自动的社会机制。市场经济体系就是这样一种占统治地位的自动机制。法西斯主义就是自动机制，就是把这种无反思的决断论与社会达尔文主义结合的产物。占统治地位的自动机制本身就是一种自然的因果关系的一种扩展，即自然界的竞争原则在社会领域的扩展。社会达尔文主义也是把自然界的竞争扩展到人种之间的物种竞争，并在这种物种竞争之中理解种族之间的东西。这都是一种被扩展了的自然的因果律。如果我们用阿多诺在其他地方所表达的思想来说，那么这是一种没有被消化吸收的自然，被呕吐出来的自然。对于阿多诺来说，在这种决断中，与理性结合在一起的附加物没有真正发挥作用。这种附加物是肉体和理性结合在一起的东西。阿多诺说，实践需要他者，某种不能在意识中被穷尽的东西，某种肉体性的东西，它既被理性所中介又不同于理性。这个附加物是被中介过的，并具有了理性的特征，但是这个被理性化的东西又不同于理性。这理性的东西和肉体的东西是结合在一起的。这两者绝不是分开来被经验到的。对于这个结合在一起的东西，我们在哲学语言中无法表达。我们只能用语言对于这种东西进行剪裁，说这种东西是附加在合理性上的东西。其实这是一个无可奈何的表达。附加在合理性上的这个说法当然是不准确的，但是，这是一种无可奈何的剪裁。我们不能有其他的表达方式了。从这个意义上来说，附加物是一种错误的说法。

其实，阿多诺发现了现代哲学的一个问题，就是肉体和心灵的割裂而出现的问题。阿多诺想克服这种缺陷。他认为，康德已经在一定程度上意识到这个问题了。他的实践理性优先性的说法之中已经在某种程度上触及到这个东西了。当康德把理性只是当做实践中的作用要素时，他已经在某种程度上意识到某种其他东西在这里发挥作用，否则他就直接把理论理性和实践理性等同起来了，但是他还是强调了实践理性高于理论理性。但是，康德还是停留在褪色了的理论魔法之中。这就是说，虽然他看到了实践中超出理论理性的东西，但是实践理性的东西在理论理性中褪色了，被理论化了。他也想对抗这种理论魔法，比如，他强调实践优先。如果没有实践优先，没有附加物，那么实践就无法与理论区分开来了。这就表明，康德既想把理论理性与实践理性区分开来，但是又不断地模糊这种区分。于是康德哲学受到这样一个问题的折磨：他仅仅把理性作为实践的要素，于是这个实践就无法发动起来，为了把实践和理论区分开来，他又要强调实践优先。由于他不知道如何处理附加物，而备受折磨。人的行动中有一个与纯粹意识不同的东西，即自发性，一种突然跳出来的东西。如果没有这种突然跳出来的东西，没有这个自发地发生的东西，那么行动也不可能。应该说，康德意识到这个东西，意识到行动需要这个自发地发生的东西，但是康德还是把这个自发发生的东西放在纯粹的意识之中。这就是说，在康德看来人的纯粹的意识活动本身就有一种自发性，如果没有自发性，那么我思就没有一种主动性，没有建构的力量。所以，康德把这种自发性放置在纯粹的意识领域中，而把它从行动领域中驱逐出去。其实，对于阿多诺来说，这种自发性的力量与肉体是联系在一起的。纯粹意识中的这种自发性也离不开肉体的力量。可是，当康德从纯粹意识的领域中去理解自发性的时候，其实他就把附加物驱逐出去了。当康德保留自发性的时候，其实他就保留了对于这个被驱逐出去的自发性的记忆。但是，康德只是从心灵内部对于自发性进行解释。于是，他对于自发性进行了双重解释，一方面，这种自发性是纯粹意识所取得的成就，是一种思维能力；另一方面，这种自发性是无意识的、非自愿的。这就是说，意识中有一种不是人有意识地发生的，但是却在意识中发挥推动作用，比如无意识的冲动。所以，这是思维实体（res cogitans）而又超出思维实体的脉动。这个思维实体其实就是笛卡尔区别于广延实体的纯粹意识活动。这种纯粹意识活动中有一种冲动，纯粹的意识上的冲动。康德把这种冲动理解为意识中的发生，纯粹的意识上的发生。比如，逻辑就是一种纯粹意识的东西，这种纯粹意识的东西是已经形成的东西，并且能够发挥作用的东西。在这种逻辑中某种意识上的"发生"在其中发挥作用。如果没有这种发生，思考就无法被启动起来，就无法进行思考。所以，对于康德来说，纯粹意识包含了它的发生。这就是意识中的自发性。按照阿多诺的理解，这种纯粹意识中的发生是被包含在康德学说所否定了的要素，即肉体的要素之中的，是对于康德的那个纯粹理性意志否定的意思上的发生。本来康德应该承认这种肉体上冲动在发生中的作用，但是康德却把意志（包含了与理性和解了的自然要素）理解为纯粹意识。意志本来不是纯粹意识，但是按照康德的观点，意志是纯粹的意识。

在这里，阿多诺强调肉体的要素在意识中的作用。所以，理性本身也包含了肉体要素的痕迹。当理性也包含了肉体要素的痕迹的时候，理性就不能在传统的意义上被理解。逻辑作为一种理性的思维形式就包含了肉体要素的痕迹。从这个角度来看，逻辑是封闭自身的东西，也就是说，逻辑是纯粹意识的东西，但是逻辑又不是完全意识的东西，而是超越意识的，所以逻辑又是对抗自身的实践。这就是说，逻辑也不是纯粹理论的，其中也包含了实践的要素。从这个角度来说，逻辑是不同于沉思行为的，逻辑需要借助于纯粹沉思（而这个纯粹的思想沉思是逻辑的主观相关物），而又超出沉思。纯粹的沉思就是理论行为。从这里可以看出，逻辑思考之中既包含了理论也包含了实践。这两者是结合在一起的。逻辑既是实践也是沉思行为。在人们进行思考的时候，甚至进行逻辑思考的时候，人们都需要借助于意志，通过意志的作用，把思维启动起来。逻辑就其自身来说是一种自主机制，当思维被启动起来的时候，当主观的沉思思考逻辑的时候，逻辑就不是纯粹的自主机制了。在这里，意志行动是启动思维的行动，这个思维行动就打破了逻辑的纯粹的自主性了。

理论是一种思想的沉思，而实践是要打破逻辑机制的。如果我们把逻辑理解为实践，而把纯粹的沉思理解为理论，那么这就把理论和实践对立起来了。

但是，这两者不是对立的，康德所说的那种实践理性高于理论理性，是不成立的。在康德那里，逻辑这样的东西属于理论理性的，但是逻辑却不是纯粹理论理性的行为，而是一种实践。但是康德却把理论理性和实践理性对立起来。在把理论理性和实践理性对立起来的时候，他还把意志观念化，这是把事情颠倒过来了。康德所理解的理论理性之中一定包含了意志。在进行认识的理论理性之中，随着意识的不断提升，随着意识的不断升华，附加物也被升华了。在附加物升华的时候，意志也会受到束缚，意志概念也会变成与某种实质性一致性的东西。或者说，这个时候意志确实会出现类似于康德所说的那种规则的能力。然而，无论意志如何成为一种规则的能力，成为类似于理论理性的东西，但是在意识和意志的升华中，意志中一定包含了一种反应的动力，如果没有反应，没有突然的手腕的突发动作，那么意志就不存在了。这就是说，意识之中一定包含了意志，包含了意识的一种突发的状况。意志绝不可能变成纯粹的意识，其中必然包含了意识所无法涵盖的要素，比如，与肉体的突发动作联系在一起的东西。而康德所说的意志恰恰抛弃了这种东西。所以，阿多诺说，伟大的理性主义哲学家在意志的名义下所设想的东西已经抛弃了意志。叔本华所说的那个意志也是如此。从这个角度来说，尽管叔本华没有对此作出说明，但是他在自己的《作为意志与表象的世界》的第四篇中还是正确地感到自己是康德主义者。叔本华那里的意志概念也是缺乏这种肉体的冲动要素。

没有意志就没有意识，没有肉体的要素就没有意识，但是观念论者把意志纳入到意识之中，消除了意志中的肉体要素，把意志和意识同一起来，好像意志和意识没有差别。其实，当康德这样做的时候，他的思想之中还是暗暗地包含了肉体要素的痕迹。比如，在先验认识论中，创造性的想象力就包含了肉体的冲动的要素（意志的痕迹），如果没有这个要素，创造性想象力是不可能的。但是，这个意志的痕迹被康德移入了纯粹的理知的功能之中。在康德那里，这个纯粹的理知功能是包含经验，而又把经验升华的领域。本来，这种创造性想象力是先验主体的一种综合统一的能力，这个能力应该与意志的痕迹有关的，但是当这个痕迹被放在理知的领域之中的时候，自发性就被掩盖在意志之中，被忽略了。

最后，阿多诺强调理性与意志之间的差别和联系。阿多诺通过这种差别和联系来批判康德哲学。在阿多诺看来，从发生学上来说，理性不是纯粹依靠思维中的那种内驱力，并通过这种纯粹的内驱力而把它自身和意志区分开来。比如，我们总是说，思维有一种主动的能力，这种能力好像是纯粹思维的内驱力。而阿多诺认为，理性不能仅仅依靠这种内驱力，而是需要借助于意志的作用。理性之中也包含了意志的要素。如果没有意志的要素，没有肉体冲动的痕迹，那么思维行动就不可能有任意性，而意志就是在这种思维行动的任意性之中表现了自身的这种冲动力。从这个角度来说，只有意志才给思维提供了一个基础。只有当思维中有了意志的要素，思维才不是完全被动的，纯粹接受的。从这个角度来说，如果没有这种主动性，没有意志的这种冲动要素，思维也是不可能的。而观念论否定了理性思维中的意志要素，冲动的要素，不许说出思维之中包含了意志的要素。观念论的这种做法表明了它既背离真正的事实，又接近真正的事实。它背离了真实的事实是因为，理性的思维之中包含了意志，而观念论却剔除了这个要素；而它接近真正的事实，是因为意志和思维毕竟是不同的，理性思维中包含了意志的要素，但是我们却不能把理性思维等同于意志。这就是辩证法。附加物既区别于思维又类似于思维。

肯定性自由的虚构

康德把自由和必然对立起来，从而确认了一种以肯定性形式存在的自由。但是当康德看到了自由的二律背反的时候，他其实又否定了这种肯定的自由。

在这里，阿多诺开宗明义地表明，自由是对于具体的不自由的否定中出现的，而不是抽象地被确立起来的。这就是说，自由是和不自由联系在一起的。如果离开了不自由而空谈某种实证的自由，肯定性自由，这是毫无意义的。如果自由被当做某种肯定的东西，那么这个自由就只能是"仿佛"自由。或者说，它看上去是自由，而实际上是不自由。而康德在《道德形而上学的奠基》中所说的自由就是这样一种自由。这种自由就是一种"仿佛"的自由。接着，阿多诺引用了《道德形而上学的奠基》中的一句话来说明，在康德那里，意志是自由的，这种自由是肯定性的自由。而这个自由就是按照理念来行动的自由。按照理念行动就是自由。如果行动是按照理念来进行的，行动就有准则，受到准则的约束。

在阿多诺看来，这种纯粹按照理念来行动的自由是一种虚构。这种给定的自由是一种虚构。对于这种虚构，康德本人其实也在一定程度上意识到了。所以，在这个地方的论述中，康德加了一个注脚。这个注脚上说，"现在我说，……"。本来，康德直接给出说明就可以了，但是康德在这个地方有点心虚，所以，加了一个"现在我说"。在阿多诺看来，康德的"现在我说"这个说法就表达了这个虚构自由的弱点。那么这个虚构自由的弱点表现在什么地方呢？在这个地方，康德抱歉地说："仅仅假定自由被理性的存在者纯然在理念中当作其行为的根据，这对我们的意图来说已是足够"，"我自己无须在理论方面证明自由"。① 康德这话的意思是，我只要假定自由在理念中被当做理性存在者的行为根据，这一点就足够了，我不需要"在理论上证明自由"，即证明经验的人也能够自由。要在理论上证明自由，这就是要像在知识论中那样证明自由。可是，在知识论的领域中康德是无法证明自由的。这会导致二律背反。只有按照理念来行动的人才是真正的人，才是自由的。可是按照理念行动的人是经验领域中的人。这个人不是像康德所设想的那种先验的主体。康德的"理论意图"所意指的就是这样经验世界中的人，是受到经验世界中的因果律的制约的。也正因为如此，当康德把因果性引入到自由之中的时候，他就面临着一个难题，即如何把道德法则中的自由与经验中的人结合起来，把自由落实到经验的世界中。他在这里就需要付出巨大的努力才能赋予经验的人以自由，好像他们的意志也有他在理论哲学、在关于自然的哲学所证明的那种自由。康德试图表明，他也能够在理论哲学和关于自然的哲学中，即在纯粹理性的批判中证明，经验的人也能够有自由。不过这对他来说非常困难。他感到了道德法则和经验中的人之间的巨大鸿沟，他看到肯定的自由在现实中的困难。

如果经验的人没有自由，那么康德的自由概念就没有意义了，他的道德哲学就没有意义了。康德的这个注脚就是要暗示，他能够克服这里的困境，他能够从理论上证明，但是，在这里不打算证明而已。所以，阿多诺说，康德在这里所提到的"理论上证明自由"就是要克服他在《纯粹理性批判》的第三个二律背反所面临的僵局。第三个二律背反说的是，认为全部世界现象是必然的

---

① 《康德全集》第四卷，李秋零译，北京：中国人民大学出版社2004年版，第456页。

以及全部世界现象是自由的都是错误的，都是没有严格地按照现象和自在之物的划分思考问题，它们都越界了。所以，它们陷入了二律背反。其实康德的实践哲学就是要克服自由和必然的二元对立。

尽管在《纯粹理性批判》中，康德陷入了这样一个僵局，但是在实践哲学中，他能够从理论上证明自由。他要克服这个僵局。所以阿多诺说，在实践哲学中，尽管他也严格地宣称实然和应然之间的分离，但是他还是被迫对它们进行中介。在阿多诺看来，康德的伟大之处就在于，他看到了实然和应然之间的分离，看到世界现象的因果性与观念中的自由之间的矛盾，他要找到一个中介，使之成为这两者之间的过渡。这就是说，康德看到了，人只是在观念上是自由的，而在现实中是不自由的。自由只能在主体意识中存在，而在现实中是不存在的。康德的这个天真的悖论表明，康德很诚实，而没有狡诈地掩盖这里的矛盾。

在阿多诺看来，康德的这个悖论表明：自由只能在观念中，在现实中，人受到各种限制，因此自由不能被肯定地确定起来，如果要在现实中实现自由，那么这就需要打破现实中的不自由。或者说，康德的这个悖论就是要表明：按照理念行动的存在者的自由（即经验中的自由）只能建立在不自由的基础上，只能通过打破不自由确立起来。自由只能出现在不自由基础上。这些不自由包括，这些存在者不能按照其他方式来行动，即这些存在者只能按照理念来行动。同样，自由也是人的一种经验上的意识。但是这种经验意识会欺骗自己，会把不自由当作自由。同样人也可能出于自尊的需要而只看到自由，而忽视了其他许多心理的东西对于自己的限制。从这里可以看出，自由是在一定的时空条件下发生的。而在一定的时空条件下，人都是不自由的。因此人的自由一定是在不自由基础上发生的，没有肯定的自由。或者说，自由总是伴随着不自由。既然如此，自由就不能作为肯定性的东西被确立起来。如果自由被当做肯定性的东西确立起来，那么这个自由立刻就变成了不自由。这是因为自由被当做是给定的东西，一种东西被规定了，直接确定了，那么这就不是自由了。这就是说，自由被当作某种被给予的东西或者被给予东西之中的不可避免的东西确立起来，那么自由直接就变成了不自由。自由被当做被给予的东西、被当做了不可避免的东西，那么这个东西就是不自由的。

接着，阿多诺用康德的自由观分析现实社会。现代资本主义社会，强调个人自由，这个自由就是一种给定的自由，这个给定的自由就是不自由。现代资本主义社会的这种状况与康德的自由学说严格对应。按照康德的学说，自由是给定的。这个给定的自由就是我们前面所说的，是行动者不能按照其他方式行动，比如市场中人不能按照其他方式行动，只能按照市场交易规则来行动。这种给定的自由还与心理上的强制和压制联系在一起的，与自恋、意识中的自我欺骗联系在一起的。

康德哲学中的自由是给定的自由，就是不自由，康德看到了关于自由的二律背反。而康德的这个自由学说是与犯罪学实践也是一致的。在这种犯罪学实践中，人们一方面强调人是自由的，另一方面，人们按照人是自由的这个教条来处罚人。好像人犯罪都纯粹是自由选择的结果，好像社会环境等都与人的犯罪无关。这种犯罪学实践与康德的二律背反是一致的。一方面强调人的自由，另一方面强调处罚的必然性。它把自由和处罚（强制）的必然性联系在一起。康德的道德哲学就是把强制和自由结合在一起。在康德的《实践理性批判》中一切概念，例如，法则、强制、敬重、义务等都与强制有关。自由就必然要求强制。本来按照康德的说法，自由是在纯粹的思想领域中，而在现实中是不自由的，但是当康德强调把自由与强制联系在一起的时候，这个自由就不是在纯粹精神领域中的自由了，而是具有现实的意义了。在现实的领域中，如果一个人是自由的，那么他就要接受强制，他的犯罪行为就应该受到处罚。所以，在康德强调法则、强制、敬重、义务等的时候，这就不是在纯粹思想领域中强制和敬重，而是具有现实的意义了。所以，阿多诺认为，康德所使用的这些概念就是力图填平绝对命令与现实的人之间的鸿沟。当康德试图填平这个鸿沟的时候，当他把抽象的精神自由变成了现实生活中的自由的时候，他所说的自由就变成了强制。这些具有强制性的概念尽管为了尊重自由但却都是压迫性的。康德在《纯粹理性批判》中，把自由理解一种因果性，即来自自由的因果性。这个矛盾的说法其实就已经包含了否定自由的意思了。它腐蚀了自由并使之变成服从。

从上面的分析中，我们可以看到，康德的自由是给定的自由，而这个给定的自由其实就是不自由，这个给定的自由概念作为一种强制就与现实社会的强制无法区分了。既然给定的自由之中包含了强制，那么康德就和他之后的观念论者，比如黑格尔等类似的，他们把自由和强制结合在一起。康德虽然强调自由，但是这个自由是包含了强制的自由。所以，阿多诺认为，康德的自由概念，实践理性中所强调的自由概念其实就已经包含了强制，就包含了对于无政府主义的恐惧。对于无政府状况的恐惧使资产阶级后来清除了它自身的自由意识。本来，资产阶级还强调自由的，但是后来资产阶级越来越强调国家控制的重要作用了。自由意识也被否定了。阿多诺认为，《实践理性批判》中蕴含了类似的东西。当然这种东西不是以语言直接表达出来的，而是从康德的表达方式的口气中体会出来。比如康德说："意志对法则的一种自由的服从是与一种不可避免的、但仅仅由自己的理性施之于一切偏好的强制结合在一起的，这种意识就是对法则的敬重。"① 阿多诺认为，在康德的这句话中就包含了对于自由意识的否定。对于康德来说，对于法则的服从是与理性施加于偏好的强制结合在一起的。而理性施加于偏好的强制这个说法可以追溯到精神分析。在精神分析中，人按照现实的原则对于自己的本能进行压制。理性对于偏好的强制类似于按照现实的原则对于本能的压制。理性对于本能的强制其实就否定了自由意识，否定了本能的冲动的意义。对于阿多诺来说，排除了这种冲动也就排除了自由。被康德当作先天的东西、那个具有令人恐怖的威严的东西，即理性的法则是压制本能的结果，是可以用精神分析的方法来解释的。康德的理性法则其实就类似于精神分析所说的那种遏制本能的法则。对于阿多诺来说，如果没有本能，没有肉体上的冲动，也就没有意志自由了。从这个角度来说，精神分析对于本能的分析，有助于我们对于自由的理解。自由就是本能的力量对于法则的否定。没有法则就没有自由，反过来说，没有冲动也没有自由。自由就是在冲动与法则的斗争中存在。这就是自由的辩证法。精神分析作为一种决定论的科学，从因果的角度解释了自由和强制的关系，解释了关于自由的辩证法。康德的自由观念给出了一种肯定的自由，但是康德又借助于二律背反否定了这种肯定的自由。通过对于康德的内在批判，阿多诺发现，肯定的自由是虚构。

---

① 《康德全集》第五卷，李秋零译，北京：中国人民大学出版社2004年版，第86页。

第三部分　模式

思想的不自由

在这个部分阿多诺批判了思想自由的观念。思想不仅受到了逻辑形式的束缚，而且受到了内容的束缚。形式的束缚属于形式理性，内容的束缚属于客观理性。理性具有双重意义。逻辑和形而上学的统一表达了理性的这种双重特性。

由于意志自由要涉及到行动，而人的行动不能完全在观念中进行，因此，康德在论述意志自由的时候，总是会偷偷摸摸地把一些客观的要素偷运到自由概念中来。他所说的那种给定的自由其实就是不自由。但是，人的思想则不同，它是纯粹在意识领域中发生的，不要付诸行动。从这个角度来，思想可以是完全自由的。这是观念论的典型表现。阿多诺在这里，从一开始就挖苦了德国观念论。德国观念论与十九世纪德国的一部歌曲集《少年魔法号》中的一首歌"思想是自由的"表达了同样的思想。德国观念论不过是表达了同一时期的大众的思想。他们的思想是受到大众思想的影响才出现的。而这一点本身就表明了思想不自由。这些宣称思想自由的人的思想是来自于当时的社会。

当观念论强调思想自由的时候，观念论其实不仅仅是说思想是自由的，而且是要说，一切存在于观念中的东西都是自由的。这是因为，按照观念论学说，一切东西都应该是思想，一切东西都应该作为概念、观念来理解。既然一切东西都是思想，而思想是自由的，那么一切存在着的东西就都应该是自由的。按照阿多诺的观点，这恰恰表明思想是不自由的，来自于现实的东西限制了思想。而观念论却强调，虽然现实是不自由的，但是一切存在于观念中的东西都是自由的。阿多诺认为，观念论的这种思想其实就是想掩盖，思想绝不是自由的。

那么为什么思想是不自由的呢？本来思想的纯形式、逻辑的严谨形式只是表达内容的手段，但是这个手段同时也会束缚思想。那么为什么思想的形式会束缚思想呢？这是因为，思想是适应社会的，而在社会中，一切东西都按照合理化的形式受到控制。思想在适应社会的过程中，在适应社会的支配关系的过程中，也强化了形式对于思想的束缚。这种思想形式不是自由的证据，而是不自由的证据。思维形式的这种强制不仅仅与被思考的对象有关，不仅仅与现实

（被合理化的现实）有关，而且与思想现实的人有关，思想现实的人把被思考对象的强制秩序内化了。他把这种强制秩序当做是理所当然的东西。思想在关注对象的时候，就把合理化的形式强加在被思考的对象上。在对于对象作出判断的时候，思考者就是把对象纳入到合理化的系统之中，就对被判断对象进行剪裁。所以，阿多诺说，思维预先实施了一种暴力，哲学以概念的必然性反映了那种暴力。人们在还没有思考对象的时候，人们就使用概念对于被思考对象进行剪裁。这就是预先实施了一种暴力。概念的必然性就是强调概念的同一性，这种同一性就反映了这种强制和暴力。社会是按照合理性原则建构起来的，它要求人们按照合理化的原则来思考，而合理化的思考强化了现实中的合理性原则的正当性。这两者之间相互作用。哲学的内在核心就是这样一种东西，合理化社会就是一个全面控制的社会。哲学观念论就是观念对于一切东西的全面控制。所以，阿多诺说，今天科学思想中的那种普遍的、严密的规则体系借行为方式和组织形式而把这种原始的关系外化出来。这里所说的原始关系，就是思想和现实之间相互作用的原始关系，就是人们用合理化的思维方式控制对象的体系。

阿多诺还更进一步说明了思维中的强制和自由的关系。在阿多诺看来，思维之中一定要有强制，没有强制就没有思维。人的思维都需要借助于强制形式，甚至艺术中的那种思维都需要有强制的形式。这就表明，没有任何一种思维是不需要形式的。思维中必然需要强制。而思想当然也是自由的，思维中始终存在着自由和强制的矛盾。这种矛盾不可能借助于思维而消除，或者说，思维自身不可能消除思维中的这种矛盾。当然，我们也不可能为了思维、为了思想自由而消除这种矛盾。这种矛盾只是表明，思维需要进行自我反思。

由于强制和自由是结合在一起的，所以思辨哲学家们都会思考因果性。因果性就是用一种思维中的强制来思考对象，关于对象的一切思考都纳入因果关系的体系之中。叔本华讨论了充足理由律。莱布尼兹和叔本华都曾经思考过充足理由。他们都要努力说明每一个事物发生的充分原因。我们知道，在康德哲学的基础上，自由和因果性是二律背反的。而叔本华的思想就是建立在康德哲学的基础上的。因此，因果性必然是理性主义的难点。这个难点就表现在，理性主义者用纯粹形式的法则来认识对象，把形式的法则作为认识的原因，并把这个法则投射到对象上，可是认识的对象不是在纯粹形式的法则上的原因，而是一种运动东西，是具有动力性的。认识的原因和动力因根本不是一回事。这两者之间无法一致起来。在思维过程中，因果性预设了形式逻辑的原则，也就是预设了无矛盾性、同一性原则，但是事物的运动并不是按照这样的同一性原则来运动的，它会朝着其他不同的方向发展。认识的原因是"主观性"的，而作为动力因的对象是"客观性"的。如果我们用理性来概括这两者，那么理性就表现了其不同的特点。阿多诺强调，理智（ratio）这个词语就同时包含了这两个意义：理由和根据。理由和根据在许多情况下是一致，是可以互换的。但是，这里也有细微的差别，理由是被认识到的原因，而根据是认识对象的动力因。由于被认识到的原因和对象的动力因是无法同一起来的，理性主义在理解原因性的时候就碰到了困难。由于理性主义在解释因果性方面存在着困难，于是经验论者，比如休谟就对因果性提出质疑，因果性受到了挑战。按照休谟的解释，直接感性的东西之中不存在因果联系。如果感性的东西之间不存在因果性，那么因果性就是思维中的联系，就是一种理性的规则（就是习惯性的联想，是思维中的固定联系）。从这个角度来看，因果性就是从观念论中分离出来的教条剩余物。观念论确信事物之间存在着一种因果联系。因果性就是观念论者所确信的那种教条。那么为什么观念论要强调这种因果性呢？因为观念论其实有一种全面控制世界的企图，它要把一切都置于观念的控制之下。观念论强调因果性就是表现了它控制世界的企图。所以，观念论一定会确信因果性，只有借助于因果性，观念论才能行使它对于存在者的控制。所以，因果性是思维中的同一性的强制，是思维的主体企图控制存在者的一种表现。如果摆脱了同一性的强制，那么思维就可能摆脱因果性。因为因果性的概念是模仿强制，模仿人们对于存在者的控制而形成的。从这里，我们也可以看出，在阿多诺看来，观念论的思维在本质上是遵循同一性逻辑的。这种同一性逻辑在实践上的基础就是对于存在者的控制，就是按照同一性逻辑对于存在者的控制。因果性就是从这种同一性逻辑中产生的。阿多诺就是从这个角度来理解因果性的。既然因果性是从同一性逻辑中产生的，它是同一性逻辑中的那种形式具象化，并通过这种形式来约束内容，剪裁内容。而内容并没有给自身提供这样的形式，或者说，内容本身并没有这样的形式。因果性概念其实就是用一种外在的形式来剪裁内容。从这个角度来说，如果我们要进行认识论上的元批判，那么我们就必须进行反思，就必须要吸收经验论的观点。当理性吸收经验的内容的时候，理性就具有一定的客观性。

应该说，康德对于因果性的分析吸收了经验论的要素。如果没有吸收经验论的要素，那么他也不可能在因果性的问题上提出二律背反。虽然如此，康德哲学从根本上来说是先验观念论，是一种同一性哲学。因此，尽管他的哲学也强调"质料"，也强调经验内容，但是他的哲学还是追求系统性的特征。这种系统性特征就是要把一切内容都纳入到一个体系之中。这是同一性哲学的重要特点。而康德和新康德主义者在这一点上是一致的，这就是要建立一个完备的体系。而要建立一种体系就需要按照理性原则来建立一个统一的体系。我们前面说过，理智（ratio）这个概念有两个意思。康德是从理由的意思上来理解理性的。他就是按照理由意义上的那个理性来建构体系。所以，阿多诺说，康德哲学中占主导地位的统一性是理由概念，是纯粹的无矛盾的、逻辑上的理由。在阿多诺看来，康德哲学体系中所说的那个理性概念就是这个意义上的理性概念，即无矛盾的、逻辑上的理性概念。这就意味着，康德的理论理性和实践理性概念本身是没有原则性的差别。康德的实践学说，并没有给理性概念添加任何东西。尽管康德在术语上对理论理性和实践理性进行了区分。但是这个区分的差别非常小。按照阿多诺的理解，理论理性和实践理性之间的区分如同形式逻辑和先验逻辑之间的区分。按照康德的设想，形式逻辑不涉及内容，而先验逻辑需要涉及内容。这两者之间是有差别的。但是，在阿多诺看来，这两者之间的差别并没有康德所设想的那么大。这是因为，即使是形式逻辑也不是纯粹形式的，如果是纯粹形式的东西，那么纯粹形式也无法被表达和理解，一切形式都涉及内容。这就是说，形式逻辑也涉及内容。比如说，形式逻辑关于假言推理，就涉及因果性。而康德的所谓先验逻辑就是从形式逻辑，特别是判断形式中推导出来的。这两者之间的差别并不像康德所设想的那么大。而理论理性和实践理性之间的差别其实也很小。康德的狭义的理念学说提出了四种理念。而这四种理念都是从宇宙论的角度来理解理念的。他所提出的关于世界的理念只是侧重点不同，其内容本质上都是一样的。因此，阿多诺认为，理论理性和实践理性的内容差别并不是那么大。在阿多诺看来，理论理性和实践理性不是

第三部分 模式

理性概念自身内部的差别,而是用法上的差别。这种用法上的差别表现为,在理论理性中,认识的主体或者涉及对象,或者不涉及对象。不涉及对象的理性就陷入二律背反。而实践理性是从它自身创造出对象。这就是说,理论理性和实践理性的差别仅仅表现在理性与它所涉及的对象的关系上存在差别。理性概念本身的内容是一样的。

康德哲学是一种同一性哲学,是要建立一个体系,而这个体系就是一种理性的体系。虽然黑格尔要用辩证法来克服康德对于现象和本体的区分,但是黑格尔的思想体系也是一种理性的体系。从这个角度来说,黑格尔哲学内在于康德思想中。在黑格尔哲学中,逻辑学和形而上学是结合在一起的。在逻辑和形而上学的统一之中,黑格尔要借助于逻辑学来把握传统逻辑所不能把握的东西,这个东西属于形而上学的内容。因此,黑格尔的逻辑是一种辩证的逻辑。康德哲学中已经包含了黑格尔学说中的那种形而上学和逻辑学,只是康德没有把这种形而上学或者逻辑学作为主题而已。这就是说,康德也借助于逻辑学论证一种形而上学理论。这个形而上学理论从本质上来说,也要讨论存在者的存在的。这就需要涉及存在论上的具体内容。康德也要借助于逻辑来把握传统逻辑所无法把握的内容,他也试图把形而上学的内容纳入逻辑之中。因此他的思想之中,也有辩证法,但是康德是从否定的意义上来看待辩证法。所以,阿多诺指出,对康德来说,这种理性的客观性(实质理性),形式逻辑(形式理性)有效性的总体成为存在论的避难所,而这个存在论在一切质料的领域都受到(他的)批判所进行的致命攻击。虽然康德排除了质料,但是他还是试图吸收质料的要素。这就如同我们前面分析意志的时候那样。形而上学和逻辑是两种不同的理性形式。这两种理性形式在黑格尔那里是统一在一起的,在康德那里也有类似的东西。逻辑是形式理性,而形而上学是实质理性。这是理性所具有的双重特征。而在康德三大批判中理性都包含了这双重含义。康德也借助于理性的这双重含义而把三大批判统一起来。

对于康德来说,理性一方面区别于思维,是纯粹的主观形式。这就是阿多诺等人所说的主观理性,工具理性。这是强调形式的一致性意义上的理性。这是思维中的逻辑的方面。另一方面,理性又是客观有效性的总体,是一切客观性的原型。这是指客观理性,就是包含了实质内容的理性,形而上学意义上的最高客观性意义上的理性。一切客观性都是根源于、或者模仿这种意义上的客观性。逻辑和形而上学的统一所要表达的就是理性的这种双重含义，也就是主观理性和客观理性的统一。按照这样的思路来理解康德，那么康德虽然强调人为自然立法，用主观理性来规定对象，但是康德又把这种做法理解为"哥白尼革命"，即这就是从主体为中心转向客体为中心。这就是借助于主观性来拯救客观性。这里就包含了主观理性和客观理性的统一。从这个意义上来说，哥白尼的革命暗示了一种转向，即向客观性的转向。当然，这不是康德本人的思想。这是阿多诺通过对于康德的内在批判所得到的思想。按照阿多诺对于这种转向的分析：人们需要借助于主观性来表达客观性或者内容的客观性，但是主观性却又会掏空客观的内容。这里包含了一种辩证法。在理性之中客观性和主观性是结合在一起的。如果我们采纳阿多诺对于理性包含了肉体的观点，那么我们可以说，理性既包含了肉体又超越了肉体。理性包含了形式理性，这是理性超越肉体的表现，但是理性也不能完全脱离肉体，这是理性之中包含了实质内容（非同一东西）的表现。当我们这样来理解客观理性和主观理性的关系的时候，我们就可以看到，在理性中客观性和主观性是结合在一起的，客观性的东西是与主体对立的，但是这种客观性的东西却又在主体中存在。这就是主观性与客观性的统一的理性。按照阿多诺对于康德哲学的理解，康德哲学中包含了这样一种理性的观念，包含了主观理性和客观理性统一的思想。

  理论理性具有这双重特性，实践理性也有这双重特性。这就是逻辑上的客观性和内容上的客观性。其实，阿多诺在前面对于意志概念的分析中，已经表达了这个思想。一方面意志也具有主观性，即主体自身的纯粹的自发性。当自发性被理解为纯粹意识上的自发性的时候，这个自发性就是主观的，这种自发性能够在主体之中对象化自身。当然，意志不仅仅是主观的，而且还能够在现实中实现。或者说，意志有一种对象化在经验世界中的能力。这是一种客观意义上的能力。这就好像理性通过某种客观的东西而被固化一样。这就是说，意志之中有一种肉体的力量。意志总是把这两个方面结合在一起。纯粹的自发性和肉体的力量结合。主体可以毫不费力地进行这种自发性，比如，一个人从椅子上站起来。这是一种毫不费力的对象化活动。这就是一种主体的活动。但是，主体的这种自发性不是纯粹在思维中进行的，这种自发性一定是和肉体联系在一起的。这就如同我们前面讨论理性的时候一样，理性能够进行一种逻辑的思考，但是这种逻辑思考不是纯粹思维中的活动，而是与人控制自然的要求联系在一起的，与人思维活动的内容联系在一起的。不存在所谓的纯粹的理性思考。我们借助于逻辑而把内容固定下来。意志同样如此。意志是一种自发性，这种自发性不是一种纯粹意识中的事实，而是会变成固定的、同一的，并对象化为一种能力，这种能力是与经验世界有关的。阿多诺把意志的这种能力理解为先天存在者的特性。这就是说，它不是纯粹形式意义上的存在，而是存在者状态意义上的东西。当然它也不是存在者。这种存在者状态意义上的东西，如同某种客观的特征那样，会在现实中发挥作用。由于意志具有这样一种存在者状态上的特征，人们才能对它做出判断，看到它在对象中发挥作用，或者说，意志通过自己的活动创造出对象，即创造出某种活动。从这个角度来看，意志不是纯粹的意识，纯粹的自发状态，而是属于它在其中产生影响的世界的，即属于经验世界的。意志肯定具有这种特点，即属于经验世界的特点。当康德没有对于理性概念进行区分，没有把理性纯化的时候，他就必然要让理性付出了这样一个代价，即理性不是纯粹的意识事态，不是一种与肉体无关的事态，而是与经验世界有关的。如果意志拒绝把自身对象化，如果意志把肉体的冲动当做是他律的东西排除在意志之外，那么这种纯粹内在意义上的意志、纯粹自发性意义上的意志就必定要付出代价，必定让自己失去这种自发性，而把自身纳入经验世界之中。

形式主义

在这里，阿多诺讨论康德的形式主义。阿多诺从辩证法的角度来看待康德的实践理性。他既批判了形式主义，又承认形式主义的重要性。

从前面的分析中，我们可以看到，在阿多诺看来，康德的实践理性和理论理性之间没有多大的实质性差别，而这种差别只是表现在理性所涉及的对象方面。对于这样一种理解有人提出反对意见，如果这样来理解理性，那么理性就依赖于理性之外的东西，依赖于理性所不是的东西。这种做法就违背了理性自律的原则。从前面的分析之中，我们可以看到，阿多诺认为，康德的理性概念之中必定要包含理性之外的东西，依赖于理性所不是的东西，只是康德没有走那么远，即康德没有明确地说，理性之中包含了理性之外的东西，但是康德在他思想中预设了，在理性的一切运用中，包括理论的运用和实践的运用之中都预设了理性和理性的"关涉者"。在这种预设中，理性其实就在某种程度上把理性所关涉的东西（所运用的对象）包含在理性之中了，因为理性如果想成为理性，那么理性就必须指称这样一种关涉者（理性所运用的对象）。因此，理性对象作为理性的关涉者已经影响了理性了。当然，康德没有像阿多诺那样，明确地强调，理性之中必须包含理性的他者，包含理性所不是的东西。但是，康德对于实践理性和理论理性的区分之中已经包含了这样的意思。正因为如此，阿多诺才强调，不管康德本人的意图如何，当康德把理性和理性所依赖的东西（理性的关涉者）之间的不一致凸显出来的时候，理性是要把理性的关涉者驱逐出理性的范围，但是在理性把这两者之间区分开来的时候，理性却又必须依赖于理性的对象，依赖于理性所内在地指涉的东西。如果理性没有所关涉的东西，那么理性就变成完全空洞的理性，理性就既不能思考对象也不能构造对象。阿多诺认为，当理性思考对象和构造对象的时候，理性就已经被它所思考或者所构造的对象所规定。脱离了这种规定，理性就变成完全空洞的东西了。

既然理性在其自身之中被它的对象所规定，那么对象的要素就会在理性中留下痕迹。比如，阿多诺在这里指出，对象的特征会进入实践上的判断之中。在实践理性中，我们需要判断，我们究竟应该做什么。但是，我们究竟应该做什么不是按照纯粹理性自身推导出来的原则来进行判断的，而是要根据对象的特征来判断。这样来理解康德的理性概念当然在某种程度上超出康德本人的理解。这是阿多诺借助于康德而又超出康德而对于理性的构想。于是，在这里，实践理性和理论理性是不同的，理论理性中的基本命题是被认识对象所规定的，而实践理性中的判断是被究竟应该做什么的判断所规定的。这两种理性在质上是不同的。这种差别不是确定性上的差别，不是有效性程度上的差别。在有效性程度上，它们是一致的。这里的差别是理性所涉及的对象之间的差别。从这个角度来说，理性按照对象区别自身，即区别为理论理性和实践理性。这两者之间的区别不表现在理性给它的对象所打上的烙印具有程度上的差别，好像其中的某个对象的烙印更深，更持久，好像在这里，理性都是按照同样的方式给对象打上了不同程度的烙印一样。阿多诺强调，这两种理性的差别就是所涉及对象的差别。

于是从实践理性的角度来看，即从意志的角度来看，意志是不能与它的质料区分开来的。实践理性就是与它所处理的质料（社会）结合在一起的。实践理性不是把自己与社会分离开来，并外在地处理社会。从这个角度来说，意志不是纯粹形式的。如果意志外在地处理对象，那么这就违背了实践理性的绝对命令。按照这个绝对命令，他人不能仅仅被当成是手段，而必须同时被当做是目的。如果社会作为质料与实践理性分离开来，实践理性就必须外在地处理质料，就会把质料当做是手段了。在这样的情况下，其他人是被当做手段，而不是被当做目的的。这是违背康德所说的绝对命令的。在这里，我们可以看到，阿多诺认为，实践理性是和质料（社会）结合在一起的。只有在社会作为总体的时候，实践理性的原则才能真正得到贯彻。当实践理性和社会结合在一起的时候，实践理性就比理论理性更加具体的，而不是抽象的形式。实践理性就比理论理性所得到的先天综合判断更加具体。但是，康德又认为，实践理性的主体是个人。这是康德的单子论式的道德建构。在这种道德建构中，每个人作为道德实践的主体是外在于其他人的，是独立于其对象的。在这种道德建构中，每个人在自己的理性思考中得到普遍的道德准则。由于这个道德准则是脱离对象的，因此这种道德行为比纯粹理论理性又更加抽象。在这里，阿多诺说明了，康德的道德实践的矛盾，它既比理论理性具体，又比理论理性更加抽象，说明了道德实践的原则必须在总体上才能得到贯彻。

按照这样一种理解，阿多诺批判了舍勒的思想。舍勒等人对于康德的形式主义进行了批判。这种形式主义表现为，它不涉及到对象。或者，如同人们所说的那样，这种道德哲学给人们所提供的是抽象的规范，而是无法在社会中落实的。阿多诺承认，这种形式主义当然有缺陷，但是也不能仅仅受到谴责。这是因为，尽管它没有给人们究竟应该做什么提供肯定性的决策，但是它也避免了为某种特权或者利益而误用人和人之间的具体的、质上的差别。形式主义不管人的具体差别，而强调人和人之间的抽象平等，强调规范的普遍适用性。所以，阿多诺认为，虽然康德的道德命令是抽象的，但是在这种抽象之中还是包含了实质性的内容的。这种实质性的内容就是把质料的东西当做理性的要素。

这就是说，康德的实践理性概念并不是纯粹形式的，它是把质料包含在其自身中的，而不是像舍勒等人所批判的那样，不包含任何实质性内容，不包含任何质料（具体的要素）。质料包含在理性之中了。所以，当德国人批判康德，认为康德的学说过于理性主义了，那么这种批判就显示出了血腥的色彩。法西斯主义就是否定了形式主义，而强调人和人之间的差别，特别是人种之间的差别。这种实践按照盲目的现象领域，即按照某个人是不是属于某个指定的宗族而对人加以区分，并决定究竟谁应该被屠杀。这就是把一般和具体割裂了开来。当一般和具体割裂开来的时候，具体就变成了虚假的具体。在阿多诺看来，虚假的具体是脱离普遍性的具体，这样的具体是具有污点的具体。这种具体的虚假性表现在：当具体脱离普遍性的时候，具体就变成了完全抽象的具体。这个具体就变成纯粹的这一个。当具体变成纯粹的这一个的时候，那么这个具体就可以随意地被归入某个类别之中。所以，阿多诺说，在完全的抽象中，人被归入一些随意的概念之下并被相应地对待。在法西斯主义那里，具体这个词就是沾染了这种污点。我们可以说，脱离了一般来讨论具体，那么具体就会有这种污点。

接下来，阿多诺就根据这个分析批判了舍勒的质料伦理学。在这里，阿多诺首先强调，具体和抽象之间的联系，强调特殊和一般之间的辩证矛盾。因此，当我们批判康德的形式主义的时候，不能简单地否定一般，而抽象地强调特殊。如果是这样，那么对于抽象道德的批判就是一种倒退。而舍勒的所谓质料伦理学就是如此。在质料伦理学看来，突发的、有限的东西具有永恒价值。突发的、有限的东西是特殊的东西。这个特殊的东西按照现象学的直观方法就直接具有了永恒的价值。按照舍勒的理解，康德的伦理学是纯粹形式的伦理学，在批判纯粹形式的伦理学的时候，他走向了另外一个极端，即纯粹的质料伦理学。对于舍勒来说，纯粹形式的东西可以具有永恒的价值，纯粹质料也是如此。他从一个极端走向了另外一个极端。所以，阿多诺认为，这种做法是把诉诸其中的一个就同时诉诸另一个提升为一种原则。这就是说，如果形式具有永恒的价值，那么质料也就必须具有永恒的价值。质料伦理学的这种做法没有能够公正地对待一般和特殊的对立，没有公正地对待这里对立的两个东西。这两个东西虽然是对立的，但是同时也是联系在一起的。我们不能在纯粹形式和纯粹质料两个极端之间摇摆。

　　接下来，阿多诺分析了康德哲学中所存在的问题。康德的理性主义，即强调抽象的一般原则，强调纯粹的理性形式，而这种纯粹理性的原则无法在实践中落实。这就是说，康德的理性主义之中包含了一种去实践化的特征。而这种去实践化的特征是与其去对象化的特征结合在一起的。这就是说，康德的实践理性虽然是包含对象的规定的，但是这是阿多诺分析出来的，而康德本人却没有这样自觉地意识到这一点。他是把对象和理性区分开来，对立起来的。阿多诺从辩证法的角度来理解，这种区分开来的东西同时也是相互依赖的，因此，实践理性被它的对象所规定。但是康德本人是把实践理性和对象是对立起来的，这就是说，实践理性也同时具有去对象化的特征。在这里，我们可以看到，去实践化是与去对象化结合在一起的。在去对象化的时候，实践理性就变成了无对象的纯粹理性，成为思维之中绝对至上的东西。而这个绝对至上的东西一旦确立起来就可以不管具体情况，就可以既不管经验，也能不管理性中的行动和经验中的行为之间的跳跃而直接在经验领域中发挥作用。这就好像我们日常生活中所说的教条主义。按照至上的教条，我们不管具体条件来落实这个教条。这种做法其实就包含了两个方面，一个是理性变成了纯粹的沉思。这就如同我们常常批评的，某些人只是在办公室里制定规则，起草文件。而另一个是，另外一些人不管具体情况，而简单粗暴地落实文件。从实践理性的角度来说，纯粹实践理性的教条就把自发性（思想中的自主性）重新转换成为沉思。这就是说，本来实践理性之中包含了自发性，但是这种自发性是与肉体的冲动联系在一起的，而不是纯粹思想上的沉思。而纯粹实践理性的教条就把自发性变成沉思。这就是去实践化。另一方面，在实践中，人们只是按照教条冷漠地落实既定的规范。这就是去对象化。它否定了道德规则中的具体对象。阿多诺认为，康德实践理性的这种倾向在后期资本主义政治实践中确实出现了。这种政治实践是一种冷漠的政治实践，教条主义的实践，而这种政治实践也是最彻底的政治实践，即只是按照上面的命令来行动的实践。希特勒的政治实践就是这样一种政治实践。而那些知识分子则陷入到纯粹的理性的沉思之中。当实践理性成为纯粹主观的沉思的时候，变成纯粹理性沉思的时候，实践理性主观化了。而实践理性的主观化一旦完成，那么它就成为绝对自我相关的东西，成为绝对的东西，至上的东西。这个东西好像是完全客观的，好像是自在存在的。实践的活动可以不顾外在条件而具有至上性，并且能够在外部世界发挥作用。在这里，实践理性无法弄清楚，它如何能够从纯粹的内在东西而变成一个能够对外部世界产生影响的东西。在阿多诺看来，这里有一个存在论的深渊：从纯粹的主观性到外在的客观性。在康德那里，实践理性既是纯粹主观的东西，同时又是纯粹客观的东西。

实践理性是这个纯粹主观的东西，同时又是纯粹客观的东西。这是一种矛盾，这种矛盾也表达了康德的道德法则中的非理性东西的根源。在他那里，纯粹主观的东西直接变成了纯粹客观的东西。这就是康德道德法则的非理性的根源。这种非理性表现在，这个纯粹主观的东西变成了给定的东西。既然这个东西是给定的，那么这个东西就不能被反思，不能被透视。这个不能被透视的东西、不能被思考的东西就是非理性的。对于这种给定的东西，我们不能问为什么要这样？康德的绝对命令就变成了命令我们终止反思。

对于康德来说，自由就相当于实践领域中理性的不变的自我同一性。本来自由是一种冲动，是对不自由的一种否定。但是，在康德那里，自由是给定的，而自由就是合法则性。实践理性就是一种合法则性。当实践理性变成合法则性的时候，实践理性或者意志就与理性没有差别了。自由就相当于实践领域中理性的不变的自我同一性。因此，它也取消了语言运用中理性和意志的差别。本来，在我们的日常语言中，意志与理性当然是不同的，但是在康德那里，这种差别被取消了。当自由变成理性的不变的自我同一性的时候，意志就可以被理解为合理性，当意志变成了合理性的时候，意志就没有自发的冲动了。没有自发冲动的意志就不是意志了。意志借助于其总体上的合理性而成为非理性的。

当意志和理性没有差别的时候，实践的向度被取消了，人的行动变成了纯粹的精神中的行动。所以，阿多诺认为，康德的《实践理性批判》在一个虚幻结合体中运行，在一个纯粹精神的结合体中运行。在他那里，精神变成了行动的替代者。而且这个精神已经现成地摆在那儿。所以，对于康德来说，这个实践或者行动不是别的，就是现成摆在那儿的精神活动。行动变成了纯粹的精神行动。而这种纯粹的精神行动又是与法则一致的行动。所以，阿多诺说，这个实践理性破坏了自由:在康德那里自由的承担者即理性,与纯粹的法则相一致。如果一种实践与法则一致,那么这个实践就没有自由。

按照阿多诺的看法,自由需要有他律的东西。只有冲破他律的限制,自由才会出现。如果完全按照规则行动,那么这里就没有自由。自由当然需要有理性的判断。从这个角度来说,自由与理性是一致的,但是自由不仅仅局限于理性的判断。自由还要有冲动,没有偶然的冲动也没有自由。所以阿多诺说,正如没有理性的判断就没有自由一样,如果没有按照理性的标准来说是偶然的东西,那么也就没有自由。从这个角度来说,自由既与理性有关,也超出理性。因此,自由不能与理性绝对割裂开来,同样自由也不能与偶然绝对割裂开来。自由就是把理性和偶然结合在一起,它既包含理性的判断,也包含偶然的冲动。当理性和冲动发生和解,人就自由了。按照非辩证的法则性的标准,自由之中似乎总是有某种偶然的随机的东西。或者说,从非辩证的观点来看,从法则的观点来看,自由之中总是包含了偶然的东西。我们在日常生活中也是从这种非辩证的观点来看自由的。如果没有这种偶然的东西,那么就没有自由了。而康德却排除了这种偶然的东西。既然自由之中不能排除偶然的东西,那么这就要求人们对于这种随机的东西、偶然的东西进行反思。这种反思就是要超出法则和偶然性。这就是通过这种反思而让偶然的东西和法则性的东西和解。自由就是合法则性和偶然性之间的和解。没有合法则性就没有自由,没有冲动,没有偶然性也没有自由。从这个角度来说,自由不是某种给定的东西,而是合法则性和偶然性之间的持续的矛盾和解决。而在与法则实现和解了的偶然性就不能被称为偶然性,其合法则性也不能叫合法则性。

作为物的意志

从前面的分析中,我们知道,意志是一种矛盾的东西,这个矛盾的东西我们不可能定义。但是,阿多诺也不否定意志具有某种同一性,而这种同一性就与人格类似,不过,这个人格不是康德意义上的人格,而是对于冲动的调节意义上的意志或者人格。这个人格就是阿多诺所说的那种具有物的特征的人格。阿多诺也从这个人格的角度去理解康德的"善良意志"。

阿多诺从意志的对象化的行动出发来理解意志,说明意志的物的特性。在这里，阿多诺首先从理性与意志的一致性出发来说明意志的对象化。在这个地方的一开始，阿多诺通过对于近代理性概念的分析来说明实践理性，即意志。前面在讨论理论理性和实践理性概念的时候，我们就已经说明，康德的理论理性和实践理性概念在内容上没有实质性差别，它们之间只有用法上的差别。在康德那个时代，理性概念是一个中立的概念。这个理性概念表达了这样一种观念，即纯粹形式的主观思维和逻辑形式的有效性之间达到一种均衡。这里所说的纯形式的主观思维不是个人的主观思维。我们知道主观思维都是与人的主观的思维活动结合在一起的，如果没有这种主观意识活动，思维也就不可能。但是，人有理性，而人的理性也是一种思维活动，在这个思维活动中必须包含一些与其他人一致的东西，这种东西能够被人所接受。我们前面说过，人的思维是肉体发动起来的。思维中必须有主体的这种冲动。这是一种纯形式的主观思维。这里所说的脱离构成要素的逻辑形式的有效性，就是指纯粹形式逻辑的思维规律。理性就是要在这两者之间达到均衡，或者说，主观思维（冲动，可以被对象化的冲动）和逻辑形式之间相互作用。按照康德的思想，人的理性有一种能力，这种就是建构自己的认识对象。而在康德那里，理论理性和实践理性是一致的。理论理性会建构自己的对象，同样实践理性也建构自己的对象。从这个角度来说，意志的表达就是行动参与到这种客观性之中。人的意志也可以建构对象，这个对象就是意志的行动。意志的行动建构了意志的对象。但是，意志的对象是和认识的对象是不同的，认识的对象是现象，而意志的对象是行动，这是不同的。在康德那里，意志是模仿了理性的，所以虽然意志的对象是行动，与认识对象是不同的，但是，这里的差别却被忽略了。

如果意志在自己的行动中也建构一个对象，那么意志作为行动就被对象化了。意识的行动与认识的行动不同，意志的行动是把意志对象化在对象之中的。因此它总是与物性的东西结合在一起的。意志模仿了理性，即意志与理性一样都包含了冲动和逻辑形式，并且意志并不是孤立存在的，总是与对象结合在一起的。在这里，阿多诺强调，意志无论是作为行动的较高概念还是行动的统一要素，它都被对象化了。意志作为行动的较高概念是与肉体要素，与冲动是有关的。从这个角度来说，意志作为行动的概念是与物性的要素有关。同样意志作为行动的统一要素，也在行动中对象化了。这就如同理性作为一种统一要素而把现象综合起来，建构对象是一样的。虽然我们在这里做了类比，把理性和意志一致起来。但是这里还是有差别的，意志和行动是结合在一起的，意志其实就是行动本身。如果没有行动，即使它是纯粹意识的活动，那么意志就不成为意志。既然意志和行动是结合在一起的，那么把行动作为意志的对象从理论上来说其实是存在着显著的矛盾的。阿多诺在这里强调，虽然这里包含了矛盾，但是这也不是完全没有真理内容的。这个内容就是，意志和行动结合在一起的时候，意志具有某种物性的要素。意志之中包含了肉体的冲动，这种冲动被理性地束缚着，这就是意志，这个包含了肉体冲动的意志就具有物性的特征。这就是阿多诺在这个部分所要强调的，作为"物"的意志。意志具有"物"的特性，而人又借助于意志而获得自我同一性也具有独立性。如果在理论理性的领域，理性的对象是现象，那么在实践理性的领域，理性的对象是经验特征的"现相"。这个自我同一性是与现相结合在一起的。这个自我同一性具有一定程度的独立性。正是由于人具有这样的自我同一性，具有这样的相对独立的意志，人才有"自我"。这个自我就是对象性的意志。或者用古代的术语来说，这是性格。所谓的性格就表示了人的自我同一性，表现了人的强大自我。人具有什么样的性格，人就成为怎样的自我。当阿多诺这样来理解意志的时候，这个意志概念在一定程度上超出了康德理论建构，超出了康德所说的纯粹理性意义上的那种意志，超出了他的那个排除冲动的意志。阿多诺的意志是包含了冲动的意志。这个意志不是纯粹自然的，不是纯粹的冲动，也不是康德的理知世界，康德的理知世界也是要摆脱自然要素的。而阿多诺所说的意志是在自然的冲动和理知要素之间存在的，或者说，是这两个方面的一种结合。

接着阿多诺继续讨论了意志和冲动的关系。人的意志中包含了冲动，但是意志之中也有合理性的要素。意志中包含了个人冲动，这种冲动在对象化的时候，在把这种冲动变成行动的时候，意志中的合理性要素就要对冲动进行规定和综合。在这种规定和综合中，个人的冲动得到了升华。这里所说的升华是指意志对原初本能的目标进行成功的、延后的、持续的调整。在康德那里，意志的合理性围绕着这个调整的过程。意志包含个体冲动和合理性，意志的合理性就会对于个体的冲动进行调整。通过这种调整，意志就变成了不同于它的"质料"的东西，不同于混乱的刺激。意志与这种刺激有关，但是意志又调整了这些刺激，所以，意志不同于这些刺激，不同于这些"质料"。在这样的情况下，强调人的意志，就是强调意志的调整，就是强调意志的统一性的功能，通过这种统一性，意志就服从理性。用唐·乔瓦尼的那个意大利称谓来说，浪荡子被称为"il dissoluto"（放荡者）①。放荡者的冲动没有被意志所调整。而道德的行动就是调整这些冲动，就是要让人按照理性的法则来行动。语言倾向于把道德看作是按照抽象的理性法则而形成的人格统一性。按照理性的法则来行动意味着，人达到了理性的统一性。

这些说法当然是阿多诺从康德思想中引申出来的，而不是康德本人的思想。阿多诺认为，康德的伦理学说使主体的总体（人格）高于其赖以存在的要素。主体的总体是理性的主体，按照法则行动的总体，而这个总体还有赖以存在的要素。这就是人格。当然，在康德那里，理性的主体是排除这些冲动。而按照阿多诺的分析，这种冲动的要素也包含在康德的实践理性之中的，只是他没有自觉意识到而已。按照法则行动的主体依赖于这种冲动。这些冲动是处于意志之中的，是处于主体的总体之中的。阿多诺强调他的这个发现，把这个发现看做是一个重要进步。这种进步表现在，它阻止人们对一个人的行动仅仅根据特殊的冲动来做出最终的判断。这是因为，这种冲动已经被理性调整过了。人们不能根据这种冲动对人的行动做出道德上的评价。这种进步还表现在，它阻止了人们仅仅根据文本来行动。如果一个人仅仅根据文本来行动，或者根据文本来判断人的行为，那么这就是教条主义。这种教条主义只抽象地强调规则，而忽视了肉体冲动在行动中的作用。这种做法的进步意义还在于，它有助于自由，这是因为，主体的行动既不是被纯粹的自然冲动所支配，也不是受到给定的道德规范所支配。在这里，人自由地做出道德的判断和选择。主体是自由的，是道德的，他自己就是唯一的道德权威。主体能够免于等级社会对它所施加的暴力。在等级秩序中，人是没有自由的，也无法自主地做出判断和抉择。而在资本主义社会初期，人们还受到等级秩序的制约，甚至在但丁那里，人都是按照这个等级社会的秩序而被判断，尽管这个社会的等级秩序并不被人们的自我意识所接受。在这里，阿多诺强调，个人的行为是可以原谅的，

---

① 在这里，阿多诺玩了一个文字游戏。这个意大利词的拉丁词根有分散、解体的意思——译注。

因为个人只是按照自己的"善良意志"来行动。这是一种孤立的行动。没有一个孤立的行为是绝对的善或者绝对的恶。这里行为的标准是"善良意志"。这个"善良意志"就是人作为统一的主体，或者人格。不过，在阿多诺看来，按照"善良意志"行动并不像康德所设想的那样是善的。因为，这种意义上的善良意志本身谈不上善还是恶。在这里，康德所说的这个善良意志其实就是社会总体内化。这就是资本主义社会中，特别是市场交换中所存在的普遍原则的内化。本来人们应该对于等级秩序进行反思，但是康德却没有进行这种反思，而是简单地用内化的社会规范取代等级秩序。这既有积极的意义，也有消极的后果。其消极意义是，它缺乏反思，缺乏对于内在东西的反思。其中的积极意义是，他用理性的人，内化的市场秩序来代替等级秩序，这就确立了资本主义社会的平等原则和独立的自主的原则。而这个独立的自主人格就是康德所发现的人格的一般性。而在等级秩序中，人格的一般性被否定了。与这种等级秩序相比，康德把道德转移到了清醒的理性统一体之中，这表现了他的资产阶级性质的崇高。它确立了人的自由和平等。当然，在康德那里，意志的对象化是把冲动排除在外的，这是康德的错误意识。

二律背反的客观性

在这个部分，阿多诺强调，自由本身就是二律背反的，就是一种矛盾。这种矛盾是不能被消除的。当然他还是一如既往地按照内在批判的方法来说明，从康德的自由观念中可以得出自由本身就是二律背反的思想。现代社会中的人就处于这种二律背反的之中。康德在第三个二律背反中证明，自由和不自由是可以同时得到证明的。这是一种矛盾，但是，这个矛盾是可以被化解的。这就是通过现象和自在之物的领域的区分而被化解。如果人们不进行这两个领域的区分，那么关于自由和不自由的争论是毫无结果的。按照实证科学的原理和方法，那么如果两个原理是矛盾的，那么其中的某一原理就应该根据理性原则而被抛弃。这是排中律所要求的。

黑格尔提出了辩证法思想。他认为事物自身是矛盾的。我们不能把对于同一事物所作出的矛盾命题归咎于方法。而黑格尔认为，既然事物本身是矛盾的，那么对于同一个事物就必然会得出矛盾的命题。这不是方法本身的问题。

人们对于自由的迫切兴趣也暗示了自由本身就是一种客观的矛盾现象。自由本身就是一种客观矛盾。而康德对于自由和必然关系的二律背反的必然性的说明，从另一个角度显示了自由本身是一种客观矛盾。按照康德的观念，理性有一种自然倾向，这必然会使理性陷入一种幻相之中。这个幻相是一种无法克服的难题。但是，康德却不愿意承认幻相的必然性，不愿意承认矛盾的客观性，而是要消除这里的矛盾。所以，阿多诺认为，康德在这里还是匆匆忙忙地屈从于逻辑的无矛盾性。虽然如此，阿多诺认为，既然康德思想中承认二律背反的必然性，那么康德其实在其思想就包含了辩证法，就包含了自由本身就是一种客观矛盾的东西，尽管他要消除这种矛盾。所以，阿多诺说，康德的先验辩证法并不完全缺乏这方面的意识。当然，从黑格尔的辩证法的角度去理解康德显然是不合适的。但是，阿多诺还是要从辩证法的角度重新理解康德，不过对于阿多诺来说，康德的这种辩证法可以从亚里斯多德的模式去理解。亚里斯多德也强调同一性，但是亚里斯多德的思想中有辩证法，这种辩证法可以被理解为包含了深奥结论的辩证法。这就是说，如果我们按照辩证法的思路来理解二律背反，那么我们可以说，康德的辩证法是一种类似于亚里斯多德那种包含了深奥结论的辩证法。这是阿多诺从辩证法的角度重新理解康德的二律背反。那么如何重新理解这种辩证法呢？阿多诺是这样分析的。这种辩证法总是把正题和反题本身都解释为无矛盾的。从这个角度来看，这种辩证法绝不是要轻易地打发掉这里的对立，而是要证明这种对立是不可避免的。这就是，正题和反题都是对的。既然如此，那么这种辩证法就不是要化解矛盾，不是要轻易地打发掉反题，而是要证明反题是不可避免的。既然反题是不可避免的，那么辩证法就是必然的。既然反题是不可避免的，那么这里的矛盾就不能被化解。如果要"化解"这里的矛盾，那么这就只能通过反思，在更高的理论层次上的反思。这就是在形而上学领域中的反思。如果进行这样的反思，那么这就表明，自由和不自由的矛盾是和一种我们所不知道的东西密切联系的。当然，在康德那里，这个不知道的东西是自在之物。而在阿多诺那里，这个不知道的东西就是非同一性的东西。如果我们用理性的方法来把握这个非同一性的东西，那么我们必然会得到矛盾。而自由就是与这种非同一性有关的。于是，在这里阿多诺就按照这个思路来解释康德关于自由的二律背反。按照康德的原理，这里的矛盾是理性追问最终的根据所引起的。因为这种逻辑理性没有认识到自在之物。它对自在之物一无所知。它也无法对于自在之物本身作为任何形式的肯定判断。这是按照同一性逻辑所无法把握的东西。所以，阿多诺认为，理性之所以陷入不可避免的矛盾之中，这是因为，这个矛盾的东西超出了理性与逻辑的范围。在这里，阿多诺特别把"逻辑"凸显出来，这是因为，自由涉及了非同一性，这是逻辑所无法把握的。按照阿多诺对于自由的理解，自由必须要借助于非自由，如果没有非自由的东西，那么自由就是不可能的。在这里，自由本身就是矛盾的。或者说，自由本身就是非同一的。如果我们按照逻辑的方法来把握自由，那么这就必然陷入矛盾之中。因此，阿多诺强调，从内容方面来看，这种矛盾允许理性的载体即主体既是自由的也是不自由的。这就是说，理性的载体即主体本身就是非同一的，就是矛盾的。从这个角度来说，理性的主体同时既是自由的又是不自由的。

接着阿多诺具体分析了这个理性的主体为什么既是自由的，又是不自由的。阿多诺从理论和现实两个维度来说明这一点。首先，他从理论上来说明这一点。本来，人既是经验的主体也是先验的主体，这两者是结合在一起的。既然如此，那么人同时就是自由的和不自由的。这种自由和不自由是结合在一起的。但是康德却要把经验的主体和先验的主体区分开来，从而"化解"这里的矛盾。而在阿多诺看，康德的这种区分忽视了这两个概念的中介性。在阿多诺看来，这两者之间是相互中介的。阿多诺说明了纯粹主体和经验主体之间的相互中介。而这个相互中介的思想也可以从康德思想中分析出来。在阿多诺看来，先验的主体是无法和经验的主体完全分离开来的。按照康德的思想，主体作为先验主体同时也要对作为经验主体的自我进行综合，也要通过范畴对他自身进行综合。既然先验的主体对于经验主体进行自身综合，那么先验主体就和经验主体结合在一起了，在这个时候，这个主体就是不自由的。所以，对康德来说，为了能够在经验世界中行动，主体不能被设想为异于"现相"（Phänomen）的东西。我们知道，在理论理性的领域，主体认识现象，对现象进行综合，从而得到知识。在实践理性的领域中，实践的主体，先验的道德主体也要处理"现相"（在这里，阿多诺把理论领域中的现象和实践领域的现相区分开来）。康德本人有时也强调，实践领域中，先验的主体要处理现相。

《实践理性批判》和《纯粹理性批判》都一致地教导我们说,思辨的批判把"经验的对象本身,其中甚至包括我们自己的主体都仅仅视为显象"(Erscheinung)。① 这就是说,无论在理论领域还是在实践领域,经验的对象都是现象。而且,主体作为对象,也是现象(在实践领域,现相)。既然,在认识领域中先验主体要对现象进行综合和中介,那么在实践领域也是如此,先验的主体要对于作为现相的经验主体进行综合和中介。这种综合和中介不能从肯定的判断中被删除。这就是说,当我们对于现象(现相)领域进行判断的时候,我们就要进行综合。在实践领域,我们也必须如此。按照这样的思路,只要主体进行肯定性的判断,那么主体在思想中就要进行综合,思想中的综合就要把握住被思考的一切东西,并把它们规定为必然。从这个角度来说,先验自我所进行的综合构成了一种必然,这就是一种思想中的强制,而这个强制是自由的条件。只有这个先验的主体,这个自我同一的主体,自由才是可能的,但是这个自我同一的主体,同时也是自我束缚的主体,他同时也是不自由的。既然这个自我进行综合,达到了牢固的自我同一性,那么自我就不存在先验自我和经验自我的分离。用阿多诺的话来说,这个强大的自我无力对付这种分离。这个强大的自我就是同一的,不能分离的,也无力对付这种分离。而在康德那里,意志的对象化就进行活动,就形成性格(人格),而性格就是意志的对象化活动中形成的。因此,性格是被建构起来的,是意志的对象化过程中建构起来的。这个性格对象化属于被建构的领域,而不属于建构的领域。在这个被建构的领域中,建构和被建构是结合在一起的,经验主体和先验主体是结合在一起的。而当先验主体和经验主体分离开来的时候,康德就产生了一种谬误推理。在《纯粹理性批判》中,他在"纯粹理性的谬误推理"那个部分批判了理性主义的这种谬误推理。因为理性主义就是把先验主体和经验主体区分开来,当他们把这两者区分开来的时候,他们就犯了逻辑推论中的四概念的错误,即谬误推理。

当然主体又是自由的,这是因为主体"建构"了他自身的同一性。而这种同一性是法则性的基础。这个先验的主体,这个进行建构的主体是自由的。

---

① 《康德全集》第五卷,李秋零译,北京:中国人民大学出版社2004年版,第7页。

按照康德的说法，它自主立法，并遵循法则。这种自律就是自由。在这里进行建构的是先验主体，而被建构的是经验主体。康德是把先验主体和经验主体区分开来解决自由和不自由之间的矛盾的。他的这种区分并不能真正地消除矛盾，因为没有一个先验主体不是在意识统一体中被个体化的，也没有一个先验主体不是经验主体的要素。这就是说，先验主体和经验主体是相互中介的。那么为什么是相互中介的呢？只有在意识的统一体中，一个先验的主体才会出现，意识的统一体就是各种不同的意识被综合起来的统一体。既然是统一体，它是一致的统一体，那么这其中必须有某种把意识统一起来的东西，这就是先验主体。但是，这个先验主体却不能离开这个意识的统一体而独立存在。所以，先验主体是经验主体的要素。先验主体需要不可还原的非同一的东西，如果没有非同一的东西，那么我们也无法判定同一和非同一之间的差别。或者说，没有非同一性，同一性就毫无意义。先验主体的同一性依赖于非同一性。这也可以表达为，非同一性为法则（同一性）划定了界限。没有非同一性，我们怎么能够知道，这里存在着一个同一性呢？有了非同一性，我们才能把同一性和非同一性区分开来。所以，阿多诺强调，没有非同一东西，同一性就很难成为主体的内在法则。只有对非同一东西来说，它才是一个法则，否则的话，它就是同义反复。主体的同一化原则本身就是被内化的社会原则。按照阿多诺的理解，理性的主体，先验的主体就是把社会中的理性原则内化的结果。而社会中的理性原则就是要进行控制，就是要有秩序，这就需要同一化原则。社会是按照同一化原则来进行控制的，也是按照同一化原则来调整秩序的。从这个角度来说，这个先验主体其实也是不自由的。为此，阿多诺强调，直到今天，在现实的、社会性的主体身上，不自由仍然对自由处于优势地位。这个社会是模仿同一性原则来进行控制的，由这个同一化所构成的社会是不自由的。而先验的主体是自我同一的，这个同一就是不自由。所以，凡是以同一性原则所出现的自由，实证形式出现的自由就是不自由。从这个角度来看，自由不是现成的、实证的。这表明，先验主体的自由同时也就是不自由。这是一种必然的二律背反。这个二律背反的根子就在这里。社会把每一个人确立为理性的主体，这个理性的主体是自由的，但是这个自由的主体同时也是按照理性原则行动的主体，是按照市场交换的原则来行动的主体。这同时也是不自由的主体。

这个主体同时是自由的和不自由的。

意志的辩证规定

阿多诺不仅把意志作为一种心理现象，同时也把它理解为生理现象。意志是肉体和精神的结合的产物。肉体的要素和精神的要素相互作用，而又相互限制。因此，善和恶也是相互限制的。意志应该被辩证地规定。

阿多诺说，如果没有身体的冲动，即微弱地残存于想象之中的那种身体冲动，那么意志就根本上什么也不是。这就是说，人有想象，但是这个想象不是纯粹精神的，而是有肉体的冲动要素在其中发挥作用的。然而，同时意志又调整自己，使自己成为不断取得中心地位的冲动统一体，成为限制并潜在地否定这些冲动的权威。这就是说，意志中有精神的作用，这种精神会调节肉体的冲动，限制这种冲动。因此，我们必须对意志进行辩证规定。这就是说，意志是一种肉体冲动，但也不是纯粹的肉体冲动，它还有精神的力量在其中发挥作用。在这里，人的冲动会调整自己，限制自己。正是借助于意识的力量，意志才跳出它自己的怪圈，并借此来改变那单纯存在着的东西。这就是，虽然意志是一种冲动，但是这种冲动也包含了意识的力量。借助于意识的力量，意志跳出了它自己的怪圈，跳出了纯粹的冲动。在这里，意识好像在约束冲动的同时又鼓励冲动。从这个角度来说，意志在意识的作用下好像退缩了，但是它在退缩的同时，它也在抵抗。这是意志的一种辩证法。

在阿多诺看来，只要我们仔细思考康德的道德学说，我们就会发现，康德的意志学说中或者道德学说中，还是包含了一定的辩证法要素。比如，康德公开宣称，道德法则是给定的，是独立于哲学意识的。这是阿多诺对于康德的思想的一个发挥。康德认为，自由是给定的，与自由联系在一起的道德也是给定的。如果道德是给定的，那么这个道德的东西就不能被反思，不能被质疑。这是一种他律和武断。对于康德来说，这种给定性是无法从哲学上来解释的，是我们必须接受的。虽然康德在道德哲学中接受了这个他律的东西，这个武断地给定的东西，但是这里却包含了一定的真理要素。因为，它限制了道德法则的纯粹理性性质。如果道德法则是经过理性地反思得出了的，那么它就是纯粹理性的，但是这个道德法则不是理性地反思得出了的，而是给定的。这个给定性之中就意味着某种超出理性的东西。按照康德的设想，如果我们要采用一种严格的理性概念，那么理性概念应该是哲学意义上的理性概念，这个哲学上的理性概念就是在笛卡尔怀疑一切而确立的自明性概念。这个自明性就是真正理性的概念，是未被压缩的理性概念。而费希特就采用了这个理性概念。按照费希特的思想，道德法则是自明的，如果道德法则是自明的，那么这就是完全理性的。

阿多诺否定了这种道德自明性的观点。这是完全理性的道德概念，或者说，这是完全合理性意义上的道德概念。如果意志是完全合理的，是笛卡尔意义上的自明性意义上的概念，是完全合理化意义上的概念，那么当这个合理化的意志变成坏良心的时候，意志的不合理性就变成了扭曲的、虚假的。所谓合理化的意志变成坏良心，就是指意志完全剔除了肉体的要素，变成了同一性的强制。在这里，意志不能进行自我反思。而这种不进行自我反思的意志就是坏良心，不加反思的善良意志会走向自己的反面。如果这时我们承认意志中包含了肉体的要素，这个不合理的要素也是被扭曲的要素，而不是与理性实现和解的要素。

接下来，阿多诺致力于批判道德的自明性和意志的自明性。费希特把道德看做是自明的，把意志看做是自明的。阿多诺认为，如果意志是自明的，如果意志不需要进行反思，那么这个自明的东西就是为未被清除的余孽和迫害提供辩护，就是前面所说的坏良心。这是因为，社会上有某种共同接受的东西，比如，从文明就开始的对于肉体的否定。如果人们不去反思意志，而把意志看做是自明的，那么人们就认定意志就应该是合理性的，就是应该排除肉体的要素的。这其实就是对于肉体的否定进行辩护。接着，阿多诺对自明的含义进行了说明，自明性是文明的标记：就是单一的东西，不变的东西，同一的东西。只有这样的单一的东西，不变的东西，才是自明的。如果某些东西不能被纳入同一性中，如果它们是不断变化，那么它们就不可能是自明的。从这个角度来看，自明性是与同一性原则一致的。这就是精神要把一切都纳入到精神的框架之中，在这个框架之中一切单一的、不变的东西都是自明的。而阿多诺恰恰要批判这种自明性。这个自明性概念剔除了肉体的要素，剔除了非同一的要素。按照这样的自明性概念，一切不与之相适合的东西，前逻辑的自然要素所遗留下来的全部东西都直接变成了恶。人类文明在某种程度上就是要压制自然，否定自然的东西（肉体）。按照这种自明性的观念，肉体的东西直接就是恶的。一切与自明的东西不一致的东西，直接就是恶的。在后面，阿多诺解释了，自明的东西本身恰恰可能是恶的。这个自明的道德原则，自明的意志就如同纯粹自然的意志一样，都是一种抽象。在意志之中，肉体的要素和合理性的要素是结合在一起的。资产阶级的恶是过去的、被征服而又没有完全被征服的东西的遗物。这种遗物就是指，从过去遗留下来的、肉体的需要，自然的渴望。这就是资产阶级的无尽的贪欲。资产阶级也要遏制这种自然的欲望，文明的过程在一定程度上就是要遏制自然的欲望。资产阶级的恶就是从这种没有被完全征服的自然欲望中产生的。

不过，阿多诺认为，这种贪欲也并非无条件地就是恶。人都有自然的欲望。我们不能说这种欲望就是恶的。同样的道理，那个压制人的欲望，压制自然的东西，那个理性的规则也不是无条件地就是善。在这里善和恶都是具体的。它们需要经过反思才能被确定的。只有通过反思，人们才能就具体事情的具体情况做出具体规定。在这里，阿多诺提出了一个非常重要的观点：只有最先进的理论立场才是判断正确实践和善本身的权威。只有通过深入的反思和理论的批判，我们才能就某个实践进行道德上的判断。如果我们不进行这种理性上的反思，如果我们按照某种善的观念来指导自己的意志，指导自己的行动，那么这其实就是把社会共同接受的道德观念作为指导原则，而没有反思这种善的观念，没有把这种善的观念吸收到理性的规定之中，没有对于善的观念进行理性的反思。这就是一种物化意识，就是对既定的社会规范的接受。从实践上来说，这种对于既定的道德规范的接受就为法西斯主义铺平了道路。因为，这种做法实际上是不再对于道德规范进行理性的反思。意志的自明性这种观念其实就是意志摆脱了理性，就是把自身宣布为目的的意志。这种意志抗拒理性，并随时准备作恶。而纳粹就是如此，它把自己的意志当做是自明的，把自己的意志宣布为目的。纳粹就是这种自明的意志所取得的胜利。同样，对于理性表示不满的理想，比如海德格尔的那种本真的理想也是如此，它缺乏一个反思的环节。没有反思的自明的意志决断会随时准备作恶。所以，在这里，阿多诺强调，道德的自明性不过是假仁假义，这是因为，如果在精神中直接规定的东西

第三部分 模式

就是道德的，那么这里没有反思。反过来意志的非理性要素，肉体的要素谴责一切道德的东西，谴责道德的自明性，认为，这种自明的道德在原则上都是可错的。尼采对于道德的谱系学分析就是表明，这种自明的道德都是可错的。

由此，阿多诺总结性地指出，不存在道德上的确定性。不存在一种自明的道德规范，不存在自在的善良的东西。道德上的确定性恰恰已经是不道德的了。这是因为，这种做法错误地把个人从一切可以称为道德性的东西中摆脱出来。这就是说，个人应该进行道德上的反思，即立足于自己的肉体而进行道德上的反思，既不是盲目地接受道德标准，也不是盲目地接受自己的肉体上的冲动，而是在反思这两者的基础上做出道德判断，并且要对于自己所做出的判断承担责任。这就是伦理的东西，但是，道德的自明性却让个人从这种道德性的东西中摆脱出来。不仅如此，当社会存在着客观对立的时候，一个人的道德选择会有利于其中的一方或者另一方。这个时候，我们就不能说某种单独的道德选择是正确的。更进一步来说，这个分裂的社会本身就是恶的，这个把一部分人和另一部分人对立起来的社会本身就是恶的。既然这个社会总体就是恶的，因此，在这个总体中的人或者团体，无论做什么样的选择，都是恶的。它都必然沾染上这个总体的恶。因为他所作出的任何选择都是从属于这个社会的，他们的行动就是把这个社会秩序再生产出来。在这个总体中什么也不做的人，也同样是恶的。他们也让总体继续下去。这是世俗化的原罪。这就是说，在一个矛盾的社会中，任何一种行动都是恶的。无论你做什么都是恶的，即使你什么也不做，也是恶的。而现代社会必然是一种对立的社会，在这样的对立的社会中，没有给定的善，没有自明的善。因此，阿多诺指出，如果单个主体想象他自己具有道德上的确定性，那么他会失败，并且会是共犯。这是因为，他被束缚在社会秩序中，把社会秩序再生产出来，对于诉诸伦理天赋的状况几乎无能为力。这个社会秩序规定了人们的道德判断，所以，许多人似乎有了一种天生的伦理天赋，直接就知道，究竟什么是道德的，什么是不道德的，他们却不去改变这个社会的状况。作为哲学工作者，我们就是要呼吁人们，不要简单地相信自己的道德天赋，不要相信这种道德天赋给自己所提供的自明的东西。第二次世界大战之后，现代德语炮制出"苛求"这个术语。本来，按照道德本身的要求，人们不能简单地相信道德天赋，不能承认道德的自明性，而是要反思。德语中的"苛求"这个说法对此提出质疑，好像这种道德上的要求是一种"苛求"。因此，在阿多诺看来，"苛求"这个说法其实是表达了道德性的东西的衰败状况。所谓道德性的东西的衰败就是人们在道德上放弃了对于现状的反思、放弃改变现状的要求。在阿多诺看来，这种反思，这种改变现状的要求才是道德性的东西。这种道德性的东西与道德不是一回事。道德就是既定的规范，是善良意志。阿多诺强调的是道德性的东西，而不是道德。这是值得我们重视的。而道德性的东西的衰弱、"苛求"这种说法恰恰变成了为这种现状提供辩护的工具。

阿多诺强调，他所说的这个道德性的东西是肉体相关的，是与质料相关的。所以，他认为，对于道德所设想出来一切规定，甚至是最形式的规定，比如作为理性的自我意识统一体，都是从质料性的东西中挤压出来的。这就是说，理性的自我意识统一体绝不是像康德所说的那样的纯粹理性，而是与人的肉体要素，与质料要素相关的。这种东西是从质料要素中挤压出来的。而道德哲学，这里主要是康德的道德哲学却不想弄脏自己的手，不承认这种质料的东西在道德中的作用。

接着，阿多诺提出了自己关于道德的主张。原来，在康德那里，道德是排除他律的东西，而阿多诺认为，道德恰恰就应该拥有他律的东西。尽管这种他律的东西曾经是道德所憎恨的东西，但是道德要有他律的东西。当然它不是简单地接受他律的东西，而是扬弃他律的东西。在这里，阿多诺进一步解释了实践理性与质料的关系。他强调，如果理性不诉诸质料性的东西，那么任何应当都不可能从理性中产生出来。就是说，当实践理性想确立道德规范的时候，它就必须诉诸质料，如果没有质料，没有内容，那么理性不可能提出任何应当来，不可能提出道德规范来。这是因为，理性需要有质料才能得到道德规范。当然，虽然理性必须要有质料才能得到道德规范，但即使理性抽象地接受质料，把质料当做是应当的可能性条件，它也不应该中断对于质料的反思。如果它不对质料进行反思，那么它就受到质料的控制。

那么为什么康德和费希特这些人还是肯定地给出道德规范，甚至强调道德的自明性呢？这保留了传统社会的痕迹。传统社会相对来说，是一种封闭社会，在这个封闭社会中，人们有共同接受的规范。比如，在中世纪，欧洲人有相对统一的道德规范，即基督教的道德。从这个角度来说，在康德和费希特时代，社会在一定程度上还是相对封闭的。在这种相对封闭的社会中，人们还有肯定地被接受的社会规范。康德和费希特强调道德的东西的肯定性，强调道德的不可错的特性。或者，至少他们还有这样的期待，即期待他们所生活于其中的社会有肯定性的道德规范。正如阿多诺所说的，这种期待就是种幻相。那些思想受到限制的人误认了这个社会，把这个社会中的规范看做是不可怀疑的，自明的。至于，为什么说这是社会的幻相，我们还是从康德的意义上去理解。这个社会期待着成为一个总体性社会。这个社会作为一个总是可以有肯定的道德的。但在阿多诺看来，这是一种幻相。这就如同理论理性追求绝对的时候陷入幻相是一样的。由于康德、费希特等人受到这个时代的意识的限制，所以他们才提出这样的观念。而本雅明把他们的这种做法理解为人性的状况和限度。这就是说，一个生活在那样时代的人，必然会受到他生活的时代的制约。这是人性的限度和状况。所以，阿多诺最后说，康德和费希特所教导的关于实践理性高于理论理性的学说，也就是理性高于理性的学说，只有在传统主义阶段才是有效的。康德所理解的实践理性其实与理论理性没有太大的差别，所以，实践理性高于理论理性实际上就是理性高于理性。那么为什么他们的道德学说只能在传统主义阶段才有效呢？这是因为，在传统主义阶段，怀疑是不被允许的，而康德和费希特恰恰梦想着要消除怀疑。

沉思

在这里，阿多诺对马克思的思想进行了分析。在他看来，马克思虽然强调了实践的作用，但是马克思的实践观把实践理解为消除经济上的贫困。当人们从这样的角度来理解实践并用实践优先性来反对沉思的时候，人们就不能正确地理解实践和沉思之间的关系，就不能准确地把握马克思关于理论和实践之间辩证关系的思想。从前面的分析中，我们看到，在阿多诺看来，道德实践中的反思是非常重要的。

我们知道，马克思的哲学是强调实践高于理论的哲学。在《关于费尔巴哈的提纲》中，马克思强调，问题不在于解释世界，而在于改变世界。阿多诺认为，马克思的这个思想受到了康德以及黑格尔等德国观念论的影响。而观念论从核心上来说是要控制世界，控制外在的自然和内在自然。这种观念论之中包含了一种彻底控制自然的纲领。在阿多诺看来，马克思的实践第一的观点受到了观念论的影响。这种彻底控制自然的要求恰恰就是资产阶级的原初理想。这种原初理想的核心就是同一性逻辑，就是把一切都纳入到思想的统一体中。本来，按照辩证唯物主义的基本观念，这种同一性原则应该受到质疑和批判。可是马克思受到了德国观念论的影响，接受了同一性原则。同一性原则在这里是一种现实的模型，是一种彻底控制自然的模型。本来主体应该努力接受非同一东西的，把与主体不同的东西变成类似于主体的东西。但是这种同一性的模型却粉碎了主体所进行的这种努力。

当然这并不是说，马克思完全接受了观念论的思想，马克思也试图重构实践概念，用这个实践概念来超越资产阶级的实践概念。在阿多诺看来，马克思的辩证唯物主义的思想也质疑同一性原则。这是马克思的内在真实的概念，这个内在真实的概念被用来进行实践的时候，就包含了一种思想的沉思，这种沉思就是承认非同一性的东西。这是马克思思想中的积极要素。在阿多诺看来，虽然马克思的思想有这种积极的东西，但是，马克思还是把这种东西翻转回去，还是强调了实践第一。虽然沉思的要素是马克思哲学中一个要素，但是马克思还是强调了实践第一。这是阿多诺分析马克思思想的中心论点。后面的讨论就是围绕这个中心展开的。资产阶级的实践概念就是发展生产力意义上的实践概念，是彻底控制自然的实践概念。马克思的实践概念要超越这个资产阶级的实践概念，这就是说，在马克思看来，只要生产力得到充分的发展，人们不再为物质生活条件而担忧的时候，人们就可以超越资产阶级的实践，就可以达到亚里斯多德意义上的那种美德实践。在超越了资产阶级实践的层次上，人就可以进行人道的沉思。而在资产阶级的强制劳动中，这种人道的沉思是不可能的。为此，阿多诺说，直到今天沉思还是满足于这一方面的实践，即亚里斯多德所首先阐发的那种致力于至善的实践。这就是一种关注自身美德的实践，是一种纯粹的精神上思考的活动，而不是改变世界的实践。从这个角度来说，这种实践，或者说，这种人道的沉思对于改变世界的实践漠不关心。这是这种实践的坏处。它是一种狭隘的实践，是与理论、劳动（技艺）并列的实践。这就是亚里斯多德所谓的实践智慧，这种实践智慧是现实问题的一种沉思，具有一种工具和方法的意义。这种实践智慧是一种工具和方法。在亚里斯多德那里，实践智慧既可以在普遍的层面上运作，也可以在特殊性的层面运作。这就是将普遍规则应用于生活的具体情景，去确定正当的行动。它包括一种把握具体行动之特征的实践性直觉，包含了寻求如何达到目的的途径和手段的实践推理。这是一种包含了沉思的活动。阿多诺在这里强调这种实践的意义。在阿多诺看来，我们不能把马克思的实践简单地理解为改造世界的物质活动，特别是发展生产力的活动（技艺），同时也要理解为改变世界的沉思的活动。这种沉思也是一种实践。

当人类有足够的力量来改造世界，并且不再为日常生活而操劳的时候，人的实践活动肯定会有所不同。这个时候，人的实践就不会局限在劳动中，而是会有所沉思，所有思考的实践。亚里斯多德所倡导的那种实践就会被凸显出来。因此，阿多诺说，把劳动尽可能地减少到最低程度，必然会极大影响实践概念。这个时候的实践，就会是一种沉思的实践，是超越技艺的实践。当人们从这种技艺、劳动中解放出来的时候，人们就会沉思，就会得到解放。这样一种被解放的人，不管获得了怎样的见解，这些见解都不同于被意识形态所拔高了的实践，不同于以这样或者那样的方式使主体忙忙碌碌却又劳而无功的实践。在这里，被意识形态拔高了的实践，被人们为了特定的利益而强调的改造世界的实践，是被束缚在生存斗争中的实践。

在当代社会，人们也从这个角度理解这个问题。人们认为，只有在生产力发展到一定水平的基础上，才会出现亚里斯多德的那种沉思的实践。人们也从这个角度来理解沉思。当前所流行的一种反对实践智慧，反对沉思的观念的做法就是从这个角度来看待沉思的。这种反对意见是从马克思的《关于费尔巴哈的提纲》中推导出来的。按照这种反对意见，那些贫困国家的人还是要致力于发展生产力，改变物质生活条件。在物质生活条件提高了的条件下，他们才能进行沉思，才可能有实践智慧。他们认为，在已经发生以及将来会发生的灾难面前，贫困国家中暴涨的人口越来越不幸；在这种不幸之中，精神上的幸福是不允许的。这些国家的人们不配享受精神上的幸福。因为他们连起码的物质生活条件都无法保证。阿多诺反对这种意见。他强调，他之所以反对这种意见，这不是因为这种反对沉思的观念把无能变成了美德。这就是说，虽然生产力发展到一定的程度会改变实践概念，但是即使没有物质生活条件，人们也可以沉思。如果人们拘泥于物质生产活动，而不能沉思，那么这是人自身的无能的表现。而那种反对沉思的意见就是把无能变成了美德。

在这里，阿多诺也承认，物质生活条件的重要性，但是这也不能被用来绝对地否定沉思。他认为，在物质条件贫乏的情况下，精神享受不再是正当的。这是因为，这种精神的幸福需要看穿它自身，看到它自身是空无，也就是要看到这种幸福缺乏物质基础。从这个角度来说，这种精神的幸福是靠借来的时间而获得的，是在缺乏物质基础的条件下，超越了客观的时代条件而享受的幸福。这种幸福还根本不是幸福。从这个角度来说，即使幸福还是那么激动人心，但是它还是在主观上被动摇了。或者说，对于那些缺乏物质条件的人，虽然幸福还是那么激动人心，但是这些人在主观上否定了自己获得幸福的可能性。在这里，阿多诺还举例说明，他认为许多事实可以证明这样一个事实，即认识本身不是一种幸福。认识是一件痛苦的事情，我们前面说过，认识否定肉体上的要素的作用，而中立地把握事物的本质。当然，只要人们还认识不到，认识和实践是结合在一起的，或者说，只要人们把认识和实践之间关系扭曲，那么人们就不会认为，认识会带来幸福。阿多诺承认，当物质条件受到限制的时候，人的精神幸福也是会面对困难。没有改造世界带来的幸福，认识也是不会给人带来幸福。在这种情况下，实践被推迟了，而且不能再等待了，而理论也因此痛苦不堪。这就是说，人们应该进行改造世界的实践，同时也由此从事理论上的沉思。这才能获得幸福，摆脱痛苦。但是在这里，阿多诺提出一个问题，假如一个人什么事情也不能做，即尽管他也期望更好的状况但却不能做那些具有威胁性的让情况变得更糟的事情，那么他就被迫去思考，这种思考是不是也是一种幸福呢？他认为，这就是对它的确证，是对精神幸福的确证。这就是说，在什么事情也不能做的时候，沉思也是一种精神的幸福。在这里，阿多诺表达了这样一个思想，虽然理论和实践是结合在一起的，但是理论上的沉思可以在一定程度上独立于实践。这种独立于实践的思考也能够给人带来幸福。他强调沉思的重要意义。

这种精神幸福根本不需要与后来的可能的实践之间建立极其明确的联系。或者说，这种精神幸福并不是要对后来的实践发挥作用。它纯粹为了理性的思考。在阿多诺看来，这种纯粹的理性思考，这种沉思是有非常重要的意义的。这种沉思是一种独立的思考，是不受实践束缚的思考。如果人们的思考受到实践的束缚，那么这种对于实践的思考就是一种延缓了的思考，而这种延缓了的思考总是包含了关于实践的某种不恰当的东西。这种受实践束缚的思考都有事后诸葛亮的特点。当然，即使这种思考不是事后的思考，而是事先的思考，这种思考也是有缺陷的。这种思考会由于某种强制而把实践推迟。比如，在思考的实践的过程中，人们总是会问这种实践究竟对谁有好处。从这个角度来说，脱离实践的沉思是有意义的。

为此，阿多诺指出，如果有人根据谁得益来进行思考，那么任何事情都非常容易变得极其糟糕。一种更好的实践究竟给人强加了怎样的义务和要求，按照乌托邦主义所提供的警示，思维此时此地几乎无法做出任何预测，同样，实践按照其自身的概念来说也不可能在认识中穷尽自身。这就是说，一种实践究竟对谁有好处，给谁增加了义务，这是我们在预先的思考中所无法确定的。同样，实践从概念上来说就不同于认识，因此它也一定包含了超出认识的东西，它不能在认识中穷尽自身。这就是说，认识虽然与实践相关，但是我们不能用实践来束缚认识。阿多诺在这里提出了一个非常重要的思想：思维不需要有实践上的许可，它应该排除一切表面的东西，并尽可能地能走多远就走多远。人们不能用实践的要求来限制思维，限制理论上的沉思。这也是哲学研究的一个特征。哲学的思考就是如此，我们不能用实践的要求来限制哲学的思考。我们应该能思考多远就思考多远。主体的这种沉思和反思能力是极端重要的。而当现实把自身封闭起来的时候，当现实试图对抗一切批判的力量的时候，它就会把自身与传统理论、甚至迄今为止最好的理论对立起来。它不希望理论揭露这个封闭的社会。这种封闭的社会，这个被合理化原则所控制了的社会是被魔力（后面解释这个魔力）控制了的社会。这个社会为了这种魔力的缘故，而对理论采取了一种敌视的态度。这个社会以如此异样的目光来看待主体，它害怕主体，害怕主体揭露这个被魔力所控制的社会。而主体却要努力揭露这个社会。尽管如此，这个主体其实也是这个被魔力所控制的社会的一部分，他在揭露这个社会的时候，总是会失败的。但是，如果他对于这种失败十分警觉，那么他就会对于这个社会向他所投来的异样的目光做出回应。他就要反思这个社会，揭露这个社会。

在当代世界，一切极其重要的实践一再受挫。改变人类文明发展方向的重要实践一再受挫。我的理解是，阿多诺在这里是指改变资本主义制度的实践一再受挫。那么在面对着这种绝望的事实的时候，人类应该沉静下来，进行思考。这种绝望的事实反过来给思维提供了喘息的机会。思维就应该利用这个机会。如果思维不利用这个机会，那么思维就是犯罪。如果思维利用这个机会，那么人所进行的这种思考就是一种实践，就是亚里斯多德的那种沉思意义上的实践。在这里，阿多诺吸收了康德的实践理性。这个实践理性就是理性，就是包含了肉体的理性（这是阿多诺发挥了的实践理性）。这种包含了肉体的理性的思考其实就是实践。这种包括了肉体的理性不是进行单纯的合理化的思考，是包含了内容的思考。于是在这种思考中，思维发现，任何一个概念都不能被绝对化。思维从这里得到了好处，即思维不是纯粹的理性思考，而是一种行为，是一种对于实质内容的处理。而作为一种行为，思维就属于实践，是实践的一个部分。从这里我们可以看出，阿多诺对于思维的理解与我们通常对于思维的理解是不同的。这里的思维是和肉体结合在一起的思维（而在传统上，在主客体对立的基础上，思维和肉体是对立的），是一种实践。当然，对于许多人的思维来说，思维本身也是一种实践的想法是被隐藏起来的。这里所说的沉思也不是纯粹的思考。

最后，阿多诺批判了人们重视物质实践而忽视思维实践的错误。这就是说，当人们沉迷于感官的快乐，并把它与精神（与肉体结合在一起的精神，这种精神是人类文明所不允许的）严格对立起来时候，人们就无法认识到历史升华的终点。历史的升华就是精神和肉体的和解，历史的升华的终点就是要达到这种和解。如果人们认识不到这种和解，那么感官上的快乐就与精神对立起来，这种感官上的快乐就是倒退。这种感官上的快乐就是纯粹的肉体上的满足。人处于儿童时代就会满足于这种纯粹肉体上的满足。而成年人就会发现儿童与食物之间的那种关系是令人厌恶的。这是因为，儿童与食物之间的关系就如同动物和食物之间的关系，而人的肉体上的快乐是与精神结合在一起的。就此而言，人不要像儿童那样，倒是一种自由。人不局限在肉体的满足上，而是要思考。人不把自己的生活局限感官的快乐上，不能认为，只有感官的快乐得到满足之后，人才有可能进行理论的思考，才有精神的快乐。我们不能总是停留在儿童阶段。

第三个二律背反的结构

在这个部分，阿多诺分析了康德在分析二律背反时所出现的矛盾结构。而阿多诺所赞赏的就是这个矛盾结构。阿多诺就是要通过对于二律背反结构的分析来说明，非同一性的必然性。

康德认为，理性有一种自然倾向，就是要把握绝对最初的东西。这是理性自身的要求。按照理性的这个要求，那么二律背反是必然的。可是，康德又自相矛盾地否定了理性的这种倾向。他说："是谁让你们来想出世界的一个绝对最初的状态，从而想出一个川流不息的显象序列的绝对开端，并由此给你们的想象创造一个休息地，而为不受限制的自然设置一个界限呢？"① 按照这个责难，理性就不应该去追问这个绝对最初的状态。如果按照这个责难来思考，那么第三个二律背反就被预先中断。按照这样的思路，理性追问绝对的最初状态是理性的误用。可是康德又不满足于这样一个思路，而是要把二律背反继续下去。在阿多诺看来，康德把二律背反继续下去是有积极意义的。这种积极意义表现在，他要在先验观念论中包含反观念论的东西，即禁止设立绝对同一性。这种反观念论的意思是，认识论不应该有这样的做法，好像不可预见的、"无限的"经验内容竟然可以从理性自身的肯定性规定中获得。任何人只要违反这一点，就会陷入到连常识都不会容忍的矛盾之中。这就是说，康德对于二律背反的分析包含了这样的意思，无限的经验内容不能从理性本身中推导出来。如果有人认为，他能够从理性本身中推导出经验的内容，那么这必然会陷入不可容忍的矛盾之中。按照唯理论的体系，一切东西都按照理性的规则发生联系，如果是这样，那么一切东西都有因果联系。经验派认为，这种所谓的因果联系不过是一种联想的结果。在经验中，不存在这样的因果联系。在这里就存在着唯理论和经验论之间的冲突。而在唯理论体系中经验的内容是被排除了

---

① 康德：《纯粹理性批判》，见《康德著作全集》第三卷，李秋零译，北京：中国人民大学出版社2013年版，第303页。

的。所以，如果从唯理论体系中出现经验的内容，出现反因果性的内容，那么这就是无法容忍的矛盾。

虽然从理性的体系中不能推导出经验的内容，但是康德又不满足于此。康德思想中的反观念论的倾向表明，他吸收了经验的内容，这个内容不是从理性体系中来的。从这个角度说，康德试图在唯理论的体系中拯救客观性。正因为如此，康德本人并不满足于这种说法，不满足于这个无法容忍的矛盾的说法，而是要进一步钻研下去。一方面，理性就是要不断地追问，要追溯到绝对最初的东西，要努力达到它所达不到的东西。理性仿佛知道，存在者的总体汇聚于理性之中。这相当于第二个二律背反的反题的说法。一切都存在于理性之中。理性达到了总体。这是康德思想的一个方面。可是康德思想还有另外一个方面，这就是异于体系的方面。或者说，康德的要在体系中纳入体系所不包含的东西。这就是理性对于诸条件的无限探索。这个探索包含了本真的东西，包含了绝对的观念。而这个绝对就是真理。阿多诺在这里想说的是，这种无限探索是要把握非同一的东西，把握无法被概括在理性中的东西。只是由于人有了这种绝对观念，人才有真理。这个真理就是把那些被理性排斥的东西包含了理性之中。这样人就达到了真理。而真理和知识是不同的，知识只是表示思想和事物的一致，是同一性。人要达到真理就要进行无条件的探索，就是要把握这种非同一的东西。于是，这种探索最终导致了二律背反。这恰恰就是二律背反的积极意义。这样一个不断探索的理性同时也是批判理性。这个批判理性就是要不断探索，就是要走向二律背反。而在先验分析中，这个理性却又反过来压制理性的这种过度要求，限制理性的不断探索。而阿多诺反对这种压制。

于是，理性在这里陷入到一种自我矛盾之中。这种矛盾表现在，一方面理性要有所批判地对待它自身。当它批判地对待它自身的时候，它就要限制它自己。另一方面，理性又要追求真理，理性是真理的工具。这个时候，它就不能限制它自己。理性自身由此而陷入了矛盾之中。康德的二律背反其实就表达了真理的矛盾。这就是阿多诺所解释的第三个二律背反的结构。于是，康德一方面要坚持这两者之间的矛盾，另一方面又要堵住这个漏洞，化解这里的矛盾。在这种情况下，康德想到了化解这种矛盾的办法，这就是虽然理性的本性就是要不断追问绝对的最初的东西，但是这只是理性误用了概念，而且这是可以纠正的。按照这样的思路，自由和必然之间的矛盾是理性的必然。虽然这种矛盾是必然的，但是这只是理性误用了概念而已，而且是可以改正的。在这里，理性变戏法式地摆脱了矛盾。从这里，我们可以看到第三个二律背反所包含了矛盾结构，这种矛盾最终是理性自身的矛盾，但是理性自身的矛盾最终以概念的误用而被化解。

最后，阿多诺分析了康德所提出的因果概念，因果概念本来是表达事件之间的必然联系的，但是康德在解释第三个二律背反的时候，在解释自由概念的时候，对自由概念进行了这样的解释"由自由而来的因果性"。这就是把自由解释为一种因果性，并且认为，这种解释是必要的。当他把自由加入到因果性之中的时候，因果性的含义就变了。当然，他的这种做法不是要彻底颠覆因果性，或者说，他的这种做法不是反因果的或者非因果的。但是，由于他没有把他所说的这个意义上的因果性和反题中的因果性，也就是自然规律意义上的因果性区分开来，他就扩展或者修改了因果性概念。阿多诺就喜欢这个扩展了的因果概念，一个把必然性和自由结合在一起的因果概念。在阿多诺看来，康德的这种做法其实显示了因果概念自身的内在矛盾：一方面他强调自然的因果性，另外一方面他也把自由理解为因果性。如果把无限性问题再纳入到这个因果性概念之中，那么这个概念的问题就更大了。而康德对于无限性概念本身的讨论，比如关于时间、空间的有限性和无限性，就充满了矛盾。即使不把这个矛盾加入到其中，关于无限性的定理就已经贯穿了各种矛盾了。而康德之所以会出现这种矛盾，这是由康德认识论所确立的目标来决定的。康德的认识论强调认识的有效性，即知识的普遍有效性。当他关注知识的有效性的时候，他就强调知识的规则性，只有知识揭示了规则，那么知识就能够被用来有效地控制自然。当知识只是要求有效性的时候，它就要把那些超出规则的东西也纳入到规则之中，只要它能够被用来控制自然就可以，只要它有效就可以。由于他的这个目标，所以他修改了因果性概念，尽管其中存在着矛盾，他也是容忍的。在阿多诺看来，康德对于知识有效性的关注使他的知识论具有拯救客观性的意义。在这种有效性之中，他能够容忍矛盾，能够把自由纳入因果性之中。这是他的思想的一种进步。

关于康德的因果性概念

从前面对于第三个二律背反的分析中,我们可以看到,康德扩展或者改变了因果性概念。那么康德的这个改变了的因果性概念究竟怎么样呢?它是思维的合规则性,是自由和合规则性的统一。或者说,这个合规则性是因果性与自由的一种和解。

在这个部分,阿多诺开宗明义地说明康德的因果性概念的特点。它既不同于唯理论意义上的因果性概念也不同于经验论意义上的因果性概念。康德是这样来定义因果性的,任何一个事件都以先前的状态为前提,它按照一条规则不可避免地跟随该状态。简单地说,康德是这样来理解因果性的:一个事件按照一定的规则在某个状态之后出现。这两个状态或者事件之间存在着有规则的联系。阿多诺认为,这是一个完全形式的定义。这种形式性的特点表现在,事件之间的因果联系表现在它们之间的合规则的联系。因果性被定义为合规则性。那么这种合规则性是经验事态的合规则性还是思维中的对象的合规则性呢?康德所理解的是,思维对象的合规则性。当康德这样来理解因果性的时候,康德的这个定义既是要反对莱布尼兹的唯理论学派的,也是反对休谟的。莱布尼兹学派的唯理论从内在必然性的角度来解释状态序列,把这种状态序列解释为自在的东西。对于莱布尼兹来说,因果性是被理解为对象的内在必然联系。这种逻辑联系甚至是自在的东西。而休谟把因果性理解为习惯性的联想。因果性就是思想中合规则性的联想。康德既吸收了这两个人的思想,又有所差别。从差别的角度来说,康德反对把因果之间的联系变成一种自在东西,而强调因果联系是思维的合规则的思考。它不是像莱布尼兹等人那样是独立于主体的、自在的东西。他也反对休谟把因果性理解为纯粹主体的思考,纯粹是一种习惯性的联想,而是与客体有关的。对于康德来说,被建构起来的对象具有这种因果联系。从类似的角度来说,他吸收了莱布尼兹的合规则的思想,并承认对象之间有因果联系,不过这种联系是主体建构起来的。而把对象之间的因果性理解为主体建构起来的东西,这又是与休谟一致的。当然,康德比休谟更强调规则性。这就是说,康德既区别于唯理论和经验论,又从唯理论和经验论中吸收了思想。

由于康德对于因果性概念的这种特殊理解，所以在康德那里，因果性概念可以被理解为主观理性的功能。这就是主体在思维中所进行的合规则思考。而当因果性被理解为主体的一种合规则的思考的时候，这个合规则的思考就缺乏应有的内容，而变得极其空洞。因果性至少是两个事态之间的合规则联系，可是如果它变成纯粹的合规则的思考，如果没有关于事态的具体内容，那么这就变成了空洞的联系。在这样的情况下，因果性概念也被消解了。它接近于合理性原则本身，即按照规则进行思考的原则本身。当因果性变成纯粹的合规则的思考，因果性就变成了同义反复：理性在这些判断中看到它自己只是作为规则的能力而发挥作用。因果性就是一种理性思考，而这种理性思考就是发挥理性的合规则的能力。这几乎是同义反复：人进行理性思考的时候，这种思考是合规则的。当然，我们也要看到，康德所说的因果性是客体之间的因果联系，而不是纯粹主体思考的产物。不过如果我们仔细分析，我们就会看到，康德所说的这种因果联系其实也就是主体的理性强加在对象上的。这就是说，理性为自然立法（理论理性）或者说理性进行立法（实践理性），这种说法无非是要把它们概括在理性的统一性之下。它把这种统一性，即它自身的同一性原则转移到客体那里，并作为对客体的认识而强加到客体身上。这就是把合规则思考这样一种理性原则加到客体上。这就是主体对于客体所进行的建构。这种建构的结果就是客体的合规则性。而这种合规则性其实就是主观理性的合规则性的表现。对象是主体建构起来的，而被主体建构起来的对象具有合规则性，而主体在进行建构的时候其实也是按照规则进行建构的。所以，在康德那里，因果性就是主观理性的功能。在这里，因果性被完全祛魅了。按照这个因果性概念，主体不允许对客体进行内在性规定，这就是说，这个因果性是外在地加在客体上的，而不是客体自身的内在规定性，客体相互之间没有因果性，是理性建构客体的时候加在客体上的。所以，在这里，因果性概念瓦解了。

如果因果性被瓦解了，那么这是不是意味着康德与休谟一样了呢？休谟认为，因果性是主体的习惯性联想，而康德认为，因果性是主体的合规则的思考。这两者之间还是有差别的。休谟把因果性变成了主体思维的一种联系，而康德还是强调了客体之间的联系。虽然这两者有差别，但是其差别并没有人们所想象的那么大。休谟完全消解了因果性，而康德试图拯救因果性。与休谟否定因果性相比，康德试图拯救因果性，而他所进行的拯救的唯一优势是，被休谟清除掉的东西（因果性）被康德看做是理性本身所固有的。理性本身就是一种合规则的思考，就包含了因果性。那么为什么因果性被看做是理性所固有的呢？康德本人没有回答这个问题。阿多诺从康德批判的角度来回答这个问题。理性所固有的这种因果性不应该被看作是人类学上的偶然性，不应该看作是人区别于动物，而从动物界偶然产生的。在阿多诺看来，这应该是人的建构活动的结果。更进一步说，这是由于人要征服自然，于是人就不得不把自然现象纳入到理性的框架中，控制自然。在人控制自然的努力中，人获得了一种理性能力，而这种理性能力之中包含了因果性。因果性是人控制自然的理性能力中所必然出现的。

因果性是理性所固有的，这种因果性不是来自于自然，不是来自于对象，而是理性所固有的。我们前面已经说过，在康德那里因果性不是对象之间固有的联系，因果性不是产生于客体或者客体之间的联系，而是思维活动中的一种强制，思维必须按照同一性的原则进行，必须是合规则的。从这个角度来看，强调事物（对象）之间具有因果联系的思想，或者一种状态与其后的状态之间存在本质性的、特殊的联系这种说法，对康德来说是独断。于是，在康德那里，因果性被理解为前后相继东西的合法则性，这是被设定起来的合法则性，这种合法则性不是要人回想起任何因果联系的东西，也就是说，这不是要回想起客体之间所具有的因果联系。客体之间不存在这种因果联系。这种因果联系是主体强加在客体上的。在这里，阿多诺批判了康德的这个想法，如果因果联系是主体强加在客体上的，那么这就忽视了一个最简单的说法，某物是他物的原因。在日常生活中，我们总是会说，下雨是地上潮湿的原因。这是不可否定的客观现象。这难道是主体强加在现象上的吗？康德对于因果性的新解释显然无法解答这个问题。对象之间存在着这种内在联系在这里被否定了。因此，阿多诺说，康德的这个因果性概念严格地与对象的内在性隔绝开来了并把自身封闭在主体自身的范围之中。这个因果性不过是它自身（主体）的外壳。这个因果性纯粹是表面上的因果性，是掏空了因果内容的因果性。它表面上看上去是因果性，其实只是一种纯粹的理性思维形式。这种因果性中所说的那个法则是纯粹主体思维中的法则。在这里，还原到人这一方法达到了极限值。还原到

第三部分 模式

人，强调人的主体性，把一切东西都纳入到人的控制之下，这是人类活动的一种内在要求。这里包含了观念论的核心。这种要求在还原到人，还原到主体的思维在康德的法则概念中达到极限。这里的法则不是客体的法则，而是人的思维的法则，即把客体之间的内在联系的法则还原到人。

从这里可以看出，虽然康德要拯救因果性，但是康德的因果性概念其实与休谟的因果性概念没有太大的差别。当他把因果性扩展为纯粹的理性概念的时候，他其实也就否定了因果性。这种理性概念中的因果性其实就是没有原因的因果性，纯粹的合规则性。而自然主义的偏见则认为，因果性是客观事物之间的因果性。康德试图把因果性从这种自然主义的企图中拯救出来，但是他把因果性理解为思维中的合法则性，这又让因果性在他的手中烟消云散。在人的思考中，人必须按照规则来思考，这是意识的固有形式，从这个角度来说，意识不能逃避因果性。而休谟把因果性理解为纯粹的联想，这就忽视了意识中的这种固有形式，忽视了意识中的规则性联系。康德强调意识中的规则性联系，这就克服了休谟哲学的缺点。但是，这并不意味着我们可以把被建构的对象完全纳入到因果命题之中，纳入到合法则的思维框架之中。这是因为被建构的东西毕竟还包含了超出思维形式之外的东西，包含了经验所获得的客观内容。可是，当主体必须按照因果方式进行思考的时候，它就按照"必须"的意思，在分析被建构东西的过程中，把被建构的东西纳入到因果命题，它就按照因果性命题来思考。被建构的东西就是按照因果性建构起来的，然后主体又按照因果性的规则来思考对象。

当康德把这种因果性理解为自由的时候，这种自由从一开始就服从于因果性。按照康德的观念，实践理性建构了自己的对象，而这个对象就是按照因果性建构起来的。按照康德的看法，实践理性对象化自身所建构起来的对象就是按照规则建构起来的，而这个被按照规则建构起来的对象就是自由。这就是所谓的自由就是自律。所以，自由从一开始就屈从于因果性，就和因果性和解了。于是，这种自由就是一种妥协的自由。这种自由除了让意识顺从于法则之外几乎没有任何地盘了。

在康德那里，主体的建构服从于因果性。这是一种对立的建构，即主体的建构本来是自由的，但是却服从于因果性。因此，在康德那里，自由和因果性是相互交叉的。于是，对康德来说，自由同样也就是出于理性的行动，因此自由也就是合法则。甚至自由行动也"遵从法则"。自由就是自律，就是按照法则来行动。阿多诺认为，这限制了自由，自由一定包含了超出合法则的要素，如果没有自发的要素，自由就无法被理解。然而，在康德的自由概念中，这种自发性被融合到了自律之中，融合到因果性之中。阿多诺认为，康德的这个自由概念对于德国观念论产生了巨大的消极影响。这是康德之后哲学所无法承受的负担，把自由理解为合规则性。阿多诺认为，恩格斯对于自由概念的理解，接受了德国观念论的这种看法。恩格斯认为，自由就在于根据对自然界的必然性的认识来支配我们自己和外部自然；由此它必然是历史发展的产物。应该承认这从控制自然的角度来理解自由，这种自由概念包含了观念论的要素，包含了控制自然中的一切要素。阿多诺认为，在这里，自由受到了限制，是一种错误地和解了的自由。这种错误的和解就是自由和必然在意识中的和解。阿多诺也强调自由和必然的和解，但是这种和解是精神和肉体的和解。精神和肉体的和解就是承认肉体的要素在自由中的作用。

从阿多诺对于恩格斯的评价之中，我们可以看到，阿多诺一方面承认合法则性的意义，另一方面又强调自由之中的自发性，这种自发性是自由的必要要素。对于阿多诺来说，没有合规则性就没有自由，同样没有自发性也没有自由。他的这个自由概念与恩格斯的自由概念有很大的不同。恩格斯的自由概念是从人类改造自然的活动的意义上来讨论自由的，而阿多诺的自由是从道德实践中所说的自由。这两者之间还是有一定的差别的。阿多诺用道德领域中的自由概念来否定恩格斯的自由概念显然是不合适的。如果人在一定程度上掌握了自然规律并按照这个规律来改造自然，人当然在一定程度上获得自由。但是我们不能把这个意义上的自由等于道德意义上的自由。从这个意义上说，我们不能把恩格斯的自由概念和观念论的自由概念等同起来。

为秩序辩护

在这个部分，阿多诺批判康德关于自由的思想中包含了同一性的强制，这种同一性的强制是有它的社会基础的，这个社会基础就是自由交换的资本主义社会对于秩序的要求。

第三部分 模式

从康德的二律背反中我们知道，理性有一个自然的倾向，这就是要把握绝对最初的东西，把握绝对的原因。但是，康德认为，这是理性的误用，是可以被纠正的误用。按照这样的思路，那么认识就不需要再强迫自己去把握这个绝对的原因。于是，认识论上的强迫特征便消失了。当认识论上的强迫特征消失的时候，对于总体性的要求也不能再被坚持了。这是因为，如果认识没有把握住最初的绝对原因，那么这就说明认识没有达到总体，没有达到对于全部东西的把握。这就意味着，我们应该放弃认识的总体性要求。按照阿多诺的分析，这个总体性要求凸显了因果性，全部把握因果性就是达到总体。而阿多诺所说的主体性原则就是主体期望把握总体的原则，期望把一切都纳入主体之中，把一切都置于主体的控制之下。从这个角度来说，因果性是与主体性原则相一致的。

当认识中我们不再坚持总体性要求的时候，那么我们就承认世界中的某些东西是无法被纳入因果性之中的，是不能完全置于主体的控制之下的。这就超出了观念论的范围。对于观念论来说，一切都要置于观念的控制之下，因果性的概念就是如此。当认识放弃了这种总体性要求的时候，那么观念论的要素就在一定程度上被放弃了。在这样的情况下，尽管在观念论中自由是以悖谬的形式出现的，或者说，自由和必然都同时可以得到论证的，但是在这种悖谬的形式中却包含了具有实质内容的要素。这就是说，在完全的合规则性之中，在纯粹的规则之中，如果一切异于规则的东西都被否定了，自由也就被否定了。但是当自由还在一定程度上被承认的时候，这就意味着异于规则的东西是被承认的。或者说，超出观念论要素的东西是被承认的，无法被纳入到规则中的要素是被承认的。这些无法被纳入到观念论体系之中，这些异于形式化规则的要素就是包含实质内容的要素，超出形式的质料性要素。或者说，这是非同一性要素。这是自由所要表达的东西。也正因为如此，阿多诺才说，这种要素是超越了被命运钳制的世界过程。这个被命运所钳制的世界过程是必然的过程，人就完全受到这个必然过程的控制。这是资本主义社会中的合理化过程。如果这个合理化的过程中包含了异质的东西，包含了超出合理化要素的东西，那么自由就在这里出现了。本来，世界的过程包含了这种异质的东西，只是由于命运的钳制，异质的东西才被排除。从这个角度来说，在这个世界过程中也有因果性,这是包含了异质东西的因果性。从这个角度来看,如果人们在认识中把因果性看做是事物本身的一个规定,那么这个规定就不是纯粹主体原则相一致的因果性,是包含了客观内容的因果性,这个因果性就包含了自由。所以,阿多诺强调,尽管这种因果性也受到主体的中介,但是,它与包含了总体性要求的主体性不同。这个主体性中包含了客观的内容。这个包含了客观内容的因果关系就包含了自由。而由于这个规定是事物本身的一个规定,不是纯粹主体的形式规定,这个规定就超出了主体性的无差别统一体。这个超出主体的无差别同一体的东西就为自由提供了可能性。这就是阿多诺从唯物论的角度来解释自由和因果性之间的联系。

当我们这样来理解因果性的时候,那么因果性就可以被理解为区别于强制的东西。因为,因果性所表示的是事物的特殊性质,是特殊规定,而不是纯粹的合规则性。既然因果性不是纯粹的强制,那么主体在按照这种因果性行动的时候,主体的实际行动就不是强制的行动,而是包含了自由的行动。在这里强制不再受到颂扬,而主体的总体性也不再受到肯定。理性的合法则的要求也不能被当做是先天的,而是在人的控制自然的活动中产生的。理性思维中的那种强制不再被当做是先天的力量,而是从社会现实中抽引出来的。这就是从人征服自然的现实强制中抽引出来的。既然因果性是事物本身的一种客观属性,而不是一种形式强制的结果,这种因果性为自由提供了前景,那么因果性越客观,自由的可能性就越大。从这个角度来说,凡是期望自由的人都必须坚持因果性。阿多诺通过对于因果性的这种新理解,把因果性和自由的关系进行了一个辩证的理解。观念论所强调的自由就是强制,这个自由不是真正的自由,而就是因果性,而阿多诺所强调的因果性是包含了具体内容的因果性,是具体的判断,是包含了自由的因果性。纯粹形式的因果性排除了内容,同时也排除了自由。

接下来,阿多诺根据他自己对因果性和自由概念的理解批判了康德的自由观。康德的自由观的特点是既需求自由又阻止自由。从理论上来说,他强调自由具有自发性的意思,但是他又认为,自由是合法则性。于是,他既强调自由,又阻止了自由。康德追寻自由,这表现在,在第三个二律背反的正题中,康德认为,自由的基础是原因的绝对自发性。阿多诺说,这个原因的绝对自发性类似于神圣创造行动的世俗化。这是挖苦康德。上帝才是这种所谓的原因的绝对自发性,上帝才有这种原初的创造行动。这类似于笛卡尔所说的纯粹的自我。这个纯粹的自我具有绝对的自发性。所以,阿多诺说,康德的这种自由概念有笛卡尔的风格。这个风格是有效的,这满足了康德的那种先验方法论。康德之所以要确立原因的绝对自发性,是为了达到认识论上的完善性。只有达到了最初的原因,达到原因的绝对自发性,认识才是完善的。否则,认识就不是完备的。在这里,阿多诺引用了康德的一句话来说这一点:如果没有自由,自然进程的现象序列在原因方面也永远是不完备的。没有最初的原因,那么因果系列就不完备。而康德要达到这种认识的完备性其实就是一种认识论上的总体要求,就是要达到主客体的同一性。从这个角度来说,康德所确立的自由、确立绝对的自发性就是为了达到认识的完备性,达到认识的总体性。而作为一个认识的批判家,康德又限制了这个认识的总体性。他认为,这是理性的误用。而作为关于真理的理论家,康德又宣传这种总体性,强调这个绝对的自发性。在这里,康德同时扮演了两个角色,一个是认识批评家的角色,一个是认识真理的理论家的角色。这两个角色是矛盾的。对于认识真理的理论家康德来说,只有依据原初行为是绝对自由的这个根本原理,认识才可以被设想为一种处理完整序列的认识。于是,这种认识不允许任何一种被感性给予的东西处于认识之外,它也不会直面任何与它相异的东西。康德的这个认识论就是要达到绝对的同一性。这是阿多诺所要批判的。

阿多诺强调对于这种同一性批判的意义。对同一性批判首先打击了肯定性的、存在论上的原因概念。好像我们在认识中,能够直接给出一个肯定性的、直接存在的原因。一旦掌握了这个原因,事物就可以被我们完全把握。这个原因概念其实是把事物纳入同一性框架中的概念。所以这个原因概念也是被奉若神明的、主观原因概念。对于同一性的批判也否定了康德对于自由必然性的论证。因为,自由必然性的论证的核心就是自我同一性。只有当这个纯粹的自我同一性被确立起来的时候自由才是肯定地存在的。在阿多诺看来,这个纯粹自我同一性意义上被确立起来的自由是脱离实际内容的自由。这个自由就是纯粹的内在自由。在阿多诺看来,这种纯粹形式的自由必然包含了自身的矛盾。从形式上来说,自由是肯定地给出的,是被规定了的,既然自由被规定了,那么这就是不自由。这就是这种肯定性的自由在形式上的矛盾。自由必定存在，这是自主的立法主体的最大的不公正。这是因为，这里的自由是主体的自我立法，而这个自我立法的主体把一切都纳入到了合法则性之中了。它是绝对的自我同一性，是合法则性。这就是把一切非同一的东西都纳入到同一的框架之中。所以阿多诺认为，这是自主的立法主体的最大的不公正。这个自由的核心就是统治和控制。这个自由的内容与必须、法则以及绝对统治是一致的。正是由于这种自由概念的核心是同一性，是与统治、控制的要求联系在一起的，所以康德把自由解释为因果性的一种特例。对于康德来说，自由就是一种特殊的因果性。这就是为了强调同一性，强调法则的持续性。阿多诺认为，康德的这种做法是有他的社会动机的，这就是对于资产阶级的无政府主义的蔑视和厌恶。这就是说，康德要维护资产阶级的秩序，但是这个秩序又不同于封建秩序，而是一种资产阶级秩序。这就是自由和因果性结合在一起的社会含义。也正因为如此，阿多诺才认为，康德对于无政府主义的蔑视与对于封建秩序的蔑视是一致的。这就显示出他的资产阶级立场了。资本主义社会的要素渗透到他的最形式的考量之中，渗透到自由概念之中。这个自由是和秩序结合在一起的。既然这个自由概念是形式性的，那么形式性的东西也从社会的方面表现出来：一方面个人从封建秩序中解放出来，这个封建秩序对人进行了规定，即个人必须如此这般。另一方面，当个人解放出来的时候，社会也没有提供给个人以具体的社会秩序，不能用具体的秩序来对抗封建秩序，而只有某种形式的秩序，即自由交换。于是，这个形式的秩序就变成了社会统治的原则。这个秩序也具有资产阶级的性质。所以，从自由和因果性的结合中，从形式的自由之中，我们可以看到，这个形式自由的产生是有社会基础的。这个社会基础就是资本主义社会。这个社会既是个人自由的，但是又受到一种抽象秩序控制的。这个抽象秩序就是自由交换的秩序。这就是阿多诺所说的纯粹原则的统治。

从这里，我们可以看出，康德的自由概念就是维护资本主义社会秩序，就是要用一种新的抽象秩序取代封建秩序。所以，阿多诺认为，康德道德形而上学的根子就是控制，当然是一种形式上的控制，即自由交换原则的控制。孔德把社会法则区分为两个部分，一个是社会进步的法则，一个是社会秩序的法则。康德所支持的是社会秩序的法则。在阿多诺看来，这种秩序的法则会阻碍进步的法则。这是因为社会秩序的法则强调合法则性,强调同一性。社会如果总是按照这样的秩序来运行,那么社会就不可能有进步。所以秩序的法则和进步的法则在一定程度上是矛盾的。秩序的法则会限制进步的法则。阿多诺在这里还借用了第三个二律背反的反题中的一句话来说明康德对于秩序的支持。反题中的这句话的意思是,虽然对于自然规律的自由或者独立是对强制的一种解脱,但是也是对于一切规则的导线的一种解脱。对于康德来说,脱离强制是对的,但是如果脱离一切规则的导线,这就是可怕的事情了,所以,虽然我们要摆脱强制,但是我们还是需要有规则的导线的。这个规则就是市场交易规则。而个人的自由生产会破坏市场交易规则。这个自由生产是无条件的因果性,生产的行动是按照纯粹的因果秩序生产出来的。这里存在着一种"无条件的因果性"。如果生产按照无条件的因果性,或者说只是按照生产内部的要素来进行生产,而不顾市场规则来生产,那么这种生产就是盲目的生产。这种盲目的生产就会"扯断"市场规则这根导线。既然资本主义社会中的这种自由生产(无条件的因果性)是"盲目的",那么这就要限制自由。于是,康德在反题中科学地反对自由生产。这里的"科学"的意思就是按照理性的规则,按照合理化原则来反对自由生产。这种自由生产是盲目的。这种盲目性就像自然事实一样是盲目的。所以,阿多诺认为,康德急急忙忙地把自由看作是法则,这暴露了这样一个事实,康德和他的阶级一样都不那么严肃地对待自由。这就是说,他们既需要自由,又要限制自由。于是,自由就被理解为合法则性。对于自由的这种理解也是为了把自由和秩序结合在一起。阿多诺说,早在他们害怕工业无产阶级之前,他们就把对被解放出来的个人的赞美与对社会秩序的辩护结合在一起,例如,亚当·斯密的经济学就是如此。亚当·斯密的经济学就是把自由和看不见的手结合在一起,即自由和秩序结合在一起。在这种经济学中,"看不见的手"既关照乞丐,也关照国王。这就是说,看不见的手破除了封建秩序,使人和人之间抽象的平等得以实现。但是,由于这种平等是抽象的,所以自由竞争就不是真正的自由竞争,而是不同等级之间的竞争。这种竞争从一开就有利于"国王",而不是乞丐。所以,阿多诺说,自由竞争者之间所遵循的是封建的"公平竞赛"规则。这种公平是不公平。其实,阿多诺在这里的分析主要是要表达,自由所包含的内在矛盾,自由是非同一的。

在这里，阿多诺不仅批判康德，甚至连康德的信徒都被他批判了一番。这里所说的康德的通俗化者应该是指席勒。席勒在"大钟歌"中赞美了秩序。他把秩序说成是"慈悲的天女"。在这首诗歌中，席勒甚至认为，当人民苏醒起来的时候，福祉却不会兴盛。这就是害怕人民获得真正的自由。在他看来，如果人民苏醒起来，那么秩序就会被破坏，福祉就会受到损害。康德和席勒都害怕自由，害怕自由所导致的恐怖。他们的这种态度是来自于他们对法国大革命的恐怖的一种错误理解。虽然在他们那个时候，法国大革命还是相对温和的，但是他们还是害怕由此所导致的混乱。当他们看到罗伯斯庇尔的残暴行径的时候，他们更加害怕自由。当他们看到自由所导致的混乱的时候，他们却不知道，这种混乱恰恰是由于压制、残暴的秩序所导致的。这就是说，本来他们应该反抗秩序，反抗暴力秩序，但是他们却害怕混乱，而强调秩序。在阿多诺看来，甚至在奋起反对这种压制的人当中还残留了这种压制的痕迹。这就是说，那些反抗秩序的人自身是扭曲的，所以才会出现那种令人恐怖的状况。用黑格尔的话来说，砍掉一个人的头颅就如砍一颗大白菜。被秩序扭曲的人才会如此残暴。阿多诺的思想深处是这样一个道理，这些人在秩序中对自己的肉体都采取一种敌视的态度（由征服自然所产生的），这些人也不可能对他人的肉体产生同情。所以，在阿多诺看来，康德也是同样被秩序扭曲的人。这些被秩序扭曲的人都害怕自由。他们已经习惯于秩序。阿多诺认为，康德和他那个时代的许多人一样，都赞美规则，而在一定程度上害怕自由。这些人虽然最初都欢呼革命，但一旦罗伯斯庇尔给他们提供了借口，他们马上就如释重负地谴责革命。在这里，阿多诺指出，康德在对反题的论证中以"无规律性"为代价来赞美"合规律性"，甚至还说到了一种"自由的幻象"（邓晓芒译本翻译为幻觉）。这就是说，康德在反题中认为，自由会导致"无规律性"，他消除这种无规律性，而强调合规律性。在康德看来，对于自由，人们产生了一种幻觉，好像自由可以不受规则的束缚。在康德这里，法则受到了赞美，它有助于维持秩序，保持社会的"持续"性。这种持续性可以把法则提升到无政府状态之上，使社会保持一定的秩序。在这里"持续"得到赞美，而不自由社会的痼疾是与这种持续有关的。但是由于"持续"被赞美，所以"持续"所导致的痼疾就不会让人产生疑虑了。或者说，社会的痼疾被美化了。在康德的第三个二律背反的论证中,自由和必然本来是对立的,但是当他把自由理解为合规则性的时候,自由和必然就在法则中统一起来了。正题和反题所论证的东西在法则中统一起来了。这种统一好像处于更高的地位。当法则被置于更高的位置的时候,秩序就受到追捧,自由则在一定程度上作为代价而被限制。

对反题的论证

康德在《纯粹理性批判》第三个二律背反中论证了自由和必然的二律背反。在反题中他所论证的是,没有自由,世界上的一切东西都按照自然规律发生。那么为什么在这个地方阿多诺专门讨论康德对反题的论证呢?其目的是要说,虽然康德也要论证自由,但是他的思想的核心还是否定了自由。从康德既要论证自由而又否定自由之中,阿多诺看到了自由的非同一性。

在讨论二律背反的过程中,康德无论在论证正题的时候还是在论证反题的时候都采用了反证法。在关于自由和必然的二律背反中,他通过正题和反题分别论述了下述观点。在正题的论证中,他否定了一个相反的命题:除了按照自然律的因果性之外,没有其他因果性。他否定这个命题的理由是,这个命题超验地使用了因果性。这就是说,因果性的概念只能使用在经验领域,但是,这个相反的命题把因果性概念用于超出经验领域东西了。按照这个相反的命题,超出经验领域的东西也是遵循自然的因果律的。或者说,原因性概念被超范围使用了。这个做法违背了范畴学说本身。按照康德的范畴学说,原因的概念只能用于经验的领域。这就是说,康德在论证正题的时候,他所批判的反题犯了一个错误,即超出经验的范围使用因果性的概念。在反题的论证中,也就是在论证没有什么自由、一切世界上的一切东西都遵循因果规律的时候,他又使用了反证法。他所提出的相反命题是,存在着自由,自由是一种特殊的因果性,世界从这种特殊的因果性开始。他批判了这个相反命题。在这里,康德所批判的是被重新理解了的因果性,即自由本身就是一种特殊的因果性。这个因果性表示了一种绝对的开始状态。康德在这里所批判的是一种特殊的因果范畴,即包含了超出经验范围的那种因果范畴。自由是这样一种特殊的因果性。

从这里可以看出,在论证正题的时候,他所批判的是因果性概念被超范围使用了。这违背了范畴理论。在论证反题的时候,他所批判的是,因果性范畴发生了变化,这个范畴包含超出经验范围的东西。在所有的这两个批判之中,康德的思想都有一个理论的落脚点,即科学主义的立场。从内容上来看,人们在讨论康德思想的时候,忽视了康德的这个缺陷。他们以顽固的科学主义立场来防范原因范畴的形而上学用法。对于康德来说,原因范畴既不能用于经验之外的领域,也不能包含经验之外的领域。这都是原因范畴的形而上学用法。可是,如果原因范畴不能超出经验的范围,那么经验范围之外的东西就变得不可认识了,于是,这种科学主义立场就会面临不可知论的后果。尽管康德在理论理性的学说中是赞同这种不可知论的,但是康德在实践理性中要避免这种后果。于是他提出了一个与科学主义立场不同的反题,即自由是存在的。自由为什么会存在呢?康德所提出的理由是,因果性不应该被看做是肯定地被给予的直至无限的东西。由于因果性不是肯定地被给予的,不是直至无限的东西,我们不可能把一切都纳入到因果性之中,所以,自由是存在的。而在阿多诺看来,康德不过是通过摧毁一个稻草人(因果性应该被看作是给定的、无限的东西)来确立自由的。康德在摧毁这个命题的时候所确立的是,这样一个命题,因果性不应该被看作是肯定地被给予的直至无限的东西。而康德所确立的这个命题不过是一个同义反复(正题和反题所进行反证法论证其实是同义反复,讲了同一个道理,因果性只能用于经验的领域,而自由作为是一种特殊的因果性,是可以在超越的领域中使用的),因果性就是把东西纳入到一个因果体系中,这个体系是有限的,是一种总体,它不可能是肯定地被给予的直至无限的东西。或者说,因果性是有限的,而不可能是把无限的东西包含在自己之中,不可能作为一种无限东西直接地、肯定地存在着。这也是实证主义所不会反对的。虽然因果性不能作为肯定的、无限的东西存在着,但是康德并没有否定因果性的存在。他并没有在论证自由的时候说,因果之链会由于自由的设定而被打断。从阿多诺的这个分析中,我们可以看到,无论是正题还是反题,康德所赖以论证的都是一种实证主义精神。他用实证主义精神证明了,自由和因果之链都同样地被设定起来了。

在阿多诺看来,在康德论证第三个二律背反的时候,康德犯了一个错误,这就是他进行了一种谬误推理。这个谬误推理表现在,康德对于自由和因果性正题和反题中进行了不同的解释。他一会儿把自由解释为特殊因果性,这样一种因果性可以超出经验的范围，一会儿又强调因果性只能在经验领域中被使用。在这里，因果性的概念就有了两种不同的意思。这就是说，在这个谬误推理中，康德对于范畴进行了重新解释。既然如此，那么阿多诺认为，他也可以对于自由这个范畴进行重新解释，当然也可以对因果性进行重新解释。自由和因果性就可以被理解为未被确定的东西，是可以被重新解释的东西。按照这样的重新解释，这个肯定性的自由是一个疑难概念。我们在前面的分析的时候已经指出，肯定的自由是一个矛盾概念。自由被规定了，那么这就是不自由。按照阿多诺的重新解释，康德对于反题的论证把自由是一个疑难概念凸显出来了。而康德所编造的这个肯定的自由概念是为了对抗唯名论和科学化的倾向的。它要表明的是，自由不是某种肯定的东西，不是给定的东西，而实证主义和唯名论却希望把自由作为某种肯定的东西来把握。其实，在日常生活中，我们理解自由的时候也是把自由作为肯定的、给定的东西来把握的。康德所编造出来的这个自由是要把自由当作是一种自在的精神性的东西，而不是某种给定的、肯定的东西。这样，阿多诺就试图按照他自己的自由观而重新理解康德的自由概念。而在他看来，这样的分析也是有根据的。康德把自由作为一种自在的精神的东西保留下来是为了拯救自由。或者说，自由是作为一种被否定的东西而被拯救出来的。既然是被否定的东西被拯救出来，那么这个东西就不能完全被肯定。这不是肯定的自由，当然这也不是说，康德否定自由，而是让自由处于矛盾之中。于是，阿多诺就达到了他想要达到的目标了。因此在《实践理性批判》中，康德明确肯定他要拯救自由。自然法则只适用于现象领域，而自由则超出这个领域，我们要拯救这个自由概念。显然，阿多诺承认这个拯救自由的欲望是正确的。

阿多诺认为，康德对于自由的拯救，对于自由的建构是由歌德的《亲和力》所说的那种拯救激发起来的。在《亲和力》中，歌德在一定的意义上是要表达，如果顺从自己的天性，那么人就会做出道德上不允许的事情，而自由需要有决心。当然，歌德不是鼓励人们做不道德的事情，而是强调，自由是需要被拯救的。当然，康德要拯救自由的时候，这个自由不是时间内的主体自由。自由是作为精神上的自在的东西而被拯救出来的。或者说，这个自由不是经验世界中的人的自由。这个在时间中的自由是"没有意义和不可能的"。因为，他所拯救的自由是超出经验领域的。可是，问题在于，这个超出经验领域的自由如何与经验领域联系起来呢？从阿多诺在后面的分析中，我们看到，康德既强调自由的超越性质，又试图把这个超越的自由与经验的人联系起来，于是，他总是陷入矛盾之中。在阿多诺看来，这就是康德的本质性难题。阿多诺在这里评论道，这种建构的本质性难题不在于康德在论证反题的过程中否定了肯定的自由。在正题中康德从实证主义出发论证了肯定的自由，而在反题中否定了自由，强调世界中的一切都是按照自然规律发生的。我们可以说，反题在无限性方面提出了抽象的可能性，即世界上的东西是无限的，但是无限的东西可以被纳入到因果关系体系中。这是一种抽象的可能性，从这个抽象的可能性出发，肯定的自由被否定了。在阿多诺看来，康德的难题不在于肯定的自由被否定了（阿多诺认为，这是对的，肯定的自由应该被否定），而在于，他把自由理解为精神上的自在的东西。如果自由是精神上自在的东西，那么这个自由的主体就不是经验的主体，不是时间中的主体。而康德恰恰对于这个自由的主体陷入到一种疑难之中。这个疑难表现在，一方面，这个主体是超时间的，而不是经验的。这个超时间和空间的主体不是认识的对象。康德在《道德形而上学的奠基》中强调了这一点。康德在《纯粹理性批判》和《实践理性批判》中也重复了有关原理，即先验主体不是认识对象的这个基本原理。另一方面，先验的主体是经验主体的基础。康德在《道德形而上学的奠基》中又说，经验对象把物自身作为它们的基础。如果是这样，那么先验主体就是经验主体的基础。这样康德就陷入一种矛盾之中，既然先验的主体不是我们的认识对象，那么我们就不能对它进行任何规定。可是，康德在这里又说，先验的主体是经验主体的基础。这不是对于先验主体进行规定了吗？既然它不是认识的对象，那么你就不能对它规定，而你对它进行规定了，那么这就表明，你把它当做了认识对象了。康德在这里陷入一种疑难之中。所以，阿多诺说，这里的疑难绝不仅仅是认识自在自为的主体的可能性的问题，而是关于这个主体的规定性的问题。既然这个主体不是认识的对象，那么它就没有规定，如果对它进行规定，哪怕是一种想象的规定，这都让关于这个主体的规定陷入到疑难之中。所以，阿多诺强调，关于主体的每一个可以想象的规定，康德意义上关于主体所进行的"本体上的"规定陷入这样的疑难之中。如果康德要对先验主体进行

第三部分　模式

规定，那么他就必定陷入疑难之中。如果他要把先验主体说成是自由的，那么他就必定陷入难题之中。接下来阿多诺就分析了康德所陷入的难题。

按照康德的学说，为了分享自由，这个本体的主体必须是外在于时间的。在这里，阿多诺引用了康德的文字来说明，这个本体的主体是属于纯粹理知的领域（李秋零翻译成为理智的领域），是外在于时间规定的领域。这个主体是不能按照时间来规定的"存在"（Dasein）。可是，这里问题就出来了。阿多诺分析到（这应该不是康德本人的意思），既然一个东西要存在，那么这个东西就不能纯粹在思想中存在，而必须在时间内存在。从这个角度来说，本体意义上的主体是不能按照时间来规定的"存在"，这个说法是有问题的。阿多诺所进行的论证是这样的：这个先验的主体是属于自在之物的领域，对于这个先验主体我们是不能对它进行任何规定的。但是，康德为了拯救这个主体，还是对这个主体进行了规定。他认为，这个主体是"存在"的。当然，按照康德本人的意思，这个存在不是在时间中存在的。但是，存在也不能消失在纯粹的思想中，或者说，一个东西要存在，也必须在思想中存在。既然在思想中存在，那么这就意味着我们必须在思想中记得这个存在。如果存在要在思想中被记得，那么这个存在就包含了时间的维度。因为，这里的记得包含了时间的维度。从这个角度来说，存在"按照它自身的概念是在时间内的"。按照这样的分析，那么先验主体就必须在时间之内存在。这是"存在"这个概念本身所应该包含的意思。这不仅仅是阿多诺按照康德意思而从康德的有关命题内在地分析出来的，而且还是康德本人的思想。康德在《纯粹理性批判》中就承认主体的统一体是纯粹的时间形式。如果没有这种纯粹的时间形式，主体也不可能成为这样的统一体。如果我们承认时间上的延续性，一个人，即使是纯粹思想意义上的抽象自我，也必须有时间上的连续性和一致性，如果没有这个一致性，那么一个人为什么总是可以说"我"。这是"我"的一个通俗的解释。而康德在《纯粹理性批判》的关于纯粹知性概念演绎那个部分以及关于图型那一章中进行了详细的论证。在这里的注脚中，阿多诺引用了康德的一大段文字来说，这个先验主体在时间上的统一性，即纯粹的时间形式。阿多诺在这里强调，这个纯粹的时间形式非常重要，它是一切综合的必要条件。阿多诺说，这种时间形式把一个人的意识事实结合起来，并作为这同一个人的结合。没有时间内被综合要素之间的相互联系，就没有综合。这甚至是最形式的逻辑运演及其有效性的条件。如果没有这种时间形式，甚至形式逻辑的运演都不可能。形式逻辑中推演也必须要有符号在时间上的同一性才是可能的。既然时间形式（抽象的时间性）是主体统一性的必要条件，是主体存在的必要条件，那么我们就不能说，主体是外在于时间的。因此，阿多诺强调：如果主体这个名称之下还有某种东西可以被思考，那么无时间性就不能归入绝对的主体之中。这就是说，如果你一定要说"主体"这个概念，那么这个概念之中一定是有内容的，这个内容至少包含时间性。如果主体这个名词还是有某种东西被思考，那么至少其中包含了时间性。如果万一这种无时间性要被归入主体之中，那么它就是绝对的时间。这就是说，只要你说"主体"这个词，那么这个词语所代表的东西之中必定包含了时间性。甚至主体这个词就是代表了绝对的时间。

于是，这里就出现了一个令人费解的现象，既然主体这个词语一定表示时间，那么主体的自由就一定是包含在时间中的自由，自由必须在时间中被实现。离开了主体，自由也无法被实现。可是康德在正题中论证自由存在的时候是强调了，自由的超时间性。同样令人费解的是，这类非时间的东西（自由）如何能够在时空的世界中发挥作用而它本身却既能够不变成时间性的东西又能够不误入康德的因果性领域。简单地说，如果自由是超时间的，那么这个自由如何能够在时空世界中发挥作用呢？因为，这个自由是超出时空的，并且是不能变成时间性的东西，同时又不是在因果领域中。如果在因果领域中，那么自由这个东西可以作为原因发挥作用。可是，它不在因果领域中，它如何发挥作用呢？它是非时间的东西，如何能在时间中发挥作用呢？康德的思想确实让人费解。

当然，如果按照康德的思路继续进行下去，那么康德的自在之物可以在这里帮上大忙。它是隐藏着的和无规定的，它标志着思维中的盲点。我们的思维无法规定这个自在之物。这个自在之物是无规定的，康德赋予自在之物的唯一特性是，它会"影响"主体。然而这个自在之物又是与主体尖锐对立的。一个与主体尖锐对立的东西怎么影响主体呢？这就需要一种辩证思考，把自在之物与主体结合起来。当然这种思辨的思考在康德的二元论的框架中是无法实现的。所以，康德没有在任何地方进行过这种思辨。而阿多诺的否定的辩证法，

第三部分 模式

他的非同一性思想就是进行这样一种思辨的思考。阿多诺就是通过这种思辨的思考来建构自己的形而上学。

当然,这不是说康德没有进行任何这样的努力,没有试图把自由具体化,让活生生的人"获得"自由。康德对认识的批判不允许召唤自由,不允许使自由成为实存着的自由。因为,康德的认识批判是要建构一种知识领域。在这个知识的领域中,是不存在自由的,也不可能让自由成为现实。于是,康德还是帮助自己魔法般地构想出一个存在领域(Daseinssphäre),即前面所说的主体是"存在"的那个存在,是外在于时间意义上的存在。而这个存在领域不是认识领域,不能受到认识的批判。对于这个超越认识的领域,我们无法做出任何判断。如果是这样,那么自由就无法在经验世界中实现,可是,康德又试图让自由成为活生生人的自由,成为现实生活中的自由。接着,阿多诺引用了一段康德的话。康德的这段话的意思是,即使我们能够深刻认识一个人的思维和外部行动,我们认识到他的行为动机,甚至可以预测一个人能的行动,那么这个人的行动仍然是自由的。显然,这里所说的人是现实的人,只有现实生活中的人才有行动,我们才认识他的行动或者行动的动机。按照康德的这个说法,现实中的人是有自由的。然而,阿多诺认为,当康德想证明现实的人的自由的时候,他陷入了矛盾。如果一个人的行动如同机械一样行动,我们甚至能够预测这种行动,那么这就表明这个人陷入了一种因果之链之中,他没有自由了。但是康德仍然肯定,这个人是有自由的。这是一种矛盾。

接下来,阿多诺通过康德在这里所说的"动机"来分析康德的矛盾。本来《实践理性批判》讨论道德形而上学,但是在这里康德也要用"动机"这个术语。当然,在康德那里,这个"动机"还是在纯粹实践理性的意义上去理解,而不是经验意义上理解的。但是,"动机"这个词语还是包含了原因性和机械性的意思。如果动机这个词语具有原因性和机械性的意思,那么即使康德的这句话的前面部分——"由此,人们可以承认,假如对我们来说有可能对一个人的思维方式就其通过内部的以及外部的行动表现出来而言具有如此深刻的认识,以至于它的每一个哪怕是最微小的动机都为我们所知,此外还有所有对着动机起作用的外部诱因,那么人们就能够确切地测算出一个人未来的行为举止,就像测算出一次月食或者日食那样"是正确的,后面的部分,即

"这时却仍然主张人是自由的"是错误的。这句话的前面部分说的是，从因果性的角度去理解人。如果我们能够从因果性的角度理解人，甚至能够像测算一次日食那样预测人的行为，那么这个人的行为就服从自然的因果关系。这个人就没有自由。所以这个后面半句是错误的。从这个角度来说，动机这个术语所表达的是一种内容。在阿多诺看来，这个内容是以"隐喻"的形式与经验世界联系起来的。这就是说，虽然康德所说的这个动机不是经验意义上的，但是还是以"隐喻"的形式联系经验世界。显然，如果自由学说不包含任何内容，那么它就是纯粹形式，是无法被表述出来的，也无法被理解。自由学说要能够被人理解，就必须要有内容，就必须以隐喻的方式与世界联系起来。

在阿多诺看来，康德的这个思想还有重要的社会意义，既然人从本质上来说是自由的，那么即使在现实生活中，人是不自由的，人也应该承担责任。如果这个自由就是形而上学领域的自由，那么在日常生活中，人是不自由的，既然日常生活中，人是不自由的，那么人就不需要为自己的行为负责任。可是康德不能容忍这样的事情发生。他用了"动机"这个概念把形而上学的领域和经验的领域神秘地联系起来。"动机"这个词语既与纯粹思想领域有关，也与经验的世界有关。通过这个术语，经验世界和纯粹的形而上学领域就联系起来了。一旦这种联系被确立起来，那么经验世界中的人就获得了自由，他就要承担责任。所以，阿多诺说，这种做法只是被用来服务于一个目的：通过一种神秘的命定的关联而把那与形而上学有关的东西与经验上完全卷入因果性的东西联系起来，并且在自由的名义下使它背负罪责。这就是说，人在经验世界中应该背负责任。而在完全给定的规定之中，这种罪责就根本不是罪责。而在现实世界中，人在很大程度上是被规定的。现在，康德通过"动机"这个概念把形而上学的领域和经验领域联系起来了，这就让人误以为自己在经验世界中也是自由的，让人产生一种负罪感。这就是说，表面上来说，人是自由的，其实不自由，但是这个社会却让人承担一切责任。好像经验世界中的一切罪恶全是由每个人负责。这是对人的给定的规定，人是有罪的。这就是用来吓唬人的。这是一种用威权的方式吓唬那些试图徒劳地思考自由的人。它只是用来吓唬那些思考自由的人。它禁止人切实地思考现实生活中的自由。如果一个人想在现实生活中实现自由，那么这个人就要承担责任。如果现实生活中人是自由的，那么人就是有罪的，就需要为自己的罪责承担责任。从这个角度来说，康德的自由概念不过是用来吓唬人的，是让人放弃在现实生活中思考和实现自由。从这个角度来说，康德的自由概念是反自由。正因为如此，阿多诺最后指出，在康德那里，理性不过是一种立法能力，这个立法能力就是要限制人的自由的。理性不是康德所说的那种保证自由的基础，而是限制自由的东西。于是，在这里，自由变成一种特殊的因果性，这种所谓的自由其实就是否定自由。所以，阿多诺最后说，当康德这样设定自由的时候，他也取消了自由。

存在者状态上的要素和理想的要素

这里的"存在者状态上的要素"（比如前面所说的那个动机）是指与感性内容有关的东西。如果是感性存在的东西，那么这就可以叫存在者了。这个要素不是存在者，也不是纯粹观念性的、理想的要素，但又与感性内容有关。阿多诺在这里强调，康德的自由概念虽然是一个理想的要素，但是，康德总是不知不觉地纳入一些存在者状态上的东西，比如幸福。

所以，在这个部分的一开始，阿多诺就说明，自由是一个疑难概念。他的疑难特性表现在，康德在严格的意义上强调，自由是属于本体的领域，是属于超越的领域，但是却不能完全排除掉经验的要素。在上一个部分，我们已经谈到了。这个领域既与超越的领域有关，也与现象领域有关，这个领域就是康德的现相（Phenomenon）。所以，阿多诺说，康德的自由概念的疑难就是建立在这个现相上的。在康德看来自由是既定的，是给定的东西。于是，这个既定的、给定东西也就是某种实存的东西。而实存的东西只能在时空中存在。可是，康德却认为，自由不是在时空中存在。更何况，当我们说自由是既定的，那么这就是说，自由被规定了。如果自由被规定了，那么这就是对于自由的限制。所以，阿多诺说，"既定性"这个词所暗示的意思就是自由的对立面。当自由被这样理解的时候，那么自由就是在时间和空间上所行使的赤裸裸的强制。既定的自由就表示在时间和空间中所进行的赤裸裸的强制。

接着阿多诺就解释了这种强制，即自由就是对人自身自然的强制。对康德来说，自由也就意味着纯粹实践理性，即创造其对象自身的纯粹实践理性。这就是说，实践理性不是认识对象的能力，而是创造对象的能力。那么人在意识中如何创造对象呢？这就是人对自身自然的改造。改造自身自然的活动就是实践理性创造对象的能力。按照阿多诺的看法，如果没有任何自然的要素，意志也不能创造任何对象。从这个意义上来说，这种创造对象的能力其实就是对于内在自然的绝对统治。当然内在自然的东西不仅仅是指人的肉体，而且是指与肉体有关的各种情感。这种情感要素对于康德来说，缺乏同一性，是非逻辑的，不连贯的。为此，为了说明实践理性的这种强制，阿多诺还引用了另外一句话，"一以贯之是一个哲学家的最大责任，但这却鲜有发现。"阿多诺引用这句话是挖苦康德的，尽管康德强调一贯性，但是康德本人就没有这种一贯性。

在这里阿多诺首先揭示了康德所强调的这种一贯性所具有的压迫性质。本来，康德试图借助于这种一贯性来证明自由的，而其中这种一贯性恰恰是一种强制。阿多诺说，这不仅仅是要把形式逻辑上的纯粹连贯性强行作为最高的道德权威，而且同时也要使任何一种冲动都屈从于逻辑的同一体，使逻辑的同一体凌驾于松散的自然之上，实际上也就是凌驾于非同一东西的一切多样特征之上。从这个角度来说，在逻辑的封闭圈子中，这些多样的特征显得极端不连贯。康德自我吹嘘，他的思想是连贯的，是一致的。他认为，他解决了第三个二律背反。其实，他并没有真正解决这个二律背反。他的道德哲学，即关于自由的学说仍然是自相矛盾的。这种矛盾表现在，这个道德哲学按其全部观念只能把自由的概念设想为压制。在他那里自由就是压制。

接着，阿多诺强调，当康德把自由与经验的领域结合起来的时候，这种结合都带有压制的特定。他说："在康德那里，道德的具体化全都带有压制的特点。它所进行的抽象是实质性的，因为它从主体之中排除了一切与它的纯粹概念不符合的东西。这就是康德的严格性。"① 康德的自由是抽象的自由，是形而上学的自由，这是实质性的。所以当康德要把道德原则具体化，把道德原则和具体内容结合起来的时候，康德其实就是用抽象的道德原则来压制具体的内容。比如，享乐的原则在康德的道德理论中受到排斥。康德之所以排斥享乐，这不是因为享乐的原则是恶的，而是因为这是他律的。这就是说，康德要用理

---

① 阿多诺：《否定的辩证法》，王晓升译，北京：中央编译出版社2023年版，第335页。

性原则来控制一切，控制人的内在的自然要素。那些不能被控制的自然要素就是他律的。接着，阿多诺引用了康德的一段话来说明，享乐是一种与感官要素有关的东西，是理性所无法控制的东西，是他律的东西。从这段话中，我们可以看到，他没有把享乐当做是邪恶的。这也是他的思想中的人性的要素。

　　阿多诺指出，当康德把自由理解为超越的自由的时候，他把自由神化了并且赋予自由以更高的荣誉，他的这种做法是要把影响自由的一切要素都清洗掉。可是当他把影响自由的一切要素都清洗掉的时候，实际上也就宣布人在原则是不自由的。这是一种极端的自由，是排斥人的经验冲动的自由，是限制人的经验冲动的自由。然而，如果脱离了经验上的冲动，那么自由也就不可能。当然，阿多诺也承认，康德在一些段落中，比如，在关于实践理性诸原理的第二个定理所进行的第二个冗长注释中也倾向于快乐。这显示了他的思想中的人道的方面。然而如果承认这种人道的方面，那么他的人道的倾向就打破了连贯性的规范，打破了他所坚持的理性的法则。所以，阿多诺说，在这些地方，康德也许开始认识到，如果没有这样的仁慈，如果不承认快乐，那么人按照道德原则就无法生存。按照这样的思考，人格的纯粹理性原则应该与人的自我持存原则相一致，应该与包括他的幸福在内的总体"利益"相一致。在这里，康德的道德原则与幸福是相容的。由此，我们就会发现，康德对于幸福采取了相反的态度。一方面，按照道德原则，幸福应该被排除，另一方面，按照自我持存的原则，幸福应该得到承认，与幸福有关的"利益"应该得到承认。为什么康德会这样呢？阿多诺从康德思想的根源上去理解。这是与资产阶级精神一致的。这种资产阶级精神既要保证个人对幸福的追求，又要按照劳动的伦理来阻止这种追求。其实，这里包含了一种更深刻的文明史根据。这就是，在人的生存中，人必须要控制自己的自然要素，如果不控制自己的自然要素，那么人类就会倒退到野蛮。但是，人在控制自己自然的时候，也要保持自己的生存。所以，文明的要求和自我持存的原则在一定程度上是冲突的。这是人类文明史上的痛苦。资产阶级把这种状况发展到极端。

　　接着，阿多诺从康德所使用的那些术语出发来分析康德的道德形而上学中所包含经验要素。这就是说，本来康德的道德理论属于一种先天理论，这个先天理论是与经验要素不相容的。但是，在《道德形而上学的奠基》以及《实践理性批判》中，却出现了一些具有社会内容的概念。康德之所以要使用这些具有社会内容的概念是因为，如果道德的法则不与社会内容联系起来，它就无法得到实现。因此，康德就需要对于这些术语进行转换，从而解决道德法则和经验人之间的联系。当然，他在使用这些具有社会内容的概念的时候，他对于这些术语进行了观念上的提升。当康德这样来处理道德上的这些概念的时候，他就要改变概念的本来意义，比如，康德在道德哲学中使用的"敬重"这个概念。本来，这个概念是与感性要素联系在一起的，与情感结合在一起的。但是康德却要把这个概念中的这种感性要素清除掉，把它变成纯粹的理性意义上的概念。这个概念是被进行了观念上提升。不仅如此，当康德把社会要素纳入到他的系统中的时候，这就会使他的系统出现矛盾和困难。或者说，这些概念深深地扎入他的道德范畴之中，以至于康德本人没有自觉意识到这里的问题，更谈不上从理论上驾驭这些问题。

比如，康德的绝对命令，"你要如此行动，即无论是你人格中的人性，还是任何一个其他人的人格中的人性，你任何时候都同时当做目的，绝不仅仅当做手段来使用。"[1] 就是这样一个普遍规律的变体。康德本人的说法是："你要如此行动，即无论是你的人格中的人性，还是任何一个其他人的人格中的人性，你任何时候都同时当做目的，绝不仅仅当做手段来使用。"阿多诺对康德的这句话进行了仔细的分析。阿多诺首先分析了"人格"的概念。按照阿多诺的理解，人格概念包含了两个方面的内容。一个方面的内容是纯粹规则意义上的："人格"即人之中人的可能性，只是意味着一种规则的观念。这种意义上的人格概念其实没有经验的内容。所以阿多诺说，这个人格不是指一切现实的人所构成的总体。在这里，康德把人格观念化了。但是，这个观念化的人格又不是完全没有经验内容的。另一方面的内容是事实性的内容，经验的内容。这就是参加市场交易的人。这个人是所有的人之中的一个代表，即使他出卖自己的劳动力，但是他仍然具有区别于物的那种属性。这不是在前面的观念化的人格意义上说的，而是社会劳动中社会关系的意义上说的。于是，在康德那里，这个人格既是经验的，又是观念化的。这个经验内容表明，即使一个人在

---

[1] 《康德著作全集》，李秋零译，北京：中国人民大学出版社2013年版，第437页。

商品交换中成为手段，成为生产商品的手段，但是人同时还是商品生产的主体。这个商品生产的主体应该得到尊重。在社会生活领域中商品的生产就是为了满足人的。而在现实生活中商品生产的手段和目的之间关系出现了一定的问题。这个问题是，整个商品生产的体系是为了满足人的需要才运转起来的，但是在运转的过程中它却忘记了人，只是偶尔才满足人。康德在讲人格的时候，不仅是指抽象的人格，而且还是指这种社会性意义的内容。如果没有这种社会性意义的内容，那么绝对命令就空洞无物，就毫无现实的意义。这就是说，康德的抽象人格概念偷偷地包含了社会性的内容。

接着，阿多诺借助于霍克海默的说法来批判康德。康德口口声声说，人是目的，但是当他说"绝不仅仅"把人当做手段的时候，他居然也能够接受剥削。这就是说，康德的这个"绝不仅仅"在一定程度上承认人作为手段的合理性。所以，阿多诺说，这个"绝不仅仅"是一种极端清醒的转折，即转向社会内容的转折。这个转折既要维持乌托邦的信念，即目的国的信念，又要接受应该受到指责的经验内容。他甚至把这样的经验内容作为获得更好的社会前景的条件。康德后来在历史哲学中表达了同样的思想。

接着，阿多诺引用了康德的话来说明形而上学的要素与经验要素结合起来的特点。在这段文字中康德认为，人的自然禀赋中有一种社会化的倾向，人努力成为社会性的人，但是，同时人还有一种倾向，就是人成为孤立的人。而这两种倾向是相互对立的。康德在这里是从经验的意义上谈人性。但是，康德那里还有一个形而上学意义上的人性概念"作为目的自身的人性"。康德也努力把这两个人性结合在一起。从形而上学的意义上来说，"作为目的自身的人性"是内在的东西。但是当康德承认了社会意义上的人性的时候，这个内在意义上的人性概念就像一张银行汇票，而这张汇票可以兑现。当它兑现的时候，这个抽象的内在的人性概念就变成了社会性意义上的概念。这个抽象的人性概念与每个个人结合在一起。阿多诺确信，康德本人非常清楚这两个不同意义上的人性概念：一个是人的存在观念，即形而上学意义上的人性概念，一个是具体的人的总体，即经验意义上的人性概念。本来康德强调的人性是内在的人性概念，是形而上学的人性概念，但是康德还是把经验意义上的人性引入了他的理论之中。在阿多诺看来，这种做法具有辩证法的特点。康德的形而上学讨论一直在这两个维度中徘徊，即在字词的存在者状态意义上与观念相关的意义上徘徊。这里所说的存在者状态的意义上，是经验的意义上，而观念的意义上就是指形而上学的意义上。再比如，康德所说的"理性存在者"是指活生生的人类主体，而"目的自身的普遍王国"是指作为目的的人，是形而上学意义上的人性。在康德那里，这个普遍王国与理性存在者相一致，又超越了理性存在者。他既不想把人性的观念让位于现存社会，也不想让它化为泡影。这就是说，康德既承认现实社会中的人具有人性，又不满足于这种经验意义上的人性，要达到一种完善的人性，但是他又不希望把这个意义上的人性化为泡影，所以又承认社会意义上的人性。

康德关于人性的这种辩证法思想在他的幸福概念中也表现出来，并且表现得最为明显。一方面他在人值得享有幸福的概念中为幸福辩护，另一方面他又把幸福贬斥为他律，尤其是在他发现"普遍的幸福"① 对于道德法则毫无用处的时候更是如此。这就是说，由于对于人性的解释中存在着两个方面的维度，所以对于幸福，他也采取了一种矛盾的态度。比如，尽管绝对命令具有无条件的特点，但是康德却绝没有想把它本体化，把它变成纯洁无瑕的东西。下面这段话证明了这一点："也就是说，善和恶必须不是先行于道德法则（表面上必须是这概念为道德法则提供根据），而是仅仅（如同这里也发生的那样）在道德法则之后并由道德法则来规定。"② 在这里，康德设定了一个人类的精神体系，在这个精神体系中，理性的法则是优先的，而善恶是由理性来规定的。阿多诺认为，当康德把善恶看做是由理性来规定的时候，唯名论的要素深入地渗透到康德的严格体系之中。为什么这么说呢？善恶是道德理论中的质料性要素，而纯粹理性的规则是形式的要素。当康德承认善恶在精神体系中的地位的时候，其实他就已经接受了质料性要素了。而唯名论所强调的就是这种质料性要素，而不是抽象的形式要素。对于唯名论来说，字词或者概念都是一些抽象的东西，而只有它们所涉及的具体内容才是重要的。从这个角度来说，康德的严格体系中渗透了质料的要素。这是康德体系中的唯名论要素。这个要素表明，康德试图把道德原则与善恶的要素结合起来。当然，康德也有矛盾的地

---

① 《康德全集》第五卷，李秋零译，北京：中国人民大学出版社2004年版，第40页。
② 《康德全集》第五卷，李秋零译，北京：中国人民大学出版社2004年版，第67页。

方,即康德也排斥幸福。那么为什么康德的道德规范会排斥幸福呢?这是因为康德把道德范畴固定在自我持存的理性上。这就是说,人类为了自我持存而确立了理性的原则。人类为了自我持存就要征服自然,不仅征服外部自然而且要控制内在自然。只有控制了内在自然,人类才能更有效地控制自然,才能保证自我持存。而排斥内在自然的做法实际上就把人的精神纯化为合理化的精神。而激情、友爱等都是与肉体的自然有关的,也是与人的幸福有关的。这些要素都被排斥。固定在这样一种理性原则的基础上的道德原则是与幸福极端对立的。从这里我们可以看到,阿多诺对于康德的道德范畴与幸福之间的关系的分析表明,在对于人的幸福态度上的矛盾与自我持存的理性原则有关。因为自我持存的理性原则本身对人的身体持一种矛盾的态度,既要保存身体,又要排斥身体。而这种矛盾态度在现代资本主义社会发展到极端。

也正因为如此,康德在《实践理性批判》中,尤其是在第四条定理的第一注释中明确地承认了幸福。康德对于幸福的立场所进行的调整,不是由于疏忽而向恋物伦理学的退让。这里所谓的恋物伦理学是指关注感官上的满足的伦理学。这种调整是一种概念运动的模式,或者说,是对于概念进行调整的模式。这种概念的调整就是把社会要素纳入到道德的范畴之中。或者说,在这里,康德有意无意地让道德的普遍性进入社会。

接着,阿多诺引用了康德本人的一段原话来说明这种调整。在这个调整中,康德强调道德的形式法则之中要加入质料的要素,虽然这不是以质料为前提。在这里,康德强调,当一个人把幸福赋予每一个人的时候,这是把自爱的法则作为普遍原则。形式的普遍性在这里发挥作用。从康德的这些说法中,阿多诺得出结论,在康德那里,道德法则绝对地独立于经验存在、独立于快乐原则,这样一种学说被搁置起来了,在这里,活生生生命的思想与绝对命令的那种极端的、普遍的表达形式被结合起来了。

自由学说的压制性

在这个部分,阿多诺说明了康德的自由学说的压制性,说明自由和绝对命令是结合在一起的。

在这个部分,阿多诺一开始就指出,康德的伦理学不仅仅是脆弱的,不仅仅会对道德范畴进行重新解释，而且还保留了压制性。他还对于他的伦理思想中保留了处罚的要素而得意洋洋。阿多诺引用了《实践理性批判》中的一段文字来说明其中的压制性质（处罚的要素）。道德法则仿佛站立在一个老实人面前，只要一个人把自己当做这样的老实人，那么他就会认识到说谎者的卑劣。这个时候，这个道德法则就从心理上处罚了这个老实人，他就会放弃好处，保持对于自己的人格的敬重。在阿多诺看来，康德的这段文字表明康德的道德概念中包含了处罚的要素。这不仅仅是内在的处罚，而且还通过抽象的自由学说，来为外在地处罚人提供借口。

康德的实践理性还轻视怜悯。这是与尼采所强调的"强硬起来"一致。尼采反对基督教道德，反对基督教道德中那种同情和怜悯的观念。康德这位启蒙思想家居然与反启蒙的尼采思想是一致的。在康德看来，义务是首要的，如果一个人忽视了自己的义务而产生一种同情心，那么这是一种累赘。这种做法会干扰人们仅仅服从理性法则欲望。在这里，阿多诺又发现了康德的矛盾。从理论原则上来说，康德强调实践理性，这种理性是不能容忍同情和怜悯的。这是与理性原则不一致的。但是，康德只是说，实践理性优先，而不能让同情和怜悯成为累赘，不能让深思熟虑的准则陷入混乱。在这里，同情心可以被保留，但不能作为道德规定的根据，在这里，社会的要素混入了理性的原则之中。这种做法就会使自律性的内在构成之中混合了他律东西。一旦这种他律的东西混入自律的内在构成中的时候，他律的东西就会报复，就会对抗自由。这样，康德就站在了第三个二律背反的反题一边。而第三个二律背反的反题是要说明世界上的一切都是按照自然律发生的。在这里阿多诺引用了《道德形而上学的奠基》中的有关语言来说明康德是站在第三个二律背反的反题一边。在这个地方康德说："但是，在依照自然法则的规定终止的地方，一切说明也就终止了，剩下的就只有捍卫，亦即排除那些自称更深入地看到事物的本质、且因此大胆地宣布自由不可能的人们的反驳。"[①] 在这里，"站在反题一边"就是站在否定自由的一边。从这段话的上下文来看，康德的这段话的意思是，在自然法则终止的地方，也就是在自由出现的地方，一切说明都不需要了。这就

[①] 《康德著作全集》第四卷，李秋零译，北京：中国人民大学出版社 2013 年版，第 467 页。

是说，对于先验的自由，我们是不需要论证的。我们只需要捍卫先验的、给定的自由。我们也不需要对于那些宣称自由是不可能的人进行反驳。在这里，自由是不能证明的，不能解释的。自由是给定这个说法是无法被论证的。

自由的给定性就是强调了对于理性的绝对统治地位的崇拜。而对于理性绝对统治地位的崇拜是与蒙昧主义纠缠在一起的。这就是，自由是给定的，是不能被论证的。这就是一种蒙昧主义。在这里，阿多诺对于绝对的理性统治与蒙昧主义的一致性进行了分析。按照康德的看法，绝对命令会产生强制力，而这种强制力是与自由相矛盾的。并且自由还应该作为绝对命令的最高规定而与绝对命令结合在一起。当自由与绝对命令结合在一起的时候，自由就不再是自由，自由就变成了一种强制。这种强制还表现在，它把自由、把绝对命令当做是一种"事实"，把它当做不需要理性来加以论证和检验的事实。这就是一种蒙昧主义。然而事实本来应该是与经验的东西结合在一起的，是与观念分裂的。但是，康德那里，事实却被剥夺了经验内容，成为与观念一样的事实。所以这个事实是要打上引号的"事实"。本来，观念和事实是相互矛盾的，但是，康德却把观念和事实等同起来了，把道德命令变成一个事实。

最后，阿多诺根据上述分析说明了康德自由学说的内在矛盾。这种矛盾表现在，康德的道德法则既是理性的，又是不理性的。这个道德法则之所以是理性的，是因为它把自己还原为没有内容的纯粹的逻辑理性。这就是说，康德的道德法则是遵循了纯粹的理性原则。这个道德法则之所以是不理性的，是因为它是作为给定东西被接受，并且不再被进一步分析了。它是给定的，是不能被论证的，是一种"事实"。任何对它进行分析的企图都应该受到诅咒。

那么为什么康德的道德哲学存在着这样一种尖锐的矛盾呢？在阿多诺看来，这不是康德本人的错误。这种二律背反不能归咎于这位哲学家。在阿多诺看来，康德的二律背反的背后存在着这样一个核心的东西，即这里的理性原则是与自我持存的法则联系在一起的。而自我持存的法则本身就是矛盾的。我们在前面说过了，人要自我持存，要保证自己的肉体存在就必须要束缚自己的肉体。在自我持存中，人对自己的肉体持一种矛盾的态度。因此，阿多诺说，纯粹的逻辑连贯性不加反思地屈从于自我持存，这种连贯性本身就是一种欺骗，就是不合理的。这是因为自我持存中的理性就是这样一种连贯性，而这个连贯性本身就是自我矛盾的。在这里，阿多诺强调一种新的理性，这种理性不是纯粹的合理化意义上的理性，不是纯粹的逻辑连贯性。康德的理性概念（理性化），纯粹逻辑连贯性意义上的理性类似于黑格尔的"推理"。这是一种形式理性，而阿多诺强调的不是这种形式的理性，而是包含了内容的理性，包含了肉体的理性。这种内容才是理性所必须的有效理由。但是康德的理性化概念却没有这方面的有效理由，他排斥了这种包含了内容的理性。康德的这种做法是把理性具象化，也就是把理性变成了一种"事实"，变成必须被接受的"事实"。这种意义上的理性化超越了一切理性的目的，理性的目的本来是要维持人的生存的，但是，它却排斥肉体。康德的道德原则排除肉体。这个与自我持存的原则结合在一起的理性化是自身矛盾的，但是这个自身矛盾的东西却又是逻辑上连贯的。最后，阿多诺指出，这种理性化类似于理智（Ratio），这是纯粹的形式合理性，它变成了不合理的权威。形式合理性本身也就是非理性的（irrational）。

自由和不自由的自我体验

在这里，阿多诺把自由和不自由之间的矛盾进一步追溯到这种意识产生的社会基础。

在这个部分的一开始，阿多诺又从一个新的角度来理解前面所说的自由和不自由的矛盾。在前面一个部分，阿多诺把自由和不自由的矛盾追溯到自我持存的生存机制。在这里阿多诺把这种生存机制联系到资本主义社会制度。他指出，这个矛盾可以追溯到意识就其本身所产生的经验和意识对于总体所产生的经验之间的矛盾。意识就其本身所产生的经验是人关于他自身的意识所产生的经验，而意识对于总体所产生的经验是意识对于社会总体所产生的经验。在这里人们必然会说，意识怎么可能对于社会总体产生经验呢？这是指人对于社会总体中所存在的那种合理化的机制所产生的经验。这就是说，资本主义的市场机制是一种合理化的机制。这个机制是社会总体所具有的。这就是个人和社会总体之间的矛盾在意识中的表现。阿多诺对于这种矛盾进行了进一步的解释：就个体独立于社会并能采取某种措施——尽管这些措施比他所相信的要少得许多——反抗社会或者其他个体而言，个人感到自己是自由的。他的自由主要限于追求他自身的目的,而不是他奉献于社会的目的。从追求个人的目的来说,自由是与个体化原则相一致的。在社会性的意义上,自由就是一种个体化,是个人对于社会的反抗。在社会中,任何一个人都是处于社会之中的,主体从社会的天然状况中摆脱出来就可以被理解为自由。而在资本主义社会中,由于社会的合理化,个人从社会中解放出来在一定程度上成为现实。这就是在资本主义社会中,个人成为自由交换的主体。这样个人就在一定程度上从社会中摆脱出来。同时,在资本主义社会中,这种自由仍然是一种幻相。这是因为,从表面上看,个人作为交换的主体从社会体系中独立出来,但是它必须遵循交换规则,这种自由是按照市场规则行动的自由。所以,这种自由是一种幻相。这个自由的幻相类似于第三个二律背反:自由和不自由同时可以得到论证。从这个角度来说,个人既是自由的,又是按照因果规律行动的。个性从总体上来说,也是一种幻相:个人同时既是自由的又是被决定的。从这个角度,我们也可以看到,自由是非同一的。

从这样的角度来说,强调意志自由的理论和强调意志被决定的理论都是错误的。强调个人自由或者强调个人被决定一定会陷入一种幻相之中。对于意志自由的批判和对于决定论的批判是对于这种幻相的批判。在这里,阿多诺借助于马克思的理论深入地分析了资本主义市场经济体系中个人自由与不自由的关系。从个人按照市场规律行动这个角度来看,个人是不自由的。而这个社会越是合理化,就越是会强调个人自由,而这个社会就越是因此而趋向于对抗。这就是说,这个社会越是合理化,个人就表现得越是自由,其实也就是个人越是丧失自由。合理化的社会要求个人自由。只有个人自由的时候,合理化社会组织才更加高效。因此,个人的独立化是交换社会的功能性要求,而这个独立化过程通过功能整合而终止,独立性也在其中被消灭。那产生自由的东西又反转为不自由。个人只是作为资产阶级经济活动的主体才是自由的,就此而言,他的自律性是这个经济系统所要求的,以便这个经济系统能够发挥功能。因此他的自律性潜在地在其得以产生的根子上就已经被否定了。从这个角度来说,自由从一开始就被否定了。合理化的社会把个人确立为自由的。

黑格尔在《法哲学原理》中从抽象法、道德和伦理三个角度提出三种自由。黑格尔在分析市场体系中的自由的时候,就已经发现,市场体系中,个人所要求那种自由其实是对于自由的否定，是对真正自由的嘲弄。这就是说，市场体系中的自由同时也是不自由。这种自由所表现的是，个人的社会命运的偶然性。这就是说，资本主义社会中存在着一种规律性的东西，必然性的东西，但是这个必然性的东西允许一定的偶然性。命运就表示这种必然性中的偶然性。而黑格尔所说的那种自由其实就是这种必然性中的偶然性，是人的命运的表现。而命运的核心思想就是不自由。于是，阿多诺从自己的角度来理解自由，即给定的自由就是不自由。自由不是给定的，而是通过努力来争取的。而资本主义市场经济体系中的个体自由恰恰是给定的自由，因而是不自由。通过努力所争取的自由才是具有必然性的自由。个人必须通过努力才能获得自由，个人之所以需要通过努力才能获得自由，这是因为这个社会总体的必然性限制自由。但是，当个人通过努力获得自由的时候，这种自由的必然性往往会掩盖社会总体的必然性，掩盖个人的不自由。这种社会必然性也迫使个人强壮起来，以便能够存活下去。市场体系的规律要求每一个人强大起来，要求每一个人通过自己的努力生存下去。这种努力就是自由的必然性。在这里自由就是一种生存强制。这种自由又是不自由的。自由的努力也包含了不自由。

接着阿多诺通过自由和生存之间的关系，与生命的关系来说明自由概念。任何一个概念都是抽象的，但是抽象的概念并不是像人们所想象的那样是固定的，没有历史变化的。恰恰相反，概念是动态的，其中都包含了历史的内容。"生活"这个概念就是如此。按照"生活"概念的本来意思，人的生存有无限的可能性。从这个角度来说，生活概念按照它自身的意思是，它要包含那些仍然没有被包含进来的可能性，包含开放的经验的可能性。但是，人的生活是在不自由的条件下生产自身。这就是说，人是在一定的强制下来维持自己的生存，即维持自己肉体的生存。这种仅仅局限于肉体生存意义上的生活其实不是生活这个概念本来意义上的生活，而是变成了一种维持生命存在。所以，阿多诺说，这种生活的可能性如此地减少，以至于"生活"这个词就像是一种空洞的安慰。从这个意义上来说，自由也是如此。正如生活变成了维持生命，无限的可能性变成了按照自然规律行动。在资本主义社会中，自由也是如此，自由本来表示无限的可能性，但是在资本主义社会，自由变成了按照市场规律行动。所以，阿多诺说，资本主义社会中的个人自由就是一幅讽刺画，这就如同

第三部分 模式

生活变成了一幅讽刺画。个人行动的必然性也是如此。个人的行动的必然性，就是维持生命的必然性。这种必然性却表现为生活的偶然性。这就好像资本主义市场规律的必然性表现为自由交换一样。因此，阿多诺说，这种必然性并不像规律的概念所要求的那样显而易见，而是作为偶然性，作为持续的神秘命运那样撞上每一单个主体。本来，资本主义社会中的个人必然会按照市场规律来行动，但是这种必然性却不是像规律的概念所要求的那样显而易见，而是以偶然性的形式出现的。个人在市场中的交易是偶然的。这种偶然性就像神秘的命运一样撞上每一个主体。生活本来是充满可能性的，但是在社会中，生活变成了生命，变成了一种必然性，当然生命的必然性是以偶然性的形式出现的。所以阿多诺说，这是生活所保持的一个否定性的侧面。资本主义市场交易中个人的行动必须按照市场规律来进行，但是这种市场规律却以偶然的形式出现。这就好像一个人的自然生命那样，但是生命是生活中的自然现象。在资本主义社会中，人的生活本来是丰富多彩的，但是生活变成了生命，变成了一种自然现象。表面上的偶然性显示出人好像在生活，其实没有生活，而是生命的必然性。这是生活的否定的方面。这个否定的方面可以被用来命名舒伯特的四手联弹的钢琴曲"生活的风暴"。这就是说，人同时有生活和生命两个方面，但是，为了维持生命，生活却没有了。在这种否定的方面中，生活变成了生命的挣扎，变成人通过各种偶然性来维持生命。这是生活的痛苦。舒伯特的"生活的风暴"表达了这种痛苦和挣扎。正如生命自然特性以生活的偶然性表现出来一样，社会的自然特性在商品生产的无政府状态中展现出来。社会的这种必然性就如同生活的必然性在"生命（生活）"这个词中表达出来一样。在这里，人们用生物学意义上的词汇表达了社会意义的东西。火热的生活变成了生物学意义上的生命。同样，社会的商品关系的必然性也获得了一种生物学意义上的特征，即获得了一种必然性。

社会的商品关系的必然性具有自然意义上的特征，但是这是通过偶然性（社会意义）来实现的，这种偶然性是通过人的活动与自然规律相互作用的结果。这种偶然性是人所无法认识的。因此，社会对于人来说并不是一目了然的。如果社会的生产和再生产对于主体来说是果真是一目了然的，是由他们所决定的，那么他们的生活就不会变成生命的挣扎，就不会受到生活的不详风暴的来回折磨。他们的生活由命运来主宰。当生活变成生命的挣扎的时候，生活的东西，那体现人的开放经验的可能性消失不见了。而生活本来应该包含这种开放经验的可能性，这种可能性就是生活的灵韵。而这种灵韵在生命的挣扎中消失不见了。对于阿多诺来说，艺术应该表达这种灵韵消失所带来的痛苦。但是，青年风格的艺术作品要让灵韵显示出来，他们抓住了灵韵，抓住了生活中的不合理性的方面，好像他们要真正地重视生活。他们让灵韵围绕着生活这个词语，这样一来好像生活就可以彻底摆脱了必然性，摆脱了市场交换中的那种规律性东西的束缚。阿多诺批判了青年风格。这是因为，青年风格是要让这种不合理的东西，即纯粹的灵韵合理化，为它提供正当性的证明。为什么这种不合理性是恶劣的东西呢？因为，这个灵韵变成了现成的东西，是可以被直接把握在手的东西。这是因为，本来生活中有灵韵，有偶然的要素，这是丰富多彩生活的表现。但是现代工业社会已经把这种丰富多彩的生活否定了。把这种东西直接作为生活的一部分表达出来。这是一种倒退。这就是倒退到一种回到万物有灵论，回到古代的社会。所以，青年风格所期待的那种纯粹的灵韵，那种偶然性是一种倒退。这种倒退会让生活中本来友善的东西被否定。比如灵韵对于生活来说是有意的，但是当他们用灵韵、用这个虚幻无常的东西直接替代资本主义社会中的必然秩序的时候，灵韵所具有的友善也被抛弃了。这是一种悖逆社会趋势的做法。在这里，阿多诺把这种青年风格与19世纪的通奸文学加以类比。那时的少数通奸文学还试图唤起那个时代的历史元像，这就是说，这种文学作品让人理解当时的社会。比如，赫贝尔的《吉格斯和他的戒指》（1856年）就是这样的优秀作品。这种艺术作品还能反映个人生活与社会制度之间的矛盾和冲突。其他大多数的通奸文学都是垃圾。这些文学作品之所以是垃圾，是因为背离了时代，是反时代的作品。把脱离时代的东西独立出来，这就变成了一种文化垃圾。比如，在现代社会，许多妇女喜欢穿比基尼，穿比较外露的衣服。在这样的情况下，没有戏剧导演敢于在不愿放弃比基尼的妇女面前表演赫贝尔的《吉格斯和他的戒指》（这部作品中包含了这样的情节，女主人翁穿类似于比基尼的衣服，被别人看见而被国王杀死）一样。今天，如果表演这种作品显然是不合时宜的。青年风格也是如此，在这样一个机械化的时代，生活的灵韵被剥夺，直接表达开放经验可能性的作品一定是不合时宜的。

第三部分 模式

这就好像把古代社会中的穿比基尼被禁止这样的作品不顾时代条件地展现在喜欢穿比基尼的人面前一样。这种做法不是鼓励生活中的可能性，而恰恰是限制了生活的可能性。当然，在这里，阿多诺也看到，这种对于不合时代主体的艺术题材的畏惧其实也反映了现代社会中，人们对于审美距离的畏惧。而对于审美距离的畏惧其实也是野蛮的。我们知道，艺术的美就是要有距离，要有审美的距离。如果没有这个距离，如果生活现实本身的东西被当做美，那么这就是野蛮地肯定现实生活。如果联系到这里的主题，那么解决现代社会中的无生活的状况不是直接诉诸过去，直接诉诸灵韵，而是要在批判和分析现代社会生存状况中走向生活。

当社会生活中的一切都在欺骗人们的时候，当生活变成生命的时候，生活欺骗了我们。而现代社会中占统治地位的法则就是把我们的生活变成生命的维持，它欺骗我们，告诉我们生活就是如此。只要社会一直是这样，那么占支配地位的法则就是与个人及其利益相对抗的。在市场交易的社会中，个人是自由的，好像是自主生活的，其实这是欺骗。在这样的情况下，我们不能简单地说，个人是自由的或者是不自由的。在这里，自由和不自由不是现成在手的东西。这也是阿多诺的基本思想。在他看来，自由只能在反抗不自由中实现。在阿多诺看来，在当代资本主义社会，如果把自由或者不自由作为现成在手的东西，那么关于意志自由还是不自由的问题是无法得到解答的。我们既不能说，资本主义社会是自由的，也不能说资本主义社会是不自由的。资本主义社会本身把个人和社会对立起来，把个人作为原子的个人确立起来，好像个人自由和独立的。于是，个人要么把自己看做是自由的，要么把自己看做是不自由的。所以，阿多诺说，这个问题就其自身来说，是资本主义社会的铸造物：个人作为一个真正的历史范畴却欺骗性地把这个问题排除在社会动力学的范围之外，并把每一个人当做一种元现象（Urphänomen）。这就是说，本来个人是一个历史范畴，必须在社会动力学的范围内得到理解，但是，这个真正的历史范畴却被欺骗性地排除在历史的运动过程之外，好像个人是一个元现象，好像个人本来就是自主的、独立的。这就是把个人从纯粹生理学上来理解，把个人看做是一种元现象。当个人被当做是一种本来状况的时候，个人从源始的意义上来说，就是自由的。于是，自由也把个人主义社会的意识形态恶劣地内化到它自身之中。这也阻止了对意识形态做出任何一种确切的回答。在这样的情况下，人们无法反思这种意识形态。如果人们反思这种意识形态，反思社会所强加的意识形态，那么个人就可以反思自己的独立性，承认他们是社会性的个人，而在社会性的个人的意义上来争取自主性。在资本主义社会，虽然个人是自由的，但是个人却必须依赖于市场交易，并且无力反抗市场交易中的不公正状况。他们是在接受市场交易的法则的背景下而被确立为自由的。他们无力反抗社会的不公正。从这个角度来说，给定的自由并不能给人们提供反抗社会不公正和社会控制的力量，而使人们被动地接受这个社会现实。如果意志自由这个命题不停地用这些个人所无法到得的却又迫切需要的东西来羞辱他们，那么不自由的命题反而延长了它的优势地位。这个命题就会从形而上学的角度延长那给定东西（不自由的制度，市场交换制度）的优先地位。这里之所以是从形而上学的角度来延长不自由是因为，好像给定的自由、先验的自由在资本主义社会被实现了。而这种自由不过是自由的讽刺画。但是这种自由的讽刺画却被当做是自由本身。在这样的社会背景下，人们对于现实中的不自由无可奈何。从这个角度来说，这个不自由的命题宣布它自身是不可改变的，并鼓励他们小心谨慎、畏缩退让，即使他们还不打算这样，因为这个命题其实也没有给他们留下其他任何可做的事情。强调意志自由的观念，把意志自由作为给定的东西，并不能对改变不自由的状况提供任何有效的东西，反而还会延长不自由，把不自由固化。

反过来说，决定论则认为，人本来就是不自由的，就是社会的一部分。在这里，非人性的东西，即把人变成劳动力商品，把所有的人看做是商品体系中的一部分，反而被决定论看做是人性的。决定论把非人性的东西变成人性的东西。人如果完全是商品，那么人就没有意志自由。虽然人和商品一样具有交换价值和使用价值。但是人的使用价值与商品的使用价值不同。人的使用价值与人的意志有关。而人的意志在一定程度上是自由的。即使人要按照资本家的要求劳动，人也可以偷懒。从这个角度来说，人作为劳动力，他的商品特性是有限度的。他的使用价值是受到意志的限制的。如果意志自由被直截了当地否定了，那么人就会毫无保留地使他们自己劳动力的商品特征在发达资本主义社会中取得一种标准的形式。如果意志自由被否定了，那么人就完全会像生产线上的机器人一样。他的商品特性具有标准的形式。

根据上述分析,我们可以看到,意志自由或者决定论都把自由或者不自由看做是给定的东西。在这个决定论的体系中,在这个商品交换的体系中,个人被赋予自由,即从商品社会中抽象出来的自由。个人本身成为商品社会的一个要素:他们被赋予的那种纯粹自发性,又被社会所剥夺。在这里,表面上个人是自由的,他只需要摆出一副架子,似乎他面临着意志自由还是不自由这样一种不可避免的抉择,其实主体早就不是主体了,而是被市场体系所决定了。先天意义上的决定论强调市场的决定地位,对它来说,市场中的偶然性也与主体的选择无关。决定论颠倒了是非,把自由规定为不自由。而给定的自由学说(自由主义)是把市场确定为独立的东西,而把个人确定为主体,它把不自由规定为自由。

这两者在核心之处是一致的。它们都是偶然与必然,自由与决定完全对立起来。而当这两者绝对对立起来的时候,两者都是虚假的。这两者在本质上是一致的。所以阿多诺强调,先天的决定论和意志自由的命题都是虚假的。决定论命题和自由命题在其最内在的核心处是一致的。两者都主张同一性。具体来说,当经验主体被还原为纯粹自发性的时候,而这个纯粹的自发性也要接受一种法则。比如,在康德那里经验的主体被还原为先验的主体,而这个先验的主体是绝对自发的主体。但是这个绝对自发的主体恰恰是纯粹理性的主体,是按照规则给自己制定法则的主体。为什么绝对自发的主体是纯粹理性的主体呢?显然当一个内在的主体和它的肉体要素分离开来的时候,当它的意志力与肉体要素无关的时候,它的意志力就变成了纯粹理性的。这种纯粹理性的要素就是遵循法则的理性要素。恰恰就是这个法则把自身扩展成为决定论上的因果性的范畴。也正因为如此,在康德那里,自由(自发性)变成了一种特殊的因果性。当自发的意志力和因果性结合在一起的时候,人就没有自由了。所以决定论和自由意志的思想所得到的结论是一样的。

接着,阿多诺提出了他自己的自由观,自由的人也许要从意志中解放出来。在一个强制社会中,个人也会把强制内化。当个人把强制内化的时候,即使社会把个人确立为自由的,个人也还不是自由的。在这里,意志变成了一种实践理性。在这样的情况下,自由的人需要从意志中解放出来。这就与康德所设想的完全相反了,康德强调意志本身的自由,而阿多诺强调,人要从康德所说的那种意志中解放出来。阿多诺认为,社会本身应该是自由的,这类似于马克思所说的自由人的联合体。联合起来的个人是自由的。而这种自由不是既定形式出现的。他否定了给定的自由,而是强调从动态的意义上去理解自由,从消除压抑的意义上讨论自由。或者说,他所说自由是在消除不自由的活动中显示的自由。他说,随着外在压抑的消失,内在压抑也会消失,这种内在压抑的消失或许要在很长一段时间之后,并且处于出现倒退这样一种持续的威胁之下。自由总是会面临不自由的威胁,就是在内在压抑和外在压抑消失之后,倒退的威胁(回到自然的野蛮)还会持续存在。从这个角度来说,自由不可能现成地摆在那儿等待我们享受。

自由是人冲破不自由的行动,而不是现成摆在那儿的东西,而人都是在压制的社会环境中生存的。当然,这不是说在压制的环境下人就没"有"自由,而是说,他需要反抗人的受压制的社会环境。从这个角度来说,把自由和责任混同起来就是错误的。在传统哲学中,人们认为,社会存在着给定的自由,在这种给定的自由中,人要承担责任。自由和责任被混同起来。这是一种压制精神,是用责任来压制个人,使一个人不敢抗拒压制着他的社会环境。在这样的情况下,责任就会介入到每个人的无畏的、积极的参与活动之中。它告诉人们在他的大胆的参与行动中,他要承担责任。在这样的情况下,从总体上来说,这种责任、这种对责任的强调不再从制度上激励或者强化人们的参与活动,因为在这种参与活动中这些人可是要面对真正的后果。

我们既不能把自由和责任混同起来,用责任的威胁来压制自由,也不能把自由和责任对立起来。反过来,我们不能因为社会存在着压制的环境,认为在生活中我们就可以不承担责任。从前面对于资本主义社会的分析之中可以看到,虽然资本主义社会存在着的压制的环境,在任何情况下,自由都是在反抗不自由中出现的。在这里,存在着个人自由和社会总体之间的冲突。这就是说,个人的自主决定和社会责任之间存在着二律背反。这种二律背反不是康德所说的那种概念的误用,而是真实存在着的。这就是说,资本主义社会形成了一个功能的总体,而个人的自由是与这个功能总体相对抗的,是在对抗这种功能总体中出现的。从这个角度说,自由和责任之间的矛盾同时也是普遍和特殊

第三部分　模式

之间的矛盾。自由和责任的矛盾是普遍和特殊之间不可调和的矛盾的道德形式。按照这样的思路来理解，希特勒及其走狗就应该为他们的行动承担责任。比如，按照所有心理学的见解，希特勒及其走狗们是他们童年时代的奴隶，是扭曲心灵的产物；确实，这少数几个人如果能够被抓住的话，如果要想这样的罪行在将来不被无休止地重复的话，那么他们也不应该被释放，广大群众的无意识也证明了这一点，广大群众也会不加反思地确认这一点。只有处罚这些人，正义之光才会在社会中出现。正义之光不会从天而降。虽然这些人是心灵扭曲的产物，但是，这并不意味着他们不需要承担责任。个人和普遍之间本来就是冲突的，个人就是在这种冲突中实现自由的，自由不是现成地摆在那儿的。如果他们自己顺从于这个环境，那么他们就应该为这个环境承担责任。从这个角度来说，他们不能以环境为借口不承担责任。因此，人们处罚这些法西斯分子，不是因为功利的原因，不是人们为了报复，不是人们为了防止将来此类罪行不再发生，而是因为他们本来就有责任。这是有理性根据的。如果自由现成摆在那儿，一个人可以现成享受自由，那么这个人也可以不承担责任。因为，在自由中行动不是行动者自主选择的，而是给定的。因此，任何一个人都必须在环境中进行抉择，顺从环境也是他选择的结果。因此，他必须承担责任。在这里，阿多诺提出了一个非常重要的观点：只有当个体化的全部领域包括其道德的方面作为附带现象被完全看穿之后，人性的东西才会降临到个人头上。所谓个体化的全部领域就是指，个人的领域和社会领域的东西，如果人们把社会化的压制看穿了，那么人们就更能够自主地就道德问题做出判断。在这样的情况下，人们才会做出正确的决断。这个时候人性的东西才会降临到人身上。在这里，我们可以说，人性不是现成存在的，恰恰是在人看穿社会环境并做出相关的正确决断的时候，人才会是人性的。人们才能认清哪些社会环境属于压制，哪些属于社会提供的自由。我们既不能简单地肯定个人，也不能简单地肯定社会。这需要一种辩证的思考。在这里，阿多诺再次强调社会的自由。社会的自由就是社会的总体对它自身总体状况的失望代表了自由。社会总体要改变自身的状况，这是一种社会的自由，而社会的自由是与个人的自由相对抗的。因为，个人在理解自己的自由的时候，是按照社会的规范理解自己的自由的。这个自由恰恰是不自由。所以，个人在自己的这种不自由之中反而会反对社会的自由。个人看穿社会的不自由状况，促使社会实现自由，这反而是人性的。而个人屈从于社会，按照社会设计好的自由来行动恰恰是不自由的，也是不人性的。因此，阿多诺在这里强调，在一个普遍的社会压抑时代里，那种与社会相对抗的自由图景存在于那带有被撕裂、被碾压特征的个人那里。与社会自由相对抗的个人自由是在被扭曲的人那里存在。而扭曲的个人以为自己自由，他恰恰可能是不自由的。从这个角度来说，个人只有在反对自己的自由的时候，个人才是自由的。因此，在这种情况下，自由究竟是在个人那里存在，还是在社会那里存在，这是不确定的。自由究竟是在个人反对社会的时候是自由的，还是社会在反对个人的时候是自由的呢？这无法一劳永逸地被圈定。自由究竟在什么地方出现，这需要具体分析。在不断变化其形式的压抑中，自由也变得极其具体：自由在抵抗这些不断变化的压抑中存在。人多么向往解放自己，意志就多么自由。这就是说，社会的压制形式会发生变化，人们对于压制形式的反抗也会发生变化。自由是具体的，是在反对各种形式的压制中出现的。如果自由是现成存在的，那么我们就可以直接指出，自由在什么地方。

最后，阿多诺论述了自由和不自由的关系。按照阿多诺的看法，自由不是给定的，不存在给定的自由，而自由都是与不自由结合在一起的。自由本身是如此密切地与不自由纠缠在一起，以至于自由不仅仅被不自由所阻碍，而且还把不自由作为其自身概念的一个条件。不自由是自由的条件，没有不自由，自由就失去了意义，自由就是要反抗不自由。从这个角度来说，不自由是自由的一个条件。因此，阿多诺指出，正如任何其他个人一样，自由也不能作为绝对而被分离出来。其他的个人也不是孤立的，不能从社会环境中独立出来，自由也是如此，不是某种可以被分离出来，孤立出现的东西。个人不是孤立的，自由也不是孤立的。没有理性的强制和统一性，类似于自由的任何一种东西都是不可想象的，更不必说它能存在了。没有同一性的意识，没有意识中的强制就没有自由，这是康德强调自我同一性的时候所凸显出来的自由。但是康德却没有看到，这种自由其实也是不自由。康德所说的那种给定的自由就是把自由独立出来，成为一个独立的东西。当这个自由成为独立的东西的时候，这个自由其实就变成了不自由。所以，我们只用一种辩证法的关系理解自由和不自由。阿多诺说，自由的模型只有作为意识才是可行的，也只有在社会的总体建构中才是可行的，这个模型会通过这个总体建构而对个人的气质进行干预。这就是说，在构建自由的模型的时候，这里既包括个人的意识，也包括社会的总体建构。这两个方面的要素相互作用。社会的总体建构通过个人的意识而对个人进行干预。自由的模型不是把自由作为一个给定的东西构造出来，而是在肉体和精神的和解中实现，是在对不自由的斗争中实现。当肉体的要素和精神的要素相互冲突的时候，当肉体的要素否定精神，或者精神的要素否定肉体，自由都不会出现。而当人的肉体和精神实现和解的时候，自由才不是一种空想。阿多诺指出，意识从它这方面看是本能力量的一个分支，它本身也是一种冲动，从而也是它所干预的东西之中的一个要素。这就是说，人的意识之中包含了本能，这种本能力量的冲动是自由的一个要素，没有本能的冲动就没有自由，但是自由也不等于本能的冲动，而是要干预这种冲动，用精神来干预这种冲动。当本能的冲动和精神实现和解的时候，自由就会出现。这是类似于歌德所表达的那种亲和力。这种亲和力是肉体的冲动和精神的要求之间的和解。如果没有这种亲和力，即康德所强烈否认的亲和力，那么也就没有自由的观念，而康德为了这个自由的观念却对这种亲和力不置一词。康德把自由理解为纯粹精神的自发性。他由此也忽视了歌德所说的那种亲和性。

关于因果性的危机

在这个部分阿多诺说明了康德的因果性概念的内在矛盾，说明了现代社会中因果性概念在解释自然现象和社会现象时所面临的困难。

在讨论自由的时候，我们看到了自由概念的内在矛盾。于是阿多诺重新解释了自由，即自由是包含了非同一性的概念，自由之中必定包含了不自由。同样道理，因果概念也有类似的问题。因此，对于阿多诺来说，因果性也是一个内在矛盾的概念，因果性之中必定需要自由，没有自由，因果性就没有意义。或者说，在没有自由的地方讨论因果性是没有意义的。在阿多诺看来，自由观念和因果观念出现的问题与人们错误地扬弃普遍和特殊之间的对立这个广泛的趋势相一致，即人们通过同一化而自上而下地消灭特殊有关。这就是说，人们用同一性逻辑来理解自由或者因果性。这其实也就是用普遍来消灭特殊，用抽象的一般来否定特殊。即使在当代自然科学中，尤其是在微观领域中，因果的解释已经出现困难，人们从自然科学中看到了因果性的危机，但是人们仍然用同一性的思维方式来理解因果性。比如，当代自然科学发现，在微观领域，某些现象无法都用因果关系解释。另一方面，康德所说的因果性，至少《纯粹理性批判》所说的因果性是如此的"宏观"，以至于它或许也给那只是统计学上的合规则性留下空间。康德在关于自由和必然的二律背反中，把自由解释为一种特殊的因果性，对因果性概念进行了调整，这个调整给统计学上的合规则性留下空间。在对于因果性进行宏观解释的时候，因果性就被理解为合规则的联系，而统计学上的趋势也表现出一种合规则的联系。因此，康德的因果性概念也给统计学上的合规则性留下空间。在这里，阿多诺看出了自然科学和哲学在因果性方面的差别。自然科学中的因果性危机在微观领域发生，而哲学上的因果性危机在宏观的领域发生。自然科学所强调的因果性是一种操作定义，即通过一种理想实验的方法，从结果中追溯原因。哲学，如果不想抽象地重复自然科学的方法论的话，那么就要免不了对因果性进行解释，即进行一种理论的解释。哲学所进行的是对于因果性的理论解释。在这里操作定义和理论解释当然是不同的。由此，哲学和自然科学不幸地分裂了，也不能单靠需要而被重新粘合起来。我们不能简单地说，理论分析和实验检验需要被结合在一起，这两个思路就可以给结合在一起了。不过，从后面的分析中，我们看到，虽然哲学和自然科学在因果性的解释方法上是完全对立的，但是其内容在本质上却是一致的。或者说，阿多诺的努力就是要把这两者结合在一起。

而因果性的危机甚至在哲学经验可以达到的领域之中，即现代社会中是非常明显的。这就是说，在社会生活领域中，我们借助于哲学经验的方法就可以发现，社会并不能按照线性的因果关系来解释。前面关于自由和不自由的论述其实就是从哲学经验的意义上来理解因果性的。本来哲学试图从理论上重新解释因果性，它要远离科学，但是它越是试图远离科学，就越是成为科学的代言人，越是按照科学的模式来理解因果性。康德就是如此。康德接受了这样一种方法，即任何一种状况都可以追溯到"它的"原因，并把这个方法作为不可置疑的理性方法。

当然无论是康德还是自然科学方法，都不是局限在线性的因果关系的视角来理解因果联系。科学的操作与其说是关注因果之链不如说是关注因果之网。

第三部分　模式

然而，这绝不仅仅是附带地对因果联系在感性上的模棱两可的一种退让。这是因为科学发现了事物之间的复杂联系。这种联系不是线性的因果关系所能够解释的。甚至康德也不得不承认，对每一现象中交叉的因果序列的意识，而不是对时间序列中因果序列所进行的线性规定的意识，才是因果性这个范畴本身的本质性东西，用他的话来说，是先天的：任何一个单个事件都不能没有多重关联。这就是说，康德也认识到，对于事物之间的因果关系的理解不能简单地用线性的因果联系来理解。第三个二律背反潜在地表达了这样的意思。按照康德对于第三个二律背反的分析，事物之间存在着一种相互交织以及本身相互交叉的无限性。这种无限性从原则上表明，人们不可能就事物之间的关系形成单一的因果之链。人们不可能仅仅局限在因果之链中解释因果关系。

接着，阿多诺说明了康德对于这种相互作用的理解所存在的局限性。按照阿多诺的分析，在历史领域的研究中康德还是局限于有限的过程，或者说在纵向的研究中，他还是被局限在有限的过程中，但是在横向的研究中，在广度的研究中注重无限性，但是这个无限性是一种肯定的无限性。这就是说，虽然他看到了横向联系中的无限性，但是这个无限性还是被当做肯定的，当做给定的。当然，康德在二律背反的分析中也批判了这种肯定的无限性，即被规定了的无限性。但是康德本人却并没有完全意识到这种肯定的无限性的错误。所以，在分析相互作用和相互交叉的意义上，还是在一种肯定的无限性的意义上理解它们。在这里，阿多诺进行了一种比喻，康德好像把一个小镇上的那种清晰可见的联系转移到一切可能的对象上。这就是用一种简单的因果联系来分析一切可能的对象。这就是把相互联系的无限可能性局限在一定的范围之中。所以，阿多诺认为，他的理论模型无法导向一个成熟的因果规定。这就是说，虽然他也考虑了相互作用，但是这种因果作用也是透明的，是可以被完全把握的。由于他把因果性只是作为一个原则来处理，他没有考虑到这个原则已经成为一个网络东西。这就是说，因果性作为一种原则是可以完全被把握的，而在网络关系中，其实这是无法被把握的。但是，康德还是要按照因果性的原则来把握这种网络联系。在阿多诺看来，康德之所以会出现这种疏忽，是因为他把因果性安置在先验主体之中所造成的。这就是说，因果性是先验主体所拥有的一种知性概念。在这里因果性的概念被理解为纯粹形式的合规则性，即他所说的前一个事件与后另外一个事件之间的合规则的联系。在这里因果性的概念被理解为纯形式的合规则性，因果性收缩为单向度性。这就是说，康德的因果性概念在本质上仍然是一个线性的概念。当然，在康德的范畴表中还有"相互作用"这个概念。但这只不过是事后为了弥补这一缺失而进行的尝试。同时这也先行表明因果性危机的来临。这就是说，当康德用相互作用的概念来补充知性的因果性概念的时候，其实这就预示着因果性概念的危机。

尽管如此，康德还是如同涂尔干学派所未能避免的一样，它的因果性图式模仿了简单的代际关系，正如代际关系的解释也需要因果性。这就是说，涂尔干学派仍然是在线性的关系中来解释因果性。康德也局限在这样一种线性的因果图式上。这种因果性概念虽然没有像阿那克西曼德和赫拉克利特那样采取古代司法中那种报复关系的形式，但是它还是带有某种封建的特征。这就是说，涂尔干学派还是在封建时代的那种代际关系的意义上理解因果性，所以这种因果性概念不能用来分析资本主义社会。虽然涂尔干学派在理解代际关系之中包含了祛神话的要素（他试图从理性的角度来解释古代神话），但是他还是把这种关系理解为一种法则，理解为前后事件之间的有规则的联系，把它强化为一种法则。同时，涂尔干的这种祛神话要素还阻止了有一定合理性的神话要素，阻止了那个被继承下来的在事物之中所包含着的"精灵"。在阿多诺看来，古代神话思想中还有一个重要的方面，这就是当神话无法用因果联系来解释事物的时候，它用事物中的精灵来解释事物的发生过程。这就是说，古代神话思想中看到了事物发生是有偶然性的。我们无法用因果概念来解释一切，我们应该承认偶然性。而在涂尔干的祛神话思想中，这种偶然性要素同时也被阻止了。这是涂尔干思想中的消极方面。阿多诺强调，事物之中一定包含了偶然性。我们不能否定这种偶然性。而叔本华在关于充足理由律的讨论中深化了康德的因果性概念。这个因果性概念在很大程度上就是把因果性理解为多元联系中的实际统一性。各种具有因果关系性质的东西都被统一到充足理由律之中了。这个因果性（充足理由律的）概念适合于说明资本主义社会的系统。整个资产阶级时代就完全贯穿着一种诸如体系一样的因果性。特别是当资本主义社会中，各种社会联系更加明晰的时候，人们就更能够清晰地利用这样一个因果性概念，分析历史现象。比如，与第一次世界大战相比，第二次世界大战发生的原因就更容易把握。因为在这里发生的各种联系更加清晰。或者说，与第一次世界大战相比，第二次世界大战时期的资本主义社会更加系统化，甚至越来越成为一个全球化的功能系统。当然，这种分析的趋势也可以被反转过来。这就是说，当资本主义社会变成了一个系统的时候，即当资本主义社会被整合为一个系统的时候，在这个系统中，一切要素都依赖于其他一切要素，这就使因果性的这个说法成为陈词滥调。于是，在一个合法则的社会中探索原因这样的东西就是徒劳的。只有社会本身才是原因。这是社会本身变成了一个总体。这个总体就是社会事态发生的原因。在阿多诺看来，只有在偶然性存在的地方，因果性概念才有意义。

接着，阿多诺用这种社会变成一个总体的概念来分析马克思的思想。在资本主义社会，因果性可以说是凝聚成了一个总体。在这个系统之中，原因是无法分辨的。因果性概念越是按照科学指令把自身稀释得极端抽象，人们就越是无法在社会化的社会即极端凝聚起来的社会中，按照同时性的线索以确凿的证据把一种状况追溯到另一种状况。这就是说，如果仍然按照自然科学中的那种因果方法来理解因果概念，那么在现代社会条件下，这个因果概念就会变得极端抽象，从结果中人们无法追溯到原因。这是因为社会已经变成了一个体系。在这个体系中，每一种状况都既在横向上又在纵向上与其他状况联系在一起。那个渗透到一切现象中的东西，也被其他现象所渗透。在相互作用中，人们当然能够使用因果性，但是这已经变成了一个非常抽象的因果性概念，原因和结果之间的关系并不能被清晰地梳理出来。

按照他的这样一种理解，马克思主义的基础和上层建筑的观念是启蒙把因果性作为关键性政治武器的最新学说。马克思主义还是按照启蒙的因果关系的学说来分析社会现象，并把这种分析作为政治武器。在他看来，这是错误的。在这里，我认为，阿多诺的说法过于笼统。这里涉及两个问题，第一，经济基础和上层建筑是不是可以被区分，第二，经济基础和上层建筑究竟是什么关系。我们知道，经济基础和上层建筑的区分是一种概念上的划分。从严格意义上来说，阿多诺也不反对这种划分。这就如同说，自由和不自由是联系在一起的，但是还是可以从理论上区分自由和不自由。至于这两者之间的关系，马克思也承认在一定条件下的相互作用。当然，在这里，阿多诺是批评后来的马克思主义者在这个问题上的错误做法。他认为,这个学说可以说是天真地落后于这样一种状况——不仅生产、分配和统治的工具,而且经济、社会以及意识形态等都是密不可分地交织在一起。在这里,阿多诺提出了一个新的观点,这就是,意识形态不是经济基础上的观念体系,而是与经济系统结合在一起的。资本主义经济系统本身就发挥了一种意识形态的作用。用哈贝马斯的说法,资本主义社会系统能够通过自身而被合法化。在这个经济系统中,活生生的人也成为意识形态中的要素。整个资本主义社会体系本身就是一个意识形态的体系,而人不过是这个体系中的一个要素。但是,在阿多诺看来,这个自身合法化的系统是一个自我矛盾的系统,它自称是自由的,但是却是反自由的。所以这个社会系统渗透到幻相之中,即渗透到现成状况之中。这个现成体系是一个矛盾的体系,但是这个体系却通过它的自由交换而被合法化。当经济基础本身变成了一种意识形态的时候,把经济基础和意识形态截然区分开来,并且按照这种区分来进行社会批判就无法击中现代社会中所存在的问题。也是这个原因,阿多诺认为文化工业是一个经济部门,而不是意识形态。基于他对于社会的这种理解,他就不是从基础和上层建筑的区分去理解社会,而是把社会看做是一个体系化的总体。在这个总体中,所有的事物都同等地接近于中心点。这个功能化的体系是透明的,是非常容易把握的,它能够自身合法化,所以它也不需要得到辩护。不过这样一个透明的社会其实也是一个死寂了的社会。它不包含任何偶然性。这就如同一个人那样,如果这个人像机器一样,完全是功能化的,那么这个社会就是死寂了的社会。而看穿这个社会的人也无法理解这个社会的意义,这是一个完全功能化的社会。这是一个意义终结了的社会。从这个角度来说,看穿这个社会的人也会对于生活意义表示怀疑。他自己也如同机器一样行动,他如同这个社会一样,都是死寂了的,没有意义的。这是一个意义危机的社会,也是人自身生存危机的社会。一个像机器那样运动的人是没有生活的。

在这里,阿多诺又进一步从大楼的类比中说明基础和上层建筑的关系。他认为,如果一个人要批判基础和上层建筑的区分,那么他可以像描述管理大楼或者机场那样指出,机场的基础就是机场本身。在这里机场的管理大楼和机场的基础无法区分。在这里,基础就是上层建筑。如果把描述管理大楼和机场的方法用来描述社会，那么人们就需要既了解社会的总体状况，也需要了解个人方面的内容，还需要熟悉经济结构的变化。人们对于社会的描述不是从意识形态派生出来的。或者说，我们不能把这种描述看做是一种意识形态，是从一种意识形态的立场派生出来的。在阿多诺看来，这种描述就是这个社会体系的一部分。社会系统和意识形态是无法区分的。本来，人们认为，经济基础决定上层建筑，对于经济基础的描述，是由经济基础本身决定的，是一种意识形态。而阿多诺否定了这个观点。对于经济基础的描述不是上层建筑，不是从意识形态中派生出来的。这种描述就是经济基础，也是意识形态。这里，不存在经济基础决定上层建筑之间的因果联系。人们对于这个社会本身的直接描述本身就是一种意识形态。比如，文化工业就是如此。既然意识形态，比如文化工业不是派生出来的，不能用经济基础来解释，也不能被看作是独立于经济过程的一种现成的东西，不能用这种因果关系来分析意识形态，那么我们也不能说意识形态就是揭示社会状况的真理，当然也谈不上虚假。因为，它是一种客观事态。这就如同鲍德里亚在批判现代资本主义状况的时候所指出的那样，当资本主义社会本身变成了一种意识形态的时候，这个系统既不真，也不假，而是超级真实的东西。当一个社会变成这样一种体系的时候，用因果性来解释这个社会就无效了，当然在这个社会中自由的可能性也消失了。只有存在自由的地方才有因果性。因果性和自由是联系在一起的。这表明，西方社会变成了一个功能性的总体。阿多诺看到西方社会的转型，即从一个手段合理的社会转换为公开的不合理的社会。手段合理的社会是一个合理化原则整合起来的社会。当这个社会完全按照合理化原则整合起来的时候，这个社会就变成了不合理的社会。今天的消费社会就是这种不合理社会的典型。人们把符号消费当成了一种必要的消费。这个社会的运行不再是为了满足人的需要，而是要维持社会自身的运转。生产的目的变了。所以，阿多诺说，这个社会按照其自身的目的早就潜在地不合理了。这就是说，资本主义社会的手段是合理的，目的是不合理的。它是用合理的手段来满足经济系统的运行，是为了获取剩余价值，而不是满足人的生存需要。在这里，人们常常出于竞争的需要而进行生产活动。阿多诺认为，莱布尼兹和康德哲学在狭义上把最终原因和现象上有效的原因区分开来，并试图结合起来。这表明，他们看到了这两个原因之间的差别。在阿多诺看来，这个分析是有意义的，最终原因和现象上的原因是不同的，并且要把两个要素结合在一起。如果把这两个原因用来分析资本主义社会的话，那么我们可以说，资本主义社会中技术水平不断提高的原因是为了获得剩余价值。这是其根本的原因，而从表面现象上来看，资本家是为了更好地满足人们的需要。这是现象上的原因。在阿多诺看来，这就是资本主义社会的目的的不合理性的表现。本来，生产的目的是为了满足人的生活需要，而不是生存斗争的需要，即不是为了在经济中获得更高地位的需要。本来生产应该满足生活需要的。在资本主义社会中手段不是用来满足人的生活需要这个目的。在这里，手段和目的之间发生了矛盾。而莱布尼兹和康德的分析没有深入到这个领域。

由于资本主义社会变成了另一个体系，因果性的概念在这里不适用了。这是不是意味着，自然王国的结束和自由王国的出现呢？按照理论来说，因果关系消失了，那么自由王国就出现了。但是，我们前面说过，在这个系统的社会中，自由的可能性也消失。阿多诺强调，在相互作用的总体中，过去的依赖关系在更广泛的层面上扩张开来，并且再生产其自身。这也阻止了人们以一种早已过时的、理性的、直至可以触摸的方式去透视这个被重叠起来的网络，而因果性思维还试图通过这种透视来为社会进步服务。从这个角度来说，试图通过因果性思维来透视整个社会，并由此而推进社会的进步在现代社会不再可能。这就需要人们用反思的思维方式来进行内在的批判。通过这种内在批判，而使社会自我改进。

只有当社会中存在自由的时候，因果性分析才是适用的，当社会不存在自由的时候，用因果性分析社会现象就毫无意义。以休谟为代表的经验主义把因果性理解为习惯性的联想，从而否定了因果性，因而无法把握因果性。但是，如果没有因果性的假设，那么科学认识就不可能了。观念论恰恰就是借助于因果性的概念而获得了强有力的论据。只是因为事物之中有因果联系，观念论才能借助于因果概念把握因果联系，从而强调观念对于世界的控制。当然，在阿多诺看来，虽然康德的观念论承认因果性，但是在对于因果性的解释中，他把因果性解释为主观思维中的必然性，解释为对于经验要素进行综合的知性范畴。在康德看来，主体借助于知性的范畴来综合经验的要素，就达到了对于客体的客观的把握。于是对他来说，知性的范畴（因果性），成为客观性的条件。由于他把因果性解释为主观思维中的必然性，主观思维中的要素之间的有规则联系，于是康德对于因果性的解释与休谟也就没有太大的差别。这就是说，因果性就是主观思维中所建立起来的一种联系，而习惯性联想也是这样的联系。从这个角度来说，康德的因果性范畴与休谟其实也差不多。因此，阿多诺认为，康德的因果性概念并不比休谟对因果性的否定更有说服力。由于康德的因果概念是思想中的，是思想中的有规则的联系，所以阿多诺说，康德甚至也必须与现相的内在联系假定保持一定的距离。由于康德把因果性看做是纯粹内在的东西，那么他就要把因果性与现相区分开来。这个地方所说的现相领域是与本体有关的领域，与现象领域不同。康德的因果性概念是运用在现象领域的，是获得知识的领域。但是，这种知识是一种现象领域的知识，而不是把握事物的本质的，不是客观事物之间的本质联系。由于康德把因果性与现相领域保持距离，所以，他所说的因果联系就不是事物本质的内在联系，而是一种如果—那么意义上的联系。这是在一定的客观条件下，承认事物之间的因果联系。我们可以说，这是一种主客观相结合的一种关系。这是借助于主观的范畴对于外在现象的一种描述或者综合。这样一种因果关系的概念又是与康德对于因果性是纯粹内在的范畴又不一致了。所以，当康德把因果性理解为如果—那么的关系的时候，这就与他把因果性当做先天范畴的做法不一致了。从这里可以看出，康德在因果性上所存在的矛盾。虽然康德的这个因果性概念存在着这样的矛盾，但是它在科学中可以实现其潜力。康德就是用这个意义上的因果性来解释科学中的现象的。自然科学中所把握的因果关系就是这样一种因果关系，即把自然现象纳入到这样一种因果联系的框架之中。人们还可以用另外一种权宜之计，这就是用动机中的直接自我经验作为因果性的基础。把动机作为个人行动的原因，这样就可以用因果性来解释人的行为了。然而心理学用具体的证据证明，直接经验不仅可能会欺骗人，而且肯定会欺骗人。这也就是说，这种权宜之计也行不通。

作为一种魔力的因果性

从上面对于康德的因果性概念的分析中，我们可以看到，康德先天的因果性概念必然存在着矛盾。于是他构建了一个新的因果性概念，这就是作为魔力的因果性概念。魔力本来是原始人类解释自然现象时提出的概念，他们认为，事物内部都有某种魔力在发挥作用。阿多诺用魔力这个词语来表达因果性，这是要表明，事物之中有某种要素作为原因发挥作用，但是这又是与人为了控制自然的目的而"构造"出来的。它既是客观的，又是主观的。它既包含了同一性，又包含了非同一性。

按照前面对于康德的因果性概念的分析，主观的因果性，内在的因果性是包含了矛盾的。本来因果性表达一种先天的必然联系，但是如果这种因果性是内在的，那么这个因果性就与主观的、习惯性的联想没有太大的差别了。从这个角度来说，主观的因果概念包含了否定因果性的要素。可是如果完全没有主观的因果性，认识事物就不可能了。这就是说，我们既要承认主观上的因果性，又要否定主观上的因果性。如果因果性仅仅是主观上的，那么这个因果性就必定会走向自己的反面。我们既需要因果性，而又不能局限于主观的因果性，于是，我们就需要在因果性中找到一个因素，一个非思维的因素。这就是说，因果性绝不可能仅仅是主观的，而其中必定也包含了客观的要素，包含了非思维的要素。而这个非思维的要素是无法被完全纳入思维之中。从这个角度来看，因果性概念是进行了一种同一性的强制，就是把一切非同一性的东西都纳入到思维之中，从而达到思维中的必然性。从这个角度来看，因果性表示思维通过同一性而对非同一性所干的坏事。当我们从这个角度来看待因果性的时候，我们就产生了一种全新的因果意识，一种全新的规则性意识，即意识到，我们用同一性对于非同一的东西所干的坏事。我们应该意识到，纯粹的、绝对的规则是不可能的。这种新的意识就是进行认识批判，就是对同一化过程中主观幻相的批判。当我们对因果性进行这样的反思的时候，因果性之中就包含了非同一的东西。这种非同一的东西表明了自由的可能性。或者反过来说，自由的概念表示非同一性的可能性。自由就是对同一性的反抗。这是一种包含了自由的因果性。阿多诺把这种包含了非同一性的因果性理解为客观的因果性。这种客观的因果性，在挑衅性的反康德的意义上，是自在之物之间的联系；当且仅当这些自在之物服从于同一性原则的时候才是如此。从康德的角度来说，自在之物之间不存在所谓的因果联系。或者说，因果联系不能运用于自在之物。而这恰恰表明，自在之物是不能被纳入到同一性框架中的东西。如果与康德的主观的因果性对立起来，那么这种客观的因果性就是自在之物之间的联系。这就是说，当人们努力把自在之物纳入同一性框架的时候，它包含了超出同一性框架的东西。当我们在同一性框架之中包含非同一性东西时候，这样的因果联系就是一种客观的因果联系。这就是把自在之物纳入同一性框架中所产生的联系。

按照这样的一种理解，阿多诺强调，因果性无论在主观上还是在客观上都是被控制自然的魔力。主观上的因果性和客观上的因果性都是与控制自然有关的。在原始人那里，事物的背后有一种魔力在发挥作用。对于原始人类来说，控制了这种魔力就控制了自然。这就如同现代人所理解的那样，把握事物的原因就可以控制自然了。原因就是被控制的自然之中的一种魔力。这首先表明，因果性是人类为把握自然而构想出来的，是主观的，当人类试图把自然界的现象纳入到因果的框架中，人总是发现，其中的某些东西无法用同一性逻辑所把握。于是，在这里就必然有超出同一性的东西。这就如同古人无法完全把握自然中的某些原因的时候，认为其中存在着魔力。从这个意义上来说，因果性是一种魔力，是同一性中的非同一性，是主观性中的客观性。在这里，我们可以看到，阿多诺是在主客体相互关系中思考因果性。他既不是把因果性当做纯粹思想中的范畴，也不是把因果性理解成事物之间本来就有的关系。因此，他认为，当人反思因果性的时候，理性发现自然之中到处都存在因果性。这是人在控制自然的时候，发现自然之中到处都有因果性，这个因果性是"客观的"，但是，理性反过来又发现，这是人借助于因果性，借助于同一性控制自然。这个因果性是"主观的"。既然主观上有因果性，而自然界的东西到处都有因果性，那么主观中的因果性，也可以被理解为自然因果性。或者说，自然界到处都有因果性，而人的思维是自然界的产物，它具有因果性也是必然的。于是，在这里，理性意识到自身的自然秉性。这就是阿多诺所要强调的，即理性自身有一种自然秉性。这是一种完全不同的理性概念。康德所强调的理性是纯粹理性，而阿多诺所提出的理性是包含了自然秉性的理性，是实质理性。这种理性意识到自身充满魔力的原则。这就是说，理性意识到它自身具有一种追求同一性的品格，但是它不会不加区分地追求同一性。这是因为，这个理性是实质理性。启蒙是强调理性原则的。但是在强调理性原则的时候，人们对于理性有两种不同的理解,一种是实质理性,即包含了自然的理性。把这种理性原则贯彻下去,那么这就是一种进步的启蒙。另外一种理性是纯粹理性,这种理性走向了工具化的理性,脱离自然的理性。这个理性就是阿多诺在这里所说的退回到神话的启蒙。这是一种回到神话的倒退。当然启蒙也曾经与神话是一致的,即都要征服自然,都需要强调同一性。如果启蒙不加反思地对待启蒙,那么启蒙就走向了恐惧自然的启蒙。而神话就是在恐惧自然的基础上征服自然的。如果启蒙也是在恐惧自然的基础上来进行的,那么这种启蒙就是回到神话的启蒙。启蒙剥夺了神话的还原图式。这个还原图式是,这就是人,这就是把一切都还原到人。要把一切都放在人的控制之下。这是神话恐惧的表现。如果把这种对于自然的恐惧推向极端,把这种还原推向极端,那么在还原到人的基础上,如果人还要进一步地还原,把人自己作为还原的对象,那么人就变成了纯粹精神的人,人自身的自然性就被否定了。所以进步的启蒙要剥夺这种还原的图式,剥夺这个还原图式的强调力量。这就是要人理性和自然和解。当理性和自然和解的时候,因果性就不是纯粹理性的原则,而同时也是人的自然禀赋。这个自然禀赋表明,人有一种控制自然的欲望,并把一切自然的东西纳入到自己的控制之中,它是在承认自然的基础上控制自然。由于这个主体,这个理性是包含了自然的,因此,它在控制自然的时候,既要把外在自然纳入自己的控制范围,但是又不是把外部自然和自身自然完全一致起来。或者说,在这个因果性之中,非同一的东西,自然的东西得到了承认。主体不再把外部自然转换为与它自身一致的东西。

接下来,阿多诺分析了观念论。观念论要把一切都纳入到同一性的思维框架之中。但是无论它怎么做,它都无法把自然的东西剔除干净。因此,在观念论所强调的先天的因果性之中,一定包含了自然的东西。这就是观念论所包含了的秘密,是颠倒了的真理内容。因此,阿多诺说,主体越是彻底地按照观念论的习惯把自然变成与他自身相同的东西,那么他就越是不能使他自身与自然等同起来。在这里,主体要达到精神和肉体的一种和解,在同一化的努力中与非同一东西的和解。阿多诺借用了歌德的说法,把这种状况理解为"亲和性"。亲和性是启蒙辩证法的顶点。通过启蒙辩证法,人们最终要达到的就是这种亲和性。

第三部分 模式

在阿多诺看来，启蒙就是要达到这种亲和性，而不能完全切除这种亲和性。如果切除了这种亲和性，那么启蒙就会退缩成为一种幻想，就成为来自外部的无概念的躁动。启蒙退缩为幻想，即达到一种无法达到的目标的幻想，这就是不用概念直接达到这种亲和性。启蒙成为来自外部的无概念的躁动，这个说法可能是针对海德格尔的。海德格尔把这种亲和性理解为存在，并按照现象学方法来直观这个存在。这就是说，把亲和性理解为对来自外部的东西一种直观，成为主体直观的对象。因为亲和性是主体和客体的非同一性的表征，是主客体融合、和解的现象，而不是主体之外被直观的对象。原来，我们认为，如果达到主客体的同一就达到了真理，而在阿多诺看来，我们不能满足于这种真理，因为，我们还要看到主客体非同一的东西，看到主客体之间的那种冲突中的和解。这就是亲和性，所以，没有亲和性就没有真理。这就是观念论在同一性哲学中所漫画化了的东西。观念论试图按照同一性原则完全吞并这种非同一的东西，但是它们都失败了。这种失败表现了颠倒了的真理，是把真理的内容漫画化了。这种新的认识方法是，主体以类似于他者的方式来认识他者，但是却绝不是在这种类似性中消除自身。虽然主体要与非同一的东西和解，但是这也不是要放弃主体性，绝不是消除自身，绝不是简单地直观这种非同一性。而海德格尔哲学虽然也要把握非同一的东西（存在），但是他却采取了一种直观的方式。在这里主体放弃了自身，主体（此在）与存在一样了。如果放弃了主体，那么客观性就是在抽取了主体之后所留下来的残余。客观性就变成了对于这种残余的模拟。当人们这样来理解客观性的时候，客观性就被理解为尚未意识到自身的图式，是主体把他者归入其下的图式。这就是客观性变成了一种抽象的图式，变成了纯粹的质料。阿多诺也反对人们对于客观性的这种理解。他是在主客体的相互作用中理解主观性和客观性。主客体之间的相互作用，它们既相互矛盾，又相互结合，就是一种亲和性。主体就应该有这种亲和性。只有有了这种亲和性，主体才能容忍非同一的东西。主体越是不能容忍亲和性，主体就越是要进行同一化，就越是要把与他不同的东西纳入到他自身中来。

接下来，阿多诺似乎是在暗中批判海德格尔。亲和性也不是实证的、存在论上的个别规定。海德格尔就把亲和性理解为实证的、存在论上的个别规定，理解为此在对于存在的直观、理解为此在对于存在的领会。在这里，此在对于存在的领会就变成了直接真理。此在置身于存在之中，就是置身于真理之中。人们通过置身于其中的方式领会真理。这是古代人类的一种神秘主义的认识方式。这是一种不断被翻新的神话。启蒙辩证法就是要碾碎这种神话。启蒙辩证法不是要彻底否定启蒙，而是要进步的启蒙，不是回到神话的那种启蒙。海德格尔的思想可以被说成是回到神话的启蒙。他要以一种类似于实证的方式来把握非同一的东西。这种思想方法在本质上是与统治相一致的。这就是说，它本质上还是用了实证的方法，而这种实证方法的实质就是控制，就要控制外部自然。自然科学是这种实证方法的典范。康德的纯粹理性批判也是按照实证科学的典范来构建他的认识论。康德的这个认识论模式，是一种神话学。他所构建的理论也是按照同一性逻辑来进行的。比如，他的因果性概念。当然，他的因果性概念中的矛盾也表明，走出这种因果性概念的可能性。海德格尔的神话核心是模仿了纯粹理性批判的神话学中的内容。从这个角度来说，这种不断翻新的神话与神话学是一致的，都是要进行控制。

亲和性不是实证的东西，不是存在论上的个别规定。这就表明，我们不能把亲和性当做一种肯定的东西，当做实存的东西。所以，阿多诺强调，亲和性绝不是人们借助于范畴工具之类的同一化图式所排除了之后留下来剩余物，不是认识可以把握在手中的剩余物。如果亲和性不是剩余物，不是肯定给出的东西，那么这个东西就只能是否定地出场的，它只能通过对于同一化图式的否定和批判中逐步显示出来。比如，阿多诺在前面对于因果性的分析就是如此。他通过对于康德因果性的内在分析和批判，说明了因果性之中的矛盾，从而在否定了同一性模式的因果性之后，把非同一性模式的因果性概念表现出来。因果性就是在这种批判中被反思的。所以，亲和性只能通过批判和反思中被领会和把握，通过辩证法，而不断地达到。这也就是说，启蒙辩证法的顶点是亲和性。阿多诺指出，在这种批判中思维要对事物之魔力进行模仿（Mimikry），并把这种魔力施加在模仿之上。这个模仿不是要把事物纳入到同一性的框架之中，事物的魔力也会施加到模仿上，事物的非同一性也会对于模仿产生影响。于是，在这里，人们就达到对于非同一东西的领会。这种领会就是阿多诺在这里所说的通灵性（Sympathie）。而达到通灵性的极限的时候，达到对于事物的极端领会的时候，事物的魔力就消失了。人们就能够既看到事物的同一性，也能够看到非同一性。通灵性（Sympathie）这个说法其实把审美的意思包含在这里，通过一般把握个别，也通过个别把握一般。在一般和个别的对立统一中把握事物。

最后，阿多诺指明了，他并不完全排斥主观的因果性，比如康德的主观的因果性，但是，这种主观的因果性中应该包含了亲和性，但这是一种选择性亲和性，即从某个角度把主体和客体结合起来（追求同一性），但是，这种主观的因果性能够预知主体会让客体遭遇到什么东西，即主体对客体的剪裁，主体对客体所犯的错误。这就接近于客观的因果性。阿多诺并不否定主观的因果性，而是把主观的因果性和客观的因果性结合在一起。

理性、自我和超我

阿多诺认为，康德的良知类似于精神分析的超我，是内化了的理性原则的一种表现。对于这个超我的分析，我们应该借助于精神分析，但是精神分析还有局限性。这是因为，它没有思考超我的产生的社会基础。

在康德那里，道德法则是理性所确立的原则，是属于纯粹理性（理知的领域）的领域，是给定的，是一种事实。对于阿多诺来说，道德原则不是被给定的，如果道德原则被给定了，那么道德性的东西即道德上的反思要素就消失了，道德性的东西就消失了。那么康德为什么会把道德原则变成一种事实呢？这是因为，他发现，在经验的个人那里都具有某种道德的东西，比如，每个人都有良知。如果良知是事实，那么这就意味它与经验的领域有关。于是，这个被给定的事实就处于理知的领域和经验的领域之间。按照阿多诺的理解，这个事实是理知的领域和经验的领域之间的中介。在阿多诺看来，康德设定这个中介具有一定的优势，这个优势就在于，它既保证了道德法则的纯粹性，又能够在经验领域发生影响。但是，这个领域也总是有问题的。这个领域自身包含了内在的矛盾，并且是无法克服的内在矛盾。接下来阿多诺就分析了这里所说的那个中介，即良知，说明康德的良知概念中所包含的矛盾。

与道德法则联系在一起的是康德所提出的良知概念。良知被康德理解为人的义务意识和进行道德判断的能力。而这种判断能力与知性有关的。从这个角度来说，良知可以被理解为道德法则的声音。另一方面，阿多诺认为，康德的这个良知又被理解为经验领域的现象，属于心理学，是可以用一种经验科学，即心理学来把握。阿多诺把这种理解经验现象的心理学称为现象学，不过这种现象学不同于胡塞尔所说的直观地把握本质的现象学，它是把握经验心理现象的。按照这样两个维度来分析，那么良知现象既是经验现象，也是纯粹的理性现象。而且良知就是人对于自己的意识中的某些经验的东西的内在强制。康德也强调这种强制作用。所以，良知的这种强制作用不是编造出来的，而且是确实存在的一种事实，是可以被经验研究的。这种具有经验特征的并且具有强制作用的东西类似于弗洛伊德主义所说的超我。按照弗洛伊德主义的观念，超我会和自我结合在一起来对于人的本能进行强制。于是，阿多诺借助于精神分析所说的超我来分析良知。

良知既然是心理学领域中的并且具有压制性质，那么这个良知就类似于心理学上的超我。这个超我具有经验上的不可抗拒性。这就是说，有良知的人在经验领域一定按照良知的强制而行动。这具有经验上的不可抗拒性。这个良知即超我，既保证了道德法则的事实性，又抗拒了道德上的先验原则。这就是说，良知具有的强制性保证了道德法则的事实性，同时又能够使道德法则在经验领域发挥作用，从而抵抗了道德上的先验原则。由于良知属于经验领域，所以，按照康德的思想，这个经验领域的东西是不能够作为道德的基础的。但是由于这个经验领域的东西又是受到道德法则的强制的，所以这个经验领域的东西就不能成为他律的冲动。对于康德来说，这个良知具有特别重要的意义。我们可以这样说，良知是在经验领域里发挥作用的道德法则，是道德法则在经验领域中的变种。这就是超我的意思。当阿多诺把良知理解为超我的时候，其实他就已经试图说明，康德的道德原则的社会根源了。对于阿多诺来说，道德原则是合理化原则的内化的结果，而合理化原则又是与人征服自然的需要联系在一起的。而征服自然的这种合理化要求导致了人的精神和肉体的对抗，而道德原则就是在这种对抗的基础上确立起来的。

按照这样的思路，康德对于良知的这种理解就出现了矛盾：良知是对于道德法则的意识，是不容被否定的；可是良知又是在现相世界中的，既然它是经验现象，那么它就应该受到批判。因为在现相世界中，一切动机都是经验性的动机，是心理学上的自我。其实，这里就面临这一个矛盾，良知是心理现象，是经验领域的，但是它好像又不受到经验领域的东西的影响，好像超出了经验领域。它能够像先验法则发挥作用。所以，在面对这样的矛盾，康德在道德哲学中清除了发生的因素，以理知的特性取而代之。这就是说，在康德那里，良知具有理知的特性（后面阿多诺会分析这个特性）。我们不能简单地把它说成是经验现象。它像某种事实性的、既定的东西。如果不讨论良知的起源，而是把它看做是具有理知特性的东西，看做是既定的，事实性的东西，那么这就意味着，这个经验领域的东西是主体最初给予它自身的东西。在这个部分的引文之中，康德说明了，对于这个理知的原因（即对于自由行动做出判断的良知），对于这个良知，我们不能做出进一步的说明，这远远超出了我们的一切理性能力。这就是说，这种良知是主体给予自身的，至于它究竟如何产生，我们无法知道，这超出了我们的理性能力的范围。

如果按照这个思路来分析，那么康德就会面临新的矛盾。如果良知是事实，是给定的，至于它是从哪儿来的，康德强调，这是无法回答。那么这个良知就一定是主体自己给予自己的。如果它是主体自己给予自己的，而且这是在经验中给予自己的，那么它一定是在时间中给予自己的。它一定有一个"最初"。在这里，阿多诺进一步指出，这个"最初"是不能兑现的。因为最初是时间中的现象，是经验领域的，可是给予的东西不是在经验领域，而是在理知的领域。这个最初如何发生是无法回答的。其实，这是阿多诺一直思考的，发生和有效性的关系问题。在现象学中，胡塞尔早期有一种独立于发生的有效性。而在康德这里，良知独立于发生而又有效的东西。

对康德所无法回答的问题，现代心理学给出了答案。在这里，阿多诺进一步结合心理学来批判康德的思想。假如按照良知属于经验的领域（从这个意义上来说，这个词翻译为"良心"更合适），那么这就如同人的心理领域中所出现的性格。而性格是在经验领域中发生的，我们可以从心理学上来探讨人的性格的发生。从这个角度来说，良知应该是在经验中发生的，它有一个经验上的发生过程。如果良知是在经验中发生的，那么，从人们所获得的关于性格发生的知识就与康德所说的那种自发的道德行动的论断不一致。这就是说，人们经验领域中的性格发生，包括良知的发生都是有经验条件的，而不是像康德所说的那样是自发的道德行动。在康德那里应该进行这种道德行动的是自我，但是这个自我不是康德意义上的那个先验的自我，而是与经验自我有关的。这里的自我不是直接的东西，而其本身也是经过中介的东西，是被产生出来的东西，用精神分析的术语来说，它是从弥漫的利比多能量中产生的分支。这个自我是在超我对于本我的压制中出现的，在超我对于本能的压制中出现的。从这个角度来说，道德法则的具体内容，纯粹的命令的形式是实际的存在状况构成要素。这就是说，按照这样一种在康德基础上拓展了的良知概念，那么道德法则的具体内容，纯粹的命令都是事实，都是现存状况的构成性要素。纯粹的道德命令的内容是社会强制的内化的结果。康德所提出的那种纯粹的命令形式既要以压制的内化为前提，也要以自我的那种固定的、同一的、自我维持的权威的预先发展为前提。只有当社会强制被内化，只有当先天的自我存在的时候，形式化的道德命令才是可能的。而先天的自我其实是在自我持存的过程中，肉体与精神对立起来的那种纯粹的自我。这个纯粹的自我是形式化的道德命令赖以产生的前提。

从这里我们可以看出，康德的那种纯粹形式的道德命令是从社会压制中产生的。这种形式性的东西是与内容联系在一起的。如果把形式和内容区分开来，那么形式的东西是永恒的，而内容的东西就是相对的。而这个相对的内容是被康德所排除在道德形式之外的。所以，当人们指责康德的形式主义的时候，人们想保持经验的内容。可是，在保留内容的时候，人们又认为，道德内容是相对的。这其实就是站在形式主义的立场上来分析、看待道德的内容的。这就是说，当我们在批判形式主义的时候，我们同时就要承认形式与内容的联系，既然形式与内容联系在一起，道德的形式，即使在抽象的形式之中都包含了内容。正如我们前面所指出的，道德的那种抽象形式可以追溯到人的自我持存的原则上。所以阿多诺说，法则，甚至是最抽象的法则，都是已经形成的东西；它的那种令人痛苦的抽象是沉淀下来的内容，是被还原成其规范形式即同一性形式的统治。这个同一性形式的统治就是我们在前面所说自我持存之中所必然存在的那种同一性的统治。显然这种同一性是在经验活动形成的同一性。康德引以为荣却又没有分析的那个无时间的理知领域是有其经验的起源的。这就是说，那个理知的领域，不是与经验无关的，是有其经验上的起源的。只是这个起源不容易被人们所发现而已。阿多诺强调，在康德的时代，人们还不能发现这个理知领域的经验基础，康德本人也指出，对于法则意识的进一步的原因，是理性所无法回答的。但是，今天的精神分析理论已经在一定程度上回答了这个问题。

康德所说的那个良知是类似于精神分析学派所说的那个超我。如果这样来理解超我，那么这个超我，按照弗洛伊德主义的看法，就是一种强制的社会规范，是被内化的社会规范。这个社会规范是与自我相对抗的。弗洛伊德主义对这个超我进行了无情的批判。按照康德的思想来理解，这种超我是他律的东西，对于自我来说，这是一种外在的强制，是应该被否定的。从这个角度来说，弗洛伊德主义与康德思想是一致的。按照这样的思路，那么康德就应该否定良知，就应该否定这个超我。当然，这不是康德思想本身，而是从康德思想的社会根基中，从康德的经验基础中推导出来。

在这里，阿多诺以桑多·费伦齐为例来说明弗洛伊德主义对于超我的否定。桑多·费伦齐是匈牙利心理学家，早期精神分析的代表人物之一。他非常谨慎地指出，这个超我应该被移除。在他看了，只有彻底铲除了超我，精神疾病才能得到彻底的治疗。如果不能铲除超我，而用一种超我取代另一种超我，那么对于病人的治疗就不会成功。这就是说，强大的超我的压制使一个人产生精神疾病，因此要消除这种精神疾病就要消除超我。但是，桑多·费伦齐还是小心翼翼地注意这个问题。因为如果废除了超我，那么这会导致一种社会后果。超我是社会整合基本规范，如果没有这个规范，那么社会就缺乏应有的秩序。

按照阿多诺的分析，良知是超我，但是康德又力图消解超我。他所采取的方法是，理性是良知的基础。人按照理性的原则来进行道德上的判断。从前面的分析中，我们知道，良知以理性为基础，而理性就是一种统治，就是同一性的原则。这个同一性原则被纳入到主体之中。所以，虽然康德消解了超我，但是超我已经存在于自我之中了。自我是纯粹理性的主体，这个主体用同一性原则来进行自我控制。从弗洛伊德主义的角度来说，这是自我对本我的压制。这个自我就与康德的压制原则相一致。

按照弗洛伊德的精神分析理论，本我遵循的是一种快乐原则，而超我是压制原则，本我对于快乐的追求会受到超我的抵制。而自我就按照现实原则，协调快乐原则和压制原则。这就是说，自我不是简单地否定超我，否定压制原则。它是用现实原则来协调快乐原则和压制原则。从这个角度来说，现实原则会阻止自我对于压制原则的批判。自我会吸收压制原则。在这里，压制原则是在自我的无意识的控制之下。这就是说压制原则不是简单地被废除了，而是仍然发挥作用，不过是在自我的无意识的控制之下发挥作用。既然超我是在自我的无意识控制之下，那么这个超我就不是在自我之外，而是变成了自我的一个部分。从这个角度来说，自我和超我是不能被分离开来的，而是结合在一起的。从发生学上来说，自我和超我都可以被追踪到父亲形象的内在化。由于超我被融入到自我之中，所以，尽管精神分析理论提出了超我的观念，但是超我很快又被他们否定了。这是因为，如果强调超我，那么超我会伤害自我。所以，费伦齐要消解超我，把消解超我作为治疗精神疾病的方法。只有消解了超我，自我才能被确立起来，精神疾病才能被治愈。精神分析消解超我的做法与康德消解超我是一致的。康德用理性原则消解超我，而弗洛伊德主义把自我和超我结合在一起来消解自我。

在这里，阿多诺又指出了费伦齐的一个缺陷。这个缺陷是，虽然费伦齐把消解超我看做是治疗精神疾病的根本方法，但是他是以非常谨慎的态度来否定超我的。后来，他又限制了他对于超我的否定。他强调，他所要消解的超我是超我之中的那个无意识的、从而不易受影响的部分。这就是说，超我之中有两个部分，一个是无意识的部分，一个是有意识的部分。社会生活中的人把一些社会公理内化了，但是其中的某些内化了的内容，人是有意识的，比如，社会的外在的道德规范，这些东西虽然也是超我，也在一定程度上内化了，人意识到这是社会的规范。但是有些规范是无意识的，这部分的超我也不容易受影响。比如，人不自觉地进行的那种生存斗争，以理性的要求来限制肉体，从而获得竞争优势。这也是一种束缚。这是无意识的部分。其实这个无意识的超我就是一种压制。因此，阿多诺认为，费伦齐的这个区分是不够的，是无法真正解决超我的问题，无法解决压制和由于压制所产生的精神疾病。康德的良知就是一种无意识的超我，是一种不可抵抗的力量。这个良知如同古代的禁忌。良知现象之所以会出现，这种压制现象之所以会出现，就是因为社会缺乏实质的合理性，缺乏真正的自由，如果社会是真正自由的，那么一个社会也就不需要良知了。一个社会之所以需要良知，需要把压制变成无意识的压制就是因为这个社会还是不合理的。阿多诺根据他的这种理解进一步批判了费伦齐以及其他精神分析的修正主义者。这些人不仅赞同其他的那些"健康"的观点而且还赞同"健康"的超我的观点。在这里，阿多诺用"健康"这个词语是要挖苦这些人。这些人和现存社会秩序是合拍的，所以他们接受了社会压制，把良知意义上的压制理解为健康的超我。所以，阿多诺说，他们都努力把超我分为两部分，无意识的部分和前意识的、因而也更加无害的部分（健康的超我）。而在阿多诺看来，他们的这种努力是徒劳的，因为良知要通过一种对象化和独立化的过程才成为一种权威，而这种对象化和独立化的过程从构成上来说是一种遗忘，就此而言也是异于自我的。这就是说良知是外部强制内化的结果，而这个内化过程还存在着一种对象化和独立化的过程。这就是说，良知不是简单地并入自我之中，而是通过对象化和独立化而成为一种超我。如果没有对象化和独立化，它就不可能成为超我。而在这种独立化的过程中，有一种前意识的作用，前意识把意识所无法接受的东西抵挡在潜意识之外。这就是说，良知有两个部分，一个是意识到的权威，一个是没有意识到的权威，这个没有被意识到的权威是存在于前意识中的，只是被遗忘了，没有被自觉地意识到。但是，作为超我的东西，这种东西其实仍然发挥作用，仍然是异于自我的东西，是对于自我的一种压制。

而费伦齐就赞成这种压制。他以赞同的口吻说，"普通人在他们的前意识中仍然是否定和肯定模式的总和。"普通人就有一种前意识，而这种前意识就包含了所谓的无害的超我，是肯定模式的超我在其中发挥作用。按照他的这个说法，普通人就是模式的总和，就是被束缚在模式中。所以，在阿多诺看来，模式就是严格的康德意义上的他律概念。精神分析就是用这个模式来束缚力比多的。在我们的社会中，那种能够用模式来束缚自己的人就是"正常人"。他们主动或者被动地接受社会压制。在这里，阿多诺还批评精神分析对人所做的区分，把社会中的人进行抽象的分类。这种分类方法在根基上是劳动分工的产物。而劳动分工又是在人征服自然的基础上出现的，即精神劳动和肉体劳动的分工。这是人在征服自然中必须征服肉体的产物，是精神和肉体对立的产物。所以，在阿多诺看来，精神分析所说的正常人其实就是学会征服自己肉体的人，就是学会自我压制的人。精神分析对正常人的理解就是反映了它遵从社会的态度。这种遵从社会的态度就阻止了它对于超我的批判。因此，阿多诺说，精神分析密切地接近于压制，而这种压制直到今天还在扭曲和损毁一切自由学说。费伦齐的下面一段话极其清晰地表现出精神分析接近于压制的程度："只要超我恰如其分地注意到，一个人感到自己是道德的公民，并且如此这般地行动，那么这个超我就是一个有用的机制而不应该被打扰。但是，对超我的那种病态的夸张……"这就是说，如果一个人是一个道德的公民，那么他就应该认为，超我是一种有用的机制，是不应该被打扰的。这就是公开地接受社会压制的宣言。他要批判的是对于超我的病态夸张。阿多诺在这里进一步批判费伦齐。他认为，费伦齐对病态夸张的恐惧是道德公民的标志。道德公民就是会害怕对于超我的病态夸张。这种道德要消灭超我以及它的不合理性。病态地夸张超我，会导致人的精神的扭曲。所以，精神分析反对的超我是病态的超我，这就如同康德要消解的超我是病态的超我，而不是理性基础上的良知。可是问题在于，我们如何把正常的超我和病态的超我区分开来呢？对于这个问题，精神分析急速地恢复了理智而却沉默不语。这是阿多诺挖苦精神分析。意思是说，这个时候精神分析开始理智起来了，不敢盲目回答了。这就如同小市民就他们所珍视的自然的民族情感与种族主义之间的界线沉默不语一样。这就是说，在这里，人们很难划出一条清晰的界线，把自然的民族情感和种族主义区分开来。既然人们很难用清晰的标准区分正常的超我和病态的超我，正常的制度和病态的制度，那么人们就只能按照效果来评价这两种制度。但是，社会制度的效果如何，是一个法律问题。精神分析会说，这是超出了他们的能力范围，他们无法回答。

从这里可以看出，费伦齐对于超我的分析缺乏社会的维度。这就是说，一旦考虑到超我的社会效果的时候，精神分析就不讨论了。这是精神分析的缺陷。按照阿多诺的看法，对于超我的反思应该与社会效果联系起来。当然，对于超我的反思这个说法是与费伦齐本人的思想相矛盾的。因为精神分析不是精神反思，精神分析是对于精神内部的状况进行分析，区分不同意义上的精神现象。从这个角度来说，对于超我的反思属于"元心理学的"。这里所说的元心理学就是指把心理现象与这种心理现象赖以产生的社会基础联系起来，对于心理现象的社会效果进行分析。费伦齐有关超我的问题的分析是局限于心理现象，而不涉及这种心理现象产生的社会基础。因此，阿多诺强调，对超我的批判应该成为对产生这种超我的社会的批判。如果它对此沉默不语，那么它就是顺从主流的社会规范。阿多诺进一步指出，如果超我具有一定的社会功能，而且这个社会功能是不可避免的，如果超我本身作为一种社会强制机制因为它的不可避免性而被认为它是具有客观有效性，那么这就强化了超我的控制功能，就强化了超我在心理内部所造成的不合理。本来心理分析是要消除这种不合理性，消除精神疾病的，结果它却强化了社会控制。

从这里可以看出，对于阿多诺来说，要治愈精神疾病，仅仅依靠心理学是不够的，而是要考察产生这种心理的社会基础。我们看到，在今天的社会，特别是物质条件已经极大地改善了的社会，心理疾病的比例却不断攀升。这不仅仅是心理的问题，而且是一种社会问题。

自由的潜力

如果说上面一个部分是批判了康德的良知概念，指出了人格概念是超我的哲学表达，那么这个部分就是要进一步讨论，如何吸收良知或者超我的思想，从而实现自由。

显然阿多诺批判超我，不是要彻底否定超我，他批判良知也不是要彻底否定良知。他是要从非同一的角度重新思考良知或者超我。良知或者超我要上升到一个更加理性的社会总体之中。我们前面已经说过，对于阿多诺来说，自由首先应该是社会自由，而不是按照自由个人的模式来设定自由。在这样的社会中，良知不是进行控制，而是实现个人和社会之间的和解。在这个部分一开头，阿多诺指出，在上世纪60年代，社会出现了一种情况，超我被外化为无条件的社会适应，而不是升华到更加理性的社会总体之中。在这里，阿多诺没有明确地说明，他所说的超我是什么。我的理解是，这里所说的超我不是某个国家的具体社会制度，或者某个民族的具体社会风俗等，也不是什么父权制的压制，而是指在资本主义社会中被推向极端的生存竞争原则。这种生存竞争原则变成了无条件的社会调节原则，所有的人都需要适应这个竞争，合理化竞争体系。形式合理化的社会是这种社会调节中的要素，而阿多诺所说的更加理性的总体是一个实质理性的社会。在社会中，人不受生存竞争的压力，能够享受生活。这个时候，社会从生存竞争原则摆脱出来了，社会实现了自由。所以，阿多诺强调，自由是经验生活可能性的信使，体验各种不同的生活可能性。但是在资本主义社会，即使人们还能够在小范围内享受生活，但是那只是暂时现象。从当代资本主义社会的总体趋势上来看，这种自由越来越不可能。竞争压力在现代社会越来越大。人们把这种状况称为内卷。这就是说，虽然能有暂时的自由，但是那只是少数极端的情况。所以阿多诺把这种状况理解为，自由成为临界值，成为少数极端的情况。甚至在意识形态的宣传中，人们也不再把自由当作是辅助的东西呈现出来。那些资产阶级官僚机构尽管控制着意识形态，但对于宣传自由也缺乏信心。或许，它们也意识到，自由作为一种意识形态越来越不可能。自由被人们遗忘了。社会成为一个不自由的总体、合理化的总体。虽然它是一个总体在控制着人，但是人们却意识不到它的控制，人不过是这个被控制的总体中的一个要素。这个社会变成了一个总体，这个总体不容许"外部"的东西。当然，在这里，我们必须注意这里的外部的特殊意思。一个社会总体总有外部，比如，美国社会的外部。而这里所说的外部是指社会中能够打破总体的东西，打破合理化系统的东西。这个社会总体不允许眺望这种外部的东西，不允许突破它自身的总体框架。在这里，阿多诺强调，如此这般的世界成为唯一的意识形态。这就是说，这个社会本身就是一个合理化的系统，这个系统本身就发挥了意识形态的功能。这个社会的合理化表示，它好像是合理的，是正当的。因此，它不需要外部的意识形态来辩护。它本身就是合理的。社会本身变成了一种意识形态。

然而，当社会总体变成不自由的时候，这就为这个社会从总体上转变为自由提供条件。社会从总体上不自由转变为总体上的自由，这是一种辩证的正义。这种辩证的正义在个人之上出现，在社会总体中出现。由于社会总体是不自由的，而个人就是这个不自由的社会确立起来的，他也是不自由的。在这里，我们可以看到，阿多诺提出了一种特殊的自由概念，即社会总体自由的概念。这个自由概念是从黑格尔的法哲学中吸收了过来的。我们在前面的讨论中涉及这一点。但是，必须注意的是，阿多诺所强调的社会总体的自由与霍耐特所说的那个社会自由还是有一定的差别的。虽然他们都从黑格尔那里获得了思想资源。阿多诺强调，虽然个人也渴望自由，但是自由还必须是整体自由。如果自由是按照不自由个人形象设计出来的，那么对个人的批判就超出了这种按照不自由个人设计出来的自由范畴。康德的自由就是按照不自由个人形象（被内化的社会原则即理性原则控制了的个人）设计出来的，自由的个人其实是不自由的。在这个时候，对于个人的批判，比如，我们在指责某个人的时候，我们就需要具体分析，哪些是社会要素造成的，哪些是个人造成的。在这种情况下，对于个人的批判其实就变成了对于自由范畴本身的批判，也就是对于康德的自由概念的批判。这个自由概念就会面临着一种矛盾：一方面，个人领域没有自由意志，没有道德，道德和自由存在于社会领域。另一方面，如果没有个人的道德和自由，那么人类生命也无法得到保护。人和人之间就陷入冲突、斗争之中了。

那么如何才能解决这里的矛盾呢？这就是既要承认个人自由，但是又不能局限于个人自由。如何才能做到这一点呢？阿多诺在这里首先否定了尼采的思路，尼采那种颠覆一切价值的思路，其实是要弄出一个新价值来重构社会。阿多诺认为，这个思路行不通。这是因为，这是把一种外在的价值强加在社会之上。这是他律的原则，是自由的对立面。如果不是弄出一种新价值，那么如何才能解决这里的矛盾呢？阿多诺的想法是改变自由的概念，重新理解自由的概念。阿多诺是这样来重新理解自由的，自由不保留它得以产生的来源的样子。自由产生的来源是个人的那种自发冲动。同时，自由也不保留它过去的样子，那么这就是资本主义社会中的自由交换。而这个自由是社会自由。这个社会自由是这样的，在社会强制内化为良知的过程中，这种良知会按照自身的尺度来批判性地衡量社会权威，于是对社会权威的抵抗也随之出现，正是在这个过程中，摆脱强制的潜力也成熟起来。良知是社会强制的内化，但是，良知又是和个人结合在一起的。个人的良知会形成自己的尺度，人们会用自己的良知，自己的尺度来衡量社会权威。于是，对于社会权威的抵抗也会出现。在这个过程中，摆脱强制的努力也会形成起来。简单地看，阿多诺的这个思想似乎没有什么特别新鲜的地方。在社会中，我们每一个人都是把社会的强制内化，并变成一种良知，但是每个人的良知是不同的，这些人会从自己的良知出发来面对社会的权威，并抵抗权威。每个社会都存在这样的状况。其实，在这里，阿多诺还是提出了新东西。这个新东西与他对于良知的批判有关的。在批判良知的过程中，他批判了良知产生的社会基础。这就是说，人的良知不能与社会强制完全一致起来。如果与社会强制完全一致起来，那么这就是不可避免的超我。这就是一种纯粹的强制。而阿多诺所说的良知与康德所说的良知不同，不是规则意识和尊重规则的判断能力，而是对于合理化原则的挑战。对于他来说，良知不是一种心理现象，而是人的一种生存状况。在这种生存状况中，人产生了一种和解。阿多诺说，这种良知是在自由者之被和解了的生活的客观领域中发生的。良知是自由者所具有的良知，那个不自由的人的良知不过是外在强制的内化，他没有自由。只有把内在强制和肉体的要求和解了的人才是自由的。我们在前面已经说过这个观点了。这样的人才能在客观生活领域中发生和解。这样的人所具有的良知就不是外在强制的内化，而是自由精神的表达。这样的人才可能反抗社会权威。对于阿多诺来说，良知不是纯粹精神上的，而是与肉体的要求结合在一起的。

从这个和解中，我们可以看到，阿多诺其实要达到道德法则与善的一致。其实，康德思想中也包含了德福一致的期待。当然康德是借助于神的力量来达到德福一致。在阿多诺看来，康德的德福一致的想法是与他的道德自律的看法相矛盾的。但是，在这种德福一致的思想中，还是包含了真理的内容的。这就是人的肉体和精神的和解。这就是说，本来在文明进程中一定保留了一种断裂。这种断裂就是社会理想和自我持存之理性的主观理想之间的断裂。社会理想就是德福一致的理想，就是精神上的道德要求和肉体上的幸福追求之间和谐相处。而自我持存之理性的主观理想则不同。人为了自我持存就要征服自然，并征服自己的内在自然。于是，这就造成了人的精神和肉体的分裂。社会理想是要这两者和解，但是自我持存的理性却把这两者对立起来。这两者之间始终存在着一种断裂。所以，阿多诺说，德福一致包含了真理性和正当性。这就是说，我们既要承认这两者之间的分裂，也要看到它们之间的和解的可能性。阿多诺强调，这两者之间还可以通过非概念的综合而联系起来。为什么这是一种非概念的综合呢？肉体和精神的对立以及和解都不是现成存在的东西，而是既相互联系，又相互排斥的。和解的社会、自由的社会就是达到真理的一种非概念的联系。这种对立又统一的关系是无法用概念来表达的。依据这种良知，人类才能达到客观社会领域中的和解。但有人却否定这一点。他们认为，这是把主观理性变成客观的道德法则的绝对。阿多诺认为，这种指责是比较低级的。因为对于阿多诺来说，肉体和精神的和解不是什么主观理性，而恰恰是一种客观的道德法则，是真正的道德法则。这是一种真正的客观理性，是包含了内容的理性。康德的德福一致的说法是以一种易误和扭曲的方式表达了他对社会所提出的合理要求。对于他来说，这种一致是以宗教信仰的形式存在。如果一定要以通俗的方式来表述，那么这就是说，在人信仰上帝或者神的时候，人们确信好人有好报。在阿多诺看来，这是在主观的领域中实现这两者之间的和解。他所追求的是在客观的社会生活领域中实现和解。这种和解才是一种真正的客观理性。这种客观性不能在主观的领域中，不能在心理学的领域中，不能在合理性的领域中实现。这种客观性（包含了肉体内容的客观性）必须坚持下去，直到特殊利益和普遍利益真真切切地一致起来。当特殊利益与普遍利益真正一致起来的时候，肉体的和精神的和解就可以真正地出现。或者说，个人的利益要求和道德的法则就会一致以来。社会也就不再需要把外在的强制内化到个人之中。这个时候，个人利益诉求被社会承认，并在社会利益中得到保障。这个时候，个人不再需要在追求个人利益的时候与社会发生冲突。当这种冲突不再发生的时候，社会就不需要把它的外在强制加在个人身上，就不需要有超我意义上的良知。我们的社会之所以一再强调一种超我意义上的良知，是因为这个社会是不自由的社会，是一种冲突的社会。所以，良知是社会的不自由状况的污点。

于是，阿多诺按照他的这个观点来重新理解康德。他认为，康德哲学中所包含的矛盾表现了康德没有看清楚他自己哲学中的奥秘。这就是说，当他强调良知的时候，良知是一种超我，这是属于理知领域的，但是这个超我又是一种心理状况，与肉体的要素联系的。这个矛盾表明，康德并没有看清他自己的哲学的奥秘：主体必须是客观的，与肉体有关的。从认识论上来说，主体如果要达到客观性，那么它就必须要有客观的要素。从道德上来说，主体如果是纯粹理性的，是纯粹自律的，那么这个主体就无法在行动中客观化它自身。或者说，这个主体就无法把道德原则在现实中实现。他所说的良知也表现了这个特点。如果这个良知属于理知的领域，那么这个良知就无法在社会中实现。这个良知就必须有社会的要素。所以，先验主体，即客观地解释自身的纯粹理性，却被客体的优先性所困扰，而如果没有客体（没有肉体上的行动）作为其中的一个要素，那么甚至康德所说那种主体客观化的成就也是不可能的。这就是说，康德越是强调先验性，就越是要偷偷摸摸地把经验的东西纳入进来，否则他就无法达到客观性，无法进行实践。所谓实践就是主体的客观化，如果没有任何经验的内容，主体的客观化就是不可能的。这意味着，纯粹先验的东西之中一定要包含客观性的东西。这是必然的。既然主体性的概念中要包含客观的东西，包含肉体上的东西，那么主体性概念在其核心处包含了非人格（apersonal）的特点。人格是纯主体意义上的，是人的纯粹可能性，而非人格的东西是客观意义上的东西，是肉体的要素。康德所说的那个良知就是如此，包含了肉体的良知。阿多诺强调，主体概念之中一定要包含非人格的东西。这是他从康德思想的矛盾之中分析出来的，是康德本人没有意识到的。尽管主体的人格对主体来说是直接的、最接近的、最确定的，但又是被中介过的，比如被社会所中介过，被肉体所中介过。阿多诺说，正如社会绝不能超出社会中的个体一样，没有自我意识就没有社会。

最后，阿多诺强调，实践理性的那个超越主体的设定即关于上帝、自由和不朽的设定包含了对绝对命令、对纯粹主观理性的批判。这就是说，康德在实践理性批判中强调要用上帝、自由、不朽等来保证德福一致。这就是要把纯粹理性的东西和肉体的要素结合起来。从这个角度来说，这个设定就是对于他自己所提出的绝对命令和纯粹主观理性的批判。如果主体超越了这个领域，那么主体就与客观的东西结合起来了。当主观领域中的绝对命令被否定了，那么我们就有一种客观上的绝对命令，这才是真正的绝对命令。这个绝对命令不同于康德的绝对命令，而是主体和客体，肉体和精神，个人和社会和解的绝对命令。如果没有关于上帝、自由和不朽的设定，如果没有肉体和精神的和解，那么这种包含了肉体的需要的绝对命令是不可能的。而康德却认为，只有这两者分离开来，只有纯粹主观领域才有绝对命令，只有纯粹的理性才能保证命令的绝对性。

最后阿多诺指出，如果没有希望，那么就不会有善。如果没有主体和客体的统一期望，如果没有肉体和精神的和解的期望，那么就不会有善，就不会有幸福。这是人类文明的期待。

反人格主义

人格主义强调抽象的人格。这种人格的概念表示人的抽象可能性，一种抽象的此在，抽象的自我性。由于这种抽象的人格脱离现实，当人格主义在强调人格的时候，也会顺从抽象此在的对立面，即角色。而阿多诺对人的理解则表现为，他从此在与角色的对抗中理解人，强调人格性和反人格性的对立统一。如果把抽象的人格与角色对立起来，那么抽象的人格和角色最终会走到一起。

在这个部分的一开头，阿多诺指出了一种新的唯名论趋势。这里的新的唯名论，我认为是指海德格尔等人。海德格尔强调，他的存在概念仅仅是一种命名。因此，对他来说，最重要的不是"存在"这个名词，而是存在这个名词所指出的东西。好像他的"存在"这个词语不是作为词语出现在书本中的，而是存在本身出现在书本之中。此在也是如此。这就是他的唯名论。此在不是抽象的一般的人，也不是康德的人格性，而是"具体的人"。当然，具体的人还是一个名词，为了表明这种具体性，他称之为"此在"。可是，在阿多诺看来，海德格尔的这个此在把抽象的人格和角色外在地结合在一起。这个此在可以像康德的那个抽象人格一样，进行自主抉择，具有自由，而不顾具体的条件。因此，阿多诺说，唯名论的趋势诱发人们产生这样一种思想，这种思想认为，即使直接的暴力到处爆发也不能放弃对道德的保护，把道德作为一种不可摧毁的善安放在人身上。这就是说，即使社会到处都是暴力，道德还是可能的。即使到处都是暴力，但是，善还是一种现成的东西在人身上存在。问题在于，如果善是现成存在的，如果道德是现成存在的东西，那么为什么会到处都出现暴力呢？这种善为什么不能控制暴力呢？在这里，阿多诺批判了人格主义所认为的，善、人格、道德是一种现成的东西存在于人身上的想法。同样的道理，在阿多诺看来，自由只能在自由社会的制度中出现，而人格主义却在现存制度拒绝自由的地方来寻找自由。这就是说，社会本身不自由，但是人们仍然认为，自由还是现成存在的东西。在人格之中有一种不受社会条件影响的人格性。而阿多诺认为，只有社会自由的时候，个人才能自由。如果社会是不自由的，那么个人的自由是无法得到保障的。因此，阿多诺说，尽管这些个人需要自由，尽管他们一度是自由的，他们的自由并没有得到保障。自由不是现成存在的，不是人格中的一个要素。而是在人为自由所进行的斗争中存在。人格主义既没有对社会进行反思，也没有对人格本身进行反思。人格主义脱离社会讨论人格，把人格当做一种现成的东西，把自由当做一种现成的东西，好像自由与社会环境无关。比如萨特的人格主义，就不反思社会本身，把人格的自由作为前提。它试图建构一种普遍的人格自由的学说。当他这样强调人格自由的时候，如果这种自由与社会无关，那么这种自由其实就秘密地接受了社会统治，并把这种统治作为一种普遍的东西。它把个人和社会割裂开来，退缩在个人之中，自由个人只能接受社会现实的控制。当人格主义把人格当做一种现成的东西的时候，他们也没有对人格本身进行反思。好像人格作为个人的特殊的东西与普遍无关的，把人格当做孤立个人所独有的东西。应该说，叔本华、克尔凯郭尔都存在着这种人格主义的倾向。

所以，阿多诺认为，在前法西斯时代，人格主义和有关责任的废话还能在非理性的舞台上较好相处。比如，在叔本华那里，承认意志自由，而这种自由包含了责任，这给人带来巨大的痛苦，它靠艺术和宗教的方法来化解这种矛盾。这就是说，他在非理性的基础上，让自由和责任较好地相处。那个时代，社会条件约束和个人自由之间的矛盾还没有那么突出。所以，阿多诺认为，人格主义和有关责任的废话还能在非理性的舞台上较好相处。人格主义把人格理解为此在，绝对的自我性。这样，人格主义就把人格与普遍性分离开来，把人格理解为纯粹特殊的东西，而否定了一般性。而在阿多诺看来，特殊总是和一般结合在一起的，没有脱离特殊的一般。而人格主义否定了人格中的一般，把人格理解为纯粹的特殊。所以阿多诺认为，他们所理解的这种人格用一个法律的术语来说，就是任性。在人格主义中，人格被理解为绝对的自我性、任性。而在阿多诺看来，人格的非凡魅力来自于普遍的不可抗拒性。这就是我们前面所说的，个人和社会之间的和解，个人的自由和社会的规则之间的和解。人格的魅力是与普遍性联系在一起的。可是，在人格主义那里，人格却对普遍的合法性失去信心，他们对于普遍的东西产生怀疑。于是它就在思想的贫乏之中缩回自身。它强调纯粹的自我性，退缩到自我之中。这个自我表面上是纯粹的自我，其实这个纯粹的自我对于主体进行控制。或者说，这个纯粹的人格所建立起来的自我同一性对主体进行了控制。阿多诺的这个说法是与他对于主体的史前史，即启蒙辩证法中所说的自我持存和自我否定联系在一起的。人为了能够自我持存而确立了不可动摇的统一性。这个统一性就对肉体的东西，人自身自然的东西进行了控制。人格就是在这里确立起来的。所以，阿多诺认为，人格是历史地编织起来的扭结，我们的任务是揭开这个扭结。这里所说的历史地编织起来的扭结是说，人格是在人控制自然的历史中产生的一个扭结，一个被固化的东西。这是用来束缚人的东西，人格就是把人束缚在这个扭结中。所以，阿多诺说，这个扭结应该为了自由而被打开。这就是说，只有当精神和肉体和解了，这个扭结就被打开了，人就自由了。如果把人格持久化，那么这就会强化这两者之间的对立，强化人格的控制。肉体和精神对立，抽象的人格的确立不是现代社会才有的，而是从人类产生以来就存在。精神和肉体的对立也包含了特殊和普遍的对立，包含了一般对于特殊的控制。普遍这个古老魔力盘踞在特殊之中。人格的魔力就是一般对特殊，精神对肉体的统治。而在阿多诺那里，两个方面应该和解，而这个和解也不是现成存在的东西，是一个动态的过程。从这个意义上，不存在所谓直接存在的人格，也不存在所谓的现成存在的道德。海德格尔把此在和生存都理解为现成存在的东西，他要直观这个现成存在的东西。而在阿多诺看来，人格和生存都不是现成存在的东西，而是一个动态的过程。如果曾经存在过，那么这也只是偶然的、暂时的。

正如我们在前面分析人格时指出的，在康德那里，人格有两种意义，一种是人的纯粹的可能性；同时也是指资本主义社会中市场体系中的个人，作为市场体系代表的个人。在资本主义社会中，孤立的个人才被理解成为直接存在的东西。而这两个意义上的人格是混合在一起的。康德所理解的这个人格概念是有内容的。而人格主义所理解的人格是纯粹的此在，甚至是无法规定的，是非概念。它脱离了普遍性，是纯粹的在此存在。所以，阿多诺说，这个人格变成了空洞的同义反复。海德格尔、雅思贝尔斯、克尔凯郭尔等人都是在不同程度上这样来理解人格的。在这里，阿多诺批判了他们所说的人格。存在论者期望人格具有超越性，即人格能够摆脱现实环境，能够不顾现实条件作出抉择。而在阿多诺看来，存在论所强调的这种人格不过是抬高了人的意识。人的意识可以不顾现实条件进行构想，进行抉择。可是，人的意识之中都包含了普遍性,没有完全特殊意义上的意识。而存在论却把人格看做是纯粹特殊的东西,看做是与普遍无关的。为此,阿多诺强调,意识是不会没有普遍性的,可是诉诸人格并把人格作为道德基础的学说却要排除这种普遍性。因此,人格的概念及其各种变种,比如你—我关系的概念,都像神学那样油嘴滑舌,不可信任。这就是说,他们所说的那种人格是纯粹的同义反复,没有规定的。既然人格概念是无规定的,那么"你""我"就都是无规定的。既然它们都无规定,那么你—我关系的概念就是油嘴滑舌,不可信任。新的人格主义强调真正的人,强调人的本真意义上生存。但是,真正的人这个概念其实是无法被预先规定的。如果真正人的人无法被规定,那么人格也是无法被规定的。为什么人格无法被规定呢?在阿多诺看来,这种生存着的此在无非是自我持存的人的神圣复制品。自我持存的人是生存斗争中的人,新人格主义把这种生存斗争的人神圣化,变成了此在的生存。它不是在生理意义上自我持存,而是在精神意义上自我持存。这就是此在的生存。阿多诺就是批判了海德格尔等人对于此在的这种理解。接着,阿多诺提出了自己的观点。他认为,从历史哲学的观点来看,人的概念肯定一方面以那被对象化为性格的主体为前提,另一方面又以这种主体的解体为前提。这就是说,人既是被规定了的主体,是有特殊性格的主体,同时也要冲破这种规定。被规定而又冲破这种规定,这是人的特征。当我们从这样一种角度来理解人的时候,那么我们可以看到,在现代社会,经济上的占有已经成为人类学的原则,成为人的生存的原则。在这个框架中,自我变得极端软弱、主体变得被动并像原子那样孤立、主体只有反射性行动方式等,都是对这个社会中所现成的人格的适当判断。当人为了经济上的占有而努力的时候,精神上的自我就变得极其软弱,精神上的主体也是被动的,人的行动更多地局限在刺激反应的行动模式中,为了经济上的利益而行动。从这里我们可以看到,阿多诺和人格主义有一个共同点,即人格是不可被规定的。阿多诺是从肉体和精神的和解的角度去理解人格,由此,他否定任何一种确定的人格存在。而存在论则不同,他们强调有个现成的人格,只是这个人格无法用概念来规定。所以,这个人格其实是极端抽象的人格,是离开普遍而极端抽象的具体人格。在阿多诺看来,这种人格其实就是以人类学上的占有为原型的人格,被局限在具体生存方式上的人格。这个人格其实就是表达了自我的极端软弱,它不敢面对一般。这个人格孤立在它的自我之中，只能进行简单的反射。而阿多诺所强调的人格是动态的，人虽然要生存斗争，要把肉体和精神对立起来，要在这种斗争中把自己对象化，但是人又会突破这种对象化。这个人格是包含了主体性的人格，包含了冲破生存斗争框架的人格。把存在论的人格概念和辩证法上的人格概念区分开来，是这里的关键。

接下来，阿多诺进一步从肉体和精神和解的角度去理解人格，说明他自己的人格概念。从这个角度来说，人是活生生的人，不是纯粹精神意义上的人，不是纯粹的可能性，不是"人格性"。这样的人是具有理知特性（理知是理性的要素，特性是感性的要素。阿多诺在后文有分析）的存在者。这个理知特性的存在者是这样的，他们身上有感性的要素，但是感性的要素和理性的要素是相互冲突而又相互联系的。从理性的角度来说，他们是自我，但是他们又是此在，是受到现实条件束缚的此在。这两者之间是冲突的。阿多诺就是要把人作为这样的理知特性的存在者来思考。当他把人作为这种具有理知特性的存在者来思考的时候，他所思考的不是人身上的人格性，而是人自身和他的此在之间的区分。通过这种区分，人意识到自身的非同一性。人格主义虽然也强调人自身的非同一性，但是这种非同一性是与一般无关的纯粹的此在，类似于纯粹的质料。而阿多诺是从人自身的矛盾中理解人的非同一性。这种矛盾就是，人既有肉体的要求，又有精神的束缚，人既有肉体的束缚，也有精神的冲动。这两者不可分离地结合在一起，这种冲动就与作为统一体的人发生冲突，不过这个冲动也发生在统一体的人自身中。人的这种冲动，或者说为了更好生活的冲动不仅仅是理性的，而且还是非理性的，是理性的要求与肉体欲望的结合体。从这个角度来说，这种冲动在理性的面前也是愚蠢的。当我们这样来理解人，把人作为理知特性来理解的时候，人就不是人格主义所说的人格，而是一种冲动。这个冲动，不是人格主义所说的那种冲动，而是与肉体有关的那种冲动。因此，阿多诺强调，人只有在他们不像人格那样行动时才是人，只有在不是如此这般被设定时才是人。这样的人有一种自然的冲动，但是这种冲动是有理性在其中发挥作用的。所以，阿多诺把这种冲动理解为自然的消散。自然的力量一方面淡化了，另一方面又扩展开来。这里所谓的自然的消散就是说，自然被改造过了。它是自然，又不是纯粹的自然。人不会由于自然的消散而成为人格，但是，他类似于理知存在的轮廓。或者说，他显示出理知存在的样子。在这里，人不是纯粹的自然存在，也不是纯粹的理性存在。他不是这两者之间无法和解的冲突。这种和解了的冲突可以表达为自然的消散。这种消散的自然就是人自己的轮廓，人在这里把自己从孤独的自我中解放出来。这就是阿多诺对人自身的理解。他既不是孤立的自我，也不是纯社会化的存在。这就是人自身的无规定性，但是这种无规定性又是与普遍的要素联系在一起的。在这里，人又不同于海德格尔的此在。人的这样一种特点被当代艺术所表达。或者说，在这里哲学概念显得无能为力。接着，阿多诺批判了传统的主体概念，这个主体概念强调自身的自主性和绝对的独立性。我思故我在，就是这种主体性的典型表达。阿多诺认为，这个主体是谎言，因为他为了其自身的无条件统治而否认自身的客观规定。这个主体是绝对的自我，是绝对的自身统治，不受其他东西的干扰。这其实就否认要主体是受到客观条件制约的，他否认了客观条件（包括肉体）。阿多诺所理解的主体，不是肯定地存在的主体，不是笛卡尔意义上的那个纯粹的"我在"，而是抛弃了这种谎言的东西，是抛弃和摆脱自身权力的东西。它不把自己理解为，它能够绝对统治自己，它没有绝对的自我同一性。恰恰相反，它是矛盾的，是动态的。或者说，他的主体性就是表现在他摆脱这种同一性的外壳，摆脱其自身的坚硬外壳（类似于犀牛的皮肤）。主体是自我矛盾的，是无法规定的，被规定了的主体就不是主体。阿多诺根据他自己对于主体的理解而批判了人格主义对人格的理解。这种人格就是抽象的主体，就是人可以完全自我决定，在无限的可能性中绝对地自我决定。这就是人格中的实质性的东西。人格之所以有尊严就是因为，人们赋予它以这样的实质性的东西。而这种东西是不存在的。这种实质性的东西好像是坚硬的皮肤内部纯粹的自我。这就是从内在的角度对人格的意识形态进行批判。这种人格的意识形态就是赋予人以实质性的东西，其实这种东西不存在。

　　阿多诺强调，人首先并毫无例外地还不是他自己。人是自我矛盾的，而不是同一性。既然人没有这种同一性，所以，人就不是他自己。由于人是自我矛盾的，所以人在思考自己的可能性的时候，这个可能性是与自己的现实性相对立的。人就处于这种可能性与现实性的矛盾中。从这个角度来说，虽然人从自己的概念出发，思考自己的可能性（这是人格主义所强调的），但是这是与现实冲突的。人是自己同时就不是自己。当人自己同时就不是自己的时候，人的异化这个说法就毫无意义了。只有在存在着自我同一性的时候，人才是他自己。可是，人是自我矛盾的，人同时也不是他自己。他只能在自己的概念下思考自己的可能性。如果没有同一性，那么人的自我异化，即人不是他自己的说法就不成立。尽管黑格尔曾经使用过异化概念，马克思早期也使用过异化概念，而在今天的马克思主义哲学中非常盛行，但是这个概念现在变成了一个辩护词，变成了把人固化在自我同一性中的辩护词。我们前面说过，如果人有自我同一性，那么这个自我同一性就是被共同接受的社会规范所规定了同一性。比如，合理化原则对人的控制。自我同一性就是一种束缚，一种控制。批判异化就变成了社会控制的一种辩护词。对于异化的批判就像是人们用严父般的口气让人明白，人不是他自己了，他堕落了。或者说，人已经从一种自在存在即他一直所是的状况堕落了。而在阿多诺看来，人从来没有这样一种纯粹的自在存在，没有一种一直所是的状况。人从来都没有这样存在过。如果人们认为，只有古代的人才是真正的人，后来的人应该像他一直所是的那样存在，比如，像海德格尔那样诉诸古代状况，那么这实际上也是对一种权威的顺从。如果人要像他从来没有过的那种样子存在，按照完全外在于他的那种状况存在，那么这也是顺从外在于他的那种权威。如果人顺从权威，那么这恰恰就是人的"异化"。在阿多诺看来，马克思虽然在早期文献中使用了异化，但是马克思在《资本论》中放弃了这个概念。马克思之所以放弃这个概念不仅仅是因为，这个概念是哲学概念，而他在《资本论》所研究的是经济现象，而是因为，马克思在一定程度上意识到，人不存在黑格尔所说的那种抽象同一性。

在这里，阿多诺又进一步批判了社会学中的角色概念。这就是，他不仅从否定辩证法的角度批判了纯粹的自我性。否定辩证法不会停留在批判绝对的存在，批判那个被固化的自我，而且还要批判角色这个概念。角色这个概念所表达的正好是人格的反面。社会学把人理解为生活中的角色。社会学用角色这个概念来理解人。由于它不能真正地把握人，所以这种社会学是一种主观社会学。这种主观社会学把角色当做灵丹妙药。他们用这个概念来理解人的社会化过程。当一个人被社会化了的时候，这个人就被称为角色。许多存在论者把角色理解为自我性的生存（Existenz der Selbstheit）。这个自我性就是把社会规则内化了的自我性。这个自我性恰恰是去人格化的自我性。从前面的分析中，我们可以知道，人格也被理解为纯粹的自我，此在。而角色也被理解为自我。这表明，当人格和角色绝对对立起来的时候，人格和角色其实就变成了一个东西。存在论中人格和角色不存在实质性的差别。而海德格尔的此在就具有这个特征。阿多诺之所以要批判这个概念是因为，角色这个概念表达了一种去人格化的趋势，否定了人的自由。人格的概念强调抽象的自我，而否定社会性对人的限制。而角色这个概念恰恰相反，强调人的社会性，而否定人的自由，否定人格。人们之所以这样做是因为，这种做法仅仅是为了完美地适应社会。阿多诺反对用角色概念来理解人。在他看来，如果人被限制在角色中，那么不自由就被用来取代自律性——那个千辛万苦才获得的而极易被废除的自律性；这不是高于自由，而是低于自由。当然，阿多诺的意思不是说，人不应该承担角色，不需要接受社会分工，不需要完成自己的工作，而是说，人不应该被限制在自己的角色，不应该把角色和人等同起来。人不能只是按照角色的要求来生活。一个人在工作中是教师，当然应该完成角色所应该承担的任务，但是他不能在社会生活中也当老师，到处给别人说教。这就不合适了。

在这里，阿多诺进一步批判了角色概念。他认为，角色是社会分工的产物。社会分工是社会的要求，但是社会分工同时也限制了人。如果把这种社会分工美化，把它当做是一种美德，并且是具象化的美德（角色就是这样一种具象化的美德）。借助于这种社会分工，借助于角色，自我命令他自己成为社会判定他所要成为的东西，即再一次成为他自己。

根据这样的理解，阿多诺提出了自己的观点，如果自我被解放了，那么自我是不会把自己封闭在他的同一性之中的，也不会满足于社会判定给他的角色，而是会发展他的多种可能性。在劳动时间被极大地缩短了的情况下，劳动分工所留下来的具有社会影响的东西就不再是一件可怕的东西，就不是彻彻底底地塑造个人这样一种可怕的东西。如果一个人把自己本身固化，变成坚实的物性，如果一个人随时准备发展这种物性的态度，努力成为社会所期待的角色，那么这个人就接受了这个可怕的东西，就用角色来彻底塑造自己。在这里，值得我们重视的是，阿多诺强调，在道德的东西之中，如果同一性能进入它的他者，那么同一性也不能被抽象地否定，而是要在抵制中得到保护。这就是说，我们不能简单地否定同一性，而是让同一性走向它的他者。这就是说，要在一定程度上承认同一性，承认分工的合理性，但是不能把这种分工道德化，不能用分工来完全塑造自己。这就是所谓的在抵制中保护同一性。这才是道德的。当前的分工状况是破坏性的。这种破坏性表现在，为了抽象的同一性，即为了赤裸裸的自我持存，人完全失去了自我，按照角色的要求塑造了自我。人还是要有自我同一性的，但是这种同一性不是现成的，而是动态的，是追求同一性。这个从辩证的角度所理解的同一性。

人格主义、存在论在理解人的时候，在人格和角色两个极端之间徘徊，把这两个对立的东西机械地结合在一起，比如，海德格尔的此在，而无法从这种对立统一中认识和理解人。

去人格化与生存论存在论

阿多诺在分析人格和角色之间关系的基础上分析海德格尔的此在。在他看来，此在虽然在表面上显示出一种人格主义的特点，但却是去人格化的。这是一种具有去人格化特点的人格主义。前面我们曾经指出，此在与存在一样，是极端的形式和极端的质料的结合体，是极端形式化的自我性与极端形式化的角色的结合体。这两个极端的东西本质是一致的，极端化的自我纯粹的内在性，但是这个纯粹的内在自我其实是外在的社会联系的内化的结果。海德格尔的极端的自我不是从纯粹的我思中推导出来的，而是强调自我的独一无二的存在方式，而这种独一无二的存在方式是通过社会联系建构起来的，每个人独一无二的自我都是通过社会关系来表现他的独一无二的特点。而抽象的角色恰恰就是这个关联中的自我。从这个角度来说，这个极端的自我和极端的角色是可以相互转换的。本来海德格尔试图借助于这个此在来确立人格，但是这个人格却被他存在论化。阿多诺虽然也强调人格与角色的对立统一，这个人格是具体的人格，而海德格尔却缺乏人格和角色之间的辩证法。他无法接受矛盾的东西，他的思想就像精神分析所要治疗的精神疾病。海德格尔就陷入到这种精神分裂之中，即在去人格化的过程中，把人格存在论化。

自我的双重关联就是人格和角色的双重关联。一个人要成为自主的人格就需要摆脱角色，如果成为角色，那么就会失去自主的人格。海德格尔把人格和角色都纳入到此在概念之中。在海德格尔那里，此在在生存论存在论上既是此在同时又是常人（角色），沉沦为常人这是此在的一种存在样式。在海德格尔那里，沉沦的此在要进行本真的筹划才成为真正的自我。当然，海德格尔的这个自我观念不是心理学上的，也不是人类学意义上的，而是形而上学意义上的。此在通过理解存在而生存，这种生存具有源始的意义。这个自我就是这里所说的强大的、封闭的、果断的自我。海德格尔认为，此在对于存在的理解给此在的生存展开了无限的可能性。于是，在这里，此在是在人的可能性意义上被理解的。从这个意义上来说，海德格尔在《存在与时间》中所讨论的此在概念具有人格主义的宣传作用。这就是强调了主体的可能性。这是极端的形式化的自我。

但是，由于海德格尔把人格和角色是结合在一起的。领会存在的意义上的生存也有反人格的特点。此在必须在领会存在中生存，而存在是地地道道超越的，而这个超越的存在超越了主体和客体，是先于思维的东西。这个与思维有关而又超越思维的东西就是存在。前面我们已经说过，海德格尔的存在是先于主客体的二元对立的。此在也是如此。在阿多诺看来，思维只能在主客体之间展开，主体思考客体。本来思维是主体的根本特性，但是海德格尔的主体性却排除了思维。思维也是人格的重要因素，当此在被排除了思维之后，此在作为人格其实就有了反人格的特点。这就是说，海德格尔本来是要强调人格的，但是却走向了自己的反面。我们可以理解为，这是极端形式化的质料，是完全抽象化的角色。比如，他用此在和生存来表达主体，而此在（Dasein）和生存（Existenz）在德文中都是指物质性的东西。在中文中，这两个词常常被翻译为"定在"和"实存"。这两个词语都是反人格的词语。当海德格尔用"定在"和"实存"表达主体的时候，其实就已经表达了一种反人格的意思了。在阿多诺看来，这个定在和生存就是一种同一性的表达。当然，海德格尔其实是想用它们来表达非同一性的，此在是具有无限可能性的，这是非同一性的，但是海德格尔用此在来表达了这种非同一性。这种做法是与观念论不同的，观念论是把同一性强加在主体之上，而存在论的做法却相反。本来，海德格尔是要背离这种观念论的做法的，但是当他用同一性的术语来表达非同一性的时候，在他这样来使用此在或者生存的时候，他不仅没有克服观念论反而悄悄地回到了观念论。简单地说，他的那种反同一性的趋势倒转过来了。这种非同一东西被他纯化了，观念化了，而这种纯化了的非同一东西变成了非同一性。于是，反观念论的东西倒转为观念论。

阿多诺从海德格尔对于此在的这种用法中看出这样一点：海德格尔既颂扬个人，又贬低个人。在阿多诺看来，这是资本主义社会所具有的普遍特征。资本主义社会强调个人，但是个人又是资本主义制度所确立起来的。它既强调个人自由又贬低个人，把个人变成资本主义社会系统中的角色。资本主义社会的这个特点，从理论上来说，就是把主体性（作为个别自我的普遍原则、抽象自我）和个体化自我（角色）割裂开来。本来，在阿多诺看来，人格是普遍性和特殊性结合在一起的。这是一种矛盾的东西。这才是人格。而海德格尔的思想把普遍性和个别性割裂开来，并在割裂开来的基础上结合在一起。这就如同资本主义社会中既颂扬个人又否定个人是一致的。当资产阶级在强调主体性的时候，比如，在谢林那里，他所强调的主体性就是自我性，即作为个别自我的普遍原则。人都有一种普遍的自我。这是人的主体性。这是一种普遍性。同时，人还有一种个体化的自我，这是纯粹质料性的自我（角色）。这就是说，人的自我可以在两种不同的意义上来理解，一种是抽象的一般意义上的自我，一种是纯粹个别化的自我。海德格尔的此在就是把这种最一般意义上的自我和最个别意义上的自我结合起来。在海德格尔那里，这个此在就是主体性的本质。海德格尔的《存在与时间》就是讨论这个主题的。但是，海德格尔的此在不是阿多诺所说的那种人格，而是人格的残留物。人格的残留物和人格自身之间的差别比较难于理解。这个差别就在于，在阿多诺那里，一般的自我和个别自我是相互作用的，这里是一种辩证关系，既对立又统一的辩证关系。因此，这个东西不能用某个确定的概念来表达。而海德格尔那里，此在是表达人格的，但是这不是阿多诺所说的那种一般和特殊之间的矛盾和冲突，而是一种纯粹的非同一（纯粹的质料）。他的此在把抽象的人格性和人格的残留物外在地结合在一起。海德格尔所进行的这种外在结合也是有一定的道理的。或者说，海德格尔的这种做法的动机不应该受到轻视。那么这个动机是什么样子的呢？首先我们强调，人具有人格，具有独一无二的自我。这种普遍存在着的自我是可以叫此在的。这是关于人格的个人意识，所有的人都有一个关于人格的个人意识。但是，人所获得的关于人格的个人意识，这种个人意识是一种幻相。这就是说人自己以为他获得了关于人格的一般意识，其实这都不是纯粹的个人意识。人能够获得的是他自己的对于自己的具体意识。人有这个个别自我，但是，这个个别自我是不是就没有一般自我的内容呢？阿多诺强调，人在自己的个别自我之中也有一般自我的内容。这是一种跨主体的客观性，但是这种跨主体的客观性只能在个别主体中被意识到，只能在纯粹主体中找到。于是，当个别主体在进行反思的时候，他认识到了个别自我，但是他的这个个别自我其实就是一般的自我。这就是说，他经验到的个别自我同时就是非我，就是一个跨主体的自我，是一般的自我。这个一般的自我是自我的他者，是非我。本来，在主体的自我反思中，主体应该能够知道，这个自我是非我，但是当主体被束缚在绝对自我之中的时候，这个非我是无法意识到的。而海德格尔强调的此在其实就是看到了这里的困难，即绝对的自我之中包含了跨主体的非我，一般性的自我。海德格尔所强调的是，人在自我反思中所认识到的绝对自我，其实不是自我。叔本华确证了这个困难，而海德格尔也意识到这个困难，并根据这种困难提出了此在的概念。这个此在的意思是，他是孤立的自我，但是这个孤立的自我其实不是自我，而就是他者，自我同时就是非我。

海德格尔把这个此在当做最终的东西。这个绝对的自我同时就是非我。这就是最终的状况。这种状况被命名为此在。阿多诺认为，这就缺乏辩证法，黑格尔用辩证法的思想从绝对观念论的角度解决了这个问题。在黑格尔看来，这里包含了一种辩证法上的转换，绝对主观性转变为客观性。这就是说，完全孤立的，绝对个别的自我其实就转变成为客观的东西。这个绝对自我其实就是一般的社会关系内化的结果。比如康德所说的那个实践理性的主体就是把市场交换中的合理化原则内化的主体。绝对的自我其实就是社会关系内化的结果。这就如同我们前面所说的资本主义社会关系，这个社会既强调自我，又否定自我。在海德格尔的理解中，人对于自己的意识其实就是非我，但是人们却不知道他所意识到的是非我，而以为这就是绝对的纯粹的自我。这里存在着，人意识到他自身的困难。于是，在海德格尔的自我中，人不需要反思，这种反思无法真正地理解自己。人就是如此这般存在，就是在理解存在中生存，他没有反思中理解自我和非我之间的矛盾。在这里个人丧失了他的自我意识。而人格是与人的自我意识有关的，是人对绝对自我的意识，是对于自己的绝对自主性的意识。在海德格尔那里，人失去了把握自己的能力，于是，人也就失去了人格。海德格尔那里的此在就是失去了人格，失去了主体性。而海德格尔在其思想中也确实否定了人对于自身的这种反思。对于海德格尔来说，人是在直观自己的死亡之中把握此在的本质，了解到自己的本己的存在的。人是在直接面对自己的死亡的时候，人就直接面对他自己了。这才真正地领会他自己了。在阿多诺看来，本来人是通过自己的反思来领会自己的，而海德格尔否定了这种反思。而按照黑格尔的辩证法，人通过自己的反思而成为自为的存在者。而这个纯粹的自为存在被否定了。他从纯粹自为存在的"不性"的角度来理解自我。人不是自为的存在者，人不能在自我反思中改变自己，而需要面对自为存在的"不性"，需要向死亡存在。从阿多诺的角度来说，这种否定自我反思，否定自己的思维能力就是反人格的。当海德格尔走向反人格的时候，就是否定了人的主动性，否定了人通过反思来改变自己的命运的可能性。这就是向命运低头，向人们感到的不可避免的命运低头。这种观点不是鼓励人通过反思、通过观念来超越人格，超越被内在化的客观性意义上的人格，从而改变这种命运。海德格尔那里却缺乏这种反思，缺乏观念，他也无法达到这个命运。

接着，阿多诺认为，海德格尔从语言上确立了非人格性，把人理解为此在，而忽视了人的意识，忽视了人的反思能力，忽视了人能够通过自己的方式来超越自身。而这种反思能力是主体成为主体的东西。而海德格尔的去人格化的做法就是把人格变成绝对的自我性，这个绝对的自我性失去了自我意识，无法意识到自我中的非我。只有在主体意识到非我，在同非我的斗争中自我才成为自我。如果主体意识不到非我，自我成为绝对的自我，而这个绝对的自我其实就是非我。这个绝对的自我就走向新的非人格化。而海德格尔从语言上确立了这种非人格性，他纯粹地忽略了那使主体成为主体的东西，从而极其轻易地赢得这种非人格性。

所以，阿多诺认为，海德格尔在思想上绕开了主体这个纽结，绕开了主体必须在与客体斗争中才成为主体，绕开了主体的不确定性。海德格尔的人格概念变成了绝对自我的概念，变成了抽象的、纯粹可能性。这种把生存雾化为纯粹的可能性，就是把人格变成绝对的自我，这种纯粹的抽象的自我其实就是非我。因此，他的人格就是去人格化。从这里我们可以看到，阿多诺采取了一种辩证的态度来对待人格。绝对的人格就是非人格，就是去人格。如果我们要真正地去人格化，消除观念论，那么我们就应该对此在着的世内主体进行分析。这种分析就是主体对于自己、以及他与世界的关系进行反思。只有通过这种反思，主体才超出纯粹精神上的存在。或者说，主体要去人格化就要主体对自身的反思。而海德格尔的做法却缺乏这种反思的要素，缺乏主体和客体之间相互斗争而又相互和解的角度。海德格尔的此在分析却在这样的做法面前停顿下来了。他提出的生存就是去人格化的生存。这种去人格化的生存不是真正的人的生存。海德格尔不愿意对于人格进行分析，这是因为他的思想中有威权主义的思维方式。他的思想没有脱离同一性思维。所以，他的人格，纯粹非同一意义上的人格就是绝对同一性的人格，是绝对的自我，这种绝对的自我就是去人格的自我。绝对人格化就是非人格化。同一性的思维方式的核心就是统治原则。而反思就是质疑这种同一性。这种反思是辩证法的开始。这就是说，如果我们分析这种"我性"，那么我们就可以发现其中的矛盾。

由于海德格尔的去人格化也是极端的人格化。而此在就是这种去人格化的表现。这个去人格化的此在好像是人，又超出了人，既是人格化又是超人格化。那么为什么会出现这样的状况呢？这是因为，活生生的个人建构了一个整体，而这个整体是功能的整体。这个功能的整体就是把人成为这个功能体系中的角色。或者说，这个功能体系用一种匿名的方式把人变成角色，从而使人去人格化。虽然海德格尔对于这种状况表示痛惜，他用一种彻底的人格化来对抗这种去人格化，而这种极端的人格化恰恰是去人格化。他的此在就表示了这种去人格化。所以，阿多诺说，尽管海德格尔在语言上对此表示痛惜，但是，他同时又以肯定的方式把这种事态作为一种超人格的东西反映出来。这就是说，虽然他在语言上也是反对这种去人格化状况的，但是他的思想内容事实上保留了这种去人格化的要素。这种功能性联系的核心就是人为了自我持存而不能不进入这种功能联系。这是去人格的核心。海德格尔的此在就包含了这种功能联系，把这种功能联系作为人的此在的核心。这是此在所没有认识到的核心。这就是人格中的物性的东西。这就是我们前面所说的人格性中的残余物。因此，阿多诺指出，只有透彻地把握人格之中物性的东西，透彻地把握自我性的局限性,即它受到了把自我等同于自我持存的限制,这种去人格化的恐怖状况才能被征服。人必须自我持存,但是人又必须超越自我持存。只有这样人才能克服去人格化。只有克服这种物化,人才成为人,但是人又不能没有这种物化。所以人就是在物化过程中消除物化。这样的辩证法在海德格尔思想中是没有的。因此,在海德格尔那里,存在论上的去人格性始终要把人格存在论化,而不是要达到人格。这就是说,海德格尔虽然也要强调人格,但是他的那个人格是去人格化的人格,是存在论化的人格,作为实实在在超越意义上的人格,而不是在反对物化中存在的人格。所以,阿多诺说,他不是要达到人格。如果人的意识是活生生的意识,那么这个意识就是在与物化的斗争中显示出其活生生的方面。当意识的这个活生生的方面被牺牲的时候,意识失去了这个活生生的方面,意识就成为纯粹存在论意义上的意识。如果人们这样去认识意识,那么意识就成为摆在那里的一种类似于物性的东西,而不是活生生的意识。人格是人对于自我在意识上的一种确认。活生生的意识与类似于物性的意识显示了两种不同的人格。阿多诺主张前一种人格,而海德格尔的人格是后一种意义上的人格。在海德格尔那里,自我性始终是物性的。阿多诺不否认人的意识中有物性的东西,这是一种客观条件,这种客观条件处于主体的核心之处。但是,阿多诺认为,尽管这种客观条件是主体自己的,但是主体为了其自身的控制的无条件性又必然会否定这种客观条件。主体应该摆脱这种客观条件。这样才真正达到人格。这种人格是以结束功能性强制为条件,以结束同一性的强制为条件。人格也是人的自我同一性,这种同一性是以结束功能性强制那种同一性强制为前提的。只有结束了这种强制的同一性,人才具有人格,才具有主体的同一性。海德格尔也要结束这种同一性强制,但是他是扭曲的方式来进行的。他没有辩证法,他要通过直接走向源始的统一性来克服达到人格。而人格被他当做一种现成存在的东西,当做是此在。

在这里,阿多诺强调精神辩证法。这就是说,精神中一定包含了物性的东西。从这个角度来说,与精神相关的一切东西没有不被纳入到去人格化的领域之中,纳入到精神的辩证法之中。精神之中包含了反精神的东西,精神就是在与反精神的东西的斗争中成为精神。主体在于反主体的东西的斗争中来凸显自己的主体能力。于是,从历史哲学的观点来看,精神分裂是关于主体的真理。

精神一定是自我分裂的。否定这种分裂是因为精神不够强大，不敢面对它的对立面。海德格尔所触及到的那个领域是此在的领域，这个此在的领域与被管理的世界是对立的。但是这个与被管理世界绝对对立起来的东西其实就变成了被管理世界的寓言。寓言就是用曲折的方式表达了一种道理。此在就是被管理世界的寓言。表面上此在是说，个体的可能性，而实际上是强化被管理世界的秩序。此在是以一种曲折的方式表达了被管理世界。或者说，它用一种相反的方式，用讽喻的方式表达了被管理世界。在这样的情况下，这个此在就变成了主体一种令人绝望的僵死规定。只有对这个僵死规定的批判，只有对这个此在的批判，才能找到它的对象，才能找到这个矛盾的对象。只有对这个此在的批判才能真正理解人的这个精神领域。而海德格尔忽视了这个精神领域的矛盾，把这个精神领域变成了一个存在论的研究领域。这个领域被哲学史上的人们所遗忘。他要回到前苏格拉底的时代去探求这个精神领域。从这个角度来说，弗洛伊德的精神分析还看到了精神中矛盾，如果一个人能够忍受这种精神矛盾，那么这个人就处于正常的精神状况。所以阿多诺说，弗洛伊德的反形而上学的本我学说比海德格尔的那个不想成为形而上学的形而上学更加接近于对主体的形而上学批评。这个对主体的形而上学批评就是海德格尔对于主体哲学的批评。弗洛伊德是反形而上学的，他是一种心理学的研究。海德格尔也批判了传统的形而上学，即主体和客体区分开来的形而上学，但是他要得到一种新的形而上学，以此在之存在为核心的形而上学。

在阿多诺看来，当人格变成绝对的人格的时候，这个人格就与角色没有多大的差别，就是一种以扭曲的形式表达的角色。这个人格表面上看是纯粹的自我，其实是系统中的角色。如果角色是自律所规定的他律，那么自律和他律就结合在一起了。绝对的人格是自律。这个自律其实就是他律，是由自律所规定的他律。角色就是自我，自我就是角色。在这里，人格就是接受统治。这个角色就相当于黑格尔所说的那种苦恼意识。在这个苦恼意识中，主人成为奴隶，奴隶成为主人。也正因为如此，角色就是苦恼意识的最新形式，是一种客观化的苦恼意识。按照阿多诺的看法，人不该成为这样的角色，而是要成为自己。不过这个自己不是给定的自己，而是自己反对自己的自己。只有这样的自己，才是幸福的。只有在自己反对自己，反对自己受到的强制的情况下，人才是幸福的。自己反对自己是能够忍受自己的精神矛盾的人，是一个具有强大自我的人，这样的人才能真正具有人格。相反，如果无法忍受这种矛盾，如果主体无法忍受强加于他的压力，那么他就会走向精神分裂。就会退回到疏离孤立、模棱两可的状况。这就是海德格尔所说的那种此在状况。这是主体的一种源始状况，是主体应该努力摆脱的一种状况，而海德格尔却要回到这个状况。当主体回到这样一种源始状况的时候，当主体逃离自己的主体性的时候，海德格尔所说的那种主体性，是一幅可能主体的瞬间即逝、可恨可恶的图画。这个主体表面上看像是主体，其实是主体的丧失。这种丧失就表现在他无法忍受外在的压力。源始状态是一种神话，人的主体的发展，文明的发展，启蒙的发展就是要终止这种神话。海德格尔的主体（此在）就是这种主体神话的最终形式。这就是所谓的绝对的，纯粹的人格的神话。主体的自由就是要从这种主体的神话中解放出来，从他自身中解放出来。在这里，主体必定要牺牲自己，必定要接受外在的强制，并克服外在的强制。而这种外在的强制不会一劳永逸地消失。对于阿多诺来说，不存在绝对的主体，不存在绝对的、肯定的自由。主体必须要牺牲自己，接受外在的强制并克服这种强制。在这种情况下，主体就达到了非同一性。只有在这种非同一性之中，主体才是自由的。

道德哲学中的一般和个别

在这里，阿多诺通过对于道德哲学中的一般和个别的分析，探讨在两者之间的和解的可能性。道德既不能像海德格尔那样成为单纯的个别，也不能像康德那样过度强调一般。而是在一般和个别的矛盾中存在。

康德在道德哲学中强调理性的法则，要排除心理要素对于道德行为的干扰。阿多诺由此认为，康德在他的道德哲学之中是抨击心理学的。康德把道德的领域看做是属于理知的领域。当然，阿多诺对于理知的领域的理解既受到康德的影响，又有别于康德。在阿多诺看来理知的领域不能与经验的要素毫无关系，不能与心理的要素毫无关系。所以，阿多诺认为，康德所得到的不过是理知领域中的碎片而已，纯粹理知的东西几乎不存在。康德抨击心理学是害怕失去这个理知领域中的碎片。当然，康德抨击心理学还是因为，他要把个体的道德范畴与普遍的要素结合起来。个体的道德范畴必须具有普遍性。或者说，在这个领域中，人的自我立法必须具有普遍性。

不过在阿多诺看来，康德的理性法则和道德范畴一样，表面上是实践理性的产物，但是其实这些法则和范畴都秘密地包含了社会内容。例如，我们前面所说的，理性原则背后所隐藏着的是资本主义社会中的交换原则。个人所确立的理性原则其实就是社会的合理化原则内化的结果，其中秘密地包含了社会的内容。如果没有社会内容，那么个人所确立起来的道德原则也不可能成为普遍的法则。而当康德努力把个体与普遍结合在一起，把社会的内容纳入到个体的范畴之中的时候，经验的要素也悄悄进入了他的这些范畴之中。比如，在《实践理性批判》中，康德使用"人性"这个概念。而这个概念其实就是要把普遍和一般结合在一起，于是这个概念就显得让人琢磨不透。因此，阿多诺说，这个概念的功能之一就是要让人性适用与一切理性的存在者。这就是说，每个理性的存在者都有人性。这也成为康德的道德哲学中的无差别点。在这个人性概念中包含了两个方面的可能性。一方面，普遍是纯粹逻辑的客观性，每个人都从逻辑上被设定为理性的人，这就是人性的意思。另一方面普遍是从单个主体中抽象出来的，从单个主体中独立出来的，并且单个主体也消失在逻辑的客观性之中，那么人性就不是单单的逻辑客观性，而是从经验的个人之中概括出来的。所以，人性这个概念之中，作为一种普遍概念，既包含了纯粹抽象的一般性，又是从经验个人中抽象出来的，具有经验的基础。或者说，这里既具有逻辑上的一般性，也有经验上的一般性。经验的一般性和逻辑一般性的差别非常小。我们几乎无法把这两者区分开来。因此，阿多诺说，在逻辑绝对主义（逻辑的一般性）和经验的一般性（经验的普遍有效性）之间的差别非常小。从逻辑上来说，这里有一个分水岭，有一个差别，但是其差别如此之小。这两者几乎是结合在一起的。从这个角度来说，康德就是要借助于这个人性而把逻辑的客观性与经验结合起来，从而使那个纯粹的理性法则回到实际的状况中来。本来康德的纯粹理性体系是排斥这个经验要素的，但是无论怎么纯粹，它都不可能完全排除经验的要素。所以，阿多诺说，康德的反心理学的道德哲学和后来的心理发现（精神分析）结合起来了。比如，良知就可以和超我结合起来理解。心理学上所说的超我就是被内化了的社会规范。超我又是和自我结合在一起的，甚至是无法严格区分开来的。当我们这样来理解自我的时候，自我就是超我，就是社会的规范的内化的产物。那么这个时候的康德的道德哲学的原子论（孤立个人）也就被打破了。而这个孤立个人恰恰就是社会的产物，就是社会规范内化的结果。这就是说，人的社会性和个别性之间是无法从根本上区分开来的。良知就是孤立的个人对于社会规范的承认和判断。这种社会规范就是阿多诺在这里所说的社会客观性。一个人把社会客观性内化就成为良知，就会依赖于社会客观性而生存。这种社会客观性成为个体化的核心。当然，在社会客观性被内化的时候，成为个体化的核心的时候，这不意味着其中没有矛盾，没有对抗。一个人可能既接受社会的规范，又抗拒这种规范。这就是我所理解的人性。人性就是在这种矛盾性中体现出来的。这就是说对抗性与普遍原则的内化是结合在一起的。而良知也是如此。比如，他律的强制、克服不同的个人利益之间的差别而达到的社会团结，等，都包含了冲突和对抗的要素。既然这些压抑的要素、他律的要素被内化为良知，那么从这个角度来说，良知也可能会把社会中的那种压抑性的恶劣状况再生产出来。这种东西是与自由对立的。如果良知把压抑性的恶劣状况再生产出来，那么人应该排斥这些要素，人应该渴求自由。可是，人却接受了这种东西。这说明，这种压抑性的东西对人来说也有吸引力。如果没有吸引力，人为什么会接受它，把它变成人的内在的核心的东西呢？从这个角度来说，这些东西还是有一定的魅力的。而人只有通过良知的自身规定的证据来消除这些东西的魅力。消除这种魅力就是要表明，人一方面应该承认普遍性的规范，另一方面又从自身的利益来考虑而反思这种规范。这就表现为，人一方面要在社会中生存，接受社会的规范，另一方面也要独立起来。这就是一种矛盾。人的内在的良知既会接受这种客观要素，也会反思这种要素。人会凭借自身的良知的证据来衡量这些客观的东西。

假如人的良知根据自己的证据接受了普遍的规范，而不是把他律的东西当做外来的东西，那么这就意味着主体无意识地接受了普遍规范，他不怀疑这些规范。这些被良知所无意识接受的普遍规范证明了，在社会之中超出特殊的东西才是社会总体的原则。这些超出特殊的东西，被人们无意识地接受的东西之中包含了真理性要素。这就是说，被社会普遍接受的规范还是包含了真理性要素的。阿多诺并不盲目地否定一切普遍要素。如果普遍接受的要素中没有合理的充分，那么人会在自己的良知中否定这种要素。

在这里，人们必然提出的一个问题，良知既可能把恶劣的压抑状况再生产出来，把冲突再生产出来，又承认普遍规范而包含了真理要素。那么，人的良知究竟是对的还是错误的呢？我们究竟如何判断一个人的良知呢？阿多诺的回答是，我们没有另外的标准来判断良知。因为良知和普遍的原则、与压抑的原则，与真理结合在一起。对于这些东西的对和错只能由良知自己来判断。人在良知中有他自己的证据。所以，关于良知的对错问题是没有最终的答案的，因为对错就寓于良知之中，良知根据自己的证据来判断对错。或者说，这里的对错无法被区分开来。我们无法用一个抽象的标准把这里的对错区分开来。良知包含了压抑，但是没有这种压抑，社会团结就无法形成。虽然这是与自由对抗的，但是也是必要的。良知还有一个作用，这就是它要扬弃压抑来实现社会团结。良知既要借助于压抑又要扬弃压抑来实现社会团结。一个人根据自己的良知而接受社会规则。这就是把压抑内化了，自觉接受规范，但是又会反思规范，从而实现社会整合。

在这里，阿多诺得出结论，道德哲学中最根本的东西是，个人和社会既不能简单地被分离开来，也不能简单地被调和。这两者既相互差别，又相互和解。这是对立中的和解。马克思主义哲学把这种状况理解为对立统一。这是一个比较恰当的分析。如果从对立的角度来分析，那么一般性之中包含了恶的要素，这种恶表现在个人在社会中，在普遍性之中没有实现自己的要求。对于这种恶的要素的批判不是完全否定一般性，而是通过这种否定来突出超个人的东西即普遍东西的真理内容。或者说对于一般性的批判不是彻底否定一般性，而是要在批判一般性的东西之恶中消极地凸显其中的真理要素。对于一般性之恶的批判不是导向个人，不是把个人的要求直接当做是真理的内容。在一般性之中会出现恶的方面，比如，在社会中一个人会贫困，一般性的东西没有满足他的生存要求。如果他以此为借口把自己变成最终的、绝对的东西，那么这就导致了一种个人主义。个人在这里误识了他自己。从这个角度来说，他从他自己的那个方面来看变成了自由主义社会的幻相。他得到一种幻相，好像他自己是绝对的，他被自由主义社会所欺骗。社会没有满足个人的要求并不表示社会对个人不公正。社会需要起码的社会整合。这种社会整合的原则是社会所必须的。黑格尔关于个人和社会的关系的分析中就指出了这一点。他说，我是我们，我们是我。① 在这里，我们可以看到，阿多诺既反对个人优先，也反对社会优先。对于他来说，无论哪一种优先，都是第一哲学的残余。

对于阿多诺来说，社会必须有最起码的普遍性要求。如果没有这个普遍性要求，那么社会就无法再生产自身。从这个角度来说，即使社会在其普遍的要求中没有公正地对待个人，但是，社会的那个未经反思的维持自身的原则如果被个人具象化，被个人在生活中落实下来，那么社会就公正地对待个人了。比如，在资本主义社会中，这个社会把个人孤立化，这是社会强加给个人的，是社会把个人确立为个体。这是社会的原则。如果这个社会的原则在个人生活中被落实了，比如，每个人都按照这个原则来行动。即使在这个体系中个人没有得到生存的保证，即使这是恶劣的普遍性，但是社会也公正地对待个人了。换一句话来说，社会的恶劣普遍性是个人行动中存在的，是在个人的行动中出现的。个人的行动落实了这个恶劣的普遍性。从这个角度来说，这个社会恶劣是个人的恶劣造成的。在这个情况下，我们没有理由指责社会，说社会没有公正地对待我们。社会衡量个体就是用规则来衡量规则。社会用一个规则来衡量每个人自己所接受的规则。比如，每个人的自由是社会的规则，也是每个人所接受的规则。按照这个规则，如果一个人的行动伤害了其他人的自由，那么这就是违反了这个人自己所坚持的规则，个人所坚持的这个规则是社会的普遍规则。阿多诺认为，这就是一种和解状况，这就是个人和社会的和解状况。个人坚持了社会确立起来的规则。所以阿多诺在这里强调了康德的一个思想，每个人的自由只有在他伤害到其他人的自由的时候才必须受到限制。② 这句话是暗示了一种和解的状况。这种状况不仅超越了恶的普遍性，即强制的社会机制，而且超越了顽固的个人——社会的强制机制在其中以微观的形式重复自身。在阿多诺看来，康德的这个思想既超越了社会的强制，也超越了纯粹的个人。

按照这样的分析，阿多诺认为，关于自由的问题不是要得到是和否的回答。过去人们把自由当做是某种给定的东西，于是他们就满足于一种状况是不

---

① 黑格尔辨识出这一点，并且在他激烈推动这类反动的误用的时候，最敏锐地辨识出这一点。阿多诺的这个说法，我还找不到文献依据。
② "任何一个行动，如果它，或者按照其准则每一个人的任性的自由，都能够与任何人根据一个普遍法则的自由共存，就是正当的。"(《康德全集》第六卷，李秋零译，北京：中国人民大学出版社2013年版，第238页。)

是自由的。而阿多诺强调，关于自由我们需要一种全新的理论，这个理论能超越现存社会，又能超越现存个人，这个理论能够扬弃个人和社会的对立，或者说，既承认两者之间的差别，又扬弃这种差别，并得到一种社会自由。阿多诺的社会自由理论与黑格尔的社会自由是不同的。他所渴望的这个理论是这样的，它不是要去认同那内化了、僵化了的超我权威，而是要实施一种关于个体和类的辩证法。这是一种关于个人和社会的辩证法。在这里，阿多诺描述了他的辩证法的初步构想。首先就超我来说，社会都有普遍的规范，而且社会的普遍规范还相当严格。那么社会的这种规范为什么如此严格呢？因为这个社会充满了冲突，人们抵抗着超我。既然人们都抵抗着超我，而超我就是被内化到自我之中的，是和自我结合在一起的。自我被理解为自由的。从这个角度来说，社会对于自由还是有一定的抵抗的。如果是这样，那么自由就应该和它的对立面，即压抑结成联盟。这就是自我和非我的和解。

一个人只有在与非我的和解中才获得解放，自由不是完全消除压抑，而是要和压抑得到和解。如果这样来理解，人们就会说，自由就是承认压制，接受压制，人就解放了。阿多诺不是这个意思，他的意思是，当这个普遍的压抑规则的真理性得到承认的时候，人就能够和压抑和解。尽管普遍的东西是压抑的，但是也有合理性。在承认这种合理性的时候，个人就获得解放。但是，这还不是目标，如果自由和压抑实现共谋，如果压抑就是自由所需要的，那么这个时候，人不是需要自由，而是超出了自由。对于阿多诺来说，只有在一个压抑社会中人们才一直追求自由。而在自由社会中，人们所追求的应该是超越自由。而当社会不自由的时候，人们追求自由，而这种自由恰恰暗藏了进攻性。这是因为，当社会不自由的时候，社会的普遍原则就和个人的利益产生冲突。而社会的普遍原则之所以被坚持是因为它代表了某些人的利益，在这里一定存在着利益的冲突。所以，社会的不自由一定意味着社会的冲突，意味着个人和社会之间的冲突。在这个不自由的社会中，如果有人在这种不自由中好像在自由行动，那么这个自由行动的人是与社会普遍的要求一致的。他的这种行动就是按照普遍的原则而压制其他人，否定那些与社会利益不一致的人。他的行动包含了攻击性。

如果社会是自由的，那么个人和社会就实现了和解，个人很少会疯狂地保护旧的特殊性，会扬弃自己的特殊性。这就是说，个人承认普遍性在一定条件下的合理性。同时，在自由的情况下，个人也很少与当前的集体概念相一致，他会根据自己的判断对抗集体。在这里，个人既是压抑的中心，也是抵抗压制的中心。这就是说，个人既用普遍来压制自己，同时也以个人的要求否定普遍。这里存在着一种辩证法。如果社会不存在这种辩证法，那么社会就没有自由。接着，阿多诺就按照这个思想批判苏联的情况。他认为，苏联垄断了社会主义之名，这是直截了当的集体主义，就是要命令个人无条件地服从于社会。在阿多诺看来，社会主义必须把个人和社会之间的矛盾实现和解，而不是用社会来压制和否定个人。否则的话就是用社会来压制个人，这强化了个人和社会之间的对抗。阿多诺把这种否定个人的社会理解为社会化的社会，强制进行整合的社会。这个社会不知疲倦地把人聚拢在一起，并且无论在字面上还是含蓄地使它们变得无法独处。当这些人无法独处的时候，表面上他们活在集体中，其实他们很孤独。他们没有在自由的条件下和别人结合在一起。在这个社会中，自我没有自由，他也无力反抗这种强行的社会整合。在这样的情况下，自我是脆弱的。他们只能埋怨自己是孤独的。从常识来看，这样的人应该埋怨的不是孤独而是埋怨缺乏独处的条件。最深刻的孤独是在群体中的孤独，一个人在群体中却无法融入群体。如果一个人已经把自己和社会结合在一起了，那么即使一个人是独处的，他也不孤独。一个人埋怨自己的孤独恰恰表明了这个社会对人的强制整合。这个在群体中的孤独与冷酷的市场体系中的孤独是一样的。在集体中的人和在市场中的人一样孤独，一样脆弱。其核心问题就在于，个人和社会之间的冲突没有得到和解。人们用其中的一方面否定另外一方。人的脆弱在市场的交换体系，在威权的统治中，在残酷的规训中不断地延续下去。那种强行的社会整合，那种所谓的自由人的联合体不断地把这些自由人聚集起来，让他们参与各种被动的集体活动。在阿多诺看来，只要这个社会非理性地期望把它的被压制成员拼凑在一起，那么这些活动都会盛行起来。而客观上来说，这些活动都是不需要。从历史的结果来看，强行把人整合在一起，以集体的名义所进行的这些活动并没有多少社会效果。这些没有自由的人，不会渴望自由，而是害怕自由。他们埋怨自己太孤独了。

这里所出现的问题就是个人和社会的对立，集体主义和个人主义变成了相互对立的东西。这两个相互对立的东西会相互充实起来，强行的社会整合，强行的集体主义导致强烈的个人的自主意识，并走向极端的个人主义。极端的个人主义导致了个人面对市场的无奈，而追求集体主义。正确的方式是个人和社会之间的相互和解，而极端的个人主义和集体主义没有这种的和解，它们相互之间只能以错误的方式充实对方。这都会不断地强化个人和社会的对立。由于人们把这两者对立起来，自费希特以来的思辨哲学对此进行了反思，对这两者都采取了一种抵抗的态度。它们用两种学说来否定这对立的两个方面。一种学说认为，这是十足的罪孽。把这两者对立起来是十足的罪孽。这就是自由主义的契约论。这个契约论认为，人是自由的，这些自由的人会像狼一样地相互斗争。而建立起来的政府本来是要保证人的自由的，结果它变成了利维坦，变成了压制人的东西。一种学说认为，现代社会变成了完全功能化的社会，人虽然是自由的，但是被纳入到一个功能结合体中，人失去自由，人失去了生存的意义。前者是指契约论，后者是指韦伯所提出的合理化社会。这种情况被概括为现代性的危机。从这个角度来看，现代性被等同于一个扭曲的世界。人们对于现代性的问题进行反思。或者说，人们对于启蒙以来的资本主义文明进行分析。卢梭首先对于这个启蒙的时代进行鞭挞。他认为，这个时代是对人的自然状况的扭曲。这个社会是不自然的社会，是背离了自然状态的社会。他也以"最后的伟大风格"引发了这种反思。今天反思这个社会状况的问题日益突出。人们把这个社会看做是无意义的社会。人们要消除这个无意义的世界。比如，海德格尔的哲学就是如此。阿多诺是这样来描述现代性批判思想进程的：从隐秘的渴望到狂热的循规蹈矩者的口号。这就是说，反思现代性最初是以隐秘的渴望的形式出现的。这个所谓的隐秘的渴望就是渴望回归到卢梭所设想的这样一种自然状态。海德格尔称之为"源始"的状态。后来就变成了循规蹈矩的口号。这就是说，虽然人们看到了现代文明的缺陷，想改变这种缺陷，但是当人们希望回到源始状态的时候，人们其实走在两个极端之间，一个是现代文明，合理化的文明，一个是与这种文明完全对立的自然状况。对于阿多诺来说，这是缺乏辩证法的。那些期望回到源始的人，在面对着现代文明的缺陷无可奈何，最终只能循规蹈矩，服从现实的规范。他们对于现代性的反思没有切中现代文明的核心。他们的分析缺乏辩证法。在这里，阿多诺批判了波普尔的

"开放社会及其敌人"的说法。他把波普尔说成是科学主义的辩护士,这个辩护士把人类文明社会简单地划分为封闭社会和开放社会。好像现代社会是一个开放社会。阿多诺认为,现代社会不是开放的,也不是像卢梭等人所说的那样是扭曲的。把现代社会说成是扭曲社会的人们还眷恋着那种田园牧歌式的社会形式。这些人对于工业社会中城乡面貌所遭到的破坏痛心疾首。他们觉得这些做法之中缺乏合理规划。在阿多诺看来,这种合理化的要求是正确的。现代文明中某些问题的出现不能完全归咎于合理化,而恰恰是不够合理化。这种对于田园牧歌式的生活方式的眷恋还被人们形而上学化。这其中就包含了海德格尔。对于海德格尔来说,现代文明所存在的这些问题是由于存在的遗忘。这就是把社会的"扭曲"的根源追溯到形而上学的根基上。阿多诺认为,这不过是一种脱离生产方式,脱离物质生产关系的一种意识形态。这种观念不过是传播意识形态而已。

而阿多诺就要从物质生产关系的基础上来重新思考这个问题。在现代社会,随着物质生活条件的改善,生产关系也会发生变质,社会由此也逐步走向自由,或者说生产力的发展为促进人的自由发展提供了条件。从这个角度来说,社会向人民所呈现出来的暴力图景也会淡化。由此,超个人的纽带也会逐步松动。在现有条件下,它不会根本消失。社会一定需要这种纽带。当然,如果这种纽带能够彻底消失,这也不是什么坏事。随着生产力的发展,实现自由的条件越来越好,艺术作品中表现解放的内容也日益突出。这就是说,生产力的发展也会导致艺术上的解放和思想上的解放。所以二十世纪的艺术作品也有一些真正表达解放内容的东西。现代性有理由抛弃的风格是那些反现代性的风格,是反启蒙的风格。这种艺术作品也具有解放的意义,从启蒙的束缚中解放出来的意义。这就是说,虽然征服自然和改造自然的力量在扩大,真正的解放的艺术作品也不少。这就是说,随着物质生产条件的发展,社会自由的条件会越来越成熟。但是,人们的经验会对于这种状况产生一种颠倒的意识:好像社会越发展,人就越不自由。这就是海德格尔等人所产生的一种颠倒意识。那么为什么会出现这种情况呢?从物质条件和人们的意识状况来说,人们既有获得自由的条件,而且也有更强烈地追求自由的精神;尽管如此,人们还是在一定程度上受到束缚,仍然是不自由的。尽管人们并不自由,但是这并不像一些人所想象的那样极端的不自由。对于这些人来说，社会的进步应该给他们带来自由，结果却越来越不自由。他们觉得社会进步不仅没有带来自由，反而导致更不自由，所以，他们不是追求自由，而是渴望不自由。他们对于自由失去了信心。虽然没有任何一种思维模式、行为模式，以及用最可耻的术语所说的"价值"模式处于极端不自由的状况之中，但一些感到自己不自由的人们仍然认为，他们处于这种极端的不自由之中。这些感到自己不自由的人们对于自由失去了信心，他们渴望不自由，渴望纽带，他们对于纽带的缺乏痛心疾首。他们把假装自由而又没有实现自由的社会制度当作这个社会的实质。他们认为，这个社会只是假装了自由，而无法实现自由。在这些社会，自由只是出现在上层建筑之中。最后，阿多诺得出结论，自由的长期失败反而使人们渴望不自由。当人们渴望不自由的时候，当他们的自由似乎变得不再可能的时候，人们需要思考人的存在的意义，此在的意义问题或许就是在这样的心态之中出现的。海德格尔的哲学就是期待这种不自由，回到源始状态，顺从不自由。

关于自由的状况

自由的状况就是确认矛盾，确认非同一性。如果服从逻辑的一致性，那么自由就会丧失。在这个地方，阿多诺主要强调了肉体和精神的相互作用。

在这里，阿多诺首先用否定的方式来表达了自由，自由既不需要压制，也不需要道德。无论是道德还是压制都是要对人的自发性、人的冲动进行限制。而在自由之中，人的冲动不必再以摧毁的方式表达自己。冲动之所以不必再以摧毁的方式表达自己，是因为肉体的冲动和精神的力量和解。如果没有这种和解，那么冲动就会以摧毁的方式表达自己。这是被压制的自然的一种报复。精神不是与肉体对立起来，因此肉体的冲动不需要彻底破坏精神所确立起来的秩序。这种和解状况就是自由。由于人类还没有达到这种和解状况，所以自由状况的地平线被笼罩在黑幕之中。按照这样一种和解的意思来理解自由，那么自由状况究竟应该如何呢？阿多诺认为，自由的状况应该是这样的：不应该有酷刑，不应该有集中营。这就说，自由的状态不是一种肯定性地存在的状况，而是一种否定的状况，即否定一切压抑，甚至否定道德的说辞。在这里，自由是一种冲动，但是这种冲动不必以摧毁自己的方式来表达自己。自由必须有冲动，但是这种冲动也不是盲目的冲动，而是理性思考结合在一起的冲动。纯粹的自然冲动会走向自我毁灭。

阿多诺所面对的现实是，酷刑和集中营仍然在一些地方存在，只是以一种隐藏的形式，一种变化了的形式存在着。这表明，我们现代社会中文明人还不文明。正如阿多诺所指的，不仅仅是指亚洲或者非洲人还不文明，而是在欧洲等文明国家的文明人还不文明。文明的人性就像它曾排斥那些被它打上不文明烙印的人那样，还是不人道。这就是说，现代的文明人曾经在历史上把一些人说成是不文明的，并且反对这些不文明的人，排斥这些不文明的人。而现代的文明人性与这类做法——把一些人说成是不文明的人排斥这些人的做法一样，也是不文明的。那么为什么，文明的人性还不文明？这是因为，现代人还没有实现肉体和精神的和解。他们还没有真正地从肉体上去同情那些被酷刑、被殴打、被无辜拘押的人，没有真正去帮助他们。

当阿多诺从道德批判的角度说明，道德问题应该简单地表述为，不应该有酷刑，不应该有集中营的时候，那些道德哲学家抓住这些话，他们兴高采烈。因为，道德哲学家们认为，这种道德批判所提出的命题和道德哲学的命题一样。比如，康德也会提出这样的道德哲学的命题：不应该有酷刑，不应该有集中营。它们好像与"不能把人仅仅当做手段"的说法没有什么差别。这些道德哲学家们发现，道德批判的思想也接受了道德哲学家们所宣布的价值。然而，阿多诺却强调，道德哲学家们在这里所进行的判断是错的。他的道德批判与道德哲学是不同的。阿多诺所进行的道德批判虽然也进行道德判断，比如，不应该有酷刑，不应该有集中营，但是这里包含了一种道德冲动。他要求有一种道德上的冲动来消除这种不道德的行为。如果道德哲学家把这种酷刑的状况报道出来，并作为一种消除这种酷刑的冲动，那么这是正确的。但是如果他们把这些道德判断当成一种抽象的道德命令，把它们作为抽象的道德原则合理化，那么这就错了。他们的错误在于，他们的说法就陷入了推论和效力的恶的无限性之中。比如，如果不应该有酷刑，那么对于那些法西斯主义者，我们是不是也可以用酷刑来对待他们呢？用这样的方法对待他们究竟道德还是不道德呢？在这里，人们陷入了一种推理和效力的恶的无限性之中。人们局限在道德的推论中，却没有使这种推论发挥效力。在阿多诺看来，他的这些说法，不能在简单的道德原则意义上被理解，而应该被理解为一种冲动，一种具有理性化特点的冲动。他的道德原则是把抽象的理性与肉体的冲动结合在一起。

在这里，阿多诺指出，当人们把他所进行的那种道德批判理解为给出抽象的道德规范，并作为逻辑一致的原则来移植到人的行动中的时候，这其实就是用一种逻辑上一致的原则限制人们的行动，限制人的冲动。所以，在这里，严密的逻辑一致性变成了不自由的工具。在阿多诺看来，道德的批判不能局限于这种同一性逻辑，而是要有冲动。只有包含了这种冲动，道德的批判才是道德的。阿多诺说，冲动、赤裸裸的身体上的恐惧以及与痛苦肉体——布莱希特的说法——的休戚与共感，是内在于道德行为的，而任何一种合理化的尝试都会否定这些东西。这就是说，道德的批判包含了一种冲动，包含对于肉体痛苦的休戚与共感。这就是从他人的痛苦中产生了一种道德上的正义要求，一种道德上的冲动。没有这种冲动，就不是道德的。阿多诺强调，这种休戚与共感是内在于道德的。而无情的合理化就是否定了这种冲动，把这种包含了冲动的道德命令合理化，变成一种抽象的道德原则。既然在许多地方还存在酷刑和集中营，那么我们就必须进行反思，进行批判。这无疑是紧迫的事情。可是如果我们限于这种反思，陷入这种沉思，那么这种沉思恰恰是对它自身紧迫性的嘲讽。既然这种事情很紧迫，我们就不能在沉思了，而是要赶紧行动。如果我们仍然在那儿沉思，这就是不道德的。于是，这里就出现了理论和实践之间的关系的问题。阿多诺反对把理论和实践截然对立起来。他只是说，人们可以进行理论上的区分。如果这两者没有区分，那么这两个词就没有必要了。这表明，这两者还是有差别的。阿多诺在这里强调，理论和实践的区分的理论意义在于，实践既不能被还原到理论，也不能与理论分离开来。阿多诺在这里强调实践，强调实践不能被还原到理论。虽然这两者是有区分，但是不能简单地割裂开来，实践之中就包含了理论。如果实践和理论是不可分割的，如果人们把他们分割开来，只是从两个极端的意义上理解他们，即从自发冲动和理论意识之间的两种极端状态来理解它们，那么这就是错误的。接着阿多诺分析了这两者的特点以及把这两者结合起来的必要性。纯粹的冲动对论证过程失去耐心，它不希望令人恐惧的酷刑持续存在下去。它要立刻行动。而理论意识不会被命令所吓倒，并且要清晰地表明为什么酷刑还无法预见地持续存在下去。即使消除酷刑的命令再紧迫，它也要清晰地思考为什么酷刑还会持续存在。这是一种理论分析，这种理论分析是有意义的，但是任何一个人都不处于这两种极端的状态。或者说，在理论和实践的统一体中，冲动和理论意识是结合在一起的。这两者处于一种矛盾的结合状态。

现代社会的道德问题都是如此。比如在现实中，我们也看到酷刑，看到一些不道德现象，但是我们却无能为力。在这里，我们有道德的判断，也有道德的冲动，但是却无能为力。于是，冲动和理论意识之间的矛盾就成为今天唯一的道德战场。怎样处理冲动和理论意识的关系，这是道德领域中面对的问题。一般来说，当意识认识到什么是恶的而又不满足于这种认识的时候，它就会自发地做出反应。这就是说，在日常生活中，这两者是结合在一起的。一般来说，道德判断是一种纯粹理性的判断，但是人也会根据情感等心理冲动要素做出判断。这两者应该结合在一起。在具体的道德实践中，我们会发现，这两者常常是冲突的，甚至是无法调解的冲突，而道德问题就是在这里出现。阿多诺指出，这两者之间的不相容不是根源于思维之中缺乏逻辑的一致性，而是根源于客观的对抗。这是理性和冲动之间的客观矛盾。人们是处于一种客观的矛盾之中的。人的道德行动既需要有理性，也需要有冲动。而这两个东西恰恰是相互冲突的。在这里，阿多诺以弗里茨·鲍尔为例指出，这同一类人既会用千百条陈腐的论据要求把奥斯维辛的刽子手宣布无罪，又会支持重新引入死刑。比如，法西斯主义分子是社会条件、个人心理等原因造成的，他们不是天生的恶棍，如此等。人们可以用千百条陈腐的论据要求把奥斯维辛的刽子手宣布无罪。如果人们不是寻找这些理由，而纯粹从个人的情感来说，这些刽子手毫无人性，杀一千次也不解恨。同一个人都可能处于这样一种矛盾中，这才是道德的战场。

在阿多诺看来，在道德领域中人们真正思考的应该是这样的问题，是理性的沉思和情感的冲动之间的问题。而在第二次世界大战之后的德国，人们面临的恰恰就是这样一个问题。当前的道德辩证法状况就集中这一点上：宣布法西斯分子无罪是赤裸裸的不公正，而让他们公正地抵罪，比如处死他们，又会被沾染上野蛮暴力的原则，因为只有抵抗这种暴力才是符合人性的。宣布无罪是赤裸裸的不公正，如果把他们处以死刑，那么这好像又是一种暴力，是不符合人性的。这就是人类所面临的两难。这就是理性的沉思和道德的冲动之间的矛盾。本雅明说，对于法西斯主义分子，执行死刑也许是道德的，但是把它合法化却不是道德的。本雅明的这个思想体现了一种辩证法的内容。在这里，道德的战场就是在这里发生。

接着，阿多诺用德国审判法西斯主义者的例子来说明了他的思想。如果人们把酷刑的执行者、指使者及其高级庇护者就地枪决，那么这就比让这少数几个人接受法律审判更加道德。事实上他们成功逃脱了，并隐藏了二十多年。这个事实使正义发生了一个质的变化，因为正义在这段时间中消失了。按照阿多诺的这段话，法西斯主义分子已经隐藏了二十多年，在这段时间中，正义缺席了。这本身就是不正义的。如果这个时候还是来审判这些人，这就是不正义的。阿多诺的解释是，只要法律机关用法律程序、法官和熟悉法律的辩护律师来对付他们，那么既然正义在任何情况下都不能做出有利于暴行的许可，而正义恰恰是按照凶手在行动中所遵循的同样原则进行妥协，因此，这种正义也是虚假的。按照阿多诺的理解，所谓正义就是指在任何情况下都不能做出有利于暴行的决定。而让律师为他们辩护，按照程序来对他们进行审判，这就是按照凶手的行动原则来对待凶手，也就是按照有利于暴行的决定来对待暴行（逃脱罪责，让正义在一定时间范围内缺席）。这是助长暴行。这就是不正义的。按照司法程序来审判这些人就是不正义的。按照司法程序来审判他们，这是他们所渴望的，也是他们在屠杀中所遵循的原则。法西斯主义是合理性原则忠实信徒。按照合理性原则对待这些法西斯主义分子就是按照法西斯主义的原则对待法西斯主义分子。从阿伦特对艾希曼的态度我们可以看出这种不正义。阿伦特在听完了对艾希曼的审判之后，得出了这样的结论：

艾希曼不再是恶魔式的纳粹，而只是一个普通人。他平庸，不傻也不睿智，渴望过好小日子，忠于职守、服从上级。他就是"既非心理变态也非虐待狂魔"，反倒是"正常得令人害怕"。艾希曼成为刽子手的动机无非是想勤勉工作，好在纳粹官场上爬得快一些。他之所以签发处死数百万犹太人命令的原因在于他像机器一般顺从、麻木和庸庸碌碌。

从她的说明之中，我们可以看到，艾希曼也不是什么罪大恶极的人，很值得同情。正义在这里缺席了。如果阿伦特好好地阅读《否定的辩证法》中的这段文字，她大概会重新反思自己的思想。对于阿多诺来说，司法审判是对的，但是也是罪过，立刻处死是对的，但也是罪过。这就是辩证法。道德的战场就在这里出现。

在这里，阿多诺进一步指出，法西斯主义者非常聪明，他们借助于他们的残忍的、疯狂的理性来利用这种客观的疯狂。这就是说，法西斯主义和反法西斯主义者都遵循理性的原则。这就是一个历史难题，如果按照理性的原则就不能真正推翻理性的原则。阿多诺就是按照这样的思路来思考1944年德国军官所策划的刺杀希特勒的失败行动。这些人缺少革命的激情。在这里，大多数群众都没有去反抗法西斯，他们缺乏激情和冲动，他们在思想方法上与法西斯主义分子是一致的。这才是问题。

阿多诺认为，这里存在着理性的思考和情感的冲动之间的矛盾的问题。这个矛盾不能用理论的思考，用同一性的逻辑来解决的。如果按照经验决定论来对待法西斯分子，那么我们也会认为，这些人是常人，应该被释放等。按照司法程序来审判他们，宣布他们是十足的恶魔，这些恶魔应该被处决，或者按照司法程序，这些人应该被释放。这是一种理性的决定。在经验的判断和理性的决定之间存在着矛盾。阿多诺强调，在司法过程中，人们应该意识到这里的矛盾。这就是说，无论人们对法西斯分子进行怎样的处理，我们都会面对着这样的难题。道德不是现成地摆在那儿的肯定的东西，而是在对这种矛盾的反思中才存在的。阿多诺指出，经过理论反思的司法过程不应该回避这个矛盾。如果司法过程不让人们意识到这里的矛盾，那么这就是鼓励人们实施酷刑。如果我们缺乏这种反思，如果我们没有这种意识，或者我们的整个社会缺乏这种意识，那么我们其实就是处于同一性逻辑的控制之中，我们缺乏对于其中的矛盾的反思。当整个社会缺乏这种意识的时候，当集体无意识的情况出现的时候，人们都普遍希望这种酷刑（比如对于法西斯主义分子的报复），都共同期待把这种酷刑合理化。这是一种集体无意识的产物。这当然是不对的。让人们在这里意识到酷刑的合理化所出现的问题，这无论如何也非常符合震慑理论。这就是说，这种反思具有一种震慑作用。充分意识到这里的矛盾，这就是一种理论上的震慑。反过来，司法理性也既是正义的，同样也是不正义的。在这里，阿多诺强调，法律理性和看到这种法律理性之中存在不自由都同样重要，尽管这两者之间是分裂的。看到了这种分裂,并据此对于法律理性中的同一性逻辑进行批判就是道德的。道德是对同一性逻辑的否定,而不是确认这种同一性。这就是说,一方面,法律理性最后一次向罪犯表达了对自由的尊重,尽管他不配享有自由,法律理性中包含了自由。另一方面,法律理性之中还存在着不自由,因为这种法律理性否定冲动,它所遵循的是逻辑一致性,是思维的同一性。在法律理性中存在着自由和不自由的冲突。我们要看到这种冲突,这是一种客观的冲突。只有通过这种冲突,批判同一性,我们才可能是真正道德的。

康德那里的理知属性

从这个部分开始,阿多诺讨论康德的一个特殊概念,理知属性的概念。阿多诺通过揭示康德的理知属性所表现出来的矛盾来说明康德在《实践理性批判》中是如何把感性和理性的要素结合在一起的。

康德在《实践理性批判》中谈到了"理知存在者的属性"。阿多诺分析了这个概念。他认为,康德之所以提出理知属性,是因为他试图借助于这个概念把定在与道德法则联系起来,把现实状况与道德法则联系起来。康德之所以这样做是因为,康德哲学面临着这样一个难题,道德法则是超越经验现象的,这个超越经验现象的东西如何能够对经验领域发生作用呢?显然,这就需要有一个过渡环节,理知属性发挥了这样的作用。理知属于形而上学的领域,而属性属于经验领域。而理知属性就发挥了一个过渡的作用。不过,这里显然存在着一个问题,当我们说一个东西有某种属性的时候,这就意味着这里有一个实际存在的东西,这个东西具有某种属性,如果理知也有某种属性,那么它也就必须是某种实际存在的东西。可是,我们凭什么说理知是某种实际存在的东西呢?阿多诺认为,理知属性这个说法依赖于下述命题:"道德的法则证明自己的实在性"[1]。在这个命题中,道德法则变成了被给予的东西,变成了实际存在的东西。这个实际存在的东西,这个被给予的东西就是正当的东西。比如,每个人都是理性存在者,这个理性存在者本身就具有良知。于是,道德法则作为实在的东西自己就具有正当性。既然道德法则是超出感性领域的东西,是被

---

[1] 参见《康德全集》第五卷,李秋零译,北京:中国人民大学出版社2004年版,第51—52页。

给予的东西，这个被给予的东西是正当的。不仅如此，这个当下存在的东西还有某种属性。一般来说，只有感性世界中的东西才有属性。当康德强调理知的存在者具有某种属性的时候，这个理知的存在者就转变成为个人生活中可以被确实地感知到的东西，成为"真实的"东西。可是，当理知的存在者成为确实可以被感知到的东西的时候，这就与康德把理知的领域当做是超越感性世界之领域的学说相矛盾了。既然理知的领域是超越感性世界的，不能被感知的，那么这个东西就不能有可以被感知的属性。可是，他又说这个东西有属性。康德在这里就陷入了一种自相矛盾的状况。接着，阿多诺引述了康德的一段话。这段话的意思是，道德上的善是超感性的东西，在感性的领域，我们无法找到这种东西。这也给实践理性的判断带来了困难，即自由的法则，超感性的善如何在感性世界中发生。阿多诺在这里挖苦说，康德的这段文字变成了对于自己的思想的一种严厉批判。在这里，他不仅批判了善和恶的存在论，即批判了善和恶自在地存在的观念。在《实践理性批判》中，康德认为，善和恶任何时候都意味着与意志的一种关系，是与行动有关的，而不是某种自在存在的东西①。当康德说善是属于超越领域存在的东西的时候，这就与《实践理性批判》中其他相关思想发生矛盾了。在这里，他还批判了实践理性所具有的那种判断力，即实践理性无法判断，超出感性世界的善和恶如何被用于感性世界。这里所说的主观能力是实践理性，是自在存在的能力，是排除在感性世界之外的能力。由于这种能力是在感性世界之外，所以实践理性无法判断感性世界所发生的事情。这个实践理性是超自然的（在后面，我们可以看到，阿多诺否定了这种超自然的理性能力）。当然，关于实践理性面临判断上的困难的说法肯定不是像阿多诺所理解的那样。而阿多诺从康德的语气之中判定，既然康德看到了这里的难题，那么这就表明康德对于这个超越的领域表示不满，他要把这个超出经验的领域和经验领域联系起来。只有这样，自由才能得到保证。如果自由只存在于超越的领域，而经验领域没有自由，那么人在现实生活中就不需要为自己的行为承担任何责任。这也是康德所不愿意看到的。所以，阿多诺认为，康德引入理知属性是为了拯救自由。这个理知属性摆脱了一切经

---

① 《康德全集》第五卷，李秋零译，北京：中国人民大学出版社2004年版，第64—65页。

验内容而同时又可以被看作是导向经验领域的中介。可是，当康德要用理知的属性把超感性领域与感性的东西联系起来的时候，他就确认了意志是属于超感性领域的东西。当他确认了意志作为超感性领域的东西的时候，他实际上也预设了这个东西是感性领域中的存在者的条件。这就是说，意志作为一种活动能力能够创造对象。可是，当康德把意志设定为现相领域中的存在者的条件的时候，这就把意志变成了一个现成存在的东西。如果意志被当成一种现成存在的东西，那么这又出现了一个问题。这个问题就是意志作为超自然的东西，变成了一种实在的东西。这其实就是一种朴素的实在论。而在《纯粹理性批判》的谬误推理那一章，他就批判了这种朴素实在论。这就是说，我们不能把经验意义上自我和超越的意志（先验的自我）变成两个完全不同的东西。如果那样，谬误推理就会出现。

从上述分析中，我们可以看到，理知的属性既是超感性的，又不是超感性的，是模棱两可的东西，是不可靠的东西。为了保护这个不可靠的东西，康德便证明，这种理知属性既不是从自然中产生的，也不是绝对超越自然的，这个概念好像暗含了某种辩证的东西。在这里，阿多诺从他自己的角度来理解理知的属性。这个属性应该具有辩证法的特征。按照阿多诺的理解，如果康德要保证这个理知的属性，他就必须承认这种辩证法。比如，从康德对于动机的理解中，我们也可以看到这一点。在阿多诺看来，人的活动的动机不可能是纯粹理性的，不可能像康德所理解的那种意志。这个动机包含心理学所说的那种经验要素。如果没有经验的要素，中介也是不可能的。如果理知要作为中介发挥作用，那么它也必须像动机那样具有心理的要素。可是，按照康德的说法人类意志的动机"只能是道德法则"①。于是，在这个问题上，康德必然也要陷入二律背反之中。在这里，阿多诺引述了康德的一段文字。这段文字意在说明，道德法则如何成为动机，成为意志规定的根据。可是道德法则为什么能够成为意志规定的根据，为什么能够成为道德行动的动机呢？这是人的理性所无法解决的问题。这是先天规定的。这个动机必然会发生作用。

在阿多诺看来，康德应该在这个地方进行进一步说明，究竟为什么道德法

---

① 《康德全集》第五卷，李秋零译，北京：中国人民大学出版社2004年版，第77页。

则能够成为动机？究竟为什么它能够发挥作用。对于这些问题，康德都沉默不语。他只是一再强调，道德法则会作为动机发生作用，产生一定的效果。或者说，他只是满足于描述内在的效果关联。在阿多诺看来，康德之所以如此，是因为他受到自己的意图所左右。他受到必须把道德法则当做超越的东西这个意图所左右。按照这个意图，道德的动机就不可能是经验的东西。按照阿多诺看法，他对于道德的动机的这个理解是一种幻觉。这种做法只不过是把一种经验的东西通过施加于其上的那种情感的力量而偷偷地获得超经验的权威。这就是说，康德所说的这种动机其实就是把经验和（对道德规则的敬重的）情感力量的结合物变成一种超经验的东西。而康德的理知概念所说的就是这样一种超越经验的东西，就是这样一种中介。为了证明自己的观点，阿多诺还从康德的文献中寻找根据。康德有这样一个说法，即"理知的实存"是没有时间的定在。如果这个定在是没有时间的，那么这个定在就是超越经验的。但是这个超越经验的东西能够建构具体的定在的东西。在阿多诺看来，这种说法不由得让人对于他的这个"实存"进行重新理解，赋予这个概念以经验的意义。尽管康德本人会否定这一点。所以，阿多诺挖苦说，康德在如此处理这个概念的时候，没有害怕这会增加矛盾，也没有辩证地表达这个概念，这就是说，当康德这样来处理这个概念的时候，他也没有发现这里所存在的矛盾。再比如说，康德提出了"作为物自身的主体的自发性"[①]。如果按照阿多诺的思路来分析这句话，那么这里同样也存在着不可克服的矛盾。如果主体是纯粹的物自身，那么这就类似于自在之物。这个自在之物是无法被规定的，但是康德还是认为，这个自在之物具有"自发性"。在阿多诺看来，康德的这个说法彻底背离了《纯粹理性批判》中所提出的基本思想，他走得太远了。按照《纯粹理性批判》中的思想，外部感性现相的超越性原因是不可说的。通过这些矛盾的分析，阿多诺认为，康德在这些地方都把理知属性的构想潜藏在这些说法之中。只是由于康德没有明显地意识到这一点，所以，他总是陷入到矛盾之中。在阿多诺看来，在动机之中，在道德法则之中，康德必然偷偷摸摸地预设了理知的属性。他指出，如果没有理知的属性，那道德行为就不可能在经验领域发生，

[①] 《康德全集》第五卷，李秋零译，北京：中国人民大学出版社2004年版，第99页。

也不可能对它产生影响，从而也就不可能有道德。

在阿多诺看来，康德发现了自己的问题，纯粹道德法则必须借助于超出道德法则的东西才能在经验世界中发挥作用。他借助于理知的属性来把纯粹的道德法则与经验的世界联系起来。这就是说，理知的属性也会世俗化，会与经验的要素结合在一起。可是，这是康德思想体系所排斥的。在这样的情况下，康德必须拼命地追索那些被他的体系的基本框架所排斥的东西，这个与经验结合在一起的理知属性。可是，为什么理知属性会与经验的领域结合在一起呢？阿多诺认为，这依靠理性。这是因为理性能够介入到生理和心理自然的因果机制之中，并能够让心理以及生理机制建立联系。这也是康德本来对于理性概念的理解。在阿多诺看来，如果康德允许这样做，即允许道德领域与经验世界联系起来，而不是把道德领域看做是不同于经验领域的东西，看做是完全独立于经验的东西，那么他就不会把理知的领域看做是一个纯粹理性的领域。而这个理知的领域其实就是实践理性的领域，不过是把实践理性世俗化了。既然实践理性可以从理知领域的意义上来理解，那么实践理性就不是纯粹的实践理性了，而是与感性的要素发生联系的理性了。这个理性就是可以被证实的理性。在阿多诺看来，如果把康德的这些命题联系起来，那么我们就可以得出这样一种全新的理性概念。而且从康德的思想中推导出这样一种新的理性概念也不是什么奇怪的事情。那么阿多诺从康德那里推导出怎样一种理性概念呢？阿多诺认为，理性既超越自然，也是自然中的一个要素。这个理性是包含自然要素的理性。这是阿多诺重新理解了的理性概念，一个区别于工具理性的实质理性概念。阿多诺的这种理解不是毫无根据的。这是理性的前史，理性最初就是这样的，只是在人类的文明史中，人为了征服自然，而不断地把理性工具化。这才导致理性与自然，肉体与精神的对立。从这个角度来说，理性本来就是把自己和自然结合在一起，这是理性的内在规定。人类在最初征服自然的时候就把理性的工具和自然的要求结合在一起的。

阿多诺强调，这种意义上的理性具有类似于自然的那种心理力量，是为了自我持存的目的而从这种心理力量中产生的一个分支。人具有许多不同的心理力量，而在征服自然中，人才获得一种理性的力量。但是这个理性不是与自然完全割裂开来的，而是自然中生长出来、派生出来的要素。因此，这种理性是与自然联系在一起的理性，是与肉体联系在一起的心理力量。可是，一旦它从自然中分离开来，并且与自然对立起来，那么理性就成为它自己的他者。理性一旦脱离了自然，那么这个理性就走向自己的反面。阿多诺在这里并不反对理性在一定程度上脱离自然，但是它只能短暂地与自然分离开来。然后它又与自然结合在一起。这是理性的特点。这就是说，这种理性是辩证的，非同一的。阿多诺坚持理性的这种非同一性。在他看来，理性所出现的问题就是它的同一性。如果理性完全与自然一致起来，那么理性就失去了其理性的特点，如果理性完全与自然对立起来，理性也失去了其理性的特点。而理性就是在它与自然的这种对立统一的关系中，才成为真正的理性。在这里，阿多诺强调，理性在这种辩证法中越是无情地把自己变成自然的绝对对立面，越是在其中忘记了自己，那么它就越是会像野蛮化了的自我持存一样，倒退到自然。如果理性和自然绝对对立起来，那么理性就只有一个目的，就是它彻底征服自然，甚至也征服人自身的自然，这个时候，人就变成了一个完全按照理性秩序来活动的人。人完全按照理性秩序来活动，那么这就是像自然一样按照规律来活动，这就没有自由了。理性因此会倒退为自然。我们说，社会现象变成了第二自然，所有的人都是按照市场上的合理化规则行动，在这里理性也倒退为自然。人失去了自由。野蛮化的自我持存就是如此，它把理性和自然彻底对立起来，并用理性来完全对抗自然。这就是野蛮。否定自身自然的人一定是野蛮的人。绝对理性的人也是绝对野蛮的人。只有对此进行反思，理性才成为超自然。理性是超自然的，不是说，理性完全脱离自然、与自然对立起来，而是说，理性包含了自然而又超越了自然。

当阿多诺这样来理解理性的时候，他就可以进一步据此来理解理知属性。既然理性是一种自我矛盾的东西，那么把理性原则纳入自身之中的理知属性就不可能是纯粹的，不可能是超越经验的，必然是与自然的要素联系在一起的。理知属性必然是自我矛盾的。可是，康德通过解释技巧否定这里的矛盾。接着，阿多诺进一步批评康德。他认为，康德没有解释，理知属性是如何影响经验领域的。比如，理知领域究竟是通过一次纯粹的设定行动与经验联系起来，还是在设定之后一直与经验联系在一起的呢？如果是纯粹一次性的设定，然后就脱离了经验，那么这就是说，它是与经验分离的，只是偶尔发生关系。如果是在设定之后一直与经验领域联系，那么它就与经验领域结合在一起。从辩证法的角度来说，这都不对。当然人们会说，阿多诺的这种提问有点吹毛求疵。对于自我体验来说，这两种状况都是可能的。可是康德却没有给出任何具体的说明。他只是停留这样的描述，理知的领域对经验领域发生影响，可是究竟如何发生影响呢？他只字未提。不仅如此，理知属性这个说法本身就是充满矛盾的。如果理知是属于形而上学领域，是自在之物，那么它就没有属性。如果它是自在之物，那么这究竟是人身上的"一个"自在之物，还是唯一的自在之物呢？康德在这个问题上也是模棱两可。如果这是人身上的"一个"自在之物，那么这个自在之物是内感知现相的未知原因。人身上还有其他自在之物，比如，纯粹的理性，纯粹的自我，等等。可是，康德有时又把所有这些都结合在一个自我之中，把纯粹的自我看做是唯一的自在之物。这类似于费希特所说的绝对自我。

在阿多诺看来，当康德把主体看做是脱离经验世界的时候，看做是纯粹的主体的时候，他必然会面对矛盾。这个先验的主体如果要产生影响，那就必须进入现相的领域，进入感性的心理要素之中。当主体进入到现相的领域的时候，他就要服从经验世界的规定性，当然也包含因果规定性。如果先验的主体服从因果性，那么又是康德所否定的。康德这位传统的逻辑学家绝不会接受，这同一个主体概念既要服从于因果性，又要不服从这种因果性。从康德的思想中，我们可以推导出，理知的概念既服从因果性，又不服从因果性。从这个角度来说，理知概念本来是不能说的，是一种矛盾。阿多诺恰恰要强调这里的矛盾。所以，阿多诺强调，如果理知属性不是分裂的，那么它就不是理知的了，就不是超感性的了，而是属于感性的世界了。当康德区分出感性世界和超感性世界的时候，如果理知属性不是分裂的，而且又在感性世界中发生作用，那么这个理知就不是超感性的，而是康德的二元论中的那个感性世界中一部分。可是，如果理知属于感性世界，那么这又与理知是相互矛盾的。总之，理知必须是分裂的，是自我矛盾的。正因为如此，凡是在康德感到自己有义务详释理知属性的学说的地方，他都一方面必须把它建立在时间之中的行动的基础上，建立在经验世界的基础上，尽管它本不该属于这个世界，另一方面，他又忽视了他把自己卷入其中的心理学。这就是说，他一方面卷入心理学之中，另一方面又否认这一点。

接着，阿多诺引用了康德的一段文字，并以此来说明康德既卷入心理学，又排斥心理学。这段文字是说，虽然有些人从小与其他人一样受到了良好的教育，但是他们还是很早就表现出了恶意。好像他们天生就是坏蛋。尽管如此，即使他们好像显得毫无救药，但是人们还是要处罚他们。甚至这些儿童自己认为，这种处罚是有根据的。这个根据就是，人们的任性的行动都是以自由的因果性为根据的。他们都有纯粹的实践理性。在这里，康德利用了心理学要素，又排除了心理学要素（好像人天生具有某种纯粹的实践理性）。在这里，阿多诺分析和批判了康德的思想。如果这个儿童不是像康德所理解的那样，而是由于他是精神疾病呢？康德讲这个儿童的例子的时候，就忽视了精神疾病的可能性。如果这个儿童有精神疾病，那么康德所进行的道德判断就是错误的。同时，康德认为，自由的因果性被看作是天生的，甚至儿童都有。既然康德从心理学上来讨论问题，那么儿童的这种自由因果性就不是天生的，而是与超我的发生过程相一致。既然这种因果性有一种发生过程，那么儿童不可能天生有这种自由的因果性，不可能有康德所说的那种实践理性。可是滑稽的是，幼儿的理性才刚刚形成，他们就要被测试自律性。这种自律性只有成年的理性才有的。康德把成年人所应该承担的责任加到未成年的儿童头上。这就为残酷地处罚儿童提供了口实。在这里，阿多诺指出，成年人应为自己的每个行为承担责任。当康德把这种道德责任回溯到他们的最幼小的时代，回溯到朦胧的开端的时候，他就以成人的名义把一种不道德的教育学上的惩处施加到未成年人头上。

应该承认，人生活的最初几年对于超我和自我的形成具有决定性的意义，但是这也不是先天的，而是不断形成的。所以，阿多诺强调，这个过程显然不能因为它们在儿童的早年发生就被认为它们具有先天性。而且，超我和自我的内容也是极其丰富的，它们不能被赋予康德的道德学说所要求的那种纯粹性。它们不是康德意义上纯粹的。当他热切地认为幼童具有天生的实践理性的时候，当他认为幼童的恶行应该得到处罚的时候，他只是要听任理知的领域在经验的领域中为非作歹。这就是说，既然幼儿已经有了实践理性，有了一个独立的理知领域，那么这个理知的领域就应该在经验中发挥作用。可是儿童的理知领域却没有发挥作用,所以,儿童就应该受到处罚。这是以理知领域为借口来恶意地处罚儿童。这是为非作歹。这是以用理知的领域来为非作歹。当然,阿多诺还有另外一层意思,成年人用他们的理知领域来处罚儿童,这是理知的领域在经验领域中为非作歹。这句话当然也是挖苦康德的。本来,康德是要借助于理知的领域来把道德原则落实在经验领域,但是,康德却把理知的领域排除在经验领域之外,与经验领域没有联系。于是,当康德试图把理知的领域与经验领域联系起来的时候,经验的领域与理知的领域之间的联系就很随意。在这种情况下,这个理知的领域会在经验的领域中为非作歹。阿多诺的这个分析非常深刻。

理知与意识统一体

康德的理知,表示人格性,表示自我意识统一体。尽管康德把人格性理解为意识的统一体,但是在阿多诺看来,这个意识的统一体却包含了内在的矛盾。康德的思想总是会走向自己的反面。阿多诺对这个思想进行了内在的批判。

在这个地方的一开始,阿多诺讨论一个问题,康德所说的理知属性概念究竟表达了什么内容。康德本人在理论上对于理知属性没有进行任何的规定或者说明。于是,阿多诺在这里就进行了猜测。他认为,康德的这个概念所想到的不外是,理知就是指人格的统一性。而这里的人格的统一性可以等同于认识论的自我意识的统一性。在这里,实践理性中所构想的人格的统一性,是与《纯粹理性批判》中所说的自我意识的统一性是一致的。所以,阿多诺认为,在康德的哲学体系中,实践哲学的最高概念即人格的统一性,与理论哲学中的最高概念,即自我意识的统一性,是一致的。它们都把自我原则作为最高的原则。其核心都是先验的自我。这个先验的自我在理论上产生一个科学的体系,而实践中对人进行整合,或者说,它控制着人的冲动。康德所说的理知概念所涉及的是人格统一性。那么如何来理解人格的统一性呢?康德是把这个人格的统一体看做是纯粹形式的,是指人格性,而与具体的人格区分开来。这是康德的形式和内容的二元构架中必然结果。本来人格性是与具体的人格结合在一起的。但是康德在这里不自觉地用人格性这个普遍的术语来表达了每个人所具有的特殊人格。这就是说，本来康德应该从辩证法的角度来理解人格性和人格，但是康德却缺少这种辩证法，所以虽然人格性是与人格有关的，但是康德还是把这个表达具体的东西提升为一般性。他提出了这个抽象的人格性概念。他由此而把人格和人格性区分开来。在这里，阿多诺引用了康德的一段文字，说明了人格和人格性的区别。按照康德的这段文字，人格是属于感性世界的，但是人格同时又属于理知的世界，人格又服从于人格性。而且人格性还是一个人所特有的能力。康德的这段话说明了人格和人格性之间的区别与联系。从这里我们可以看到，康德把人格性几乎与理知世界等同起来的。于是，对于理知世界的矛盾的分析同样也适合于人格性的分析。在这里，阿多诺进一步解释了康德的这个人格性概念。在人格性之中，主体作为纯粹的理性，可以由标志德语一般概念的后缀"keit"显示出来。而人格，即主体则是指经验的自然的个体。康德的理知属性的意思非常接近于传统用法中的人格性，它属于"理知的世界"。

康德所说的这个人格性，相当于自我意识的统一体。这个自我意识统一体，不仅在发生的意义上而且在其纯粹可能性的意义上以人格为前提，也以心理内容为前提。如果没有这种经验的人格，那么康德所说的人格性所具有的特殊能力既不会发生也无从落实。但是，这个人格性又是超出经验的。这个人格性、这个自我意识的统一体标志着一个既与纯粹理性无关，也与时空中的经验无关的领域，也就是理知的领域。它是一个处于纯粹理性和时空经验之间的领域。换一个角度来说，它既在一定程度上与经验有关，但是又超越了经验，它与理性有关，而又脱离了理性。如果我们把人格性置于这样一个领域之中，那么人格性可以这样来理解，一方面，自我意识的统一体既与经验领域有关，但是又超出经验领域，另一方面与理性有关，但是又超出理性领域。基于这样一种理解，阿多诺认为，休谟的自我概念只是看到了意识中的经验要素，看到这些经验要素的杂多性质，而看不到个体意识中统一性，经验性的意识事实是在个体意识之中被规定的。它是个体意识中的一种现成的意识事实。康德虽然纠正了休谟的错误，但是却忽视了休谟所强调的那种经验性要素，看不到自我意识的统一体是个体意识的联系。他在对于休谟的批判中，把人格性，把自我意识的统一体看做是超越个别人格的东西，并把这种超越个别人格的东西固化，好像是塑造一切个别人格的框架。

接着，阿多诺对于康德所理解的这种人格性进行了批判。康德意义上的这个人格性是为强人所保留的。正如我们前面所指出的，康德把人格性理解为人的一种特殊能力。这种能力是为强人所保留的。为什么这么说呢？按照康德的思路，自我意识的统一体属于理知的领域，它与经验有关而又超出经验。从这个角度来说，这个自我意识的统一体是独立于经验的，但是却并不完全独立于一切现存的、实际的意识内容。这就是说，这个人格性不是指个人意识，而是超出个人意识的。但是，它又是从人的现实之中凝固下来的。在阿多诺看来，康德所说的人格性，是人在征服自然过程中所具有的突出能力的表示。这就是人格性中所包含的现存的、实际的意识内容。这个实际内容即人对自然的征服能力被康德抽象化，被凝固在人格性这个概念之中了。所以，阿多诺认为，康德的人格性概念具有柏拉图主义的特点。他的人格性概念类似于《斐多篇》所说的心灵，这个心灵类似于理念。而柏拉图主义的对人的等级划分也被纳入到了康德的人格性概念之中了。康德的这个人格性概念具有典型的资产阶级特点，资产阶级强调征服自然，强调占有自然，强调生存竞争，强调按照同一性的逻辑进行生存竞争。生存竞争、控制自然以及同一性原则就是人格性概念所表达的复杂内容。这就是资产阶级所强调的人格统一体。这是一种抽象的人格统一体。或者说，这是抽象的资产阶级形象。康德的人格性概念抽象地表达了资产阶级的形象。康德所肯定的就是这个资产阶级的形象。而这个资产阶级形象中所崇尚的是强人，是生存竞争中的胜利者。从形式上来说，人格性这个概念是思维整合的产物，但是这个思维整合的背后却包含了实际内容的。从这个角度来说，这个形式不是纯粹的思维整合的成就，不是纯粹先天的形式，而是有内容的。这个内容就是积淀下来的、对自然的控制。人对自然的控制，表现了人的力量，表现了人自身精神对于肉体的控制和排斥。我们前面说过，控制外在自然与控制内在自然是结合在一起的。人格性就表现在这种控制自然的力量之中。而控制自然、特别是控制内在自然被理解为"善"。这是人类文明史上的基本准则。本来，人应该成为人自己，但是在这个人格性的框架中，人不可能再成为自己了。控制自然的要求压抑了人的内在自主性的要求。

接着，阿多诺用了两个例子说明了康德的人格性概念是荒谬的，说明成为自己的人不一定是强大的人。比如，菲尔丁小说中的汤姆·琼斯由于是一个孤儿，受到各种排斥和诽谤，是一个具有"冲动性格"的人。冲动性格的人就是直接表达自己的人，在一定程度是一个忠实善良、为人豪爽正直的人。但是他的行为却又极端可笑。或者说，这种人没有康德所说的那种人格性。在尤涅库斯的《犀牛》中，主人翁贝兰吉是唯一能够抵抗标准的动物化的人，是一个有自我的人，但是却不是康德人格性意义上的那种强大自我，而是一个酗酒者和职场失败者。按照生活标准来判断，这个人的自我根本就不强大。他通过这两个文学故事来说明，人格性并不是像康德所说的那样是统一性的，而是冲突和矛盾的。

康德的人格性概念所要描述的是强大的人，他具有"善"的品格，是资产阶级的理想类型。康德的理知属性所表达的就是这种属性。按照阿多诺的分析，人格性的概念等于理知属性，而理知属性被赋予了"善"的品性。如果是这样，那么按照康德本人的思路，理知属性不可能是恶的，不存在恶的理知属性。所以，阿多诺认为，尽管康德列举了彻底邪恶的儿童的例子，但是对他来说，恶的理知属性是不可想象的。自我意识的统一体是不可能出现恶的特性的。人格的统一性是不可能失败的。可是，当康德举出这个彻底邪恶的儿童的例子的时候，他其实就承认了自我统一体也可能会失败，恶的自我意识统一体也是可能的。如果自我意识的统一体失败了，那么这就意味着，自我意识的统一体不是统一的，而是矛盾的。既然人格性、既然自我意识的统一体不是统一的，而是充满矛盾的，那么我们就不能说这个彻底邪恶的儿童也是善的，也有抽象的人格性。可是按照康德自己的说法，这个儿童也有人格性，正因为他有人格性，人们才会处罚他，而且这个儿童也接受这个处罚。既然这里不存在人格的统一性，那么我们就不能说邪恶的儿童是善的。正如我们不能说动物是善的一样。当然，我们也不能说这个儿童是恶的。这里不存在康德所说的那种善恶（给定的善恶）。阿多诺通过康德思想的内部矛盾说明了人格的统一性是不存在的。康德之所以强调人格的统一性，强调人格性，是因为他从一开始就把理知属性理解为一种强大的自我。这个强大的自我能够理性地控制自己的一切冲动。康德把人格性理解为人的一种特殊能力，这个特殊能力就是理性地控制自己的冲动的能力。康德对于人格性的这种理解与整个理性主义传统是一致的，特别是和斯宾诺莎、莱布尼兹思想是一致的，他们至少在这一点上是一致的。①

如果这样来理解人格性，那么康德就承认人的冲动，这个冲动被理性所控制。如果这样，他就把人性理解为理性和冲动的矛盾结合体。如果是这样，那么人性就遵循了弗洛伊德所说的那个现实原则。人根据现实的原则来控制自己的冲动。但是，康德却不是这样的。在康德那里，人性是按照人格统一体的模式来理解的。这个人格性是与现实没有关系的，康德人性的观念没有模拟现实原则，没有按照现实原则强化自我。这就是说，康德哲学虽然是从社会的现实基础上提出来的，但是他却否认这一点，否认其现实基础。他在否定这个现实的基础上强化了他的哲学观念，而反对人自身自我矛盾的观念。在阿多诺看来，康德越是强调这种抽象的人格性，就越是离不开与人格性相反的东西。如果没有冲动，理性的强大力量就显示不出来。在阿多诺看来，这变成了康德的一种思维策略。他强调抽象的东西，但是具体的东西就会以一种隐秘的方式，以一种被否定的方式进入到他的哲学之中。这个思维策略有一种特殊的优势，抽象的人格性保证了他的自由观念。而在他坚持自由观念，坚持抽象人格性的时候，这个人格的统一体同时隐秘地就把冲动包含进来了。当然，这不是康德本人的思想，而是阿多诺从康德的思想中推导出来的。所以，阿多诺认为，人格的统一体不仅仅像康德的体系所显示的那样是形式上先天的，而且与他的意志相反，这个统一体是有助于他所证明的东西的，有助于他把超越的领域与经验的领域联系起来。对于阿多诺来说，康德哲学是形式和内容的二元论。既然是二元论，那么这只是意味着康德把形式和内容对立起来。当康德强调形式的时候，内容就隐秘地进入形式之中。从这个角度看，康德的体系是先天的，但是人格的统一体不仅是形式上先天的，而且还有内容。从这个角度来说，人格的统一体包含了主体的个别内容，包含了冲动。通过对于这种冲动的控制，人形成人格的统一体。从这个角度来说，每一个人，即主体既是冲动的总体，又是这些冲动的质上的他者。在完全形式的自我意识领域，这两者交融在一起了。如果没有冲动，没有对于冲动的控制，那么人就不可能有完全形式的自我意识。康德所说的纯粹自我就不是完全形式的自我意识。从这个角度来说，抽

---

① 关于康德的意志学说与莱布尼兹和斯宾诺莎的意志概念之间的联系，参见 J. E. 艾德曼：《现代哲学的历史》，斯图加特新版，1932，尤其是第四卷，第 128 页。

象的人格性不是纯粹的形式,这个形式的东西与具体内容是结合在一起的。而当这两个东西结合在一起的时候,人们的任何一个判断都不能准确地表达这里的东西。显然,这个结合在一起的东西既不是纯粹的人格性,也不是纯粹的冲动。人格性和冲动的结合体也无法表达这种结合所出现的新东西。这里的新东西超出了判断的范围之外。人们只能不加区分地论断这里的东西,即使这里的东西没有完全交融,人们也不能把它们区分开来。当我们说实际内容的时候,其实就包含了中介,当我们说中介的时候,其实就包含了实际内容。这里所说的中介是把内容联合起来的原则。显然,如果没有内容,那么就不存在把内容联系起来的中介。

可是,当这两者结合起来的时候,自由就和不自由结合在一起了,道德和不道德就结合在一起了。所以,阿多诺认为,在人格性这个最极端的抽象概念中,其实包含了这样的矛盾的事实,包含了自由和不自由矛盾的事实。因此,阿多诺说,在一个对抗的世界中,单个主体既是自由的也是不自由的。尽管这个辩证的事实被传统的逻辑论证所否定,但是,在这个最极端的抽象中,在人格性的这个抽象中,就包含了这种矛盾。在这里,阿多诺把康德的这个最抽象的概念——人格性比喻成为无差别的黑暗。在这个最极端的抽象中,一切都是无差别的。但是就是在这个无差别的黑暗之中,我们还是看到了其中的细微差别。或者说,一缕微弱的光线落在自在人格的自由之上。康德认为,人格是自在的,自由的。而按照阿多诺的分析,这个自在的人格其实是包含了内在的矛盾。这个人格既是清教徒内在的东西,又背离了这种东西。这是说,康德所理解的人格是以清教徒为模型的。清教徒的那种伦理精神就是康德所说的那种实践理性。在阿多诺看来,这个人格是内在矛盾的,是理性对于冲动的束缚。这里既有清教徒的内在的东西,也有背离自身的东西,即也有冲动。虽然其中包含了这种冲动,但是在康德那里,这个冲动还是被否定了。这是为什么呢?我们知道,按照路德派的观念,一个人能不能得救,能不能进入天堂,这与人自身的行动没有关系的,而是与信仰有关。对于上帝的信仰是进入天堂的保证。既然人格表达的是清教徒的内在性,而这种内在性表示的是对于上帝的信仰。所以,这个内在性(抽象的人格性)其实表达了一种非理性的东西。本来,按照阿多诺思想,这种抽象的人格性是,理性对于冲动的束缚。但是,在新教徒那里，这种人格性与人的行动没有关系，与人对于冲动的束缚没有关系。这是阿多诺所竭力反对的。只有在否定不自由的努力中，人才有自由，自由不是现成存在的东西。我们不能从现成性的意义上去理解自由。而人格性的概念恰恰表达了一种完全相反的思想。人格性与冲动的压制没有关系，而与人的信仰有关。人的自由与压制冲动没有关系，自由是给定的。自由是给定的，人格性是给定的。自由、人格性与一个人如何做没有关系。这就与清教徒的思想一致起来。对于清教徒来说，人格性与信仰有关，而与一个人如何具体做无关。所以，阿多诺认为，康德的这个人格性概念是从清教徒的观念中吸收来的。康德的这个思想与席勒的格言所表达的思想是一致的。按照席勒的格言，一个人不是根据他做什么，而是根据他是什么而被证明为主体。席勒的这个思想是与路德派一致的。路德派认为，一个人根据他的信仰而不是他的业绩而被证明为主体。一个人是不是主体，这纯粹是由他的信仰所决定。如果一个人是不是主体由信仰所决定的，那么这个人就是一个没有思想的人，是没有主体的人。这个纯粹非理性的人成为主体。康德的思想在这里恰恰走向了自己的反面。本来理知的属性表示的是理性的强制。但是根据阿多诺这样的分析，理知的属性反而包含了非理性，而且这是康德的哲学体系所排斥的。那么为什么会导致这样的结果呢？阿多诺认为，这是因为，康德的理知属性的概念之中已经包含了非理性内容，包含了不确定性，于是，他只能借助于类似于神恩选择这样的东西来规定人。从这个角度来说，理知属性不过是把神恩选择世俗化。

如果理知属性是神恩选择的世俗化，如果人格性是神恩选择的世俗化，那么人格性与个人的行动就没有任何关系了，这完全是天赐的。这是一种非理性的东西。由此，阿多诺认为，这种非理性在不断推进的启蒙之中被保留下来。而且这个非理性的东西更具有压制性。因为，他所设定的前提是，人就是如此这般的（人格性是先天的）。或者说，一个人是什么不是他自身的行动所决定的，而是他自身是什么来决定的。他是什么是由上帝来决定的。最后，一个人只能靠信仰，靠命运而成为他自己。具体来说，康德和莱布尼兹、笛卡尔一样，把上帝当做道德行动的最终保障者。如果是这样，那么这就意味着，一个人不能决定自己的命运，这是由上帝决定的。最后这是由命运所决定的。而康德所说的那个理知属性是既定的，就是如此这般存在。或者说，一个人的人格性是既定的，不是一个人自己决定的。人格只能服从人格性。从这个角度来说，理知属性就是非理性地存在着的，与人的理性选择无关。如果理知属性就是非理性地、如此这般存在，那么人就只能屈从于命运了。上帝如何选择，命运如何安排是与主体个人的行动是无关的。在这里，自由变成了不自由，变成了顺从命运的安排。自由本来的意思是自主决定，然而在康德的理知属性中，人却只能听从命运的安排。命运是不自由中的自由，或者是自由中的不自由。从这个角度来说，属性这个概念总是在自由和自然之间徘徊。属性这个概念表示自然的东西具有某种属性，如果是这样，那么理知属性就与自由无关，可是理知属性是人格性，是自由的。因此，阿多诺认为，属性这个概念在自然和自由之间徘徊。

　　在康德那里，人格性是一个框架，是既定的。在这个人格性的框架中，主体就是绝对的如此这般，而且也只能如此这般。如果主体就如此这般，绝对地如此这般，那么它就不是主体了，主体没有任何的能动性。从这个角度来说，康德的主体性概念就难于理解了。人究竟能够成为什么样的人，不是自主决定的，而是圣恩选择的结果。而神恩选择来自上帝的建言，而不是人自身的客观的理性选择，人格性是人的主观信仰的结果。在这里，客观理性（给定的实践理性）不得不求助于主观理性，求助于信仰。由于康德的人格性即纯粹自在的人没有任何经验内容，所以他不能求助于经验内容作出决断，而只能借助于自身中的理性。而这个理性极端空洞且毫无内容。于是，这个纯粹自在的人无法进行理性的判断，他不能就为什么他在这里会取得成功而在那里却会失败进行任何理性的判断。他对于自己的生活中的成功和失败不能进行任何理性的判断。

　　本来，理知的属性表明人可以按照纯粹理性来行动。但是，由于这个理性极其空洞，他不能就自己的行动为什么成功或者失败进行理性判断，他转而相信命运。在这样的情况下，理知属性附着于其上的那个权威即纯粹理性也发生变化了。它不是进行自我决断的，而是在某种程度上受到限制的。本来这个实践理性是进行自我决断的，但是它现在受到限制。它是被限制在超越的领域中的，是超时间的。当这个理性把自身限制为外在于时间的东西（费希特所期待的绝对的东西）的时候，它实际上就受到了限制，它开始与人类生活无关。

理性把自身设定为超时间的东西，就好像上帝创造世界一样，这种设定毫无理性的根据。这个超时间的自由与实际生活无关。这个超时间的理性在超越的世界中可以自由设定。但是，它的设定与生活无关。从这个意义上来说，超时间的领域是自由的，而现实生活中是不自由的。在这里，自由的学说和不自由的现实结成了同盟。而康德所提出的那个理知的属性是给定的东西，现成存在着的。当这个理知属性被理解为现成存在着的东西的时候，这个东西就如同第二自然那样，是现成存在着的。如果把这个第二自然理解为人格性，那么这就是说，现实社会中的人都有类似于第二自然那样的人格性。这个人格性其实就是市场经济的内化结果。如果人格性都具有第二自然的属性，那么人就没有自由了。因此阿多诺说，如果人们把康德伦理学转换为对现实人的判断，那么它的唯一标准是，一个人过去如何，那么现在就如何，因此他是不自由的。既然理知属性是既定的，人格性是既定的，那么一个人是什么不是理性选择的结果，而是由他是什么所决定的。按照这种意义上的人格性，一个人过去如何，那么现在就如何。于是这个人是没有自由的。康德的自由学说否定了人的自由。前面我们提到过席勒的一个格言，一个人不是根据他做什么，而是根据他是什么而被证明为主体。这个格言可以反过来理解，人在这里没有自由。人是被市场所决定的。席勒所表达的是对于这种状况的厌恶。这是他对于那种把一切人类关系都置于交换原则之下所产生的厌恶。本来评价一个人，只能根据这个人的行为本身，而不能依据其他标准，但是在市场交换体系中，人们是按照市场的交换原则来评价人的。本来康德哲学也与席勒一样，是反对用市场交换原则来评价人的。他在道德哲学（《道德形而上学的奠基》）中明确地把人的尊严和价格对立起来。阿多诺当然承认这种对立，但是阿多诺与康德不同的是，阿多诺认为，人的尊严不是现成存在的，而是在抗拒市场交换规则对人的尊严的破坏中确立的。当强调人的尊严的时候，我们不应该忽视市场秩序对人的尊严的影响。而市场秩序本身也不能简单地被否定。在阿多诺看来，市场秩序必须得到实现：任何人的劳动成果都不能被不公平地交易。而当市场秩序被确立起来的时候，它不可能不对人的尊严不发生作用。尊严只能在否定市场秩序中被确立，而不是现成存在的。这是一种辩证法。而康德缺乏这样的辩证法。由于康德缺乏这种辩证法，所以，人格虽然被他理解为尊严，但是其实是一种内化了的市场原则。

正如我们前面指出的,康德哲学是形式和内容二元对立的。他强调抽象的形式,而剔除了内容。当他的道德哲学强调抽象的形式而剔除内容的时候,那么内容就可以被随意地纳入到形式之中。正如我们前面所说的,抽象的人格性与人格区分开来,这实际上把人格性等于强人,即成功地束缚自己的人、成功地征服自然的人。只有把具体和一般结合在一起,具体或者一般才能得到理解。而康德把具体和一般对立起来了,把具体的行为和人格性对立起来了。如果具体的行为脱离一般,那么一个孤立的行为是无法被衡量的。同样,抽象的人格性如果没有在行为中表达出来,也无法被衡量。当人格性被排除了具体内容的时候,那么在这个人格性概念中所进行的反省也退化为绝对的无差别性、退化为非人的东西。或者说,这个抽象的人格性成为与人的活动无关的东西。从这个角度来说,虽然这个人格性非常"高贵",但是它却空洞毫无内容。康德和席勒在强调这种高贵的人格性的时候,其实也在客观上否定了这个高贵的人格性概念,把这个人格性概念看做是飘忽不定的,是极端可恶的。这种可恶的特性从后来自封为精英的人们之中表现出来了。这些所谓的精英们自封为精英,而且这种高贵性是他们本有的品性。好像,他们本来就是高贵的。这种高贵性与他们自己的行动毫无关系,是他们的理知属性。这是把人分为等级的恶劣做法。而且这种恶劣的做法之中,一个人是不是高贵的,与自己的行动没有关系,好像高贵性是一些人的自然品格。所以阿多诺说,康德的道德哲学潜藏着一种破坏了他对于空洞人格性的否定。因为,按照康德的道德哲学,人格性是给定的,是神恩选择的结果,与人的自己的活动无关。从这个角度来看,人类的总体与一种前定选择状态是无法区分开来的。换句话说,人类的总体状况一开始就被决定了,哪些人是高贵的人,哪些人是低等人,这是前定的,是被选择好的(这也是新教伦理的观念)。既然所有这一切都已经早已决定了,那么人就不需要对一种行动的善恶进行追问,不需要进行价值判断。这就是说,一个人的行动的好坏再也不需要评价了。阿多诺指出,这个道德哲学具有一种灾难性的要素:这就是,我们不再需要对人的行为进行判断了,而只需要接受现实,接受经验社会的强制。人格性是确定的,人类处于第二自然的状态,人必须接受这个现实社会。这与康德哲学的理论宗旨背道而驰。康德所说的那个善，是要超越这种强制的。按照人格性是既定的学说，一个人是不是高贵也是既定的，于是高贵和卑贱的范畴是与血统、自然联系结伴而生的。或者，资本主义自由观念中（康德的自由观念，自由是既定的，人格是既定的）本来就包含了这样的思想。其实，如果我们仔细分析，那么我们就可以看出，资本主义自由学说确实包含了这样的东西。自由是既定的，而这个既定的自由又是前定选择的结果。这是包含在新教伦理之中的。而新教伦理所表达的就是这种资产阶级精神。也正是由于这个原因，法西斯主义才会在德国出现。也正因为如此，在后期资本主义社会，自由学说的自然秉性以生物主义、最终是宗族理论的形式再次爆发出来。

在康德那里，道德和自然，自由和必然是完全对立的。但是，自然究竟如何与自由和解，这却是一个大问题。在阿多诺那里，这种和解表现在自由承认自然的合法性，从而自由和自然和解。而当自由排斥自然，不得已接受自然的时候，这个被承认的自然是被抽象的精神打扮起来的自然，比如，法西斯所说的那种种族思想。这种意义上被接受的自然就是变成了恶劣的自然了。如果在道德哲学中承认冲动，那么自由就是既接受冲动，又在控制冲动中实现的。如果排斥了这种意义上的自然，那么自然就被直接纳入到自由之中了，自然就被扭曲了。当自然被这样纳入到自由之中的时候，只有高贵的人，自然品质非凡的人才享有自由。这就是法西斯主义，就是把高贵与血统、自然结合在一起的道德哲学。于是，阿多诺从这个角度联系了席勒的思想。席勒在他的哲学思想中看到了自然和道德的和解。在阿多诺看来，虽然席勒要达到道德和自然的和解，但是却不是真正的和解，而是暗地里和康德相一致。这种和解是扭曲形式的和解。所以，当我们期待道德和自然的和解的时候，我们还必须注意到，这两者之间究竟以什么样方式和解。席勒哲学是以扭曲了自然的方式与自然和解。所以，阿多诺认为，席勒的这个和解在其现存形式上并不像人们所知道的那样是完全人道的和清白的。为什么呢？席勒那个地方自然不是真正的自然，而是被扭曲的自然，是被用意义打扮起来的自然。当自然被打扮起来的时候，这个自然就取代了自由，取代了理知属性所要达到的自由。这就是说，当人们把自然和自由对立起来的时候，虽然人们试图把这两者结合起来，但是这是一种外在的结合，是在两者之间相互排斥的基础上的无奈的结合。这种无奈的结合表现为，只有某种特殊的自然属性才能够与自由结合起来，比如高贵的种族。当自然取代理知属性的时候，这是确认某些人的自然禀赋的高贵性的自然。这就是资产阶级自由观之中所包含的罪恶内容。自然和道德的这种和解在歌德的"美善合一"中出现了。这个"美善合一"对于阿多诺来说，就是在这种对立的基础上确立起来的。它无法真正达到自然和自由的和解。阿多诺一定会排斥这种审美理论。所以，阿多诺说，在歌德的"美善合一"中，这种东西（这种相互对立的做法）最终明白无误地以谋杀的形式返回来了。自然在谋杀自由，谋杀理知属性的基础上返回来了。在康德那里，由于自由和自然是对立的，虽然他也试图把自然和自由和解，虽然他也试图把自然的东西纳入到自由之中，但是他最终还是把这两者对立起来。在这种对立中，自然的东西（被同一性所扭曲了的自然）最终也取代了自由。从他对于犹太人的恶毒的攻击中我们可以看到这一点。后来，纳粹分子保尔·舒尔茨-瑙姆堡（Paul Schultz-Naumburg）使康德的这个思想为人们所熟知。他利用康德的这个思想。所以，阿多诺认为，我们不能在恐惧自然的基础上，把道德与自然的外在地结合起来。而康德是在恐惧自然的基础上自然与道德的结合。无法真正实现道德和自然的和解。

　　自然和道德必然是充满矛盾的，只有在这种矛盾的基础上来理解自由和道德，自由和道德才有可能实现。从这个意义上来看，自由与限制是结合在一起的。自由不是现成给定的。自由不仅从外部而且从其内部真真切切地受到社会的限制。如果人们把自由作为现成的东西加以利用，那么不自由就会加剧。好事的代表往往是坏事的同谋。给定的自由，资本主义社会的那种自由同时就是不自由。即使在人们感到自己最极端地摆脱社会的地方，人们也没有摆脱社会，恰恰不自觉地把社会凸显出来。比如，康德所说的那种纯粹的理性，实践理性，好像这个理性是纯粹自由地自我设定的，是完全摆脱了社会。阿多诺说，即使在人们感到自己最极端地摆脱社会的地方，即在他们的自我的力量之中，他们同时也是社会的代理人。

　　在这里，人们所说的自我、自由等，都是按照社会的要求所确立起来的。自我原则是由社会嵌入到他们身上的。资本主义社会的市场经济就是如此，一方面，它限制自由，另一方面它又支持自由，确立这个自由。这是资本主义社会的特点。这是资本主义社会的客观辩证法。康德伦理学还没有意识到这个难题，或者认为它自己超越了它。其实他的理论就是资本主义社会现实的理论化。他的理论中的难题其实就是现实中的难题的理论化。阿多诺再次把康德的理论回溯到它的社会基础上。

理知的真实内容

在这个部分，阿多诺要解释，他对于理知的理解。然而，由于理知是非同一的，是无法肯定地给出定义的。于是，阿多诺就是在对于肯定性的批判中说明理知的内容。

从前面的分析中，我们看到，康德的理知概念虽然要排斥经验的内容，但是这个内容不知不觉地又回到他的概念之中。它是纯粹的意志，但是又不完全是。它不能完全自身同一起来。这是阿多诺所说的疑难概念，非同一性意义上的概念。这个概念的内容是不确定的。当然这是阿多诺自己分析出来的，而不是康德本人的意思。对于阿多诺来说，康德思想中包含了这个意思，只是康德本人没有意识到。假如按照康德的意思来理解这个理知属性的概念，那么这个概念是空洞的，是纯粹的"X"。假如有人又要勇敢地（大胆地，超出康德的意思上）用内容填满这个概念，那么这个内容或许就是历史上最先进的、时常闪耀的而又瞬间消失的意识，这个意识内在于做正确之事的冲动之中。首先，它是意识，具有理性的特点，但是它又是与冲动结合在一起的。从这个角度来看，这是一个疑难概念，是充满矛盾的概念，我们无法规定它。如果这个概念有内容，那么这个内容就是异于理性的、做正确之事的冲动。我们的文明需要这个理知。我们需要有这样一种做正确之事的冲动。但是，这种意识（冲动）又是闪烁不定，瞬间消失，而不是固定的，现成在手的，不是可以直接观察和描述的。可以说，这是自然和道德真正和解的意识。人在意识中达到了这两者之间的和解。这种东西不能被纳入到同一性的体系中，不能被用概念来概括。人类要追求的就是这样一种和解。这不是说，这种和解是不可能的，而是说这种和解也会出现，但是短暂地出现的，是闪烁不定的。阿多诺说，这个意识的内容是具体的、间断性的对可能性的预知。这种意识是对于自然和道德的和解的一种期盼，是肉体和精神的和解的一种期盼。这是一种可能性，而这种可能性是能够在瞬间被体验到的，而且是包含了具体的内容的。这其实就包含了阿多诺对人的理解。在这里，他所理解的人不是理性的动物，也不是肉体的动物，而是一种全新的人类学，或者说，人学。在这里，人不仅仅是心理学的基础，人不仅仅是肉体的，是具有经验的心理冲动的。人不仅仅要对象化地控制自然，如果人把自己局限于对象化地控制自然，那么他们会把这种控制外部自然的机制反转回来，并控制他们自己。如果是这样，那么他们就彻底陷入了精神和肉体的对立，自然和道德的对立。在这种对立中，这两个方面永远都不能和解。在这里，人们必然要问，人究竟是什么呢？那么按照阿多诺的思路，这个问题，我们无法回答的。正如，理知的属性是无法肯定地给出一样，人就是这样一种理知的属性，它无法被规定，是一个疑难概念。从这个意义上说，人是自在之物，人是无法用概念来规定的。世界上的各种东西，都是人制造出来的，那么人就是一切事物的最终原因。从这个意义上来说，人是自在之物。而这个自在之物也是不能被规定的。我们不能获得关于这个自在之物的知识。而人所创造出来的是现相世界。这类似于认识的现象，但这个现相世界，是人在实践理性中创造出来的，是属于形而上学的领域的。所以，这个现相世界是一种幻相，是人在其中作为最终原因而出现的世界。对于这个世界，人们不能获得知识，而必然会陷入幻相之中。

从这个角度来看，阿多诺把理知放在现相世界中理解了。而康德的《道德形而上学的奠基》就是把纯粹理性和人的经验世界联系起来的。于是，在这本书中，纯粹意志与理知属性没有什么区别，都是把理知世界和经验世界结合在一起的，无论是理知还是纯粹意志都变成了一个矛盾概念。人格性就被理解为这样一种意志。而诗人卡尔·克劳斯的诗歌"世界把我们造就成怎样的人"就要重新思考人，思考这个世界把我们变成怎样的人。他忧郁地沉思人。这个对人的忧郁的沉思是根源于人自身的困境。这个世界中的人其实越来越不像人，越来越成为人的幻相。人的意志变成了扭曲的意志。那些想象自己具有意志的人其实证明了这种意志是虚假的。这是因为，人在他所构建起来的世界中，人被扭曲了，他的意志变成了纯粹理性的意志，变成了与肉体对立的意志。而这样的意志恰恰是虚假的意志。

这个被纯化的意志，是痛苦的意志，是被剥夺了肉体要素的意志。这种肯定的纯粹的意志其实虚假的意识。如果意志是真正的意志，那么这个意志就要反抗自己，意志在主体的痛苦中否定性凸显出来。主体感到自身的痛苦，感到他的肉体要素被否定的痛苦，在这种痛苦的反抗中意志否定地凸显出来了。这个否定地凸显出来的意志就是真正的意识。从这个角度来说，意志没有肯定的形式。人作为主体在现实中也被肢解。人是以幻相的形式出现在现实中的。所有的人都在同一性的强制中被扭曲。本真的状况，没有被颠倒的状况也期待其自身被表达出来。这就是阿多诺所说的另外一种东西，不再被颠倒的本质（肉体和精神的和解、自然和道德的和解，非同一性）是不能用现实中的语言表达的。因为现实中的语言带有存在者的污点。这就是说，我们不能用描述存在者的语言来说明这种意志。这个东西只能有神秘的名字。比如，海德格尔的存在就是这种神秘的名字。这就是把"存在"变成了存在者。阿多诺所理解的这个非同一性的意志是无法肯定地被表达的。在现实的世界中，理知属性和经验属性之间的分离，人们只能在这两者之间的分裂的痛苦中领会意志。而这两者之间的分离是人类社会从文明的一开始就已经出现的，是一种亘古不变的古老阻隔。现代社会不仅没有消除，而且还不断强化这种阻隔。在这种阻隔之中，某种外加的东西被推到了纯粹意志的面前。这个外加的东西是什么呢？这是从外部考虑一切可以想象的东西，即虚假社会中的主体的、经常的、低级的、不合理利益。比如，在现代社会中，一些人的主体扭曲了，把时尚化的消费当做是人的基本消费。本来购买手机是为了满足自己的交流需要的，如果变成了一种炫耀自己社会地位的东西，这个东西就改变了价值。比如有人出售自己的肾来购买手机。这就是扭曲主体满足自己的不合理利益。当然我们也不能简单地责备这个出售自己的肾的人，而是要追问，为什么我们的社会会导致这样的情况。这表明，这个社会是虚假的社会，是颠倒的社会。人的意志在这个世界中是以幻相的形式出现的。在这里，出售自己肾的人受到了资本的利益的操控。人们以为满足自己的需要，其实他受到了资本的操控。在这里资本的利益发挥作用。这是以精神的力量牺牲人自身的利益，这是一种特殊的利益。这种利益毫无例外地像规定社会一样规定了社会之中每一个个人的行动。这就是用规则，用同一性逻辑来控制社会，也控制社会中的每一个人。当人的精神和肉体对立起来的时候，当人用精神否定自己的肉体的时候，人就走向了"死亡"。当一切都按照同一性逻辑来运行的时候,一切都走向了死亡,人类文明走向终结。一句话,在精神和肉体的对立中,在理知属性和经验属性的阻隔之中,那种附加的东西越来越多,它会把人、乃至整个人类文明推向终结。

肉体和精神的对立,理知属性和经验属性之间的分离是人类文明中不可避免的现象。但是,这并不意味着,人必须被束缚在这个对立和分离之中。然而这种分离却很难被克服。这是因为这种分离已经深深地扎根在人的心理过程之中。所以,阿多诺说,这一阻隔首先在狭隘的自我中心的狂热追求中,然后在神经官能症中延长自身。在精神和肉体的分离中人确立自我,比如笛卡尔的我思就是这种二元论的产物。在这里,这个极端的自我就是纯粹的"我思"。这就是狭隘的自我中心。在这种狭隘的自我中心的狂热追求中,自我变成了纯粹的意志,变成了纯粹的理性。这就是康德的那里的先验自我。这个先验自我与肉体东西对立起来了。这个先验自我压制人的本能的东西、压制本能的力量。这就导致神经官能症。这种神经官能症是精神和肉体对立的产物。从这个角度来说,这种阻隔在自我中心和神经官能症中延长自身。人的精神受到狭隘的工具理性的束缚。这种工具理性追求效率最大化。所以,它沿着最小阻力的路线前进。这种精神也包含了一种无意识的狡诈。这是因为,它把一切不相等的东西等同起来,这就如同市场经济中等价交换一样。如果说等价交换是有意识的狡诈的话,那么人类精神中所贯彻的同一性原则就是一种无意识的狡诈。而且人的精神存在着这样一种趋势,它控制一切自然的东西,包含人自身的自然力量。所以它要吸收一切可以被利用的人类能量来控制自然。这种精神的力量,这种工具理性阻止一切正确的东西,阻止人们认识非同一东西,包含精神和肉体之间的和解。人们无法意识到这种和解,人们也无法认识真理。这种正确的东西,这种肉体和精神的和解无可反驳地对抗着偏执的自我持存。人类为了自我持存才把精神和肉体对立起来。偏执的自我中心、神经官能症都是为自我持存服务的。它们也在自我持存中被合理化。神经官能症越是能够阻碍真理,就越是能够把自己合理化。神经官能症本来是一种病态想象,但是这种病态现象为什么能够合理化呢?这种合理化表现为它在为自身利益服务的同时,好像也为其他利益服务。在市场经济中,人为自己的利益服务,为自我持存服务。而他在为自己利益服务的时候,好像也为其他人的利益服务,尽管他也损害其他人的利益。这是现代文明的核心特征。所以，阿多诺说，神经官能症是社会的支柱。或者说，人类社会的文明就是建立在神经官能症的基础上的，就是建立在精神对于肉体的压抑的基础上的。没有压抑就没有神经官能症，就没有现代"文明"。在阿多诺看来，这种形式的文明恰恰阻碍了更美好的东西，即人的精神和肉体的和解，阻碍了非同一的东西。人性就期待着这两者之间的和解，而不是对抗。而精神对于肉体的压抑阻碍了人的这种美好的期待。神经官能症表明，精神虽然想压抑肉体，但是由于它不能完全压抑，于是肉体的东西表达出来了，但是却是以病态的形式表达出来的。这就是现代社会的特征。在这里，阿多诺继续用弗洛伊德心理学的思想来分析人们生存中的缺憾。本来，人的本能是人摆脱强制的一种力量。但是神经官能症阻止人的本能力量，阻止这种本能力量超越虚假状况，超越这两者之间的对立，超越由这种对立造成的虚假状况。这种神经官能症逐步把本能变成了自恋，变成了一种维持自我生存的手段。本能只能服从于人的生存的需要。在这里，我们似乎可以从马尔库塞对于爱欲的渴望和他对于人类文明的苦难的分析来理解阿多诺的思想。神经官能症把人的本能变成了自恋。这是人格扭曲的一种表现。这种狂热的自恋是爱无能的表现。如果它有爱，那么这个爱也是把肉体和精神割裂开来的爱。这是冷酷的爱。这种自恋是无法正确地确立自我的表现，是主体力量软弱的表现。但是自恋却把这种自我力量的软弱理解为自我力量的强大。本来人的强大力量来自于肉体和精神的结合，而当这两者分离开来的时候，精神觉得自己的力量无比强大。所以，阿多诺认为，这种自恋是邪恶机制中的一个铰链：软弱在可能的情况下被误认为坚强。自恋的人无法接受他者，无法有力地看待他者。而肉体和精神的和解就意味着，精神对于它的他者的接受。不接受他者的精神表面上非常强大，其实非常软弱，它不敢面对他者。

在精神和肉体的对立中，理知属性变成了一个残缺不全的理性意志，变成了一个纯粹理性意义上的意志，变成了与肉体分离开来的意志。一种与肉体力量无关的意志力是一种残缺不全的意志力。理性的力量和肉体的东西和解才是一种更高级，更庄重的东西，这种东西总是力图抵抗低级的东西，即把理性和肉体对立起来的低级的东西。对于阿多诺来说，纯粹理性的东西或者纯粹肉体的东西都是低级的东西。本来高级的东西应该抵抗这种低级的东西，但是这个

第三部分 模式

高级的东西反而被说成是它自身的缺陷，而分离开来才是一种优势，才是优点。把肉体和精神对立起来的虚假的高尚就是如此。伪善就是脱离肉体的崇高，它表明上很崇高，其实是很渺小。人们放弃了高级的东西，并把放弃这种高级的东西变成自己的目的。那个割掉自己的肾去购买手机的人就是这种放弃的表现。所以，阿多诺说，放弃在风格上表现为以其自身为目的。放弃变成了自身目的。我们的社会就是在这种放弃为目的的秩序中努力。这种理知属性把自身的缺陷（把肉体与精神的割裂）当成了它自身的目的。当然，阿多诺所理解的理知属性是人世间最好的属性。这个肉体和精神和解的属性，只有这样的属性，人类才有未来。这是因为，这个属性要突破人的生存的现状。人之所以能够突破现状，就是因为所有的人既封闭自身，而又能够突破自身。这就是康德试图用理知属性来表达那种无法表达的东西，把理知属性变成空洞的概念。而这个空洞的概念表示，其内容是无法在抽象中表达出来的。这个内容其实就是理性和感性，精神和肉体的和解。当然，康德用一个疑难概念来表达这一点。从这个角度来说，虽然这是康德学说中的明显的缺陷，但是这个有缺陷的东西也有好处，它也阻止把概念变成永恒的东西，或者说，变成某种现成东西的图像，反对用某种同一性的概念来描述这种东西。它具有防止概念拜物教的作用。阿多诺主张概念虽然要具有明晰性，但是概念也不能满足于这种明晰性，因为概念要面临我们所说的这种客观的矛盾。这种既矛盾而又统一的东西是无法用明晰的概念来描述的。康德之后的哲学，比如黑格尔和马克思的哲学都接受了康德哲学的这个正确的东西。他们都不是把概念固化，并且把这一点扩展到一切关于实证东西的概念上。这就是说，他们也反对把关于实证东西的概念固化。

在康德那里，理知属性表示人格性，而人格性的概念也是表示人的可能性的。但是这个人格性是抽象的和模棱两可的。这就表明，人格性不能被固化，它不是给定的，而是动态的。这就如同自由一样。我们前面说过，自由不是给定的，肯定地给出的。这与康德所理解的自由是不同的。阿多诺反对把这些东西理解为现成的。这就如同海德格尔反对把人的生存状态理解为现成性是一致的。自由、人格性甚至包括平等、正义、民主等都不是在现成性的意义上被理解。如果理知属性被人描述并通过描述而展现为一种现成的东西，那么这就背叛了这个概念。理知属性很容易被理解为一种客观属性，而且被人们按照描述事物的客观属性的方式来加以描述。如果这样，那么这就背叛了康德的概念。

在这里，阿多诺借助于犹太神学的观念来说明他自己的思想。按照犹太神学的观念，任何一种东西都与它的所是状况有所不同。这就如同辩证法所强调的，任何一个东西是它本身，同时又不是它本身，它都必定有与它不同的东西，哪怕是小小的不同的东西。但是，我们却决不能想象，在这些小小的区别之中，最小的东西是什么样子的。我们无法给出肯定的描述。当然，尽管理知的属性不是存在者，不能用同一性概念来表达，但是，理知属性也不能完全脱离存在者。这就是说，理知属性不是抽象地无力地漂浮在存在者之上的。现成的社会，现成的存在者都被束缚在同一性之中。这本身就是恶的。理知属性是不断地在罪恶的氛围中真正上升起来的东西，并借助于这种氛围而得到实现。理知属性不是现成存在的东西，也不是对于未来状况的描述，而是一种斗争，一种矛盾的冲突。如果说理知属性表达了一种对于肉体和精神、自然和道德的和解，那么这不是现成存在的东西，也不是关于未来的期待，或者将要实现的乌托邦，而是动态的，是在克服肉体和精神的冲突中，在克服自然和道德的冲突中出现的。这两者之间的冲突是一种罪恶的范围，理知属性借助于这种罪恶的氛围，克服这种罪恶的范围而出现。如果克服了这种氛围，这两者之间是不是可以一劳永逸地和解了呢？不可能，这种和解是暂时的，是瞬间出现的，两者之间的冲突仍然会重新出现。所以，这两者之间的和解不可能作为现成的东西出现。这就如同我们前面所说的那样，自由不可能以肯定的方式出现，理知属性也不可能以肯定的形式出现。自然和道德之间的矛盾也适用于说明自由和决定论之间的矛盾。如果自由和决定论之间的矛盾可以被理解为自然和道德之间的矛盾，那么这种矛盾不能被理解为独断论和怀疑论之间的矛盾。这是人的自我体验中的矛盾，是人体验到自然和道德，肉体和精神之间的矛盾。这是主体的自我经验中的矛盾。在这种自我体验中主体既感到自己是自由的，又感到自己是不自由的。从自由这方面来看，主体并不是与他们自身同一的，主体超越他自身，这就是自由。自由就是突破同一性的束缚。主体突破了这种束缚，他就自由了。但是主体为什么要突破他自身呢？这是因为主体还不是主体，主体受到了束缚，受到了道德的或者自然的束缚，他要成为真正的主体。由于主体要成为真正的主体，要恢复他自身作为主体，所以他要突破既定的那种主体。如果主体是纯粹的自我，那么这个主体、这个自我就是非人的东西，它要突破这个非人的东西。如果主体是纯粹的自我同一性，是既定的，那么主体就要突破这个纯粹的自我同一性，这个时候主体获得了自由。从这个角度来说，自由不是给定的，而是斗争的结果。主体为什么要突破这个自我呢？因为这个自我并不是真正的主体，主体需要他的自然要素，要和自然要素和解。而这个和解了的人才是真正的人，而自我是非人的东西。本来，我们以为，自我是人的必然要素，而阿多诺却认为，自我是非人的。当然阿多诺不是彻底否定自我，而是要扬弃这种抽象的自我，把自我和非我统一起来。

阿多诺强调，自由和理知属性涉及同一性和非同一性，即它们既有同一性，也有非同一性，是同一性和非同一性的结合体。我们不能简单地说，它们属于同一性，也不能简单地说，它们属于非同一性。在这里，阿多诺通过对于康德思想的辩证分析来说明，自由之中同时包含了同一性和非同一性两个方面。按照康德的模式，就主体意识到他们自身并和他们自身同一来说，主体是自由的。这是康德对于自由的理解，这是康德本来的意思。自由就是自律，就是自己规定自己。这就是自我同一性。从另外一个角度来看，这种主体的自我同一性恰恰是不自由。这是因为主体受制于同一性的强制，并要延续这种同一性，主体在同一性之中又是不自由的。如果一个主体只能这样，而不能是别样的，那么这个主体就不是自由的。从自然这个角度来说，主体作为非同一的东西，作为混乱的自然，这是不自由的。这是康德的本来的意思。这就是说，主体受到他律的制约，受到自然要素的制约，这是不自由。但是从另外一个角度来说，主体作为这样的自然又是自由的，因为这个自然的东西是一种冲动的表示，只有人有了这种冲动，人才是自由的，没有这种冲动，那么人就会被束缚在同一性之中。所以阿多诺说，在主宰着他们的冲动——主体与自身的非同一性不是别的就是冲动——之中，他们也摆脱了同一性的强制属性。主体不能控制他自身，这就是冲动。这就是主体和他自身的非同一性。

而康德所说的人格性是自由的讽刺画。他所说的人格性是理性的强制，是同一性，所以，这个人格性不是真正的自由，而是自由的讽刺画。人们之所以难于理解自由就是在于，人们无法理解同一性和非同一性交织在一起，把非同一性看做是同一性之外的东西，或者把同一性看做是非同一性之外的东西。他们看不到这里的内在联系。这就是阿多诺所说的，这个难题的根据在于，超出同一性强制的真理不是这种强制的绝对他者，而是被这种强制所中介的。超出同一性强制的真理，即非同一性，不是这种强制即同一性的绝对他者，而是被同一性（强制）所中介的。没有同一性的中介，非同一性也是不可能的。这两者是结合在一起的。根据同一性和非同一性关系的这个理解，阿多诺又重新思考了道德问题。在社会化了的社会中，一切个人都不可能在社会所要求的那种道德的意义上是道德的。这个人按照社会的规范来行动并不就是道德的。这是因为，社会化的社会本身就是一种同一性的强制，在这种同一性的强制中，按照同一性的原则来行动，这个行动中人是没有自由的。在一个没有自由的同一性中，人的行动不能被说成是道德的。所以说，在社会化的社会中，一个人不能在社会所要求的意义上是道德的。一个人只有在被解放了的社会中才是道德的。这是因为，在被解放了的社会中，人是自由的，或者说，人在同一性的基础上有非同一性，这种非同一性，这种自由才是道德的。从这个角度来说，道德和不道德不纯粹是个人的问题，而是一个社会问题，只有在被解放了的社会中人才可能是道德的。这样阿多诺所强调的是社会的道德，即社会本身应该是道德的。那么一个道德的社会是如何的呢？阿多诺还是坚持他的否定辩证法，社会的道德不是给定的，社会的道德只能是这样的，它结束恶的无限性，结束那复仇式交换的可怕循环。阿多诺的这个思想比较费解，他没有给出任何上下文的说明，这就让我们无法理解"复仇式交换的可怕循环"是什么意思。在这里，我推测，这可能是指，肉体和精神的对立导致的、像第二次世界大战那种的可怕状况。这种状况的出现的背后有同一性逻辑在发挥作用。这种同一性逻辑会导致人的自我憎恨、自我毁灭这样一种可怕的循环。这就是恶的无限。这也是与他本人的思想是一致的。人类为了自我持存而不得不把自己的精神和肉体对立起来，这种对立最终导致人的自我憎恨和自我毁灭。社会意义上的善就是要终结这种无限性，就是要追求肉体和精神的和解。在当今世界，各个国家为了自我持存而努力，但是这种努力之中，人在一定程度上把自己的肉体和精神对立起来。比如，在某个发达的富国，人们的社会生活水平非常高，人的生活应该非常快乐，但是这个国家把大量的国家资源用来制造武器，并且用"中国威胁"为自己的行为辩护。它用生存竞争把一些人束缚在贫困之中。在这种生存斗争中,如果发生战争,那么这只能把人类带向灾难。这就是复仇式交换的可怕循环。如果肉体和精神的对立不断地走向这种无休止的恶性循环的时候,那么人类就只能一次又一次地陷入第二次世界大战那样的灾难之中。如果社会结束了这种可怕循环,那么对于个人来说,他只要按照自己的偏好来生活就行了,而不再需要把自己的肉体和精神对立起来,按照自己的偏好快乐生活。这就是个人的道德。而这是康德的道德理论所排斥的。按照康德的道德理论,按照个人的偏好来生活是按照他律来生活。他认为,只有动物才按照这种偏好来生活。这种偏好不应该受到尊重。如果一个人按照自己的偏好来生活,那么他可以被认为是一个好动物。对于阿多诺来说,个人的道德只能做到这一点,人只能做一个好动物,按照自己的偏好来生活。在这里,阿多诺反对把肉体和精神对立起来,并从这个意义上来说明个人的道德。阿多诺的道德理论更多地强调社会的道德,而不是个人的道德。他强调社会的解放,而不是个人的自由。在一个被解放了的社会人才是自由的。在这样一个自由社会中,人按照自己的偏好生活就可以了。这就是个人的道德。当然这种道德也不是什么高尚的道德,而是成为一个好动物。而在社会生活中,一个人应该为社会的解放而斗争。这或许是他的思想更为关注的东西。

第二章　世界精神和自然历史
　　——关于黑格尔的附论

趋势与事实

　　在这个部分，阿多诺说明了历史事实与历史趋势之间的辩证关系。实证主义强调历史的具体事实，而抽象的历史哲学强调历史的趋势。阿多诺强调，既不存在纯粹的事实，也不存在纯粹的趋势。而事实和趋势的这种辩证结合应该用什么词汇来表述呢？阿多诺要揭示其中的非同一性。而整个这个部分都进行这方面的工作。

　　阿多诺认为，人在自己的意识中都能够概略地领会到某种客观的东西与人相抵抗，或者说，人的理智都能够感受到客观的东西对人的优势。这就是历史中的趋势。不仅个人会感受到这种趋势，而且人在他们的共同存在中感受到这种趋势。人的理智之所以感受到折磨，是因为，有某种客观的东西，有某种历史的趋势超出了人的理智所能够思考的范围之外。这种东西虽然是客观的，并且能够被人所体验到，但是这个东西却看不见，摸不着。于是，人们就认为，这纯粹是一种思辨的结果。在这种情况下，人们便要压制这种东西，人们把这种客观的东西作为毫无根据的思辨的结果，并对此加以压制。当这种东西被当做思辨来加以压制的时候，人们所采纳的是一种实证主义的思想方法，人们注重的是看得见的事实，注重的是抽象的概念。这些人产生了一种自以为是的幻觉，好像他们的那些标准化的观念对他们来说是双重真理。标准化的观念就是事实和趋势二元对立的观念。这里所说的双重真理就是，一方面，他们相信历史的客观趋势,把这种趋势实证化。按照这样的思路,他们否定具体事实,而认为,事实并非如此。另一方面,他们只相信他们的眼前的事实,而否定历史趋势。虽然事实造成了他们所没有期待的东西,没有达到他们预期的结果,但他们认为,那只是偶然的东西,是生活之厄运。

对于这些人来说,相信历史的趋势是客观唯心主义的观点。这些人试图像摆脱客观经济规律那样摆脱客观唯心论的体系。如果客观唯心论被否定了,历史趋势被否定了,那么人们就会相信这样一种原理,即实证的原理。或者说,在这样一个时代里,实证的原理就会流行起来。甚至人的精神对于这种实证的原理也无可奈何。这种实证的原理只能从事实中找到其可靠性的根据,也就是从现成的东西中,从直接由个人组织起来的社会总体中,从社会成员所创立起来的制度中找到自己的可靠的根据。总之,这种实证的原理要在现成的社会事实中找到其可靠的根据。

接下来,阿多诺针对这种实证主义的倾向,针对这种只看到既定事实,而看不到历史趋势的思想进行了批评。在他看来,只要一个人真正有经验能力,有一种生存的体验,有一种没有受到束缚的经验,那么他就一定会感受到某种客观的社会趋势。他就会承认黑格尔的客观的、绝对的精神确实表达了一种客观的社会趋势,就会看到马克思所说的价值规律在历史中的现实作用。他就会承认这些具有趋势性的东西是显而易见的。这个趋势比实证主义所给出的历史事实更加显著,要比人们在前科学意识中所强调的事实更加显著。这就是说,如果一个人真正有一种哲学经验,那么他就不会受到实证主义的束缚,而不会只是关注给定的事实,会敏锐地觉察到历史的规律或者历史的趋势在这里发挥作用。

在这里,我们还可以看到,阿多诺把历史趋势的体验与质朴的前科学意识区分开来。我们可以说,这种历史趋势的体验有一种形而上学经验的特点,而质朴的前科学意识是天真的意识,把历史的趋势理解为一种神话意义上的魔力。对于这种前科学意识来说,把握这个魔力,就能够达到认识的客观性,而且这是具有更高荣誉的客观性。这种前科学的意识促使人们不再习惯于切身地体验真正的客观性,不再让自己屈从于这种客观性。在阿多诺看来,只有这种切身的体会、具有形而上学意义的经验才能通达真正的客观性。才能使自己屈从于真正的客观性。所以，在阿多诺看来，如果思想者乐意并能够进行这样一种切身体会，那么这种切身体验就会动摇他们对事实性的信任。他们就不会局限于摆在眼前的事实。或者说，这种切身体验就会迫使他们超越这些事实。于是，这些事实也就失去了它们对普遍所具有的那种未经反思的优先性。人们也不会简单地认为，这种事实对于普遍性来说具有优先的地位。他们反而期待普遍性，强调对于历史趋势的把握。而实证主义或者唯名论则强调眼前的事实，把普遍的东西看做是无。这些研究者限于一隅，局限在眼前的事实之中，把超出眼前的事实当做是累赘，他们致力于消除这种累赘。

接着，阿多诺强调历史趋势与具体事实之间的辩证关系，强调它们之间是相互中介的。在这里，他用了黑格尔《逻辑学》开头所表达的思想，世界上的一切东西都既是直接的，又是被中介的。这句话可以用来说明历史的特征。这就是说，历史趋势是被历史事实所中介，而历史事实也被历史趋势所中介。接下来，阿多诺说明了第二次世界大战时期的历史事实与历史趋势之间的关系。对于盖世太保清晨六点钟就唤醒其反对者，谁也不会否定这个事件对人的当下体验直接的影响。与魏玛民国时期所发生的权力阴谋，与党机器对人的间接控制相比，清晨六点钟就唤醒反对者这个事件肯定有更加直接的影响。同样，谁也不会愚蠢地否定，与魏玛共和国的历史趋势，与概念中展开的历史趋势相比，这个人当下经历的这个事实更加直接。但是，直接出现的事实是经过中介的。阿多诺强调，我们不能只是关注直接出现的事实，而忽视中介的作用。法西斯主义以官方形式摧残个人的肉体，这个残酷的事实却依赖于一切远离受害者并且与受害者暂且无关的那些要素。比如，依赖于魏玛民国时期所发生的权力阴谋，依赖于法西斯主义的党机器等。

只有那些最可鄙的以科学严谨性为名的吹毛求疵做法，只有短视的实证主义者才会看不到这样一个事实，在法国大革命之中，虽然有许多突发事件，但是这个革命总是与资产阶级解放的这个总体趋势交织在一起的。接着，阿多诺列举了一些历史事实来说明这种联系。阿多诺认为，只是由于资产阶级在经济生产领域占据了关键的位置，只是由于资产阶级代表了先进的生产力，比专制主义者更加有能力，法国大革命才取得了成功。这是社会趋势的必然性。资产阶级只是顺应了这个社会趋势。所以，尼采说，资产阶级的这个做法是"落井下石",并认为这是原初资产阶级的行动准则。这就是说,最初出现的资产阶级就是按照历史趋势行动的。从历史发展的趋势来说,或许资产阶级革命早就由这个阶级在历史上的蓬勃发展所预先决定了。而古典主义装饰艺术(巴洛克艺术)只不过是为蓬勃兴起的资产阶级提供了一个奢华的外表。或者说,古典主义艺术是资产阶级精神在文化上的表现。反过来,阿多诺又强调,虽然有这样的历史趋势,但是这种历史趋势又是与当时的具体状况联系在一起的。这里的具体历史事件包括:专制主义的严重的管理混乱,路易十六统治下重农主义改革家在处理财政危机上的失败等。历史的趋势在这种历史事件中表现出来,在这种历史趋势中得到实现。这两者之间是密不可分的。同时,法国大革命的胜利还与巴黎群众的极度贫困有关。而这些偶然的事件也与历史的趋势有关。而英国的资产阶级革命时期,老百姓没有那么贫困,所以那场革命是妥协的革命,专制统治的形式还保留了。

按照这样一种分析,阿多诺指出,深层原因和外部诱因的区分,也就是历史趋势和具体事件的区分,既有长处,也有缺陷。它的长处表现在,它至少粗略地指明了直接和中介之间的二元性,外部诱因是直接的原因,而历史趋势是深层的原因。这就是说,外部诱因是直接的,而所谓的深层原因是中介,是具有全面意义的东西,它能够把具体细节整合起来。比如,我们可以用第二次世界大战中所出现的情况来说明,盟军对德国所进行的空袭和轰炸,起到清除贫民窟的作用。这个是偶然事件,是外部的诱因,但是从深层次来看,这也是与城市改造的趋势联系在一起的。这种趋势不仅在北美而且在全球早就出现了。再比如,家庭的解体是一个历史的趋势。而在出现灾难的情况下,家庭的功能会被强化,解体的趋势会受到遏制。但是,这种总体趋势却不能被永久遏制。比如,在第二次世界大战结束之后,在德国,离婚的数量和分裂家庭的数量日益增长。又比如,对于征服古老墨西哥和秘鲁的西班牙人来说,西班牙人如同外星人。他们通过屠杀这些人来扩大资本主义社会。这是偶然的事件,但是这个偶然的事件却是与资本主义自身原则是一致的,就是"世界一体"。把资本主义体系在全球范围内加以扩展,这是符合资本主义的内在目的的。

从上述事实中,我们可以看到,具体事实和历史趋势还是可以被区分开来的。但是,我们不能简单地局限在这种区分上,而是要看到这两种之间的相互作用。历史趋势总是要借助于事实,而事实都凸显历史趋势的优先性。从这个角度来说,把原因(趋势)和诱因(具体事实)严格地区分开来,显然是一种过时的做法,而且极其愚蠢。诱因都是表面上的,原因都以不同的方式渗透到诱因之中。比如,宫廷的管理混乱是巴黎起义的杠杆,或者说是巴黎起义的诱因,而这个诱因又是由历史趋势所决定的。这表现为,宫廷管理混乱是整个专制体系的产物,是专制主义的"支出经济"的产物,它落后于资本主义的收入经济。根据法国大革命的这种情况,我们可以看到,历史中的要素,虽然可能与历史的总体趋势相反的,比如,宫廷管理混乱这个要素是与历史总体的走向是相反的,但是,这个要素促进了历史的总体趋势。这些要素也只能在总体之中赢得其地位和价值。生产力发展是历史中的一般基本趋势。而在这个基本趋势中,一个阶级的生产力是否落后,这是与另一个阶级的比较而言的。而这是生产力发展总体趋势中的偶然情况。在一个国家是落后生产力,而在另外一个国家则可能是先进生产力。

最后阿多诺强调,历史哲学与具体的历史研究(历史编纂学)之间的辩证关系。历史哲学是研究历史的趋势的,而历史编纂学是研究具体事件的。这两者要结合起来。正因为如此,早在马克思和黑格尔那里,历史哲学就接近于历史编纂学,正如历史编纂学由于要透视被事实性所掩盖着的本质也只有作为一种哲学才是可能的。

世界精神的建构

阿多诺在这里辩证地分析了黑格尔的世界精神。如果说世界精神表示了世界历史的宏观进程,那么世界精神也与具体的个人活动、与个人的意识密切联系在一起的。如果这两者是结合在一起的,那么它既是世界精神,又不是世界精神。

在这个部分的一开头,阿多诺批判了人们对于辩证法的误解。这就是把辩证法理解为一种世界观。按照这种世界观,辩证法好像是对于世界的一种辩证的看法,是关于世界的一种总体观点。好像对于世界的看法有不同的哲学立场,比如,辩证法和形而上学是两种看待世界的不同世界观。这些不同的世界观好像是一种样本卡,我们从这种样本卡中抽取某个样本。

为此，阿多诺在这里强调，对于第一哲学概念的批判会趋向于辩证法。所谓第一哲学就是要把握某种绝对第一的东西，某种现成存在的东西，而阿多诺的辩证法恰恰就反对这一点，反对某种绝对的东西。对它来说，辩证法就是要把握非同一的东西，而对于非同一东西的把握就必须坚持辩证法。或者说，非同一的东西就是"绝对"的东西，就是自身矛盾的东西，把握这种东西必须坚持辩证法。在阿多诺看来，要把握这种非统一的东西需要有一种特殊的经验，即哲学经验，这种经验被阿多诺理解为没有被概念强暴所剪裁过的经验。被概念强暴所剪裁过的经验是被纳入抽象概念中的经验。同样，有所强调的概念是要把非同一东西纳入概念之中的，是动态的，是反概念拜物教的。阿多诺的辩证法就是反对概念拜物教，强调哲学经验。而这种辩证法虽然吸收了黑格尔的思想，但是又与观念论完全不同，因为它要借助于哲学经验来把握客观的内容。黑格尔的哲学却忽视了通过哲学经验所把握的具体的东西，它把历史发展的一般趋势神化，也就是把本质性的东西（was is）神化①。他所提出的世界精神就是把这种东西神化了。从这个角度来说，黑格尔违背了反思哲学的基本精神，违背了辩证法的基本精神。他没有思辨地思考具体事件与历史趋势之间的辩证关系。当黑格尔背离了这种辩证法的时候，黑格尔就返回到了他所批判的实证主义了，即把历史的趋势当成一种实证的东西来理解。所以，阿多诺认为，从这个角度来说，今天我们批判这种实证主义，批判这种主流的哲学思潮，就不仅仅要批判那种关注个别事实的实证主义，而且要批判黑格尔哲学中所包含了那种实证主义。所以，这种辩证法就是回归自身而又超越自身的实证主义。回归自身而又否定自身的实证主义是既从哲学经验上关注个别事实，又强调历史的趋势，既看到历史趋势，又反对把历史趋势实证化。

如果哲学有这样的要求，那么哲学就要深入到细节之中，就要把握非同一的东西。这就是要从非同一性的视角去把握世界精神。应该说，黑格尔哲学也不是完全没有哲学的经验的，不过他是在思辨哲学的框架中来把握非同一的东西。所以，阿多诺在批判黑格尔的实证主义倾向的时候又承认其中的辩证法要素。这个辩证法的要素表现在，它不允许来自上面的操控，不允许用概念来抽

---

① 在西方文化中，"是"与"如何是"是不同的，即本质与实存是不同的。

象地把握具体，把握非同一东西。它也不允许被哲学所渗透了的意图所操控，不允许像海德格尔那样，按照其哲学意图来把握非同一的东西，把它直接描述成所谓"存在"。对于阿多诺来说，深入细节只能进行辩证的思考。虽然黑格尔也进行了辩证的思考，但是黑格尔的辩证思考还是走向了同义反复。这就是，在他那里把握细节的过程是从一开始就被精神所预先安排好了，精神从一开始就被设定为总体和绝对，并且最终仍然回到这个总体和绝对。而本雅明却要超越这种同义反复。本雅明所使用的方法是归纳法，就是把每个细节，把非同一的东西进行归纳。由于本雅明缺少辩证法，所以，本雅明把非同一的东西理解为最细小的颗粒，他要直观地把握这个最细小的颗粒。他在《德国悲剧的起源》一书的导言中阐述了这种方法。比如，他强调，概念要拯救理念，而理念要拯救现象。只有这样，概念才具有综合的功能①。他说，在关于现实的直觉之中那个最小颗粒也要胜过世界中其余的一切。② 在本雅明看来，真理的内容只有通过沉浸于世界之中的最微小的细节之中才能被把握。人们沉浸在世界之中的最微小的细节之中，并由此而把握关于世界的真理内容。这里所说的最微小的细节，是人在世界中对于世界中的东西的体验，这种体验之中，人既感受到一般性，但是这种一般性不是抽象的一般性，而是与体验联系在一起的一般性。这个对于一般性的体验才是最真实的。或者说，这个最小颗粒就是人对当下经验状况的自我意识。人对于自己的当下状况的自我意识。阿多诺认为，这个最小的颗粒更具有本真性，它能够被转换为辩证法。这个最微小的颗粒是在所谓的重大哲学问题之外形成的，是在抽象的概念思考之外形成的。在阿多诺看来，虽然本雅明的思想中常常缺乏辩证法，但是本雅明的这个思想有助于把黑格尔关于世界精神的辩证法概念倒转过来。这就是说，黑格尔那里的世界精神优先性被修正了，被调整了，世界精神或者历史的趋势是在个体的体验中存在的，是在现象中存在的。总体对现象的优先性必须在现象之中被把握，是在个体意识中存在的，是在个体的体验中被意识到的。尽管传统上人们认为世界精神主宰着这种现象，但是，这种优先性却不能再按照最广泛意义的柏拉图主义传统被看作是神圣的。这就是说，我们不能按照柏拉图主义传统，

---

① 本雅明：《德国悲剧的起源》，陈永国译，北京：文化艺术出版社2001年版，第6—8页。
② 本雅明：《德国悲剧的起源》，陈永国译，北京：文化艺术出版社2001年版，第3页。

把总体的东西神圣化，不能把总体的优先性变成总体对于个体的要素的否定。从这个角度来说，世界精神不能被理解为某种肯定地存在的东西，而是在个体被否定的意义上被体验到，而个体又会抗拒这种否定。这里始终存在着矛盾。世界精神就是在这种矛盾中被确立起来的。所以阿多诺说，世界精神既是世界精神又不是世界精神，或者说，世界精神不是精神，而恰恰是否定性。不存在一个所谓的独立于人的肉体体验的精神。只是因为，人在生活中面临着各种否定自己的东西。人会在生活中抵抗这种东西。黑格尔把人所面对的这种否定性，这种对抗自己的东西当做是一种精神强加在个人身上，而这些个人是抵抗这种精神的个人。并且，由于个人在这种抵抗中常常会失败。这种失败强化了这种"精神"的力量。人们认为，这种精神好像是客观的东西，如果他们背离这种东西，那么他们是错误的，是恶劣的。在这样的情况下，世界精神成为与个人行动相对立的自主性的东西。在阿多诺看来，不存在一种独立的世界精神。在这里，阿多诺再次强调，个体和总体，精神和个人的肉体体验之间的辩证关系。这种辩证关系不是把独立的两个东西拼凑在一起，而是让这两者都发生了变化。阿多诺强调，社会的总体运动和世界精神是从个人的行动之中综合起来的，当世界精神和个人的行动对立的时候，总体的运动或者世界精神就变成了独立于人的东西。黑格尔的世界精神就从这里得到的。而在阿多诺看来，黑格尔所说的这种世界精神是矛盾的，充满对抗的。这是因为，世界精神需要借助于个人的头脑，当然它也超出个人的头脑。这里始终充满了一种对抗。而黑格尔却把这种世界精神变成脱离个人的头脑的东西。本来，黑格尔在进行反思的时候应该关注活生生的生灵，关注个人的意识，但是，他却忽视了世界精神和个人的意识之间的相互作用，即世界精神依赖于个人意识，而个人意识也依赖于世界精神。

当黑格尔把世界精神变成了脱离个人的东西的时候，黑格尔就把这个世界精神变成具象化的东西，这个世界精神像某种具体的东西那样存在着。从这个意义上来说，黑格尔的世界精神概念具有一种顽固的唯名论特点，即把世界精神当做一种具体东西。"Hypostasis"这个词语具有道成肉身的意思。当黑格尔把世界精神变成了这样一种东西的时候，马克思就把黑格尔的这种做法理解为"神秘化"。黑格尔自己也常常进行这种神秘化，从抽象的逻辑学中外化出自然来。在马克思看来,即使破除了黑格尔的神秘化的做法,我们也不能忽视其中的一个重要的东西,社会的总体性对人的优先地位。由此,我们可以看出,虽然黑格尔的思想是一种意识形态,是一种扭曲的意识,把精神变成一种具体的东西,但是黑格尔的这个思想也不仅仅是意识形态,而且也包含了一种真实的内容,即整体的优先性。在社会生活中整体对于个人的优先性。这种整体性,这种普遍性是不可透视,不可抗拒的。黑格尔在思想上利用普遍的这种优先性,利用了它的不可透视性和不可抗拒性。尽管我们承认,这种哲学意义上的具象化的东西(世界精神)通过异质性的东西而包含了经验的内容,但是这个思想中却存在着一个根本性的缺陷,即人本身在这里消失不见了。但是,当黑格尔把世界精神具象化的时候,变成一种具体的东西的时候,尽管它包含了经验内容,但是这种经验内容脱离活生生的个人的,是与个人无关的。这是一种神秘化的思想,其中包含了非理性。尽管如此,我们也应该承认,这个非理性东西却使世界精神概念能够和具体的东西结合在一起。这个神秘化有助于他实现个体和一般相结合的辩证法。尽管黑格尔看到了辩证关系,但是他还是否定了个人,还是具有拜物教的特征,即对于普遍的崇拜。这一点恰恰是马克思所批评的。历史中的行动者都是个人,而不是世界精神。这个世界精神不是总体的主体。历史上不存在一个总体的主体,一种以世界精神形式表现出来的总体主体。历史的基础是现实的单个主体之间的功能性联系。接着,阿多诺引用了马克思的一段话①,这是《神圣家族》中的一段话。在这段文字中,马克思和恩格斯强调了个人的作用。虽然马克思强调了个人的作用,但是,阿多诺认为,马克思在自己的思想中却有矛盾。这个矛盾表现在马克思反过来又强调社会的作用。所以,阿多诺又认为,在马克思那里,在由个人活动而形成的历史中,历史还是作为总体被强调了。马克思在思想中强调了这个反唯名论的方面,强调了这个一般的方面。他用了马克思在《资本论》中的一段话来说明,马克思思想中的这个反唯名论的方面。在那里,马克思强调,资本家不过是资本的化身,资本的人格化。所以,马克思在这里强调,他批判的是资本主义制度,而不是批判资本家个人。资本家不过是资本主义系统的执行者。而阿多诺

---

① 《马克思恩格斯文集》第1卷,北京:人民出版社2009年版,第295页。

认为，马克思虽然强调历史中的个人的作用，但是在这里又否定了个人的作用。在阿多诺看来，资本家本人也不是毫无责任的。阿多诺承认社会的主导作用，社会会把个人贬低为社会财富和社会斗争的执行者和参与者，但是与此同时，我们也必须看到，没有他们和他们的自发性就没有一切，没有个人的自发活动就没有社会的总体系统。这两个角度都是正确的。如果没有资本家的自发性，资本主义制度也无法维持。资本家不是无辜的。从这个角度来说，马克思的不一致性恰恰从两个方面表现了社会和个体之间的关系。马克思的不一致恰恰是一种辩证法的表现。阿多诺希望通过这种不一致来说明历史中的非同一性。从这个角度来说，马克思思想中的矛盾恰恰是马克思思想中的伟大之处。

"与世界精神相一致"

"与世界精神一致"是黑格尔的一句话。那么如何理解这句话呢？如果我们把"与世界精神一致"理解为与纯粹一般的东西一致，那么"与世界精神一致"就是达到同一性，达到与一般的趋势的同一性。可是我们前面讨论的时候说过，世界精神是否定性。世界精神是一种矛盾。当然，这不是黑格尔本人的思想，是经过阿多诺的内在批判而被改造过的。阿多诺认为，黑格尔本人包含了这个思想，只是他没有意识到。他帮助黑格尔把黑格尔所没有意识到的这种非同一的东西发掘出来。于是，"与世界精神相一致"就有了新的含义，即人的肉体和精神和解的要求。

从同一性原则出发，那么世界精神就是一种无情的同一性。从这个同一性的角度看，世界精神就是世界的发展大势，是"世界的计划"，是世界历史发展的必然性。黑格尔的世界精神概念最初所表达的就是这个意思。所以，阿多诺认为，黑格尔的世界精神概念所表达的是神圣的全能原则，是把一切都纳入到这个精神体系中，把它们控制在这个精神体系中。这是上帝产生一切、控制一切的思想的世俗化。从这个角度来说，世界精神像神一样受到崇拜，只不过，这个神现在世俗化了。这个世界精神与个人的人格性没有关系。它成为纯粹的普遍性的精神。而在阿多诺看来，这样的世界精神无法避免启蒙辩证法。按照启蒙辩证法的思想，人类文明从一开始就需要征服自然，而在征服自然的过程中，人产生了一种敌视肉体的精神，敌视个人生存的基本精神。本来人要通过征服自然而生存的，但是在征服自然的过程中，人反而否定了自己的身体。这种精神变成了超出个人的东西，好像个人只能听从命运的安排，而无法逃避这种精神。这表明，如果我们按照黑格尔的世界精神的概念来理解历史，那么在世界精神中，启蒙辩证法就实现了自身。黑格尔哲学部分地出现了启蒙辩证法的东西。这个启蒙辩证法表现为，这个世界精神一方面采取了一种神话的形式，采取了一种命定必然性的形式。按照这样一种神话必然性，历史是通过世界精神而不断进步的。另一方面，这种精神退化为一种让人恐惧的东西。这就是说，在历史的客观运动面前，人会感到无能为力，会对历史背后的那个看不见摸不着的巨大力量（世界精神）产生了极度的恐惧。人们在这里感到自己被否定，好像世界精神在怒吼。在这里，阿多诺从两个不同的维度理解世界精神，这两个相互矛盾的维度，都是世界精神内部发生的。这就如同启蒙辩证法一样，启蒙的精神、征服自然的精神一方面给历史带来了进步，另一方面也给个人带来了灾难。这两者是结合在一起的。从这个角度来说，世界精神充满了矛盾，它既带来了文明的进步，带来了物质条件的进步，同时也给人带来了痛苦，让人感到在世界精神面前，他是无能为力。在历史发展的客观性中，人进行痛苦的挣扎。世界精神对人来说变成了折磨人的命运。这个世界精神既给人带来机遇，也给人带来痛苦。它变成了人所无法逃避的命运，变成了一种内在的命运。正是从这个角度看，世界精神是对人的压制，导致了无限的苦难和错误。这是人征服自然、自我持存所导致的后果。世界精神是一种冲突和矛盾，是总体与个体之间的矛盾，但是由于总体的内在性膨胀为本质性，内在的总体性取得了绝对的统治地位，于是，世界精神中的那种冲突，那种否定的东西就变成了偶然的、不足挂齿的东西。黑格尔强调世界精神的内在性，把这种内在性看做是本质的东西，而世界精神中的否定性，那种给人带来痛苦的东西是偶然的、不足挂齿的。阿多诺恰恰强调世界精神中的否定性。与黑格尔不同，阿多诺认为，要体验作为整体的世界精神就是要体验其否定性，就是体验这个作为整体的世界精神对人的否定，给人带来的痛苦。如果叔本华的意志概念可以被理解为另一个意义上的世界精神，那么这就是一种否定意义上的世界精神。人的生存意志就是痛苦。他否定了乐观主义。在阿多诺看来，这两个东西同样都是片面的，都是偏执的。黑格尔的世界精神是一种此岸世界的神正论。它把世界精神变成了世俗世界的神,好像它的统治是绝对正当的。这就是黑格尔所强调的世界精神的必然性以及世界精神在历史中的主宰地位。阿多诺对于黑格尔的这种做法批评得比较多一点。在阿多诺看来,世界精神中的痛苦应该被意识到,应该受到关注。即使人在一种交织的总体中才能存在,即使人只有靠这种交织的总体才能存活下来,或者说,即使世界精神(世界精神就建构了这样一个交织的总体)占据了统治地位,但是世界精神内部所存在的痛苦也不能被忽视。而叔本华对于生存意志的讨论就是表达了这个意义上的世界精神,因为其核心是人的自我持存。在叔本华看来,人在自我持存的努力中会否定自己的生存意志。人的生存是悲剧性的。但是,我们也不能用这种悲剧性来否定人在总体中得到幸福的可能性。这就是说,人对于世界精神的依赖、对于总体的依赖不是完全悲剧性的。人在对于世界精神的依赖中也包含了超越个人不幸的东西,也能够感受其中的幸福。在生活中,人都要与命运抗争,都要争取自己的利益。在这里,人常常失败,常常陷入痛苦。但是,世界总体的发展也给人带来快乐和幸福。阿多诺从个人的精神天赋与历史状况的关系来说明这里所存在的辩证关系。一方面在人和世界精神的一致中,人也不是完全痛苦的。如果个别精神不受一般精神的"影响",如果有自己的意识,那么个人就会没有受到世界精神的影响,但是世界精神也会在历史中实现,会表现为历史中的客观性。人在自身中受到客观性的中介,那么这种客观性也不可能总是敌视主体的。这就是说,历史发展的客观趋势并不总是与人为敌的,会在一定程度上有利于人的。历史发展的客观趋势究竟是不是有利于人,这要根据具体情况来判断。比如,当世界精神也就是总体,处于暗淡阶段的时候,即使是最有天赋的人也不能施展才能;而在其昌明的阶段,例如在法国大革命期间以及紧随其后的那个阶段,平庸之辈也会远远超出他们的实际水准。比如,在专制的社会中,一个人即使有才华也无法真正地发挥出来。这是世界精神处于暗淡阶段。而在社会动荡的过程中,比如,在法国大革命期间以及紧随其后的那个阶段,平庸之辈也会远远超出他们的实际水准。社会动荡过程中,社会急剧变迁的过程中,人更有机会把自己的能力凸显出来。在动荡的时候,没有多少文化的人居然也能够成为一个领域的领袖。有时候甚至还出现这样的情况:当一个人与世界精神相一致的时候,即使他遭受到磨难他也仍然有成就感。比如,在革命时代，一个人参与革命，走在时代的前头，倡导革命，即使他在革命中没有取得显赫的成就，甚至做出巨大的牺牲，他能够有一种没有白干的意识。他也有成就感。他是历史发展中的弄潮人，是站在潮头的人。在青年时代的贝多芬的音乐作品中，一切将会变好的那种可能性被不可抗拒地表达出来了。这就是说，在历史的潮流中，一个人虽然会出现曲折，但是他还是会有一种满足感。而贝多芬的作品把这种满足感表达了出来。因此，从总体上来说，顺从历史大势、与世界精神一致既不能被简单地肯定，也不能被简单地否定。这里存在着复杂的关系。阿多诺把这种关系的变化理解为星丛的变迁。那么在这个星丛变迁之中，为什么人有时感到痛苦，有时获得幸福呢？无论是在与世界精神的抗争中，或者在顺从世界精神的过程中，如果人都能够与自己的客观性和解，与总体的趋势和解，那么人就有一种幸福。这种和解有时候是非常脆弱的。但是，这种冲突中的和解总是比一潭死水好。一潭死水的状况其实就是精神的绝对统治。精神的绝对统治使抗争的人产生痛苦。如果抗争的人看到了这种绝对统治所产生的弊端，如果他的抗争是顺应历史发展的，即使这里存在痛苦，但是他也从历史发展的客观性中获得满足。这是一种精神和肉体的和解。在这种和解中，人获得解放。被束缚者自身一直期待着这样一个时刻的到来。在阿多诺看来，精神和肉体，主观性和客观性的和解是被束缚的人所期待的。这种抗争既不是纯粹的牺牲，也不是纯粹的肉体满足。这是一种和解，是无法用其他肯定方式来加以描述的和解。这种和解是一种自我解放，人在其自身的生存中获得一种自我解放。而这种自我解放在一个人解放自己的同时也不会通过自己的特殊性而反过来限制他人。或者说，每个人都可以在这种和解中得到解放。在阿多诺看来，资产阶级就抱有对于这种和解的期待。这就是要实现个人和一般的和解，实现精神和肉体的和解。比如，卢梭的思想对人的自然性的期待，康德哲学对于二律背反的意识，歌德对于亲和性的艺术表达。这都是从思想上表达了资产阶级对于和解的追求。甚至在尼采、在叔本华、在海德格尔思想中，我们都能够体会到这种和解的追求。于是，阿多诺按照自己的思想来重新理解黑格尔的历史哲学，在他看来，黑格尔的历史哲学依赖于这种和解。按照他重新理解了的世界精神，世界精神中也应该包含这种和解。如果这样来理解黑格尔的世界精神概念，那么我们可以看到，虽然黑格尔晚期的历史哲学已经与他自己拉开了距离，已经与他早期的辩证法思想拉开距离，但是黑格尔的历史哲学还是包含了突破它自身的东西。其实阿多诺不过是想借黑格尔之口说自己的历史哲学思想。他的历史哲学就是要追问，这种和解的可能性。对于他来说，这个新的思考敲响了时代钟声，这个时代的钟声不断回响。这个时代不仅仅要实现资产阶级的自由，而且要实现个人的自由，实现肉体和精神的和解。只有在这样一种自由中暴力才会消失不见。这种个人的和解与其他人的和解并行不悖。黑格尔的历史哲学包含了资产阶级的时代要求，精神和肉体之间的和解的要求，世界精神和活生生个人之间的和解的要求。

关于生产力的解放

生产力解放被理解为社会发展的标志，而阿多诺从辩证法的角度来看待这个问题。他尤其是对发达国家的生产力的发展所具有的副作用进行了分析。

在这个地方的一开始，他批判这样一种思想，即片面强调生产力的积极意义的观念。按照历史唯物主义的思想，在上层建筑适应经济基础的情况下，经济基础就会得到发展。阿多诺把马克思的这个思想理解为，与世界精神相一致的时代。比如，人们说，今天的世界是一个开放的世界，在这个开放世界中，一个国家的经济政策如果与这个世界的趋势相一致，那么生产力就会得到发展。生产力的发展当然能够使人的物质生活条件得到满足。这是个人的快乐。但是，现代世界中，人们所注重的不仅仅是生产力的发展，而且注重与社会发展的基本趋势，与文明发展的精神趋势一致。如果按照历史唯物主义的基本思想来看待这里的问题，那么，在阿多诺看来，当代社会出现了这样一个趋势，人们不仅仅重视生产力，而且更重视与世界精神相一致。一旦生产力的发展与上层建筑发生冲突，那么上层建筑就会对生产力的发展产生负作用。这个世界精神就成为一种精神的重负，对于生产力的发展，对于人的生存造成了危害。在这里，阿多诺认为，这个历史唯物主义的图式太简单了。按照这个图式生产力发展对人只有积极意义。而与世界精神相一致就给人类带来更加具有实质性的快乐。阿多诺对于这个简单的图式进行了批判。他的批判的核心思想是，无论生产力的发展还是世界精神都具有副作用，都需要被反思和批判。关于世界精神的副作用，前面一部分已经进行了分析。关于生产力发展的副作用，阿多诺是这样分析的。按照马克思的观点，好像资产阶级上升时期是与世界精神的发展趋势一致的，世界精神促进了生产力的发展，给人类带来更多的物质利益，并带来了幸福。阿多诺认为，这样的说法太空洞了。生产力的发展不简单地就是封建制度崩溃的对立面。好像生产力的发展一定是积极的，有利于人类文明的。好像封建制度是以暴力的压迫来维持的，而资本主义制度是自由劳动，这种自由劳动促进了生产力的发展。在阿多诺看来，这种说法缺乏辩证法。这就是说生产力的发展本身包含了一种负面的东西。那么为什么生产力本身包含了负面的东西？这是因为生产力的解放、控制自然的精神活动与暴力性地征服自然之间存在着密切的联系。尽管这一点常常被掩盖起来，但是生产力概念之中的这种暴力性东西，尤其是被解放的生产力之中的这种暴力性东西绝不能在思想上被忽略。甚至生产力这个词语本身就带有威胁性的声响（"生产力"的德文词语或者英文词语都有暴力的意思在里面）。生产力当中包含了暴力控制。这就是生产力之中包含的负面的东西。我们知道，生产力就是通过暴力来征服自然，同时也征服人自身的自然。这里就包含了暴力。人在发展生产力的时候，会极度透支自己的身体。这就是一种暴力。这种暴力往往被人们忽视。在生存竞争被合法化的时候，这种暴力也被忽视。甚至生产力（produktivkraft）这个词语由于包含了"威力"（Kraft）也回荡着暴力的音响。

接着，阿多诺进一步用马克思的思想来说明生产力的发展所产生的危害。阿多诺引用了马克思的一段话，马克思说，"作为价值增值的狂热追求者，他"——交换价值——"毫无忌惮地迫使人类为生产而生产。"[①] 这就是说，在资本主义生产体系中生产的目的不是为了满足人的需要，而是为了交换价值，甚至变成了以生产本身为目的的生产。资本主义社会的生产力从一开始就存在着一种扭曲的倾向。如果说早期资本主义社会资本家也要通过生产来获得剩余价值，但是这个时候由于产品短缺，生产还是要满足人的需要的。但是随着生产过剩的情况的出现，资本主义生产就不再是为了满足人的需要，生产的目的发生了变化。这就是鲍德里亚所说的，为了生产而生产。而鲍德里亚的分析认为，马克思当时没有发现这种状况。其实，马克思认为，资本主义生产从

[①] 《马克思恩格斯文集》第5卷，北京：人民出版社2009年版，第683页。

一开始就存在着为生产而生产的倾向。而在发达资本主义社会，这种状况被推向了极端。阿多诺认为，马克思的这句话，直截了当地反对交换社会中生产过程的拜物教。所谓生产过程的拜物教就是指资本主义社会把生产过程本身变成了一种自动的机制，并认为这个机制本身就是合理的。生产变成了一种自动的机制，并且被合理化。本来只有树木才会自动生长。树木就是要维持自身的生长。而在资本主义社会，生产就如同树木那样，它只是为了维持自己。所以，在这个交换社会中，生产过程本身具有拜物教的特征。此外，马克思的这段话还直接冒犯了当代资本主义社会的一种普遍禁忌，即我们批判生产力发展，好像生产力发展天生合理的。这个发达的资本主义社会不允许人们对生产以其自身为目的产生怀疑。在阿多诺看来。这种生产力就是一种暴力，把人束缚在生产系统中的暴力。生产力的发展是通过科学技术来进行的。而现代社会不会限制技术的发展，而是借助于技术发展来进行生存竞争的。因此，在这种情况下，技术生产力的发展本身不会对生产关系产生太大的影响。从资本主义社会发展史中我们可以看到，今天的技术发展与资本主义社会初期不可同日而语，但是资本主义生产关系并没有发生根本性的变化。从这个角度来说，生产力出现了一种独立于生产关系的趋势。它就像某种独立的东西，按照自身的逻辑的发展，它有自身发展的规律。所以，阿多诺认为，生产力的解放就会像固化的社会秩序一样而被拜物教化。

在分析了生产力的副作用之后，阿多诺进一步分析了世界精神的副作用。当生产力变成一种自我发展的机制的时候，生产力就与世界精神结合在一起，与世界的历史发展趋势结合在一起。当世界精神和生产力结合在一起的时候，世界精神就渗透到被它所埋葬在它之下的那些东西之中，渗透到特殊的东西比如个人之中。人们在思想上就世界精神一致，也认同生产力的发展。人们不对生产力产生怀疑。这一切并不都是欺骗。生产力发展确实也是社会进步的基础。这是我们不能否定的。从这个意义上来说，世界精神也渗透到生产力之中，这是现时代的标志。在这样的情况下，人们要求生产力的进步，他们看不到生产力对他们所产生的威胁。于是，他们感到，我们是与世界精神相一致，与社会历史的发展趋势相一致。在这里虽然人们也发现某种不吉利的暗流，比如，生产力的发展为生产大规模的杀伤性武器提供了基础。但是，对于这些不吉利的东西，人们还是容忍它。生产力的发展虽然也导致了一些不良后果，比如极度的强制劳动，但是人们接受它，与这种状况和平相处。

这里还存在这样一种情况，即在日常事务的压力下，主观精神受到诱惑而急切地奔向客观精神，就像在黑格尔那里的情况一样。这就是说，人们在日常生活中，虽然也可能有一些个人的感受，有一些主观的精神，但是他们迫于生活的压力，或者忙于日常事务，而不再坚持自己的主观精神，不再服从于生活中的主观感受，而是接受客观精神，接受大众的共同的趋向。比如，在生活中，虽然有人也对生产力的发展所产生的副作用有一点体会，但是人们还是服从于日常生活中的大众趋势，迎合大众的看法。这就如同黑格尔一样，虽然他也看到了历史的趋势中存在着问题，但是他还是强调历史趋势的重要作用，强调世界精神的核心地位。而阿多诺强调，个人的这种主观感受，个人的主观精神仍然是社会中的一个要素，是一个历史的范畴，是起源的、自我变化的、实际上也是转瞬即逝的东西。个人的这种主观的东西常常是动态的，暂时的东西。在这样的情况下，那些初级社团（社会中的那些基本的社会团体）会具有一种群体的精神，即所谓的大众精神（Vorksgeist）。虽然群体中个人并不完全接受这种精神，但是由于他生活在这个群体之中，而不得不按照这个群体精神来活动。于是，在文明社会的压力下，这种大众精神在初级社团中再生产自身。如果初级团体中的个人不遵循这种精神，他会感到社会压力。这就是说，在一定的社会的基础性的团体，在各种基础的社团中，一种后个人的集体主义倾向出现了。在资本主义社会初期，人们强调个人的自我奋斗，而在发达社会，人们之间越来越结成各种团体或者群体。在群体中，人们只能按照群体的精神来活动。大众精神在这里释放出来。于是，在这种地方，客观精神像赤裸裸的欺骗那样具有压倒性的优势。在现代社会中，赶时髦、随大流就是顺从一种客观精神。

团体精神与统治

在这里，阿多诺通过对于团体精神的分析来说明，资本主义社会的民主机制中所存在的问题。在阿多诺看来，民主体制的基础是个人的体验，而不是集体的观点。对于阿多诺来说，集体的观点不过是虚假的普遍性。而民主不过是团体精神所进行的统治。

　　在这个部分的一开头，阿多诺借助于《精神现象学》的思路来思考有关问题。黑格尔把《精神现象学》理解为关于意识的经验科学。如果黑格尔真正地从经验层次上思考人的意识，思考人对于自身意识的经验，那么黑格尔所关注的就是具体的内容，而不是意识的抽象形式。但是，后期的黑格尔并没有坚持他的这个想法，而是让普遍强力推进自身，并傲慢地排除这其中所包含的个体经验，把这种经验当做是恶的东西。或者说，后期的黑格尔越来越走向保守，承认普遍的统治地位。在阿多诺看来，只有个体的经验才能抵抗普遍东西对于个体经验的压制，而强调普遍恰恰会压制个人的经验。因此，这种普遍的东西之中包含了权力。当黑格尔从普遍的东西考虑问题的时候，他认为，他就在更高的立足点上思考问题。而他的这种做法其实就是向维护权力的东西（所谓的普遍的东西）让步。接着，阿多诺通过对于委员会中的民主来说明这种普遍性对个人的压制。在生活中，每个人都有主观的善良意志。所谓主观的善良意志就是阿多诺所理解的个人的体验，在这种体验中，人们都领会到，什么东西是善的，什么东西是恶的。在一个委员会里面，人的主观的善良意志可能并不发挥作用，而下作恶劣的东西会经常出现。只要我们回顾委员会的所作所为，那么这种回顾就能让普遍优先的丑态暴露无遗。当一个社会忽视了个人的主观经验而强调抽象意志东西的时候，这种抽象的意志的东西就会变成恶。这就是说，在集体决策的过程中，普遍的东西不一定来自主观的善良意志，而可能是丑陋的东西占据主导地位。这个时候，即使诉诸世界精神（历史发展的大势）也没有多大的作用。那么为什么会出现这样的情况呢？这是因为，人们要顺应团体中的大多数人，或者其中最有影响的成员，并且要常常借助于团体之外更广泛范围的那种权威观点，尤其是被委员会成员所赞同的那种观点。用我们今天的话来说，委员会的人往往会随大流，跟风跑。至于这个东西正确不正确，是不是真正有意义，这就不重要了。团体的观点就是由此而占据了统治地位。阶级的客观精神渗透到其参与者之中，并远远超越了其中每个人的才智。他们的声音就是这种精神的回响，尽管他们在凡是主观上可能的地方都捍卫自由，但是却对自由毫无意识。这就是说，尽管他们主观上也强调自由，但是其实他们都潜移默化地接受了阶级的客观精神，接受了流行的观念。

他们没有任何思想上的自由。他们没有自由意识。在这里，大众受到了操纵。少数人可能因为自己的阴谋诡计而操纵委员会的成员。这里所说的委员会其实是资本主义社会总体的一个缩影。这个社会就如同这样委员会一样，被少数人所操纵，大多数人成为阴谋诡计的被动参与者。所以，阿多诺说，委员会预先形成了决定。表面上，委员会都进行讨论，但是委员会的决定其实早就被其中有影响力的人策划过了，早就被社会的大趋势所规定。他们早就做出了最终的决定。从这个角度来看，民主就是按照一定的程序达到某些人预定的结果。

在这里，阿多诺说明了，本来民主作为一种社会整合形式在发挥作用，但是却没有真正地发挥作用。与这种社会整合形式相一致的，还有时尚、社会潮流等。在这里，民主变成了一种时尚，变成了普遍东西的统治，而这个普遍的东西没有得到反思和透视。齐美尔的形式社会学所强调的就是这样一些能够把社会整合起来的抽象形式。在阿多诺看来，这些社会整合形式（社会化）中缺乏内容。这就如同民主、委员会等。在这种形式社会学中，团体的范畴是空洞的范畴，是缺乏内容的范畴。民主是一种社会化的机制，但是这种社会化却变成了一种程序性的东西，而没有用某种真理、某种客观的价值把人们结合起来。我们知道，马克思曾经区分真正的共同体和虚假的共同体。同样社会团体也可以区分为真正的团体和虚假的团体。真正的社会团体是以某种实质性的社会内容，比如传统社会是宗教信仰结合起来。而虚假的社会团体表面上也有某种实质性的内容，但是其实只是社会内容的印记，而不是真正的社会内容。比如，人们由于某种流行的观念达成一致意见。阿Q口中的"革命"就是如此。这表面上也有内容，但是这种内容其实是形式性的。时尚就是形式的一致。而在这种形式的一致性中所暗藏的是一种权力机制。这就如同我们在讨论委员会的时候的状况是一样的。这里有一种普遍东西在发挥作用。这种普遍性不是真正的普遍性（类似于卢梭关于大众和公众的区分）。这种普遍性是一种权力机制。从哲学上来说，这就是用空洞的概念来概括一般。空洞的概念对于具体的内容取得优势地位。这就是其中的权力机制的核心。为此，阿多诺说，它们的不变性只是提醒人们注意，普遍所拥有的权力在历史上的变化是多么小，这种权力是多么顽固地保持其前历史的状况。在这里，普遍就是被用来控制特殊的。这就如同人类在文明发展过程中，都要用形式，用抽象的范畴来控制质料，形式取得了对于质料的优势地位。团体精神就是形式对于质料的优势地位的反映。普遍对于特殊的统治也是从人类文明一开始就出现的用归类方法控制自然的做法的必然延伸。从这个角度来说，普遍所拥有的权力保持了其前历史的状况。

从这里我们可以看到，阿多诺是从哲学的基础上来讨论形式社会学，讨论团体精神的。对于他来说，团体精神或者形式社会学中所强调的形式都是建立在抽象的形式控制内容的基础上的，是建立在抽象概念压制具体的内容基础上。形式社会学认为，社会可以通过形式化的机制而被整合起来，这就类似于理性通过抽象的概念来控制内容。委员会也是如此，这些委员会在本质上都是用形式进行社会整合的机制。委员会本身就是形式性地被整合起来的，所以委员会的决定也一定是形式性的。尽管它也希望做出有实质内容的决定。但是实质内容的决定都是按照形式化的程序做出的。表面上看，按照纯粹程序做出来的决定更加中立，而好像与某个特定的阶级利益不同，其实不是如此，它是统治阶级的利益通过民主程序而被合法化。在这里，统治关系被隐藏在民主程序的背后。当然，这种形式化的抽象也有抽象的程度上的差别。由于社会群体的范围不同，普遍性的程度也会不同。这里存在着逻辑的等级制度。但是无论在那个层次上进行抽象，普遍的控制都是存在的。社会团体内部，比如委员会内部表面上是民主的，但是其中存在着权力关系。

法学的领域

阿多诺在这个部分从特殊和一般的关系的角度批判了黑格尔法哲学在对于法的理解中所出现的矛盾，并提出了自己的观点。法作为一种普遍的东西本身就包含了暴力和统治，即普遍对于特殊的压制和统治。从这个意义上来说，法本身也是不法。

阿多诺从一开始就认为，在《法哲学原理》中黑格尔按照《精神现象学》和《逻辑学》的思路把对于世界过程的崇拜推向了极端。这就是说，《法哲学原理》和《精神现象学》以及《逻辑学》一样都强调世界过程，即都强调普遍的东西，一般的东西。而法就是要强调一般的东西，普遍的东西。按照阿多诺的否定的辩证法的思路，一般的东西由于否定了特殊的东西，摧毁了特殊的东西，那么它也就摧毁了自身。用普遍来否定特殊本身就是一种恶。但是这种恶的东西具有客观性，因为它是与世界历史的过程，与一般的统治过程是一致的。恶所具有的这种客观性需要借助于一定的媒介来保证自身。而这个媒介就是法律，合法律性成为一种媒介，这个合理性的媒介就是用来维持恶的东西的，维持普遍对于特殊的统治的。这种统治也通过法律而被合理化，变成一种正当的东西。在这里阿多诺首先肯定了法的作用，它保护了生活的再生产，维持生活的秩序。但是在法的现存形式中，法是以暴力为后盾的，是包含了暴力的因素的。而暴力的因素具有一种摧毁的力量。阿多诺按照辩证法的思路认为，这种暴力性的摧毁力量会反过来摧毁法本身。这是因为法律要靠暴力来维持它自身，这就表明，它是不公正的。当它用一般来统治特殊的时候，特殊就会反抗一般。这种暴力也就会摧毁法律。比如，第三帝国就是利用了一般和特殊的矛盾，用特殊否定了一般。从这个意义上法律就被暴力摧毁了。但是，阿多诺不是简单地否定法律。他强调，如果没有法律，不坚持一般，那么社会就成为任性的牺牲品。另一方面，他也看到了，法律会把恐怖保留在社会之中，并借助于可引证的法规随时诉诸恐怖。它要用强制来控制社会。而黑格尔强调普遍性，强调法的一般性，这就是为实证法的强制性做辩护。而在一个明显地对抗的社会中，这种意识形态就是要为一些人控制另外一些人提供辩护。

阿多诺认为，法是不合理的合理性的原初现象。法是合理的，从一般的角度，平等地对待每一个人。但是这又是不合理的，因为人和人都是不同的，用同一个尺度对待不同的人，这本身就是不合理的。而人类文明从一开始就有类似于法这样的东西，这是生活中的基本的东西。从这个角度来说，这是一种最基本的不合理的合理性的现象。正因为如此，阿多诺认为，在法律中形式上的相等原则成为规范，每一个人都按照同样的标准来衡量。这样一种牧平差异的平等秘密地助长了不平等。法所强调的是形式的平等，而往往难以兼顾实质的平等。法的这种特性是以它对人的一般的抽象理解为前提的。这就是说，它设定了抽象的人类平等。这是一种去神话的人性概念，这毫无疑问是有意义的，但是人又是不一样的，去神话的人性概念中还是包含了神话，包含了对差异的承认，它只是掩盖了人的差异，压制了人的差异。去神话的人性概念无法真正压制人的差异，无法完全消除人的差异。这种差异会在一般之外来干扰一般。

第三部分 模式

接着，阿多诺认为，法律体系是一种严格的体系，把一切未被涵盖的东西、把一切非预成的特殊经验都切除干净。这就是说，凡是不能纳入概念体系中的东西，不能被一般所涵盖的东西就被排斥在法律之外，它们从一开始就被否定了。这是法本身的一种体系化要求。这种体系化的要求也体现了工具理性的精神，体现了同一性的要求。在这里，普遍变成了自成一类的东西。在这个系统中，它按照同一性要求，对于司法领域的各种现象进行定义。这个定义其实就是排除无法被纳入到定义之中的东西。法的体系的系统性其实就是要形成一个封闭的圈子。凡是超出其封闭圈子之外的东西，即凡是未被书面记录的东西，都不能进入这个领域。按照罗马法的规定，在法庭上凡是未被记录的东西在世界上都不存在。这就是说，一切都必须被纳入到同一性的体系之中。阿多诺认为，这种排他性的做法本身就是不公正的。所以，这种封闭性本身就是意识形态，它作为一种社会控制的权威而通过法律的许可实施真正的暴力，尤其是在这个被控制的世界上更是如此。这种封闭性直接就成为专制。这种简单地排除一切非同一的东西的做法本身就是一种专制。而这种封闭性、这种排他性就是专制后面的东西，就是在专制中发挥作用。阿多诺其实在这里表达了一种辩证法思想，就是一般和特殊必须和解，如果没有一般和特殊的和解，那么坚持一般的法律关系最终会变成一种独断，变成任性。抽象地坚持一般其实就变成了任性的一种形式。

在这里，阿多诺具体说明了个人和一般之间的对立。当冲突的利益把个人卷入司法领域的时候，个人非常容易感到他被不公正地对待。这是因为这是特殊性和一般性之间的冲突。在阿多诺后面引述的那段文字中，我们可以看到，如果个人感到自己受到冤枉，那么这不像黑格尔所说的那样是个人自己出错了。如果他有这样的感觉，那么这是因为他受到了极大的蒙蔽而无法在客观的法律规范及其保障中认清自己的利益。他没有能够按照法律正确地看待自己的利益。在阿多诺看来，这不是个人的错误，而是法律本身的错误，是法律自身在其内在构成上的错误，是法律强调抽象的一般而排斥特殊造成的错误。接下来，阿多诺引用并分析了黑格尔的一段文字。这段文字的大概意思是，法律要与现实结合，这需要借助于个人在思想上的领会。但是个人的领会应该是领会它的普遍性，尊重这种普遍性。而个人的东西则被理解为肆意妄为的情感，这种情感应该被理解为良心。良心会把法律看做是自己的敌人。这就是个人的良知和法律之间的对立。人们之所以把良知和法律对立起来，这是因为，人们对法律产生了错误的认识。人们应该把法律看做是他实现自由的条件。在这里，个人的良知被黑格尔理解为主观偏见。阿多诺在这里认为，黑格尔对于这种主观偏见的说明在客观上是正确的。黑格尔在这里是用抽象的普遍否定了特殊，否定了良心。在这里，人们必然会说，这不是与我们前面刚刚所讨论的观点矛盾吗？在阿多诺看来，这其实并不矛盾。其真实的原因就在于，黑格尔不小心说漏嘴了，即黑格尔认为，主观良知"有理由"把客观伦理（法）看作是自己最大的敌人。这个主观良知"有理由"的说法表明，黑格尔对于主观偏见的说明是客观的。其实，阿多诺特别点明这种东西，这就说明，虽然黑格尔强调一般，但是他不自觉地看到了个人的情感的要素的正当性。这表明黑格尔本人也陷入了矛盾。黑格尔的这个矛盾就是对于法律中个人和一般关系的正确看法，是一种客观的说明。既然主观良知"有理由"把客观伦理看作是自己最大的敌人，那么我们就不能简单地说，主观良知产生了错误认识。这是黑格尔在哲学上的笔误，这个笔误也肯定了他所否定的东西，即主观良知。如果良知是有理由的，那么良知为什么又会产生错误认识呢？可是黑格尔又非常确定地强调，良知在世界中不能正确地认识它自身。这一点我们也不能忽视。于是，在黑格尔那里就出现了一种矛盾：一方面良知有理由，另一方面良知又会错误地认识它自身。在这样的情况下，黑格尔就不得不承认，个人和一般，良知和法律之间并没有真正地达到和解，尽管黑格尔的整个法哲学的理论要论证这两者之间会达到和解。阿多诺强调良知的正当性。如果良知确实没有在"法和伦理的现实世界"认识到它自身，并把这个世界当成敌人，那么良知就是对的。因为，这个"法和伦理的现实世界"本身就是对抗个人的，是用合理化的秩序建构起来的。在这里它就是良知的敌人。所以，良知把这个世界看做是自己的敌人，这没有什么过错。因此，良知没有必要信誓旦旦地掩盖这一点。而这种思想也能够从黑格尔的辩证法中得到。因为，良知本身就是一种正确的认识，它也确实不能在现实世界中认清自己，或者说，它不能从法律体系中看到自己的利益得到承认，它看不到法律和他的良知发生和解。良知按照它自己的理由认为自己是正确的。良知有理由，但是这个理由不是现实世界中的普遍的理由。按照良知"有理由"的说法,黑格尔承认,在这个世界上,法律和良知无法得到和解。

最后,阿多诺指出,如果法律秩序对主体来说不是客观上外在的和异己的,那么对黑格尔来说,不可避免的对抗是可以通过更好的洞见来平息的,也就是通过良知的正确认识来平息。可是,黑格尔又认为,良知有理由把法律看做是敌对的东西,那么这就意味着,黑格尔彻底地体会到这种不可平息性,以至于他不相信平息的可能性。这就表明,黑格尔哲学中存在着一种悖谬:他既宣扬良知和法律规范的和解,又否认这种和解。对于阿多诺来说,这种悖谬才是良知和法律之间的真正关系。黑格尔哲学中所出现的悖谬恰恰是一种正确的认识。

法和公平

在这里,阿多诺进一步从辩证法的角度分析法和公平。这就是说法之中存在着个别和一般的冲突。同样,任何真正的公平之中也一定包含了普遍和个别之间的矛盾。

自然法也可以理解为自然权利。自然法学说一般地来说认为,人生来就有某种权利。这种权利不是在契约中被规定的。自然法学说从原则上来说强调人的抽象的平等权利。从这个角度来说,自然法强调的是一般,而不是个别。如果自然法学说停留在抽象的一般之中,那么它就缺乏内容。如果自然法学说不停留在抽象的一般之中,而富有内容,那么它就会导致一般和个别之间的冲突。因此,阿多诺在这个部分的一开头部分说,任何一种富于内容的、实证的自然法学说都会导致二律背反。只要自然法学说想包含丰富的内容,那么它就必然会走向二律背反。如果自然法学说一定会走向二律背反,那么自然法的观念之中就包含了实证法的非真理内容,人们可以通过对于自然法原理的批判揭示其中的非真理性。这种抽象的同一性观念是一种物化意识,是卢卡奇所批判的那种物化意识。而这种物化意识已经在社会现实中实现了。这个社会是用同一性原则构建起来的社会。按照卢卡奇的观念,资本主义社会的交换关系是同一性原则,而这种同一性原则不仅仅局限于经济领域,而渗透到法律、人的观念等领域中,成为资本主义社会的普遍原则。从这个角度来说,这个社会是用同一性原则进行统治的社会。这种统治不是阶级统治，而是同一化原则的统治，是一切东西都纳入到同一性的体系中所进行的统治。所以，阿多诺认为，同一性的纯粹形式本身就是一种统治，它表明，一切个人利益都必须抽象地整合到总体之中，被束缚在总体之中。这种纯形式的同一性与阶级内容、阶级正义没有关系。在这样一个总体的系统中一切都已经被预先决定好了。而这个体系是一个自主的系统，是独立的自我形成的系统。而成熟的司法体系就是这个总体的社会系统的一部分。这个法律系统通过自己的规则体系而把社会组织起来，约束社会生活。所以，阿多诺认为，这个系统把个人的东西纳入到范畴之中，把社会秩序化，好像按照分类体系那样把社会秩序化。而早在古希腊时代，亚里斯多德提出了一种不同的公平（希腊文 epieikeia）概念，这个概念在德文中是"Billigkeit"，英文翻译为"fairness"。这个公平概念就是要包含特殊的东西。而亚里斯多德的这个公平概念就可以用来对抗现代社会中的那种公平。阿多诺由此认为，这是亚里斯多德的公平概念的重要意义。它为亚里斯多德赢得了不朽的荣誉。

法律体系当然要强调人人平等，当然要强调一致性。它的核心就是同一性原则。它要致力于把一切非同一的东西纳入到同一性的框架之中。当这个框架越是努力同一化，越是强化同一性原则，它就越是不能同化那些无法纳入同一性体系中的东西。对于这种同一化的法律体系来说，亚里斯多德意义上的公平，那种容纳差异的公平是一种偏爱，是特权，是不公平。而在阿多诺看来，这种公平是要修正正义之中的不正义，即修正那种由同一性原则所造成的不正义。所以，这种法律体系会拒绝亚里斯多德意义上的公平要求。其实，阿多诺对于公平的这种理解包含了一种新的公平观念，实质性的公平观念，即超出纯粹形式平等意义上的公平观念。而在当代资本主义社会中普遍流行的公平观念是一种同一性原则意义上的公平观念。比如，在经济系统中，个人利益必须被还原到总体的公分母上，即个体必须参与市场交易过程才能获得自己的利益。个体必须在总体中获得利益。但是，这个总体是一个抽象的总体，是按照同一性原则构成的总体。按照阿多诺的看法，这个总体是否定性的。这是因为，这个总体是按照同一性原则排除了个人利益。而个人都有自己的特殊利益，有自己的特殊偏好。这些东西不能被同一化。但是资本主义社会是在同一化系统中满足个人。从这个意义上来说，它否定个人，同时又满足个人。它是用同一化和个人对立起来，而个人又只能在这个体系中通过交换才能生存。阿多诺把这个按照同一性原则形成的总体称为公分母。这个公分母的核心是普遍性，是同一性的原则。按照阿多诺的分析，这个普遍性既维持生命，同时又危及生命，甚至越来越危及生命。同一性原则是自我持存的原则，而自我持存中就包含了自我持存和自我牺牲两个方面。所以，阿多诺在这里强调，"普遍在自我实现的过程中所进行的强暴在于，它不像黑格尔所认为的那样是自在地与个人的本质相一致，反而总是与这种本质相对抗。"① 这里所说的个人本质是个人之成为个人本身的特殊性质，是指个人的特殊性。普遍的自我实现就是普遍占据统治地位，彻底控制特殊，是普遍在社会生活中的实现。普遍的自我实现过程其实也就是对抗个人的本质，否定个人本质的过程。在阿多诺看来，个人具有其自身的本质，而不仅仅是性格的面具，不仅仅是某个特定的经济领域的价值媒介。阿多诺在前面所论述的性格，是人格同一体中的矛盾。人的性格必然是矛盾的。所以，在这里，阿多诺强调，个人不是这个矛盾东西的面具，不是用来掩盖这种矛盾的。个人当然有同一性的东西，但是同一性和特殊性是结合在一起的。同样的道理，个人也不仅仅是特定的经济领域的价值媒介，不仅仅是特定经济领域实现其自身价值的工具。个人不仅仅是生产系统中的角色，不仅仅是消费者，获得经济需求的消费者。阿多诺指出，"甚至在他们认为他们已经逃离了经济的首要性，乃至于他们的内心深处——这个未被把握的个别东西的共同家园——也都逃离了的时候，他们也是在普遍的强制之下做出反应。"② 在生活中，人们都在一定程度上逃离经济的首要性，他们期望自己的生活不受世俗的干扰，尤其不受到经济首要性的干扰。他们的这种做法也是在经济首要性的强制下做出的反应。这就是说，逃离经济首要性，恰恰是在经济首要性的强制下出现的。人们没有真正地逃离经济首要性。人的内心深处是人的个别性的家园，是保留个别性和独立性的核心。即使人认为在自己的内心深处逃离了经济的首要性，人其实在内心的深处也受到这种东西的控制。在这里，阿多诺提出了一个非常值得我们重视的思想。社会生活中的大众越是与普遍一致起

---

① 阿多诺：《否定的辩证法》，王晓升译，北京：中央编译出版社2023年版，第409—410页。
② 阿多诺：《否定的辩证法》，王晓升译，北京：中央编译出版社2023年版，第410页。

来，他们就越是与普遍不一致并反而成为对普遍毫无抵抗的追随者。比如，赶时髦就是如此。赶时髦的人非常担心撞衫，他们要保持特殊性，但是他们赶时髦的心理都是一样的。而时尚的特点就是模仿，模仿的核心就是一致性。所以，赶时髦就是追求一致性。

传统上，我们也讲辩证法，比如，我们认为，个体不能脱离总体，总体也不能脱离个体。这是黑格尔所坚持的辩证法，而阿多诺要超越这种辩证法。这就是说，黑格尔的辩证法还是以同一性为核心的辩证法。这就如同赶时髦的人害怕撞衫一样。黑格尔的辩证法虽然强调个体性，但是个体性的背后仍然是总体性，仍然是同一性。这就是说，黑格尔无法真正地达到个体和总体、一般和特殊的和解。个体的东西仍然没有真正地得到承认。个体的东西要真正得到承认，那么总体就必须通过矛盾才能保持自身。在个体自身中所表达出来的是，总体只有通过对抗才能使它自身伴随着个体而被保留下来。总体必须始终保持对抗，保持非同一，个体才能被保存在总体之中。只有这样个体才能保持自身。而黑格尔哲学虽然也试图达到个体和总体的和解，但是却达不到这种和解。这是因为，黑格尔哲学的深处，甚至在整个人类文明之中，个体还是普遍的一个环节。那么为什么会出现这种情况呢？这是因为，人类尽管看到意识的普遍性的问题，都能够批判普遍性，但是人类还是被迫按照不可避免的自我持存的动机去行动，去表达自己的态度。而在这个自我持存之中，人就需要用一般性的原则去控制自然，对于自然的东西归类。工具理性就是维持人的生存的工具。而这个理性所主张的恰恰就是同一性原则。所以，即使人们反抗普遍，但是普遍还是会在这里占据统治地位。在自我持存的努力中即使人们要关注特殊，但是工具理性在这里是核心。这个工具理性虽然也能够反抗普遍，但是最终还是帮助普遍来实现自身。为了生存，个体必须把排斥他自己的东西转化为自己的东西。这个排斥自己的东西就是普遍。个体虽然也意识到普遍排斥了自己，但是为了生存它还是要把排斥自己的东西变成自己的一部分，把一般变成自己的一部分。这就是反抗普遍而不自觉地实现普遍的原因。在这样的情况下就出现了一种和解的幻相，即普遍和特殊和解的幻相，即主体为了生存而承认一般，把一般内化。在这里，特殊和一般好像和解了。黑格尔哲学就是这样一种意义上的和解。这就是说，他的理性原则虽然也要包含特殊，但是其核心是一般，是一般吞噬特殊。虽然特殊得到了承认，但是这是在生存原则为基础的理性原则基础上发生的。这是一种和解的幻相。黑格尔也有和解的观念，但是这个和解的观念并不坚定，而普遍性才是他坚定地拥护的东西。在这样的情况下，这种和解闪闪发光，好像超越了对抗，而实际上是与普遍纠缠在一起的。普遍控制着特殊，并把自己看做是高于特殊的东西，它认为它自身比特殊更好。在这里，特殊和普遍并没有真正地得到和解，而是普遍压制了特殊。这就是迄今为止所确立起来的同一性的核心。被普遍所控制的特殊和和解了的特殊是不同的。阿多诺提醒我们注意这里的差别。

个人主义的面纱

在这个地方，阿多诺解释了为什么个人主义会出现，并提供了一个非常深刻的道理：个体主义其实就是普遍的原则所确立的，普遍原则就是孤立化原则。

在当代社会中，人们有一个观念，觉得在这个社会中，个人是自由的，是优先的。在这样的情况下，人们只要看到普遍的优先性，就产生反感，觉得这种普遍性是无法容忍的。他们感到，这是对个人的自恋倾向和民主地组织起来的社会（以个人为基础的社会）的一种心理伤害。从我们在前面的分析中可以看到，其实普遍性已经深入到了个人的内心之中了。个人在表面上是特殊的，是抵抗普遍的，其实个人就是按照普遍来行动的。在就如同我们前面所说过的那些赶时髦的人。如果人们看穿了自我，认为自我是不存在的，是幻觉，那么这就非常容易把所有人的客观绝望推进到主观的绝望。这里所说的客观的绝望就是指，在民主地组织起来的社会中，个人虽然被强调，但是却不能真正地发挥作用。他客观上非常绝望。但是如果人们看穿了自我，知道普遍的东西就在自我之中，所谓的自我根本不存在，那么这就会从主观上动摇他的对于自我优先性或者个人优先性的观念。这就会让他产生一种主观的绝望。这种绝望就表现为，人们对于社会根植在他们心灵中的自我优先性原则产生怀疑。这就是说，个人优先性是资本主义社会根植在他们的心灵中的，是社会确立的。这个社会让人们产生了这样一个信念，只有个人才是实质性的，而普遍和一般是虚假的。在这里，人们必然会说，在资本主义社会中，个人当然是第一的，是首要的。这是一个简单的事实。个人必须要满足自身的需要。在任何情况下都是如此。在这里，自我持存的原则是核心，而自我持存的原则是一种同一性原则，是维持总体的原则。在现存的形式下，为了维持自身的存在，个人必须把自己变成首要的，把自己理解为第一实体。好像个人是绝对第一的东西。其实这是一种幻觉。这种幻觉之所以会出现是有客观原因的。这个客观的原因是只有个人存在，整体才能发挥作用。在这种情况下，个人的自我持存变成第一性的东西，没有个人的自我持存，无论这种自我持存是多么狭隘，都是整体发挥功能的前提。这就迫使每个人在生活中只关注自己，从而干扰了他们对于客观性的透视。他们会忽视客观的东西在他们之中发挥的作用。在这样的情况下就出现了糟糕的事情，个人无法真正地看清，他本身是受到客观的东西、普遍的东西的制约的。从这个角度来说，个人主义的出现是有客观基础的。唯名论就反映了这种东西，反映了个人优先性。唯名论与这种个人主义的出现是一致的。如果唯名论与个人主义是一致的，那么唯名论怎么可能反映整体呢？这是因为，唯名论所反映的整体是这样的，这个整体是通过个人维持自我生存的活动而得以维持的。换句话说，唯名论反映的是这个整体是靠每个人的自我持存而得以维系的。本来唯名论是反映个人的，但是却反映整体。于是，唯名论从字面上来说就是意识形态，它本身就是一种意识形态：它以反映个人的形式反映了一般。从社会上来说，唯名论是一种必要的幻相，即这个社会必然会把个人作为优先的东西确立起来，这是人自我持存的必然要求，但是这个自我持存的背后有一种普遍的东西，比如工具理性的原则在其中发挥作用。由于人们局限于自我持存，所以，他们看不到这种自我持存是被中介的。

按照这样一种理解，阿多诺认为，普遍原则就是一种孤立化原则，普遍原则自身要求孤立化原则。没有孤立化原则，普遍化原则就无法实现自身。但是人们看不到普遍原则的作用，而只看到孤立化原则的作用。人们发现，孤立化显得确定无疑。其实，这是由于他们受到了这样的事实的迷惑，人们为了自我生存而不得不孤立化，从而没有意识到，这个孤立化之中存在着中介，存在着中介的作用。孤立化是总体所要求的，是总体确立自身的一个要素。由于人们看不到这种中介作用，于是哲学上的唯名论广泛传播开来。按照这样的唯名论，每一个个别的定在都优先于它的概念。即使存在着精神、概念，这些东西也存在于个人之中。这就是说，精神、关于个体的意识只能在个体之中存在，超个体的东西却不是在个体中存在的。如果说概念或者精神包含了超个体的东西，那么这些超个体的东西是在个体之中被综合的，个体又只有通过超个体才能进行思考。唯名论的思想突出强调了个体，强调个别，超越个别的东西也被还原到个体。所以，这种唯名论变成了单子论，把个人理解为孤立的单子。而其实这些孤立的单子都是一致的，都是按照自我持存的原则被组织起来的。可是，按照这种单子论，这些单子、这些孤立的个人顽固地抵抗他们对类的现实的依赖，也抵抗他们的意识形式和内容之中集体的方面。好像他们不受普遍东西的作用。而阿多诺批判了这种唯名论。他认为，就形式来说，这些孤立的个人自身就是唯名论所否认的普遍性。他就是按照自我持存的原则确立起来的。这就是一个普遍原则，这个原则是资本主义社会的普遍原则，甚至是人类社会的普遍原则。就内容来说，任何经验，更不要说所谓的经验内容，如果没有事先被普遍所消化和传递，都不会在个人身上发生。这就是说，个人经验也不是纯粹感性经验，而感性经验的内容都是被普遍的东西中介过的。正如马克思在《1844年经济学哲学手稿》中所指出的那样，由于私有制，人的感觉发生异化，变成了一种占有的感觉。[①] 而私有制又是建立在人的自我持存的要求的基础上的。没有概念，感觉的内容根本就无法被消化和传播，甚至连"感觉"这个词语就是一种抽象概念。

一般和特殊的动力学

在这个部分，阿多诺进一步批判了实证主义的方法。这种实证主义方法与唯名论是一致的。后者强调被中介过的个别东西、具体的东西，而这个个别的东西本身就存在着个别和一般的矛盾。实证主义的科学纲领试图无矛盾地把握个别的东西。这是不可能的。

从前面的分析中，我们知道，个体是被一般中介的，个体之中包含了一般，因此，个体之中必然包含了个体和一般的矛盾。认识个体决不能像实证主义所主张的那样对个体进行概括，把握不同个体的特点。认识批判理论就是要

[①] 《马克思恩格斯文集》第 1 卷，北京：人民出版社 2009 年版，第 190 页。

在个体意识中反思一般，反思个体和一般之间的矛盾。这是正确的。与这种认识批判理论相反，如果人们通过诉诸一般而在邪恶、罪行和死亡方面获得安慰，那么这也是错误的。为什么诉诸一般能够从邪恶、罪行和死亡方面获得安慰呢？前面的分析中，我们已经指出，一般就是罪恶，就是强制，如果把一般置于优先地位，那么人们就可以诉诸一般而在罪恶方面得到安慰。"人必有一死"，所有的人都会死亡。于是人就可以从死亡中得到安慰。这都是用一般取代个别，让一般取得统治地位。在这里，死亡、罪行、邪恶都被一般化按照黑格尔的思想个别和一般是相互中介的。既然个别和一般是相互中介的，那么当人们强调个别的时候，完全可能把被个别所中介过的一般凸显出来。比如在现代社会中，个人都是被社会的交换机制所中介的，可是，当我们强调个人的时候，我们所凸显出来的是社会交换机制。这个交换机制本来是一种中介，但是在这里，这个中介的东西取代了个别而成为被关注对象。黑格尔的哲学曾经回顾到这一点，即普遍的中介变成了直接的东西。本来，人们所关注的直接的东西是个人。这是现成存在着的个别，但是这个个别其实被中介取代了，在这里普遍的中介成为直接的东西，市场的交换机制本身变成了直接的东西。本来，离开了个人市场交换机制就无法存在，但是如今这个中介本身变成了直接的东西。而实证主义、唯名论在关注这种直接的东西的时候，它们太天真了，它们以为它们所注重的是个别的东西，而不是一般，它们是归纳总结了个别的东西，而得到一般的东西。正因为如此，阿多诺认为，唯名论在历史上作为前科学的意识是有一定的意义的。它强调认识应该专注于给定的现实的东西，而不是空洞的观念。而今天的唯名论却把它的天真变成一种职业，它天真地以为，它只要关注事实，关注个别的事物，它也科学地把握了对象。阿多诺在这里对唯名论的批判是有所指的，是现象学，特别是指海德格尔和胡塞尔，也包括分析哲学。比如，分析哲学就用"日常语言"的范畴来批判形而上学的反思。他们认为，形而上学是日常语言的误用。按照这种唯名论的思路，科学的研究方法仍然不够科学，比如，胡塞尔和海德格尔都认为，实证科学还不够科学，还处于一种危机状态，没有弄清楚自己的真正的基础。他们希望通过直观的方法把握本真的东西。在海德格尔看来，这是实证科学所无法做到的。对他来说，科学似乎还很不科学，它似乎可以对科学颐指气使。在这里，阿多诺挖苦

第三部分 模式

这种唯名论的做法。他认为，这种唯名论从来不为一般和特殊在历史上的协同和关联所困扰。它们看不到一般和特殊之间的关联。过去的科学都是注重一般，而海德格尔要把握的是不能被概括在概念中的特殊、个别。他看不到，他所关注的特殊其实就是被中介过的特殊，他是用一般取代了特殊。

从前面的分析中，我们可以看到，个体的优先性是通过普遍确立起来的。或者说，普遍通过一种转换而把特殊的优先性确立起来。被确立起来的个别表面上是个别，其实它就是隐藏着的普遍。所以，当个体的优先性被当做现成的东西确立起来的时候，它就变成了一种补充性的意识形态。一种意识形态是抽象地强调一般，而与这种意识形态相对抗的就是强调特殊，强调个别。其实，这两种意识形态在本质上是一致的，强调个别的意识形态补充了关于一般的意识形态。这种意识形态掩盖了特殊在很大程度上已经成为普遍所具有的功能，按照其逻辑形式，它一直是这种功能。其实，特殊履行了普遍的功能，它是普遍的代表。但是这种补充性意识形态却掩盖了特殊所具有的这种功能。或者说，从逻辑形式上来说，特殊就承担着普遍的功能。唯名论抓住了特殊的东西，却忽视了它所把握的特殊其实是一般。在现实中，我们每个人都是角色。从这个角度来说，个别承担了普遍所具有的功能，即特殊按照普遍的要求来行动。唯名论紧紧抓住它所拥有的东西，并以为它最可靠，其实那个东西不过是乌托邦。唯名论的特点就是紧紧抓住现存的东西，抓住在场的东西，它认为，这种东西最可靠。而阿多诺认为，这个现存的东西其实是被中介过的，而不是真正现实的东西，从这个角度来说，这个现实的东西其实是乌托邦。于是，阿多诺在这里挖苦唯名论。他说，尽管唯名论痛恨乌托邦的思维，痛恨那异于现存物的东西。它其实抓住的就是乌托邦，而不是现存物。

与这种唯名论相一致的是，科学主义的喧嚣。这种科学主义认为，客观精神来源于个体反应，是这些个体反应的总和。所谓个体反应，就是个体所获得的经验内容。其实，个体反应是被现实机制所操控的，而且现实的控制机制本身规划了个体的意识内容。从这个角度来说，客观精神不过是在进行自我生产。科学主义试图从个体反应中把握客观精神，其实他们是从客观精神中把握客观精神。在阿多诺看来，这些个体反应长期以来只是普遍性的诞生地，个体反应是被普遍性所规定的。在这里，普遍性则周到热情地款待人们，以便更好地隐藏在他们背后,更好地控制他们。普遍性控制着人们,也控制着人们的反应。反过来说,世界精神、客观精神是从科学主义的喧嚣中产生的。这种科学主义是一种主观主义的科学观,即从个体的反应之和得到客观精神。这种科学观既不能准确地把握一般,也不能准确地把握个别。这种主观主义的科学观不是要真正地把握客观的社会,把握那个被一般所控制了的社会,这个被同一性原则所控制了的社会。它只是要建立一个自足的、经验—合理的体系。它还是要按照同一性逻辑来建立一个封闭的体系。它所立足的那种个体反应(经验)其实是与系统一致的经验。

接着,阿多诺通过对于黑格尔与康德思想的对比说明,我们应该在普遍和特殊的矛盾、个别和一般的矛盾中把握事物本身。黑格尔在反思康德哲学的时候,富有启发性地反抗自在之物,他把自在之物和现象结合在一起。但是当他这样做的时候,其实他就把自在之物纳入到观念体系之中,认识就变成了纯粹思想中的内在反思。而如今,反抗自在之物变成了对于认识的破坏。如今这种科学观念只是进行概念的反思,变成观念论的。这种观念论就是对于科学的反叛。所以,阿多诺认为,这是最畸形的科学概念。虽然黑格尔哲学中也包含了事物的痕迹,包含了客观内容的痕迹,但却是被扭曲了的事物的痕迹。黑格尔的观念论虽然要把握本质,但是由于黑格尔停留在观念论的框架中,所以,他的这个努力失败了。

与黑格尔的这种思想相反,康德在(反思概念的)歧义那一章,拒绝了认识事物内在性的可能性,这也是培根纲领的最终含义。康德在反思概念的歧义那一章反对把概念的经验运用与先验运用混淆起来。在阿多诺看来,这个反对意见之中包含了这样的意思,概念不能在先验的意思上被运用,而只能在经验的意思上被使用,如此一来,主体运用概念所把握的不是事物的内在性,而是经验领域中的东西,是被感知到的东西。当康德这样来理解认识过程的时候,其实就与经验论一致起来。阿多诺认为,康德哲学中试图把唯理论和经验论结合起来,结果经验论的要素仍然占据了重要地位。这种经验论作为对于传统经院哲学的反抗,是包含了真理性的要素的。在肯定了康德哲学中的积极意义的基础上,阿多诺又指出了他的思想所存在的两个缺陷。第一,他要借助于经验论的要素来否定把握自在之物的可能性。阿多诺批判了这一点。他认为,这个被禁止认识的东西,是认识论的前提和现实的前提。把握本质的东西是认识的前提。不过,在阿多诺那里,这个本质是矛盾,是非同一的。在这里,这主要是普遍和个别的非同一性。第二,认识主体也是在普遍的控制之下而成为认识主体的,认识主体本身就是与普遍结合在一起的。它本身就是普遍控制下的个别。从这个角度来说,认识主体本身就是认识对象,认识主体就应该把它自身作为普遍中的一个要素来反思,并通过这种反思来认识到它自身和普遍的差别。实证主义既否定了认识中主体的自我反思,也否定了认识自在之物的可能性。而在这两个方面它的动机都失败了。

从这个角度来看,实证主义要阻止主体进行内部认识,阻止主体的自我反思。通过这种自我反思,主体就会认识到他内在的普遍和个别的矛盾,就认识到他的内在的一般。前面我们已经说过,主体和客体是交叉结合在一起的。主体之中一定包含了客体。认识就是要思考主体中的客观东西。主体会反思这种内容从而把握客观事物,但是实证主义阻止了主体通过这种反思来把握事物本身。这是荒谬的。而康德哲学否定了对于自在之物的认识。在这个方面他与实证主义接近。从这个角度来看,黑格尔比康德更加切合认识的实际。黑格尔的这样一种认识思路就与实证主义完全不同了。这是一种思辨哲学的思路。从这个思辨哲学的角度来说,黑格尔超越了康德,比康德更加注重现实。这就是说,黑格尔在反思主体中把握主体中的客观的东西,看到了自我矛盾。从这个角度来说,黑格尔的自我反思的哲学比康德更加注重现实。而实证主义按照实证科学概念的方式来认识事物。这是概念形态的科学。这种科学的概念形态是一种实证科学的思路。而这种实证主义的思路是与事实性理想发生冲突的。事实性理想是指,思想内部的一般和特殊的矛盾,思想内部的非同一东西。认识就是要把握这种非同一东西。这个事实性的理想与实证主义直观地把握的事实是不同的。实证主义所主张的科学概念形态也是与朴实理性的理想发生冲突的。理性的朴素理想就是要把握自在之物,而按照黑格尔的思路,自在之物与现象是结合在一起的。通过主体的内在反思,主体就能够把握自在之物。这种内在的反思就是一种思辨的思考。认识必须进行这种思辨的思考。这种思辨的思考就是借助于概念而又超出概念。或者说,概念之中有超出概念的"东西"。而实证主义却否定这种思辨的思考。所以,阿多诺认为,这种实证主义的思路，这种科学概念是非理性的。

阿多诺认为，这是实证主义的专横方法，是对抗它所应该认识的内容的方法。它只是关注现成的东西，给定的东西，而没有看到中介性，没有看到概念之中超出概念的东西。最后，阿多诺得出结论。他指出，由于要被认识的事物是内在矛盾的，由于客体是对抗的，因此，实证主义所要达到的那种认识理想，即一致性、无矛盾性、逻辑上无懈可击的模型，是站不住脚的。这是社会之中的特殊与一般之间的对抗，而这种方法却否定了这一对抗的一切内容。在认识社会的时候，任何一个社会认识的对象，比如个人都包含了一般和个别的对抗。而实证主义方法却否定了一切对抗的内容。

作为社会总体的精神

如果说前面这个部分从一般与个别的相互中介中来讨论认识对象，那么在这个部分阿多诺从个人和统一体的关系的角度分析了世界精神作为总体是从个人之中独立出来的，并反过来以一种现实的形式来压制个人。

当代社会已经变成一个功能性的总体。这个总体对于每一个来说，都是客观存在的，是预先给定的。这是每个人在生活中能够体验到的。这是人所无法逃避的强制力量。阿多诺把这个功能的总体理解为完全社会化了的社会。完全社会化了的社会就是完全功能化的社会，被这种功能统一体整合起来的社会。当社会变成这样一种功能性的总体的时候，它就类似于哲学上的绝对同一性。人对于这种社会的经验，就如同对于哲学上的绝对同一性的体会。它们都有一个共同特点，即不容忍在它之外的任何东西，要把一切都整合到它的体系中来。这类总体是统一的总体。阿多诺把它理解为统一性。社会的总体性作为统一的东西，吸收了众多的个人，并把这种统一性提升到哲学中来。这个总体在这里取得了对于个人的优先地位。阿多诺认为，这是一种意识形态，是一种欺骗性的拔高。阿多诺认为，把单个的东西统一起来所构成的统一性是自埃利亚学派以来所确立的传统，被看做是最好的东西。这就是说，传统哲学把统一性看做是最好的东西。而阿多诺认为，这不是什么最好的东西，而是最现实的存在。这就是说，现代社会，这种统一性是系统的完全的整合，是功能的统一体。这种统一性虽然是依赖于个人的，但是却又在一定程度上超越于个人。从这个角度来说，它确实具有观念统一体中的那一点点超越性。这种超越性是与观念统一体的超越性密切联系在一起的。这就是人们认为，这种观念的统一体也是超越个人的，好像存在着超越个人的观念统一体（世界精神）。尽管在早期的城市中，自我持存的个人组成了市民社会，这个市民社会就是一种功能统一体。在这个社会中，个人和统一体之间并不存在一种均衡关系。总体往往占据统治地位，总是优先于个人的。

接着，阿多诺说明了，尽管统一性和多样性是非同一的，两者之间存在矛盾，但是统一性在这里都占据了统治地位。这就如同统一的思想体系一样，在思想体系中，比如，在黑格尔的思想体系中，表面上个人的东西还是受到重视的，但是最终都被完全整合到体系之中。从唯名论角度来说，个人是优先的，没有个人的自发性，统一体就不可能存在。从这个意义上来说，个体是第一性的，而统一体是次要的。但是在现实中，个人是被编织到统一体之中的。由于人都要自我持存，而在自我持存中人和人之间都是相互依赖的，这就构成了一个功能的总体，或者一个社会借助于非理性的统治关系，比如强权的统治把人结合在一起。当然强权统治之所以能够把人结合在一起，是因为它强调人和人之间只有相互结合才能自我持存。这就是滥用自我持存，把人们编织在一个总体之中。它用死亡威胁把人综合到社会总体之中。这是一种外在强制性的社会整合。用斯宾塞的话来说，这就是强制的社会整合，用合法则性把人结合起来。而这种外在的强制结合是违背个人利益的。对于阿多诺来说，个人和社会总体应该达到一种矛盾中的和解。而这是一种对立同一的斗争。而在现代社会中，总体占据了统治地位，它否定了个人的作用。世界精神就是从这种统治地位中产生的。

从这样的角度来看，个人与其他众人结合为一个总体的时候，这个总体超出了个人和众多个人的控制范围之外。众人结合在一起产生了一个众人所无法控制的结合体。从这个意义上来说，众人的全体就变成了众人的他者。个体对于这样的状况是无能为力的，众人对此也无能为力。但是这个辩证法被黑格尔的辩证法故意忽略了。黑格尔虽然也有辩证法，也承认多样性和同一性之间的矛盾，但是最终同一性吞噬了多样性，对于同一性，多样性是无能为力的。当然黑格尔所表达的思想其实也是有一定的现实基础的。这表现为，一旦个人在一定程度上意识到统一体对他们自己的优先性，那么统一体的优先性就会作为自在的普遍性反射到他们自己身上，他们事实上也会碰到这样的普遍性：它甚至深入到他们的内心的最深处，被用来加害于他们，甚至在这里他们把这种东西加害于他们自己。这就是说，一旦统一的东西对个人取得优势地位，那么统一性或者作为自在的普遍性会外在地返回到人自身，被内化到人自身，或者被个人所自愿地接受。人总是受制于习惯就是这个意思。单个的人把总体的东西内化了，变成了自己的习惯。在这里，统一性的东西成为独立的东西而外在于个人，这个外在的东西又返回到个体自身。于是，个人变成了普遍性的代表。从这个意义上说，人的本性是被普遍性所塑造的。被塑造起来的本性决定了人的命运。普遍性对人的决定作用，要比心理学上所说的那种性格对人的决定作用要大得多。由于个人结合为统一体，而这个统一体一旦形成就与人相对，并超出人压迫人。于是这个普遍性对个人来说是他律的，是折磨人的东西。本来普遍的东西是从特殊中得到的，但是它反而成为外在的东西压制个体。阿多诺把这个普遍的东西理解为像魔鬼，它折磨个体。

正是由于一般或者普遍具有魔鬼那样的特性，具有魔力，所以人们才把一般当做是自在的东西，当做一种独立于人的精神。这是一种意识形态。普遍本来不具有优先性，但是当普遍在社会生活中取得了优先地位时，普遍的自在性的观念就是从这个社会基础上产生的。这是一种意识形态，但是这个意识形态却有一定的社会基础。它是社会生活中的普遍优先性的一种反映。因此这个意识形态包含了真理，并由此而非常强大。但是这个真理是否定性的真理。这就是说，这个东西本来不是独立于人而自在存在的，而只能以否定的形式存在，只能以否定个人的形式存在。但是观念自在论的学说却把这种否定性的东西颠倒过来，并加以肯定。观念自在论把否定的东西作为肯定的东西来理解，好像它是实体化地存在着的东西。所以，这种观念自在论是一种意识形态。

从这里，我们可以看到，阿多诺从普遍的优先性中得出了观念的优先性，得出了精神优先性的观念。或者说，普遍优先性最终会转变成为精神优先性。当精神变成优先的东西的时候，个人就必须与这种精神和解。个人必须接受这种精神的统治。于是，阿多诺在这里用了一个双关语：强制对他们来说是可以被感受到的。从一方面来说，强制对他们来说是可以被感知到的。他们感知到了外在的强制。从另一方面来说，这种强制对他们来说也是有意义的。只有接受这种强制，他们才能生存。这种和解是精神优先性意义上的和解，而不是阿多诺所理解的那种和解，是冲突中的统一意义上的和解。这种所谓的和解具有某种强制的特点。由于这种所谓的和解，整体的抽象一般就把思维中的普遍回过头来投射到它的承担者身上，即投射到个人身上，一般被强行施加在个人身上。在这种情况下，精神，包含了一般的精神好像在现实中得到了实现。好像精神甚至有了它自身的现实性，好像精神有了自身的独立存在。当精神变成了独立的存在者的时候，精神中的那种一般、那种一致性就成为主体。于是，这里好像形成了某种一致性的精神主体。而普遍的东西就需要通过这种精神主体，通过精神中的一致性即精神中的抽象操作在现实中得以实现。这就是说，在现实社会中，人都有一种精神，一种把多样性整合在一起的统一性的精神，普遍性就需要借助于这种精神才能在现实中落实，也需要借助于这种精神进行抽象化的操作。这种精神就是人在自我持存中所形成的那种工具理性的精神。这两者在市场交换中结合在一起。而市场交换就是一种社会整合，就是把人结合为一个功能总体，而这个功能总体中，人们通过等价交换，通过抽象的同一性进行交换。在阿多诺看来，虽然个体习惯于从一般性的角度来进行思维，这是社会中客观存在的一般性，是可以通约的，但是它们之间也必定是矛盾的。阿多诺强调这种矛盾，从而颠覆普遍性的统治。

可是，黑格尔的世界精神却把这种精神作为肯定的东西，并把它独立起来，好像它是早已存在的东西。这种独立起来的精神变成了社会所崇拜的对象。涂尔干认识到，这个独立起来的精神其实就是在社会中实现的精神，就是存在于社会中的那种精神。从这个角度来说，社会崇拜世界精神其实就是崇拜它自己。在这样的社会强制中，对一般精神的崇拜被当做是理所当然的事情。涂尔干也因此被人们指责为形而上学家。这是因为，涂尔干也崇拜世界精神。社会之所以崇拜世界精神，因为世界精神就是社会本身的一种品格。社会陷入了一种疯狂的自恋之中。反过来说，社会发现它自身被世界精神所确认，因为它事实上也有它后来所崇拜的世界精神中的一些品格。在这里，阿多诺更进一步指出，对世界精神的神话般的崇敬不是纯粹的概念神话：它表达了一种感激之情，因为在更加发达的历史阶段，所有的个人都必须借助于社会统一体来生存，而这个统一体却不会在个人之中烟消云散，而它越是持续下去，就越是让这些个人走向厄运。这就是说，人们之所以崇拜世界精神，这不是把它纯粹地当做一种概念神话来崇拜，而是有客观的原因的。人们在这里不仅接受了世界精神的控制，而且还对世界精神感激不尽。因为，在这个社会中所有人都必须依赖于社会统一体来生存。他们感到，世界精神保证了他们的生存。于是，他们对于世界精神感激不尽。当然，他们也许不会感激世界精神，没有把世界精神理解为独立的东西。尽管他们不感激，但是这却并不意味着他们没有被世界精神所控制。他们在生活中确确实实地受到巨大的垄断集团和权力集团的控制，受到社会总体的控制。这种情况就表明，这里所强调的社会概念在目的论上一直包含了这种控制。这就是说，当人们讲社会的时候，这个社会概念本身就已经把控制的要素包含在它自身之中了，并且把控制作为社会概念的目的。虽然在社会生活中并没有人果真把世界精神像神那样去崇拜，但是这并不意味着他们没有自愿地接受世界精神。世界精神已经融入到社会概念之中了。黑格尔哲学把世界精神独立起来，这是一种意识形态。黑格尔之所以能够把世界精神独立起来，这是有客观基础的，即在社会中世界精神发挥了一种控制作用，它已经潜在地包含了独立性。如果世界精神在社会中没有潜在的独立性，黑格尔也不能把它独立起来。最后，阿多诺指出，对世界精神之中的诸范畴的崇拜，比如甚至尼采也接受的对最高形式的伟大的崇拜，只是在意识中强化了世界精神与一切个人之间的差别，好像这种差别具有存在论特性，好像个人和总体之间的差别是存在论上的差别，类似于存在和存在者之间的差别。对世界精神的崇拜，包括对于世界精神中的那些抽象的一般概念的崇拜都会强化世界精神与个人之间的对立。这种崇拜也会强化对抗和可预见的灾难。这就是说，当人们把一般和个人，世界精神和个人对立起来的时候，那么这必然会导致灾难。这种灾难是可以预见的。在阿多诺看来，如果没有一般和个人之间的和解，人类的文明就必然面临着灾难。这种灾难就表现在文明总是要在个人和社会这两个极端之间徘徊。极权主义其实就是这两者之间极端对立的产物。

对抗的历史理性

世界精神强调的是同一性，世界精神中的理性也是同一性意义上的理性，即工具理性。这种同一性的理性必然会走向自己的反面。世界精神中所包含的那种理性可以转变成为一种对抗的历史理性。这个对抗的历史理性，也就是阿多诺所理解的那种理性，是包含了矛盾的理性。

实质理性是包含了矛盾的理性，是阿多诺所理解的潜在的理性。与这种潜在的理性相比，世界精神的理性是非理性的。这种非理性就表现在它只是强调同一性。而这种强制的同一性否定了个别性，否定了特殊。而潜在的理性则不同，它要包容联合起来的单个主体的整体利益。在这个整体利益中，单个主体的利益是被承认，被关注的。从这个角度来说，联合起来的单个主体所构成的整体与按照同一性逻辑强制结合起来的总体是不同的。在阿多诺看来，黑格尔及其门徒把逻辑范畴与社会范畴、历史范畴等同起来。马克思在《哲学的贫困》中就指出黑格尔的历史哲学就是把历史纳入到逻辑的框架之中。在《1844 年经济学哲学手稿》中，马克思也指出，黑格尔只是为历史找到了某种逻辑的表达。历史在黑格尔那里不过是"逻辑的思辨的思维的生产史"[1] 这种把历史范畴转换为逻辑范畴的做法就是错误的，就是把一种东西（历史）"转换为另一类"，即逻辑。黑格尔的这个哲学体系就是进行这样一种转换，他的逻辑推演就是这样一种思辨逻辑。这种思辨逻辑就是把社会范畴和历史范畴转换为逻辑范畴。这是他的思辨哲学的顶点。在这个思辨哲学的顶点中，人的具体的经验要素被逻辑的要素排除了，个别的要素被排除了。只有拆除了这个顶点，只有拆除了这个逻辑构架，我们才能公正地对待现实，公正地对待具体的东西。只有这样，我们才能克服历史中的报复和循环。反过来，如果我们把这两者对立起来，那么特殊就必然会报复一般。比如，当一般否定个别的时候，个别就会反叛。这个以牙还牙的现象背后发挥作用的是同一性逻辑，这就是启蒙辩证法背后所存在的是同一性逻辑。以牙还牙本身就体现了同一性逻辑。对于启蒙（同一性）逻辑来说，辩证法是不可避免的。不过这种辩证法区别于唯物辩证法，即从一开始就承认特殊的那种辩证法。由于这种同一性，启蒙才会走向自己的反面。在这种同一性逻辑之中，单个主体被等同起来，被纳入到同一化的总体之中。在阿多诺看来，虽然黑格尔也承认个体的作用，但是在他

---

[1] 《马克思恩格斯文集》第 1 卷，北京：人民出版社 2009 年版，第 203 页。

那里，个体性是被纳入到总体之中，消解在总体之中。他用同一性征服了个体性，而不是一般和个别之间的和解。所以，阿多诺强调，在黑格尔的逻辑性之中，也就是在一般和特殊的辩证法中一般是优先的。这是错误的标志。阿多诺要真正实现这种个体和一般辩证法，强调一般和特殊之间的矛盾和暂时的和解。按照这样一种理解，像自由、个性以及黑格尔以同一性的形式所普遍设定的东西，都不再具有同一性。这就如同我们在前面讨论自由的时候所指出的，自由不是给定的同一性的东西，而是一种内部冲突和矛盾。正是这种冲突和矛盾，自由才可能存在。而同一性形式出现的自由恰恰是不自由。一般之总体表达了它自身的失败。一般的总体包含了内在的矛盾。自由、个性、一般、总体都是矛盾的，都不能被理解为肯定的东西，现成的东西。

黑格尔的哲学虽然也承认特殊，但是特殊最终被还原为一般，当特殊被还原为一般的时候，其实这就是一般的绝对统治。而一般的统治其实就是特殊的统治。这就是说，一般其实就是某种特殊的东西的抽象化的结果。从社会角度来说，人们把某种一般的东西凸显出来其实就是要进行特殊的统治。比如，人们对于性别的强调，其实就是要把不同的性别置于对立的框架中，而在这个对立的框架中，必然是其中的一个主宰另一个。人和人之间的差别有很多，为什么其中的某个差别那么重要，而其他的差别就不重要。商品交换中的等价交换所强调一般性是有利于资本家的。所以在这里，不容忍任何特殊的那种东西因此也暴露了它自身是在进行特殊的统治。如果一般不容忍特殊，那么这个一般所进行的统治其实就是特殊进行的统治。所以，阿多诺说，不断地推广一般的那种理性就已经是受限制的理性。这种理性就是纯粹的工具理性，是强调抽象一般的理性。这种理性不容忍特殊。这种理性就是受到限制的理性。阿多诺所强调的是实质理性，是与肉体联系在一起的理性，是包含了自然的理性。他所强调的理性要把形式意义上的一般和特殊的内容结合在一起。所以，这个理性之中必定包含了矛盾。而不断地推广一般的那种理性是用同一性限制多样性的那种理性。这种理性不仅限制理性，而且是对现实的一种态度，这就是让统一性凌驾于某物之上，让一般统治特殊，否定的特殊。从苏联时期的状况，我们可以看到，虽然它们的马克思主义哲学也强调辩证法，但是这种辩证法凸显的是同一性对于特殊的压制和否定。这种辩证法最终走向了反辩证法。阿多诺反对这种辩证法。而阿多诺的辩证法是要把黑格尔的辩证法贯彻到底。如果把这种辩证法贯彻到底，那么辩证法就不会走向同一性，不会走向绝对精神。于是，阿多诺就对黑格尔的辩证法进行分析。他指出，按照纯粹的形式来说，理性是内在冲突的。为什么这么说呢？理性所进行的工作是要按照同一性逻辑把多样的东西纳入同一性的框架中，但是理性无法达到绝对同一，它只是进行统一，把各种不同的东西结合起来。而统一就表示同一性是不可能的。所以，阿多诺说，统一就是分裂，即统一就是把分裂开来的东西结合起来。这里所说的理智（ratio）的含义就是那种比率、计算意义上的，是工具理性。当这种理智在社会中实现自身的时候，那么这就是把工具理性贯彻在社会之中，这就是走向同一性。所以，这个理智是非理性的。这种理智是与完整的理性（Vernunft）不同的。这种理智就是当前流行的概念，以同一性原则为核心的那种理智概念按照它自身的原则就是走向极端的理智，走向极端的同一性。启蒙的理性概念就是这样一个理智的概念，即走向非理性的概念。启蒙必定会走向自己的反面。启蒙确确实实屈从于辩证法：这种辩证法发生在理智自身的概念中。这是因为启蒙的理性概念必定走向自己的反面。

在这里，阿多诺要重新理解理智。理智像任何一个范畴一样不应该被具象化。所谓具象化就是固化，形象化，变成一种既定的东西。这是阿多诺所批判的概念拜物教。任何一个范畴包括理智这个范畴必须是变动的，是流动的。如果从流动的角度来理解，那么理智就可以从个人那里转换到（人）类那里。理智在个人那里是用来维持自我生存的，而当它流动了类的时候，就是把个人和类结合在一起。于是，这个理智就包含了矛盾，这是既包含一般又包含特殊的矛盾的概念。这就是阿多诺所理解的精神的流动。通过这种流动，阿多诺看到了理智概念之中的矛盾。这个理智表示了同一性原则，但是在人类之中，个人的自我持存和社会的控制之间既具有一致性，也有冲突。在阿多诺看来，这种精神的流动，这种转移是按照逻辑来进行的。这就是说，把个人的自我持存转移到类的自我持存，这是有内在的"逻辑"（注意这个逻辑的不同意思）的，或者说，这里有一种必然的裂隙。霍布斯和康德这样的伟大哲学家从历史的角落中把握到这种逻辑。这就是说，他们看到了历史发展中的这种趋势，即个体越来越被纳入到总体中的趋势。这就如同特殊被抽象地纳入到一般这个逻辑规则是一样的。在社会出现这样一个基本趋势的情况下，如果不承认类的自我持存的利益——在资产阶级思想中这个利益大多由国家来代表的，那么在更加发达的社会关系中，个人就无法自我持存。个人越来越依靠国家而生存，依靠代表资产阶级利益的国家而生存。当然，阿多诺承认，这种转移是必要的，但是借助于这种转移，一般所具有的合理性必然会与特殊的人们对立起来，它只有否定了这些人才能成为一般，尽管它假装或不仅仅假装（即在一定程度上果真是）要服务于这些人。这就是说，合理的转移也把一般吞并个人的做法合理化，把一般否定个人的做法合理化。在这种情况下，虽然一般也要服务于特殊，但是在其核心之中，它是要否定个人的。这也是黑格尔辩证法中的同一性占据主导地位的社会根源。在这样的情况下，理智（ratio）的普遍性把一切特殊内容的短缺合理化，把它对总体的依赖合理化。在这样的总体中，个人就在一定程度上被忽视了。本来总体是要为特殊服务的，但是当理智把否定特殊内容合理化的时候，特殊和一般的对立同时也被强化了。于是，在这里，普遍通过抽象而把自身合理化，而这种抽象同时也强化它与特殊之间的对立。因此，阿多诺说，普遍与特殊之间的对立也借助于抽象化过程而发展起来，而普遍就依赖于这种抽象。普遍越是强化自身，普遍和特殊之间的矛盾就越尖锐。从这个角度来说，统治一切的理性在宣布它自身高于其他东西的时候，必然会限制自身，并且会变成理智。

按照这样的分析，那么我们就可以说，绝对同一性的原则是自身矛盾的。人们越是强化同一性，那么同一性就越是陷入自身的矛盾之中。这是因为，同一性越是强化自身，那么它就越是要压制非同一的东西，但是非同一性的东西却必定在同一性东西中存在，它只是以被压制、被破坏的形式存在着。黑格尔哲学就是如此，他虽然也吸收非同一的东西，但是非同一的东西却以被压制、被破坏的形式存在于同一性的系统之中。在他那里，同一性是优先的。所以，阿多诺认为，黑格尔扭曲了实存的事态。本来一般的统治地位是一种否定性的东西，是内部矛盾的东西，是压制非同一的东西，但是黑格尔却肯定同一性的东西，好像这种同一性是肯定地存在着的，而把非同一性看做是必然否定的。其实，一般性不可能是肯定地存在的，不能够被具象化。它是否定性的，是内在矛盾的。这个矛盾的统一体不可能是肯定地存在的，但是黑格尔却把普遍性合理化，而否定了特殊。因此，他误解了一般性所具有的否定性。为此，阿多诺认为，黑格尔不同情那被埋藏在一般性之下的特殊性的乌托邦，不同情非同一性。这个地方所说的乌托邦不是肯定的乌托邦，而是非同一性得以"实现"的乌托邦，而非同一的东西是不会以肯定形式出现的，它永远都是乌托邦，永远无法"实现"。在黑格尔那里，非同一性只不过是被压制的东西。而在阿多诺看来，非同一的东西必须在一般性之中被保留下来，这样的非同一性才是可能的。非同一性不是脱离一般而存在的，同样，一般之中包含了非同一的东西。于是，这里就包含了既相互同一又相互排斥的东西。这个东西究竟应该叫"一般"还是"特殊"呢？显然，阿多诺在这里动摇了我们对于"一般"和"特殊"这两个概念的理解。这表明，一般之中包含了对于特殊的不公，而且人们也意识到了这种不公正。当然一般会咒人们对于这种不公正的意识，这是因为，这种意识会动摇一般的统治地位。但是，阿多诺认为，对于这种不公正的意识还是值得它尊敬的，因为不公正本身具有普遍性。一般本身是不公正的，但是这种不公正却被合理化。这种不公正被普遍化，变成一种社会中存在的普遍形式。所以，尽管这种意识受到责骂，但是还是应该受到尊重。

接着，阿多诺通过拉萨尔（就是马克思所批判的那个拉萨尔）的小说《弗朗兹·冯·西金根》来说明历史发展中的必然要求和这种要求无法得到实现之间的悲剧。阿多诺要借助于这个悲剧来说明，历史中的一般和特殊之间的矛盾。而这种矛盾是必然的。雇佣兵弗朗兹·冯·西金根受致命重伤，他发现，这是他的命运。他用"事出有因"来概括他的命运。按照阿多诺的分析，"事出有因"这个说法表达了两个必然性的力量：一方面社会的世界进程的必然性。另一方面，这个必然性是同一化过程的必然性，同时又宣判了他的灭亡。这就是世界进程的原则的否定性。这个世界历史的进程必然会失败。因为，这个世界历史的进程是与幸福、甚至总体的幸福完全不相容的。其实，阿多诺在这里试图借助于《弗朗兹·冯·西金根》来说明历史进程之中的矛盾。按照他在启蒙辩证法中的分析，历史必然会按照肉体和精神对立的原则来发展的，而这个历史的必然进程却是与人的幸福、与总体的幸福是矛盾的。因此，这个历史进程必定会失败。历史过程就是悲剧性的。

弗朗兹·冯·西金根的"事出有因"这个说法不能在因果命题的普遍有

效性意义上被理解。它包含了经验的内容，包含了个体和总体之间的对立。因果命题是同一性的命题，它是排斥经验内容的。而"事出有因"是包含了经验内容的因果概念。这是一个全新的因果概念，是把个人的经验与事物发展的必然性结合在一起。这就是把一般和个别结合在一起。在关于"事出有因"的说法中，在个人的悲剧性的遭遇中，人领会到这个新的因果性。这就是命运。在这里，人们意识到普遍存在的相互联系。个人的悲惨命运是由这个普遍联系所规定的。这是总体对人的伤害，人意识到这个伤害。从这个角度来说。历史理性是否定性的，是悲剧性的。黑格尔所说的历史理性表达了"事物的逻辑"。这个事物的逻辑就是古代神话中所说的命运，就是个人和一般之间的冲突和矛盾。当然古代的神话在这里被去神话化了，变成了"事出有因"，变成了世俗的"事物逻辑"。虽然这种事物的逻辑已经去神话化了，但是其中当然也包含了神话的要素。事物的逻辑都在个人身上实现，都在个人的悲剧中表现出来。从这个角度来说，事物逻辑被作为个人的特殊形象而烙在个人身上。由于事物的逻辑在每个人身上出现，在每个人的悲剧性生存中出现，因此，这个事物逻辑是与个人的要素是结合在一起的，它表现为命运，表现为悲剧。阿多诺从这个悲剧和命运的角度来理解黑格尔的世界精神概念。按照阿多诺的看法，历史中所出现的这种状况客观上推动了黑格尔建构世界精神。这个世界精神就是历史中的理性。从这个角度来说，这个历史中的理性，这个世界精神是矛盾的。这个世界精神或者历史中的理性表达了两个方面：一方面这个建构解释了主体的解放，他必须摆脱普遍性，以便自在自为地感知这种普遍性。他只有努力摆脱普遍性的时候，才能自在自为地感知这种普遍性。这既是阿多诺的期待，也是黑格尔思想中能够被发挥出来的东西。另一方面，这个建构也表明，社会行动的个体在现代社会已经变成了一个无缝隙的、预先决定个人的总体。这是对人的全面控制，这种控制远远超出了封建时代的那种压制。因此，在黑格尔的这个世界精神概念中包含了这两个方面之间的矛盾。

普遍历史

在这个部分，阿多诺既承认普遍的历史，也否定普遍的历史，既肯定普遍历史的积极意义，又强调普遍历史带来的灾难。这个普遍历史就是内在矛盾的。我们也可以说，普遍历史不是普遍历史。

黑格尔的世界精神的概念其实也表达了普遍历史的概念。当然这个普遍历史概念有两个不同的意思，一个意思是，这个人类文明的发展过程有一个共同的历史规律，共同的发展趋势，即狭义上的普遍历史。第二个意思是，在历史发展中，人类的交往越来越密切，人类构成一个总体，历史的发展越来越从民族历史走向世界历史，即作为人类总体的历史。这个意义上历史主要被理解为世界历史。对于阿多诺来说，世界历史或者普遍历史都存在着一个共同的东西，即同一性原则。所以，在具体的讨论中，他又没有进行具体的区分。在这两种意义上，历史概念都包含了同一性，而阿多诺认为，历史就是一种冲突，矛盾的历史。阿多诺批判这两种意义上的历史概念。

黑格尔哲学和康德哲学中都包含了普遍历史的概念。而他们的普遍历史概念都是从数学化了的自然科学的有效性中获得启示。他们都认为，历史中有某种必然的趋势。其中都包含了同一性和实证性的意思。而阿多诺对于普遍的历史概念提出了质疑。他认为，这个世界越是接近于总体的过程，这个概念就越成问题。世界越是成为一个总体的世界，或者说，人类越是密切地相互交往而构成一个总体的市场体系，那么这个世界就越是充满矛盾。从理论上来说，这是阿多诺思想的必然结论。在他看来，同一性越是被强化，矛盾就越是尖锐。那么为什么这个世界越是接近于总体的过程，普遍历史概念就越成问题？从理论上来说，世界越是联系起来，那么世界就越是成为一个总体，历史就越是成为世界历史，历史的普遍性就越是凸显出来。世界越是被同一性束缚起来，反抗这种同一性的力量就越大。在这里阿多诺首先从理论上来说明普遍历史的问题。一方面，实证主义所重视的是具体的历史事实。如果人们关注这些具体的历史事实，那么总体的概念就难于形成。在这样的情况下，实证主义意义上的历史科学不可能形成一种总体的观念，也不可能形成不间断的连续观念。当然，哲学是可以注重总体的，但是注重总体的哲学却缺乏细节。即使这种哲学和这种总体性的趋势拉开距离，把细节记录在其理论中，它还是与实证意义上的历史科学不同。对于历史哲学来说，具体事实不过是被用来证明规律的。在这样的情况下，即使历史哲学吸收了具体历史资料，但是人们也会怀疑它对于历史科学所具有的优势地位。从表面上看，历史哲学好像能够与具体的历史细节拉开距离，能够远距离地说出历史的本质。阿多诺的这个分析其实是要说明康德和黑格尔的普遍历史概念的矛盾：他们既要吸收历史哲学的要素，抽象地讨论历史规律，又要从实证科学的意义上去理解历史概念的普遍有效性。这两者之间必然矛盾的。另一方面，这些先进的哲学应该注意到普遍历史与意识形态的一致性，注意到受挫生活的不连续性。在阿多诺看来，普遍历史的概念是与意识形态一致的，因为普遍历史是强调总体的历史，是压制个人的历史。普遍历史的概念把总体控制合理化，这就是一种意识形态。这种意识形态忽视了受挫生活的不连续性。这就是指，在总体中个体都必然受到伤害。受伤害的人否定了总体的统一性，也否定了历史的连续性。或者说，历史在走向总体的过程中，不是一个连续的过程，而是受到个体抵抗和否定的过程。

黑格尔本人已经认识到，世界历史只有通过它的矛盾才能具有统一性的特点。黑格尔虽然看到了个别和一般的矛盾，但是他强调一般的优先性。他强调抽象的一般，而忽视了不能被纳入一般的东西，忽视了被伤害的个别。唯物主义把辩证法颠倒过来，它最重视的是去洞察那未被精神和概念统一体安慰性地结合起来的东西的非连续性。它看到了被普遍概念所压制的东西，看到了受压制个体之间的非同一性。本雅明的《历史哲学论纲》中较好地讨论了这个问题。但是，它只是把辩证法颠倒过来，而不是否定同一性。对于唯物主义来说，非连续性与普遍历史应该被放在一起来思考。历史不是像人们所想象的那样，是一个不断进步的过程，而是包含对于非同一东西的伤害。这必然引起非同一东西的反抗。这表明，历史不是一个连续的、不断进步的过程，而是包含了非连续性。如果把总体和个别、连续和非连续割裂开来，那么观念论就只是强调普遍，强调一般，唯物论就只是强调个别。如果是这样，那么唯物论也不能真正地被确立起来。在这种简单的对立中，唯物论和观念论在本质上是一致的。所以，阿多诺指出，如果把普遍历史作为形而上学迷信的残余一笔勾销，把普遍的东西一笔勾销，那么这就是从精神上强化了纯粹的事实性，即强化了纯粹个别的、零碎的事实，把这种零碎的事实当作唯一需要认识和接受的东西。而与此对立的就是观念论的做法。这种做法表现为，至上的唯一精神大踏步前进，把各种事实编入总体之中，并确认，这些事实是这个唯一精神的表达。当这两者对立起来的时候，观念论和唯物论是一致的，唯物论只是关注零碎的东西，让精神大踏步前进，并把零碎的东西纳入精神体系之中。

阿多诺的辩证法强调这两者的结合：普遍历史既要被建构起来，也要被否认。这是因为普遍历史中包含了痛苦，包含对个人的否定。阿多诺指出，如果有人断言，一个包容一切的更美好世界规划会在历史中实现，那么这就是对过去的灾难和未来可能的灾难的漠视。只要世界规划试图包容一切，那么它就必然伤害个人。如果漠视这种伤害，那么这种走向总体的美好未来的断言就是玩世不恭。反过来说，虽然总体的美好未来的设想是玩世不恭的，但是我们也不能彻底否定普遍的东西。阿多诺强调，我们不能否认历史之中不连续的、混乱的历史碎片，也不能否认不同历史阶段可以被结合在一起，形成一个统一体。这个统一体的核心是，历史是一个控制自然的历史，是不断推进对人、最终对人的内在自然统治的历史。在这里，阿多诺重复了他的历史哲学的基本思想。历史就是人控制自然的历史，而人在控制外部自然的时候，就一定会控制内在自然。这就是历史中的核心，这个核心表明，人类在走向文明的过程之中包含了野蛮。人在自我持存之中包含自我牺牲。历史的连续性和不连续性的统一就包含在这种矛盾之中。历史的连续性表达了人在自我持存的努力，而自我牺牲则是历史的不连续性表现。这两者是结合在一起。根据这样一种理解，阿多诺指出，普遍历史根本没有从野蛮走向人性的历史，而确确实实是一个从弹弓走向核弹的历史。在人类不断进步的同时，人类走向自我否定的能力也在提高。人类历史表现为，以被组织起来的人性来全面威胁被组织起来的人类，表现为非连续东西的总和。这个地方所说的被组织起来的人性是指人的精神对于自身肉体的否定。这个剔除肉体的人性是冷漠的人性。这种人性阻止社会团结，阻止社会的有机整合，这当然也威胁人类的生存。社会的组织化和人自身的反组织化倾向表现了历史的非连续性和连续性的统一。黑格尔看到了历史中的这种矛盾，看到了这种对抗，他被这种对抗吓破了胆，于是极端地强调总体的历史，强调连续的历史。在这里，世界精神发挥了根本性的作用。这就是观念论的历史观。他的思想确立在观念论上，而他的观念论的设想被证实了。如果黑格尔把这个包含了苦难的历史包装成为绝对得以自我实现的历史，那么他就是要让人类走向绝对的苦难。今天统一性和整体性的历史尽管偶有喘息，偶有暂时的挫折，但却直到今天都在滚滚向前，它有目的地走向绝对苦难。在这里，阿多诺对历史的绝对的一体化和整合充满忧虑。他看到了总体的发展对个体的否定，看到了同一性逻辑对于人自身自然的否定所带来的灾难。这应该值得我们重视。

历史是连续性和非连续性的统一，历史的持续前进的过程之中必然包含了倒退，包含了苦难，包含人对这种总体过程、对于这个"前进"的抗拒。这种抗拒不能被简单地理解为反动，理解为逆历史潮流，而是一种痛苦的表达。历史总是充满了对抗。历史之所以是连续性和非连续性的统一，是因为社会本身是通过对抗而维持的自身的，没有对抗，社会就无法维持自身。接下来，阿多诺通过资本主义的社会现象来说明社会的对抗。一切人的生存都依赖于生产过程，生产的目的就应该是为了满足人的需要。生产的首要性就表现在这里。但是在市场经济中，利润的动机推动着生产。只有所有人都死亡了，生产的首要性才失去利润的动机。在这里，利润的动机和满足需要是相互冲突。这是不可调和的东西的调和。这里也包括阶级冲突。只有这种不可调和的东西的调和，人才能够生存，如果没有这种矛盾，那么人的生活发生变化的可能性都没有，新的生活的可能性都没有。我们也可以说，人的生存是依赖于利润动机的，我们的生存是利润动机所带来的副产品。利润的动机使我们的生活、甚至丰富多样的生活成为可能。如果是这样，我们也可以说，这种利润的动机也同样可以摧毁我们的生活。因此，那创造历史可能性的东西同时也能轻易地摧毁这种可能性。利润动机是内在于市场交换的机制当中的，是遵从同一性逻辑的。而世界精神的核心也是同一性逻辑。从这个角度来说，世界精神作为对象尽管可以被定义为有价值的，但是也可以被定义为永恒的灾难。在这种同一性的机制下，一切非同一性的东西都受到排斥和打击。在奴役一切人的同一性原则之下，那些不能纳入同一性的东西，那些在生产手段领域中脱离合理规划的东西，都会变成引发恐惧的东西。人们对非同一的东西充满了恐惧。人们努力压制非同一的东西，而非同一的东西则必然会奋起反抗。这就是非同一性东西对于同一性对它的压制的一种报复。非同一东西在同一性之中所经历到的苦难让同一性产生恐惧。这种恐惧就是非同一性所进行的报复。这种非同一的东西是无法用概念来表达的东西，是被概念所排斥的东西。当历史用概念来表达出来的时候，这一定是观念的历史，而非同一的东西无法在这里得到表达。这就是说，只有通过同一性，非同一的东西才能被表达出来。只有通过黑格尔的历史哲学构想，把历史变成一种观念史，非同一的东西才能从这个历史哲学中表达出来。虽然黑格尔强调同一性，但是非同一东西还是暴露出来了。阿多诺就是要发掘其中的非同一东西。从这个角度来说，历史只能被魔法般地转换成为观念，否则哲学就不能对历史进行一种不同的解释。正是由于黑格尔所进行的观念论解释，唯物主义的历史观才是可能的。这是因为，非同一的东西不能直接表达出来，而只能在对于同一性的否定中才能出现。从这个角度来说，黑格尔的历史哲学成为历史唯物主义诞生的必要条件。

对抗是偶然的吗？

在这个部分，阿多诺批判马克思的历史唯物主义的基本思想。按照他对历史唯物主义基本思想的分析，经济基础决定上层建筑，虽然经济基础领域是存在矛盾的，但是如果物质生产力发展到一定水平，人不再为经济上的生存而斗争，那么经济基础上的矛盾就不会在上层建筑之中出现。经济基础上的矛盾消失了，那么政治统治就会消失。按照这样的思路，对抗就是偶然的。阿多诺认为，这是不可能的。在他看来，即使经济基础上的矛盾消失，政治上的统治还会存在。同一性还会作为一种统治形式在社会中存在。

在这个部分一开头，阿多诺提出了两个问题。第一问题是，人对人的狼一样的战争究竟是自然历史的延续还是人为状况？如果我们从阿多诺本人的理论视角来回答，那么这个问题没有一个确切的答案。人肯定有自然历史，他需要自然意义上的生存，但是这种生存又与动物不同，他是要用征服外在自然和内在自然的方式生存。历史中所存在的冲突应该在这个生存的根基上理解。这种冲突最终会演变成为肉体和精神的冲突。从这个意义上来说，这个历史的冲突是自然史和人类史的结合。从这个角度来说，肉体和精神的冲突永远都会存在。阿多诺所提出的第二个问题是，在冲突已经存在的情况下，这种冲突是来自类的生存的必然性，而不是偶然的，比如，不是来自古代社会夺权的偶发行动吗？按照阿多诺的思路，这个问题的答案是，在冲突已经存在的情况下，冲突是来自人类的生存的必然性，而不是偶然的，不是权力斗争的某种偶然行为，比如首领之间的偶然的夺权行动。阿多诺认为，对于这些问题的思索不是多余的。这涉及对于文明史的核心问题的理解。其实，在阿多诺提出的两个问题中，其核心都是要强调，冲突是必然的，而不是偶然的。当然，思考这些问题会让世界精神的建构土崩瓦解，因为世界精神的概念是建立在同一性原则基础上的概念，是排除冲突的概念。按照这种世界精神的概念，历史具有一般的、总体性趋势，历史的发展过程有一种内在的精神运动的规律。阿多诺否定了这个基本思想。他认为，历史的一般性、由总体趋势的必然性糅合在一起的事物之逻辑是建立在偶然的东西之上的，是建立在外在于它的东西之上的，而后者却不需要任何东西存在。这就是说，世界上的东西都具有偶然性，而这些偶然性的东西是独立存在的，总体的历史趋势、历史的一般性和必然性是人们在思想中把这些偶然的事物结合在一起而得出来的。而马克思、恩格斯和黑格尔一样，都是历史观上的观念论者。他们都把历史看做是一个总体的发展过程，用观念把具体的历史事件综合起来。在这个历史过程中，有某种共同的精神力量在其中发挥作用。这就是观念论。在阿多诺看来，马克思和恩格斯的历史唯物主义思想是强调历史必然性的思想，这种历史必然性的思想就是把历史上发生的东西都纳入到一个共同的概念框架之中。他们从来不怀疑总体。这就是说，历史上的一切东西都被他们纳入到一个思想体系和框架之中，并强调这个历史具有必然的规律。在阿多诺看来，只要强调历史发展规律的学说就是观念论，就是把一切要素都纳入到思想框架中。这种不怀疑历史总体的做法是极端的观念论。可是，当人们改造世界的时候，人们就会发现，历史上出现的东西并不是按照思想的目的来实现的，人的思想在现实中无法实现。在这种情况下，人们就会怀疑，历史是一个总体吗？是必然的吗？当这种怀疑出现的时候，他们的思想体系就受到了冲击。他们所说的历史总体观和历史必然性的思想就会受到冲击。而在这里，占统治地位的制度却毫发无损。这是因为，在他们的思想中，同一性逻辑在发挥作用，一切都被纳入到同一性体系之中了，而同一性就是历史上占据统治地位的东西，同一性的强制就是一种统治。当马克思和恩格斯的历史总体思想受到怀疑的时候，同一性的暴力统治却没有受到怀疑。这个占统治地位的制度却没有受到冲击。从阿多诺的这个分析中，我们可以看到，对于阿多诺来说，历史的分析不是要分析经济基础和上层建筑之间的矛盾而是要分析历史中肉体和精神之间的冲突和对立，要分析同一性和非同一性之间的冲突和对立。马克思和恩格斯没有在批判同一性的基础上分析历史。

在阿多诺看来，马克思顽固地坚持历史必然性。这种说法的根据是什么呢？他的根据不是马克思对于历史必然性的思想，而是从马克思对于人类最初状况的看法。他说，马克思不信任一切人类学，没有把对抗放置在人性的本质之中，而把原始时代看做是黄金时代。在他看来，人类从原始时代开始就处于一种矛盾之中，即征服自然，从而征服自身的自然，这就是人性的本质之中的矛盾。由于马克思没有看到这个矛盾，所以马克思把原始时代看做是黄金时代。从这里，我们可以看到，阿多诺对马克思的思想其实不够了解。马克思在《1844年经济学哲学手稿》中看到了人性的本质之中的矛盾，马克思从来也没有把原始时代看做是黄金时代。马克思早先只是说，原始时代没有阶级斗争。马克思也没有不相信一切人类学，马克思晚年的人类学笔记证明了这一点。按照阿多诺所理解的马克思，从人类文明的一开始，人就开始经济斗争，都要占有财富。从原始时代的经济斗争开始，一直到现代文明，都是经济斗争占据主导地位。资本主义社会中的经济问题也是从原始时代的积累开始的。

接下来，他又批判马克思，认为马克思的思想强调了经济对统治的优先地位，即经济基础决定上层建筑。上层建筑之中的统治关系就是经济关系的决定作用的结果。这就是说，按照马克思的思想，政治上的权力、统治关系是从经济关系中推导出来的，是从经济关系中延伸出来的。在经济上占统治地位的阶级在政治上也会占据统治地位。那么政治上的统治关系究竟是不是从经济中延伸出来的呢？在原始时代，究竟是不是控制经济的人就一定居于统治地位呢？阿多诺认为，这是无法用事实来解决的，因为能够用来证明这个东西的事实都遗失在前历史的混沌之中。既然我们无法考证统治关系究竟如何从经济中产生出来，那么关于权力关系、关于统治关系的产生其实就不是历史事实的问题，而是思想中想象的问题。在这里，虽然人们也讨论统治关系如何从经济首要性中产生出来的，其实这是要考察，人类最初如何形成某种契约关系的。这种契约关系是权力产生的社会要素。在阿多诺看来，这种观念是把历史神化。这就按照一种观念的设想把历史变成一种必然的历史，好像整个历史过程就是把这种原始的契约精神贯彻在整个历史过程中。这样的历史就变成了一个总体的历史，就是具有必然性的历史。在阿多诺看来，马克思的思想背后就有这种东西在发挥作用。在阿多诺看来，原始人类不可能有这种契约关系。契约关系是近代资产阶级按照交换中的理性原则想象出来的。把这种契约关系看做是原始人类的一种关系就是把历史神化。甚至契约论的代表人物，霍布斯和洛克等人都认为，这种契约很难真实地实现。在这个问题上，他又批判马克思和恩格斯，认为他们也把历史神化，好像马克思和恩格斯也受到了契约论的影响，把经济中契约关系看做是统治关系产生的最初根源。按照他对于马克思思想的理解，历史过程中经济是具有优先性的，历史发展过程就是人实现物质福利的过程，这是内在于历史过程中的。或者说，这是内在于历史的幸福目的。经济的优先性就表明，人在历史过程中要实现这种目的。这个内在的目的性的东西在整个历史过程中占据主导地位。按照马克思的这种历史观，权力关系是从这种经济关系中产生出来的。只有到了不可避免的经济强制消失之后，只有人从这种经济强制解放出来之后，政治上的统治关系才会翻转过来。经济强制消失之后，政治统治关系也随即消失了。权力关系就不存在了。阿多诺反对这样的看法，在他看来，人类生存过程中总是存在着统治关系，这种统治与经济上的统治以及从经济统治中延伸出来的政治统治是不同的。

在阿多诺看来，马克思和恩格斯坚定地主张这种历史观，即政治统治是从经济统治的基础上产生的。所以，他认为，马克思的政治经济学批判的不妥协性从它那个方面来看，恰恰是政治上的，尤其在恩格斯那里，更是如此。马克思、恩格斯期望通过政治斗争来推翻资本主义制度，重新建立一种计划经济的制度，这样统治关系就消失了。阿多诺认为，这是错误的。他批评了马克思和恩格斯。他认为，恩格斯和马克思所期望的革命是整个社会的经济关系的革命，是所有制的革命，是自我持存根基上的革命，是自我持存的经济方式的革命，而不是统治的基本规则的变革，不是其政治形式的变革。对于阿多诺来说，真正的革命应该是统治的基本规则的变革，是政治形式的变革。阿多诺本人在这个地方没有说明，他所说的统治的基本规则的变革是什么？但是，他认为，在生存斗争的经济模式中，都存在着统治。统治的基本规则和政治形式应该是指同一性的逻辑。按照阿多诺的思想，即使统治阶级被推翻了，按照同一性逻辑进行的统治关系还是存在。马克思的革命理论不会真正改变统治关系。马克思的思想强调政治革命，推翻统治阶级。那么马克思为什么这么期待革命呢？这是因为马克思要反对无政府主义。按照阿多诺的思路，如果社会中的矛盾出现了，阶级斗争激化了，那么就需要进行革命，但是革命却不能变成无政府主义者的闹剧，不能变成从前的斯巴达克起义和农民暴动那样的革命。在他看来，由于马克思害怕这样的革命，所以虽然马克思期待进行革命，但这是一种有阶级领导的革命，而不是斯巴达起义那样的残暴斗争。在阿多诺看来，马克思把人性的原罪或者人性的原初历史转换到政治经济学中来。这就是说，人都是要为自己的生存斗争的，经济斗争是一切都是的核心。因此，人性的原罪、为了生存而斗争这种原罪被纳入到政治经济学之中了。阿多诺认为，这是马克思的误解。马克思把只有资本主义社会才会出现的现象搬到原始社会。只有资本主义社会，经济斗争才是核心的斗争（哈贝马斯也有类似的思想）。而在马克思那里，原始社会也是把经济斗争当做是核心。经济基础是资本主义社会才有的，经济基础这个概念是附着于交换关系的总体的，是后来才出现的，是在资本主义社会才出现的。而马克思的革命理论就是要推翻在经济上占统治地位的阶级。这个革命只能由工人阶级来领导，而不能变成农民革命或者类似于斯巴达克起义那样的东西。那样的革命会陷入无政府主义。

马克思为了实现共产主义，推翻阶级统治，而强调斗争。但是马克思的思想恰恰成为乌托邦的敌人。这是因为，即使资产阶级被推翻了，统治关系仍然还会存在，同一性的强制还会存在。只要有这种同一性的强制，那么乌托邦就不会出现。阿多诺所期待的乌托邦是同一性和非同一性的和解。阿多诺认为，马克思和恩格斯的革命图景都被打上了史前时代的烙印。资本主义社会中那种压倒一切的经济矛盾是要从那无法追忆的遥远时代的历史强者的客观积累中推导出来。这就说，这种革命理论不仅要推翻资本主义制度，而且要追溯到人类最初所出现的财富的分化。他批判马克思和恩格斯，认为他们没有预料到，革命成功或者失败之后会出现什么样的后果：统治能够比计划经济更持久地存在下去，尽管他们两人都没有把计划经济和国家资本主义混淆起来。在阿多诺看来，即使计划经济也一定存在着统治，甚至计划经济消失了，统治也仍然会存在。这就是按照同一性逻辑所进行的管理。这种管理一定存在着强制。在阿多诺看来，传统的历史观不仅没有看到，推翻了资本主义制度的后果，即统治会在革命之后仍然存在，而且也没有预料到，即使革命推翻了某个阶级的统治，经济上的对立也不会消失，还会在后续的历史阶段中继续存在。经济的斗争不会因为某个阶级的统治被推翻之后就不存在了。在这里，阿多诺其实泛化了统治概念。按他的说法，只要有同一性就存在统治，那么，统治永远都存在。

接着，阿多诺认为，即使经济斗争结束了，即使政治经济学批判的对象消失了，统治也不会消失，同一性逻辑还会发挥作用。即使人们不是从政治经济学的角度来进行政治统治的批判，统治仍然还是有顽强的生命力。这是因为，任何社会都需要有管理，都需要有社会组织形式。所以阿多诺说，为统治辩护的意识形态在这里取得了一种廉价的胜利。这种意识形态是这样的，它认为，社会在组织起来的时候需要有必要的形式，进行集中化的管理也需要统治。因此，统治在这里必须存在。在这种意识形态中统治被合法化了。或者，这种意识形态从现实中抽象出某种同一性的原则，一种理智的原则来为统治辩护。所以，阿多诺认为，这种意识形态或者公开地赞成统治，或者假慈悲地说，统治是社会无法避免的，我们只能无可奈何地容忍这种统治。按照这样的意识形态，只要有组织的社会存在着，统治就具有无限的未来。

当然，阿多诺也提出了自己的期待。他认为，虽然马克思没有对于同一性进行批判，但是对于同一性进行批判的努力并没有消失。他认为，与马克思和恩格斯相反，对于自在存在的、物化的政治的有力批判还是被保留下来了。对其膨胀起来的特殊精神的批判还是被保留下来。这种特殊精神就是同一性，这种物化的政治就是指在同一性的逻辑中凝固起来的管理制度和管理体系。这种意义上的批判还是保留下来了。比如，在卢卡奇对于物化的批判中，就包含了这种思想。阿多诺指出，20世纪的历史事件所触及到的是历史总体性的观念，是可计算的经济必然性的观念。这里所说的"20世纪所出现的重要历史事件"包括法西斯主义，极权主义等。它们都表现为总体对个体的压制。这与传统社会中的那种社会压制形式不同了。传统社会是少数的特殊权力对于其他人的压制。在现代世界，市场构成一个全球化的总体，国家就是在这个市场经济总体中出现的。这些巨型体系压制个人。比如，在现代社会中，那些巨型跨国企业，那些巨型互联网企业，它们把许多多多个人编织在它们的组织体系中，个人在这个组织体系是无能为力的。组织体系之外的人在这种组织体系面前是微不足道。这成为现代社会中不可忽视的问题。

第三部分 模式

最后,阿多诺强调,只有当事情可能有所不同的时候,只有当总体被看作是社会的必要假象的时候,被看作是具象化了的一般,是从单个个人那里挤压出来的一般的时候,只有当总体作为绝对所要求的东西被破除的时候,批判的社会意识才能保留思想的自由,才会认为,事情总有一天会有所不同。总体是假象,是人们在思想上的一种整合。虽然现实中会有这种总体化的趋势,但是其中必定存在着反总体化的趋势。这也是必然的。只有否定了这种总体化的趋势,另外一种历史可能性才会出现。同时,只有当历史的总体化的绝对要求被破除的时候,只有承认历史的多样性和偶然性的时候,人们在思想上才会有自由。历史总体化的要求,绝对同一性的要求是一种思想上的强制,是对思想自由的否定。只有否定了这种总体化的要求,批判的社会意识才会有自由。这就是要批判黑格尔等人的总体化的历史观,这样思想的自由才是可能的,人们由此才会认为,事情有可能会有所不同。阿多诺强调,只有当理论认识到历史必然性是被转换为现实的一种假象的时候,认识到历史的决定性是形而上学上的偶然性的时候,它才能够卸除历史必然性的巨大负担。历史必然性被转换为现实的一种假象,就是说,本来历史没必然性,但是人们在思想上认为,历史具有必然性,并把这种必然性转换为现实,落实到现实中来。历史的决定性是形而上学上的偶然性,历史决定性的思想是一种历史哲学,是少数人提出来的历史哲学观念,这是形而上学的偶然性。这种形而上学上的偶然的东西被转换为现实,好像现实的历史也具有必然性。哲学的批判、历史哲学的批判应该认识到历史决定性和必然性是假象,是形而上学的偶然性。只有这样,历史必然性的负担才会被卸除,我们才有可能改变历史。但是,这种历史哲学的批判总是受到阻挠,卸除这种历史哲学的观念非常困难。

可以说,不断临近的灾难是征服自然的必然性所导致的后果。而这个灾难是与人们从一开始就估计到的非理性灾难相对应的。人们所预估到的非理性灾难就是像希特勒那样的任性的灾难,非理性的灾难。在阿多诺看来,极端的理性同时就会走向非理性。极端的理性和非理性是一致的。人类文明史上的同一性必然会走向灾难。极端理性所导致的不断临近的灾难与非理性的灾难相一致。今天,另一种状况出现的可能性已经受到阻碍。这就是说,人类按照同一性逻辑进行社会控制的必然性很难被扭转。这是不断临近的灾难。要彻底消除这种灾难是很困难的。阿多诺悲观地认为，走向另一种状况的可能性已经失败了，实现美好未来的愿望失败了。我们不能期待更好的东西，而只能阻止更坏的现象出来。于是，我们面前只有一条道路，那就是阻止由于非理性而发生的灾难。因此，阿多诺强调，无论如何都要防止灾难。这种可能性是存在的。阿多诺的哲学就是要唤起每个人的自觉意识。防止这种非理性的灾难的发生。

黑格尔的超世界的世界精神

阿多诺在这个部分批判了黑格尔的世界精神，指出这个世界精神是对个体的压制，但是黑格尔的思想中却存在着矛盾，他常常不知不觉地强调个体。按照他的辩证法思想，他应该把个体和总体实现和解，但是他所突出强调的还是总体，并用总体来否定个体。

在这个部分一开头，阿多诺就揭示了，黑格尔强调总体，强调一般，把总体和一般的东西看做是历史客观性的东西，并把这种客观性提升为超越的东西。阿多诺在这里所引用的这段话的意思是，一般实体不是世俗的，任何个别都不能超越这个实体。这个实体是与民族精神一致的。在这里，黑格尔把一般变成了一种精神实体。如果一般作为精神实体不是世俗的，那么这个实体就是超越的，是超出日常生活的世界的。如果世界精神是超出世界的，那么它就不是世界精神。在这里阿多诺的这个标题就挖苦了黑格尔，说黑格尔的世界精神是超出世界的世界精神。这是超越个人的东西，个人是不能与这种超越的、一般的东西抗争的，而要服从这种超越的东西。如果这种精神不是世俗（世界的）的，那么这个实体化的一般也不能被理解为民族精神。民族精神对于黑格尔来说，也不是世俗的。在这里，阿多诺指出，世俗的对立面是超世俗的。把世界精神说成是超出世界。这显然是一种意识形态。不过，这种意识形态也包含了一点点真理的内容。这就是说，这种超出世界的东西表达了一种普遍的意思。这就是说，世界精神是一种普遍精神。不过，阿多诺对于普遍的精神，民族精神也有他自己的理解。对他来说，民族精神就是一种家族相似的意思，同一个民族中的人具有家族相似的精神。所以，阿多诺说，只要人被分裂为民族，那么对他自己民族精神进行批判的人也要受制于他的那种共通精神。这就是说，即使一个人批判自己所属的民族之精神，他也是与他自己的民族精神有某种共通之处。但是，这并不意味着同一性。在这里，他举例说，卡尔·克劳斯与维也纳之间的关系就是如此。他认为，这种关系是星丛关系，类似于维特根斯坦所说的家族相似。在阿多诺看来，词语（概念）之间有一种星丛关系。这就好像我们所说的同义词，虽然意思好像相同，其实不同，我们的许多概念都是这样相互交叉，相互重叠的。这就是概念之间的星丛关系。本来，如果黑格尔坚持辩证法，他就应该承认这种非同一性关系。但是，黑格尔却过度强调一般。在解释民族精神的时候就是如此。这种做法就不那么辩证了。比如，黑格尔说，个人"可以比许多其他人更加精神敏锐，但是却不能超越民族精神。只有知道民族精神，并知道如何据之指导自己的人才是精神敏锐的人。"① 阿多诺抓住黑格尔的这句话，指出其中的矛盾。一方面，黑格尔强调，个人不能超越民族精神，一个人只要知道民族精神，那么他就会用民族精神来指导自己的行动。另一方面，他又说，即使一个人比其他人更加精神敏锐的，也不能超越民族精神。这个说法言下之意是，精神敏锐的人对民族精神可能持有异议，但是不得不服从民族精神。在这里，黑格尔的口气上对"精神敏锐"的人有那么一丝敌意。于是，他强调，即使他精神敏锐，他也要服从民族精神。在阿多诺看来，这种敌意的态度就不那么辩证了，就远远低于他自己的观念的水准，即低于辩证法的水准了。接着，阿多诺又分析到，"据之指导自己"严格地说不过就是适应的意思。这就好像被迫坦白一样，黑格尔把它所宣扬的同一性，解译为持续的分裂，并要求弱者服从强者。这就是说，精神敏锐的人不愿意接受民族精神，但是不得已只能适应这个精神。"据之指导自己"这个说法其实就潜在地表达了一种矛盾。如果没有矛盾，那么一个人为什么要用它来指导自己呢？黑格尔在这里宣扬同一性，但是却无意识地表达了矛盾和分裂。在阿多诺看来，这恰恰就是由于黑格尔的辩证法还不够彻底，在强调同一性的时候却不自觉地把非同一性表达出来了。接着，阿多诺又列举了两个例子，说明黑格尔强调同一性的时候，又无意识地说出了相反的东西。比如世界历史过程中的"个别的个人曾经受到伤害"②，不知不觉地非常接近于不可调和性的意

---

① 黑格尔：《历史中的理性》，第五版，汉堡，1955年版，第60页。
② 黑格尔：《历史中的理性》，第五版，汉堡，1955年版，第48页。

思。他所竭力宣扬的"个人有义务通向实质性自由"① 的说法也强调了个人自由的思想。当然这个个人自由的思想与当时的德国观念论没有太大的差别。这也与毕希纳的《沃伊采克》的医生场景中的拙劣模仿没有什么区别。在毕希纳的《沃伊采克》中有一个医生，这个医生利用沃伊采克做医学实验，要求沃伊采克只能吃豌豆并由此观察这对人的行动产生什么影响。从表面上看，医生强调，沃伊采克是自由的，但是，医生对于沃伊采克的撒尿这种行为都进行控制。在医生的口中，自由就是完全接受他的控制。在这样的情况下，当沃伊采克果真自由行动的时候，这被医生理解为"第二种精神错乱"。

接着，阿多诺又引证了黑格尔的一段话。这段话是强调世界历史具有必然性，这好像是上帝的意志在人世间的实现。对于黑格尔来说，凡是符合这种趋势的东西才具有现实性。这类似于黑格尔在《法哲学原理》中所说的，凡是现实的都是合理的，凡是合理的都是现实的这个说法。不过，在阿多诺引用了这段话之后，他又指出，黑格尔认为，"理性是对神圣业绩的感知"②。阿多诺从黑格尔的这句话中体会到了黑格尔的矛盾。既然历史是绝对理念的东西，像上帝的意志那样在世界中的实现，那么这种理念是不能被"感知"的，它只有借助于理性的分析才能被发现。但是黑格尔却认为，理性可以对神圣业绩进行感知。这个感知是个人对于历史必然性的一种体验。如果这种理念是在个人体验中发生的，那么思想在历史中就不发挥作用了。这好像是说，世界精神极其狡诈地发挥作用，对感知发挥作用，而不是对思想发挥作用。思想在这里不得不退位，使自己顺从地进行简单的感知。阿多诺通过黑格尔的这个说法指出黑格尔哲学的内在矛盾。在这里，阿多诺顺便又挖苦了海德格尔。海德格尔也强调历史的必然性（即海德格尔所说的天命）被人们所感知到，被个人所领会。在阿多诺看来，黑格尔提前模仿了海德格尔的这个思想。黑格尔的这个说法也可以用来给他的修身立命的布道加冕（在生存体验中领会神圣的意志）。海德格尔的思想就如同启发性的布道，而黑格尔给他的说法加冕，使它更加神圣。至于阿多诺在这里所引用的阿诺德·勋伯格这句话的原文出处，我还无从查证。

---

① 《黑格尔全集》第 7 卷，斯图加特版，第 230 页。
② 黑格尔：《历史中的理性》，第五版，汉堡，1955 年版，第 78 页。

在这里，我们可以看到，虽然黑格尔看到了经验的作用，但是黑格尔还是用一般来压制和否定经验。在他那里经验是用来领会神圣业绩的，是用来强调神圣的东西、必然的东西的。因此，阿多诺指出，黑格尔从这样一个方面利用希腊的个别性经验的观念，从而为实质性一般的他律性（一般是与个人体验对立的，对于个人的体验来说，是他律的）镀金。当个别性经验被他这样利用的时候，个别经验只能为一般所具有的那种外在强制性镀金，为他律的东西镀金。个别的经验不过是用来体验道德的权威的。在这里，黑格尔再一次背叛了自己的辩证法。于是，阿多诺指出，在这下面段话里，他跳过了全部的历史辩证法，并毫不犹豫地宣布，古代的道德形式——它起初是希腊官方哲学的形式，其后是德国高级中学的形式——是真正的道德形式："国家的道德不是道德学上的反思性道德，在后者那里个人的信念占据主导地位。国家道德才是现代世界更可行的道德，因为真正的、古代的道德根基在于，每个人都履行自己的义务。"① 这就是强调国家的道德的权威，强调一般道德的权威，而否定了人对于道德的反思。而阿多诺反对肯定性道德，而强调道德必须是否定性的，是反思性的。

当黑格尔强调国家道德的权威的时候，强调客观精神的地位的时候，黑格尔其实就强调一般对于个别的压制和否定。黑格尔的说法其实就是把社会压制合理化。所以，在这里，阿多诺认为，客观精神报复了黑格尔。黑格尔所强调的客观精神走向了反面。这种精神与斯巴达精神相一致。斯巴达精神就表现为严酷纪律、贵族统治和军国主义。黑格尔的客观精神不过是斯巴达精神。阿多诺指出，他以"履行自己的义务"这个说法预言了本真的行话。这既是批判黑格尔的"履行自己的义务"这个说法，这个说法是接受外在强制的观念，而且也在暗示海德格尔。海德格尔哲学中的命运和天命的概念，那种关于世界的先天必然性的概念其实也是这种客观精神的另一种表现，是斯巴达精神的表达。在这里，阿多诺指出，黑格尔以装饰性的话语来称颂牺牲者，但是没有触及到造成这些牺牲者的实质性状况。好像在这种客观精神中，在这种历史趋势中牺牲者死得非常荣耀。当他赞美牺牲者的时候，他忘记了牺牲者的痛苦，看

---

① 黑格尔：《历史中的理性》，第五版，汉堡，1955年版，第115页。

不到牺牲者的实质性状况。那么，黑格尔为什么要这样做呢？黑格尔就是要人们敢于自我牺牲，服从社会的总体对人的压制。所以，阿多诺在这里挖苦黑格尔，说黑格尔的世界精神背后隐藏着一个小精灵。这个小精灵如同席勒的资产阶级钱柜中早就准备好了的小钱。那么席勒的资产阶级钱柜中准备的小钱是什么呢？在资产阶级的理想中，个人的牺牲不过是小小的利益，是小钱。这种牺牲就如同家中的父亲把自己财产化为灰烬。他不仅要拿起拐棍，也就是乞讨棍，而且还被迫愉快地这样做。在阿多诺看来，这种对于资产阶级崇高理性的追求，虽然很高尚，但是却牺牲了个人，甚至让个人烧毁自己的房屋去乞讨。在阿多诺看来，这其实就是要个人接受社会的强制。在这里，愉快地奉献一切包含了恐怖。这是要把社会压制内在化。

在阿多诺看来，虽然席勒的"大钟歌"是诗歌，其中不免有文学上的夸张，但是其中对于同一性的强调，对于个人自我牺牲的赞扬却是非常明确的。这里没有任何夸张。在阿多诺看来，与观念论（黑格尔的观念论）相比，席勒对于自我牺牲的赞扬，对于社会强制的赞美还要逊色得多。如果按照黑格尔的辩证法，那么他就会强调一般和特殊的相互作用，而在这种相互作用中，他会承认特殊的重要地位。但是，黑格尔赋予一般更多的东西，用阿多诺的话来说，他把额外的、非理性的同一化过程附加到一般上去，这样一般吞并特殊就有了合法性。比如，黑格尔认为一般的力量更加伟大。这就是用审美上的词汇把一般装扮起来。这样一般吞并特殊就显得不那么野蛮。所以，阿多诺说，这是把额外的、非理性的同一化过程附加到一般所进行的那种同一化。在这里，黑格尔把一般所具有的力量与伟大这个概念的审美形式结合起来。这样，一般掠夺特殊的做法就不会显得那么明目张胆、丑恶昭彰。在这里阿多诺引用了黑格尔的一段文字来说明这一点。按照黑格尔的说法，伟大的人是用普遍精神指导自己的人。在这种指导中，个体消失了。在这里，黑格尔借助于伟大的人而消灭了个体。而黑格尔包含了矛盾，伟大的人是个体，但是伟大的人却又消灭了个体。个体的消失在黑格尔的口中变成了伟大，变成了伟大的人才能做到的。所以，阿多诺在这里批评说，个人的消失，作为否定的东西，却竟然被黑格尔狂妄地称为肯定的东西来认识，作为伟大的东西来认识。他没有想到要改变这种状况，改变对于个人消失的否定。在阿多诺看来，个人的消失的意思就是个人被纳入一般之中。当个人被纳入一般之中的时候，一般就不是连续的，而是断裂的。从这个意义上说个人的消失意味着持续性的断裂，就是世界精神的非连续性。但是，黑格尔还是强调世界精神，强调一般的作用，而对于个人的消失却轻描淡写。所以，阿多诺说，他的世界精神否定了个体，而这导致了黑格尔哲学的自我矛盾。虽然黑格尔本人也强调，个体会通过他自身而与实体相一致，这里包含了对于个人的强调，但是，个人最终要与实体，与一般相一致。阿多诺认为，黑格尔关于个体"通过它自身而与实体相一致"这个说法虽然具有极其重要的意义，凸显了个人，但是黑格尔却没有着重强调个人，只是轻描淡写地说了一句。这句话涉及个人和世界精神的关系问题。对于黑格尔来说，如果过分强调个人的作用，那么这就会使世界精神变成"世界的精神"，而"世界的精神"要借助于个人才能意识到自身。这就涉及个体和总体的关系。阿多诺认为，黑格尔在这个地方所表达的观念其实是在责备资产阶级的个人观，责备这种粗俗的唯名论。应该说，黑格尔对粗俗的唯名论的批评是有一定的道理的。因为那种把自己限制在直接必然性和实质性的东西，恰恰成为走向普遍性的媒介，而个体性就成为欺骗性的观念。这就是说，如果个体被当做直接的必然的东西，当做实质的东西，那么这种做法恰恰会消解个体。因为个体不可能是直接存在的东西，而是经过中介的。当个体直接成为实质性东西，成为必然的东西的时候，这种直接的个体性就是虚假的，是普遍性中的一个要素。所以，粗俗的唯名论强调的个体性是欺骗性的观念。这里的意思是，直接的个体性其实就是直接的一般性，如果这两者之间没有辩证地联系起来的话。虽然黑格尔具有辩证法思想，但是，黑格尔并没有把辩证法贯彻到底。在这里，阿多诺认为，黑格尔和叔本华是一致的。黑格尔强调普遍，而叔本华强调特殊，强调个人意志。从表面上看，这两个人是完全对立的，其实，他们在本质上是一致的。虽然他们有一致性，但是他们之间还是有一定的差别的。黑格尔思想中包含了辩证法，他在反对唯名论的时候不是简单地否定个别，而是在一定的范围内承认个别。当然阿多诺还是对黑格尔思想提出了反对意见。他认为黑格尔虽然承认个别，但黑格尔对于个别的地位和作用的理解仍然不到位。于是，在这里阿多诺表达了自己的思想。阿多诺认为，个体，作为本质的必然表现，作为客观趋势的必然表现，又会回过头来反对这种趋势。这就是阿多诺对于个体和一般关系的理解。个体在自身中包含了一般，但是个体也会反对这个一般。在这里，个体以这个趋势的外在性和可错性来对抗这种趋势。这个趋势对于个体是外在的，这个趋势本身是非连续的、可错的，个体必定对抗这个趋势。这就是说，在黑格尔关于个体"通过他自身"达到实质性的学说之中，个体通过自身来达到实质性在一定程度上表达了个体对于一般趋势的对抗。但是，黑格尔在这里做得不够，这表现为，他不仅没有发展这个学说，反而把它固化在一般和特殊的抽象对立中。这就是说，虽然黑格尔也看到了特殊会反抗一般趋势，但是他把特殊和一般对立起来，而不是把特殊对于一般的反抗看做是一般趋势的内在要素。按照黑格尔自己的方法来说，这是不可容忍的。黑格尔的方法论是要达到绝对精神的总体。个别最终是他所无法容忍的。

黑格尔对普遍的拥护

阿多诺认为，虽然黑格尔表面上也承认特殊，但是在他那里，特殊其实就是普遍。或者说，在黑格尔那里特殊变成了特殊性。黑格尔那里的特殊并不是真正意义上的特殊。从这里可以看出，黑格尔所拥护的是一般，而不是特殊。

在这个部分，阿多诺一开始就非常明确地指出，黑格尔不仅坚决反对狭隘的直接意识，而且也同样反对诸如实质性和个体性之间的区分。所谓反对狭隘的直接意识就是指，反对把个体作为直接性的东西，就是强调个体被普遍所中介。实质的东西是内在的本质性的东西，是一般的东西。当黑格尔反对把实质的东西和个体性区分开来的时候，其实他就是强调一般和个别之间的联系。当黑格尔把这两者联系起来的时候，黑格尔其实就看到了特殊和普遍之间的统一性，而且这种统一性被理解为同一性。在这里，阿多诺引用了一段黑格尔的话。这段话的意思是，特殊就是普遍。如果特殊就是普遍，那么特殊和普遍不是被统一起来，而是被同一起来了，被等同起来了。那么为什么特殊直接就是普遍，这是因为，它只有通过普遍才能规定它自身的每一个特殊性。如果是这样，那么特殊也不能直接就是普遍，而只能说它被普遍所中介。[①] 但是，黑格

---

① 见阿多诺：《否定的辩证法》，王晓升译，北京：中央编译出版社2023年版，第430页。

尔是要通过普遍这个中介来吞噬特殊，消解特殊。所以，阿多诺说，黑格尔按照一再重复出现的口吻总结说，如果没有普遍，那么特殊就什么也不是。这表明，虽然黑格尔也试图把特殊和普遍区分开来，但是普遍被置于首要地位，并且试图用普遍消解特殊。对于阿多诺来说，特殊是普遍之中的否定的东西，没有特殊就没有普遍。我们可以说在普遍和特殊的关系上，黑格尔强调普遍，而唯物论则强调特殊。而阿多诺从唯物论的角度批判黑格尔，批判近代哲学。他认为，精神的近代历史——也不仅仅是近代历史——是西西弗斯式的辩护性劳动，即在思想中排除普遍的否定性方面，即排除特殊。在这里我们要特别注意，在理论的思维中，我们讲普遍和特殊。其实这是不得已而为之。因为，我们没有一个适当的词汇来说明，普遍和特殊结合在一起的状况。当它们结合在一起的时候，我们说"普遍"或者"特殊"的时候是不合适的。这种非同一的东西，是无法被表达的东西。这是阿多诺所要强调的东西。从这个角度来说，特殊是一种否定性的东西。这是因为，这种东西不能肯定地显现出来。在这里，阿多诺从自己的角度来理解康德，康德把精神和自然对立起来，精神是自由的，而自然是必然的。而精神之所以是自由的是因为精神之中包含了否定性的方面。按照阿多诺的理解，自由就是精神对于束缚它的东西的一种否定。从前面我们对于康德的自由概念的分析中，我们已经说明了这个方面。阿多诺抓住了康德观点，即精神之中是包含着否定的方面的，由此精神是自由的，而不是必然的。他把康德的思想和黑格尔做比较，并发现黑格尔强调了精神的必然性，而消除了其中的否定的方面。接着，阿多诺引证了黑格尔的一段文字。这段文字的核心是，精神具有一种"类似于必然性"那种特质。① 这样，康德哲学中对于精神中的必然性的批判的要素被黑格尔忽视了。在这里，阿多诺继续批判黑格尔所提出的所谓精神具有类似于必然性的东西思想。阿多诺指出，"它类似于必然性"的说法完全适合于黑格尔关于普遍占有优先地位的观念。精神中的普遍性占据了优势地位，所以，它才类似于必然性。可是，阿多诺在这里发现，黑格尔用了一个"类似于"。于是，阿多诺又从内在批判的角度来分析黑格尔。既然它是类似于必然性，那么这就是说，这种必然性只是一种比

---

① 见阿多诺：《否定的辩证法》，王晓升译，北京：中央编译出版社2023年版，第430—431页。

喻，其实它没有必然性，或者说，必然性只是假象。如果必然性是假象，那么否定必然性才是正确的。这就是阿多诺想得到的结果。所以，阿多诺说："类似于"这个说法表明，"这最真实东西只是表面现象。"如果精神是必然的，那么人就没有自由，那么善就失去了基础。所以，当有人提出质疑，这种必然性是不是善的，那么黑格尔则提出，自然就是自由。于是，这种怀疑就被破除了。自然就把自由包含了进来。被排斥的东西又被偷偷地塞了进来。如果自然的东西就包含了精神的东西，就是自由的，那么"个体就在实质之中"的说法就是把个体和精神结合在一起。但是当黑格尔把这两者结合在一起的时候，精神又开始否定个体了。黑格尔告诉人们，个体"就在这个实质之中"，于是对他来说，普遍也是与民族精神一致的。个体在实质之中本来的意思应该是个体有特殊的东西，但是在黑格尔这里，个体在实质之中就是个体在普遍性之中。接着，阿多诺批判了这种观点。如果普遍变成一种直接肯定的东西，那么这个普遍就会具有暴力压制的特征，就有排斥、打击异类的特征。普遍越是陷入肯定之中，它就越具有否定性。统一性越严重，它对多样性的驾驭就彻底。反过来，如果普遍是自我否定的，那么它就容纳了特殊的东西，它就会是自我否定的。阿多诺强调普遍的自我否定性。如果普遍没有自我否定，那么它就是一种暴力性的肯定，就是排斥一切他者的肯定。在这里，普遍就是斗争中的胜利者。在以往的斗争之中，斗争中的胜利者总是说自己代表了普遍。所以，这个普遍所具有的肯定性其实就是一种否定，否定特殊。这个被肯定了的普遍就是胜利者。只有胜利者才会对统一性赞赏有加，甚至在他们只不过是精神胜利者的时候，也不能不摆出一副夸耀和庆功的气势来，并且耀武扬威地表明，不断地残害多样性就是世界的意义。在这里，阿多诺有挖苦的意思，普遍不可能对于特殊取得胜利，而只能是精神上的胜利，即普遍把特殊变成特殊性，从而以为自己克服了特殊。这是一种精神胜利而已。对于阿多诺来说，普遍越是压制特殊，特殊就越是会反抗。在这里，阿多诺引用了黑格尔的一段话："特殊彼此之间竭力撕斗，其中一部分人失败了。但是，恰恰在这种撕斗中，在特殊的没落之中，普遍出现了，并且不受任何干扰。"[1] 这就是说，胜利者代表了

---

[1] 见阿多诺：《否定的辩证法》，王晓升译，北京：中央编译出版社2023年版，第431—432页。

普遍。胜利者就是代表了所有的人利益，胜利者就是道德的化身。所以，阿多诺指出，胜利者就代表普遍这种做法，直到今天仍然没有受到干扰。这是人类文明的可悲之处。接着，阿多诺根据黑格尔自己思想来批判黑格尔。阿多诺说，"按照黑格尔的说法，如果没有普遍所规定的特殊，那么普遍作为分离开来的东西，也不可能存在。"① 如果是这样，那么普遍就必须依赖特殊。只有依靠特殊，普遍才成为普遍。如果是这样，那么黑格尔思想就与阿多诺没有多大差别了。应该说，黑格尔的这个思想是有意义的。但是，黑格尔在这里所说的特殊，其实不是特殊，而是特殊性。他把特殊普遍化，把它变成特殊性。这样，特殊就在普遍性中被消解了，普遍的优先性由此而被确立起来。于是，阿多诺指出，只有当黑格尔把特殊当做特殊性来处理的时候，认识中的两个极端普遍和特殊才能等同起来。所以，阿多诺说，在这里，黑格尔逻辑学处理的东西即特殊已经成为概念，而不是把特殊东西作为特殊东西来处理。于是一般的逻辑优先性被确立起来，并为黑格尔的社会和政治选择提供基础。这就是，黑格尔强调一般的优先性，而否定个人，把个人束缚在总体的强制之中。

当然，阿多诺强调，黑格尔是有辩证法思想的。他还是承认普遍和特殊之间的辩证法的。从这个角度来说，我们应该给黑格尔的辩证法做出让步。按照黑格尔的辩证法，如果没有普遍这一要素，那么思考特殊性是不可能的，而且思考特殊东西本身也是不可能的。从这个角度来说，普遍和特殊之间存在着一种辩证法。在辩证法中，在这两个要素之中，一个要素需要另一个要素，它们是交织在一起的。这表明，这两个要素中的任何一个要素都不可能被还原成为无，成为不存在的东西。如果是这样，那么其中就没有任何东西可以被看作是绝对的，第一的。阿多诺认为，黑格尔尽管知道这一点，但是却又偶尔忘记这一点。由于黑格尔忘记了这一点，于是尽管辩证法关于"要素"的论证已经破除了这一点，但是，黑格尔还是把普遍作为第一性的东西确立起来。当逻辑上纯粹无矛盾的绝对的、存在论上的有效性被设定起来的时候，它们就成为第一性的东西，成为绝对的东西。这样，黑格尔的观念论的思想就更加牢固地得到了论证。于是，在黑格尔那里，最后，绝对的第一性，即概念的第一性，就

---

① 见阿多诺：《否定的辩证法》，王晓升译，北京：中央编译出版社2023年版，第432页。

会被设定起来，而事实则是第二位的，因为按照观念论的传统，事实是从概念中"推导"出来的。

最后，阿多诺指出，应该承认，如果没有规定性，从而没有普遍性，我们就不能对特殊做出任何判断。可是，我们也不能由此而认为，特殊的东西可以在普遍之中消失。或者说，特殊的东西需要借助于普遍来进行判断，但是它却不会由此而在普遍之中丧失自身。在这里，黑格尔强调，这种特殊的东西是无法用概念全面表达的，我们必须借助于概念的星丛。这就是说，这些要素在星丛之中保留自身，辩证法一般说来就来自于中介的实体化，而不会保留直接性的要素，而保留直接性要素却是黑格尔在其他地方所审慎地期待的。这就是说，普遍和特殊是相互中介的，辩证法就是把这种中介具象化，就是讨论这种中介的。普遍和特殊的相互中介究竟是什么样子的呢？辩证法就是在思考这样一个问题，而这个问题在一定程度上就是把普遍和特殊之间的中介具象化。但是，这个东西也不是可以"具象化"的，不能成为直接的东西。这种辩证法就不会保留直接性要素。只有保留了直接性要素，辩证法才会得出第一性的东西。第一性的东西是不需要被中介的。而黑格尔的辩证法却保留了直接性要素，把概念作为直接的东西，作为第一性的东西确立起来。当然，黑格尔在这个方面还是非常谨慎的。从他对于哲学的起点的论证中，我们可以看出，他强调圆圈。这就是不确立第一性东西的证据。但是阿多诺认为，黑格尔既要确立第一性，又否定第一性。在这里他非常谨慎。他的这种谨慎就是阿多诺的辩证法所关注的。

倒退到柏拉图主义

在阿多诺看来，一般和特殊的关系是一个特殊的形而上学问题，甚至可以说是形而上学的关键问题。阿多诺认为，在这个问题上，黑格尔本来有辩证法，应该不同于柏拉图，但是他的思想最终走向了柏拉图主义，即把抽象的一般，把理念置于首要位置。

在这个地方的一开头，阿多诺指出，对辩证法的内在批判可以炸毁黑格尔的观念论。黑格尔的观念论在总体上是一种同一性的哲学。对于他来说一切都可以被纳入到观念的体系之中。如何才能摧毁这个体系呢？按照黑格尔自身的逻辑来否定黑格尔，这就是对黑格尔进行内在批判。这种内在批判就是认识和把握非同一的东西。黑格尔的辩证法确实包含了这种努力，但是最后，他还是牺牲了非同一的东西。我们在这里来考察他的对于普遍和特殊之间关系的思想，看看他是如何牺牲非同一性的。阿多诺在这里所要进行的认识是形而上学意义上的认识。或者说当科学走向极端的时候，认识就变成形而上学的认识。这种形而上学的认识所指向的是特殊，而不是普遍。阿多诺所说的这个特殊，不是人们在一般和特殊关系中所理解的那种特殊，而是非同一性意义上的特殊。所以，阿多诺说，认识需要有自己的真正的对象。这个真正的对象，即这个非同一的东西是在特殊之差异的可能规定中，甚至在一般之中。一般自身就应该是变动的。这就是一般和特殊之非同一性意义上的特殊。我们可以说，这个特殊是特殊又不是特殊，是一般又不是一般。认识需要一般，但是它需要批判这个一般，通过批判一般而找到特殊，找到非同一的东西。这个特殊是在一般之中的特殊，是与一般非同一的特殊。在黑格尔哲学中，特殊和一般被当做相互中介的东西，而在这种相互中介中，中介本身变成了独立于特殊和一般的"东西"，而变成一个绝对的中介，变成了一种抽象的规范形式，于是特殊就被一般所否定。其实，阿多诺在批判海德格尔的时候也提出类似的观点，海德格尔的存在就是把中介独立起来，变成抽象的东西，从而吸收了特殊。接着，阿多诺引用了黑格尔《法哲学原理》中的一段话来说明黑格尔如何通过普遍来吞噬特殊。在这段话中，黑格尔强调，正直是在法和伦理上对有德性的人要求的普遍物。这就是说，正直应该是普遍物。不过，黑格尔在这里又认为，这种普遍物意义上的正直容易变成一种低级的东西。比如，一个人只是机械地遵从规则，而忽视了特殊性。所以，黑格尔接着就强调特殊性了。在黑格尔看来，人们不仅要有普遍意义上的正直，而且要有更高的要求，这就是对于特殊东西的渴望。这种对于特殊东西的渴望不会满足于普遍的东西，它在例外的情形中获得独特性的意识。黑格尔的这个思想无疑是有意义的，即他强调了特殊。然而，虽然特殊也被承认了，但是特殊却没有普遍的权利。在这里，阿多诺批判了黑格尔的这个思想。普遍具有权威的地位，而特殊只是一种例外。在例外中，我们承认特殊。所以，阿多诺说，如果黑格尔把普遍和特殊的同一性学说推进到特殊自身的辩证法，那么特殊，按照他的说法，是实施中介活动的普遍，就被赋予了与普遍一样的权利。按照黑格尔关于普遍和特殊的相互中介的思想，那么特殊就是实施中介活动的普遍。既然特殊也是普遍，那么特殊也应该享有与普遍同样的地位。但是，在这里，特殊只是一个例外。不仅如此，黑格尔还把特殊所应该享有的权利变成一种纯粹的渴望。如果是一种纯粹的渴望，那么这就应该被否定。这就好像父亲斥责儿子时所说的那样，"你大概以为你是特殊的。"如果你有这种特殊的渴望，那么你就应该受到斥责。特殊不应该享受普遍所具有的权利。社会也是如此。接着，阿多诺又指责黑格尔说："他还从心理学上抹黑人的权利，说那是自恋。"① 在这里，我没有查出文献的出处。人的权利不是抽象一般意义上的人权，而是个人的特殊要求，这种特殊要求被理解为"自恋"。这都要受到斥责的。在阿多诺看来，黑格尔之所以如此，这些都不是这位哲学家个人的可悲的失误，而是他的观念论的必然结果。我们前面说过，黑格尔的观念论是追求同一性的。他的总体性体系必然要走向同一性，而斥责和否定特殊。在阿多诺看来，他所设想的辩证法不能以观念论的方式得到实施。或者说，在观念论意义上，普遍和特殊的辩证法不能真正地得到实施。在这里，阿多诺提出了他自己对于普遍和特殊之间的辩证法。在他看来，哲学应该与康德的做法相反。在康德哲学中形式和内容是对立的，他没有理解形式和内容之间的辩证法。哲学要把握内容，即把握非同一的东西。哲学不能把自己变成一种关于一般形式的学说，哲学需要把握内容。但是任何哲学都是一种形式性的概念体系，而要把握内容就需要不断地循环进行。当哲学不断以这种循环的方式去把握非同一的东西的时候，它才真正把形式和内容结合起来，从而能够确立形式。这就是说，哲学所确立的形式可能是空洞的，这是因为，形式变成了空洞的概念，而没有内容。只有当内容被贯彻到了概念之中的时候，形式才能真正被确立起来。这就需要有对于特殊内容的意识。当形式获得内容的时候，形式就具有现实性。或者说，这两者的结合就是一种现实。

接着，阿多诺对于黑格尔的现实概念进行了分析。按照阿多诺的看法，黑格尔那里最真实的东西就是对特殊的意识。可是，黑格尔的现实概念却是用同

---

① 阿多诺：《否定的辩证法》，王晓升译，北京：中央编译出版社2023年版，第434页。

一性吞噬了特殊。所以，黑格尔的那个现实概念不过是一场闹剧。由于黑格尔把特殊的东西纳入到普遍之中，纳入到一般的概念体系之中，所以阿多诺说，在黑格尔那里，这个最真实的东西，即对于特殊的意识反而导致最谬误的东西，黑格尔所努力探索的特殊也会消失。黑格尔在哲学上也要把握特殊，但是特殊在形式概念中没有地位，它被一般所吞噬。阿多诺说，他的概念越是不懈地追求成为现实，它就越是迷乱地玷污现实，即当下的东西。概念追求成为现实就是追求内容，获得内容，但是当概念获得内容的时候，概念却吞噬了内容。于是，现实反而被玷污。现实反而抽象化了。在阿多诺看来，黑格尔把特殊纳入到一般之中，变成了特殊的概念。所以当他把特殊打开的时候，用概念打开特殊的东西的时候，特殊就是特殊的概念，而不是特殊的东西本身。这就好像打开儿童聚会中的金坚果。我曾经询问西方朋友。他们告诉我，金坚果（golden nuts）是具有象征意义的。它在耶稣之前就已经被人们提及，它的外壳非常坚硬，打开这个外壳，里面的一些宝贵的东西就会出现了。比如，健康、快乐、智慧等就会出现，人们的愿望就能够实现。通过这个类比，阿多诺就是要告诉我们，打开同一性的外壳，宝贵的内容就会从这个外壳中显示出来。但是，这个金坚果里面的东西是空洞的，是象征意义上的东西。接着，阿多诺又引用了黑格尔《法哲学原理》中的一段文字。阿多诺引用了这段很长的文字其实就是要批判黑格尔的现实概念。我们知道，黑格尔在《法哲学原理》中有一句名言，凡是现实的都是合理的，凡是合理的都是现实的。而这个现实就是指符合理念的东西。这个符合理念的现实其实也消解了现实。在这段文字中黑格尔说："除了理念以外没有什么东西是现实的。所以最关紧要的是，在时间性的瞬间消逝的假象中，去认识内在的实体和现在事物中的永久东西。"[①] 现实的东西就是理念。他把现实和现在区分开来，强调理念才是现实的。这就否定了现实。在这里，黑格尔把理念当做现实，这就是回到柏拉图。在这个地方，阿多诺还引证了康德的一段话。在康德看来，"理念"不过是柏拉图式的陈词滥调。所以，阿多诺挖苦说，黑格尔这个辩证法家必须按照柏拉图的方式说话。黑格尔按照柏拉图的方式说话，就是要用抽象的概念，理想的

[①] 黑格尔：《法哲学原理》，范扬、张企泰译，北京：商务印书馆1961年版，第10—11页。

普遍性来束缚特殊。当他把特殊束缚在普遍之中的时候，他就不愿意在逻辑上以及在历史哲学之中承认普遍收缩到特殊之中，直至特殊从外在于它的那种抽象普遍中脱离开来。普遍收缩到特殊之中就成为特殊的一个要素。这是反柏拉图主义的。在这里，黑格尔修正柏拉图主义。这就是说，黑格尔是按照柏拉图的方式说话的，但是他又想摆脱柏拉图主义。在摆脱柏拉图主义的时候，他又不愿意承认普遍收缩到特殊之中。于是，黑格尔就陷入矛盾之中。在这种修正中，普遍被黑格尔认为是更高的客观性，而这个更高的客观性其实就下沉到恶劣的主观性中。这个更高的客观性就是要把形式与具体内容联系起来。当他试图达到这个更高的客观性的时候，他所维护的普遍就下沉到特殊性之中。他徘徊在一般和具体之间，陷入了矛盾之中。而这就是阿多诺的内在批判所要揭示的东西。最后，阿多诺进行了总结。他说，尽管黑格尔曾经想把逻辑转换到时间之中，但是他还是屈从于无时间的逻辑。把逻辑转换到时间之中，就是把抽象的东西具体化，把无时间的东西转换到时间之中，变成生活之中的东西。这就是现实化。黑格尔最终还是屈从于无时间的逻辑，把具体的东西，现实的东西上升到逻辑之中，消解了现实性，消解了特殊。黑格尔陷入了矛盾之中。

时间的非时间化

这个部分讨论时间，黑格尔的时间概念包含了辩证法，即他把时间体验与抽象的时间形式结合在一起，但是，这个结合在一起的辩证法的东西还是被他抽象化。时间性变成了无时间性。这就是时间的非时间化。阿多诺在批判黑格尔的同时阐述了他自己关于时间的辩证法。

本来按照辩证法思想，时间性和永恒性是结合在一起的。时间性是指包含了经验内容的时间意识，而永恒性是不包含经验内容的永恒流逝，纯形式的时间。前面我们说过，黑格尔是把时间逻辑化，把时间纳入到逻辑之中。这实际上就是把时间变成永恒性。当时间变成永恒性的时候，时间就非时间化了。由于黑格尔把时间逻辑化，时间就被永恒化，所以黑格尔的时间性和永恒性是简单地分裂的。而阿多诺强调这两者之间的联系。在阿多诺看来，尽管黑格尔有辩证法思想，在这种辩证法中，他试图把时间性和永恒性结合在一起，但是在这种结合中，他赋予一般以优先的地位。当黑格尔赋予一般以优先地位的时

第三部分　模式

候，这个辩证法的时间其实就被抽象化，变成了超时间的东西。或者说，这个抽象的一般的东西似乎是不在时间中存在的，超出时间的。当黑格尔把这种具有辩证法的时间进行抽象的时候，时间中所包含的经验内容就会受到损失。不过这些被牺牲的东西在黑格尔那里被当做了收益。这个收益就是，他通过牺牲经验内容而让时间性转变成为永恒性。这就是说，本来黑格尔哲学中，时间是把时间的经验内容和时间形式结合在一起的，可是当黑格尔把时间抽象化的时候，这个经验的内容被牺牲掉了，而这个被牺牲掉的东西又会被当做是纯粹的收益。这个收益就是，包含了经验时间的东西变成了永恒性，变成了不受时间影响的东西，并且这个超出时间的东西好像是实际存在的。当黑格尔把这个时间性的东西，即包含了经验内容与形式之间矛盾的东西变成了超越时间的东西的时候，这个超出时间的东西变成了实证的东西。而这种做法是黑格尔的一个老毛病。我们前面在讨论世界精神的时候已经说过，本来世界精神也是矛盾的，是动态的，但是在黑格尔那里被抽象化，变成了一种实证的东西。这是一种颠倒的做法，背离抽象化时间的东西才是实证的，但是黑格尔却把超时间的东西变成实证的东西。当损失掉的东西被当做收益来肯定的东西的时候，这个抽象东西就变成了一种实证的东西。所以在这里，阿多诺指出，把这个超时间的要素变成了实证的东西其实包含了一种矛盾，因为实证的东西是不能超时间的，必定是在时间中存在的。按照黑格尔的思想超时间的要素始终保持同一，它不在时间中发生任何变化。可是，这是与实证性的意思是矛盾的。超时间的东西始终保持同一的观点与实证的东西具有瞬间性的观点是相互冲突的。尽管存在着这样的冲突，但是把时间中的东西非时间化，这是黑格尔哲学的内在要素。这是因为，黑格尔在他的历史哲学中，甚至在他的整个体系中都赋予一般以优先地位，用特殊性来代替特殊。所以，对黑格尔的辩证法和历史哲学来说，向无时间性的回归并不是外在的。于是，在黑格尔那里，本来时间是经验内容和抽象形式的结合体，但是当黑格尔把时间抽象化为一般的时候，时间就超越了时间，时间被本体论化了。在这里，黑格尔把辩证法扩展成为时间本身。这就是说，本来时间是一种辩证法意义上的时间，是形式和内容相互作用的时间，但是在黑格尔那里，时间却被抽象化，变成了一般的时间（时间本身）。好像时间本身有一种独立的存在形式，它超越了时间。在这样的情况下，时间本身变成了超越时间的东西，变成了永恒。

黑格尔把时间变成永恒的做法包含了这样一种思辨的思考：黑格尔按照一种观念论的思路，把一切具体的东西，把一切有限的东西，暂时的东西都纳入到观念之中，把这些东西抽象化，把这些东西归入总体之中。当黑格尔这样做的时候，他就把有关总体的绝对理念与一切有限的东西的暂时性等同起来。有限东西的暂时性被纳入到总体的绝对理念之中。由于黑格尔按照这样一种观念论的思路来对待时间，所以，与这种观念符合的是，他企图推演时间，把它永恒化，使它不容忍任何在它之外的东西。绝对观念论就是要把一切外在于观念的东西都观念化。当一切东西都被观念化的时候，这些东西就脱离了具体的内容，而变成纯粹概念性的东西，时间脱离了具体内容就被永恒化了。由于黑格尔把时间和逻辑结合起来，把历史和逻辑统一起来，所以在黑格尔那里，时间就非常类似于康德的那个纯粹感性形式意义上的时间。阿多诺认为，在这里，黑格尔与康德类似。黑格尔不允许逻辑与时间分离，这就是要用逻辑来吞噬时间，吞噬具体的内容。当康德不允许直觉与知性分离的时候，时间其实一方面是直觉的，与感性内容有关，但是这个感性东西是纯形式的，类似于知性。所以，康德一会儿把时间说成是直观形式，一会儿又把时间说成是概念。黑格尔那里也是如此，时间不是完全与感性要素无关的，但是这个感性的要素被抽象化了，变成了纯粹形式的东西。从这个角度来说，黑格尔的时间概念与康德是非常类似的。所以，阿多诺说，正是在这里，黑格尔这位康德的批评者也是康德思想的执行人。如果康德把时间先天化，把它变成直觉的纯粹形式，成为一切时间中的东西的条件，那么它从它那个方面看就被剥夺了时间。同样的道理，当黑格尔把他的辩证法意义上的时间抽象化的时候，这个时间就被剥夺了时间，变成了纯粹抽象的时间。这就是时间的非时间化。在时间的非时间化这一点上，康德的那种主观观念论与黑格尔的客观观念论一致起来了。这两者的共同基础是，主体作为概念，排除了它的经验内容。时间本来是主体的一种体验，但是这种时间体验被完全抽象化了，被剥夺了经验的内容。这就是说，无论在康德还是在黑格尔那里，主体都被剔除了经验的要素，而成为纯粹抽象的主体，是作为概念意义上的主体。由于主体成为概念，成为纯粹的抽象的主体，所以，这个纯粹抽象的主体所进行的行动也是纯粹的行动。这个纯粹的行动其实是没有任何具体内容的行动。从这个角度来说，这种纯粹的行动其实就是不动。在亚里斯多德那里，纯粹的行动是在最高目的中的行动，它是不动的推动者。时间本来是与运动有关的，但是当时间变成了一种纯粹运动的时候，它就变成了类似于亚里斯多德的纯粹行动，成为不动的推动者。

这些观念论者的社会偏见表现为他们沉迷于纯粹观念意义上的行动，而蔑视客观的物质活动，蔑视在时间中所进行的物质活动。当这种偏见渗透到他们的体系中的时候，他们就去除了经验意义上的时间，他们就认为，时间是非时间的，是超时间的，历史是永恒的。从阿多诺的角度来看，他们把时间永恒化也是有社会的基础的。他们害怕历史会有开端。他们害怕革命，害怕社会的变革。当社会发生变革的时候，历史就发生了变迁。或者说，这是一种重新开始的历史。资本主义社会永恒化的思想渗透在他们的理论之中。这或许也是阿多诺所说的那种社会偏见。

接下来，阿多诺进一步分析黑格尔对于时间的理解，黑格尔把时间和时间性东西的辩证法顺理成章地变成自在时间的本质。时间是包含经验内容的，时间性的东西是抽象的。从辩证法的角度来说，这是时间中不可分离的两个要素，但是黑格尔却把这两个东西结合在一起，用永恒性来统一具体内容，统一短暂的时间。如此一来，黑格尔的时间变成了抽象的时间。这个抽象的时间、空洞的时间是观念地同一起来的时间。在这个地方，阿多诺引用了黑格尔的一段话，黑格尔的这段话的意思是，现实的自我是属于时间的，是具有经验内容意义上的时间。但是，如果我们把这个时间的内容抽象掉，如果我们把意识和意识中的具体内容抽象掉，那么自我就是进行纯粹的自我设定，就是一种没有内容的纯粹运动，而与这个纯粹运动有关的是纯粹的时间。这个纯粹的时间或者纯粹的运动是超时间的。但是，这个超时间的东西却被黑格尔变成实证的东西。于是，这就给实证主义提供了一个攻击点。这是因为，这个超时间的东西不可能是实证的东西。如果黑格尔把时间理解为一种形式的时间概念，理解成为一种观念形态的东西，并清洗掉其中的内容的话，那么黑格尔的时间概念就与中世纪哲学没有什么差别了，具有经院哲学的特点。

阿多诺对于黑格尔的这种抽象的时间观念进行辩证的改造。他要对这种时间观念进行批判性的自我反思。这种自我反思就是要让时间辩证法化。而他所说的让时间辩证法化就是要让时间成为内容和形式的统一体。黑格尔的时间概念和康德的时间概念都一样，都抽掉了内容，成为纯粹形式的东西。康德在《纯粹理性批判》中讨论了先验感性论。在先验感性论中他把时间理解为先天的直观形式。先天的直观形式是没有内容的。如果这种直观没有任何内容，那么这个直观形式是不会与任何直观相对应的。任何直观都是对于某种东西的直观。任何一种直观都是具体的直观，都是内容和形式结合在一起的，而他所说的时间，作为先天的直观形式与任何一种直观无关。当人们针对康德提出这样的问题的时候，康德是无法回应这个问题的。阿多诺强调，为了能够形成时间观念，我们必须要有时间上的东西，我们能够从这种时间上的东西中读出时间来。这个东西作为一种过程或者作为一种流逝是可以被经验到的。这是一种具有经验内容的时间。时间是与这种具体的实践活动联系在一起的。我们需要这样一种时间表象，或者关于时间的观念，而康德的直观形式却排除了这种可能的时间观念或者时间想象。阿多诺强调，纯粹的时间观念恰恰需要概念的中介，这就是说，康德的纯粹的时间概念需要这样的时间观念或者时间想象。这个时间概念或者概念的中介是从一切可想象的时间观念中抽象出来的。可想象的时间观念是从具体内容中得到的时间观念。从这种时间观念中抽象出来的时间概念是必须的。康德的纯粹时间需要这种时间概念的中介，需要这种可以想象的具体内容。可是康德为了把感性和知性割裂开来，他就必须把这个概念中介从直观形式中清除出去。

  康德的时间概念是一种纯粹形式意义上的时间，这种时间可以被理解为绝对时间。这个绝对时间作为无内容的时间其实无时间。这个时间就变成了永恒。所以，阿多诺说，康德的这种绝对的时间丧失了它最后一点点事实基础，即在时间中存在而又在时间中流变的事实基础。当康德的时间丧失了最后一点点事实基础的时候，这个时间就不再是康德所说的那种无条件的东西，不再是纯粹动力学意义上的东西。这是因为，任何一种动力学上的东西都是有开始的，都是有发生之处的。反过来说，事实性如果在时间的连续性中没有其位置，这也是不可想象的。这就是说，事实性的东西必须在时间中存在。超出时间的所谓事实性是不可能的。阿多诺从辩证法的角度来理解时间，把事实性和时间的连续性结合在一起，把它们看作是相互依赖的东西，这两个相互依赖的

第三部分 模式

东西被纳入到最形式的领域中,变成了一个辩证法意义上的时间概念。这个最高的形式领域就是最抽象的时间概念。但是这个时间概念是把事实性和连续性结合在一起加以抽象形成的。这个形式就与康德所说的那个形式不同了。在这个形式中,实质性的、相互对立的两个要素都不能没有另一方。这样一个最高形式的时间概念、这种相互性既不是在自在的纯粹形式中展示自身,也不是由它所激发起来的。或者说,这种形式不是康德意义上的纯粹形式。它不能作为自在的纯粹形式而展示自身,不能像黑格尔所说的那种纯粹的活动。它是形式和内容之间的相互联系转变而来的形式。阿多诺也强调时间的形式特点,如果时间不具有形式的特点,那么时间就变成了纯粹主观的东西,每个人对于时间的体验完全不同。阿多诺也要把这种时间的内容形式化,只有通过这种形式化,时间才成为客观的时间。但是这个形式化也不是完全脱离内容,而是内容的形式化。我们可以说,这是阿多诺非同一性意义上所说的时间。这就如同阿多诺强调,在逻辑中也有不可消解的某物一样。时间概念中一定包含了具体的时间内容,如果没有任何内容,时间形式是不可能的。所以阿多诺强调,时间是内容的无条件形式,是形式和内容之间的联系变成了形式。所以这个形式是在内容的基础上抽象出来的形式。阿多诺也把这种新的联系理解为,内容和形式之间的二元论的升华。所谓二元论的升华,就是它不是传统的内容和形式的二元论,而是新的二元论。或者说,时间是一种新的形式,它不是康德意义上的纯粹的直观形式,而是有内容的,但是这个内容被升华了,变成了形式。这种升华是在绝对化的主体性中的升华。从这个角度来说,阿多诺对于时间的这种理解就非常接近于黑格尔。他把时间理解为绝对化主体性。但是,他又不同于黑格尔,虽然黑格尔也试图把内容包含在时间概念之中,但是同一性的逻辑使他无法真正地把握这个内容。阿多诺接近黑格尔。这种接近表现在阿多诺把时间理解为被凝聚起来的时间联系的逻辑。这就是说,时间也有逻辑形式意义上的特性,但是这个逻辑是从时间联系中产生出来的,是被凝聚起来的时间联系。从这个意义上它也在一定程度上类似于黑格尔的时间概念。所以,阿多诺认为,我们可以从黑格尔的理论中得到一点真理的要素。但是,阿多诺强调,他所理解的这种时间联系的逻辑是与黑格尔的那种从时间逻辑中推导出时间来是不同的。这个差别就是,从时间逻辑推导出来的时间是把经验内容牺牲掉的时间。而时间联系的逻辑是从现实的时间联系中抽象出来的。对于阿多诺来说，黑格尔也包含了这个时间联系的逻辑要素，但是他自己最终还是摧毁了这个时间联系的要素。按照阿多诺的理解，他所说的这个时间概念类似于康德关于图式的那个部分的有关论述。那么康德在图式那个部分的论述是如何理解时间的呢？我们知道，康德的在论述图式的那个部分就是要讨论纯粹知性概念如何与经验直观的对象联系起来的问题。康德认为，这需要借助于"先验的时间"。他认为，这个先验的时间有两个方面的特质，一方面它与范畴是同质的，另一方面，它又是与现象同质的。① 这就是说，先验的时间之中，既有经验的内容，又有抽象的一般。它把这两者结合起来了。在阿多诺来说，如果按照康德在这里所隐晦地表达了时间观念，那么黑格尔的思想中也有那么一点真理的要素。于是，按照阿多诺对于黑格尔的时间概念的理解，黑格尔在《逻辑学》中无疑包含了时间要素。但是，这个时间的要素在主观思维所实施的客观化之中，变成了纯粹的合规则性，它们也因此而被去时间化，被虚幻化。所谓主观思维所实施的客观化，就是思维要把这种时间变成必然的东西，变成纯粹形式的东西。当主观思维进行客观化的努力时，时间就变成了纯粹的合规则性。于是时间就被去时间化了，时间变成了纯粹逻辑意义上的东西。如果我们按照黑格尔自身的逻辑来改造黑格尔哲学，那么黑格尔的时间概念就具有现实的意义。于是，在这里，阿多诺就按照黑格尔自身的辩证法来重构黑格尔的时间概念。按照这种重构，时间就应该与经验的要素联系起来。阿多诺按照流行的实证主义的科学理论来理解这种经验的要素，这个要素是逻辑中的前逻辑的东西。逻辑是纯粹形式化东西，但是逻辑中一定包含了前逻辑的东西，包含了经验的要素。按照这样的思路来理解时间和逻辑的关系，那么黑格尔的时间逻辑就发生了变化。或者说，黑格尔的时间逻辑就与阿多诺对于时间的理解一致起来了。而在阿多诺看来，他的这个理解也不是没有根据的。黑格尔思想中就包含了这个要素。或者说，他的这个解释与黑格尔也是一致的。我们知道，黑格尔思想中强调综合。我们通常理解综合的时候，是把现成给定的东西结合在一起，并由此而得到一种新东西。比如，我们把不同的化学元素结合在一

---

① 参见康德：《纯粹理性批判》，邓晓芒译，杨祖陶校，北京：人民出版社2004年版，第139页。

起，我们就得到了一种新的东西。这个意义上的综合就是从确定的否定中得到一种全新的质。而黑格尔所说的综合不是这个意思，他所说的综合是被否定的东西的回归。他所说的这个综合是对于分析的一种弥补。我们知道，在我们进行抽象的时候，我们就会把一些具体的内容剔除掉。分析的过程就是这样一种抽象的过程。在这种分析中，具体的内容被剔除了，被否定了。而综合就是这个分析过程的反面，即它要把被否定的东西重新接纳过来。综合就是要弥补分析所产生的不良后果。所以辩证的进步就是分析和综合的统一。综合的过程就是一个回溯的过程。从这个角度来说，黑格尔的辩证法就是前进的过程也是倒退的过程。阿多诺把黑格尔的这个推演过程理解为，它的不断推进的具体化过程，而这个不断的具体化过程就是它的自我修正的过程。如果把黑格尔逻辑学中的这个要素用来分析黑格尔的时间概念，那么黑格尔所得到的那个分析性的时间概念，即逻辑上的时间概念就可以从综合性的时间概念中得到补偿。而黑格尔的辩证法是一个确定的否定的过程。而在这个确定的否定中就包含了综合。黑格尔从逻辑中推导出时间对时间造成了损害，那么这个损害是可以得到补偿的。这就是从逻辑再转换到时间。即使阿多诺注重黑格尔的补偿过程，注重从逻辑到时间的转换，但是阿多诺仍然强调，如果没有逻辑，时间也是不可能的。没有逻辑上的抽象，没有纯粹的过程，时间也不可能。

　　接下来，阿多诺又对柏格森的时间观进行了分析。柏格森从二重化的意义上理解时间。一种时间是抽象的因果理性中的时间，一种是活生生的时间体验。阿多诺认为，柏格森对于时间的这种二分法其实就包含了辩证法，就包含了把时间的形式和时间内容结合在一起的辩证法。但是柏格森没有自觉的辩证法思想，他二分法其实就缺乏辩证法的自觉意识。在柏格森那里，活生生的时间体验被理解为"绵延的时间"。这是时间的实质性内容。而哲学的抽象和机械的自然科学的时间就是形式化的时间，是物质运动形式，而不是人的生存体验中的时间。这种意义上的时间也被柏格森理解为空间的时间。空间的时间是与人的体验无关的时间。我们日常生活中所说的时间主要是这个意义上的时间。阿多诺认为，柏格森并没有真正地推进辩证法，他还是在实证的意义上去理解活生生的体验意义上的时间。在阿多诺看来，柏格森比实证主义还要实证主义。这是因为，实证主义只是把抽象的机械时间进行实证的分析，而没有把活生生的时间变成实证的对象。而柏格森恰恰把这个活生生的时间变成了实证的对象。所以，阿多诺说，他出于对物化的厌恶，比如，厌恶人们把时间仅仅从机械意义上去理解，他要把握活生生的时间。但是他却把活生生的时间，或者说，这个动力学的方面绝对化，把它变成一种意识形式，一种特殊的人生模式。人好像可以像认识机械的时间那样认识活生生的时间，把这种体验时间的方式变成一种特殊的认识模式，变成一种优先的认识模式。这是一种新的认识，一种特殊的认识分支，即直觉的认识。在这里，柏格森把活生生的时间体验物化了，变成了一个实证的东西。我们可以说，尽管他显示出对于物化意识的厌恶，但是他还是受到物化意识的影响。本来，主体的时间体验与时间形式结合一起，像它的主体一样是被中介过的，但却被柏格森孤立起来，变成偶然的。如果是被主体所中介过，而这个主体是康德意义上所说的逻辑主体，那么这个偶然的东西是与必然有关的。时间体验中也必然包含了"逻辑的"必然性。但是，当时间体验被孤立起来的时候，从时间测量的角度来说，它就是无法被测量的，是偶然的，这种时间内容总是"错误"的，它们没有纯粹时间意义上的客观性。从日常生活中的小事中我们就可以发现这一点。当我们沉迷于某个事情的时候，我们没有感觉到时间过得很快，但是当我们从这个事情中摆脱出来的时候，当我们看看时钟的时候，我们会说，"啊，时间过得真快呀。"这个时间的快慢是人的意识中的体验，而时钟是客观的时间。如果按照时钟上的时间来衡量，那么我们的时间体验就是错觉。而在阿多诺看来，这两者是结合在一起的，如果没有主体的时间经验，那么就不会有钟表上的时间。如果没有这种时间体验，那么即使有物质运动上的变化，比如时针的变化，这种变化也不会被理解为时间。但是，人类也不会局限于时间的体验，而会把这种体验对象化，变成一种客观的时间，变成一种可计量的时间。

柏格森对于时间的划分是有它的社会基础的。阿多诺说，柏格森对于两种时间所进行的粗糙的划分，记载了活生生的经验与对象化了的、可重复的劳动过程之间的历史划分。可重复劳动中的时间是被计算的时间，是资本主义社会中的计算时间，而这种时间与原始人类生存中的时间体验不同。在现代社会中，人们只关注计算的时间，重复劳动中的时间。资产阶级所关注的就是这个时间。现代人已经失去了那种活生生的时间意识。这标志着时间意识方面客观的社会危机的初步降临。时间意识的危机在现代社会中出现了。柏格森把这两种时间区分开来，这表明，人类已经意识到这种时间意识的危机。而柏格森把这两种时间区分开来，其实也是突出了这两者之间的不可调和性。他不过是强化了这两者之间的对立，而不是从辩证法的角度来重新理解时间。这两者之间的不可调和性反映了分裂意识的创伤，显示了意识中的这种创伤。他没有去治疗这个创伤。既然我们已经意识到了这种分裂，那么我们就应该把它们统一起来。那么我们究竟应该如何把它们统一起来呢？在阿多诺看来，这需要辩证法。这就是我们前面所说的，把时间内容和时间形式的辩证结合。在阿多诺看来，把这两者分裂开来并不能解决这里的问题。所以他说，这种分裂意识既不能靠对空间的时间的自然主义解释来加以控制，也不能靠绵延的时间——在这种绵延的时间之中，因物化而收缩起来的主体仅仅作为活着的生物徒劳地期望能够保存自己——的实体来加以控制。这就是说，仅仅依靠空间的时间，是无法解决这种分裂的。反过来，仅仅依靠活生生的时间体验也无法控制这种分裂。在现代社会中，人由于物化而越来越难于体验到这种活生生的时间意识。所以在这样的情况下，人只能作为一种活生生的生物徒劳的期望能够保存自己，期望能够保留一点点这种活生生的时间体验。最后，阿多诺用一个比喻来说明柏格森的思路的缺陷。按照柏格森的看法，生活应该在笑声中对抗那不断强化的习俗，并重建自身。如果把这个说法用来解决时间的问题，那么生活中的笑声就是活生生的时间意识，而不断强化的习俗就是机械化的时间。柏格森就是要用活生生的时间来对抗机械化的时间，用生活的笑声来对抗不断强化的习俗。阿多诺反过来批判柏格森，笑声也会变成习俗，而当笑声变成习俗的时候，笑声也会变成对抗生活的武器。这就是说，活生生的时间也会被固化，变成像机械化的时间一样的东西。这种东西也同样会对抗未被领会的生活，对抗那未被完全驯化的自然生活踪迹。未被领会的生活，未被完全驯化的生活就是体验时间的活生生的意识。所以，阿多诺强调辩证法，这就是要把这两种时间结合在一起，既要用机械的时间对抗活生生的时间，也要用活生生的时间来对抗机械的时间。这样的一种辩证的时间概念也是超越了海德格尔所理解的时间。

黑格尔打断了辩证法

在这个部分，阿多诺进一步批判黑格尔把普遍的东西，把国家置于优先的地位，而没有继续按照他在《精神现象学》中所确立的辩证法思想，来理解国家和普遍的东西。后来的黑格尔打断了他自己早期所确立起来的辩证法。

在这个部分的一开头，阿多诺就指出黑格尔把普遍置于优先地位的做法。在阿多诺看来，资本主义社会有一个习惯的做法，就是把特殊的东西转换成为特殊性。资本主义社会的习惯做法是把特殊的商品变成一种可以交换的商品，变成交换价值。特殊的东西变成了普遍的东西。在这个社会中，一切东西只有被纳入普遍的交换体系中才有价值。所以，阿多诺接着又说，在社会实践中，特殊的东西只有作为范畴、只有作为普遍优先的一种形式，才是可以容忍的。马克思在《资本论》中说明了这一点。阿多诺引用了其中的一段长文来说明这一点。在这一段文字中，马克思说明了两个重要的东西，一方面，在商品交换的社会中，人和人是相互依赖的。这种相互依赖使普遍性、使相互依赖关系、使交换价值取得了优先地位。另一方面，这种普遍性是建立在每个人追求自己的私人利益的基础上，是建立在一切人对于一切人的战争的基础上的。而一切人反对一切人的战争就是对于普遍性的否定。当普遍性是建立在一切人对一切人的战争上的时候，这个普遍性就是否定的。由此，这种普遍性是一种否定意义上的普遍性，而不是肯定意义上的普遍性。根据这两点，阿多诺说，概念（普遍性）在资本主义社会具有优先性，但这是一种否定的优先性。黑格尔强调了普遍的优先性，是一种肯定的优先性（由此，他的辩证法被打断了），而马克思看到了这种优先性是一种否定的优先性。他批判了这种优先性。当然马克思和黑格尔一样都一致地看到，普遍的东西在资本主义社会中具有一种自在存在的优势，或者说，世界精神拥有一种自在存在的优势。但马克思对于这种自在的普遍性持一种否定的态度。他认为这种普遍性的基础是人和人之间的战争。在这里，他还引用了马克思的一句话来说明，马克思也认为，在资本主义社会中普遍的东西（世界精神）拥有自在存在的优势。马克思说："个人从属于像命运一样存在于他们之外的社会生产；但社会生产并不从属于把这种生产当作共同财富来对待的个人。"① 个人必须屈从于外在于他的社会,而社会却不从属于个人。社会拥有超出个人的优势,即普遍(世界精神)具有超出个人的优势。当然,阿多诺在这里还是发现了马克思和黑格尔的细微差别。黑格尔与马克思不同,他对普遍性持肯定的态度。更进一步看,马克思和黑格尔的差别表现在,在黑格尔看来,普遍的优势地位也存在于个人的实质中,即个人在其本质上也是社会性。而马克思否定了这一点。马克思认为,人和人之间存在着战争。② 然而,人们在这里也会提出问题,难道黑格尔就没有看到个人和普遍之间的矛盾吗?在阿多诺看来,在面对现实的时候,黑格尔也不得已承认,普遍和个人之间的矛盾。但是在理论上,黑格尔却不愿意做出修改,不愿意承认个人和现实的矛盾。在这里,阿多诺引用了黑格尔《法哲学原理》中的一段话。这段话的意思是说,国家作为一种理念是现实的神,是绝对完善的东西,但是特殊的国家或者特殊的制度却未必如此。现实的国家都会有这样或者那样的缺陷,这些缺陷是很容易找到的。但是国家作为普遍的东西,总是包含了国家的本质环节,国家的优先性还应该被坚持。如果我们总是找岔子,那么这就容易忘记国家的本质。从黑格尔的这些论述中,我们可以看到,黑格尔也看到了现实的国家中的缺陷,但是他认为,即使有缺陷,这些国家中还是包含了国家的本质的,因此,要维护国家,维护普遍的东西。这是黑格尔强调的核心的东西。但是不管怎么说,黑格尔还是承认了现实国家的缺陷。这就是说,国家和个人之间的矛盾、普遍和个人之间的矛盾还是存在的。

接着,阿多诺进一步分析了黑格尔的思想中的矛盾。一方面,如果人们必须"考察理念本身",而不是特定的国家,并且在原则上要服从于一个全面的结构(理念),那么人们必然会发现,现实的国家和理念是矛盾的。所以,黑格尔反对人们从"理念本身"考察国家。这是因为,黑格尔要掩盖这种矛盾。而另一方面,在黑格尔看来,国家都是在一定程度上实现了这种理念。国家和理念之间是不存在矛盾的。如果有人发现了矛盾,那是找岔子,故意挑剔。而

---

① 《马克思恩格斯文集》第8卷,北京:人民出版社2009年版,第53页。
② 在这个地方,阿多诺夸大了马克思和黑格尔之间的差别。如果仅仅从生产领域来说,马克思确实否定了社会的生产从属于个人。但是,在一般的社会意义上来说,马克思也认为,个人在本质上是社会性的。或者反过来说,社会性在本质上属于个人。不过马克思看到了人的社会性之中的矛盾,而不像后期黑格尔那样。

阿多诺则与黑格尔针锋相对。他认为，如果"考察理念本身"，那么理念和现实之间的矛盾就非常明显了，现实的国家和国家的理念之间存在着显著的矛盾。而黑格尔的《法哲学原理》就是要消除这种矛盾。这就是要打断辩证法。尽管如此，黑格尔还是曲折地承认国家中的矛盾，承认现实的国家和理念之间的矛盾，承认普遍和个人之间的矛盾。只是，在他看来，关注这种矛盾是找岔子，是故意挑刺。他反对人们的那种故意挑刺的做法，而要人们强调肯定的东西。于是，黑格尔说，找岔子要比理解肯定性容易得多。意思是，你找岔子的批判当然很容易，但是要更多地理解肯定的东西。因此，阿多诺在这里挖苦黑格尔，说黑格尔如果在这里也承认普遍和个别之间的矛盾，承认个人和国家之间的矛盾，那么这只是一种善意的批评，是一种建设性的批判，而不是找岔子。所以，阿多诺说，这是一种献媚式的批评。阿多诺说：由于理念和现实之间的同一性被这种矛盾所否定，这就需要理性进行特别虔诚的努力，以便对它自身确认这种同一性。黑格尔就是要努力消除这里的矛盾，确认理念和现实之间的同一性。为了达到这种同一性，黑格尔做了极其虔诚的努力。这种努力就是要肯定现实的国家，就是要设定或者确立国家中的"肯定的东西"。在这个方面，黑格尔不是一个旁观者，而是努力把国家作为肯定的东西确立起来。于是，国家的理念和现实的国家达成了和解，并且这种和解是被当成意识的更高成就而得到颂扬。在这里，黑格尔强调国家的强制作用，强调了普遍东西的强制作用，生活中的人必须和国家达成和解，不能批评国家，而要把国家作为肯定的东西来接受。如果国家被当做肯定的东西来接受，那么这个肯定的东西就被用来否定个人的主体力量。这就是普遍性对于主体的否定。黑格尔就是要否定主体，否定主体对抗国家的力量。对于他来说，主体越是具体地对抗着伦理的客观实质性（作为伦理实体的国家），这两者之间的裂隙就越明显。

接着，阿多诺又从黑格尔对于教育的看法来说明，黑格尔排斥矛盾、否定主体力量的做法。那么黑格尔为什么要强调国家的肯定性东西，排斥人们对于国家的批评呢？在黑格尔看来，个人对于国家的批判不过是主观的东西。对黑格尔来说，个人的这种做法只不过是要敌视主观的东西。而国家才是客观的，是伦理的实体。按照他在《法哲学原理》中对于教育的看法，教育就是要消除人们的主观的东西。在黑格尔看来，教育本来是一种解放的工作。这种所谓的解放就是把客观性解放出来。要解放客观性就需要压制主观性。在他看来，个人的感觉、欲望等都是纯粹的主观性。他反对这种主观性。而在阿多诺看来，这些与个人的肉体的要素联系在一起的东西才是客观的，而那种脱离肉体的纯粹精神的东西才是主观的。阿多诺批判黑格尔的这种教育思想。黑格尔的这种教育思想无非就是表达了一种古希腊的智慧："未被棒打之人即未受过教育"。按照中国的习惯用语来说，这就是"棍棒底下出孝子"、"棍棒底下出人才"。古希腊的这个智慧就是棍棒底下出文明。在这里，阿多诺顺便批评了歌德，本来歌德从思想上是否定这种教育观念的，但是歌德还是把这句话作为他的自传的格言。这句话恰好适用于表达黑格尔的思想。黑格尔的思想就是肯定了那种压制主体，甚至用强制来压制主体的做法。在这里，阿多诺首先分析了"未被棒打之人即未受过教育"这个教育准则。阿多诺认为，这个古典主义的准则吹嘘它把真理置于同一性之上。被棒打之人是被要求去追求真理，努力学习的。不过，阿多诺认为，这不过是一种自我吹嘘。这个古典的教育思想还是表明了自己的非真理性，即它是用棍棒来教育，是把同一性置于真理之上的，是用强制来让人服从。在阿多诺看来，真理不是要达到统一，而是要达到非同一，达到具体。而强制恰恰阻碍人们达到非同一的东西。所以阿多诺认为，这句话，从字面意义上来说，这就是要承认，棍棒教育法具有非真理性。这种棍棒教育方法是强制人们接受一种东西，比如，接受某种确定的规范。这背离了真理。更重要的是，棍棒教育是要人们接受一种没有被明确地说出了的东西，没有被明确表达出来的规矩，这就是同一性。从比喻意义上来说，这种同一性本身就是非真理的。同一性的要求是没有被明确地表达出来的，却隐藏在棍棒教育法的背后的。那么为什么这种棍棒教育法从比喻意义上是非真理的呢？阿多诺用现代心理学的理论来说明了这一点。他认为，现代心理学虽然被伟大的哲学所蔑视，但是这个心理学所懂得的东西比伟大的哲学要多。阿多诺说，野蛮地对待人只会在人身上再生产野蛮，被虐待者得到的不是教育，而是受压制，被重新野蛮化。阿多诺认为，心理学上的洞见认为，文明的压抑机制会把利比多转变成为反文明的侵略。这就是说，那种棍棒教育不会产生文明，而会再生产野蛮。强制的同一必然导致对于同一的反抗。阿多诺正是从这个视角来看待法西斯主义的。在他看来，法西斯主义就是文明的压抑机制所产生的结果，就是精神否定自然所产生的结果。阿多诺强调，用暴力培养出来的人会把自己与暴力同一起来，发泄自己的侵略性，从而既推进了暴力，又能从暴力中释放出来。如果从这个角度来看待人自身的自然，那么我们应该做的不是敌视自然，不是暴力地控制自然，而是疏导人自身的自然。阿多诺就是按照这样的思路来看待黑格尔哲学的。黑格尔哲学强调观念的作用，把一切非同一的东西，把特殊的东西都纳入到概念的框架中，纳入到同一性的框架之中。这表面上看是文明，其实它恰恰导致野蛮。在阿多诺看来，主体和客体确实按照黑格尔法哲学中的教育理想被同一起来了。当主体和客体按照这种暴力强制的教育理想被同一起来的时候，它所产生的结果不是文明，而是野蛮。这是人类文化中的野蛮的表现。所以，阿多诺指出，文化绝不是此类东西，它绝不希望把人们拴在它的磨坊里来使他们文明起来。文化绝不希望把人们强制地纳入文化体系中，否定人自身的自然的东西，敌视人的自然的东西，从而使人文明起来，恰恰相反，这种所谓的文化导致野蛮。

接下来，阿多诺又从另外一个角度批判黑格尔在《法哲学原理》中所提出的基本思想。在《法哲学原理》的最著名的一段话中，黑格尔引用了毕达哥拉斯派的一句话，在伦理上教育儿子的最好方法是让他成为具有良好法律国家的公民。这要求人们做出判断，究竟国家本身及其法律事实上是不是好的。可是在黑格尔那里，社会秩序先天就是这样，它不必对生活于这个制度下的人们负责。这就是说，在黑格尔那里，国家和法律先天地就是好的。如果生活在这个制度下的人们有什么不幸，那么这不是国家的法律的问题，而是这些人自身的问题。可是，前面所引用的关于好的制度或者法律的说法中，黑格尔并没有说社会中的法律或者国家先天地就是好的。在这里，阿多诺引用了黑格尔的另外一个说法。这个说法是来自于亚里斯多德关于目的因的说法。在亚里斯多德那里，这个最高的形式就是目的，它是不动的，以自身为目的。对于黑格尔来说，国家就是一个伦理实体，这个伦理实体就是不受推动的，是以自身为目的的。在这里，阿多诺挖苦黑格尔。他指出，目的应该是辩证法所产生的，但是它却在辩证法之中一动不动。本来在黑格尔哲学中目的是与手段处于一种辩证联系之中，不存在一个独立的最高目的，但是这个目的在黑格尔的辩证法中却一动不动。这就是说，黑格尔自我矛盾。虽然黑格尔强调，保证个人自由是国家的最高目的，但是这个自由只有在国家中才能实现。这就是说，虽然保证个人自由是国家的最高目的，但是个人要得到这个权利必须在国家中，必须成为国家的公民。对于黑格尔来说，成为国家公民是个人的最高义务。所以，阿多诺认为，个人自由在国家中达到它的最高权利的说法是空洞的断言。这个自由权利是由国家保证的，个人被强行纳入国家的统一体中，个人不能反抗国家。这个所谓的自由其实毫无自由可言。所以，阿多诺挖苦黑格尔，他陷入了单调的虔诚之中。这里所说的单调的虔诚是指，黑格尔对于古希腊思想的虔诚。黑格尔对于古代社会中的那种国家优先的思想一直抱有一种虔诚的态度。相比而言，黑格尔在《精神现象学》中虽然也承认普遍道德的重要地位，但是其中更具有革命的精神，而在《法哲学原理》中他趋向于保守。黑格尔的这个保守思想来自于柏拉图和亚里斯多德。亚里斯多德的政治学以及柏拉图的国家学说都是与当时的制度联系在一起的。而在当时，国家是首先出现的，所以他们维护国家。因此这个时候的哲学与社会制度结合在一起来反抗社会过程中的基础，即反抗"市民社会"这个基础。在当时的社会中，人们首先发现的是国家，而国家是自身中介的，这就是说，国家是给定的，不依赖于平民的。社会只是后来才发现的。而黑格尔在《法哲学原理》中关于国家的论述直接吸收了柏拉图和亚里斯多德的国家学说，这是完全不合时宜的。正是由于他的这个思想接受了古代的国家学说，所以，他特别强调国家的作用。黑格尔说："任何人都要感恩于国家"。阿多诺认为，这是黑格尔思想上的一种错乱。他不顾时代条件而简单地模仿古代社会，把国家置于优先的地位。古代社会的人们那个时候还不知道区别于国家的社会。在阿多诺看来，黑格尔之所以得到这个命题是因为，他在固化的国家制度中推导出不动性，国家自身是不动的目的，而社会本身是变动不居的。他不可能从变动的社会中得到不变性的判断。或者说，黑格尔之所以能够得到普遍东西是不变的这个观点，是因为他只能从国家中得到普遍性，而国家中的普遍性是不变的，市民社会本身却是不断变化的。由于普遍是不动性，国家也是不动的，它自身就是目的。所以，阿多诺说，黑格尔这个辩证法家强化了国家的特权，并使这种特权免受辩证法的困扰。这个辩证法家害怕辩证法了，害怕国家受到辩证法的困扰。为什么会这样呢？阿多诺认为，这是因为黑格尔受到了资本主义思想的束缚。黑格尔认识到，如果推进辩证法，那么这会推动人们超越资本主义社会。由于黑格尔思想上的这种局限，他就不会赋予辩证法以自愈的力量。这就是说，辩证法并不完全是破坏性的，辩证法强调变革和发展，但是这种变革和发展不过是社会的自我完善的过程。而黑格尔害怕辩证法会导致对于资本主义制度的否定。他害怕辩证法所具有的这种否定力量。他也拒绝了同一性能够进行辩证的自我生产。这就是说，辩证法强调内部矛盾，强调同一性是通过内部矛盾而自我生产的，即同一性是通过矛盾达到的。本来黑格尔哲学强调，这种矛盾的作用，但是他最终否定了这种矛盾，强调同一性和普遍性。

当黑格尔把国家置于首要地位的时候，当黑格尔把普遍性看做是不动的东西的时候，黑格尔就打断了自己的辩证法。

民族精神的功能

对于阿多诺来说，民族精神是一个矛盾的统一体，但是如果人们把这个矛盾的统一体变成同一体，那么这就是错误的。而黑格尔在讨论的民族精神的时候在某种程度上把它变成了一种同一体，变成了某种独立的、个别的东西，当做某种实质性的东西。阿多诺就此批判了黑格尔的民族精神的概念。

在这里，我们首先关注两个说法，第一，阿多诺把历史哲学和法哲学理解为形而上学。这就是说，阿多诺在这里所凸显的是实践哲学意义上的形而上学。在奥斯维辛之后的形而上学那个部分，阿多诺把形而上学主要局限在这个领域。第二，他把一般和特殊之间的关系问题作为形而上学问题来思考。这就是说，历史哲学和法哲学都需要涉及一般和特殊的关系。从阿多诺的角度来说，这涉及非同一性哲学，即一般与特殊之间的非同一性。阿多诺认为，这种形而上学在建构现实的过程中失败了。特殊和一般的和解没有在现实中实现。前面我们在讨论黑格尔的现实概念的时候说过，黑格尔那里，现实是理念的实现。但是，这个抽象的理念面对着差异的现存状况，无法真正得到实现。比如，国家的理念无法在现存的国家中得到实现。黑格尔在哲学中也意识到了这种状况。或者说，一般和特殊在现实中无法得到和解。黑格尔哲学体系就是要对现实中的不和解状况作出反应。在《法哲学原理》中，这种情况就有所体现。抽象的、一般的理念无法在现存的具体国家中实现，于是黑格尔就需要有一个中间环节，从而缓和一般和特殊之间的对立。这个中间环节就是民族精神。民族精神是世界精神与单个主体之间的中介。对于个别主体来说，民族精神是一般的具体形式，是世界精神的具体形式，而特定的民族精神从它自身的那个角度来看，它相对于世界精神来说又是个别的东西。这就是说，民族精神既是一般的，也是个别的，是把一般和个别结合在一起的中介。可是，黑格尔把民族精神当做是个别的东西，当做是独立的东西。阿多诺在这里批判了黑格尔。他认为，民族精神独立性这个命题把它对个人的暴力统治合法化了。这就是说，如果把民族精神当做是一个独立的实体，那么所有的个人都被强制纳入到了这个民族精神体系中，这就把民族精神对于个人的暴力统治合法化。对于阿多诺来说，民族精神不能被实体化。它不是某种独立的东西，它是既真实存在的，也是虚构的。我们不能说它是完全虚构的，也不能说它就真实存在。它处于有无之间。我们可以说，它是矛盾的统一体，是非同一的东西。后来的，涂尔干所说的集体规范以及斯宾格勒所说每一个文化的灵魂都有类似的特点，它们都强调一般而对个人进行控制。所以阿多诺说，一般越是被隆重地授予集体主体的权杖，主体就越是在其中消失得无影无踪。在这里，阿多诺指出，虽然民族精神是世界精神和个人之间的中介，但是黑格尔本人并没有明确地把它说成是中介，它只是在履行着中介的功能而已。按照阿多诺的理解，在黑格尔那里，这个中介不是以事物自身的形式发挥作用，或者说，它不是像某个实体性的东西那样直接外在地发挥作用，特别是发挥一种强制（支配）作用。当然，它也不是内在于它的他者（个体或者世界精神）之中发挥作用，而是世界精神与个体之间的桥梁，并且是具象化的桥梁。这就是说，这个中介不是完全外在，也不完全内在地发挥作用。我们也可以反过来说，它在一定程度上是内在而又外在地发挥作用。这是阿多诺对于民族精神的理解。或者说，民族精神应该是在这种中介的意义上被理解，但是黑格尔却没有明确地把它看做是中介，只是有一个中介概念在这个民族精神背后发挥作用。

接着，阿多诺批判了黑格尔抬高民族精神的做法。首先，黑格尔把民族精神看做是一般所进行的真实生活，一般就像民族精神那样存在，但是这个真实生活像个人一样，是暂时的。阿多诺赞同黑格尔的这个思想。他认为，从真理的角度看，民族和民族精神的范畴本身就是短暂的，而不是它们的特殊表现形式才是短暂的。这就是说，民族或者民族精神作为一个范畴是抽象的。按照抽象的同一性来理解民族，这是一种约束性的符号。从真理的角度来说，这个民族和民族精神的概念应该被废除。但是，这不是要否定具体的民族，而是说，这些不同的民族应该具有开放性，而不是被束缚在民族概念和民族之中。既然从真理的角度来说，民族和民族精神的概念会消失，那么如果今天的某个国家还高高举起黑格尔的民族精神的火炬，把黑格尔的这个民族精神的概念继续推进，那么这个民族精神就是有威胁性的。这就是说，如果人们还是用民族精神这个抽象的一般概念来束缚这个民族，用同一性来束缚这个民族，那么这就是一种威胁性的东西。它会威胁人类自身的再生产。这就是说，如果我们今天在看待民族方面不是从一个开放的角度来看待民族，而是用民族精神来束缚这个民族，那么这就必然容易引起种族之间的冲突，并对人类文明造成威胁。应该说，阿多诺这个思想在今天仍然具有重要的意义。阿多诺暗示，第二次世界大战期间的德国提出民族精神所造成的灾难。在这里，阿多诺用了康德的思想来说明。康德在他那个时代就指出，人具有一般的、看得到的人性。当然，康德所说的一般人性主要是指理性，而阿多诺也从理性的角度去理解人性，不过阿多诺在这个理性概念中增加了肉体的要素。这就是共同的人性，即追求自由和幸福的人性。阿多诺认为，从这个角度来说，黑格尔关于世界精神的学说就已经是反动的。他把这个民族精神看做是与世界精神对立的，与人类的理性精神（共同人性的理性精神）割裂的精神。黑格尔的民族精神的概念培养了一种特殊的精神。而这种所谓的特殊精神早已被人们所戳穿了，是种族主义的东西。这种种族主义在西方对殖民地的征服之中已经犯下了历史性的罪孽。如果今天仍然以民族精神的名义来重复种族主义，那么这无疑是一种反动的东西。黑格尔本人其实也在一定程度上对于这种种族主义的东西有所警觉，但是他还是坚持了民族精神的说法。阿多诺说，尽管黑格尔在青年兄弟会的鼓动者之中已经诊断出灾难性的民族主义的苗头，但是黑格尔还是毫不犹豫地把民族精神的范畴突出起来，并恰恰参与到这种民族主义之中。黑格尔本人在对待民族精神的问题上其实是相互矛盾的。这就是说，他一方面强调世界精神，而民族精神不过是世界精神的一种变体，是世界精神花样翻新而产生的一种变体，另一方面，他又把世界精神虚化，对于他来说，虽然世界精神是始终如一的，但是它只能在民族精神中存在，以民族精神为载体。在阿多诺看来，黑格尔对于世界精神和民族精神的这种矛盾态度其实是他的辩证法的一种表现。这就是说，他的辩证法之中必须有一个始终一致的东西，或者说，需要有一个非辩证的常量。这个常量在这里就是世界精神。可是，如果按照世界精神的观念，那么这里的辩证法就是谎言。这就是说，辩证法本来是要强调对立面的统一，但是在黑格尔那里，世界精神始终如一。这个世界精神始终如一就处罚了他关于世界精神和民族精神的辩证法了。不过，从另外一个角度来说，没有常量，没有始终如一的东西，辩证法也不可能，黑格尔的辩证法中的绝对精神，就是它的常量。在这里，阿多诺强调，黑格尔所突出起来的常量也有真理的要素。或者说，世界精神具有真理的要素。那么这个真理要素是什么呢？人类文明始终是在精神和肉体的对立中，在罪恶和赎罪中循环。阿多诺按照他自己的方式来重新解释历史中始终如一的东西：是罪恶和赎罪之间的恶的无限性。在阿多诺看来，整个人类文明史就是罪孽和赎罪的过程。人对于自己的肉体的束缚的过程，同时又不断反抗这种束缚的过程。这就是一个罪孽和赎罪的无限过程。在阿多诺看来，赫拉克利特（黑格尔的主要证人）在古代早就认识了这一点，并从存在论上把它加以拔高。阿多诺在这里应该是指，赫拉克利特的这个思想：人的生活有两条道路，即向上和向下的道路，而这两条道路是一条而且是相同的。罪孽和赎罪是同时发生的，是历史过程的两个方面。这也是阿多诺的基本历史观。这就是人类文明都是悲剧性的，都是不断地犯罪，而又不断地赎罪的过程。他不是把历史理解为不断前进的过程。

接着，阿多诺分析了民族和民族精神的产生的社会历史背景和他的社会功能。首先，阿多诺指出，民族，无论作为术语还是作为事实，都是近代才出现的。虽然古代社会也有各种氏族组织，但是建立民族国家却是近代社会中才不断出现的，而且这种趋势愈来愈突出。现代意义上的民族的形成可能与阿多诺所说的社会原因有一定的联系。在阿多诺看来，现代意义上的民族概念是这样形成的：在封建主义衰亡之后，人们围绕着一个中心而形成一种不稳定的组织形式，这种不稳定的组织形式就是民族。德意志这个民族可能是这样形成的。这种组织形式为了保护资产阶级利益而不得不抑制那种自然的联系，即家族联系。这就是说，民族是由于资本主义经济发展的需要而形成的。为了巩固资产阶级利益，于是人们就强化自己的民族关系，甚至形成国家。在这种条件下，人们把民族当做一种偶像，并借助于这个偶像把人们整合起来。这些人在经济上需要这样一种组织形式，尽管这个组织形式同时也不断地对他们施暴。这就是说，尽管民族对个人产生了一种压制，但是，人们在经济上需要这种民族的团结。为了资产阶级经济利益，它需要民族。所以，阿多诺说，民族统一是资产阶级社会的自我解放的条件。有了这个民族，资产阶级就从传统的社会联系中解放出来。而德国资产阶级也需要这种解放，但是在德国，这种民族的统一却失败了。在那里，许多小公国限制了资产阶级的发展。在这样的情况下，德国资产阶级就更需要民族统一。于是，在这里，民族的概念就会被高估，并且具有破坏性。为了攫取领土，它就会额外地推动人们去倒退性地回忆起原始的氏族，即把民族与原始的氏族等同起来。按照原始的氏族的模式来要求人。在这种情况下，当个人要求与民族发生冲突的时候，当个人与普遍发生冲突并试图转而变成对普遍理性批判的时候，这种回忆作为一种酵素就适合于用来抑制个人。这是用某种民族的力量，甚至氏族意义上的东西来抑制个人，压制个人的理性批判，这无疑是非理性。它压制了理性，压制了资产阶级的发展所需要的个人自主。所以，阿多诺指出，对于氏族的回忆，也压制了那些后来发展起来而且仍然非常脆弱的东西。这个后来发展起来的东西是理性的方法。本来，资本主义自身发展中所出现的问题，应该由资产阶级制度来加以解决，用理性的方法来解决，但是，在德国，人们不是用理性的方法，而是用民族主义的方法来解决。资产阶级的目的不合理性，也就是资产阶级的生产不是为了消费，而是为了利润，会导致资本主义社会的危机，克服这种危机只能用理性的方法，但是德国资产阶级不是用理性的方法，而是用非理性的方法来巩固资产阶级的生产体系。这就是，当德国资产阶级在经济发展中出现问题的时候，它不是用经济的合理化的方法来解决，而是用强化民族的方法来解决，用非理性的方法来解决。

　　阿多诺认为，这就是拿破仑之后的德国社会的特殊状况。这种特殊状况可能迷惑了黑格尔，使他无法看清他自己在理论上的不恰当的东西。本来，如果黑格尔遵从他自己的精神概念，那么他会发现民族精神概念是不合时宜的。这是因为，按照他的精神概念，精神的进步会包含着精神的进一步升华，这种精神的升华就意味着精神从原初的朴素精神中解放出来,从自然性中解放出来,而原始的氏族恰恰包含了这种朴素的自然要素。所以,阿多诺说,尽管民族精神的学说是由德国行政上的统一的需要而激发起来的,但是却已经是错误的意识,是一种意识形态。在这里,民族精神被伪装起来,并作为特殊的东西而与现存状况耦合在一起。这个民族精神被伪装起来,变成了一种民族主义,并被现实化,强化了现实生活中的民族关系。在这里,阿多诺强调,这种被伪装起来的民族精神是用来对抗理性的,因为在精神的普遍性中还保留着关于这种理性的记忆。这就是说,强调普遍精神,就是强调了理性,精神的普遍性就包含了理性的要素。而强调民族精神就对抗普遍精神。从现实的角度来看,在面对民族关系的时候,人们容易失去理性。第二次世界大战的德国就是如此。更重要的是,在康德的《论永久和平》之后,黑格尔竟然还颂扬战争,他的这种做法就不能用缺乏历史经验的天真来加以掩护了。其实在这个地方,我觉得阿多诺有点过分了。应该说,黑格尔早期还是不那么强调民族精神的。至少他赞扬拿破仑,说他是骑在马上的"世界精神"的时候,他还是突出强调了世界精神。当然在《法哲学原理》中黑格尔确实极大地退步了。所以,阿多诺在这里,进一步批判黑格尔。他说,黑格尔所赞扬的民族精神中的实质性东西,即习俗,早已无望地堕落成为粗野习惯。任何一个民族都有一定的习俗,但是这些习俗应该根据文明的发展而不断变革。对于阿多诺来说,黑格尔所赞扬的那种民族精神不过是粗野的习惯而已。在专制的时代,人们又把这种粗野习惯翻腾出来,以便以历史潮流为借口加倍地削弱个人的力量。这就是说,这种所谓的民族精神,其实是用来为专制统治辩护的。最后,阿多诺指出黑格尔的民族精神学说中的矛盾。这表现在黑格尔用复数形式来讨论民族精神。这就意味着黑格尔是从国际的视野,从超越民族的视野来看待民族精神的。一种民族精神要承认其他民族精神。当民族精神相互兼容的时候,这个民族精神其实就变成了世界精神。一旦我们谈论民族精神的多样性,或者一旦我们看到民族的国际性,那么民族精神的实质性就被否定了。如果民族精神是一种实质性的东西,那么人们就应该坚持它的实质性。当黑格尔认为它是多样的时候,其实他就否定了民族精神的实质性。而法西斯主义就强调了民族精神的实质性。反过来说,如果民族精神没有实质性,那么讨论民族精神就毫无意义。

那么究竟如何看待民族精神呢？民族精神是一个矛盾的"东西"。其中既有普遍性，也有特殊性。它既存在又不存在。我们在讲民族精神的时候不能把它具象化，不能变成一种实质性的东西。我们不能用民族精神的概念来束缚民族，而是抱着一种开放的态度来对待各个民族和民族精神。当然，后期黑格尔有点保守，把民族精神凸显出来。这有可能被法西斯主义所利用。我们对待民族和民族精神要采取一种辩证的态度，既承认民族精神，又否定民族精神。我们既不能用民族精神自我束缚，而否定世界精神，也不能用世界精神彻底否定民族精神。

过时的民族精神

在这里，阿多诺从社会根源的基础上批判民族精神，认为民族精神的观念背离了社会经济发展的趋势，最后，阿多诺也指出，黑格尔也承认民族精神的衰弱和世界精神的崛起，并从一个全新的意义上理解世界精神。

阿多诺一开始就指出，黑格尔的民族精神的思想脱离了社会经济基础。用我们今天的话来说，在社会经济不断相互联系的基础上，强调民族精神就背离了经济基础。这就是说，资产阶级从理论上来说，要扩大市场交换的范围，要求有一个作为总体的经济基础，但是，资产阶级又要保持民族精神。这两者之间是相互矛盾的。所以，阿多诺说，在民族精神的概念中，附带现象（即在经济基础上产生的意识形态）、集体意识都与社会生产和再生产过程对立起来了。在这个精神概念之中不包含物质基础之类的东西了。这就是说，这个精神概念本来是建立在经济基础之上的，因此，其内容之中包含了物质基础方面的要素，但是，民族精神这个说法却把这种精神和经济基础对立起来了。黑格尔说，民族精神应该得到实现，应该"被转变成为现存世界"，这已经"是每一个人的情感"。今天这种情况很难出现。这是因为，历史转变为世界历史。从新航路的开辟开始，资产阶级就建立了一种全球性的联系。在这种情况下，要把民族精神变成现存世界，变成现实的东西，把一个民族与世界割裂开来，这已经是不可能的事情了。这就如同今天某些国家要割断与世界的联系来保证自己的领先地位是不可能的一样。与民族精神相关的"宗教、崇拜、伦理、习俗、艺术、宪法、政治法律、整个现存制度、它的事件和行动"等都属于现存世界的东西，这些东西都要在全球化时代中发生变迁。它们原来在一个民族国家中所保持的那种自明性也受到了挑战。这些东西失去了黑格尔所说的那种实质性，即失去了它们的牢固的地位。另外，黑格尔还要求个人应该按照他们民族的"实质性的存在"来"形成自己、按照它塑造自己"。而在阿多诺看来，这是专断的要求。在现代社会中，人应该具有一种全球化的视野。要一个人把自己限制在民族性的实质性存在的范围之中，这显然是不合适的。在这里，阿多诺把黑格尔的思想与莎士比亚加以比较，认为黑格尔的思想甚至落后于莎士比亚，尽管莎士比亚也同样已经过时。莎士比亚认为，历史的一般是通过个人的痛苦和利益而实现自身的，这种一般是以民族情感出现的。这就是说，这种民族情感的东西作为一般是给人带来痛苦的。它是通过把人拴在机器系统中来训练人，并由此而把民族情感渗透到人身上的。黑格尔没有看到，民族精神的束缚给人带来的痛苦。虽然莎士比亚与黑格尔一样承认民族情感的重要地位，但是与黑格尔不同，莎士比亚还看到了民族精神给人带来的痛苦。

从这里，我们可以看到，阿多诺从一个全球化的视野来看待民族精神。黑格尔时代虽然也出现了世界性的联系，但是黑格尔毕竟还是受到了时代的束缚。接着阿多诺从这个视野上进一步批判黑格尔。黑格尔认为，没有人"能够跳出民族精神，就像他不能跳出地球一样"。当然在黑格尔那个时代，没有人能够跳出地球，但是今天就不同了。在这里，阿多诺主要是批判黑格尔所谓的没有人能够跳出民族精神这个说法。在阿多诺看来，人世间充满了各种矛盾，在这种矛盾中，人们一定会致力于建立一个新的人世秩序。而这种新的人世秩序就可能超出民族精神的范围。所以，在阿多诺看来，黑格尔的这种说法也过于目光短浅。他没有看到，民族精神的变迁和社会秩序变迁的可能性。当然，我们知道，黑格尔并没有把自己局限在民族精神的范围内，他也看到民族精神可能被世界精神所代替。这就是说，在黑格尔的历史哲学中，民族精神有时也会被他相对化。但是，黑格尔却为此付出了极其高昂的代价。这表现在，当他把民族精神相对化的时候，他又与他所说的没有人能够跳出民族精神这个说法对立起来了。当黑格尔把民族精神相对化的时候，黑格尔就为世界主义留下了空间。在这里，阿多诺首先引用了黑格尔的一段文字。这段文字的基本意思是，一种新的民族精神会征服世界精神，但是在这个征服过程中，民族精神赢得了意识和自由。所以，当一个民族精神征服另外一个民族精神的时候，民族精神就走向世界精神。这是民族精神向新生命过渡，是世界精神走向它自己的完备状况。

按照阿多诺的分析，黑格尔在这里用了一种辩证法来看待世界精神，世界精神是在被征服的过程中实现的。在这里，它是通过民族精神的衰弱来超越民族精神的。如果世界精神是在"被征服"中实现自身的，那么这就意味着一个民族如果成为胜利者，这个胜利者并不就代表世界精神，并不意味着它就代表了进步。如果胜利者就代表了世界精神，那么世界历史就不是一种不断进步的历史，而是一个民族征服其他民族的历史。历史不过是一个民族征服其他民族的历史。我们不能认为一个民族征服了另外一个民族，这个民族就是进步的。现实中发生的情况是，当一个东西变成了胜利者的时候，人们就确认它处于更高的阶段。这就好像有些人头脑中所产生的一种印象，好像西方文明一定高于东方文明。对于这些人来说，胜利者就处于更高的阶段。阿多诺认为，当黑格尔这样来理解历史的时候，黑格尔的这个民族衰弱的理论不仅与斯宾格勒之前的各种历史循环论一致起来，而且否定了历史的进步。黑格尔关于民族精神衰弱和世界精神的观念表达了这样一个思想，我们不能简单地把历史上发生过的东西当做是不言而喻的东西，当做理所当然的东西，好像这种东西的发生是符合历史潮流的，就应该被接受。在阿多诺看来，只是由于历史上的事情从来没有过别的样子，于是人们就简单地把历史上、非理性的不可理喻的东西当做是理所当然的东西。从这个意义上来说，"世界精神"（即胜利者的精神）应该"被征服"。可是如果胜利者的精神应该被征服，而黑格尔有承认要保留民族精神，那么这就意味着，一种"世界精神"（征服者的精神）在衰弱之后，其他"世界精神"就会崛起。在这里总是存在着一种循环。这样一来，黑格尔就陷入了一种历史循环论。一个民族的崛起会被其他民族所取代。可是，黑格尔有一个关于历史的著名定义。我推测，这是指历史是理性不断实现自身的历史，而个人的欲望、情感等都是历史用来实现自己的目的的手段。他把这个情况说成是理性的狡计。这个定义本来是要阐明历史的进步的，但是黑格尔却没有阐明这个理论。在阿多诺看来，虽然黑格尔有这个历史进步的定义，但是黑格尔还是对历史进步观持一种怀疑态度。黑格尔关于历史上所出现的民族转移的思想变成一种历史哲学，或者说，从形而上学的角度来理解这种转移现象。他没有把这种转移看做是一种进步，而是从形而上学的视角看到了其中的退步和问题。这是阿多诺所欣赏的。在阿多诺看来，黑格尔的这个形而上学确实是世界历史本身的原型，确实是在人类之上不断地翻转。这就是说，他不是按照历史的事实状况来思考历史，而是有一个超越具体历史事实的形而上学维度，并从这个形而上学维度看待历史。从这个形而上学维度来看待历史的时候，阿多诺分析，历史是充满矛盾和痛苦的。民族之间的转移不能被简单地看做是历史进步。从这个意义上来说，世界历史就是碾压人类的历史，就是给人类带来痛苦的历史。这类似于奥古斯丁。奥古斯丁的有关观念就是在民族转移的时代出现的，就是在罗马帝国征服其他民族的时代出现的。这种征服中世界历史就统一起来了。这个统一的历史其实就是一个民族征服另外一个民族的历史。这个历史是充满痛苦的历史。阿多诺指出，世界历史的统一性促使哲学把它当作世界精神的道路，并追踪这条道路。这种统一就是碾压人类的东西的统一，是恐怖的统一，是直接对抗的统一。阿多诺看到了世界历史的统一过程中所出现的痛苦和问题，看到了世界精神所存在的问题，看到了世界精神给人类所带来的痛苦。阿多诺从黑格尔思想中引出了他所期待的东西，即世界精神是碾压人类东西的统一，是恐怖的统一，是直接对抗的统一。在这样的情况下，虽然黑格尔要达到世界精神，要超越民族，不过黑格尔是在看到一些民族被歼灭的情况下才具体地超越民族，才从形而上学的维度去思考世界精神，看到世界精神的矛盾。最后，阿多诺把黑格尔思想与瓦格纳进行比较。瓦格纳就是一个叔本华主义者。他曾经阅读过叔本华的《作为意志与表象的世界》，并且努力按照叔本华的思想用音乐把"意志"表达出来。在瓦格纳的"尼伯龙根的戒指"中，这种征服民族的思想也表现得极其突出。所有人都想得到"尼伯龙根的戒指"，戴上这枚戒指就可以统治世界。这枚戒指大概就代表了世界精神。而这个世界精神的核心就是征服。那些为争夺这枚戒指而厮杀的人们最终都死去了。经过一系列天上人间的悲剧后，受到诅咒的财富和权势化成了永恒的虚无。戒指重新成为黄金，世界回复如此。"尼伯龙根的戒指"从艺术的角度表达了黑格尔世界精神的观念。

个性与历史

在哲学中虽然黑格尔也在一定范围内强调个人,但是他还是没有真正地理解他所说的个人。在这个部分,阿多诺批判了黑格尔关于个人的观点,并提出了他自己对于个人的理解。

在这个地方,阿多诺首先批判了黑格尔,他过度抬高了民族精神,而贬低了个人。民族精神从根本上来说是从个体性中,是从个别人中抽象出来的。从这个意义上来说,个体性才是最重要的。那么黑格尔究竟是如何对待个体性的呢?阿多诺指出,在黑格尔那里,这种个体性在相互补充的意义上既被抬得太高,也被压得太低。在这里,我们特别需要重视的是阿多诺在这里所强调的"相互补充"。这就是说,抬得太高是和压得过低在本质上是一致的,并且是相互补充的。

首先我们看看,他如何把个体性抬得太高。作为关于伟人的意识形态,个体性就被抬得太高。这就说,当黑格尔抬高个体性的时候,他所指的个体是伟人。阿多诺指出,黑格尔出于对伟人的偏爱,还引用了主人关于奴仆和英雄的笑话。这可能是指黑格尔在《历史哲学》中所说的仆人眼中无英雄。在阿多诺看来,黑格尔那里的伟人是用来代表一般的。伟人之所以是伟人,是因为,他代表了一般的趋势,代表了社会的总体趋势。阿多诺指出:一般所拥有的那种压倒性力量越是不透明的、越是陌生的,就越是强烈地需要有意识地把这种力量变成标尺(kommensurabel)。这就是说,黑格尔所要强调的是一般,但是一般的力量(比如世界精神或者民族精神的力量)并不是直截了当地表现出来的。于是,这就需要有一个尺度来显示这个一般的力量。而伟人在黑格尔那里就充当了一般所具有的力量的标尺。比如,拿破仑是骑在马背上的世界精神。所以阿多诺指出,在黑格尔那里,天才,尤其是军事和政治上的天才,就是干这个事情的。这些人由于他们所取得的成就,而获得了远远超出真实生活状况的公众形象。我们社会中的许多公众人物也是如此。他们一个个看上去道貌岸然,其实都是蝇营狗苟之徒。本来,这些人的成就应该用个人的品质加以解释,可是他们大多却缺乏这种品质。由于他们不是依靠自己所具有的特殊品质而取得成就的,不过是善于钻营而已,于是这些人就需要被打扮起来。在他们被打扮起来的时候,他们获得了不受束缚的自由、无尽的创造力的形象。其实由于他们没有这方面的能力,但是却又渴望这种品质,于是这种品质就以投射的形式出现的,以投射出来的形象出现的。他们不仅获得了这种形象,而且与他们的这种形象联系在一起的自由和能力随时随地都能够得到实现。

这种做法就是把个人抬得太高。这是一种意识形态,并且是过度夸大个人作用的意识形态。这是一种意识形态上的过剩。与这种意识形态上的过剩相反的是理念的贫乏。阿多诺在这里所说的理念的贫乏是指关于个人的理念的贫乏。或者说,黑格尔缺乏对于个体性的真正理念。对于阿多诺来说,真正的个体性是反对一般意义上的个体性。黑格尔没有这样的个体性的理念。他对于个体性实际上究竟应该如何毫无兴趣。所以,阿多诺说,在这里,世界精神的学说和世界精神的趋势和谐一致。这就是说,黑格尔的世界精神学说是否定或者抑制个人的,而这个学说是与资本主义社会的发展趋势,与世界精神的发展趋势是一致的。世界历史的发展趋势就是用一般否定个体。黑格尔的世界精神的学说就是要否定和贬低个人。黑格尔所提出的这个学说就是顺应了历史发展的这个趋势。所以阿多诺说,黑格尔看穿了自为存在的个体的历史虚构,即当他把个体说成是自为的存在或者自主的存在的时候,这不过是一种历史的虚构。对于他来说,个体不是直接存在的东西,而是被中介过的,未被中介过的东西不过是一种历史的虚构。同样,一般也是被中介过的,这个充当一般的中介的东西就是个体。在这里,阿多诺借助于黑格尔在《历史哲学》中所说的那个"理性的狡黠"(这可以被追溯到康德的历史哲学)来理解黑格尔所说的个体。在黑格尔那里,这个个体不过就是理性实现其自身的一个手段,或者说,个体不过是一般实现其自身的一个中介而已。而且更重要的是,资本主义社会虽然强调个人,强调个人自由,但是个人或者个人自由不过是实现资本主义社会中的一般(剩余价值)的手段。我们前面曾经分析过,黑格尔把世界精神和个体意识之间的中介即民族精神固化。我们在这里,也同样可以说,黑格尔把世界精神和个体自由之间的中介,资本主义社会的交换关系固化。在这种交换关系中,理性的实现过程(世界精神)和个体自由在资本主义社会的交换关系中被结合起来了。从这个角度来说,黑格尔把世界精神与个体之间的关系以及它们之间的中介当作不变的东西,把资本主义社会中的交换关系当做是不变的东西。于是，黑格尔就被局限在他自己的阶级即资产阶级之中。这个资产阶级必然会把动态的东西，资本主义社会的交换关系这样一种动态形式固化，防止人们意识到资本主义社会的存在限度。当黑格尔把这种中介固化的时候，黑格尔就取消了他的辩证法结构。而黑格尔的辩证法本来是要强调这种动态过程的。在阿多诺看来，由于黑格尔强调一般的作用，强调最终的同一性，所以，黑格尔辩证法就必然会存在着这样一种思维习惯，既强调辩证法的观念，又取消这个辩证法的观念。这也是黑格尔的体系和方法的矛盾的一种表现。这就是说，黑格尔思想中虽然包含了个体和一般的辩证法，但是这种辩证法最终是要达到同一性。在同一性的框架中，个体和一般之间的动态关系被固化了，辩证法作为方法最终服从于体系的需要，服从于维护资本主义社会体系的需要。

接着，阿多诺分析了黑格尔所说的个体。黑格尔所说的个体是个人主义社会中即资本主义社会中的个体形象。阿多诺认为，黑格尔按照个人主义社会中情况来勾勒出个体的形象，既是合适的，也是不合适的。这个形象之所以说是合适的，是因为，交换社会的原则只有借助于个别化的单个契约主体才能实现，因为个别化原则确实是它的原则，是它的一般。这就是说，资本主义社会确实需要借助于个人，只有个体基础上的契约，交换关系才会发生。所以，个体化原则是资本主义社会中的一般原则。但是，黑格尔所勾勒出来的这个形象又是不合适的。这是因为，在整个的功能联系——尽管它也要求个体化——中，个体被贬低了，他只是作为器官来贯彻一般。这就是说，个人不过是在履行资本主义社会给它规定的功能，他不过是按照一般、按照这个体系的要求来行动。在阿多诺看来，个体的功能，因而个体的构成是历史地变化的。这就是说，在不同的时代，个体的功能是不同的，而且个体的构成要素（个体作为个人对于一般的接受程度是不同的）也是不同的。按照阿多诺的思路，在资本主义社会的初期，个体的自由程度要相对高得多。而在当代发达资本主义社会，个体已经变得如此无足轻重，甚至达到了一个未曾预期的程度。在这个社会中，人们都已经看到，早期资本主义社会所强调的个体自由，在今天已经消失，这种个体自由不过是一种幻相，他们看穿了这个幻相。如果他们看穿了这个幻相，那么他们应该起来反抗，但是他们选择了顺从。这是阿多诺要努力思考的问题。而黑格尔哲学早就从理论上否定了个人的自由，早就从理论上提前清除了个人自由的幻相。个人不过是它的体系中的一个要素。

接着，阿多诺从激情的角度来讨论个人，说明现代社会中，个人已经被消解。一个具有个性的人都一定是有激情的人。如果一个人是完全理性的，那么这个人就如同机器一样，而且这些机器都一样。所以，无论对黑格尔还是对巴尔扎克来说，激情都是个性的动力。这就是说，激情可以推动有个性的人去努力行动。但是，仅仅有激情还不够，激情不过是一个人达到某种目标的推动力。但是如果一个人没有实际能力，即使他有激情，他也无法达到自己的目的。因此，对于无力者来说，激情就是一种时代错误，因为对他来说，无论是可达到的还是不可达到的东西都已经预先被更为严格地规定了。接着，阿多诺指出，而希特勒就是按照经典的资产阶级伟大人物的模型而被裁剪出来的，他的那种歇斯底里的痛哭流涕、声嘶力竭的呼号不过是对激情的拙劣模仿。希特勒就是资产阶级系统所需要的那种个人。所谓的"伟人"就是一般的代表，就是资产阶级体系中的代表。所以，他的所谓的激情根本不是什么真正的激情，是资产阶级体系所需要的那种表演。甚至在私人领域里，激情也变得极其稀罕。众所周知，年轻人的性爱的行为方式发生了变化。这种变化表明，无论是希特勒还是现代社会中的年轻人，他们都没有真正的激情，都没有真正的个性。所以，阿多诺强调，这种变化表明，个人已经解体，他再也不能激发起激情的力量，即自我的力量，也不需要这种激情的力量。个人之所以没有激情是因为，个人都是被规定的，激情是时代的错误，这个时代阻碍了人发挥自己的激情。这个社会中，人被纳入到社会组织体系中了，个人的激情被抑制了。这是问题的一个方面，另外一个方面是，这个社会也不能刺激起人的激情。这是因为社会组织已经把它整合起来，尽管只有障碍才能把激情燃烧起来，但社会却要确保清除一切公开的障碍。这就是说，本来一个人是要通过激情来达到某个目标，而达到某个目标会碰到一定的障碍，于是这个障碍就激发了人的激情。但是现代社会是有组织的社会，那些能够激发起人的激情的障碍已经被清除了。比如说，本来，追求女性，获得性满足是人的激情。但是，现代西方社会，妓院在一定范围内是合法的。人们不再具有那种追求女性的激情了。本来人们要获得物质的满足，这需要克服某种障碍，但是现代社会，物质条件如此丰富，人们也没有革命的激情。所以，现代社会一方面通过内化到人的心灵中的合理化消除人的激情，另外一方通过外在的满足来扫除那种引发激情的障碍。在这样的情况下，人再也没有激情了。如果人们还有激情，那么这都是伪装的激情。在这样的情况下，社会控制深化到个人之中，他成为不惜一切代价的适应者。

个人作为适应者就是个人适应这个社会所要求他的功能。在这个社会中他没有丧失个人的功能。那么为什么他没有丧失个人的东西呢？这就是个人之中背离一般的东西，这就是被社会看做是恶的东西。这个功能就表现为，他是私人权利的所有者，是交换过程的载体。而当个人是私有权利的主体，是交换过程的载体的时候，个人不过是被束缚在他的自我之中，尤其是被束缚在自己的本能之中。而这个本能也是产生恶的本能。这个本能的东西，这个没有被一般改造过的东西就是个人表现自己个性的东西。如果个人之中有这种表现自己个性的东西，那么个体之中就具有超出个体的东西。这就是说，资本主义社会确立了一个个体，这个个体是履行自己功能的个体，但是个体还是私有者，是具有恶的本能的个体，这个具有恶的本能的个体超出了履行自己功能的个体。从这个角度来说，个体的生活会超出他自身。恶的个体会超出功能化的个体。这是超出他自身，是超出社会赋予他的那种功能。个人超出自身的这种可能性就存在于个人的残余之中。这就是说，虽然个人已经变成了一个适应者，成为社会中的角色，但个人还有无法被角色化的要素，这个要素就是个人的残余，是没有被社会同化的残余。这个残余是被社会所谴责的，是被社会所否定的。只有这个被社会所谴责、被历史所否定东西，才是个性的东西。这个残余还保留着不愿意为了虚假的同一性而牺牲自己的东西。虚假的同一性就是彻底的压制，而真正的同一性是承认差异的同一性。在这种真正的同一性之中，个人就不会被牺牲。从这个角度来说，有个性的人在社会中是无功能的，但是恰恰是这种无功能的东西中却隐藏着人的功能，作为个性而存在的功能，隐藏着与一般不同而又无法用一般表达出来的东西。所以，在这里阿多诺强调，个体只有在免于一般实践的情况下，才能有思想，而思想是变革性实践所需要的。一个人要有思想就不能按照一般的原则来实践，来思考，只有这种有思想的人才能有革命性的实践。而黑格尔强调一般，在强调一般的时候，他虽然也看到了个别的东西，但是个别的东西是被蔑视的东西，是受到排斥和否定的东西。所以，在黑格尔那里，个别是在一般的压力下所出现的个别。尽管如此，黑格尔还是承认个别的思想性，强调思想在个别中的作用。所以他能在个别之中发现一般所拥有的潜力。这就是说，个人借助于一般来思考个别，从而真正地认识到个别和一般的关系。个别只有通过思想才能达到个别与一般的辩证法。在这里，阿多诺引用黑格尔的一段话来说明黑格尔在个别中发现一般所具有的潜力。黑格尔说："行动者在他们的行动中只有有限的目的、特殊的利益，但是他们也是认识者、思考者。"个人作为行动者"只有"（注意这个用词）有限的目的、特殊的利益。这个特殊利益既得到承认，又需要扬弃。它的意思是，个别行动者不能只有自己的特殊利益。他们也是认识者、思考者，作为精神的存在者，他们有思想，不过这个思想是按照一般来进行思考的。这个思考是分有一般的思考。

于是在这里，阿多诺进一步说明了个人和特殊的关系：个人通过有意识的思考而分有一般。只有成为思考者，他才成为个体。这种分有已经超过了特殊所具有的偶然性了，他分有对立于一般的那种特殊。这个个体是通过思考一般才成为个体，通过分有一般才成为个体。这是辩证法意义上的个体，是阿多诺所期待的个体。他既具有一般性也具有偶然性。特殊作为特殊，作为真正的个性，应该具有这种偶然性，但是过分强调一般就会贬低或者排斥了这种偶然性。黑格尔和集体主义者都否定个人，鄙视个人，把个人理解为偶然的东西。接着，阿多诺提出了他自己关于一般的看法。在这里，阿多诺强调，个人通过经验和融贯性而能够获得关于一般的真理。这就是说，一般之所以具有真理的内容，是因为这其中有个人的经验以及经验上的连贯性。这样意义上的一般就不是人们通常所理解的那种抽象的一般，而是包含了经验内容的一般，是动态的一般。但是，一般却对于这种经验或者经验的连贯性置之不理，一般对于它自己，也对他者掩盖了这个活生生的经验内容。它表现得好像是纯粹的抽象的形式，好像没有这种活生生的经验内容。在这样的情况下，按照主流的一致意见，一般仅仅由于它具有一般性的形式，就应当是正确的。一般变成了纯粹形式的东西，纯粹抽象的东西，而且只有这个纯粹形式、纯粹抽象的东西才是正确的。而阿多诺则完全相反。他强调，一般本来是一个概念，这个概念是包含了内容的，是包含经验内容的，但是它成为抽象的一般形式，没有内容，从而也不再是概念。这个一般甚至敌视反思，它停留在自己是抽象形式之中。在阿多诺看来，抵制这种做法的首要条件是，精神要能够看穿它，命名它，这也是实践的最适当的开端。这就是说，精神要看穿一般的空洞性质，要命名这种抽象一般，从而把它与包含了内容的一般区分开来。只有这样，我们才能真正地思考，才能进行有内容的思考。而这种有内容的思考，是涉及客观要素的思考。在阿多诺看来这种思考也是实践，而且是一切其他实践的最适当的开端。要进行任何其他实践，首先要进行有内容的思考。能够进行反思的个人才是真正的个人，这个是借助于一般思考特殊内容的个人。

魔力

在这个部分，阿多诺分析了，一切人身上都有某种魔力在发挥作用。人受到这种魔力的控制，不能自拔。那么这个魔力究竟是怎样一种力呢？这是一种世界精神的主观化。而世界精神就是人征服自然的一种理性精神。虽然所有的动物都会征服自然并为自我持存而努力，但是人是通过反思来征服自然的，于是人的这种精神就具有一种特殊性。它是自然和理性的一种相互作用的结果。这是把一般和特殊、主观和客观结合起来的非同一东西。这个东西就是一种魔力。阿多诺在这里既说明了魔力的不可避免的特征，又说明了人类摆脱这种魔力的可能性。

在这个地方的一开头，阿多诺指出，人、单个主体一如既往地处于魔力的支配之下。这就是说，这个魔力从人类文明的一开始就存在了。人类一直处于这种魔力的控制之下。那么这个控制着人类的魔力究竟是什么东西呢？在这里，阿多诺吸收了黑格尔的世界精神的概念。在黑格尔看来，整个人类文明史受到一种世界精神的控制。世界精神也可以翻译为"宇宙精神"。它同"绝对精神"、"绝对理念"等概念含义基本相似，是指宇宙万物的内在本质。在历史哲学中，它主要是指人类历史的内在本质。在黑格尔看来，精神主宰着世界和世界历史。世界历史是世界精神在时间中合理地、必然地体现其自身的过程。他把世界精神看成是人类社会历史发展的最终原因和动力，把社会历史的发展进步过程看作是世界精神的活动过程。人类历史只不过是世界精神展示自己和实现自己的"舞台"。个人和民族则只是世界精神实现它的目的的"代理人"或"活的工具"。世界精神在操纵着这些代理人或者"活的工具"。这个世界精神就好像是一种魔力在活动。在生活中,我们看不到世界精神,但是我们却又不能认为,世界精神不存在。这个东西就是一种魔力。阿多诺说,"魔力是世界精神的主观形式。"① 每个人都受到了世界精神的操控,每个人都好像着魔一样。世界精神作为一种客观形式体现在世界历史的进程中。而个人也被纳入到世界历史的进程中,成为世界历史进程的一部分。在这样的情况下,世界精神就被内化到个人之中,成为个人意识的必然要素。这个被主观化的世界精神就是一种魔力。人受到这样一种世界精神的内在控制。世界精神在外在生活中,在历史进程中,在客观的社会过程中具有优先性,世界精神作为一种力量对于整个历史过程都发挥作用。对于这个魔力,人们无能为力。这种东西是否定他们的东西,是压制他们、控制他们的东西。而这个否定他们的东西是他们自己所成为的东西。这个被他们内化的魔力是他们自己形成的。他们把自己变成了受这种魔力控制的东西。或者说,他们成为否定他们自己的东西。这就是魔力的控制,这就是启蒙辩证法所讨论的核心。在这里,"人们不再需要把它作为更高的东西而对之发生兴趣,尽管它在一般性的等级阶梯中确实处于更高的等级,并且与他们相对立。"② 这就是说,本来世界精神是个人之外的东西,是被当做是个人之外高高在上的东西,并受到人们膜拜的东西,但是,如今人们不再膜拜这种高高在上的东西了。这是因为,这种东西已经被人内化了。而这种高高在上的东西即世界精神是一般的东西,而且在一般的等级中处于较高的等级。比如,民族精神也是一般的东西,但是相比于民族精神,世界精神在一般的等级中处于更高的地位。对于这些把世界精神内化的人来说,他们仿佛是按照不可避免的东西而先天地活动。他们是受到内在化的魔力所控制的,尽管在现代社会中,人们还是从唯名论的角度来看待社会中的人,好像每个人都是独立的实体,都是孤立的个人,但是其实他们不是个人,他们是按照集体的方式来行动。因此,唯名论不过是用个体化的原则来迷惑他们。黑格尔的思想中有一个说法,即特殊之中包含了普遍。这个说法极其正确地描述了社会中个人的状况,他们是特殊的,但是他们其实就是普遍,他们就是按照普遍

---

① 阿多诺:《否定的辩证法》,王晓升译,北京:中央编译出版社2023年版,第454页。
② 阿多诺:《否定的辩证法》,王晓升译,北京:中央编译出版社2023年版,第454页。

的原则来行动。在这里，阿多诺又进一步引申黑格尔的思想。特殊表面上是特殊，其实是普遍。这就是说，特殊是以颠倒的形式出现的普遍。特殊是颠倒了的一般原则，或者说，它受到颠倒了的一般原则的支配。个人表面上是个体，而这个个体实际上毫无力量，是被一般所控制的个别。而一般是颠倒了的特殊，一般好像不存在，但是每一个特殊其实就是一般。所以，阿多诺说："黑格尔关于个体之中包含了实质性的一般这一学说，就利用这个主观的魔力。"①这表明，黑格尔之所以说，个别之中包含了实质性的一般，是因为，个别受到了主观的魔力的控制。在这个魔力的控制之下，个别就是一般。在这里，阿多诺批判性地指出，黑格尔所提出的个别就是一般或者个别包含了一般的说法比魔力这种说法更具有形而上学的价值。这种更有形而上学价值的东西好像是一种灵韵，好像给人提供了某种启示。这就好像一个人看到了一幅美丽的图画，能够从这幅美丽的图画中看到了普遍的精神在其中出现了。比如，我们看到了拉斐尔的圣母像，我们马上就从这幅特殊的图画中看到了所有的母亲都具有的那种慈祥的面容（我们可以把它理解为，母性）。这就是一种灵韵在发挥作用，从特殊中体会到一般的东西。阿多诺指出，我们应该把这种灵韵归因于它的不透明性、不合理性，归因于对立于精神的东西。这就是说，本来一般的东西是透明的，可以被概念来说明和理解的，但是这个一般的东西和个体结合在一起了。它就不是原来的一般的东西，而是渗透了一般的特殊。这个特殊的东西是不透明的，是无法被合理地解释的。它只能以直觉的方式被领悟。从这个角度来说，这种所谓的世界精神，这种所谓的普遍精神被内化为一种不透明的东西，是不合理的，与精神相对立的东西。这是精神和非精神东西的结合体。其实，在这里，阿多诺也在一定程度上表明了，这种世界精神，这种魔力具有的非同一特征。它是无法用逻辑的方法，概念的方法来直接把握的。也正因为如此，阿多诺用"魔力"这个词语来说明这里所出现的现象。从形而上学的角度来理解，这个魔力就是一种精神，但是这种精神又是和特殊东西结合在一起的。我们可以说，主观化的世界精神是精神，又不是精神。这是同一性的思维方式所无法把握的。阿多诺试图通过这种理解

---

① 阿多诺：《否定的辩证法》，王晓升译，北京：中央编译出版社2023年版，第455页。

来说明，魔力所具有的形而上学特点。其实，历史哲学的核心任务就是理解这种魔力。

阿多诺指出，不自由的那种基础服务于对抗性的状况。这个不自由的基础就是魔力，就是主观化的世界精神。这个魔力与个人的自主性之间发生了严重的冲突。这个魔力不是心理学意义上的东西，不是可以用经验心理学的方法来加以探索的东西，而只能从形而上学的维度加以理解，即以个别形式所出现的那种一般，变化了的一般和一般的特异化，它是一般，又是特殊，或者说，它既不是一般也不是特殊。它超出了我们的表达范围，它是魔力。所以，阿多诺说，这种魔力超出了主体心理学，并且这种主体心理学所确立的主体，比如心理定势，就会强化这种魔力的作用。这种魔力正在威胁着主体，威胁着个体，具有消除主体潜力的危险。接着，阿多诺分析了艺术活动中，这种魔力的表现形式。首先，他认为，表现主义笨拙地体现了这种魔力。表现主义绘画，是20世纪初期绘画领域中的艺术潮流。它最先在德国兴起，而后特别流行于北欧诸国。这种艺术形式反对现实主义和自然主义，这种艺术形式强调把艺术家的主观感情和自我感受表现出来，而导致对客观形态的夸张、变形乃至怪诞处理。其中具有代表性的是挪威的画家蒙克（比如呐喊）。这种表现主义的手法是要表达人的主观感受，表达人的灵魂，但是这种主观感受也受到一种客观力量所支配的。在这里，人的灵魂似乎被魔力控制了，被扭曲了。在这里，人由于孤独、痛苦而呐喊，这是被钳制的灵魂在呐喊。而这种孤独的呐喊就把魔力的控制表现出来。在这里，孤独不是因为人有自我而感到孤独，而恰恰是因为人没有自我而感到孤独，这个被钳制的自我感到孤独。这是自我被控制的恐惧。这种孤独被人们以一种颠倒的形式提出了。现代人认为，自己之所以是孤独的，是因为社会联系被割断。其实，孤独是以一种悖谬的形式出现的，即以失去自我的形式出现的。失去自我的人变得害怕自我，害怕自由，以为这种自由会导致孤独。而事实上恰恰相反，由于人失去了自我，没有真正的个性，没有对于自我的确信，于是人们害怕自我。这种恐惧其实就是对于孤独的自发反应。这变成了现代人的集体的自发反应。这里好像有一种魔力在发挥作用，失去自我的人理应追求自我，但是他们却害怕自我。表现主义艺术没有意识到这一点，好像痛苦的呐喊只是由于孤独所引起的。阿多诺指出，这种魔力像神一样，无所不在，它甚至篡夺了神的位置。这种魔力又不再能被人们感受到，因为几乎没有任何东西、任何人能够足够远地避开它，从而让这种魔力在差异中出现。现代人，甚至从文明一开始，人就受到这种魔力的控制，这种魔力无处不在。人无法摆脱这种力量。虽然这种魔力控制着人，纠缠着人类历史，但是却没有人能够感受到它，也无法避开它。这个束缚人的东西就在人的生活中，以至于人无法感受到这种束缚，把这种束缚当成了理所当然的东西。人们在自己的生活中，很难与这种魔力拉开距离。如果人们能够避开它，那么人们就和这种魔力产生了差异。表现主义只是拙劣地表达了魔力。在接下来对于海德格尔的畏的分析中，我们可以看到类似的拙劣的特点。巴拉赫（1870—1938年）是德国表现主义雕刻家的代表，他的作品风格极具悲剧意味。比如，木浮雕《孤独》（1913）使人们感受到一片凄凉的情绪。青铜雕像《复仇者》（1914）表现了一个人狂怒地冲向仇敌。这些艺术形象描述了人们彼此被束缚在一根无尽的锁链上，沿着这条锁链卑躬前行（复仇者把这一点表现的特别明显），他们在现存的重负下再也不能抬起头来。这个无尽的锁链就类似于阿多诺所说的魔力。这种描述与卡夫卡在《审判》和《城堡》中的情况类似。

接着，阿多诺进一步解释这种魔力，从观念论的角度来说，世界精神在它的对立面即在纯粹的存在者中具体化。在这种具体化中，世界精神与偶然性联系在一起了。而这个与偶然性联系在一起的世界精神就是一种自由，这种偶然性表面上看是脱离了世界精神，但是其实是在世界精神、在魔力的控制之下。所以，这种自由可以被理解为魔力之下的自由形式。在这个地方，阿多诺有一段很长的文字注释。这个注释就是说明，必然性和偶然性的关系，偶然性其实就是必然性。比如，按照康德的思想，自由就是自律，而必然性属于他律，属于外部的经验世界。而对于自律的主体来说，必然性属于他律，就属于偶然，是绝对的偶然。而只有主体本身是自律的，是自由的，而这种纯粹自律的自由恰恰受到主体自身的东西的支配，是不自由的。从辩证法的角度来说，当我们把必然和偶然完全对立起来的时候，必然就是偶然。偶然和必然始终是联系在一起的，不存在脱离偶然的必然，也不存在脱离必然的偶然。比如，在经济活动中，经济活动有一种必然的规律，这个规律是在人的头顶上发挥作用，相对于经济规律来说，经济活动中的人是偶然的。然而价值规律和商品生产的无序

第三部分 模式

性是一回事。不受人的控制的规律对于人来说就是完全外在的，也是完全偶然的。所以，价值规律也就是商品生产的无序性。这两者在本质上是一回事。命运即可以被理解为偶然的，也可以被理解为必然的。在本质上，这是一回事。因此，阿多诺强调，偶然性不仅仅是被必然性所破坏的非同一性的东西，而且也是同一性原则相符合的东西。也就是说，偶然性其实是同一性的变体，是渗透了同一性的非同一。从观念论的角度来说，纯粹的存在者，也就是非精神的东西，是偶然的，是没有被精神同一化的，其实它也是世界精神的具体化。仿佛世界精神以道成肉身的方法变成了某种具体的物质的东西，比如个人。这些个人就是偶然的、自由的，其实这个偶然的、自由的个人即是同一性原则的一个表现。阿多诺所理解的偶然性或者自由是突破必然性的自由，而必然是征服偶然性的必然。它们以矛盾的形式存在。从这个角度来说，不存在肯定的自由，也不存在肯定的必然。独立的自由、偶然以及独立存在的必然都是不可能的。

接着，阿多诺又把魔力与生存斗争原则区分开来。在这里，阿多诺首先把他自己的思想与叔本华区分开来。在叔本华看来，一切事物都有一种生存意志。这种生存意志就导致了叔本华所说的那种个体化原则。而这个个体化原则其实就是一种稳固的自我持存的原则。但阿多诺所说的魔力与这个意义上自我持存的原则是有所不同的。这种差别就在于，人的自我持存之中包含了一种反思，包含了一种精神力量。这是精神力量和生物力量的结合。如果一般生物都有生存意志的话，那么人也有生存意志，但是人的生存意志毕竟不同于一般生物的那种生存意志。人的生存意志是有意识的，人是具有反思能力的。这种反思能力把人的生存意志和动物的生存意志区分开来。人借助于精神的力量来强化自己的生存意志。因此，动物不受魔力的控制，而只有人才受魔力的控制。被人通过意识（精神）而强化了的生存意志就是一种魔力。这个把自我持存的原则永恒化和合理化的意识就是一种魔力。所以，阿多诺在这里强调，人既可以借助于自己的反思来消除这种魔力，也可以借助于意识（精神）来强化这种魔力。比如，人可以借助于反思知道，人不需要每时每刻都把自我持存作为自己的行动指南。但是，人也可以借助于反思强化这种魔力，让反思为魔力服务。那么人如何通过反思来强化这种魔力的作用的呢？这就是通过精神的作用，来强化生存斗争。在日常生活中，人都要算计如何在生存中获胜。这就是用精神来强化生存斗争，强化魔力的作用。当反思用来强化魔力的时候，当反思被用来算计别人的时候，这个通过反思而被强化的魔力就是恶的，而且是极度的恶。动物虽然也吃人，但是它没有算计过。人算计如何"吃人"这才是真正的恶。从这个角度来说，这个魔力不再是无辜的，而是极度的恶。

接着，阿多诺又从一种现实的情况出发来分析这种魔力，或者说，他从拜物教的角度来分析魔力。拜物教其实就是一种魔力。他认为，在人的经验中，这种魔力等同于商品的拜物教特性。人自身创造出来的东西变成了自在的东西，并且人自身再也逃不出这种东西。在阿多诺看来，拜物教表现为，当主体相信如此这般的事实时候，当主体肯定地接受这些事实的时候，主体是在崇拜他自身的镜像。摆在我们面前的事实就是商品交换的事实，如果我们接受这个事实，把这个事实当做理所当然的东西，那么主体就是在崇拜他自身的镜像。从这个角度来说，拜物教也是一种疯狂的自恋。一个受拜物教控制的人崇拜他自身的形象。

那么冲破这种拜物教的可能性何在呢？阿多诺从辩证法的角度来说明破除物化的可能性。在他看来，物化意识已经像魔力一样变成总体。这其实是卢卡奇关于物化意识的翻版。物化意识已经深入人心，已经被推广到社会生活的一切领域。但是，这种物化意识是一种错误意识，是一种颠倒的意识，是把人为的东西误认为是一种物性的东西。当这个错误意识变成一种总体意识的时候，这就会阻止人们对于这种意识的怀疑。但是，这种物化意识不能始终如此。这是因为，作为总体，它要达到绝对，把一切东西都纳入到这个魔力的控制之下。但是无论怎么控制，这个魔力都有一些它无法控制的东西，都有一些被一般所碾压了的碎片。当这种物化意识变成总体，要把这些碎片都纳入到这个意识的控制之中的时候，这个意识就超越了自身，它就会达到它所无法控制的碎片。对于这些碎片，对于它所无法控制的这种东西，它是没有最终决定权的。而这种碎片必然会抗拒这个错误的意识。这就导致这个意识的破产。这就是辩证法。所以，阿多诺在这里说，社会越是被总体所操控，越是在主体之魔力下再生产自身，社会瓦解的趋势就越深刻。这个总体中的主体在魔力的控制之下，总是努力把社会作为总体再生产出来。而他越是努力再生产这个总体，这个总体就越是内在冲突。在这样的情况下,社会的解体既威胁到类生活,又会否定作为整体的魔力,否定主客体之间的虚假同一性。在这里,阿多诺进行了一个比喻。他说,一般好像是在用刑具压迫特殊,直到它艰难地反抗它自身,粉身碎骨,因为它是在特殊的生活中才有它的实质性。这个社会企图成为总体的时候,它就用一般,用世界精神来征服社会,把社会变成一个总体。它就要用一般镇压特殊。正如人们通常所说的那样,哪里有压迫,哪里就有反抗。这个一般会在反抗中粉身碎骨。当这个一般镇压特殊的时候,它也会认识到,如果没有特殊,那么它就陷入了抽象的、分裂的、可消除的形式。这就是说,如果没有特殊的话,那么所有的东西都可以被纳入到抽象的概念之中,而在抽象的概念之中,这些相同的东西就会区分为对立的东西。比如,人们总是喜欢把人区分为男女。这是抽象的分裂,抽象的对立。这就是从纯粹形式意义上去理解人。总体性一定会走向自我矛盾,从而走向总体的分裂和毁灭。这就是总体的辩证法。在这里,阿多诺借助于他的同事弗朗兹·诺伊曼在《巨兽》中所提出的观点。诺伊曼认为,现存的社会像巨兽一样。这个巨兽要控制一切,它要建立控制一切的制度,可是当它试图控制一切的时候,这个权力机器就走向解体、冲突和崩溃。这是法西斯国家总体的秘密。控制一切的总体必然会崩溃。在这里,阿多诺甚至认为,人类学历史上的此类事例非常多。比如最后,许多人在无法生存计划经济越发展,私有经济就越是悄悄的进行。从这个意义上来说,绝对的总体就是绝对的毁灭。阿多诺把人类社会所普遍出现的这样一种现象说成是"人类的化学原理"。这个化学原理表现为,尽管人们会不可抵御地被转入一种恶劣的集体状态,但他们会失去同一性。这就是说,假如一个集体想把所有的人都完全整合起来,那么这个集体必然会发生分裂。恰恰相反,如果这个集体保证人们在一定程度上的自主性,那么这个集体就不会分裂,反而更加稳固。绝对的同一性就是绝对的崩溃,就是绝对的分裂。

  拜物教是一种魔力,这个魔力会走向总体。从这里我们也可以说,魔力就是要把一切纳入总体中的力量,纳入同一性框架中的力量。而这种魔力会自我解体。如果有人强调总体中的多元性,那么这就表明,他看到了社会结构的总体性掩盖了社会中的差别和矛盾,就看到了总体是不可能的。这就意味着他在一定程度上看到了总体性的真理,即这种总体所预示的解体。当他看到了总体的解体，看到了魔力的解体，这就是一种恐怖状况。他就会从总体解体这个恐怖状况中认识到总体的真理。总体的真理就是总体的自我毁灭。接着，阿多诺从心理学上说明了这种状况。弗洛伊德的《文明及其缺憾》之中有一个对他来说难于把握的内容：不只是在社会化的心理之中，侵略性的冲动会积累成为公开的毁灭性压力，而且社会化的客观总体滋养着这样一种对抗性的力量，并且直到今天我们也说不清，这究竟是灾难还是解放。这就是说，弗洛伊德在《文明及其缺憾》中指出人有一种侵略性的冲动。弗洛伊德从心理压抑这个角度解释了这种冲动，但是却他却无法理解，这种侵略性的冲动的积累会变成一种毁灭性的压力，社会总体会由于这种力量的积累走向自我毁灭。简单地说，弗洛伊德无法理解社会总体的这种自我毁灭现象，无法理解社会在社会化的过程中会滋养它的对抗性力量。这是一种哲学理论，是辩证法理论。弗洛伊德当然无法理解这种辩证法。直到今天，我们也无法理解，这种毁灭性地攻击社会究竟是一种灾难还是一种解放。阿多诺等人所说的启蒙辩证法就是说明的这个道理。弗洛伊德从心理学上所表达的这种状况也被一些哲学家从形而上学的层面上加以说明。这些哲学体系都试图借助于不断提升的统一性来抵消那些异于它们的东西。这就是说，这些哲学体系（统一的哲学体系）就是要压制这种非同一的东西，消除非同一的东西。而阿多诺看到了这种非同一东西的反抗力量。这种非同一的东西会导致这种体系的崩溃。人们用各种不同的名称来说明这种非同一的东西：感觉、非我。康德用他律来表达这个非同一的东西。海德格尔也看到了这个非同一的东西。他用"畏"来表达统一性体系对个人的控制。这个同一性的系统把人封闭在这个体系中，导致人的一种幽闭恐惧症。他所强调的生存就是要让人走出这个封闭的体系。为什么海德格尔所说的"畏"可以被理解为"幽闭恐惧症"呢？海德格尔所说的畏，是指人不敢面对他自身。在畏中，人会发现自己处于无家可归、无依无靠的状态。用海德格尔本人的话来说，这就是此在在自己的可能性面前逃避。人之所以逃避自身是因为人被控制在社会总体之中，人不敢面对自己本身。我们可以说，海德格尔的此在是一般的控制下的特殊，或者说，这个特殊表面上是特殊，是此在，其实这个此在就是一般，就是被束缚在一般之中。所以，这个此在是被封闭在一般中的。于是，这个被封闭在一般中的此在不敢面对自己。从这个角度来说，这就是此在的幽闭恐惧症。这个幽闭恐惧症非常奇特。既然人害怕被束缚，那么人就会高兴地面对自己的能在，高兴地面对自己的那个无家可归的状态。但是他却"畏"。海德格尔所说的"畏"就是那些长期处于这种功能联系之中人们习惯了被束缚的状况，而不敢直面自己。海德格尔所说的那个此在自身，其实就是一般，特殊就是一般。偶然的自我就是一般的自我，此在就是一般的自我。好像人可以完全摆脱一般而成为自我。阿多诺认为，海德格尔要逃离一般的控制，要成为自我，其实它就是要让这种冷漠保持下去。这是因为，自我和一般是相互结合的，如果逃离一般，那么一般的控制仍然存在。只有加入一般，自觉地反思一般，人才能在与一般的斗争中成为自我。如果人脱离一般而成为孤独的自我，那么这只能是让一般对自我的控制持续下去，让这种冷漠状况持续下去。因此，阿多诺强调，任何一个人，只要他不是冷酷无情的，只要他不想把自己变得像刽子手用粗俗语言谈论牺牲者那样冷酷无情，那么他就必定有自我谴责之感。这就是说，只要他还有一点点碎片，还没有完全被一般所整合，那么他就必然会有情感，必然会谴责自己的那种冷漠，比如谴责他的孤独自我。在这样的情况下，冷漠也会伴随着畏及其根据（魔力）而一起消失。如果是这样，那么我们就可以对"畏"有一个不同于海德格尔的新理解：畏必然是一种诅咒的形式，即诅咒那深受冷漠之苦的人们。这种新的意义上的畏就是要诅咒人们的冷漠。他们自己会走出这种冷漠状况。对于阿多诺来说，这种可能性就在于封闭体系的自我解体。这是黑格尔的方法所暗示的。而他的体系却要构建一个总体。

魔力下的倒退

这个部分说明，在魔力下，即使非同一东西在魔力中得到了承认，但是这个特殊性仍然是被同一性中介了。这个特殊性仍然是干瘪的特殊性。比如，海德格尔的此在就是被一般（角色）所中介的特殊性。在这里，特殊性，非同一性的东西倒退了。自然的东西和非同一的东西在同一性的强制中仍然变成一个倒退的东西，成为一种危害人自身的东西。

在这个部分的一开始，阿多诺就概括了这个部分的基本思想。阿多诺说，即使占统治地位的同一性原则对非同一的东西有所宽容，被它宽容的东西从它那个角度也是受到同一性强制的中介。当非同一性被同一性中介之后而得到承认的时候,那么这个非同一性就是海德格尔意义上的此在。我们可以说,海德格尔的此在就是最一般意义上的角色和最具体意义上的个别的结合。在这种结合之中,非同一的东西、自然的冲动得到了承认,但是它是在同一性的强制下被承认的。所以,阿多诺说,在同一化过程剪裁掉其中的一大部分之后,所留下的也极其干瘪。在魔力控制之下,不同的东西以及与这种东西兼容却又包含这种东西的最微小混合物也会变成毒药。这就是说,在魔力的控制下虽然特殊的东西,非同一的东西得到承认了,但是,这个被承认的东西是被同一性所扭曲的东西。比如,偶然性虽然得到承认,但是偶然性仍然是必然性中的一个要素。人们把这个被扭曲的非同一东西当成了非同一东西,其实这个东西是同一性压制中的变体。在这里,我们特别需要特别注意到一个微小的差别。人类要生存就必须坚持同一性,在坚持同一性的时候,如果人们自觉地承认非同一性,那么虽然非同一性也被同一性所改变,但是同一性和非同一性之间有一种和解。反之,如果同一性被推向极端来压制非同一性,在这种压制中非同一性被扭曲了。虽然非同一性在这里被承认了,但是却是扭曲了的非同一性,是变态的非同一性。比如,虽然阿多诺也讲人格,讲人的特殊性,但是,这种特殊是在和一般对立以及和解的辩证法中所出现的特殊性。而海德格尔讲"此在",这个此在是把一般和特殊极端对立起来的特殊。这是被一般的压制所扭曲了的特殊。海德格尔的这个此在就是这样一个特殊。他强调人的可能性,但是最终这个可能性还是顺从于命运。特殊性成为必然趋势中的偶然性。这个偶然性从总体上仍然服从于必然的趋势。所以,阿多诺说,作为偶然性,非同一的剩余物从另一方面来看,反过来变得如此抽象,以至于它也足以适合于同一化的法则。这样特殊就具有毒药的特点。它表面上让人走向特殊,其实更加顺从一般。这就好像人要治病,受一般控制是人所患的一种疾病。人需要吃药治疗这种疾病。这里有两种药方:一种是让特殊和一般战斗,从而在一定程度上达成一般和特殊的和解;一种药方是让特殊直接脱离一般,在这里一般并没有受到任何伤害,甚至会让人更多地顺从一般。后一种药方就是一种毒药。它不治疗疾病反而使病情加重。

在魔力的控制中,偶然性也是必然的,比如统计规律。黑格尔关于偶然和必然统一的学说从肯定的角度表达了这个悲哀的真理。这就是偶然的东西最终要服从于必然性。这是历史的大势，是社会中的必然。把必然和偶然结合在一起的就是命运。这就是统计学规律意义上所表达的命运。这就是一种魔力，偶然性就是必然性。在阿多诺看来，亚里斯多德已经发现了这一点，即他把偶然和必然都看做是单纯的存在者（关于亚里斯多德的这个观点，我无法查证）。偶然和必然都是存在者，它们在本质上是一致的。这是因为，必然和偶然是结合在一起的。这里包含了一种魔力。在这种魔力中，必然和偶然都可以被理解为命运。这个魔力的作用的背后其实是人的自我持存的努力，人为了自我持存就要把一切都置于自己的控制之下，一切偶然的东西对他来说都要成为必然的东西。但是，这些必然的东西又都离不开偶然。当人们说"命运"这个概念的时候，这个命运既是指必然，也是指偶然。在这里，必然和偶然两个完全对立的东西在魔力的作用下，相互转化了。在同一性的思维框架中，人们一会儿把命运理解为"圈子"中的东西，即被人们所掌握了的东西。这就是偶然的东西都变成了必然的东西。但是，人们同时又感到，这个东西是无法真正地被看做是在自己的控制范围之外的东西，是"圈子"之外的东西。或者说，在同一性思维框架中，人们一会儿把命运理解为必然性，一会儿理解为偶然性。它一会儿在理性的范围之中，一会儿变成了理性范围之外的东西，是非理性的东西。从人们对于命运概念的观念中，我们就可以看到，一会儿人们说要掌握自己的命运。这个命运好像是某种必然的东西，是可以被把握的。一会儿，人们又认为，这是偶然的，是"命"，人只能服从命运的安排。其实人们不知道，这两者是结合在一起的，这是一种魔力。正是在这种魔力的作用下，这个东西非常容易被人们在两个极端上被理解。迷信的人就是如此，如果他们相信命运是纯粹偶然的，是无法控制的，那么他们就应该认命。但是迷信的人并不认命，他们要求神拜佛，从而能够借助于神的力量来控制自己的命运。对于他们来说，命运既能够被控制也不能被控制。

在这里，阿多诺做了一个类比，通过这个类比来说明圈子外和圈子内的关系。控制的过程要征服自然，而由于消化不良又把自然的碎片呕吐出来。这就是说，在征服自然的过程中，人把一切特殊的东西都纳入到一般的框架之中。这是控制自然的必然要求。但是，由于有些东西是无法被纳入到一般框架之中的。这个被呕吐出来的自然就是"自然的反叛"。这个被吐出来的就是圈子外的。偶然就是被呕吐出来的自然的意义上被理解的。在这里，必然和偶然之间关系没有从对立统一中被理解，不是被和解了，而是强制同一。非同一的东西仍然是被纳入到同一性的框架之中。从辩证法的角度来说，特殊要求有一个自己的地位，这就是把特殊凸显出来，但是特殊却不能和一般对立起来，把自己封闭在特殊之中。消化不良中被理解的特殊，是被纳入到一般的特殊，是无法彻底吞噬特殊而被迫承认的特殊。如果我们从一开始就承认特殊，赋予特殊以应有的地位，那么我们就能够达到特殊和一般的和解。在阿多诺看来，当黑格尔把特殊作为碎片呕吐出来的时候，黑格尔表现得无比痛苦。这是因为，黑格尔不是要让特殊和一般和解，而是要把特殊最终纳入到一般之中。他要消除这两者之间的差异，而不是承认这两者之间的差异。当黑格尔试图消除这两者之间的差别的时候，他表现得非常痛苦，这个痛苦，这种无法消除的矛盾是世界精神本来就应该有的内容，当黑格尔表现出痛苦来的时候，那么这就把矛盾表达出来了。这就表达了世界精神所应该具有的内容。这才是现实的内容。阿多诺在这里比喻说，这是地狱的笑声在天堂上的回响。地狱的笑声，是非同一东西的爆发，是自然的爆发。这是自然的要求。世界精神本来是要彻底压制这种自然的东西，这种非统一的的系，但是世界精神痛苦地发现，它无法彻底吞噬自然，无法彻底控制自然，而只能痛苦地接受这些不能被控制的东西。于是，地狱的笑声，（人自身）自然的东西，偶然的东西，无法被控制的东西在天堂（抽象的世界精神）中得到了承认。

天堂中无奈地承认的偶然的东西被世俗化了。现实中，人们也是如此。人要按照世界精神来征服一切，只是在他们无法完全征服自然的时候，无法完全控制偶然性的时候，他们承认偶然的东西的合法性。在这里必然和偶然好像是相互契合的。于是，神秘的魔力把自身世俗化为一种紧密地相互吻合的现实。在魔力的作用下，必然和偶然结合在一起了。而这种魔力其实就是人在现实之中要征服一切，把一切纳入到自己的控制范围之内。这个神秘的魔力现实化了，现实化为一种相互吻合的现实，显示为合理总体的现实。我们的日常生活中都有这种世俗化的魔力。所有的人都无奈地要生存斗争。这种生存就是把本能的力量（偶然的东西）与理性的精神结合在一起。这就如同商品拜物教。

第三部分 模式

商品拜物教就是神秘的魔力在发挥作用。在这样的一个现实社会中，人都要遵循现实原则，这个现实原则就像邪恶的魔术一样诱惑着他们。人们很难逃出这个神秘的魔力。所有的人都加入到这个现实的社会大潮中，他们都按照这个魔力的要求而努力奋斗。社会中的这个一般趋势就是这种魔力在发挥作用。在这样的社会大潮中人们的努力就是乐于接受社会大潮加在他们身上的负担。每一个特殊的个人都没有能力摆脱社会大潮，没有能力摆脱现实原则的重负。他们也不愿意摆脱现实原则的重负。魔力仿佛是施加了某种魔术，这个魔术把这种负担对他们隐藏起来了：他们把这种负担当作生活本身。比如，在我们的生活中，人们按照社会大潮，按照社会的现实原则购买时尚的东西，这种时尚的购物需求是生活中的重担，人们完全可以摆脱这种东西。没有所谓的名牌产品，生活同样非常精彩，但是，人们都不愿意，而且都把这种重负当做生活的必然。社会的现实原则对于人来说具有巨大的魔力。这是一种生存斗争的魔力在发挥作用。

当一个人被吸引到这个魔力之中的时候，这就是在魔力中的倒退。那么为什么说这是一种倒退呢？阿多诺坚信，魔法中的倒退这个说法说到了点子上，说到了要害处。那么为什么这么说呢？阿多诺从交流的角度来说明这个问题。在社会中，人们随大流进行的交流不是真正的交流，不是要表达特殊内容的交流，不过是按照社会的现实原则而进行的交流。从这个角度来说，今天所说的交流不过是喧闹声，没有达到真正的交流的目的，反而制造了喧嚣。这就是一种倒退。更重要的是，在这种无意义的喧嚣之中，被驱逐之人的沉默被统统淹没。被驱逐之人，被社会大潮排斥的人，那种不愿意随大流的人受到排斥。他们无法在社会大潮中表达自己，他们默默无语。在这样的情况下，那种表示人的个体性的东西，比如个人的自发性，由于它在很大程度上包含了它的对立面即强制性，都可以被看做是虚假的能动性。这就好比说，在社会的大潮中，人都自愿地购买时尚品，而且是有个性特征的时尚品，但是，这种所谓的自发性其实就是社会强制的实现方式，这种所谓的自发性完全是表面的。人们的这种所谓的个人自发性可以被判定为愚蠢之极。这就是魔力中的倒退。那些看上去聪明的人，那种看上去完全自发的行动其实都是在随大流的愚蠢行动。所以，阿多诺说，社会的这种外在的客观趋势，这种社会大潮好像获得了一种洗脑技术或者类似的东西。通过这种洗脑技术，社会大潮从外部来贯彻一种内在的人类学趋势。所谓内在的人类学趋势，就是世界精神，就是一种社会趋势。可是说，这是把人的本能的力量，自然的力量与一种理性的力量结合在一起而形成的一种社会趋势。这就是被内化了的世界精神，是魔力。人类学上的要求具有一种本能的趋势，而这种趋势被精神的力量所强化。这种精神的力量，真正社会大潮从外面强化了人的内在的生存冲动。从这个意义上来说，历史的魔力和现实的趋势两者相互作用，相互激荡。它导致今天的社会这样一种无法阻挡的社会趋势。这是历史的魔力在发挥作用。虽然鲍德里亚分析了社会中的这个问题，但是，他却没有像阿多诺那样，从形而上学的维度上，从社会魔力的角度来分析这种趋势。这就是每个人在生活中适应社会趋势，适应社会的现实原则。而适应是一个生物学意义上的范畴，这个生物学意义上的范畴具有了人类学意义。这是自然史和人类史的结合体。黑格尔的世界精神的学说也把这个自然史的东西纳入到社会历史之中，强调这个适应。这个适应就如同在欢乐聚会中，矜持之人也不得不放荡一样。这样一种适应，这样一种规范完全像黑格尔自己的世界精神的图式一样，是一种魔力。这就好比说，欢乐聚会有一种魔力，矜持之人在这种魔力的作用下也不得不放荡。历史中有这样一种魔力，社会中有这种魔力。这就是一般趋势所产生的魔力。于是，在这里，阿多诺挖苦说，最近的生物学把它自身的经验——这是人类的禁忌——投射到动物身上，这或许是为了减轻残酷对待动物的人类的罪行。但是生物学自身的经验是人类的生活经验，这是人对生物的经验，这种经验被投射到动物身上。人类自身有一个随大流，适应现实原则的这样一种生存经验。人居然把这种经验投射到动物身上，说动物有一种适者生存的原则。本来这种投射的做法是人类的禁忌。人类是不允许把这种人自身的活动方式投射到动物。好像动物的行为模仿了人类行为。既然动物是按照生存竞争的原则来努力的，那么人类伤害这些动物也是符合生存斗争的原则，生物学中虐待动物的做法，人类虐待动物的做法就好像没有罪责了。阿多诺认为，这是关于动物的存在论，即认为动物是依靠适应来生存的思想，是模仿了人自身的兽性，人自身就是按照适应的模式来生存的。而人自身的兽性是极其古老的，并且又不断花样翻新。最初人类与动物一样，就是兽性的，但是随着人类"文明的发展"，这种兽性的东西被加上了许多新东西,比如理性,当理性与这种兽性结合在一起的时候,人类就变得更加残暴。而这个披上理性外衣的兽性,也可以被理解为世界精神。

如果世界精神中包含了兽性,那么这就表明,世界精神是包含了矛盾的,是理性与兽性之间的矛盾。这就是阿多诺对于黑格尔哲学所进行的内在批判。通过这种内在批判,阿多诺得到了他自己的世界精神概念,即世界精神是一种矛盾的精神。世界精神的矛盾就表现在,动物化的自我持存的理性,驱逐了类的精神,驱逐了人类文明的精神。而这个类是崇拜这种文明精神的。有了这个精神,人才与动物区别开来。可是人的自我持存又驱逐这种精神。这就是世界精神的矛盾。而黑格尔把世界精神理解为一种纯粹理性意义上的精神的时候,这是脱离肉体的精神。而在阿多诺看来,人的精神是肉体和理性之间的一种和解。这才是真正的类的精神。而黑格尔敌视类的精神。阿多诺说:"黑格尔的关于精神的形而上学在其每一个阶段上都已经非常接近于敌视精神。"① 这就是说,黑格尔关于精神的形而上学是在纯粹理性化的意义上的生存斗争的原则。纯粹精神和纯粹肉体的对立都是错误的。动物的生存竞争和纯粹的理性原则在其核心处是一样的。黑格尔忽视了理性和肉体之间的对立统一,他无法真正意识到这里的矛盾。这就如同我们的现实社会也是一个无意识的社会。我们之所以说我们的社会是一个无意识的社会,是因为在我们这个社会中,世界精神以一种神秘的力量在更大的规模上再生产自身一样。世界精神成为无意识的东西,这种无意识的东西在意识中潜在地发挥作用。所以,人们的意识其实是一种幻觉,意识本身是在无意识的控制之下。在这里,阿多诺就是要表达这样一个道理,意识和无意识,精神和反精神的东西是相互渗透的。而这种相互渗透的东西没有不是在自己的意识中出现的,并且是在相互排斥的情况下出现的。或者说,这两者之间不是一种和解的关系,而是相互对立的模式之中的走向对立面,意识变成了无意识,无意识变成了意识。这都是在对立面中走向对方。这里缺乏真正的辩证法,或者阿多诺所说的那种否定的辩证法。这是一种魔力的作用,在魔力的作用下,偶然性变成必然性,兽性变成了理性,理性变成了兽性。在这样一个社会中,社会和个人是和谐的。这种所谓的和谐不是和

---

① 阿多诺:《否定的辩证法》,王晓升译,北京:中央编译出版社2023年版,第460页。

解，而是在魔力中被同一化。伴随着这个社会的意识形态也发展到了这样一种状况，它不再需要发展成为社会的必要幻相，因而发展成为某种独立的东西，无论这个东西多么脆弱，而只是发展成为一种粘合剂，把主体和客体虚假地同一起来的粘合剂。前面我们说过，真理和幻相是结合在一起的。要达到真理就必须陷入幻相之中。这是必要的幻相。既然一种东西是幻相，那么它就有意识形态的特点。但是，作为必要幻相的意识形态与掩饰错误的意识形态是不同的。如果意识形态是必要的幻相，那么意识形态就可以得到合理的承认。人们在自觉意识到这种幻相的时候，防止被意识形态所诱惑。如果意识形态不是必要幻相，那么意识形态就要掩盖自己的错误，不敢面对自己的错误。在现代社会，意识形态不需要发展成为一种独立的东西，而是一种粘合剂，是把主体和客体虚假结合起来的粘合剂。这就是说，这个意识形态把个人和社会、一般和特殊虚假地结合在一起，变成了现实中的一部分，而不是独立于现实的。在现代社会中，个人和社会借助于魔力，借助于社会中所出现的大趋势而把个人结合在一起。在这里，人们不需要意识形态了。或者，我们可以说，这个社会中所出现的大趋势本身就是一种意识形态。我把这种意识形态称为物化的意识形态。这种意识形态在无意识中发挥作用。从这个角度来说，一种独立于现实社会活动的思想体系，意识形态就不再被需要。这个社会趋势本身就是意识形态。这个意识形态变成了一种粘合剂，这个意识形态把个人和社会粘合在一起。

　　接着，阿多诺进一步说明了在资本主义社会中个人和社会的关系。这个说明在其他地方也出现，我们就简化处理。在资本主义社会中，个人是自主的，是关注自我利益的，但是这些关注自我利益的人都按照市场经济中的交换原则来行动。所以这些人也是彼此一致的。这种抽象的交换原则好像是他们自己本来就有的东西，好像是先天的。反过来，他们毫无感觉地屈从的那种一般，也就是一般的交换原则、理性的原则。这个原则是为他们量身定制的，以至于它几乎毫不关注他们身上与它不同的东西。这就是说，理性原则就是为他们的生存斗争量身定制的，而他们自身就是把理性原则、世界精神作为他们自身先天具有的东西。他们毫不关注，他们自身中的个性的东西与这种一般性东西的差别，不关心个人的自主性的东西与这种理性原则，与这种一般的东西之间的差别。于是他们轻松愉快地束缚了自己。这就是用一般的东西束缚自己。

接着，阿多诺论述了魔法和意识形态的关系。当今的意识形态也接受个人的心理内容。但是这个心理内容是什么呢？这个心理内容在所有的情况下都是被一般中介过的。这个被一般中介过的个人的心理内容，是被掏空了具体内容的心理"内容"。所以，贮存在意识形态中的心理内容其实是空洞的，是剔除了个人要素的个人内容。阿多诺认为，这种意识形态不停地在个人之中重新生产一般，并压制个人的内容。从这个角度来说，魔法和意识形态是一样的。它们都是在个人的意识中重新生产一般，用一般压制个人的内容，使个人顺从一般。而这个意识形态的关键点在于，它要追溯到生物学，即人都有一种自我持存的要求。这个自我持存的要求就是一种自然法则（或理性法则）。这个要求是黑格尔所说的世界精神的要求，而世界精神之中，就包含了一切生物的自然法则（或理性法则）。在这里，阿多诺把这个自然法则与同一性的原则联系起来。这个自我持存的法则的基本内容就是同一性的同义反复。为什么说，这种自我持存的基本内容是同一性呢？这是因为，应当的东西其实早就已经存在，应当的东西是与早已存在的东西是一致的，是同一种东西。应当的东西就是人们期待的东西。这个应当的是人们的意志所追求的东西。本来意志是人的道德追求的基础。某种东西应当存在，或者说，某种道德的东西应当存在。这个应当的东西还没有存在，所以，才叫应当的东西。这个应当的东西其实是理性的精神。但是这个理性的精神其实就是动物的生存斗争的理性化。这种理性的东西不过是动物的生存斗争的变换形式。从这个角度来说，应当的东西早就存在了。从理论上来说，这是荒谬的。而这个荒谬就表现了意识形态的特点。意识形态就是荒谬的，错误的意识。而这个意识形态非常奇怪，它以绝对同一的形式表现出来。当主观和客观同一的时候，我们就达到了真理，当意志和意志所追求的东西一致起来的时候，我们就达到了真理。但是在自我持存之中，这种同一恰恰是意识形态。这是因为，这种意识形态表现为应该的东西早就存在了。所以，这种同一性，这种同义反复反而成为意识形态。在这里，同义反复本来是自明的东西，但是它却成为意识形态。这种转变的核心是由于意志回转成为被意志所要求的东西（Wollenden），作为它自身的单纯手段，它变成了目的。手段和目的同一起来了。意志本来要求一种应该的东西，但是它要求的是它自身，它自身本来是手段，但是这个意志本身现在直接成为目的。这个意志就是生存意志，而生存意志就是把维持生存，维持这个意志自身为目的。所以阿多诺说："这种转变就已经是向虚假意识的变化。"① 这就是一种意识形态，同一性本身就是意识形态。接着，阿多诺用非常形象的方式来说明，这种意识形态的特点，假如狮子也有意识形态，那么它对它要吃掉的羚羊的怒吼就是意识形态。狮子吃掉羚羊会怒吼，人为了生存要"理性"。这个理性如同"狮子的怒吼"。这个"理性"就是意识形态。意识形态是与自我持存的要求联系在一起的。在这种自我持存的要求下，当狮子看到了它要捕捉的猎物的时候，它就要大吼，这个大吼声就是要吓唬猎物，以便捕获猎物。人讲"理性"也是要捕获猎物。人的意识形态就是世界精神，就是黑格尔所说的理性精神。

不过在这里，阿多诺还隐藏了一个重要思想。在这里，他说，意志回转成为被意志所要求的东西（Wollenden），作为它自身的单纯手段，它变成了目的。在这里，我们把意志理解为生存的意志。但是，这个意志也可以被理解为理性。在康德那里，意志被理解为实践理性。在自我持存的实践中，人需要借助于理性的方法，而这个理性的方法就是用来维持自我持存的。在这里手段和目的是不同的，理性是手段，而目的是人自身的自我持存。可是，在这种自我持存的努力中，理性本身变成了目的，意志变成了意志所追求的东西，理性成为理性本身所追求的东西。或者说，在这里人的生存被束缚在同一性的逻辑之中。阿多诺把以自身为目的的理性理解为镜子中的偶像。人在镜子中看到的是自己，如果人被束缚在镜子之中，如果人自恋，那么人就崇拜镜子中的偶像。理性就变成了这样的镜子中的偶像，理性崇拜它自身，把它自身作为目的。这就是人的持存中的问题。人要自我持存，这当然是正确的，但是在自我持存中，人把维持自我持存的手段变成了目的。这就把自我持存扭曲了。所以，阿多诺在这里强调，这个目的概念应该从镜子的偶像中摆脱出来。目的是不同于那作为手段的主体的。作为手段的主体就是理性，就是理性的原则，目的是不同于理性的原则的，或者说，人不是要把自己变成一个纯粹的自我，或者理性的动物，而是活生生的人。这就是说，理性不是要把理性自身作为目的。但是，这一点却被自我持存弄模糊了。人在自我持存中要借助于理性的手段，而

---

① 阿多诺：《否定的辩证法》，王晓升译，北京：中央编译出版社2023年版，第461页。

第三部分 模式

在这种理性的努力中，人把自身也理性化了，以理性的手段自我持存就变成了理性把自己变成了目的。这种自我持存把手段变成了目的。而这个理性的手段却没有在理性的面前证明自己的正当性。这个合理化的手段，这种同一性思维，在阿多诺看来，无法确证自身的正当性。作为目的的主体是有血有肉的人，而作为手段的主体是理性的主体。人不能把纯粹的理性主体作为目的，而要把有血有肉的人作为目的。但是自我持存的努力会把人弄糊涂。这种合理化的方法，这种理性原则是为了实现人的自我持存的。人有这样一种期待，生产力越是发展，人的生命就越是能够维持下去。生产力的发展把维持生命的存在本身作为目的。在生产力发展中，生命的永存成为发展生产力的自在目的。可是，一个显而易见的事实是，即使生产力提高了，人也不可能永生。如果把生产力的提升束缚在自我持存的框架中，那么这就显然是错误的。因此阿多诺说，生产力越提高，生命的永存作为一种自在的目的就越是失去其自明性。这就是说，生产力越是提高，人们就越是清楚地看出，生产力的这种提升不是为了生命的永存。这是不可能的。因此，生产力的提升不应该被束缚在自我持存的框架中。如果生产力的提升把人的自我持存作为自在的目的，那么随着人的自然寿命的延长的极限的不断逼近，或者自然的衰弱，这个目的也会受到质疑。人的自然寿命毕竟是有限的，把生产力束缚在延长寿命这种框架中显然是不够的。这就需要我们在生活中有他者，而不是把生活束缚在延长寿命这样的框架之中。人不是把维持生命本身作为目的，而是把他者作为目的之一。在生命中他者的潜能就会成熟起来。我们的生活中除了自我持存之外，我们是不是还应该关心其他东西呢？比如欣赏艺术。对于自然的生命来说，这是生命的他者。或者有人说，把生命耗费在艺术中，是浪费时间。可是在物质条件非常丰富的情况下，我们是不是花更多的时间去欣赏音乐呢？当然这不是被文化工业所控制了的艺术。这就是说，被完全合理化的自我持存本身并不是天然合理的。我们必须发掘与这种自我持存不同的他者。当然阿多诺也不是鼓励人们不顾自己的生命。他强调，生命和他者都是不确定的。我们不能简单地把生命理解为生物意义上的生命，而且还要理解为生活。人也不能简单地否定生活。但是，生命的他律也是始终妨碍生命的。在这样的情况下，把人的冲动束缚在维持生存斗争的框架中就变得非常容易。于是在面对着这种他律的安排的时候，人要努力维持自己的生命，要努力自我持存。生命的冲动就是要努力维持自己的生命，就是要抵抗生命的他者。而这种维持自我生存的强大力量是不可抵抗的。我们可以说，这种自我冲动就是人的生命力。人当然要有这种生命力。但是，这种自我冲动，这种生命力在有些地方是多余的。人的生存需要生命力，需要有自我冲动，但是，这种自我冲动的力量有时非常强大，超出了维持生存所必须的地步，以至于它对人自身会产生伤害。这就是说，本来，人只要花五分力气就可以维持自我生存了，生产力的发展已经保证了这一点，但是人还是花八分的气力。这就是人把这种自我冲动过度地耗费在自我生存的努力之中了。所以，阿多诺说，按照生产力状况，有些努力是多余的。这种多余的努力客观性上是不理性的，于是魔力就成为现实中居于支配地位的形而上学。为什么会有这些多余的努力呢？这是魔力在发挥作用。我们的生活中，某些发展生产力的努力是多余的，但是人们仍然为此而艰苦努力。这就好像人类为了一些无意义的东西而努力，比如时尚化的消费。这就是客观上非理性的。这个魔力成为居于支配地位的形而上学。这个魔力其实就是理性把其自身作为目的的力量，这是一种冲动，是一种比本能冲动更具有力量的冲动。它与本能冲动有关，但是却超出了本能的冲动。由于受到这种魔力的操控，理性本身变成了目的。在这里，我们特别注意，这个魔力成为居于支配地位的形而上学。黑格尔的理性的形而上学就是如此，就是这种魔力在取得支配的作用。阿多诺要有一种不同的形而上学，这个形而上学就是要在拯救被理性的力量所碾碎了的碎片中确立起来。这是肉体和理性（精神）和解，这个力量就是阿多诺按照自己的方式所理解的世界精神。阿多诺要用非同一的东西（碎片）来解构这个世界精神。这种魔力会导致倒退。所以，这个部分，阿多诺称为"魔力下的倒退"。

最后，阿多诺说明了这种倒退。在当前阶段，技术上的手段，即理性本身被当做目的来崇拜。这表明，这个历史中的魔力发挥作用了，这个魔力在其中发挥作用的历史趋势取得了胜利。这个魔力使人类的历史走向了荒谬。这种荒谬表现在："这种已经老旧的行为方式尽管从前是理性的，却被历史逻辑魔法般地召唤回来了。它不再符合逻辑了。"[①] 这种行为方式是老旧的行为方式，

[①] 阿多诺：《否定的辩证法》，王晓升译，北京：中央编译出版社2023年版，第462页。

是人类从文明一开始就有的行为方式。这种行为方式尽管过去是理性的，并不意味着在生产力高度发展的今天就天然地合理。尽管在人类文明初期无疑是有意义的，但是，这个行为方式的背后有一种魔力在发挥作用，并让历史表现出它自身的逻辑进程。这个历史的逻辑被这个魔力一再召唤回来。然而，这个被一再召唤回来的历史逻辑却不再符合逻辑了。这种魔力导致了历史的倒退。

主体与个人

在这个部分，阿多诺通过对于黑格尔的主体观的分析，从内部揭示了其中的矛盾。这就是说，从黑格尔所阐释的抽象主体内部，我们可以看到某些关于个人的要素。但是，黑格尔最终还是剔除了个人要素，他的自由变成了非自由。

在这里，阿多诺首先引用了黑格尔在《历史中的理性》的一句话。这句话从观念论的角度说明了主体。黑格尔从观念论的角度强调，主观性本身就是实体的绝对形式和实体的实存的现实性。如果主体性（作为观念形式存在的东西）就具有实体的绝对形式，并且具有实存的现实性，那么主体性就和具体存在的个人就没有区别了。按照黑格尔的观念论主体外化出一个客体，而这个客体就是主体本身。所以，主体和它的对象、目的和力量的实体，即对象性的实体就没有区别了。

在这里，阿多诺对黑格尔的这个说法进行了分析，说明了黑格尔的内在矛盾。按照黑格尔的这个说法，那么主体就被他神化了，这个主体是绝对地自我同一的，它就是一般，是完全的同一性。这就是康德意义上的先验主体的意思。但是，当黑格尔把主体理解成为完全的一般的时候，他恰恰走向了自己的反面，主体就从主观性走向了客观性，绝对的主观性就是走向了客观性。如果主观性变成了客观性，那么黑格尔的这个主观性当中就包含了个体的要素，而不是某种纯粹的主观性了。这个主体能够自身外化出一个客体，尽管这个客体是主体的外化形式，但是它毕竟外化出一个客体来。阿多诺在这里抓住了黑格尔的这句话来分析其中所存在的问题。这里的问题是，黑格尔不仅确立了抽象的一般的主体，而且还从中确立了个人。当然，这是黑格尔本人所没有意识到的，是阿多诺从黑格尔的思路中推导出来的。这就是说，黑格尔的这个主体思想中包含了自我矛盾。如果主体就是绝对的自我同一的主体，那么这个主体就不可能外化出客体来，可是当主体外化出客体的时候，这个外化出客体的主体一定与纯粹自我同一的主体不一样。如果主体是完全自我同一，那么它怎么能外化出客体呢？所以，阿多诺说，黑格尔在强调自我同一的时候，这个自我同一的主体同时就是客观的。阿多诺认为，这里有一个神秘的双重结构。或者说，这个主客体建构具有神秘的双重特性。这个双重特性表现在：一方面主体是绝对的主体，本来它不可能产生客体，但是它却从意识形态的角度虚假地构成了客体。另一方面，假如我们承认主体构成了一个客体，假如主体把自身展现为客观性，那么这个主体就不是纯粹意义上的主体，不是完全同一性意义上的主体。如果它绝对地自我同一，那么它怎么能够从自己中分离出一个客体，把自己展现为客观性呢？既然主体把自己展现为客观性，那么这个客观性就会限制主体。所以，阿多诺说，主体从反意识形态的角度限制了主体。于是，在这里黑格尔的主体概念其实表达了两个不同的东西，一个是虚假地自我设定客体的主体，一个是受到客观性限制的主体，具有现实个人意义的那种主体。因此，在这里，阿多诺强调，虽然主观性作为实体的现存的现实性要求拥有优先性，但是却是作为"现存"，外化了的主体，它既是客观性，又是现象。这就是说，虽然主观性要求具有优先性，把主体设想为纯粹主观的东西，但是主观性是作为现成的现实性而存在的。既然它是"现存"的现实性，那么它就不是纯粹精神自我同一性意义上的主体，而是外化了的主体，这个外化了的主体既是客观的，又是现象。这是一个"现存"意义上的主体。如果主体可以被这样来理解，那么黑格尔所说的主体就可以这样区分开来理解。虽然主体作为抽象的一般都是要把主观性的要素与具体的个人要素联系起来，但是这里的联系方式是不同的。一种情况是，虽然主观性是主体的本质要素，但是如果客观性内在于这些个人，并且在他们之中发挥作用，如果客观性确实在他们之中显现，那么这些客观性的东西就不可能完全屈从于主观性，不能完全屈从于这种本质要素。所以，这个主体有个别性，但是这个个别性只是与本质（主观性）相关联。而纯粹的同一性的主体就不同了，它虽然也有个别性，但是个别性是屈从于主观性的，屈从于本质的。在这里，阿多诺所强调的是前面那种个别性。这就是说，虽然主体性都在一定程度上表明个别性，但是个别性的具体情况是不同的，一种是屈从于一般的个别性，一种是与一般相关联的个别性。而后一种个别性更具有实质性内容。这种个别性才真正具有非同一性。这是一般和个别和解意义上的个别性。如果一般和个别不能和解，那么个别就被迫屈从于一般，从而失去具体的内容。

接着，阿多诺基于这个分析进一步说明了黑格尔思想中的矛盾。我们前面说过，这种区分是阿多诺根据自己思路从黑格尔那里得到的，而不是黑格尔本人的思想。黑格尔本人从他的观念论立场是得不到这个结论的。在阿多诺看来，黑格尔之所以不能得到他所得到的那个结论是因为，黑格尔尽管要努力清除康德的抽象的形式概念，但是却仍旧延续了康德和费希特的二分法，即先验—主体和经验—个人的二分法。在这个二分法中，先验的主体和经验个人之间是被完全割裂开来的。而阿多诺是要把这两者结合在一起的，而且是让一般之中包含实质性的内容，个别的内容。由于黑格尔仍然是把这两者对立起来的，在这两者之间的尖锐对立中，虽然个别得到了承认，但是却被排除在一般之外。黑格尔所突出强调的是屈从于一般的主体。所以，在黑格尔那里，那缺乏具体规定的主观性概念却被当作是一种优势来加以利用：主体由于被清理掉了偶然性而具有更高的客观性。由于主体被清除掉偶然性，于是主体的特殊性被压制了，他以特殊性为代价来促进主体和客体的同一化。当黑格尔清除掉偶然性，得到了纯粹一般的时候，他就按照观念论的方法来理解主体。当他这样理解主体的时候这个主体其实就失去了自由。这是因为，他所说的自由是纯粹精神领域中的自由。这是与人的现实要素无关的自由。所以，阿多诺说，由于主体被实体化为精神，主体这一自由的根基与活生生的人类远远地分离开来，以至于必然中的自由根本不再有益于人类。黑格尔所强调的那种必然中的自由对于实现人类生活中的自由毫无帮助。黑格尔自己的一句话也表明了这一点。黑格尔说，由于国家，祖国构成了定在的共同体，由于人的主观意志顺从于法律，自由和必然之间的对立也就消失了。按照黑格尔的这个意思，在现实的国家中必然与自由的对立消失了。这种对立之所以消失，是因为这是人自愿结成的共同体，是共同体的人自己接受的法律。因此，在这里，自由和服从法律是一致的。但是，阿多诺认为，即使最巧妙的解释也不能辩驳这样一个事实，顺从这个词意味着自由的反面。如果顺从的意思就是不自由，把顺从理解为自由，就是对于自由的否定。从这个角度来说，所谓自由和必然的综合就是屈从于必然，而拒斥自由本身。

辩证法与心理学

这个部分涉及两个主题，即如何理解个体性和幸福。在阿多诺看来，个体性和幸福都是经验的具体要素和抽象一般的结合，而这个结合是动态的，不是固定的，是非同一东西。他强调，我们应该在非同一性的意义上理解个体性和幸福。

在这个地方的一开头，阿多诺指出一种相互矛盾却又是一种现实的状况，即个体性的崛起过程也是包含了某个方面的丧失。比如，在个体崛起的过程中，人们就强调义务，强调一般性的强制力。在市场经济中，个人自主得到尊重，但是在个人自主的过程中，个人也必须承担义务。个人是自由交换的主体，必须服从交换规则。这表明，一方面个人是在一般的强制中的苏醒，没有一般性就没有个人。另一方面，个人却又受到压制。黑格尔哲学勾勒出当时社会中所出现的这种趋势。这是一种辩证法。这个辩证法表明，个人的崛起与限制个人的东西是同时出现的。如果按照这种辩证法来思考问题，那么我们就要注意个人的崛起过程中，强制的力量也会不断的增强。从这里，我们也可以看出，个体性的明显衰弱是与义务的要求、与一般的强制力结合在一起的。当个人要突出自己的个体性的时候，人们会从义务的角度、从一般的强制力的角度来看个人，把个体性的要素理解为偶然的要素。而黑格尔哲学恰恰不断地强调一般的力量，强调义务的要素。所以，黑格尔也要否定这种偶然的要素。当黑格尔把个体性要素作为偶然的东西否定了的时候，他就忽视在个体化的进步过程中，强制的力量会逐步增强。而这种强制力量就包含在黑格尔晚年所强调的那种共同体之中，那种具有古希腊特点的共同体之中。而这种共同体的期待在一定的意义上就是法西斯主义的反动行为的序曲。当个性解体的时候，这种一般所具有的强制力就会充分发展起来。

这表明，虽然黑格尔强调个体性和一般性的辩证关系，但是在这种关系中，黑格尔用一般性来压制个体性。所以，黑格尔那里的个体性是被一般整合起来的个体性，是空洞的个体性。阿多诺因此认为，黑格尔没有公正地对待他自己的辩证法，没有真正地把一般和特殊结合起来。阿多诺在思想上并不否定一般，而是承认一般的合理性，但是一般不能从外部限制特殊，从外部覆盖在特殊上。那么一般究竟如何和特殊结合起来呢？这就是要让一般成为特殊的内在的实质。而一般成为特殊的内在实质，这就是一般和特殊，个人和一般之间的和解。从道德上来说，这不是用一般的道德原则来否定个人，而是个人和一般的道德原则的和解。而一般的老生常谈做法是，普遍的道德原则应该被内化到人的内在世界。这是一种普遍有效的人类道德。阿多诺所理解的道德恰恰是要对这种一般的道德原则进行反思。在阿多诺看来，一般和特殊的关系不能在这样的意义上被理解。阿多诺所强调的是一般和特殊之间的冲突和矛盾。在这种矛盾中，我们既不能简单地接受一般，也不能简单地肯定特殊。所以，当阿多诺强调一般成为个体的内在本质的时候，人获得了一种性格，这种性格其实就是把一般和特殊，抽象和经验结合在一起的东西，这是一种矛盾的统一体。这个东西被黑格尔谴责为偶然的东西，他要排斥这种东西。而弗洛伊德反对黑格尔的做法，强调人的本能的力量，强调个人的特殊的心理冲动。阿多诺要把一般和特殊结合起来，达到一种特殊的个体性。这种个体性是阿多诺所颂扬的。在这里，个体性不否定一般，反而把一般变成个体的实质内容，而不是把一般作为覆盖个别，限制个别的东西。阿多诺把一般和特殊的这种结合方式，这种真正包含了辩证法思想的结合方式贯彻到伦理学、心理学和社会学的一切领域中。在他看来，黑格尔强调一般的作用，而否定了个人的心理要素，他认识到在社会中，一般在经验上的优先性。黑格尔的伦理学、弗洛伊德的心理学以及涂尔干的社会学都没有很好地贯彻这种辩证法。涂尔干虽然没有辩证法思想，但是涂尔干也强调社会规范的作用，强调一般规范的社会整合作用。在这里，阿多诺特别强调，心理学本来是经验科学，但是它却强调一般。这就意味着它是按照一般的原则建构了心理学，而不是从经验的维度来描述心理现象。这种心理学是概念建构的产物，而不是经验研究的结果。在阿多诺看来，心理学甚至在其最内在的细胞中都屈从于一般。于是，阿多诺对于黑格尔、涂尔干和经验心理学的思想进行了一个总体的评价。实证的客观主义，就是指涂尔干社会学强调一般的作用，而辩证的客观主义是指黑格尔对于一般的强调，这两种客观主义都反对心理学。他们都认为，心理学知识注重偶然的心理现象，而忽视了一般的东西。其实，他们反对心理学的时候，他们都是短视的，因为他们没有看到，心理学也是强调一般的，甚至在其内在的最核心处都是受到一般的控制的。虽然他们对于心理学的批判是短视的，但是其中还是包含了重要的东西，即他们还是超越了心理学，这是因为，占支配地位的客观性，即一般的规范是与个人相冲突的，是不适合个人的，是被个人所抵抗的，从心理学上来说，这种一般的东西要通过个人才能实现。心理学直接把一般的东西就当做了个人的东西。这是他们超越心理学的地方。心理学所认为的那种个人的东西，其实是一般的东西。

在这里，阿多诺对弗洛伊德的思想进行了一个评价。他认为，弗洛伊德的心理学既没有编织一种个体性的幻相，没有把个人心理的现象看做是纯粹主观的，也没有像哲学（如黑格尔）和社会学（如涂尔干）概念那样完全彻底地摧毁它，完全否定特殊。这就意味着，个体性是一种动态的、把一般和特殊结合在一起的。这就是说，我们不能把个人的心理现象看做是完全服从一般的。如果心理现象完全服从一般，那么心理学就会如同无意识学说的那样，个人就是简单的数字的重复，好像所有的个人都是一样的，他们的心理现象是一种常量。在这个常量之中，本能和规范以恒常的方式相互冲突。如果按照无意识学说来理解个人，那么个人就被人们固化，那么这就忽视了人的活生生的方面，而这个活生生的方面是人性的要素。这种做法就无法关注到具体发展起来的自我。所谓具体发展起来的自我，就不是康德所说的纯粹我思意义上的自我，而是一个动态的自我。而这个动态的自我其实就是人的个体性的表现。而这个动态自我也提醒心理学去关注它，尽管这个自我相对于精神分析的那个本我来说，仍然是相对脆弱的。其实，我们看到，即使在心理分析的学说之中，本我一直被看做是人的最深层次的自我，而自我是介于本我和超我之间的，是动态的，不稳定的，而阿多诺所凸显的也就是这个动态的自我。我们可以说，自我是本我和超我所形成的一个不稳定的结合体。这个自我之所以如此脆弱是因为它是在超我的强制中被压制的。尽管这个本我被压制，但是它还是存在的。当心理学这样来理解自我的时候，这个自我理论既在一定程度上把自我合理化，也起到了防御的作用，防止自我被固化。从这个角度来说，我们既不能简单地认为，个体完全是自我主宰的，因为这个自我是不稳定的，同时，这个不稳定的自我观念又否定了这样一种观念，即认为，个体是不存在的，把个体这个说法看做是一种意识形态。而激进的客观优先性的观念即一般优先性的观念否定了个体的存在，把个体这个说法当做是意识形态。这种自我理论，即关于动态自我的理论其实就为他们理解个体提供了新的视角，即一个动态的个体的理论。它既否定了固化了的自我概念，否定了强调自我的绝对主宰地位的观念，又否定了彻底消解个体的理论，否定了客观优先性——即以一般的东西来否定个体性——的观念。在这里，阿多诺特别分析了客观优先性的观念。如果按照这种客观优先性的观念理解个人，那么由于个人受到客观要素、一般的要素的限制，他就会不知道自己需要什么。他在客观要素的制约中完全失去了自我，甚至不知道自己需要什么。显然这种客观优先性的观念是错误的。这是完全否定个体性的做法。但是，客观优先性也不是完全没有道理。在阿多诺看来，如果我们想准确地了解一般在个体中的作用，那么我们就不能忽视客观优先性，不能忽视客观东西、一般的东西对他所产生的制约。个人的自我选择是受到客观优先性的制约的。在这里，阿多诺提出了一个非常重要的观点，对于一个人来说，即使他的想象能够设想一切东西都是完全不同的，他也仍然受制于这种客观优先，仍然把他当前的状况作为静态的参照点，并且一切东西都变了样。甚至最有批判精神的人，在自由状态下也会与他要改变的那些人一样变得完全不同。这就是说，即使一个人可以完全自由地想象一切东西，但是他的想象仍然是受到观优先性的制约的，受到一般的东西的制约的，他总是把自己的当前状态作为参照点。在他的想象之中，一切东西都变了样，而所有的想象又都是在固定的参照点，从这个固定的参照点看，一切东西都不同。甚至最具有批判精神的人在进行一切批判的时候，都有一个立足点，他不是纯粹从自己观念出发进行批判的。当他希望用自己的观点改变其他人的时候，其实他也不是他自己了，他与他所要改变的人一样，变得完全不同了，变得完全不是他自己，他是从某个固定的参照点出发的。甚至在完全自由的状态下，一个具有批判精神的人也不可能成为所谓的本真的人。任何一个人，甚至最具有批判精神的人都不可能成为他自己。

既然人在生活中都不可避免地要受到客观东西的影响，受到一般规范的影响，那么生活在错误世界中的人也一定受到错误的规范，错误的客观性的制约，这个时候，正确的东西对于他来说反而是不可容忍的。他甚至会因为正确的东西而受到伤害。他无法接受正确的东西。对于这样的人，对于生活在错误世界中的人，我们作为具有批判精神的知识分子就要有一点的宽容精神。比如，在这个社会中许多人都赶时髦。如果我们批判赶时髦，许多人都无法接受。正确的东西对他们来说是无法接受的。在这个时候，我们要有一点宽容。所以，阿多诺说，尽管知识分子对于世界精神、对于社会的大潮毫无同情之心，他们对于世界精神反感，但是他们也要有一点宽容的心理。在一个错误世界中，人不可能彻底否定世界，那么人在这个错误世界中所进行的批判也必定会有所偏向。他就会在一定程度上接受这个错误世界的东西。这是不可避免的。在阿多诺看来，如果一个人不容忍这种偏向，那么他也不能因此使自己正确起来。这与阿多诺关于相对性的看法是一致的。这就是说，哲学要对相对性持一种宽容态度。人在认识中有所偏向是必然的。而在错误的世界中，这种有偏向的认识也是必然的。可是，这样一种纵容，在整个世界，无论是哪一种政治体系，都会被当作堕落，并受到谴责。如果对于错误的东西宽容了，那么这种做法就会受到谴责。这就使人面临着一个难题，要承认认识的偏向，容许这种偏向，任何一个社会又都把这种宽容当做堕落。无论政治体系如何，人们都希望找到正确的东西，而不会容忍错误和偏差。这是一个难题。动态的个人就是在这个矛盾的之中存在，就在这个难题中存在。同样的道理，一个人在错误世界中不可能有幸福，如果完全没有幸福，那么人类生存的希望就完全破灭了。所以，从这个意义上来说，人们在抵抗这个社会的时候要加入少量的宽容。这就说，我们既要承认幸福是可能的，但是也不能认为，幸福就在当下发生。在这里，阿多诺首先把幸福的概念和个人的概念联系在一起。幸福当然与个人在生活中感受有关，但是我们也不能把幸福固定在个人的感觉上。如果把个人的需求和渴望固定起来，那么这会扭曲幸福的观念。大概小孩子有这样的幸福观念，如果他们的当下需求得到满足，那么他们就幸福的。这恰恰反映了孩子还不成熟，他们的个人范畴还在形成过程之中。在这里，我们看到，阿多诺特别强调，幸福是与个人范畴的形成联系在一起的。这表明一方面，个人的幸福与个人生活体验联系在一起的，但是，这又不是局限在个人的肉体需求方面，而是与人的自我观念，对于自我的期待有关的。正如后面阿多诺所引证的那句话所说的那样，那种感到自我和谐的人是幸福的。如果一个人感到，他实现了他的自我，他就会感到自己是幸福的。而个人的自我概念又是与客观性有关的。也正因为如此，阿多诺在讨论个体的时候，也讨论了幸福。幸福就是他在这个部分所讨论的第二个主题。在这个地方，阿多诺对于幸福的看法与他对于个体的看法是一致的，如果个体不是固定的，而是动态的，那么幸福也是如此。如果个人被固定起来，那么他恰恰不再是个人，同样，如果幸福是固定的，那么幸福就不存在了。

在这里，阿多诺首先接受了马尔库塞的一个基本观念，如果现存总体还能断断续续地允许或者承认人们可以获得幸福，那么无论这种幸福是什么，都应预先带有其自身的特殊标记。这就是说，在现存社会中，如果现存社会说人们能够得到幸福，那么现存社会一定按照它自己的模式给幸福打上了烙印。这就是说，它用一个标记来说明这个幸福究竟是怎样的。比如，从前有人认为，楼上楼下、电灯电话是幸福的标志。我们现在知道，这个幸福的标记其实打上了时代的烙印，有着时代的标记。这种幸福概念肯定是有问题的。这就把幸福从某个角度固化。所以，阿多诺说，直到今天，一切幸福都要许诺某种从未出现过或尚未出现的东西，如果相信幸福直接存在着，那么这种信念恰恰妨碍了幸福的出现。这就是说，幸福是一种许诺，是还没有出现的东西。但是，幸福又不完全是许诺，如果幸福仅仅是许诺，那么幸福就永远不能出现。所以，幸福是动态的，是有无之间的东西。如果我们肯定地说幸福存在，那么这必定是错误的，但是如果我们认为，幸福完全就是虚构，这也是错误的。接下来，阿多诺基于这样的思想来分析黑格尔的观念。黑格尔的这段文字的大概意思是，当一个人感到自我和谐的时候，他就感到幸福。但是幸福也不仅仅是与自我有关的，而是与历史发展的一般趋势有关的。所以在观察历史的时候，我们把幸福作为一个参照点，那么历史不是幸福的土壤。在历史上，存在特殊利益的满足，但是这种满足却不能被理解为幸福。阿多诺对于黑格尔的这个思想进行了分析。在黑格尔看来，如果人们局限于个人的自我和谐，那么人们会说自己是幸福的。但是从历史的角度来说，仅仅强调个人的幸福是不够的，而是要从历史的发展中来理解幸福。而从历史的角度来看，幸福是不存在的。在《历史哲学》中黑格尔也说过同样的话，在历史上幸福是空白。[①] 黑格尔的伟大之处

[①] 黑格尔：《历史哲学》，王造时译，上海：世纪出版集团2001年版，第26页。

就在于，历史虽然不断把理性实现出来，但是却不可能给人带来幸福。阿多诺认为，黑格尔对于幸福的否定，包括尼采《查拉图斯特拉如是说》对于幸福的否定是有一定的道理的。这就是说，黑格尔从一个乌托邦的角度来理解幸福的，而不是个人的满足。这个乌托邦所要达到的是人类总体的幸福。从这个角度来说，人类总体的幸福是不存在的。因此，不仅仅是黑格尔，而且尼采在《查拉图斯特拉如是说》中都认为，与乌托邦相比，仅仅个人幸福仍然是不够的。既然我们不能拘泥于个人的幸福，那么我们就需要考察总体的幸福。按照这样的思路，只有当特殊性作为一般原则得以复活时，幸福才是可能的，而这种幸福与个人此时此地的幸福毫不相容。所谓特殊性作为一般原则得以复活就是一个普遍和一般的和解，只有在这种和解之中，特殊的东西才能提升为一般原则，当特殊上升为一般的时候，特殊的幸福就成为一般的幸福了。阿多诺强调特殊的幸福，所有的个人都得到幸福，这就是个人的幸福上升为一般。而黑格尔强调一般的幸福，强调幸福的乌托邦。这个思想之中存在着压制性的要素。他要从更高的视点上，从普遍的角度来看待幸福。在阿多诺看来，这种从更高的视点来看幸福，从一般的角度来看幸福也不能被完全否定。但是，黑格尔的思想中过度强调了一般的幸福，强调人类的普遍幸福。按照对于幸福的这种理解，黑格尔说，历史不是实现幸福的土壤，历史上没有幸福可言。这就纠正了他自己的历史乐观主义的错误。因为，按照黑格尔的历史目的论，那么历史就是不断进步的。黑格尔关于历史不是实现幸福的土壤的说法纠正了这种历史乐观主义的看法。但是，他的这种说法之中提出了一种超越幸福的观念，提出了一种更具有美好理想的幸福观念。在这里，幸福变成了一种美好的理想。所以阿多诺认为，他对于历史乐观主义的否定背后有一个唯美主义的思想在发挥作用。对于主张这种唯美主义的人来说，真实的东西还仍然不够真实，如果现实的社会中有幸福，那么这个幸福还不够幸福。他有一个关于幸福的乌托邦的设想。

接着，阿多诺从具体的历史维度批判了黑格尔的思想。他认为，幸福时代在历史上是个空白，这个说法是可疑的。他认为，在人类历史上还是有某个稍微快乐的时段的。比如，19世纪的欧洲就是历史上的一个充满活力的时段。如果历史上没有幸福，那么在记录着伟大行为的书本中，从惯常教育中借用过

第三部分　模式

来的那些未经反思的世界历史概念好像都成了过于夸张的概念。好像，这些伟大行为的说法是夸张的说法，好像历史中关于自由幸福的思想都是夸张。历史中的说法都在一定程度上表达了人类在历史上也有某种"幸福"。在这里，黑格尔自己也陷入了一种矛盾，幸福在历史上是空白，那么我们如何保证未来就不是空白呢？如果幸福在历史上是空白，那么黑格尔的历史进步的观念就无法成立了。我们根据什么说，历史进步了呢？这种进步中不包含任何幸福的要素吗？阿多诺在这里的分析其实就是要说明，这里也有"幸福"，当然这个"幸福"不能被当做某个确定的东西，不能被当做是某种既定的东西。

按照这样一种分析，我们就可以说，我们所生活的世界是错误的世界，在这个错误的世界中，我们没有幸福可言，但是这不意味着我们就完全没有任何幸福的要素。对于这个世界，我们还是要保持一定的宽容。这不是说我们要放弃批判，而是说，我们不是要再颠倒这个世界，不是要激进地改变这个世界。一些人作为旁观者，陶醉在战斗、颠覆之中，他们作为旁观者来强调战斗。在阿多诺看来，作为历史的参与者，我们不能这样对待历史。阿多诺认为，这些旁观者总是想着，革命，颠覆，解放。他们从来也不思考，解放也要从它自己的范畴中解放出来。在阿多诺看来，解放是一个资产阶级的词汇，按照这个资产阶级词汇来进行革命和解放，不会给人类带来幸福。这就是说，当我们思考解放的时候，我们不能继续按照资产阶级革命的方式来进行这种解放。我们不能沉迷于这种激进的解放。而在他看来，马克思就是这样一个旁观者，就沉迷于这种战斗、革命和解放之中。他把政治领域作为转瞬即逝的东西，看做可以随时被推翻的东西。他号召人们革命。阿多诺在这里，显然不赞成马克思的这个思想。在这里，我们必须指出的是，马克思当时不是旁观者，马克思不仅仅是一个理论家，而且是一个革命家。把马克思理解为旁观者有失公允。他反对马克思的激进革命的理论，主张一种温和的改革。这虽然有一定的道理，但是，我们应该看到马克思生活时代与今天这个时代的差别。从今天的角度来衡量马克思，这是苛责于马克思的做法。

最后，阿多诺提出了自己的思想。他认为，思想对幸福的立场应该是这样的：否定任何一种虚假的幸福。这就是说，它也设定一种客观的幸福，但是客观的幸福不是既定的，不是现成出现的，但是也不是说，现成事物中毫无幸福。所以，思想要不断否定虚假幸福。那么这个否定虚假幸福的背后，有一种关于客观幸福的设定。但是，这种客观幸福的观念不是把某种既定的状况，某种满足当做幸福。克尔凯郭尔的意志哲学彻底否定了这种幸福，他认为，人生就是悲剧性的，就是不幸。所以，阿多诺说，克尔凯郭尔的学说是一种客观绝望的学说。这就是从形而上学来说的客观绝望。这种客观绝望的学说从否定的角度设想了一种客观的幸福。而阿多诺要确立的幸福恰恰就是一种形而上学意义上的客观幸福。但是，阿多诺从来没有规定过这种客观的幸福。这种客观的幸福是非同一的。这就如同他所说的客观真理一样。在本书的最后部分，奥斯维辛之后的形而上学的部分，他勾勒出一种客观幸福的理论学说。

"自然的历史"

在这个部分，阿多诺分析了马克思的"自然的历史"概念。对于阿多诺来说，从表面上看，自然和历史是矛盾的，但是历史恰恰就是这样一个矛盾的结合体。我们不能把这两个东西完全对立起来，然后按照这种对立加以结合。如果是这样，那么这就是用精神否定了自然，黑格尔的哲学就是如此。而阿多诺正是从精神和自然的内在关联中来理解历史。这就是说，在历史中，精神要控制自然，而自然又会抵抗精神，于是，在精神中包含了自然，而在自然中包含了精神。对他来说，马克思的思想就是如此。他把马克思与黑格尔对比，说明了马克思的"自然的历史"概念中的非同一性。而黑格尔的观念论最终无法达到这种非同一性。

当我们把这样的思想用来理解历史的时候，个人生活的历史，也就是完全以人为的方式形成的历史反而有了自然历史的客观性。生活的东西与自然的东西如此密切地交织在一起，以至于我们可以说，历史是自然史。黑格尔否定了这种思想，他认为，历史是纯粹精神的历史。当历史变成了纯粹精神的历史，历史就有了逻辑。而当历史有了逻辑的时候，历史就变成了完全客观的历史，这反而把历史变成了一种纯粹自然的历史。这就是说，把精神和自然完全对立起来的时候，精神和自然几乎一致起来了。而马克思则与黑格尔不同，他把自然和精神结合起来理解历史。马克思认为，历史之所以是自然史，是因为一般的东西虽然存在于个人之中，但是却超出了个人，并在个人之上发挥作用。马克思认识到个人之上的一般，并从这种一般之中看到了某种类似于自然的东西。接下来，阿多诺引用了马克思的一段话。这段话的意思是，资本主义社会是按照市场经济规律来运行的。这是一种类似自然规律的东西，这种规律是不可避免的，无法超越的。从这个意义上来说，资本家不过是经济关系的承担者，他的活动是完全受到经济规律的制约。这里的言外之意是，马克思在《资本论》中所批判的是资本主义制度，而不是资本家个人。他们不过是经济范畴的人格化。

在这里，阿多诺分析了马克思在这里所说的自然规律。马克思在这里所说的自然不是费尔巴哈人类学意义上所说的自然，而是人化的自然。人化的自然不是自然，但是也不是完全与自然无关。在我们的语言体系中其实是无法被表达出来的，这是非同一的东西。马克思反对把他所说的自然理解为费尔巴哈的人类学意义上所说的那种自然。比如，人自身的自然。这是包含了人的要素的自然，是"历史的自然"。这是马克思用一种复兴起来的黑格尔思想来反对左派黑格尔（费尔巴哈）。马克思在这里所说的自然是资本主义社会的规律。这个资本主义社会的规律是自然的，又是非自然的。在马克思看来，在资本主义社会中，这种规律被"神秘化"了。如何"神秘化"的呢？这是一种人为的东西，这个看上去是自然规律的东西，其实是资本主义积累的规律。它只是表明，在资本主义体系下，它不可能是别的样子。但是其实，它可以是别的样子。资本主义社会把那种可以是别的样子的东西变成了不能是别的样子的东西，变成了自然的规律。这就是它把人为的东西神秘化了。

而这种神秘化在资本主义生产方式下是不可避免的。人为的东西、历史的东西变成了类似于自然的东西。这就是一种意识形态。不过这种意识形态非常奇特。这种意识形态不是一种脱离社会历史过程，而外在地覆盖在社会现象上面的。或者说，这种意识形态不像一个可以从社会中剥离出来的东西，不是外在地覆盖在这个社会上的。这种意识形态发生在社会过程之中，就是社会过程之中的一部分。这也就是我所说的，物化了的意识形态。[①] 这种意识形态内在

---

① 王晓升：《意识形态的"物"化与"物"的意识形态化——资本主义后现代社会意识形态分析》，载《哲学动态》，2016 年 12 期。

地存在于社会过程之中,就是社会过程的一部分。如果意识形态就是社会过程的一部分。那么如何理解这种意识形态呢?这种意识形态奠基于抽象之中。比如,在商品交换过程中,人们所进行的就是一种抽象。商品的使用价值是无法进行交换的,但是经过抽象,人们就可以交换了。这种交换表面上是等价交换,但是其实是不平等的。当然我们也不能简单地说,这种交换就是不平等的。它是按照市场规则来的,也是平等的。所以,我们可以说,这种平等交换既是真的又是假的。既然其中包含了假的东西,那么这就是一种意识形态。于是,我们就可以说,这个社会交换过程是意识形态。它是把真假结合在一起的。如果一个东西完全是真的,那么它不是意识形态,如果它完全是假的,那么它也不是意识形态,而是错误。意识形态就是真假莫辨的状况。所以,阿多诺说,如果不漠视个人之间的差别,不漠视使用价值之间的差别,那么交换就无法发生。从这个角度来说,社会生活过程既是真的,也是假的。所以,迄今为止的真实生活过程中必然存在着幻相。这个幻相就可以在康德的意义上得到理解。价值如同自在之物那样,它处于一种二律背反的状况之中。价值其实就是非同一的东西,就是无法用概念来加以衡量的东西,就可以在康德的自在之物的意义上被理解。如果价值可以用概念,用抽象的一般来衡量,那么我们就可以得到关于价值的确切知识了,但是我们却无法获得关于它的知识。从这个角度来说,价值就可以从自在之物的意义上被理解。如果价值是自在之物,那么价值就处于二律背反之中。它是非自然的,但是价值变成了自然。在资本主义社会中,商品好像"自然"地具有价值。或者说,在市场体系中商品除了有各种自然属性之物,还有一个"自然"属性,即具有价值。这是一种二律背反。如果按照这样的思路来分析资本主义社会,那么资本主义社会的自然性是真实的,同时也是幻相。资本主义社会的交换关系是按照一定的规律来进行的,这就包含了自然性,这种自然性就其本身来说,是真实的,但是它同时也是幻相。它把非自然的东西,把交换现象变成了一种自然现象。资本主义社会的交换关系就是自在之物,就陷入一种二律背反之中。这种自然规律不是真正的自然规律,而是虚假的。因此,这种自然规律的假说不能在严格的意义上被理解。人们不能简单地认为,在人的活动中有类似于自然规律那样的东西,或者说某种先天必然的东西。如果这样来理解,那么这就类似于海德格尔了。海

第三部分　模式

德格尔所说的存在具有先天必然性，其实就是把人类生活中的这种类似于自然性的东西理解为先天必然的东西，就是把这种东西存在论化。海德格尔哲学的诡谲之处就在于，他把这种自然的东西理解为先天的东西，然后又把这种先天的东西与自由结合在一起。海德格尔在关于存在的领会中所达到的自由就是包含了这样思想。阿多诺强调，马克思理论之中最强烈的动机就是反对把这种意义上的"自然"存在论化，他要消除这种规律。在自由王国开始的地方，这种规律就不再适用了。在这里，自然和自由无法结合在一起。只有自然王国终结的地方，自由才开始。在这里，马克思是与康德，与海德格尔等人完全对立的。从这个角度来说，马克思关于"自然的历史"的思想虽然可以在一定的程度上从历史现象学的角度被理解，但是马克思绝没有把历史的自然与自由结合起来。他要消除这种规律。或者说，马克思是从否定的角度来理解这个规律的，而不是像海德格尔从肯定的角度来理解这个规律。

在这里，马克思是借助于黑格尔的历史哲学思想来重新理解历史过程的。马克思借用了被黑格尔所中介过了的历史哲学。他把康德关于自由王国和必然王国的区分，转换为历史阶段序列。这就是说，马克思接受了黑格尔的辩证法思想，从历史过程的角度来理解人走向自由的可能性，而不是像康德那样，把自由看做是在规律中存在的。他把康德的自由王国和必然王国区分开来，理解为历史序列。

所以，阿多诺强调，当人们把必然王国加以延长，并断言说，那就是自由王国的时候，马克思的动机就如同辩证唯物主义一样被倒转过来了。海德格尔哲学就是如此，他认为世界之为世界是先天的，但是人也在这个先天的世界中达到自由。这个世界之为世界与日常世界是结合在一起的。其实海德格尔就是把这个必然的世界加以延长，并断言，那个必然王国就是自由王国。马克思的动机就被倒转过来了。本来辩证唯物主义也是要批判必然王国的。但是辩证唯物主义却错误地把必然王国延长，从而错误理解了马克思的思想。它把马克思思想倒转过来。所以，阿多诺强调，这样一种倒转，（使马克思的理论）走向堕落，这是因为它弄错马克思关于历史的自然规律这个论战性的概念，把它从一种自然历史的建构变成科学上有关不变量的学说。这就是说，在马克思那里，历史的自然规律是一个论战性的概念，是用来进行社会批判的概念，但是却变成了一个肯定性的概念。人们认为，马克思关于历史的自然规律的说法是证明历史发展的一般规律的，好像历史内部包含了一种不变的根本规律，这就如同科学上的不变量的学说。其实，马克思把历史理解为一种自然历史的建构，并认为，这个"自然历史的建构"是人为造成的。虽然这个历史表现出一定的规律性，但是这是可以改变的。因此阿多诺强调，马克思主义关于自然历史的说法没有失去其真理性内容，即它的批判性内容。马克思的这个论战性的概念，批判性的概念显示了社会的客观内容。阿多诺根据他对于马克思的学说的这种理解批判了黑格尔。尽管先验主体已经是不够格的主体，但黑格尔仍然要勉为其难地依赖于人格化的先验主体。这就是说，黑格尔把先验主体理解为历史的主体，从这个主体出发来理解世界历史，而马克思否定了黑格尔对于历史主体的理解，而从活生生的人的活动来理解历史，从而也批判了黑格尔把历史理解为人的自我意识不断进化的历史，批判了黑格尔对于历史过程的这种理解。按照阿多诺的理解，在马克思看来，人类的历史在征服自然方面不断取得进步，而又不断推进着无意识的自然史，推进着吞噬自然而又被自然所吞噬的历史。这就是说，人类在征服自然的过程中，自然的要素也进入了历史的过程。历史不断吞噬自然的时候，自然也不断地吞噬历史。这个历史就是自然的历史。这是历史和自然的相互作用和相互影响，而又相互否定。马克思关于自然历史的说法就表达了这个意思。

阿多诺认为，当马克思这样来理解自然历史的时候，马克思还是在一个反讽意义上的社会达尔文主义者。所谓反讽意义上的达尔文主义者的意思是，马克思肯定了历史中存在着社会达尔文主义所主张的那种东西，但是马克思否定了这种东西。凡是社会达尔文主义所赞扬的东西，凡是他们希望据之以行动的东西，对马克思来说，都是否定性的。马克思对于历史中所出现的那种必然趋势持一种否定的态度，他要努力扬弃这种东西。这就是说，马克思不是彻底否定历史中的自然要素，而是要扬弃这种自然要素。接着，阿多诺用马克思的一段话来证明他的观点，即马克思是在否定的意义上来说明历史中的自然规律的。马克思说："这一运动的整体虽然表现为社会过程，这一运动的各个要素虽然产生于个人的自觉意志和特殊目的，然而过程的总体表现为一种自发的客观联系；这种联系尽管来自自觉地个人的相互作用，但既不存在于他们的意识中，作为总体也不受他们支配。"① 历史是人类活动的结果，但是在人类的社会活动中却产生一种类似于自然的东西，这个类似自然的客观过程是不受人支配的。而马克思在一定的范围内是否定这种自然倾向的。

接着，阿多诺解释了他对于马克思这段文字的理解。按照阿多诺的理解，这样一种社会意义上的自然概念具有它自身的辩证法。这就是说，这个自然概念可以在两个不同的意义上被理解。它既可以是肯定的意义，也可以是否定的意义。一方面，只要社会中的似自然规律性被具象化，被当作是自然的给定性，那么这种似自然规律性就是意识形态。这就是说，如果社会历史现象被理解为自然规律在社会生活中的具体体现，好像社会历史过程中有一种给定的自然规律，那么这就是一种意识形态。这是一种骗局。在这样的意义上，人只能顺从历史的自然规律。另一方面，作为一种无意识社会运动的规律，这种自然规律性是真实的，正如马克思在《资本论》中所进行的探索那样。这就是说，社会中确实存在着一种无意识的社会规律。人们在交换过程中都不自觉地按照交换规律来行动。这是一种没有被意识到的规律性。阿多诺认为，马克思在《资本论》中对于资本主义社会的这种本质的认识，属于一种反精神的现象学。这就是说，社会现象本来是一种精神现象，但是却变成了一种反精神的现象，是去精神作用的现象。而马克思在《资本论》，也要研究历史中的必然性，但是这种必然性不是意识的自我发展的必然性，不是精神发展的必然性，而是反精神的。这是人的有意识的行动无意识地形成的一种必然关系。在阿多诺看来，不仅资本主义社会中存在着这种自然的现象，而且整个人类历史都存在着这样的现象。在他看来，马克思也看到了人类历史的这种类似自然规律的现象。对于马克思来说，就像动物的种类在几百万年之中生生灭灭的变化一样，每一个基本经济形态也发生类似的变化。社会经济形态的演变也是一个自然过程。那么究竟如何看待这种自然过程呢？马克思在"商品拜物教"的批判中说明了这一点。人的社会活动具有自然的属性，这种状况与资本主义社会中所发生的拜物教类似。商品拜物教的特点是，契约者双方就交换价值发生的社会联系被反映成为事物自身的性质，即人和人之间的社会联系变成了事物自

---

① 《马克思恩格斯全集》46卷上，北京：人民出版社1979年版，第145页。自发（naturwüchsig）应该翻译为"似自然的"

身的性质。这是资本主义社会的真实状况。这种神学怪诞就像以前实际上所进行的偶像崇拜的实践一样，也是真实的。商品拜物教不过是人类文明史发展中的一个特例。在历史发展中，人类活动都会表现出它的似自然性。人的活动在社会化的时候就会表现出这样一种基本形态，即物化的形态。把这种物化的形态加以神秘化，这只是物化过程中的一个特例。这种物化现象一直保持着对人的无条件的优先性。这好像有一种神秘的魔力在发挥作用。

马克思曾经指出，理论一经掌握群众就变成现实的力量。马克思当时的意思是，只要我们的社会努力使群众掌握了理论，那么这种理论就会变成现实的力量。阿多诺转换了马克思的这句话的意思。社会一旦控制了群众，那么它就会变成一种现实的力量。他是用这句话来表示，一旦社会关系形成，一旦社会结构形成之后，这种社会结构就像某种客观的东西，像某种自然而然的东西压制人。这是一种物化现象。这种物化现象从人类文明的一开始就存在，在资本主义社会之前就存在。在资本主义社会中，人们产生了一种虚假意识，即人们把交换关系看做是一种商品本身所具有的那种性质。早在这个虚假意识之前，人类社会就已经出现了物化现象，就出现了把社会性质的东西物化这样一种结构了。这些结构至今都保证了社会的优先地位所获得的那种非理性的光环。这就是说，社会一旦形成，它就凌驾于个人之上，变成了理所当然的东西，它具有一种特殊的神秘的力量，是一种现实的力量。社会的优先地位变成了一种持续的禁忌，任何人都不能挑战它。而社会所具有的这种优先地位是与社会表现出来的物化特点，是社会所表现出来的自然力量结合在一起的。这是人为要素中的自然力量。这就是历史中的必然性，这个东西保持了其远古的魔力。这个魔力就是历史中的神秘力量。这是人与人之间的社会关系中形成的一种神秘力量。这种力量凌驾于个人之上。黑格尔在他对于"宪法"的理解中包含了这种神秘的魔力。黑格尔认为，尽管宪法是人为的东西，但它可以被看做是完全自在自为的存在者，是神圣的和不朽的东西，是超出人为的领域的。这明显地把人为的东西变成了一种自在存在的东西，变成一种必然的东西。这就是马克思所指出的那种历史中的自然性。所以，阿多诺认为，黑格尔也是把自然概念一直拓展到人为状况的概念。这就是说，"宪法"本来是人为的东西，但是它却超出了人为的领域。在这里，我们要特别注意到，黑格尔在这里所说的

第三部分 模式

"宪法"不是我们日常生活中所理解的宪法,而是"世界历史"的别称。按照阿多诺对于世界历史的理解,历史是自然的东西的中介,反过来,自然的东西也是历史的中介。由于自然的东西是历史的中介,所以自然反过来会规定历史,把历史变成了自然的历史。自然和历史的相互作用,使历史表现出似自然的特征。人类的历史就是在自然和历史之间的相互作用中发展的。在阿多诺看来,黑格尔把历史理解为一种神圣的领域,理解为超出人的领域是受到了孟德斯鸠的影响的。孟德斯鸠的思想是在批判当时已经过时的社会契约论基础上形成的。他的思想之中包含了一种自然神论的要素,按照他的思想,法律可以区分为两种,自然法和人为法。自然法是在人为法之前产生的,是人类产生之前就具有的规律。而黑格尔所说的宪法就是继承了这种自然法的思想。按照这样的自然法思想,宪法不是人创造出来的,而是一种天意的结果。本来,宪法是人的精神活动的结果,但是在黑格尔那里,这种精神变成了第二自然的东西,而这种第二自然的东西其实就是对于精神的否定。精神变成了否定精神的东西。精神走向了自己的反面。在阿多诺看来,黑格尔的世界精神就是这样一种精神,这种精神是否定精神的精神。世界精神本来是精神,但是这个精神是第二自然,或者说,它和自然结合在一起了。虽然马克思和黑格尔思想中都有关于第二自然的说法,但是马克思和黑格尔是原则上不同的。如果说马克思对于"自然历史"的理解中包含了对于自然的历史的批判,他要超越这个自然的历史,那么黑格尔却要把这个自然的历史永恒化。从这个角度来说,黑格尔的世界精神就是"自然历史的意识形态"。他把自然历史永恒化。那么黑格尔所出现的这种错误的根源何在呢?这是精神对于其自身的自然性的混沌无知,精神不知道它自身包含了自然,精神把自身和自然完全对立起来。精神越是把它自身和自然对立起来,精神就越是彻底否定精神,把自身变成自然。黑格尔就是把精神和自然对立起来,在这种对立中精神最终变成了第二自然。所以,阿多诺说,黑格尔的世界精神就是关于自然历史的意识形态。他对于自然的历史产生了一种错误的理解,把自然和历史对立起来,从而使历史变成了纯粹精神的历史,而这个纯粹精神的历史其实就是纯粹自然的历史。这种意识形态是根据精神的力量而把精神理解为世界精神。这个精神就是统治一切的精神,当精神统治一切的时候,当精神把一切都吞噬了的时候,历史就像精神一样,变成纯粹逻辑的,或者说变成了纯粹自然的精神。在历史和自然的极端对立中,这两者一致起来了。这就是统治的绝对化,统治被投射到了存在之上,所以,一切存在的东西都是精神的。本来,历史就是精神和自然之间的相互斗争和相互和解,但是在黑格尔那里,他对于历史的解释是把历史变成纯粹精神的历史。他所解释的历史变成非历史的,变成类似于自然的东西。

当历史被非历史化的时候,历史就没有历史意义上的运动了,而只有自然意义上的过程。从这个意义上来说,历史就不会发生变化了。所以,阿多诺说,在历史之中,黑格尔站在了其不变东西的一边,站在始终如一性一边,站在过程的同一性一边。对于黑格尔来说,虽然历史有变化,但是这种变化不过是自然的变化的一种形式。而自然界的变化就是一种同一性的循环,按照自然界本身固有的规律来循环运动。这本来是人类的灾难。这种灾难表现在,人的精神在历史中毫无作用,人完全屈从于自然。人的生活就如同世界上的其他动物一样。可是黑格尔却认为,这是人类的福祉。从表面上来看,他强调人的历史是纯粹精神的历史,但是这个纯粹精神的历史却反而变成了纯粹自然的历史。这个纯粹精神的历史就是把历史作为总体在精神中再现出来。历史在他的精神总体中被把握了。这个历史的总体对他来说就是人类的福祉。好像精神在这里得到了实现,所以,这是福祉。在阿多诺看来,这是人类的灾难,人的灾难在黑格尔那里反而变成了福祉。阿多诺认为,黑格尔对于人类历史的这种理解类似于古希腊的神话。我们知道,在古希腊的神话中,人总是要摆脱命运的控制,但是人无论如何努力最后都必须服从命运。人类的历史就是这样一种必然的历史,就是这样一种自然的历史。神话所表达的就是这样一种自然的历史的观念。从这个角度来说,黑格尔的历史观其实就是一种神话观念。所以阿多诺批判黑格尔的时候指出,他用诸如精神、和解这样一些词汇把这种令人窒息的神话装扮起来。接着,阿多诺引用了黑格尔的一段文字来说明他的历史理论与神话之间的一致性。在神话中也有许多偶然的东西,但是这个偶然的东西背后都有一种东西在发挥作用,那就是命运。所谓命运就表现为偶然的东西背后有某种必然的东西在发挥作用。黑格尔就是要在偶然的东西背后发现必然性。黑格尔在这里明确表示,哲学和概念就是要使纯粹偶然性这种观点消失,就是要在偶然的背后找到必然性。从这个角度来说,黑格尔的历史哲学与神话没有什么差别。

在阿多诺看来，黑格尔的历史哲学和西方自然神话所表达的思想在这个方面是一致的。按照黑格尔的历史哲学，历史中有世界精神，这个世界精神是按照逻辑的必然性运动的。这就好像是说，这种逻辑必然性与自然所遵循的必然性是一致的。因此，阿多诺认为，黑格尔把自然和自然力作为历史的模型。在这里，历史好像是按照自动机制而运行的。黑格尔虽然有精神哲学，但是他的精神哲学对于这个自动机制也无能为力，他否定了精神在历史中的作用。于是，在这里就出现了一种非常奇特的现象。黑格尔把历史看做是纯粹精神运动的历史。但是精神运动却完全排除了自然的要素在历史中的作用。恰恰由于黑格尔排除了历史中的自然要素，于是他的历史即精神运动的历史反而变成了自然的历史。黑格尔越是要排除自然和自然力，结果自然和自然力都被保留在他的哲学中。所以，阿多诺说，设定同一性的精神恰恰通过否定盲目自然的魔力，而与这个自然同一起来。精神的完全自我同一性，完全排斥自然的精神最终让精神变成了与自然毫无差别的东西。排除了自然的精神反而与自然一致起来。阿多诺指出，黑格尔看到了精神和自然的对立，并且也看到了精神会变成了第二自然。这个第二自然的核心是第一自然，是纯粹的自然。他炫耀的精神的自主性其实就是炫耀第一自然的独立性和绝对性。在他的思想中精神和第一自然是同一的。在这里，阿多诺还专门引用了黑格尔的一段文字。在这段文字中黑格尔认为，法是精神的产物，但是这个精神的产物具有第二自然的特点。这个具有第二自然的特点的法，其实与第一自然的规律是一致的。"法"在英文中就是"规律"的意思。

卢卡奇受到了黑格尔思想的影响，也把社会现象理解为第二自然，并且把这个第二自然与第一自然区分开来，但是卢卡奇把第二自然看做是第一自然的否定。这是与黑格尔不同的，黑格尔把第二自然看做是类似于第一自然。这是卢卡奇超出黑格尔的地方。在阿多诺看来，这第二自然的说法本身就表现了一种资产阶级的意识形态，即那完完全全人为状况（希腊文）——无论这种东西是由个人还是功能性联系产生出来的——却盗用了那被资产阶级意识当作是自然或自然东西的徽章。按照这样一种意识形态，人为的东西，比如社会系统好像是自然而然的东西，是不能变革的东西。按照这种观念论，一切东西都在意识中存在，在这个意识的总体中没有任何外部的东西。一切外部的东西都是被意识的总体所中介过的，都是被打上意识的烙印的。这些东西都可以从意识的角度被理解。但是，这种观念论必然会走向自己的反面：如果一切东西都在观念之中，构成了一个观念的总体，那么意识之中就包含了它的他者。于是意识就必然是自身矛盾的。这是观念论的源始现象。这就是说，对于观念论来说，在这个意识的总体中，意识具有自己的他者，而意识的他者也是意识的一部分。阿多诺认为，这就是观念论的源始现象。本来，人的意识应该知道这个源始现象，应该意识到他自身中的他者。但是社会化越是无情地控制一切自然的要素、人性的要素、直接人际关系的要素，那么人就越是陷入这种无情的社会关系系统中，他就越是无法看清楚自己也被编织到这个社会关系的网络中，被纳入到这个功能化的系统中，被纳入这个类似于自然的关系系统中。在这样的情况下，这张大网就越是不可抵抗地表现出它的自然性这一幻相。本来，人应该意识到精神的他者，但是由于这个大网被密集地编织起来，人就不可能回想起其中的他者了，不可能回想，这个网是人自己编织起来的。本来精神中始终是有他者的，精神和他的他者之间相互作用。这里会出现一种矛盾关系，在这种矛盾关系中，精神所编织起来的大网是不会与自然等同起来的，因为在精神中包含了自然，自然会与精神发生冲突。而当精神排斥自然的时候，精神变成了一个纯粹的东西，在这个编织起来的大网中，人们就无法意识到异质于这个大网的东西。于是，这个大网就变成了自然的大网。随着，人的精神和自然拉开距离，随着自然和精神的对立不断强化，精神就变成了第二自然了，精神之中就不存在矛盾和冲突了，变成了完全合规律的东西了。

而青年马克思不同，他不是把精神和自然对立起来，他看到了精神中的自然。他以极大的努力来说明这两个要素是不断地纠缠在一起的。教条主义的马克思主义则努力把这两者对立起来。当他们把这两者对立起来的时候，他们就看不到自然在精神中的作用。他们最终与观念论是一致的。在阿多诺看来，精神越是想排斥自然，自然越是在精神中发挥作用，并使精神成为类似于自然的东西。第二自然就是精神排斥自然而产生的必然结果。根据这样的分析，阿多诺最后得出结论：自然和历史的传统对立既是真实的，也是虚假的。这种对立之所以是真实的，是因为历史确实是与自然对立的，历史是人的活动的产物。

但是，这种对立也是虚假的，这是因为人们试图用这种对立来掩盖，历史中包含了自然。当人们把精神和自然对立起来的时候，人们就进行了概念上的重构，比如"第二自然"，并通过这种重构来辩护性地掩盖历史的自然性。通过这种概念的重构，人们就认为，精神是和自然对立的，是精神也会像自然一样有客观规律。马克思的"自然的历史"这个概念，表面上与第二自然相似，但是其本质是不同的。马克思的"自然的历史"概念承认自然和历史之间的相互作用，他自觉地意识到自然的作用，承认自然的作用，从而这使马克思有可能克服历史中的自然规律，走向自由。而黑格尔把历史和自然对立起来。在他的历史概念中，自然的要素是被排斥的。在排斥了自然要素之后，历史变成了纯粹精神的历史，而这个纯粹精神的历史变成了第二自然。这个第二自然似乎是不可避免的，无法克服的。马克思的思想中贯彻了真正的辩证法，就是历史中包含了自然，历史又能够克服自身的自然。

历史与形而上学

在这个部分阿多诺从理论上批判了那种把历史转变成为历史性的做法，批判了把自然和历史简单等同起来的做法，而强调历史中自然和历史之间的相互斗争。他要抓住这两者之间的斗争所留下来的碎片，并从这个碎片之中拯救形而上学。从这个角度来说，这个部分在结构上具有承上启下的作用。从这里，我们也可以看到，阿多诺把形而上学转向了历史领域。

在这个地方，阿多诺一开始就提出了历史和自然之间的关系的问题。把这个问题作为形而上学的关系问题来思考。他认为，自然和历史的区分同时也不加反思地表达了劳动分工。这个劳动分工就是精神劳动和体力劳动的分工。当历史和自然区分开来的时候，历史就是一种精神活动的产物。在这种劳动分工的基础上，人们来思考历史，于是历史就被理解为精神的历史，理解为必然性的历史。这样一种必然的历史就可以用科学的方法来加以研究。比如，海德格尔用现象学的方法来研究历史，对于历史进行一种直观的描述。当历史被人们按照这样一种直观的方法来研究的时候，历史就失去了精神和自然相互斗争的那种历史要素，历史或者是纯粹的精神史，或者是纯粹的自然史。人们无法在精神和自然的对抗中研究历史。当历史变成了精神的历史或者自然的历史

（这两种意义上的历史在本质上是一致的）的时候，历史就失去了历史含义（自然和精神的对抗性）。从这个意义上来说，把历史和自然对立起来的历史概念其实是非历史的历史概念。而海德格尔所提出的历史性概念就是这样一种非历史的历史概念。海德格尔就是在这个非历史的历史概念的基础上建立了一种新的形而上学，或者说，他把形而上学复活起来。我们可以说，海德格尔的历史概念是一种形而上学的历史概念。或者说，他的形而上学就表现在他对于历史性的理解中。这个形而上学的历史概念是建立在历史和自然的对立的基础上的。正如我们在前面所论证过的那样，在抽象历史概念的基础上建立起来的形而上学与自然主义的思维是一致的。剔除自然的历史就变成了纯粹自然的历史。尽管海德格尔要把他自己的形而上学思维与自然主义思维区分开来，但是在本质上他的形而上学是与自然主义是一致的。在阿多诺看来，在把自然和历史区分开来的视角中，海德格尔的形而上学与黑格尔的历史哲学在本质上是一致的。由于海德格尔以及黑格尔把历史和自然对立起来，于是历史在他们那里就变成了形而上学的存在者的基础结构。或者说，历史是海德格尔所说的形而上学存在者，特别是此在的基础结构。海德格尔的此在就是在自然和历史对立的基础上被理解的。而海德格尔所说的存在就是在抽象的一般和绝对的具体之间的对立的基础上确立起来的。自然和历史的对立就是一般和具体的对立的延伸。所以说，历史是存在本身的秘密性质。存在本身的秘密性质就是一般和具体的抽象对立，它是历史和自然对立的一种演变形式。这个意义上所理解的历史与自然是一致的。这个形而上学意义上的历史是对于自然宗教的模仿。正如我们前面所指出的那样，形而上学的历史是自然神话的对立面，也是自然宗教的对立面，但是它恰恰就模仿了它自己的对立面。这是自然和历史对立的必然结果。既然形而上学的历史是对于自然宗教的模仿，既然历史类似于自然，那么历史就失去了历史的特性，而变成类似于自然的东西。这样一种历史概念就允许人们随意地把历史规定性转变成为不变性。历史就变成非历史化的历史，变成了不变性意义上历史。当历史变成历史性，历史变成了不变的历史的时候，它就从哲学上掩盖了一种庸俗的观点，即把历史联系呈现为自然联系的庸俗观点。按照这样理解的历史好像是纯粹精神的历史，而不是自然的历史，好像这种意义上的历史与自然史无关。其实在这种历史的概念之中，历史就是自然史，历史的联系呈现为自然史的这样一种观点就包含在这种纯粹的历史概念之中。只不过，这种庸俗的观点被纯粹的历史概念掩盖起来了。这种纯粹历史意义上的历史概念其实就是把存在者本质化，把它变成纯粹精神意义上的存在者。

当存在论把历史和自然对立起来的时候，它的历史概念就可以直接过渡到自然概念。于是，这种存在论就可以理直气壮地宣布，它超出了自然和历史的差异。按照这样的思路，它好像既是自然，又是历史。它把自然和历史作为两极对立的东西结合起来。这与马克思所说的自然和历史的相互渗透，相互对抗的痛苦不可相提并论的。在马克思的自然的历史概念中，历史和自然之间的冲突导致人类的痛苦。而在海德格尔的历史概念中，不存在自然和历史对抗的痛苦。这两者之间的对抗是一个辩证关系，它们不能被同一起来。这种辩证关系不能用存在论的方法来分析，不能变成存在论。而存在论是把两个绝对对立的东西直接结合。于是它偷偷摸摸地认为，它超越了自然和历史。辩证法强调历史和自然的内在对抗，而存在论否定这种对抗，它把两个完全对立的东西抽象地结合在一起。所以，阿多诺说，正是在这里，今天的存在论也是一种隐秘的观念论。它之所以是观念论是因为，它把历史和自然之间相互交织、相互对抗的要素消除了，把历史变成了纯粹的历史，把自然变成了纯粹的自然。它把这两个东西完全对立起来，并在此基础上结合在一起。或者说，它一再把非同一的东西压缩到同一性之中，即它把自然和历史的斗争压缩到自然或者历史之中。当它把自然和历史的斗争压缩到同一性，比如压缩到历史之中的时候，它提出了历史性这个概念。于是，这个历史性概念变成了历史的载体，并取代了历史。而历史就是在这个历史性概念基础上发生的。对抗历史性概念的东西，包含了自然要素的东西被从这个历史性概念中清除出去了。所以，阿多诺认为，存在论变成了一种意识形态，这种意识形态表现为，虽然现实社会中历史和自然是冲突的，是无法和解的，但是在存在论中，这两者在精神上和解了。如果我们承认历史和自然之间的相互冲突，那么我们就会看到：一方面，历史中存在着必然性的强制，存在着黑格尔所说的那种世界精神，另一方面，由于自然对于历史、对于精神的斗争，历史必然包含了偶然的要素。可是，在存在论中，历史和自然是完全对立的，历史的必然性和历史的偶然性是对抗的，历史的必然性是排斥偶然性的。而历史的必然性越是排斥偶然性，历史最终越来越顺从于偶然性。这就是说，历史的偶然与历史的必然之间越是无情地相互对抗，它们之间就越是牢固地纠缠在一起。历史越是被理解为必然性，偶然性就越是牢固地纠缠着历史。强调历史必然性的人，最终必然会顺从偶然的东西，听任命运的支配。这就海德格尔对于命运和天命的理解。在这个历史必然性的背景下，个人就是纯粹偶然的东西，是完全顺从命运支配的东西，并且他的命运也毫无意义。个人的纯粹偶然性也可以理解为必然性。海德格尔的此在其实就是如此。他非常强调个人的偶然性，强调能在。而这个能在又是在命运的支配下。海德格尔在历史的必然性和偶然性之间徘徊，而缺乏辩证法。在海德格尔那里，在这个历史的大趋势中，个人无足轻重。一切意义都包含在历史的大趋势中。个人是无意义的，而历史过程本身保留偶然并篡夺了一切意义。

与强调历史性的存在论不同，粗陋的唯物主义强调自然的第一性的思想。这是一种粗陋的历史观。这种粗陋的历史观认为，自然是绝对第一的。这个是一种欺骗性的看法。自然必定是借助于精神这个中介出现的。尽管如此，人们还是会认为，虽然自然被精神所中介，但是与中介相比，自然是完全直接的东西。阿多诺认为，这也是欺骗。既然自然是被精神所中介，那么它就没有人们所理解的那种直接性。绝对的第一是不可能的，它必须借助于其他东西才存在。阿多诺否定了第一性的哲学。这是阿多诺的基本思想。凡是区分第一和第二的哲学其实就是按照分析判断的形式确立第一性。所谓分析判断形式是这样的，主词的内涵之中包含宾词。比如，我们可以说，金山是金子构成的山。在这里，金子就凭借其自身而被表达出来，它是纯粹自在的。自然第一性就是要借助于分析判断的形式把第一性确立起来。

在这里阿多诺批判了海德格尔对于"是"的理解。在海德格尔那里，"是"从分析判断中得来的，在分析判断中"是"的含义是必然的，而这个必然的含义把主词和谓词结合起来，从一定的角度来说，也把主体和客体结合起来。在这样的前提基础上，海德格尔把"是"（存在）作为优先的东西确立起来，它支配一切随后的东西，支配一切存在者。正如，我们前面在分析海德格尔的"存在"概念时所指出的那样，存在表面上超越了主体和客体，其实是把两个完全对立的东西抽象地结合在一起，并且两个抽象对立的东西可以相互过渡。比如，它把自然和历史抽象地对立起来，而这两个抽象对立的东西是可以相互过渡的。海德格尔的历史性概念就具有这样的特点。这个历史性所表达的是纯粹的历史，但是这个纯粹的历史也可以被理解为纯粹的自然。自然和历史被抽象对立起来的同时也被模糊了。

从前面的分析中，我们可以看到，在人类的文明的过程中，自然和历史总是在一定程度上相互对立的。在阿多诺看来，自然东西和人为状况之间的差异一旦被确立起来，那么我们就不可能消除这种差异，而是要在反思中淡化这种差异。这就是要在反思中看到自然的东西之中包含了人为的东西，而人为的东西之中包含着自然的东西。这两者之间是无法被绝对地割裂开来的。如果不加反思地消灭这种差别，那么其结果要么就导向粗陋的唯物主义，要么就导向观念论。这两者都是第一哲学，都否定了中介的意义。在阿多诺看来，如果不加反思地坚持这种对立，那么本质的历史过程（人类活动中的那种发生过程）就会变成纯粹自然过程的无害的附属品。这就是说，即使粗陋的唯物主义承认人有某种自觉活动，但是这种自觉活动都是自然过程的一个附属品。人的自觉活动不过是人作为一个自然的存在者维持自身需要的附属品。在这种对立中，那种坚持唯物主义的人把那非生成的东西、非历史的东西说成是历史的本质，把纯粹自然的东西说成是历史的本质。海德格尔的历史性概念就是把非历史的历史概念登上王座。自然和历史要素的相互斗争和相互依赖的要素被人们忽视了。而阿多诺所主张的辩证法思想是这样来理解历史的，即他强调反思自然和历史之间的相互作用，思想的任务就是要把一切自然、一切把自身作为自然确立起来的东西，都当作是历史，并且把一切历史都当作是自然。这就是说，虽然自然的东西和人为的东西不同的，但是我们不能按照二元论的方法把这两者完全对立起来，而是要从历史的东西中看到自然，在自然的东西中看到历史。

那么在自然中把握历史，在历史中把握自然，这里的历史和自然究竟是什么样子的呢？或者说，当自然和历史相通的时候，历史和自然究竟是什么样子呢？在这里，阿多诺引用了本雅明的文字来说明这一点。他说，历史和自然相通的要素是转瞬即逝的要素。它不是固定的，不是作为某种现实的存在者而被把握的。这是阿多诺所说的非同一的东西。历史中的自然和自然中的历史就是非同一的东西。这种东西是否定性的存在。阿多诺认为，对于这种否定的东西的把握是本雅明《德国悲剧的起源》的核心内容。在这本书中，本雅明认为，自然在巴洛克的诗人（德国悲剧的作者们）眼前飘动，他们具有农神般的眼光，并凭借这种眼光从自然中看到了历史。在农神的眼光中，人所耕耘过的土地是自然的同时又是历史的。不仅如此，阿多诺认为，自然历史的概念也保留在他的历史哲学之中。当历史作为悲剧登上舞台的时候，我们可以看到历史的悲剧背后所隐藏的是自然。比如，在帝王的自由决断中，自然的要素在发挥作用。而正是这种自然的要素导致了悲剧。反过来，在自然的面容上，在自然的冲动中，都留下了历史的印记。这个自然和历史相互作用中所留下来的是废墟（悲剧），是否定性的东西，而不是肯定性的东西。因此，在历史的研究中，我们所要关注的不仅仅是那些留下来的东西，关注这些东西在历史的进步中的不断积累。我们所要关注的是那些废墟，那些被历史的进步所摧毁了的东西。这就是本雅明所理解的"自然历史"。在这里，我们特别注意前面一部分所讨论的马克思的"自然的历史"概念。这个"自然的历史"就是自然和历史的相互冲突中所留下来的"废墟"，就是"悲剧"，就是非同一的东西。而形而上学就是要把握这个东西。

而当阿多诺把形而上学理解为这样一种东西的时候，阿多诺的形而上学非常接近于海德格尔。海德格尔所讨论的存在与阿多诺所说的非同一的东西是非常接近的，它们都无法被规定。如果被规定了，那么这个东西就是同一的东西了。当然，从前面的分析中，我们已经指出了，非同一的东西与存在又是不同的。虽然它们都是把自然和历史结合起来，但是结合的方式是不同的。海德格尔是把这两者割裂开来，并能够使这两者相互过渡。而阿多诺是强调这两者之间的相互斗争。海德格尔并没有真正摆脱同一性的逻辑。在阿多诺那里，形而上学就是研究自然和历史相互冲突中的"废墟"，这个非同一东西。这就是把形而上学转变成为历史。这就是说，在阿多诺那里，形而上学不再是像康德意义上的那种形而上学，不是探讨超越的东西的形而上学，而是探讨历史的形而上学，探讨人类自身生存的形而上学。这是第一层意思。第二层意思，形而上学是世俗化的形而上学。传统上形而上学还是与神学联系在一起的。中世纪的神学中提供了绝对的东西。这种与神学结合在一起的形而上学把某种绝对的东西作为现成的东西，作为给定的东西提供出来。而现代形而上学则不同，它不是把这种最终的东西作为现成的肯定的东西提供出来。如果说形而上学在康德那里还包含了对于上帝存在和灵魂不朽的悬设,还有某种神学的痕迹,那么在阿多诺这里,形而上学必须被世俗化。而阿多诺的形而上学所研究的历史,不是人们通常所理解的不断进步的历史,而是研究历史中的"碎片",研究历史中的"废墟"。历史的发展过程就是人类不断征服自然的过程,也是精神不断取得胜利的过程,而在历史和自然的斗争中,还留下了被精神的胜利所牺牲了的东西。精神的不断胜利,同时就是精神征服自然的不断胜利,是精神满足于思想中的玄思,而历史上的形而上学就满足于这种玄思。而今天的形而上学不是满足于精神的玄思,不是满足于胜利者的辉煌,而是要关注被精神在自身的胜利过程中所留下来的废墟。哲学就是要关注这个废墟,关注这些碎片。这是不断翻新的不祥之兆。这就是说,在人类用精神征服自然,用历史来不断否定自然的时候,自然会不断地反抗。而这种自然的反抗往往是悲剧性的,法西斯主义就是精神征服自然而产生的自然的反抗的结果。这是文明的悲剧。这是被压抑的自然的反抗。在物质劳动和精神劳动的对抗中,物质劳动是历史上被牺牲的东西。劳动者的反抗就是自然的反抗的表现。今天的形而上学研究就是要研究这种被压抑的自然,被精神的进步碾得粉碎的自然。这个具有历史意义的自然的碎片。这个自然的碎片具有客观的意义,具有唯物主义的意义。唯物主义要关注的是这些碎片,而不是绝对第一的自然,是被精神所中介过的自然。从哲学史上来看,思辨的形而上学总是要强调精神的作用,但是在这些思辨的形而上学中都留下了这些自然的碎片。阿多诺对于康德的实践哲学和黑格尔的历史哲学的批判就是说明了在他们的思想中所留下来的碎片。这个碎片不能按照现象学的直观方法(如海德格尔)被直观,而是必须借助于内在的批判被揭示。阿多诺通过对于康德和黑格尔的内在批判揭示了这些碎片。在黑格尔和康德的哲学中的这些碎片预示着传统形而上学的衰弱。阿多诺改变这种传统的形而上学,把形而上学从"宏大叙事"转变为对于这些转瞬即逝的东西的探讨。这就是要通过对于转瞬即逝的东西的思考来把握超越的东西。超越的东西不是直接出现的,而是被暂时、被转瞬即逝的东西所击碎,人们必须在被击碎的东西中体会超越性。黑格尔哲学也注意到这种转瞬即逝的东西,注意到这种有限的东西,但是,转瞬即逝的东西在他那里构成了一个总体,而这个总体在他那里是与绝对者等同的。他的辩证法是要借助于这些有限的东西把握总体，把握绝对者。当这些有限的东西变成绝对者的时候，它就获得了一种神秘的魔力，它变成了世界精神，在黑格尔关注这些最细微的东西的时候，他试图超越这种神秘的魔力。当然，在他把这些最细小的东西纳入到精神的总体之中的时候，他又强化了这种魔力。

第三章　对形而上学的沉思

奥斯维辛之后

在这个部分，阿多诺说明了奥斯维辛之后形而上学的特点。这就是形而上学既不能变成高高在上的对于本质的玄思，也不是沉迷于经验事实的经验科学，而是要把这两者结合起来。他承认对于社会现象进行外在观察的意义，但是又强调，哲学研究不能停留于外在观察。

这个部分的一开头，阿多诺对于传统的形而上学进行了批判。传统形而上学是指亚里斯多德所开创的形而上学。这种形而上学是从概念上来把握绝对，把握最根本的原因。因此，这种形而上学从思想方法上就是关注最终的绝对的东西。在这里形而上学和日常世界是完全割裂开来的。而在亚里斯多德那里，形而上学有一个最高的存在者，这是不动的推动者。这个不动的推动者只是创造了世界，然后就不再影响这个世界。虽然上帝是至善，但是对于世界上的丑恶的东西却毫无影响。这就说，传统形而上学有一个根本的缺陷，它虽然要把握最终的东西，甚至要达到最高的善，但是这种东西与现实世界无关，与现象世界无关。在阿多诺看来，形而上学是人们在经验事实的基础上进行思想中的反思，思想本身是不能够成为绝对的。思想本身必须是有条件的，而不可能是无条件绝对的。这就要求形而上学与经验的要素结合起来。[1]

---

[1] Theodor W. Adorno, *Metaphysics: concept and problems*, Edited by Rolf Tiedemann, Translated by Edmund Jephcott, Stanford University Press, 2001, pp. 101–102.

阿多诺在这个地方一开始就批判了这种形而上学。他指出，我们再也不能坚持说，不变的东西是真实的，而运动的、暂时的东西是假象，不能坚持认为，时间性的东西和永恒的东西是漠不相关的。这就是说，我们再也不能把形而上学和经验科学割裂开来，不能把本质和现象，暂时和永恒割裂开来。奥斯维辛之后的形而上学，必须是把本质和现象，暂时和永恒结合起来。当然，黑格尔也曾经试图把暂时和永恒结合起来，但是黑格尔的结合的方法是这样的，时间上的定在作为具体的东西变成了概念，而在这个概念之中包含了一种自我否定的要素，或者说包含了摧毁的行动。这种自我否定是概念之中的永恒的东西。从这个意义上说，概念上的这种摧毁行动可以被用来为永恒服务。在阿多诺看来，即使黑格尔的这种方法也不行。这是因为，黑格尔还是把具体的东西，时间上的定在抽象化了，把它变成了概念。

尽管阿多诺反对按照黑格尔的模式把现象和本质，暂时和永恒结合起来，但是他还是接受了黑格尔的辩证法思想。这就是说，形而上学应该与辩证法结合在一起。阿多诺的辩证法当然不同于黑格尔的辩证法，黑格尔的辩证法在概念的范围中兜圈子。而阿多诺通过形而上学概念的内在矛盾，即从概念与现实对象关系的角度来重新理解形而上学概念。当形而上学的概念被这样来理解的时候，形而上学概念就包含了一种冲动，就是走出纯粹概念的冲动。前面我们已经讲过，阿多诺的概念是要走向非概念，走向概念之外的东西。这就是说，在阿多诺那里，概念不能简单地被当做概念，而同时也要被当做它所涉及的东西。于是，阿多诺指出，在辩证法中有一种世俗化的神秘冲动，这种冲动要在理论上把世内的东西、历史的东西与传统形而上学所勾勒的超越的东西联系起来。形而上学不是停留在超越的玄思中，而有一种世俗化的冲动，有一种走向现实问题的冲动。从形而上学的角度来说，形而上学也要从现实的东西出发，但是它要把现实的东西、时间上的东西与超越的东西联系起来，把这些东西与形而上学的思考联系起来。这就是说，要把具体的东西与形而上学问题的思考联系起来。阿多诺所要进行的联系，就是要把形而上学与生存斗争联系起来。形而上学不是纯粹的理论，而其思想的根基是生存斗争，形而上学是把生存斗争提升为一种哲学理论。这就是阿多诺所进行的联系。阿多诺认为，形而上学的核心是生存斗争原则。也正因为如此，奥斯维辛的出现是与形而上学联系在一起的，是与生存斗争的模式联系在一起的。接下来，阿多诺说了一句非常长的话。这句话意思是，在奥斯维辛之后，人们产生了一种情感，而这种情感是有客观意义的。那么这是一种什么样的情感呢？这就是看到现实中出现的残酷事实，直面这些残酷事实，我们必须关注现实中所发生的残酷事情。这里所说的关注定在实证性的主张，就是关注具体的事实，不是把对于这种具体事实的讨论看做是空谈，也不是把注重这些具体的事实看做是对于逝者的不敬（其潜在的意思或许是，如果对于逝者究竟如何死去进行追根究底地经验探索，好像进行尸检那样，对于逝者不敬）。这种情感反对人们用命运，用事件背后的必然原因来解释这些事情，反对那种抽象的形而上学思考，反对人们从这种形而上学的思考中看出这些事件背后的意义。抽象的形而上学从这种奥斯维辛中看到了肯定的意义，比如，这是走向绝对目的的一个必要步骤，是人类走向未来必须付出的代价。那么这是绝对错误的。阿多诺肯定，这种实证意义的情感是有正确性的，是包含了客观要素的。从另外一个角度来看，阿多诺反对人们从经验事实中直接获得某种本质的东西，反对形而上学的那种肯定性方面。而传统形而上学就包含了这个肯定性方面。比如，存在被认为有目的地导向神圣。[①] 传统的形而上学认为，它能够从经验的事实中直接找到某种内在的意义，发现某种肯定的东西，或者发现被肯定地确立起来的东西具有某种内在意义。在阿多诺看来，按照传统的形而上学赋予这些事实以肯定性的维度，对于逝者来说，是极端地不道德的。如果人们要建构这样一种意义，那么这就是要肯定绝对的否定性，即肯定现实中的否定性方面，好像在这种否定的现实中，比如从奥斯维辛的大屠杀中发现某种意义，好像历史中发生这个过程是人类在历史发展中所付出的一种代价。如果这样去理解这种否定性的事实，那么这就是要肯定绝对的否定性，就是要从意识形态上促进这种否定性的持续存在。海德格尔就是把沉沦的日常世界与世界性结合起来，从日常世界中直接看到某种肯定性的本质。这是一种被错误地复兴起来的形而上学。阿多诺在这里对于形而上学性质的思考也是对于海德格尔的存在论意义上的形而上学的一种改造。阿多诺强调，我们所生存的社会包含了否定性，包含了肉体和精神的对立，或

---

① Theodor W. Adorno, *Metaphysics: concept and problems*, Edited by Rolf Tiedemann, Translated by Edmund Jephcott, Stanford University Press, 2001, p. 103.

者说，包含了精神对于肉体的否定。这是从文明一开始就存在的现象。这种现象一直延续到今天。在这里，我们可以看到，阿多诺和海德格尔一样都关注现实社会中的否定性向度。在海德格尔那里，这是沉沦，在阿多诺那里，这是肉体和精神的冲突。海德格尔接受了直观的方法，而阿多诺也不反对直观的方法在形而上学的地位。他们的差别在于，我们不能在直观中通过悬置事实，而直接找到本质，在否定现成事物的过程中直接把握本质。阿多诺认为，这种本质不是现成存在的，即使按照海德格尔的存在论思路也不行。海德格尔在否定（悬置）现成存在的东西的时候发现了某种肯定性的本质。这是阿多诺所反对的。从前面对于本质的概念的分析中，我们知道，在阿多诺看来，本质是否定性的。

接下来，阿多诺通过第一自然和第二自然的类比来说明，第一自然所发生的事情会让人重新思考形而上学，那么第二自然的所发生的悲惨事情更应该让人重新思考形而上学。里斯本的地震极大地触动了伏尔泰，并使伏尔泰摆脱莱布尼茨的神正论。莱布尼茨的神正论认为，我们所生活的世界是一切可能世界中最好的世界。而伏尔泰摆脱了莱布尼兹的神正论。他对于里斯本的大地震所造成的伤害极为震惊（请注意，哲学起源于惊异。这里还有这层意思），并写下了有关的长诗。① 如果这个世界是最好的世界，那么为什么会出现如此重大的灾难呢？他接受了经验论，否定了现实世界是一切可能世界中最好的世界。可是相比于这个自然的灾难，而人类自身所造成的灾难要比这个自然灾难大得多。这种灾难才造成了真正的人间地狱，并且超出了人的想象力。第二自然所导致的悲剧更应该让我们重新思考形而上学。

接下来，阿多诺批判了实证主义的思维方式，批判了工具理性。人们的思想停留在工具理性上，停留在实证主义的方法论之中。在这种实证主义的框架中，人不去关注超出经验事实的东西。所以阿多诺特别强调，人的形而上学能力被扭曲了。阿多诺在这里所说的形而上学能力是指那种把思辨的东西与经验的东西联系起来的能力，把超越的东西和经验的东西联系起来的能力。那么为什么人的这种能力被扭曲了呢？这是因为，现代社会把思辨的形而上学思维和

---

① Theodor W. Adorno, *Metaphysics: concept and problems*, Edited by Rolf Tiedemann, Translated by Edmund Jephcott, Stanford University Press, 2001, pp. 176 – 177.

经验共存的基础破坏了。对于阿多诺来说,思辨的形而上学思维和经验共存的基础是人的肉体和心灵的和解。在人类文明史上,这两者之间就一直处于冲突和矛盾之中,而当代资本主义社会把这种状况发展到了顶端。奥斯维辛把这两者之间的极端对立凸显出来了。当人的肉体和心灵对立起来的时候,人或者是纯粹精神上的存在者,或者是纯粹肉体上的存在者。在精神和肉体割裂开来的基础上,人的精神就不受到情感等"非理性东西"的影响了。对于这些不受"非理性东西"影响的法西斯主义者来说,犹太人就是满足于利益追求的经济动物,可以被排除在人之外。犹太人就像动物一样被处理,被按照数字来处理。我们已经说过,在历史上人也在一定程度上把精神和肉体对立起来的,也在一定程度上被当做数字来处理的。但是在今天,人如此大规模地被当做数字来处理,这就已经从量变转向质变。这就是说,奥斯维辛的大屠杀已经表明,人类文明发生了一种质的变化。这种质的变化表现在,人的肉体和精神彻底对立起来了。在这里,数百万人被当做单纯的数字被处理。正如黑格尔在《精神现象学》中所说的那样,砍掉一个人头就像砍掉一颗大白菜。人被当成纯粹的物。死亡不再是一个可怕的事情。本来,死亡是人自身的一种切身的体验。虽然人都会死,但是死亡的体验是不同的,每个人对于自身生命都有不同的体验。在现代社会,人的肉体和精神对立起来了。人不再是一个活生生的人,他或者是纯粹的精神存在,或者是纯粹由体的存在。如果人是纯粹精神的存在,那么肉体的体验对人来说就是无关紧要的。如果人是纯粹的肉体的存在,那么人不过是行尸走肉而已,死亡不过如同一头猪那样死去。死亡不再是可怕的事情。而在阿多诺看来,死亡体验才是最本己的体验,这也是人留给自己的最后一点东西,而且是最可怜的东西,但是,这种东西也被剥夺了。集中营的人是被批量屠杀的,是被关在毒气室中不知不觉地死亡的。所以,阿多诺说,事实上,在集中营中死亡的不再是个人,而是样本。这一事实必定感染了那些逃脱了这些强制手段的人们的死亡体会。这就是说,虽然其他人逃脱了集中营,但是集中营中的死亡方式扩展开来了。没有在集中营中死亡的人同样也不再可能有自己独特死亡体验了。

在这里,人的死亡都是一样的,每个人其实都是同样东西中的一个样本。人被当做同一的东西,死亡也被看做是完全相同的。而对于犹太人所进行的种族灭绝就运用了同一性原则,把所有的犹太人纳入到同一的框架中。这也可以叫绝对的整合。本来,整合是差异东西的整合,而在大屠杀中,人被按照同一性原则进行了绝对的整合。人都被看做是同一的东西被干掉。这种同一就是抽象的东西之间的同一。人变成了纯粹同一性意义上的存在物。这种存在物也类似于空无。如果人偏离了完全空无的概念,变成了具体的人,那么这种人就必须被否定掉。人必须被同一起来,不能偏离空无的概念,不能成为具体的人。现代社会把人变成了抽象的人。他们的死亡都是一样的。在这里,阿多诺还暗暗地批判了海德格尔。海德格尔从形而上学的意义上讨论死亡。他虽然看到了每个人的死亡的差别,但是他把死亡变成抽象的哲学概念。与人的肉体体验有关的东西却被剔除了。在这里,阿多诺引用了贝克特在《终局》中的一句格言,没有什么东西是真正可怕的。这是在集中营进行第一个测试的时候,人们对这个实验所作出的反应。这就是说,当人被当做一种样本来被测试的时候,人就变成了同一性的东西。在这样的情况下,人们对于这种实验的反应就是没有什么东西是可怕的。在这里一切非同一性的东西都按照同一性的模式来处理。死亡与人的肉体的体验无关,它不再是一件可怕的事情。人的死亡就是绝对的否定,这种否定没有什么值得大惊小怪的。本来,人还有对于死亡的恐惧,但是如今死亡的恐惧被征服了。本来,恐惧是与人的自我持存有关的。人为了自我持存才会产生恐惧,尤其是恐惧那些未被认识的东西,那些非同一的东西。从这个角度来说,人的恐惧还是有积极意义的。其积极意义是,人在恐惧的时候发现,面对死亡的时候,他只有自己孤独地面对死亡,所有人都无法替代他。可以说,恐惧导致了自我持存中的个体化现象的出现。人在自我持存之中,在面对恐惧的时候,必然会走向个体化。这也是叔本华的思想。而人在个体化的过程中,在生存斗争的过程中,把这种个体化推向极端。而当生存斗争走向极端的时候,人就走向了死亡,就走向了精神和肉体的绝对对立。这种对立就是把人变成了一种纯粹的精神存在或者纯粹的肉体存在。个体化原则把人推向自我毁灭。最后,阿多诺指出,集中营里的施虐狂对他们的被害者说:明天你们就化作烟雾从这个烟囱中升腾到天空之中。这就是说每个鲜活生命在这里是无差别的,而历史正在走向生命的无差别性;每一个人在其享有形式的自由之中就已经是清算者的脚下的可互换、可替代的东西了。这就是说,在资本主义社会中,人们都强调人是自由的,但是这种自由是把人变成了抽象的个人。如果不把人抽象化,那么人就不可能平等地享受自由。在这里,人的自由是形式自由。在这种形式自由的背后隐藏着一种抽象化的原则,即人被当做抽象的人,当做是可以相互替换的人。

接着,阿多诺从人被抽象化理解所出现的问题进行了分析。阿多诺说,在这个世界中,普遍性个人在法律上占有优势地位。这就是说,在当代法律体系中,人是普遍意义上的人,是抽象的人,而不是具体化的个人。这个普遍的人就是抽象的自我,就是纯粹的我思。所有的人都是这样的纯粹的自我。从法律上来说,所有的人都可以被理解为这样的抽象自我。这个抽象自我是没有变化的。这是人类文明逐步出现的趋势。在精神和肉体的对立中,人越来越被理解为这样的抽象自我。继续推进这个抽象的自我是非常可怕的。它导致人的抽象化。而在当代世界,人越来越走向这种抽象化的生存。这是一种历史趋势,并且是无法避免的历史趋势。所以阿多诺说,这种趋势就如同集中营里的人们所无法逃出的铁丝网一样。人被束缚在这样一种走向抽象自我的孤立趋势之中。这也是人类文明给人所带来的巨大痛苦,人有权利表达这种痛苦。也正因为如此,阿多诺曾经指出,"奥斯维辛之后不再可以写诗"。当然,阿多诺的这个说法后来引起了极大的争议。在这里,我们不能深入考察这个问题。但是,从这里的上下文中我们可以看出,在阿多诺看来,人类文明中所出现的这样一种趋势,即人变成抽象自我的痛苦不应该被忽视。如果人们看到历史中的巨大发展、物质条件的改善等而高唱赞歌,那么这就忽视这种巨大的痛苦。从这个角度来说,"奥斯维辛之后不再可以写诗"。但是,我也可以换一个角度来说,"奥斯维辛之后必须写诗",因为通过这种诗歌人类可以表达自己的痛苦。这个痛苦必须表达出来。① 所以,阿多诺在这里说,奥斯维辛之后不再可以写诗这个说法或许是错误的。接着,阿多诺提出了一个非常重要的问题,即我们是不是要允许那本该处死却侥幸逃脱的人在奥斯维辛之后继续生活下去?因为这些人是这个罪恶的社会系统一部分,他们共同造成了奥斯维辛的社会氛围。他们是罪犯,他们本该被处死。但是,如果我们按照法律程序,那么他们就不能

---

① Theodor W. Adorno, *Metaphysics: concept and problems*, Edited by Rolf Tiedemann, Translated by Edmund Jephcott, Stanford University Press, 2001, p. 110.

被处死（关于要不要处死这些罪犯的问题，前面阿多诺已经分析了）。而在这个法律程序中，人都是按照抽象的自我来被理解的。这个抽象的自我就是资产阶级的主体原则，必然包含了冷漠。而这种冷漠恰恰是导致奥斯维辛的主要原因。如果我们继续保持这种抽象的主体原则，保持这种抽象的自我原则，那么我们就无法避免奥斯维辛继续出现。被饶恕者的罪孽不仅仅在于他们是奥斯维辛中的共犯，而且还在于，他们的存在就是确证了资产阶级主体的那种冷漠的合理性。罪恶的东西变成了合理的东西。这就是他们的最大的罪孽。为了赎罪，他们就应该感到他们是死去了的。只有他们的死去，这才是对于资产阶级冷漠主体的拒斥。因此，阿多诺说，为了报复他们，他们好像秘密地受到噩梦的折磨。在噩梦之中，他们不再活着了，而是在1944年被送进了毒气室。他们应该像是经过了奥斯维辛的死亡那样死去。这样，他们才能赎罪。而在1944年之后的生活，不过是生存的幻觉，是被杀死之人的幽灵在游荡。他们不过是作为幽灵活着，是游荡的幽灵。他们应该像是在噩梦中生活，应该作为幽灵来生活。这才能赎罪。

如果说前面一段主要说明在资本主义社会中，肉体和精神发生了分离和对抗。这种对抗是奥斯维辛发生的主要原因，那么后面阿多诺又反过来从另外一个角度强调，在一定程度上分离是应该的。前面是对于实证主义的否定，而后面又在一定意义上肯定了实证主义的方法，承认旁观者视角的意义。对于阿多诺来说，新的形而上学不是完全否定这种分离，而是要在一定程度上克服这种分离。这种新的形而上学包含辩证法的形而上学。

那些沉思的人，比如哲学家和艺术家对于奥斯维辛的状况可能会采取一种旁观者的视角，而不是从切身体验的视角来看待它。这好像是一种极其冷漠的做法。在大多数情况下，人们会对于这种冷漠的做法产生反感。比如，克尔凯郭尔也是在此基础上对他所说的审美领域提出批评。他也对这种冷漠的态度极其反感。阿多诺认为，克尔凯郭尔是从一种哲学人格主义的角度来讨论这个问题的。它反对从外在观察的角度来看待现存的东西，而要用生存的态度，用真切生活体会的角度去理解人的生存。阿多诺认为，人格主义的这种批评表明，用观察者的视角，而不是用生存体验的视角看待生活中的问题也是有客观真理的要素的。为什么说这种观察者视角也有客观真理的要素呢？这是因为，人不是作为生活的参与者，而是作为外在的观察者来看待这里的问题。这样人就不受到自我持存的动机的影响，人就超出了自我持存的动机思考问题。而自我持存会以一种幻觉的形式出现的。本来一种事情与人的自我持存没有关系，但是人好像把它当做是自我持存的巨大问题。这就好像一个人有没有名牌的手机与自我持存没有多大的关系，但是有些人就是要卖掉自己的肾，购买名牌手机。他陷入了自我持存的幻觉之中了。既然人会陷入自我持存的幻觉之中，那么人就要超出自我持存的幻觉来看待生活。这也是有客观真理的要素的。当人们超脱了的时候，当人们摆脱自我持存的幻觉的时候，人们会说这样一句话："这有什么关系呢？"这是一种超脱。当然，这种超脱也可以被理解为冷漠。这种直接的东西就是现代社会中的人与人之间的冷漠状况，就是一种非人的残酷状况。按照道理，人格主义会批判观察者的视角。为什么那些沉思的人以及艺术家竟然能够确认，观察者的视角也是包含了真理的要素呢？因为这种"超越的维度"包含了对于自我持存的幻觉的一种否定。它所强调的生存不是自我持存意思上的生存，而是超越自我持存意义上的生存。在这里，阿多诺显示了他的辩证法思想，对于人的生存我们既需要有观察者的视角，又要有参与者的视角，既需要有切身体会的维度，又要有超越的态度。接着，阿多诺指出，"这有什么关系呢？"这句话从它那个方面来看，确实能够非常轻易地与资产阶级的冷漠联系起来。如果有人在面对现存状况说，"这有什么关系呢？"那么这种说法之中包含了资产阶级的冷漠。但是，阿多诺认为，我们不能简单地认为这就是资产阶级的冷漠，而应该看到，其中也包含了人道的要素。这是因为，在这句话中，个人也能很快而又毫无畏惧地意识到存在的虚无。这就是说，这句话表明了，现代社会的残酷，现代社会的恶劣状况把人变成了虚无，我们要与这种虚无拉开距离。这种拉开距离的做法是人道的。在这句话中，个人意识到了存在的虚无。这里所谓的存在的虚无就是现实状况的虚无。人们以冷漠的方式对待这个世界，是因为这个世界本来就是一个冷漠的世界，是一个恶劣的世界。所以阿多诺说，尽管这里包含了不人道的东西，即人能够作为旁观者与自己拉开距离，并超然于事物之上，但是这个不人道的东西最终恰恰是人道的，而人道的鼓动家却激烈反对这种人道的东西。这就是说，在这种不人道的说法之中，在这种冷漠的说法之中其实也包含了人道的方面。而具有人道主义特点的思想家会反对这种人道的方面。

在现代社会中，人本身已经变得冷漠无情。当人本身变得冷漠无情的时候，人就会说，"这有什么关系呢？"所以，这种冷漠无情的做法其实也是对于现代社会的一种嘲讽。阿多诺说，从另外一个方面来看，这种冷对生死的做法也不是毫无道理的。比如，萧伯纳在去剧院的路上向一个乞丐出示他的证件，并匆忙对他说"记者"。在这个场景中，旁观者的意识就隐藏在这玩世不恭的做法的背后。萧伯纳的这种玩世不恭的做法背后其实就是包含了对于这种观察者的态度反思。他既看到了记者必然会出现这种观察者的态度，但是又看到了这种态度背后的问题。他用这种玩世不恭的方法挖苦了现代社会中，人们对于他人痛苦的冷漠。这种冷漠是现代社会中每一个人都具有的特征。叔本华也是如此，他发现，在面对死亡的时候不仅其他人，甚至我们自己，也常常薄情寡义。他们都看到了观察者态度的必然性。从这里，我们可以看到，人似乎受到了一种魔力的控制，没有人能够去爱，正是由于这个原因，人们相互之间也感受不到爱。这是一种什么样的魔力呢？我们在评论黑格尔的时候所说的那种魔力。这个魔力背后是理性化了的自我持存。人都要受到这个魔力的控制，人都需要自我持存。在这种自我持存的斗争中，人必然会把肉体和精神对立起来。在这种对立中，人就会出现这样的冷漠态度。人不仅会对别人冷漠，而且对于自己也冷漠。反思这种冷漠，这才是人道的。旁观者不可能完全被这个魔力控制。他也会意识到，人难道只能冷漠地对待他人和自己吗？当萧伯纳用一种玩世不恭的态度来表达这种冷漠态度的时候，人就在进行这样一种反思：这种冷漠是不是人的全部可能性。人的冷漠是不是因为，人受到一种错觉的控制，当主体在处于错觉的情况下，他会没有别的情感，而只有像动物那样的瞬间冲动和饥困。而在阿多诺看来，现代人都在这种错觉的控制下。人的这种冷漠态度与这种错觉有关。

如果人在这种错觉的控制之下，那么活生生的人只有两种选择，或者是不自觉的无动于衷，即一种薄情寡义的审美态度，即旁观者的态度，或者是被卷入者的兽性。这是肉体和精神对抗的条件下，人所陷入的一种错觉。在现代社会，人往往会在这样一种错觉下生活。旁观者的态度是一种超脱的态度，而参与者的态度是同感的态度。这两种态度都有一点正确的地方，只要我们不把这

第三部分 模式

两者推向极端。阿多诺强调，人在生活中不能把这两种态度完全对立起来，只要这两者没有被完全对立起来，那么这两者都包含了一点正确的东西。这种可恶的自我持存就能够抵御住现代社会中不断提升的威胁，抵御住了人所面对的各种生存危机。与此同时，这种自我生存还不断地强化自身。这就是说，人在自我持存中不仅能够抵御自我持存所受到的威胁还会不断强化自身。而在强化这种对立的过程中，人会把精神和肉体对立起来，甚至走向自我毁灭。在这种情况下，人应该去反思自我持存，应该看到这个自我持存会强化精神和肉体的对立。当精神和肉体对立起来的时候，人的生命或者被理解为纯粹肉体意义上的生命，或者被理解为纯粹精神意义上的生命。当生命变成一种精神意义上的生命的时候，这种生命其实也是否定生命的生命，是否定肉体与精神和解的生命。这个生命是一种可怕的生命。这种生命变成了让自我持存害怕的生命，是否定生命的生命。所以，阿多诺说，这种生命变成了一种幽灵，变成了精神世界的一部分。而觉醒的意识会看穿这种精神世界，看到这种精神世界对于人的生存的威胁，看到这种精神世界与肉体的对抗。这种与肉体对抗的生命不具有生存的意义。显然，虽然人有生命，但是生命的含义在每一个人那里是不同的，这就是要看人如何处理自己的肉体和精神之间的关系。把肉体和精神对立起来的生命不具有生存的意义，是一种有罪过的生命。它的罪过就在于，生命变成了纯粹的事实，并按照统计数据剥夺了另一个人的生命的气息。当人的生命被当做统计数据的时候，人们就可以用少数的被拯救者来弥补绝大多数的被屠杀者，这好像是概率计算所已经预测到的。这种有罪过的生命与生活是不可调和的。这种罪过不断地再生产自身，因为它不可能随时被人们完全意识到。人们不可能随意意识到自己的生命已经不再有生活的意义。

这样一种生命存在的状况，迫使我们走向哲学。我们知道，在传统上，人们认为哲学起源于震惊。今天的社会状况让人震惊。这种让人震惊的状况迫使我们走向哲学。阿多诺指出，哲学越是具有穿透力，越是深刻，它就越是怀疑，它真应该与事物的本来状况保持距离吗？一般来说，人们认为起源于震惊的哲学是不满足于表面现象，而要深入透视事物的"背后"的本质。而阿多诺否定了这样一种哲学，他强调，哲学应该把思辨的本质思考与现象的观察结合起来，应该把直观到的现实状况与本质的思考结合起来。哲学不应该与事物的本来状况保持距离。所以，阿多诺强调，即使本质在这里被揭示出来，最表面、最平庸的直观也愿意正当地反抗那些指向本质的东西。这就是说，即使是最平庸的直观也有正当的权利反对指向本质的东西（对于阿多诺来说，本质必须是否定性的）。这就是说，即使人们获得了本质，人们也不能满足于这种本质，而且也要接受直观的东西，哪怕是最表面、最平庸的直观。这也进一步说明，为什么那种旁观者的直观态度也是有正当性的，也有人道的意义。于是，阿多诺强调，在这里，一束耀眼的光辉照耀在真理本身之上。这束耀眼的光辉就是日常生活中直观到的现实。这种直观应该与思辨的思考结合起来。即使这种直观是正确的，思辨的思考也不能简单地接受这种直观到的东西，而要对"常识"进行修正。思辨有义务对它的反对者"常识"做出修正，并且对于这种修正做出让步。思辨不能简单地接受"常识"。这就是说，虽然我们应该接受直观的东西，接受常识的东西，但是我们也必须超越常识。这也是生活中经常出现的情况。所以，阿多诺说，人们在生活中养成了这样一种习惯，即习惯于思辨的思考，而对于常理产生恐惧。人们不愿意接受这样的事实，必须要认识的东西竟然类似于人们所发现的"回到现实"，而不是提升自己的东西。人们不愿意接受常识，人们总是希望认识本质，而本质其实就是在"回到现实"的常识之中。于是极其可能的情况是，这种普遍的认知甚至要在超出平常的领域中得到证实，而思想只能高高在上地享受着幸福，并允诺提供真理。在这里，阿多诺再次强调，哲学与普通常识结合在一起。我们不能停留在常识之中，不能停留在常理之中。只有思想才能享受幸福，才能提供真理。

因此，阿多诺强调，形而上学就是要超出常识，如果平常的领域具有最终的决定权的话，如果它竟然成为真理，那么真理就被贬低了。虽然我们要进行思辨的思考，但是这并不意味着，我们就不需要平常的意识。如果真理符合论即思想和实在之间的符合的理论被否定了，而一种不同于符合的真理概念取得成功，那么平凡的意识值得尊重。阿多诺在这里所说的取代符合论意义上真理概念就是他所说的把握非同一东西的真理概念。如果平凡意识不是拘泥于那种符合论的真理概念，那么这种平凡意识（尽管这种意识从理论上来说通过实证主义和非反思的唯名论表达了出来）就可能比高贵意识更加接近于认知与事物之间的一致，就更可能达到真理。这里所说的更加接近于认知与事物的符合就是指更加接近于非同一的东西。这种平凡意识就会在其奇特地讽刺真理的过程中比那种严肃意识更加接近于真理。这种平凡意识会奇特地讽刺真理，讽刺严肃意识。它之所以会讽刺真理，是因为这种真理看上去是真理，其实不过是抽象的思辨。而阿多诺所主张的是另外一种不同的真理，即与常识结合在一起的真理。他说，如果形而上学热切希望通过废弃自身来取得胜利，即不再拘泥于思辨的思考，那么这一热情正适合于这样一种不同的真理，把握非同一东西的真理。这就是形而上学走向唯物主义的动机之一。这就是形而上学不是拘泥于思辨的思考，而是要与日常知识结合在一起。形而上学走向现实，这就是一种唯物主义的转向。阿多诺认为，从马克思到本雅明都走在这样一种形而上学的道路上。他们都要把思辨的思维与现实的思考或者经验的思考结合起来。他认为，卡夫卡的文学作品也是如此。比如，他的《变形记》其实就是联系现实的一部作品。最后，阿多诺对于他自己所提出的否定的辩证法，做了解释。如果否定的辩证法需要思维上的自我反思，那么这就意味着，在一种可以具体把握的意思上，思维如果要成为正确的就必须，而今天无论如何都必须，以反对自己的方式来思维。这种思维上的自我反思不是仅仅局限于思维过程本身，而且要反对自身，即走出思维过程之外，要包含现实的内容和经验的要素。这就是否定的辩证法作为一种形而上学所应该重视的东西。从这个角度来说，否定的辩证法本身就是阿多诺所要建构的形而上学。最后，阿多诺强调，如果思维不能以逃离概念的那种极端方式来衡量自身，那么它从一开始就具有那样一种伴奏音乐的节拍，即党卫军（法西斯分子）也喜欢用这种节拍来淹没其受害者的惨痛的叫声。这就是说，如果形而上学局限在概念的思考之中，那么即使它也关注现实，那么现实的东西也被掩盖在抽象的概念之中。具体东西会转变成为具体性。这就如同党卫军屠杀他人的过程之中也会播放音乐，但是，这种美好的音乐变成了淹没其受害者的惨痛的叫声工具。传统的形而上学的玄思变成了压制、掩盖残酷现实的工具。

形而上学与文化

在这个部分，阿多诺分析了传统形而上学的文化根基。这个文化根基就是肉体和精神的分离。人类在文明史上必须要征服自然，从而对抗自身的肉体。

这就导致了肉体和精神的分离，主体和客体的分离。为了解决这个形而上学的问题，海德格尔直接超越这种分离，而阿多诺采用否定的辩证法。

在这个部分一开始，阿多诺提出了一个非常重要的主张：第二次世界大战把一个新的绝对命令强加给我们。这个绝对命令是，调整我们的思想和行为，以免奥斯维辛再次发生，以免类似的事情再次发生。我们必须调整我们的思想和行为，从而避免奥斯维辛再次发生。阿多诺把他所提出的绝对命令和康德所提出的绝对命令加以类比。康德的绝对命令是肯定式，是给定的，要人们必须做什么，而新的绝对命令是否定式。这种否定表现在，这种绝对命令是与其社会基础相对抗。这个社会基础要求人们按照角色行动，而这个绝对命令要求人们反思这个社会基础，反思这个被合理化了的社会基础。只有反思这个社会基础，避免奥斯维辛再次发生才是可能的。尽管这个绝对命令和康德的绝对命令有所不同，但是它们都必须得到贯彻，这是必然的。在这里不容许有讨价还价的余地。或者说，商讨式地对待这个绝对命令就是犯罪。与康德的绝对命令不同的是，康德的绝对命令是脱离肉体的要素的，而阿多诺的绝对命令是附加了肉体要素的，附加了身体要素的。如果康德的绝对命令是理性的绝对命令，那么阿多诺的绝对命令是身体体验上的绝对命令，身体不应该被加害，身体不应该承受无法忍受的痛苦。甚至个体性在作为一种精神的反思形式行将消失的时候，即在面临思维的时候也应该如此。本来人是精神和肉体结合在一起的，个体性与肉体的存在是联系在一起的。然而在阿多诺看来，即使把个体性理解为精神的反思形式，把人作为精神反思形式来理解，我们也不应该忽视人的肉体和精神总是在一定程度上结合在一起的。即使人作为这种精神的反思形式行将终结，我们也不能忽视这一点。即使一个人即将死亡的时候，我们也不能给他施加肉体上的痛苦。据此，阿多诺提出了一种完全不同的道德概念，道德只有在不加掩饰的物质动机中才能幸存下来。这个道德概念彻底颠覆了从前的道德概念。从前，人们认为，只有自我牺牲，只有不受物质欲望支配的人才是道德的。在阿多诺看来，恰恰是这种道德观念是导致精神和肉体对立的社会文化根源。阿多诺把这种道德观念颠倒过来。但是，我们不能认为，只有追求物质利益才是道德的。在这里，我们要注意，阿多诺说，道德要在物质动机中幸存下来。这就是说精神意义上的道德可以存在，但是要在物质动机中幸存下来。我们可以说，这是道德形而上学所发生的一种唯物主义转向。

根据这种新的情况，阿多诺强调，历史的进程迫使形而上学，即传统上唯物主义的直接对立面（观念论），走向唯物主义。这就是说，形而上学不能再变成一种思想上的玄思，而要面对现实，要关注人的肉体的方面。而这个肉体的方面曾经被精神看做是绝对恶的东西。如果形而上学走向唯物主义，那么精神就应该走向被它说成是绝对恶的东西，走向与它不同的东西。精神不能自吹自擂地在精神领域中建构和规定那些与它类似的东西，不能局限于规定和建构精神性的东西。在这里，阿多诺说：活生生的人的肉体的、远离意义的层面是经受痛苦的舞台。① 人类的痛苦与思辨哲学所说的那种抽象意义无关。这种痛苦烧毁了精神所提供的一切安抚剂，烧毁了精神的对象化产品即文化。在集中营中，这种精神的安慰提供不了任何安慰。在那里人需要减少痛苦，需要摆脱肉体上的折磨。那些高大上的精神安慰毫无作用。这种肉体上的痛苦是任何精神的安慰所无法安抚的。在文明史上，有些人把人遭受肉体的折磨说成是一个人的坚强意志，说成是伟大的，说成是多么有意义的。阿多诺认为，从奥斯维辛开始，这样的文化主张不能再被坚持了。这种文化包含了一种把肉体和精神对立起来的思想。在阿多诺看来，人类文化在其根基处就包含了这种东西。形而上学也是在这种文化的基础上产生的。形而上学也要忍受着精神的强制，忍受着精神对于肉体的强制。在阿多诺看来，形而上学并不是完全没有意识到这个问题。从前面对于康德、黑格尔思想的分析中，我们可以看到，他们的形而上学的思想中都不可避免地包含了肉体的要素，但是他们却一直抵抗这种这肉体的要素。但是，形而上学用精神的力量来抵抗肉体的要素的做法已经接近于它的消失点。这种形而上学已经快要走向终结了。形而上学的这种趋势，从黑格尔以来的哲学中越来越明显，从马克思的哲学，到尼采等人的非理性主义，都显示出这样的特点。形而上学已经开始在不同的层面上改变自己。

接下来，阿多诺从儿童的意识特点来说明，肉体和精神的这种关系。在日常生活中，我们常常发现，儿童特别喜欢说脏话，希望到屠宰场所、腐臭之地、令人厌恶而又温柔甜蜜的腐败场所玩耍。这究竟是为什么呢？在这里，阿

---

① 阿多诺：《否定的辩证法》，王晓升译，北京：中央编译出版社2023年版，第484页。

多诺吸收了弗洛伊德主义的思想。阿多诺认为，这是儿童所具有一种无意识的心理力量。这种心理力量与性本能的力量一样强大。而在幼儿时期，特别是弗洛伊德所说的肛门期，这种情况就非常突出。如果儿童固执于这个肛门期，那么儿童就特别喜欢说脏话，喜欢到这些肮脏的地方游戏。这表明，肉体的要素在发挥作用。而人类文明则需要压制这种东西。而当文明压制了这种东西的时候，这种东西作为一种无意识的知识发挥作用。它仿佛对儿童窃窃私语，告诉他们，文明的教育在那儿所压抑了的东西。文明压制了这种东西，这些被看作是肮脏的东西。在阿多诺看来，这些所谓的"肮脏的东西"就如同本能一样是文明的必要部分，但是文明却不断地压制这种东西。于是，这种东西就在儿童的不自觉的行动中表达出来。无意识的知识让他们关注这些被压制的东西，当生活贫瘠的时候，人们就特别关注这些物质的东西。这些物质的东西是他们生活中最感兴趣的东西，但是这些东西却被压制了。对于物质的兴趣只能以脏话的形式表达出来。所以，阿多诺认为，这些脏话能让人重新体验到被压抑的肉体生存的要素。这种切身的体会是人类生存的基本"知识"。这个知识是最可靠的知识。如果用海德格尔的话来说，那么这就是人在世存在而对于存在的领会。这种领会是最可靠的知识。这种知识类似于海德格尔所说的此在之展开意义上的真理。当然，阿多诺在这里主要强调的是人的肉体上的体验。这种肉体上的体验是被文明所否定的。所以，阿多诺说，如果有人能够成功地用诸如"粪堆"、"猪圈"之类的词语让他们想起曾经在他们身上发生的事情，那么这大概比黑格尔在绝对知识那一章所说的绝对知识更接近于绝对知识，因为尽管他承诺给读者提供的绝对知识，但为的是要高傲地收回绝对知识。"粪堆"、"猪圈"是儿童所迷恋的东西，这种东西是人的生存本能的一个要素，但是在文明中却被压制了。虽然黑格尔要达到绝对知识，也要达到这种被文明压制了的东西，但是他最终用同一性逻辑排斥了这种东西。接着阿多诺表达了一个非常重要的思想，即人类文明把身体的死亡整合到文化之中，也就是说人类文化从一开始就贬斥身体，否定身体，把消解身体的要素作为文明的任务。这种做法应该被废除。我们的文化必须关注身体的死亡，必须把身体的死亡纳入到文化体系中去思考。或者说，形而上学作为文化的核心要素不能不思考死亡。但是阿多诺又强调，他对于死亡的这种思考与海德格尔对于死亡的思考是不同的。海德格尔虽然也思考死亡，但是他把死亡纯化，变成了类似于观念中的死亡，对死亡进行一种存在论的思考。阿多诺思考死亡是要让尸体发出恶臭，而不是要把这种恶臭美化为遗体。这就是说，他要通过死亡的分析来揭示人类身体所遭受到的痛苦。或者说，他在理论上也要讨论死亡，但是他讨论死亡的方法也与海德格尔是不同的，海德格尔把死亡作为人走向完整存在的要素来思考的。在海德格尔那里，人向着自己的终结的存在是人实现自己可能性的条件，是人走向完美自我的条件。从这个角度来说，海德格尔把身体的死亡美化了。而阿多诺则完全相反，把身体的死亡作为一种人必然经受的痛苦，把身体面临的痛苦揭示出来。

人类对于身体看法是从历史的传统中继承下来的。人类就是按照接受下来的传统来理解身体，理解人本身的。在这里，阿多诺举例说明了这一点。有一个小孩喜欢那个叫亚当的小旅馆的老板。他看到，这个老板在院子里用木棍把跑出洞的老鼠打死。于是，这个孩子就按照这样一个形象形成了人类始祖的印象。这就是说，在这个儿童的心理，亚当作为人类的始祖与小酒店的老板毫无差别。儿童的幼年生活确立了对于人类始祖的观念。这就如同整个人类文明是由人类在最初的观念所规定。人类最初是如何对待自己的身体的呢？这就是为了征服自然而控制自己的身体。这就是文明最初的形象。这个形象就决定了人类文明。所以，在文明史的考察中，我们必须记得人类文明初期的这种状况。如果忘记了这一点，如果人不再能够理解他在捕犬者的大车前面（这应该是西方人对于人类文明初期状况的一种描述）所曾经一度感受到的东西，那么这既是文化的胜利，也是文化的失败。这是文化的胜利，是因为人类文明把压制肉体的状况延续下来了，它让人不再能够回忆起人类文明初期对于肉体生活的关注。这是文化的失败，因为文化压制了肉体，并把压制肉体作为文明的标志。当文化压制、否定肉体的时候，文明最终会走向自己的反面。本来征服自然是为了肉体的生存，结果征服自然本身变成了目的，甚至征服人自身自然也变成了目的。因此，阿多诺强调，文化不容忍关于那个领域的记忆，因为它和古老的亚当做的是同样的事情，而恰恰这一点是与文化概念本身不可调和的。古老的亚当，被当做人类始祖的亚当就是把控制身体作为自己的原初形象。这个形象是与文化的基本内核是一致的。所以，文化是不允许回忆那个仍然把维持自己肉体生存作为核心目的的时代，回忆那个原初的时代。而在阿多诺看来，这种文化是反文化的，文化就应该把肉体的要素包含进来，就应该思考肉体和精神的和解。这是阿多诺所倡导的文化概念。接着，阿多诺以振聋发聩的口吻强调，文化憎恶恶臭，因为它发出恶臭，正如布莱希特用夸张的话语所说的那样，文化的大厦是用狗屎建成的。文化排斥了尸体所发出的恶臭，掩盖了人的肉体的痛苦。如果是这样，那么这个文化就是发出恶臭的文化，它之所以发出恶臭，是因为它是狗屎堆起来的。这个狗屎堆起来的文化是极端丑恶的文化。在布莱希特写出了"文化的大厦是用狗屎建成的"这句话之后，奥斯维辛无可反驳地证明了文化的失败。这种排斥和否定肉体的文化最终导致了奥斯维辛的大屠杀。这个要达到人的自我持存的文化最终走向了人的自我毁灭。这种文化彻底失败了。

这种情况在一切哲学、艺术和启蒙科学的传统中都可能发生。这就是说，在一切文化领域里都存在着否定肉体的情况。它们都主张思想的独立性，使这些思想的东西独立于肉体。由于这些科学脱离肉体，它们不仅不能把握和改变人类，而且包含了非真理的东西。这就是说，那些脱离了肉体的精神无法真正地把握人类生存的本质。它们对于精神自主性的要求使它们无法真正地把握人类，也无法真正地改变人类。因此，阿多诺认为，一切文化包括对于文化的批判都是垃圾。这就是说，一切文化由于它放弃了对于肉体痛苦的关切而成为垃圾。而批判文化，彻底否定文化也同样是垃圾。从阿多诺的角度来说，这就是要深入文化的内部对于文化进行反思。如果彻底否定了文化，那么人类文明就走向终结，如果肯定了文化，那么就延续奥斯维辛的状况。因此，反思文化就成为形而上学研究的迫切任务。文化在其园地里没有能够抵抗住奥斯维辛的发生，而在奥斯维辛之后，这种文化又重新恢复了自身。一切都恢复如旧。这就意味着，在这种文化基础上，再次发生奥斯维辛的可能性不能被排除。如果说，在奥斯维辛之前，这种文化还是一种潜在的意识形态，它暗中发挥作用。而在奥斯维辛之后，如果我们仍然维持这种文化，那么这种文化就发生了一种质的变化，它成为公开的意识形态，完全的意识形态。它公开而彻底地把物质和精神对立起来，把肉体和精神对立起来。阿多诺指出，这种文化把自身和物质的生存对立起来，还自以为它给物质的生存带来了光明，而这种光明却对物质的生存掩盖了精神和体力劳动的分离。这种文化本来是要给人类带来更多的物质文明，使人类物质生活条件更好。或者说，它以为它给物质的生存带来了光明，但是在这种文化的核心处，它否定了物质的生存，否定了肉体的生存。这种文化背后隐藏着的是对于肉体的贬低和否定。在否定和贬低肉体的基础上，精神劳动和物质劳动对立起来。精神劳动在历史中占据了统治地位，虽然表面上它赞扬物质劳动，但是它是在贬低肉体的基础上赞扬物质劳动，或者说，它表面上赞扬物质劳动，其实质是贬低物质劳动。这是肉体和精神对立的显著形式。根据这一点，阿多诺指出，任何人，只要他为保持这种极其罪恶、卑劣的文化辩护，就变成文化的帮凶；而那些否定文化的人就直截了当地推进了野蛮状态，这也是文化会展现出来的野蛮状态①。从这里，我们可以看到，阿多诺的形而上学主张人的肉体和精神的和解。

如果赞同这种文化不行，彻底否定这种文化也不行，那么沉默不语是不是可以呢？在阿多诺看来，我们对于这种文化状况也不能沉默不语，而是要进行内在批判。通过内在批判揭示这种文化，使这种文化走向肉体和精神的和解。而沉默不语不能使人们走出文化的怪圈，这是因为，这种沉默不语不过默认了文化的客观状况，这个文化状况太强大了，数千年的人类文明就是建立在这种文化的基础之上的，对抗这种文化是任何一个人都无能为力的。于是，人们便把自己主观上的无能合理化。好像，在如此强大的客观文化面前，沉默不语是合理的，是可以接受的。阿多诺承认，人类的这种文化包含了客观真理，包含了正确的东西。如果精神不束缚肉体，那么人类就走向了野蛮。但是，这并不意味着我们就要简单地接受它。如果简单地接受它，那么这就把真理变成了谎言。

接着，阿多诺批判了当代社会，指出这个社会如何运用文化进行社会控制的状况。他认为，苏联虽然主张要发扬和光大文化，而不是对于文明状况沉默不语，但是它在发扬光大文化的同时其实就是摧毁文化。它用精神控制肉体的文化要素来把文化变成纯粹的统治工具，使文化变成了一堆废物。尽管文化与这种纯粹的统治工具不同，对于它自身的这种状况不满，但是这却是它咎由自取。因为，这种文化之中包含了统治的要素。它完全可以变成统治的工具。或

---

① 阿多诺：《否定的辩证法》，王晓升译，北京：中央编译出版社2023年版，第486页。

者说，整个人类文明是都在不同的程度上把文化变成统治的工具。西方国家所提出的人民民主权利的观念也是在这种文化的根基上发生的。这种民主权利的核心就是人被抽象化，变成了相等的数字。所以，这种文化在民主权利的名义下来强化文化的统治功能。民主就是把人变成抽象的统计数据。这就是文化的核心内容之一。当然，这里也有所不同，在苏联的行政管理中，人被野蛮地控制了，上层建筑变成了对人的野蛮控制，而经济基础（即文化的现实性要素）也同样按照计划经济的方式而被全面管理。这都是非常野蛮的。而在西方，人们至少被允许这样说，这是野蛮的。

前面分析了各种文化以及文化在现实中所造成的后果。然而文化中还有一个重要的方面没有被分析，那么就是宗教信仰。神学是与形而上学结合在一起的。神学与形而上学一样都要探求最终的绝对的东西。尽管形而上学也曾经试图把它自己和神学区分开来[1]，但是，它最终也无法真正地与神学区分开来。按照神学的信仰，上帝作为超越的东西虽然创造了世界，但是在他创造了世界之后，对世界上的事情再也不管了。因此，这个世界上的灾难与上帝无关。在阿多诺看来，如果是这样，那么上帝也摧毁了上帝本身，上帝创造了世界，但是却对世界上的灾难无动于衷。难道上帝对于世界中的灾难就不应该承担责任吗？如果说人类自己作孽，人类应该自己承担责任，可是像奥斯维辛这么巨大的人类灾难，为什么上帝还要让它发生。因此，上帝、精神的绝对性无法被用来解答人类社会的灾难。形而上学与文化是结合在一起的。神学是人类文化的一部分，人类文化中所存在的缺陷，神学也同样包含了这样的缺陷。为此，阿多诺强调，精神的绝对性和文化的光环遵循同样的原则，这个原则不依不饶地伤害它所假装要表达的东西。人类文化本来是要为人类生存服务的，保护人类生存的，但是由于它把肉体和精神对立起来，因此，它又不断地伤害人的生存。精神的绝对性也是如此，它试图用自己的绝对性，用自己的特殊功能来为人类生存服务，最终都伤害了人类。在这里，阿多诺还特别提到了高调的言辞。[2] 这里所说

---

[1] Theodor W. Adorno, *Metaphysics: concept and problems*, Edited by Rolf Tiedemann, Translated by Edmund Jephcott, Stanford University Press, 2001, p. 121.

[2] Theodor W. Adorno, *Metaphysics: concept and problems*, Edited by Rolf Tiedemann, Translated by Edmund Jephcott, Stanford University Press, 2001, p. 123.

的高调的言辞是指，人们所使用的那些赞美的、肯定性的言辞。阿多诺反对用这些高调的言辞。这是因为，在这样一个罪恶的世界中，任何此类高调言辞，那种赞美的言辞都被用来为掩盖这个世界的罪恶。为此，阿多诺指出，奥斯维辛之后，无论是高调的言辞还是神学的话语都没有权利保持其原有的形式。这些神学思想或者高调的言辞都可以被用来掩盖这个世界的罪恶。如果人们还是按照传统上的话语来询问这样的问题，上帝是否允许这种情况发生、是不是会愤怒地干预？如果人们还试图保持此类的说辞，那么这就是再一次伤害受害者。尼采关于上帝死了的说法就是对于这种思想的否定。我们再也不能停留在传统的形而上学之中，不能再等待这种超越的东西来挽救人类。

最后，阿多诺以人们对于贝克特思想的评论来说明他的这个论点。形而上学不是要给人们提供某种最终的东西，给人们提供某种可靠的支撑。在《形而上学：概念与问题》的讲课稿中，阿多诺讲述了他生活中的一个经历。[①] 他曾经碰到一个犹太人作家，他是奥斯维辛集中营的幸存者。这个作家记录了犹太人在集中营中所遭受的苦难。当他们讨论到贝克特的作品的时候，这位作家勃然大怒地说："如果贝克特在集中营中呆过，那么他就不会这样写了，就是说，会以更加肯定的语气，以幸存者挖战壕的信仰去写了。"阿多诺认为，这里出现了一种混淆。这就是说，一方面应该承认，这位作家说得是对的。如果贝克特也在集中营呆过，那么他会给人们提供勇气，而不是像他在《终局》中那样悲观地描述这个世界。但是，这并不意味着，贝克特因此就写得更好，把人的生存境遇描述得更接近于真理。另一方面，这位作家所说的是错误的。这是因为，如果贝克特在集中营里呆过，那么他也受到生存强制的逼迫。在这种环境下，人只能从"肯定的"角度来思考，思考自己如何能够活下来。但是这种生存强制反过来又变成了一种强制，即强制人们按照这社会强制的情形进行思考，强制人们按照纯粹的自我持存的原则进行思考。而传统的形而上学就是从这种固化的自我持存的原则中出现的。当贝克特不是在这种自我持存的束缚中进行思考的时候，他就能够从"消极的"角度来思考，把世界描述得如同《终局》中所表达的那种样子。如果他不是这样进行写作，而是按照

---

① Theodor W. Adorno, *Metaphysics*: *concept and problems*, Edited by Rolf Tiedemann, Translated by Edmund Jephcott, Stanford University Press, 2001, pp. 124 – 125.

集中营的人们的需要来进行写作，那么贝克特的作品就如同当代的文化工业一样。这种文化工业按照对象的需要来生产各种产品，满足他们的需要。在这里，文化工业不是要满足消费者，而是在控制消费者。文化工业都要预先计算，那些人需要什么东西，然而按照这种估算来操控消费者，从而获得利益。如果是这样，那么贝克特的作品就成为文化工业的一部分了。贝克特的作品显然不是这样，它不是要满足消费者，不是要提供消费者所需要的东西。集中营中的人是不是有生存的勇气，是不是要有挖壕沟的勇气，与贝克特无关。这是他们每个人在生存境遇中的体验和要求。他们是不是有勇气不取决于任何一种思想的建构。好像人们如果提供了他们想要的东西，他们就不会被剥夺他们所应得的东西。好像，只要人们鼓励他们有勇气，他们就必然有勇气似的。或许，他们的生存体验让他们感到生不如死，他们希望速死。他们究竟是不是有生存的勇气是由他们的生存境遇决定的，而形而上学的思考不是要给他们提供他们想要的东西，不是给人们提供最终的可靠的东西。传统的形而上学恰恰在这方面走向了歧途。在阿多诺看来，形而上学要联系现实，而又要超越现实，用概念来揭示现实中的矛盾。形而上学是一种社会批判，而不是提供人们想要的东西。如果社会想要什么，哲学就提供什么，那么哲学就成为文化工业了，哲学变成了一种意识形态。这就是哲学为什么必须联系现实，而又要超越现实的原因。形而上学所要达到的地方不是某种最终的东西，不是某种肯定的结论，而是让人反思和思考。

今天的死亡

这个部分主要是批判海德格尔的死亡形而上学，阿多诺认为，海德格尔所理解的死亡是在肉体和精神对立起来的死亡，是抽象的死亡。对于这种死亡的思考其实就是对空无的思考，这就使对于死亡的思考不再可能。所以，阿多诺认为，死亡形而上学是无形而上学对象的形而上学，是荒谬的。传统形而上学的核心是自我持存，而自我持存的反面就是死亡。因此，死亡是形而上学的重要课题。

应该说，现代的哲学家们，比如尼采等人，越来越多地认识到，人类的文化大厦是狗屎堆起来的。一些人要彻底摧毁这种文化，并且从文化的根基处重

第三部分 模式

建这种文化。如果说从前的文化核心是建立在生存斗争的基础上的，那么摧毁这种文化就要从生存的反面即死亡入手重构这种文化。这就是要摧毁这个文化大厦。海德格尔的哲学就是如此，他要通过对于死亡的思考来重构形而上学。而阿多诺对于海德格尔的做法持完全相反的看法。虽然文化存在问题，但是如果彻底摧毁文化大厦，重建这座文化大厦，那么这就会导致野蛮。传统的文化包含了野蛮的要素，但是彻底摧毁这个文化的大厦也同样是野蛮的。海德格尔希望根除这种有罪责的文化，并要追踪完美无缺的根基，在全新的根基之上来建立形而上学，这种形而上学的追求和传统文化在本质上是一致的。这种企图是根除文化的同谋。比如，希特勒法西斯主义就曾经反对布尔什维克，认为布尔什维克破坏了文化，他们要维护文化。而在阿多诺看来，这种摧毁文化和维护文化的做法其实是同谋，在本质上是一致的。海德格尔也要摧毁传统文化，要从文明的开始处来反思人类文化。他也是要摧毁文化。他其实就是法西斯主义的同谋。他要找到文化的完美无缺的根基，而他的这个做法就是传统文化的同谋。所以，阿多诺认为，文化批判和野蛮并非不能达成一致。海德格尔的文化批判不仅无法解决现代文化中的问题，而且会让文化中的问题保留原样。所以，从实践上来说，文化批判和野蛮也是一致的。而海德格尔所进行的形而上学沉思试图摆脱形而上学的中介要素，即文化要素，从而否认概念与社会的联系。他把概念变成了脱离现实的纯粹抽象的概念。这种形而上学的沉思抓住抽象概念，而脱离现实，无视社会现实问题，这其实就是鼓励社会现实的状况继续存在下去。而社会的现存形式又阻止了人们来认识文化和社会现实中的问题。激进的文化批判和完全的保守主义文化在本质上是一致的。现代文化的核心是主客体分离，精神和肉体的对立，海德格尔要克服这种状况，要到达纯粹的源始经验，达到主客体分离之前的那种状态，肉体和精神分离之前的那种状况。阿多诺认为，海德格尔所确立起来的这种源始经验的偶像其实是拙劣地模仿了文化中的现成东西，模仿了一套老旧的范畴，即人为东西的范畴。源始经验其实就是主客体交融的源始，就是肉体和精神和解的意思。这就是把这种主客体交融、肉体和精神的和解变成一种现成的东西，变成一种偶像。而现代文化中就包含了这种偶像崇拜。如果说偶像崇拜是主客体对立的文化的重要方面，那么海德格尔并没有完全摆脱这种偶像崇拜。这个问题我们在前面对于存在概念的分析中已经讨论过了。

　　在阿多诺看来，我们不能把主客体交融或者肉体和精神和解当成某种现成状况。这种主客体交融状况，这种肉体和精神的和解状况好像是某种既定的东西，是人为的东西。在阿多诺看来，唯一能够超出这种既定模式的是，把自然和文化都当做被中介过的东西，而不是当做现成存在的东西，把它们当做一种动态的过程。如果把文化和自然都当做是被中介过的东西，那么我们就可以从这种中介性中重新来理解文化和自然。文化是"自然"东西的覆盖物，这个"自然"的东西怎么成为"垃圾"了呢？动物是纯粹自然的，而人有理性，人借助于自己的理性来实现自然的目的。理性把这个自然的需要合理化。所以，这里的"自然"不是纯粹的自然，是被理性改造和强化了的自然，是"垃圾"。如果没有理性改造了的自然，那么一个国家在侵略另外一个国家的时候，也不至于如此野蛮，也不至于弄出许多"文明"的借口。侵略就是被理性强化了的自然冲动。从这个角度来说，文化就是垃圾堆上的覆盖物。而自然，即使它是存在的拱顶石，也是一种恶劣的文化要求的投影。自然是人的存在的基础，是存在的拱顶石，没有这个拱顶石，人类的文明大厦就会崩溃。但是，这个自然并不是纯粹的自然，而是恶劣文化要求的投影。恶劣文化要就是在主客体对立中理解自然，是用来满足需要的自然，是身体意义的自然。人就是在生存斗争的框架中理解自然的。自然就是文化要求的投影。按照这种文化的要求，"自然"在整个变化过程中都不发生变化，如果变化了，它就不是"自然"。所谓"自然"就是文化所要求的自然，是被文化中介过的自然。自然和文化从来都不是自在的，源始的，而是被中介过的。如果是这样，那么世界上也没有什么最终的东西，死亡经验也不是最终的东西无可置疑的东西。从表面上看，死亡经验是一个人唯一的，独一无二的东西，是最终的东西。阿多诺认为，海德格尔所提出的那个死亡类似于笛卡尔的那个"我思"。笛卡尔发现了那个纯粹的"我思"，而海德格尔找到了最终的东西"死亡"经验。从这个角度来说，纯粹的我思与纯粹的死亡在本质上是一致的。

　　海德格尔把死亡作为人类生存的最基本现象，并从这个最基本现象中来建构一种形而上学。而阿多诺就批判了这种形而上学，把它理解为"死亡"形而上学。从海德格尔对于死亡的理解中，我们可以看到，他对死亡的理解中包含了两个最基本的要素。第一,"对死亡的英雄般地夸耀":人应该勇敢地面对死亡,向死亡存在,向自己的终结存在。第二,在日常生活中,我们也讲死亡,也就是人必有一死。无论勇敢地死亡,或者日常生活中人必有一死却害怕死亡,都是意识形态。为什么说,这两者都是意识形态呢?阿多诺认为,这是现代人对于在现代社会条件的基础上对于死亡的误解造成的。现代人对于死亡的误解表现为,人不接受死亡。当人们不接受死亡的时候,当人们无法接受死亡的时候,死亡就成为人们所唯一关注的东西。或者用阿多诺的话来说,"死亡成为人的唯一财产"。或者说,在现代社会中,人们排斥死亡,而在排斥死亡的时候,海德格尔就把被人们排斥的东西作为人的唯一的存在根基来理解。死亡就变成海德格尔所说的那种"最本己的、无所关联的、不可逾越的可能性"① 在阿多诺看来,无论是排斥死亡还是把死亡作为唯一财产,都是一种意识形态。排斥死亡和把死亡当成唯一财产在本质上是相通的,都是在肉体和精神对立的基础上确立起来的。当肉体和精神对立起来的时候,生存和死亡这两极对立的东西就直接相通了。如果一个人是纯粹肉体的人,那么这个人就如同动物一样。于是,人的死亡就与动物的死亡没有差别。反过来,如果一个人是纯粹精神上的人,那么这个人是没有身体的人,这个人是纯粹精神上的人,也可以说是"死人"。当人把肉体和精神对立起来的时候,人也需要拥有对方。精神需要肉体,或者肉体需要精神。不过,在肉体和精神对立起来的基础上,肉体和精神都是"死亡"。因此,"死亡"成为精神或者肉体的唯一财产。在实际生活中,我也可以看到,当人排斥死亡的时候,就要努力保持肉体生存,他总是在精神上想着死亡,害怕死亡的来临。这个精神所唯一拥有的财产就是"死亡"。

阿多诺认为,直到今天,人类意识还有一个问题,这就是人的意识太脆弱了,无法接受死亡经验。这就是说,人在意识中存在着一种倾向就是不愿意接受死亡,把死亡当做一种绝对的恶的东西加以排斥。鲍德里亚曾经把原始人类对于死亡的看法和现代人对于死亡的看法加以类比。在他看来,原始人类不仅仅接受死亡,而且把死亡当做生活中的必要组成部分。所以,原始人有时就是

---

① 海德格尔:《存在与时间》,陈嘉映、王庆节译,北京:商务印书馆2016年版,第347页。

把死人埋葬在自己家里，而现代人则排斥死亡，坟墓都是要远离生活。阿多诺虽然也是在一定的历史条件的基础上去理解死亡，但是他的理解与鲍德里亚还是不同的。阿多诺强调现代私有财产的观念对于死亡的影响。一个人拥有的财产是神圣不可剥夺的，但是人死了之后，财产自然就丧失了。这是私有财产制度中的一个漏洞。人期待用不死来填补这个漏洞。所以，伴随着私有财产的观念的是一种不死的观念。人期望永远拥有财产，但这是不可能的。于是人能够必然拥有的只有一种东西，那就是死亡。死亡变成了人的唯一财产。当然，这也不是说，心理要素在这里不发挥作用。这种心理要素的作用是，人的生命虽然可以自由和开放地对待客体，但是任何一个人的生命都不足以完全实现人的精神之中现成存在着的潜能。在这里，生命和死亡是对立的，从一个角度来说，人的精神有无限的潜能，实现这种潜能的要求抵抗死亡。但是，从生理上来说，人却又必须死亡。在这里，精神上的潜能和生理上的极限是矛盾的。这就是生命和死亡的彼此分裂。当这两者彼此分离开来的时候，强调死亡的意义，比如像海德格尔那样赋予死亡的意义，类似于同义反复。这里的所谓同义反复，按照我的理解，就是在死亡和生存对立起来、肉体和精神对立起来的基础上，强调精神的无限、意义和永恒都是空洞的，类似于同义反复。只有在精神和肉体的那种冲突和和解中，才存在着"死亡"。人的死亡不是纯粹肉体上的死亡，而是被精神把握了的死亡。动物不会有"死亡"的观念。只有人才会在精神上努力保持永生。生命和死亡都是在肉体和精神的和解与冲突中存在的。离开了肉体和精神的冲突所说的那种死亡是纯粹观念上的死亡，就是同义反复。其实这就是一种海德格尔从精神上理解人的死亡，赋予死亡以意义。这是要克服现代人对于死亡经验的恐惧，但是由于这是从精神意义上理解的死亡，它不能真正有利于人们克服这种恐惧。人在意识上越是摆脱生物性，把意识和肉体对立起来，人就越是在相信精神是永恒的。"永垂不朽"的说法就是精神和肉体割裂开来，潜在地承认人的精神上的永恒性。人的意识在抵抗其生物性的时候就是要确认精神的永恒性。

由于人类文明史的发展过程就是把肉体和精神对立起来的过程，就是把生命和死亡割裂开来的过程，所以，在历史上，主体就越来越被推崇为精神。当主体被理解为精神的时候，人就出现了一种幻觉，人好像是不死的。而且这种

第三部分　模式

幻觉永远不会消失。我们可以这么说，排斥死亡变成了人类文明中的一种固有趋势。这种排斥死亡的做法是与人的自我持存的要求联系在一起的，特别是与人类早期的财产形式联系在一起的。人类早期的财产形式是与巫术实践联系在一起的。从人类学的资料中，我们可以看到，原始人类在确认私有财产的时候，是期待物的东西与人的精神的要素联系在一起的。某个人的东西有某个人的精神要素在其中发挥作用。万物有灵论是这种巫术观念的表现形式。所以，当人们这样来理解财产和精神关系的时候，精神不死，或者排斥死亡的观念在哲学史上就获得了它的地位。现代人不相信巫术，而是相信理性。而理性的人与古代的巫术实践一样，排斥死亡，并且把排斥死亡和永恒地占有财产联系在一起。排斥死亡的观念从一开始就在一定程度上把财产与精神结合起来。现代人从理性上规定私有财产时就设定了人对于财产的永恒权利。在这里财产和不死的观念结合在一起了。阿多诺把祛除死亡与人的财产观念联系在一起，强调私有财产的观念与不死的观念之间的联系。不死和死亡都是建立在肉体和精神对立的基础上的，它们在本质上是相通的。排斥死亡最终的结果是把死亡变成了人的唯一财产。最初人为了财产而强调不死，最终死亡成为唯一财产。当人们从思想上排斥死亡的时候，那么从思想上人们就会发现只有死亡是自己的，人能够唯一体会到的就是他自己的死亡。对于其他东西的经验，比如对于财产的经验都是受到社会要素的影响的，而只有死亡才是个人能够独立于其他人而被经验到的。这就是海德格尔所说的"最本己的可能性"。叔本华也把死亡体验作为个体化的条件。阿多诺认为，海德格尔抽象地抬高死亡，这种死亡就是从死亡经验中释放出来的，就是从这种排斥死亡最后死亡成为唯一财产的视角中理解死亡的。接下来，阿多诺还解释了，海德格尔抬高死亡的心理原因。在古代社会，人们是容忍死亡的，是接受死亡的，在这里，死亡被理解为圆满生活的一部分，没有死亡，生活就不圆满。死亡和生活是结合在一起的，死亡就是生命的一部分。海德格尔关于向死亡存在的说法其实是在这种意义上去理解死亡的，也就是把死亡理解为生命的一部分。而海德格尔之所以这样做是因为，他要弥补现代社会生活中一种缺陷，即人们不再接受死亡，现代人"丧失了死亡和圆满生命之间的史诗般的统一的感觉"。

如果海德格尔要人们接受死亡，改变现代社会中所存在的缺陷，那么他的这个努力是徒劳的。这是因为,死亡在这里被理解成为一种外在存在的东西,人们在生活中在不得已的时候才会接受这个外在的东西。海德格尔的思想无非是劝说人们接受这个外在的东西。比如,一些人,比如老人和厌世者由于厌倦了生活,于是他们就可以像海德格尔所要求的那样去接受死亡。在这里死亡就被美化。老人、厌世者认为,他们是可以接受死亡的。这是因为他们的生活根本不是生活,他们有权利去死亡。但是,阿多诺认为,这是一种误解。在他们的这种误解中,死亡是被当做外在的东西来接受的。因为,现代社会是一个社会化的社会,或者说是一个严密地编织起来的网络社会,是所有人被无奈地整合到功能系统中的社会。在这个社会中,人成为纯粹生物学意义上的人。这时候人把肉体和精神割裂开来,从而也是把死亡和生命割裂开来的。人们把死亡当做是一种外在的东西,陌生的东西。人不能接受他们必定死亡的事实。他们再也无法理解生命和死亡之间的史诗般的统一。在这样的情况下,人有一种奇怪的、甚至是令人崩溃的希望,即排斥死亡的希望,把死亡、甚至疾病当做是非我的、异类的东西。所以,在这里,人们不是像海德格尔所认为的那样,把死亡理解为完整的此在的组成部分。按照海德格尔的看法,完整的人就是包含死亡的人,死亡是完整的人生的构成要素。相反,只要他们还有一口气,只要他们还有生的希望,他们都排斥死亡,而不是像海德格尔所说的那样接受死亡。

在阿多诺看来,生命和死亡是一种辩证的关系,没有一种既定的死亡,也没有一种既定的生命,生命和死亡都要从具体生活中去理解,而不能像海德格尔那样脱离具体生活去抽象地讨论死亡。在这里,有人会提出一种观念。他们会认为,人们不接受死亡不能用社会原因来解释,而要从哲学基础上来解释,从存在论的基础上来解释。

对于阿多诺所提出的这个观点,人们会反驳说,人的自我持存就是要维持肉体的生存,就是要排斥死亡。排斥死亡是人的必然意识,人要维持自我就必须有这样的意识。所以,只要承认自我,那么这个自我从理论本身来说就是排斥死亡的。如果有意识接受死亡,那么自我同时就否定了自我。这是一种自我矛盾。人在意识上不接受死亡,这是理论上必然的,而与阿多诺所说的社会基础无关。对这个反对意见,阿多诺也进行了反驳。他认为,意识的经验很少支

第三部分 模式

持这个观点，在面对死亡的时候意识并不必然采取人们所期望的那种固执形式，采取敌视死亡的态度。阿多诺在这里没有具体说明，为什么会接受死亡。我的理解是，人无可奈何的时候，也会接受死亡，比如自杀的人。这就是意识的经验。这个意识的经验说明，人在意识中是可以接受死亡的，而不是纯粹理论上所说的那样，不接受死亡。在这里，我们看到，阿多诺始终从人的肉体和精神的具体结合中，从具体生活中去理解人对于死亡的态度，而反对抽象地、一般地讨论死亡。接着，阿多诺又说了一句相反的话，尽管黑格尔的学说认为，凡是现存的东西都会自我灭亡，但这个学说几乎不被主体所认可。前面那句话还强调，人在意识上接受死亡，后面这句话又用黑格尔的思想来说明，主体是不接受死亡的。在这里，人们会提出疑问，人究竟是不是接受死亡呢？在这里，请注意，阿多诺所说的主体，而且是黑格尔意义上的主体，这个主体是纯粹精神意义上的主体，这个精神意义上的主体是不接受死亡的。这是现代社会中被纯化了的人的形象。现代社会中的人都变成了黑格尔意义上的"主体"，在功能系统中的主体。在这个功能系统中的人是排斥死亡的。在这样一种情况下，人必有一死，即使对于意识到自己的衰老迹象的老人来说，也好像是由于他自己的身体所造成的不幸的偶然事件，也具有今天的典型的外部事故那样的偶然特点。既然人的精神和肉体是对立的，那么人就可能会强化精神的力量。客体优先性的观念承认精神的力量，但是这种精神力量即使再强大也不能完全消解客体，客体一定包含了精神所无法吞并的东西。而与客体优先相反的见解则强调精神的优先，强调精神的独立和自由。排斥死亡的观念是与精神优先的观念联系在一起的。毫无疑问，人的精神具有这种独立性，具有一定程度上独立于肉体的特点。正是由于精神的这种独立性，人才是自由的。虽然人有自我持存的要求，这种自我持存的要求是与肉体的存在联系在一起的。如果没有精神的独立性，那么人也不可能有不朽的观念。在这里，人们其实把自我持存的观念和不朽的观念结合在一起。这种结合的目的是要减轻死亡的痛苦。阿多诺承认这种结合的重要意义。通过这种结合人会产生一种持续性经验。或者说在不朽的观念和人的自我持存结合在一起的时候，人会产生一种持续性经验。这是文明史上人的生存的要素。但是，阿多诺认为，这种不朽所具有的抵抗力量正在走向衰弱。对于阿多诺来说，文明初期所存在的那种肉体和精神在一定程度上的结合在现代社会中不存在了。历史上的客观宗教或者关于不朽宗教还是在一定程度上把肉体和精神结合在一起的。这种宗教（客观宗教）要素在一定的意义上来说还是有一定的合理性的。在人类文明的初期，这种客观宗教就秘密地合理化了，它就要消灭死亡的痛苦，让人接受死亡。但是在现代社会这种客观宗教存在的基础不存在了，人的持续性经验走向消亡了，肉体和精神完全对立起来了。在这种情况下，死亡已经变成了完全异己的东西。

接下来一个段落，阿多诺具体说明了死亡与社会历史条件的关系。按照阿多诺的理解，由于肉体和精神分裂了，人的生活就不再是肉体和精神结合在一起的生活，人或者是精神的存在，或者是肉体的存在。这就如同少数官员那样，在讲台上，他们说得冠冕堂皇，把自己打扮成为精神高尚的人，而在背后却变成一个只要得到肉体满足的人。这种人没有真正意义上的生活。所以，主体越是不再生活，死亡就越是突然、可怕。这是因为，人不再接受死亡，排斥死亡。人没有正确的生活概念，也就没有正确的死亡概念。现代社会把人整合到社会体系中，人功能化了。人或者是精神的劳动者，或者是纯粹的肉体，是纯粹的消费者。死亡使人意识到社会中所形成的功能关系，意识到物化。阿多诺把这种物化理解为由于人们的过错所形成的一种关系。死亡把人变成了物，这也可以理解为，现代社会把死亡整合到社会体系中，把死亡变成了一种"物质"的东西整合到社会体系中，好像是社会中的某种客观事件。社会把死亡作为一种客观的、可怕事件来处理。当死亡被整合到社会体系中的时候，社会并不能真正地克服死亡，或者说，社会并没有真正地形成一种正确地对待死亡的态度。所以，阿多诺说，文明对死亡的整合不仅无力克服死亡，而且在死亡面前极端滑稽可笑，甚至还把死亡装扮起来。比如，殡仪馆有一个职业就是打扮死人，把死人打扮得像活人一样。这是人不接受死亡的表现。鲍德里亚在论述死亡的时候也同样讨论了这个问题。他认为，古代人能够接受死亡，把死亡作为生活中的要素，而现代人排斥死亡。排斥死亡的生活其实就是生活的终结。死亡是生活中的中介和要素。那么为什么人们对于死亡如此恐惧呢？社会把死亡整合进社会体系，是社会的一种固定反应。比如死亡是偶然的、无法接受的事实，所以人都要为死亡做好准备，比如留下遗嘱。于是，阿多诺挖苦说，这是商品交换社会的一种笨拙的企图，即企图要封堵商品世界所打开并留下的最后一个漏洞：人死了之后，神圣的私有财产权利就被否定了。人排斥死亡，把死亡作为一种外在的东西来处理，把它像某种东西那样整合到社会体系中。

接着，阿多诺从自己的角度来理解死亡。死亡是一个历史的范畴，或者说，死亡和历史形成了一个星丛。现代社会中所出现的死亡概念是与历史的发展的某个阶段联系在一起的。这就是与资本主义社会联系在一起的。在这里阿多诺从莎士比亚的哈姆雷特身上看到了现代人原型。哈姆雷特就是从死亡的初步意识中看到了人的自我，看到了人的绝对本质，即抽象的、纯粹的自我。这是资本主义社会所需要的个人。个人的形成是资本主义社会体系的基础。如果个人衰弱了，那么这就会摧毁整个资本主义的现存结构。资本主义体系还有一个特点，就是要消灭自在的、甚至自为的无价值的东西，而死亡就是自在地、甚至自为地无价值的东西。由于这个体系要消灭死亡，所以，它出现了面对死亡的恐慌。它要竭力压制死亡，排斥死亡。这是资本主义体系本身所需要的。所以阿多诺强调，死亡不是纯粹生物学意义上的事件，而是与社会历史结合在一起的。正如生命（生活）不是纯粹生物学上的事实一样，它们是与社会历史条件联系在一起的。我们不能把它们从社会历史条件中抽取出来。正因为如此，阿多诺强调，作为死亡经验的载体的个人完完全全是历史的范畴。那种认为死亡都是一样的说法既是错误的，又是抽象的。意识接受死亡的方式是随着一个人如何死亡、直至肉体上的死亡的具体情况而变化的。应该说，阿多诺的这个思想是正确的。人的死亡不是一般生物学意义上的死亡，而是一种社会历史意义上的死亡。因此，死亡不能简单地被当做生物学意义上事实来理解。它是与社会历史条件有关的。当代社会，死亡被当做一种事件，而受到排斥。这是现代社会的产物。

在这里，阿多诺举例说明死亡与社会历史条件的关系。比如，在集中营中死亡有了一种新的恐怖感：奥斯维辛之中，害怕死亡意味着，害怕那比死亡更糟糕的东西。集中营中死亡是被折磨的死亡，所以这种死亡与由于疾病而导致的死亡完全不同。再比如，如果被社会谴责者所应得的死亡也被期望从生物学意义上加到可爱的老人身上，那么不仅他们的身体，而且他们的自我，以及一切被规定为人的东西都在没有疾病、没有暴力介入的情况下崩溃瓦解了。在这里，可爱的老人的死亡被理解为一个被社会谴责者的死亡，变成了罪有应得的死亡。这不仅是对这样的老人的肉体上的否定，而且是对老人的人格的否定，对于老人身上那些一切具有人类品性的东西的否定。这是极端可怕的事情。人们肯定会谴责这样的事情。这个时候，人们不会简单地认为，这些可爱的老人即使死了，但是他仍然永垂不朽，他具有超验的持续性。人们会认为，他不应该死。从这个角度来说，对他的超验持续性的那一点残存信念同时也消失在世俗生活中了。或者说，人们对于超验持续性的信念世俗化了。如果人们还相信这种超验的东西，那么这就是玩世不恭。所以，阿多诺说，"如果安慰性地相信，在这种摧毁过程或者疯狂举动之中人的核心的东西会持续存在，那么这种信念由于它漠视那种切身体验而变得极端愚蠢而又玩世不恭。"① 这就是说，如果安慰性地相信，在把无辜的老人当做罪犯处死之后老人的人格是永存的，这就是玩世不恭。这里所谓的人的核心的东西就是指人格。在阿多诺看来，这种做法是漠视人的切身体验。那个被冤枉致死的老人，一定会对他的死亡表现的极端的愤怒。他对于死亡的体验一定不同于他由于疾病而死亡。人格永恒的信念确信，人永远保持它所是的样子。这其实是一种形而上学智慧。它认为，人的本质是保持不变的。这种形而上学的智慧变成了世俗的智慧，变成了对于无辜者的屠杀。现代社会的可怕现实是，这种世俗的智慧变成了永恒。在这里，阿多诺强调，这种形而上学的需求是非常荒谬的，它否定了人追求他们实现自己可能性的努力。任何一个人只要他厌恶那否定他们实现其可能性的东西，就会嘲笑和蔑视这种形而上学的需求。

阿多诺认为，死亡是与社会历史条件有关的，对于死亡的理解也是与历史条件有关的。死亡是被社会历史所中介的。死亡不是绝对最终的东西。死亡形而上学却把死亡当做是绝对最终的东西。如果死亡被当做是绝对最终的东西，那么这种思想就不可思议。这是因为，如果死亡是绝对最终的东西，而死亡就是绝对的空无。任何思考都是对某种东西的思考，对于绝对空无的思考是不可能发生的。所以关于绝对空无的思考是不可思议的。同样的道理，要表达一种东西都是关于某种对象的表达，绝对的空无是无法表达的，在逻辑上是徒劳

---

① 阿多诺：《否定的辩证法》，王晓升译，北京：中央编译出版社2023年版，第492页。

的。从这个角度来说,从绝对死亡开始的形而上学是不可能的。阿多诺认为,死亡总是被中介的,是社会历史所中介的。同样主体也是如此,没有一个既定的绝对的主体。如果主体是既定的、绝对的主体,那么主体也是死的。主体总是在与客体的斗争中才成为主体。所以,阿多诺强调,任何人作为主体,如果要就主体做出判断,那么这个主体被当做了某种固定的对象,于是它当下就是死的。这是主体对于自己的纯粹精神所进行的判断。绝对的主体就是绝对的死亡。在阿多诺看来,人不仅仅是精神性的,而且也是肉体性的。作为肉体的人也会追求快乐,而且追求这种永恒的快乐。在这里,他用尼采的话语来说明这个思想。这就是要表明,人不是纯粹的思想,纯粹的主体。思想必定与肉体的东西相关。阿多诺说:如果死亡是绝对的——哲学肯定而又徒劳地召唤来的绝对,那么一切东西都必定是无,任何考虑都变成空洞的思考,没有人能够以任何方式进行真正的思考。思考之中一定有内容,而这个内容一定与经验的要素有关,一定与时间性东西有关。如果是这样,那么真理一定是有内容的,而只要真理有内容,那么这里就必定包含经验的要素,包含实践的要素。只要真理之中包含了时间要素,那么真理就不可能是绝对的。反过来说,真理之中一定包含了客观的要素,包含了绝对的要素,否则真理就不是真理了。如果真理要持续存在,那么真理就包含了时间性要素。如果真理包含了时间性要素,那么真理就不可能是无时间的绝对。反过来说,如果没有任何持续性,那么任何真理都不会存在,甚至真理的最后一点踪迹也会被绝对的死亡所吞噬。

上述分析是对于绝对死亡思想的批判。与绝对死亡观念一样的是不朽。如果绝对死亡公然挑战了人类思维的话,那么不朽的观念也同样如此。绝对的不朽也与绝对的思维一样,是无内容的。任何一种包含经验要素的东西都是有内容的,都是可以被思考的对象,而不朽是无时间性的,是没有经验内容的,没有具体内容的纯粹思考是无对象的思考,这种思考同样是不可能的。既然绝对的死亡和绝对的不朽是不能被思考的,那么为什么人们还是不断地思考死亡和不朽呢?阿多诺认为,在这里形而上学经验发挥了作用。或者说,虽然死亡是不可思考的,它是抽象的无,但是思想却会受形而上学经验之不可靠性的影响,并在这个抽象的东西中偷偷地纳入经验的内容。这个没有被中介的东西被某种经验的要素所中介。不可思考的东西变成了可思考的东西。海德格尔就是如此。形而上学的不可靠性导致了人们在一定的条件下可能会把不朽作为对象来思考。所以，阿多诺认为，一切人都陷入其中的虚幻关系是与他们想象中用来撕破这个面纱的手段结合在一起的。这就是说，形而上学的经验既可以用来撕破形而上学的面纱，也会导致形而上学的幻相。我们看到后面，阿多诺通过分析康德的思想来说明这一点。那么突破康德的做法的可能性在哪儿呢？

于是，阿多诺提出了一个问题，即形而上学经验是不是可能的问题。这个概念是一个矛盾概念，形而上学是思考超越的东西，但是这个思考却要与经验联系在一起。阿多诺要把形而上学和经验联系起来。这是他对于奥斯维辛之后的形而上学的思考。传统的形而上学，即脱离经验来进行纯粹思考的形而上学不能再坚持下去了。我们必须把两者结合起来。如果把这两者结合起来，那么我们就可以看到，人在思考形而上学的东西，思考绝对的东西的时候，同时也否定了这种思考。或者用阿多诺本人的话来说，一切人都陷入其中的虚幻关系是与他们在想象中用来撕破这个面纱的手段结合在一起的。人思考绝对死亡的时候其实已经在死亡中加入了经验内容了，如果没有经验内容，那么死亡也不能被思考。从这个意义上来说，形而上学的思考都是形而上学经验意义上的思考。在形而上学经验意义上的思考中，人陷入了一种虚幻的关系，同时又在自己的想象中破除了这种虚幻的关系。接着，阿多诺进一步解释了他的形而上学经验的概念。现代形而上学的思考就是要思考，形而上学经验是不是可能的，而不是康德的形而上学是不是可能的。形而上学经验表明，形而上学这个词语与学院的用法不同。在学院的用法中形而上学是与经验无关的。阿多诺要把经验的要素加到形而上学中。当经验的要素加到形而上学中的时候，形而上学所追问的那种直接性就有了间接性。形而上学思考的是绝对的东西，最终的东西。这个绝对最终的东西就是直接性的东西，没有被中介过的东西。而对于形而上学经验来说，直接的东西同时也是间接的东西。或者说，最终绝对的东西都是被经验所中介过的。当然，在这里，人们会说，直接性的东西被经验，绝对的东西被经验等说法是一种神秘主义的观念。阿多诺并不否定这种说法的神秘主义色彩。不过对于阿多诺来说，他是在去神秘主义的意义上来利用神秘主义。比如，上帝作为超越的东西，是不能被经验的，如果上帝被经验到，那么这就是一种神秘主义的观念。而阿多诺强调的是，如果没有任何经验的要素，这种超越意义上的绝对是无法被思考的。其中一定包含了经验。不过这种被经验的东西其实是不存在的，这又是否定意义上的。可是如果不存在，那么这种东西又如何被经验呢？这是保留了经验痕迹而又无法表达的东西。这是形而上学要思考的东西，这个思考与传统的形而上学思考不同。所以，阿多诺在这里强调，神秘主义这个名称表达了一种希望，它要通过一种制度的建构来拯救形而上学经验的直接性，而防止这种直接性的丧失；这种神秘主义既来自传统，又从它这个方面形成了社会传统，并突破了各种宗教的界限，尽管这些不同的宗教相互指责对方为异端。这就是说，形而上学的经验要保留直接性，保留对某种绝对的东西的直觉，但是又不停留在这种直觉。它并不是把绝对的东西当做现成摆在那儿的东西，而是强调，这种直接的东西是被中介过的。阿多诺说，犹太神秘主义的主体部分叫"卡巴拉"（Kabbalaha），就意味着一种传统。当形而上学经验的直接性敢于把自己推进到最遥远的地方的时候，它也并不否认，它完全是间接的。卡巴拉是犹太神秘主义，是与正统的犹太教不同，它把超越的东西与世俗的东西联系起来。所以，阿多诺说，这种神秘主义把直接性与间接性联系起来。阿多诺从辩证法的角度接受了这种神秘主义传统。

与阿多诺的这种把直接性和间接性结合起来的辩证法不同，海德格尔的存在论是一种全新的形而上学。这种形而上学也要把握阿多诺所说的这种神秘的东西，但是，他把这种神秘的东西变成直接的东西，而否定这种直接东西的间接性。如果说传统形而上学把上帝，绝对等肯定的东西作为形而上学的最终根基，那么死亡的形而上学把无（死亡）作为形而上学的根基。接下来，阿多诺主要批判了这样一种新的形而上学。

在传统上，形而上学都诉诸直接性，即最终的、绝对的东西。这是形而上学的传统。当然这个形而上学的传统在阿多诺看来是建立在精神和肉体的对立的基础上的。比如，在康德那里，精神和肉体的对立就表现在形而上学的观念排除了经验的内容。这种形而上学存在于纯粹的理性之中。当然，由于这种观念在排除了经验内容的时候，又不得不在一定程度上涉及经验内容，于是它陷入了二律背反。海德格尔改变了形而上学。他是用不包含形而上学观念的那种名称（存在论）来命名形而上学观念。这种形而上学没有肯定意义上的绝对。这就如同宗教之中没有神，没有上帝，但是仍然是一种宗教信仰。但是，它也有绝对，这是没有内容的绝对，纯粹的存在意义上的绝对，不能表达出来的绝对。正因为如此，海德格尔有时也在"存在"上面打个"×"。从这个意义上，阿多诺认为，这种形而上学其实是既要否定传统的形而上学，又想保留传统的形而上学。它既继承传统，又试图改变这个传统。那么海德格尔为什么会提出这样一种形而上学呢？阿多诺从理论和现实两个维度来批判海德格尔。从理论的维度来说，海德格尔接受了康德哲学的思想。在康德那里，形而上学的观念是被排除在经验的实存判断之外的，经验的实存判断是关于经验对象的判断。在这种判断中，人们所获得的是知识。但是形而上学的观念却存在于纯粹的理性的必然性之中。在康德那里，理性有一种自然倾向，这就是理性要追根究底去考察最终的原因，而当它考察最终的原因的时候，它就陷入了二律背反。阿多诺认为，按照康德的这个思路来分析，那么这是荒谬的。这种荒谬的地方在于，康德用一种分类机制来命名一种东西，而这个东西所表达的是它自身的不存在。这就是说，康德要进行划界，进行分类，把知识和形而上学区分开来，通过这个区分，他看到了一个形而上学的领域，这形而上学的领域所研究的是绝对，是最终的根据，但是，这个绝对、最终的根据是不存在的，比如，上帝等。于是，康德通过划界勾画出一个形而上学的领域。但是这个形而上学的领域又被他否定了，因为形而上学的领域是理性的误用。他确立了一个形而上学的领域，而又否定了这个领域。这就是一种自我矛盾，是荒谬的。这里已经暗示了海德格尔的形而上学，海德格尔要研究形而上学，但是这个形而上学是建立在抽象的死亡基础上的，是建立在空洞的、不可思考的死亡的基础上的。这就是没有形而上学对象的形而上学。这是荒谬的。那么为什么人们会得出这样一种荒谬的形而上学呢？阿多诺认为，这是一种绝望的表现。这首先表现了一种意识的绝望。这种意识的绝望表现在，如果意识仍然把自己看做是意识的话，那么意识就一定会意识到，形而上学的观念在哲学的历史上衰弱了，但是意识却又不能容忍这种衰弱，无法接受形而上学的衰弱，于是，意识就直接把形而上学的衰弱本身，把形而上学的消亡本身提升为形而上学。这就

第三部分　模式

出现了一种否定形而上学的形而上学，没有形而上学对象的形而上学。康德是如此，而海德格尔也是如此。海德格尔受到了康德传统的影响。把否定形而上学的东西当做形而上学，这显然是一种语用学上的错误，但是，阿多诺强调，这不仅仅是一种语用学上的错误，而且还是有客观的社会基础的。这就是对于现实的绝望。对于海德格尔来说，现实社会是一个恶劣的社会，现代文明的发展让人失去了生存的意义。这种形而上学表现了对于现实世界的真理性的世俗绝望。这种绝望既不是审美上的人世悲叹，也不是该被诅咒的错误意识。这就是说，这种形而上学的绝望不是从审美的意义上对于世俗状况的哀叹，也不是人对现实世界产生了错误意识。这是人类文明发展所导致的一种必然结果。按照这样一种形而上学，人、此在是被抛弃在这个无望的世界之中，人只要勇敢地面对这个无望的世界，那么人的生存的意义就得到了保证。这个被无望地抛弃的（被抛）的此在（实存）是处于普遍的罪责关联结构中，普遍的功能系统中。这个系统是他自己造成的，他自己就是有罪的。在这个普遍关联的系统中他成为某种实存的东西。（所以，在这个地方，"Dasein"被我翻译为"实存"）。当然，这需要人们有海德格尔所说的"良知"。有了这种"良知"，人们就能够意识到自己是罪责存在。海德格尔的形而上学就是在否定传统上的最终肯定东西意义上的形而上学，是把"无"确定为最终东西的形而上学。他是在否定现实世界中确立的形而上学。

接下来，阿多诺把海德格尔的思想与现代神学加以类比。如果说海德格尔的形而上学是没有形而上学对象的形而上学，那么在历史中曾经有一种反神学的神学。在神学理应感受到的全部耻辱之中，最耻辱的是，实证的宗教居然在失去信仰的绝望中爆发出狂喜和欢呼。这就如同海德格尔在绝望中发出形而上学的狂喜。这种新的神学恰恰就是在完全否定上帝的时候唱起来赞美上帝的颂歌，因为他们至少用到了上帝的名字。他们的宗教信仰里没有上帝但是却有对上帝信仰。阿多诺把这样一种宗教信仰与我们日常生活中的一种意识形态类比。在日常生活中，我们常常会干一些事情，形式主义的事情，手段就是一切，而目的算不了什么。这就好像一些奇怪的人那样，他们只管种庄稼，而不管收获。这种宗教信仰也是如此。本来，信仰是包含了对于绝对东西的信仰，包含了对最终东西的信仰。但是现在这种信仰没有对于绝对东西的信仰。它不再追求绝对，也不再追求真理。本来形而上学应该追求绝对，而信仰是信仰上帝。现实宗教成为没有上帝的信仰，形而上学成为不追求真理的形而上学。所以，阿多诺说，所复兴起来的形而上学剥夺了它对它所缺乏的东西的需求，缺乏对于真理（主客体统一的意义）的追求。那么为什么会这样呢？缺场东西的真理内涵总是一样的，他们坚持这种缺场的东西，因为这种东西有益于人类。缺场的东西是空洞的东西，是无，是抽象的死亡。这种缺场的东西的内涵都是一样的，是空洞的。从这个角度来看，形而上学的辩护师与实用主义是一致的。他们从两个相反的道路上都走向了否定真理。一个是重视抽象的形式的东西，追问纯粹的一般，追问抽象的、空洞的思维，一个是重视纯粹质料的东西，有用的东西。这两者在本质上是一致的。他们都没有达到真理，都不是要达到真理。这个真理就是阿多诺所说的通过辩证法把握非同一的东西，而海德格尔所把握的那个真理，那个在直观中把握的真理是空洞的，是无。海德格尔的这种形而上学是绝望的表现，是把没有形而上学的对象（死亡）作为形而上学。最后，阿多诺得出结论，海德格尔这种形而上学是在当代社会的历史条件下产生的，是把社会历史条件内化的结果。这个社会条件就是把死亡变成空洞的死亡，变成纯粹精神的死亡。这个社会是在精神和肉体的对立中理解死亡的。它所理解的死亡是空洞的死亡。海德格尔不满意这种状况，于是就绝望地把传统的死亡（把那种与生命结合在一起的思维的终结）终结作为形而上学。这就如同人的认识过程是受到历史条件影响的。而人的认识过程是会不断地推进的。这种不断推进的认识过程会不断地消解形而上学。在最后一句话中，阿多诺还提到了"无论谁是受益者"，这是阿多诺对于海德格尔的批判，海德格尔认为，他对于死亡的这种思考是有益于人类的，而在阿多诺看来，这对人类毫无作用，甚至是副作用。如果有作用，可能是对海德格尔本人有作用。但是，无论谁是受益者，这种形而上学都会在人的认识过程中被摧毁。这个在绝望中确立起来的形而上学会在认识的发展过程中被摧毁。

幸福和徒劳的等待

如果说康德的思想是误用了形而上学经验的不确定性，即在消除经验的领域偷偷纳入经验，那么这个地方阿多诺要进一步解释形而上学经验，强调形而

第三部分　模式

上学的内容与经验的联系。

我们前面说过,形而上学经验类似于宗教的源始经验,类似于宗教神秘主义对于直接性东西的经验。这是对本质性东西的直接体验。从这个角度来说,阿多诺形而上学经验的思想接受了海德格尔存在论的思想方法,接受了克尔凯郭尔的思想方法。我们也说过,这是一种去宗教化的宗教经验,这是一种具有世俗特点的经验。在这里,阿多诺用普鲁斯特在他的《追忆似水年华》中故事来说明形而上学经验。在这个部分的一开头他就说,如果人们不想把形而上学经验还原为所谓的宗教的源始经验,那么这种经验就极其类似于普罗斯特所想象到的那种幸福,即奥特巴赫、瓦特巴赫、劳恩塔尔、摩恩布鲁等村庄名称所许诺的那种幸福。这些小村庄的名称不仅仅是普鲁斯特曾经去过的地方,而且还有一点自然的味道。比如,"奥特巴赫"(Otterbach)这个村庄的德文意思是"水獭溪"。这个水獭溪村也会让人联想到自然的生活。这些小村庄给儿童时代的作者提供了幸福的回忆。人们相信,如果他们去那儿了,那么他们就会如愿以偿,好像幸福就在那儿。可是,如果他们果真去了那儿,许诺的幸福就像彩虹一样消失不见了。尽管如此,人们也不失望,相反人们却以为,由于他们靠得太近了,所以他们才看不见它。这就是一种形而上学经验,人们确信有某种东西存在,但是当人们真正去发现这种东西的时候,这个东西又不存在。在这里,阿多诺进行了一个类比,这就如同风景和儿童形象世界中的地域之间的差别。从本来的意义上来说,一个地方的样子(风景)本来就是如此,但是在儿童的世界里,这个风景是与幸福的回忆联系在一起的。但是,地域却没有风景的意思。可是,儿童却分不清地域和风景,好像他去过的地方都有风景,都与幸福联系在一起。但是,当人们回过头再去看那个世界的时候,这个风景里面所包含的幸福不再出现的,其实就是一个地域。儿童从地域中看到了特殊的风景,看到了幸福。好像幸福能够直接从这个地域中被体验到。这就好比说,普鲁斯特在伊利尔斯所遇见的东西,同样一个社会阶层的孩子在其他地方也同样会遇见。但是,如果要形成那种一般即普鲁斯特所描述的本真东西(幸福),人们就必须陶醉于那同一个地点,而不是去窥视一般,即人们用概念所表达的一般。形而上学经验与陶醉在这种特殊的幸福之中有关。形而上学经验可以被理解为从特殊中体会到一般,类似于康德所说的那种反思判断力。

接着，阿多诺以普鲁斯特的《追忆似水年华》中的事例，进一步解释形而上学经验。对于儿童来说，显而易见的是，他最喜欢的小镇让他兴奋不已，这种兴奋可以在那儿出现，而且也只有在那儿才出现。他是错误的，但是他的错误却构成了一种经验模型，一种概念模型，这种概念就是关于那个事物本身的概念，而不是从这个事物中割断而来的贫瘠的东西。这种经验模型就是阿多诺所说的形而上学经验。在阿多诺那里，这个经验与概念是联系在一起的。请注意，阿多诺把经验模型和概念模型等同起来了。这表明，阿多诺在这里所说的概念不是我们通常所理解的概念，他所说的经验也不是通常所理解的经验。我们也可以说，这里所使用的"经验"和"概念"两个词都有错误。但是形而上学经验就在这个错误中表达出来。在这里，阿多诺特别提到的"概念"不是一般意义上的概念，不是从事物中分离而来的抽象概念，而是一种经验，这种经验是把握事物本身的。这是一种特殊经验意义上的概念，是把握本质的经验，我们也可以说，是把握本质的概念。它是概念，也不是概念，是经验，也不是纯粹的经验性。阿多诺继续指出，普鲁斯特讲述了，他作为一个孩子第一次见到盖尔芒特公爵夫人的婚礼。这种婚礼在其他时间、其他地点也会同样发生，对他后来的生活也产生同样的影响。但是只有看到这个绝对的、不可消解的个别的时候，人们才会期待，这个个别过去是如何发生的，未来将会如何；只有接近于这个个别，这个概念的概念才得到充实。这就是说，这是一种经验，但是这个经验不是主观随意的，而是与事物的客观本质联系在一起的，是与绝对的不可消解的东西联系在一起的。所以，这个经验也是概念，而且这个概念是通过经验而得到充实的。接着，阿多诺指出，这个概念是与幸福的许诺是联系在一起的。儿童通过这个经验把握了一种本质的东西，"幸福"。可是，这个被普遍所主宰了的世界却否定这样的幸福。虽然这个世界上没有所谓幸福可言，但是儿童却从经验中把握到一种幸福。在阿多诺看来，普鲁斯特对于经验的重构所固执地对抗的就是这样一个世界。在当代人生活的世界中，人们是用一般的概念来把握世界，来控制世界，而不像普鲁斯特在个别体验中把握世界。我们所生活的世界是被普遍所主宰了的世界，这个世界中，幸福不再可能。而普鲁斯特通过他的那种经验的重构来对抗这个被控制的世界。而阿多诺所提出的这个形而上学经验就是与人的幸福联系在一起的。如果没有这种经验，那么世界就是处于一种被一般所控制的世界。

接着，阿多诺又进一步解释了形而上学经验。他指出，幸福是形而上学经验中的唯一的东西，它要比无力的需求丰富得多。这里所说的无力的需求是指按照同一性原则被改造了的需求。而形而上学的经验超出了对于现成东西的需求。这种形而上学经验既让人享受对象之中的内在东西，同时又关注被排除出对象的东西。享受对象之中内在的东西，好像这个对象之中包含了某种内在的本质，比如这个村庄本身，形而上学经验中还包含了对排除出对象的东西的关注。这就是风景之外的东西，给儿童提供风景"形象"的东西，与幸福联系在一起的东西。这是被排除出对象的东西。但是，这种被排除出对象的东西，不是实体性的东西，不是风景，不是一个人能够抓在手里的东西。所以阿多诺说：如果有人天真地享受这种经验，好像他们把这种经验所暗示的东西（幸福）已经抓在手里了，那么他们就会屈从于经验世界的状况了。如果是这样，这个人的经验就缺乏形而上学的维度，缺乏超越的维度。而阿多诺所提出的形而上学经验包含了一种超越的维度，人依靠这种超越的维度而逃离我们受到强制的世界。而要逃离这个世界又不是一种观念中的想象，它是有客观基础的，是依赖于现实世界中的经验的。所以，要逃离这个世界又必须由这个世界提供可能性。从这个角度来说，形而上学经验与康德所说的那种形而上学有类似之处，它们都陷入到一种二律背反之中。形而上学经验是陷入了超越和经验的二律背反之中。当然这个二律背反与康德所说的二律背反又不同。其差别在于，形而上学经验依赖于经验，而又超出经验，依赖于直接的东西，而又超越直接的东西。在具体分析这种形而上学经验的时候，阿多诺指出，如果不诉诸主体的经验，不诉诸直接的此在存在，那么人们所宣称的那种形而上学就对自主主体的这样一种渴求——不让任何东西、任何一种主体所无法把握的东西强加于主体——毫无帮助。然而对于主体来说，那直接的、显而易见的东西也染上了易误性和相对性的毛病。这就是说，如果不诉诸经验，那么形而上学的东西对于主体毫无帮助，所以形而上学必须诉诸经验。但是也不能局限于经验，因为直接的经验的东西容易染上易误性和相对性的毛病。这就是阿多诺在这个部分从一开始所强调的，形而上学必须与经验结合在一起，与现实联系在一起，但是又超越经验。

阿多诺把这种形而上学经验理解为未被破坏的主观直接性。它之所以是"未被破坏",是因为它如同儿童对于村庄的源始体验。这种源始体验给人们提供了一幅充满希望的图景,提供了幸福的希望。但是,人们在传统的实证的思维框架中,很容易把这个图景具象化,变成了一种具体可把握的东西。这就是说,它会激发起物化的范畴。那么我们究竟应该如何对待这种物化的可能性呢?阿多诺在这里是采取了一种辩证的态度,我们既不能没有这种物化的倾向,但是也不能过度物化。这就是说,幸福的图景不是虚无缥缈的,而是有一定的可靠基础的,这个幸福的图景之中包含了唯物主义的要素,包含了客观的要素。这就好像儿童从他到过的村庄中确实感受到了幸福,这种幸福是他在这个地方的生活中所体验到的。但是我们也不能把这种物化的东西具象化,好像幸福就在我们的把握之中。这个物化范畴不能被赋予直观唯物主义所强调的那种物质的特性。那种质料特性是过度热忱地赋予它的那种关键特征。人们赋予了体验到的那种幸福以一种客观的物质特性,好像这个东西是现成存在者。这个形而上学的经验需要物化,但是又不能被过度物化。我们说过,形而上学经验是要把握到客观的东西,但是这种客观的东西又是与主观性密切联系在一起的。这个东西类似于主观的神学范畴。神学的东西是绝对的东西,是客观的东西,但是这个客观的东西又是主观的。在这里,我们可以看到,阿多诺受到了克尔凯郭尔的"主观真理"(真理是对上帝的直接信仰)思想的影响。我们可以说,阿多诺的形而上学经验所要把握的东西类似于这种主观真理,也类似于克尔凯郭尔的神学观念。按照阿多诺这个地方的论述,青年黑格尔哲学中还是保留了这种主观神学的范畴,但是青年黑格尔之后,这些主观的神学范畴被当做物化而受到谴责。而阿多诺喜欢这个主观神学的东西。因为,这个主观神学的东西中包含了质料性的要素。而青年黑格尔之后,黑格尔要清除到这些东西,因为这些东西具有一种无法消解的客观要素。观念论者黑格尔是不容许这种质料性的要素的,他把这种要素谴责为物化。但是,黑格尔并没有完全清除掉这些东西,而这些东西被保留下来了。阿多诺认为,这个被保留下来的东西具有积极意义,即它弥补了观念论的辩证法的弱点。这就是说,这种无法被清除的东西是具有客观内容的要素。这个要素被保留下来就能够克服黑格尔辩证法的观念论倾向。阿多诺指出，这种观念论的辩证法作为一种同一性思维对于一切落在思维之外的东西极度不满，而这种东西一旦把那个思维作为纯粹他者，并与它对立起来，那么这个东西就失去一切可能的规定性。黑格尔的观念论的倾向就表现为思维要把握一切东西，把一切东西都纳入到他的思维框架中，达到一种同一性。凡是不能被纳入到其中的东西就被看做是思维的绝对他者，是无法被规定的他者。无法在思维中被把握的东西当然就是这样一种绝对的他者，是无法被规定，无法被思考，因而是无法被表达的他者。阿多诺所关注的就是这种非同一的东西。对于阿多诺来说，形而上学的客观性之中就应该包含这种非同一性的东西，是无法用概念来表达的东西。阿多诺说，在形而上学范畴的客观性之中不仅仅像存在主义所设想的那样沉淀了那被固化了的社会，而且还包括了作为辩证法要素的客体优先性。这就是说，形而上学的客观性之中不仅有被固化了的社会，功能体系意义上的社会，不仅仅包含这种物化的要素，而且还包含了作为辩证法要素的客体优先性，即非同一的东西。这个非同一的东西具有客观性，但是这种客观性的东西不是同一性的东西，而是辩证的要素。思想中一定包含这样的东西。形而上学的范畴之中一定包含了具有非同一特征的客观的东西。所以，阿多诺说，毫无保留地抛弃一切物质的东西不仅会倒退为主观主义的纯粹行动，而且中介会具象化为直接性。如果这种非同一性的客观的东西被抛弃了，那么形而上学的思考就变成了纯粹的主观行动，没有客观内容的纯粹行动。如果没有这种非同一的东西，纯粹思想就变成了直接性，变成被直观"东西"了。本来思想是一种中介，借助于这种中介非同一东西被凸显出来。如果没有非同一东西，那么思想的中介作用就无法显示出来。它就把自身具象化为直接性。纯粹的直接性和拜物教是一样的，都是虚假的。思想摆脱内容变成纯粹的直接性，这是虚假的，是不可能的，同样，如果这个质料的东西变成了物化的东西，变成了现成存在者，这就是拜物教。思想的形式和质料都不是独立的，而是相互依赖而又相互排斥的。他们都是中介和被中介过的。我们前面曾经说过，虽然两者都被中介过，但是客体是优先的，具有更加直接性的特点。从这个角度来说，直接性和物化在思维方法上属于一类。直接性和物化都否定了中介。直接性是物化的另外一种形式。直接性是思想的直接性，物化是客观东西的直接性。如果用思想的直接性来反对物化，那么这就是在否定物化中彻底走向观念论。阿多诺的辩证法强调，在批判物化的时候保留物性的要素。在反对直接性的时候，保留直接性的要素。我们可以说，这是一种辩证的"唯物论"。阿多诺强调，如果固执地坚持用直接性来反对物化，那么这种做法就像黑格尔的制度主义所看到的那样，是武断地抛弃了辩证法之中的他者的要素。这里所谓的抛弃了辩证法中的他者要素就是否定了辩证法中的客观要素。而黑格尔在反对物化的时候走向了彻底的观念论。当黑格尔彻底走向观念论的时候，黑格尔就无法处理那些不能被观念化的东西，那些物性的东西，那些非同一性的东西。这些不能在观念中被处理的非同一的东西，就被黑格尔排除在直接性之外。阿多诺强调，思想中的这个东西，这个无法被整合到观念中的东西，是溢出主体的东西。主体中有溢出主体的东西，超出纯粹观念的东西，比如，它与肉体相关。思想之中不是纯粹形式化的、逻辑的思想，而且还有冲动，与肉体有关的冲动。这个东西是主观形而上学经验所不会被诱导到想要放弃的东西。除了这个东西之外，形而上学经验之中还有质料性的东西。真理中包含了两个方面的东西，一个是主观的东西，一个是客观的东西。这是真理的两个极端。不过，我们应该注意，阿多诺所说的主观的东西，不能在观念论上被理解，他所说的那个主观的东西，是溢出主体的东西，是主观形而上学的经验。而客观的东西即经验中客观要素。这两个东西都是涉及真理的观念。所以，阿多诺在这里总结说，如果没有主体，如果主体不从幻相（把主体理解为既定的东西，既定的主体是客体）中解放出来，那么就不会有什么真理，同样，如果没有非主体的东西，没有真理在其中获得原像的东西，那么也不会有什么真理。这个主体不是人们通常所理解的主体，而是从通常所理解的主体幻相中解放出来的主体，是与肉体要素相关的主体，而客体也不是外部的客观事物，是从外部世界中获得的关于客观世界的原像。

形而上学经验在源始的宗教经验中出现，比如，对于上帝的信仰。信仰上帝之中就包含了对于客观东西的确信。但是，形而上学经验不能被等同于宗教经验。它是一种世俗化的经验。宗教经验在其世俗化的过程中，古老的形而上学经验被弱化了。古老的形而上学经验是能够直接把握真理，直接面对上帝的那种经验。这种世俗化的形而上学经验的特点是，它达不到"大全"、不能直

第三部分 模式

接面对"上帝"。所以阿多诺说,这种形而上学的经验更加苍白,更加凌乱。在这种情况下,形而上学的经验以否定的形式发生,而不是以肯定的形式发生。人们通过这样的问题"这就是全部吗?"这样的质问来表达形而上学经验。形而上学经验不是直接达到非同一的东西,而是要通过徒劳地等待。形而上学经验不能达到一种现成在手的东西。阿多诺认为,形而上学经验几乎都是在徒劳地的等待中真实发生的。比如,在《等待戈多》中表现了这种形而上学的期待。人们等待戈多,似乎有一个戈多存在,但是这个戈多却不出现。人们期待一种超越的东西,但是这种东西却不是以肯定的形式直接出现。这就如同幸福的期待那样。人们回到童年时代的小村庄去寻找幸福,但是幸福没有出现,或者更准确地说,没有如其所期待的那样出现,但是也不是完全没有幸福。所以,在这里,人们总是通过"这就是全部吗?"来表达这种形而上学经验。接着阿多诺用了两个例子来说明艺术如何表达这种期待。一个是《沃采克》,一个是歌剧《璐璐》(Lulu)。在《沃采克》的最高潮部分,阿尔班·贝尔格(Alban Berg)用一些节拍来表达徒劳的等待。在歌剧《璐璐》他也是用最高音带表达这种期待。接着,阿多诺强调,这种神经体会以及布洛赫所说的乌托邦的象征意向都是与生活混合在一起的。我们前面曾经讨论过,阿多诺所使用的这个特殊概念,是把握非同一东西的概念。或者说,这种体会和意向是生活中的一部分。人在生活中都包含了形而上学经验意义上的那种期待。这就是说,形而上学是与生活结合在一起的。徒劳的等待不给人们提供肯定的东西,不给人们提供他们所期待的幸福,它所提供出来的只能是否定性的。它告诉人们的是,那不是幸福,而不会给人提供幸福本身。这就如同阿多诺在伦理学中的基本观念一样,它不给人们提供一个确定的道德标准。接着,阿多诺批判了当代社会中所出现的一种情况,人们越来越不是在生活,而是按照扮演好自己的角色。如果还有生活,那么这不过是一些可悲的、突发的生命残余。而现代的形而上学恰恰把这种生命残余当做绝对的东西。这是在批判海德格尔。海德格尔所说的生存就是生活的残余。这个生活的残余被当成绝对。为什么说,他所说的生存是生活的残余呢?海德格尔所说的生存不是日常经验意义上的生活,对于他来说,这种生活是沉沦。但是他所说的生存又不是纯粹精神意义上的活动。这是两者之间的结合。他把这两者之间的结合当做是生存。现代社会中，人越来越没有生活了，而成为机器，成为角色。海德格尔所说的生存就是这种机械生活所留下来的残余。他把这种残余当做是绝对。对于阿多诺来说，这种残余缺乏超越的维度。

虽然阿多诺强调，形而上学经验与生活是结合在一起的，但是，这个形而上学经验不是不关注超越的东西。如果没有超越的东西，那么生活也不是真正意义上的生活。这就是说，活生生的人都不会仅仅沉沦于当下的生活中，必然会有对于超越东西的期盼。如果没有这种期盼，生活就没有意义。而概念就是超越经验的东西，概念上的努力其实就包含一种超越的要求。比如，人们对于幸福的期待就是如此（阿多诺那里，超越的东西不是实体，不是上帝，而是与经验联系在一起的）。但是现实的状况让人们失望，在现实生活中，人们似乎很难得到幸福。这给人们的幸福期待留下了阴影，但是恰恰又是这种幸福的期待（对超越东西的期待）阻止人们对于现实生活的失望。形而上学经验中包含了超越的东西。但是不能把这种超越的东西理解为某种神圣的东西，理解为上帝之类的东西。阿多诺指出，如果用神圣的世界规划来包裹这个有限世界的无尽痛苦，那么即使对于不参与这个世界之事务的每一个人来说，这种做法也是极端荒谬，尽管这种荒谬的东西也能与肯定性的正常意识融洽相处。尽管在正常意识中，人们有某种关于上帝的信仰，但是用这种上帝的信仰来把这个令人痛苦的世界伪装起来，是极端荒谬的。如果这个世界是上帝创造的，那么上帝就应该为他创造的世界负责，但是上帝却让这个世界如此痛苦。这是无法被理解的。即使上帝处罚人类，这也超出了合理的界限。像奥斯维辛这样的大屠杀已经无法用处罚来解释了。形而上学经验不能在这种神学的意义上被理解，不能在神学的悖谬的意义上被理解。好像形而上学也是像神学中的悖谬那样，人有一种幸福的期待，这个幸福的期待属于彼岸世界，人们在现实世界的苦难中要忍受这种苦难。形而上学的经验不能被理解为这样的荒谬东西。阿多诺要拯救形而上学，但是这不是要拯救这种神学的悖谬。这是阿多诺对于克尔凯郭尔从宗教的角度所提出的拯救规划的批判。克尔凯郭尔关注了这个神学的悖谬。形而上学经验被等于这种神学悖谬。这种神学悖谬是不可拯救的。克尔凯郭尔所关注到的丑闻，就是人们所说的

"克尔凯郭尔神学悖论"①。克尔凯郭尔试图借助于"信仰的飞跃"和"真理的主观性"来克服这个悖谬。这个世界过程表明,克尔凯郭尔的努力是不成功的,是不能被拯救的。克尔凯郭尔的神学观念本身也无法拯救这个世界。

"虚无主义"

这个部分是接着前面部分说的,如果幸福的期待不是像上帝那样,也不是在现实生活中存在,那么这个幸福是不是会变成虚无缥缈的东西呢?在这个部分,阿多诺讨论了一个被广泛使用的概念"虚无主义"。这个部分共有两个段落,第一个段落是讨论人的生存究竟有没有意义的问题。第二个段落是讨论存在与虚无的关系的,是纯粹的存在论意义上的讨论。在这个讨论中阿多诺提出一种积极的虚无主义观点。当然,这两个问题是密切相关的。它涉及究竟如何理解"虚无"。关于第一个问题,人的生存究竟有没有意义?阿多诺的核心思想是,这个问题本来就不应该问。无论对于这个问题给出肯定的回答还是否定的回答,都是意识形态。人的生存的意义就在人的生存活动之中。虽然人在生存活动充满了痛苦,但是这并不意味着,人的生存就毫无意义。人在痛苦中包

---

① 克尔凯郭尔致力于阐明"身为基督徒意味着什么?"这项工作。在他看来,如果一个人要成为一位宗教信徒,那么他就必须不顾理性和证据而出于激情进行个人抉择。人通过这种抉择实现"信仰的飞跃"。在这里,信仰是私人性的,与教义、教会、社会团体乃至宗教仪式无关。人之所以要实现这种"信仰的飞跃"因为人在信仰的时候会面临着一些无法理性地解决的难题,这个难题可以用下述三个命题来表达:
  (1) 崇拜上帝在理性上是适当的。
  (2) 一个理性的人不会也不能崇拜某种他不能适当理解的东西。
  (3) 人不能适当地理解上帝。
  从生活的事实来看,一个理性的人是不能崇拜他所不能适当理解的东西的,而人又是不能适当地理解上帝的,因此,崇拜上帝就不是理性上适当的。显然这三个命题是相互矛盾的。这里的矛盾关系被人们称为"克尔凯郭尔的神学悖论"。面对这个神学悖论,人们只能进行一种"信仰的飞跃"。在这种信仰的飞跃中,人们得到真理。真理就是在人们的信念和坚持这个信念的个人之间的关系中出现的。在这里,他期待了"真理的主观性"。"信仰的飞跃"和"真理的主观性"是克尔凯郭尔哲学的核心。
  在克尔凯郭尔看来,真理是内在的,依赖于主体的,是特殊的而不是普遍的,是私人的而不是主体间的。有限的人与无限的上帝之间的鸿沟使得在两者之间架起任何理性桥梁的努力都徒劳无用。而他所说的"上帝"也是被他世俗化地理解了,这个上帝是我们为未知者所取的一个名字。如果上帝是我们对未知者所取的名字,那么这个未知者是不能用理性的方式来把握的,而只能被信仰。通过这种信仰,我们获得了真理。这个真理就是主观的。在这个意义上,成为基督徒就是要进行信仰上的飞跃。

含了对于幸福的追求。而"虚无"概念本身是有问题的，是极端的抽象。纯粹的"虚无"是不可能的，也是无法被思考的。"虚无"总是涉及某种内容。阿多诺主张一种积极的虚无主义，即在否定现实世界中看到希望。

当形而上学范畴世俗化的时候，当人们在日常生活中追问最终的东西的时候，人们所追问的是，人的生活究竟有没有意义。阿多诺认为，这个问题是一个粗俗的问题。这个问题之所以粗俗是因为，他对生活进行了一种日常意义上的计算。这个问题之所以被迫切地追问，是因为人在日常生活中都是痛苦的，尤其是在现代社会，一个生产力高度发展的社会，人们都被编织在功能体系中，人被物化了，成为像物一样的东西了。于是，人就要思考生活的意义。这是一个迫切的问题。生活的意义是世界观中的一个概念。为什么这是一种世界观呢？这是因为，当人们追问生活意义问题的时候，追问这个问题的人本身是有了关于生活意义的答案的。这个答案就是提出这个问题的人自己给出的。询问问题的人自己已经有了答案。而他的答案就是从生活中产生出来的。如果他生活得很得意，那么他就会说生活是有意义的。如果他生活得不如意，那么生活就没有意义等。如果没有答案会如何呢？那么这就是脱离生活的纯粹观念上的思考。具有一定世界观的人都有对于这个问题的回答。这就是说，询问生活的意义问题的人都是从自己对于世界的理解出发来回答这个问题。马克思主义者，比如卢卡奇等人就是从这个角度来认识这个问题的。比如，某哲学老师在授课时就是这样来说明的，关于人生的意义问题，这是由于个人的世界观和立场决定的。应该说，这个回答还是有一定的道理的。但是阿多诺不满意这个解释。他认为，人们在提出生活（生命的）意义问题的时候，还是包含了超出世界观意义的内容的。这就是说，"意义的概念包含了超出一切人为制造的东西的客观性。"我们知道，在中国文字中"人为"结合在一起是"伪"，是虚假的。这其实就是说，人在自己生活中所体验到的意义，必定包含了虚假的成分。意义有超出这种虚假的部分。对于阿多诺来说，人的生存意义肯定是与日常生活中的体会有关，但是又超出日常生活，包含了超越的东西，比如幸福的期待。"人为制造的东西的客观性"是指通过人的活动而形成的客观系统。意义的概念所包含的内容一定超出了这种客观性。从否定的角度来说，这句话的意思是，人的生存意义不是由角色来规定的。如果只是在角色系统之中领会意义，那么这就是复制了主体，甚至集体主体的虚构。如果能够在生活中领会到意义，那么生活好像许诺主体，它要给主体提供某种东西。而这恰恰是欺骗了主体。当人们讨论生活意义的时候，人们一定还涉及超出生活中的东西。这就是说，它还涉及形而上学。意义这个词语包含了某种客观的意思。可是，在这里，人们也不能误解，好像意义果真是某种客观的东西，这个客观的东西可以被提供人们。如果人们以为，果真有某种客观的东西被提供给主体，那么这肯定是欺骗。生活意义的思考不是要把生活之外的某种客观的东西提供给主体。如果人们相信这一点，那么人们肯定会感到失望。比如，如果我们在生活中问，生活的意义是什么，如果有人果真提供了生活之外的某种客观的东西，比如，某种理想的乌托邦。这纯粹是欺骗主体的。但是，讨论生活的意义还是与客观的"东西"有关的。我们可以说，生活的意义一定是与某种超越的东西有关，但是这个超越的东西又不是"具体东西"。这就是阿多诺所设想的形而上学要讨论的非同一的东西（比如幸福）。我们可以说，生活的意义就是需要形而上学追问的非同一东西。如同前面所讨论的幸福一样。如果说幸福是客观的，又不是客观的，那么生活的意义也是如此，是客观的，又不是客观的。所以，阿多诺在这里强调，形而上学的任务是去沉思这样一个问题，虽然一个人能够超出自己，去思考生活的意义，但是这个人究竟能够走多远。

形而上学所对付的是客观的东西，这个客观的东西离不开人的生存方式。这就是说，在关于生活意义的思考中阿多诺既承认主观的东西，又强调客观东西，既强调生活的意义在于个人生活的体验，但是又强调超越的要素。如果没有超越的要素，如果没有客观的东西，那么生活的意义就变成主观的体验，生活的意义如果完全是由外在于生活的某种绝对的东西提供的，那么由于这种东西脱离了生活，它们与生活无关。阿多诺强调，由于主体陷入自己之中，陷入到"制度"之中，陷入一定的社会环境之中，只是从世界观的角度去思考生存的意义问题，这显然是不够的。于是，形而上学的任务就是要去沉思，这些陷入自己之中的人虽然能够看到自己之外的东西，但是他们究竟能看多远？

哲学就应该从形而上学的角度去思考这些问题。一些哲学家们就进行了这样的咨询工作，他们要给人们讲授人生的道理。这些哲学家们四处周游，给人们讲授人生意义的报告。按照他们的报告，一个人如果能够体面地生活，那么这个人就可以轻松地长舒一口气，他们不只是为了生产和消费，他们还关注超出生产和消费领域的东西。这就是说，日常生活的人们在讨论生活的意义的时候，也会看到，意义问题的思考是与超越的东西有关的。这就是说，那个思考人生意义的人，也会好奇地而又直接地看到某种超越的东西。但是，如果我们具体地问，这个东西是什么，这个人好像也无法回答。由此可见，生存的意义是与超越的东西有关的，但是这个超越的东西又不能被具体地说出来。观念论者在这个方面有他的优势。这就是说，观念论者在讨论生活的意义的时候，虽然会强调，生活有意义，比如观念上的某种东西，但是，观念论又阻止哲学对于人生意义做出断言。观念论甚至反对那些处于人生巅峰的人对于生活的意义做出断言。这些到达人生巅峰的人可能会觉得他实现了某种价值理想。这种价值理想就表达了人生的意义。观念论也反对人们把人生的意义归结为某种超越性的观念，比如，绝对精神。即使他们使用某种不同的概念也不行。这就是说，观念论阻止人们用某种观念性的理想来说明生存的意义。这是因为，当人们用某种观念来表达人生的意义的时候，人们其实是用主体的某种观念来表达，而主体本身总是有一定的局限性的。当人们用某种观念来表达生存的意义的时候，人们其实是用主体的某种镜像来满足主体。这就是用有限主体的某种观念（镜像）来满足主体。用我们日常的话语来说，这就是狭隘的主体自我欺骗，自我满足。

在阿多诺看来，这种自我欺骗和自我满足是意识形态的源始现象。意识形态从本来意义上来说，就是人受到了一种错误观念的影响，并且满足于这种错误观念。所以关于人生意义的思考常常会变成意识形态，成为人的自我欺骗。接着阿多诺指出，关于人生意义的思考的问题作为总体产生了一种魔力，好像人们必然能够为这个问题提供一个答案，而且是肯定的答案。人生一定是有某种意义的，而且这种意义是可以用概念来概括的。我们前面已经解释了总体的魔力，比如，前面所说的历史作为一个总体所具有的魔力。历史的这个总体的魔力表现在历史好像要达到某种目的。阿多诺指出，即使人们在这里能够提供某种答案，这个答案毫无作用。比如，如果一个要自杀的绝望者去问那个要打消他的这个念头的人，询问生命的意义，那么这个劝说者也感到无能为力，无言以对。如果他试图这样做，他就会被拒绝。如果他回答人生意义的问题的时

第三部分 模式

候，他所给出的回答无非是，某种普遍共识的回响，就如同凯撒需要士兵这个格言所包含的核心内容。在生活中，人们也是这样劝说自杀的人，孩子需要妈妈，爸爸需要孩子等。这与凯撒需要士兵的核心意思差不多。

对于阿多诺来说，如果生活果真包含了意义，那么这个问题不必询问。为什么呢？询问人生意义的问题，是脱离生活来讨论生活的意义。这就是首先掏空了具体生活中的意义，然后试图用一种抽象的公式来解释生活的意义。当这种解释没有被任何一个人所接受的时候，人们就可以得出结论。人生没有意义。对于人生的意义，人们有一个一般的抽象公式。当这个抽象公式无法解答人生意义的时候，人们就认为人生没有意义。坚持人生有意义的人无法回答这个问题，坚持虚无主义的人也无法回答这个问题。如果人生无意义，那么当这种虚无主义者在面对这样一个相反的问题："你自己为什么活着？"的时候，他必定会无言以对。如果人生没有意义，那么虚无主义者为什么还活着呢？从这里，我可以看出，无论认为人生有意义，还是人生没意义，人们都会面临极大的困难。这究竟又是为什么呢？询问人生有没有意义，就是要进行计算。如果人生能够被计算，那么人生就如同某个具体的东西那样，就如同市场上的某种东西那样可以被衡量。如果人像某种东西那样可以被衡量，那么人其实就如同某种物一样。在这种计算中人不是活生生的人。所以，衡量生活的总体，计算生活的纯粹利润，恰恰是死亡。如果衡量生活，计算生活的"意义"就是死亡。而人生意义问题的思考之中，人们所要追问的是生命的意义，是要保持生命，而计算生命的时候，生命恰恰死亡了。追问人生的意义必定走向自己的反面。也正因为如此，人们在追问人生意义的时候，人们无法得到肯定的答案。因为，计算人生的意义所达到的是这个追问的相反的目标。在这里，阿多诺又挖苦海德格尔，在思考人生意义，人们无法给出答案的时候，在走投无路的时候，人们就只能热情地思考死亡。在海德格尔那里，死亡获得了意义，这是完整人生的必要的组成部分。

接下来，阿多诺提出了他自己的看法，如果一个东西要毫无羞愧地拥有意义这个名称，那么它就必须是开放的，而不是自我封闭的。这就是说，这种意义不能用抽象的概念来概括，也不能被抽象地定义。如果抽象地定义了，那么这就不是开放的。如果意义是开放的，那么针对生活（生命）的意义，人们就无法给出一个最终的答案。于是，阿多诺指出，生命是无意义的，这个命题如果作为一个肯定的命题，那么它是愚蠢的。如果人们肯定地认为，生活是无意义的，那么这是愚蠢的。如果生活无意义，为什么你还活着呢？同样，如果作为一个否定的命题，如果有一个叫"意义"的东西存在着，只是生活中没有这种意义，那么这个意义是什么呢？在这个答案中，好像有某种确实叫"意义"的东西具体地在什么地方存在着。只要我们寻找，我们一定能够找到意义这个东西。这显然是虚假的。阿多诺是辩证法的守护者，他也不完全否定这句话的意义。他说："这个命题只有在打击（生活是有意义）的断言的时候才是正确的"[1]。如果有人郑重其事地说，生活是有意义的，那么针对这句话，人们可以说，反驳说，生活是无意义的。生活是无意义的这句话在这里可以被派上用场。在这里，我们也可以看到，阿多诺辩证法的否定性维度。如果一定要讲生活的意义，那么生活没有意义的这个说法还有点意义。在现代社会中声明生活是有意义的，这无疑是没有看到现代社会中的生活已经越来越不像生活。接着，阿多诺把叔本华和观念论加以对比。叔本华把意志看做是世界的本质，而这个意志是否定性，是走向死亡的冲动。阿多诺认为，叔本华对于意志的这个看法是不合适的。这是因为，人的意志不仅仅有走向死亡的自由冲动，而且还有生存的冲动。阿多诺认为，他的错误在于他把一切都概括在否定之中。而他的同时代的观念论即黑格尔的观念论则把一切都概括在肯定之中。或者说，这种观念论是要达到绝对的肯定。他的否定之否定最终达到的是绝对的肯定。所以阿多诺认为，绝对地肯定生活的意义和绝对地否定生活的意义都是错误的。这两种对立的思路本质上都是一致的，都脱离了生活的具体体验，抽象地讨论意义和无意义。阿多诺认为，这两种思想在本质上有一致之处，这种一致之处就是一种自然宗教。自然宗教相信一切自然的东西背后都有某种神灵在支配着。生活有意义和无意义都取决于人们对于神灵如何干预人的生活的信仰。从这个角度来说，叔本华和黑格尔一样都是观念论者。对于这种自然宗教来说，人类从一开始就存在着一种对于自然的恐惧，他要通过控制收买这些神来控制自然。如果说古代社会多神教是神话的话，那么伊壁鸠鲁的思想就是一

---

[1] 阿多诺：《否定的辩证法》，王晓升译，北京：中央编译出版社2023年版，第500页。

种启蒙思想。在伊壁鸠鲁看来，人的恐惧就来自于宗教。他批判了这种自然宗教。从这个意义上来说，伊壁鸠鲁的思想具有启蒙的性质。在伊壁鸠鲁看来，即使神灵存在，但是神灵也不过是一个冷淡的旁观者，它不干预人类事务。相信超自然的神灵对于人类事务的干预是恐惧的来源。伊壁鸠鲁强调人自身自然的重要性，承认感性快乐的合理性。这就是说，相比于观念论来说，伊壁鸠鲁的思想倒是值得肯定的。

如果伊壁鸠鲁是一种快乐主义思想，是对于人生有一种乐观的看法，那么叔本华则与伊壁鸠鲁完全相反。在这里，阿多诺批判叔本华。他认为，叔本华回到了这样一个历史阶段，在这个历史阶段，天才还没有从沉默中觉醒，还没有开始追求自由。在这样的历史阶段中，人只能屈从于命运，只能感到生存的痛苦。他认为，叔本华否定了人的自由的动机。对于阿多诺来说，人在自己的自由中就能够追求自己的幸福。即使人类处于最不自由的阶段，人还是有自己的动机的。人不可能没有任何意志的力量冲破"魔力"的控制，而只能受到"魔力"的摆布。只要人有这样的力量，人就会追求生存的意义。如果联系叔本华本人的文献，那么我们可以看到，在《作为意志和表象的世界》的第三部分，叔本华讨论了"理念"。当然，他的"理念"吸收了柏拉图思想，同时又超出了柏拉图思想。对于叔本华来说，理念是意志和表象之间发生联系的桥梁。叔本华的形而上学倒退到这样一个阶段就是指的这个阶段，即表象和意志之间的这个"理念"阶段。在这个阶段，人是没有自由的，理念既表现了表象和意志之间的冲突，也是要化解这种冲突。在这里，理念是为意志服务的。在这个阶段，叔本华主要是讨论了艺术。他的理念的理论主要是一种审美理论。而在他的审美理论中，天才忘记了个体的自我和意志，并能够与对象融为一体。他对于表象世界中的物质利益关系无能为力。所以阿多诺说，在这里，天才还没有从沉默中觉醒。叔本华认为，人在面对自己的苦难的时候是极端地个体化的人。人都是个体化的人。而这个极端个体化的人总是为自己的生存而努力，他总是否定自身之外的东西，而他所否定的最终却是他自己。意志总是在伤害它自己。这就是说，叔本华从人的生存的根基处看到了人的极端个体化的意志是幻相，是会走向自己的反面的，是会自己伤害自己的。

他在《作为意志和表象的世界》的第四篇中为自由提供了指引，但是却抛弃了生存意志。在叔本华看来，人都有生存意志，都有生存的冲动，但是这种生存的冲动都是痛苦的。为了摆脱这种痛苦，人就应该放弃生存意志。当人放弃生存意志的时候，人就自由了。在阿多诺看来，他为自由所开出的处方也是假象。这是因为，阿多诺认为，自由是一种冲动，就是意志自身的一种矛盾，就是一种冲动。没有冲动就没有自由。而叔本华的那个自由却要平息这种意志自身的冲突。意志最终只能屈从于作为自在之物的意志的魔力，只能放弃自己。如果说黑格尔从肯定的方面说明了这个魔力，即世界精神，那么叔本华从反面说明了这个魔力。在生存的魔力面前，人是无能为力的，人在自己的生存中应该否定自己。人不能走出这个魔力，只能在自我欺骗中走出这种魔力。在前面谈到叔本华的时候，阿多诺其实还说到，如果一切都被概括在无意义之中，那么叔本华也没有给自己留点退路。如果生存就是巨大的悲剧，是毫无意义的，为什么他还要写书，还津津有味地活着呢？如果把死亡的冲动作为一种总体性的冲动，那么这肯定是有问题的。所以，阿多诺说，如果所有的人都不能逃脱这个魔力，那么整个关于意志的形而上学也不能打破这种魔力从而得以逃脱。于是，整个意志形而上学也不能给自己留下某个缝隙从而能够逃脱这个魔力。阿多诺认为，在这里，叔本华所得到的是一个决定论的总体。在这个总体中，人是无能为力的。叔本华的决定论与黑格尔的决定论在总体上都是一样的。总体就是吞并一切，即精神或者意志吞并一切。所以，阿多诺认为，叔本华的思想也是一种观念论。当然，我们在这里看到，阿多诺是有所保留的。从叔本华本人的思想来说，我们很难把他的意志与观念论所强调的那种观念等同起来。叔本华的意志概念毕竟包含了自然的冲动的要素。从阿多诺的角度来说，当主体放弃生存斗争而屈从于意志的时候，意志就变成了一个总体，这个总体之中，肉体的冲动最终被消解了。从这个角度来说，意志就变成了纯粹观念的东西了，成为观念的总体。因此，叔本华是观念论，是控制一切的魔力的代言人。叔本华把意志变成了一个总体，黑格尔把精神变成一个总体，一切东西都逃不出这个总体。于是，阿多诺说："总体就是图腾"①（阿多诺在这里玩了一个文字游戏。在德语中总体是"Totum"，而图腾是"Totem"）。接着，阿

---

① 阿多诺：《否定的辩证法》，王晓升译，北京：中央编译出版社2023年版，第501页。

第三部分　模式

多诺用了一种比喻来批判叔本华。如果意识没有蕴藏着不同颜色的概念，如果在否定的总体中所残留不同颜色的零散踪迹没有被意识到，那么意识就根本不可能对灰色的东西（令人痛苦的东西）完全失望。既然意识对于完全灰色的东西完全失望，既然意识对于意志必然痛苦的状况非常失望，那么这就意味着，意识不是没有蕴藏着其他不同颜色的概念的。阿多诺在这里暗示，意识之中还是包含了其他不同的颜色的，而不是完全灰色的。意志不可能是完全否定的。人的意识尽管包含了痛苦，但是也还是具有幸福的期待的。如果没有幸福的期待，那么叔本华大概会鼓励人们自杀，而不是简单地放弃生命意志的追求，而任由意志支配。所以，阿多诺接着就强调，意识中包含了不同的色彩，包含了对于幸福的期待。这种期待来自于过去，来自于儿童时代的快乐生活。所以，阿多诺说，希望也是来自于其相反的力量（Widerspiel），来自于必然衰落的东西或者应被诅咒的东西。与希望相反的东西就是失望，从失望中，人看到了希望。正因为如此，这种解释大概也与本雅明关于《亲和力》那本书的最后一句话相一致："只是由于无望的缘故，我们才被给予希望。"阿多诺承认，我们不能从生活中直接寻找到意义。或者说，生活中不存在以肯定的形式存在的意义。因此，具有诱惑力的是，人们不是在生活本身中探寻意义。这种意义与超越的东西有关。这个意义是瞬间出现的，而只有在那个有限的瞬间，人们体会到生活的意义。而这个瞬间就是生活所努力排除的东西，是现存生活不能容忍的东西。生活的意义是瞬间出现的，但却是总体所不能被容忍。尽管总体不能被容忍，但是它还是在生活的瞬间出现。在总体中，生活是灰色的，但是总体总是会有破口。完全总体是不可能的。而这个瞬间的东西、这个被排除在现世生存之外的东西出现了。所以，这就是要弥补我们在现世生存中不再宽容任何在它之外的东西所存在的缺陷。生活之中就需要这种非同一东西，这种被排除的东西。幸福就来自于这种非同一的东西。所以，阿多诺这里所说的"超越"是指超出生活的总体，超出总体控制的范围的东西。或者说，这个超越的东西在总体之中，是破坏总体的东西。

接下来，阿多诺通过普鲁斯特的小说来说明他对于幸福、希望的理解。作为形而上学家的普鲁斯特散发出无可比拟的力量，因为他义无反顾地接受这种诱惑，以独一无二的方式放任自己追求幸福，而不是希望束缚他的自我。普鲁斯特是艺术家，但是他以艺术的形式来探索非同一的东西，探索绝望背景下的希望。他任由自己的追忆之引导来追求幸福和希望。然而，他在小说中所追求的幸福和希望不是生活。他在小说中希望拯救幸福的瞬间，这个幸福的瞬间是通过回忆和沉思来实现的，而不是在生活中实现的。根据这个情况，阿多诺对于普鲁斯特做出了一个评价。他认为，普鲁斯特既接近于伯格森的经验世界，又批评了柏格森。他接近于柏格森，是因为他像柏格森一样关注人的切身体验，如果说柏格森是一种关于人的切身体验的理论，那么普鲁斯特也是如此，他的小说注重人的心理体验。他把生活在其具体过程中才获得意义这样一种观念提升为一种理论。他的小说变成了一种理论，这个理论的中心议题是，人的生活的意义在具体的生活过程之中。他告诉人们一个道理，生活的意义在生活之中，幸福在生活的某个瞬间被体验到。另一方面，他又不像柏格森那样，把这种体验实体化，把生活中的体验、直觉变成一个独立于日常生活的某种东西。这种对于生活意义的领会借助于日常生活而又超出日常生活。阿多诺在这里试图通过这种细微的差别来显示普鲁斯特的那种独特的体验。

接着，阿多诺说明生活的意义。有一种说法认为，如果一个人生活得非常圆满，那么这个人生活就有意义。对于这种说法，阿多诺提出批评意见。生活圆满这个说法，即使在生活最耀眼的地方，也是一个望文生义的错误推论。生活圆满这个说法之中没有包含痛苦，所以人们就以为生活就是圆满的。这就如同人们从"history"这个词语产生一种错误的联想，以为"历史"（history）就是"his-story"（男人的故事）一样。这是因为，人们在生活圆满的时候，人们忽视了一个东西，死亡。只要死亡是生活的一部分，那么生活圆满这个说法就是错误的。生活圆满这个说法与人的死亡之间存在着巨大的不平衡。人们只看到生活，而没有看到死亡是生活的一部分，于是人们才会说，生活圆满。既然死亡是生活的一部分，那么生活圆满这个说法就非常无聊，不过是忽视了死亡这个要素而已。所以，阿多诺说，如果死亡是无法挽回的，那么断言生命的意义就是一种意识形态。死亡是人的生活的一部分，而且一切生命最终都走向死亡。从这个角度来说，我们不能认为生命是有意义的。这是因为，生命的终点是死亡，是完结。这种完结之中不包含意义。接着，他又通过普鲁斯特关于贝戈特之死的叙述来说明生活意义和死亡的关系①。这部分关于死亡的描述所要表达的是复活的观念。通过死亡来表达复活的观念，就是对于生活意义的探索。从这里可以看出，生命的意义不能从肯定的角度来理解，而只能从否定的意义来理解。那么如何从否定的意义来理解呢？从生命的复活的意义上去理解。这就是说，人生总是痛苦的，克服痛苦，克服这些悲剧就是人生的意义。复活在这里是一种象征意义，即人摆脱苦难。现实生活中人是处于苦难之中的，在困难之中的人，时刻面临死亡的人是没有意义的，而意义就在于否定这种苦难，从死亡中复活（死亡了的人仍然能够对于社会有积极意义）。正如道德从否定意义上来理解一样，生命的意义也必须从否定的意义上来理解。生命哲学是从肯定的意义上来理解生存的意义，而实证的宗教，比如基督教就揭示了复活的观念。这个复活的观念对于理解人生的意义具有重要的价值。从死亡人的复活的意义去理解生命的意义就是要表明，一个人的生命的意义不在于你活着的时候得到了多少好处，而是你给后人留下了什么，一个人死亡之后能够"复活"，这就是一个人的生存的意义。

接下来，阿多诺又进一步批判了圆满生活的说法。圆满生活的概念不是社会主义的人道主义概念所表达那种乌托邦。社会主义的人性概念也设想了一种圆满生活，这种圆满生活是人道的理想的实现。这种意义上的圆满生活，阿多诺似乎并不反对。当然，原则上来说，这也不符合阿多诺对于生活意义的理解。这里所说的圆满生活是与贪婪和尽情享受联系在一起的。阿多诺否定了这种意义上的圆满生活。这种意义上的圆满生活是让人继续在生存斗争的框架中，在等价交换的框架中继续生存。在这里，没有力量的竞争就没有圆满。可是，如果没有力量的竞争，那么这是不是意味着，人们就可以放弃奋斗，就可以"躺平"呢？在这里，阿多诺用辩证的观点来看待"躺平"。从否定的角度来看，神学由于意识到了一切皆空，而对抗那些确信世俗生活的人们，这是有道理的。神学由于意识到，人生就是苦难，这是有积极意义的。它告诉人类，陷入生存竞争所存在的缺陷。从这个角度来说，那些感叹人生虚无的悲惨故事也是正确的。像佛教所说的四大皆空等，不过是一种消极的避世的做法。这种

---

① 参见普鲁斯特：《追忆似水年华》（第五卷），译林出版社1996年版，第167—172页。

做法其实不过是回到内心的平静。阿多诺认为，不过，这种状况不能通过内部来治愈，即不能通过人改变自己的心境而被治愈，而是要通过废除那出错了的原则而被治愈。这个出错了的原则是生存斗争的原则。人把生存斗争原则无限地扩大。人当然要生存，而人在生存中当然有苦难，比如人要束缚自己的自然，但是如果把这种束缚无限制地合理化，那么这就出错了。最后，阿多诺说，这样一来，攫取与满足之间的恶性循环最终也会消失：形而上学与生活的安排是如此密切地结合在一起。日常生活中的安排，日常生活中的努力与形而上学的反思结合在一起。人都要有世俗的生活，都要努力追求物质的福利，但是生活的安排不能没有形而上学。这需要我们去反思自己的日常生活，需要去努力改变这个现实社会。我们不能把生存斗争无限地扩大。这不是靠某个人躺平所能够解决的。这是全社会的共同任务。其实，这就是阿多诺关于形而上学的构想，即形而上学不能脱离具体的生活。按照阿多诺的上述思想，我们可以看到，他对于生活意义的回答。人生是有意义的，但是这个意义不能被肯定地给出。

如果生活的意义不能肯定地给出，那么这是不是就走向了虚无主义呢？这个地方的第二部分是批判虚无主义的。从阿多诺对于生活的意义的理解中，我们就能够在一定程度上把握阿多诺对于虚无主义的批判的基本思路了。

在这个地方，阿多诺首先讨论了虚无主义这个词的来源。这个词语与雅各比、与俄国的暴力暗杀活动有关。接着，阿多诺从两个意思上说明尼采对于虚无主义这个词语的用法。尼采是在讽刺的意义上使用这个词。这就是说，尼采虽然用虚无主义这个词语，但是，还是对于虚无主义持一定的否定态度的。比如，他认为，基督教就是一种虚无主义，他认为，基督教之所以是虚无主义，是因为基督教是对生存意志的制度化的否定。一个人追求自己的自我持存，这是一种最高价值，但是这个最高价值却被贬黜。这是虚无主义。尼采是否定这种虚无主义的。但是，正如海德格尔在《尼采》一书中所指出的，尼采也是一种虚无主义，不过尼采的虚无主义是一种"古典的虚无主义"，局限在价值意义上的虚无主义。尼采否定基督教的虚无主义，但是他并不就是用它来概括某种虚无状况。这个虚无是包含了内容的。他是批判虚无主义的虚无主义。这就如同本雅明在绝望中抱有希望是一样的意思。当尼采从暗杀活动的意义上理解虚无主义的时候，他有一种讽刺意味在里面，即虚无主义是一种"暗杀"，基督教对人进行了"暗杀"，是虚无主义。

在这里，阿多诺首先突出了他自己对于虚无的理解，从辩证法的角度对于虚无的理解。当他从这个角度来理解虚无的时候，他认为，哲学再也不能没有虚无主义这个词语了。当然，虽然人们都用虚无主义这个词语，但是对于虚无主义这个词语所包含的内容却有着各种不同的理解，比如，海德格尔在《尼采》中对古典虚无主义和一般虚无主义的理解。对于虚无概念的理解也是如此。哲学虽然也循规蹈矩地使用"虚无"这个词语，但是这个词语被用来概括虚无的状况，并且指责这种状况。这就是说，当人们一般来使用虚无主义的时候，人们是在指责虚无主义，把虚无理解为绝对的空无，应该被指责的空无。而尼采却不是这样，尼采是承认虚无的意义的。在尼采看来，人类需要虚无，而不是简单地指责虚无。比如，他重估价值的企图，这里就包含了虚无的意思。但是这种虚无不是绝对的空无。一般人都把虚无主义看做是坏东西。他们理解的虚无是绝对的空无。在他们看来虚无主义解构一切价值，把一切东西都看做是无价值的，他们要努力给虚无状况注入价值，注入意义。他们不去思考，他们赋予虚无主义的那种意义，他们所理解的虚无的意义是不是就是虚无主义本身所说的那个虚无的意义。其实，他们误解了虚无概念，并由此而否定虚无主义。他们在这样理解虚无主义的基础上否定虚无主义，好像虚无主义否定了一切价值，否定了意义，坚持一种绝对空虚的状况。阿多诺认为，关于虚无主义的这种说法尽管是满口胡言，但是却能被用来蛊惑人心。人们很容易简单地把虚无主义当做坏东西加以否定。所以，阿多诺挖苦这种做法，这种虚无不过是他们自己编织起来的稻草人。他们先把虚无理解为空无，理解为虚无的状况，然后指责虚无主义，否定一切，否定了一切意义。而阿多诺认为，这是对于虚无的错误理解。接着，阿多诺借助于黑格尔的辩证法思想，指出一切都是虚无的这个句子就像存在这个词一样，是空洞的。黑格尔的概念运动把存在与虚无同一起来，不是为了固守这两者之间的同一，而是要继续前进，在抽象的无之后重新把握无，从而赋予这两者以确定的内容，这种确定的内容由于其确定性而多于虚无。一切都是虚无的说法是空洞的，虚无和存在一样都是空洞的无法把握的。虚无必定包含了超出虚无的东西。如果一切都是虚无的，那么

"虚无"这个词也不能说。虚无不能简单地等于绝对的空无。虚无包含了超出虚无的确定内容。正如绝望中包含了希望一样,意义包含在无意义之中。虚无不能表示肯定存在的东西,但是虚无也不是绝对的无。我们可以说,这是无之中的"有"。这是非同一性。这个非同一性是无,但是却不是绝对的空无,而是"有"。当然这个"有"不是肯定地实存的东西。

当我们这样来理解虚无的时候,虚无就有了特殊的意思,就不能简单地被理解为纯粹的否定(当然也不能理解为肯定)。正因为如此,尼采有时会说,人类需要的是虚无。在阿多诺看来,这是正确的。这就是要看到这个世界的虚无,看到这个世界的恶劣状况。但是,对于每一个人的确定的、傲慢的意志来说,这是荒谬可笑的,即使有组织社会成功地把地球变得无法居住,或者把人类送上西天,也是如此。傲慢的人们认为,尼采的这种说法荒谬可笑。甚至今天的有组织社会成功把地球变得无法居住,或者把人类送上西天的,让他们无法生存的时候,他们也认为,尼采的说法荒谬可笑。其实,尼采的伟大就在于,他发现了人类文明的这种发展趋势会把人类送上西天,会使人类文明变得极端可怕。于是,我们需要虚无,我们需要借助于虚无来反思我们的文化。当然,也有一些人可能在一定的意义上接受了尼采。他们不觉得尼采是荒谬可笑。他们会说,他们相信虚无。对于这种说法,阿多诺也提出批评。当人们说相信虚无的时候,如果人们没有就虚无思考到比虚无更多的东西,那么相信虚无仍然是空洞的。在这个情况下,相信虚无和相信存在同样都是空洞的。如果人们不能在虚无的概念下思考比虚无更多的东西,那么虚无就是空洞的。相信虚无就不会比思想纯粹的虚无提供更多的内容。而在阿多诺看来,当人们说相信虚无的时候,相信就是一种内在的信念,这种信念就是某种东西。因此当人们说相信虚无的时候,人们其实就是包含了内容,就已经包含了某物,被相信的虚无绝不是纯粹的虚无。从这个角度来说,当人们相信虚无的时候,虚无和相信结合在一起了。这时候,虚无就不是纯粹的虚无。相信虚无这个说法,变成了一些人的精神安慰,他们会骄傲地认为,他们看穿了骗局,从而获得满足。这就是如同我们在日常生活中常常看到的那样,一些人自以为是地说,他相信虚无,看破世界。他们在生活中看得穿。他们由于放得下而获得一种自我安慰。他们会认为,他们把一切都看穿了,人类生活中的一切都是骗局。可是如果一切都是骗局，那么他们是不是也自己欺骗了自己呢？一切都是骗局的时候，骗局本身是不是骗局呢？其实，这些人并没有真正看得穿。如果把虚无和存在完全对立起来，那么相信虚无如同相信存在是一个意思。虚无和存在都是完全空洞的。从这个意义上来说，阿多诺在批判相信虚无的时候，其实也批判了相信存在这个说法。

接着，阿多诺指出，在当时的欧洲出现了一种情况，这就是人们开始批判虚无主义。人们在批判虚无主义的时候，却没有批判神秘主义。神秘主义与虚无主义意义都包含了对于虚无的辩证理解。神秘主义从无之中看到了"有"，而虚无主义也有类似的情况。因此，阿多诺说："神秘主义却仍然从虚无之中，从概念之空虚对象之中找到了在那儿被否定的东西，找到了在虚无这个词语所释放的辩证法中所发生的东西。"① 无论是神秘主义还是虚无主义，他们都企图在探索这个有无之间的东西，这个非同一的东西。既然虚无主义和神秘主义都是一样的，为什么人们批判虚无主义却不批判神秘主义呢？阿多诺提出的理由是，人们动用一个到处被讨厌的词语，一个与普遍快乐无法相容的词语，而从道德上径直地诽谤那样一些人，这些人拒绝接受西方的肯定性遗产，也不承认现存东西有任何意义。简单地说，人们用虚无主义这个词语来诽谤尼采这样一些人，这些人拒绝接受西方的肯定性遗产。于是就用一个污名化的东西加在这些人头上。

那么我们究竟如何看待虚无主义这个词语呢？阿多诺指出，如果他们空谈所谓的价值虚无主义，说没有什么东西是人们应该坚持的，那么这就是呼吁征服，即同样低级的语言范围内所固有的征服。人们所空谈的价值虚无主义，如果不包含某个辩证法的维度，那么这种价值虚无主义其实就是征服，就是征服一切，否定一切。阿多诺显然否定这种所谓的虚无主义。这种野蛮的征服从思想的领域来说，就是否定人的思想。这就是说，本来思想必定是超越同一性逻辑的东西，如果按照同一性逻辑来思考，那么机器都可以进行这种思考。人有思想就是人不是按照同一性逻辑来思考。那么这就是从同一性之中看到了否定性，看到非同一性。思考就是思考非同一的东西。可是当价值虚无主义否定了

---

① 阿多诺：《否定的辩证法》，王晓升译，北京：中央编译出版社2023年版，第504页。

一切的时候，这种非同一的东西也被否定了。当非同一的东西被否定了的时候，人所特有的那种思考也没有了。没有思考，那么这就不是真正的人类。人类的尊严就表现在人类会思考。对于阿多诺来说，否定了一切不等于是纯粹的无。否定一切其实必定肯定某种东西，坚持某种东西。而它所坚持的就是人类必须接受的。这就是要让人按照被接受的东西思考。按照阿多诺的辩证法思想，彻底的虚无就是单纯的存在。这两者是一个东西，都是同一性思维的产物。所以，在阿多诺看来，当人们批判虚无主义的时候，人们忽视了这样一个视角，即人们不再坚持任何东西这种做法是不是符合人性。虚无是包含了某种东西，如果批判虚无主义，从同一性的角度理解虚无，在这种虚无之中，人们不再坚持任何东西。这种做法是不符合人性的。符合人性的状况就是要鼓励人们自主思考，鼓励人们反思同一性。如果人们在批判虚无主义的时候忽视了这样一个视角，那么这显然是错误的。这就是说，虚无主义具有符合人性的东西，它鼓励人们自主地思考。但是，虚无主义是一个否定的词语，它在鼓励人们自主思考的同时，也会通过这个否定的词语表明，这种自主的思考也应该有所限制。因为，这种否定性思考也会变成征服。这种意义上的否定应该受到限制。在阿多诺看来，虚无主义都在不同程度上包含了这种征服。而这种征服其实包含了法西斯主义的可能性。所以阿多诺反对虚无主义，甚至反对这种带有征服性质的虚无主义，反对这种同一性逻辑基础上的虚无主义。他认为，这种虚无主义比被征服的东西更糟糕。被征服的东西不管怎么说，也还包含了被人类接受的价值，尽管这些肯定性的价值也有缺陷。最后，阿多诺指出，这种虚无主义所坚持的虚无比中世纪的那种无对象的概念还糟糕。这表明，阿多诺反对绝对否定的那种狂热征服。如果虚无不能被理解为绝对否定的狂热征服，那么我们如何看待虚无主义呢？阿多诺接受了中世纪的概念之空虚对象这个说法。概念是有对象的，但是这个对象不是某种切实存在的东西，而是空虚。这种概念的空虚对象是对某种东西的否定，而不是对自身语用学意义的否定。虚无虽然表示空无，但是这个空无还是具有语用学意义。或者说，它是有一种语用学上的功能的。如果虚无这个概念表示对于自身的语用学意义的否定，那么这就意味着，它是彻底的虚无，连这个概念自身的语用学意义都否定了。这是彻底的空无。而中世纪的虚无不是这样的意义上的虚无，而是确定的否定。这个虚无概念与涅槃的形象——作为某物的虚无——一样，远远超出了狂热的征服。这种虚无与涅槃的形象一样，是具体的否定，而不是抽象的否定，不是征服。它超出了征服。阿多诺在这里坚持了一种辩证的否定观。

接着，阿多诺通过具体生活的情况来说明，如何来看待虚无主义。阿多诺指出，对某些人来说，绝望并不是终点，他们会问，根本没有是不是会比有一点更好一些。这就是说，当一个人感到绝望的时候，他们不是绝对的否定。这个人还是会进一步询问，根本没有是不是会比有一点更好一些。如果根本没有会更好，那么他就会选择死亡。如果他在绝望中有希望，那么他就会留下一点。其实，对于这个问题，没有一个一般的答案。生活都是具体的，不能简单地用虚无或者简单地肯定来回答。用一个简单的答案来回答人生有没有意义，回答人生是不是虚无，这是不可能的。在这里，阿多诺通过两个例子说明，对于根本没有是不是会比有一点更好一些这个问题，没有一个确切的答案。比如，如果一个及时逃出集中营的人也可以对这个问题作出判断的话，那么他会说，对于集中营里的人来说，他最好没有诞生于这个世界。他在集中营遭受的苦难已经超出了人类的极限。在那里人生不如死。因此，人最好没有来到这个世界。可是，比如一个人给小狗喂食，尽管这个小狗很快会忘记了他，但是当它微微地摆动着尾巴的时候，它的眼睛闪闪发光，这个人便马上就意识到生存的意义。这里包含了一个寓意，即使人有一天像小狗一样被人对待，像小狗一样被喂养，但是这也不一定意味着生存就没有意义。所以，在这种情况下，我们无法回答，完全没有是不是比有一点更好一些。至于他是不是虚无主义者的问题，阿多诺认为，一个有思想的人非常可能给出真实的答案：几乎不是。如果说他几乎不是，但是也可能在非常有限的范围内是。那么这又是为什么呢？这是因为他对受苦之人的同情太不够了。这就是说，当一个人说自己不是虚无主义者的时候，一个人对于世界的痛苦缺少充分的意识。看到世界上的痛苦的人，看到世界上的欺诈、奴役的人，都会对这个世界持否定的态度，从虚无的角度来否定这个世界。而虚无主义抽象地说，生活的意义是虚无，这是应该被否定的。脱离生活，抽象地讨论生活的意义或者无意义，这是应该受到谴责的。因此，阿多诺说，虚无是抽象的顶点，而抽象是该受谴责的。人们进行抽象的时候，把一切都抽离了，剩下的就是完全的虚无。其实既然有剩下的，就不能被理解为"虚无"。

最后，阿多诺通过对于贝克特思想的分析来说明，他所理解的虚无，或者说，他也接受虚无或者虚无主义。这个虚无或者虚无主义与人们通常所理解的虚无和虚无主义不同。他说，贝克特以唯一恰当的方式对集中营的状况做出了反应，他没有用名称来命名它，仿佛这里存在着一种神像禁忌一样。现存的状况就像是集中营。这就是说，对贝克特来说，我们的现实生活就如同集中营中的生活。但是，他有一个神像禁忌，没有拜物教的做法。他不是把无意义变成某种具体的东西让人看到，让人看看无意义究竟是什么样子。从这个角度来说，那么我们似乎可以说，生活是无意义的。但是贝克特却没有这么说，他没有用名称来命名他对于集中营的状况的态度。他没有说，他的态度是虚无主义还是反虚无主义的。为什么他不这么说呢？阿多诺说，这里仿佛有一种神像禁忌。所谓神像禁忌是指，神不是具体的东西，不是能够直接表现出来的东西。我们不能说，放在庙里的那些神像就是神本身。这就是把神固化。同样的道理，对于集中营中的状况的态度，也不能被固化为某种具体的东西，无论是虚无主义还是非虚无主义。这里存在着一种不能用某个简单概念来概述的东西，存在着非同一的东西。这个东西是不能用虚无或者存在来表达。它处于有无之间。接着，阿多诺指出，有一次，贝克特谈到了终身的死亡判决（人必有一死）。唯一的希望，尽管是微弱的曙光，就是不再有虚无。他也反对这一点。由此形成了不连贯的裂隙。终身的死亡判决就表示人都必定死亡，好像被判处了"死亡"，好像面临死刑判决。但人即使面临这种死亡判决，人仍然有希望。但是他又否定这种希望。他否定了希望，又有希望。这个希望就是不再有虚无。如果这样，那么他就是否定虚无主义，而是追求肯定的东西。可是，贝克特却又反对这一点。他反对"希望"，反对"不再有虚无"。在这里，读者必定感到纳闷，贝克特究竟要说什么呢？他既不要虚无，也不要不虚无，也可以反过来说，他既需要虚无，也需要不虚无。贝克特的《等待戈多》就是表达了这样一个意思。在这里，读者会说，这难道不是矛盾吗？是的。阿多诺说，"由此形成了不连贯的裂隙。"阿多诺喜欢的就是这个不连贯性，就是这种非同一性。阿多诺说，"从这种裂隙中所产生的虚无的形象世界作为某种东西始终驻留在他的诗歌之中。"① 贝克特的诗歌就保留了这种裂隙,就保留了这种非同一性。这个非同一性的东西,看上去是虚无,但是又不是纯粹的虚无。这个既是虚无又不是虚无的东西表达了一种呐喊,表达了一种渴望,即事情应该是别样的,生活应该是别样的。所以,阿多诺说,在处理这个裂隙的遗产之中,在明显地持续存在着的斯多葛主义色彩的遗产中,一个无声的呐喊是,事情应该是别样的。贝克特所表达的这个虚无,具有斯多葛主义色彩。但是,这个具有斯多葛主义色彩的东西又不是完全消极的,而是积极的,是表达了一种希望,但是这也不是要把希望具象化,不是要给人们提供一个具体的乌托邦。从这里,我们可以看到,贝克特也讲"虚无",但是贝克特的这个"虚无"不是同一性意义上的虚无,而是包含了"裂隙"和矛盾的虚无。所以,这样一种虚无主义意味着与虚无之同一化的反面。在阿多诺看来,与诺斯替教派一样,对贝克特来说,这个被创造起来的世界是彻底的恶,对它的否定意味着一个不同的、尚未到来的世界是可能的。只要这个世界还是像现在这个样子,那么一切和解、和平、宁静的图画都类似于死亡的图画。这就是说,我们生活的世界是一个恶的世界,如果让这个世界仍然保留和解、和平、宁静的图画,那么这就接近于死亡的图画,就是接近于死寂状态。这就毫无希望。如果让现存世界仍然保留下来,那么我们的生活将毫无希望。贝克特把这个世界理解为虚无,这个虚无是对于这个世界的否定,但是,这种虚无却包含了希望,而不是彻底的虚无。贝克特的这个"虚无"(纯粹的虚无、彻底的恶的世界与和解、和平安宁的平静世界之间的"虚无")是希望的避难所。这个"虚无"就是希望。从这个意义所理解的虚无"是存在与虚无之界标之间的无主地。"②这是用来表示非同一东西,这个东西无法用概念来表达,如果一定要表达,那么只能用"虚无",但是这个虚无不能被简单地理解为同一性意义上的虚无,空洞的虚无,而是包含了内容的虚无,是包含了希望的虚无。所以,阿多诺说,必须从这个地带中解放出来的不是征服,而是意识,即意识到,这里不存在两者必选其一的情况。从这个地带中解放出来的不是征服意义上的虚无,而是一种意识,是意识到这里不存在两者选一,不存在虚无(彻底的绝望)和

---

① 阿多诺:《否定的辩证法》,王晓升译,北京:中央编译出版社2023年版,第506页。
② 阿多诺:《否定的辩证法》,王晓升译,北京:中央编译出版社2023年版,第506页。

存在（保持世界的平静状态）的两者选一，而是一种非同一性的东西，一种矛盾。这样一来，贝克特就成为阿多诺的同道了。如果这种做法也叫虚无主义，那么这种虚无主义应该被理解为积极的虚无主义，真正的虚无主义。所以，阿多诺说，虚无主义者是这样一些人，他们以越来越微弱的肯定性来对抗虚无主义，并且借助于这种肯定性而与现存的恶意、最终与现存的破坏原则（虚无主义）共谋。给思想带来荣誉的是，它为那些被斥责为虚无主义的东西提供辩护。真正的虚无主义和同一性意义上的虚无主义不同，它包含了肯定性，而不是纯粹的虚无。但是这个肯定性不是人们通常所理解的那种肯定性，而是与恶意、与破坏性原则结合在一起的，是与它们（否定）共谋的肯定性。这是一种摧毁和革命意义上的虚无主义。从这个角度来说，它又要为虚无主义提供辩护，而不是简单地否定虚无主义。

简单地说，阿多诺反对抽象的虚无主义，而是从一种辩证法的意义上来看待虚无主义。

康德的退缩

康德哲学本来是要把知识领域和形而上学领域区分开来，把理性限制在知识的领域，但是康德却陷入了矛盾之中，又承认了形而上学的可能性。在阿多诺看来，把形而上学领域和知识领域结合起来是康德的一个重要进步，但是康德在这个重要进步面前退缩了。

在这个地方的一开始，阿多诺就强调，康德哲学对于形而上学的思考是具有历史哲学性质的东西。这就让形而上学的思考不是局限在传统的存在论的领域中，而是把形而上学与社会历史的现实结合起来。这也是他关于奥斯维辛之后的形而上学所关注的。奥斯维辛之后的形而上学必须是与社会现实结合在一起的。在阿多诺看来，康德哲学已经显示出这个苗头来。这表现在他对于形而上学思辨必然陷入二律背反这个基本思想之中。按照康德的理论，人的理性有一个倾向，这就是思考绝对，思考最终的东西，但是对于绝对、最终的东西思考必然陷入二律背反之中。按照康德体系，当理性要认识最终的东西的时候会陷入二律背反，而要超出这个二律背反，那么我们就进入形而上学的领域，道德形而上学的领域，比如，自由和必然在理论理性的领域是二律背反的，而在实践哲学的领域，这是一致的。而自由和必然的关系对于阿多诺来说，属于广义的历史哲学问题。自由和必然是一种社会问题。所以，在这个地方，形而上学的探讨应该在历史哲学的意义上被探讨。这是阿多诺首先想说明的。

阿多诺接着指出，《纯粹理性批判》的有力影响远远超出认识内容之外，这要归功于这部著作以坚定的信念记载了意识的经验状态。在阿多诺看来，康德的《纯粹理性批判》之所以能够超出知识领域，到达形而上学领域，是因为他的思想中坚定的强调意识的经验状态。这就是说，康德在思想中非常关注经验的要素，甚至在他排斥经验要素的地方，他也不知不觉中把经验要素加入到抽象的概念之中。在讨论二律背反的时候，其实其中也包含了经验的要素。比如，从康德来说，上帝是纯粹超越的东西，不是实存的。在实践理性批判中，这是作为悬设而被设定的。可是，在阿多诺看来，如果上帝是非常纯粹的，那么这就会变成了胡思乱想，其中必定包含了经验的要素，但是超越了经验的经验要素。这就是说，康德的形而上学的探讨中总是不自觉地包含了经验要素，包含了经验的遗迹。在阿多诺看来，虽然如此，但是康德本人是不承认这一点的。在阿多诺看来，这是康德的退缩。

从哲学史的角度来说，哲学史的编撰者认为，这个文献的主要功绩在于，它把有效的认识和形而上学明晰地区分开来。这就是说《纯粹理性批判》的主要功绩在于，它把知识领域和形而上学领域区分开来。但是，康德究竟是如何区分开来的呢？他所依靠的是科学判断理论。这就是说，有效知识必须是先天综合判断。而关于形而上学的命题，我们无法得到先天综合判断。康德是在有效知识的理论基础上把形而上学和知识领域区分开来的。知识的领域是通过认识论和逻辑的方法来把握经验世界。康德对于认识论的研究不仅仅是把认识论领域和形而上学领域区分开来，而且要给形而上学问题提供一个答案。而这个答案在阿多诺看来绝不是形而上学意义上中立的。这就是说，本来，康德是站在经验科学的立场上来否定形而上学的。但是他又在实践领域承认形而上学。当他在否定形而上学的基础上又承认形而上学，并且试图给形而上学问题提供答案的时候，这个答案绝不是中立的。阿多诺认为，康德对于形而上学的问题的这个回答可以走向两种不同的哲学研究思路，一个是从黑格尔开始的思辨哲学的思路，一个是实证主义思路。黑格尔按照康德用知识理论来解答形而上学问题的思路把逻辑和形而上学结合在一起。他推进了形而上学的研究。不过黑格尔的思路走向了绝对的观念论。而实证主义按照康德有效知识的理论否定了形而上学。而事实上，在阿多诺看来，一切东西都与形而上学问题有关，从认识论到实践哲学、甚至审美理论都与形而上学问题有关，都与非同一东西的认识有关。从前面的分析可以看出，否定的辩证法就是形而上学。一切哲学问题的思考，一切社会问题的思考都需要借助于这个否定辩证法的思路。而康德思想中所包含的实证主义倾向否定了这个思路。

既然形而上学被包含在思辨哲学的传统中，包含在德国观念论的传统中，那么我们就需要进一步考察，从德国观念论的传统中，我们可以得到怎样的形而上学。认识论的基本要求是达到总体，达到对绝对的认识。而德国观念论就是继承了这个传统。他要努力达到总体，达到绝对。而这种达到绝对的要求就是一种形而上学的要求。因此，德国观念论就是把认识论和形而上学结合在一起，把逻辑和形而上学结合在一起。按照阿多诺的分析，观念论的这个要求必然会走向矛盾。这个矛盾表现为：理性的批判要达到对最终东西的思考，它否定了关于绝对之认识的客观有效性，但恰恰又因此判断它自身是绝对的。这就是说，理性要达到对于绝对的、最终的东西的思考，但是关于绝对的知识是没有客观有效性的，或者说，关于绝对我们不能得到客观的知识，但是，这个判断却又是绝对的。这就陷入到矛盾之中。这个矛盾表现为，康德要坚持思想的一贯性，按照知识理论来研究绝对，而理论恰恰就是在按照这种一贯性要求中走向了反面，走向了矛盾。追求真理变成了非真理。由此，阿多诺得出结论，康德的科学理论是奠定在他有充分理由反对的一个命题的基础上，他应该反对的这个命题是，我们可以借助于实证科学知识的认识方式达到绝对。按照康德的科学理论，形而上学的思考必然导致矛盾，理性应该限制自身，放弃用这种科学的方法来认识绝对的东西。从这里，可以得到这样一个东西：如果这种形而上学不是按照科学知识的理论（而是按照辩证法）研究绝对，那么形而上学就能够和科学知识的理论结合起来了。当然这是阿多诺的思路。对于阿多诺来说，康德思想中包含了这种反对观念论的要素。本来，康德按照科学知识的理论认为形而上学必然导致的二律背反，否定了形而上学。可是康德又不满足于科学知识的领域，他又试图达到绝对，他又走出了知识的范围之外，确立了道德形而上学。所以阿多诺说，康德借助于那个从他自己那里所严格推导出来的结论，而违背了自己的初衷，而超出了科学理论之外。这就是走向了形而上学。本来，康德按照科学理论的连贯一致性的要求建立体系，结果在这个连贯一致性中却包含了矛盾。按照科学理论，他要排斥形而上学，却又不得不保留形而上学。从康德既排斥形而上学，又保留形而上学的努力中，阿多诺看到了把形而上学和科学知识理论结合起来的可能性。在这里，发挥作用的是纯粹一致性的思维，纯粹一致性的思维本身势不可挡地变成了绝对。但是正是这个纯粹一致性的思维走向了自我矛盾。而恰恰是这种纯粹一致性思维中的矛盾表达了形而上学的核心。那种追求绝对的形而上学既要被保留，也要被否定。如果把康德所否定的辩证法加入到形而上学之中，那么这个既被排斥又被保留的形而上学就可以得到新的理解。

接着，阿多诺分析了康德的这种思路所存在的局限性。我们知道，康德是按照科学知识的理论而反对形而上学的。这就是他的思想被实证主义所继承的一个原因。康德也承认，理性必然要陷入那种二律背反之中，然后他又要通过理性来解决这种二律背反。这就是说，理性虽然会陷入二律背反，但是如果理性把现象和本质区分开来，那么这个二律背反就可以得到解决。而当康德承认这一点的时候，他就走向了反实证主义的思路上。这就是说，康德按照实证主义的思路走向了反实证主义的道路。那么为什么说，康德在这里是反实证主义的呢？这表现在康德一方面强调理性必然会走向二律背反，又能够自身克服这个二律背反。这是理性自身的辩证法。这个辩证法的思路是与实证主义相反的。阿多诺在这里所引用的康德的有关论述就是说明，康德自身也得出了这个反实证主义的思路。这就表明，康德按照实证主义的思路来反思形而上学问题的时候，必然走向自己的反面。康德从实证主义走向反实证主义表明，如果康德走向理性自身的辩证法，实证主义的东西还是可以和形而上学的东西结合起来的。

接着，阿多诺进一步分析康德自己的内在矛盾。尽管康德思想上包含了反实证主义的要素，但是康德还是从实证主义那里获得安慰：即人可以把自己安置在一个狭小的地盘——理性能力的批判给理性留下的地盘上，从而可以满意地立足于坚实的大地上。这就是康德所坚持的，理性应该局限于经验知识的领域中。对于康德的这个思想，阿多诺认为，这是有社会根源的，这就是资产阶级自身的狭隘性。资产阶级的狭隘性和不彻底性有许多表现。把自己局限在实证主义的框架之中是其中的一个表现。接着，阿多诺又按照黑格尔对康德的批判的思路，分析了康德所强调的那个法庭。康德认为，关于理性自我的知识，需要任命一个上诉法庭，该法庭不仅要保护理性的正当权利，而且要驳回所有毫无根据的主张，理性的这种做法，不是不负责任的裁定，而是依据理性永恒的和无法改变的规律来进行的。黑格尔对于康德的这个法庭进行了分析。理性要自己设定一个法庭来判定自己是不是超出了经验的范围作出裁决。在这里，理性给自己划定了边界，并且要对于自己是否超出这个边界进行裁定。按照黑格尔的看法，当理性给自己设定界限的时候，它自己就超出了这个界限。如果是这样，那么按照阿多诺的看法，康德设定了这两个领域之外的第三上诉法庭。这就是说，当康德给自己划定界限的时候，他就预设了这两个领域之外的第三个法庭。康德既然在知识和形而上学之间划定了范围，那么他必然就会设定这两者之外的第三者。他就能够从第三者的角度来判断，科学知识意义上的理性有没有超越自己的范围。如果从这个第三者的角度来看，理性就能够超出经验知识和形而上学的二元对立。

但是，当康德试图超越这个二元对立的时候，这个上诉法庭被理解为绝对的主体，被理解为"精神"。这就是在科学知识和形而上学的领域之外的第三种精神，绝对的主体。这个绝对主体既进行认识，确立了认识的主体和对象，而且还能够划定认识的范围。这是这个绝对精神的一种形而上学视角。这个形而上学的视角同时包含了经验知识的要素和形而上学的要素。可是，当这个形而上学的领域被弱化了的时候，康德用来给理性划定范围的这个第三个法庭，这个绝对主体就不再发挥划界的作用了，而是限制自己了。当这个绝对的主体就不再发挥划界的作用的时候，它就会自己限制自己了。这就是说，一旦精神失去了形而上学的视角，精神所限制的就是它自己了。当精神不包括形而上学维度的时候，精神就应该是科学理性意义上的。这个时候精神就应该限制自己。或者说，工具理性应该被限制在科学知识的范围。阿多诺非常欣赏康德的这个划界的理性。

但是，康德不是从这个阿多诺意义上去限制理性的。阿多诺指出，这个划界的理性如果不是从划界的角度去理解的话，那么这就是理性自己限制自己。理性变成了自我限制的理性。所以，阿多诺认为，主体的批判在这里变成了主体的否定。本来康德通过主体的批判来确立主体的主导地位的，但是主体却受到了限制。在这里，主体不再相信那使它生气勃勃的无尽本质，而是对抗自己的本质，并在自己的有限性之中、在有限的东西之中肯定自身。主体希望不受打扰地在形而上学中得到升华，在这种升华中主体变成了绝对主体。但是这个被形而上学升华了的绝对主体只是在抽象地关注自身，而与现实无关，绝对只是悠闲地关注他自身。这就把形而上学变成了一个纯粹超越的形而上学。理性被束缚在纯粹的自我批判之中。这就是批判的压制性方面。这就是说，当精神只是关注它自身的时候，它的批判就变成了纯粹的精神内部的批判，而不是社会的批判。黑格尔哲学就是如此。它与社会无关。康德之后的观念论者，比如黑格尔，既引领他们的那个阶级，又反抗那个阶级。如果说康德哲学还显示出理论的自身矛盾的话，那么康德之后的德国观念论则致力于克服这种矛盾，他们把理性束缚在纯粹的自我批判之中。这些观念论者既引领这个阶级，又反抗这个阶级。康德既引领资产阶级，他的启蒙精神反映了资产阶级的要求，而这个启蒙精神又会否定资产阶级本身。黑格尔哲学就是如此，他强调理性的批判作用，这是资产阶级所要求的，但是这个批判（否定）作用又会否定资产阶级本身。

这种理性精神本身就包含了一种走向自己反面的可能性。阿多诺从启蒙辩证法的角度分析了精神的这种内在矛盾。在尼采看来，这种理性精神非常诚实，承认自己的限度，但是，当理性承认自己的限度的时候，这个理性其实就是自我否定的理性了。所以，这种精神在其起源之处就已经潜藏着一种自我憎恨的要素。在这里，阿多诺借助于尼采来说明，资产阶级理性精神的自我矛盾。我们知道，资产阶级的理性精神包含了一种合理化的要素。这种合理化要素是从新教伦理中产生出来的，而新教伦理本身也包含了对于理性的否定。新教伦理作为一种资产阶级的精神从一开始就包含了走向自己反面的可能性。比如新教徒所主张的那种因信称义就是一种内在的转向，他们主张因为信仰而得救。在这种内在转向之中即在信仰之中就已经包含对于理性的否定。从这个角度来说，新教所主张的那种合理性之中就包含了一种内在的矛盾，强调合理性的同时也把理性作为一个娼妇来攻击。他指出，在圣西门和其他的启蒙思想家那里，想象仍然享受了极高的尊严。但是，在启蒙的进一步发展过程中，理性消灭了想象。为了弥补它所存在的这个缺陷，理性把自身推向极端，它榨干了自身，并由此而走向了堕落，走向了不合理性。如果理性包含了想象，那么理性就是与肉体结合在一起的理性。在理性走向极端的过程中，理性自身就是不合理的。比如，我们现代人把爱理解为一种非理性的东西。好像一个人没有爱才是理性的。本来，爱当然是理性中的一个要素，是实质理性，而形式理性却排除了这种理性。理性最初是革命的资产阶级的有力武器，但是随后资产阶级转向保守。在随着资产阶级转向保守的过程中，理性应该不再那么激进。哲学的保守性其实是社会自身的一种回响。哲学本来应该反思理性的这种状况，但是阿多诺认为，哲学并没有完成这种任务。即使像海德格尔哲学，像存在主义等，虽然已经意识到这个问题，但是仍然在很大程度上被束缚在观念论的思路中，仍然缺乏辩证法。比如，海德格尔哲学就是如此，他所坚持的现象学方法仍然是实证主义传统的继续。所以，阿多诺认为，这是健全的人类理智之恶。健全的人类理智是启蒙思想家对于启蒙精神的赞美。这个启蒙精神变成了一种恶的东西。但是，这个恶的东西仍然为自己的狭隘性感到无比自豪。阿多诺进一步指出，这种恶如今充斥着整个世界。这种合理化导致了人和人之间的冷漠，导致了法西斯主义等。从阿多诺视角来看，这是一个恶的世界。而这个恶的世界是与人的理智状况有关的，也是与形而上学有关的。那么这里的关系究竟表现在什么地方呢？阿多诺认为，正是在对于这些界限的崇拜中，所有这一切才会一致起来。这就是说，就是在知识和形而上学的界限中，在形而上学与经验的要素的区隔之中，这一切要素在一致起来。可是资产阶级思想家试图在纯粹理性的原则基础上把所有一切要素一致起来。这恰恰是恶的。因此，这个界限应该得到尊重。但是，康德在确立这个界限的时候，又任意地破坏这个界限。他是按照实证性的原则破坏这个界限的。即他是用知识理论的原则来否定这个界限的。他要把知识理论中的理性推广到形而上学的领域中。阿多诺因此认为，这是按照"实证性"来打破这个界限的。而这种实证性其实就是一种主观任性。这种任性表现在，人们没有充分地意识到，究竟如何准确地对待形而上学和知识领域之间的关系，人们或者简单地把它们对立起来，或者把它们简单地结合起来。对于尊重还是不尊重这里的界限他们变得极其主观和随意。

所以，阿多诺在这里用巴比特的例子来讽刺这种做法。《巴比特》（Babbitt）是美国小说家辛克莱·刘易斯在1922年发表的长篇小说。这部小说描述了巴比特幻想改变现实，提出了许多奇思妙想，但最后仍然回到日常生活。在阿多诺看来，人们对形而上学的这种随意态度，如同巴比特的幻相一样随意而任性。对于形而上学的那种理解不过是胡思乱想。从这里我们可以看到，阿多诺对于形而上学和知识的看法。这就是他既强调两者之间的界限，同时又力图结合在一起。他既不是要把这两者之间的对立固化，把这两者完全对立起来，也不是把这两者一致起来。而现代资产阶级把形而上学局限在纯粹的思想范围内，这表现了资产阶级走向保守。而形而上学和实证知识结合起来会走向一种资产阶级批判的理论。

在这里，阿多诺又进一步来说明形而上学和知识的关系。在阿多诺认为，康德没有能够正确处理这两者之间的关系。在《纯粹理性批判》中，康德曾经把真理的王国比喻为大海中的小岛。阿多诺就此挖苦说，这表现了一种理智快乐的特点。这表现在，康德好像居住在真理的小岛上而对于周边的大海充满了想象。他从这种想象中得到快乐。在阿多诺看来，这也表现了资产阶级社会中的一种特点，这就如同生产力的快速发展足以摧毁那田园诗般的美景，而小市民们却有正当的理由怀疑这种发展，对这个田园诗般的美景恋恋不舍。康德也是如此，既为他的真理的小岛感到理知上的满足，又对于形而上学的世界充满了好奇。阿多诺认为，康德在这里陷入了一种矛盾：对无限者的激情（对形而上学的关注）与他的学说（科学知识的观念）的那种平淡性质发生了尖锐的冲突。如果他在理智上满足于他的那个真理的小岛，那么他也不会对小岛周围的汪洋大海充满好奇。但是他对于周围的汪洋大海充满好奇，比如他对于实践领域充满好奇。他研究了道德形而上学。按照康德本人的思想，实践理性高于理论理性。如果理论理性高于实践理性，那么理论理性就应该能够达到那个高于它的领域，也应该能够达到实践领域所思考的东西。按照这样的思路他就不会满足于他的那个小岛。如果这样，康德在理性和知性之间所划定的界限就是无效的。而"康德本人恰恰就是被他自己的科学性的观念推向这个方向"[1]。但是，

---

[1] 阿多诺：《否定的辩证法》，王晓升译，北京：中央编译出版社2023年版，第510页。

康德还是在理性和知性之间划定一个界限，知性的领域不能达到理性所追求的那个超越的东西。在这样的情况下，康德就陷入了一种矛盾之中，按照知性和理性的区分，他不能说他理论理性达到了实践理性所应该达到的东西，而按照他消除这种区分的趋势来说，他又必须说，理论理性要达到实践理性才能达到的领域。于是，阿多诺认为，康德思想中的这种矛盾是古老的形而上学的残余。从康德哲学所留下来的这种矛盾中，我们可以看到，康德的理论理性之中必定包含了形而上学的要素。这是不可避免的。如此一来，康德自吹自擂地测量过的那个认识小岛终结了。那么康德的这个小岛为什么会终结呢？这是因为康德自身的狭隘性，这个狭隘性本身就是非真理性，因为，这个狭隘的理论理性所认识的不是绝对。既然实践理性高于理论理性，那么理论理性就不能满足于自身，那么他就要努力超越知识。但是，当他超越自身的时候，他就陷入了二律背反，陷入了非真理。阿多诺把这个思想进一步引申。理论理性不能局限于自身，而应该超越知识，而当它超越知识的时候，它就陷入了非真理。这就是说，他局限于理论理性的知识是不够的，是非真理，还应该努力达到绝对。而用科学理论方法去认识绝对的努力（投射到无限者的认识）是必定陷入二律背反。这是形而上学的必然要求。哲学就应该去追求这个形而上学的领域。从这个角度来说，当他局限于这种二律背反学说的时候，那么他的那个真理小岛就不安全了，随时会被周围的大海所淹没。这个大海就是理性的大海，客观理性的海洋，在客观理性的海洋中，康德的知识小岛随时都有被淹没的危险。从形而上学的角度来说，康德不可能赋予对于有限者的认识以真理性，因为真理从它自身来看，是从绝对——用康德的术语来说——从理性中推演出来的，而认识是达不到绝对的。按照这个二律背反的学说，那么人的认识是达不到真理的，是达不到绝对的。所以说，康德所比喻的那个海洋，理性（绝对）随时都会对这个小岛产生威胁，淹没这个小岛。当这个小岛被淹没的时候，知识和形而上学结合在一起了。两者之间的分离不再可能了。这就是阿多诺对于奥斯维辛之后的形而上学的思考。传统的形而上学，即知识和形而上学的割裂不能再被坚持了。

拯救的渴望和限制

这个部分是要说明，康德的思想也有拯救形而上学经验的渴望，但是他关

第三部分 模式

于知识的原理，限制了这种渴望。这种限制既具有积极意义也具有消极意义，而这种限制也是有社会基础的。这个部分是前面部分的自然延续。前面部分讨论知识和形而上学的关系，说明了这里存在的矛盾。而在这个部分，阿多诺进一步说明，康德所努力保留的形而上学要素是什么？这就是非同一的东西，是形而上学经验。

所以，在这个部分的一开头，阿多诺就强调形而上学哲学的重要性。他指出，形而上学哲学在本质上是与宏大体系联系在一起的。这个宏大体系的东西比经验哲学或者实证哲学更具有吸引力。这显示出阿多诺对于实证哲学的否定。这不仅仅是因为实证哲学拘泥于细节，而且还是因为，实证哲学无法触及到形而上学哲学所要思考的那些无法被实证的东西，非同一的东西。而这种非同一的东西，是超出概念范围的东西（以否定形式出现的东西）。但是，这种东西被实证哲学所挖苦和讽刺。它说，形而上学如同概念性的诗歌。其实这是要用概念来表达概念所无法表达的东西。这种非同一的东西并不纯粹是审美上的事情。或者说，虽然我们也要借助于审美的力量来达到这种东西，但是也并不仅仅是审美的事情。这种非同一的东西也不是在期待中被实现，不是心理上的愿望所要达到的。这种东西是要依赖于形而上学的思考，而不是心理上的愿望而把握。在这里，阿多诺用思想的内在品质来说明这个思想所要达到的这种非同一的东西。他认为，这种非同一的东西是批判和它的对手之间的统一性。这种东西是以强制力、抵抗力和想象力的形式表现出来的。只有这样的东西才具有真理的痕迹。那么为什么这种东西不是真理的表现呢？一般来说，人们认为，真理是以肯定的形式表现出来的，但是非同一的东西不能用肯定的形式表现出来，而只能以否定的形式表现出来。这是批判和它的对手结合在一起。这就是说，这种非同一的东西要靠批判其对手的方式才能逐步达到。所以，这种非同一东西不可能以肯定的形式出现，而只能以否定的形式出现。反过来说，以肯定形式出现的就一定是真理吗？阿多诺也否定这种做法。在他看来，分析哲学或者实证哲学虽然能够更准确地描述它所涉及的对象，但是，它却无法触及非同一的东西，它也无法达到真理。所以，阿多诺说，卡尔纳普和米塞斯好像比康德、黑格尔更加准确。即使情况确实如此，但是这也不是真理。这种实证哲学排斥了形而上学。如果要达到"真理"那么就必须要有形而上学，必须要有对"绝对",对非同一东西的把握。当然非同一的东西也不是现成地摆在那儿的东西,可以被实证地把握的东西,而是要借助于思辨的思考来把握的东西。所以在康德的理性批判中,他强调,没有形而上学就不可能有理论。那么,我们由此就可以推论说,既然理论是可能的,那么这就意味着形而上学存在的正当性。这就是说,虽然康德在《纯粹理性批判》中否定了形而上学,认为,那是理性的误用,但是在他所进行的理论建构中,还是包含了形而上学。或者说,康德在否定形而上学的同时也拯救了形而上学的。这就是说,虽然康德也按照实证科学的模式来对待形而上学,但是他还是努力拯救形而上学的。他承认形而上学的正当性。可是,就是这个坚定维护形而上学的康德,却同时又通过他的著作有效地粉碎了形而上学。那么,他如何粉碎形而上学的呢?他从数学和物理学知识的模型来讨论形而上学的可能性的。按照这个模型,那么形而上学是不可能的。这就是说,康德在按照这个理论模型否定了形而上学的同时,又努力拯救形而上学。而他拯救形而上学的一个重要标志就是拯救了"理知的领域"。这个理知的领域显然不是实证知识的领域,是超出经验知识的领域。这是实践理性所涉及的领域。我们知道,康德在实践哲学的领域中把上帝存在、灵魂不朽等作为道德行为的外在保证而确立起来。在理论理性中所无法证明的东西,而在实践理性中被接受了。从这个角度来说,康德拯救理知的领域在一定程度上是为新教提供辩护,为所谓灵魂不死等提供辩护。但是,康德不仅仅是为了给新教提供辩护,而且是为了拯救理性。为什么呢?在理论理性中,理性变成了一种启蒙意义上的理性,这种启蒙理性是否定神学的,是否定信仰的,而当这个理性走向极端的时候,这个理性就走向了自己的反面,理性就走向了废除理性。所以,阿多诺认为,康德拯救形而上学也是为了拯救理性,而不至于让理性走向废除其自身的地步。这是因为从本质上来说,理性不能被局限在纯粹认识意义上的理性,认知意义上的理性,理性应该包含情感。从这个角度来说,康德强调理论理性和实践理性是一致的,理性不能被简单地理解为认知意义上的理性。那么康德拯救形而上学,同时也为了拯救理性的行动究竟是如何进行的呢?阿多诺说,康德的这种拯救欲望既借助了唯名论而又反唯名论,并以这种方式把握传统思想。把握思想传统是指,他接受了传统中的灵魂不死的观念。我们知道唯名论是中世纪的传统。唯名论的传统就是强调具体的东西，是概念所没有把握的东西，比如，人的死亡体验。这是无法用概念来表达的东西。从阿多诺后面的解释来看，阿多诺认为，灵魂不死是与人的这种特殊的肉体体验有关的。但是，康德又超越了唯名论，即他还是接受了实在论的要素，把人的这种个别体验上升为一种概念，上升为灵魂不死。如果灵魂不死，那么灵魂就是某种实在的东西，某种超越的东西。这就是要承认形而上学。但是康德在这里是借助于唯名论的。这就是说，他又否定了那种确实存在的灵魂。按照这个思路，我们可以说，康德既承认有灵魂，又否定了灵魂。从这里，我们可以看到他的形而上学构想的基本思路。阿多诺说，康德的这种拯救欲望与其说是出于对于新教的虔诚，不如说他有深刻的理论依据。这个理论依据就在灵魂不死的理论建构之中。阿多诺认为，通过这种理论建构，康德认识到理性无法公正地对待死亡现象。死亡是一种不可容忍的现状，这就需要强化精神的力量。在现实世界中，人是无法达到德福一致的，这是不可忍的现状。那么如何达到呢？这需要有精神的力量，需要有对于上帝的信仰，需要有灵魂不死的信念。康德认识到，即使一个人在道德上非常完善，但是好人不一定就能够善终，即任何的内在完善都不足以公正地对待死亡。好人有好报是无法得到保证的。灵魂不死就是要用来对付死亡中的这种不公正现象的。这是理性认识所无法解决的问题。从这个角度来说，康德在这里要回答一个认识意义上的理性所无法回答的问题。所以拯救形而上学就是要在一定程度上拯救理性。这就是说，理性不能局限在认识的领域，而需要有对于超越东西的信念。所以，正是这种认识促使康德的理性转而希望反对理性。他所反对的是工具理性，反对的是认知意义上的理性。认知意义上的理性无法解决死亡上的不公正的问题。这是阿多诺想要的东西。拯救形而上学其实也意味着，我们必须重新理解理性。理论理性中的那种认知意义上的理性显然已经不够了。我们需要对抗这个理性。在这里，康德陷入到矛盾之中，一方面他要坚持理论理性的基本原则，但是他又不满足于这个理性。所以，康德哲学的秘密是不可思议的绝望。从理论上来说，是他既要达到绝对，又无法达到绝对的绝望（在后面一部分，阿多诺指出了这一点）。当然，我们可以也说，康德对于现实世界的不满，他的形而上学包含了对于超越的东西的信仰。这是他对现实世界的绝望。

这个绝望就表现了康德哲学的矛盾，尤其是在形而上学问题上的矛盾。一方面，他强调绝对，另一方面，又否定绝对的存在。这就是说，康德想拯救形而上学，但是在拯救形而上学的时候，他陷入了矛盾。而在阿多诺看来，形而上学就应该是这样一种矛盾的东西。这个矛盾的东西在阿多诺那里就被理解为非同一的东西。这个非同一的东西是存在的，但是不是以肯定形式存在的，而是以否定形式存在的。我们也可以说，它是不存在的。它在有无之间。而康德对于绝对的思考就陷入了这种有无之间。当然按照康德本人的思路，他是不接受这个有无之间的东西的。他的实证哲学的思路否定了这种有无之间，但是他对于形而上学的拯救又让他陷入这种有无之间。于是，阿多诺指出，康德把一切思想都汇聚到绝对之中。思想之所以是思想就是因为它不是按照同一性逻辑来进行的，不是计算机能够进行的事情。这包含了对于非同一性的思考。如果把绝对理解为非同一性，那么思想就是思考绝对的。康德的形而上学就是对于绝对的思考。既然这个东西是绝对的，那么这个绝对的东西就超越的，它是不能被放在绝对和现存之间的边界上，不能放在这超越和非超越的东西之间，不能把它理解为非同一的东西。这是他的理论所要求的。于是，他既坚持形而上学的观念，需要绝对，但是又阻止关于绝对的思想。他相信绝对，但是它绝不不是现成的，绝对好像永久和平那样，终究会有一天得到实现。他在关于绝对的问题上兜圈子，在存在和不存在之间徘徊。他的哲学，或许就像其他任何一种哲学一样，围绕着上帝存在的本体论证明兜圈子。在康德那里，上帝不是现成存在的，但是我们却不能放弃对于上帝的信仰。这就是他对于绝对的态度。上帝在理论理性中是不能被证明的，但是在实践哲学中还是被悬设了。对于康德来说，上帝虽然不是现成存在的，但是，我们却必须确信，有上帝。所以，阿多诺说：由于这种巨大的歧义，他也使自己的立场变得非常不确定。在这里，我们一方面看到，贝多芬所谱写的康德式的欢乐颂强调了"永恒的天父必有所居"① 这个主题，用真正的康德精神来说，这是"必须"的。上帝不是实证地存在的，但又是必须的。另一方面，他又放弃了这个观念。康德在一些

---

① 来自于席勒的《欢乐颂》——英译本注。

段落提出了与上帝存在的说法相反的东西。① 当然，在康德那里，上帝是"必须"存在，是建构的必要性，而不是实际存在。《欢乐颂》是表达了一种快乐的期望。可是，为什么要有这个期望呢？这是对于现实的失望。在这里，阿多诺没有指出康德有关文献，而是指出，康德的形而上学理论是建立在绝望的基础上的。康德本人至少没有明确地表达这种绝望，但是从康德思想中发展起来的叔本华却表达了这种绝望。我们可以说，从康德思想中这种彻底的绝望是能够被推导出来的。所以，阿多诺认为，康德在他的文献的一些段落中非常接近于叔本华并像叔本华后来所断言的那样，摒弃了形而上学观念，尤其是不朽的观念。叔本华强调了人生的痛苦和悲哀。从形而上学的角度来说，叔本华抛弃了形而上学的观念，否定了不朽的观念。而在康德式的欢乐颂中却包含了这种形而上学的信念，包含了不朽的信念。按照叔本华的思想，形而上学的观念是被束缚在时空中，于是形而上学就失去了其形而上学的性质。从这里，我们可以看到，阿多诺在这里都不是直接从康德思想中指出其形而上学之中的矛盾的，而是从康德的思想倾向中说明康德思想中的矛盾。一方面，康德思想中包含了欢乐颂的要素。这是肯定性的形而上学。另一方面，从康德思想中可以得到叔本华的思想，这就否定了欢乐颂，否定了形而上学。康德思想既肯定了形而上学，又否定了形而上学。于是，我们可以说，如果康德哲学中有形而上学的话，那么这个形而上学借助于理知而得到解释。

接下来，阿多诺从内容上来说明，康德的这种形而上学可能具有的内容。这就是阿多诺所要关注的形而上学经验。阿多诺认为，康德对知识做了限制，把知识和形而上学区分开来，他的这种做法是与形式和内容的二分联系在一起的。这就是说，康德是在形式和内容的关系的视角上去讨论知识的可能性。当康德在形式和内容的角度来讨论知识的可能性的时候，形而上学是被排斥的。知识就是用纯粹的形式来把握经验的内容。当形式和内容分离开来的时候，形式无法获得内容的时候，当概念作为思维的形式不是用来把握经验内容上的东西的时候，它就会进入形而上学的领域，就会走向二律背反。这就是康德的基本思路。按照这个思路，人在进行认识的时候必须要有形式，必须要有感性形

---

① 阿多诺在这里没有指明。在《纯粹理性批判》中对于上帝存在的三种证明方式的批判就否定了上帝存在。

式或者知性形式。但是，如果人的意识被局限在已经获得的形式之中的时候，那么这种形式就被固化了。在这个时候，形式就可以被判定为永恒的拘禁。这就是说，人的意识中有一种纯粹抽象的形式被固化为一种抽象的结构，对经验的材料等进行了束缚。沾染形式的东西即经验材料，摆脱了任何一种规定，也就是说，经验材料变成了纯粹的材料，与形式无关的材料。只有意识中的形式才给予材料以具体的规定。这就是把形式和内容割裂开来。阿多诺对于康德把形式和内容割裂开来的做法进行了批评。形式和质料本来是结合在一起的。形式不是完全独立的东西，不是最终的东西。康德也承认，形式和内容相互作用，但是，形式可以借助于它与内容的作用而独立地发展。如果形式的独立性是这样被理解的话，那么这就与康德提出的二分法无法一致了。所以，阿多诺认为，强调形式的独立趋势是无法与康德所提出的那个不可消除的限制的观念相一致起来的。如果形式和内容始终是结合在一起的，那么形式和内容之间就处于一种动态的关系之中。这种动态关系只能在认识主体中发生，认识主体在它的思考过程中把形式和内容结合在一起。如果这两者在思维过程中是结合在一起的，那么把这两者割裂开来并对立起来这种做法是主体自身进行的。而这个主体自身就是一个被限制的主体，是纯粹抽象的主体。这个抽象的主体，这个逻辑的主体在自己的内部划出一条界限，即形式和内容之间的界限。当主体内部能够划出这样的界线的时候，这个主体既被拔高了，也被贬低了。这是因为，当主体在其内部区分形式和内容的时候，认识就发生在主体的内部，主体本身变成了绝对的主体，这个主体不仅能够认识一切，而且能够在主体内部区分划分出形而上学和知识的界限来。这个思想，我们在前面已经说过了。但是，这个划界的做法是为了限制主体，告诫主体，它只能在知识的范围内活动。这又限制了主体。当康德限制了主体的这种认识能力的时候，康德走向了不可知论。而相比于康德的不可知论，歌德的那种朴素意识，即在先验主体之外的东西虽然人不知道它，但是还是能够解开这个谜，就更加接近于形而上学的真理。这就是说，在康德的形式和内容的区分中，形而上学是被排除了的，超越的东西是不可认识的。而歌德的朴素意识则更接近于形而上学的真理。当然，在这里，阿多诺也不是纯粹否定康德。在康德的绝对界限的学说中包含了唯物论。这是因为，康德划出了一个界限，在这个界限之外的东西，即形而上

第三部分 模式

学的东西是无法被认识的,是不能被纳入了思想体系之中的。这个知识之外的东西是不能被意识所把握的东西。在这里康德承认了一种知识所永远都无法把握的客观领域。这是康德的反观念论的方面。而他的绝对知识学说又是观念论的。按照绝对知识学说,一切东西都必须被纳入到知识体系中,成为知识体系的一部分。一切东西都能够被意识所掌握。这就是观念论上的。而在康德的体系中,这两个方面都存在,而且是相互作用的。这两个相互作用的东西就构成了康德对形而上学的拯救方案。阿多诺借助于黑格尔的辩证法来说明,黑格尔的拯救方案,即虽然按照划界的观念,形而上学的领域是没有被把握的,但是按照绝对知识的要求,人可以在思维的发展过程中来把握。按照黑格尔的《精神现象学》的观念,绝对知识是一个过程,而绝不是要超越。这样,绝对界限和绝对知识的学说就能够在一定的范围内和解。

康德划定了知识和形而上学的界限,从而阻止人们随意进入理知的世界,进入超越的世界。这个形而上学的领域是不能随意进入的。在康德看来,如果人们要进入形而上学的领域,那么人们就按照数学和物理学的科学模式来进入形而上学的领域。在这里,康德要询问,形而上学作为一种科学是如何可能的。那么,康德是如何理解科学的呢?康德是这样理解科学的,他把牛顿力学的主观方面等同于认识,而相应地把其中的客观方面等同于真理。主观的方面就是指认识主体所具有的直观形式、概念范畴、人们所获得的感性材料。真理是形式和材料结合得到的客观知识,这就是康德的真理模型和认识的理想。康德关于形而上学作为科学的可能性问题是这样的,按照数学和所谓的经典力学所确立的认识理想,它是不是足以满足这个认识理想的标准。按照康德的看法,人的思想之中有一种自然倾向,这就是要追根究底地把握绝对的东西,把握最终的东西。这是一种形而上学倾向。那么这样一种形而上学能不能满足认识的理想标准呢?这就是他所提出的形而上学作为科学的可能性的问题。从表面上来看,康德是要回答形而上学能不能像物理学那样具有普遍必然性,实际上他要问题的是这种认识本身是什么?即它的可能性本身。这就是说,康德不考察形而上学如何能够像物理学那样具有普遍必然性,而是考察,这种认识本身能不能把握真理。更具体地说,他要考察形而上学能不能具有像物理学那样的真理性的内容。我们知道,按照康德的理解,形而上学作为一种科学虽然也有知性的概念，但是却没有感性材料。从这个角度来说，形而上学作为科学，无法达到真理。

在这里，阿多诺对康德的科学观本身进行了批判。在阿多诺看来，形而上学作为科学之所以是不可能的，是因为康德对于科学本身进行了一种狭隘的处理。而这种科学观本身是建立在现代社会关系的基础上的。阿多诺认为，科学由于它那令人敬佩的效果而不再受到任何进一步疑虑的束缚。可是，它却是资产阶级社会的产物。人们之所以对于科学的有效性从来都不怀疑，这是由于社会条件决定的。或者说，在资本主义社会条件下，人们所关注的是科学能不能有助于人普遍有效地控制对象。这与它是不是果真掌握了真理无关。所以，康德对于科学的理解是建立在一种顽固的、二元的基本结构中的，即主体和客体的二元对立的结构中的。这个二元对立的结构与资本主义社会的生产关系的结构是一样的。接下来，阿多诺就把康德对于认识过程的分析与资本主义社会的商品生产过程的分析结合起来。机器系统中生产商品与认识系统中生产科学知识是类似的，都生产有用的东西。在商品生产的系统中，材料、它自身的确定性与商品利润无关，与普遍的交换原则无关。而在康德的认识体系中，情况也是如此，感性的材料与科学知识的普遍必然性无关。本来，商品最重要的是它的材料，但是，在这个社会人们所注重的是交换价值。康德也是如此，经验材料本身并不重要，重要的是普遍必然性。具有交换价值的最终产品就像康德的认识客体，它是被主体生产出来的。但是，这个被主体生产出来的东西被看做是具有客观性的。在这里，客观性主要是被理解为普遍必然性，就像商品具有交换价值一样。从这个意义上说，虽然材料在商品生产中具有重要作用，但是交换价值与商品的材料无关。在认识中，认识对象的普遍必然性与感性材料无关。本来，科学认识是要把握客观的对象，但是在这里，科学的认识目的却不是要把握真理，而是要控制对象。这就如同资本主义社会的生产过程一样，生产的目的本来是要提供满足人的需要的产品，但是在资本主义社会中生产的目的是为了交换，是为了剩余价值。在康德所理解的科学的模式中，科学的目标不是把握对象的真理，而是如何控制对象。在康德那里，认识的对象是人自身生产出来的，这就是要把认识中的一切现象都还原为人。按照这样的模式来理解认识，认识的目的就不是把握对象的真理性，而是要进行内在和外在的控制。为了实现这种控制，它所遵循的是一种统一性原则。康德在认识论中所强调的就是这种统一，而在生产过程中，这种统一就是把各个生产部门结合在一起。在这里，我们可以看到，康德的知识理论所强调的是知识的有效性，而不是其真理性。

当康德这样来理解科学的时候，科学的命题就是要服从于内在控制和外在控制的需要。康德的这种做法对于经验领域产生了巨大的副作用。这就是经验必须服从于科学命题所主宰的领域，服从于科学认识需要，服从于内在控制和外在控制的需要。在这里，认识虽然也需要经验，但是这个经验是按照自然科学的方式组织起来的经验，是为了控制外在和内在而组织起来的经验。这个经验变成了贫乏的经验。如果用本雅明关于经验的区分来说明，那么这种科学认识的经验只是一种有意识的经验，而排斥了无意识的经验。所以，阿多诺说，一方面康德把他所提出的问题局限于被按照自然科学的方式组织起来的经验领域。另一方面，他又以认识的有效性和主体性为取向。这两者是如此密切地交织在一起，以至于没有其中的一个就没有另一个。在这里，经验是与认识的有效性、主体性联系在一起的，是与控制的目标联系在一起的，而不是与把握事物本身联系在一起的。按照这样一种控制的模式，无意识经验属于低级的东西，是与科学认识无关的东西。按照康德的理论模型，主体如果质疑科学理论，那么这种质疑就是要检验科学知识的有效性，并且如果一种知识不是普遍必然的，那么这种知识就是低级的。如果康德从这个视角来看待知识，那么把康德的认识理论从自然科学的领域中解放出来是不可能的。而康德就是按照这个有效性的标准，就是按照这样一种认识理论来看待形而上学的，就是用这样一种狭隘的模型来看待形而上学的。而形而上学的知识是没有康德的认识理论所具有的那种有效性的，于是，这种形而上学就被康德排除了。对于阿多诺来说，康德的认识论被局限于同一性的视角，它是要服从于控制自然的需要的。因此，阿多诺说，在同一化的视角之中，人们无法完全弥补康德的认识理论按照其自身的本质所剔除出去的东西，这个视角至多会由于认识到它自身的不准确性而有所调整。可是，这个视角无法公正地对待活生生的经验，尽管这种经验也是一种认识。这就是说，即使这个认识模式可以进行适当调整，但是这种调整也无法公正对待活生生的经验，无法对待无意识的经验，而这种无意识的经验也是一种认识。用马克思的话来说，在这里，人的经验变成了一种拥有的经验。占有、控制的欲望抑制了人的经验。人的经验只是被用于控制自然的需要。为此，阿多诺认为，康德的认识论无法完成它给自己所确立的任务，即为经验奠定基础。因为，把经验奠定在一个固定的、不变的基础上，是与经验有关它自身的知识（即经验意识到它自身活生生的方面）相矛盾的。事实上，越是开放自身、越是实现自身的经验，总是不断变化自己的形式的。经验不能做到这一点就不能经验自身。在这里，阿多诺提出了一种经验，这种经验概念超出了康德认识论的范围。这种经验概念与本雅明所说的那种无意识经验是类似的。

康德的认识论之中是没有这种无意识经验的，但是，这种东西其实都是在认识中发挥作用的。阿多诺认为，这是认识的公理。但是，康德的认识论却排除了这些公理。阿多诺认为，排除这种认识的公理对于康德的认识论来说具有中心的意义。这是因为康德的认识论就是要为控制自然服务的。他要把一切都放置在他的理性体系中。这个体系的目标是要控制一切。所以，他的这个体系排除了这种公理。阿多诺说，康德的体系是带有停止标记的体系，是带有阻止这种经验的标记的体系。康德的认识论把经验材料和思想的形式割裂开来，并致力于对思想形式的构成进行分析。这种分析并不改变世界，而世界的要素、经验的要素就是把感性经验的要素直接呈现给认识者。这个世界就像它直接给予朴素的资产阶级意识那样呈现出来。世界是按照它直接显示的样子而呈现给认识者。感性经验是直接被给予的东西。所以，康德非常骄傲地宣称，他的思想是经验性实在论。因为，他的科学就是把握的经验现实，而简单地接受这个世界，而缺乏对于世界的反思，缺乏另外一种经验，即不能被同一化的那种经验，反抗同一化的那种经验。对于他来说，科学知识的普遍有效性是与先验的形式有关的，是用先验的形式把握经验的材料，而这种经验的材料中，无法被抽象地概括的经验被排斥了。康德的科学知识普遍有效性是由抽象的形式来保证的。所以，阿多诺强调，对他来说，它的有效性要求的高度与它的抽象的层次是一致的。这种认识论执迷于其分析判断优先性，而逐步剔除了认识之中一切不符合其基本原则的东西，排除了无法被同一化的经验。康德把形式和质料区分开来的做法，是与社会的分工状况相一致的。社会的基本分工就是体力劳动和脑力劳动的分工。体力劳动是依靠肉体的劳动，是与感性的器官联系在一起的，而脑力劳动是可以脱离感性器官而进行纯粹思想的活动。康德把感性和知性区分开来，把认识的质料和形式区分开来。在阿多诺看来，这是把社会分工扩展到认识领域。所以，阿多诺说，在康德那里，按照劳动分工组织起来的科学非法地获得了真理的垄断权。这就是说，真理是属于知识的形式的，它与内容无关。在这里分析判断获得了优先性。康德的《纯粹理性批判》在对于谬误推理的批判中是要把抽象的自我与经验的自我联系起来，否定了人们把抽象的自我看做是独立实存的东西。康德认识论中对于谬误推理的批判是要把理性的形式和经验的内容结合在一起。这就是要对抗科学被发展成为机械的喧嚣，变成一种可以由机器都能够进行的纯粹思维活动。本来康德可以根据他对于谬误推理的批判而把经验的自我和抽象的自我结合起来，把非同一的经验内容纳入到他的科学知识体系中，但是康德受到了社会分工的社会制约，受到了科学知识的模型的制约，受到了科学知识的有效性标准的制约，从而无法做到这一点。康德的这个批判不过是一种空头支票。这个对于谬误推理的批判在他的思想中不发挥作用。康德的真理概念，就是局限在思维形式和经验内容结合真理概念，阻止人们对于绝对的思考，阻止人们对于形而上学领域的思考。所以，阿多诺说，这种认识论具有恐怖的色彩。在阿多诺看来，这种认识论甚至会趋向于禁止一切思考。这是因为，思考都是有内容的思想，而在康德那里，思考是按照质料和形式相加的思考。在这个思考中，他所关注的是思考的形式，而不是思考的内容，他排除非同一性经验。或者说，思考的质料（非同一性意义上的质料）对于真理是没有决定性影响的。在他那里，思考的质料还排除了活生生的经验。所以，阿多诺说，康德对于认识所进行的这种限制是把一种自残了的理性投射到真理上。自残了的理性就是纯粹的工具理性，是纯形式思考的理性，是脱离了肉体经验的理性。当康德用这种意义上的理性来理解真理的时候，知识的先天形式就变成了真理的核心内容。所以，阿多诺挖苦说，理性强加于自身的那种自残行为成为理性获得科学性的入伙仪式。这就好像土匪通过自残的方式来聚集匪徒一样。所以，阿多诺说，因此，与活生生的经验相比，在康德那里所发生的认识，是极其空乏的，尽管这个观念论的体系甚至也要颠倒过来，希望公正地对待这种活生生的经验。这就是说，尽管康德也要公正地对待经验，强调他的理论不仅是先验观念论，而且是经验性的实在论。尽管先验观念论与经验性实在论完全相反，但是康德还是要承认经验性实在论。这表明，他也试图公正地对待活生生的经验。

康德大概也难以否定，他的真理观念嘲笑了他的科学理想。他的真理观念认为，真理就是感性质料和思考的形式的结合，把握客观真理，把握绝对。但是他的科学理想却是有效性，知识的普遍有效性。康德的真理观和他的认识理想之间的这种不对称性表现在，他对于理知世界的肯定，这个理知世界是超出了康德的认识理想的范围之外的。这种不对称性还表现在只要人的认识不受束缚，那么真理就不仅仅如同康德所说的那种科学知识。康德的认识理想限制了认识，限制了精神。所以，阿多诺说，康德所提出的限制是一种幻相，他亵渎了那样一种精神，即从哲学上超越哲学的精神。从哲学上超越哲学，就是要突破康德所给出的限制，就是要突破康德的认识概念。只有不断地突破这个认识论的限制，真理才是可能的。其实，康德的哲学也不缺乏这种精神，康德就指出，人的理性有一种自然倾向，努力认识绝对的倾向。一切观念论都有这种倾向，这就是要从观念上把握一切，控制一切。从这个角度来说，观念论也要把握绝对，要突破康德的限制。但是，观念论为什么又会排斥了绝对呢？为什么会排斥对它们所开放开来的这些东西（活生生的经验所把握到的东西、非同一的东西）呢？这是因为，它们像康德一样受到了一种魔力的左右。这个魔力就是工具理性的魔力，就是控制自然的魔力，生存机制的魔力。这种魔力在康德那里就变成了纯粹的思维形式和感性内容的对立。由于这种魔力的存在，康德的经验和科学都被污染了，经验就变得贫乏了，科学也被限制在物理学和数学等狭隘的科学概念之中了。观念论（这里应该是暗指海德格尔）不仅像康德一样受到了这种魔力的控制，而且还把康德的原则加以扩展，就是把康德的工具理性加以扩展，并用这种扩展开来的理性原则来追踪这些活生生的东西，来追踪这些内容。由于它们把康德的那种理性原则、先验观念论的原则极端地扩展，所以它们所追踪到的内容比康德那里更加不自由。比如，海德格尔就是用现象学的方法直接把握这种非同一的东西，这种非同一的东西本来是超越的东西，需要通过否定实证的方法辩证地加以把握。从这个角度来说，康德所提出的限制是有意义的，这就是防止人们直接接入超越的领域。在海德格尔看来，这个超越的领域可以直接用概念来描述，而康德认为，在这个领域，人们不能用概念来描述，因为，它不提供经验的内容。如果描述，那么这就会陷入二律背反。在阿多诺看来，那种试图用概念直接描述超越东西的企图就是一种概念的神话。康德的限制具有防止概念神话的意义。阿多诺所理解的超越知识范围的东西与康德是不同的。在康德那里，超越知识范围的东西是不提供经验内容的。而阿多诺所理解的超越的东西是非东西的东西，是无法被纳入概念的东西。

接下来，阿多诺指出，虽然这种限制从认识论的角度来说是有一定的意义的，但是从社会的角度来说，这种限制就值得怀疑了。显然，阿多诺不愿意被局限在传统的形而上学框架中，从逻辑、认识论的角度来思考形而上学，而是要从历史的维度来重新思考形而上学。阿多诺指出，从社会的角度来看，这种限制就值得怀疑。这个限制就如同绝对的界限一样，要把劳动者限制在贫困之中。把认识限制在绝对的界限之外就好像总是要让劳动者处于贫困之中。比如，在现代社会，人们物质条件非常好了，但是有一些人总是被限制在绝对的贫困之中。这是社会系统的要求，社会系统必须要把一些人限制在贫困之中，只有他们贫困了，其他人才能努力工作。这是一种社会震慑。"社会只是保留了不再需要的拒绝"①，这里的拒绝就是拒绝给他们提供更好的物质生活条件。在生产力高度发展的今天，社会本来不需要这种拒绝了，但是这种拒绝还是被保留下来了。于是，人就永远生活在生存斗争的魔力之中，控制自然，征服其他人就成为社会生活中始终存在的基本原则。这种贫困把人类束缚在一种魔力之中，就是生存斗争的魔力。在这种生存斗争中人需要借助于工具理性来征服自然，征服其他人。这就是一种工具理性的原则。这种原则被康德转变为哲学理论。或者说，康德把这种魔力转变为哲学。从这个角度来说，对于这种限制的怀疑是有充分根据的。这既有社会方面的根据，也有理性自身的根据。人的理性是无法摆脱经验的，是和经验结合在一起的，是与肉体的要素结合在一起的。但是，康德把这种限制诅咒般地强加在精神之上，把精神限制在生存斗争的原则之上。在这个方面，康德非常诚实，这种诚实就表现在他直截了当地进

---

① 阿多诺：《否定的辩证法》，王晓升译，北京：中央编译出版社2023年版，第517页。

行了限制，而海德格尔等人的观念论看上去是要把握活生生的经验，但是，这个活生生的经验被控制在同一性逻辑之中，被概括在存在之中，所以对于经验要素的这种限制被掩盖起来了。这是对于理性的粗鲁的限制。这种限制就是自我持存方面的限制。好像人的生活永远都是一种自我持存的斗争。人的理性只能被局限在工具理性上。这种限制被加在社会中的人们的头上。本来，物质生产力的发展完全可以让每个人过上无忧无虑的生活，但是它却要让人始终处于生存的焦虑之中。这个忧虑就如同甲虫的自然历史的忧虑。人就如同甲虫一样，需要生存斗争。一旦，这种忧虑被打破，那么意识对待真理的立场就会发生改变。意识就不会把自己局限在工具理性的范围内，就不会从控制自然的角度来理解科学，而是要把握绝对。人们被一种客观性即生存斗争的客观性限制在现存状况之中，正是这种客观性决定了意识的当前立场。生存斗争的客观性决定了意识的立场。这种生存斗争的客观性是现实社会中的一种幻相，好像人只能处于生存的斗争之中。康德提出的有关限制即关于认识的限制其实就是社会幻相的一部分，就是生存斗争的幻相的一部分。或者说，这是社会的幻相在认识论领域的延伸。康德的理论正如那主宰着人类的现实幻相一样，都是有牢固的基础。这种限制是有客观基础的，人类生活中的幻相也是有客观基础的。这是一种客观的幻相。正因为如此，阿多诺指出，感性和知性的分离，即支持这种限制的心境，就它自己而言，是社会的产物。感性和知性的分离固化到自己的心境之中了，固化到我们的意识之中。这是自我持存的斗争所固化起来的。这是任何人都无法逃脱的。在生存斗争中，人的精神和肉体，知性和感性对立起来了。当这两者对立起来的时候，感性的要素被牺牲了，它是知性的牺牲品。人类在自我持存的斗争中突出了精神的作用，而把感性的东西，肉体的东西当做自己的敌人。虽然人的行为举止也要满足肉体的需要，但是在社会的深层的建制中，在社会的现象的背后，都有一种魔力在控制着人，这种魔力阻止人去满足自己的感性。

既然康德所进行的这种限制，既然感性和知性的对立这种限制是在一定的社会条件的基础上发生的，那么这种分裂总有一天会随着它的社会条件的消失而消失。在这里，阿多诺坚持了一种马克思主义的观点，这种对立的消失最终要依赖于社会的变革。而观念论者不过是意识形态的鼓动家，因为他们炫耀说，在不可调和的东西中，调和已经实现，或者他们把这种调和赋予那不可调和物的总体。比如，海德格尔认为，非同一的东西可以被直接把握，与不可调和东西的调和可以直接实现。而黑格尔认为，借助于精神的总体，非同一的东西可以最终被把握，即在绝对知识中被把握。所以，阿多诺说，它们不遗余力地对精神作出解释，说精神把它自己与它的非同一物统一起来。这个努力既是合乎逻辑的，也是徒劳的。这就是说，它要克服感性和知性之间的分离，而这种分离是人类的痛苦，人类需要克服这种痛苦。这种努力是徒劳的，这种观念论是要让观念直接达到这两者之间的和解，而不是从社会的维度来思考这个不可调和的东西。它不涉及产生这种分裂的社会基础。按照道理来说，改变这种状况就需要改变这个社会，但是，观念论是思想的巨人，行动的矮子。阿多诺强调，人不是通过直观来克服这里的分裂，而是要通过自我反思，通过这种自我反思来克服自身的缺陷。阿多诺强调每个人在思想中的自我变革和自我反思。哲学就是要促使人进行这种自我反思。我们每个人都生活在魔力的控制下，要摆脱魔力的控制就不仅仅要靠改变社会制度，更重要的靠我们的自我反思。按照阿多诺的思维逻辑，即使资本主义社会被消灭了，但是只要人还是被束缚在自我持存的框架中，那么人就永远无法克服感性和知性的分裂。所以，重要的是自我反思，而不是改变这个世界。他认为，这种反思高于实践理性优先性的原则。在阿多诺看来从康德开始一直到后来的黑格尔左派学者都强调，实践的优先性。阿多诺反对这种特殊的实践优先性。他认为，这样一种自我反思才超越了实践理性优先的命题。阿多诺之所以反对这种实践理性优先性的命题是因为，他认为，实践理性仍然坚持了工具理性的原则，是一种错误的理性。而他要把理性和肉体结合起来，要有一种全新的实践，一种消除了工具理性统治地位的实践。对于他来说，如果仍然要坚持实践，那么这种实践是一种实践辩证法。这种实践是要求废除实践（工具理性上实践）的实践，废除以工具理性为核心的实践，要废除为生产而生产的实践。这是错误的实践。这种实践有一个普遍的掩盖物，人必须进行生存斗争。生存斗争是一切实践的必然基础。对于阿多诺来说，这是一种新的唯物主义，是在唯物主义根基上发生变革的唯物主义。这种变革的核心就在于，它看到了精神中的肉体作用，没有肉体的作用，精神就变成了纯粹的工具理性意义上的精神。这是在精神和肉体的结合中反对把精神和肉体割裂开来的做法。而在他看来，官方唯物主义就是把肉体和精神，物质和精神对立起来的唯物主义。这种唯物主义在本质上与观念论是一致的，都是坚持工具理性，它狭隘地理解了理性。他的这种唯物主义是在否定的辩证法之中反抗唯物主义的官方教条。所以，唯物主义不是强调物质独立于精神，不是强调物质第一性。唯物主义应该强调客体优先性。这就是，认识客体包含了不可还原的某物，非同一性的经验。这是优先的，但是却不是传统唯物论基础上的第一性。精神中的独立因素、不可还原的因素，完全有可能和客体优先性相一致。这个独立的要素，这个不可还原的要素是肉体的要素，是肉体所体验到的感性要素。这个感性的要素是不可还原的。精神一旦把它所陷入其中东西命名为锁链，它就把他者束缚起来并由此而在当下获得独立性。精神陷入其中的东西就是束缚精神的东西，同一性的原则，生存斗争的原则都是精神陷入其中的东西。这些东西是精神的锁链。这是精神的他者，精神就需要束缚他者，束缚这种同一性原则，束缚生存斗争的原则。正是精神而不是被束缚的实践（即工具理性的实践）才渴望自由，渴望从生存斗争的原则，从同一性原则中摆脱出来。最后，阿多诺指出，观念论把精神捧上天，但是有精神的人却会随风飘走。这种人失去了肉体的要素。观念论把精神捧上天，把精神看做是绝对的东西。而把肉体和精神结合在一起的人，会感到精神和肉体之间的矛盾，感到感性和知性之间的矛盾。这个时候，这些人在受难。他们感到了痛苦。当精神变成绝对的时候，精神陷入了绝对的痛苦。精神要从它自身的绝对性中解放出来。这就需要精神的自我反思。客体的优先性与强调精神的反思作用是一致的。

最后，顺便说一句，在这里阿多诺强调精神的自我反思，而不是用革命斗争来推翻资本主义制度，这是因为，在他看来，即使推翻了资本主义制度，生存斗争的原则仍然会在精神中束缚精神。如果是这样，那么感性和知性的对立也是无法被克服的。

理知的世界

在这个部分，阿多诺通过对于康德的理知的世界的分析，说明了理知世界的矛盾，而这个矛盾恰恰是与阿多诺所说的非同一的东西，与阿多诺所说的形而上学所追求的东西是一致的。阿多诺试图借助于理知世界来帮助他建构他自己的形而上学理论。

康德所构造的限制,即对于绝对的认识所进行的限制,与实践理性批判中肯定的形而上学直接对立起来了。这就是说,在《纯粹理性批判》中,康德限制了认识的范围,强调认识不可能达到它所要达到的那种绝对的东西。但是在实践理性批判中,他又把上帝存在、灵魂不朽等等作为悬设确立起来,并且是作为肯定的东西确立起来。在《纯粹理性批判》中,康德否定了这种东西,在实践理性批判中康德又肯定了这种东西,当然是把这种东西作为悬设确立起来。那么,康德究竟有没有肯定这种东西的存在呢?康德自己对于这个问题感到绝望。在《纯粹理性批判》的反题的说明中,他说了下面这段话。他说:"即便是为了开始世界的变化,自由的一种先验能力得到承认,这样一种能力也毕竟至少将必须仅仅存在于世界的外面(尽管在所有可能直观的总和的外面再假定一个不能再任何可能的知觉中被给予的对象,始终还是一种大胆的僭妄)。"① 这段话也表明了康德的矛盾态度,一方面为了开始世界的变化,那么必须有超出经验领域的东西,必须有超越的东西,如果没有这种超越的东西,世界不可能还是变化。从这个角度来说,上帝应该存在。但是他在括号中又说,这是一种"大胆的僭妄"。他说了他不该说的东西。于是,阿多诺说,括号中的"大胆的僭妄"这个说法表明,康德还是怀疑他自己所提出的理知的世界。在康德那里,上帝存在、灵魂不朽、意志自由属于超越的领域,是一个理知的世界。康德在肯定了这个理知的世界的时候,又承认这个说法是一种"大胆的僭妄"。这就说,他又否认了这个理知的世界。前面所引的那句话是来自康德的《纯粹理性批判》第三个二律背反的说明。他非常接近于无神论。读者应注意这个"非常接近"。这就是说,他否定了理知的世界,否定上帝存在,灵魂不朽等。但是又不是完全否定,他又在某种程度上承认。后来,康德在《实践理性批判》中,他强烈要求这种东西,要求这个理知的世界,要求有上帝存在。但是他把上帝存在理解"理论的悬设"。在那里,康德极其担心,人们会把这个悬设当作是实存判断。但是在这里却竭力回避这种担心。这

---

① 《康德著作全集》第三卷,李秋零译,北京:中国人民大学出版社2004年版,第304页。

就是说，他在《实践理性批判》中进行了理论的悬设，而不是实存判断。他担心人们把这两者混淆起来。但是，在第三个二律背反的反题的这个说明中，我们可以看到，他没有这种担心，竭力回避这种担心，他要大胆地僭妄。这个理知领域的东西至少可以被当做直观对象来思考，同时，这个东西又被排除在直观之外而得到思考。这就是说，这个东西在康德那里既是直观对象，又被排除在直观对象之外。康德处在一种矛盾之中。所以，阿多诺说，在这里，理性不得不向这个矛盾投降。他向这个矛盾投降表现在，一方面，理性要给自己划定一个界限，把它自身限制在现象的领域，而另一方面，理性又有一种自然倾向，它要突破这个限制，要思考绝对。它客观上不能被束缚在这些界限范围之内。在阿多诺看来，康德的这种矛盾恰恰体现了形而上学的特点，形而上学就应该是这样一种矛盾的东西。这是阿多诺从康德那里引申出来的。他从康德的矛盾中看到形而上学的可能性。可是，观念论和新康德主义却要把直观融合到无限的理性之中，这样，康德的那个超验的领域就被他们抛弃了。观念论在这里应该是指胡塞尔的现象学，他把直观和无限的理性能力联系起来，直观就能够把握本质，而超越意义上的本质被否定了。从这个角度来说，这也是对海德格尔的批判。而新康德主义者也否定了超越的领域。

  前面关于第三个二律背反所讨论的是关于自由的。而这个关于自由的讨论是与上帝、不朽联系在一起的。康德对于自由的讨论同样也适用于他对于上帝、灵魂的讨论。而关于上帝、不朽的讨论与关于自由的讨论还是有一点差别。这个差别就在于，自由是涉及行动的纯粹可能性的。只有存在自由的地方，行动才是可能的。而上帝或者不朽与这种行动的可能性无关，而与德福一致性有关。按照康德的思想，上帝或者不朽的灵魂是不存在的，而只是一种存在的悬设。无论人们在何种意义上理解这种存在。可是，按照阿多诺的理解，只要人们要对这个存在进行悬设，那么这个存在就一定需要有"质料"，如果没有任何质料，哪怕是纯粹思想中的存在，它也需要某种"质料"，没有任何质料，这种纯粹形式的东西是不能存在的。既然它们有质料，那么它们就可以被直观。这个质料就是思想中的非思想的东西（阿多诺强调的非同一东西）。可是康德又排除了这种直观的可能性。在他的先验观念论中，这种超出现象范围之外的东西是无法被直观的。于是，这里就出现了一个矛盾，这个上帝具有

"质料",但是这个有质料的东西却不能被直观。这个东西既存在,又不存在。康德在这里陷入到一种矛盾之中。那么为什么康德会陷入这种矛盾之中呢?在阿多诺看来,这是与康德对于理知的理解有关。这就是说,康德在面对理知的时候陷入到一种困难之中。这个困难就表现在,一方面,理知这个词语作为一个词语,总要指称某种东西,即使在这个东西是处于思维之中,是自足的思维的一种媒介;另一方面,这个东西却又不是实际存在的东西。这个词语不能命名任何现实的东西。我们可以说,它是处于有无之间的东西。阿多诺的形而上学就是要思考这个有无之间的东西。他把这个东西称为非同一的东西。而这个非同一的东西不能肯定地给出。

如果非同一的东西不能肯定地被给出,那么任何一种肯定地给出这个东西就一定是错误的。然而《实践理性批判》恰恰就迈步走向这个理知世界的实证性。康德肯定地给出了理知的世界,赋予理知的世界以实证性。而康德在他的意图之中并没有预见到这个世界。康德在他的《纯粹理性批判》中否定这种东西的实证性的。对于康德来说,这个理知的世界是应该存在的,但是实际上却不存在。在这里,康德把应然和实然割裂开来。可是,一旦应然与实然完全分离开来,一旦应然作为其自我本质的领域被确立起来,并且被赋予绝对的权威,那么它就会通过这个过程而取得第二实存的性质,无论他多么不情愿。这就是说,当康德把理知的世界当做应然的东西确立起来的时候,它就取得了第二实存的性质,就变成了某种意义上的实存的东西。当然,康德本人是否定这一点的。对他来说,这只是理论上的悬设。但是这个悬设一旦作为应然的东西被确立起来的时候,这个东西就变成了一种实存的东西。这个东西是思想中的质料,是思想的内容。不思考任何东西的思想根本就不是思想。如果思想中思考了理知的世界,那么这个世界就是思想的内容。这个思想的内容就是一种观念,就是一种形而上学的内容。尽管这个观念即形而上学的内容,与思想中的幻影(Luftspiegelung)一样没有多少可以被直观东西。但是,这内容还是客观的内容。如果没有任何客观的内容,那么思考就根本不可能。形而上学的内容就是这样一种似有似无的东西。如果完全没有任何东西,那么思想就不可能,思想中的观念也就被剥夺了一切客观性。如果这些观念被剥夺了一切客观性,那么形而上学的内容就不可能了。如果是这样,那么理知的领域就被主体所吞没。而这个理知的领域本来是要超越主体的，是超出主体之外的。对于阿多诺来说，康德的理知世界的构想是形而上学的残余，是他力图挽救的形而上学残余。而这个残余在康德之后就被人们清除了。在康德之后的一个世纪里，人们把理知领域拉平到想象的领域，这就是新浪漫主义和青春风格的核心罪过，也是为它们量身定做的哲学，即现象学哲学的核心罪过。这就是说，在康德之后的一个世纪中，康德所设想的这个理知领域被新浪漫主义和青春风格纳入到了想象的领域。于是，这种东西就被它们完全否定了。而现象学也考虑到了这个要素，但是现象学把它当做是直观的对象。现象学就是为了康德的理知领域而定制的哲学。现象学就是要直观地考察康德的这个理知的领域。阿多诺既反对浪漫主义的思想，反对把理知的领域完全当做是想象，也反对现象学，把理知的领域当做是直观的对象。

那么，我们究竟如何理解理知的概念呢？它处于想象和直观之间，超越和非超越之间。阿多诺就是要借助于理知的概念来拯救形而上学。在他看来，康德就是这样来拯救形而上学的。康德的形而上学就是一种经过了死亡之门的形而上学。在《纯粹理性批判》中康德否定了形而上学，他划定了认识的界限，排除了形而上学的可能性（形而上学死亡了）。但是康德又通过理知的领域来拯救这个形而上学。这就是他所提出的那种理论的悬设。阿多诺继承了康德的这个思想。他说，理知的概念既不是关于现实东西的概念，也不是关于想象东西的概念。毋宁说，它是一个疑难概念。阿多诺所说的疑难概念是指，它不是表达某种肯定存在的东西，而是表达非同一的东西。所以，他说，即使人们为它提供辩护，它也既不能拯救地上东西也不能拯救空旷的天空中的东西。这就是说，即使人们为这个概念提供辩护，人们也不能拯救某种肯定存在的东西。它不表达某种肯定存在的东西，但是这也不表示，这里没有任何东西。对于这种东西的批判性论证，有人会说"是的，不过"。在阿多诺看来，这种说法其实就是要把这个东西作为一种肯定的东西，就是要把这个东西作为肯定的东西拯救出来。所以，阿多诺说，这种反驳就是不希望失去那样一些东西，那些顽固地具有持存形式的东西，那些始终粘附着人的东西。这就是说，人们有一种拜物教的思维方式，凡是有一个概念，那么这个概念一定表达了某种实际存在的东西，不是观念中存在就是在现实中存在。在阿多诺看来，这样一种具有肯定意义的东西是无法与拯救的观念相协调的。而拯救的观念就是要把人从被延长了的自我持存的钳制中解放出来。这个地方的拯救观念表达了两个意思，一个是，人是被自我持存观念所束缚，束缚在自我持存观念中的人有一种拜物教倾向。这是因为，人们要生存就要对于存在者进行控制。这是自我持存所必然要求的。另一个是，人从自我持存的束缚中解放出来，就好像让人放弃生存，好像让人经过一次死亡之门。而拯救就是把人从死亡中拯救出来。这里的拯救的核心就是把人从自我持存的束缚中解放出来，这就是经过了死亡之门的拯救。我们知道拯救的观念是与基督教传统联系在一起的。按照基督教的观念，上帝为了拯救人的灵魂，用耶稣的血与撒旦交换，从而拯救人类。被拯救的人都是经过了死亡之门。所以阿多诺说，任何一种未被改变的东西，任何一种未经过死亡之门的东西，都无法得到拯救。理知的世界就是在被康德否定了之后而被拯救起来的。而阿多诺把这个思想与生存斗争联系起来，如果一个人放弃生存斗争，那么这就意味着这个人走过了死亡之门。经过了死亡之门的人，放弃了生存斗争的人就能够得救。在阿多诺看来，当代人类文明的一个重要问题就是人被自我持存所钳制。当然人都要努力自我持存，但是自我持存必须被限制在一定的范围之中。比如当代人类社会，自我持存已经没有问题了，但是人类却把这种自我持存的努力无限地延长。人们生活在生存斗争之中。这种生存斗争使人的肉体和精神发生严重冲突。所以，阿多诺强调，拯救的观念就是要把人从这样一种被延长了自我持存的钳制中松弛下来。当人从这种被延长的钳制解放出来的时候，人类的文明就有希望。在这里，人们必然要问，阿多诺的思想强调人的主体性，可是在这里他主张人要放弃，要把自己从被延长的自我持存的钳制中解放出来。这不是放弃主体性了吗？他说，如果拯救是每一种精神的最内在的冲动，那么唯一的希望就是毫无保留地放弃：既希望那应被拯救的东西，又希望那满怀希望的精神。这与我们在前面所说到的本雅明思想是一致的，只是因为我们绝望，我们才有希望。对于阿多诺来说，毫无保留地放弃就是放弃自我持存的斗争模式，不要再把自己束缚在生存斗争的模式之中。这种生存斗争模式最终导致人的肉体和精神的对立。今天的世界让人处于生存斗争的模式之中。这是一个彻底让人绝望的世界，只有看到了这种绝望，我们才有希望，我们才能得到拯救。而在生存斗争的模式中，在肉体和精神的对抗中，人作为主体变成纯粹的精神主体，这个纯粹的精神主体貌似非常强大，但是却毫无力量。所以，阿多诺指出，希望的姿态是这样的，它不固执于主体所要固执坚持的东西，尽管主体就此作出承诺。主体所固执的东西，就是主体作为精神固执地坚持生存斗争，把自己束缚在生存斗争之中，而主体承诺，在这种生存斗争中，人才能维持自己。康德的理知就是超出了工具理性的范围，超出了生存斗争的范围，超出现象的领域。所以，阿多诺说，理知——按照康德设定界限所体现的精神，按照黑格尔的方法所体现的精神——就是要超出这些东西，就是要仅仅否定地思考。理知就是要超越生存竞争，就是要超出现象领域。按照黑格尔的方法所体现的精神，这个理知作为一种精神现象，就是要超出现象的领域，就是要突破工具理性的思考方法，进行一种否定的思考。所谓否定性的思考就把这种超越的东西，当做是一种否定的东西，而不是肯定的东西。对于阿多诺来说，人要超越，这种超越生存斗争的模式不是让人成为神，成为仙人。如果是这样，那么这种超越就变成了一种肯定的东西，但是这个超越不是肯定的东西，而是一种否定的东西。这就是要突破既定的生存模式，向往一种乌托邦，而这个乌托邦也不是确定的乌托邦。阿多诺认为，康德思想的局限性就在于，他自相矛盾地把他所设想的理知领域再次返回到"现象"。这就是说，他把理知重新理解为某种实证的、肯定性的东西，好像这种东西仍然具有"现象"领域的特征。按照康德的思路，这种东西对于有限的精神（工具理性、知性）是隐藏起来的东西，是知性被迫思考的东西。知性的思维把这种东西当做了某种存在着的东西，并由此而损害了这种东西。对于阿多诺来说，这种东西不是实在的东西，不是某种肯定的东西，而是处于有无之间的东西。这个东西超出了生存斗争的东西。按照我的理解，阿多诺的这个理知的概念表达了肉体和精神的和解。阿多诺把这个理知概念理解为有限精神的自我否定，理解为知性思考的自我否定。理知的思考超出了知性的思考。

接下来，阿多诺按照自己的思路重新思考理知。理知不是知性的思维，也不是康德所说的那种追求绝对的理性。因为，这个追求绝对的那个理性在一定的程度上还是局限于从知识体系的完备性上来思考绝对。理知则不同，理知是这样一种意识能力，它意识到，它自身不是纯粹的存在，不是固执于自身的，它要关注他者。在精神中，那种纯粹存在的东西、那种纯粹精神的东西意识到

第三部分 模式

自身的缺陷，不再固执于自身的此在，不再把精神束缚在自我持存的斗争之中，不再把精神和肉体完全对立起来，于是，精神开始与其自身中的那种控制自然的原则相分离。精神的这种转变就是要表明，甚至它自身也不应转变成为实存的此在，变成某种固定的东西，变成为了自我持存而强调自身同一性的精神，变成这种具有自身同一性的精神，变成一种自身同一性的此在。否则的话精神就要无尽地重复它自身的单一性。精神变成了控制一切的精神，就变成了自我持存的精神，变成了同一性原则中塑造起来的精神。精神中那种违逆生命的东西，那种排除肉体的东西，如果不能在其内省中达到顶点，那么它就不会变得极端可恶。当人的精神被自我持存的原则所束缚的时候，精神就会和肉体对立起来。这时候精神中就会出现违逆生命的东西。这个东西在其内省中达到绝对的恶。精神把违逆生命的东西当做是道德的原则。精神强调，存天理灭人欲。精神在这个自我持存的原则的控制下不断地自我内省。精神在这种内省中达到极端的恶。接着阿多诺指出，如果精神要求他者禁欲，那么这种禁欲就是错误的，如果它要求自己这样做，它就是善的：它在自我否定中超越自身。精神要求自己禁欲，精神应该自我束缚，不能把精神变成一种吞噬一切的精神，用精神来彻底否定肉体。如果精神这样束缚自己，那么精神就是善的。如果精神要求他者，即要求肉体自我束缚，那么这就是要肉体去自我否定，这是恶的。精神要和肉体和解。这是阿多诺所强调的。因此，精神和肉体的和解，就是精神要超越自身、否定自身。精神在自我否定中超越自身，从而达到精神和肉体的和解。这种和解就是超越自我持存。不过，我们在这里看到，阿多诺却没有说精神和肉体的和解。这是因为，当我们说这两者之间的和解的时候，我们就把它作为肯定的东西确立起来了。而这是阿多诺所否定的。他的辩证法是"否定的"辩证法。对于这种超越的状况，阿多诺是不会给出肯定的东西的。

阿多诺把精神的这样一种状况理解为"形而上学的经验"。这就是精神领会到，它自身之中有某种和它不一样的东西。这个东西不能被概括在概念中，而是一种体会，是一种领会。精神领会到这种东西。精神领会到某种肉体体验到的东西。当康德试图按照理性把握绝对的思路来把握这个东西的时候，他按照科学的实证方法的思路来把握这个东西。可是，当康德抛弃这种实证方法的时候，他从道德形而上学的角度又承认了这个理知的领域。这就是一种形而上学的经验。从这个角度,我们可以说,形而上学经验是从实证科学的铠甲中解放出来的。阿多诺认为,这种形而上学经验会给康德哲学提供灵感。按照这样的思路来理解形而上学,那么形而上学究竟是不是可能的问题就是如何把握理知领域的问题。这个理知的领域不能直观地被把握,不能按照科学的方式来把握,而只能是通过辩证法。这个辩证法表现为,有限性所要求的对有限性的否定。这里所说的有限性是指,理性的有限性,有限的理性认识到自身的缺陷,而要否定自身的有限性。这样一种理性包含了理知的要素。或者说,这个理性不是康德所理解的那种理性了。所以,阿多诺说,形而上学究竟是不是可能的这个问题具有了谜语般的图景。谜语般的图景是关于理知的图景,这个图景使理知这个词语充满活力。它超出了康德的理性范畴。这个理知观念中包含了肉体的要素,包含了感性的要素,他是把感性和理性结合在一起的。既然这个理知的要素是与肉体有关的。这里所说的理知的自主要素就是这种肉体要素和精神要素的结合。而精神在绝对化的过程中就会失去这个自主的要素,而精神一旦接受非同一的东西,与精神不同的东西的时候,精神就重新获得这种自主性的要素。那么理知之中包含了自主性的要素与被推动有什么关系呢?这就是说,理知中虽然包含了肉体和精神的要素,包含了非同一的东西,但是理知中的自主性要素也不是完全自主的,而是被精神推动的。那么精神是如何推动的呢?就是精神接受他者,接受自己的非同一的东西的时候推动了理知的要素,让理知来接受这个非同一的东西。理知中的自主要素是在精神接受其自身的非同一东西的过程中被推动起来的。于是,理知就有一种超越的企图。只有在精神坚持非同一的东西,只有存在着的一切东西并不都会在精神中烟消云散,精神才能有自主性要素。精神在接受非同一东西的时候,精神就有自主性,精神就会被推动起来接受非同一东西。这里的所说的精神的自主性不是人们通常所说的那种自主性,不是纯粹精神的自主化,而是精神包含了他者而具有的动力。精神通过中介,通过非精神的东西而处于到定在之中,参与到某物之中。精神由于参与到定在之中,参与到某物之中,精神具有了内容,具有了自身的他者。这里所说的定在就是取代纯粹精神的东西,即阿多诺所强调的精神中的某物。精神之中一定要包含了某物。当然,这个某物不是以直观的形式存在的,不是现成的存在者。这就是阿多诺所强调的非同一东西。形而上学的可能性就存在于精神的这个不那么引人注目的地方，即存在于非同一东西那里，存在于精神的那种超越的客观性那里，即超出精神的那种客观东西那里。康德所说的理知就表达了这种东西。这个东西既不能从精神中剥离出来，变成一种纯粹质料，即唯物论所强调的东西，也不能被存在论化，变成可以被直观地描述的存在。海德格尔就是把这种非同一的东西存在论化，变成可以直观描述的东西，被精神领会的东西。

接着，阿多诺进一步分析理知领域的概念。他说，理知领域的概念就是某种不存在却又不是完全不存在东西的概念。这非常类似于海德格尔的存在概念。由于它类似于海德格尔的存在，于是人们很容易把它从存在的角度来理解。而阿多诺非常警觉地意识到这一点。对于他来说，这个理知的领域不能被当做肯定的东西而被确立起来，而必须被当做是否定性的东西。但是这个否定的东西也不是纯粹的想象，好像它根本没有任何客观性。从这个角度来说，这个东西必须按照自身否定的原则，被当做一种想象而抛弃。所以，真理在任何其他地方都不像这里那样，变得如此脆弱。人们把握非同一东西是不能得到肯定的结论的，虽然人们把握非同一东西是可以得到真理的，但是，这与人们通常所肯定地给出的真理不同，这种真理是非常脆弱的，是没有肯定形式的真理。对于阿多诺来说，这个东西不能被理解为某种具象化的东西。如果它被设想为一种具象化的东西，那么这就是倒退。在阿多诺看来，把握这种东西的努力反过来非常容易把它与存在者混淆起来。如果把这种东西与存在者混淆起来，就是赋予思想的东西以实在性，就是把思想和现实混淆起来。而康德在否定关于上帝存在的本体论证明的时候指出了这种错误。如果思想把这两者混淆起来，那么这种思想就是毫无意义，毫无作用的。人们在把握这种东西的时候，非常容易把这种否定的东西当做是肯定的东西。这就如同海德格尔把否定的东西当做肯定东西。阿多诺指出，这个错误的结论就是直接把否定性加以提升的结果，是把对纯粹存在者的批判变成肯定的东西所产生的结果。这就好像是说，存在着的东西虽然是不充分的，是否定性，但是只要它能保证自己是存在着的东西，那么它就能摆脱这种不充分性。这就好像是说，一种否定性的东西，只要人们肯定它作为否定的东西存在，那么这个否定的东西就摆脱了自己的不充分性，就变成了肯定的东西。海德格尔的存在就是如此，这个否定的东西变成了存在。

最后，阿多诺按照康德的说法来论证他的形而上学。他说，康德把先验辩证法称为幻相的逻辑。按照这个学说，如果把超越的东西当作某种实证的东西来认识，那么这种做法必然会使自身卷入矛盾之中。在阿多诺看来，这种幻相就是形而上学的特点。这个幻相就表达了形而上学的真理。形而上学所要思考的这个东西，这个非同一的东西不能被当做实证的东西来理解。如果被当做实证的东西来理解，那么它必然会陷入二律背反。在这里，阿多诺认为，黑格尔是他的同道人。他说，黑格尔也力图证明幻相的逻辑也是真理的逻辑，他也没有把康德的断言当作是过时的废话。这就是说，康德所说的那种幻相不是废话，是非常重要的思想。康德的思想就表达了形而上学的本质特点。形而上学的真理是以否定形式出现的，是以幻相形式出现的。最后，阿多诺强调，他在这里所进行的反思，不是要与那关于幻相的断言彻底割裂开来，这就是说，这个反思也承认，对于这种非同一东西的认识会陷入先验的幻相之中，但是，这个幻相与康德所说的幻相不同，康德要消除这种幻相，而阿多诺要肯定这种幻相，把这种幻相拯救出来。他要从积极意义上理解这种幻相。它是幻相，但是却是包含了真理内容的幻相，而不是要消除这个幻相，彻底否定这个幻相。形而上学的探索需要这种幻相。所以，阿多诺要拯救这种幻相。因此拯救幻相，作为审美的对象，与形而上学有着独一无二的联系。形而上学就是要拯救这种幻相。这个需要被拯救出来的幻相也是审美的对象。阿多诺的审美理论就是围绕着这个核心展开的。

中立化

我们知道，康德哲学同时给思辨哲学和实证哲学留下了空间。康德之后的德国观念论继承了思辨哲学的传统，并在这个传统的基础上重构形而上学。而英美国家的学者们从康德《纯粹理性批判》出发，否定了形而上学，把形而上学作为幻相加以排斥。而在德国，虽然人们没有完全放弃形而上学，比如海德格尔虽然也有形而上学，但是这种形而上学是去形而上学的形而上学，具有中立化的特点。这是因为，海德格尔吸收了现象学方法，而现象学方法从本质上来说，是实证主义传统的变种。当然，这种实证传统也来自于康德。

第三部分 模式

一

在这个地方的一开始,阿多诺说明了康德哲学中包含了否定形而上学的要素。人们也因此可能抓住康德思想中的这个要素,从而摆脱形而上学。中立化就是摆脱形而上学而进行的中立化。在这里,阿多诺首先指出,在英语国家,康德被委婉地称为不可知论者。尽管这个说法轻视了康德哲学的财富,但是这种可怕的简化也不是完全没有道理。当人们把康德称为不可知论者的时候,人们只是从认识论的角度来理解康德哲学,而忽视了康德哲学不是纯粹认识论意义上的,而是一种形而上学。康德哲学中的这种形而上学的财富被忽视了。但是,这个忽视也有一定的道理,这是因为,康德自己也是按照数学和物理学知识的模式否定了形而上学。当然,康德在否定形而上学之后,又拯救了形而上学。人们忽视了康德拯救形而上学的那个部分。也正因为如此,阿多诺才说,尽管康德曾经要解决二律背反,但是他的学说中的二律背反结构还是留存了下来。康德解决二律背反的思路是,要把现象和自在之物区分开来,要人们局限于现象领域。从这个角度来说,康德曾经解决了二律背反,但是现象和自在之物的区分被保留下来。当二律背反被保留下来的时候,那么人们似乎就可以说,按照科学的模式,人们不应该思考自在之物;思考这种自在之物是无聊的事情。在阿多诺看来,这就是实证主义的思想。实证主义就是以禁止思考无聊的问题为借口的。好像思考超越的东西是无聊的。康德思想中包含了这样的要素,包含了禁止思考无聊问题的要素。对于阿多诺来说,没有对于超越的东西的思考,没有对于非同一东西的思考就不是真正的思考。对于同一性东西的思考是计算机都能够进行的。所以,实证主义的做法是禁止对形而上学进行思考,这就是禁止思考。它把形而上学的思考看做是对于无聊问题的思考。阿多诺认为,这种做法过度地强化了一种粗俗的资产阶级怀疑论,即只有牢牢地抓在手中的东西才是真正可靠的。我们可以说,实证主义就是这样一种资产阶级怀疑论,它只关心能够抓在手中的东西,而对于一切超越的东西都表示怀疑。这就是资产阶级的粗俗的怀疑论。其实,阿多诺在这里说明了,实证主义在一定的意义上来说,也是来源于康德哲学的。思辨哲学和实证主义都可以追溯到康德哲学那里。康德没有完全摆脱这种实证主义以及与实证主义结合在一起的怀疑论。由于康德哲学中保留了这种实证主义和怀疑论的倾向,所以,像崇高这样的东西,对于实证主义来说就可以被怀疑了。所以,在康德哲学中既包含了对于崇高的颂扬，也包含了对于崇高的诋毁。比如，在审美理论中康德赞美崇高。这种崇高是与超越领域有关的。在现象领域中他排除了崇高。在这里，阿多诺挖苦了康德，康德在排除崇高的时候又赞美崇高。这好像是说，虽然康德也承认崇高，这个崇高是在可以被把握的东西范围之外的东西，好像是一种额外的奖励。当康德这样来理解崇高的时候，崇高的审美意义就丧失了。或者崇高就是在世俗化的意义上被理解了。在这里，阿多诺进行了一种类比。这种崇高就如同资产阶级生活中的星期天。资产阶级社会中，人都忙于世俗的事务，而星期天就可以休息了，可以超越世俗的事务了。崇高的人好像摆脱了世俗的事务了。在阿多诺看来，这不过是对于自由的拙劣模仿。从这个意义上来说，那个被承认的崇高不过是对于审美意义上的崇高的拙劣模仿。我们应该注意，阿多诺在这里对于康德对崇高态度的分析其实是为了说明，海德格尔和叔本华对于形而上学的拯救方案的错误。这个错误就在于，他们类似于康德对于崇高的态度。这就是说，他们虽然也讲自由，但是这是对于自由的拙劣模仿。正如崇高是额外的奖赏一样，海德格尔的存在论就是在这样的额外奖赏的意义上被理解的。阿多诺在这里挖苦康德，康德之所以在德国具有权威地位，这是因为他的思想与资产阶级的要求是一致的。或者说，康德的影响超出了思想的范围。接下来阿多诺就从社会的角度而不是局限于思想的角度来分析排除形而上学的社会后果。

康德既排除了崇高，而又赞扬了崇高。这表明，康德对于形而上学采取了一种妥协的态度。他的思想中包含了非强制的调和因素，即借助于审美的意义进行调和。这就是说，虽然康德也承认了形而上学，但是，这个形而上学其实就如同崇高一样，世俗化意义上的崇高。这不过是类似于资产阶级生活中的星期天。这个崇高不过是伪装起来的中立化。我们也常常说，反形而上学的思想中也有形而上学。如果这里也有形而上学，那么这种形而上学不过是一种伪装起来的形而上学，是精神性东西伪装起来的中立化。在这里，我们可以看到，阿多诺把康德思想中的那种伪装起来的中立化与他的思想中的那个理知的要素区分开来。阿多诺从两个不同的角度来看待康德哲学中的形而上学要素。精神东西伪装起来的中立化是阿多诺要批判的那种形而上学，而不是他要拯救的那种形而上学。而阿多诺所要坚持的是以理知的要素所出现的形而上学。理知的要素是超越的要素,而中立化是世俗化,是否定形而上学。只有把这两者区分开来,我们才能理解阿多诺和海德格尔的形而上学的差别。那么为什么会出现这样一种中立化(世俗化的)趋势,或者说,为什么形而上学的要素被中立化呢?资产阶级革命胜利之后,这种形而上学的精神(超越的精神)不再需要了,这种具有革命性精神的要素不再被需要。在这种情况下,中立化的趋势就征服了整个精神的舞台。对于阿多诺来说,真正的精神就应该包含形而上学的要素,或者说,他所拯救的那种形而上学要素。这个要素曾经是资产阶级用来进行革命的武器,而如今,这种革命性要素被中立化了,失去了真正的革命精神。这就如同资产阶级的崇高一样。这就是说,如果资产阶级的形而上学还有"革命要素",那么这不过是对于革命要素的拙劣模仿。所以,阿多诺说,既然胜利了的资产阶级利益不再需要它们,它们就既毫无意义,又毫无利益。正如斯宾格勒在卢梭那里所敏锐地意识到的那样。斯宾格勒认为,卢梭思想是一种自然主义,放弃了资产阶级的那种浮士德精神[①]。胜利了的资产阶级不再需要这种革命的要素了。它们把这种革命的力量"中立化"。当精神被中立化的时候,资产阶级就可以在意识形态上颂扬精神。这就如同今天的资产阶级不断地颂扬民主和自由一样。民主和自由已经失去了其形而上学的意义,失去了革命的精神。民主、自由的精神被中立化了。所以,尽管资产阶级社会还是赞扬精神的,但是,这已经是在意识形态意义上赞扬精神了。今天的资本主义社会虽然还是强调自由和民主,但是这个时候的自由、民主和资产阶级革命时代的自由、民主精神已经完全不同了。一种是革命的精神,一种是保守的精神(被中立化的精神)。这种保守的精神就是意识形态意义上的精神。在这里,阿多诺再次联系康德对于宗教的态度。从康德的启蒙精神来说,他应该反对宗教。但是,康德在形而上学的范围内又保留了宗教(所谓理性范围内的宗教,对于上帝的悬设)。而这个宗教原本是与封建统治联系在一起的。当康德保留了宗教的要素的时候,他其实就趋向于保守,趋向于为资产阶级的统治服务。而康德关于上帝的悬设也包含了人道的特征,是对于德福一致的期待。从这里,我们可以看到,康德思想中所包含的实证主义要素也可以包容宗教,也可

[①] 参见斯宾格勒:《西方的没落》,吴琼译,上海三联书店2006年版,第32页。

以承认宗教,但是这种宗教变成了为资产阶级利益服务的,是保守的。这种文化其实失去了革命的精神。所以,社会越是把精神当作是一种文化并为之而自豪,那么精神,无论作为形而上学还是艺术,就越是中立化,并失去与任何一种实践的联系。这就是说,本来,形而上学和艺术都包含了非同一的精神,革命的精神,但是在资产阶级社会中,这种革命精神已经被中立化了。这是真正的革命精神的拙劣模仿。资产阶级形而上学(这里是暗示了海德格尔等人的形而上学)是对于革命的形而上学的拙劣模仿,是变味了的形而上学。资产阶级的精神、文化或者艺术等都缺乏这种革命的精神,是中立化的精神。因此,阿多诺说,社会越是把精神当作是一种文化并为之而自豪,那么精神,无论作为形而上学还是艺术,就越是中立化,并失去与任何一种实践的联系。

接着,阿多诺强调,在康德的形而上学观念中精神与实践的联系还是清楚明晰的。这就是说,康德的形而上学观念中的精神还是包含了革命的精神,包含了一种启蒙的精神,表达了资产阶级的革命精神。而他的形而上学观念是实践理性批判的重要组成部分。那么为什么资产阶级也需要形而上学的要素呢?从理论上来说,资产阶级社会也要借助于这种形而上学观念来摆脱它自身的那些有局限的原则,可以说是要提升它自己。资产阶级也感到,固执地局限在经济领域中是不够的,需要有超越的维度。这就好像,不懂音乐艺术的人也要去歌剧院一样,至少这有装点门面的作用。本来资产阶级社会应该借助于这种精神来不断提升自己,摆脱自己的局限性。但是,在资产阶级取得胜利之后,这种精神变得不可接受了。当这种形而上学的精神变得不可接受的时候,文化就变成了两个方面之间的妥协:一个方面是这种精神所具有的、资产阶级可以利用的形式,一个方面是,按照现代德文的术语来说,精神所不能忍受的东西(Untragbar),精神的形式从一个遥不可及的距离上投射到这种东西之上。简单地说,这就是形式和内容方面的妥协。从形式方面来说,文化利用了这种精神所具有的、资产阶级可以利用的形式。比如说,资产阶级文化中的某些艺术形式。从内容上来说,这就是吸收了精神所不能容忍的内容(后面所说的资本对于精神的干预),即具有同一性特质的内容。精神只有接受外在于它的东西才成为有力量的精神。那种与精神格格不入的内容披上了精神的形式。这种东西与精神之间存在着遥远的距离,而不是真正地被纳入到精神之中。与精神格格不入的东西被加上了精神的假面具。或者说，这种精神形式从一个遥不可及的距离上被投射到这种内容上。阿多诺在这里所说的"妥协"表明，文化中的非同一的东西已经被整合到资产阶级的形式之中。文化失去了其批判的精神。这里所说的文化应该是指资产阶级的文化，特别是文化工业。阿多诺认为，这种资产阶级文化的出现是有它的物质基础的。这个物质基础就是，资产阶级文化变成了一种工业，变成了资本的投资领域。这就是指文化工业。在文化工业中，资本成为精神的主人。或者说，在文化工业中精神失去了其应有的地位，失去了批判的能力。在这里，精神借助于它自身的不可避免的对象化而被客观化。这种客观化的精神又激发精神把这种对象化的成果变成财产，变成商品。精神变成了商品，按照同一性逻辑被生产出来，它失去了批判的精神。接下来的内容就是对于文化工业的批判。最后，阿多诺认为，哲学甚至也成为一种文化工业的附属品。

接着，阿多诺用伯纳德·格罗修森对于宗教研究的成果为范例，来说明形而上学被人遗忘的状况，或者说，形而上学被中立化的状况。伯纳德·格罗修森探讨了17、18世纪欧洲的宗教状况。他发现，在那个时代，魔鬼不再被恐惧，上帝不再被渴望，这已经扩展到形而上学之外。这就是说，本来形而上学是与宗教联系在一起的，形而上学是宗教的世俗化。但是在17、18世纪，形而上学与宗教已经无关。尽管形而上学中仍然保留了对于上帝和魔鬼的回忆，它甚至在这里它还批判性地反思恐惧和渴望，但是，这是对形而上学的拙劣模仿。在这里我们特别要注意区分两种情况。一个情况是，失去对上帝渴望的宗教。这就是纯粹世俗化的宗教，纯粹模仿的宗教。一种是实证的宗教，承认上帝确实存在的宗教。阿多诺对于这两种宗教都持否定的态度。前者表面上有信仰。比如这个信仰是，我相信上帝。但是，这个上帝就是一个空洞的名称，相信上帝的人是不承认上帝存在的。这就如同说，我相信空无。这就是把空无本身变成了宗教，变成了信仰的对象。另外一种是相信上帝真实存在，具有拜物教特点。阿多诺否定了这两种意义上的宗教。而他自己承认形而上学与宗教的关系，但是他所说的上帝是在非同一性意义上来理解的，是"有无之间"。这与前面两者都不一样。所以，如果形而上学都是与宗教有关的，那么这里有三种形而上学，一种是把虚无直接当做"上帝"来崇拜的形而上学（这里暗指海德格尔和叔本华等人);一种是阿多诺的形而上学;一种是传统宗教所代表的形而上学。我们需要特别关注这里的差别。

在这里,阿多诺强调,这种反形而上学的做法已经扩展到形而上学之外,也就是说已经扩展到其他领域,比如文化的领域,乃至社会生活的领域。在这里,人们不再关注生存的意义的问题了,不再关注死亡的问题,不再关注超越的问题了。在阿多诺看来,死亡对于人类来说,是最紧迫的问题,是生活中随时发生的现象,但是,那种否定死亡,排斥死亡,排除上帝的做法,其实让最紧迫的东西在这里消失了。前面我们已经说过,在康德那里,道德形而上学是与死亡有关的,理性不能公正地对待死亡,这就需要有信仰。借助于信仰,德福一致才是可能的。而反形而上学的做法就是让死亡从生活中消失。死亡是现代人生活中的忌讳。人们在这里不再关注形而上学问题。从客观上来说,这是有问题的。死亡是人的客观的生活中的组成部分。而从主观上来说,现代社会变成了一种网络社会,变成了一个组织起来的社会,这个社会本来就是排斥死亡的。在过度的社会压力下,人们也无暇顾及这些问题。其实,这种现象,在我们的生活中到处都存在,否定形而上学,甚至挖苦形而上学。在理工科的大学里面,学生甚至不敢说,自己是学习哲学的。当然,人们没有时间也没有能力思考形而上学问题。这些形而上学问题被遗忘了。当然,虽然有些人也想思考形而上学问题,这些问题也处于糟糕的沉睡状态。即使人们思考形而上学,形而上学的核心的东西(死亡)也在人们的思考之外,人们并没有真正地触及形而上学。在这样的情况下,人们不再思考形而上学问题。人们不再阅读康德。那么为什么人们不再阅读康德呢?这是因为,康德的哲学已经有了巨大的影响,甚至渗透到了普通人的意识之中。而这种深入人们意识中的康德哲学是被消解了形而上学的哲学。康德哲学中所包含的那种实证化趋势被人们凸显出来了。所以,阿多诺说,它在无视形而上学并把这种无视加以社会化方面取得了辉煌的胜利。康德哲学中的这种去形而上学化的趋势被凸显出来,并且被社会化。这个时候,人们即使阅读康德,人们也会忽视康德哲学中的形而上学要素。或者,从实证的角度去理解康德的形而上学。

从上面的分析中,我们看到,在实证主义中,在怀疑主义中,人们漠视形而上学。而在现实生活中,人们在意识上还会漠视形而上学问题。人们之所以

第三部分　模式

漠视形而上学问题，这不仅仅与形而上学有关，不仅仅与理论上的思考有关，而且还与生活有关。这是因为，这些问题决不能在此岸世界的满足中得到解决。这就是说，形而上学问题涉及的问题是超出现存世界的。如果人们沉迷于此岸世界的满足，那么形而上学的问题是不会被重视的。形而上学涉及死亡的问题，人们不敢面对这个形而上学问题。自我持存的要求阻碍了人们对于死亡问题的思考。所以阿多诺说，潜藏在这种情况背后的是一种恐怖，如果人们不抑制这种恐怖的话，那么它会让人大吃一惊。这就是说，如果不忽视死亡，如果不抑制对于死亡的恐惧，那么人们会大吃一惊。虽然在生物学意义上人必然死亡，但是人们并不在意识上接受死亡，人们在生活中排除了死亡。我们在前面说过，人们在理解死亡的时候，都是在人都有一死的意义上理解死亡，在死亡都是一样的意义上去理解死亡。这就是纯粹生物学意义上理解死亡。而阿多诺要从人生意义上（勉强地说要在生存论上）理解死亡。当然这个理解与海德格尔对于死亡的理解也不同。形而上学的问题与人的死亡意识联系在一起的。所以，在这里，阿多诺强调，人们不妨进行这样一种人类学上的玄思，历史过程的曲折性会使人类的意识更加开放，并因此获得死亡的意识。历史的曲折过程让人们产生一种死亡意识，产生一种悲剧意识。这种悲剧意识促使人进行形而上学的思考。这个死亡意识不是在生物学意义上理解的死亡意识，而是历史意义上的死亡意识，是社会意义上的死亡意识。人都是生活在不同的社会历史条件下的，死亡是不同的。有时，活着比死亡还痛苦。在这样的生存条件下，人们产生了一种死亡意识。阿多诺要把这种死亡与康德所说的那种不朽的观念，与上帝联系起来。这就是形而上学意义上的死亡。而人作为一种生物学意义上的存在者却又要排斥死亡，不允许人们产生死亡意识。在这种情况下，历史的曲折过程与这种生物机制产生了矛盾。在曲折的历史中，在令人痛苦不堪的历史中，人们意识到自己所面对的死亡。比如，在奥斯维辛中，人们开始面对死亡，而不能不产生一种对于死亡的意识。但是人的生物学上的生存机制却又不允许人产生这种死亡意识。然而，持续生存的可能性会使人付出代价，即限制自己的意识，阻止他去意识到意识自身本该就有的东西，即对于死亡的意识。这就是说，在现代社会中，人的意识非常狭隘，他们在自己的意识中排除了死亡。

因此，阿多诺在这里指出，令人痛心不已的是，意识形态的狭隘性可以被追溯到一种生物学上的自我持存的必然性，并且这种狭隘性也绝不会因为一种正当的社会秩序的到来而消失，尽管只有在一个正当的社会中正确生活的可能性才会出现。这句话包含了许多意思，在这里，我只是想指出两点，第一，只有在一个正当的社会中，正确的生活才是可能的。这是阿多诺道德理论中的一个重要思想。道德生活不是个人的，而是在道德的社会中才是可能的。在一个不正当的社会中，无论一个人做什么道德的事情，这种事情都可能是不道德的。第二，假如正当的社会秩序产生了，那么人们是不是就能够克服意识形态的狭隘性，能够产生一种死亡意识呢？阿多诺的回答是，不会。为什么会是这样呢？这就是自我持存的意识压制了人们对于死亡的意识。只要人存在，即使这个社会建立了一种正当的秩序，自我持存的要求就不会被放弃，死亡意识就可能被抑制。这是文明中不可避免的特点。从生物学意义上来说，死亡是必然的，但是如何对待死亡，这却是一种社会文化现象。一个社会建立了正当的秩序，但是，这也未必意味着，人会有一种对待死亡的正确态度。所以，阿多诺说，在当代社会，人们还在撒谎说，死亡并不可怕，并且破坏人们对它的反思。在人们的死亡观念中，死亡是一个完全生物学上的事情。它就是生物学意义上的事件。作为生物学意义上的事件，它没有什么可怕的。面对这样的状况，叔本华和海德格尔对于人们忽视死亡的状况进行了反思。叔本华的悲观主义注意到，人在生活之中对于死亡是如此地漫不经心。这种就是说，叔本华注意到了人们缺乏死亡意识这个事实。人们没有感到死亡是可怕的。而叔本华之后的一百年中，海德格尔把这种漠视看作是来源于人的本质，而不是来源于作为历史的产物的人。我们如何理解阿多诺对于海德格尔的这个评价呢？从《存在与时间》中我们看到，海德格尔注意到，从存在论的角度去理解死亡，是把死亡意识提升到形而上学的维度。他注意到现代社会中，人缺乏死亡意识，他要用存在论上的死亡概念来弥补这种缺陷。但是，海德格尔所存在的问题是，他把死亡意识的缺乏看做是根源于人的本质，而没有从历史的维度去理解死亡。阿多诺认为，人出现这样一种状况是一定社会历史阶段的产物。人缺乏死亡意识是一定社会历史阶段的产物。在当今社会中，人的肉体和精神彻底对立起来，人不可能再能够从精神上领会肉体上的死亡，人缺乏死亡意识。这种缺乏是一定社会历史阶段的产物。尽管如此，阿多诺认为，他们两人都把形而上学意义的缺乏转变成为形而上学的东西。这就是我们在前面所说的，海德格尔和叔本华把空无本身，把死亡本身变成了形而上学。这与以前人们把生存变成形而上学的思考不同的。人好像有两个方面，一个方面是自我持存，忘记死亡，一个是关注死亡，强调四大皆空。只要人会死亡，那么最终一切都是空的。如果说把生存斗争形而上学化是观念论的思想。按照观念论的思想，人甚至死后还有精神。人的精神永垂不朽。这种精神也被当做存在的东西来崇拜。另外一种就是叔本华和海德格尔的死亡形而上学，是一切皆空的形而上学。这个一切皆空的形而上学把空无当做神来崇拜。这就是我们前面所说的，在他们那里，神是无。空无就是被崇拜的对象。这两种观念在本质上是一致的。他们都是从直观的角度来对待形而上学的对象。它们在本质上都是一种中立化。实证的宗教相信上帝存在，这是用一种实证的方式来对待上帝。而当人们意识到上帝不存在的时候，这就彻底否定了宗教，这里就缺乏真正的形而上学的维度，或者说缺乏康德的那个"理知"的维度。而叔本华和海德格尔直接把死亡，把缺乏，把没有上帝本身，变成了形而上学。所以，阿多诺说，从这种做法中，我们看到中立化达到了何等的程度。原来的中立化是否定形而上学，否定上帝。现在，在叔本华和海德格尔那里，否定上帝直接成为形而上学。或者说，否定形而上学本身变成了形而上学。这就好像是，一个人说，我不相信上帝存在，海德格尔就根据这句话说，这个人是教徒，因为，这个人毕竟说到了"上帝"这个词语。按照海德格尔的思路，"我不相信上帝存在"这就是一种对于上帝的信仰。在这里，反宗教直接变成了宗教。在海德格尔那里，反形而上学直接变成了形而上学。我们也可以说，中立化本身变成了形而上学。于是，阿多诺在这里说，中立化已经达到了何等的深度。本来，不管怎么说，否定形而上学的人还承认他们否定的是一种与他们自己思想不同的东西。这就是说，形而上学还是存在的，是一种反形而上学思想之外的东西。而现在，这种之外的东西也被同化了。形而上学直接就是反形而上学的。所以，阿多诺说，资产阶级的生存观念就是要中立化，就是要否定超越，否定形而上学的领域。而反形而上学变成形而上学的时候，这就是把资产阶级的生存观念贯彻得更加彻底。

为什么这种做法把资产阶级的生存观念贯彻得更加彻底呢？我们知道，对于死亡的思考，对于人类生存痛苦的思考毕竟与那种对于生存的思考是不同的。从历史上来说，人类为了自我持存，就需要抑制自然，需要控制自身的自然，人把生存作为崇拜的对象。可是，一些思想家也发现，人的生存中对于自然的压制就是否定人的自然，这必然包含了悲剧和痛苦，否定人的自然其实就是死亡。于是，人们对于这种生存崇拜，对于否定自然的崇拜进行了批判。这就出现了一种崇拜自然，强调人在生存斗争中的痛苦、悲剧和死亡。这是浪漫主义传统的一部分。那么我们应该如何看待这种浪漫主义传统呢？我们如何看待这种浪漫主义传统的形而上学化呢？这是阿多诺要仔细思考的问题。在这里，阿多诺首先强调，海德格尔的浪漫主义思想是一种根深蒂固的浪漫主义，是有深刻的生存根基的浪漫主义。这种浪漫主义与传统上的各种形式的浪漫主义是不同的，比如跟卢梭的浪漫主义是不同的。这是超越一切浪漫主义而留存下来的浪漫传统。阿多诺强调，这个浪漫传统强制给精神灌输了某种东西，这个精神要回望过去，那个过去的时代，那个源始的状况。原初的状况有助于人类走出生存的困境。在那种状态下人类才能有意义地生活。浪漫主义强调精神的作用，包含了对于精神能够控制一切的浪漫幻想。所以，浪漫主义思想是生存斗争模式的变种。而海德格尔的思想也看到了现代社会中的缺陷，现代社会把人束缚在功能体系中，人的生存是悲剧性。这种悲剧性的生存毫无意义。他要超越这种悲剧性的生存。这是与浪漫主义是一致的。但是与海德格尔不同的是，浪漫主义强调精神的力量，强调主体的作用。而海德格尔却否定了主体的作用。他接受了现象学方法，诉诸一种本质的直观。所以，阿多诺认为，海德格尔的形而上学是"超越一切浪漫主义而留下来的浪漫传统"。尽管这种浪漫传统与浪漫主义精神有很大的不同，但是其核心都是一致的，都包含了一种自我持存的要求。

从本质上来说，文化传统总是携带着谬误推论。这句话的意思是，传统总是让人产生谬误推理，把其中的根深蒂固的东西当做是真理。比如，生存斗争就是天生正确的。既然文化传统总是包含了谬误推理，那么我们就需要反思。可是，在文化传统中进行反思是一项困难的工作。海德格尔哲学缺乏这种反思。这是因为，文化的封闭性、形而上学直观的集体义务以及它们对生活的控

第三部分 模式

制,都对人的思维方式产生了影响,它控制了人们。于是在文化传统中的人就按照文化传统规训好的方式来思考。从这个角度来说,在传统中对于传统的直观并不保证形而上学直观的真理性。文化的封闭性应该是指,文化的根基处是自我持存。形而上学就是把这种自我持存的原则形而上学化。这种自我持存的原则控制着人的生活。当自我持存控制着人的生活的时候,形而上学的直观所得到的东西就并不能保证这种东西就是真理。阿多诺反对这种形而上学直观。这是对于海德格尔的存在论的批评。他的存在论其实就是一种形而上学的直观,就是对于人的生存的直观的描述,对于人的生存的本质直观。而这个本质直观就是实证主义的思维方式,它是有生存论上基础的。按照阿多诺的理解,用狗屎堆起来的文化是建立在自我持存的原则的基础上的。这种自我持存的原则排除了形而上学经验的可能性。而阿多诺强调形而上学经验的可能性。形而上学经验的可能性是与摆脱生存强制联系在一起的,是与自由联系在一起的。阿多诺认为,只有发展起来的主体才有这种可能性,因为他们不再把形而上学经验推崇为神圣不可侵犯的纽带。形而上学经验也有直观的要素。如果把这种直观推崇为唯一的正确的方法(海德格尔就是如此),那么这种形而上学经验就没有与自由联系在一起,没有和主体的能力联系在一起。主体之所以成为主体就是它能够切断那被誉为神圣不可侵犯的纽带。只有发展起来的主体才能够摆脱生存强制,才能获得自由。这样的主体既接受直观,又会反思直观。这才是阿多诺所推崇的那种形而上学经验,它具有一种对于超越领域的领会,比如,对于理知领域的领会。如果把自己束缚在直观中,束缚在实证主义传统之中,那么人们就不可能进行反思和批判。所以,阿多诺批评实证主义,这种实证主义被愚蠢地束缚在社会所许可的、对所谓的快乐时代的直观之中。这里的欢乐时代是指海德格尔所说的那种源始状况,或者我们也可以说是肉体和精神和解的时代。海德格尔把这样一种时代当成现成的东西来直观。阿多诺反对用这种直观的方式来建构形而上学。所以,阿多诺强调,自我必须从历史的角度得到强化,从而能够超越现实原则的直接性,并从观念上去把握那多于现存的东西。主体要把握多于现存的东西,即把握超越的东西。这个东西是形而上学经验所把握的对象。社会秩序拘泥于它自身的意义之中,封闭在自我持存的体系之中,封闭它自身并抗拒任何一种超出这种秩序的可能性。如果我们按照康德的区分,那么这个封闭于自我持存的体系就是束缚在内在性之中。康德强调,科学就应该把自己束缚在这个内在性之中,而不能去把握超越的东西。实证主义就是封闭在这种内在性之中,而形而上学就应该有超越性。神学也包含了超越性。

接着,阿多诺讨论了形而上学与神学的关系。阿多诺在《形而上学:概念与问题》的一开始就讨论了形而上学和神学的关系。形而上学也继承了神学的某些要素,比如它要追问绝对、追问超越的东西,但是,形而上学是通过概念来把握超越,而不是像神学那样用信仰、直觉来对待超越。① 形而上学和神学一开始就存在着矛盾。形而上学(比如近代哲学)向人们解释,神学强迫他们和危害他们的可能性。这显示了形而上学和神学的对立,但是形而上学也没有完全抛弃神学,而是接受了神学关于绝对的思考。形而上学不仅仅是把神学世俗化为概念,它在否定神学同时也保留了神学的东西,它要用概念的方式把握绝对。形而上学表达了人们的一种精神上的要求。这就是精神试图控制一切,把一切纳入精神的宇宙之中。可是当精神试图把一切都纳入精神宇宙的时候,精神就被它自身所束缚的力量即肉体的力量所炸毁。这表明,形而上学必须放弃精神的绝对性,必须按照精神否定自身的方式来进行。这就是从辩证法的角度来把握精神所不能把握的东西,把握精神试图纳入到精神的宇宙之中而又突破精神宇宙的东西。这是精神企图把握绝对时所必然带来的后果,是精神咎由自取。接着,阿多诺用音乐作品中的差别来说明这里的东西。巴赫的作品强调秩序,类似于精神的宇宙要控制一切,把一切纳入到精神的秩序中,而自主的贝多芬就突破了这种秩序,把握这种秩序所无法控制的东西。从这个角度来说,贝多芬的作品更具有形而上学的特质,因而也更加真实。接着,阿多诺强调,主体的解放和形而上学的经验在人性中汇合。这里的人性,既不是指人的自然性,也不是指人的社会性,而是精神和肉体的对立与和解。主体的解放就是主体要摆脱精神的束缚,主体之中要保留精神的冲动。这种对精神束缚的冲动和突破就是主体的解放。这种解放其实就体现了肉体和精神的对立统一。形而上学经验表达了精神和肉体的这种关系,精神要把握绝对,而肉体的

---

① 参见王晓升:《"自然的历史"与形而上学的转变——关于马克思唯物主义的思考》第一部分,载《南京大学学报"哲学 人文社会科学"社会科学》,2020 年 3 期。

冲动否定了这种把握的可能性。这就构成了形而上学经验。

人除了用概念来把握绝对之外，还借助于艺术的方法来把握绝对。贝多芬的艺术作品也表达了这样的特点。阿多诺指出，伟大的艺术作品，即使在它沉默的时代都要比传统所遗留下来的神学文本更加有力地表达希望。神学文本表达了对于绝对的崇拜，但是却无法真正地把握绝对，把握非同一东西。而伟大的艺术作品以艺术的方式诉说这种形而上学经验和主体的解放。这种主体的解放，这种形而上学经验就是要追踪绝对，而这个绝对是以非同一的方式出现的。它是阿多诺所说的理知的领域。阿多诺说，伟大的艺术作品表达了希望，它比任何神学文本都能够更好地表达希望。这里所说的希望是肉体和精神在冲突中的和解。只有在这种和解中人类才有希望。所以，阿多诺说，任何一种希望的表达契合了人自身的表达。希望的表达就是人性的表达。贝多芬的艺术作品表达了希望，表达了人自身。比如，我们在前面所说的《欢乐颂》（贝多芬的第九交响曲的第四乐章）就是一种希望的表达。这就是表达人的肉体和精神的冲突以及这种冲突中和解的可能性。为什么说，贝多芬的作品表达了希望呢？阿多诺说，它所表达的含义是，并非一切都是徒劳的，它表达了对人生的同情，并借助于这种同情来反省主体自身的自然。这就是说，贝多芬的艺术作品反省人自身的自然，而这个自然是被束缚、被压制的自然。阿多诺并不完全反对束缚自然，而是要在束缚中与自然和解。为此，阿多诺指出，正是在对人的自然基础的体验之中，这位艺术的天才才能在自然之上翱翔。这就是说，贝多芬是在人对于自然的体验的基础上来超越自然的。他既立足于自然，而又超越自然。这就是与自然的和解。这种和解是人类文明的希望。

人要立足于自然又要超越自然，这就意味着人生要与超验的东西结合在一起。世俗的生活与超越的要素结合在一起。这也是康德道德形而上学强调的。他对于不朽和上帝的悬设就是要把世俗的生活与超越的领域结合在一起。所以，阿多诺强调，康德之所以一直受到人们的尊重，是因为，与其他任何哲学家不同，他在他的理知学说中指明了人生与超验构成的星丛。这两者是相互交叉和相互结合的。康德把这两者结合起来就是要处理死亡的问题。我们在前面讨论到这个问题。通常人们认为，人的死亡都是一样的。而这是从纯粹生物学意义上来说的，人不是生物学意义上的存在，而是社会意义上人。因此，人的存在不是同样的，用阿多诺的话来说，是不平等的。而康德对于上帝存在、灵魂不朽等就是要处理人的死亡的不平等的。有些人恶贯满盈，却得到巨大的物质福利，而有些人虽然品德高尚但是却贫困潦倒。虽然他们在生物意义上都同样死亡，但是死亡是不平等的。上帝存在和灵魂不朽就是要解决这种不平等的问题。因此，这就需要超越的东西。这个死亡的问题就是生存的绝境。人都会面对这种生存的绝境。阿多诺指出，在人性睁开眼睛之前，人类就在客观的生存强制（Lebensnot）下竭力去羞辱他们的伙伴（他自身的自然）。在人性睁开眼睛之前，人和人之间展开了像狼一样的斗争。在这里，人们强调生存的内在意义，或者说，人们看不到生存中所存在的那种超越的东西，人们被束缚在生存强制中。在这种内在强制中，人们看不得别人比自己好，生存的内在意义被用来掩盖他们自己的狭隘性。这种生存的强制把人束缚在功能化的社会体系中。这样一种功能化的社会被理解为有组织的社会。那些个体化的人为了生存而结合在一起。好像一群刺猬为了生存而不得已结合在一起。这个社会就像坚固堡垒、自主的结合体一样，即使人们有逃离这个社会的冲动，但也过于微弱。所有的人都被无奈地束缚在这个功能体系中，被束缚在生存强制的机器系统中。在这样一个系统中，人们无法把生存和超越的东西结合在一起。人被生存强制所束缚，对于被束缚在这种强制中的信徒来说，"最后之物"即超越的东西，来世和永生的期待其实不发挥作用。这个"最后之物"部分实在是过于贫乏了。这就是说，那些在社会中被规训了的人如同受到强制训练的信徒们一样，他们接受了内在性，而超越的东西实在是太贫乏了。当然，只有没有受到规训的孩子才会发现这一点。这就是说，形而上学的经验是与人的自由联系在一起的。只有把自己从束缚中解放出来的人才能真正去领会超越的东西。接着，阿多诺指出，长期以来，总是有人怀疑，宗教中的奇迹和迷信会持续地繁荣下去。阿多诺认为，这种怀疑是有意义的，这种怀疑表明，实证宗教的核心即关于彼岸的希望没有像它的概念（实证宗教的概念，关于上帝存在的概念）所要求的那么重要。这就是说，当人们怀疑实证的宗教的时候，人们会感到，对于彼岸的希望其实并不那么重要。这就是说人们不能把被希望的东西实证化。好像有一个确定的给人提供希望的东西。实证的宗教给人们提供了这样一种确定的东西。它过度地强调了彼岸世界的重要性。而对于阿多诺来说，形而上学不需要有这样一个确定的彼岸的东西。形而上学只是强调超越性本身。他说,形而上学的思辨和历史哲学的思辨结合在一起了。这种形而上学的观念就确信这样一种东西,即对最后之物的正确意识的可能性仅仅在于,一个没有生存强制的未来。最后之物、来世和永生是不可能的,当人类摆脱了生存强制,摆脱自我持存的强制的时候,人类就有希望了,这个希望类似于超越的希望。这种摆脱生存的强制不是说人不要生存,而是一种"看透生死"的生存,不被束缚在生存强制中的生存。当人类把生存和超越结合起来的时候,人类就有了希望。这个最后的东西是以否定形式出现的,不是永生,不是来世,而是没有强制。这也是一种超越,但是,这是没有信仰上帝意义上的超越。

在这里,我们看到,海德格尔也诅咒生存的强制。但是,他对于生存强制的诅咒,与其说是要驱使人们超越纯粹的此在,不如说要把它伪装起来,把它固化为形而上学的权威。这里所说的超越纯粹的此在就是要超越当下生存境遇的意思。海德格尔强调此在不能停留在日常生活的领域,不能沉沦于世,而要去领会存在。海德格尔也诅咒生存强制,但是他的这种做法与其说是要让人摆脱日常的生存状态,不如说是把生存强制伪装起来,并变成形而上学。海德尔格关于死亡的哲学以及叔本华对于生存意志的分析,其实都是把生存强制伪装起来,把它形而上学化。我们前面说过,生存强制和一切皆空在本质上是一致的。一切皆空不过是用来掩盖,装饰生存强制的。这就如同庙里的和尚出家一样,他们看穿一切,好像完全不再受到生存强制的束缚,而生存强制却内化在他们的精神之中。出家之后,他们拥有新的家,那里有"父亲"(师傅),有"兄弟"。从这个角度来说,一切皆空不过是伪装起来的自我持存。前面我们说过,自我持存是一种内在性。针对这种自我持存的内在性,人们会说一切皆空。其实这是内在性的另外一种说法,而不是真正的超越性。所以,在这里,阿多诺说,一切皆空,这是自从所罗门以来的一切神学家们借以思考内在性的一个说法,但是这个说法太抽象了,以至于它无法引导人们超越内在性。一切皆空,这是人们对于生存强制内在性的另一种思考。它认为,人被束缚在生存强制的内在性中是毫无意义的。但是,阿多诺认为,这个说法太抽象了。它无法引导人们超越这种内在性,无法达到一种超越的领域。从这个角度来说,一切皆空的说法不过是要表明,他们对于此在的存在,对于当下的存在漠然处之，而不进行任何反抗。而阿多诺强调，要对当下存在状况进行反抗，要超越生存强制的内在性。所以，阿多诺强调，只要他们不改变他们对此在存在的态度，那么任何其他的态度对他们来说都是无济于事。如果有人不加区分、不顾未来的可能性而指责说，现存的一切都是一场空，那么这些人不过是要鼓励人们枯燥无味地忙忙碌碌。那些整天说一切皆空的人，并不能真正地超越，而只是屈从于日常生活，并在日常的努力中说一切皆空。一切皆空的人从来都没有放弃过努力。一切皆空缺乏真正的超越的维度。阿多诺说，这样一种总体实践所趋向的那种动物性比第一个更加糟糕：它把它自身变成了一个原则。一切皆空这种总体实践比那种努力奋斗的生存实践更糟糕。这是因为，它把自身变成一个原则，把一切皆空变成一个原则，而龟缩于一个人的自我之中。在阿多诺看来，方济各会就是如此。他说，方济各会关于内在的空无性的说教，也秘密地清除了超越性，而这种超越性是由内在性的体验所养育起来的。我们知道，方济各会把贫困当做了宝贝。它让人们安于贫困，而不是要鼓励人们追求一个超越的世界。它热衷于内在空无性，此世生存的无意义性，而秘密地清除了超越性。这个强调一切皆空的学说强调内在空无性却又否定了超越性。而这恰恰类似于海德格尔和叔本华。海德格尔在对于沉沦于世的否定中要达到对于死亡的意识，达到对于一切皆空的意识。而这种一切皆空的意识中却清除了超越的维度。本来，人在内在性中意识到人的生存的痛苦，认识到生存的悲剧从而追求超越。方济各会却缺乏这种超越性。这就是一种中立化，即否定了超越性的中立化。它与实证主义在本质上是一致的。在阿多诺看来，方济各会的这种中立化是一切皆空之说的同谋，是冷淡的同谋。但是，这种中立化本身却逃过了这场诘难，逃过了一切皆空，并且能够继续存在下去。如果一切皆空，那么方济各会也应该是空洞的，而不应该继续生存下去。但是它恰恰就是凭借一切皆空而存在下去的。从这个角度来说，一切皆空成为维持生存的一种手段。而一切皆空的说法会把人抛回到自己极端关心的事务上，即抛回到对于生存的关注上。海德格尔在反对日常生活中的沉沦的时候，就是要把人抛回到对于死亡的关注上。他的这种做法不是去改变世界，而是让日常生活一如既往地进行下去。所以，在这种中立化中，人们不再关心超越的东西，而只是关注日常事务，沉迷于自我持存的斗争之中。社会的基本结构没有变，生存斗争的社会系统没有变,人们就必然采取中立化的态度,就必然会诅咒神学和形而上学,否定这种超越东西。而在自我持存斗争中,神学和形而上学必然会复活起来。现实生活中的苦难必然会让人想到神学。而现实生活中的人们又必定会诅咒这种神学和形而上学。人们诅咒形而上学的时候所提出的观点是,神学和形而上学不过是让人顺从。或者说,在生存的困境中人们会产生宗教的信仰,但是这种宗教信仰不是真的引导人们去追求超越东西,而是要人们顺从。阿多诺对于海德格尔的批判也遵循的这个思路。在阿多诺看来,海德格尔所恢复起来的那个形而上学其实并不能让人们追求超越的东西,并不是要让人们反思现实,而是让人顺从现实。这就是说,海德格尔对于存在的领会并不能真正使人超越生存的困境,而只会让人进一步顺从这个世界。

所以,阿多诺认为,在面对生存困境的时候所复活起来的神学和形而上学虽然也表达了对于现实的不满,但是它们并不能真正引导人们反抗现实,而是顺从形式。他说,只是在意识中进行反抗是无法引导人们超越这种强制的。这种意识中的反抗无法真正超越生存强制。与这种意识中的反抗不同的是,阿多诺强调一种真正的反思,这种真正的反思是与未受伤害的感性能力结合在一起的(这就是肉体和精神的和解)。通过这种感性能力去进行反思,那么这种反思就能够威胁资本主义社会的基础,即以同一性逻辑为核心的生存强制。资本主义社会结构仍然是以生存强制为核心的。可是,甚至在主体的意识中,资产阶级社会也宁愿选择彻底的沉沦,选择顺从现实,并选择其客观的潜力,选择实现资本主义自身的潜力,而不是真正地去反思资本主义社会现实中的问题,不能从一个超越的维度来思考资本主义社会中的问题。在阿多诺看来,人类需要形而上学,但是这不是传统意义上的形而上学,而是一种与感性能力联系在一起的形而上学,一种形而上学经验。阿多诺指出,人类的形而上学兴趣需要他们有一种未受伤害的感知能力,即感知他们自己的质料性东西的能力。他们自己的质料性的东西,就是他们的肉体。他们需要把自己的精神和肉体实现和解。这就是说,他们既需要肉体,也要超越肉体。最后,阿多诺指出,只要这些质料性的东西对他们是蒙蔽起来的,那么他们就会生活在摩耶面纱的蒙蔽之下。他们就会把自己的肉体和精神对立起来,就生活在生存强制下。而现代社会就是一种生存强制的结构。所以阿多诺强调说,只有当现存的状况被改变了的时候，那么现存的状况才不是一切。人们才会致力于改变这种状况。而要改变这种状况需要有超越的维度。

只是一个譬喻

这个部分阿多诺进一步解释超越，这个超出的东西是纯粹的空想，还是像宇宙旅行中所碰到的那个世界？阿多诺从辩证法的角度来理解这个超越的东西，它存在而又不存在。它是上帝，又不是上帝。在这里，如果我们用上帝这名字来意指超越的东西，那么这只是一个譬喻。

在这个部分的一开头，阿多诺用了勋伯格所谱写的音乐作品来理解超越。勋伯格本来是要用他自己的作品来表达一种超越的东西，但是他误解了他自己，用宇航员的感觉来理解超越的感觉。好像超越变成了超越地球之外的空间中的现象那样。好像要理解超越就需要像宇航员那样的感觉。阿诺德·勋伯格为斯特凡·乔治的"销魂"[1] 谱曲数十年之后，为这首诗撰写了一个评论。在这个评论中，他先知式地预言说，这是一种宇航员的感觉。阿多诺认为，他对于自己所谱写的这个曲子的理解出现了问题，把他自己最重要的一部作品降低到科幻作品的水准。在阿多诺看来，这个曲子是表达了一种形而上学的期待，但是这种形而上学的期待却变成了宇航员的感觉。而阿诺德·勋伯格之所以这样做是因为，他缺乏形而上学的意识。这种形而上学的缺乏使他不知不觉地把他自己的作品减低为一种科幻作品的水准。按照阿多诺的分析，毫无疑问，这部新浪漫主义诗歌的内容来自于那踏上"另一个星球"之人的面孔，是对内在的东西譬喻，是用十二音体系所表达那种狂喜和兴奋。如果形而上学所思考的是超越的东西，那么这个超越的东西就不能被理解为另外一个星球，不能把另外一个星球之人的面孔作为形而上学的内容来理解。而阿诺德·勋伯格的这部新浪漫主义诗歌的内容来自于那踏上另一个星球之人的面孔。阿多诺认为，他的这个做法其实就是对于内在东西的譬喻。这就是说，这另外一个星球是没有超越性的，而是人的世界中的一部分。或者说，按照康德对于内在性和超越

---

[1] *The Works of Stefan George*, Translated by Olga Marx and Ernst Morwitz, Chapel Hill: University of North Carolina Press, 1974, p. 204.

性的区分，这个星球没有超越性，而是变成了内在领域的一种知识了。这个浪漫主义诗歌的内容类似于内在领域的知识。本来，当阿诺德·勋伯格用十二音体系来表达狂喜和兴奋的时候，他是要表达超越的东西的。但是这种表达却失去了这种超越的意义。那么为什么说，这种狂喜和兴奋失去了形而上学的意义呢？这是因为，这种狂喜和兴奋具有了空间的意义。而形而上学却要（借助于空间而又）超出空间的意义。阿多诺指出，尽管空间是人在宇宙中的经验，而这种狂喜也必须借助于宇宙中经验的形象，但是这种狂喜却不是空间上的东西。这就是说，形而上学意义上的狂喜和兴奋既具有空间经验的要素，同时又要超出空间的意义。只有这样才具有形而上学的意义。可是当阿诺德·勋伯格从空间的意义上来表达这种狂喜和兴奋的时候，这就是要从尘世的角度来理解形而上学的东西。而他的这种做法恰恰泄露出一点，即这种极端尘世性的解释是有客观基础的。其客观基础就是人们往往从尘世的视角来理解形而上学，甚至像勋伯格这样的人都无法避免这一点。

按照字面的意思来对待神学的许诺就是类似于从尘世的角度来理解形而上学一样。这就如同阿诺德·勋伯格对他自己所谱写的乐曲所做的解释一样。从本质上来说，这是野蛮的。这是因为，它们消解了形而上学的维度，消解了超越的维度。我们前面说过，这是对于人的生存来说至关重要的维度。阿多诺强调，只有历史地累积起来的敬畏感才能阻止这种意识。这里所说的历史积累起来的敬畏感就是指在曲折的历史中，在人类的苦难中人们才能意识到，某种"超越的东西"（非同一的东西），历史中有某种魔力在发挥作用。历史的苦难曾经使人产生宗教意识，使人产生敬畏之心。人们从超越的东西中看到了希望。可是，人类为什么会失去这种神学上的敬畏感呢？或者说，为什么把神学意义上的东西彻底世俗化呢？阿多诺认为，正如象征性语言总是会出现循环现象一样，这个诗歌中的狂喜是从神学领域剽窃而来的。象征性语言需要借助于其他象征性语言来表达意思，一种象征借助于另外一种象征。这就会出现语言上的循环。同样的，诗歌也用象征性的语言，于是诗歌作为象征性语言借助于神学意义上的象征性语言。当宗教被人们按照科幻作品的意义来理解，按照这种象征性的手法来理解的时候，宗教失去了超越的维度。太空行走也会导致人们确信现实所许诺的上天。但是，这个上天再也没有超越的意思了。于是

"上天"失去了其神圣的意思，超越的东西被按照世俗的意思来理解。神学家也无法阻止人们去幼稚地反思，这种星际旅行会对基督学带来什么后果。这个后果就是，星际旅行彻底否定了上天的形而上学意义。反过来说，人们对星际旅行的幼稚兴趣也暴露了拯救的启示所包含的潜在的幼稚性。这就是说，当人们在星际旅行的角度来理解"上天"的时候，那么这种上天所具有的拯救的意思就极端幼稚了。从一个角度来说，把超越理解为太空行走，是超越的维度失去了超越的意义；而从另外一个角度来说，这也让超越摆脱了神学的意义。于是，阿多诺那里，超越既需要有神学上的超越意义，也需要摆脱神学。从这个角度来说，超越既如同太空行走，又不同于太空行走，既如同神学的设想，又不同于神学的设想。阿多诺始终要把非同一的视角贯彻在这里。按照勋伯格的这种思路，那么严格意义上的宗教就确实类似于科幻作品，空间行走也会导致人们确信现实所许诺的上天。宗教类似于科幻作品，是对于超越东西的想象，比如，天堂、地狱的想象等。而天空行走就是现实的人们所理解的那种现实的上天。科幻的作品也会变成现实。比如，我们中国古代人关于月宫的想象，通过现代科学技术得到了实现。从这个角度来说，科学幻想和现实中的太空行走也不是完全对立的。如果是这样，那么我们就可以把科学幻想与太空行走结合起来。这里当然有差别，但是也不是完全对立。这是阿多诺所期待的。太空行走是一种可以实现的幻想。阿多诺的超越也是如此，是可以实现的幻想。所以，阿多诺在这里接着说，神学家也无法阻止人们从这个角度去理解上天，去理解宗教上的超越领域，虽然这种反思非常幼稚。从星际旅行的角度去理解宗教上的天堂对于宗教来说确实非常幼稚。反过来说，虽然这非常幼稚，但是从星际旅行的角度来看，宗教福音中关于天堂的设想也过于幼稚了。简单地说，宗教会觉得人们把天堂理解为太空行走，这太幼稚了，而太空行走的人会觉得宗教所说的天堂太幼稚了。这两者都觉得对方太幼稚。而在阿多诺看来，这就是宗教或者形而上学所必然面对的尴尬状态。他认为，如果福音被剔除了一切内容，那么福音就可以被理解为空洞的天堂（太空）。在这里，天堂和太空几乎无法区分了。在这个时候，宗教的观念必然会陷入这种困境之中，它究竟如何把天堂和太空区分开来呢？在这里，我们看到阿多诺用一个实例来说明他的星丛概念，通过概念的星丛来表达形而上学的内容。它既是天堂也是天空，或者说，它既不是天堂也不是太空。形而上学的超越是天堂和太空的结合。宗教中的天堂就如同科幻小说，而科幻小说的东西有一天会变成现实。这里存在着一种象征联系，每一个象征符号都代表了另外一个东西，它们之间都存在着象征联系。在这种象征联系中，宗教原来的意思都被掏空了，象征符号最终变成了空洞的符号。阿多诺认为，这种象征符号之间的联系成为"概念性的东西"。这其实就是要从这个象征符号之间的联系的角度去理解概念，概念应该在星丛的角度被理解，应该在象征联系中被理解。如果是这样，那么宗教就可以在这种象征联系中被理解。而当宗教在这种象征联系中被理解的时候，宗教就陷入到一种二律背反之中了。宗教既是纯粹的想象，又如同太空行走。宗教的东西既是真实的，又是想象的。而宗教始终受到这个二律背反的困扰。这也是阿多诺所期待的。形而上学就应该像宗教那样变成二律背反的东西。

这就是今天的宗教学所面临的二律背反，一方面人们要有信仰，另一方面，人们又否定这种信仰，既相信上帝，又否定上帝。比如，托尔斯泰就是如此，一方面，他在《复活》中抨击教会，而另一面又在晚年希望借助于宗教的力量来解救这个社会。他甚至用《复活》的稿费来资助教徒。在这里，我们看到，托尔斯泰陷入了一种矛盾之中。阿多诺把托尔斯泰的这种宗教信仰理解为原始的基督教信仰。在这里，阿多诺之所以说托尔斯泰是无政府主义的、原始的基督信仰，是因为他在晚年对于政府的否定，对于基督教会组织的否定，但是却又像基督教徒那样，帮助穷人，帮助基督教徒。阿多诺甚至说他在这里不加反思地满足于基督追随者。他既信仰基督教，又表现出来一种对抗基督教的批判精神。这两个矛盾的东西奇特地结合在一起。而在《浮士德》中，阿多诺发现了类似的情况。当浮士德说："我确实听到了福音，但我缺乏信仰。"如果听到了福音，那么这就意味着他听到了神的声音，那么这就应当包含了信仰，但是，他却没有信仰。听到福音和没有信仰是无法共存的，但是在浮士德那里出现了。浮士德在要喝毒酒自杀的时候听到了教堂传来的歌声，基督复活了。于是他放弃了自杀。教堂的歌声传播了基督的福音，对于宗教的信仰阻止了他自杀。按照阿多诺的分析，这不过是一种自欺性的安慰，是儿童时代的把戏。他不相信上帝，却又说听到上帝的声音。通过这个把戏，浮士德在天堂中获得了拯救。他从魔鬼般的生活中惊醒过来。可以说，整个《浮士德》这部作品既显示了歌德对于基督教的信仰，同时又显示了他否定上帝的矛盾态度。接着，阿多诺提出三个问题，他认为，《浮士德》并没有能够回答这三个问题。而这三个问题其实都是与信仰、否定信仰这个二律背反有关的，都和宗教所陷入的那个二律背反有关。第一问题是，如果成年人陷入了这样一种自欺性的安慰之中，那么成年人的那种怀疑，对于上帝的怀疑是不是被驳倒了？如果被驳倒了，那么浮士德就会坚定地信仰上帝。可是歌德却没有回答这个问题。他还是处于这个矛盾之中。第二个问题是，他的最后那一句"只是一个譬喻"是不是还是象征？① 从这里的上下文来看，这就是指，上帝是不是只是一个譬喻，如果就是一个譬喻，那么上帝可以被理解为科幻小说那样的设想。如果上帝就是一个譬喻，那么上帝是不是仅仅是象征性的呢？如果是象征性的，那么这就可以有进一步的象征，可以成为象征的象征。最后这个象征可以消解上帝。上帝的象征就包含了消解上帝的可能性。第三个问题是，超越是不是内在性总体的图画。如果超越是内在总体性，那么超越就失去了超越性。如果超越就如同太空旅行，那么这个超越其实就是内在性。这就好比说，人可以在其他国家旅行，那么人也可以在太空旅行。太空就是生活的一部分。这就是彻底的内在性。黑格尔就是从内在性的角度把超越变成内在性的总体的一部分，他的哲学最终达到了同一性，而否定了康德的二律背反。这是阿多诺所批判的。虽然黑格尔强调矛盾，但是最终达到了同一性。而康德的坚持这个二律背反。而阿多诺所主张的形而上学，他所主张的超越，就是一种二律背反。

对于阿多诺来说，超越性不能被理解为物质的东西，不能理解为像太空旅行那样的状况，也不能被理解空无。因此，他说，任何一个人，如果他把超越变成坚固的物质性东西，那么我们就可以像卡尔·克劳斯那样正当地指责他说，他缺乏想象力，敌视精神，并因此背叛了超越。这是因为，超越的东西一定与想象有关，是人的精神能力的表现。虽然与想象有关，但是，超越的东西也不是完全的现象，而没有任何客观的要素。如果否认其中的客观性，那么超越的东西就变成了完全的想象，就变成了幻想。这个所谓超越就是要超越现存

---

① 《浮士德》的最后一段倒数第七行的德文原意是"只是一个譬喻"。钱春绮的中文译本《浮士德》（上海译文出版社2018年版，第562页）被翻译为"不过是虚幻"。

状况。超越就是包含了超越现存状况的可能性，如果这种可能性被否定了，那么精神就变成了幻想。超越的东西就是从超越现实的可能性中出现的。而现实之中就包含了这种超越的可能性。这是超越的客观基础。如果否定了这种可能性，那么有限的主体就被神化为精神的载体。一个受到局限的主体，一个缺乏主体能力的主体就被抬高了，他的思想好像就是精神，他变成了精神的载体。有限的主体局限在其自身之内，不敢想象，于是，他就屈从于现状。针对超越所出现的这种矛盾状况，阿多诺引用了两个例子来说明走出这种困境的可能性。第一种是兰波（Arthur Rimbaud）给出的解答。他认为，从压抑中解放出来的人性是真正的神。对于兰波的思想，我没有查阅到出处。但是，如何理解这里的解放出来的人性就比较困难。不过从后面阿多诺对过分抬高主体的做法的批判中我们可以认为，把人性神化，把人性变成真正的神就是过度地强调主体性。这会把有限的主体，变成神性，即使这个主体是被解放开来的。第二种是阿多诺批判了旧康德主义者迈诺纳（Mynona）的做法。他把主体神话化。所谓神话化就是主体背后的一种特殊的魔力。对于阿多诺来说，神话就是一种魔力的作用。超越神话的努力都落入神话之中。主体神话化就是强调主体的一种魔力。对于主体的这两种错误理解都是把精神和肉体对立起来，把精神的力量神话化或者神化。神话化和神化的差别是，神话化还承认人的肉体的力量发挥作用，对人会进行报复，而精神被神化，就是把精神提高到极点。这两种做法都确信精神的无限力量。相信精神的力量的人们把一切都内在化，都置于精神的控制之下。所以，阿多诺说，这是极度傲慢的观念论。这种傲慢的观念论不相信在人之外的他物，也否定超越，一切超越的东西最终都必须被置于精神的控制之下。所以，阿多诺说，借助于这一系列的思辨结论，科幻作品就非常容易和火箭研究达成一致。在这里，超越的东西不再可能。如果说这里也有形而上学，那么这种形而上学是按照科学作品的意义去理解形而上学。这些人把地球看做是理性的存在者所居住的唯一天体，而超越的世界，就是航天员的感觉。在这种情况下，人成为真正的神，只是他处于一种魔力的控制之下，这种魔力阻止他知道这一点。他处于精神绝对性的魔力的控制之下，他无法意识到他受到这种魔力的控制，他相信自己的巨大力量。他把自己变成了神。所以阿多诺挖苦说，他多神呐，当然这个神也无法控制宇宙。人成为唯一的神，成为控制一切的神。对于他来说，没有任何超越的东西，一切都可以在他的精神控制之下。不过。他之所以如此是因为，他自己受到了魔力的控制。他把自己变成了纯粹的理性的存在者，他缺乏阿多诺所说的那种"精神"，即与肉体相关联的精神，他缺乏想象力。他没有把精神和肉体结合在一起，他无法真正地控制世界，所以，阿多诺说，幸运的是，此类的思辨再一次失败了。这种把主体神话的努力再一次失败了。

在这里，阿多诺总结说，然而所有这一切形而上学的思辨都受到致命的质疑。这就是说，上面所提到的两种形而上学思辨，都受到致命的质疑。这些形而上学思辨所存在的问题就是把身体和心灵区分开来。他说，超越的观念之所以具有形而上学的非真理性，是因为它把身体和心灵分离开来。那么为什么身体和心灵分离开来就会导致超越观念的非真理性呢？我们知道，在康德那里，感性和知性是被区分开来的。感性是通过肉体而获得经验的材料，而知性给这些材料提供形式。这其实就是把肉体和精神区分开来。当这两种区分开来的时候，超越东西就被确立起来。这个东西超出了感性的范围，而知性只是通过思辨的概念来把握的。超越的东西是在感性和知性，肉体和心灵分离的基础上确立起来的。这就是精神要把握它所无法把握的东西。康德哲学的伟大的地方是，他承认了二律背反。而观念论的倾向就是要否定这种二律背反。阿多诺强调，这种分离也反映了劳动的分工，即脑力劳动和体力劳动的分工。这种分离一方面导致了，人们把思维实体（也有人翻译为"思执"，纯粹思维）作为控制自然的原则，并把这个实体偶像化，另一方面导致对物质性东西的否定，即把物质性东西消融在超越的概念之中，使它超越了罪恶的环境。这就是说，从思维方面来说，人们把思维看做是一种实体，把这个思维实体偶像化。从肉体方面来说，肉体受到排斥和否定，它被消融在超越的概念之中。当肉体的东西被消融在超越的概念之中的时候，肉体就超越了罪恶的环境，就不再为恶。这就是肉体的东西不再在日常生活中发挥作用，而是在超越的领域中存在。按照这样的形而上学思维，肉体是产生罪恶的根源。可是，阿多诺就是要恢复肉体和精神的和解，在对立基础上的和解。在和解了的情况下，肉体被理解为一种美化了的躯体。所谓美化了的躯体，不是指打扮起来的躯体，而是与精神和解的躯体。而这个躯体也不是我们可以看见意义上的躯体。它是在日常世界中存在，但是又不把自己局限在日常世界。正因为如此，阿多诺说，赞同《迷娘曲》里的这样的歌词：希望总是紧连着美化了的躯体。阿多诺根据这样的理解而批判了各种形而上学的思辨。他指出，形而上学却不愿意听到此类的歌声，不愿意与物质的东西同流合污。这里的物质的东西主要是指肉体的东西，或者被肉体所感性地把握的东西。在他看来，精神中应该包含了物质的东西，但是形而上学却跨过精神中包含了物体的要素这条界限，而把精神纯化，或者说，它把包含了肉体要素的精神和抽象的精神混淆起来。接着，阿多诺把精神和肉体混合在一起的那种精神与抽象的精神区分开来。按照他的区分，在德语中有两种关于精神的理论。它们分别是，精神论（Spiritualismus）和唯灵论（Spiritismus）。这两个词语的词根都是一样的，但是意思不同。从精神论的角度来说，精神是包含了肉体（美化了的躯体，非肉体）的精神，或者说是去肉体而又与肉体有关的精神，这种精神是个体化的精神。这是一种精神具象。神学手中所把握的就是没有精神具象的东西，所把握的是脱离个体的、超越的精神。而唯灵论（Spiritismus）则欺骗性地认为，精神是一种纯粹的存在，这是一种纯粹精神，与美化了的躯体无关。阿多诺否定了这种纯粹的精神存在。那么为什么人们要强调这种纯粹的精神存在呢？这就是在历史中，精神要不断地征服自然，这是人在精神上的要求。在这种历史过程中，精神享受越来越崇高的地位，这是精神在历史上所获得的尊严。正是这个历史的尊严把精神概念打扮起来。这里所说的历史的尊严是指精神在历史上取得的成功，精神在历史上所取得的巨大成就。这种被打扮起来的精神和精神具象是完全不同意义上的精神。其差别就在于，精神具象是与肉体联系在一起的，是具体的精神，而被打扮起来的精神是脱离肉体的精神。阿多诺指出，社会的成功、社会的权力就是通过这种历史的尊严而被转换为形而上学真理的标准。这就是说，在精神征服自然的过程中取得了成功，并且获得了权力，于是精神就获得了形而上学真理的标准。这就是说，在唯灵论中精神是绝对的权威，是完全第一性的东西。而唯物论也是在精神和肉体的对立的基础上把物质的东西，肉体的东西确立为第一性的东西。两者在根本上是一致的，都是确立在肉体和精神对立的二元论的基础上的。在这个二元论的基础上，两者都能够同时得到确证。接着，阿多诺通过精神论和唯灵论的区分来说明观念论产生的根源。他指出，精神论

（Spiritualismus）在德语中是指，一种把精神当作个体化、实质性原则的学说。它被人们混同于那个没有后面的词缀的英文单词，唯灵论。人们之所以把这两者混同起来是因为，认识论的贫乏，是因为这种认识论是在主客体二元对立框架中的认识论。按照这种认识论，认识的主体是纯粹精神的主体。认识主体变成了绝对精神的存在者。阿多诺指出，由于这种贫乏，观念论者不去分析个体意识，而是直接建构先验的或者绝对的精神。观念论没有深入考察个体意识，没有考察个体意识中，精神和肉体之间的和解。在这里，阿多诺具体分析了个体意识。他说，个体意识是时空世界中的一部分，它既没有凌驾于时空世界之上的特权，也不能依据人的能力而被设想为脱离躯体世界的东西。在个体意识中，肉体和精神的要素是结合在一起的。所以，在这种个体意识中，精神不是超越时空的东西，而是在时空中存在的。然而观念论的建构却试图清除一切尘世的残余。也就是说，观念论试图清除精神中的一切尘世的残余，并把精神变成纯粹的精神。于是，阿多诺指出，一旦当精神要完全根除人的自我性，根除精神概念的这个范本，那么它就变得极其空洞了。这里所说的"自我性"就是个体化的精神，与美化了的躯体结合在一起的精神，是包含了尘世要素的精神。按照他对于这种意义上的精神或者自我性的理解，这种自我性虽然是非感性的，是非肉体的，但是它不是完全没有尘世要素的。所以，这个"非感性（肉体）的自我性"，与它自身的规定性相反，是作为一种定在而在时空中展现自身的，它是一种定在。这个定在（Dasein）是在时空中的具体存在。

　　个人意识中的精神，或者个体化的精神是在时空中的精神，这是达到肉体和精神的和解。这种和解中，肉体不是原来意义上的肉体了。所以，精神论中所说的精神就是这个意义上的精神，是肉体和精神冲突与和解的精神。这种和解中，形而上学的要素既是超越的，又是与世俗生活有关的。但是，在这里，我们又要注意，虽然超越的东西与世俗的东西有关，但是超越的东西也不能被世俗化。而天堂或者地狱是只能在超越的意义上被理解，不能被简单地世俗化。因此，他说，按照当前的宇宙学观念，把天堂和地狱看作是在空间中存在这种说法简直就是拟古式的胡言乱语。这是拟古式的，是古代人的那种万物有灵论的思想的翻版。按照万物有灵论，自然的东西背后都有精神的作用，于是精神始终是和物质的东西结合在一起。于是，天堂和地狱就成为空间中的东西，成为世俗生活的延伸。在这样的情况，如果要说不朽，那么时间和空间中的东西是不可能不朽的，它只能是超越时空的东西。于是，如果要说不朽，那么这种不朽就只能是精神不朽，纯粹的精神才能是不朽的。所以，在拟古式的万物有灵论的背后，仍然是把世俗和超越，精神和肉体完全对立起来的要素。阿多诺在这里所强调的是，既不能否定精神的超越力量，也不能把精神完全脱离肉体。这是肉体和精神的和解。从这个角度来说"不朽"，那么不朽不是纯粹精神上的，而是与肉体有关的。可是，人的肉体都是会消亡的，肉体不可能"不朽"。"不朽"的一定是精神。那么我们究竟如何理解"肉体"的不朽呢？在这里，他所说的不朽是肉体的"复活"。阿多诺试图通过基督教对于灵魂和肉体的关系的理解来说明他对于形而上学的理解。在这里所说的肉体的复活当然不是生物学意义上的，而是象征意义上的。他所说的肉体是，被美化的躯体，是与精神和解了的肉体。他说，基督教有一个教条认为，灵魂的苏醒与肉体的复活是同时发生的，从形而上学的角度来说，这个教条比思辨的形而上学更加有道理，如果你愿意的话，也可以说，更具有启发意义。基督教的这个教条就是要把肉体和精神结合在一起，把灵魂的苏醒与肉体的复活结合在一起。这就是阿多诺期待的形而上学。在他看来，这种形而上学比那种二元对立基础上的形而上学更有道理。

那么"肉体"如何才能"复活"呢？这个肉体作为纯粹生物学意义上的肉体死亡了，但是作为一种被美化了的躯体复活了。精神和肉体和解的时候，这个肉体就不是原来意义上的肉体了，而是"复活"了的肉体。阿多诺就是希望通过灵魂和肉体的和解，通过这两者之间的苏醒和复活而达到一种全新的形而上学。这种形而上学才能克服传统形而上学的局限性。他说，希望意味着肉体的复活，并且这种希望通过其自身的精神化而知道它被剥夺了其最好的东西。这个最好的东西就是肉体。"希望"是一种精神活动，精神在希望的时候要知道，它的这种希望同时也剥夺了精神中最好的东西，即肉体的东西。希望就要知道自己犯了一个错误，它要弥补这个错误，它要把肉体复活起来。希望作为一种精神化的活动就是要让肉体复活。这就是精神和肉体在矛盾中的和解。希望就在于这种和解。根据对于希望的这种理解，阿多诺指出，于是形而上学思辨的那种不合理要求同时也就变得不可容忍了。形而上学思辨的不合理要求是什么呢？这就是在精神和肉体的对立中，精神控制一切。在这种对立中，死亡是绝对的。这就是死亡的绝对性，肉体死亡的绝对性（没有肉体的复活的观念）。形而上学的思辨的这种不合理要求是不可容忍的。那么究竟应该如何看待死亡的绝对性呢？阿多诺从一个辩证的角度来看待死亡。他说，认识极其注重人固有一死的绝对性这个方面。这种绝对性对于那些把死亡看得无足轻重的人来说是不可容忍的。这里包含了相互矛盾东西，一种是极度关注死亡，既然死亡是绝对的，人固有一死，那么人就要努力排除死亡。而另一种看法是死亡不是什么了不起的事情，它是生存的一个必然的组成部分。而阿多诺的辩证法强调，我们既不能排除死亡，也不能因死亡是生命的一个部分，而不关注死亡。死亡是不可避免的，是形而上学必须关注的内容，但是关注死亡的时候也不能把死亡和生命完全割裂开来。我们可以说，这是既注重死亡，又忽视死亡。这就是真理观念所趋向的东西，是形而上学观念中最高的东西。这就是强调肉体和精神，生命和死亡的辩证法。这是阿多诺所强调的真理。从这个角度来说，"谁信仰上帝，从而也能不信仰上帝。"这就是辩证法，信仰上帝，但是不是把上帝变成一个现成的东西。这就是说，一个人可以信仰上帝，但是却可以认为，上帝不是现成存在的东西，这也包含了不信仰上帝。这是可以同时结合在一起的。信仰上帝的人反对把上帝偶像化。而不信仰上帝的人坚持要求上帝必须作为偶像能够存在。如果上帝不是现成存在着的偶像化的东西，那么上帝就不存在。而不信仰上帝的人所坚持的东西就是，上帝之名所代表的那种可能性。这种人不是把上帝作为偶像来崇拜，但是却相信上帝所代表的可能性。从这个角度来说，不信仰上帝的人也信仰上帝。接着，阿多诺指出，如果对偶像的禁忌同时被扩展到连神的名字都不能提，那么这种禁忌就以这样一种形式使它自身变成了对信仰的怀疑。如果信仰上帝的人坚持一种偶像禁忌，反对偶像，那么这是有一定的道理的。但是这种偶像禁忌却不能扩展到连上帝的名字都不能提，如果上帝的名字都不能提，那么这就变成了对于信仰的怀疑了。这就是说，偶像禁忌不能走向极端。既然我们可以提上帝的名字，那么上帝的名字必定代表某种东西，代表希望，代表可能性。尽管这种东西不是偶像，但是却可以用来代表可能性。如果把这种偶像禁忌极端化，那么这种偶像禁忌就走向了自身的反面。按照极端化的图像禁忌的思路来对待希望，那么甚

第三部分　模式

至对希望的思考也背叛了希望、抗拒了希望。如果这样来对待希望，那么希望的名字都不能提。如果希望的名字都不能提，那么我们如何才能希望呢？如果希望的名字都不能提，那么对于希望的思考就背叛了希望，就抗拒了希望。从这里，我们也可以看到，拜物教的批判也不能走向极端，如果走向极端就变成了观念论。拜物教与偶像禁忌在本质上是一致的。走向极端的偶像禁忌最终会导致否定上帝（可能性）本身。这表明，我们在讨论形而上学的时候，必须使用概念，但是虽然我们不能把概念拜物教化，但是我们却不能完全否定概念，不使用概念。

最后，阿多诺强调，历史深刻地陷入形而上学真理之中。这个形而上学的真理就是肉体的复活。这个历史的真理也要在一定程度上与神话和解。历史的真理之中包含了神话。按照阿多诺和霍克海默对于神话的理解，历史中有一种无法克服的魔力，摆脱魔力的努力总是陷入魔力之中。历史的真理包含了肉体和精神的对立和和解。这种对立与和解中包含了神话的要素，包含了对于魔力的承认。即使形而上学的真理要不断地把它去神话化，也都是徒劳的。历史过程不断地把肉体和精神对立起来，而在这种对立中有一种神话的要素在其中发挥作用。这种神话要素就是魔力的作用。历史中包含了魔力。形而上学的真理要消除这种魔力是徒劳的。历史的发展就是一个辩证过程，形而上学的真理不是现成摆在那儿的，而是在历史的前进过程中不断地克服这种魔力而又在魔力中出现的。如果去神话化，如果没有神话了，没有魔力了，历史中所蕴含的形而上学真理也不存在了。所以，这种去神话化会吞噬其本身。形而上学真理如果去神话，那么它就会吞噬它自身。这就是辩证法。如果去神话化，那么形而上学的真理本身就变成了神话。阿多诺说，这就如同神话中的那些神喜欢吃掉自己的孩子一样。形而上学真理如果去神话化，那么这就是要把肉体和精神的和解变成一种现成的存在状况。而在阿多诺看来，这种和解不是现成存在的，而是一种矛盾，是一种动态过程。和解总是在矛盾中存在的。如果去神话化，忽视了其中的矛盾，那么这就是把肉体和精神的和解变成了一种现成的存在者。当肉体和精神的和解变成一种现成状况的时候，精神也就彻底征服了肉体。这就是神话所强调的魔力的控制。从这个角度来说，这种形而上学的真理变成了神话。这个说法暗含了对于海德格尔的批评。海德格尔看到了矛盾，看到了非同一性。这是形而上学的真理。他要用存在来克服矛盾。但是这个存在最终变成了存在者。他是在去神话中回到了神话。因为这个神话不是别的，就是封闭的内在性关联，就是当下所是，就是存在者。封闭的内在关联就是绝对精神的统治，这就是绝对的内在性，神话所追求的就是这种绝对的内在性。而形而上学否定这种绝对的内在性，强调内在和超越的矛盾。所以，今天形而上学就收缩成这样的矛盾，即收缩成为内在和超越之间的矛盾。内在和超越，精神和肉体的对立无法被根除。力图根除这种矛盾的思想到处都受到非真理的威胁。如果要根除内在和超越的矛盾，如果像康德那样要消除二律背反，那么这就走向了非真理。

他者的幻相

这个部分阿多诺强调，形而上学就是要抓住他者，把握他者。但是，这个他者不能被理解为某种现成存在的东西。如果被理解为现成存在的东西，那么这就走向了拜物教。但是，我们也不能把它理解为不存在的东西。他者是以幻相的形式而在现实中存在。比如，现实以一种功能化的总体形式出现，而这个功能化的总体一定是存在着某种缝隙，存在着不可克服的矛盾，而这种幻相恰恰表现了他者。这就是他者的幻相。阿多诺强调要拯救幻相。我们可以说，拯救幻相就是阿多诺的形而上学的一部分。

所以，在这个部分的一开头，阿多诺就讨论如何对待非同一的东西。而上帝（超越的东西，他者）就是这样一种非同一的东西。康德批判了关于上帝存在的本体论证明。按照这个证明，概念意义上的存有和实际意义上的存在的内容是一样的，概念和对象所包含的必然完全相等。[①] 上帝只是概念意义上的存有。而实际上的存有需要经验的要素。这样康德就否定了上帝能够在实际意义上存有。康德否定了上帝存在的本体论证明，但是康德又吸收了这个证明。这就是上帝可以在概念上被确立起来，可以在理论上被悬设。如果上帝在理论上被悬设，那么这个被悬设的东西虽然没有经验意义上的存在，但是它也不是完全不存在。当上帝这样被设想的时候，上帝就在一个非拜物教的意义上被确

---

① 康德：《纯粹理性批判》，邓晓芒译，杨祖陶校，北京：人民出版社2004年版，第476页。

第三部分 模式

立起来。这里包含了一种辩证法。所以，阿多诺说，这种证明在黑格尔的辩证法中复活了。然而，阿多诺认为，黑格尔所复活的这种辩证法，是徒劳的。为什么呢？在黑格尔的理性神学中，上帝是按照同一性逻辑被作为绝对同一性被确立起来。阿多诺说，因为黑格尔一直都是把非同一的东西融合到纯粹的同一性之中，因此在他那里，概念成为非概念东西的担保者，超越的东西被纳入到精神的内在性之中，同时也在精神的总体中被废除了。这就是说，在黑格尔那里，非同一的东西是在概念上被确立起来，这个概念就是非概念东西的担保者，上帝（超越，他者）这个概念作为非同一的东西，作为非概念的东西而得到概念上的担保。但是，这个非概念的东西由于被纳入到同一性体系之中，这个上帝又被废除了。我们可以说，这是把超越的东西纳入到精神的内在性之中。于是，这个超越的东西既是超越的，又是内在的。

原来超越的东西被理解为思想之外的神，上帝。然而，随着启蒙的发展，这个"上帝"被内在化了。或者说，这个"上帝"已经在内在的世界之中。当超越东西被内在化的时候，它或者是精神中的内在的东西，或者是社会中内在的东西。当超越的东西越来越内在化的时候，这个超越的东西，就越来越成为隐藏的东西，成为没有被人们把握的东西。于是这个隐藏的东西越来越成为一种极点，它好像超越了一切中介。人们于是就把走向极点的东西理解成精神中纯粹的质料，或者世界中的纯粹他者。好像这个它们是没有被中介的，绝对第一的东西。比如，思想中的绝对质料，与社会中不能被人完全控制的东西（比如，价值规律中的偶然性）。然而在阿多诺看来，这种作为绝对第一的东西，这种没有被中介的东西，其实，都是被中介过的。好像这两个极端的东西具有反历史的神学要素。好像这两个东西与历史无关，是纯粹超越的东西，它们像神一样，是完全超越的东西。而在阿多诺看来，这两个极端的东西是有历史性要素的，因为这些东西不可能完全没有经过中介的，不是超越一切中介的极点。如果这两个东西都是经过中介的，那么形而上学问题就发生了一种转换，转换为这样一种尖锐的问题，是不是未经中介的东西，就是最终的东西？精神中的那种非精神的东西，概念所担保的非概念的东西是最终的辩护立场。形而上学就确立在这样一个最终的绝对第一的东西的基础上的。这是最终的辩护立场。而这个辩护立场其实已经被丧失，因为一切都是被中介的。阿多诺否定了任何一种最终的、绝对第一的东西。这个辩护的立场是无法得到维护的。如果是这样,那么形而上学意义上的东西只能残留在最平常、最粗陋的东西之中,也就是存在于日常世界之中。在这里,阿多诺所提出的尖锐问题概括起来说就是,形而上学究竟是存在于最终的、绝对第一的东西之中,还是就是存在于日常世界之中。如果前面的第一个思路是无法得到辩护的,那么我们就只能借助于第二个思路。阿多诺也接受这个思路。而这两个思路都是从黑格尔对于内在性和超越性关系的剖析出来的。如果形而上学按照传统的超越性的思路走不通,那么我们就可以在内在性思路上走下去。从这个角度来说,现代形而上学不再把超越的东西看做是在生活之外的东西,看做是精神之外的东西。形而上学残存于日常生活中,残存于一种极端渺小的状况之中。这种极端渺小的状况暗指非同一的东西,无法被精神和社会完全控制的东西。因此,阿多诺在这里说,这种渺小的东西把一种自负的理性,即那种不受阻碍、不加反思地专注于它自身事务的理性(也就是工具理性)纳入到理性(实质理性之中)之中。工具理性要把一切都置于理性的控制之下,但是,无论工具理性如何强制,如何自负,它都不能控制一切,某种微小的东西(对于这个微小的东西,后面有解释)就是它无法控制的东西。这个东西冲破了工具理性,并促使工具理性变成实质理性。

如果形而上学可以残存于日常的世界之中,那么我们就可以从日常世界入手来把握形而上学了。而实证主义就是走上了这条思路,海德格尔(包含现象学)走向了这条思路。接着阿多诺就分析了实证主义和海德格尔如何从日常世界入手来把握形而上学的。实证主义命题否定了形而上学,甚至也包括那种渎神的形而上学。这里所说的渎神的形而上学当然包括康德的形而上学。这种反形而上学做法其实是要把握直观的东西。这无疑是有意义的。或者用阿多诺的话来说,实证主义是为了真理而出现的,但是真理的观念却被它牺牲了。这是因为,它拘泥于实证的东西,否定了对于超越东西的把握。它变成了怀疑论。但是,在这里,我们应该注意,反形而上学的东西也能把形而上学恢复起来。维特根斯坦就是如此。阿多诺说,维特根斯坦的功绩就是把实证主义确立起来,而他关于凡是不能说的就要沉默的誓言就是恢复了一种独断的形而上学。这就是说,形而上学的东西是存在的,但是我们对于形而上学的东西,对于超越的东西是不能说的。而阿多诺认为，形而上学就是要说不能说的东西。从这个意义上说，维特根斯坦这个"不能说"的思想是独断的形而上学。而这又是被错误地恢复起来的形而上学，因为他通过实证的方法来恢复形而上学，而不是通过辩证法。接下来，阿多诺说，这种形而上学与那种存在信仰、即对存在的一种无言的、狂热的信仰无法区分开来。这显然就是在批判海德格尔哲学。而海德格尔的形而上学也采取了实证主义的思路，即从直观的角度去描述存在本身。接着，阿多诺指出，无论是实证主义还是海德格尔哲学，在讨论形而上学的时候，他们所涉及的不是康德所说的二律背反的领域，不是超越的领域，而恰恰是经验的领域。被海德格尔确立起来的存在，被实证主义确立起来的不能说的东西都是经验的领域，是不能用语言表达出来的经验的领域。而超越的东西就与这个经验的领域有关，而不是与康德所说的二律背反，理性的论证有关。阿多诺认为，这个领域没有受到去神话过程的影响。这就是说，无论启蒙的过程如何，人都会有这样一个经验领域。但是，这个经验领域是无法表达的，是不能在语言中加以论证和辩护的。但是这种东西却是存在的，它变成了超越。那种没有失去理智的思想，比如维特根斯坦的思想，也碰到了这种东西，把这种东西作为超越的东西，他的思想在这种超越中达到了顶点。而海德格尔在进行世界建构的时候，在讨论世界之为世界（世界性）的时候也达到了这个超越的东西。他把这个东西称为存在。而当海德格尔进行这样的世界建构的时候，当他把存在作为超越东西确立起来的时候，海德格尔虽然触及到了这个存在，但是在他的世界的建构中，这个东西只是作为存在被直观。所以，阿多诺认为，这个世界的建构中现实的痛苦，人们在现实中所经验的痛苦，历史上人们所经历的痛苦都被忘记了。如果阿多诺在这里所说的世界建构是海德格尔的世界建构，那么这个世界建构主要是指日常世界。在这个日常世界中，人陷入了一个无意义的网络之中。这是一个无痛苦的世界。海德格尔对于世界性的领会其实就是要把握这个被日常世界遗忘了的东西。无论是实证主义所碰到的不可言说的东西还是海德格尔的存在，这些思想都汇聚到对于这个不可言说的东西的思考上，汇聚到对于这个超越的东西的思考上。对于这个东西，我们什么都不能说，而只能说它是"某物"。如果我们一定要思考这个东西，那么这就是要吸收莱布尼兹和康德的方法。比如，在康德那里上帝是不存在的，但是也可以从观念上悬设。这就是说，"上帝"可以在最小原则的意义上被承认。在这里，康德是把超越的观念和科学的观念结合起来的。当康德用科学的观念来把握超越东西的时候，这个超越的东西被否定了，但是，这个被否定的东西是在最小的意义上被承认的。阿多诺在这里吸收了康德的这个思想。他认为，这个被实证主义和海德格尔哲学所保留下来的东西，这个被他们所触及的东西，可以在最小的意义上被理解。当然，阿多诺承认，把科学方法和超越的观念结合起来，这是一种错误的做法。但是，控制自然和自在存在结合在一起，把它们混淆在一起，也有一定的好处，这就是人们会对于这个汇聚的东西产生一种不同的经验。如果把它们简单地对立起来，那么人们会有关于自然的经验，会有关于自在存在的概念，但是却没有形而上学经验。如果把这两个结合在一起，人们就有一种形而上学经验。人们对于两者的结合会有一种特殊的经验。这是一种形而上学经验，是对于存在而又不存在的东西的经验。

那么如何来理解这里的经验呢？阿多诺用我们生存的世界的特点的描述来说明，我们所应该具有的经验。我们生活的这个世界是比地狱更糟糕，也比地狱更好。这个世界比地狱更糟糕，是因为这个变成虚无的绝对，它甚至比叔本华所说的那种涅槃还要糟糕。因为叔本华所说的那种涅槃最终还有某种调和的状况。我们知道，叔本华吸收了印度佛教的思想，认为，意志是悲剧性的，但是这个悲剧性的意志，最终可以在艺术中得到和解，或者说，意志可以通过艺术而从悲剧中摆脱出来。而我们所生活的这个世界，是一个被完全合理化的世界，在这个世界中，一切都变成功能系统中的角色。我们的生活不过是完成自己应该履行的角色。所以，这个世界是一个彻底无意义的世界。本来，所谓涅槃是佛教所说的一种观念，即正觉的境界，在此境界，贪、嗔、痴与以经验为根据的我亦已灭尽，达到寂静、安稳和常在。这个境界是最终的和解状态。这是与变成了虚无的绝对（绝对的内在性）不同的。在阿多诺看来，虽然叔本华思想中包含了一种调和的可能性，但是这个调和的可能性也是生存意志本身造成的。所以，阿多诺批评了叔本华。虽然叔本华看到了调和的可能性，但是他却宣布，保持内在性于其自身魔力中的那个法则是没有受到本质东西所中介的，然而这个本质是被排斥在内在性之外的并只能被设想为超越的东西。这就

第三部分　模式

是说，在叔本华那里，生存意志作为一种有魔力的东西导致了一种内在性，好像这个纯粹的内在性没有被本质所中介，没有被超越的东西所中介。这就是说，叔本华认为，我们生活的这个世界是无意义的，是作为意志和表象的世界，是纯粹内在意义上的世界。在阿多诺看来，即使这个世界是纯粹内在的世界，但是这个世界也是被超越的东西所中介过的，而叔本华却没有这样的意识。简单地说，在叔本华所说的表象和意志的世界中，还包含了调和的要素，在佛教所说的涅槃的境界中，还有调和的要素。我们这个世界却没有这个要素。我们生活的世界完全是无意义的世界。

但是，我们生活的世界比地狱更好。我们生活的世界像地狱，人被束缚在地狱之中，好像没有走出地狱的可能。我们的这个世界虽然是没有意义的，但它也给我们留下了希望的可能性。当叔本华说我们所生活的世界是无意义的世界的时候，阿多诺指出，叔本华的这个绝对的无意义的世界是从观念论那里借用过来的。按照观念论的要求，一切都必须纳入到观念的体系之中，都必须是纯粹内在的。这是一种同一性原则。而从阿多诺角度来看，这是不可能的，一切内在性的东西之中必定包含了他者。内在性不过是一种幻相。同一性原则是欺骗。既然这个同一性原则是欺骗，那么这就为人们走出这个无意义的世界提供了可能。

这就是阿多诺对于世界的理解，世界虽然是灰色的，是一个令人绝望的世界，但是这个世界也不是完全让人绝望的，它还是给人留下了希望，这个希望就是从这个虚假的同一性中产生出来的。在这里，他用卡夫卡的作品来加以说明。在卡夫卡的作品里，虽然世界似乎灰色的，是一个无意义的世界。从《城堡》和《审判》中，我们可以看到卡夫卡所描述的这个丑恶的世界，一个难于逃脱的丑恶世界。尽管这个世界如此丑恶和无意义，但是这也不是完全无意义的世界。这个世界不能按照它自身的原则来进行诠释。如果是按照它自身的原则，那么这个世界就是一个通过交换而整合起来的完全物化的世界，是无意义的世界，但是，这是假象。这个世界并不是完全令人绝望的，这令人绝望的世界还是给人们提供了希望。那么希望从何而来呢？阿多诺说，这个世界顽强地抗拒绝望意识的企图，这是一种把绝望确立为绝对东西的企图。这表明，我们不能把这个世界确立为绝对地毫无希望的。这个封闭的世界，这个被纯粹内在性束缚的世界还是有希望的。其希望就在于，这里还存在着打破这个封闭世界可能性。如果世界过程是绝对封闭的，如果一切都在精神的绝对控制之下，如果一切他者的东西都被消灭，那么世界就没有走向另一个方向的可能性。但是世界过程不是封闭的，没有完全消灭他者。历史的进程的完全封闭性是不可能的，历史必定包含了各种可能性，虽然理性的控制占据了统治地位，虽然精神要消除和彻底控制肉体，但是肉体的冲动却不能被完全消灭。当人由于理性的控制占据了绝对的地位，肉体的冲动被压制，因此，一切的幸福是难于实现的，但是在理性的同一性之中，还会留下一些缝隙，还会给为打破同一性留下缺口。所以阿多诺说，尽管一切幸福都因其可被取消而被扭曲，但是存在者还是会从一个缝隙中迸发出来，并且还许诺要带来他者。在精神的控制下，人陷入了一种封闭的体系之中。但是人也能够打破这种封闭性。幸福是可能的，但是这不是总体的幸福，而是在克服封闭性的时候得到瞬间的幸福，得到幸福的碎片。因此，阿多诺说，总体的幸福是不可能的，但是还是留下一些幸福的碎片。而总体幸福对人类来说是被否定了的，并且人类自己否定自己能获得这种总体的幸福。人所得到的只能是幸福的碎片，而不可能是总体的幸福。而且人类也不应该期待这种总体的幸福。总体幸福的乌托邦是不可能的。这就好像是说，虽然人在这个世界中被束缚在各种功能体系中，无法自拔，这是让人痛苦的世界，在这个世界中，不可能有总体的幸福，但是人还是在这个世界中获得了一点幸福的体会。

  在这里阿多诺对于海德格尔所说的那种存在，把一切思想汇聚在其中的存在概念进行了重新解释。阿多诺所说的这个汇聚是人道地许诺的历史的他者，这个他者是同一性的总体所无法吞噬的他者。这个他者是总体中必然爆发出来的他者。他者、这个非同一的东西是被海德格尔的存在论置于历史之前或者历史之外的东西。按照我的理解，海德格尔也是要达到肉体和精神的和解，达到所谓的存在。但是在他的存在论的设想中，这种和解是排斥了矛盾的，排斥了非同一东西的。而这就是被海德格尔排斥在历史之前或者历史之外的东西。但是，这个东西、这个汇聚在一起的东西，这个矛盾的东西不是现成存在的东西，不是某种现实状态，不是以肯定的形式直接存在的东西。但是事物中的某种东西，却强力地趋向于它。这个东西、这个非同一的东西因此得到思考。这就是说，虽然这种非同一的东西不是以肯定形式出现的，但是它也不是无，如果是无，那么人们也不能思考它。阿多诺也不能思考它。接着，阿多诺以卡尔·克劳斯的思想来说明这种非同一的东西。他说，卡尔·克劳斯也主张，非同一的东西需要借助于想象来领会，但是这个想象不能被理解为现成的东西，也不能被理解为具有实存形式的超越的东西，比如人们关于上帝的想象。这种想象是无想象力的想象。阿多诺要人们想象的是非同一的东西。但是这个非同一的东西也不是纯粹想象出来的。他也不反对超越，但是超越是以渴望的态度而得到理解的。这就是说，超越是人们的一种渴望，是一种期待和希望，而不是某种现成的东西。但是，这也不意味着，把超越理解为一种纯粹的想象，把它变成一种纯粹的浪漫的设想。那么这个被理解为超越的东西究竟应该怎样的呢？阿多诺认为，可以被理解为在想象中"复活起来的东西"，"经过死亡之门而复活起来的东西"。当然，在这里，阿多诺又认为，严格来说，这是一种"精神"的东西，而精神的东西是不能复活的，我们说复活的时候，都是指肉体的东西。复活是属于某种生命体，没有生命的东西，人为的东西，精神所构造出来的东西是不能被复活的。但是，这里所复活起来的东西也不是纯粹精神性的。形而上学是随着在复活的名义下思考的东西而实现、而复活起来。本来被思考的东西是不能被复活起来的，但是我们还是可以在复活的名义下思考，这就是说，这个东西不是纯粹精神的，这个不是纯粹精神的东西也可以在复活的名义下实现。形而上学就是指这样的东西。这个东西既可以被说成是超越的，也可以说是非超越的。

这个东西不能被直观地把握，不能被描述，但是我们还是可以借助于艺术的方法来表达。艺术预见到形而上学所面临的这种困难。尼采就是如此，他用艺术的方法来讨论哲学。尼采的作品中充满了攻击形而上学之词。他这样攻击形而上学是不是就彻底否定了形而上学呢？不是，他攻击形而上学是为了拯救形而上学。那么他究竟是如何拯救形而上学的呢？阿多诺认为："没有其他什么表述比《查拉图斯特拉如是说》这句话，'纯粹的傻瓜，纯粹的诗人'更诚实地描述了形而上学。"如果是这样，那么难题就来了：为什么说"纯粹的傻瓜，纯粹的诗人"能够更诚实地描述了形而上学，并由此而拯救了形而上学呢？阿多诺认为，这就如同进行思考的艺术家努力去理解未被思考过的艺术。

那么这又是什么意思呢？形而上学就是进行思考，就是在非真理状态中思考真理。如果一个艺术作品没有被思考过，那么这就意味着，这个艺术作品被别人遗忘，被看做是没有多少艺术价值，但是艺术家恰恰要在这个没有多少艺术价值的地方思考。这就如同在非真理状态中思考真理。接下来，阿多诺具体说明"纯粹的傻瓜，纯粹的诗人"是如何诚实地描述了形而上学的。他指出，"如果思想不在不幸的存在者状态面前投降，那么思想就按照存在者状态的标准而被消灭，它就会把真理转换为非真理，把哲学转变成为愚昧。"① 这就是说，哲学不能完全离开存在者，必须接受存在者，但是，这个存在者是不幸的存在者，是被强制地纳入概念框架的存在者。比如，当代社会就是这样不幸的存在者。但是，人们不能向这种存在者投降，向这种存在者投降，就是走向实证主义。如果按照实证主义的方式来思考存在者，那么思想就没有了，思想需要接受存在者，但是也不能按照存在者的标准来思考，如果按照存在者标准来思考，那么思想就消失了。这就是要借助于存在者而又超越存在者。这是哲学思想的特点。如果不是这样，那么形而上学就会把真理变成非真理，哲学就从智慧之学变成了愚昧之学。在现实社会中，合理化占据了统治地位，形而上学被否定。因此，阿多诺强调，"如果不想让愚蠢在现实的非理性中取得胜利，那么哲学就不能退位。"哲学就是要思考。哲学陷入了现实的非理性（功能体系化的状态）状态中，如果满足于这种非理性状况，人就缺乏思想了，思想的退位（ab-danken）在德语中字面意思也是放弃思想。如果人在这个不合理的世界中放弃思想，那么这个人就像头猪，就只知道满足自己的功能需要。人不能像这头猪，人要在思考和对抗这种非理性状况。这对于许多人来说，这种思考是傻瓜的做法。哲学被理解为无用的学术，是傻瓜的做法。顺应时代，在时代中得到好处，像"猪"一样地满足，是现代人的"智慧"。而阿多诺蔑视这种"智慧"。他要人做"傻瓜"。为什么傻瓜是值得做的呢？阿多诺说："只要人类在处于非真理状态下也不放过真理，那么即使人类陷入了愚蠢这种形式之中，这种愚蠢也是真理。"② 这就是说，当代人类处于一种非真理状况，处于一种纯粹理性统治的社会之中，但是即使处于这样一种愚蠢的状况，人类只要

---

① 阿多诺：《否定的辩证法》，王晓升译，北京：中央编译出版社2023年版，第538页。
② 阿多诺：《否定的辩证法》，王晓升译，北京：中央编译出版社2023年版，第538页。

还有思考，只要还思考形而上学，那么这种愚蠢也是真理。哲学家们思考形而上学问题看上去很"愚蠢"，像个傻瓜，但是这还是比"猪"好一些。所以，阿多诺在这里用了一句法语说，"与猪相比，我更喜欢傻瓜。"形而上学不是要抓住某个东西，而是要不断地使人思考。这就是要使人处于非真理状况中的思考，使人类即使处于恶劣的生存环境中也要思考。

从艺术的角度来说，纯粹的艺术，即使取得了最高的成就也还是幻相。因为艺术总是以某种想象的形式表达"真理"。但是艺术的幻相是从现实的基础上、从非幻相的基础上产生的幻相。这个非幻相的基础就是同一性社会体系中包含了非同一的东西。艺术追求成为幻相，但是这个幻相却以否定的形式表达了"真理"。它要以幻相的形式表达某种真实。阿多诺说，由于艺术拒绝作出判断，因此，艺术，特别是那些被蔑视为虚无主义的艺术会说，并非一切都是虚无。那种被说成虚无主义的艺术（比如，贝克特的作品）恰恰是要说，并不是一切都是虚无。艺术必须以幻相形式出现，当艺术以幻相形式出现的时候，艺术好像是表达了虚无，但是其实是要表达希望。由于现实是以幻相出现的，而以幻相形式出现的艺术恰恰表达了真理，表达了社会的幻相。以幻相出现的艺术并不是要说，一切都是虚无的。阿多诺说，照在人和事物上面的一切光线都会被超越东西反射回来。照在人和事物上的一切光线都是苍白的、无色彩的、乏味的，但是这个光线会被超越的东西（非同一的东西）反射回来。这个反射回来的关系就会给世界提供色彩。超越的东西表达了一种希望。这个被合理化原则控制的世界是无色彩的世界，反射（非同一的东西）的光线表示了人对于这种无色彩的世界的反抗。这种反抗给世界提供了色彩。所以，阿多诺说，对于那可替换的交换世界的反抗是不会停止，但是在人们的抵抗目光中，人们也不希望这个世界的色彩也被清除。在幻相中还保留了对非幻相的许诺。在这个充满幻相的世界中，人们还有对于非幻相的许诺。在这个让人绝望的世界中，人还是保留了一丝希望。这再次重复了阿多诺的基本思想，只是因为我们绝望，所以我们才有希望。

辩证法的自我反思

最后这个部分是，阿多诺说明了否定辩证法作为一种形而上学究竟应该有什么样的性质，有什么样的特点等。这个部分也是《否定的辩证法》这部书的一个总结。

在这个部分的一开头，阿多诺追问两个问题。第一个问题是，形而上学应该是关于绝对的知识，如果没有关于绝对的建构，没有黑格尔的那种观念论——这个观念论在《精神现象学》最后一章就是以绝对知识为标题的，那么形而上学是不是可能的？这就是说，形而上学是关于绝对的知识，如果没有关于绝对的知识，那么形而上学是不是可能的？从阿多诺后面的论述中，我们可以看到，形而上学当然是关于绝对的知识，但是这个绝对又不是某种肯定存在意义上的绝对，而是非同一的东西，是思想中非思想性的东西，是肉体需要有关的东西。对于这种东西，我们没有绝对的知识，但是也不是没有知识。第二个问题是，如果形而上学是追问绝对的，是包含了绝对的知识，那么这种形而上学还能够与辩证法一致吗？或者说，如果把辩证法变成了形而上学，而辩证法本身与形而上学不是一回事，那么这种辩证法还能叫辩证法吗？还能叫否定的辩证法吗？从阿多诺后面的分析中，我们可以看到，阿多诺肯定，这种否定的辩证法就是一种形而上学。后面的全部论述就是回答这个问题的。

在这里，阿多诺首先提出自己的观点，辩证法是否定知识的总体，除了作为否定知识，它不能是别的。这就是说，辩证法不给人们绝对肯定的结论。前面我们在讨论他者的幻相的时候已经说明了这一点。在否定的辩证法中，那个他者也不是肯定地被给出的。这个他者是以幻相形式出现的他者，是以否定形式出现的他者。阿多诺指出，甚至作为一种否定的辩证法，它也总是命令自己排除肯定的辩证法，即排除体系。要建立一个体系，就必须有一个肯定的起点，至少像黑格尔那样的肯定的起点，比如，存在。而阿多诺否定任何这样的肯定的起点，也无法在一个肯定的起点上建立体系。阿多诺的思想没有体系。他的书也不成体系。否定的辩证法就是不同的段落结合在一起的。当然这也使人们难于领会他的思想。他给人们提供的肯定的东西之后，必然也从另外一个角度否定了这个东西。这就是说，在他的否定的辩证法中一切肯定给出的命题都会被它否定。所以，他说，否定的辩证法按照自身的思路，必然会把非辩证的意识当作有限的和可错的意识加以否定。这里所说的非辩证意识就是肯定某种东西的意识。否定的辩证法必然会把这种肯定的东西当做一种有限的意识，并且会否定它。阿多诺强调，在否定的辩证法的所有历史形式中，它都禁止自己走出这个范围之外。从这个角度上来说，否定的辩证法不能变成一种肯定性的形而上学，不能给人们提供一种最终肯定的东西。但是，这并不意味着形而上学就是不可能的。从后面的论述中，我们可以看到，人由于需要才进行思考的，而需要是与肉体有关的，是与思想不同的东西，因此思想中总是包含了非思想的东西。这是思想中的非同一特点。而这种思考是在有限的主体中进行的。思考这个非同一的东西就是辩证法，这个非同一的东西只能被否定地提供出来，并且只能辩证地加以思考，而对于这个非同一东西的思考就是对于绝对的思考。只是这个绝对不是肯定地呈现出来的绝对。但是这却不意味着它不是绝对。辩证法就是对于这个绝对的思考。从研究对象的角度来说，这就是一种形而上学。在把握了这个基本思想之后，我们就可以进一步分析后面的有关论述了。

所以，阿多诺在这里说，无论愿意与否，辩证法都要在有限精神和无限精神之间发挥其概念性中介的作用。把握绝对的是有限精神，是个人，但是这个有限精神却要借助于概念这个中介来把握绝对，把握非同一的东西。但是，当它用概念把握绝对时候，它总是会出错。这就是否定的辩证法。这个否定的辩证法成为神学的敌人。因为，它要把握的绝对不是神学意义上的现成存在的上帝，而是非同一的东西。阿多诺认为，虽然否定的辩证法也思考绝对，但是绝对都是被它所中介过的，都是被有限思维借助于概念所中介过的。它不提供一个绝对的第一，绝对优先的东西。所以，在它那里，虽然也有绝对，但是却是非同一东西。当这个非同一的东西被概念中介过的时候，这个概念又扭曲了非同一的东西。因此，这仍然是在有限思维中把握到的有限的东西。如果这样来理解绝对，那么我们就可以说，这个绝对是世俗化的绝对，是在有限精神中的绝对。于是，阿多诺按照自己的思路，对于黑格尔的绝对进行了重新的解释。如果黑格尔的绝对是神的世俗化，那么这恰恰就是绝对的世俗化。我们知道，黑格尔把他的绝对理解为"神"，理解为"上帝"，但是这不是神学意义上的上帝。黑格尔所构建的是一种所谓的"理性的神学"，是世俗化的绝对。阿多诺把这个世俗化的绝对进一步解构，并按照他自己的思路来理解绝对。这个世俗化的绝对是在个人之中的绝对，是在有限精神中的绝对。因此，绝对作为精神的总体,即达到了总体的精神,把握了一切的精神,是在有限之人的模式上。个人之中如果有绝对,如果有精神的总体,那么这个总体的精神之中必定包含了非精神的东西,异于精神的东西。这就是这个绝对的特点。

如果思想知道自己是有限的精神,知道自己是在绝对之中有他者,但是思想仍然试图超越这种情况。怎么超越这种情况的呢?它尽管也思考非同一的东西,但是它把非同一的东西当作是完全不能相通的东西,成为完全不可通达的东西,比如把它说成是"存在"。如果是这样,那么思想还是在教条中找到了避免所。这就是说,虽然思想也意识到了非同一的东西,比如像海德格尔,但是他把这个他者作为完全不能把握的东西,完全排斥在概念的思考范围之外的东西,并用存在来命名这个东西,那么思想就陷入到传统的教条之中。如果人的思想局限在这种教条的框架之中,那么人们就面对着两种真理,一种真理是把握存在者的真理,一种是把握存在的真理。把握存在者的真理是通过概念来进行的,而把握存在的真理是让存在被直观,让存在在直观中自我展开。而这两种真理观都与真理观念不相容。这里所说的真理观念是把握非同一东西的真理观念,把握非同一性的内容的真理观念。而上述的两种真理观都背离了内容,都无法把握非同一的内容。用概念来把握存在者是无法把握非同一的内容,而让存在被直观也无法把握,因为它变成了脱离概念的东西,变成了无法被思考的东西。所以,在这里,阿多诺得出结论,形而上学就依赖于人们不加扭曲地走出这两种困境。一个是传统认识论的困境,一个是海德格尔的存在论的困境。这两种困境都是非辩证法的。通过辩证法走出这个困境,同时也就使形而上学成为可能。

为了走出这两种对立的真理概念,辩证法在批判普遍的虚幻联系的同时还仍然带有这种虚幻联系的印记。所谓的虚幻的联系就是精神以为它把所有的东西都把握了,构成了一个总体的联系,达到了绝对,而这其实一种虚幻的联系。精神之中还有肉体的要素,它无法把自身全面精神化。但是,在批判这种虚幻联系的时候,它还带有这种虚幻联系的特点,即辩证法还是希望利用这个精神的总体来把握非同一的东西,精神不能没有这种总体性的努力。它还是带有这种虚幻总体的痕迹。它在批判虚幻的总体的时候,表现得好像它已经达到了真正的总体,它必然会有这种特点。否则它也无法批判这个虚幻联系的总

第三部分　模式

体。所以，在批判虚幻联系的过程中，它仍然带有虚幻联系的痕迹。这是无法避免的。于是，辩证法总是要批判它自身，必须反对它自身。这就意味着，我们必须要批判每一个把自身作为绝对确立起来的特殊。每一个特殊都是在其自身中在它的有效性中把握总体，它总是以为自己肯定地把握了绝对。或者说，任何一种批判都会受到绝对性的影响，在批判绝对的时候，这种批判也是在绝对性的影响下进行的。在批判绝对性的时候，有限的精神把自己确立为绝对。比如，像海德格尔那样，在批判关于存在者的绝对观念的时候，把存在本身绝对化。从这个角度来说，批判也必须对抗它自身的趋势，并停留在概念中介之中。比如，海德格尔就不需要借助于概念来直接达到绝对。所以，海德格尔的批判是把自身绝对化的批判。批判也要针对自己进行批判，用概念来对自身进行批判。针对海德格尔的这种错误做法，阿多诺强调，批判在否定同一性的要求的时候，同时也要尊重同一性要求，需要借助于概念。而海德格尔却要彻底否定同一性要求。从这个角度来看，批判同一性的时候，也要借助于同一性，批判同一性和同一性总是结伴而生。所以，同一性走多远，批判也要走多远。在阿多诺看来，同一性要求就像一个魔圈，它使批判带上绝对知识的幻相。这就是说，由于我们是借助于同一性来批判同一性的，由于运用了同一性来进行批判，这就使批判带有绝对知识的幻相，好像批判本身在借助于同一性的时候就达到了绝对。而且批判必然会带有这种幻相。所以，批判必须始终是自我反思的。所以阿多诺说，批判所进行的自我反思的任务就是要消除这个幻相，在这里恰恰就是要进行否定之否定。对于批判所进行的批判就是否定之否定，但这种否定之否定并不是走向肯定。对于批判所进行的批判还需要进行批判。这是因为，批判本身必须借助于同一性。

辩证法是对欺骗性的客观关联的一种自我意识。所谓欺骗性的客观关联就是指现代社会变成一个功能性的关联的总体。就如同马克思所批判的拜物教那样，它把人和人之间的关系欺骗性地表现为商品交换关系。这就是一种欺骗性的客观关联。在这种欺骗性的客观关联中，同一性逻辑，交换的规则发挥了作用。在现代社会中，人都处于这种欺骗性的客观关联之中。不平等的交换好像是完全平等的。辩证法虽然意识到这种欺骗性的客观关联，但是，它并不因此而逃离了这个客观关联。辩证法必须承认这个客观关联的合理性，也接受这个客观关联。这就如同辩证法必须接受同一性一样。辩证法就是要借助于这种内在关联来否定这种内在关联。这就如同马克思批判商品拜物教那样。按照资本主义社会的等价交换原则，那么资本家就没有剥削工人。如果资本家没有剥削工人，那么资本家为什么那么富裕。显然，平等交换是不平等的。这就是按照资本主义自身的规则来批判资本主义。或者说，这就是要用资本主义社会自身的客观关联来批判资本主义。所以，阿多诺说，辩证法所具有的批判性力量来自于内在关联。在这里，阿多诺用黑格尔的一句话来说明辩证法的这个特点。这就是辩证法吸收对手的力量来对抗这个对手。这也就是阿多诺常常使用的内在批判的方法。所以，阿多诺强调，这不仅仅是在辩证的个别中是如此，而且最终在总体中也是如此。不仅在个人的思考中是如此，在把握总体的思考中也是如此。这就是按照同一性逻辑来批判同一性，按照总体性的要求来批判总体性。辩证法所进行的批判是内在批判。这种内在批判表现为，它借助于逻辑的手段而把握逻辑强制性的特点，并希望这个强制的特点有所弱化。在阿多诺看来，逻辑的强制是一种神话的幻相。所谓神话的幻相就是早在古代的神话中，人们就有一种控制一切的企图，而在控制一切的企图中总是会出现无法被控制的东西。所以，总体性是一种幻相，这种逻辑的强制也是一种幻相，是一种强制的同一性。这种同一性中必定包含了非同一的东西。如果逻辑的强制中都包含了非同一的东西，那么绝对也是如此。所以，在这里，阿多诺提出了一个非常重要的观点，绝对是非同一的东西，它在形而上学面前呈现为非同一的东西。这就是说，当形而上学要按照同一性的逻辑把握一切，达到绝对的时候，这个绝对就是非同一的。绝对在形而上学面前必定是非同一的，或者说必定显示出同一性的幻相。只有当同一性的幻相消失的时候，这种非同一的东西就会显示出来。没有同一性命题，辩证法就不是总体，借助于同一性命题，辩证法要把一切都纳入到同一性的框架之中，而这个总体就是一个幻相。从这个角度来说，辩证法要抛弃同一性的强制。这不是什么罪过。但是阿多诺所否定的是同一性的强制，而不是否定一切同一性。所谓拯救幻相就是用借助于同一性来显示幻相，并通过幻相来把握非同一的东西。

而要真正地否定同一性命题，那么我们就需要超越黑格尔的辩证法，黑格尔的辩证法在把握绝对的时候，达到了同一性的总体。所以，辩证法要否定这种达到总体的企图。从这个角度来说，辩证法不能停留在它自身之中，好像它自身是一个总体。它要否定辩证法的这样一种规定。这个规定是黑格尔赋予辩证法的。辩证法的成功有赖于它否定把辩证法理解为总体的那种规定。这样的辩证法才有希望。而康德的思想表达了这样一点。在康德的学说中超越的自在之物，是在同一化机制的彼岸。在现象领域所进行的认识是按照同一化的机制来进行的，而超越的自在之物就在这个同一性强制的彼岸。无论康德的继承者比如黑格尔如何批判这个超越性，这个超越性都是康德哲学中的革命性要素，而否定这一点，否定这种超越性就是保守的做法。在这里，阿多诺主要强调了超越性的彼岸性特点的积极意义。其积极意义在于，他否定了最终的同一性。而康德的那些继承者却强化了同一性的魔力，他们把强制具象化，并绝对化，比如，谢林的同一性哲学就是强化了这种同一性的魔力。而康德否定了这种同一性。当然，阿多诺在这里也指出了康德的超越学说的局限性。康德的超越性学说的积极意义就在于，他从他那个方面把超越理解为非同一的东西，但是他也把超越理解为绝对的主体。这表明康德还是屈服于同一性了。这就是说，康德从认识论的角度看到了超越是非同一的东西，是无法被纳入到同一性的框架之中的，但是康德所说的超越在实践领域中被拯救了。而在实践领域中，这个实践的主体是先验主体，是绝对理性的主体。这个先验主体是遵循了同一性的原则。

接下来阿多诺批判了拟人论。所谓拟人论就是人类中心主义，把一切还原为人。按照阿多诺在启蒙辩证法中的说法，神话也采取了一种拟人论。按照拟人论的思路，人在认识和把握世界的时候，都模仿人自身，人以自身为模型而把一切东西都看做是人的化身。比如，人认为，世界上的一切东西之中都包含了精神。这就是一种拟人论。这就是人按照其自身的模式来认识世界。按照这样一种模式，人所确立的上帝、绝对其实就是把人自身确立为上帝、绝对。在这里，上帝的形象就是人的形象。绝对所实施的同一化过程，也就是把一切纳入到精神框架的过程。这其实就是把绝对转换到人身上。这是因为，人自身就进行着一种同一化过程，人就是要用精神吞噬自己的肉体。正如我们前面所指出的那样，为了征服自然，人不仅会用工具理性征服外部自然，而且会征服自身的自然。而人征服自身的自然的过程其实就是人自身所进行的同一化过程。

同一性原则从本质上来说就是导源于人，人必须采取一种同一性原则。没有同一性原则，人就不能把它自身确立为同一性的，没有自己的稳固性。人为什么能够相信昨天的自己就是今天的自己呢？这里就是一种同一性原则在发挥作用。所以，在这里，阿多诺强调，同一化自己都承认，它所采取的是一种拟人论。而启蒙也指责同一化采取了一种拟人论。狭义的启蒙从一开始就采取了一种拟人论，而阿多诺所说的积极的启蒙，一种以实质理性为基础的启蒙当然就超越了这种同一性原则，就会指责这种同一性原则。因此，阿多诺说，当精神接近绝对时，当精神占据了绝对统治地位的时候，精神就接近于彻底消除了肉体的要素，绝对却在精神面前消失了。这是因为，阿多诺所理解的绝对是非同一的东西，精神接近这种非同一的东西，就是要彻底把握这个非同一的东西，把一切都纳入到精神之中，于是，当精神接近于这种绝对的时候，绝对消失了。这个绝对，这个非同一的东西不能以肯定的形式出现。精神不可能达到这种绝对。拟人论是用人的模式来认识外部的东西，把握外部的东西，而拟人论的基础却在人自身，拟人论的核心是同一性原则，而人自身恰恰是把同一性原则作为核心。从这个角度来说，即使我们成功地消除了任何一种拟人论，即使我们清除了欺骗性关联（欺骗性的总体，欺骗性的精神联系的总体），同一性原则还是在人的精神世界中发挥作用，没有同一性人们也无法知道这里包含了欺骗性关联。这里可能是暗指海德格尔的思想，即使我们能够像海德格尔那样否定了拟人论，否定了那种外在的同一性原则，但是我们仍然还是无法摆脱同一性。海德格尔把无法同一起来的东西即存在按照同一性原则来加以把握，把它命名为"存在"。所以，他在这里并没有消除同一性原则，而是另外一种同一性。在这里，存在作为绝对已经被把握了，被展示出来了。为此，阿多诺在这里指出，如果我们想揭露这种奥秘中更多的碎片，揭露近代启蒙所无法把握的东西，并且是借助于同一化（存在）来揭露这种东西，那么我们并不能真正地揭露这里的奥秘，我们不能真正地把握非同一的东西，不能真正地把握矛盾的总体。在阿多诺看来，海德格尔并没有真正地摆脱同一性原则。所以按照海德格尔的思路，我们无法解决这里的奥秘。毋宁说，奥秘在这里表演，它回忆起自身力量的丧失，并由此而把征服自然作为谎言来加以制裁。在海德格尔那里，奥秘（非同一东西）在这里好像是在游戏，在表演，非同一的东西以伪装了的形式在表演，在游戏。或者换句话说，人们不过是在用非同一东西在进行游戏，而并不是认真对待它。为什么会是这样的呢？这是因为，人要征服和把握自然，而在征服自然的过程中，人一定会发现，自然的某些东西是无法被概括在概念体系中的，是无法按照同一性原则来把握的。人在这里只是回忆自身力量的丧失，由于人认识到自身无力对付这种非同一的东西，于是人就把控制自然当做谎言来加以处罚。人在这里放弃了控制自然的要求。一旦放弃了主体的努力，人好像果真达到了天人合一，主客体融合了。这是一种错误的思路。

如果按照海德格尔的思路不行，那么我们就继续按照启蒙的思路来进行。这就是说，阿多诺并没有完全放弃启蒙，并没有完全放弃主客体的思路。在这里，他说，启蒙几乎没有留下一点形而上学的内容，或者用现代音乐的术语来说，几乎为零。几乎为零，就是说，绝对这个东西几乎为零，形而上学就是要把握绝对的，而现在绝对几乎为零。这就是说，在启蒙所确立的主客体框架中，人们忽视了主客体框架之外的东西，这个无法在主客体框架中被把握的东西。在主客体框架中，这个东西几乎是零。而阿多诺所主张的形而上学就是要把握这个几乎为零的东西，这个否定性存在的东西。所以，他说，这个形而上学的真理性内容（非同一的东西）收缩得越来越小，好像歌德的寓言故事中所说的那个美露西娜。这个美露西娜如此之小以至于可以放在一个小箱子里。在这里，我们要特别注意，阿多诺用一种寓言的意义来表达这个极其微小的东西。其实，这也是有缺陷的，好像这个非同一的东西，变成一个现成的东西。其实，它是处于有无之间。阿多诺在这里用"无法被觉察"来表达这个有无之间的意思。形而上学就是要关注这个微观的东西，这个有无之间的东西。在这里，阿多诺强调，在认识论和历史哲学中，我们需要关注的就是这个微观的部分，这个无法被同一性逻辑所强制的部分。这个非同一性的东西就是在这个微观学中保留了自己的存在，这个形而上学逃避了总体的强制。所以，在这个地方，阿多诺把形而上学理解为非同一东西的避难所，并且强调，这就是"形而上学的位置"。形而上学就是要把握被启蒙所压缩得非常小的东西，去探索这个微观的东西。这个非同一的东西就是绝对，而这个绝对只能在内在所涉及的材料和范畴中得到表达。绝对作为超越的东西同时也是内在的东西。这就是说，绝对是主体在内在领域所涉及的材料，请注意这个内在领域中所涉及的材料，即肉体有关的要素，精神所无法摆脱的非同一性要素。我们需要借助于范畴来把握这个要素。当然在用范畴来表达这个要素的时候，我们必然会失败。绝对就是在这里得到表达的。这个绝对就是被中介过的，是非同一的东西。所以，这个内在无论在有限性方面还是在总体性方面都不能被神话。这个内在不能在有限性方面被神化。这就是说，内在性是个人意义上的内在性，个人在精神上的内在性不能被绝对化，人不能在精神中排除肉体的要素。这可能是指海德格尔的思路。海德格尔哲学是把这种有限的内在性绝对化。总体性方面的内在性是精神的绝对化。这种绝对化是把内在性看做是一个完成的总体。这是黑格尔的观念论的思路，是把总体性神化。

接下来的一句话就是表达了这样的意思。阿多诺说，形而上学按照其自身的概念，不可能是关于存在者的判断而形成的演绎性的关联。如果形成了这样一种关于存在者的演绎性关联，那么这就是形成一个关于存在者的实证知识体系。而形而上学超出了这个体系。所以，形而上学按照其自身的概念不可能形成一个关于存在者的演绎性体系。如果不是关于存在者的判断的演绎体系，那么形而上学能不能是关于绝对他者（思维的绝对他者）的思考呢？它能不能成为绝对相异者思考呢？阿多诺的回答也是否定的。如果这个东西是思维的绝对相异者，那么这个东西就不能被思考。阿多诺认为，非同一的东西必须借助于同一性思维来思考。它在批判同一性思维的时候还要借助于同一性思维。这个结合是把形而上学理解为存在者的可辨星丛。这就是说，它借助于关于存在者的知识来达到存在，当然，它对于存在者的理解也不是完全按照实证科学的方法来把握存在者，而且还借助于辩证法，借助于思辨的方法。它是把这两者结合在一起。它们构成了概念的星丛。在这里，形而上学不仅需要概念的星丛，而且需要材料。它从这些存在者中获得材料。这个材料就是感性的材料。如果没有这些感性的材料，形而上学也是不可能的。形而上学必须借助于感性材料把握非同一的东西。由于这些感性材料是非同一的，所以这些感性地被把握的东西才可能被说成是定在，被作为"某物"而被理解。如果没有这些感性材料，那么认识中所获得的东西只能被表达为一段文字。这段文字与感性的要素无关。对于阿多诺来说，形而上学的文字必须超出这种文字之外，表达某

第三部分 模式

种实在的东西。阿多诺如此强调这个感性的要素,是因为感性的要素是与肉体联系在一起的。阿多诺反对把思想纯化,反对把理性纯化,而是要把它们与肉体的要素联系在一起。如果我们用概念来表达这些东西,那么这个概念必须与质料联系在一起。否则概念变成了空洞的概念。于是在这里,概念必须在一定程度上具有"实在论"的特点,好像当我们说到某个人的名字的时候,这个人也在某种程度上被涉及了。当我们说非同一东西的时候,我们不是把"非同一东西"变成纯粹概念,它是与质料,与肉体性的东西联系在一起的。

他说,为了达到感性的要素,形而上学必须善于期望。那么如何理解期望呢?期望是与需求联系在一起的,与肉体的要素联系在一起的。形而上学要善于期望。这就是说,形而上学不能变成纯粹的理性思考,形而上学需要感性要素,这个感性的要素是与肉体联系在一起的,是与期望联系在一起的。有了期望,人们才追求超越的东西。接下来阿多诺说,期望是思想的可恶的父亲。这句话令人费解。期望遏制了思想,肉体的东西遏制了思想,可恶的父亲只知道束缚自己的儿子。而期望是带有肉体要素的,如果一个人被肉体要素束缚了,那么这个人就无法思想了。但是思想也不能摆脱肉体要素。这就是阿多诺希望在这里表达的思想。这就是强调肉体要素的作用。而在阿多诺看来,这是启蒙思想,是一种非常重要的启蒙思想。这个启蒙思想就是一种强调实质理性的启蒙思想,把肉体的要素纳入到理性之中的启蒙思想。虽然古希腊的色诺芬尼当时没有达到这种实质理性,但是他吸收了当时自然哲学的要素,具有开创性的贡献。所以,阿多诺说,这是自色诺芬尼以来西方启蒙的一般论点的内容之一。阿多诺认为,这个期望对于恢复形而上学的企图来说,是完全适合的。在阿多诺那里,思维不能被理解为纯粹的思维,而是与行动有关的,是与肉体要素有关的。思想不可能是纯粹的思想,必须与肉体结合在一起。这个与肉体结合在一起的思想同时也就是行动。思维把(肉体)需要包含在自己之中。而这个需要是生存必然性意义上的需要。阿多诺说,人是出于需要而思考的,甚至在带有期望的思考(wishful thinking)被抛弃的时候也是如此。这就是说,即使带有期望的思考被抛弃的时候,即使与期望无关的思考,即使是纯粹精神上的思考也是与肉体联系在一起的。这也是阿多诺的基本思想。如果没有肉体要素的推动,思想就不可能开始。思考都是出于需要的思考,思考也是与肉体的需要联系在一起的。即使这种带有期望的思考排除肉体的要素，思考也是与肉体有关的。阿多诺强调，需要所产生的动力也就是努力所产生的动力，思维作为一种行动就包含了这种努力。思维作为一种活动如果没有肉体的推动，没有这种肉体上的努力，思考是不可能的。我们不能把思考理解为纯粹精神的活动。于是，这里要批判的对象不是思维中的需要，而是需要和思维之间的联系。形而上学所进行的批判不是要剔除思维中的需要，而是要把思维和需要联系起来。在这里，阿多诺要考察思维和需要之间的联系（严格来说，这种说法是不对的，既然思考和需要结合在一起，那么我们就不能把思考和需要区分开来说。这就是阿多诺所强调的，他不能完全放弃同一性思维的缘故）。

阿多诺强调，思维必须借助于需要，必须通过需要的推动力量才有可能。但是，这不是说，需要本身就天然合理的。从这个角度来说，思维中的需要也期望需要得到思考。这也是形而上学必须善于期望。这个期望不仅仅是要有肉体的需要，而且也期望肉体的需要得到思考。正因为如此，他说，需要要求通过思考来否定需要。如果需要通过思考来否定需要，那么这个时候需要就变成一种希望。当然这个希望也是思考，但这是与肉体有关的思考。当需要消失在思考中的时候，需要就变成了希望。形而上学就是这样一种希望（肉体与精神相互结合而又相互排斥，相互改变对方）。哲学所追求的是对于这样一种需要的满足。这是一种形而上学的需要和这种形而上学需要的满足。所以，在本书结束的时候，阿多诺讨论了这种需要，或者说，这种希望与形而上学的关系。他指出，在否定需要的时候，需要仍然会持续存在。但是这个存在着的需要是希望，是与纯粹思考不同的希望。我们也可以说这种包含了"肉体要素"的思考。所以，阿多诺说，它代表了思想的最内在的细胞之中与思想不同的东西。思想最内在的细胞之中是包含了一种肉体的要素的，包含了需要的，而这个肉体的要素或者需要都是被改造过的。这个东西是与纯粹思想是不同的，而又在思想之中。这个东西可以被理解为内在世界中最微小的痕迹。这个"东西"是精神中的非精神的东西，是非同一的东西，它就是形而上学所要把握的绝对。当我们从形而上学的角度来微观地"观察"这个"东西"的时候，这个东西从外壳（抽象地概括这个东西的概念）被炸毁了。这个东西无法被纳入到概念的框架之中，这是非同一的东西。对于这个"东西"的"观察"

破除了这种东西的同一性，破除了它只是一种样品的幻觉。这个绝对应该从内在的角度来思考，但是它又不是纯粹内在的，它是与思想不同的东西。它是不可消解的某物。观察这个不可消解的某物，就是一种非同一性的思考，这种非同一性的思维与形而上学密切结合在一起。我们可以说，阿多诺的形而上学就是对于非同一性东西的探索。所以，否定的辩证法就是阿多诺的形而上学，是阿多诺所拯救的形而上学。

后　记

对于许多读者来说，阿多诺的《否定的辩证法》一书理解起来非常困难。这些困难是有多方面原因的。首先，阿多诺在写作的过程中，不是系统地阐述自己的思想。他不注重论述中的前后之间的连贯。有时突然冒出一句格言式的话语。这就让读者理解起来非常困惑。其次，他的思想涉及许多哲学史和文化史上的东西，但是他都不解释，不注明出处。再次，他对其他人的思想是采取了一种内在批判的方法。这种内在批判一方面要按照别人的思路来进行思考，另一方面，在这种内在的批判中，他要发现别人的思考中所存在的矛盾。他试图通过这种分析来说明，其他的思想家其实也意识到了他所强调的非同一的"东西"。于是，人们就很难区分，这究竟是阿多诺的思想，还是他所分析的对象的思想。最后，他所要揭示的是非同一的东西，而非同一的东西是不能肯定地规定和描述的。他从非同一的角度去理解各种现象。可是这些不同的现象也不能肯定地表述出来，而只能通过绕弯子的方法来说明，当读者跟着他绕弯子的时候就常常容易迷失，不知道他究竟要说明什么。这就是说，他先肯定了某种现象，然后又否定掉。可是，人们就无法理解，一个作者一会儿肯定，一会儿又否定。那么他究竟要表达什么意思呢？这是因为，他要说那不能说的东西。而要说那些不能说的东西，这只能是辩证法。而要理解和领会他的辩证法就需要有他所说的那种形而上学经验。因此，这就需要读者耐心地阅读他的文献，通过阅读而获得这种形而上学经验，从而把握其内容。本来，我也考虑把阿多诺的这本书的内容概括起来介绍一下，让读者从一开始就系统地掌握阿多诺的基本思想。但是，按照阿多诺的思路，他是反对系统地表述自己的思想

后　记

的。如果我这样做，反而是弄巧成拙。我还是按照阿多诺的思路，让读者耐心地阅读全书，从而获得一种形而上学的经验。按照阿多诺的说法，"哲学"是动词，这就要求我们在阅读阿多诺的时候，跟着阿多诺思考。这种思考才是"哲学"这个词语的核心。这或许比系统介绍这本书的内容更重要。

我在华中科技大学哲学学院承担了硕士研究生的"西方马克思主义哲学原著选读"这门课程。这本书是在我为这门课程而准备的讲稿的基础上修订出来的。在课程中，学生们也提出了许多有益的见解。学生任豆在提供资料方面做了许多工作。在这里，我是逐句逐句地解释其中的每一句话，努力不放过任何一个难点。只是由于篇幅的限制，我没有引用我的译文中的那些句子。在这里，我必须遗憾地说，还有一些地方，我是无法解释的，比如，阿多诺用歌剧《璐璐》来解释形而上学经验，再比如，在谈到文化的基础的时候，他所说的"捕犬者的大车"等。除了这些根本无法解释的地方之外，还有一些地方可能存在着多种不同的解释，或者我误解了。我还期待专家们的指教。这本书也是我主持的国家社会科学基金项目《阿多诺现代性批判理论深度研究》的中期成果。这本书还得到了"2022年华中科技大学哲学学院高水平学术著作出版资助"，特此感谢。

王晓升

2022年9月23日于武汉

图书在版编目（CIP）数据

形而上学的重构：阿多诺的《否定的辩证法》导读／王晓升著. —北京：中央编译出版社，2024.1（2025.6重印）
ISBN 978-7-5117-4556-9

Ⅰ.①形… Ⅱ.①王… Ⅲ.①阿多诺（Adorno, Theodor Wiesengrund 1903-1969）-否定（哲学）-辩证法-研究 Ⅳ.①B516.59

中国国家版本馆CIP数据核字（2023）第255767号

形而上学的重构：阿多诺的《否定的辩证法》导读

责任编辑	彭永强　李媛媛
责任印制	李　颖
出版发行	中央编译出版社
网　　址	www.cctpcm.com
地　　址	北京市海淀区北四环西路69号（100080）
电　　话	（010）55627391（总编室）　　（010）55627308（编辑室） （010）55627320（发行部）　　（010）55627377（新技术部）
经　　销	全国新华书店
印　　刷	佳兴达印刷（天津）有限公司
开　　本	710毫米×1000毫米　1/16
字　　数	1045千字
印　　张	66.25
版　　次	2024年1月第1版
印　　次	2025年6月第2次印刷
定　　价	258.00元

新浪微博：@中央编译出版社　　　微　信：中央编译出版社（ID: cctphome）
淘宝店铺：中央编译出版社直销店（http://shop108367160.taobao.com）　（010）55627331

本社常年法律顾问：北京市吴栾赵阎律师事务所律师　闫军　梁勤
凡有印装质量问题，本社负责调换，电话：（010）55627320